中国社会科学院
庆祝中华人民共和国成立70周年书系
国家哲学社会科学学术研究史

总主编 谢伏瞻

新中国经济学研究70年

张卓元 张晓晶 / 主编

上卷

中国社会科学出版社

图书在版编目（CIP）数据

新中国经济学研究 70 年. 全 2 册 / 张卓元，张晓晶主编. —北京：中国社会科学出版社，2019.12

（庆祝中华人民共和国成立 70 周年书系）

ISBN 978-7-5203-4979-6

Ⅰ. ①新⋯　Ⅱ. ①张⋯ ②张⋯　Ⅲ. ①经济学—研究—中国—1949-2019　Ⅳ. ①F120.2

中国版本图书馆 CIP 数据核字（2019）第 195026 号

出 版 人	赵剑英
责任编辑	王　曦
责任校对	李　剑
责任印制	王　超

出　　版	中国社会科学出版社
社　　址	北京鼓楼西大街甲 158 号
邮　　编	100720
网　　址	http://www.csspw.cn
发 行 部	010-84083685
门 市 部	010-84029450
经　　销	新华书店及其他书店

印刷装订	北京君升印刷有限公司
版　　次	2019 年 12 月第 1 版
印　　次	2019 年 12 月第 1 次印刷

开　　本	710×1000　1/16
印　　张	71.75
字　　数	1010 千字
定　　价	399.00 元（全二卷）

凡购买中国社会科学出版社图书，如有质量问题请与本社营销中心联系调换
电话：010-84083683
版权所有　侵权必究

中国社会科学院
《庆祝中华人民共和国成立70周年书系》
编撰工作领导小组及委员会名单

编撰工作领导小组：

组　长　谢伏瞻

成　员　王京清　蔡　昉　高　翔　高培勇　杨笑山
　　　　姜　辉　赵　奇

编撰工作委员会：

主　任　谢伏瞻

成　员　（按姓氏笔画为序）

卜宪群　马　援　王　巍　王立胜　王立峰
王延中　王京清　王建朗　史　丹　邢广程
刘丹青　刘跃进　闫　坤　孙壮志　李　扬
李正华　李　平　李向阳　李国强　李培林
李新烽　杨伯江　杨笑山　吴白乙　汪朝光
张　翼　张车伟　张宇燕　陈　甦　陈光金
陈众议　陈星灿　周　弘　郑筱筠　房　宁
赵　奇　赵剑英　胡　滨　姜　辉　莫纪宏

夏春涛　高　翔　高培勇　唐绪军　黄　平
黄群慧　朝戈金　蔡　昉　樊建新　潘家华
魏后凯

协调工作小组：

组　长 蔡　昉

副组长 马　援　赵剑英

成　员（按姓氏笔画为序）

　　王子豪　王宏伟　王　茵　云　帆　卢　娜
　　叶　涛　田　侃　曲建君　朱渊寿　刘大先
　　刘　伟　刘红敏　刘　杨　刘爱玲　吴　超
　　宋学立　张　骅　张　洁　张　旭　张崇宁
　　林　帆　金　香　郭建宏　博　悦　蒙　娃

总　序

与时代同发展　与人民齐奋进

谢伏瞻[*]

今年是新中国成立 70 周年。70 年来，中国共产党团结带领中国人民不懈奋斗，中华民族实现了从"东亚病夫"到站起来的伟大飞跃、从站起来到富起来的伟大飞跃，迎来了从富起来到强起来的伟大飞跃。70 年来，中国哲学社会科学与时代同发展，与人民齐奋进，繁荣中国学术，发展中国理论，传播中国思想，为党和国家事业发展作出重要贡献。在这重要的历史时刻，我们组织中国社会科学院多学科专家学者编撰了《庆祝中华人民共和国成立 70 周年书系》，旨在系统回顾总结中国特色社会主义建设的巨大成就，系统梳理中国特色哲学社会科学发展壮大的历史进程，为建设富强民主文明和谐美丽的社会主义现代化强国提供历史经验与理论支持。

壮丽篇章　辉煌成就

70 年来，中国共产党创造性地把马克思主义基本原理同中国具体实际相结合，领导全国各族人民进行社会主义革命、建设和改革，

[*] 中国社会科学院院长、党组书记，学部主席团主席。

战胜各种艰难曲折和风险考验，取得了举世瞩目的伟大成就，绘就了波澜壮阔、气势恢宏的历史画卷，谱写了感天动地、气壮山河的壮丽凯歌。中华民族正以崭新姿态巍然屹立于世界的东方，一个欣欣向荣的社会主义中国日益走向世界舞台的中央。

我们党团结带领人民，完成了新民主主义革命，建立了中华人民共和国，实现了从几千年封建专制向人民民主的伟大飞跃；完成了社会主义革命，确立社会主义基本制度，推进社会主义建设，实现了中华民族有史以来最为广泛而深刻的社会变革，为当代中国的发展进步奠定了根本政治前提和制度基础；进行改革开放新的伟大革命，破除阻碍国家和民族发展的一切思想和体制障碍，开辟了中国特色社会主义道路，使中国大踏步赶上时代，迎来了实现中华民族伟大复兴的光明前景。今天，我们比历史上任何时期都更接近、更有信心和能力实现中华民族伟大复兴的目标。

中国特色社会主义进入新时代。党的十八大以来，在以习近平同志为核心的党中央坚强领导下，我们党坚定不移地坚持和发展中国特色社会主义，统筹推进"五位一体"总体布局，协调推进"四个全面"战略布局，贯彻新发展理念，适应我国社会主要矛盾已经转化为人民日益增长的美好生活需要和不平衡不充分的发展之间的矛盾的深刻变化，推动我国经济由高速增长阶段向高质量发展阶段转变，综合国力和国际影响力大幅提升。中国特色社会主义道路、理论、制度、文化不断发展，拓展了发展中国家走向现代化的途径，给世界上那些既希望加快发展又希望保持自身独立性的国家和民族提供了全新选择，为解决人类问题贡献了中国智慧和中国方案，为人类发展、为世界社会主义发展做出了重大贡献。

70年来，党领导人民攻坚克难、砥砺奋进，从封闭落后迈向开放进步，从温饱不足迈向全面小康，从积贫积弱迈向繁荣富强，取得了举世瞩目的伟大成就，创造了人类发展史上的伟大奇迹。

经济建设取得辉煌成就。70年来，我国经济社会发生了翻天覆地的历史性变化，主要经济社会指标占世界的比重大幅提高，国际地位和国际影响力显著提升。经济总量大幅跃升，2018年国内生产总值比1952年增长175倍，年均增长8.1%。1960年我国经济总量占全球经济的比重仅为4.37%，2018年已升至16%左右，稳居世界第二大经济体地位。我国经济增速明显高于世界平均水平，成为世界经济增长的第一引擎。1979—2012年，我国经济快速增长，年平均增长率达到9.9%，比同期世界经济平均增长率快7个百分点，也高于世界各主要经济体同期平均水平。1961—1978年，中国对世界经济增长的年均贡献率为1.1%。1979—2012年，中国对世界经济增长的年均贡献率为15.9%，仅次于美国，居世界第二位。2013—2018年，中国对世界经济增长的年均贡献率为28.1%，居世界第一位。人均收入不断增加，1952年我国人均GDP仅为119元，2018年达到64644元，高于中等收入国家平均水平。城镇化率快速提高，1949年我国的城镇化率仅为10.6%，2018年我国常住人口城镇化率达到了59.58%，经历了人类历史上规模最大、速度最快的城镇化进程，成为中国发展史上的一大奇迹。工业成就辉煌，2018年，我国原煤产量为36.8亿吨，比1949年增长114倍；钢材产量为11.1亿吨，增长8503倍；水泥产量为22.1亿吨，增长3344倍。基础设施建设积极推进，2018年年末，我国铁路营业里程达到13.1万公里，比1949年年末增长5倍，其中高速铁路达到2.9万公里，占世界高铁总量60%以上；公路里程为485万公里，增长59倍；定期航班航线里程为838万公里，比1950年年末增长734倍。开放型经济新体制逐步健全，对外贸易、对外投资、外汇储备稳居世界前列。

科技发展实现大跨越。70年来，中国科技实力伴随着经济发展同步壮大，实现了从大幅落后到跟跑、并跑乃至部分领域领跑的历史性跨越。涌现出一批具有世界领先水平的重大科技成果。李四光等人提出"陆相生油"理论，王淦昌等人发现反西格玛负超子，第一颗原子弹装置爆炸成功，第一枚自行设计制造的运载火箭发射成功，在世界上首次人工合成牛胰岛素，第一颗氢弹空爆成功，陈景润证明了哥德巴赫猜想中的"1+2"，屠呦呦等人成功发现青蒿素，天宫、蛟龙、天眼、悟空、墨子、大飞机等重大科技成果相继问世。相继组织实施了一系列重大科技计划，如国家高技术研究发展（863）计划、国家重点基础研究发展（973）计划、集中解决重大问题的科技攻关（支撑）计划、推动高技术产业化的火炬计划、面向农村的星火计划以及国家自然科学基金、科技型中小企业技术创新基金等。研发人员总量稳居世界首位。我国研发经费投入持续快速增长，2018年达19657亿元，是1991年的138倍，1992—2018年年均增长20.0%。研发经费投入强度更是屡创新高，2014年首次突破2%，2018年提升至2.18%，超过欧盟15国平均水平。按汇率折算，我国已成为仅次于美国的世界第二大研发经费投入国家，为科技事业发展提供了强大的资金保证。

人民生活显著改善。我们党始终把提高人民生活水平作为一切工作的出发点和落脚点，深入贯彻以人民为中心的发展思想，人民获得感显著增强。70年来特别是改革开放以来，从温饱不足迈向全面小康，城乡居民生活发生了翻天覆地的变化。我国人均国民总收入（GNI）大幅提升。据世界银行统计，1962年，我国人均GNI只有70美元，1978年为200美元，2018年达到9470美元，比1962年增长了134.3倍。人均GNI水平与世界平均水平的差距逐渐缩小，1962年相当于世界平均水平的14.6%，2018年相当于世界平均水平的85.3%，比1962年提高了70.7个百分点。在世界银行公布的人均GNI排名中，2018年中国排名第71位（共计192个经济体），比1978年（共计188个经济体）提高104位。组织实施了一系列中长期扶贫规划，从救济式扶贫到开发式扶贫再到精准扶贫，探索出一条符合中国国情的农村扶贫开发道路，为全面建成小康社会奠定了坚实基础。脱贫攻坚战取得决定性进展，贫困人口大幅减少，为世界减贫事业作出了重大贡献。按照我国现行农村贫困标准测算，1978年我国农村贫困人口为7.7亿人，贫困发生率为97.5%。2018年年末农村贫困人口为1660万人，比1978年减少7.5亿人；贫困发生率为1.7%，比1978年下降95.8个百分点，平均每年下降2.4个百分点。我国是最早实现联合国千年发展目标中减贫目标的发展中国家。就业形势长期稳定，就业总量持续增长，从1949年的1.8亿人增加到2018年的7.8亿人，扩大了3.3倍，就业结构调整优化，就业质量显著提升，劳动力市场不断完善。教育事业获得跨越式发展。1970—2016年，我国高等教育毛入学率从0.1%提高到48.4%，2016年我国高等教育毛入学率比中等收入国家平均水平高出13.4个百分点，比世界平均水平高10.9个百分点；中等教育毛入学率从1970年的28.0%提高到2015年的94.3%，2015年我国中等教育毛入学率超过中等收入国家平均水平16.5个百分点，远高于世界平均水平。我国总人口由1949年的5.4亿人发展到2018年的近14亿人，年均增长率约为1.4%。人民身体素质日益改善，居民预期寿命由新中国成立初的35岁提高到2018年的77岁。居民环境卫生条件持续改善。2015年，我国享有基本环境卫生服务人口占总人口比重为75.0%，超过中等收入国家66.1%的平均水平。我国居民基本饮用水服务已基本实现全民覆盖，超过中等偏上收入国家平均水平。

思想文化建设取得重大进展。党对意识形态工作的领导不断加强，党的理论创新全面推进，马克思主义在意识形态领域的指导地位更加巩固，中国特色社会主义和中国梦深入人心，社会主义核心价值观和中华优秀传统文化广泛弘扬。文化事业繁荣兴盛，文化产业快速发展。文化投入力度明显加大。1953—1957年文化事业费总投入为4.97亿元，2018年达到928.33亿元。广播影视制播能力显著增强。新闻出版繁荣发展。2018年，图书品种51.9万种、总印数100.1亿册（张），分别为1950年的42.7倍和37.1倍；期刊品种10139种、总印数22.9亿册，分别为1950年的34.4倍和57.3倍；报纸品种1871种、总印数337.3亿份，分别为1950年的4.9倍和42.2倍。公共文化服务水平不断提高，文艺创作持续繁荣，文化事业和文化产业蓬勃发展，互联网建设管理运用不断完善，全民健身和竞技体育全面发展。主旋律更加响亮，正能量更加强劲，文化自信不断增强，全党全社会思想上的团结统一更加巩固。改革开放后，我国对外文化交流不断扩大和深化，已成为国家整体外交战略的重要组成部分。特别是党的十八大以来，文化交流、文化贸易和文化投资并举的"文化走出去"、推动中华文化走向世界的新格局已逐渐形成，国家文化软实力和中华文化影响力大幅提升。

生态文明建设成效显著。70年来特别是改革开放以来，生态文明建设扎实推进，走出了一条生态文明建设的中国特色道路。党的十八大以来，以习近平同志为核心的党中央高度重视生态文明建设，将其作为统筹推进"五位一体"总体布局的重要内容，形成了习近平生态文明思想，为新时代推进我国生态文明建设提供了根本遵循。国家不断加大自然生态系统建设和环境保护力度，开展水土流失综合治理，加大荒漠化治理力度，扩大森林、湖泊、湿地面积，加强自然保护区保护，实施重大生态修复工程，逐步健全主体功能区制度，推进生态保护红线工作，生态保护和建设不断取得新成效，环境保护投入跨越式增长。20世纪80年代初期，全国环境污染治理投资每年为25亿—30亿元，2017年，投资总额达到9539亿元，比2001年增长7.2倍，年均增长14.0%。污染防治强力推进，治理成效日益彰显。重大生态保护和修复工程进展顺利，森林覆盖率持续提高。生态环境治理明显加强，环境状况得到改善。引导应对气候变化国际合作，成为全球生态文明建设的重要参与者、贡献者、引领者。[①]

新中国70年的辉煌成就充分证明，只有社会主义才能救中国，只有改革开放才能发展中国、发展社会主义、发展马克思主义，只有坚持以人民为中心才能实现党的初心和使命，只有坚持党的全面领导才能确保中国这艘航船沿着正确航向破浪前行，不断开创中国特色社会主义事业新局面，谱写人民美好生活新篇章。

---

① 文中所引用数据皆来自国家统计局发布的《新中国成立70周年经济社会发展成就系列报告》。

繁荣中国学术　发展中国理论
传播中国思想

70年来，我国哲学社会科学与时代同发展、与人民齐奋进，在革命、建设和改革的各个历史时期，为党和国家事业作出了独特贡献，积累了宝贵经验。

一　发展历程

——**在马克思主义指导下奠基、开创哲学社会科学**。新中国哲学社会科学事业，是在马克思主义指导下逐步发展起来的。新中国成立前，哲学社会科学基础薄弱，研究与教学机构规模很小，无法适应新中国经济和文化建设的需要。因此，新中国成立前夕通过的具有临时宪法性质的《中国人民政治协商会议共同纲领》明确提出："提倡用科学的历史观点，研究和解释历史、经济、政治、文化及国际事务，奖励优秀的社会科学著作。"新中国成立后，党中央明确要求："用马列主义的思想原则在全国范围内和全体规模上教育人民，是我们党的一项最基本的政治任务。"经过几年努力，确立了马克思主义在哲学社会科学领域的指导地位。国务院规划委员会制定了1956—1967年哲学社会科学研究工作远景规划。1956年，毛泽东同志提出"百花齐放、百家争鸣"，强调"百花齐放、百家争鸣"的方针，"是促进艺术发展和科学进步的方针，是促进中国的社会主义文化繁荣的方针。"在机构设置方面，1955年中国社会科学院的前身——中国科学院哲学社会科学学部成立，并先后建立了14个研究所。马克思主义指导地位的确立，以及科研和教育体系的建立，为新中国哲学社会科学事业的兴起和发展奠定了坚实基础。

——**在改革开放新时期恢复、发展壮大哲学社会科学**。党的十一届三中全会开启了改革开放新时期，我国哲学社会科学从十年

"文革"的一片荒芜中迎来了繁荣发展的新阶段。邓小平同志强调"科学当然包括社会科学",重申要切实贯彻"双百"方针,强调政治学、法学、社会学以及世界政治的研究需要赶快补课。1977年,党中央决定在中国科学院哲学社会科学学部的基础上组建中国社会科学院。1982年,全国哲学社会科学规划座谈会召开,强调我国哲学社会科学事业今后必须有一个大的发展。此后,全国哲学社会科学规划领导小组成立,国家社会科学基金设立并逐年开展课题立项资助工作。进入21世纪,党中央始终将哲学社会科学置于重要位置,江泽民同志强调"在认识和改造世界的过程中,哲学社会科学和自然科学同样重要;培养高水平的哲学社会科学家,与培养高水平的自然科学家同样重要;提高全民族的哲学社会科学素质,与提高全民族的自然科学素质同样重要;任用好哲学社会科学人才并充分发挥他们的作用,与任用好自然科学人才并发挥他们的作用同样重要"。《中共中央关于进一步繁荣发展哲学社会科学的意见》等文件发布,有力地推动了哲学社会科学繁荣发展。

——**在新时代加快构建中国特色哲学社会科学**。党的十八大以来,以习近平同志为核心的党中央高度重视哲学社会科学。2016年5月17日,习近平总书记亲自主持哲学社会科学工作座谈会并发表重要讲话,提出加快构建中国特色哲学社会科学的战略任务。2017年3月5日,党中央印发《关于加快构建中国特色哲学社会科学的意见》,对加快构建中国特色哲学社会科学作出战略部署。2017年5月17日,习近平总书记专门就中国社会科学院建院40周年发来贺信,发出了"繁荣中国学术,发展中国理论,传播中国思想"的号召。2019年1月2日、4月9日,习近平总书记分别为中国社会科学院中国历史研究院和中国非洲研究院成立发来贺信,为加快构建中国特色哲学社会科学指明了方向,提供了重要遵循。不到两年的时间内,习近平总书记专门为一个研究单位三次发贺信,这充分说明党中央对哲学社会科学的重视前所未有,对哲学社会科学工作者的关怀前所未有。在党中央坚强领导下,广大哲学社会科学工作者增强"四个意识",坚定"四个自信",做到"两个维护",坚持以习近平新时代中国特色社会主义思想为指导,坚持"二为"方向和"双百"方针,以研究我国改革发展稳定重大理论和实践问题为主攻方向,哲学社会科学领域涌现出一批优秀人才和成果。经过不懈努力,我国哲学社会科学事业取得了历史性成就,发生了历史性变革。

二 主要成就

70年来,在党中央坚强领导和亲切关怀下,我国哲学社会科学取得了重大成就。

马克思主义理论研究宣传不断深入。新中国成立后,党中央组织广大哲学社会科学工作者系统翻译了《马克思恩格斯全集》《列宁全集》《斯大林全集》等马克思主义经典作家的著作,参与编辑出版《毛泽东选集》《毛泽东文集》《邓小平文选》《江泽民文选》《胡锦涛文选》等一批党和国家重要领导人文选。党的十八大以来,参与编辑出版了《习近平谈治国理政》《干在实处 走在前列》《之江新语》,以及"习近平总书记重要论述摘编"等一批代表马克思主义中国化最新成果的重要文献。将《习近平谈治国理政》、"习近平总书记重要论述摘编"翻译成多国文字,积极对外宣传党的创新理论,为传播中国思想作出了重要贡献。先后成立了一批马克思主义研究院(学院)和"邓小平理论研究中心""中国特色社会主义理论体系研究中心",党的十九大以后成立了10家习近平新时代中国特色社会主义思想研究机构,哲学社会科学研究教学机构在研究阐释党的创新理论,深入研究阐释马克思主义中国化的最新成果,推动马克思主义中国化时代化大众化方面发挥了积极作用。

为党和国家服务能力不断增强。新中国成立初期,哲学社会科学工作者围绕国家的经济建设,对商品经济、价值规律等重大现实问题进行深入研讨,推出一批重要研究成果。1978年,哲学社会科学界开展的关于真理标准问题大讨论,推动了全国性的思想解放,为我们党重新确立马克思主义思想路线、为党的十一届三中全会召开作了重要的思想和舆论准备。改革开放以来，哲学社会科学界积极探索中国特色社会主义发展道路，在社会主义市场经济理论、经济体制改革、依法治国、建设社会主义先进文化、生态文明建设等重大问题上，进行了深入研究，积极为党和国家制定政策提供决策咨询建议。党的十八大以来，广大哲学社会科学工作者辛勤耕耘，紧紧围绕统筹推进"五位一体"总体布局、协调推进"四个全面"战略布局，推进国家治理体系和治理能力现代化，构建人类命运共同体和"一带一路"建设等重大理论与实践问题，述学立论、建言献策，推出一批重要成果，很好地发挥了"思想库""智囊团"作用。

学科体系不断健全。新中国成立初期，哲学社会科学的学科设置以历史、语言、考古、经济等学科为主。70年来，特别是改革开放以来，哲学社会科学的研究领域不断拓展和深化。到目前为止，已形成拥有马克思主义研究、历史学、考古学、哲学、文学、语言学、经济学、法学、社会学、人口学、民族学、宗教学、政治学、新闻学、军事学、教育学、艺术学等20多个一级学科、400多个二级学科的较为完整的学科体系。进入新时代，哲学社会科学界深入贯彻落实习近平总书记"5·17"重要讲话精神，加快构建中国特色哲学社会科学学科体系、学术体系、话语体系。

学术研究成果丰硕。70年来，广大哲学社会科学工作者辛勤耕耘、积极探索，推出了一批高水平成果，如《殷周金文集成》《中国历史地图集》《中国语言地图集》《中国史稿》《辩证唯物主义原理》《历史唯物主义原理》《政治经济学》《中华大藏经》《中国政治制度通史》《中华文学通史》《中国民族关系史纲要》《现代汉语词典》等。学术论文的数量逐年递增，质量也不断提升。这些学术成果对传承和弘扬中华民族优秀传统文化、推进社会主义先进文化建设、增强文化自信、提高中华文化的"软实力"发挥了重要作用。

对外交流长足发展。70年来特别是改革开放以来，我国哲学社会科学界对外学术交流与合作的领域不断拓展，规模不断扩大，质量和水平不断提高。目前,我国哲学社会科学对外学术交流遍及世界 100 多个国家和地区,与国外主要研究机构、学术团体、高等院校等建立了经常性的双边交流关系。坚持"请进来"与"走出去"相结合,一方面将高水平的国外学术成果译介到国内,另一方面将能够代表中国哲学社会科学水平的成果推广到世界,讲好中国故事,传播中国声音,提高了我国哲学社会科学的国际影响力。

人才队伍不断壮大。70 年来,我国哲学社会科学研究队伍实现了由少到多、由弱到强的飞跃。新中国成立之初,哲学社会科学人才队伍薄弱。为培养科研人才,中国社会科学院、中国人民大学等一批科研、教育机构相继成立,培养了一批又一批哲学社会科学人才。目前,形成了社会科学院、高等院校、国家政府部门研究机构、党校行政学院和军队五大教研系统,汇聚了 60 万多专业、多类型、多层次的人才。这样一支规模宏大的哲学社会科学人才队伍,为实现我国哲学社会科学建设目标和任务提供了有力人才支撑。

三 重要启示

70 年来,我国哲学社会科学在取得巨大成绩的同时,也积累了宝贵经验,给我们以重要启示。

坚定不移地以马克思主义为指导。马克思主义是科学的理论、人民的理论、实践的理论、不断发展的开放的理论。坚持以马克思主义为指导,是当代中国哲学社会科学区别于其他哲学社会科学的根本标志。习近平新时代中国特色社会主义思想是马克思主义中国化的最新成果,是当代中国马克思主义、21 世纪马克思主义,要将这一重要思想贯穿哲学社会科学各学科各领域,切实转化为广大哲学社会科学工作者清醒的理论自觉、坚定的政治信念、科学的思维方法。要不断推进马克思主义中国化时代化大众化,奋力书写研究阐发当代中国马克思主义、21 世纪马克思主义的理论学术经典。

坚定不移地践行为人民做学问的理念。为什么人的问题是哲学社会科学研究的根本性、原则性问题。哲学社会科学研究必须搞清楚为谁著书、为谁立说，是为少数人服务还是为绝大多数人服务的问题。脱离了人民，哲学社会科学就不会有吸引力、感染力、影响力、生命力。我国广大哲学社会科学工作者要坚持人民是历史创造者的观点，树立为人民做学问的理想，尊重人民主体地位，聚焦人民实践创造，自觉把个人学术追求同国家和民族发展紧紧联系在一起，努力多出经得起实践、人民、历史检验的研究成果。

坚定不移地以研究回答新时代重大理论和现实问题为主攻方向。习近平总书记反复强调："当代中国的伟大社会变革，不是简单延续我国历史文化的母版，不是简单套用马克思主义经典作家设想的模板，不是其他国家社会主义实践的再版，也不是国外现代化发展的翻版，不可能找到现成的教科书。"哲学社会科学研究，必须立足中国实际，以我们正在做的事情为中心，把研究回答新时代重大理论和现实问题作为主攻方向，从当代中国伟大社会变革中挖掘新材料，发现新问题，提出新观点，构建有学理性的新理论，推出有思想穿透力的精品力作，更好服务于党和国家科学决策，服务于建设社会主义现代化强国，实现中华民族伟大复兴的伟大实践。

坚定不移地加快构建中国特色哲学社会科学"三大体系"。加快构建中国特色哲学社会科学学科体系、学术体系、话语体系，是习近平总书记和党中央提出的战略任务和要求，是新时代我国哲学社会科学事业的崇高使命。要按照立足中国、借鉴国外，挖掘历史、把握当代，关怀人类、面向未来的思路，体现继承性、民族性，原创性、时代性，系统性、专业性的要求，着力构建中国特色哲学社会科学。要着力提升原创能力和水平，立足中国特色社会主义伟大实践，坚持不忘本来、吸收外来、面向未来，善于融通古今中外各种资源，不断推进学科体系、学术体系、话语体系建设创新，构建一个全方位、全领域、全要素的哲学社会科学体系。

坚定不移地全面贯彻"百花齐放、百家争鸣"方针。"百花齐放、百家争鸣"是促进我国哲学社会科学发展的重要方针。贯彻"双百方针"，做到尊重差异、包容多样，鼓励探索、宽容失误，提倡开展平等、健康、活泼和充分说理的学术争鸣，提倡不同学术观点、不同风格学派的交流互鉴。正确区分学术问题和政治问题的界限，对政治原则问题，要旗帜鲜明、立场坚定，敢于斗争、善于交锋；对学术问题，要按照学术规律来对待，不能搞简单化，要发扬民主、相互切磋，营造良好的学术环境。

坚定不移地加强和改善党对哲学社会科学的全面领导。哲学社会科学事业是党和人民的重要事业，哲学社会科学战线是党和人民的重要战线。党对哲学社会科学的全面领导，是我国哲学社会科学事业不断发展壮大的根本保证。加快构建中国特色哲学社会科学，必须坚持和加强党的领导。只有加强和改善党的领导，才能确保哲学社会科学正确的政治方向、学术导向和价值取向；才能不断深化对共产党执政规律、社会主义建设规律、人类社会发展规律的认识，不断开辟当代中国马克思主义、21世纪马克思主义新境界。

《庆祝中华人民共和国成立70周年书系》坚持正确的政治方向和学术导向，力求客观、详实，系统回顾总结新中国成立70年来在政治、经济、社会、法治、民族、生态、外交等方面所取得的巨大成就，系统梳理我国哲学社会科学重要学科发展的历程、成就和经验。书系秉持历史与现实、理论与实践相结合的原则，编撰内容丰富、覆盖面广，分设了国家建设和学科发展两个系列，前者侧重对新中国70年国家发展建设的主要领域进行研究总结；后者侧重对哲学社会科学若干主要学科70年的发展历史进行回顾梳理，结合中国社会科学院特点，学科选择主要按照学部进行划分，同一学部内学科差异较大者单列。书系为新中国成立70年而作，希望新中国成立80年、90年、100年时能够接续编写下去，成为中国社会科学院学者向共和国生日献礼的精品工程。

是为序。

总目录

总论　新中国70年经济学研究的八大进展………………………（1）

第一部分　"文化大革命"前（1949—1965年）中国经济学研究与进展

第一章　斯大林《苏联社会主义经济问题》在中国的
　　　　传播及讨论……………………………………………（75）
第二章　20世纪50年代关于计划与市场关系和商品、
　　　　价值问题的探索与争鸣…………………………………（82）
第三章　1959年4月新中国第一次经济理论讨论会 …………（88）
第四章　20世纪60年代初关于社会主义再生产、经济核算
　　　　和经济效果问题的讨论…………………………………（95）

第二部分　"文化大革命"时期（1966—1976年）经济学研究大倒退

第五章　对孙冶方等人的经济学观点当作"反革命修正主义"
　　　　进行无情的"大批判"…………………………………（109）
第六章　极"左"思潮泛滥……………………………………（119）
第七章　上海版《社会主义政治经济学》是经济学的
　　　　一个怪胎…………………………………………………（128）

第三部分 拨乱反正和改革开放初期（1977—1991 年）经济学致力于研究引入市场机制搞活经济

第八章 1977—1978 年从按劳分配问题开始进行经济学的拨乱反正 …………………………………………（139）

第九章 1979 年全国第二次经济理论讨论会，中心议题是价值规律作用问题 ……………………………（157）

第十章 改革开放初期经济理论工作者大规模参与经济调研活动 ……………………………………………（174）

第十一章 20 世纪 80 年代农业联产承包制改革是对传统社会主义经济理论的重大突破 ………………（182）

第十二章 对中国基本国情的掌握——社会主义初级阶段论逐步形成并成共识 …………………………（192）

第十三章 1984 年确立社会主义商品经济论 ………………（214）

第十四章 1984 年中青年经济科学工作者学术讨论会——"莫干山会议" ………………（221）

第十五章 1985 年"巴山轮"会议引入西方国家宏观经济管理理论与经验 ……………………………（249）

第十六章 1985 年起以放开价格为主的改革推动市场价格论的形成和经济迅速活跃起来 ………………（266）

第十七章 1987 年国家体改委组织八个单位制定中期改革规划纲要 ………………………………………（291）

第十八章 中国经济理论界对苏联东欧改革的借鉴与认识 ……………………………………………（299）

第四部分 改革开放全面展开经济迅速腾飞时期（1992—2001年）中国特色社会主义经济学呈现一片繁荣景象

第十九章 1992年社会主义市场经济论确立并成为中国深化改革开放的理论支柱 …………………（325）

第二十章 所有制理论的突破和社会主义基本经济制度的确立 …………………………………………（342）

第二十一章 企业制度演进和国有企业公司制股份制改革研究 …………………………………………（366）

第二十二章 市场体系理论的研讨与创新 ………………（390）

第二十三章 产业结构和产业组织理论的研讨与进展 ………（414）

第二十四章 20世纪90年代以后中国财政改革与现代财政理论的发展 ……………………………（462）

第二十五章 中国金融理论进展 …………………………（480）

第二十六章 居民收入分配理论的重大突破 ……………（515）

第二十七章 社会保障理论和政策发展70年 ……………（533）

第二十八章 加入世界贸易组织后我国对外开放理论的深化与发展 ……………………………………（583）

第五部分 全面建设小康社会时期（2002—2012年）经济学研究专注于完善新体制和促进经济转入科学发展轨道

第二十九章 2002—2012年全面建设小康社会的提出、理论探索和实践 …………………………（625）

第三十章　科学发展观提出的背景及重要意义 …………………（643）
第三十一章　2005年重提转变经济增长方式 …………………（661）
第三十二章　2008年国际金融危机爆发后关于中国经济转型和
　　　　　　发展方式转变问题的研讨 ……………………………（677）

第六部分　全面建成小康社会和改革攻坚期（2013—2019年）经济学研究力促深水区改革和经济转向高质量发展

第三十三章　党的十八届三中全会提出市场在资源配置中
　　　　　　起决定性作用的重大意义 ……………………………（689）
第三十四章　中国经济新常态 ……………………………………（710）
第三十五章　新发展理念 …………………………………………（735）
第三十六章　供给侧结构性改革 …………………………………（762）
第三十七章　农村脱贫攻坚与乡村振兴战略 ……………………（788）
第三十八章　建设现代化经济体系 ………………………………（817）
第三十九章　全球化与逆全球化的争论和中国提出
　　　　　　"一带一路"倡议 ……………………………………（835）
第四十章　社会主义市场经济法治化探索与进展 ………………（857）

第七部分　经济学"中国化"的重大进展

第四十一章　转型经济研究理论成果与深化 ……………………（885）
第四十二章　从工业化赶超到高质量增长：中国经济增长
　　　　　　理论研究70年 ………………………………………（923）
第四十三章　进入21世纪后中国化马克思主义政治经济学
　　　　　　教材的重新撰写 ……………………………………（945）

第四十四章　新中国经济史学的发展 …………………………（966）
第四十五章　西方经济学在中国的历程和境遇……………（1000）
第四十六章　构建中国特色社会主义政治经济学…………（1027）

参考文献 ………………………………………………………（1047）

后　　记 ………………………………………………………（1104）

目　　录

（上卷）

总论　新中国70年经济学研究的八大进展……………………（1）

第一部分　"文化大革命"前（1949—1965年）中国经济学研究与进展

第一章　斯大林《苏联社会主义经济问题》在中国的传播及讨论……………………………………（75）
第一节　斯大林《苏联社会主义经济问题》和苏联《政治经济学教科书》在中国的传播……………（75）
第二节　三种主要不同观点…………………………………（77）
第三节　若干评论……………………………………………（80）

第二章　20世纪50年代关于计划与市场关系和商品、价值问题的探索与争鸣………………………（82）
第一节　问题的提出…………………………………………（82）
第二节　1956—1957年首次掀起研讨热潮 ………………（84）
第三节　若干评论……………………………………………（86）

第三章 1959年4月新中国第一次经济理论讨论会 ………… (88)
- 第一节 1959—1960年对人民公社化运动否定商品生产和"一平二调"的反思 ………… (88)
- 第二节 1959年4月在上海市举行新中国第一次经济理论讨论会 ………… (89)
- 第三节 讨论会达成的一些重要共识 ………… (91)

第四章 20世纪60年代初关于社会主义再生产、经济核算和经济效果问题的讨论 ………… (95)
- 第一节 问题的提出 ………… (95)
- 第二节 社会主义再生产问题研讨 ………… (96)
- 第三节 社会主义经济核算与经济效果问题研讨 ………… (99)
- 第四节 若干评论 ………… (103)

第二部分 "文化大革命"时期(1966—1976年)经济学研究大倒退

第五章 对孙冶方等人的经济学观点当作"反革命修正主义"进行无情的"大批判" ………… (109)
- 第一节 孙冶方被扣上了"中国经济学界最大的修正主义者"的帽子,遭到严厉的批判 ………… (109)
- 第二节 对孙冶方理论观点的错误批判 ………… (112)
- 第三节 若干评论 ………… (117)

第六章 极"左"思潮泛滥 ………… (119)
- 第一节 极"左"理论对传统社会主义经济观点的歪曲 ………… (119)
- 第二节 几点评论 ………… (126)

第七章 上海版《社会主义政治经济学》是经济学的一个怪胎 ……(128)

第一节 经济院校停课、经济研究机构的科研人员下放劳动锻炼、经济学刊物停刊,经济学"万马齐喑" ……(128)

第二节 "文化大革命"后期上海人民出版社出版的《社会主义政治经济学》集极"左"理论之大成 ……(131)

第三节 受"左"倾路线的干扰破坏,国民经济濒于崩溃的边缘 ……(133)

第三部分 拨乱反正和改革开放初期(1977—1991年)经济学致力于研究引入市场机制搞活经济

第八章 1977—1978年从按劳分配问题开始进行经济学的拨乱反正 ……(139)

第一节 "文化大革命"前按劳分配在我国的研究探索状况 ……(139)

第二节 "文化大革命"后关于按劳分配问题的拨乱反正 ……(147)

第三节 党的十一届三中全会前后按劳分配问题讨论的回顾 ……(154)

第九章 1979年全国第二次经济理论讨论会,中心议题是价值规律作用问题 ……(157)

第一节 背景:改革开放初期在经济活动中引入市场机制,尊重价值规律的作用 ……(157)

第二节　关于价值规律作用问题学术讨论会的报告 ……… (160)
　第三节　一些有代表性的观点 ……………………………… (167)

第十章　改革开放初期经济理论工作者大规模
　　　　参与经济调研活动 ……………………………… (174)
　第一节　调研背景 …………………………………………… (174)
　第二节　经济结构调研组活动 ……………………………… (175)
　第三节　经济管理体制调研组活动及其成果 ……………… (178)

第十一章　20世纪80年代农业联产承包制改革是对传统
　　　　　社会主义经济理论的重大突破 ……………… (182)
　第一节　背景 ………………………………………………… (182)
　第二节　认识逐步趋于一致 ………………………………… (183)
　第三节　家庭联产承包制改革的理论意义 ………………… (186)

第十二章　对中国基本国情的掌握——社会主义初级阶段
　　　　　论逐步形成并成共识 ………………………… (192)
　第一节　马克思主义经典作家和革命领袖对社会主义
　　　　　发展阶段的设想和思考 ……………………… (193)
　第二节　"文化大革命"前经济理论界对社会主义
　　　　　发展阶段问题的探讨 ………………………… (194)
　第三节　社会主义初级阶段理论的形成和发展 ………… (197)
　第四节　社会主义初级阶段论深化了对中国国情的认识 …… (203)
　第五节　改革开放以来经济理论界对社会主义初级阶段
　　　　　理论形成与发展的贡献 ……………………… (207)

第十三章　1984年确立社会主义商品经济论 …………… (214)
　第一节　20世纪80年代初改革思想理论交锋 …………… (214)
　第二节　社会主义商品经济论的确立 …………………… (217)

第三节 确立社会主义商品经济论的重大意义 …………… (219)

第十四章 1984年中青年经济科学工作者学术讨论会——"莫干山会议" ………………………… (221)
第一节 莫干山会议的背景、筹备及会议召开概况 ……… (222)
第二节 讨论的主要问题及进展（上）：价格改革"放调结合"的提出 ………………………………… (227)
第三节 讨论的主要问题及进展（下）：其他领域的改革思路 ……………………………………………… (234)
第四节 莫干山会议的效应和影响 …………………………… (243)

第十五章 1985年"巴山轮"会议引入西方国家宏观经济管理理论与经验 ………………………… (249)
第一节 背景：微观经济开始放活了，宏观经济管理如何跟上去 ……………………………………… (249)
第二节 "巴山轮"会议讨论的主要议题与看法 ………… (251)
第三节 若干评论 ……………………………………………… (264)

第十六章 1985年起以放开价格为主的改革推动市场价格论的形成和经济迅速活跃起来 ……… (266)
第一节 改革开放前的研究与探索 …………………………… (267)
第二节 改革开放初期价格理论争论与创新 ……………… (271)
第三节 对价格改革规律性和基本经验的探索 …………… (277)
第四节 价格理论创新有力地推动价格改革一枝独秀 …… (279)
第五节 广义价格改革论的提出和21世纪深化生产要素与资源产品价格改革任务 ……………………… (284)

第十七章 1987年国家体改委组织八个单位制定中期改革规划纲要 ……………………………… (291)
第一节 鼓励探索集中智慧的成功尝试 …………………… (292)

第二节　改革理论创新和切合实际的政策建议
　　　　可圈可点 …………………………………………（294）
第三节　领导重视，影响深远 ………………………………（297）

第十八章　中国经济理论界对苏联东欧改革的借鉴与认识……（299）
第一节　对苏联东欧改革的考察 ……………………………（300）
第二节　苏联东欧改革思想和理论的引入 …………………（309）
第三节　中国理论界对苏联东欧改革的思想借鉴与反思 …（318）

第四部分　改革开放全面展开经济迅速腾飞时期（1992—2001年）中国特色社会主义经济学呈现一片繁荣景象

第十九章　1992年社会主义市场经济论确立并成为中国
　　　　　深化改革开放的理论支柱 ……………………（325）
第一节　1992年确立社会主义市场经济论 ………………（325）
第二节　确立社会主义市场经济论后中国改革开放
　　　　全面大步展开 ………………………………………（330）
第三节　社会主义与市场经济的有机结合：一项具有
　　　　划时代意义的理论创新 ……………………………（333）
第四节　探索社会主义市场经济的特点与若干规律 ………（336）

第二十章　所有制理论的突破和社会主义基本经济
　　　　　制度的确立 ………………………………………（342）
第一节　20世纪50年代对私有制的社会主义改造及此后
　　　　至"文化大革命"中对私有制的鞭挞 ……………（343）
第二节　改革开放前提出的一些有价值观点 ………………（345）

第三节 改革开放后从中国国情出发，确立社会主义
　　　初级阶段基本经济制度 ……………………………（347）
第四节 从理论上和实践上寻找能同市场经济相结合的
　　　公有制实现形式 …………………………………（351）
第五节 改革开放后大力发展个体私营等非公有制经济的
　　　理论与实践 ………………………………………（356）

第二十一章 企业制度演进和国有企业公司制股份制
　　　　　改革研究 ……………………………………（366）
第一节 改革开放前关于企业体制与管理的研讨 …………（367）
第二节 改革开放后国有企业改革的重大进展和
　　　现代企业理论创新 ………………………………（372）
第三节 国有经济的定位和国有经济布局与结构的
　　　战略性调整 ………………………………………（378）
第四节 引入竞争机制和加强政府监管——国有特大型
　　　垄断企业改革的必然选择 ………………………（382）
第五节 国有资产管理体制改革和理论创新 ………………（385）

第二十二章 市场体系理论的研讨与创新 ………………（390）
第一节 改革开放前只存在残缺不全的消费品市场条件下
　　　对流通问题的研讨 ………………………………（391）
第二节 社会主义经济中仍然存在实现问题 ………………（394）
第三节 社会主义商品经济论确立后市场理论的
　　　进展与突破 ………………………………………（398）
第四节 社会主义市场经济论确立后重点转为
　　　发展生产要素市场 ………………………………（403）
第五节 打破部门垄断和地区封锁，规范市场秩序 ………（409）

第二十三章　产业结构和产业组织理论的研讨与进展 (414)
- 第一节　新中国成立到改革开放前的研究进展 (416)
- 第二节　改革开放到20世纪90年代初的研究进展 (420)
- 第三节　20世纪90年代的研究进展 (427)
- 第四节　21世纪初到党的十八大的研究进展 (438)
- 第五节　迈入新时代的探索 (450)
- 第六节　若干评论 (460)

第二十四章　20世纪90年代以后中国财政改革与现代财政理论的发展 (462)
- 第一节　中国公共财政理论体系形成的准备工作 (462)
- 第二节　市场化改革实践推动财政的现代化 (464)
- 第三节　中国公共财政理论的形成与发展 (468)
- 第四节　新时代中国现代财政理论的发展 (474)
- 第五节　结论与启示 (478)

第二十五章　中国金融理论进展 (480)
- 第一节　中国对动员性货币、金融体制的艰难探索 (480)
- 第二节　动员性货币、金融体制与中国经济增长方式转变的冲突 (490)
- 第三节　中国金融市场化改革面临的挑战 (502)
- 第四节　中国经验在世界金融理论中的位置：从储蓄动员到多层次资本市场发展 (505)
- 第五节　结论 (513)

第二十六章　居民收入分配理论的重大突破 (515)
- 第一节　居民收入来源日趋多样化 (515)
- 第二节　社会主义基本分配制度的确立 (519)

第三节　如何从理论上看待生产要素参与分配 …………（521）
　　第四节　科学处理公平与效率的关系 ………………………（528）

第二十七章　社会保障理论和政策发展70年…………………（533）
　　第一节　传统社会保障制度的理论基础与发展
　　　　　　（1992年以前）………………………………………（533）
　　第二节　社会保障理论的探索与发展：中国社会保障
　　　　　　目标模式的选择（1992—1998年）………………（539）
　　第三节　社会保障理论的繁荣与制度完善：中国社会保障
　　　　　　模式的建立与统一（1999—2012年）……………（546）
　　第四节　社会保障理论的向前推进：新时代中国社会保障
　　　　　　制度的全面深化改革（2013年以来）………………（560）
　　第五节　70年来中国社会保障制度转型之比较
　　　　　　与总结 …………………………………………………（574）

**第二十八章　加入世界贸易组织后我国对外开放理论的
　　　　　　　深化与发展**………………………………………（583）
　　第一节　对外贸易理论的新进展 ……………………………（584）
　　第二节　利用外资理论的新进展 ……………………………（595）
　　第三节　"走出去"理论的新发展 ……………………………（601）
　　第四节　外汇理论的新进展 …………………………………（606）
　　第五节　国际经济合作理论的新进展 ………………………（616）
　　第六节　涉外经济法制建设的新进展 ………………………（620）

总　论

新中国 70 年经济学研究的八大进展

从 1949 年新中国成立到 2019 年，已 70 年。在中国共产党的领导下，由于推翻了三座大山的黑暗统治，建立了人民当家做主的中华人民共和国，并逐步走上社会主义的康庄大道，中国经过 70 年的发展，国家的社会经济面貌发生了翻天覆地的变化，1978 年改革开放后被全世界公认是经济发展最快的国家，创造了"中国的奇迹"。2009 年已跃居世界第二大经济体，按当年汇率计算，2018 年人均 GDP 已达 9700 多美元。中国正在加快推进工业化和城市化，预计到 2020 年全面建成小康社会，到新中国成立一百周年时，建成富强、民主、文明、美丽的社会主义现代化强国，实现中华民族的伟大复兴。

在这一历史巨变过程中，中国经济学得到了空前的发展和繁荣。一方面，新中国经济建设的大规模开展和经验的大量积累，为经济学家的研究工作提供了肥沃的土壤和丰富的营养；另一方面，党的尊重知识、尊重人才的政策和"百花齐放、百家争鸣"的方针，为中国经济学家施展才能提供了最广阔的舞台。中国经济学在现实需求的推动和良好环境的鼓励下，在服务于国家的社会主义现代化建设的宏伟实践中，呈现出一派百花竞开的繁荣景象。

以下是根据笔者的研究和观察，以及 70 年亲身参与一些经济学热点问题讨论的体会，概括出新中国成立以来中国经济学主要是理论经济学的八大进展。

一 在马克思主义经济学基本原理指导下，努力探索中国自己的社会主义建设道路，并在改革开放过程中确立了社会主义初级阶段理论，开辟和形成唯一正确的中国特色社会主义道路

中国革命的成功和新中国的成立，就是在马克思主义基本原理同中国革命的具体实践相结合的毛泽东思想指导下取得的。新中国成立以后，怎样走社会主义发展道路，怎样进行社会主义经济建设，同样必须很好地探索把马克思主义经济学基本原理同中国建设实际相结合，才能成功。这一点，从党和国家领导人到广大经济理论工作者与实际工作者都是明确的，并一贯坚持的。

在中国社会主义建设过程中，有的探索是成功的，有的探索是失败的。70年社会主义建设的实践是检验成功还是失败的标准。经过认真总结成功的经验和失败的教训，我们终于在1978年实行改革开放后找到了一条符合客观规律和中国实际的建设中国特色社会主义的路子，形成了中国特色社会主义理论包括经济理论体系。

先说失败的探索。这包括1958年开始的"一大二公"的人民公社化运动和否定商品生产与等价交换的"一平二调"，1958—1960年的"大跃进"，"文化大革命"中批判利润挂帅、按劳分配和割资本主义尾巴，以及新中国成立头30年一次又一次用阶级斗争取代经济建设为中心使经济陷入困境等。

更多的是成功的探索。1956年毛泽东《论十大关系》是他探索中国社会主义建设道路的重要成果，1959年毛泽东总结"一平二调"的错误后提出价值规律是"伟大的学校"，20世纪50年代陈云、孙冶方、顾准、于光远等对社会主义制度下商品生产、价值规律、市场调节作用的远见卓识，20世纪60年代经济学界关于速度和比例、经济核算和经济效果、资金利润率和生产价格的热烈讨论和探索。改革开放以后，邓小平提出以经济建设为中心、实行改革开放的指导方针，提出中国社会主义仍处于初级阶段、社会主义也可

以搞市场经济、"三个有利于"的生产力标准、发展是硬道理和三步走发展战略等伟大构想；以江泽民同志为核心的党的第三代中央领导集体提出中国经济改革的目标是建立社会主义市场经济体制、发展是党执政兴国的第一要务、公有制为主体多种所有制经济共同发展是社会主义基本经济制度、21世纪头20年要集中力量全面建设小康社会；以胡锦涛同志为总书记的党中央提出以人为本全面协调可持续的科学发展观、建设社会主义和谐社会；党的十八大后，以习近平同志为核心的党中央提出了一系列治国理政新理念、新思想、新战略，形成习近平新时代中国特色社会主义思想，包括经济思想。与此同时，经济学界对社会主义发展阶段问题、计划与市场关系问题、社会主义商品经济和市场经济问题、经济体制和增长方式根本转变问题、通货膨胀问题、"三农"和农民工问题、收入分配关系问题、发展民营经济的必要性和必然性问题、利用外资和对外投资问题、工业化和城市化具体道路问题、经济的协调发展和可持续发展问题、宏观经济调控和宏观经济政策选择问题、改革发展和稳定的关系问题，中国经济进入新常态和供给侧结构性改革问题，进一步扩大对外开放和构建开放型经济新体制问题等，也展开了一次又一次热烈的讨论和争鸣，提出了一系列有价值的意见和建议，为党和国家的科学决策提供理论论证和智力支持。通过以上成功的探索，形成了一系列马克思主义经济学中国化的创新成果，繁荣和发展了中国经济科学。

为什么有些探索是成功的，而有些探索是失败的？经过几十年特别是改革开放后的社会主义建设实践，大家认识到，根本的原因，在于你的探索是不是从中国的国情出发，切合中国的实际需要。而新中国成立以后中国的最基本的国情，是中国社会主义处于初级阶段，即不发达阶段。过去许多失败的探索，都是因为不从中国仍处于社会主义初级阶段出发，超越客观实际，结果欲速则不达，碰得头破血流，只好回头是岸。而所有成功的探索，则都能从中国仍处于社会主义初级阶段实际出发，从中国国情出发，运用马克思主义经济学基本原理，脚踏实地解决实际问题。

举一个现在看来最简单的例子。新中国成立以后，一直到"文化大革命"结束，我国在所有制关系上就存在超越阶段的冒进问题，在城市和农村都一再搞"一大二公"，非公有制经济一直被视为社会主义的异己力量，受到排斥，稍有露头，就会被当作"资本主义尾巴"砍掉。其实，中国的生产力发展水平远未达到实现全面社会主义公有制的阶段。由于中国经济还比较落后，城市和农村有许多劳动还是手工操作，生产力发展的多层次性决定了所有制结构的多样性。所以，在发展公有制经济的同时，需要包括个体、私营等多种所有制经济并存和发展，以调动各方面力量，尽快走出贫困落后状态。马克思有一段名言："无论哪一个社会形态，在它所能容纳的全部生产力发挥出来以前，是决不会灭亡的；而新的更高的生产关系，在它的物质存在条件在旧社会的胎胞里成熟以前，是决不会出现的。所以人类始终只提出自己能够解决的任务，因为只要仔细考察就可以发现，任务本身，只有在解决它的物质条件已经存在或者至少是在生成过程中的时候，才会产生。"[①] 改革开放后，先是允许和鼓励个体、私营、外资等非公有制经济发展，1997年党的十五大进一步确立公有制为主体、多种所有制经济共同发展为社会主义初级阶段的基本经济制度，个体、私营等非公有制经济是社会主义市场经济的重要组成部分，这样就逐步消除了前一段时间所有制结构上超越阶段做法造成的对生产力的羁绊，大大解放了社会生产力，有力地促进了生产的发展和人民生活水平的提高。

社会主义初级阶段理论的形成和获得广泛共识，邓小平起着关键作用。1980年4月，邓小平说："要充分研究如何搞社会主义建设的问题。现在我们正在总结建国三十年的经验。总起来说，第一，

---

① 《马克思恩格斯选集》第二卷，人民出版社1995年版，第33页。

不要离开现实和超越阶段采取一些'左'的办法，这样是搞不成社会主义的。我们过去就是吃'左'的亏。第二，不管你搞什么，一定要有利于发展生产力。"① 在这一思想指导下，1981年6月党的十一届六中全会第一次明确提出："我们的社会主义制度还是处于初级的阶段。"1987年8月，邓小平又说："我们党的十三大要阐述中国社会主义是处在一个什么阶段，就是处在初级阶段，是初级阶段的社会主义。社会主义本身是共产主义的初级阶段，而我们中国又处在社会主义的初级阶段，就是不发达的阶段。一切都要从这个实际出发，根据这个实际来制订规划。"② 1992年在著名的"南方谈话"中，邓小平又说："我们搞社会主义才几十年，还处在初级阶段。巩固和发展社会主义制度，还需要一个很长的历史阶段，需要我们几代人、十几代人，甚至几十代人坚持不懈地努力奋斗，决不能掉以轻心。"③

中国经济学界对社会主义初级阶段理论的形成和传播也做出了自己的贡献。1979年，苏绍智、冯兰瑞率先发表文章，坦言中国并未真正建成社会主义，中国"还处在不发达阶段的社会主义社会，还处在社会主义的过渡时期"。④ 我国著名经济学家于光远在20世纪80年代初专门写了《中国社会主义初级阶段的经济》⑤ 一书，系统地论述了社会主义初级阶段的理论和社会主义初级阶段的经济。这本书于1997年被中国社会科学院经济研究所组织的专家论证委员会评为"影响新中国经济建设的十本经济学著作"之一。2008年，于光远回忆说："1981年我在参与起草《中共中央关于建国以来党的若干历史问题的决议》的过程中，主张要将我国仍处在'社会主

---

① 《邓小平文选》第二卷，人民出版社1994年版，第312页。
② 《邓小平文选》第三卷，人民出版社1993年版，第252页。
③ 《邓小平文选》第三卷，第379—380页。
④ 苏绍智、冯兰瑞：《无产阶级取得政权后的社会主义发展阶段问题》，《经济研究》1979年第5期。
⑤ 于光远：《中国社会主义初级阶段的经济》，广东经济出版社1998年版。

初级阶段'的判断写入文件，以便更深刻地认识走过的弯路。当时有的同志不同意这样做，还发生了争论。但最后，'社会主义初级阶段'的概念还是写进了文件。"[1]

正是由于确立了社会主义初级阶段理论，使大家对中国的最基本国情有了准确的把握，并从马克思主义关于社会主义首先要发展社会生产力的基本原理出发，我们党终于在改革开放中开辟了一条中国特色社会主义道路，从而使社会主义和马克思主义在中国大地上焕发出勃勃生机，给人民带来更多福祉；使中华民族大踏步赶上时代前进潮流、迎来伟大复兴的光明前景。1982年9月1日，邓小平在《中国共产党第十二次全国代表大会开幕词》中说："把马克思主义的普遍真理同我国的具体实际结合起来，走自己的道路，建设有中国特色的社会主义，这就是我们总结长期历史经验得出的基本结论。"[2] 而中国最大、最基本的实际，正是我国仍然处于社会主义初级阶段。因此可以说，社会主义初级阶段论，是马克思主义中国化最重要、影响面最广的创新成果。

二 计划与市场关系问题是中国经济学界研讨的第一大热点，其突出成果是确立了社会主义市场经济论

社会主义制度下计划与市场关系问题，是新中国成立以来中国经济学界讨论最为热烈、争议最大、发表文章最多、成果最为突出的问题，是我国老一辈经济学家薛暮桥1956年10月28日在《人民日报》发表《计划经济与价值规律》一文后，经济学界绵延几十年研讨的第一大热点。

说它是第一大热点，有以下几个理由。

---

[1] 于光远：《背景与论题：对改革开放初期若干经济理论问题讨论的回顾》，《经济科学》2008年第6期。

[2] 《改革开放三十年重要文献选编》（上），中央文献出版社2008年版，第260页。

（1）新中国成立后，第一次（1959年）和第二次（1979年）全国经济理论讨论会，其主题都是关于社会主义制度下的商品生产和价值规律作用问题，实质是计划与市场关系问题。

（2）新中国成立后，中国经济学家形成不同学派，首先是以对商品生产和价值规律的不同观点来区分的。如孙冶方是价值规律的宽派、于光远和卓炯是商品生产的宽派、骆耕漠是商品和价值的窄派等。

（3）改革开放后，中国经济学家争论最多、最尖锐的是坚持市场取向或市场化改革还是反对市场取向或市场化改革，这一争论可以说一直持续了整个改革开放期间。

（4）新中国成立以来中国经济学界研讨的最突出的成果，是形成了社会主义市场经济论，这一理论是我国改革开放的主要理论支柱，也是中国经济学家对马克思主义经济学宝库的主要贡献。

新中国成立以后，中国经济学家对计划与市场关系包括社会主义制度下商品生产与价值规律问题的讨论，可以分为改革开放前和改革开放后两大阶段。

改革开放前可以概括为探索时期，主要是从1956—1964年。这一时期中国经济学界比较活跃，不少有影响的经济学家频频向主流的传统经济理论挑战，提出了具有远见卓识的观点和主张。当时总的处于以阶级斗争为纲的社会环境中，政治对学术研究的干扰和破坏很大，一些经济学家挨批，蒙受不白之冤，严重影响理论探索，真知灼见受到压抑。尽管如此，以下一些经济学家的功劳是不能抹杀的。

1956年，孙冶方提出把计划和统计放在价值规律基础上的鲜明主张。[①]

[①] 孙冶方：《把计划和统计放在价值规律的基础上》，《经济研究》1956年第6期。

1957年，顾准认为，社会主义经济可以设想让价值规律自发调节企业的生产经营活动，即通过价格的自发涨落调节生产。[①]

1959年，于光远认为，凡是加入交换（只要在交换中要比较产品中所包含的社会必要劳动，依据等量劳动与等量劳动交换的原则进行）的产品，都是商品，社会主义经济中存在的几种交换关系，都是商品交换关系。[②]

1962年，卓炯（于风村）提出，商品经济是由社会分工决定的，只要存在社会分工，就存在商品经济；商品经济与社会主义不矛盾，还可以成为建设社会主义的有力工具。[③]

1963年，孙冶方提出，千规律，万规律，价值规律第一条。利润的多少是反映企业技术水平和经营管理好坏的最综合的指标。社会平均资金利润率是每个企业必须达到的水平，超过平均资金利润率水平的就是先进企业，达不到这水平的就是落后企业。[④]

需要指出，这一时期，党和国家领导人也曾提出一些有积极意义的观点和政策主张。如陈云在1956年提出在社会主义经济中要有市场调节作为补充[⑤]；毛泽东在1959年提出价值规律"是一个伟大的学校，只有利用它，才有可能教会我们的几千万干部和几万万人民，才有可能建设我们的社会主义和共产主义。否则一切都不可能"。[⑥]

但好景不长。在史无前例的"文化大革命"中，所有过去经济学界对计划与市场关系的有益探索，均被说成是反党、反社会主义、

[①] 顾准：《试论社会主义制度下的商品生产和价值规律》，《经济研究》1957年第3期。

[②] 于光远：《关于社会主义制度下商品生产问题的讨论》，《经济研究》1959年第7期。

[③] 于风村：《论商品经济》，《经济研究》1962年第10期。

[④] 孙冶方：《社会主义计划经济管理体制中的利润指标》，《孙冶方全集》第2卷，山西经济出版社1998年版。

[⑤] 参见陈云《社会主义改造基本完成以后的新问题》，《陈云文选（1956—1985）》，人民出版社1986年版，第13页。

[⑥] 《毛泽东文集》第八卷，人民出版社1999年版，第34页。

反马克思主义的大毒草，受到无休止的口诛笔伐。与此同时，"左"的一套经济理论也在发展，比如，毛泽东1975年年初在谈到社会主义制度时说："总而言之，中国属于社会主义国家，解放前跟资本主义差不多。现在还实行八级工资制，按劳分配，货币交换，这些跟旧社会没有多少差别。所不同的是所有制变更了。""我国现在实行的是商品制度，工资制度也不平等，有八级工资制，等等。这只能在无产阶级专政下加以限制。所以，林彪一类如上台，搞资本主义制度很容易。"[①] "文化大革命"后期流行的《社会主义政治经济学》（上海人民出版社1975年版），就是从经济理论上阐发一套比传统的社会主义经济理论还要片面的观点和政策主张的。总之，在这一时期，出现了经济理论的大倒退。

"文化大革命"刚结束，即开始拨乱反正，批判"四人帮"的一套"左"的理论体系。特别是改革开放后，经济学界在党的解放思想、实事求是思想路线指引下，思想异常活跃，对计划与市场关系的研究与讨论热烈展开，涌现出大批有价值的成果，并在创建社会主义市场经济论上得到绝大多数经济学家的确认。

改革开放后，社会主义市场经济论的创建不是一蹴而就，而是逐步实现的。大体说来，第一步是主张在经济活动中引入市场机制，第二步是确立社会主义商品经济论，第三步才是确立社会主义市场经济论。

第一步，改革开放初期主张在经济活动中引入市场机制，尊重价值规律的作用。其标志性举措有以下几方面。

1978年12月，具有伟大历史意义的党的十一届三中全会开启了改革开放的新时期。全会否定"以阶级斗争为纲"的错误理论和实践，做出了把党和国家的工作中心转移到经济建设上来、实行改革开放的历史性决策。全会公报指出："现在我国经济管理体制的一个严重缺点是权力过于集中，应该有领导地大胆下放，让地方和工农

---

① 参见《人民日报》1975年2月22日。

企业在国家统一计划的指导下有更多的经营管理自由权。""应该坚决实行按经济规律办事，重视价值规律的作用，注意把思想政治工作和经济手段结合起来，充分调动干部和劳动者的生产积极性。为了大力恢复和加快发展农业生产，全会建议国务院作出决定，粮食统购价格从1979年夏粮上市的时候起提高20%，超额部分在这个基础上再加价50%，棉花、油料、糖料、畜产品、水产品、林产品等农副产品的收购价格也要分别情况，逐步做相应的提高。"

从20世纪70年代末到80年代初，我国在广大农村地区实行包产到户，尊重农民的生产经营自主权；尊重农民独立的商品生产者地位；放开小商品和一部分农副产品价格；允许个体经济的存在和发展；利用外资，建立经济特区；扩大国有企业生产经营自主权；等等。这些改革开放的措施，使国民经济迅速活跃起来，广大干部和群众都亲身体会到市场机制的神奇作用。

经济学界也迅速行动。在党的解放思想、实事求是思想路线指引下，1979年4月16—29日在江苏省无锡市举行了全国第二次经济理论研讨会，主题是探讨社会主义制度下价值规律的作用。参加研讨会的有389人，我国最负盛名的经济学家薛暮桥、孙冶方参加了这次会议并做大会发言，会议共收到论文97篇，提出了许多具有深远影响的理论观点，包括：肯定社会主义经济是商品经济，肯定社会主义经济中市场调节的作用。① 在社会主义经济中，价值规律起调节作用，竞争是其内在机制。② 企业是独立的或相对独立的商品生产者和经营者，主张逐步扩大企业的自主权。1980年1月，蒋一苇进一步提出著名的企业本位论。③ 对现有不合理的价格体系和管理体制

---

① 参见中国社会科学院经济研究所资料室等编《社会主义经济中计划与市场的关系》（上、下），中国社会科学出版社1980年版。
② 参见孙尚清、陈吉元、张耳《论社会主义经济中计划性与市场性相结合的几个理论问题》，《经济研究》1979年第5期。
③ 参见蒋一苇《企业本位论》，《中国社会科学》1980年第1期。

需进行改革，逐步缩小工农业产品价格"剪刀差"。①

总之，在经济活动中引入市场机制和竞争机制，扩大市场调节作用，按价值规律办事，是1979年全国第二次经济理论研讨会的主调，对中国启动市场化改革起着先导的作用。

第二步，确立社会主义商品经济论，这是迈向社会主义市场经济论的决定性步骤。

早在20世纪70年代末80年代初，我国经济学界就有一批人写文章主张社会主义经济也是一种商品经济，价值规律在社会经济活动中起调节作用。但是，也有一些经济学家持反对态度，争论是蛮激烈的。比如，1982年，在党的十二大报告起草过程中，参加起草工作的袁木等五人给当时主管意识形态工作的胡乔木写了一封信，信中针对近几年在经济理论界占主流地位的强调市场调节作用、认为社会主义经济是商品经济的主张提出批判。信中说："在我国，尽管还存在着商品生产和商品交换，但是绝不能把我们的经济概括为商品经济。如果作这样的概括，那就会把社会主义条件下人们之间共同占有、联合劳动的关系，说成是商品等价物交换的关系；就会认定支配我们经济活动的，主要是价值规律，而不是社会主义的基本经济规律和有计划发展规律。这样就势必模糊有计划发展的社会主义经济和无政府状态的资本主义经济之间的界限，模糊社会主义经济和资本主义经济的本质区别。"② 1982年8月，胡乔木批转了这封信件。自那以后，大概有一年左右的时间，出现了不少批判社会主义经济是商品经济的文章，而主张社会主义经济也是一种商品经济的文章销声匿迹。但是，真理的声音是压不下去的。经济体制改革的实践，冲垮了上述人为地制造的理论框框。1983年

---

① 参见中国社会科学院经济研究所资料室等编《价值规律作用问题资料》，中国社会科学出版社1979年版。

② 彭森、陈立等：《中国经济体制改革重大事件》（上），中国人民大学出版社2008年版，第120页。

以后，社会主义商品经济论，以其更强烈的现实背景、更充分的理论论证，重新登上中国的论坛，吸引着千百万人的注意。1984年10月，党的十二届三中全会对我国经济界和理论界多年的争论做了总结，以党的决议的形式，肯定了我国社会主义经济是公有制基础上的有计划的商品经济。这就使我们的研究和讨论进入一个崭新的阶段。

第三步，确立社会主义市场经济论。社会主义商品经济论确立以后，经济学家没有就此停步，而是继续探索。20世纪80年代后半期，经济学家进一步提出，中国的经济改革，应明确是市场取向的改革，市场化改革。内容包括：企业应成为市场竞争主体，价格改革的目标是建立市场价格体制，建立和发展包括商品市场和要素市场在内的市场体系，宏观经济管理要从直接管理转变为以间接管理为主，实行全方位对外开放，参与国际市场竞争等。1986年，有的文章认为，宏观经济管理的目标模式，主线是国家掌握市场（即国家主要通过经济手段和市场参数调节供需，实现对市场的"领导权"），市场引导企业，或者是"国家调控市场，市场引导企业"。[①] 1987年和1991年，吴敬琏等明确提出："有计划的商品经济体制，即有宏观管理的市场经济体制。"改革的目标就是建立社会主义市场经济体制，并对新体制的框架做了比较详尽的论述。[②]

需要指出，中国经济学家在探索市场化改革过程中，也受到20世纪80年代东欧经济学家关于市场社会主义思想的影响，波兰的兰格、布鲁斯，匈牙利的科尔奈，捷克的锡克等的观点，特别是科尔奈1985年在"巴山轮"会议上推荐的ⅡB（有管理的市场协调）模式影响很大。

---

① 李成瑞：《关于宏观经济管理的若干问题》，《财贸经济》1986年第11期。
② 吴敬琏课题组：《经济体制中期改革规划纲要》，《中国改革大思路》，沈阳人民出版社1988年版；吴敬琏、刘吉瑞：《论竞争性市场体制》，中国财政经济出版社1991年版。

1992年春，中国改革开放的总设计师邓小平在"南方谈话"中，进一步阐发了他对计划和市场问题的看法，说："计划多一点还是市场多一点，不是社会主义和资本主义的本质区别。计划经济不等于社会主义，资本主义也有计划；市场经济不等于资本主义，社会主义也有市场。计划和市场都是经济手段。"① 1991年10—12月，时任中共中央总书记江泽民同志主持召开了11次专家座谈会，为1992年党的十四大有关经济体制改革和政策纲领的提法进行酝酿。座谈会上，一些专家建议实行社会主义市场经济体制，并获得与会专家的普遍赞同。座谈会的最主要成果是酝酿了"社会主义市场经济体制"的倾向性提法，同时还对这一重要提法给出两点解释：一是市场在资源配置中发挥基础性作用；二是市场是有国家宏观调控而不是放任自流的。② 1992年9月，党的十四大报告把中国经济体制改革的目标模式确定为建立社会主义市场经济体制，使市场在国家宏观调控下对资源配置起基础性作用。这标志着对经济改革理论的认识达到一个崭新的阶段。此后，社会主义市场经济理论随着改革的推进、改革经验的丰富，而日益充实和发展。

社会主义市场经济论的确立并不是一帆风顺的。1989年春夏之交的那场政治风波后，有的经济学家对市场取向改革表示怀疑或否定，主张从"市场取向"转为"计划取向"，调子最高的是，"市场经济，就是取消公有制，这就是说，是否定共产党的领导，否定社会主义制度，搞资本主义"。"市场化"就是"自由化"，是"资本主义和平演变"③ 等。由于大部分经济学家坚持"市场取向"改革，也由于1990—1991年邓小平几次讲话，明确指出不要以为计划经济就是社会主义，市场经济就是资本主义，计划和市场都是手段，都

---

① 《邓小平文选》第三卷，人民出版社1983年版，第373页。
② 参见陈君、洪南编《江泽民与社会主义市场经济体制的提出》，中央文献出版社2012年版。
③ 参见吴敬琏、张问敏《社会主义市场经济理论》，张卓元主编《论争与发展：中国经济理论50年》，云南人民出版社1999年版。

可以为社会主义服务等，这场理论争论不久就平息下去了。

社会主义市场经济理论还随着中国经济改革的深化而深化。1993年，党的十四届三中全会《中共中央关于建立社会主义市场经济体制若干问题的决定》，确定了社会主义市场经济体制的基本框架。党的十五大提出从战略上调整国有经济布局的任务，要求从整体上搞好国有经济。明确个体私营等非公有制经济是社会主义市场经济的重要组成部分。党的十六大提出建立中央政府和地方政府分别代表国家履行出资人职责，享有所有者权益，权利、义务和责任相统一，管资产和管人、管事相结合的国有资产管理体制的任务。党的十六届三中全会指出完善社会主义市场经济体制的任务，提出股份制是公有制主要实现形式、建立现代产权制度等。党的十七大提出加快建设国有资本经营预算制度，完善反映市场供求关系、资源稀缺程度和环境损害成本的生产要素和资源价格形成机制，建立全面覆盖的社会保障制度，深化政府、财税、金融、农村改革等任务。2013年，党的十八届三中全会《中共中央关于全面深化改革若干重大问题的决定》提出"紧紧围绕使市场在资源配置中起决定性作用深化经济体制改革"，"加快完善现代市场体系"，"实行统一的市场准入制度，在制定负面清单基础上，各类市场主体可依法平等进入清单之外领域"等。

与此同时，经济学家对社会主义市场经济理论问题展开了热烈的讨论，发表了大量的论著，社会主义市场经济论逐步深入人心。现代企业制度理论、公司治理理论、利用外资理论、市场决定理论、资本市场理论、市场价格理论、公共财政理论、金融创新理论、社会保障理论、效率与公平关系理论、法治市场经济理论、公有制与市场经济结合理论、收入分配理论、"三农"问题，等等，经济学界都有深入研究，其中有些成果具有超前性。

在社会主义市场经济理论创新和党的强力推动下，中国的市场化改革步步深入。举其要者有：1994年分税制改革，20世纪90年代以来国有企业的公司制股份制改革，1992年以后个体私营经济的迅速发展，20世纪末开展的以明晰产权为中心的集体企业改革，2001年加入世界贸易组织，2002年以来的国有资产管理体制改革，2003年以来财政向公共财政转型并要求逐步做到基本公共服务均等化，2005年以来上市公司股权分置改革，中国建设银行、中国银行、中国工商银行、中国农业银行先后整体上市，人民币汇率形成机制改革，企业和个人所得税制改革，2006年取消农业税，20世纪末开始的农村综合改革，以全覆盖为目标的社会保障制度建设。党的十八大特别是2013年党的十八届三中全会后，市场化改革大步推进。各级政府推进"放管服"改革，商品和服务价格97%已经放开由市场调节，利率市场化基本实现，2018年正式对外商投资实行准入前国民待遇加负面清单管理，"一带一路"建设顺利推进，等等。

应当清醒认识，中国社会主义市场经济体制仍然不够完善，还有不少改革攻坚任务有待完成。举其要者至少有：政企分开、政资分开尚未很好实现，各种所有制经济平等竞争环境尚未很好地形成，国有资产管理体制有待健全，垄断行业改革任务艰巨，宏观调控过多地运用行政手段，收入分配关系远未理顺，社会保障体系需要健全，防范系统性金融风险亟待完善，对外开放的水平和质量有待提高，市场经济法制体系有待完备，等等。要加大改革力度，力争到2020年建成比较完善的社会主义市场经济体制。

可以预期，随着改革攻坚的深入开展，随着社会主义市场经济体制的逐步完善，社会主义市场经济论将不断丰富和发展，形成一套完整的理论体系，成为中国特色社会主义理论体系的一个最重要的组成部分，并使马克思主义经济学原理得到划时代发展。

回顾新中国成立以来我国经济学界对计划与市场关系和经济体制改革的研究与探索，可以得出以下几点认识。

第一，计划与市场关系问题，是社会主义经济理论的核心问题。传统的社会主义经济理论的根本缺陷，在于把作为经济调节手段的计划或市场，说成是区分社会主义经济制度和资本主义经济制度的基本标志，把计划等同于社会主义，市场等同于资本主义。这种认识，完全不符合世界各国经济发展的实践。第二次世界大战以后，许多发达的资本主义国家，也在制订各种经济发展计划，调控宏观经济的运行。而实行传统社会主义计划经济体制的国家，则因贬低和排斥市场的作用，窒息了经济的生机和活力，以致在和平经济竞赛中败北。事实使越来越多的经济学家认识到，社会主义国家只有借助市场，才能重新活跃被指令性计划捆死了手脚的经济活动；只有发挥市场在资源配置中的基础性和决定性作用，才能提高经济效益。当然，市场也不是万能的，需要有"看得见的手"如政府的宏观调控等，来纠正市场的缺陷，以保证经济的健康运行。

第二，社会主义政治经济学的科学性，在很大程度上取决于是否能够科学地阐明社会主义同商品经济与市场经济的关系，使社会主义与市场经济相互适应相互结合。中国特色社会主义经济建设，就是发展社会主义市场经济。在世界科技进步加速、经济全球化趋势不可阻挡的今天，只有快速发展社会主义市场经济，才能振兴中华，实现工业化、信息化、城市化和现代化，有效参与国际市场竞争，跻身世界民族之林，以经济的辉煌业绩证明社会主义市场经济理论的确立与成熟，从而构建中国特色社会主义政治经济学大厦。

第三，作为社会主义政治经济学的重要组成部分的转轨经济学或过渡经济学，也是以论述从计划主导型经济体制向社会主义市场经济体制转轨的过程及其规律性为主要内容的。中国是一个拥有十多亿人口的大国。迄今为止，只有中国的经济体制转轨的经验和规律性，最具有典型意义。揭示中国经济体制转轨规律性，将为现代经济科学增添新的篇章，从而丰富和发展现代经济科学。

第四，社会主义市场经济论，是全新的理论体系，既需社会主义市场经济的发展实践为这一理论提供素材和养料，也需要经济学家的艰辛探索和理论概括，需要经济学家的理论勇气和攀登科学高峰的精神。认识真理的过程是复杂而曲折的。真理有时在少数人手里。真理被大多数人认识需要一个过程。在学术研究上真正贯彻"双百"方针，是经济学家们由衷的期盼。这也是防止扼杀真理、打击坚持真理者悲剧重演的重要保证。

三 所有制理论的重大突破：确认公有制为主体、多种所有制经济共同发展平等竞争，股份制是公有制主要实现形式

新中国成立70年来，中国经济学界在探索计划与市场关系这一世界性难题的同时，对所有制理论进行了深入研讨，并取得重大突破性进展。

1.20世纪50年代关于对农业、手工业和私人资本主义工商业的社会主义改造问题研究

中国1953—1956年对个体农业、手工业和私人资本主义工商业等生产资料私有制进行大规模的社会主义改造。1959年人民出版社出版，由薛暮桥、苏星、林子力合著的《中国国民经济的社会主义改造》一书，是这方面研究的代表性成果。当时经济学界着重阐述中国的社会主义改造走的是从中国国情出发的独特道路，主要是引导个体农业、手工业走合作化道路，对私人资本主义工商业采取和平赎买的方针，并且在短短几年取得了决定性进展。"文化大革命"后，有些经济学家以及其他各界人士认为20世纪50年代的社会主义改造也存在一些缺点和错误。对此，1981年6月党的十一届六中全会通过的《中共中央关于建国以来党的若干历史问题的决议》说："这项工作中也有缺点和偏差。在一九五五年夏季以后，农业合作化以及对手工业和个体商业的改造要求过急，工作过粗，改变过快，形式也过于简单划一，以致在长期间遗留了一些问题。一九五六年资本主义工商业改造基本完成以后，对一部分原工商业者的使用和处理也不很适当。"[①]

2.20世纪50年代社会主义改造基本完成到改革开放前

社会主义改造基本完成至"文化大革命"结束前，经济论坛上的主流观点还是斯大林的教条，即认为社会主义公有制是社会主义社会

---

① 《改革开放三十年重要文献选编》（上），中央文献出版社2008年版，第189页。

的唯一的经济基础，社会主义公有制包括全民所有制和集体所有制，全民所有制是高级形式，集体所有制是低级形式，随着社会生产力发展，集体所有制要向全民所有制过渡，形成全面的全民所有制。

在这期间，也提出了一些有创新价值的观点。

（1）孙冶方1961年提出社会主义制度下，生产资料的所有权同占有权、使用权和支配权是可以分离的，认为在全民所有制之下，"经营管理权问题应该代替所有制的地位而成为社会主义政治经济学所要研究的生产关系三个方面中的第一个方面"。"财经管理体制的中心问题是作为独立核算单位的企业的权力、责任和它们同国家的关系问题，也即是企业的经营管理权问题。"[①] 苏绍智持有类似的观点。[②]

（2）骆耕漠于1959年提出"大全民"中有"小全民"的独特观点。他认为，"在社会主义阶段，全民所有制的生产资料和产品，在一定范围内和一定程度上，还包含有局部全民所有的关系，即在'大全民'所有之中还有'小全民'所有的关系"。"这种大小全民的交叉关系，归根到底也是由于生产力发展水平还不够高和人们的共产主义觉悟还不够高。这两点使代表全民的国家，对于它的地方经济组织和各部门经济组织以及基层的企业单位，还必须适当利用物质利益去推动它们努力管好生产，好像国家必须适当利用'按劳分配'原则（物质利益）去推动人们努力劳动一样。"[③]

（3）骆耕漠1957年提出集体所有制是"内公外私"的观点。他说："集体所有制经济虽然是社会主义经济，但是毕竟是一伙人一伙人的公有，它们并不是全民所有；——我认为甚至还可以这样说，那一伙一伙的集体公有制经济是'内公外私'的，即它对内为公有，对国家就比全民所有制经济内部的企业和个人对国家还含有更多的'私

---

① 孙冶方：《关于全民所有制经济内部的财经体制问题》，《社会主义经济的若干理论问题》，人民出版社1979年版，第140页。

② 参见苏绍智《试论生产资料的所有权、占有权、支配权和使用权》，《学术月刊》1962年第6期。

③ 骆耕漠：《关于从社会主义向共产主义过渡的问题》，《新建设》1959年第8期。

的残余'。"① 3. 改革开放后至2019年

改革开放后,中国经济学界在所有制理论方面有一系列重大突破。

首先,在所有制结构方面,认为在中国生产力发展水平不高,仍处于社会主义初级阶段的条件下,必须允许个体私营等非公有制经济的存在和发展。1997年,党的十五大进一步确立以公有制为主体、多种所有制经济共同发展为现阶段基本经济制度。

我国著名经济学家薛暮桥早在1979年就针对当时全国城镇待业人员已达2000多万人,影响社会安定的实际情况,勇敢地提出发展多种经济成分、广开就业门路的重要建议。明确提出:"在目前,留一点个体经济和资本主义的尾巴,可能利多害少。""我们现在还不可能使资本主义绝种,有一点也没有什么可怕。"② 他是在我国改革开放后最早倡导发展多种经济成分的经济学家。

中国经济体制改革的一个显著特点和优点是:在公有制推进改革的同时,体制外个体私营经济飞速发展,成为国民经济的新的生长点和吸收就业的重要渠道,使经济迅速活跃起来。到2017年年底,中国私营企业达2700万家;个体工商户已超过6500万户。民营经济税收已经超过全国的50%,占国内生产总值的比重已经超过60%,还提供了70%以上的技术创新成果、80%以上的城镇就业岗位、90%以上的企业数量。③ 习近平总书记2018年11月10日在民营企业座谈会上的讲话中进一步指出:"民营企业和民营企业家是我们自己人。""在全面建成小康社会、进而全面建设社会主义现代化国家的新征程中,我国民营经济只能壮大、不能弱化,不仅不能'离场',而且要走向更加广阔的舞台。"④

改革开放后的实践证明,允许个体、私营等非公有制经济发展,

---

① 骆耕漠:《社会主义制度下的商品和价值问题》,科学出版社1957年版。
② 参见《薛暮桥回忆录》,天津出版社1996年版,第349页。
③ 参见《人民日报》2018年11月2日。
④ 习近平:《在民营企业座谈会上的讲话》,人民出版社2018年版,第7页。

确认个体、私营等非公有制经济是社会主义市场经济的重要组成部分，社会主义基本经济制度的确立，大大解放了社会生产力，有力地促进了中国经济持续、快速发展。2017年，党的十九大报告进一步提出，必须坚持和完善我国社会主义基本经济制度和分配制度，毫不动摇巩固和发展公有制经济，毫不动摇鼓励、支持、引导非公有制经济发展。"推动国有资本做强做优做大""支持民营企业发展，激发各类市场主体活力"，等等。这就为今后进一步完善所有制结构指明了方向。

其次，提出公有制实现形式可以多样化，认为股份制是公有制包括国有制能同市场经济相结合的有效实现形式。

早在20世纪80年代初期，就有经济学家提出，随着改革的推进，公有制将不只限于全民所有制和集体所有制两种形式，"社会主义公有制目前出现许多形式"，"我们应该根据实际经济生活中的变化来重新研究社会主义生产资料所有制的理论，而不是用现成的理论去套实际生活中的复杂情况"。[①]

有的经济学家还提出社会主义所有制多样性概念，指出，在不发达的社会主义社会，公有制还不是"一刀切"和清一色，而是一个多样性的复合结构，是一个以全民所有制为主导，由集体所有制、联合所有制和其他公有制形式组成的，公有化程度由高到低的多层次、多阶梯的占有关系体系。这种公有制的复杂性是与生产力的不平衡与多层次相适应的。应从社会主义商品性再生产的运动中来考察各种占有关系的组合、交错和互相渗透，来进一步分析和揭示社会主义公有制的十分丰富的具体形态。[②]

从20世纪80年代中期起，中国社会经济生活中开始发展股份制经济。这是一种混合所有制经济。其中，大量的公有成分控股

[①] 何伟：《社会主义公有制应当有多种形式》，《人民日报》1984年12月31日。
[②] 刘诗白：《社会主义所有制结构》，《中国社会主义经济理论的回顾与展望》，经济日报出版社1986年版。

的股份制经济,应看成公有制的一种形式。经济学家对此争议不大。20世纪80年代末特别是90年代,各地还出现各种各样的股份合作制经济。一般认为,股份合作制经济具有不同程度的公有性,其中以劳动者的劳动和资本联合为主的股份合作制,是公有制的一种新形式。

1987年,国家经济体制改革委员会综合规划司委托中国社会科学院、中共中央党校、北京大学等研究提出的中期(1988—1995年)改革规划报告中,几乎都提出了从当时的承包制向股份制过渡的建议,指出由于承包制并未从根本上改变传统国有企业产权制度中的先天性弱点,因而企业改革必须朝产权关系重组的方向即股份制的方向发展。[①]

党的十五大报告对寻找公有制实现形式方面有重大突破。报告提出,公有制实现形式可以而且应当多样化。一切反映社会化生产规律的经营方式和组织形式都可以大胆利用。要努力寻找能够极大地促进生产力发展的公有制实现形式。股份制是一种现代企业的资本组织形式,有利于所有权和经营权的分离,有利于提高企业和资本的运作效率,资本主义可以用,社会主义也可以用。不能笼统地说股份制是公有还是私有,关键看控股权掌握在谁手中。国家和集体控股,具有明显的公有性,有利于扩大公有资本的支配范围,增强公有制的主体作用。党的十五大报告的这一论述,具有重要的指导意义。党的十五大后,有的文章列举改革开放以来除国有制和集体所有制外,提出和实践公有制的新实现形式有:股份合作制、社团所有制、租赁、委托经营、地方社团所有制、公有制控股的股份有限公司、乡镇村组所有制等。[②]

[①] 参见国家经济体制改革委员会综合规划司编《中国改革大思路》,沈阳出版社1988年版。

[②] 参见魏杰《公有制的多种实现形式:理论根据与观念创新》,王珏主编《劳者有其股——所有制改革与中国经济论坛》,广西人民出版社1997年版。

2003年，党的十六届三中全会《中共中央关于完善社会主义市场经济体制若干问题的决定》，进一步提出股份制是公有制主要实现形式的论断，指出："要适应经济市场化不断发展的趋势，进一步增强公有制经济的活力，大大发展国有资本、集体资本和非公有资本等参股的混合所有制经济，实现投资主体多元化，使股份制成为公有制的主要实现形式。"2013年，党的十八届三中全会《中共中央关于全面深化改革若干重大问题的决定》，又提出混合所有制经济是基本经济制度的重要实现形式。"以管资本为主加强国有资产监管。"一些经济学家认为，公有制实现形式多样化，股份制是公有制主要实现形式，混合所有制经济是基本经济制度的重要实现形式，说明我们已找到了公有制同市场经济相结合的正确途径，社会主义市场经济论立论更为充分、更为坚实了。

最后，国有大中型企业要走公司制股份制改革和混合所有制改革道路。

新中国成立后头30年，在社会主义改造基本完成后，除农村外，全国几乎是国有企业一统天下，城镇集体企业实际上是地方国有企业。这些国有企业并不是真正意义的具有独立经济利益的市场主体和法人实体，而是他们上级行政主管部门的附属物和算盘珠，按照国家的指令性计划进行生产和经营，利润全部或几乎全部上交，职工工资由主管部门统一规定，企业吃大锅饭，职工捧铁饭碗，干多干少一个样，干好干坏一个样，严重束缚了企业和职工的积极性和创造性，企业没有多少活力，经济效益不高。

1978年年底实行改革开放以后，国有企业改革是从扩大企业自主权开始的。在这前后，经济学界则从理论上论证国有企业在社会主义制度下也应是独立的商品生产者和经营者，是经济利益主体。除了蒋一苇提出著名的"企业本位论"外，有的经济学家提出"两权即所有权和经营权分离"理论、"承包制"理论等。随着市场取向改革的深化，人们发现，光是放权让利没有约束机制会导致短期行为和造成国有资产流失。一些经济学家撰文认为20世纪80年代后期到 90 年代初实行的承包制不能解决政企不分问题，不能使不同企业进行平等竞争，并导致企业短期行为，主张国有大中型企业应建立现代企业制度，取代承包制。① 有的则提出对国有大中型企业进行股份制改造。② 1992 年，党的十四大确立社会主义市场经济体制为中国经济体制改革的目标模式。1993 年 11 月，党的十四届三中全会《中共中央关于建立社会主义市场经济体制若干问题的决定》，明确提出国有企业改革的方向是建立现代企业制度，并指出现代企业制度的特征是：产权清晰，权责明确，政企分开，管理科学。从此，中国国有企业改革进入了制度创新的阶段。到 2018 年，中国国有企业改革已取得重大进展，全国国有企业公司制改制面达到 94%。到 2016 年年底，中央企业混合所有制企业占比达 68.9%。③ 国有大中型企业已初步建立现代企业制度，已初步适应市场经济，竞争力逐步提高；大量国有中小企业，也已通过多种形式放开搞活。国有经济继续在国民经济中发挥主导作用，国有和国有控股企业已成为社会主义市场经济中具有相当竞争力的市场主体。

围绕着国有企业公司制、股份制改革，经济学家深入研究了股份制理论、现代公司理论、公司治理理论、国有资产管理理论、委托代理理论、现代产权理论、混合经济理论、垄断与竞争理论、市场主体平等竞争理论等。④ 一系列企业理论创新成果，有力地推动了国企改革的深化和国有企业治理水平的提高。

---

① 参见吴敬琏等《大中型企业改革：建立现代企业制度》，天津人民出版社 1993 年版。

② 参见厉以宁《所有制改革和股份制企业管理》，《中国经济体制改革》1986 年第 12 期、1987 年第 1—2 期。

③ 参见《经济参考报》2018 年 10 月 16 日。

④ 参见张卓元、郑海航主编《中国国有企业改革 30 年的回顾与展望》，人民出版社 2008 年版；刘小玄《奠定中国市场经济的微观基础：企业革命 30 年》，格致出版社、上海人民出版社 2008 年版；吕政、金碚主编《中国国有企业改革 30 年研究》，经济管理出版社 2008 年版。

四 分配理论重大创新：按劳分配为主体，劳动、资本、技术、管理、土地等生产要素按贡献参与分配

1. 新中国成立头 30 年关于按劳分配问题的研究和讨论

按劳分配问题也是中国经济学界研讨的一个热点。1959 年第一次全国经济理论讨论会，第一主题是社会主义制度下商品生产和价值规律问题，另一主题就是按劳分配和计件工资问题。当时主流的观点是肯定按劳分配和计件工资，肯定物质利益原则在社会主义社会的作用，纠正 1958 年张春桥发表文章[①]否定社会主义按劳分配原则的影响。从那以后至"文化大革命"前，经济学界在讨论中提出了一些有价值的观点。

一是 1962 年，沈志远提出按劳分配具有相对稳定性，按劳分配、物质利益原则同"政治挂帅"不矛盾的观点，指出，在社会主义历史阶段内，"按劳分配制度势必经历一个不断完善、不断巩固和发展的过程"。"片面地强调政治挂帅而忽视群众的物质利益，也会影响群众的积极性……正确贯彻'按劳分配'原则、坚持社会主义的分配制度，本身就是'政治挂帅'的一个重要方面。反之，若不重视'按劳分配'原则，不重视群众的物质利益，那个'政治挂帅'就会落空。"[②]

二是王学文提出劳动力部分私有决定了要实行按劳分配的观点。他说："在社会主义的全民所有制之中，带有部分的劳动（对象在生产物中的劳动）个人所有制的因素。这种所有制的存在，是由劳动生产力的发展水平，由旧社会遗留下来的三大差别（工农差别、城乡差别及体力劳动与脑力劳动之间的差别）及资产阶级式的权利的残余的存在所决定的。既然有部分劳动个人所有制因素的存在，社会为了承认这种所有者的所有权，就要以全民所有的消费品与个人

---

① 张春桥：《破除资产阶级法权思想》，《解放》1958 年第 6 期；《人民日报》1958 年 10 月 13 日转载。

② 沈志远：《关于按劳分配的几个问题》，《文汇报》1962 年 8 月 30 日。

所有的劳动相交换。"①

三是顾准等提出劳动报酬与企业的经营成果相联系的观点。顾准认为，"使劳动者的物质报酬与企业盈亏发生程度极为密切的联系"，"实行经济核算制，就有可能利用价格与工资率，调节劳动者的报酬"。② 1962 年，施修霖也提出应"按企业的综合经营效果提取奖金"。③

四是李云提出计件工资是按劳分配的好形式。他说，计件工资"比起计时工资来，计件工资有把按劳分配的原则表现得直接、简单、明了，因而也为群众懂得的特点"，"计件工资最能体现同工同酬"，"按劳分配这个原则本身就意味着分配要根据劳动的结果，那就不能责怪计件工资太按劳分配了"。④

五是乌家培提出实行按劳分配就要贯彻物质利益原则。他说："工作人员从物质利益上关心社会生产的发展，是按劳分配规律的基本特点之一。按劳分配规律在社会主义经济中的作用直接决定了物质利益原则。""对这个原则运用得越好越充分，社会主义社会的优越性也表现得越大越明显。"⑤

六是在 1976 年粉碎"四人帮"后至 1978 年的两年间，中国经济学界在理论上拨乱反正是从按劳分配问题着手进行的。从 1977 年 4 月至 1978 年 11 月的一年多时间里，在于光远的主持和推动下，我国经济学界举行了四次按劳分配问题理论讨论会。其中，第一、第二次会议的中心议题，就是揭发批判"四人帮"极"左"的反动谬论，肃清他们诋毁按劳分配的流毒和影响。其他两次会议除继续批

---

① 王学文：《社会主义制度下的商品关系与价值规律》，《经济研究》1959 年第 5 期。
② 顾准：《试论社会主义制度下的商品生产和价值规律》，《经济研究》1957 年第 3 期。
③ 施修霖：《关于企业奖励制度的若干问题》，《大公报》1962 年 5 月 14 日。
④ 李云：《对计件工资的一些看法》，《经济研究》1959 年第 5 期。
⑤ 乌家培：《略论物质利益原则的性质》，《经济研究》1959 年第 8 期。

判"四人帮"谬论外，还对按劳分配的性质、对象、形式等问题展开了学术讨论。[①]

2. 改革开放以后关于按劳分配和按要素分配等问题的讨论

1979年改革开放后，在分配理论方面取得的最大突破是提出了在社会主义社会除了要实行按劳分配以外，还要按生产要素进行分配。最早提出按生产要素分配的是谷书堂和蔡继明教授。他们于1988年就提出按劳分配与按生产要素分配结合的观点。[②] 当时有一些经济学家不赞成他们的观点，展开过相当热烈的讨论。但不久，随着社会主义市场经济体制改革目标模式的确立，按生产要素分配逐步被党的文件确认。1997年，党的十五大报告提出："坚持按劳分配为主体、多种分配方式并存的制度。把按劳分配和按生产要素分配结合起来，坚持效率优先、兼顾公平。"2002年，党的十六大报告提出："确立劳动、资本、技术和管理等生产要素按贡献参与分配的原则，完善按劳分配为主体、多种分配方式并存的分配制度。"2007年，党的十七大报告进一步重申了上述方针，指出："要坚持和完善按劳分配为主体、多种分配方式并存的分配制度，健全劳动、资本、技术、管理等生产要素按贡献参与分配的制度，初次分配和再分配都要处理好效率和公平的关系，再分配更加注重公平。"

按生产要素贡献参与分配，会不会违背劳动价值论？这是经济学家们关注的问题。在1998年，就有经济学家指出，按要素分配并不违背劳动价值论。劳动价值论是指商品价值由人的活劳动创造，它涉及的是生产领域，而按生产要素分配是指在生产过程中创造的价值如何分配，它涉及的是分配领域，根本不涉及价值是如何创造的。萨伊的要素参与分配理论是要素创造价值，而我们所说的要素参与分

[①] 参见经济研究编辑部编《中国社会主义经济理论的回顾与展望》，经济日报出版社1986年版，第381—383页。

[②] 参见谷书堂、蔡继明《按贡献分配是社会主义初级阶段的分配原则》，中共中央宣传部主编《理论纵横》上篇，河北人民出版社1988年版；又发表在《经济学家》1989年第2期。

配，并不涉及要素创造价值，而是指要素在形成财富中的作用。[1]

关于效率与公平关系问题，是有关分配问题讨论的另一个热点。

1993年，在党的十四届三中全会《中共中央关于建立社会主义市场经济体制若干问题的决定》中，提出实行效率优先、兼顾公平的原则。此前1986年，年轻经济学家周为民、卢中原就提出了这一主张[2]，但未引起讨论热潮。1993年，十四届三中全会《决定》确认效率优先、兼顾公平后，一直到2003年党的十六届三中全会《中共中央关于完善社会主义市场经济体制若干问题的决定》确认效率优先、兼顾公平后，一直到2003年党的十六届三中全会决定》，党的历次重要文件都重申效率优先、兼顾公平。在这12年间，可以说，经济学界主流观点是认同效率优先、兼顾公平原则，先把蛋糕做大，然后再考虑如何把做大的蛋糕合理地分配。进入21世纪后，由于我国居民收入分配差距逐步扩大，基尼系数已突破0.4的警戒线，经济学界逐渐有人写文章主张放弃效率优先、兼顾公平，改为效率与公平并重。从党的文件看，2004年党的十六届四中全会开始，已不再提效率优先、兼顾公平。但经济学家中则仍存在两种不同的观点，一种认为仍应坚持效率优先、兼顾公平[3]；另一种则认为应放弃效率优先、兼顾公平，改为效率与公平并重。[4] 本总论执笔人认为，在改革初期，为了在分配方面打破平均主义，尽快把国民经济这块蛋糕做大，提出和实行效率优先、兼顾公平的原则是对的，必要的。进入21世纪以后，由于居民收入分配差距过大的问题越来越突

---

[1] 黄泰岩：《论按生产要素分配》，《中国经济问题》1998年第9期。

[2] 周为民、卢中原：《效率优先、兼顾公平——通向繁荣的权衡》，《经济研究》1986年第2期。

[3] 晓亮：《"效率优先、兼顾公平"的提法不能改变》，《经济研究资料》2003年第12期。

[4] 于祖尧：《中国经济转型时期个人收入分配研究》，经济科学出版社1997年版，第42页；刘国光：《不能迷信"效率优先、兼顾公平"的口号》，《经济研究资料》2003年第10期。

出，居民收入分配政策需更加注重公平，遏制收入差距过分扩大的趋势，应择机放弃效率优先、兼顾公平，转而实行效率与公平兼顾、大体同等重视的原则，以利于实现全体人民的共同富裕。[①] 当然，这个问题可以继续深入讨论。

除以上两个问题外，经济学家们还对我国改革开放后居民收入差距问题，特别是基尼系数问题、库兹涅茨倒 U 形曲线是否适用于中国以及社会保障理论等问题进行了研讨，出版了王春正主编的《中国居民收入分配问题》（中国计划出版社 1995 年版）、赵人伟等《中国居民收入分配再研究——经济改革发展中的收入分配》（中国财政经济出版社 1999 年版）、陈宗胜等《再论改革与发展中的收入分配——中国发生两极分化了吗？》（经济科学出版社 2002 年版）等论著。

3. 发展成果共享理论的提出与发展

2007 年，党的十七大报告提出发展成果人民共享理论。指出，"要始终把实现好、维护好、发展好最广大人民的根本利益作为党和国家一切工作的出发点和落脚点，尊重人民主体地位，发挥人民首创精神，保障人民各项权益，走共同富裕道路，促进人的全面发展，做到发展为了人民、发展依靠人民、发展成果由人民共享"。为此还提出，"逐步提高居民收入在国民收入分配中的比重，提高劳动报酬在初次分配中的比重。着力提高低收入者收入，逐步提高扶贫标准和最低工资标准，建立企业职工工资正常增长机制和支付保障机制。创造条件让更多群众拥有财产性收入"。

党的十七大提出上述要求，缘于那时收入分配结构严重失衡，储蓄与消费失衡，储蓄率太高，消费率太低。1978 年，中国储蓄率为 38.6%，到 2008 年，储蓄率上升至 50.8%，比世界平均储蓄率 23.9% 高 26.9 个百分点。其中，2002—2007 年储蓄率从 39.4% 上升至 49.9%。与此同时，消费率大幅度下降，1978 年中国消费率为

---

① 参见张卓元《社会主义市场经济论：靠深化改革立论》，《经济研究》2001 年第 7 期。

61.4%，2007年下降为50.1%，其中2002—2008年消费率连续下降，平均每年下降2.1个百分点。消费率下降主要是居民消费率下降造成的，1978年居民消费率为48.4%，下降至2006年的38%、2007年的36.7%。① 多年来中国内需不足，主要就是居民消费需求不足。居民消费率太低，重要原因，是劳动报酬在初次分配中的比重下降，居民收入在国民收入中的比重下降。据测算，1992年，劳动报酬占国内生产总值的比重为49.4%，2004年下降到42.14%。随着劳动报酬在国内生产总值中的比重下降，居民收入在国内生产总值中的比重呈下降趋势。1992年，居民收入占国内生产总值的比重为65%左右，2012年下降到占41.6%。②

党的十七大后，居民消费支出占国内生产总值的比重，在2010年降至最低点35.6%，此后逐年提高，2011年提高到36.3%，2012年提高到36.7%。

2012年党的十八大进一步提出"两个同步"和"两个提高"的方针，即"居民收入增长和经济发展同步、劳动报酬增长和劳动生产率提高同步，提高居民收入在国民收入中的比重，提高劳动报酬在初次分配中的比重"。2015年，习近平总书记进一步提出创新、协调、绿色、开放、共享发展理念，把共享提升为新发展理念。在他主持的《中共中央关于制定国民经济和社会发展第十三个五年规划的建议》中说："共享是中国特色社会主义的本质要求。必须坚持发展为了人民、发展依靠人民、发展成果由人民共享，作出更有效的制度安排，使全体人民在共建共享发展中有更多获得感，增强发展动力，增进人民团结，朝着共同富裕方向稳步前进。""十八大以后，居民收入增速超过国内生产总值增速和人均国内生产总值增速。2013—2017年，居民收入年均增长7.4%。2009年，我国居民人均

---

① 参见国家统计局编《2018中国统计摘要》，中国统计出版社2018年版，第32页。
② 参见张卓元、胡家勇、万军《中国经济理论创新四十年》，中国人民大学出版社2018年版，第143页。

可支配收入突破万元大关，为10977元，而到2018年，居民人均可支配收入已达28228元。全国居民人均消费支出2013年为13220元，而到2018年，已提高到19853元。消费对经济增长的贡献率从2015年开始超过50%，2018年为76.2%。2017年，我国居民家庭消费的恩格尔系数（食品支出占消费总支出的比重）已经降到30%以下，2018年为28.4%，通信、教育、旅游、休闲、健身等新兴消费快速发展。我国收入差距总体上呈现逐步缩小态势，中等收入群体总规模已达到3亿多人，形成了世界上最大规模的中等收入群体。"[①]与此同时，脱贫攻坚取得重大进展，2013—2018年，贫困人口减少8200万人，贫困发生率由10.2%下降到1.7%。

五 国民经济从封闭半封闭走向开放，以开放促改革、促发展，"引进来"与"走出去"互相结合，逐步形成顺应经济全球化的对外开放理论

改革开放前，中国经济学界关于对外经济问题研究甚少，几乎是空白地带。那时，一般是重复斯大林1952年发表的《苏联社会主义经济问题》一书中提出的"两个平行的世界市场理论"，即一个是资本主义世界市场，一个是社会主义世界市场。斯大林认为在社会主义世界市场中，社会主义各国可以依靠相互间的互助合作，实现经济的发展，"不需要从资本主义国家输入商品"。尽管在具体做法上没有完全按照斯大林的教条，但对外贸易特别是与资本主义国家的贸易等对外经济关系很不发达，处于半封闭状态。

1. 1978年年底党的十一届三中全会后中国实行对外开放

改革开放后，在经济工作实践中，最先实行的两大对外开放举措是：1979年7月，中央批准广东、福建两省在对外经济活动中实行特殊政策和灵活措施；1979年7月15日，中共中央、国务院决定

[①] 参见李培林《全面深化改革推动社会建设迈上新台阶》，《人民日报》2019年1月8日。

在深圳、珠海、汕头、厦门试办特区，1980年5月16日，又决定将特区命名为"经济特区"；1988年又建立海南经济特区。特区经济发展以吸引外资为主，产品主要外销，实行不同于内地的管理体制（如企业所得税率为15%），有更大的管理自主权。特区是对外开放的窗口，发挥着示范、辐射和带动作用。此后，中国对外开放由东到西，由来料加工放开制造业到逐步放开服务业等，发展为实行高水平全方位的对外开放。

中国在扩大对外开放中，在2012年党的十八大以前，有两件标志性事件。一个是2001年11月中国加入世界贸易组织，这是中国顺应经济全球化潮流的重大举措，具有里程碑式的意义。加入世界贸易组织，表明中国对外开放进入一个崭新的阶段，中国已大胆走进国际市场竞争的舞台。在加入世界贸易组织的谈判过程中，许多人忧心忡忡，怕加入世界贸易组织影响国家经济安全，许多产业会受到很大冲击，弊大于利。但加入世界贸易组织后，实践表明，加入世界贸易组织对中国利大于弊，原来的许多担心都没有出现。中国是经济全球化的受益者。加入世界贸易组织以后，到2008年国际金融危机爆发，中国的经济总量、对外贸易、利用外资、外汇储备等一段时间增速有所加快。而且，开放促进了改革，加入世界贸易组织使中国一大批同市场经济一般规则相抵触的法律法规和政策得以废止和修正。许多产业和企业着力提高自主创新能力，提高在国际市场的竞争力。到2008年，中国货物进出口总额达到25633亿美元，比2001年的5097亿美元增长了4倍。2011年，中国货物进出口总额进一步提高到3.6万亿美元。到2011年，中国已连续三年成为世界货物贸易第一出口大国和第二进口大国。另一个是从2005年以后，中国从着重"引进来"到重视"走出去"，以便更好地利用两个市场、两种资源，优化资源配置。2005年，我国主要矿产品的对外依存度，已由1990年的5%，提高到50%左右，资源"瓶颈"制约突出；同时，不少产品生产能力过剩，要到国际市场找出路，从此更加重视"走出去"对外投资，寻找资源和市场。到2010年，企业对外直接投资累计已达2200亿美元。2017年对外直接投资1246亿美元，2018年为1205亿美元。对外工程承包和劳务合作营业额2018年已达1690亿美元。2018年，中国外汇储备已达30727亿美元，占世界第一位，完全有条件更好地"走出去"，扩大对外投资。

在对外开放初期，社会各界一直有争论。邓小平旗帜鲜明地阐明了对外开放的重要性和深远意义。1984年，邓小平说："我们在制定对内经济搞活这个方针的同时，还提出对外经济开放。总结历史经验，中国长期处于停滞和落后状态的一个重要原因是闭关自守。经验证明，关起门来搞建设是不能成功的，中国的发展离不开世界。"① 针对引进外资是否值得的争论，邓小平于1992年提出了著名的"三个有利于"原则（即有利于发展社会主义社会的生产力，有利于增强社会主义国家的综合国力，有利于提高人民的生活水平）。他说："有的人认为，多一分外资，就多一分资本主义，'三资'企业多了，就是资本主义的东西多了，就是发展了资本主义。这些人连基本常识都没有。我国现阶段的'三资'企业，按照现行的法规政策，外商总是要赚一些钱。但是，国家还要拿回税收，工人还要拿回工资，我们还可以学习技术和管理，还可以得到信息、打开市场。因此，'三资'企业受到我国整个政治、经济条件的制约，是社会主义经济的有益补充，归根到底是有利于社会主义的。"②

在我国对外开放的成功实践的鼓舞和邓小平一系列倡导对外开放政策的鼓励下，我国经济学界积极展开对外开放理论的研究，并取得了一系列丰硕的成果。

20世纪80年代初，经济学界首先对李嘉图的比较成本学说在对外贸易中的适用性进行探索。1980年，《中国社会科学》创刊号发表的打头文章，就是由袁文祺等撰写的《国际分工与我国对外经济

---

① 《邓小平文选》第三卷，人民出版社1993年版，第78页。
② 《邓小平文选》第三卷，第373页。

关系》一文①，该文从理论上论证了发展对外贸易包括发展同资本主义国家对外贸易，可以取得比较利益，对国家的经济发展有积极作用。一些学者支持或持有类似上述观点。②

20世纪90年代后期，经济学界进一步从比较优势研究转向竞争优势研究。有的文章认为，单纯由资源禀赋决定的比较优势在国际贸易中不一定具有竞争优势，单纯依据资源禀赋来确定自己的国际贸易结构，企图以劳动密集型产品作为出口导向，就会跌入"比较利益陷阱"，长期下去将不利于发展中国家国民经济的健康发展和产业结构的调整与升级。比较优势只有最终转化为竞争优势，才能形成真正的出口竞争力。为适应知识经济和高新技术产业蓬勃发展的需要，中国外贸发展战略从以比较优势为导向转向以竞争优势为导向实为必然的选择。③ 在这期间，王建还提出了具有较大影响的"国际大循环"理论。他认为，我国经济是发达的重工业与落后的农业并存，对内优先发展农业、轻工业，对外引进外资和发展制造业出口的战略，都不能带动我国经济长期较快地发展。要解决这一结构性矛盾，必须走国际大循环的道路，即通过发展劳动密集型产品出口，换取外汇，为重工业发展取得所需的资金和技术，再用重工业发展后积累的资金返回来支持农业，通过国际市场的转换机制，沟通农业和重工业的循环关系，达到消除我国"二元结构"偏差的目标。④ 这一观点，对中国发展外向型经济起到重要的推动作用。

---

① 袁文祺、戴伦彰、王林生：《国际分工与我国对外经济关系》，《中国社会科学》1980年创刊号。

② 参见季崇威《应用比较成本论指导我国对外贸易》，《外贸教学与研究》1981年第3期；陈琦伟《比较利益论的科学内核》，《世界经济》1981年第3期。

③ 参见洪银兴《从比较优势到竞争优势》，《经济研究》1997年第6期；王子先《以竞争优势为导向——我国比较优势与外贸长期发展的思考》，《国际贸易》2000年第1期。

④ 参见王建《关于"国际大循环"经济发展战略的构想》，《经济日报》1988年1月5日。

关于外资理论，中国对外开放的一个突出成绩是大量引进外资，加速经济增长和吸收更多的劳动力就业。截至 2016 年年底，中国累计实际使用外商直接投资 13544 亿美元，中国外商投资存量占全球的比重为 5.07%[①]。2017 年和 2018 年，实际使用外商直接投资 1201 亿美元和 1350 亿美元。至 2010 年，我国已连续 26 年在吸引外商直接投资中居发展中国家首位。从 2010 年起至 2018 年吸引外商直接投资每年均超千亿美元。截至 2018 年 7 月底，中国累计吸引外商直接投资近 2.1 万亿美元，外资企业为中国贡献了 10% 的城镇就业，20% 的财政收入和将近一半的进出口业绩。[②] 大规模引进外资，吸引着经济学家研究的兴趣。

关于引进外资的积极作用，从大量文献中可归纳为以下几点：一是认为外资对促进就业增加发挥了积极作用；二是认为跨国公司的技术外溢效应明显，大大加快了国内产业结构的升级；三是没有实证表明外商直接投资"挤出"了有效益的国内投资，外商直接投资与国内资本共同成为推动中国经济增长的引擎；四是带进了全新的商业模式与管理模式。"总体上，外商直接投资对中国经济发展做出了积极的贡献。"[③]

有的论著还把利用外资与经济全球化潮流相联系。认为进入 21 世纪，中国对外开放已进入新的阶段。中国要"综合考虑作为投资东道国和投资母国之间的利益均衡，考虑商品流动和要素流动之间的利益均衡，考虑保护国内市场和推动别国开放市场之间的利益均衡，以更积极和主动的姿态参与多边谈判，借助多边规则，平衡各方利益"，"更均衡合理地融入全球经济"。[④]

[①] 中华人民共和国商务部：《中国外商投资报告 2017》，商务部网站。
[②] 参见《经济参考报》2018 年 12 月 14 日。
[③] 参见世界银行编《中国利用外资的前景和战略》，中信出版社 2007 年版，第 34 页。
[④] 参见江小涓《中国对外开放进入新阶段：更均衡合理地融入全球经济》，《经济研究》2006 年第 3 期。

如何处理好引进外资与保护国家经济安全的关系，也是经济学家关注的一个问题，核心是保护民族工业。有的文章指出，国内市场保护，最终是靠企业家，不是靠行政力量。更重要的是，一定要靠符合国际惯例的办法而不靠行政办法来保护民族工业。要使民族工业成为社会主义市场经济中有机组成部分，而不是特殊的被保护者。要从开放角度和积极态度支持适当保护，而不是从关门的消极的角度搞民族工业的保护。[①]

关于人民币汇率问题，经济学界的共识是，采取逐步放开的方式，先放开经常账户项目，资本账户项目放开需慎重。2005年7月，中国人民银行发布公告，我国开始实行以市场供求为基础、参考一篮子货币进行调节、有管理的浮动汇率制度。从那时起，人民币开始逐步升值。以人民币对美元的汇率看，此前，1美元兑换8.27元人民币，到2008年年底，变为1美元兑换6.83元人民币，人民币升值21%。到2008年年底，我国外汇储备达19460亿美元，居世界第一位，以后持续增加。2011年至2018年，每年外汇储备均超3万亿美元。经济学界对于如何使庞大的外汇储备保值增值，更好地发挥外汇储备的作用，展开了热烈讨论，提出了许多有价值的见解。

对外开放是我国实现社会主义现代化的一项基本国策。有的文章对对外开放理论做出如下概括：摒弃封闭半封闭发展模式，经济发展由内向经济转向外向经济；探索开放过程中的"渐进式道路"，即通过发展经济特区开始进行空间推移的渐进式开放；建立开放型经济体制，以开放促进体制改革和完善，推动政府行为规范，构造经济行政管理新体制；充分利用国际国内两种资源、两个市场，积极引进外资，大力发展进出口贸易，"走出去"包括对外投资等。在对外开放理论推动下，中国在20世纪80年代开放推行了"进口替代"的内向型战略，到了1993年党的十四届三中全会，提出了要深

---

① 参见王林生、裴长洪等《在扩大开放中如何有效地保护民族工业讨论》，《光明日报》1996年6月27日。

化对外经济体制改革，包括外贸体制改革，外资、外企、外汇、涉外税收和法律法规等改革，推进了全面外向型经济发展。1994年扩大对外开放后，中国开始实施"出口导向"的外向型战略，并取得了巨大的效益。这一战略转型把中国经济和体制带入了一个新阶段。从此，"中国的奇迹"越来越让世人瞩目。中国改革开放的经验已表明，打破旧体制和形成新体制需要开放的推动，没有开放的推动，旧体制的打破是困难的，因为开放给了新体制以"增量"的回报，成为打破旧体制的连续的力量。体制改革是为了发展，是为了建立一个有效率的、能在竞争中立足于世界的新经济体制，因此也就需要一个开放的体制，而不是一个封闭的体制，它要吸收人类的先进文明，并与其他国家进行竞争，发展成为一个现代化的发达国家。这是中华民族伟大复兴的必由之路。对外开放也会在国际市场上（包括商品市场和金融市场上）出现一种不利于发展中国家的"不平等竞争"情况，出现外部冲击，产生风险，如1997年东亚金融危机和2008年国际金融危机，因此在开放问题上以我为主是大国开放的重要战略，这种战略能够降低国际化带来的风险。[①]

2. 党的十八大后中国对外开放理论的重大进展

党的十八大后，对外开放理论随着我国更高层次更高水平的全方位对外开放而取得重大进展。

2013年，党的十八届三中全会提出要构建开放型经济新体制。首先是放宽投资准入，对外商投资实行准入前国民待遇加负面清单的管理模式。推进金融、教育、文化、医疗等服务业领域有序开放，放开育幼养老、建筑设计、会计审计、商贸物流、电子商务等服务业领域外资准入限制，进一步放开一般服务业。

经过几年的努力，备受广大投资者关注的《市场准入负面清单（2018年版）》于2018年12月25日正式对外公布，标志着我国全

[①] 参见张平《改革开放30年中国经济理论研究的进展与创新》，张卓元主编《中国经济学30年（1978—2008）》，中国社会科学出版社2008年版。

面实施市场准入负面清单制度。清单共列禁止和许可类事项151项，比试点版减少177项。2018年6月，国家发改委、商务部对外发布了《外商投资准入特别管理措施（负面清单）（2018年版）》。两个清单各有定位、功能不同。外商投资准入负面清单仅针对境外投资者，属于外商投资管理范畴。市场准入负面清单是适用于境内外投资者的一致性管理措施，是对各类市场主体市场准入管理的统一要求，属于国民待遇的一部分。外商投资准入负面清单之外的领域，按照内外资一致原则实施管理。[①] 紧接着，2019年3月15日，十三届全国人大二次会议又通过了《中华人民共和国外商投资法》，自2020年1月1日起施行。2018年4月，博鳌亚洲论坛释放出高水平、大力度开放的明确信号，确定了放宽银行证券股比限制等的时间表。11月25日，银保监会批准德国安联保险集团筹建安联（中国）保险控股有限公司，成为我国首家外资保险控股公司。2018年，关税总水平由9.8%降至7.5%。同时扩大金融、汽车等行业开放。

加快自由贸易区建设。这是我国新一轮对外开放的重要内容。2013年9月，中国（上海）自由贸易试验区成立。之后，又相继在天津、福建、广东、辽宁、湖北等地设立了11个自由贸易试验区。试验区率先开展市场准入负面清单制度改革试点。自由贸易试验区投资负面清单已由2013年的190项减少至2017年的95项，减少最多的是制造业，从2013年的63项减少至14项。2018年4月，习近平总书记在海南宣布，"党中央决定海南全岛建设自由贸易试验区，支持海南逐步探索、稳步推进中国特色自由贸易港建设"。有学者提出，把中国特色自由贸易港打造成开放新高地。认为，"在海南自由贸易港建设各项工作中，关键是形成自由贸易港的制度安排。以自由贸易港制度安排打造全球最高水平开放形态，不仅是简单对标、对接当前最高标准的开放制度，而且是为未来推进开放包容共享的自由贸易制度变革做试验储备和压力测试。为此，要坚持以开放为

[①] 参见《人民日报》2018年12月26日。

先、以制度创新为核心,破除一切束缚发展的体制机制障碍,为加快海南自由贸易港建设、实现国家重大战略目标提供重要保障"。①

2013年,习近平总书记提出了共建"一带一路"倡议。到2018年,已经有80多个国家和国际组织同中国签署了合作协议。党的十九大报告提出,"要以'一带一路'建设为重点,坚持引进来和走出去并重,遵循共商共建共享原则,加强创新能力开放合作,形成陆海内外联动、东西双向互济的开放格局"。据商务部材料,到2018年年初,中国对"一带一路"相关国家投资已超600亿美元。② 2017年,中国与"一带一路"相关国家的进出口总额1.1万亿美元,2018年,为1.3万亿美元。

2013年后,"一带一路"已成为对外开放理论研究的热点。有的学者认为,"一带一路"是新时期中国全方位扩大对外开放战略的重要组成部分,体现了开放国策、外交战略、结构调整、促进增长目标之间的良性互动关系。③ 有的学者认为,中国与阿拉伯国家之间的产能合作可以选择工业园区模式,首先基于比较优势甄选产能合作重点国家,然后通过在这些国家设立工业园区,在局部范围内营造一个良好的营商环境,促进产业集群的形成,并带动国内优势产业向阿拉伯国家转移。④ 也有学者研究了"一带一路"面临一些潜在风险:一是相关投资收益率偏低;二是投资安全面临较大挑战;三是私人部门与境外主体出资有限,从而使得中国政府不得不成为主要的出资者;四是可能妨碍而非加强中国经济结构的调整;五是可能加深而非缓解沿线国家对中国崛起的疑虑与抵制情绪;六是可

---

① 参见迟福林《把中国特色自由贸易港打造成开放新高地》,《人民日报》2019年3月21日。
② 商务部:《中国对"一带一路"投资已超600亿美元》,商务部网站,2018年3月12日。
③ 参见卢锋等《"一带一路"的经济逻辑》,《国际经济评论》2015年第3期。
④ 刘冬:《境外工业园建设与中阿产能合作》,《西亚非洲》2017年第6期。

能加剧与美国的对抗。①

积极参与全球经济治理。随着中国经济的快速增长和实力增强，2017年中国经济总量已占全球的17.2%，在全球具有举足轻重的地位。2008年国际金融危机爆发后，为中国积极参与全球经济治理提供了难得的机遇。2015年公布的《中共中央 国务院关于构建开放型经济新体制的若干意见》中提出，积极参与全球经济治理，推进全球经济治理体系改革，支持联合国、二十国集团等发挥全球经济治理主要平台作用，推动金砖国家合作机制发挥作用，共同提高新兴市场和发展中国家在全球经济治理领域的发言权和代表性。全面参与国际经济体系变革和规则制定，在全球性议题上，主动提出新主张、新倡议和新行动方案，增强我国在国际经贸规则和标准制定中的话语权。习近平总书记明确指出，中国坚定不移奉行互利共赢的开放战略，并提出构建人类命运共同体的重要思想。一些经济学家也对上述问题发表了看法。

广东国际战略研究院课题组认为，中国参与全球经济治理重点要抓住三个战略平台：G20机制、国际经济组织和区域经济组织，针对不同的全球经济治理领域，实施中国的参与战略。② 有的专家从成员代表性、决策有效性和机构协同性三个方面来衡量，认为G20是一个具有较强代表性和可持续性的全球经济治理机制，主张中国在全球治理中应贯彻立足多边、融入区域的策略，支持G20在全球经济治理中的主导作用，维护WTO在管理全球贸易秩序中的权威性，推进国际货币基金组织和世界银行的治理结构改革，推动亚太自贸区的谈判。③

---

① 张明：《直面"一带一路"的六大风险》，《国际经济评论》2015年第4期。
② 广东国际战略研究院课题组：《中国参与全球经济治理的战略：未来10—15年》，《改革》2014年第5期。
③ 桑百川、王伟：《全球经济治理体系变革与碎片化风险防范》，《国际贸易》2017年第12期。

六 经济增长与发展理论越来越受重视，改革开放后着力研究中国经济高速增长奇迹

社会主义首先要发展生产力，这是邓小平的名言。我们进行新民主主义革命和社会主义革命，实行改革开放，目的也是解放和发展社会生产力，摆脱贫困和落后，不断提高人民的生活水平。所以，新中国成立以后不久，党中央就提出了进行大规模社会主义建设，逐步实现农业、工业、科技和国防现代化的任务。我们不但要敢于破坏一个旧世界，还要善于建设一个美好的新世界。因此，经济学界广泛研究经济增长和发展问题是理所当然的。

1. 改革开放前的研讨

新中国成立70年来，总的来说，头30年的社会主义建设取得了不小成绩。1953—1978年，年均GDP增速达6.1%[①]，奠定了社会主义工业化的初步基础。但发展不够快，不尽如人意。原因主要有二：一是经常受阶级斗争为纲的干扰，偏离以经济建设为中心，丧失了一些发展机遇；二是脱离国情，超越阶段，盲目冒进，特别是1958年起三年"大跃进"和十年"文化大革命"，给国民经济造成了灾难性后果。

为了研究1958年起三年"大跃进"的教训，北京经济学界从20世纪60年代初起，在薛暮桥、于光远、孙冶方的共同主持下，举行了多次关于速度与比例、社会主义再生产、农轻重关系、经济核算与经济效果问题座谈会，京外经济学家也发表了不少相关文章，《经济研究》《人民日报》《光明日报》等在这前后发表了大量研讨文章。

关于速度与比例关系问题，薛暮桥、杨坚白等人说："不是说在提高速度的时候，可以不考虑客观的可能性，可以不考虑国民经济各部门的比例关系。速度必须建立在客观可能性的基础上；而且必须保持国民经济各部门的基本的比例关系，这样才能保证国民经济

[①] 参见《经济日报》2008年10月30日。

的高速度发展。"① 高速度必须以按比例"为必要条件""为前提","唯有按比例,才能取得全面、持久的高速度"。② 刘国光说:经济发展速度和比例在一定时期中可以有种种不同的结合。"从速度和比例的种种不同的可能结合中,选择最恰当的方案,使国民经济不但能够在当前的计划时期高速度、按比例地发展,而且能够为后续时期的进一步发展,创造良好的条件。""尤其重要的是正确认识、掌握速度和比例间的数量关系:怎样的比例,必然引起怎样的速度;怎样的速度,又必然要求怎样的比例。"③

针对"大跃进"期间要求脱离客观实际的积极平衡和"跃进的平衡",有的论著指出,积极平衡应是"客观可能性和主观能动性高度统一所产生的平衡。在客观可能的限度内,通过人们的主观能动作用,来改善客观经济条件,使它们适应起来"。④ "从实际出发去处理国民经济各部门的比例关系,是积极平衡而不是消极平衡。如果离开客观可能性而片面地强调需要,那就不可能组织新的平衡,反而会加剧不平衡。"⑤

计划工作要不要留有余地,防止比例失调,也是当时讨论的一个问题。有的文章提出,"留有余地是一个积极的方针","'缺口'是留有余地的反面。我们要留有余地,就不应当留下这种'缺口'"。"计划订的必须积极","但也必须切实可靠,决不可以无根据地把不可靠的'潜力'放在计划之内"。"留有余地,并不是消极

---

① 参见薛暮桥《社会主义经济的高速度和按比例发展》,《人民日报》1959年1月7日。

② 参见杨坚白《略谈综合平衡》,《大公报》1962年3月26日;杨英杰《论国民经济中的比例、重点和速度问题》,《经济研究》1959年第5期。

③ 参见刘国光《关于社会主义再生产比例和速度的数量关系的初步探讨》,《经济研究》1962年第4期。

④ 参见郭子诚等《试论国民经济高速度和按比例发展》,《经济研究》1959年第6期。

⑤ 参见许涤新《论我国的社会主义经济》,人民出版社1964年版,第73页。

的，而是积极的；不是可有可无的，而是必不可少的。"①

鉴于20世纪50年代末"大跃进"的教训，有的论著还讨论了国民经济综合平衡的出发点问题。如有的论著明确主张综合平衡应按农、轻、重的次序进行。说"按照农、轻、重的次序进行综合平衡，就是遵照农业是国民经济发展的基础，工业是国民经济发展的主导这个客观要求，以农业为出发点，以农业为中心，环绕着农业再生产，兼顾工业再生产，来安排重工业再生产和国民经济的全部计划，并求得整个国民经济的综合平衡"。② 有的提出："在社会主义制度下，生产的目的以及社会生产和社会需要矛盾的性质，规定了必须以满足社会需要作为出发点来进行综合平衡"。③

关于消费资料生产在社会再生产中的制约作用，有的经济学家在肯定第一部类在扩大再生产的主导作用、决定作用的同时，认为还必须看到第二部类在扩大再生产的制约作用。因为扩大再生产不但需要有更多的机器设备和原料，同时也相应需要有更多的粮食和其他日用必需品。④ 有的文章进一步认为，把消费资料的作用只归结为制约作用，不够确切。"因为它令人感到：似乎在社会主义扩大再生产过程中，消费资料生产只居于被动地位，甚至只起牵制作用。事实上，制约作用不仅存在于消费资料生产方面，同样地存在于生产资料生产方面；促进作用也不仅存在于生产资料生产方面，同样地存在于消费资料生产方面。"⑤

---

① 参见李成瑞《留有余地是一个积极的方针》，《红旗》1964年第16期。
② 参见杨坚白《试论按农轻重方针进行综合平衡》，《光明日报》1962年11月5日。
③ 参见闻潜、冯立天《略论综合平衡的客观对象》，《光明日报》1963年12月23日。
④ 参见实学《关于扩大再生产公式的初步探讨》，《光明日报》1961年12月4日。
⑤ 参见曾启贤《生产资料优先增长的两个问题》，《武汉大学学报》1963年第1期。

针对"大跃进"中提出的所谓算政治账不算经济账，不计工本，不讲经济效果带来的严重损失和惊人浪费，经济学界特地开展社会主义经济核算与经济效果问题的讨论，提出了不少有价值的见解。

关于经济核算内容，有的文章提出，企业实行经济核算，不只限于成本核算，还包括资金核算。因为企业在生产过程中，"不仅要消耗一定数量的劳动，而且要占用一定数量的资金"。"从社会的角度看，降低某种产品所必须占用的资金，就意味着提高了资金运用的效果，用同量的资金可以生产出更多更好的产品，从而提高了整个社会劳动的经济效果。"① 有的文章则提出，社会主义经济核算包括生产中和建设中的经济核算，认为，"社会主义社会的经济核算，包括生产中的经济核算（主要是劳动成果和生产成本的核算）和建设中的经济核算（主要是投资效果的核算）。前者保证现有生产能力的合理利用，发挥最大的经济效果；后者保证用尽可能少的活劳动和物化劳动的消耗，创造出尽可能多的新的生产能力"。②

经济核算中有没有一个最综合的或中心指标？如有，这个指标是什么？这也是当时讨论的一个热点，而且颇具超前性。早在1957年，孙冶方在《从"总产值"谈起》一文中，就提出所谓中心指标应该是企业管理的一个中心环节，抓住了它便能带动其他指标，利润是企业经营好坏最集中的表现，它的最大好处，就在于它反映了生产的实际情况，能推动企业管理。完成这个指标非但不妨碍其他指标的完成，而且必然会带动其他指标的完成。③ 沈经农也持相似观点，认为中心的指标只能是一个，而不是两个或更多，否则就无所谓中心了。经济核算体系的中心指标，就是利润指标。④

---

① 参见何建章、桂世镛、赵效民《关于社会主义企业经济核算的内容问题》，《经济研究》1962年第4期。
② 参见薛暮桥《关于社会主义的经济核算》，《红旗》1961年第23期。
③ 参见孙冶方《从"总产值"谈起》，《统计工作》1957年第13期。
④ 参见沈经农《关于社会主义企业经济核算的几个问题》，《光明日报》1962年5月28日。

2. 改革开放后经济高速增长"奇迹"及其讨论

改革开放以后，经济学界对经济增长问题的讨论进入了一个崭新的阶段。1992年，邓小平提出发展是硬道理的战略思想后，经济增长和发展问题逐步成为经济学界研讨的第一热点。2003年，党中央提出科学发展观以后，如何实现经济的科学发展，包括以人为本、全面协调可持续发展，转变经济增长和发展方式，建设资源节约型环境友好型社会，提高自主创新能力建设创新型国家等，更是成为学界和政界的焦点。由于20世纪末中国已初步建立起社会主义市场经济体制，市场已开始在资源配置中发挥基础性作用，改革问题不像此前那么突出、紧迫，因此有经济学家认为，中国在进入21世纪后，"改革经济学"已逐步演变为"发展经济学"，研讨主题位置已经转换。[①] 这个论断是有一定根据的。

1978年年底党的十一届三中全会确定全党工作以经济建设为中心后，1982年，党的十二大报告提出："从一九八一年到本世纪末的二十年，我国经济建设总的奋斗目标是，在不断提高经济效益的前提下，力争使全国工农业的年总产值翻两番，即由一九八〇年的七千一百亿元增加到二〇〇〇年的两万八千亿元左右。"

1987年，党的十三大报告进一步提出："党的十一届三中全会以后，我国经济建设的战略部署大体分三步走。第一步，实现国民生产总值比一九八〇年翻一番，解决人民的温饱问题。这个任务已经基本实现。第二步，到本世纪末，使国民生产总值再增长一倍，人民生活达到小康水平。第三步，到下个世纪中叶，人均国民生产总值达到中等发达国家水平，人民生活比较富裕，基本实现现代化。"

---

① 参见黄泰岩《三十年中国经济学发展与变化》，《理论动态》第1799期（2008年12月10日出版）。

1995年,《中共中央关于制定国民经济和社会发展"九五"计划和2010年远景目标的建议》提出,"实行两个具有全局意义的根本性转变,一是经济体制从传统的计划经济体制向社会主义市场经济体制转变,二是经济增长方式从粗放型向集约型转变,促进国民经济持续、快速、健康发展和社会全面进步"。

2000年,《中共中央关于制定国民经济和社会发展第十个五年计划建议》提出,"制订'十五'计划,要把发展作为主题,把结构调整作为主线,把改革开放和科技进步作为动力,把提高人民生活水平作为根本出发点"。

2002年,党的十六大报告提出了21世纪头20年全面建设小康社会和走新型工业化道路的任务。指出:"我们要在本世纪头二十年,集中力量,全面建设惠及十几亿人口的更高水平的小康社会,使经济更加发展、民主更加健全、科教更加进步、文化更加繁荣、社会更加和谐、人民生活更加殷实。""在优化结构和提高效益的基础上,国内生产总值到二〇二〇年力争比二〇〇〇年翻两番,综合国力和国际竞争力明显增强。基本实现工业化,建成完善的社会主义市场经济体制和更具活力、更加开放的经济体系。""坚持以经济建设为中心,用发展的办法解决前进中的问题。"还指出:"坚持以信息化带动工业化,以工业化促进信息化,走出一条科技含量高、经济效益好、资源消耗低、环境污染少、人力资源优势得到充分发挥的新型工业化路子。"

2003年,党的十六届三中全会《中共中央关于完善社会主义市场经济体制若干问题的决定》提出科学发展观。《决定》提出:"坚持以人为本,树立全面、协调、可持续的发展观,促进经济社会和人的全面发展。"

2005年,《中共中央关于制定国民经济和社会发展第十一个五年规划的建议》提出:"要把节约资源作为基本国策,发展循环经济,保护生态环境,加快建设资源节约型、环境友好型社会,促进经济发展与人口、资源、环境相协调。"

2007年，党的十七大报告提出："科学发展观，第一要义是发展，核心是以人为本，基本要求是全面协调可持续，根本方法是统筹兼顾。"十七大报告还对全面建设小康社会提出新的更高的要求，主要是，"转变发展方式取得重大进展，在优化结构、提高效益、降低消耗、保护环境的基础上，实现人均国内生产总值到二〇二〇年比二〇〇〇年翻两番"。

与此同时，经济学界也广泛而积极地研究经济增长和发展问题。

一是关于经济发展战略问题。从1981年2月开始，北京部分理论工作者每两个月举行一次经济发展战略座谈会，直到1989年3月共举行了49次，对中国"三步走""翻两番"战略的制定产生了重要影响。1982年党的十二大报告提出"翻两番"任务后，我国著名经济学家孙冶方写了《二十年翻两番不仅有政治保证而且有技术保证——兼论"基数大、速度低"不是规律》一文①，受到中央领导同志的充分肯定。1982年11月23日，时任国务院总理赵紫阳到北京医院探望孙冶方时，说："前几天你在报上发表的文章，我看过了。你对翻两番的意见是很好的，对'基数大，速度低'的观点的批判是很有力的。中央开会讨论五年计划时，陈云同志特别提到你的观点，耀邦同志也很重视你的文章。"②

二是关于如何走新型工业化道路问题。在经济学界争论最大的是中国工业化在进入21世纪以后是否已进入必经的重工业化阶段。国务院发展研究中心"新型工业化道路研究"课题组等持肯定意见。他们认为："世界各国经济基本上是沿着农业→轻工业→重工业→高新技术产业→服务业的轨道向前发展。""对于一个国家来说，只有经过重工业化阶段，才能真正成为工业强国并进入经济发展的第一阵营。""我国经济步入新一轮快速增长时期已成定论，其主要特征便是我国正式进入'重工业化阶段'。""如果抓住了重工业化这一

---

① 《人民日报》1982年11月19日。
② 《悼念》，《人民日报》1982年12月6日。

机遇，中国经济就完全可以保持20年的高增长。""当前经济既不是总体过热，又不是局部过热，也不是没有新特点的正常发展，而是中国工业化已进入以重工业重新大发展为主要特点的历史阶段。"①与上述观点不同，吴敬琏多次撰文不赞同上述观点，指出上述观点是根据"霍夫曼原理"得出的结论，而德国的霍夫曼1931年根据20多个国家工业化过程中工业内部结构变化的经验数据概括出工业化过程中资本品生产的增长快于消费品生产的增长的结论，是在当时还没有把第三产业（服务业）看作一个基本的产业做出的。在先行工业化国家进入工业化后期阶段以后，霍夫曼原理关于资本品工业（或重工业）将在国民经济中占优势的预言没有实现，因为增长最快的是服务业。诺贝尔经济学奖获得者库兹涅茨把这个阶段的经济增长命名为现代经济增长，他的基本结论是，和早期经济增长主要依赖于资源，特别是资本投入不同，在作为现代经济增长的显著特征的产出高增长中，投入的贡献只占有限的一小部分，绝大部分应归于生产率的高增长。据此，吴敬琏认为，中国必须彻底转变经济增长模式，走一条新型的工业化道路，将建设资源节约、环境友好型经济作为今后的指导方针，才有可能实现持续较快增长。在工业化的中后期，由于对住宅、汽车、家电等耐用消费品需求增加，对重工业产品的需求也迅速增加，但这并不意味着对重工业产品的需求会超过对服务业的需求。②

关于中国的工业化问题，中国社会科学院学者陈佳贵、黄群慧2005年提出了有代表性观点，认为，经过20多年的快速工业

---

① 参见国务院发展研究中心"新型工业化道路研究"课题组《我国工业化进入新阶段》，《经济日报》2003年12月1日；《我省产业发展绕不过重化工业阶段》，《南方日报》2003年9月11日；《重工业化，中国经济高速增长的主动力》，新华社北京2003年11月29日电；《二次工业化——中国民营企业的工业化进程》，《商务月刊》2004年3月2日；《我国四大重点行业投资分析》，《经济日报》2004年6月16日。

② 参见吴敬琏《中国应当走一条什么样的工业化道路》，《洪范评论》第2卷第2辑（2005年9月出版）。

化进程后，中国已经从农业经济大国转变为工业经济大国，这意味着中国经济现代化进程进入了以实现由工业经济大国向工业经济强国转变、推进工业现代化进程为核心任务的新阶段。现代化进程的新阶段要求选择新的战略。在技术进步战略方面，应重视战略技术的自主创新和加大基础科学研究领域的投入；在经济增长战略方面，要切实促进经济增长方式的转变，发展重化工业也要坚持走新型工业化道路；在产业发展战略方面，三次产业要有新的战略使命和发展定位；在经济体制改革战略方面，要坚定不移地继续深化市场化改革。①

三是关于转变经济增长方式问题。中国经济从1979年实行改革开放后迅速起飞，1978—2008年年均GDP增速达9.8%，超过同期世界平均增速3%的两倍多，被世人称为"中国的奇迹"。与此同时，中国经济在飞速发展中也碰上一系列不可持续的问题，因而提出了转变经济增长和发展方式的任务。20世纪90年代，鉴于当时主要靠资本资源等要素投入推动而不注重效率提高的外延式扩张的缺陷，提出了要从粗放型增长方式向集约型增长方式转变的任务。21世纪初，鉴于经济高速增长付出的资源环境代价过大难以为继，提出要从高投入、高消耗、高排放、低效率的粗放的增长方式，向低投入、低消耗、低排放、高效率的资源节约型增长方式转变的任务，显然，要求转变的内容丰富多了。2007年，党的十七大报告在论述促进国民经济又好又快发展的关键之一是要在加快转变经济发展方式时，进一步实现三个转变，即促进经济增长由主要依靠投资、出口拉动向依靠消费、投资、出口拉动转变，由主要依靠第二产业带动向依靠第一、第二、第三产业协同带动转变，由主要依靠增加物质资源消耗向主要依靠科技进步、劳动者素质提高、管理创新转变。2008年国际金融危机对我国经

---

① 陈佳贵、黄群慧：《工业发展、国情变化与经济现代化战略——中国成为工业大国的国情分析》，《中国社会科学》2005年第4期。

济的冲击表明，我国转变经济增长和发展方式更显紧迫、重要。只有大力转变经济增长和发展方式并取得实效，中国经济才有可能持续实现较快增长。这一点已得到经济学界广泛的认同。有的经济学家指出，转变经济增长和发展方式，实现产业结构优化升级，是一项硬工夫、慢工夫，需要有长远的打算和努力，需要有改革的深化与之配合，有时还会同短期的保增长相矛盾，所以做起来有难度。必须从实现科学发展和又快又好发展出发，不折不扣落实十七大报告提出的三个转变的要求，才能促进中国经济可持续的均衡较快增长。[1]

四是研究现代经济增长问题。随着中国经济的不断发展，许多实证研究成果的出版，各种经济增长理论的引入，包括发展经济学的"结构模型""比较优势""干中学"等理论的引入，现代经济增长的研究范式开始流行。1994年，林毅夫、蔡昉、李周发表了《中国的奇迹：发展战略与经济改革》专著[2]，提出了比较优势的发展模式，以后陆续出现"低价竞争模式"和"低价工业化增长模式"等。新的研究范式强调了经济增长的内生性和持续性，有重要的理论价值和现实意义。[3] 中国社会科学院经济研究所"经济增长前沿"和"中国经济增长与宏观稳定"课题组从2003年起，连续在《经济研究》发表十多篇文章，认为，一国从贫困走向富裕的路径存在着规律性东西。如以纵轴为人均GDP，横轴为时间，中间的曲线为产出线，则大致呈S形。S形增长曲线又可细分为"马尔萨斯均衡"（贫困陷阱）、"工业革命理论"（经济赶超）、"卡尔多典型事实下的

---

[1] 参见房维中《扩大固定资产投资应当慎之又慎》，《中国经济报告》2009年第1期；张卓元《积极的财政政策要同深化改革相结合》，《理论动态》第1807期（2009年2月28日出版）。

[2] 林毅夫、蔡昉、李周：《中国的奇迹：发展战略与经济改革》，上海三联书店1994年版。

[3] 参见刘霞辉、张平、张晓晶《改革年代的经济增长与结构变迁》，格致出版社、上海人民出版社2008年版，第3页。

经济增长理论"（新古典理论）、"新经济分叉"（新增长理论）等若干与相关理论对应的阶段；同时，针对有些国家经济赶超失败的事实，给出了一个中等收入陷阱阶段。[①]

五是关于城市化问题的研究。中国要不要着力发展大城市、特大城市，还是主要靠发展中小城市和小城镇实现城市化，一直有争议。2007 年，党的十七大总结实践经验，明确提出走中国特色城镇化道路，指出："走中国特色城镇化道路，按照统筹城乡、布局合理、节约土地、功能完善、以大带小的原则，促进大中小城市和小城镇协调发展。以增强综合承载能力为重点，以特大城市为依托，形成辐射作用大的城市群，培育新的增长极。"有的经济学家曾对如何坚持走中国特色的城镇化道路，有过系统解释，提出，要从片面追求数量扩大转向更加注重质量提高，逐步提升城镇化水平。一方面，要继续积极推进城镇化促进农村富余劳动力和人口向城镇转移，提高各种生产要素对城镇发展的支撑能力；另一方面，要合理把握城市规模，优化调整城镇结构，着力提高城市建设和发展的质量，持续稳定地发挥城镇化对经济社会发展的促进作用。[②]

六是关于经济增长和经济稳定的关系问题。改革开放前，中国经济除"大跃进"期间出现极其严重的比例失调、黑市价格飞涨外，一般是比较稳定的，其主要表现是物价基本稳定，通货膨胀被隐蔽起来了。1979 年改革开放后，经济迅速起飞，经济增速加快。1978—2008 年，年均 GDP 增速达 9.8%，比 1953—1978 年年均增速 6.1% 加快 3.7 个百分点。在这期间，也出现过急于求成的问题。有的人主张经济增长应尽量快些，主张用通货膨胀的办法支撑经济的超高速增长。在急于求成影响下，1985 年、1988 年、1993—1994

[①] 参见刘霞辉、张平、张晓晶《改革年代的经济增长与结构变迁》，格致出版社、上海人民出版社 2008 年版，第 3—6 页。

[②] 参见宁吉喆《促进城镇化健康发展》，《〈中共中央关于制定国民经济和社会发展第十一个五年规划的建议〉辅导读本》，人民出版社 2005 年版，第 242—243 页。

年、2007—2008年都出现不同程度的经济过热和通货膨胀，党和政府不得不实施紧缩的宏观经济政策，治理通货膨胀，以恢复宏观经济的协调和稳定。在这过程中，也不断有经济学家反对用通货膨胀的办法支撑经济的短期高速增长，认为这样做既不利于经济的稳定增长，也不利于改革的深化。1988年价格改革"闯关"时，薛暮桥等经济学家就认为，在通货膨胀条件下价格改革是不能"闯关"的，也是不能成功的。事实正是这样。1988年第四季度，被迫宣布停止"闯关"，改为实行治理通货膨胀的政策。

1987年，中国社会科学院课题组也曾提出"稳中求进"的改革与发展思路①，主张在稳定经济的基础上推进改革与发展。而要稳定经济，就必须治理通货膨胀。到后来，尽管经济学家对通货膨胀的认识还有分歧，但多数人认为，两位数的物价上涨率是应尽力避免的，CPI年上涨率控制在4％左右应认为是比较理想的，属于保持物价基本稳定的范畴。

实现经济稳定发展，要求寻找经济增长与物价上涨的均衡点。如果要使物价上涨率控制在两位数以内，争取在4％左右，经济增速就不能太高，根据中国国情，一般不宜超过两位数，特别是不能连年超过两位数，否则必然出现宏观经济失衡。2003—2007年，中国经济增速连续五年达到和超过两位数，不仅带来2007—2008年的通货膨胀，而且付出的资源环境代价过大，造成消费和投资、内需与外需、第二产业与第三产业的失衡。2008年第四季度起经济大幅回调，虽然同国际金融危机冲击有密切关系，也是经济失衡被迫进行调整的结果。②

七是关于成功应对2008年国际金融危机的冲击，在全球范围率

---

① 参见中国社会科学院课题组《中国经济体制中期（1988—1995）改革纲要》，《中国改革大思路》，沈阳出版社1988年版。

② 参见张卓元《2008年中国经济理论前沿》，《中国马克思主义研究前沿》，中国社会科学出版社2009年版。

先走出危机的对策和经验。2008年，全球爆发了自1929年以来最严重的经济危机。当年9月15日美国五大投行之一雷曼兄弟公司申请破产爆发国际金融危机前后，世界上主要发达国家纷纷陷入经济衰退。美国从2008年第一季度到2009年第二季度的6个季度中，有5个季度GDP环比下跌，2009年第三季度GDP开始增长2.2%，第四季度增长5.7%。这次金融危机和经济危机使2009年全球经济缩水约2%，国际贸易额缩水约10%。2010年4月国际货币基金组织认为，金融危机使银行减记账面价值为2.3万亿美元，各银行已勾销1.5万亿美元，还有8000亿美元有待勾销。这次国际金融危机和经济危机对中国经济产生重大影响，从2008年第四季度起进一步明显化，当季GDP增速降到6.8%，2009年第一季度进一步降到6.1%，跌入低谷。主要因素是出口下滑。2009年中国货物出口12017亿美元，下降16%；进口10056亿美元，下降11.2%；顺差1961亿美元，比上年减少1020亿美元。

面对国际金融危机和经济危机的冲击，政府采取了一系列应对措施，包括实行4万亿元的投资刺激计划，使中国经济迅速企稳回升向好。经济学界也以此问题为中心进行研讨，发表了大量文章，为国家出谋献策。经过各方面努力，2009年，中国经济实现了9.2%的增速，在全球主要经济体中表现最为抢眼。2010年，GDP增速进一步达到10.4%，已显偏热。

为什么中国经济还能保持正增长而不会陷入负增长和衰退（连续两个季度负增长即为衰退），并率先走出危机？经济学家的分析可以概括为以下几点。

第一，中国金融体系比较健全。1998年以后剥离不良资产，充实资本金，国有大银行相继整体上市，消除了许多隐患。这次金融机构特别是几大银行购买的有毒资产不多，中国工商银行、中国银行、中国建设银行顶多买了千把万美元，没有受到多少损伤，信贷关系照常运转。而发达国家大银行均购买了数以十亿百亿美元的有毒资产。

第二，中央及时调整宏观经济政策。2008年11月，就提出"保增长，扩内需"，实行积极的财政政策和适度宽松的货币政策。2008年11月5日，国务院出台扩大内需促进增长的十项措施，提出到2010年年底投资4万亿元，其中中央财政出1.18万亿元的刺激经济计划。除2008年已拿出1200亿元以外，2009年中央财政已分几批安排了约5000亿元投资于基础设施建设和民生工程，拉动内需。在中央投资带动下，各地纷纷跟进加大投资力度，有人粗算了一下，全国各省市已达25万亿元。这些举措，使2009年固定资产投资增速大幅度提高。全国固定资产投资增速达30.1%。这是2009年经济增长的主要推动力。

第三，政府出台了一系列减税、促进居民增加收入和刺激消费的政策。包括增加对农民种粮补贴，购农机和汽车补贴，家电下乡补贴，增值税转型，降低小排量汽车的车辆购置税，降低房地产税和股市印花税，增加医疗补贴，提高最低生活补贴标准，增加廉租房、限价房供应，增加灾后重建基金，等等。这些都直接拉动消费需求。全年社会消费品零售总额125343亿元，比上年增长15.5%，实际增长16.9%，比2008年的14.8%提高了两个多百分点。

从2009年下半年起，全球经济在各国实行强刺激政策下缓慢复苏。2009年年底，迪拜世界债务危机后，欧洲一些国家如希腊、葡萄牙、爱尔兰、西班牙、意大利等也在一段时间内面临主权债务危机。在这种情况下，中国经济不可能像2008年以前那样，主要靠出口和投资拉动高增长，资源和环境承受能力也不允许，调整经济结构、转变经济发展方式更显刻不容缓，从"快"字当头转变为"好"字当头成为增长可持续性的唯一选择。

八是中国经济需转型：从过分追求数量扩张转为注重质量效益。进入21世纪后，中国经济增长加速。2003—2007年，连续五年以两位数和两位数以上速度增长。2008年遭受国际金融危机冲击后，由于政府实行强投资刺激等一揽子计划，2008年和2009年仍实现9.6%和9.2%的增长。2009年，我国已成为世界第二大经济体。由于经济高速增长，中国许多主要工农业产品产量已居世界首位。这说明，中国经济在规模和数量扩张上取得了骄人的业绩，令世人瞩目。中国已成为名副其实的经济大国、工业大国。

与此同时，也要看到，由于经济基本上沿袭粗放扩张模式高速增长，积累了不少不协调问题，制约着中国经济的稳定、高效和可持续增长。这包括：储蓄与消费失衡或投资与消费失衡，最终消费占GDP比重降到50%以下，其中居民消费2010年降到只占GDP的35.6%；内外需失衡，过度依赖外需，出口依存度太高，2007年达36%，比1998年的18%高一倍，而内需严重不足；经济增长付出的资源环境代价过大，经济增长与资源环境承受能力失衡，资源环境成为经济增长的重要"瓶颈"；区域、城乡发展失衡，居民收入差距过大且未能很好地扭转，特别是农民收入和消费水平太低，2010年，城镇居民人均消费性支出为13471元，而农民人均生活消费支出才4382元，不及前者的1/3，表明经济发展的成果未能很好惠及全国人民。在上述几个失衡中，关键是投资与消费失衡，或储蓄与消费失衡。投资增速很高，产能过剩，国内消费不足，只好靠扩大外需找出路，出口依存度一路攀升。投资增速很高，粗放扩张，必然要付出过大的资源环境代价。投资增速很高，在于追求GDP的快速增长，财政用于公共服务支出太少，用于支持欠发达地区发展和增加低收入群体的财力严重不足，不能很好地缓解地区之间、城乡之间经济和收入差距，不能有效扭转居民收入差距过大的局面。

2008年国际金融危机的爆发和冲击使中国的失衡问题和粗放扩张问题突出起来，转变经济发展方式已刻不容缓。转变经济发展方式意味着经济转型，即从追求数量扩张型转为注重增长的质量和效益型，使经济真正走上稳定、协调、高效和可持续发展的轨道，科学发展的轨道。

经济转型不是一朝一夕就能实现的，没有十年八年的努力难以取得实质性进展。

为顺利推进经济转型，一些经济学家认为最重要的有三条。

第一,适当放缓经济增速。中国经济运行出现问题的根源都在于追求不切实际的高速增长。看来,中国经济从 2010 年开始,就应对增速进行适当控制,以便使工作着力点从追求数量规模扩张转为着力提高经济运行的质量和效益。如果还是惯性地盲目追求 GDP 的高速增长,那么转型是很困难的。

第二,致力于调结构,转变经济发展方式。转变经济增长和发展方式是很艰巨的任务,要着力提高自主创新能力,降能降耗减排,而且要用慢工夫,急不得,甚至在一届政府任期内不一定能明显见效。所以,一些政府部门一直对此没有多少兴趣,这是一个大问题。调结构范围更广,经济结构除产业结构外,还包括地区结构、城乡结构、收入分配结构、内外需结构、人与自然是否和谐等。其中产业结构的优化升级、大力发展第三产业、节能减排等,是同转变经济发展方式一致的。调结构最重要的是调整投资消费结构,大力提高居民消费在 GDP 中的比重;调整收入分配结构,努力抑制居民收入差距过大的不正常现象;大力推进节能降耗减排,努力建设资源节约型、环境友好型社会;加快城市化进程,加快农民转为市民的进程,这是今后扩大内需最为有效的选择;等等。

第三,深化改革,完善社会主义市场经济体制。调整经济结构,转变经济发展方式,有许多途径。如推进科技创新,提高自主创新能力,大幅度增加研究与发展投入;完善法律法规,健全法治环境;完善支持和鼓励各种有利于转变经济发展方式的政策,停止执行一切逆向调节的政策;完善各项技术标准,制定必要的准入标准;深化改革,促进经济社会转入科学发展轨道;等等。其中最主要的是深化改革,完善社会主义市场经济体制。一是深化政府改革,实现从经济建设型政府、追求 GDP 增速的政府向服务型政府的转变,切实履行好经济调节、市场监管、社会管理、公共服务、保护环境职能,切实改变目前政府介入经济过深的状况。二是价格改革,加快推进资源产品价格改革,使其能真正反映市场供求关系、资源稀缺程度和环境损害成本,发挥价格杠杆推动资源节约、保护环境的作用，推动资源的优化配置和产业结构优化升级。三是财税改革，尽快向公共财政转型。要扩大消费，改善民生，就必须尽快从经济建设型财政向公共财政转型，逐步实现基本公共服务均等化。鉴于中国房地产市场炒风很盛，要尽快实施物业税，以抑制对房地产的过度和投机需求。四是金融改革。要吸取这次国际金融危机的教训，极力防止系统性金融风险。金融业要很好地为实体经济服务，促进资源配置优化。发展中小银行，更好地为中小企业服务。继续完善和发展资本市场、保险市场等。五是深化垄断行业改革，放宽服务业市场准入，引入竞争机制，这对于加快金融、电信、铁路、公用事业、文化教育医疗卫生事业的发展，优化产业结构，提高第三产业的比重，增加服务业就业，有重要作用。要大力增加就业，而要增加就业，主要靠发展第三产业。这就必须克服各种体制障碍，打破各种"玻璃门"，在可以放开市场的所有领域特别是服务领域放开市场，引入竞争机制。六是推进各项有助于提高中低收入者收入水平、有助于扩大消费的改革。

中国经济改革已进入攻坚阶段。有一些改革容易受既得利益群体的阻挠和反对，很难迈步，因此，必须制定中长期规划，必须有党和政府自上而下的有力推动，才能使改革深入下去。需要指出的是，有的经济学家，已以中国经济转型为题，写出专著，并受到广泛关注。这里特别值得推荐的是由迟福林主编的《第二次转型——处在十字路口的发展方式转变》[①] 一书。

3. 中国经济进入新常态后持续稳定增长及由此引发的深入研讨

2014 年 11 月 9 日，习近平主席在亚太经合组织工商领导人峰会演讲时指出，"中国经济呈现出新常态，有几个主要特点。一是从高速增长转为中高速增长。二是经济结构不断优化升级，第三产业、消费需求逐步成为主体，城乡区域差距逐步缩小，居民收入占比上

---

① 迟福林主编：《第二次转型——处在十字路口的发展方式转变》，中国经济出版社 2010 年版。

升，发展成果惠及更广大民众。三是从要素驱动、投资驱动转向创新驱动。新常态将给中国经济带来新的发展机遇"。新常态最显著的特征是经济增速换挡，从近两位数高速增长转换为7%左右的中高速增长，而其实质则是经济转型主要是发展方式转变，从注重数量扩张转为追求质量效益。

接着，2015年年底，中央经济工作会议又进一步提出"供给侧结构性改革"任务，并明确2016年主要抓好去产能、去库存、去杠杆、降成本、补短板五大任务。供给侧结构性改革就是为了落实转变经济发展方式，从要素驱动、投资驱动转向创新驱动。2015年党的十八届五中全会，习近平总书记提出了创新、协调、绿色、开放、共享五大发展理念，其中创新是第一位的。

新常态、供给侧结构性改革、新发展理念，成为2014年以来中国经济学界讨论的热点。

第一，如何认识新常态？一些经济学家认为，新常态不完全是速度换挡，更主要是经济转型。经济转型主要是发展方式的转变和经济结构的优化升级，同时，居民的收入水平也要随着经济发展得到同步提升。有的专家提出，应把提高生产率作为新常态发展主动力。认为，"在我国经济过去三十多年的高速增长中，生产率提高作出了重要贡献。最近几年我国生产率提高速度放缓，是成功追赶型经济体普遍经历的规律性现象，也是我国经济发展达到新水平的表现。但这也提醒我们，今后应通过全面深化改革，充分释放生产率提高潜力，使生产率提高成为新常态下经济发展的主动力"[1]。有的专家也认为，"我国经济发展进入新常态，从表象上看是经济增长减速换挡，但从本质上说是发展动力的转换和重塑"。"经济发展进入新常态，迫切要求将经济发展动力从要素驱动切换到创新驱动上来。这里的创新驱动是广义和综合的，核心就是提高生产效率，包括提

---

[1] 刘世锦等：《把提高生产率作为新常态发展主动力》，人民日报理论部编《中国经济为什么行》，人民出版社2015年版，第177页。

高劳动生产率、资本产出率和全要素生产率。要实现经济发展动力的转换和重塑,就要从追求高速增长转向追求高效增长,将提高效率和效益作为经济发展的主旋律。从这个意义上讲,新常态是从高速增长阶段向高效增长阶段跃升的过程,也是我国经济实现由大到强的过程。"①

第二,关于供给侧结构性改革。对此,权威人士给出系统的说明。指出,推进供给侧结构性改革是以习近平同志为核心的党中央在综合分析世界经济长周期和我国发展阶段性特征及其相互作用的基础上,集中全党和全国人民智慧,从理论到实践探索的结晶。

从"三期叠加"到"新常态",再到供给侧结构性改革,是一个不断探索、深化认识的过程。2013年,中央认为我国经济进入"三期叠加"阶段,明确了我们对经济形势应该"怎么看"。2014年,中央提出经济发展"新常态",对此做了系统性理论论述,既进一步深化了"怎么看",又为"怎么干"指明了方向。2015年,中央财经领导小组第十一次会议提出要推进"供给侧结构性改革",既深化了"怎么看"和"怎么干"的认识,又进一步明确了主攻方向、总体思路和工作重点。2015年12月召开的中央经济工作会议,对供给侧结构性改革从理论思考到具体实践,都做了全面阐述,从顶层设计、政策措施直至重点任务,都做出了全链条部署。粗放式经济发展方式曾经在我国发挥了很大作用,但现在再按照过去那种粗放式经济发展方式来做,不仅国内条件不支持,国际条件也不支持,是不可持续的。不抓紧转变,总有一天会走进死胡同。这一点,一定要认识到位。要发挥我国经济巨大潜能和强大优势,必须加快转变经济发展方式,加快调整经济结构,加快培育形成新的增长动力。通过转变经济发展方式实现持续发展、更高水平发展,这是中等收入国家跨越"中等收入陷阱"必经的阶段。

---

① 王一鸣:《使创新成为发展驱动力》,人民日报理论部编《中国经济为什么行》,人民出版社2015年版,第185、186页。

当前和今后一个时期，要在适度扩大总需求的同时，着力加强供给侧结构性改革，实施"五大政策支柱"，即宏观政策要稳、产业政策要准、微观政策要活、改革政策要实、社会政策要托底。推进供给侧结构性改革，战略上我们要着眼于打好持久战，坚持稳中求进，把握好节奏和力度；战术上我们要抓住关键点，致力于打好歼灭战，主要是抓好去产能、去库存、去杠杆、降成本、补短板"五大重点任务"。完成好"五大重点任务"要全面深化改革。"五大重点任务"的具体内容非常多，但病根都是体制问题。无论是处置"僵尸企业"、降低企业成本、化解房地产库存、提升有效供给还是防范和化解金融风险，解决的根本办法都是依靠改革创新。①

2016年人民出版社出版了由国家行政学院经济学教研部编著的《中国供给侧结构性改革》，对中国供给侧结构性改革做了比较系统的阐述，书中指出，当前，中国经济发展面对的主要矛盾正在由需求侧转向供给侧，经济下行的主要原因不是周期性的，而是结构性的，面对的主要是供给侧结构性、体制性矛盾，因而不可能通过短期刺激政策实现经济反弹，而必须通过供给侧结构性改革，重塑经济发展动力，为经济持续健康发展创造条件。书中还对改革做什么和怎么做给出系统的说明。

第三，关于新发展理念。有的专家认为，"创新、协调、绿色、开放、共享的发展理念，充分反映了党的十八大以来中国共产党治国理政的新理念、新思想和新战略，对关于发展的目的、方式、路径、着力点、衡量和共享等方面的问题做出了全面回应，具体体现了目标导向与问题导向的统一。其中，创新发展着眼于培养新常态下经济增长新动力；协调发展着眼于发展的健康性；绿色发展着眼于发展的永续性，顺应人民对美好生活的追求；开放发展着眼于用好国际国内两个市场、两种资源，实现内外发展联动；共享发展着

---

① 参见《七问供给侧结构性改革——权威人士谈当前经济怎么看怎么干》，《人民日报》2016年1月4日。

眼于解决社会公平正义问题，体现中国特色社会主义本质要求和发展目的"。[①] 有的论著也指出，新发展理念集中反映了我们党对我国经济社会发展规律认识的深化，是中国特色社会主义经济发展理论的最新成果，是改革开放40多年来党领导中国特色社会主义经济发展的理论结晶，是马克思主义发展观的继承与创新，是我国未来经济发展的基本理论遵循和实践指南。[②]

第四，建设现代化经济体系。2017年10月，习近平总书记在党的十九大报告中提出建设现代化经济体系的任务。指出，"我国经济已由高速增长阶段转向高质量发展阶段，正处在转变发展方式、优化经济结构、转换增长动力的攻关期，建设现代化经济体系是跨越关口的迫切要求和我国发展的战略目标"。"从十九大到二十大，是'两个一百年'奋斗目标的历史交汇期。我们既要全面建成小康社会、实现第一个百年奋斗目标，又要乘势而上开启全面建设社会主义现代化国家新征程，向第二个百年奋斗目标进军。"并提出，从2020年到2035年，在全面建成小康社会的基础上，再奋斗15年，基本实现社会主义现代化。从2035年到21世纪中叶，在基本实现现代化的基础上，再奋斗15年，把我国建成富强民主文明和谐美丽的社会主义现代化强国。这就为中国的社会主义现代化建设进步指明了方向。

党的十九大闭幕后不久，2018年1月30日，中共中央政治局就建设现代化经济体系进行集体学习，习近平总书记在讲话中说，"现代化经济体系，是由社会经济活动各个环节、各个层面、各个领域的相互关系和内在联系构成的一个有机整体"。并指出主要构建以下体系和体制。一是要建设创新引领、协同发展的产业体系，实现实

---

① 蔡昉：《四十不惑：中国改革开放发展经验分享》，中国社会科学出版社2018年版，第73页。

② 张卓元、胡家勇、万军：《中国经济理论创新四十年》，中国人民大学出版社2018年版，第262页。

体经济、科技创新、现代金融、人力资源协同发展，使科技创新在实体经济发展中贡献份额不断提高，现代金融服务实体经济的能力、人力资源支撑实体经济发展的作用不断优化。二是要建设统一开放、竞争有序的市场体系，实现市场准入畅通、市场开放有序、市场竞争充分、市场秩序规范，加快形成企业自主经营公平竞争、消费者自由选择自主消费、商品和要素自由流动平等交换的现代市场体系。三是要建设体现效率、促进公平的收入分配体系，实现收入分配合理、社会公平正义、全体人民共同富裕，推进基本公共服务均等化，逐步缩小收入分配差距。四是要建设彰显优势、协调联动的城乡区域发展体系，实现区域良性互动、城乡融合发展、陆海统筹整体优化，培育和发挥区域比较优势，加强区域优势互补，塑造区域协调发展新格局。五是要建设资源节约、环境友好的绿色发展体系，实现绿色循环低碳发展、人与自然和谐共生，牢固树立和践行绿水青山就是金山银山的理念，形成人与自然和谐发展现代化建设新格局。六是要建设多元平衡、安全高效的全面开放体系，发展更高层次开放型经济，推动开放朝着优化结构、拓展深度、提高效益方向转变。七是要建设充分发挥市场作用、更好发挥政府作用的经济体制，实现市场机制有效、微观主体有活力、宏观调控有度。

七 构建中国特色社会主义政治经济学的四梁八柱

2012年党的十八大以来，习近平总书记提出了创建中国特色社会主义政治经济学的历史任务，并发表了一系列重要讲话，对如何创建中国特色社会主义政治经济学做了深刻的论述。2015年11月25日在中共中央政治局第二十八次集体学习时，习近平强调，立足我国国情和我国发展实践，发展当代中国马克思主义政治经济学。2016年7月8日，习近平在主持召开经济形势专家座谈会时，又指出，坚持和发展中国特色社会主义政治经济学，要以马克思主义政治经济学为指导，总结和提炼我国改革开放和社会主义现代化建设的伟大实践经验，同时借鉴西方经济学的有益成分。中国特色社会主义政治经济学既要在实践中丰富和发展，又要经受实践的检验，进而指导实践。要加强研究与探索，加强对规律性认识的总结，不断完善中国特色社会主义政治经济学理论体系，推进充分体现中国特色、中国风格、中国气派的经济学科建设。

到 2018 年为止，我们还没有写出一本公认的中国特色社会主义政治经济学或社会主义市场经济学著作。这主要不是由于中国经济学家不努力，重要原因在于中国特色社会主义制度下生产力发展水平不够高，现代化尚未实现，经济体制还不够成熟、定型。但是，我们也不能只是等待而无所作为。改革开放以来，随着经济的快速增长和社会的全面进步，已经涌现和概括出一系列把马克思主义经济学原理同改革开放实践相结合的理论成果。正如一些经济学家指出的，我们现在就有条件认真研讨中国特色社会主义政治经济学大厦的四梁八柱，并且提出了一些值得重视的见解。

2014 年，胡乃武教授提出，中国特色社会主义经济学的理论体系，至少包括以下十个方面的理论。一是社会主义本质理论。二是社会主义社会的基本矛盾理论。三是社会主义初级阶段理论。四是社会主义社会的基本经济制度——所有制结构理论。五是社会主义社会按劳分配与按生产要素分配相结合的收入分配理论。六是社会主义市场经济理论。七是社会主义社会政府与市场关系的理论。八是社会主义社会的主要矛盾理论。九是社会主义社会的科学发展理论。十是社会主义社会的全方位对外开放理论。[①]

常修泽教授认为，要以人的发展作为核心思想来贯穿经济学理论体系，并建议"一个顶层，三道横梁，若干支柱"，由此形成一个理论体系。一个顶层是以人的自由的全面发展作为顶层设计的基本导向，或者叫核心。三道横梁是：在所有制关系上实行混合所有制，在资源配置方式上实行市场经济，经济发展的落脚点在于共同富裕。

---

① 参见胡乃武《关于构建中国特色社会主义经济学话语体系的核心问题》，张卓元主编《中国经济学成长之路》，中国社会科学出版社 2015 年版。

若干支柱即四个过程：一是生产过程，写人的自主决策与创新。二是流通过程，讲人与其他要素的自由流动及其模式创新。三是分配过程，强调要素按贡献分配与人的心灵创造力的发挥。四是消费过程，讲怎么样自由选择，满足消费者的多方面的需求。①

胡家勇教授认为，从经济学领域看，改革开放以来的重大理论创新主要是提出了"四个重大理论"，构成中国特色社会主义经济学的内核。一是社会主义市场经济理论；二是社会主义基本经济制度理论；三是科学发展理论；四是对外开放理论。②

黄泰岩教授认为，支撑中国特色社会主义政治经济学学术体系的"四梁八柱"，一是创立了社会主义初级阶段及其富起来和强起来的发展阶段理论，为构建中国特色社会主义政治经济学提供了时代背景。二是创立了中国特色社会主义基本经济制度和分配制度理论，为构建中国特色社会主义政治经济学奠定了坚实的经济制度基础。三是创立了社会主义市场经济理论，为构建中国特色社会主义政治经济学提供了新的运行体制和机制。四是创立了以新发展理念为引领的全面、可持续和包容性发展理论，为构建中国特色社会主义政治经济学提供了新的发展道路。五是创立了中国特色对外开放理论，为构建中国特色社会主义政治经济学提供了开放型经济体制和机制。③

2018年张卓元、胡家勇、万军著《中国经济理论创新四十年》（中国人民大学出版社2018年版）对改革开放后的理论创新列出如下十个方面：一是中国特色社会主义经济理论的形成与发展。二是社会主义市场经济：中国特色社会主义经济理论主要支柱。三是社

---

① 参见常修泽《以人本思想为核心：经济学体系创新之我见》，张卓元主编《中国经济学成长之路》，中国社会科学出版社2015年版。

② 参见胡家勇《建设中国特色社会主义经济学话语体系》，张卓元主编《中国经济学成长之路》，中国社会科学出版社2015年版。

③ 参见黄泰岩《改革开放四十年中国特色社会主义政治经济学的创新发展》，《光明日报》2018年11月27日。

会主义初级阶段理论。四是社会主义基本经济制度理论。五是收入分配理论。六是社会主义市场经济的宏观调控理论。七是对外开放理论。八是经济发展理论。九是建设现代化经济体系理论。十是构建中国特色社会主义政治经济学。

可以预期，随着研究和讨论的深入开展，一方面，将提出更多有价值的见解，不断丰富中国特色社会主义政治经济学的"四梁八柱"。另一方面，将逐步达成共识，或使共识不断增加，从而为构建中国特色社会主义政治经济学打下越来越坚实的基础。

党的十九大以后，有的经济学家提出构建新时代中国特色社会主义政治经济学；并发表了一些论著。如张占斌发表了《努力构建新时代中国特色社会主义政治经济学》一文[①]，文章认为，加深对新时代中国特色社会主义政治经济学的理论研究，需要重点把握三个维度：一是坚持马克思主义政治经济学，二是全面总结党的十八大以来经济改革与发展成就；三是融入习近平新时代中国特色社会主义经济思想。蔡昉、张晓晶的《构建新时代中国特色社会主义政治经济学》（中国社会科学出版社 2019 年版）专著，对这一重大课题做了系统的探索。全书共六章，分别是总论，认识论与方法论，遵循经济发展新常态的大逻辑，新发展理念引领新常态，建设现代化经济体系，贡献中国智慧与中国方案。

八 经济学方法重大革新：注重创新，紧密联系实际，充分吸收现代经济学有用成果，重视实证研究和数量分析，勇于提出各种对策建议，各种评比和奖励活动逐步展开

新中国成立 70 年来，伴随着经济学研究的逐步深入，经济学方法也有重大革新。举其要者有以下几点。

1. 注重理论创新，不断涌现马克思主义经济学中国化创新成果

---

① 张占斌：《努力构建新时代中国特色社会主义政治经济学》，魏礼群主编《中国改革与发展热点问题研究（2019）》，商务印书馆 2018 年版。

新中国成立后一段时间，直至改革开放前，不少经济学论著受教条主义束缚，比较热衷于对经典著作的注释，或者规律排队，或只做简单的政策宣传，缺乏独立思考，不愿标新立异，创新精神不强。由于政治与学术界限很难划清，新的观点一冒出来，常常被扣上可怕的政治帽子进行批判，实际上扼杀了人们的创新精神，把真理的声音压下去了。这样，百家争鸣的方针根本无法很好贯彻。对马寅初人口理论和孙冶方价值论的大批判就是其中最突出的例子。

改革开放后，在党的解放思想、实事求是的思想路线指引下，经济学家们大开眼界，逐步从传统的社会主义经济理论的禁锢中解脱出来，深入现实生活，勇于探索，大胆创新，做出了一个又一个有价值的研究成果，不断深入发展马克思主义经济学的中国化理论。社会主义初级阶段理论、社会主义市场经济论、社会主义基本经济制度理论、按劳分配与按生产要素分配相结合理论、对外开放理论、中国式经济增长与发展理论、新常态和供给侧结构性改革理论、建设现代化经济体系理论等，就是马克思主义经济学中国化的最重要成果。它们是中国特色社会主义理论体系的重要组成部分。改革开放以来，党和国家领导人鼓励理论创新并以身体力行和高超的政治智慧，同经济学家的大胆探索并硕果累累相结合，使一系列马克思主义经济学中国化创新成果成为中国经济论坛的主流。

对马克思主义重要观点也要勇于创新。21世纪初关于劳动价值论的讨论体现了这一点。2000年10月，党的十五届五中全会《中共中央关于制定国民经济和社会发展第十个五年计划的建议》提出："随着生产力的发展，科学技术工作和经营管理作为劳动的重要形式，在社会生产中起着越来越重要的作用。在新的历史条件下，要深化对劳动和劳动价值理论的认识。"此后，经济学界开展了对劳动价值论的深入研讨。主流的观点是，马克思关于只有活劳动创造价值的论断是正确的，至今没有过时。尽管有的经济学家认为物化劳动也创造价值，但未获多少人认同。与此同时，也要看到，随着社会主义生产力的发展，特别是第三产业的崛起和它在国民经济中的地位与作用逐渐增大，发达国家第三产业增加值占 GDP 比重已达 60%、70%以上，所以，应肯定大量的服务劳动，包括商业劳动、客运、通信、咨询、金融服务等，也应是创造价值的劳动。这也说明，马克思主义的经济理论，也是要随着社会经济实践的发展而发展的。

2004 年以来，由党中央直接领导的作为马克思主义理论研究和建设工程重点教材《马克思主义政治经济学概论》，已于 2011 年 5 月由人民出版社、高等教育出版社出版，教材编写组首席专家为刘树成、吴树青、纪宝成、李兴山、张宇和胡家勇。该书的任务就是系统阐述马克思主义经济学中国化的创新成果。本书修订版将于 2019 年发行。

2. 紧密联系社会主义建设实际

新中国成立 70 年来，中国经济理论研究的一个重大进展，是经济理论研究逐步走出科学的殿堂，广泛参与和紧密联系中国社会主义建设实际。在中国这样一个经济落后、农业人口原来占 80%的发展中大国进行社会主义现代化建设，既要补工业化、城市化、市场化、社会化、国际化的课，又要使广大民众摆脱贫困走向共同富裕，实现中华民族的伟大复兴。这是前无古人的伟大创举。一方面，这一伟大的实践迫切需要经济理论研究的支持和提供各种选择方案，为国家的社会主义现代化建设探索符合客观经济规律的路子；另一方面，社会主义建设的丰富的实践，又为经济理论研究提供了前所未有的宝贵材料和经验。特别是从传统的计划经济体制，转向社会主义市场经济体制，这一过渡经济学或转型经济学，是全世界经济学家都很有兴趣研究的重大课题。中国经济学家责无旁贷，正在从多方面进行探索，对大量的实践经验进行理论概括，寻找其客观规律性，不断丰富经济科学宝库。

经济理论研究紧密联系实际的一个突出表现是，改革开放后，不少经济学家成为党和政府决策的智囊，一些经济学家成为中共中央政治局集体学习的发言人，还有一些专家参与党和政府重要文件起草工作，一些经济学家担任地方政府、部门和企业的顾问，经济学家被人们誉为"时代的宠儿"。2013年，党的十八届三中全会提出，"加强中国特色新型智库建设、建立健全决策咨询制度"。此后，智库建设进入快车道，并在国家经济决策中发挥越来越大的影响。在社会实践巨大需求的推动下，各种应用经济学迅速发展，一派繁荣景象。金融学，财政学，国民经济管理学，国际贸易学，区域经济学，城市经济学，产业经济学，劳动经济学，人口、资源、环境经济学，可持续发展经济学，统计学，数量和技术经济学，国防经济学，市场营销学等，都有很大发展，论著甚丰，学者日众。各种经济管理学科，包括工商管理（内含会计学、企业管理、旅游管理、技术经济及管理），农村经济管理，公共管理（内含教育经济与管理、社会保障、土地资源管理）等，也成为研究和学习的热门，吸引着越来越多有志于经济学研究与学习的人。

3. 充分吸收现代经济学的有用成果

现代经济学一般指西方经济学，包括微观经济学、宏观经济学、发展经济学、计量经济学和其他一些应用经济学等。它们以成熟的资本主义市场经济为研究对象。西方经济学一方面把资本主义私有制认为是自然的永恒的，这同马克思主义是格格不入的；另一方面，它们对市场经济运行的规律进行了细致的研究，从中概括出的原理和概念，对我们认识和掌握市场经济活动的规律，是有用的，不可轻易否定。比如，凯恩斯关于用财政政策调节社会总供给和总需求的关系、降低失业率等理论，对我国实行宏观经济调控就有重要的参考价值。西方经济学关于用立法形式规范市场经济活动进行市场监管等也是适用于我国社会主义市场经济的。西方经济学中一系列金融创新理论也很值得我们借鉴。一些西方经济理论，也被人们用来分析中国经济问题，其中有产业组织理论、二元经济结构理论、非均衡发展理论、制度效率理论、成本—效益分析理论、现代公司理论、厂商理论、可持续发展理论等。西方经济学中稀缺性、机会成本、边际效用、均衡价格、全要素生产率、GDP和GNP、生产函数、消费倾向、基尼系数、恩格尔系数等概念,也是我们分析经济活动不可缺少的工具。当然,我们不能从一个极端跳到另一个极端。改革开放前,几乎是全盘否定西方经济学,否定西方经济学中包含现代文明的成果;现在则存在另一种倾向,全盘肯定西方经济学,似乎用西方经济学能解释和解决我国经济发展中的所有问题。这是非常片面的认识。封闭僵化不行,改旗易帜也不行。正确的态度是:以马克思主义经济学中国化的创新成果为指导,充分吸收现代经济学的有用成果,认真研究中国社会主义市场经济运动的规律性,推动中国社会主义现代化建设顺利发展,推动中国经济学的繁荣和发展。

为了学习和借鉴,改革开放后国内出版了大量西方经济学代表作,除了过去翻译出版的斯密、李嘉图、凯恩斯、马歇尔等人的著作外,还翻译出版了萨缪尔逊的《经济学》《新帕尔格雷夫经济学大辞典》,进入 21 世纪后,还翻译出版了多恩布什的《宏观经济学》、克鲁格曼的《国际经济学——理论与政策》、麦迪森的《世界经济千年史》、斯蒂格利茨的《经济学》、曼昆的《经济学原理》,等等。[①]

4. 重视实证研究和数量分析

"文化大革命"前,经济学论著一般只有大体规范的分析,调研报告都不多。改革开放后实证研究开始流行起来。经济研究既要进行规范分析,也要进行实证分析。过去,我国经济学界论著不少是从概念到概念或政策注释,不利于我们探索社会主义建设的客观规律性,影响经济研究的创造性思维。实证分析主要对经济运动和经济过程进行客观的如实的描绘,分析其中的机理,而不对其做价值判断,也不必提出必须如何、要求怎样等说教。实证分析特别是其

---

① 参见黄范章《改革开放 30 年西方经济学在中国经济理论发展中的影响和作用》,张卓元主编《中国经济学 30 年(1978—2008)》,中国社会科学出版社 2008 年版。

中的案例分析，类似于毛泽东倡导的"解剖麻雀"，有助于经济研究从具体的典型入手，掌握资料和信息，以便于寻找内在的本质的联系，并通过多个案例的比较，发现一些重复出现的共同的东西，使经济理论研究不脱离实际、违背认识的规律。一个时期以来，许多经济学博士论文，都进行实证分析，取得了可喜的成果。案例研究也不仅见之于实证分析的论著中，还出版了专门的案例研究论著，对推动经济理论研究产生了良好的影响。

经济理论研究离不开统计资料和数量分析。从概念到概念，没有数据的文章，很难成为经济科学论文、学术论文。"文化大革命"前，我国经济学界比较注重对生产关系及其变革研究，在以阶级斗争为纲影响下意识形态味道很浓，对数量分析不够重视。改革开放后，经济学界不仅重视生产关系和经济体制问题研究，而且越来越重视经济发展问题和具体政策等研究，这就要求有充分的数据来分析问题和论证自己的观点或对策建议。在这种情况下，对经济运行进行数量分析的文章越来越多，运用数学模型分析经济问题的文章也越来越多，像进出口依存度、能源消费系数、电力消费系数、投资率、储蓄率、消费率、投资消费出口贡献率、城市化率、CPI 和 PPI、PMI（制造业采购经理指数）、人口老龄化率，等等，几乎是经济学文章不可或缺的。这是一个好现象，有助于打破人们对经济学是不是一门比较精密的科学的疑问。

5. 勇于提出各种对策建议

经济学是经世济民之学。在社会主义建设时期，如何又好又快地进行社会主义现代化建设，是经济学家的主要关注点和着力研究的课题。为了更好地为国家的现代化建设服务，经济学家们都自觉地努力根据自己的研究成果提出可操作的对策建议或政策建议。党和政府也鼓励经济学家为政策制定和实施提供智力支持。社会主义市场经济是竞争经济，各地区、各企业都处于竞争环境中，地方政府和企业都经常要求经济学家为本地区、本企业如何提高竞争力、加快发展建言献策。因此，经常可以看到经济学家们进行各种咨询活动，官方半官方经济咨询机构、各种各样的智库如雨后春笋般大量出现，也为经济学家大胆提出各种对策建议开辟了广阔的天地。

不仅地方和企业需要经济学家建言献策，中央政府同样需要经济学家建言献策。社会主义市场经济是有政府调节和宏观调控的经济，如何根据经济形势的变化实施适当的宏观经济政策包括财政政策和货币政策、保证宏观经济的稳定健康运行，如何制定切实可行的中长期发展规划，也需要经济学家提出好的建议和对策。各种各类经济形势分析报告和预测报告很受重视，各种经济改革方案也可供政府和决策部门选择。进入21世纪，经济咨询活动也不限于国内咨询机构和团体，一些国际组织如世界银行、国际货币基金组织、联合国有关机构、跨国公司驻华机构等，也不断参与到这项活动中来。比如，2005年我国制定"十一五"规划时，世界银行就主动提交了《中国"十一五"规划的政策》（2004年12月）的系统报告；与此同时，联合国驻华机构也提出《促进中国的社会发展——联合国系统驻华机构对中国"十一五"规划的箴言》（2005年7月）等，其中提供了许多可供我国借鉴的外国经验和数据。2011年12月中信出版社出版的由林重庚和迈克尔·斯宾塞撰写的《中国经济中长期发展和转型：国际视角的思考和建议》一书，也是受有关部门委托完成的研究成果。该书从国际大视野出发，运用经济学的理论研究成果，精心选择中国经济未来发展可能遇到的重要问题加以研判，并提出富有远见的政策建议。该书由于引领中国经济发展新常态，有重要参考价值，被授予第十七届（2016年度）孙冶方经济科学奖。现在看来，国际组织和外国专家的参与，对于中国经济学家更好地用世界眼光研究中国经济问题是大有好处的。

6. 促进经济科学繁荣的各种评比和奖励活动逐步展开

一是1955年中国科学院评选出哲学社会科学学部委员61人，其中经济学研究方向的有14人，他们是陶孟和、狄超白、郭大力、黄松龄、骆耕漠、马寅初、千家驹、钱俊瑞、沈志远、王学文、王亚南、许涤新、薛暮桥、于光远。这是最高学术荣誉称号。2006

年，中国社会科学院评选出首批经济学研究方向13位学部委员和20位荣誉学部委员，以后2010年、2014年、2018年各增选一次。根据中国社会科学院文件规定，中国社会科学院学部委员、荣誉学部委员"是中国社会科学院的最高学术称号，为终身荣誉"。一批高校也相继评出文科的资深教授或一级教授、特级教授等。

二是2009年，为庆贺新中国成立60周年，由吴太昌、张卓元、吴敬琏、厉以宁、刘伟主编，黄达、林兆木、周叔莲等19位经济学家组成的论证及编辑委员会论证确认影响新中国60年经济建设的104位经济学家，由广东经济出版社出版《影响新中国60年经济建设的104位经济学家》共8册，该书除刊登每位经济学家的学术贡献简介外，还收集了他们的三四篇代表作。

三是1997—1998年，为了回顾与总结新中国近半个世纪以来中国经济学发展的历程与贡献，中国社会科学院经济研究所与广东经济出版社联合发起开展了"影响新中国经济建设的十本经济学"著作论证、遴选活动，最终投票选出以下10本著作，并作为丛书于1998年9月由广东经济出版社结集重新出版。这10本著作是：孙冶方的《社会主义经济论稿》，马寅初的《新人口论》，薛暮桥的《中国社会主义经济问题研究》，于光远的《中国社会主义初级阶段的经济》，王亚南的《中国经济原论》，卓炯的《论社会主义商品经济》，蒋一苇的《论社会主义的企业模式》，刘国光的《中国经济体制改革的模式研究》，厉以宁的《非均衡的中国经济》，吴敬琏、刘吉瑞的《论竞争性市场体制》。

2013年、2014年、2015年，科学出版社分别出版《20世纪中国知名科学家学术成就概览》经济学卷三册，第一分册收集48名学者，第二分册收集56名学者，第三分册收集60名学者。这套书总主编钱伟长，经济学卷主编张卓元、厉以宁、吴敬琏。

四是开展了各种评奖活动。影响最大的当推孙冶方经济科学奖。1983年6月，为纪念中国卓越的经济学家孙冶方对马克思主义经济科学的重大贡献，鼓励和推出新人，繁荣我国经济科学事业，由薄一波、姚依林、宋平、谷牧、张劲夫、荣毅仁、薛暮桥、汪道涵、许涤新、于光远、徐雪寒等发起成立孙冶方经济科学奖励基金会（后改为孙冶方经济科学基金会），从1984年起，每两年评选一次，到2016年已评选十七届，共评出著作55部，论文175篇，颁发奖金约500万元。目前一批活跃在经济研究和教学领域一线的骨干，是孙冶方经济科学著作奖或论文奖获得者；也有一批学者型经济官员荣获孙冶方经济科学奖。

2004年，由中国宏观经济学会的中宏基金与中国经济体制改革基金联合举办的中国经济学奖，也颇有影响。共评出"中国经济学杰出贡献奖"获得者4人，他们分别是薛暮桥、马洪、刘国光和吴敬琏，每人奖金30万元。但由于种种原因，这一奖项没有继续下去。

2012年起，吴玉章基金委员会每年评选2—3位人文社会科学终身成就奖获奖者，截至2018年，获奖的经济学家依次为邬沧萍、张卓元、黄达、卫兴华、厉以宁、吴易风。

此外，还有由一些经济学家冠名的奖项，如薛暮桥价格研究奖、蒋一苇企业改革与发展奖、许毅财经科学奖、张培刚发展经济学奖、刘诗白经济学奖、董辅礽经济理论创新奖等，在社会上也有一定的影响。

（执笔人：张卓元，中国社会科学院经济研究所研究员）

第一部分

"文化大革命"前（1949—1965年）中国经济学研究与进展

第 一 章

斯大林《苏联社会主义经济问题》在中国的传播及讨论

第一节 斯大林《苏联社会主义经济问题》和苏联《政治经济学教科书》在中国的传播

1952年，斯大林发表了《苏联社会主义经济问题》一书，不久，根据前者编写的苏联《政治经济学教科书》出版。这两本书很快就译成中文出版发行。当时正是新中国成立初期，大家对如何建设社会主义心里都没有谱，这两本书的出版引起国内各界特别是经济学界的极大关注，如饥似渴地进行学习，很快成为主流的理论观点。

斯大林在《苏联社会主义经济问题》一书中提出了以下一些有很大影响的观点。

第一，社会主义经济规律具有客观性，人们可以认识它们，利用它们以利于社会，但是人们既不能"创造"也不能"改造"或"消灭"它们。

第二，现阶段苏联社会主义社会还存在全民所有制和集体所有制，在这种条件下必然存在商品生产和商品流通。

第三，价值规律在社会主义制度下仍然存在和发生作用，它在商品流通领域起着调节作用，而在生产领域则只起影响作用，不起调节作用，生产资料脱出了价值规律发生作用的范围。

第四，由于存在两个对立阵营，统一的无所不包的世界市场瓦解了，存在的是两个既平行又互相对立的世界市场。

第五，社会主义的基本经济规律（或法则，以下同）是：用在高度技术基础上使社会主义生产不断增长和不断完善的办法，来保证最大限度地满足整个社会经常增长的物质和文化的需要。

第六，马克思再生产理论的基本原理，不仅对于资本主义社会形态是有效的，而且任何一个社会主义社会在计划国民经济时，不运用这些原理也是不行的。

如此等等。

以上几条，可以说是传统社会主义经济理论的基本点，是对传统社会主义经济体制的理论说明。公有制一统天下、排斥市场、限制商品生产和商品交换、贬低价值规律的作用、几乎没有什么激励机制、自我封闭等，成为传统社会主义经济体制和理论的主要特点。由于当时世界上只有苏联有社会主义建设经验，加上"二战"结束不久斯大林个人威信奇高和个人迷信盛行，所以许多人都把斯大林的《苏联社会主义经济问题》当成对苏联社会主义建设经验的科学总结，把它当作马克思主义的经典作品，笃信不疑。

在20世纪50年代学习斯大林《苏联社会主义经济问题》热潮中，经济学界对书中社会主义基本经济规律问题很感兴趣。一是当时中国还处于新民主主义时期，多种经济成分并存，社会主义基本经济规律在这种条件下怎样发挥作用，很需要讨论和探索。二是对基本经济规律感到新鲜，此前大家只看到恩格斯在《反杜林论》中讲价值规律是商品生产的基本规律，未见过经典作家对社会主义基本经济规律有何表述。所以，从1953年起，中国经济学界开始讨论中国过渡时期基本经济规律问题，含社会主义基本经济规律在中国过渡时期如何发挥作用问题，并因有不同意见争论而成为经济学界第一热门话题，大家当时关注的焦点。

第二节 三种主要不同观点

20世纪50年代中国经济学界关于过渡时期基本经济规律问题的讨论，是从1953年10月《新建设》杂志发表老一辈经济学家王学文写的《中国新民主主义的几个经济法则》一文后引起的。1954年《学习》杂志第4期发表苏星的《社会主义基本经济法则在我国过渡时期的作用问题》一文，对王学文的文章提出不同意见，接着越来越多有影响的经济学家也参加到这场争论中，持续时间大约三年，报刊上发表了大量讨论这个问题的文章。其间正好《经济研究》于1955年4月创刊，《经济研究》从创刊起就陆续刊登这方面的讨论文章，创刊号的第一篇文章发表的就是时任国家计委副主任骆耕漠的《关于我国过渡时期基本经济法则问题》一文。

讨论中有三种主要不同观点。

第一种，以王学文为代表，他认为过渡时期既然存在着多种（五种）经济成分，因此每种经济成分由于其自身所具有的条件不同，都有着决定支配该种经济成分的主要过程主要方面的主要经济法则。他还具体地分析了各种经济（国营经济、合作社经济、个体经济、资本主义经济以及国家资本主义经济）的主要经济法则并做了表述。其中既包含该种经济成分的生产目的，也包含为了达到这一目的所采取的手段。如个体经济的主要法则是："用初步提高生产技术的办法，努力发展生产改进生产，来供给自己与市场增长的物质和文化的需要。"资本主义经济的主要法则是："用在高度技术基础上，剥削无产者与农民手工业者等的办法，发展资本主义生产，来保证最大的利润。"国营经济的主要法则是："用在高度技术基础上，使社会主义性质的生产不断增长和不断完善的办法，来保证最大限度地满足社会经常增长的物质和文化的需要。"[1] 他还认为，基本经济法则是一个独立的划时代的社会经济的法则，而我国目前还不是一个独立的社会形态，所以，我们目前的经济条件还不能形成一个基本经济法则。[2]

第二种，以骆耕漠为代表，认为社会主义基本经济规律是过渡时期整个社会的基本经济规律。其主要观点是："我国目前还处于过渡时期，还是一个过渡社会，还不是一个'独立的划时代的'社会，还不是一个已经形成的社会主义社会。它基本上包含三种经济：国营经济——社会主义经济；资本主义经济；个体经济。这三种经济都有它们各自的基本经济规律（王学文同志称为'主要经济规律'）。由于在这三种经济之中国营经济是最强大的（不仅是指它在国民经济中所占比重而言），它占着支配或主导的地位，因此社会主义基本经济规律就成为（不是将成为而是已经成为）我国过渡社会的基本经济规律。"[3] 骆耕漠的这一观点，得到一些经济学家的支持。

当时著名经济学家王思华、许涤新、王亚南、千家驹等，均持这一主张。如王思华说："在过渡时期，社会主义掌握了经济命脉，因而随着社会主义成分的不断增长和发展，决定新的生产目的的社会主义基本经济法则也就逐渐在国民经济中扩大其作用范围，也就愈来愈影响整个国民经济的发展。所以决定我国过渡时期整个社会生产发展的一切主要方面和主要过程的，是社会主义基本经济法则，不过目前由于小商品经济和资本主义经济的存在，价值法则与剩余价值法则还有活动的场所。因此社会主义基本经济法则作用的范围还受到一定的限制。"[4]

---

① 参见王学文《中国新民主主义的几个经济法则》，《新建设》1953年第10期。
② 参见王学文《再谈我国过渡时期的经济法则问题》，《学习》1954年第11期。
③ 参见骆耕漠《关于我国过渡时期基本经济法则问题》，《经济研究》1955年第1期。
④ 参见王思华《关于个体经济、合作社经济的经济法则和中国过渡时期经济的基本经济法则问题》，《经济研究》1955年第1期。

第三种，以苏星和徐禾为代表，认为既然过渡时期有资本主义生产方式和社会主义生产方式，因而社会主义基本经济规律和资本主义基本经济规律在我国过渡时期就同时发生作用。苏星说："我国过渡时期不是一个独立的社会形态，因此现在还不能存在一个决定全部社会生产一切主要方面和主要过程的基本经济法则。但是在过渡时期由于有了居于领导地位的社会主义经济，因此社会主义基本经济法则已经成为整个国民经济中起主导作用的法则。""同时由于资本主义经济的存在，在我国也还存在着资本主义基本经济法则，其中包括最适合于资本主义基本经济法则这个概念的剩余价值法则，不过这个法则的作用范围已日益受到限制，并且随着经济条件的变化，会逐渐失去效力，退出舞台。"① 徐禾也说："我国目前还不是一个独立的社会形态"，"在五种经济成分中，形成过独立的社会形态的只有两种经济成分，即社会主义经济成分和资本主义经济成分"，因此，过渡时期同时存在社会主义基本经济法则和资本主义基本经济法则。②

与此相类似的还有林里夫，他认为，"分别决定目前我国的五种经济成分（社会主义的、私人资本主义的、小商品生产的、国家资本主义的和合作经济成分）的只有三种基本经济法则，那就是：社会主义的、资本主义的和小商品生产的基本法则。因为国家资本主义和半社会主义合作社的生产方式都是过渡性的生产的社会形态，它们没有自己所固有的独立的特殊的基本经济法则，它们只能分别地受着社会主义的、资本主义的、商品生产的基本经济法则的支配"。③

---

① 参见苏星《目前争论的分歧在哪里》，《经济研究》1955 年第 1 期。
② 徐禾：《关于在我国过渡时期经济领域内的基本经济法则问题》，《学习》1954 年第 9 期。
③ 林里夫：《论决定我国过渡时期的各种生产的社会形态的基本经济法则》，《经济研究》1955 年第 2 期。

第三节　若干评论

第一，20世纪50年代初中期我国经济学界关于过渡时期基本经济规律问题的讨论，是新中国成立后我国经济学界第一次对经济热点问题的讨论，并且在讨论中形成比较鲜明的不同观点，互相指名道姓地展开争鸣，初步形成百家争鸣的局面，为中国经济学界的学术讨论开了一个好头。比如，在老一辈经济学家王学文发表文章后，当时中国人民大学的青年教师苏星发表文章，提出不同意见，而且有来有往，王学文接着写了为自己观点申辩的文章，然后中国人民大学另一青年教师徐禾撰文支持苏星的观点。接着，国内许多著名经济学家纷纷跟进，撰写文章提出自己的见解，很快形成讨论的热潮。观点虽然不同，但讨论是心平气和的、平等的、讲道理的，因而树立了比较良好的风气，涌现出一批崭露头角的年轻经济学家。

第二，讨论紧密结合中国国情。参加这次讨论的文章，都能从中国处于从新民主主义向社会主义过渡时期出发；从中国存在五种经济成分即国营经济、私人资本主义经济、个体经济、半社会主义合作社经济和国家资本主义经济，其中国营经济起着主导作用出发，根据马克思主义基本原理，探讨中国过渡时期基本经济规律问题，没有从经典作家那里找现成答案，也没有生搬硬套经典作家既有论述的不良倾向。

第三，讨论中也出现急于向社会主义过渡的想法。20世纪50年代初中期，我国处于新民主主义发展阶段或由新民主主义向社会主义过渡的阶段，五种经济成分并存。新中国成立之初曾设想这一阶段可能延续十几年。但是不久就出现急于过渡的想法和做法，这反映在对过渡时期基本经济规律的讨论中，主张社会主义基本经济规律就是我国过渡时期的基本经济规律的观点逐渐占了上风，得到较多有影响的经济学家的支持，成为主流的观点。现在看来，那时我们过渡的步子有些过快、要求过急，带来不少后遗症。如果过渡的时间长一些，社会主义改造的步子迈得稳一些，可能更有利于我国社会经济的发展。

第四，为以后有关问题的讨论打下初步的基础。基本经济规律主要回答的是社会生产的目的问题。这次讨论，为以后的讨论包括20世纪60年代关于社会主义基本经济规律的研究和讨论，粉碎"四人帮"后不久关于社会主义社会生产目的问题的讨论，进入21世纪后关于怎样实现"以人为本"的发展的讨论，提供了不少有价值的见解和材料，在某种程度上可以说后面的几次研讨，是对20世纪50年代初中期关于我国过渡时期基本经济规律问题讨论的继续和深化发展。

（执笔人：张卓元，中国社会科学院经济研究所研究员）

第 二 章

20世纪50年代关于计划与市场关系和商品、价值问题的探索与争鸣

第一节 问题的提出

社会主义经济中计划与市场关系问题，包含社会主义制度下商品生产和价值规律问题，是新中国成立以来我国经济学家讨论最多、争论最激烈、成果最突出的经济理论问题。从20世纪50年代我国有远见卓识的经济学家勇于突破传统的社会主义经济理论，提出标新立异的创新观点，到20世纪90年代以后逐步确立社会主义市场经济论，绵延了50多年的探索和研讨，是一个曲折的、逐步接近真理的过程。1978年年底实行改革开放后，在改革大潮和国民经济迅速起飞的推动下，社会主义市场经济论逐步成为我国经济学界和社会其他各界的共识。社会主义市场经济论是我国改革开放的主要理论支柱，是中国特色社会主义理论体系的重要组成部分，也是中国经济学界对经济科学宝库的重大贡献。

回顾计划与市场关系问题长达60多年的研讨，这一问题经历了若干阶段。这些阶段都是同我国社会主义建设事业的发展，同实践

经验的逐步积累而不断探索更好的经济体制和发展道路，同经济政策的完善相一致的。理论的本源来自实践，但理论对实践又有巨大的反作用。从计划与市场关系问题讨论过程中所发表的各种理论观点对我国社会主义建设实践所产生的影响来看，积极作用是基本的，同时也有一些错误观点起了消极作用。

在讨论中，许多论著都能在马克思主义指导下，紧密结合我国社会主义建设的实际，对面临的现实问题进行调查研究，吸取外国的经验教训，对经济现象和过程的本质的剖析逐步全面、深化，从而做出了比较符合客观实际的结论，对社会主义经济实践产生了积极的作用，也对政治经济学社会主义部分的建设做出了贡献。

但同时也发表了一些有错误观点的论著。它们或者从本本出发而不顾生动的经济实践，或者跟着某些错误思潮而曲解经济实践，从而对实践起了消极的作用。在计划与市场、商品与价值问题上的错误观点，主要的和大量的是在不同程度上否定社会主义制度下商品生产的必要性、市场的作用和价值规律的作用这样一种"左"的观点。

斯大林的《苏联社会主义经济问题》一书，在很大程度上反映了苏联30多年社会主义经济建设的经验，在政治经济学思想史上具有一定的意义。斯大林肯定了经济规律的客观性，肯定了社会主义经济中商品生产和商品交换的必要性，肯定了价值规律是一所"很好的实践的学校"，等等。但同时，该书也包含一些不正确或不符合实际的论断。例如，关于全民所有制内部交换的生产资料实质上不是商品，价值规律对社会主义生产只起影响作用、不起调节作用，排斥市场机制等，它们长时期禁锢着人们的思想，束缚着经济管理体制的改革。我国经济学界关于社会主义经济中计划与市场关系问题的探索的步步前进，以致确立社会主义市场经济论，就是在突破以《苏联社会主义经济问题》为代表的传统社会主义经济理论的框框下取得的。

下面，拟就我国经济学界20世纪50年代关于计划与市场关系和商品、价值问题的研讨，进行简要的回顾。

第二节　1956—1957年首次掀起研讨热潮

我国经济学界关于社会主义制度下计划与市场、商品与价值问题讨论的第一次高潮，是在三大改造基本完成前后的1956—1957年。那时，整个社会经济关系正经历重大的变化，社会主义经济逐渐成为整个社会唯一的经济基础。20世纪50年代最初几年流行的，用多种经济成分同时并存来解释商品生产和商品交换存在的理论，受到现实经济生活的挑战。在经济学者面前出现了商品生产与商品交换同社会主义生产关系是否相容，商品生产同社会主义公有制和按劳分配的关系怎样，商品生产的基本规律——价值规律的作用有哪些变化和特点等需要研究和解决的重大理论课题，于是引起了对这些问题的热烈讨论。当时的讨论，是环绕社会主义商品生产存在的客观必然性，计划经济和价值规律的关系问题展开的。薛暮桥在1956年10月28日《人民日报》上发表《计划经济与价值规律》一文，揭开了这次讨论的序幕。

当时，占统治地位的是斯大林《苏联社会主义经济问题》一书的观点，即认为两种社会主义公有制的并存是社会主义商品生产存在的原因；随着社会主义公有制的确立，国民经济有计划按比例发展规律就取代价值规律而成为生产的调节者；生产资料甚至"脱出了价值规律发生作用的范围"[①]，即所谓"代替论"。随着计划管理范围的扩大，市场和价值规律的作用范围将进一步受到限制，即所谓"限制论"。还有就是认为有计划发展规律作用强，价值规律的作用就弱；价值规律的作用强，有计划发展规律的作用就弱，即所谓

[①] 斯大林：《苏联社会主义经济问题》，《斯大林选集》下卷，人民出版社1979年版，第578页。

"此消彼长论"。这些观点的流行，是同我国经济体制沿袭苏联的一套做法相适应的。

与此同时，也有一些文章，突破了传统社会主义经济理论的框框，鲜明地提出了被后来实践证明是正确的见解。

第一个是：孙冶方1956年提出了把计划放在价值规律的基础上的观点。认为，价值规律的基本内容和作用，即通过由社会平均必要劳动量决定价值来推动社会生产力的发展，以及调节社会生产或分配社会生产力等，在社会主义和共产主义社会都是存在的；只有在私有制度下的商品经济中，它是通过商品流通，通过市场竞争来起作用，来体现自己的，因而它是带着破坏性的；而在计划经济中，是应该由我们通过计算来主动地去捉摸它的。他强调，我们的社会主义经济发展计划必须以价值规律为基础。这样，他就把社会主义经济中价值规律的作用，提到了空前未有的高度，打开了人们认识这个问题的广阔视野。[①]

第二个是：顾准在1957年发表的一篇论文中提出社会主义经济是计划经济与经济核算的矛盾统一体，价值规律是通过经济核算调节社会生产的。这种调节的最高限度的做法是："使劳动者的物质报酬与企业盈亏发生程度极为紧密的联系，使价格成为调节生产的主要工具。因为企业会自发地追求价格有利的生产，价格也会发生自发的涨落，这种涨落就实际上在调节着生产。同时全社会还有一个统一的经济计划，不过这个计划是'某些预见，不是个别计划的综合'，因此它更富于弹性，更偏向于规定一些重要的经济指标，更减少它对于企业经济活动的具体规定。"[②] 这就是主张充分利用价值规律对社会主义经济的调节作用。通过价格的自发涨落调节生产，这

[①] 参见孙冶方《把计划和统计放在价值规律的基础上》，《经济研究》1956年第6期。

[②] 参见顾准《试论社会主义制度下的商品生产和价值规律》，《经济研究》1957年第3期。

是社会主义市场经济的本质要素,在这个意义上,可以说,顾准是我国主张社会主义市场经济论的第一人。

第三个是:有的文章从社会主义社会还存在物质利益原则或物质利益关系的见地出发,来论证社会主义社会特别是全民所有制内部存在商品关系的原因,并由此肯定全民所有制内部交换的生产资料也是商品。①

第四个是:陈云提出在社会主义计划经济中利用市场调节的思想。他在党的八大发言中说,"至于生产计划方面,全国工农业产品的主要部分是按照计划生产的,但是同时有一部分产品是按照市场变化而在国家计划许可范围内自由生产的。计划生产是工农业生产的主体,按照市场变化而在国家计划许可范围内的自由生产是计划生产的补充。因此,我国的市场,绝不会是资本主义的自由市场,而是社会主义的统一市场。在社会主义的统一市场里,国家市场是它的主体,但是附有一定范围内国家领导的自由市场。这种自由市场,是在国家领导之下,作为国家市场的补充,因此它是社会主义统一市场的组成部分"②。

第三节 若干评论

从上一节的介绍中,我们可以欣喜地看到,在我国社会主义计划经济体制刚刚建立的时候,就有经济学家提出要处理好计划经济与价值规律的关系,要正确对待商品生产和市场的作用。这说明,有的经济学家很早很快就发现了高度集中的计划经济体制的弊端。比如企业公私合营,工厂都愿意生产得多,生产得快,如果产品的

---

① 参见南冰、索真《论社会主义制度下生产资料的价值和价值规律的作用》,《经济研究》1957年第1期。

② 《陈云文选》第三卷,人民出版社1995年版,第13页。

样式多，经常换机器、原料，生产就会少，就会慢，有些工厂总是怕麻烦，只生产大路货，不顾消费者需要，于是出现了商品质量降低、品种减少的情况。其根源在于计划经济的统购包销制度和没有优质优价，违背价值规律。所以，从经济学家到党和国家领导人，都有人觉察到需要尊重价值规律和利用市场调节，以改善经济管理。

计划与市场关系问题，计划经济与价值规律关系问题，社会主义经济中商品价值问题，是社会主义经济理论和实践的要害问题，中国经济学界从一开始就抓住这个要害问题进行研究和探索，并提出了不少具有远见卓识的观点，说明中国经济学家是有眼光有水平的，值得称道的。当然，那时传统社会主义经济理论仍是当时的主流，经济学家的有些创见也受其影响，但是仍不能抹杀一些经济学家的"先知者"的作用。

（执笔人：张卓元，中国社会科学院经济研究所研究员）

第 三 章

1959 年 4 月新中国第一次经济理论讨论会

第一节　1959—1960 年对人民公社化运动否定商品生产和"一平二调"的反思

1958 年农村人民公社化运动中，出现了否定商品生产和价值规律，在农村大刮"一平二调"的"共产风"；在工业领域鼓吹大炼钢铁不计工本，算政治账，不算经济账。在这种情况下，几个月的时间里，出现了一批宣扬"左"的奇谈怪论的文件和文章。突出的是，陈伯达否定商品生产和商品交换①，张春桥发表《破除资产阶级法权思想》一文②，否定按劳分配。

1958 年年底，党的八届六中全会及时地批判了否定商品生产和价值规律的观点，明确指出："继续发展商品生产和继续保持按劳分配的原则，对于发展社会主义经济是两个重大的原则问题，必须在全党统一认识。有些人在企图过早地'进入共产主义'的同时，企

---

① 参见苏星《新中国经济史》，中共中央党校出版社 2007 年版，第 333—334 页。
② 《人民日报》1958 年 10 月 13 日。

图过早地取消商品生产和商品交换，过早地否定商品、价值、货币、价格的积极作用，这种想法是对于发展社会主义建设不利的，因而是不正确的。"

1959年3月，针对"一平二调"的"共产风"，毛泽东指出，算账才能实行那个客观存在的价值法则。"这个法则是一个伟大的学校，只有利用它，才有可能教会我们的几千万干部和几万万人民，才有可能建设我们的社会主义和共产主义。否则一切都不可能。"毛泽东提出这个论断，是我国经济学界研究社会主义商品、价值问题的一个重要转折点。

这时，经济学界对于商品、价值问题的研究，很快地从批判"共产风"转入对社会主义商品生产的历史地位和作用，为什么说价值规律是一个伟大的学校等问题的讨论。

第二节 1959年4月在上海市举行新中国第一次经济理论讨论会

正是在上述背景下，由中国科学院经济研究所（现为中国社会科学院经济研究所）和上海社会科学院经济研究所发起，于1959年4月3—22日，历时20天，在上海举行了新中国成立以来规模最大的经济理论讨论会，到会的经济学家达245人，提交论文和调查报告77篇，主要是讨论社会主义商品生产和价值规律的作用问题，可谓盛况空前，影响巨大，掀起了对这一问题讨论的高潮。

1959年6月1日，《人民日报》发表1959年新中国第一次经济理论讨论会报道，标题是《百家争鸣 共同提高》。内容抄录如下：

> 本报讯：中国科学院经济研究所、上海社会科学院经济研究所，最近在上海召开经济理论讨论会，讨论社会主义制度下商品生产、价值规律和计件工资问题。参加会议的有各省、市

的经济科学研究机关、高等学校经济院系的经济理论工作者、国家经济部门和党委有关部门的经济工作者和经济理论工作者二百四十五人。提到大会上的论文共有五十四篇，调查报告共二十三篇。

关于社会主义制度下商品生产和价值规律，这次会议着重讨论了关于人民公社自给性生产和商品性生产、关于社会主义制度下三种交换关系、关于社会主义制度下价值规律的作用等三个问题（讨论的主要内容见今天本报第七版）。

社会主义制度下商品生产和价值规律问题，我国经济学界过去曾经进行比较长期的讨论。这次会议以前，又进行了一些准备。参加会议的同志对这次会议所要讨论的问题，事前进行了研究，在国营企业和农村人民公社进行了调查，提出了调查报告，编印了有关资料，在此基础上写出了论文，并且在各地区、各单位进行了讨论。

与会同志认为，这次会议在理论方面和学风方面，都有一定的收获。这主要是由于这次会议贯彻了理论结合实际和百家争鸣的方针。这次会议所讨论的社会主义制度下商品生产、价值规律以及计件工资问题，都是我国当前现实经济生活中的重要问题，而且是政治经济学社会主义部分的重要问题。对这些问题进行学术探讨，对于从经济关系上正确处理人民内部矛盾，调动城乡人民建设社会主义的积极性；对于我国人民公社的巩固，和人民公社内部生产关系的进一步完善和发展；对于进一步提高国民经济计划管理工作的水平，有着重大的意义。对于依据马克思主义价值学说，从理论上总结我国社会主义建设的经验，提高我们的理论水平，也有积极的作用。

与会同志认为，这次会议，自由讨论的空气十分活跃，各种不同的学术见解都得到发挥，大家都努力用科学的论证来说服对方，心情舒畅地进行辩论。经过讨论和争辩，互相取长补短，或者修改了自己的论点，或者强化了自己的论点，大家在不同的程度上都得到了提高。

参加这次讨论会并做大会发言的经济学家有：薛暮桥、孙冶方、于光远、王学文、骆耕漠、王思华、黄逸峰、王亚南、雍文远、蒋学模、樊弘、谷书堂、姚耐、杨坚白、关梦觉、朱剑农、宋则行、漆琪生、邓克生等。

会后，由科学出版社出版了由中国科学院经济研究所编的《关于社会主义制度下商品生产和价值规律问题——1959年4月讨论会论文资料汇编》一书（1959年），字数达127万字。

第三节　讨论会达成的一些重要共识

经过这次讨论，对如下几个问题获得了比较一致的认识。[①]

第一，中国是商品生产很不发达的国家。我们的商品经济不是多了，而是少了，不但比发达的资本主义国家少，甚至比印度还落后。占全国人口80%以上的农村人口，过着半自给自足的生活。随着社会生产力的发展，分工越来越细，生产越来越专业化，社会化程度越来越高，必然表现为商品经济的发展。现阶段发展商品生产，首先是工人阶级团结五亿农民建设社会主义的大问题。就农村人民公社来说，除了要发展同国家或其他公社进行交换的商品生产，其内部各单位之间也要发展商品生产和商品交换。[②]

第二，从原始公社后期到社会主义社会，都存在商品生产，但是商品的社会性质，即商品体现的人和人的关系，商品生产在社会

[①] 参见孙尚清、陈吉元、张卓元《试评我国经济学界三十年来关于商品、价值问题的讨论》，《经济研究》1979年第10期。

[②] 参见许涤新《论农村人民公社化后的商品生产和价值规律》，《经济研究》1959年第1期。

经济生活中的地位和作用是不相同的。于光远在提交大会的论文中说："什么是商品交换这种交换方式的特点呢？一句话说，就是双方处于平等地位、在交换中比较所交换的使用价值中结晶的社会必要劳动，实行等量劳动与等量劳动交换的等价交换原则。凡是用这样一种方式进行的交换，就是商品交换。凡是进入这种交换的生产物就是商品。"[1] 并明确指出：社会主义制度下两种公有制之间的交换、国营企业与国营企业之间的交换以及社会与个人之间的交换都是商品关系。

第三，在社会主义各种交换关系中，都要承认和尊重价值规律的作用，坚持等价交换。特别是在处理同集体所有制的经济关系时，在国家和公社之间，在公社内部各级之间，必须反对"一平二调"，实行等价交换，计价算账。同时，要承认价值规律对集体所有制经济起调节作用。在指导集体经济的生产和安排交售任务时，都必须考虑这种调节作用。[2]

第四，价值规律的确是一个伟大的学校。因为：首先，从那里可以学会从经济关系上正确处理人民内部矛盾；其次，可以学会经济管理。在国家和公社、公社和公社、公社内部的交换关系中，等价交换是为了保持和鼓励集体所有制经济生产的积极性；在国家和职工的交换关系中，等价交换是为了正确贯彻按劳分配的原则；在国营企业之间的交换关系中，等价交换是为了保证生产中消耗的劳动能够得到补偿，进行再生产并严格经济核算制度。

第五，必须充分利用价值规律的作用，为社会主义计划经济服务。价值规律可以被国家利用来作为制订国民经济计划的依据之一；可以被利用来影响某些产品的生产和销售数量，作为计划调节和达

---

[1] 参见于光远《关于社会主义制度下商品生产问题的讨论》，中国科学院经济研究所编《关于社会主义制度下商品生产和价值规律问题——1959 年 4 月讨论会议文资料汇编》，科学出版社 1959 年版，第 259 页。

[2] 参见郑经青《对于社会主义制度下价值规律问题的几点意见》，《经济研究》1959 年第 4 期。

到供需平衡的补充手段；可以被利用来组织经济核算，提高经济活动效果；可以被利用来作为分配和再分配国民收入的工具，等等。[1] 有的经济学家进一步说，价值规律的真正作用，是在它提高劳动生产率，促进生产的积极作用方面表现出来。我们今天的主要问题，不是如何防止它的消极破坏作用，而是如何尽可能地发挥它的促进生产的积极作用。[2]

第六，价值规律和国民经济有计划按比例发展规律并不是互相排斥、此消彼长、一兴一灭的，国家在组织经济活动包括制订计划时，既要充分考虑有计划规律的作用，也要充分考虑价值规律的作用。因为在实际生活中，这两个规律是同时发生作用的。只要某种经济规律有它赖以存在的经济条件，它就要发生作用，决不会因为其他经济规律存在就不发生作用。国家可以依据国民经济有计划按比例发展规律，有计划地规定各种商品的价格，但是国家在确定各种产品的计划价格的时候，仍然不能不估计和利用价值规律的作用。同样，国家要依据国民经济有计划按比例发展规律确定国民经济各部门之间的比例，但这并不是说国家对商品的生产和流通进行计划调节时，可以不考虑价值规律，如果把价值规律看成是处于从属的地位，那就会导致在实际工作中不能正确地估计和利用价值规律的作用。[3]

第七，既然价值规律是客观经济规律，因此，价值规律本身无所谓积极作用和消极作用，只能说，在什么条件下价值规律发生作用的后果对我们有利，在什么条件下对我们不利。同时，价值规律本身也无所谓自发起作用和自觉起作用的区别。规律是客观的，永

---

[1] 参见薛暮桥《社会主义制度下的商品生产和价值规律》，《红旗》1959年第10期。

[2] 参见王亚南《充分发挥价值规律在我国社会主义经济中的积极作用》，《人民日报》1959年5月15日。

[3] 参见中国科学院经济研究所编《关于社会主义制度下商品生产和价值规律作用问题——1959年4月讨论会论文资料汇编》，科学出版社1959年版，第9—10页。

远自发地发生作用。区别只在于我们是否认识它以及有没有条件利用它的作用来达到预定的目的。

应当说，上述观点都是从研究1958年经济建设工作的教训中得出来的，是付出了巨额学费换来的精神财富，因而是非常宝贵的。这些观点在以后的实践中也证明是有理论价值和实用价值的。它们不仅进一步丰富了马克思主义经济理论，而且对社会主义建设也发挥了重要的指导作用。与此同时，也要指出，与上述主流观点不一致的意见也在会上得到充分的表现，从而形成百家争鸣的局面。

（执笔人：张卓元，中国社会科学院经济研究所研究员）

第 四 章

20世纪60年代初关于社会主义再生产、经济核算和经济效果问题的讨论

第一节 问题的提出

在急于求成的"左"的思想指导下，中国1958—1960年实行"大跃进"，并以失败告终。"大跃进"最严重的后果是，粮食产量从1957年的3900.9亿斤降至1960年的2870亿斤，减少了26.4%。与此同时，棉花产量下降35.2%，油料作物产量下降54.8%，猪的存栏数下降43.6%。由于那时我国经济发展水平还很低，农业生产一减产，使我国人民生活进入三年（1959—1961年）最困难时期。市场上商品特别是农副产品奇缺，粮食供应不足，使大部分人吃不饱饭，副食品供应也很紧张，价格畸高，不少地方出现大量人员的非正常死亡，有的地区整村人死光。有人估计，这三年非正常死亡人数达1700万人[①]，甚至更高。

"大跃进"不仅造成农业大减产，而且带来整个经济的大滑坡。

---

① 参见刘成瑞《"大跃进"引起的人口变动》，《中共党史研究》1997年第2期。

尽管1958年经济增长率达到21.3%的高峰,但1960年、1961年、1962年连续三年经济负增长,其中1961年经济下降27.3%,是新中国成立后下降幅度最大的一年,使我国社会主义建设受到重大挫折。

对于这次中国历史上罕见的全国性灾祸,刚开始人们多归咎于天灾,说是严重自然灾害造成的。后来大家冷静下来逐渐认可主要是人祸造成的,即主要是政策失误,急于求成,严重违背客观经济规律,自酿苦果。

从1961年年初开始,党和政府对建设方针做重大调整,决定实行调整、巩固、充实、提高的八字方针,首先致力于恢复农业生产,把发展农业放在首位,解决人民吃饭问题。这一方针持续了五年。也就是说,三年"大跃进"失败,竟花了五年时间调整才缓过气来。

为了从思想上、理论上总结三年"大跃进"的惨痛教训,中国经济学界在薛暮桥、于光远、孙冶方的主持和组织下,从1960年起首先在北京,陆续举行座谈会、研讨会,然后推开到全国,研讨社会主义再生产、经济核算和经济效果问题,统称为三大问题讨论,在报刊上发表了大量研讨文章。

第二节　社会主义再生产问题研讨

三年"大跃进"暴露出来的首先是国民经济主要比例关系严重失调,在"以钢为纲"口号下,以牺牲农业为代价,重工业一马当先,结果是粮食等主要农产品大幅度减产,工业生产一时上去了又掉下来,这是严重违反国民经济按比例发展规律的结果,是严重违反社会再生产的客观规律的结果。所以,要从思想上、理论上总结"大跃进"的教训,需要认真研究社会再生产的一系列理论和实际问题。归纳起来,大体上在以下几个问题上取得了共识。

第一,必须正确处理速度与比例的关系,高速度必须建立在保持国民经济各部门的基本比例关系互相协调的基础上。如有的经济学家说,高速度必须以按比例"为必要条件""为前提","唯有按比例,才能取得全面、持久的高速度。"① 经济发展速度和比例在一定时期中可以有种种不同的结合。"从速度和比例的种种不同的可能结合中,选择最恰当的方案,使国民经济不但能够在当前的计划时期高速度、按比例地发展,而且能够为后续时期的进一步发展,创造良好的条件。""尤其重要的是正确认识、掌握速度和比例间的数量关系:怎样的比例,必然引起怎样的速度;怎样的速度,又必然要求怎样的比例。"②

第二,积极平衡不是"跃进的平衡",应是客观可能性和主观能动性高度统一所产生的平衡。即"在客观可能的限度内,通过人们的主观能动作用,来改善客观经济条件,使它们适应起来。"③ "从实际出发去处理国民经济各部门的比例关系,是积极平衡而不是消极平衡。如果离开客观可能性而片面地强调需要,那就不可能组织新的平衡,反而会加剧不平衡。"④

第三,计划工作要留有余地,以防止比例失调。有的文章提出,"留有余地是一个积极的方针","'缺口'是留有余地的反面。我们要留有余地,就不应当留下这种'缺口'。""计划订得必须积极","但也必须切实可靠,决不可以无根据地把不可靠的'潜力'放在计划之内。""留有余地,并不是消极的,而是积极的;不是可有可无的,而是必不可少的。"⑤

第四,国民经济综合平衡是计划工作的基本方针和方法。有的

---

① 参见杨坚白《略谈综合平衡》,《大公报》1962 年 3 月 26 日。
② 参见刘国光《关于社会主义再生产比例和速度的数量关系的初步探讨》,《经济研究》1962 年第 4 期。
③ 郭子诚等:《试论国民经济高速度和按比例发展》,《经济研究》1959 年第 6 期。
④ 许涤新:《论我国的社会主义经济》,人民出版社 1964 年版,第 73 页。
⑤ 李成瑞:《留有余地是一个积极的方针》,《红旗》1964 年第 16 期。

文章指出，国民经济综合平衡一般指物资供求平衡、财政收支平衡、信贷收支平衡、外汇收支平衡以及四者之间的综合平衡。综合平衡是计划工作的基本方针或基本方法，是国民经济的全局的整体的平衡。① 现在看来，国民经济综合平衡理论、方针或方法在计划经济时期实现按比例发展，是有积极作用的，尽管综合平衡很难实现，也常被人为破坏，但不失为有益的探索。

第五，国民经济综合平衡应按农轻重的次序进行。有的论著说："按照农、轻、重的次序进行综合平衡，就是遵照农业是国民经济发展的基础，工业是国民经济发展的主导这个客观要求，以农业为出发点，以农业为中心，环绕着农业再生产，兼顾工业再生产，来安排重工业再生产和国民经济的全部计划，并求得整个国民经济的综合平衡。"② 有的提出，"在社会主义制度下，生产的目的以及社会生产和社会需要矛盾的性质，规定了必须以满足社会需要作为出发点进行综合平衡"，"综合平衡在调节社会生产和社会需要的矛盾时，既要看到长远的社会需要，又要脚踏实地地从当前实际水平出发，来规定最大限度满足社会需要的合理的数量界限"。③

第六，必须重视消费资料生产在社会再生产中的作用。有的经济学家在肯定第一部类在扩大再生产的主导作用、决定作用的同时，认为还必须看到第二部类在扩大再生产的制约作用。因为扩大再生产不但需要有更多的机器设备和原料，同时也相应地需要有更多的粮食和其他日用必需品。④ 有的文章进一步认为，把消费资料的作用

---

① 参见杨坚白《关于国民经济综合平衡的几个争论问题》，《江汉学报》1964年第6期。

② 参见杨坚白《试论按农轻重方针进行综合平衡》，《光明日报》1962年11月5日。

③ 闻潜、冯立天：《略论综合平衡的客观对象》，《光明日报》1963年12月23日。

④ 参见实学《关于扩大再生产公式的初步探讨》，《光明日报》1961年12月4日。

只归结为制约作用，不够确切。"因为它令人感到：似乎在社会主义扩大再生产过程中，消费资料生产只居于被动地位，甚至只起牵制作用。事实上，制约作用不仅存在于消费资料生产方面，同样地存在于生产资料生产方面；促进作用也不仅在于生产资料生产方面，同样地存在于消费资料生产方面。"①

第七，农轻重关系在社会发展的一定阶段能具体体现两大部类的关系。有的专家认为，两大部类的关系在现实经济生活中主要表现为农业、轻工业和重工业的关系。农业和轻工业基本上是消费资料生产部门，重工业则是生产资料生产部门。② 也有人认为，虽然两大部类和农轻重的分类标准不同，前者以社会产品最终用途为标准，后者以生产对象和生产方法特点为标准，但农业、轻工业内部所包含的生产资料生产和重工业内部所包含的消费资料生产，在理论分析上可以并存不论。在实际研讨中，多数学者是按这种观点展开分析的，并常常以生产资料优先增长的原理来论述重工业优先发展的方针。"大跃进"的错误在于重工业的发展孤立地一马当先，大大超越了农业和轻工业的发展，使国民经济主要比例严重失衡。

第三节 社会主义经济核算与经济效果问题研讨

针对"大跃进"中提出的所谓要算政治账不要算经济账，不计工本，不讲经济核算和经济效果带来的惊人浪费和损失，我国经济学界从20世纪60年代初开展了关于社会主义经济核算和经济效果

---

① 参见曾启贤《生产资料优先增长的两个问题》，《武汉大学学报》1963年第1期。

② 参见金学《关于社会主义再生产问题的讨论及值得探讨的若干问题》，《学术月刊》1962年第6期。

问题的讨论，这也被看作如何运用价值规律的作用改进我们的经济管理的有益探索。在讨论中，提出了不少有价值的见解。

第一，社会主义必须实行严格的经济核算。有的文章提出，社会主义生产的目的是满足社会的需要，因此要求人们在进行一切经济活动和从事生产的时候，实行严格的核算，把劳动消耗和有用效果进行比较，以便达到在全社会范围内用最少的劳动耗费去取得最多的使用价值，使社会在现有的劳动资源下生产出尽可能地满足社会需要的使用价值的目的。企业经济核算是社会主义经济核算体系的基础，而降低成本和提高盈利是企业经济核算的具体要求。①

第二，企业经济核算应包括资金核算。有的文章提出，企业实行经济核算，不只限于成本核算，还包括资金核算。认为社会主义企业的经济核算"应该包括成本核算和资金核算两个方面。因为企业在生产过程中，不仅要消耗一定数量的活劳动，而且要占用一定数量的资金"。"从社会的角度看，降低某种产品所必须占用的资金，就意味着提高了资金运用的效果，用同量的资金可以生产出更多更好的产品，从而提高了整个社会劳动的经济效果。"②

第三，社会主义经济核算应包括生产中核算和建设中核算。有的文章认为："社会主义的经济核算，包括生产中的经济核算（主要是劳动成果和生产成本的核算）和建设中的经济核算（主要是投资效果的核算）。前者保证现有生产能力的合理利用，发挥最大的经济效果；后者保证用尽可能少的活劳动和物化劳动的消耗，创造出尽可能多的新的生产能力。"③

第四，社会主义经济核算指标体系中有综合的或中心的指标。但是，这个指标是什么？经济学家认识并不完全一致。早在1957

---

① 参见作沅《关于社会主义经济核算的几个问题的探讨》，《经济研究》1961年第11期。

② 何建章、桂世镛、赵效民：《关于社会主义企业经济核算的内容问题》，《经济研究》1962年第4期。

③ 薛暮桥：《关于社会主义的经济核算》，《红旗》1961年第23期。

年，孙冶方在《从"总产值"谈起》一文中，就提出，所谓中心指标应该是企业管理的一个中心环节，抓住了它便能带动其他指标。利润是企业经营好坏最集中的表现，它的最大好处，就在于它反映了生产的实际情况，能推动企业管理。完成这个指标非但不妨碍其他指标的完成，而且必然会带动其他指标的完成。[1] 1962年沈经农持相似观点，认为，企业经济核算中心的、统率的指标只能是一个，而不是两个或更多，否则就无所谓中心了。经济核算体系的中心指标，就是利润指标。[2] 与此同时，也有人主张以成本和利润作为评价企业经济效果的主要指标，两者并重。产品成本是产品劳动消耗的最重要的组成部分。产品成本的高低在相当程度上，直接反映生产产品劳动消耗的高低，它是企业技术经济活动的综合指标。利润指标，它既反映了成本高低的因素，又反映了成本所不能反映的其他指标对经济效果的影响。两者都是综合性指标，应该并重。[3]

第五，主张以资金利润率作为评价企业经济效果的综合指标。1963年9月18日，孙冶方写了一个内部研究报告《社会主义计划经济管理体制中的利润指标》，明确提出应以资金利润率作为企业经济效果的最综合指标。说："在上述定生产方向、定协作关系、严格执行供产销合同、遵守计划价格等条件下，利润的多少是反映企业技术水平和经营管理好坏的最综合的指标。社会平均资金利润率是每个企业必须达到的水平，超过平均资金利润率水平的就是先进企业，达不到这水平的就是落后企业。"[4]

第六，没有价值概念，就不会重视经济效果。这是孙冶方在20

---

[1] 孙冶方：《从"总产值"谈起》，《统计工作》1957年第13期。

[2] 沈经农：《关于社会主义企业经济核算的几个问题》，《光明日报》1962年5月28日。

[3] 参见杨润瑞、李勋《试论工业企业的经济核算》，《人民日报》1962年7月19日。

[4] 参见孙冶方《社会主义经济的若干理论问题》，人民出版社1979年版，第265页。

世纪50年代末提出而在60年代初一再重申的观点。他指出，在实际经济工作中不计工本，滥用浪费，效率低下，根本原因在于经济工作人员脑海中没有价值概念。而没有价值概念，就没有经济比较，就不会节约时间，从而就不会重视经济效果。而没有价值概念，又是由于传统的社会主义经济理论受自然经济论的深刻影响，排斥价值和价值规律，把它们看成社会主义经济中异己的东西。所以，不批判自然经济论，不打破传统经济理论的框框的束缚，不树立价值概念，就不可能真心讲求经济活动的效果。

第七，提出讲求最大的经济效果是贯穿社会主义政治经济学的红线。20世纪50年代末60年代初，我国经济学领域普遍受到"左"的思潮的影响，在政治经济学教科书中流行以阶级斗争为主线，以政治口号代替经济规律，盲目冒进，不算经济账，造成很大的损失和浪费。与此同时，有的经济学家如孙冶方则逆潮流而上，提出用最少的劳动消耗取得最大的经济效果是社会主义经济活动的最高准则的著名论点，并且在他组织编写的《社会主义经济论稿》中，确定以最少的社会劳动消耗，有计划地生产最多的满足社会需要的产品，作为贯穿全书的红线。[①] 这在政治经济学社会主义部分发展史上，是开创性的，给人以清新之感。其实，所谓价值，就是比较劳动耗费和有用效果，就是要求节约劳动时间，以社会必要劳动时间为准绳，鞭策落后，鼓励先进。所以，强调价值概念在政治经济学社会主义部分中的作用，必然得出讲求经济效果是社会主义政治经济学的红线的逻辑结论。

第八，以生产价格为基础定价是正确评价各项经济活动效果的前提。价值规律的作用是通过价格及其运动实现的。价格是对劳动及其成果的社会评价。过去由于普遍不尊重价值规律，不重视经济活动的效果如何，对社会主义制度下价格形成的理论研究没有很好开展。而且按照传统的经济理论，社会主义经济是排斥

[①] 参见孙冶方《社会主义经济论稿》，人民出版社1985年版，第6页。

竞争、排斥利润率平均化，从而排斥价值转化为生产价格的。与此不同，如果我们重视价值规律的作用，重视经济效果包括资金运用效果，那么在价格形成中就要考虑资金占用量因素对剩余产品分配的作用，就要考虑让各部门、行业在正常生产经营中获得大体相同的利润水平。正因为这样，有的经济学家在20世纪60年代初就大胆提出以生产价格为基础定价的主张，并因此而引发一场大的争论。尽管在当时的条件下，特别是1964年下半年以后，由于政治压力使正常的讨论无法正常进行，但是，在这之前，"生产价格论"者仍然冲破重重阻力，在一定程度上系统地发表了自己的观点，并做了相当的论证，还同持反对意见的经济学家进行了指名道姓的争论。① 这对社会主义经济理论的研究，无疑起到了一定推动作用。

第四节　若干评论

第一，20世纪60年代初中国经济学界三大问题的讨论，抓得很准确，切中时弊，既是现实经济生活迫切的问题，又是在经济理论上急需澄清、回归理性的问题。"大跃进"期间的疯狂，今天看来幼稚可笑，可在当时似乎是革命热情的表现，解放思想的样板。只是在一次又一次碰得头破血流、付出了上千万人命的惨痛代价后，人们才不得不在客观经济规律面前低头的。三大问题的讨论，使大家认识到，人并不是无所不能的，并不是只要敢想敢干什么事都可以干成的；人必须尊重客观经济规律，违背客观经济规律则人的主观

---

① 参见孙冶方《在社会主义再生产问题座谈会上关于生产价格问题的发言纪要》，《社会主义经济的若干理论问题》，人民出版社1979年版；杨坚白《国民经济平衡和生产价格问题》，《经济研究》1963年第12期；何建章、张玲《试论社会主义经济中的生产价格》，《经济研究》1964年第5期。

能动性越大其破坏作用也越大。老老实实研究客观经济规律，提倡按照客观经济规律办事，是经济学家的天职。

第二，三大问题的讨论，归根结底，核心问题是价值规律问题。经济核算和经济效果问题，是价值规律作用的具体表现领域，是人们运用价值规律改进社会主义经济管理问题，自不待言。社会主义再生产问题，实质也是价值规律问题。因为社会主义再生产问题的中心是国民经济按比例发展，而正是价值规律，要求"在社会总劳动时间中"，"只把必要的比例量使用在不同类的商品上"。所以，价值规律包含按比例分配社会劳动的要求。由此看来，社会主义制度下价值规律的作用问题，计划与市场的关系问题，始终是政治经济学社会主义部分的核心问题，抓住这个问题，就抓住了社会主义政治经济学学科建设的"牛鼻子"。

第三，三大问题的讨论，当时在实际经济工作中起了一些推动作用。比如，有的论著鉴于"大跃进"期间违反客观经济规律带来的严重危害，提出了用经济方法管理经济的主张，即要按经济规律首先是价值规律办事，还大胆提出要学习资本主义国家经济管理方面对我们有用的经验，如组织托拉斯等，这对实践产生了影响。20世纪60年代初，有关业务部门曾试办了十几个公司如汽车、铝、烟草、黄金公司等，虽为时很短，但也取得了宝贵的经验。可见，调整时期经济情况的迅速好转鼓励了经济理论的活跃，反过来，经济理论的活跃又促进了经济的有效发展。

第四，不能对三大问题讨论的进展估计过高。20世纪60年代初期，我国仍实行传统的社会主义经济体制，传统的社会主义经济理论仍处于主流的地位。一些试图冲破传统理论束缚的经济学家，也仍多少受传统体制和理论的影响。比如，"生产价格论"是冲破传统经济理论的框框的，但是，在论述"生产价格论"的客观必然性时，没有从市场竞争特别是不同部门之间的市场竞争形成平均利润率从而使价值转化为生产价格，来论证自己的观点，因而在一定程度上显得逻辑推论多，现实经济运动的必然趋势的分析比较单薄，说服力不够充分。尽管如此，生产价格论的提出，已经在经济运行的最重要环节突破了传统的模式，从而在价值规律问题的探索上迈出了不小的步伐。

（执笔人：张卓元，中国社会科学院经济研究所研究员）

第二部分

"文化大革命"时期
（1966—1976年）
经济学研究大倒退

第 五 章

对孙冶方等人的经济学观点当作"反革命修正主义"进行无情的"大批判"

第一节 孙冶方被扣上了"中国经济学界最大的修正主义者"的帽子,遭到严厉的批判

"文化大革命"是新中国历史上一个不堪回首的时期。"文化大革命"不仅给经济建设和社会发展带来了巨大的破坏,也导致经济学研究陷入一段时期的停滞。党的十一届六中全会《中共中央关于建国以来党的若干历史问题的决议》指出,"文化大革命"中发生的错误是"全局性的、长时间的'左'倾严重错误"。"文化大革命"期间,"左"倾思潮极度泛滥,很多荒谬的理论观点盛行一时,而一些著名经济学家则遭到了上纲上线的无情批判,不少经济研究机构被解散,研究人员被迫下放接受劳动锻炼。中国的经济学发展陷入了低谷。

新中国在成立后不长的时间里,迅速完成了从新民主主义革命向社会主义革命的过渡,社会主义制度在我国已经基本上建立起来。

社会主义改造基本完成以后，中国的经济建设一度出现迅速的发展。党的八大认为，随着社会主义制度的确立，国内主要矛盾已经不再是工人阶级和资产阶级的矛盾，而是人民对于经济文化迅速发展的需要同当前经济文化不能满足人民需要的状况之间的矛盾；全国人民的主要任务是集中力量发展社会生产力，实现国家工业化，逐步满足人民日益增长的物质和文化需要；虽然还有阶级斗争，还要加强人民民主专政，但其根本任务已经是在新的生产关系下保护和发展生产力。但由于党领导社会主义事业的经验不够，对国情的认识和国内外形势的分析出现了主观主义的偏差，导致"左"的思想不断抬头，八大的正确路线很快被放弃。党的最高领导人提出了无产阶级专政下继续革命的理论，认为在整个社会主义阶段，还存在着阶级、阶级矛盾和阶级斗争，我国社会的主要矛盾仍然是无产阶级同资产阶级的矛盾，无产阶级和资产阶级的阶级斗争，社会主义和资本主义两条道路的斗争将贯穿始终，资本主义复辟的危险性也一直存在着，并成为党内产生修正主义的根源。根据这个理论，社会主义制度建立后，无产阶级还必须继续革命。单有经济战线的社会主义革命是不够的，并且是不巩固的，还必须有一个政治战线上和思想战线上的彻底的社会主义革命。在这个错误理论的指导下，各种"左"的思潮大行其道并愈演愈烈，许多并不具有社会主义本质属性的东西，或者只适合于某种特殊历史条件的东西，被当作"社会主义原则"加以固守；许多在社会主义条件下有利于生产力发展和生产商品化、社会化、现代化的东西，反而被当作"资本主义因素"加以反对。极"左"思想将恪守教条主义视为维护马克思主义的纯洁性，将阶级斗争的扩大化和绝对化当成保卫社会主义制度。极"左"的思想和路线在"文化大革命"中达到了登峰造极的程度。

在"文化大革命"前，国内一些经济学家已经开始注意到教条主义和"左"倾思潮对中国的经济建设和经济学研究的不良影响，并从不同角度对传统的经济理论和经济体制展开了批评。其中的代表人物就是时任中国科学院经济研究所所长的孙冶方。孙冶方不仅是我国经济学界最早倡导经济体制改革的先驱,也是社会主义经济理论体系最早、最深刻的探索者。他在20世纪50年代后期和60年代前期发表了《把计划和统计放在价值规律的基础上》《从"总产值"谈起》《要懂得经济学必须学点哲学》《论价值》《社会主义计划经济管理体制中的利润指标》等一系列文章和研究报告,以巨大的理论勇气,对传统的高度集权的经济管理体制和经济理论体系进行了挑战,并提出了有针对性的改革方案和独具特色的社会主义经济理论体系。

孙冶方的理论观点是对传统的社会主义经济理论的严重挑战,在当时"左"的思潮盛行的背景下,他的观点自然遭到了严厉的批判。从1964年10月开始,"四清"工作队进驻经济研究所,孙冶方被扣上了"中国经济学界最大的修正主义者"的帽子,他本人也被撤职并被下放农村劳动改造。①"文化大革命"开始后,孙冶方更是作为"经济学界反党反社会主义反毛泽东思想黑线的统帅",在全国范围受到批判。在《无产阶级文化大革命万岁》这篇"文化大革命"初期的著名社论中,点名指出,"在经济学界,孙冶方提出一整套修正主义谬论。他们反对毛泽东思想挂帅、政治挂帅,主张利润挂帅、钞票挂帅。他们妄图改变社会主义的生产关系,把社会主义企业变成资本主义的企业"。② 此后,对孙冶方的批判和迫害不断升级,他于1968年4月被捕入狱,在秦城监狱被关押了长达7年之久。③ 在"反对资产阶级学术权威"的口号下,一批著名经济学家也遭到了批判和迫害。

---

① 邓加荣:《登上世纪坛的学者孙冶方》,中国金融出版社2006年版。
② 《无产阶级文化大革命万岁》,《红旗》1966年第8期。
③ 冒天启:《经济学发展与政治民主化进程——纪念孙冶方诞辰90周年》,孙冶方经济科学基金会编《孙冶方经济思想评述》,山西经济出版社1998年版。

第二节 对孙冶方理论观点的错误批判

对孙冶方理论观点的批判，主要集中在以下四个方面。

一 认为孙冶方关于社会主义经济要尊重价值规律的观点是"破坏计划经济"

孙冶方突破了传统政治经济学理论的窠臼，认为价值和价值规律是社会主义经济所固有的，"千规律，万规律，价值规律第一条"，主张把计划和统计建立在价值规律的基础上。他认为，在社会主义经济中，通过社会平均必要劳动量的认识和计算来推进社会主义社会生产力的发展，是价值规律重大作用的体现，因此，价值规律非但不应该受到排斥，而且应该受到更大重视。

但批判者却坚持在社会主义经济中排斥机制和价值规律，对孙冶方重视和强调价值规律的观点大加挞伐。"他的反动经济学，是从寻找什么资本主义和社会主义的'共同性的东西'开始的……孙冶方挖空心思找出的所谓'共同性的东西'，就是价值和价值规律，在这个基础上，建立了他的以'利润挂帅'为核心的'政治经济学体系'。"[①] 在批判者看来，在社会主义经济中，国民经济的运行主要受有计划按比例发展规律的支配，价值规律虽有一定的影响，但是它的作用受到了严格的限制，对生产不起调节作用，更不是最基本的经济规律。他们认为，"把计划放在价值规律的基础上，同计划以总路线为依据，是两条根本对立的建设路线"。孙冶方要求把社会主义计划经济建立在价值规律的基础上，就是要把价值规律抬高到支配一切的地位，让价值规律盲目地自发地起"调节者的作用"，从而

---

① 吉林省革命委员会写作小组：《社会主义建设与经济学领域中的阶级斗争——批判孙冶方的修正主义经济理论》，《红旗》1970年第2期。

使资本主义经济泛滥起来,使整个社会陷入竞争和无政府状态,陷入资本主义"自由化"的泥淖,使社会主义计划经济化为乌有。既然价值规律的消极作用是如此的明显,因此,"我们坚决反对把价值规律作为调节生产的依据,作为制订计划的基础。现代修正主义者在经济上复辟资本主义,有一个共同特点,就是在理论上极力夸大价值规律的作用,鼓吹用价值规律调节、支配整个社会生产。这样,就把经济建设从无产阶级政治挂帅的社会主义轨道,牵到'利润挂帅'的资本主义轨道"①。

二 批判孙冶方关于企业改革的思想是"把统一的社会主义全民所有制,变成一个一个的独立王国"

针对高度集权的管理体制对企业管得过多过死,使得企业缺乏活力的弊端,孙冶方提出了改革财经管理体制的设想。他建议通过合理划分国家的"大权"和企业的"小权",处理好国家集中领导与企业独立经营的关系。他主张以资金价值量作为划分国家与企业权限的标准:属于扩大再生产范围以内的事是国家的"大权",属于简单再生产范围以内的事是企业应该自己管的"小权"。这样,通过对国家和企业权限的合理划分,就能做到管而不死、活而不乱。

然而,在批判者看来,孙冶方划分"大权"和"小权"的改革建议,是反对党和国家对国民经济的集中统一领导,是"要企业脱离国家的集中统一领导,宣布独立自治"。孙冶方要国家对企业"只抓一个利润指标",这就把企业隶属无产阶级国家的社会主义关系,从根本上改变成为冷冰冰的金钱交易的资本主义关系,社会主义全民所有制的整体,就一下子被支离破碎地瓦解了。企业成为独立王国,竞争和生产无政府状态就会泛滥成灾,社会主义的计划经济,就变成了资本主义的自由经济。既然批判者认为孙冶方的改革建议

---

① 吉林省革命委员会写作小组:《社会主义建设与经济学领域中的阶级斗争——批判孙冶方的修正主义经济理论》,《红旗》1970 年第 2 期。

是搞资本主义复辟，那么什么样的政企关系才是他们心目中的理想模式呢？"社会主义全民所有制的千千万万个企业只有一个主人，这就是我们党领导下的无产阶级专政国家。只有这个国家才能代表工人阶级和广大劳动人民的根本利益，决定企业的大政方针，决定企业的发展方向，决定企业的产品生产和分配，决定企业的资产处理。国家对企业实行民主集中制，大权独揽，小权分散，集中领导，分级管理，这是巩固全民所有制经济的需要，是巩固无产阶级专政的需要。""每个企业都要树立全国一盘棋的思想，胸有全局，高瞻远瞩，识大体，顾大局……'做到统一认识，统一政策，统一计划，统一指挥，统一行动'，全面地完成和超额完成国家的计划，多快好省地建设社会主义。"① 这种貌似符合正统观点的企业管理体制，恰恰就是孙冶方认为需要改革的高度集权、政企不分的传统体制。

三 批判孙冶方关于利润的观点是"利润挂帅"

在传统的政治经济学中，一直将利润作为资本主义的经济范畴，这使得理论工作者在研究社会主义经济问题时讳言利润问题，企业在经营管理的实践中也不敢多提利润。当时一度盛行只算政治账，不算经济账，由于不讲成本核算，在实际经济工作中造成了很大的浪费。孙冶方认为，利润的多少是反映企业技术水平和经营管理好坏的最综合的指标，利润指标是整个计划指标体系中"最中心的一环，抓紧了这一环就能带动一切环节"。他提出，用最小的耗费取得最大的效果是社会主义经济活动的最高准则。他经常把整个国民经济比喻为一头"牛"，把利润指标比作"牛鼻子"，认为只要牵住利润指标这个牛鼻子，国民经济这头牛就会跟着跑了。他进一步提出，资金利润率是评价企业经济活动效果的综合指标。社会平均资金利润率是每个企业必须达到的水平，超过平均资金利润率水平的就是

---

① 吉林省革命委员会写作小组：《社会主义建设与经济学领域中的阶级斗争——批判孙冶方的修正主义经济理论》，《红旗》1970 年第 2 期。

先进企业，达不到这个水平的就是落后企业。在"文化大革命"期间，孙冶方的这些观点，却被"左"派理论家扣上鼓吹"利润挂帅"的罪名而大加批判。

在批判者看来，孙冶方对利润的重视和强调，完全是用资本家的眼光看企业、办企业。他们认为，社会主义企业不应当追求经济效益和利润水平，而应当致力于保持政治上的纯洁性。"无产阶级衡量企业的好坏，首先是看政治，即：看企业是不是高举毛泽东思想伟大红旗，领导权是不是掌握在真正的马克思主义者手里，是不是认真贯彻执行毛主席的无产阶级革命路线、方针和政策；看企业是不是搞好人的思想革命化，培养和建设一支革命化的产业大军；看企业是不是胸怀全局，立足本职，全面地多快好省地完成党和国家的生产任务，为社会主义做出贡献。""我们办企业，不靠'利润挂帅'、'物质刺激'，而是靠无产阶级政治挂帅"，"从利别尔曼到孙冶方，都鼓吹'用经济办法管理经济'，实行'利润挂帅'，实际上是资产阶级政治挂帅，用资产阶级政治瓦解社会主义的经济基础，这是一条彻头彻尾的复辟资本主义的反革命修正主义路线"。"'利润挂帅'的要害在于反对无产阶级政治挂帅，复辟资本主义。这是我们坚决反对的。"[①] 批判者的观点，实际上混淆了政治与经济的关系。"文化大革命"期间，这种只要政治路线、无视经营状况的错误观念严重干扰了企业的正常经营，最终导致了国民经济的大滑坡。

四 攻击孙冶方对唯意志论与自然经济论的批判是"否定政治挂帅"

"文化大革命"前，我国广为流行的社会主义政治经济学理论体系，以及以此为依据建立的高度集中的经济管理体制，基本上是从苏联移植过来的。苏联式的政治经济学理论中充斥着"唯意志论"

[①] 吉林省革命委员会写作小组：《社会主义建设与经济学领域中的阶级斗争——批判孙冶方的修正主义经济理论》，《红旗》1970年第2期。

和"自然经济论",对我国的政策制定和理论研究产生了消极的影响。孙冶方反对在理论研究中不用客观的经济规律来说明经济现象和经济问题,而是用政治和思想意识上的原因来代替客观经济规律的不良倾向。"脱离了经济来谈政治,用群众路线和政治挂帅来代替客观规律,用政治上的说明来代替经济学上的说明,不仅是唯心论观点,也可以说是经济学中的懒汉思想。"[①] 对于那种将社会主义经济视为一个大工厂,将所有企业看作只有技术分工、没有社会分工的一个个车间,企业之间只有产品的调拨而没有等价交换的观点,孙冶方也进行了有力的批判,认为其实质与原始社会中酋长统一支配全部生产、分配和消费没有根本的不同。孙冶方站在方法论的高度,以深邃的目光和深刻的分析,批判了"唯意志论"和"自然经济论",主张肃清政治经济学中的唯心论和形而上学观点,插上辩证唯物论的红旗。

孙冶方对唯意志论和自然经济论的批判,从方法论的角度击中了传统理论和"左"倾思想的要害,批判者难以反驳,只好攻击孙冶方反对政治挂帅,说他污蔑政治挂帅是"唯心论""懒汉思想",说他对自然经济观的批判是猖狂地反对党的总路线、"大跃进"和人民公社。批判者不仅不承认唯意志论的非科学性和危害性,反而再度祭起"唯意志论"的法宝,并进一步将它推向极致。他们认为,在社会主义经济中,带动一切的中心环节只能是无产阶级的政治挂帅。在经济建设上,是政治统率经济,还是"用经济办法管理经济",是坚持无产阶级政治挂帅,还是实行"利润挂帅",这是两条根本对立的路线。毛主席领导我们进行社会主义建设,从来是把无产阶级政治放在第一位,用政治统率经济,抓革命促生产,这是一条巩固和加强无产阶级专政的马克思列宁主义路线。批判者还认为,只要突出无产阶级政治,开展活学活用毛泽东思想的群众运动,实

[①] 孙冶方:《要懂得经济学必须学点哲学》,《孙冶方选集》,山西人民出版社1984年版,第163页。

现人的思想革命化，就能坚持正确的政治方向，鼓足旺盛的革命干劲，蕴藏在群众中的社会主义积极性和创造性，就会像火山爆发一样迸发出来，有力地推动生产的发展。历史的教训证明，这种极度夸大意志的作用，漠视客观经济规律的思维给社会主义实践造成了巨大的危害。

第三节　若干评论

第一，经济学研究需要学术批评，但这种批评应当是在学术的范围之内进行，"文化大革命"时期政治色彩浓厚的扣帽子、打棍子式的批判，只会压制正常的学术争鸣。科学哲学已经证明，科学批评是科学进步的巨大动力。在科学研究的过程中，通过严肃认真的科学批评，能够帮助研究者确认研究成果中的真理成分，识别并摒弃其中的错误因素，从而推动科学研究不断地向前进步。在经济学领域中，学术批评对经济学的发展也起着重要的作用。但这种学术批评应当是只针对观点而不针对研究者，应当是以理服人的学术争鸣，而不是功利色彩浓厚的政治批判，否则，不仅无益于拓展学术研究的广度和深度，反而会扭曲和误导学术研究的方向，禁锢学者的思维，使学术研究出现停滞甚至倒退。苏联斯大林执政后期和中国"文化大革命"时期经济学研究的状况就充分证明了这一点。

第二，优秀的经济学家不仅需要具备良好的经济学素养和分析问题的能力，还需要具备挑战传统观念和坚持真理的勇气。在这方面孙冶方堪为典范。在源自苏联的传统社会主义政治经济学一统天下的时期，他能够从貌似深刻的理论体系中，深刻地洞察出其中蕴藏的深层次矛盾和问题，对传统理论的观点、体系和方法论提出全面的质疑，并根据对中国具体国情的认识，提出了一系列充满真知灼见的理论观点和改革建议，在此基础上，初步形成了自成体系的社会主义经济理论体系。尽管他的理论观点在"文化大革命"期间遭到了全面的攻击和无情的批判，他本人也因此锒铛入狱。但他不随政治风向而轻易改变观点，出狱后就宣布："我是一不改志，二不改行，三不改变观点。"这充分展现了一个严肃的学者追求真理、坚持真理的良好风范，堪为后世楷模。

（执笔人：万军，中国社会科学院世界经济与政治研究所副研究员）

第 六 章

极"左"思潮泛滥

第一节 极"左"理论对传统社会主义经济观点的歪曲

"文化大革命"期间,极"左"思潮大行其道。陈伯达、林彪和"四人帮"利用他们所掌控的理论阵地和舆论工具,大力推行文化专制主义。他们全盘否定传统社会主义经济观点和新中国成立以来经济研究的成果,在捍卫马克思主义的旗号下,从马克思主义经典作家的著作中断章取义,抓住个别论述,加以无限夸大,歪曲和篡改马克思主义政治经济学,炮制了大量与马克思主义背道而驰的谬论,在社会上造成了严重的思想混乱。

一 极力夸大生产关系和上层建筑对生产力与经济基础的反作用

马克思主义经典作家认为,社会经济形态的发展是一种自然历史过程。社会经济形态变化取决于生产力与生产关系、经济基础与上层建筑的矛盾运动。生产力是最活跃、最革命的因素,生产力的不断变化要求生产关系与之相适应,当生产关系与生产力的发展相适应时,它就能推动生产力的发展,否则就会阻碍生产力的发展。经济基础和上层建筑之间的关系也是如此。生产关系和上层建筑对生产力和经济基础也会产生反作用，但从根本上讲，生产力决定生产关系，经济基础决定上层建筑，社会存在决定社会意识。

在新中国成立后，随着马克思主义在中国的普及，经典作家上述关于社会发展规律的观点已经被广为接受。但在"文化大革命"期间，"左"派理论家却反其道而行之，他们提出："是坚持无产阶级政治挂帅，以革命化带动机械化，还是反对无产阶级政治挂帅，搞'技术第一'、'物质刺激'，只要机械化，不要革命化，让资产阶级政治起支配作用？这是马列主义同修正主义两条根本对立的路线。"① 他们否认发展生产力的重要性，大肆批判"唯生产力论"。张春桥曾经说过，谁要是说过向共产主义过渡还得要物质基础，谁就是"物质迷"。他们对于科学技术在推动生产力发展中的作用更是不屑，认为科学技术"从来不是生产力的决定因素，更不能因此就得出'生产力就是科学'，或者'生产力首先是科学'的荒谬结论"②。但他们对于"政治"和"路线"这些上层建筑的东西则津津乐道，大谈"在社会主义条件下，无产阶级政治挂了帅，人的社会主义积极性充分调动起来，就必定能促使生产突飞猛进。而唯生产力论则是不要阶级斗争，不搞上层建筑和生产关系的社会主义革命，把发展生产作为唯一的决定性的东西。这才是问题的实质"③，以及"生产上去了，路线不对头，要批评；只要路线对头，即使生产上不去，也要表扬"这类的奇谈怪论。他们极力夸大生产关系和上层建筑的反作用，甚至提出"在整个社会主义历史阶段，生产关系对生产力、上层建筑对经济基

---

① 权忠：《坚持生产关系与生产力的辩证统一论》，《红旗》1971年第7—8期。
② 郑凯：《驳"生产力就是科学"》，《红旗》1976年第9期。
③ 程越：《一个复辟资本主义的总纲——〈论全党全国各项工作的总纲〉剖析》，《红旗》1976年第4期。

础始终起着主要的决定的作用"这样的明显违背马克思主义基本原理和历史发展规律的荒谬观点。①

二 否认物质利益观，歪曲社会主义生产目的

20世纪50年代初期，斯大林在《苏联社会主义经济问题》一书中提出了社会主义基本经济规律，即"用在高度技术基础上使社会主义生产不断增长和不断完善的办法，来保证最大限度地满足整个社会经常增长的物质和文化的需要"②。这个表述告诉人们，社会主义的生产目的是最大限度地满足整个社会经常增长的物质和文化的需要，而实现这个目的的手段则是在高度技术基础上使社会主义生产不断增长和不断完善。斯大林提出的社会主义基本经济规律在我国经济学界引起了热烈的讨论，尽管参与讨论的学者对于斯大林论述的内容是否确切、表述是否完整准确发表了各自的见解，但大家对于其中关于社会主义生产目的是满足人民群众日益增长的物质文化需求这一观点没有大的分歧。

"文化大革命"的爆发使得国内经济学界对于社会主义基本经济规律的研究被迫中断，极"左"理论对社会主义生产目的进行了大肆歪曲。在他们看来，物质利益在社会经济发展过程中起着消极的作用，"现代修正主义者如此起劲地用资产阶级的福利主义偷换社会主义生产目的，就是为了用吃得好、穿得好、住得好之类的'仙山琼阁'蒙蔽群众，使人们忘记阶级斗争，忘记革命，忘记消灭阶级、实现共产主义这一根本目的"③。他们鼓

---

① 参见项启源《"四人帮"是怎样歪曲社会基本矛盾的学说，篡改政治经济学的基础理论的？》，中国社会科学院经济研究所编《"四人帮"对马克思主义政治经济学的篡改》，山西人民出版社1979年版，第42页。
② 斯大林：《苏联社会主义经济问题》，人民出版社1961年版，第31页。
③ 《社会主义政治经济学》，上海人民出版社1976年版，第118页，转引自《经济研究》《经济学动态》编辑部编《建国以来政治经济学重要问题争论（1949—1980）》，中国财政经济出版社1981年版，第98页。

吹人民群众实行宗教式的禁欲主义,"只栽树不乘凉,这是共产主义者崇高的思想境界"①;将精神鼓励夸大为最主要的激励机制,认为在社会主义经济中,带动一切的中心环节只能是无产阶级的政治挂帅。只有突出无产阶级政治,用毛泽东思想挂帅,促进人的思想革命化,才能保证企业的社会主义方向,也才能最大限度地调动广大职工的革命积极性和创造性。"在我们社会主义国家,发展生产不靠利润挂帅,不靠物质刺激。我们靠毛主席的无产阶级革命路线,靠无产阶级政治挂帅,靠以阶级斗争为纲,靠强大的政治思想工作。"②按照这些"左"的理论观点演绎出的结论则是"富则修",也就是说,社会主义制度下的人民不能实现共同富裕,否则就会变成修正主义。这显然是十分荒谬的。既然追求物质利益不是社会主义的生产目的,那么社会主义的生产目的是什么?答案是:革命。那么革命的目的又是什么呢?没有一个极"左"理论家对此给出过明确的回答。"左"的理论不仅曲解了社会主义的生产目的,也歪曲了实现生产目的的手段。既然追求物质利益不是推动社会主义生产的力量,那么怎样才能发展社会主义生产呢?"左"的理论认为,革命是生产发展的动力。"在社会主义社会,只有以阶级斗争为纲,坚持无产阶级专政下的继续革命,深入开展政治、思想、经济战线上的无产阶级革命……调动一切积极因素,才能促进社会主义生产不断的发展。否则,如果不抓革命,只埋头搞生产、搞技术,不仅生产上不去,而且会偏离社会主义方向,资本主义就会复辟。所以,'革命是历史的火车头',革命是生产发展的动力。"③

---

① 转引自薛永应《批判四人帮的物质利益观》,中国社会科学院经济研究所编《"四人帮"对马克思主义政治经济学的篡改》,山西人民出版社1979年版,第61页。
② 钟实:《批判工交战线的修正主义谬论》,《红旗》1976年第5期。
③ 《政治经济学讲话(社会主义部分)》编写组:《政治经济学讲话(社会主义部分)》,人民出版社1976年版,第73页。

三 否定社会主义经济中的商品生产和价值规律

新中国成立以后，特别是社会主义制度基本建立起来以后，关于社会主义经济中的商品生产和价值规律的问题，一直存在着较多的讨论。在20世纪50年代后期还形成过一次讨论的高潮，在60年代初期也有一些讨论。马克思、恩格斯所设想的社会主义社会是从发达的资本主义脱胎而来，因而没有商品生产和交换，也没有货币。然而现实中的社会主义革命是在不发达的资本主义国家率先取得突破，因而当时的社会主义国家普遍存在生产力水平不高的问题，取消商品生产并不现实。斯大林在《苏联社会主义经济问题》一书中承认，社会主义经济中依然存在着商品生产，并将商品生产存在的原因归结为由于全民所有制和集体所有制这两种社会主义所有制同时并存，这两种所有制之间的经济联系只能通过商品的联系和买卖的交换来实现。只要社会主义制度下还存在这两种基本生产成分，就不能取消商品货币关系。斯大林进一步认为，既然社会主义经济中还存在商品生产，因而价值规律也存在并发挥着作用，但价值规律的作用被严格地限制在一定范围之内，不能起到生产调节者的作用。国民经济有计划、按比例发展规律才是决定社会主义经济运行的规律。斯大林的著作被介绍到国内后，国内学术界围绕着社会主义制度下商品生产产生的原因、商品生产的范围、社会主义与资本主义商品生产的异同、对商品货币关系是利用还是限制、价值规律在社会主义经济中的地位和作用、价值规律与计划经济的关系等问题进行了深入的讨论。尽管在一些具体的问题上还存在着一些分歧，但学术界普遍认为，社会主义条件下商品生产存在具有客观必然性，因而必须承认和尊重价值规律的作用。

但是在"文化大革命"时期，极"左"理论围绕着商品生产和价值规律大做文章。他们有意混淆社会主义和资本主义两种社会制度下商品生产的本质区别，"既然同是商品生产和货币交换，他们在本质上就不可能有多大区别。"① 因此，在社会主义社会，商品制度仍然是产生资本主义和资产阶级分子的土壤。"社会主义国家在建立了生产资料公有制后，不仅政治思想方面还存在着产生新的资产阶级分子的条件，而且在经济方面仍然存在着产生新的资产阶级分子的土壤。这主要是指商品制度、货币交换、按劳分配等等。"② 既然如此，就应当限制商品生产和商品交换，"对这些跟旧社会没有多少差别的东西，只能在无产阶级专政下加以限制"。"限制商品制度，是限制商品经济中的资产阶级法权，限制价值规律的自发作用，限制商品经济的资本主义倾向。"③ "如果不加限制，资本主义和资产阶级就会更快地发展起来。"④

在对待价值规律的问题上，极"左"理论一直将其视为社会主义经济的一种"异己的力量"。"所谓价值规律，按它的本质来说，是一种异己的力量。它的运动总是要或多或少地摆脱人的有意识有计划的控制的。"⑤ 在极"左"理论看来，在社会主义经济中，价值规律虽然不再是社会生产的调节者，自发性也已经受到了严格的限制，但它毕竟是商品生产的经济规律，因而充分地反映了商品制度中的资产阶级法权，只要价值规律还存在，就不可避免地要发生消极作用，带来危害，不仅会导致两极分化，还"会使一些国营企业和集体经济单位不顾国家和人民的需要，片面追求产值、利润，破坏国民经济计划，改变公有制的性质；会使小生产的自发资本主义倾向泛滥起来。被推翻的地主资产阶级以及新生的资产阶级分子，

---

① 《旧势力是资本主义复辟的社会基础——〈共产主义运动中的左派幼稚病〉读书笔记》，《文汇报》1975年3月13日。
② 吴畅：《学一点政治经济学》，《红旗》1975年第8期。
③ 郑凯：《正确认识我国的商品制度》，《红旗》1975年第7期。
④ 张春桥：《论对资产阶级的全面专政》，《红旗》1975年第4期。
⑤ 转引自张卓元《否认价值规律，就是否定社会主义建设》，中国社会科学院经济研究所编《"四人帮"对马克思主义政治经济学的篡改》，山西人民出版社1979年版，第159页。

也会利用商品制度和价值规律,破坏社会主义计划……使商品制度成为他们复辟资本主义的工具"。① 因此,就必须对价值规律加以限制。

四 否定按劳分配

在传统的政治经济学看来,按劳分配是社会主义社会个人消费品分配领域的客观规律。尽管社会主义社会已经基本实现了劳动者共同占有生产资料,但由于社会主义社会的生产力水平还达不到社会财富极大丰富的程度,因而在消费品的分配方面,还不能根据每个社会成员的需要实现按需分配,而只能按社会成员劳动贡献的大小来进行分配。

但是,在"文化大革命"时期,极"左"理论大肆诋毁按劳分配是"资本主义因素",极力鼓吹平均主义。按照马克思和列宁等马克思主义经典作家的论述,社会主义社会脱胎于资本主义社会,在一些方面还带有旧制度的痕迹,在按劳分配中主要体现为还通行着等量劳动相交换的原则,即一种形式的一定量劳动可以和另一种形式的同量劳动相交换,这种交换尽管在形式上是平等的,但由于它默认了不同等的工作能力是天然特权,因而会带来事实上的不平等。极"左"理论抓住这一点大做文章,对经典作家的论述加以歪曲,否定按劳分配的社会主义性质。"社会主义把生产资料变为公有财产,在这个范围内已经取消了资产阶级法权,但是在分配、交换方面,资产阶级法权依然存在。按劳分配和货币交换所体现的'平等的权利按照原则仍然是资产阶级的法权'。资产阶级法权是社会主义社会产生资产阶级和修正主义的一个温床。对于它,必须在无产阶级专政下加以限制。"② 极"左"理论一方面大谈按劳分配必然会带来两极分化的后果,另一

---

① 《政治经济学讲话(社会主义部分)》编写组:《政治经济学讲话(社会主义部分)》,人民出版社1976年版,第156—157页。

② 程越:《认真读书 抓紧学习》,《红旗》1975年第3期。

方面极力宣扬平均主义。他们将按劳分配、多劳多得视为"物质刺激""金钱万能",认为"'物质刺激'所调动的积极性,只能是资产阶级个人主义为名为利的积极性,发展资本主义的积极性,调动了这种积极性,势必腐蚀劳动人民的思想灵魂,滋长反革命的经济主义,瓦解社会主义经济基础,导致资本主义复辟"。① 因此,他们反对实行将劳动与报酬联系得更紧密、更直接的计件工资制,认为它所体现的资本主义法权更为突出,容易滋长斤斤计较的个人主义思想。他们对自"大跃进"以来,绝大多数企业将计件工资改为计时工资,将名目繁多的奖金改为综合奖,最后又改为附加工资的做法大加赞赏,认为这是"随着客观条件的变化,职工思想政治觉悟的提高,对分配方面存在的资产阶级法权进行限制的体现"。② 殊不知,正是这种干多干少一个样、干好干坏一个样的平均主义措施,导致当时的企业普遍人浮于事、效率低下,严重妨碍了经济发展。

第二节 几点评论

第一,极"左"思潮对中国的社会主义革命和建设曾经造成过巨大的损害,在思想理论战线上也导致过很大的混乱。极"左"思潮常常冒充血统纯正的马克思主义,利用断章取义的马克思主义经典作家的若干论述,宣扬一系列似是而非的观念,去误导社会主义的实践。在生产资料的社会主义所有制改造完成之后,极"左"思潮就极力鼓吹超越历史阶段的生产关系变革,并推动了急躁冒进的"大跃进",带来了严重的后果。在"文化大革命"时期,极"左"

---

① 《政治经济学讲话(社会主义部分)》编写组:《政治经济学讲话(社会主义部分)》,人民出版社1976年版,第211页。

② 《政治经济学讲话(社会主义部分)》编写组:《政治经济学讲话(社会主义部分)》,第207页。

思潮更是以正统的马克思主义的面目出现，大肆鼓吹生产关系和上层建筑对生产力和经济基础的反作用，极力夸大意志的作用，否定商品经济和价值规律，漠视乃至抑制人民群众基本的物质利益需求。极"左"错误观念导致的错误政策严重破坏了生产力的进步，阻碍了国民经济的持续发展，使人民的生活水平长期得不到提高。随着"四人帮"的倒台，不得人心的极"左"思想也在各个领域里得到了清算。但它并没有彻底消失，每当经济发展面临暂时的困难和挫折、改革开放遇到新挑战的时候，"左"的思想又会借机浮出水面，挥舞姓社姓资的棍棒，极力反对社会主义市场经济，主张回归到计划经济时代。因此，邓小平同志曾经严肃地指出，中国既要反"左"，也要反右，但当前主要是反"左"。这一观点至今仍有现实意义。

第二，理论经济学绝非注释经济学。经济理论研究不应当仅仅通过引经据典，在前辈大家的著作中去寻章摘句，以此来臧否现实或者去判定其他理论的正误，只有实践才是检验真理的唯一标准。经济学是一门经邦济世的学科，这就决定了经济学应当立足现实，关注现实，既要运用已有理论去解释现实经济运行中的现象，剖析存在的问题，预测未来的方向，也要利用现实经济生活中鲜活的事实去深化理论的研究，去丰富理论的内涵，去修正既有理论的不足，从而推动社会主义经济理论的不断发展。

（执笔人：万军，中国社会科学院世界经济与政治研究所副研究员）

第 七 章

上海版《社会主义政治经济学》是经济学的一个怪胎

第一节 经济院校停课、经济研究机构的科研人员下放劳动锻炼、经济学刊物停刊,经济学"万马齐喑"

"文化大革命"的爆发,使中国正常的经济运行和社会秩序完全被打乱,各级政府机关和企事业单位"踢开党委闹革命",学校也纷纷停课"闹革命"。许多大专院校成为"文化大革命"的重灾区,经济学教育更是难以为继。中国人民大学是由抗战时期党领导下的陕北公学发展而来的,具有光辉的历史和优良的革命传统。"文化大革命"前,中国人民大学的经济系是国内重要的马克思主义政治经济学教学和科研基地,曾经培养了一大批接受过良好的马克思主义政治经济学训练的干部和教学科研人员。就是这样一个根正苗红的学校,在"文化大革命"中也被说成是完全执行了"反革命修正主义教育路线",教学内容是"大、洋、古"和"封、资、修"的大杂烩,培养的是"资产阶级知识分子",经济系的不少教师被戴上了"反革命修正主义分子""牛鬼蛇神""精神贵族""三反分子""资产阶级知识分子"等大帽子,遭到严厉的批判。"文化大革命"期间学校的全部教学、科研工作被迫停止。教师不得不离开政治经济学的教学岗位,经济系的很多教师烧掉了十几年写的讲义和科学研究手稿,经济系十多个资料员17年辛勤劳动所收集、整理、调查和编印的大量资料,也都被当作废纸毁掉了。① 1970年10月,北京市革命委员会通知中国人民大学停办。直到"文化大革命"结束后,中国人民大学才得以恢复。"文化大革命"前,南开大学经济系和经济研究所在国内经济学界影响较大,在"文化大革命"中,这所学校也成了重灾区。经济系和经济研究所正常的教学和科研活动被迫停止,教师、干部和学生每天的任务就是学习和讨论《人民日报》《解放军报》和《红旗》杂志这"两报一刊"的社论或重要文章,并责成有问题的人写检查和交代材料,还不断地举行各类批判会。天津市革委会派工宣队、军宣队进驻南开大学后,更是极力推行极"左"路线。他们以推动教育革命为由,以"走资派"和"反动学术权威"的罪名,对一些干部和知识分子随意批判、侮辱,大搞逼供和迫害。工宣队、军宣队进校前后,全校受到非法立案审查的共有538人,占全校教职工总数的32%。全校93%的教授、副教授遭到了不同程度的迫害。据不完全统计,经济系和经济研究所被立案审查的教师也达到了50多人。②

在"文化大革命"期间,不仅经济院校受到了严重冲击,大量的经济理论研究机构和经济学期刊也被关停,科研人员下放农村接受贫下中农的再教育。"文化大革命"开始后不久,《经济研究》就被迫停刊。1969年年底,包括经济研究所在内的中国科学院哲学社会科学学部的全体工作人员,不分男女老幼,整体下放到河南信阳

---

① 宋涛:《为继续提高政治经济学的教学质量而奋斗》,《经济研究》1978年第5期。

② 南开大学经济学院史编辑委员会:《南开大学经济学院史(1919—2004)》(上),南开大学出版社2004年版。

地区的"五七干校"。其中,经济研究所和文学研究所是第一批下放单位。在条件艰苦的干校,学者不得不整天从事体力劳动,搞政治运动,根本无法从事正常的理论研究。直到林彪折戟沉沙后,在周总理的直接干预下,整个学部才于 1972 年 7 月返回北京。① 经济研究机构被解散的情况在其他地方也在发生。陕西省经济研究所被撤销,省内几乎所有的财经学校都被解散,大专院校的政治经济学教师不少人被迫改行,或者下放到基层单位劳动。② 不光理论经济研究机构受到影响,甚至连一些应用性较强的部门经济研究机构也未能幸免。中国农业科学院农业经济研究所于 1970 年被解散,随之各省、市、自治区的农业经济研究机构也都一一被撤销。原农业经济研究所的 100 多名科研人员全部被迫转业,其中有的当了中学教员、有的搞了行政工作、有的甚至当了食堂管理员卖饭票。③ 在"文化大革命"期间,由于研究机构不复存在或名存实亡,科研人员下放或改行,中国的经济学研究基本陷入停滞,经济学"万马齐喑"。

"文化大革命"时期,由于无法开展正常的经济学研究,因而也几乎没有严肃的经济学理论著作面世。当时倒是有不少所谓的理论著作出版发行。这些书大体分为两类:一类是批判性出版物,大多集中在对资本主义制度的批判上,比如《帝国主义一定灭亡》《经济危机讲话》等;另一类是介绍政治经济学基本原理的通俗读物,如《船台上的政治经济学》《码头上的政治经济学》《学点政治经济学》等。④ 这一类的书所宣扬的政治经济学原理,已经不是传统的政治经济学,

---

① 参见吴晓波《吴敬琏传——一个中国经济学家的肖像》,中信出版社 2010 年版。
② 何炼成:《为实现社会主义的四个现代化研究经济学》,《经济研究》1978 年第 5 期。
③ 杨均:《揭批"四人帮"对农业经济科学的破坏》,《经济研究》1978 年第 5 期。
④ 胡寄窗、谈敏主编:《新中国经济思想史纲要(1949—1989)》,上海财经大学出版社 1997 年版,第 52 页。

而是在歪曲马克思主义经典作家思想基础上拼凑出的极"左"思想的大杂烩。这些与真正的马克思主义理论背道而驰的所谓理论读物的面世和流行，表明"文化大革命"时期中国的经济学不仅停滞不前，甚至出现了一定程度的倒退。

第二节 "文化大革命"后期上海人民出版社出版的《社会主义政治经济学》集极"左"理论之大成

"文化大革命"后期，"四人帮"在上海组织编写了一本《社会主义政治经济学》，这本书"以历史唯心主义为理论基础，以臆造的'社会主义生产关系二重性'为出发点和黑线，以对'资产阶级法权'的胡诌为媒介，歪曲社会主义生产关系的性质和社会主义经济的发展规律，以论证'党内资产阶级形成、发展和灭亡的过程'为基本任务"[①]，构筑了一个为极"左"路线张目的理论体系。

这本书开篇就提出了一个所谓的"社会主义生产关系的二重性"，认为在社会主义生产关系内部，无论是社会主义所有制，或者是人们在社会主义生产关系中的相互关系和社会主义分配关系方面，既有生长着的共产主义因素，也包含衰亡着的资本主义的传统或痕迹。这个"二重性"看起来是运用了辩证唯物主义的对立统一分析方法，而实际上它完全是一个不符合客观事实的主观臆造。这本书在这个"社会主义生产关系的二重性"的基础上，又引进一个"资产阶级法权"的概念，作为"二重性"中所包含的"资本主义传统或痕迹"的集中体现。尽管在这本书中从来没有详细地界定过"资产阶级法权"的内涵，但这并不妨碍编写者让"资产阶级法权"像

[①] 胡瑞梁、赵人伟、段若非：《"四人帮"的唯心主义经济理论体系》，《经济研究》1978 年第 4 期。

一个无孔不入的幽灵，飘荡在社会主义生产关系的许多范畴之中。正如张春桥所说的："我们的经济基础还不稳固，资产阶级法权在所有制方面还没有完全取消，在人们的相互关系方面还严重存在，在分配方面还占统治地位。"[①] 由于"资产阶级法权"是产生资本主义和新资产阶级的重要经济基础，因而每当这本书试图论证某一个经济过程或经济形式中存在着资本主义因素时，在这个领域总能找到资产阶级法权的影子。按照这本书的逻辑，由于资产阶级法权存在于商品生产和按劳分配中，也就是存在于社会主义生产、分配、交换和消费的整个过程中。因此，随着社会主义生产关系的扩大再生产，资产阶级法权的资本主义传统和痕迹也将随之再生产出来。在社会主义生产关系的再生产过程中，会不断分泌出资本主义和资产阶级。这样，这本书就从一个虚构的"社会主义生产关系的二重性"出发，以资产阶级法权为论述的中心和偷换概念的媒介，通过对社会主义生产关系的歪曲，阐述了所谓新资产阶级特别是党内资产阶级通过社会主义生产和再生产过程形成、发展和灭亡的过程，从而完成了对这本书自己设定的社会主义政治经济学基本任务的分析。

由于这本书的理论体系建立在主观唯心论的基础之上，在分析过程中以诡辩论冒充辩证法，因而诸多结论荒谬可笑，完全是对社会主义生产关系和经济发展规律的歪曲。比如，无视社会主义公有制已经确立了主导地位这个事实，提出一个所谓"领导权决定所有权"的观点，认为所有制向来不能只看它的形式，还要看它的实际内容。领导权掌握在哪个阶级手里，决定了这些工厂实际上归哪个阶级所有。按照这个理论，只需要宣布一下某个企业的领导权已经落到了资产阶级当权派手中，这个企业的所有权性质立刻就发生了变化，这无疑是十分荒唐的；再如，这本书认为，即便在社会主义制度已经建立的情况下，由于存在着资产阶级法权，因而人和人之间最本质的关系依然是无产阶级和资产阶级（包括党内资产阶级）

[①] 张春桥：《论对资产阶级的全面专政》，《红旗》1975年第4期。

的阶级关系。认为在我国社会主义生产中,仍然存在着地主买办阶级的残余以及资产阶级这两个剥削阶级和工人阶级以及农民阶级两个劳动阶级之间的阶级关系。其深层含义就是,社会主义社会仍然是阶级社会,仍然存在着阶级斗争。这种观点显然与马克思主义经典作家对社会主义社会的构想大相径庭;最为荒谬的是,这本书将那个臆造的所谓"社会主义生产关系的二重性"纳入社会主义再生产过程之后,得出的结论是,在社会主义生产关系的再生产过程中,一方面会不断分泌出资本主义和资产阶级,另一方面也必然会不断壮大着共产主义和无产阶级。也就是说,随着社会主义扩大再生产的不断进行,不仅共产主义和无产阶级在壮大,资本主义和资产阶级也在随之壮大,甚至存在资本主义复辟的危险。按照这个逻辑,社会主义制度自身都难保,何以能战胜资本主义?这完全违背了历史发展的客观规律。

第三节 受"左"倾路线的干扰破坏,国民经济濒于崩溃的边缘

"文化大革命"期间,由于"左"倾路线的干扰和破坏,国民经济建设受到了严重的影响,经济增长大起大落,原来就已存在的国民经济比例失衡的问题更加严重,人民的生活水平不仅没有提高,反而出现下降。时任国家统计局局长李成瑞根据国家统计局编的《中国统计年鉴(1983)》,曾对1966—1976年我国的经济发展情况进行过一次分析[①](见表7—1)。在这十年间,中国的经济增长经历了"两起三落"。在"文化大革命"初期的1967年和1968年,由于到处都在进行"踢开党委闹革命",全国的生产秩序遭到了严重的破

---

① 李成瑞:《十年内乱期间我国经济情况分析——兼论这一期间统计数字的可靠性》,《经济研究》1984年第1期。

坏，导致1967年社会总产值比上年下降9.9%，1968年再降4.7%；1967年国民收入下降7.2%，1968年再降6.5%。随着秩序的逐渐恢复，1969—1973年，社会总产值和国民收入逐步回升。但1974年"四人帮"又大搞所谓"批林批孔"，导致这一年社会总产值和国民收入的增长率分别下降到1.9%和1.1%。1975年，邓小平同志复出后，着手对国民经济进行整顿，因此这一年社会总产值增长11.5%，国民收入增长8.3%。但此后，"四人帮"又发动"反击右倾翻案风"运动，大批"唯生产力论"，再加上唐山大地震的影响，1976年社会总产值的增长率下降到1.4%，国民收入则比上年降低2.7%，其中工业净产值下降5.3%，钢产量则由上年的2390万吨下降到2046万吨。

表7—1　　1966—1976年社会总产值和国民收入数字与上年的比较

（以上年为100）

年份	社会总产值	其中		国民收入
		农业总产值	工业总产值	
1967	90.1	86.2	101.6	92.8
1968	95.3	95.0	97.5	93.5
1969	125.3	134.3	101.1	119.3
1970	124.1	130.7	111.5	123.3
1971	110.4	114.9	103.1	107.0
1972	104.4	106.6	99.8	102.9
1973	108.6	109.5	108.4	108.3
1974	101.9	100.3	104.2	101.1
1975	111.5	115.1	104.6	108.3
1976	101.4	101.3	102.5	97.3

资料来源：李成瑞：《十年内乱期间我国经济情况分析——兼论这一期间统计数字的可靠性》，《经济研究》1984年第1期。

"十年动乱"不仅使国民经济遭受巨大损失，而且使国民经济结构不合理、国民经济各部门比例关系失调的情况更加严重。农业、轻工业薄弱、重工业片面发展的现象进一步加剧，其中轻工业净产值所占的比重由1966年的47.2%下降到1976年的40.4%，重工业净产值所占的比重则由1966年的52.8%上升到1976年的59.6%，明显偏高；在消费资料的生产中，粮食平均每年只增长3%，棉布平均每年只增长1.9%，棉花、油料不仅没有增长，而且有所下降。由于供给不足，人民的粮、肉、布的消费水平提高很少，食用植物油还有所降低。此外，住宅、教育、文化、卫生、环保设施等方面也存在大量欠账，不仅给人民生活造成很大困难，也妨碍了人才的培养。由于强调"政治挂帅"，导致企业经济效益持续下降，政府财政收支状况不佳，十年中有四年出现赤字，1974—1976年则连续发生赤字。从账面上看，十年赤字共计36.1亿元，实际上的赤字要大得多。[1] 正如时任国务院总理的华国锋在五届人大一次会议上所做的《政府工作报告》中指出："从一九七四年到一九七六年，由于'四人帮'的干扰破坏，全国大约损失工业总产值一千亿元，钢产量二千八百万吨，财政收入四百亿元，整个国民经济几乎到了崩溃的边缘。"[2]

（执笔人：万军，中国社会科学院世界经济与政治研究所副研究员）

---

[1] 李成瑞：《十年内乱期间我国经济情况分析——兼论这一期间统计数字的可靠性》，《经济研究》1984年第1期。

[2] 华国锋：《团结起来，为建设社会主义的现代化强国而奋斗——一九七八年二月二十六日在第五届全国人民代表大会第一次会议上的政府工作报告》。

第三部分

拨乱反正和改革开放初期
（1977—1991年）
经济学致力于研究
引入市场机制搞活经济

第 八 章

1977—1978 年从按劳分配问题开始进行经济学的拨乱反正

第一节 "文化大革命"前按劳分配在我国的研究探索状况

1949 年，我国完成了新民主主义革命。到 1956 年以前，基本上是五种经济成分共存，即国营经济、合作社经济、私人资本主义经济、个体经济、国家资本主义经济。从分配关系来看，则有按劳分配、自给自足、按生产要素分配三种形式。此外，党政机关和军队在一段时期实行供给制。由于五种经济成分占国民生产总值的比重和人口覆盖面是不同的，其中占主体的是个体经济，其次才是国营经济和合作经济，再次是资本主义经济。从这个角度来说，占主导地位的分配形式是按生产要素分配，其次是按劳分配和供给制分配。1953 年毛泽东提出了党在过渡时期的总路线："要在一个相当长的时期内，基本上实现国家工业化和对农业、手工业、资本主义工商业的社会主义改造。" 1955 年苏联科学院经济研究所编写的《政治经济学教科书》在我国出版发行，标志着苏联的社会主义经济理论在中国系统传播，按劳分配及现实生活中的分配问题也开始引起理论界的重视。到1956年，完成了上述的"三大改造"。所以，在所有制关系上，由于一些公私合营企业中，资本家只拿定息，与企业生产经营脱离了关系，在经营管理上，与公有制经济没有什么差别。全国基本上形成了以全民所有制和集体所有制两种公有制为主体的所有制形式。在分配关系上，党政机关和军队的供给制也全部改成工资制；农村的合作社实行工分制。这时按劳分配变成了主要分配形式，按劳分配成为我国分配理论的基础。1959年全国第一次经济理论讨论会的问题之一就是按劳分配和计件工资问题。20世纪50—70年代末期，在分配领域中按劳分配是讨论的核心问题。其中关于按劳分配存在依据问题、物质利益原则问题、资产阶级法权问题等，是讨论的重点。

一 关于按劳分配存在的依据是什么

按劳分配理论被引入我国后，主要是如何理解其理论内涵。值得一提的是按劳分配存在的依据是什么的问题。

在这次大讨论中，最大的进展就是提出了按劳分配的决定条件是什么？在讨论中有四种意见。

一是认为由生产资料社会主义公有制决定的。这种观点表明，在社会主义公有制条件下消灭了剥削，实行按劳分配是必然选择。但并没有回答在公有制条件下，为什么不实行按需分配和平均分配原则的问题。

二是认为由生产资料所有制和生产力水平决定的。但这种观点还不能回答为什么实行按劳分配而不实行平均主义分配原则。

三是认为是多种因素决定的。即由社会主义公有制、生产力发展水平、工农差别、城乡差别、体力劳动与脑力劳动差别，以及人们的思想觉悟决定的。一般来说，这个观点比较全面。但仍然没有回答按劳分配承认个人的劳动差别的依据是什么。如果不回答这个问题，为什么人们会计较个人的利益得失、为什么应该取消平均主义等问题也无法得到解释。

四是认为由劳动力个人所有制决定的。艾思奇认为，在社会主义条件下，"虽然没有生产资料的私有，但个人的劳动力在实际上仍被承认为私有。由于这样的私有权利，人们才可能向社会要求相应的报酬"。① 王学文说："在社会主义的全民所有制之中，带有部分的劳动（对象在生产物中的劳动）个人所有制的因素。这种所有制的存在，是由劳动生产力的发展水平，由旧社会遗留下来的三大差别（工农差别、城乡差别及体力劳动与脑力劳动之间的差别）及资产阶级式的权力的残余的存在所决定的。既然有部分劳动个人所有制因素的存在，社会为了承认这种所有者的所有权，就要以全民所有的消费品与个人所有的劳动相交换。"② 于伍认为："按劳分配原则的直接根据不是别的，而是劳动力本人私有制。"还认为，所谓公有制和生产力水平等，"仅仅是实行按劳分配原则必需的一些条件，还不是它的直接根据"，"按劳分配原则本身就说明'劳'（劳动力支出的数量和质量）是消费品分配原则的直接根据，就说明社会主义社会承认劳动力的强弱对其拥有者是一种'天然特权'，就说明社会主义社会承认劳动者与其自身的劳动力之间是一种所属关系，即承认劳动力为其所出自的劳动者所私有，就说明社会主义社会里还存在着劳动力本人私有制这一生产关系，这一生产关系就是按劳分配原则的直接根据"。③ 把劳动力个人私有制作为按劳分配的直接依据，是20世纪50年代关于按劳分配问题讨论的最大进展。

第一，这一观点正确地理解和发展了马克思主义按劳分配理论。马克思在《哥达纲领批判》中提出："消费资料的任何一种分配，都不过是生产条件本身分配的结果。"④ 当时人们对这一句话的理解

---

① 艾思奇：《努力研究社会主义的矛盾规律》，《哲学研究》1958年第7期。
② 王学文：《社会主义制度下的商品关系与价值规律》，《经济研究》1959年第5期。
③ 于伍：《试论社会主义社会的劳动力所有制形式》，《新建设》1962年第6期。
④ 《马克思恩格斯选集》第三卷，人民出版社1972年版，第13页。

往往偏重于生产资料的分配（占有），而把生产条件中还包括的劳动者排除在外，是不全面的。其表现是机械地强调不同生产方式有不同的分配方式。认为生产资料社会主义公有制实现以后，就只存在按劳分配一种分配方式，进而否定了按经济运行规律确定的分配形式。

第二，在提出劳动力私有制决定按劳分配的观点后，实际上就是承认劳动者是生产过程中不可缺少的条件，进而为以后明确劳动者与生产资料都是生产要素，为改革开放以后提出按劳分配与按生产要素分配相结合的观点，提供了理论依据。

第三，劳动力私有制决定论是克服平均主义的有力武器。传统的分配理论认为，在社会主义条件下，分配的职能是保障供给。把社会主义分配的职能定位为保障供给，是以自然经济来实现所谓的社会主义基本规律要求所产生的观念。由于强调了供给这一观念，才产生了1958年取消工资制、恢复供给制的思潮，才出现了多年来平均主义取代按劳分配的现象。而劳动力私有制论是把分配定位于所有权的实现，是从经济运行方式和社会主义特征相结合的角度来定位分配关系的。所以，它能从本质上克服平均主义。

第四，解决了社会主义条件下劳动力是商品问题。在传统的社会主义政治经济学中，把劳动力是商品视为资本主义范畴，在社会主义条件下，劳动者已经是生产资料的主人，就不可能存在劳动力商品了。劳动力私有论解决了社会主义条件下劳动者是生产资料的主人又是商品的矛盾，使劳动力商品论得以成立。从而不仅在分配理论上解释了按劳分配存在的直接原因，而且在实践中可以开放劳动力市场，使劳动力合理流动，促进社会主义市场经济的发展。

二 关于物质利益原则的讨论

在这一阶段，关于如何贯彻按劳分配原则和克服平均主义的问题，没有引起大规模的讨论。但在现实生活中的分配问题，如个人的物质利益问题，却引起了理论界的注意。当时，一方面国民经济得到了迅速恢复和发展；另一方面出现了"不注意在劳动生产率提高的基础上适当地改善人民的生活，不注意人民群众当前利益和个人利益"①的倾向。同时，也出现了一些人在分配问题上存在着不满情绪。在这个背景下，展开社会主义物质利益原则的讨论，主要讨论关心劳动者个人利益与发展生产之间的关系问题。在讨论中基本肯定了在社会主义条件下关心职工物质利益的必要性。于光远说："不仅是因为不断增进劳动者个人的物质利益是社会主义经济法则所要求的，同时还因为种种原因我们不仅要依靠少数工人阶级先锋队，而且要依靠广大在旧社会当中生长起来的、头脑中还存在有旧社会思想残余的广大劳动群众来建设社会主义；还因为在社会主义制度下，生产还没有发展到能够实行各尽所能各取所需的地步。"②还有人提出，实行物质利益原则的原因在于：（1）劳动者在实际生活中体会到发展生产对自己的好处；（2）劳动还是谋生手段，不是第一需要；（3）私有制、个体经济和资产阶级思想存在；（4）劳动之间还存在差别；（5）为了鼓励劳动者普遍提高文化、技术水平。③这种对物质利益原则的肯定表明，在精神和物质关系问题上，经济学界基本上是强调物质的第一性，如果没有物质利益原则作为保证，人们的劳动积极性是不能持久的。同时，这种物质利益原则也是贯彻按劳分配原则的前提条件，是符合马克思主义原理的。早在1957年顾准就把劳动者的物质利益与企业经营成果相联系，提出了"使劳动者的物质报酬与企业盈亏发生极为密切的联系"④的观点。说明

---

① 《中国共产党第八次全国代表大会关于政治报告的决议》，《中国共产党第八次全国代表大会文件》，人民出版社1956年版，第84—85页。

② 于光远：《论劳动者的个人利益与社会公共利益的结合》，《学习》1954年第12期。

③ 参见《关于劳动者的个人利益与社会公共利益结合问题的来稿综述》，《学习》1955年第10期。

④ 顾准：《试论社会主义制度下商品生产和价值规律》，《经济研究》1957年第3期。

早在改革开放二十余年前已经论证了物质利益原则与生产发展的关系。而从 20 世纪 50 年代末到 70 年代末，极"左"思潮却把强调物质利益原则作为修正主义的东西而加以反对，并给经济生活带来极大的危害。

三 关于按劳分配与资产阶级法权问题的争论

1958 年党的八届二中全会通过了"鼓足干劲、力争上游、多快好省地建设社会主义总路线"。当时在这条总路线指引下轻率地发动了"大跃进"和"人民公社化"运动，给国民经济造成了极大的损失，与此同时，农村出现了取消工分制和以吃饭不要钱为主要特征的供给制，在城市职工中，也取消了奖金和计件工资。另外，张春桥在 1958 年 9 月上海《解放》杂志第 6 期上发表了《破除资产阶级法权思想》一文，10 月 13 日《人民日报》加了"编者按"转载了该文。文章提出："资产阶级法权思想的核心是等级制度"；"等级工资""计件工资制"的作用是"钱能通神"，"并不是刺激了生产积极性，而是刺激起了争名于朝、争利于市的积极性"，"实际上就是要用资产阶级等级制度的礼、法来代替无产阶级的平等关系"。还认为：改供给制为薪金制"是资产阶级为了保护不平等的资产阶级法权，为了打击无产阶级革命传统"。提出"彻底破除资产阶级法权"，取消工资制，恢复供给制。① 这是第一次在分配领域为极"左"思潮制造理论依据的举措，引起极大的思想混乱，我国第一次按劳分配大讨论就在这个背景下展开了。讨论的主要内容是：什么是按劳分配，按劳分配的客观必然性问题，什么是资产阶级法权，按劳分配与资产阶级法权的关系，等等。

在马克思主义著作中，首先提出资产阶级法权的著作是马克思的《哥达纲领批判》。马克思为什么说按劳分配存在着资产阶级法权

---

① 张春桥：《破除资产阶级法权思想》，《人民日报》1958 年 10 月 13 日。

(在20世纪60年代以前,通用"资产阶级法权"的译名,到60年代以后,许多人认为"法权"一词概念含混不清,容易引起理论上的混乱,而根据《哥达纲领批判》和《国家与革命》的内容来看,讲的是权利关系,而不是法的关系,所以,"资产阶级法权"应该译为"资产阶级权利")。[①] 这是针对拉萨尔把劳动所得"按照平等的权利属于社会一切成员","公平分配劳动所得","消除一切社会的和政治的不平等"等塞进《工人纲领》中的错误而写的。马克思指出:"公平""平等"等概念是社会的、历史的范畴,各个阶级对之有着极不相同的观念,不存在所谓的"社会一切成员的平等的权利"那样的关于一般"公平"和"平等"的含糊不清的说法。马克思还指出:社会主义社会将要实现的按劳分配并不是那么公平,而是既平等又不平等的。马克思从社会的、历史的范畴来认识按劳分配存在的平等的权利,指出,"至于消费资料在各个生产者中间的分配,那末这里通行的是商品等价物的交换中也通行的同一原则,即一种形式的一定量劳动可以和另一种形式的同量劳动相交换。所以,在这里平等的权利按照原则仍然是资产阶级的法权"[②]。所以,按劳分配中的资产阶级权利,是不反映资产阶级的利益,并且是反对资产阶级利益的资产阶级权利。关于认识按劳分配与资产阶级法权的关系,早在1957年仲津(于光远)就做了正确的回答。他说:"社会主义制度的建立消灭了剥削,这是社会上真正平等的基础,但是'按劳分配'仍是资产阶级法权,比起'各取所需'来说是一种社会不平等现象。"[③] 张春桥胡说"资产阶级法权思想的核心是等级制度",是"用资产阶级等级制度的礼、法来代替无产阶级的平等关系"。[④] 张春桥为了诋毁按劳分配,硬是把按劳分配等同于"等级制

---

① 参见《1977—1978按劳分配理论讨论会四次会议纪要汇编》,中国财政经济出版社1979年版,第36页。在本书中,"资产阶级法权"与"资产阶级权利"通用。
② 《马克思恩格斯选集》第三卷,人民出版社1972年版,第11页。
③ 仲津:《也来谈谈按劳分配和工农收入对比》,《学习》1957年第9期。
④ 张春桥:《破除资产阶级法权思想》,《人民日报》1958年10月13日。

度"。这种张冠李戴是没有任何根据的。所谓"等级制度"是存在于奴隶社会和封建社会的阶级关系，指尊卑有序，贵贱有别，等级分明，形成不可逾越的特权制度。是奴隶主和封建主凭借这种等级制度对奴隶和农奴进行超经济剥削，无论在形式上或事实上都是极不平等的。它与资产阶级权利截然不同，资产阶级权利是指表面平等而事实上不平等，而等级制度则是完全不平等。资产阶级权利是资产阶级对于生产资料和剩余价值的私有权或所有权。等级制度不仅仅是生产资料的所有权，而且连奴隶、农奴的人身都完全占有或半占有。① 在社会主义制度下，由于社会主义公有制的建立，使得资产阶级权利只是作为旧社会的痕迹存在于商品交换和按劳分配中。张春桥胡说按劳分配是等级制度，没有一点儿历史唯物主义常识，是为了取消按劳分配而制造的舆论。

在这次大讨论中，虽然有人稀里糊涂地迎合张春桥的观点，认为：对按劳分配"既要承认它，又要限制它、逐步消灭它，而不能美化它、发展它、扩大它"。② 但这并不是主流，有些经济学家如沈志远认为：按劳分配与社会主义生产方式一样，"具有相对稳定性"。有人过分强调按劳分配的过渡性特别是强调它具有法权性质等"缺点"，从而"把事情说成仿佛从社会主义存在的第一天起就开始了按劳分配规律的作用范围逐步缩小、按需分配规律的作用范围逐步扩大的过程"，这是值得商榷的。实际上，在社会主义历史阶段内，"按劳分配制度势必经历一个不断完善、不断巩固和发展的过程"。③ 表明经济学界并不同意张春桥的观点。尤其是1958年12月党的八届六中全会通过的《关于人民公社若干问题的决议》指出："否定按劳分配原则，就会妨碍人们的劳动积极性，就

---

① 漆琪生：《批判张春桥对资产阶级权利的狂妄曲解及其罪恶目的》，《经济研究》1978年第10期。
② 参见《怎样认识"按劳取酬"分配原则》，《文汇报》1958年11月18日。
③ 沈志远：《关于按劳分配的几个问题》，《文汇报》1962年8月30日。

不利于社会产品的增加,也不利于促进共产主义的实现。"① 从而及时纠正了否定按劳分配和取消工资制实行供给制的观点,使人们对社会主义条件下实行按劳分配的客观必然性问题统一了认识。

第二节 "文化大革命"后关于按劳分配问题的拨乱反正

在"文化大革命"过程中,"四人帮"披着马克思主义理论外衣,对马克思主义哲学、政治经济学和科学社会主义疯狂地进行了全面的歪曲和篡改,来实现篡党夺权、实现资本主义复辟,建立社会法西斯专政。为此,在1976年10月,以华国锋、叶剑英、李先念为代表的中共中央政治局执行党和人民意志,采取断然措施,对江青、张春桥、姚文元、王洪文实行隔离审查。标志着"四人帮"被打倒、"文化大革命"结束。随着"四人帮"反党集团罪证材料公布,全国掀起了揭发批判"四人帮"的高潮。经济理论界由国家计委经济所和中国社会科学院经济所牵头,针对按劳分配问题和政治与经济、革命和生产的关系,展开了正本清源,拨乱反正。关于按劳分配问题的拨乱反正,从1977年开始共召开了五次讨论会。对"四人帮"的批判主要集中在1977—1978年的第一、第二次讨论会上,报刊上也有大量批判文章。"四人帮"的谬论很多,归结起来大致可以概括为:按劳分配是资产阶级权利,应该加以限制;按劳分配"会产生贫富悬殊、两极分化";"按劳分配是产生资产阶级的经济基础";等等。下面仅就其主要问题做一简单介绍。

---

① 《中国共产党第八届中央委员会第六次全体会议文件》,人民出版社1958年版,第14页。

一 "四人帮"关于资产阶级法权的谬论

"文化大革命"过程中,"四人帮"在按劳分配问题上的主要谬论,集中在资产阶级法权问题上。再次搬出按劳分配与资产阶级法权问题,是 1958 年的继续。张春桥在 1975 年《论对资产阶级的全面专政》一文中说:资产阶级法权,在分配方面还占统治地位;[1] 姚文元 1975 年在《论林彪反党集团的社会基础》一文中,又把按劳分配与复辟资本主义联系起来,说资产阶级法权的存在,是产生资产阶级分子的重要的经济基础。[2] "文化大革命"期间在天津编写的《政治经济学(社会主义部分)》一书,则更加明确和具体地说:"由于仍然存在着资产阶级法权,因此所谓'等价交换'即'劳'与'酬'的等价原则,很容易侵入一些人的头脑","一些人就会在所谓'等价交换'的原则里打转转,斤斤计较个人利益,滋长资产阶级个人主义思想和雇佣观念……最后走到资本主义的邪路上去。"[3] "四人帮"在上海组织编写的那本《社会主义政治经济学》说什么按劳分配"必须在无产阶级专政下加以限制,逐步缩小等级差别,批判资产阶级法权思想,发扬共产主义精神,以创造物质的和精神的条件,逐步用按需分配代替按劳分配。不然的话,把按劳分配神圣化、凝固化,巩固、扩大、强化资产阶级法权和它所带来的那一部分不平等,那就必然会产生贫富悬殊、两极分化的现象,资本主义和资产阶级就会更快地发展起来"。还说:"按劳分配的平等权利""是资本主义得以再产生的土壤和条件"。[4] 下面具体分析它们的主要"舆论"——"资产阶级法权中心论"。

---

[1] 参见张春桥《论对资产阶级的全面专政》,《红旗》1975 年第 4 期。
[2] 参见姚文元《论林彪反党集团的社会基础》,《红旗》1975 年第 3 期。
[3] 《政治经济学(社会主义部分)》,南开大学出版社 1976 年版,第 311 页。
[4] 《社会主义政治经济学》编写小组编:《社会主义政治经济学》(未定稿第二版),上海人民出版社 1975 年版,第 303 页。

（一）什么是资产阶级法权中心论

第一，所谓资产阶级法权中心论是人们对"四人帮"关于资产阶级法权在各种谬论中地位的形象化说法。即以资产阶级法权为媒介，编造出资产阶级法权中心论来为他们的极"左"路线制造理论依据。如姚文元在1975年2月5日的一次内部谈话中编造说："主席关于理论问题指示，问题集中在资产阶级法权上。"要研究一下，"如何才能抓住这个中心？"以后又说：限制资产阶级法权，是主席关于理论问题指示中"提出来的中心问题"，"对资产阶级法权到底搞清楚了没有？使人民都知道了没有？我们要围绕这个中心组织文章"。这样，便逐渐形成了所谓的"资产阶级法权中心论"。

第二，"四人帮"编造的谬论，是利用似是而非的手法偷换概念，经不起推敲。按照"四人帮"的逻辑，所谓资产阶级法权的行文中，凡有"资产阶级"字样，那么它就是资产阶级性质的。如"四人帮"抽去资产阶级权利内容的特定经济关系，即等量劳动与等量劳动相交换的关系；任意混淆权利关系和经济关系的区别、社会主义与资本主义两种资产阶级权利形式的区别、资产阶级权利和资本主义因素的区别；从生产关系三个方面，全面地把社会主义经济歪曲成资本主义经济。张春桥所说的"资产阶级法权在生产资料所有制方面还没有完全取消，在人们的相互关系方面还严重存在，在分配方面还占统治地位"[①] 就是这方面的集中表现。[②] "四人帮"在上海组织编写的《社会主义政治经济学》宣扬"资产阶级法权反映着衰亡着的资本主义"，而存在资产阶级法权的社会主义按劳分配和商品交换，也就统统成了"旧生产关系""衰亡着的资本主义"，进而居心叵测地提出资产阶级法权是"走资派的命根子"，是"产生

[①] 张春桥：《论对资产阶级的全面专政》，《红旗》1975年第4期。
[②] 参见中国社会科学院经济研究所《"四人帮"对马克思主义政治经济学的篡改》（修订本），山西人民出版社1979年版，第200—201页。

党内资产阶级的经济基础","限制资产阶级法权就是限制资本主义和资产阶级","无产阶级坚持社会主义的是,批判资本主义的非,限制资产阶级法权;资产阶级则要推行资产阶级的非,维护资产阶级法权,反对社会主义的是,由此形成社会主义相互关系的矛盾运动"。① 这些谬论归结起来,无非是要把资产阶级法权描绘成万恶之源。

(二) 为什么要批判"资产阶级法权中心论"

第一,"四人帮"偷换概念,把限制资产阶级法权变成进行无产阶级专政。"四人帮"的舆论工具说:"资产阶级法权""必须在无产阶级专政下加以限制,否则,就会导致资本主义复辟。资产阶级法权是产生新的资产阶级的重要经济基础。党内有的人世界观本来就没有得到根本改造,又力图强化和扩大资产阶级法权,就必然逐步变为走资派,变为资产阶级。扩大资产阶级法权,其实就是维护整个资产阶级的利益,加强复辟资本主义的社会基础"。"因为,资产阶级法权是党内资产阶级的命根子,限制资产阶级法权,就是革党内资产阶级的命。在社会主义时期,对资产阶级法权采取什么态度,限制它还是扩大它,这是继续革命还是停止不前甚至反对革命的重要标志。"②

第二,资产阶级法权是马克思和列宁在分析共产主义初级阶段即社会主义分配关系时,讲到按劳分配相对于共产主义高级阶段还存在着表面上平等事实上不平等的权利,是具有资产阶级法权特征,并不是说社会主义的按劳分配就是资本主义性质。当时许多人都指出:对社会主义经济关系中保留的资产阶级法权,我们既要限制它,又要保障它。企图过早地取消它,或者对它限制过急,是会摔跤的。这是因为,社会主义社会还保留的资产阶级法权,是存在于社会主

---

① 《社会主义政治经济学》编写小组编:《社会主义政治经济学》(未定稿第二版),上海人民出版社1975年版,第117页。

② 《走资派就是党内的资产阶级》,《红旗》1976年第6期。

义经济关系之中的旧痕迹，是同社会主义经济关系联系在一起的。如果在我们的经济关系中消除了这种旧痕迹，那就不成其为社会主义经济，而是共产主义经济了。但是，社会主义是一个不可逾越的历史发展阶段。因此，对资产阶级法权限制过急，就必然会挫伤劳动者的社会主义积极性，损害社会主义经济本身。由此可见，"四人帮"鼓吹的"彻底破除"和"破坏"资产阶级法权，实质上是要破坏社会主义制度。①

第三，"四人帮"鼓吹"法权中心论"，在政治上则是要依此来打击维护社会主义制度的党政军负责干部，以达到其篡党夺权的罪恶目的。有人指出："四人帮"把"维护"资产阶级权利当作划分所谓走资派的依据。并认为走资派是一个阶级，即"党内资产阶级"，是什么"表现为资产阶级法权的资本主义传统或痕迹"的代表，叫嚷要"镇压"和"枪毙"所谓"民主派""走资派"。可见，"四人帮"是打着"限制资产阶级法权"的旗号，大造反革命舆论，完全是为他们抛出的所谓"老干部是'民主派'，'民主派'就是'走资派'"的政治纲领服务的。②

第四，"四人帮"蓄意歪曲资产阶级权利的性质，把社会主义生产关系等同于资本主义生产关系，就是要取消按劳分配，瓦解社会主义商品生产和商品交换，破坏社会主义经济。他们抹杀社会主义和资本主义的本质区别，就可以把社会主义当作资本主义来攻击，打着社会主义旗号搞复辟资本主义勾当。③

二 按劳分配不会产生两极分化

姚文元说："巩固、扩大、强化资产阶级法权及其所带来的那一

---

① 佐牧、谷书堂、汤在新等：《不许"四人帮"用"法权中心论"来篡改无产阶级专政下继续革命的理论》，《经济研究》1978 年第 3 期。

② 同上。

③ 中国社会科学院经济研究所：《"四人帮"对马克思主义政治经济学的篡改》（修订本），山西人民出版社 1979 年版，第 204—205 页。

部分不平等，那就必然会产生两极分化的现象。"① 所谓产生两极分化现象是没有理论根据的。在大批判中许多文章指出：从理论上说，不可能从按劳分配关系中找出它必然引起两极分化的依据来。按劳分配原则要求每个劳动者各尽所能地为社会劳动，社会在做了各项扣除之后，按照劳动者提供劳动的数量和质量分配个人消费品，它不承认任何人有权根据生产资料的排他的所有权，去占有比别人更多的产品，也就是说，不允许占有他人劳动。在这种情况下，虽然劳动力较强、技术水平较高、赡养人口较少的劳动者生活上的富裕程度要高些，但是他们并不能凭借对于生产资料的所有权占有他人的劳动，并因此而逐步上升为资本家。同样，富裕程度较低的劳动者仍然是公有的生产资料的所有者，而且在正常情况下，他们的基本生活是受到社会保障的，决不会沦为一无所有、只能以出卖劳动力为生的无产者。既然情况是这样，在按劳分配的条件下，就不可能发生贫者愈贫、富者愈富的两极分化趋势。②

三 按劳分配不是产生资本主义和资产阶级的经济基础

"四人帮"按照自己的形而上学的思维方式，把资产阶级权利范围无限扩大，把一切资本主义的传统或痕迹，把一切用同一尺度对待事物的行为，把一切具有形式上的平等和事实上的不平等的事物统统都叫作"资产阶级法权"。"四人帮"胡说："按劳分配的平等权利""是资本主义得以再产生的土壤和条件"。③ 其实"'权利'的主要含义，指的是一定的个人或集团，根据一定的社会经济关系的规定，享有对某种客观利益占有和使用的权力，具有一定的排他性和约束性，成为由社会与国家所赋予和保证，并对有关当事人强制

---

① 姚文元：《论林彪反党集团的社会基础》，《红旗》1975 年第 3 期。
② 汪海波、周叔莲、吴敬琏：《按劳分配不是产生资产阶级的经济基础》，《经济研究》1978 年第 1 期。
③ 《社会主义政治经济学》编写小组编：《社会主义政治经济学》（未定稿第二版），上海人民出版社 1975 年版，第 303 页。

其必须遵守与承认的社会规范和法律规范。因此,权利关系的形成,是以一定的社会经济关系为基础,并反映这种社会经济关系的性质,受到这种社会经济关系所制约,而且还体现着一定社会的统治阶级的利益和要求"。马克思在《哥达纲领批判》中说:经济关系产生出权利关系,"权利永远不能超出社会的经济结构以及由经济结构所制约的社会的文化发展"。① "不但如此,任何形式的权利关系,都是以一定形式的所有制的存在为前提的,因为人们只有在彼此以不同的所有者身份相互对待时,他们之间的关系才会以权利关系的形式表现出来。同时权利关系原是以私有制为基础的阶级社会的产物,从而它的实质,是旨在维护一定的社会的统治阶级的所有权,归根到底是维护一定的所有制。"② 可以看到,"四人帮"抽去资产阶级权利内容的特定经济关系,即等量劳动相交换的关系;任意混淆权利关系和经济关系的区别,即反映资本主义与社会主义两种不同经济关系的资产阶级权利的区别。在拨乱反正过程中,许多人明确指出:按劳分配中的资产阶级法权反映的经济关系同社会主义历史阶段的社会生产力的发展基本上是相适应的,在一个相当长的历史时期内对生产力的发展有积极的促进作用。在社会主义历史阶段,社会经济发展状况和人的思想觉悟状况决定了人们还不可能没有任何权利规范而为社会劳动,而除了这种资产阶级法权之外,又没有其他规范。所以,在这个范围内,还需要有国家来保卫生产资料所有制,保卫劳动的平等和产品分配的平等,保卫容许在事实上存在不平等的资产阶级法权。就我国当前状况来说,按劳分配不是过时了,而是还没有很好地贯彻,要创造条件更好地贯彻按劳分配原则,调动劳动人民的积极性和创造性。我国目前的商品生产、货币交换也不是发展过头;相反,商品的品种和数量还远远赶不上社会主义建

---

① 《马克思恩格斯选集》第三卷,人民出版社1972年版,第12页。
② 漆琪生:《批判张春桥对资产阶级权利的狂妄曲解及其罪恶目的》,《经济研究》1978年第10期。

设的发展和人民生活提高的需要，积极发展商品生产仍然是一项重要任务。因此，在社会主义历史时期利用、保卫这种资产阶级法权，是符合无产阶级利益的。①

第三节　党的十一届三中全会前后按劳分配问题讨论的回顾

一　对按劳分配含义的反思

"四人帮"倒台以后，经济理论界一方面批判"四人帮"在按劳分配问题上制造的一系列谬论，另一方面在探索如何完整、准确地理解按劳分配理论。出现了对按劳分配的反思。

在这一阶段的按劳分配理论探索中，什么是按劳分配仍然是个重要问题。因为经过中国社会主义建设的实践，书本上的按劳分配与实践中的按劳分配相差太大了。

第一，按劳分配的"劳"是什么？从劳动的自然形态来考察，有：潜在形态、流动形态、凝结或物化形态；从劳动的性质来考察，有：社会必要劳动、个别劳动、社会平均劳动。到底是什么劳动，没有一致的看法。

第二，书本上说"各尽所能"是按劳分配的前提，但在社会主义条件下，各尽所能地劳动还做不到，到底是以"各尽所能"为前提还是以劳动为前提，没有解决。

第三，根据传统的观点认为，按劳分配只适用于进行生产劳动的劳动者。于光远说："按劳分配是社会只把个人消费品分配给为社会从事生产劳动的人。把个人消费品分配给没有从事生产劳动的人，不属于按劳分配。"因为"劳动报酬是国家或集体在对生产劳动者所

---

① 中国社会科学院经济研究所：《"四人帮"对马克思主义政治经济学的篡改》（修订本），山西人民出版社1979年版，第204页。

提供的劳动量作了扣除以后，根据按劳分配原则分配给他的个人消费品"，非生产劳动者的薪金属于社会总产品的扣除部分，"他们的薪金不属于劳动报酬"，从而也"不是按劳分配"。① 但是有人认为，按劳分配既适用于生产劳动者，也适用于非生产劳动者。这是因为：一是按劳分配是社会主义公有制的产物，又是社会主义公有制的实现。生产资料社会主义公有制，就是指生产资料归社会全体劳动者（包括物质生产领域和非物质生产领域劳动者）共同占有。因此，按劳分配也必然是全体劳动者的分配原则。二是非物质生产领域各个部门劳动者的劳动，虽然不生产物质产品，却是社会生产得以正常进行必不可少的条件。非物质领域的劳动者，所以能参加个人消费品的分配，就是因为他们参加了社会的劳动。按劳分配也必然在他们的分配关系中起作用。三是物质生产劳动者和非物质生产劳动者取得个人消费基金的途径不同，前者是国民收入的初次分配，后者是再分配。取得消费基金的途径与分配个人消费品必须遵循的原则，是两个完全不同的问题。每个为社会劳动的劳动者，都是以个人贡献的劳动作为分配消费品的尺度。②

第四，名义上是按劳分配，实际上是平均主义分配。在全民所有制经济中，实行八级工资制；在集体经济中，实行工分制，都叫按劳分配。但仔细分析起来就会发现，所谓八级工资制是全国统一标准，1—8级的工资级差均为17.8%，一级工与八级工工资之间相差3.15倍，根本不能反映出全国的劳动与报酬的贡献差别。至于集体经济中的工分制，更是难以用按劳分配来概括。许多地区，一个强劳动力劳动一天所得报酬，只能解决劳动者本人的劳动力再生产费用，这样低的劳动生产率，为了生存，只好实行平均分配。这样，

---

① 于光远：《谈谈社会主义公有制和按劳分配问题》，人民出版社1978年版，第37、60页。

② 黄振奇：《按劳分配不只是物质生产领域的分配原则》，《经济研究》1978年第12期。

按劳分配理论与现实生活脱节，使理论失去存在的依据。人们开始对什么是社会主义以及按劳分配进行重新认识。

鉴于上述情况，有人提出，多年来，我国实行的并不完全是书本上讲的按劳分配，而是没有统一劳动尺度的劳动所得。[①]

二 农村家庭联产承包责任制打破了单一按劳分配形式

在20世纪70年代末80年代初我国农村出现了家庭联产承包责任制的生产经营形式，实行"交够国家的，留足集体的，剩下是自己的"分配办法，这一新生事物的出现，打破了自1956年以来的以评工记分为主要特征的所谓按劳分配，出现了生产要素参与分配的新形式。由于它否定了过去的"大呼隆""大锅饭"的生产和分配方式，调动了生产劳动的积极性，开启了改革开放的首战胜利，为实现"按劳分配为主，多种分配形式并存"的分配方式开了一个好头。

（执笔人：张问敏，中国社会科学院经济研究所研究员）

[①] 张问敏：《关于按劳分配理论的思考》，《经济研究》1987年第2期。

第 九 章

1979 年全国第二次经济理论讨论会，中心议题是价值规律作用问题

第一节 背景：改革开放初期在经济活动中引入市场机制，尊重价值规律的作用

1976年10月粉碎"四人帮"后，中国经济学界迎来了理论研究的春天。1977年起，开始拨乱反正，澄清被"四人帮"搞乱的思想，批判"左"的一套理论和政策主张，1978年后，随着党的工作转移到以经济建设为中心的轨道，随着改革开放的前进，经济学界思想活跃，不断突破传统经济理论的框框，大胆吸收当代经济学的科学成果，努力探索社会主义经济的本质，寻找改革开放和现代化建设的客观规律性，特别是在计划与市场关系问题方面取得一系列重要的研究成果，对我国的经济改革和发展起了积极的推进作用。

1978年12月，具有伟大历史意义的党的十一届三中全会开启了改革开放的新时期。全会否定"以阶级斗争为纲"的错误理论和实践，做出了党和国家的工作中心转移到经济建设上来、实行改革开放的历史决策。全会公报指出："现在我国经济管理体制的一个严重

缺点是权力过于集中，应该有领导地大胆下放，让地方和工农业企业在国家统一计划的指导下有更多的经营管理自主权"，"应该坚决实行按经济规律办事，重视价值规律的作用，注意把思想政治工作和经济手段结合起来，充分调动干部和劳动者的生产积极性"。[①] 为了大力恢复和加快发展农业生产，全会建议国务院做出决定，粮食统购价格从1979年夏粮上市的时候起提高20%，超额部分在这个基础上再加价50%，棉花、油料、糖料、畜产品、水产品、林产品等农副产品的收购价格也要根据情况，逐步做相应的提高。

需要指出的是，在党的十一届三中全会召开前夕，1978年10月6日，《人民日报》发表了胡乔木写的重要文章《按照经济规律办事，加快实现四个现代化》。文中说："为了加快实现四个现代化，我们必须按经济规律办事，大大提高我们的经济管理水平。经济规律很多，现在只就有计划按比例规律，价值规律，国家、企业、个人利益的统一，三个问题讲一点意见。"文中在谈到经济工作要遵循价值规律时说："在社会主义条件下，商品生产和商品流通将继续长期存在，在我国还需要大大发展，价值规律在经济生活中仍然起不可缺少的作用。我们在制订和执行计划的过程中，一定要利用价值规律，反映价值规律的要求，一定要求所有企业（包括国防工业）严格实行时间节约，不断争取劳动耗费、物资耗费（即所谓'物化劳动'的耗费）和经济效果的最优比例，严格进行经济核算，努力降低单位产品的成本，努力提高劳动生产率和资金利润率，否则就会给社会主义事业造成很大的损失和混乱。""当前，应当考虑适当扩大企业的权限，以促进企业的领导和群众主动地关心企业经济活动的成果。"胡乔木的这篇重要文章，实际上为十一届三中全会的召开做了某些思想理论的准备，价值规律的作用重新引起人们的重视。

理论的开始突破特别是在实际经济生活中引入市场机制并很快

---

① 《中国共产党第十一届中央委员会第三次全体会议公报》，人民出版社1978年版，第7页。

取得成效,极大地鼓舞了中国经济学家研究计划与市场关系、商品生产与价值规律作用问题的积极性。经过一段时间的筹备,由中国社会科学院经济研究所、国家计委经济研究所、江苏省哲学社会科学研究所共同发起主办的全国第二次经济理论讨论会,于1979年4月16—29日在江苏省无锡市举行。参加会议的有389人,收到论文97篇,分10个小组进行讨论。薛暮桥致开幕词,孙冶方发表讲话。从25日起大会发言,薛暮桥、孙冶方、骆耕漠等做了专题学术报告,共出简报45期。这次会议对启动中国市场化改革起着先导的作用。

这次学术讨论会是经过充分准备的。会议秘书长孙尚清在会议开幕式上讲了《关于价值规律作用问题讨论会的筹备情况和会议的开法》:

> 半年多来,我国经济学界和有关经济部门,先后召开了几十次不同规模的关于价值规律问题的讨论会,例如四川、福建、吉林等省市都开过了,湖北省正在开,吉林省也还要召开第二次价值规律讨论会。同时还举行了更多的座谈会。这些讨论会和座谈会不仅有广大的经济理论工作者和教学工作者参加,而且有许多在经济部门工作的同志参加。由于思想解放和热烈讨论,各种不同意见得到了广泛的交流,提出了不少有启发性的和值得深入研究的问题。许多同志做了不少经济调查,对我国社会主义经济建设和经验教训做了一些有益的探讨,并且提出了大量的学术论文和经济资料,会议收到论文、资料100多份。这就为这次会议做了必要的学术准备。
>
> 在会议筹备过程中,经与各方面商量,决定这次会议重点讨论以下三个问题:一是社会主义经济中的计划和市场的关系问题;二是价值规律与扩大企业权限问题;三是价格问题。
>
> 关于会议的开法:1.经过会议发起单位交换意见,一致认为,我们的讨论会是个学术性会议,应当始终贯彻理论联系实

际和百家争鸣的方针，贯彻三中全会公报的精神，解放思想，自由讨论，互相启发，促进经济学研究更好地为"四化"服务。2. 我们这次开会要发扬党的优良传统，提倡实事求是，畅所欲言，虚心探讨，以及摆事实讲道理的科学态度，反对乱扣政治帽子。3. 大、中、小会相结合，以小会为主。①

第二节　关于价值规律作用问题学术讨论会的报告

首先要介绍第二次全国经济理论讨论会后由主办方向有关领导部门写的报告，从中可以概括了解会议的成果。

关于价值规律作用问题学术讨论会的报告，全文如下：

中央财政经济委员会、国家计委党组、中国社会科学院党组：

为了贯彻党的十一届三中全会精神，推动有关经济管理体制改革理论问题的研究，以利于社会主义现代化建设，中国社会科学院经济研究所、国家计委经济研究所、江苏省哲学社会科学研究所共同发起，于1979年4月16—29日，在江苏省无锡市举行了关于社会主义经济中价值规律作用问题的讨论会。参加会议的有经济理论研究机关、经济业务领导部门、大学经济系和财经院校、一些省市自治区宣传部门的代表和知名的经济学家共380多人。会议收到学术论文和资料上百篇。国家计委顾问、国家计委经济研究所所长薛暮桥同志和中国社会科学院顾问、中国社会科学院经济研究所顾问孙冶方同志，在会议开幕和闭幕时都讲了话，并分别向大会作了学术报告。暮桥同

---

① 参见中国社会科学院经济研究所资料室等编《社会主义经济中计划与市场的关系》（下），中国社会科学出版社1980年版，第770—772页。

志的讲话，特别强调了这次会议应大力贯彻百家争鸣和理论联系实际的方针。

会议的任务是在总结我们自己经验的基础上，探讨我国经济管理体制改革的方向和有关的理论问题。由于贯彻了百家争鸣和理论联系实际的方针，参加会议的同志都感到有收获、有启发、有帮助。许多同志说：理论工作者和实际工作者一起讨论问题，不仅能增进讨论的深度，而且对于克服理论工作者的"营养不良"和实际工作者的"消化不良"，也大有益处。这次会议重点讨论了以下三个问题：

一 社会主义经济中的计划和市场的关系问题

为了从社会主义经济的实际出发来改革经济管理体制，首先要弄清楚社会主义经济的基本特征。

在这个问题上，有三种不同的意见。

一种意见强调社会主义经济本质是计划经济。广东和云南省计委的同志认为，目前存在的许多问题，如计划统计得过细、过死、脱离实际等，都不是社会主义计划经济本身带来的，而是工作中的毛病。要解决这些问题，需要认真总结计划工作经验，改革计划管理体制，而不是削弱计划经济。恢复时期、"一五"和60年代调整时期，国民经济发展较快，主要是比较重视有计划规律的作用，加强计划工作的结果。持这种意见的同志强调计划调节和计划管理，认为这样才符合社会主义经济的本质。有的同志说，对一些重大的比例关系利用计划调节发现和解决问题比利用市场调节更快，更灵活。只有在计划管不到的地方，市场机制才会起作用。

另一种意见认为，社会主义经济既是计划经济，又是在公有制基础上的商品经济，因而应当实行计划调节和市场调节相结合。计划调节说明社会能够自觉地按比例地安排社会生产，市场调节则通过市场机制实现社会生产的按比例发展。中国社会科学院经济研究所、国家计委经济研究所、上海市计委的同志说，新中国成立以来，我国经济几次遭到破坏都是既违背计划规律又违背价值规律的结果。从实践来看，一些过分强调集中统一计划领导、不重视利用市场调节的国家，都碰到带有共同性的问题，即重要的比例关系失调，产品品种少，质量差，消耗大，效率低，经济增长速度减缓。这就说明，不完全是计划工作的问题，而是经济管理体制上有缺陷。今后，应在计划调节的主导下，尊重价值规律的作用，充分利用市场机制。计划要发挥主导作用，也必须使计划符合客观规律包括价值规律的要求。

也有少数理论工作者强调社会主义经济的商品性一面。中央财政金融学院的同志说，我们的经济本质上是商品经济。我国社会的经济特征是商品经济，不是计划经济。计划是形式，商品经济是基础。持这种意见的同志还否认有计划发展是社会主义经济的客观规律。

计划调节与市场调节如何结合？

一种意见认为，在整个国民经济中，主要产品的生产和流通由计划调节，次要的零星的产品的生产和流通由市场调节。北京商学院一篇调查报告说，对统购和派购物资实行的是计划调节，而对三类物资则实行市场调节。在直接的计划范围内，不存在计划经济和市场经济相结合的问题，只在无法直接计划的范围内，才通过市场去调节那里的生产。

另一种意见认为，计划调节和市场调节是互相渗透的。中国社会科学院经济研究所和江苏省哲学社会科学研究所的同志认为，计划调节离不开利用市场机制，市场调节不能离开计划的指导，两者是你中有我，我中有你的关系。国家直接计划调拨的产品，也要适当利用市场机制，使之更符合用户的需要；大量的日用消费品的有计划地组织生产和销售，并不排斥充分运用价值规律的作用和市场机制，只有这样，才能使计划切合实际。至于集市贸易中交换的产品，似乎完全是市场调节，其实也要受国家农产品收购计划的指导和计划价格的影响。

个别同志认为，计划调节和市场调节是一回事。北京经济学院的同志认为，社会主义条件下的计划经济与商品经济是一个东西，不存在两者的结合问题，计划调节和价值调节是一回事，计划调节就是有计划的价值调节。

计划调节和市场调节的关系，实质是对有计划按比例发展规律和价值规律的作用关系如何认识的问题。有的同志认为，价值规律是首要的规律。与其说价值规律是计划工作的工具，不如说价值规律是制订计划的基本依据，是计划工作的直接出发点和归宿。有的同志不同意这个意见，他们认为，在社会主义条件下，价值规律的作用，是从属基本经济规律和有计划按比例发展规律的。当然，计划必须尊重价值规律，反映这个规律的要求。还有的同志认为，有计划按比例发展规律和价值规律共同起调节作用。这两个规律的作用，不是完全对立、互相排斥的，而是又统一又有矛盾。统一性表现在它们的作用方向是一致的，即都按照基本经济规律的要求，从不同侧面相辅相成地共同调节社会劳动的按比例分配。矛盾性主要表现在，一个侧重从全社会的角度进行调节，一个侧重从局部的角度进行调节；一个侧重长远利益，一个反映目前利益。由于这种差别，两种调节各有所长，各有所短，需要结合起来共同调节。

计划经济与市场经济相结合的提法是否科学？

多数同志主张不要用计划经济和市场经济相结合的提法，应当用计划调节和市场调节相结合的提法。主要理由是：

1. 经济学界通常是把资本主义经济和市场经济等同起来，这样，如果我们不明确讲清楚我们说的"市场经济"的含义，就会使人误会我们要把社会主义计划经济与资本主义经济相结合。

2. 容易被人误解为社会主义经济一部分是计划经济，一部分是市场经济,似乎是将两块没有内在联系的东西相结合。有的同志说,有些做实际工作的同志把计划经济与市场经济相结合理解为计划经济与集市贸易相结合,这是与"市场经济"的含义不清有关系的。

3. 社会主义计划经济不仅内在地包括生产关系(狭义)和分配关系,也内在地包括交换市场关系。说计划经济要同市场经济相结合,就如同说"人的身体要同他的血液循环系统相结合"一样不合理。

但也有一些同志认为,可以用计划经济和市场经济相结合的提法,因为市场经济是商品经济的别名,社会主义经济既然还是商品经济,也就存在社会主义市场经济。还有的同志认为,现实生活中已经存在相当大量的市场经济,从江苏省来看,市场经济、半市场经济,约占工业总产值的1/4。

这次价值规律问题的讨论,主要是研究经济管理体制改革的理论基础,从而牵涉全民所有制内部交换的生产资料是不是商品的问题。对这个问题,不少同志从分析全民所有制内部关系的特点来论证生产资料仍然是商品。

有的说,国营企业交换生产资料时,不能说根本不发生所有权的转移,因为全民所有的生产资料是归各企业长期占有、使用和经营管理的,而且这种所有权与占有、使用、经营管理权的一定程度的分离,又是同各企业的经济利益相联系的。所有权终究要归结为经济利益。既然企业间买卖生产资料与各自的经济利益相联系,那么,生产资料的买卖就实际上发生一定意义的所有权转移,从而这类生产资料还是商品。

有的说,社会主义全民所有制中的"全民"是分为利益有差别的不同的个人和集体的,这同共产主义高级阶段的劳动本质差别已经消灭,实行按需分配,从而个人和集体之间已经不存在经济利益上矛盾的"全民"是有差别的,它是"不完全的全民所有制",它们互相交换自己产品的时候,还必须用等价交换的原则来调节它们之间的经济利益，所以还是商品。

有的说，社会主义全民所有制是以全民所有制为主的包括有部分生产单位集体所有的公有制，或者说是包含有部分地方所有制和企业所有制的全民所有制。这样的所有制形式是不发达的社会主义必然存在的，它决定着全民所有制内部生产的产品是商品，它们之间的交换是商品交换。

此外，还有的说，生产资料是商品的原因有二：一是劳动上的差别，而劳动在目前还是谋生手段，其补偿要通过企业的等价交换；二是生产力不发达。

二 关于扩大企业权限问题

讨论中，大家认为，在我国的情况下，改革经济管理体制，从何起步，可以有两种办法：一是直接从改革各种管理体制入手，二是从扩大企业权限入手。许多同志说，从扩大企业权限入手，相应地改革各种管理体制，能使各经济管理部门容易取得共同的语言，避免互相踢皮球，各执一词，无法行动。这也比较切合实际，比较符合我国目前调整经济时期，经济管理体制不宜于大动大改的客观情况。当然，各经济管理部门也不应观望、等待，而应根据中央关于改革经济管理体制的指导思想，看准的就动手改，有些必要的改革会有利于国民经济的调整，在调整中推进改革。

企业（公司）权限究竟应当多大，有的同志认为应当给企业以相对独立商品生产者必须具备的一切职能和权限，把人财物、供产销统一管理起来。

有的认为增加职工和重要产品的销售权等不能给企业。

中国社会科学院工业经济所的同志认为，扩大企业权限，可以有以下三种做法：一是保持现行基本体制不动的框框下扩大权限。例如企业原先只能批50元，现在扩大到可以批200元；奖金原先只和工资总额有关，可扩大到和利润大小有关等，尽管企业某一方面的权限扩大了，但并不涉及原有体制的基本关系。二是把国家对企业固定资产和流动资金的供应由无偿形式改变为有偿形式，这样，企业对国家的关系已开始变化了，也导致商品经济关系的扩大。三是企业在原材料供应和产品销售上都有自主权，这一层放开了，市场经济实际上就要占据主要地位。

会上，四川省社会科学院同志介绍了四川省扩大企业权限试点的情况和经验。他用生动的事例，说明扩大企业权限取得的明显效果，初步摸索到一些把扩大企业权限同改革经济管理体制结合起来的经验。①

三 关于社会主义计划价格的理论基础问题

主要讨论的是计划价格中利润部分如何确定的问题，大致有三种观点，即按平均工资利润率，按平均资金利润率和按平均成本利润率来确定。通过讨论，有的同志提出三种主张各有利弊，目前还很难说哪种主张最好，因而可以按一种主张为主，参考和吸收其他主张的长处，进一步研究改进价格的意见。对于资金占用量如何计算到每种产品上去，以便确定各个产品中按资金利润率确定的利润额，以及如何进一步缩小工农业产品价格剪刀差和稳定物价的方针等，也做了一些探讨。

在这次讨论会上，大家解放思想，各种观点展开了，交流了，也提出了一些值得进一步探讨的问题。与1959年上海经济理论讨论会比较，讨论问题的历史背景不同，那时主要是为了批判和纠正陈伯达煽动取消商品生产、否定价值规律和大刮"共产风"的错误，着重讨论了两种公有制之间的商品生产和价值规律的作用问题；这次主要是为了探讨经济管理体制改革的

---

① 参见国家计委经济研究所编《计划经济研究》第1期和《中国社会科学院简报》1979年第33期。

理论基础问题，着重讨论全民所有制内部的商品生产和价值规律的作用。这次大家在三中全会精神鼓舞下，思想比较开放，而那时理论上禁区很多，条条框框也较多。这次不仅总结了自己近三十年社会主义建设的经验，还参考了国外正反两方面的经验，视野更开阔了。但由于时间的限制，对问题的研究探讨还不够深入。同时，学术性的探讨较多，对实际问题的研究不够充分。如何进一步贯彻理论与实际相结合的方针，寻找出适合我国实际情况的经济管理体制，尚待今后继续加强调查研究。

由于开会时中央工作会议尚未结束，会议精神也未传达，因此，关于国民经济调整问题，在会上来不及展开讨论。

专此报告。

中国社会科学院经济研究所
国家计划委员会经济研究所
江苏省哲学社会科学研究所
1979 年 5 月 31 日

第三节　一些有代表性的观点

上一节介绍的是讨论会总的情况。具体来说，这次学术讨论会前后在以下几个方面对社会主义商品、价值问题有比较突出的研究进展。

第一，在如何认识社会主义经济问题上，有的同志提出，社会主义经济既是计划经济，又是在公有制基础上的商品经济。商品经济的存在不能只由现阶段社会主义公有制存在两种形式来解释，而主要是由社会主义社会人与人之间，包括各个生产者集体之间，在根本利益一致前提下还有经济利害关系决定的。因此，社会主义企业，不管是全民所有制企业还是集体所有制企业，它们既是公有制的一个生产单位，同时也是相对独立的商品生产者。① 有的文章还明确地把社会主义经济表述为有计划的商品经济。② 这些观点，对研究社会主义的一些重大经济问题，是很重要的。

第二，全民所有制内部交换的生产资料在实质上也是商品。还在20世纪50年代，仲津（于光远）等同志就提出，全民所有制企业之间交换的生产资料也是商品。③ 这个见解是很深刻的。但当时多数经济学论著都持相反的意见，即认为这部分产品不是商品。我国的物资管理体制，也是按照这些生产资料不是商品的公式设计的。但是，20多年的实践证明，这种认识和物资管理体制是不符合社会主义经济的本性和发展要求的。不承认生产资料是商品，对它实行计划调拨和配给制，造成一方面物资严重积压，另一方面物资严重不足，经济效果很低等弊病。应当从理论上承认生产资料也是商品，在实践上逐步创造条件把生产资料的流通逐步转移到商业轨道上来，用各种经济杠杆来调节和保持供需平衡，并督促生产这些产品的企业增加品种，提高质量，降低消耗，改善技术服务。

不少同志从分析全民所有制内部关系的特点来论证生产资料仍然是商品。

有的说，国营企业交换生产资料时，不能说根本不发生所有权的转移，因为全民所有的生产资料是归各企业长期占有、使用和经营管理的，而且这种所有权与占有、使用、经营管理权的一定程度的分离，又是同各企业的经济利益相联系的。所有权终究要归结为经济利益。既然企业间买卖生产资料与各自的经济利益相联系，那

---

① 参见孙尚清等《社会主义经济的计划性与市场性相结合的几个理论问题》，《经济研究》1979年第5期；李成瑞等《计划与市场相结合是我国经济管理改革的基本途径》，《经济研究》1979年第7期。

② 参见谢佑权、胡培兆《从实际出发正确认识和有计划地利用价值规律》，《社会主义经济中价值规律问题讨论专辑》，《经济研究》1979年第6期。

③ 参见仲津《社会主义制度下价值规律的作用问题》，《我国经济学界关于社会主义制度下商品、价值和价格问题论文选集》，科学出版社1958年版。

么,生产资料的买卖就实际上发生一定意义的所有权转移,从而这类生产资料还是商品。

有的说,社会主义全民所有制中的"全民"是分为利益有差别的不同的个人和集体的,这与共产主义高级阶段的劳动本质差别已经消灭,实行按需分配,从而个人和集体之间已经不存在经济利益上矛盾的"全民"是有差别的,它是"不完全的全民所有制",它们互相交换自己产品的时候,还必须用等价交换的原则来调节它们之间的经济利益,所以还是商品。[1]

有的说,社会主义全民所有制是以全民所有制为主的包括有部分集体所有的公有制,或者说包含有部分地方所有制和企业所有制的全民所有制。这样的所有制形式是不发达的社会主义社会必然存在的,它决定着全民所有制内部生产的产品是商品,它们之间的交换是商品交换。

把商品生产存在的客观必然性,从过去那种由所有制之间的关系来研究,转入全民所有制内部关系来研究,这是一个明显的进步。

第三,价值规律对社会主义生产仍然起调节作用。过去在斯大林著作的影响下,一般都否认价值规律对社会主义生产起调节作用,把有计划发展规律同价值规律对立起来。前一时期有许多文章,强调有计划发展规律和价值规律都包含按比例分配社会劳动的要求,这是两者都对社会主义经济(包括生产和流通)起调节作用的共同基础。新中国成立以来,我国经济几次遭到破坏,都是既违背有计划发展规律又违背价值规律的结果。从实践来看,一些过分强调集中统一计划领导、不重视价值规律调节的国家,都碰到带有共同性的问题,即重要比例关系失调,产品品种少,质量差,消耗大,效率低,经济增长速度减慢。今后,应在经济管理中首先尊重有计划发展规律的同时,重视价值规律的调节作用,充分利用市场机制,

---

[1] 参见何建章《我国全民所有制经济计划管理体制存在的问题和改革方向》,《经济研究》1979年第5期;刘国光等《论社会主义经济中计划与市场的关系》,《经济研究》1979年第5期。

在理论上和实际工作中都应把有计划规律的调节作用同价值规律的调节作用统一起来，结合起来。这样，就从理论上突破了社会主义经济中计划和市场的相互排斥论。①

孙冶方还进一步认为，千规律，万规律，价值规律第一条。说："对整个社会主义生产来说，起决定作用的毕竟是时间节约意义上的那个价值规律"，"价值规律是计划工作的主要依据"。②此前，孙冶方还提出，要以"价值"为红线，来构建社会主义政治经济学新体系。③

第四，对社会主义经济应当实行计划调节和市场调节相结合。既然社会主义经济是计划经济，有计划发展规律和价值规律共同起调节作用，因而应当实行计划调节和市场调节相结合的方针。计划调节说明社会能够自觉地按比例地安排社会生产，市场调节则通过市场机制实现社会生产的按比例发展。同时，计划调节和市场调节是互相渗透的，计划调节离不开利用市场机制，市场调节不能离开计划的指导，两者是你中有我、我中有你的关系。

有的同志指出，计划与市场的关系究竟以什么为主的问题，这要深入研究社会主义经济的本质，并与我们的改革按照什么样的模式来考虑有关。如果强调集中，那就自然以计划调节为主，在这个前提下利用商品货币关系和价值规律。反之，就要更广泛运用市场机制和价值规律的调节作用。选择哪种途径要慎重，要很好地研究。许多同志认为，集中过多和分散过多都不行。应当从我们自己的情况出发，走出中国式的道路来。④

---

① 中国社会科学院经济研究所资料室等编：《价值规律作用问题资料》，中国社会科学出版社1979年版，第103—104页。

② 孙冶方：《千规律，万规律，价值规律第一条》，《光明日报》1978年10月28日。

③ 孙冶方：《论价值》，《经济研究》1959年第9期。

④ 讨论会秘书处：《关于价值规律作用问题讨论会讨论的情况和提出的问题》，载中国社会科学院经济研究所资料室等编《社会主义经济中计划与市场的关系》（下），中国社会科学出版社1980年版，第776页。

第五，应当给企业（公司）以相对独立商品生产者必须具备的一切职能和权限，使企业在人财物、供产销方面有一定的自主权。这样，就能使企业的经营成果同企业职工的物质利益紧密地联系起来，使企业职工从物质利益上关心改善本企业的经营管理，使企业具有内在的经济动力。1980年年初，蒋一苇进一步提出著名的企业本位论，指出企业是有独立经济利益的实体，是独立的商品生产者和经营者。①

第六，开展必要的竞争。竞争是商品生产和商品交换的一个客观规律，也是加强和改进计划经济的一个重要机制。竞争与竞赛的区别主要在于，在竞争中，那些长期甘居落后而使产品成本很高或不为社会需要的企业将被淘汰。社会主义经济在计划指导下，开展一定程度的竞争，可以成为一种外部的强制力量，迫使企业和部门努力上进。

第七，有的文章还进一步提出和探讨了社会主义市场经济问题，认为社会主义经济是有计划的市场经济，要充分发挥价值规律的调节作用，充分发挥市场机制的作用。这些是颇有远见的论断。②

第八，为了适应经济管理体制的改革，要逐步实行按生产价格定价。生产价格论早在20世纪50年代末期就提出来了，但赞同者寥寥无几。现在主张按生产价格定价的人多了一些，他们的论据，同"文化大革命"前比较，也有以下的发展：（1）从社会主义社会还要使劳动者及劳动者集体从物质利益上关心自己的劳动成果，来论证按生产价格定价是正确评价劳动成果的标准。（2）从改革经济管理体制，包括实行资金税，基本建设投资逐步实行贷款制度，流动资金逐步实行全额信贷制度等方面，来说明产品要按生产价格定

---

① 蒋一苇：《企业本位论》，《中国社会科学》1980年第1期。
② 参见于祖尧《试论社会主义市场经济》；顾纪瑞《关于社会主义市场经济的几个问题》，中国社会科学院经济研究所资料室等编《社会主义经济中计划与市场的关系》（上），中国社会科学出版社1980年版。

价。(3)从社会主义经济还需要实行一定程度的竞争,包括部门之间要比较投资效果和经济效果,来论证按生产价格定价的客观必要性。①

有的文章提出,要对现有不合理的价格体系和价格管理体制进行改革,逐步缩小工农业产品价格"剪刀差"。提高农产品收购价格,降低农业生产资料销售价格,都是缩小工农业产品价格"剪刀差"的措施,但最根本的,还是要靠提高工业和农业的劳动生产率。②

这次学术会议的讨论表明,社会主义制度下商品、价值理论问题的研究,要从实际出发,而不能从本本出发。从实际出发,理论就生动活泼,就对实践起积极作用;从本本出发,理论研究就死气沉沉,并远远脱离实践。讨论中出现的一批论著,能够把马列主义应用到社会主义建设实践中,概括出新理论,而不囿于过时的原理和结论。正因为采取了这种实事求是的态度,才使理论研究具有创造精神,对社会主义经济的发展起积极的作用。

这次学术会议的讨论表明,在我们这样一个原来资本主义很不发达、小生产占绝对优势的国家,革命胜利以后,发展商品生产,发挥价值规律的作用,常常受到误解,困难重重。有些人用小生产眼光来看待商品货币关系,采取排斥、反对的态度。这往往助长自然经济观,助长对待商品经济宁"左"毋右的态度。这就不利于发展商品生产和商品交换以及利用价值规律来为社会主义服务。

---

① 参见何建章、邝日安、张卓元《社会主义经济中资金利润率和生产价格问题》,《经济研究》1979年第1期;张维达《生产价格与经济体制改革》;刘思华《生产价格问题的讨论及其在我国经济理论发展历史上的教训》;肖灼基《论平均利润率在社会主义经济中的作用》,中国社会科学院经济研究所资料室等编《社会主义制度下价格形成问题》,中国社会科学出版社1980年版。

② 参见胡昌暖《谈谈剪刀差和价格总水平问题》;路南《关于工农业产品比价和剪刀差问题》,中国社会科学院经济研究所资料室等编《社会主义制度下价格形成问题》,中国社会科学出版社1980年版。

这次学术会议的讨论还表明，认识真理的过程是复杂而曲折的。真理有时在少数人手里，真理被多数人认识需要有一个过程。在学术研究上真正贯彻"双百"方针，把政治问题和学术问题严格区别开来，才能防止扼杀真理、打击坚持真理者的悲剧重演。

在20世纪60年代初期，在我国的论坛上就提出过实践是检验经济理论和经济政策、方案、措施是否正确的唯一标准的主张，但是，那时一些条条框框还紧紧地禁锢着人们的头脑，这个问题不可能引起人们足够的注意和重视。只是在打倒"四人帮"以后，在经历了国民经济两起两落的痛苦教训后，我们才能深刻体会实践检验经济理论和政策的极端重要性。

党的十一届三中全会后，中央号召理论工作者研究和解决党的工作着重点的转移和实现四个现代化的过程中提出的新问题，这是在解决这一任务的条件已经成熟的时候提出来的。人们相信，只要坚持理论联系实际、实事求是和百家争鸣的方针，我们就能很好地完成这个任务，把社会主义商品、价值理论问题的研究不断推向深入，从而促进社会主义现代化建设。同时，经济理论研究的实践告诉我们：社会主义政治经济学的科学性，在很大程度上取决于是否能够科学地阐明社会主义商品、价值问题。因此，商品、价值问题研究的任何新的进展，都将有力地推动社会主义政治经济学学科体系的建立和完善。

社会主义制度下的商品、价值问题的研究，像任何科学问题的探索一样，是一个不断接近真理的过程，人们在攀登科学高峰的道路上只能一步步地前进，很难毕其功于一役。

（执笔人：张卓元，中国社会科学院经济研究所研究员）

第 十 章

改革开放初期经济理论工作者大规模参与经济调研活动

第一节 调研背景

改革开放后不久,针对十年"文化大革命"及随后两年的"洋跃进"导致国民经济重大比例关系失调,1979年6月,国务院财政经济委员会为了更好地贯彻刚刚确立的"调整、改革、整顿、提高"的八字方针,推进我国的社会主义现代化建设,决定成立如下四个调研组,对中国经济进行深入调研。经济管理体制调研组,由张劲夫负责;经济结构调研组,由马洪、孙尚清负责;技术引进和企业现代化调研组,由谷牧负责;理论和方法调研组,由于光远负责。调研组成员既有实际经济工作者,也大量吸收经济理论和教学工作者参加,如经济结构调研组就吸收了200余名从事理论研究和教学的经济学者参加。

调研的时间也比较长,不是几个月半年,而是经历了几年的时间。如经济管理体制调研组,1979年12月就拿出了我国第一个经济改革总体规划《关于经济体制改革总体设想的初步意见》,1980年5月,国务院成立经济体制改革办公室,接手调研组工作,以后又成立经济体制改革委员会,继续前期的调研工作。以下拟着重介绍经济结构调研组和经济管理体制调研组活动情况。

第二节 经济结构调研组活动

1979年6月起,经济结构调研组在马洪、孙尚清领导下,组织了400余名从事实际工作的经济专家和200余名从事理论研究工作的经济学者,并集中了100余人组成经济结构综合调研队,分别到十几个省市进行了为期10个月的调研工作。当年参加调研的经济学家有:刘中一、吴敬琏、周叔莲、杨坚白、陈吉元、蔡中杰、杨圣明、张曙光、张泽厚、张卓元、戎文佐、胡兆量、于祖尧、陈锡康、汪海波、李悦、陈胜昌、魏加宁、冒天启、薛永应、戴园晨、恽希良、任维忠等。

调研取得了丰硕的成果,这些成果均上报党中央、国务院,为当时的经济结构调整提供了可靠的决策依据。调研组一部分成果被编入《中国经济结构问题研究》一书,由马洪、孙尚清主编,人民出版社1981年出版,成为当时国内出版的第一部拥有大量实际材料和系统数据的经济研究著作,在国内外产生了重大社会影响。

在此基础上,孙尚清又于1983年组织有关专家学者针对当时中国经济结构中存在的几个特别重要的问题,包括经济发展战略目标、产业结构、技术结构、教育科学结构、就业结构、企业规模与组织结构、地区结构、积累结构、投资结构、消费结构、国际交换和所有制结构等,进行了进一步的研究,并提出了相应的对策建议,汇集成《论经济结构对策》一书,由孙尚清主编,张卓元、蔡中杰、陈吉元副主编,中国社会科学出版社1984年出版。本书由于对中国重大经济结构问题进行了开创性研究,而荣获首届(1984年)孙冶方经济科学著作奖。

20世纪80年代中期,马洪、孙尚清继续组织一批经济学家研究经济结构问题，并撰写"中国社会主义经济结构丛书"。其中，"中国社会主义经济法读物丛书"由山西人民出版社和中国社会科学出版社于20世纪80年代末期出版，主编为马洪、孙尚清，副主编为周叔莲、张卓元，撰稿人大部分都参加过1979年夏至1980年春经济结构调研组的调研工作，对我国经济结构问题有一定的研究。这套丛书具有理论性、实用性、资料性和知识性相结合的特点，它同马洪、孙尚清主编的《中国经济结构问题研究》和孙尚清主编的《论经济结构对策》两书有着内在的关系，是上述两部著作对我国经济结构研究的继续、深入和展开。这套丛书共19本，它们分别是《中国经济结构概论》《中国工业部门结构研究》《中国农业结构研究》《中国轻纺业结构研究》《中国交通运输结构研究》《中国能源结构研究》《中国钢铁工业结构研究》《中国建材工业结构研究》《中国化学工业结构研究》《中国金融结构研究》《中国流通结构研究》《中国价格结构研究》《中国消费结构研究》《中国人口结构研究》《中国教育结构研究》《中国就业结构研究》《中国所有制结构研究》《中国地区结构研究》和《中国企业组织与企业管理结构研究》。

  特别值得提出来的是，40年前经济结构调研组调研后指出的当时存在的结构问题和关于改善中国经济结构的建议，不仅在当时是切合实际和深刻合理的，而且很长时期还在许多方面有现实意义。这次调研后列出的当时经济结构存在的主要问题是：（1）农业严重落后于工业，阻碍国民经济迅速发展；（2）轻工业落后，不能满足城乡人民提高生活水平的要求；（3）重工业脱离农业和轻工业片面发展，并且内部比例失调；（4）交通运输落后，邮电通信是国民经济中的一个薄弱环节；（5）商业、服务业和国民经济发展不相适应；（6）对外贸易和加速现代化要求不相适应；（7）基本建设规模过大，战线过长；（8）"骨头"和"肉"的比例关系失调（意指涉及人民生活的投资比例低）。"在上述这些问题中，最主要的是农轻重比例关系失调。农轻重比例关系本质上是生产资料和消费资料两大部门的关系。当前我国经济结构的根本问题，就在于生产资料生产和消费资料生产不相适应，特别是消费资料落后于生产资料。我们应当把解决两大部类的关系作为解决一系列经济结构问题的出发点。"①

针对当时存在的问题，经济结构调研组提出了加快经济结构调整的十条建议：(1) 全面发展农业，为国民经济发展打下坚实的基础；(2) 加快轻工业发展，改善人民生活；(3) 调整重工业结构，充分发挥机械工业在技术改造中的作用；(4) 大力发展能源工业，确定长期稳定的能源政策；(5) 逐步实行建筑单位企业化和建筑物商品化；(6) 适当降低积累率，合理调整投资结构；(7) 调整进出口商品结构；(8) 做好经济区划，发挥各地经济优势；(9) 运输先行，是经济结构合理化的重要条件；(10) 改革管理体制，促进经济结构的合理化。

经济结构调研组的报告对中央的经济决策产生了重要影响。1982年9月，党的十二大报告明确提出在"六五"（1981—1985年）期间"要集中主要力量进行各方面经济结构的调整"。报告指出："在一九八一年到一九八五年的第六个五年计划期间，要继续坚定不移地贯彻执行调整、改革、整顿、提高的方针，厉行节约，反对浪费，把全部经济工作转到以提高经济效益为中心的轨道上来。要集中主要力量进行各方面经济结构的调整，进行现有企业的整顿、改组和联合，有重点地开展企业的技术改造，同时要巩固和完善经济管理体制方面已经实行的初步改革，抓紧制订改革的总体方案和实施步骤。在一九八六年到一九九〇年的第七个五年计划期间，要广泛进行企业的技术改造，逐步展开经济管理体制改革，同时继续完成企业组织结构和各方面经济结构的合理化。"

在党和政府的正确方针指引下，改革开放初期中国经济结构调

---

① 参见马洪、孙尚清主编《中国经济结构问题研究》，人民出版社1981年版，第7页。

整取得重大进展，农业得到迅速的恢复和发展，轻工业也加快发展，农轻重比例关系重新协调。"六五"期间（1981—1985年），农业总产值平均每年增长11.7%，而1978年前的26年（1953—1978年）平均每年只增长3.2%；轻工业总产值平均每年增长12%，而1978年前26年平均每年增长9.1%；重工业增速则比以前有一定程度的放缓，这样就改善了农轻重结构。1978年，农轻重在工农业总产值中的比重为27.8：31.4：41.1；1985年，调整为34.3：30.7：35。1981—1985年"六五"时期，主要农产品大幅度增长，同"五五"时期（1976—1980年）相比，粮食年平均产量由3.05亿吨增加到3.7亿吨，棉花由224万吨增加到432万吨，猪牛羊肉由937万吨增加到1462万吨。这就大大改善了农副产品的市场供应，显著改善了人民生活，使中国的改革开放从一开始就得到广大公众的支持和拥护。与此同时，其他经济结构也有所改善。

以上表明，改革开放初期经济结构调研的成果和对策建议是正确的，对经济发展实践起着良好的促进作用。

第三节　经济管理体制调研组活动及其成果

经济管理体制调研组由时任国务院财经委员会副主任张劲夫担任组长。1979年12月，经济管理体制调研组就拿出了我国第一个经济体制改革的总体规划《关于经济管理体制改革总体设想的初步意见》。提出的设想是：按照社会化大生产的要求组织整个经济活动，主要采取经济办法，通过经济组织管理经济，实行计划调节与市场调节相结合，在国家计划指导下扩大企业自主权。以此为前提，根据各项经济、事业的特点来划分中央和地方的职权，适合中央管的归中央管，适合地方管的由地方管。改革的主要方面是：打破部门之间、地区之间、军工民用之间的界限，不受不同所有制形式的约束，按经济的内在联系和专业化协作为原则组织各种形式的专业公司和联合公司；企业在国家计划指导下自己管理人财物、产供销，实行独立核算和自负盈亏；国家主要通过各种经济立法和经济手段，同时保留必要的行政手段来指导、控制、协调企业的经济活动；国家计划的重点放在中长期计划上，年度计划在国家控制数字的指导下，以企业计划为基础自下而上地制订。可以看出，这份总体规划突出扩大企业自主权，提出了要积极推进经济横向联合，改变传统计划经济体制下以纵向指令为主的状况。

1980年5月，国务院成立经济体制改革办公室，继续经济体制调研工作，并于当年提出了《关于经济体制改革的初步意见》。该《意见》提出，"我国经济体制改革的原则和方向"是：在坚持生产资料公有制占优势的条件下，按照发展商品经济和促进社会化大生产的要求，自觉地运用经济规律，打破行政框架和自然经济思想的束缚，把高度集中的国家决策体系，改为国家、经济单位和劳动者个人相结合的决策体系；把单一的计划调节，改为在计划指导下，充分发挥市场的调节作用；把主要依靠党政机构、行政办法管理经济，改为主要依靠经济组织、经济办法和经济法规管理经济，调动各方面的积极性，合理地组织各种经济活动，以最少的劳动消耗取得最大的经济效果，加速社会主义现代化建设。可以看出，1980年的《意见》比上一年的"总体设想"又进了一步，鲜明地提出了改革就是要建立适应商品经济的经济体制。

接着，1982年2月，国家体改办拟订了一份《经济体制改革总体规划》，《总体规划》对"现阶段经济体制改革的目标"表述为：建立一个社会主义公有制占绝对优势、多种经济成分并存、适应商品生产发展的计划经济体制，借以调动各方面的积极性，促进社会主义经济协调发展，最大限度地提高社会经济效益。新的经济体制，是以公有制经济为主体，其他经济成分为补充；大权集中，小权分散；计划经济为主，市场调节为辅；能进能出，按劳分配；党政企科学分工，经济、行政手段紧密配合的社会主义经济体制。关于改革的具体内容，《总体规划》归纳了11个方面的"轮廓"，即：

（1）建立国营经济为领导、公有制经济为主体、其他经济成分作补充的多种经济成分并存的所有制结构。包括适当缩小国营经济范围，服务业主要由集体和个体经营，农村经济单位按照自愿互利的原则发展不同形式的集体经济联合，适当发展中外合资和各种形式的合营经济等。

（2）按照责权利相结合的原则，建立各种形式的经济责任制，打破企业吃"大锅饭"的制度。

（3）按照经济的内在联系组织各种经济活动，实现企业组织和经济组织的合理化，包括打破地区、部门、军民和所有制界限，组成各种形式的经济联合体，联合体内实行企业化管理；建立各种工业中心、贸易中心及相应的金融、情报、预测、咨询等经济组织。

（4）建立以国营商业为主体的多渠道、少环节、开放统一的商品流通市场。

（5）完善和加强计划管理，建立科学有效的计划体制。

（6）按照经济规律要求，充分发挥经济杠杆的作用，包括建立科学的价格、税收、财政、金融等体系。

（7）建立能进能出、能上能下、多劳多得、少劳少得、不劳不得的劳动工资制度，改变"铁饭碗"状况。

（8）加强经济立法、司法和监督。提出要制定民法、工厂法、商店法、公司法、外贸法、税法、价格法、计划法、统计法、会计法、财政法、银行法、劳动法、市场法、投资法、计量法、标准法、专利法、土地法、草原法、水产资源法、矿山资源法等经济法规，并成立经济法庭。

（9）按照"统一领导，分级管理"的原则，在中央统一领导下，搞好中央和地方的合理分工。

（10）根据党委集体领导、职工民主管理、厂长行政指挥的原则，完善企业内部的领导、管理制度。其中提出了厂长是企业的法人代表。

（11）根据党政企合理分工的原则，健全与完善经济管理组织体系。

可以看出，这一《总体规划》的显著特点是明确提出了要合理调整所有制结构，建立公有制为主体的、多种经济成分并存的所有制结构。

需要指出，改革开放初期参与经济管理体制改革调研组的，除了财经部门的领导和专家外，也有一批经济学家参加，如薛暮桥、马洪、高尚全、杨启先等。

调研活动的成果直接推动了经济的改革开放和发展，扩大企业自主权、发展非公有制经济、农村家庭联产承包责任制、建立经济特区、利用外资、发展集市贸易、放开小商品价格等，都在逐步推开，使整个国民经济开始活跃起来。

（执笔人：张卓元，中国社会科学院经济研究所研究员）

第十一章

20世纪80年代农业联产承包制改革是对传统社会主义经济理论的重大突破

20世纪70年代末开始的中国经济体制改革，首先是在农村经济体制改革方面取得突破的。这是中国经济体制改革的一个最主要的特点，也是中国经济体制改革能够在不长的时间内就取得明显成功的重要原因。

第一节 背景

从20世纪50年代后期开始，在不断升温的"左"的思潮的推动下，中国农村掀起了一波又一波的"合作化运动高潮"，仅用三年多的时间，就完成了完全社会主义性质的"高级社"的合作化，接着又用两年多的时间，就在全国实现了准备"向共产主义过渡"的人民公社化。人民公社这种体制是以"一大二公""政社合一"为特点的，是建立在自给、半自给的自然经济基础之上的，是带有浓厚行政色彩、平均主义色彩、军事共产主义色彩和超社会发展阶段空想色彩的联合体，天生带有极大的弊病，劳动组织强调"集体化"、收入分配强调"平均化"、农业生产强调"计划化",再加上"共产风""浮夸风"作祟,致使中国的农业生产力遭到极大破坏,农民的积极性受到极大挫伤,农民生活仍然长期处于极其贫困的状态。到了 20 世纪 70 年代末 80 年代初,中国亿万农民群众一举打破了人民公社高度集中经营的僵化体制的牢笼,实行了土地等主要生产资料集体所有制基础上的、以"包产到户"和"包干到户"为主要经营形式的家庭联产承包责任制(以下简称"家庭承包制")。这是中国农村经济体制具有划时代意义的一次根本性变革。

家庭承包制形式多样,但其基本内容就是将集体所有的土地,按人口和劳动力的比例,平均承包给农民家庭经营,双方签订合同,实行包种包收,并按比例向集体上缴公积金、公益金等提留和向国家缴纳农业税及征购的公粮。这种家庭承包制本来早在 1956 年就曾在中国的农村中出现过,受到广大农民和农村基层干部的欢迎,但却被官方冠以"单干风""走资本主义道路""修正主义路线"等罪名而遭到批判和禁止。然而即使这样,这种经营形式经过几起几落,也未全部消失,在一些地方或明或暗地一直存在。1978 年年底召开的党的十一届三中全会后,在中共中央"实事求是,解放思想"的思想路线指引下,这种由农民自主创造、自发进行的家庭承包制的变革,于 20 世纪 80 年代初迅速遍及全国农村,并成为农村经济运行的主体。

第二节 认识逐步趋于一致

在实行家庭承包制变革开始时,人们对于它的认识是不一致的。由于当时以极"左"路线为指导的"文化大革命"刚刚结束不久,解放思想、拨乱反正才刚刚开始,一些人尚未从那些

"左"的理论、思想、观念的束缚中解脱出来,因此,对于农村家庭承包制的实行存在这样或那样的质疑。如有的人认为,家庭承包制既没有坚持公有制,也没有坚持按劳分配,生产队一级的集体经济实际上已成为"空壳","名存实亡","队为基础"的公有制已被瓦解动摇,因此,它实质上是退到"单干",是保留着集体经济外貌的小农经济的特殊形式。这种观点在家庭承包制最初实行时,一度颇为流行,后来虽然有所减少,但并未绝迹,私下持这种观点的仍大有人在,其中也包括一些农民和农村基层干部,一些农民把分配承包地称为"第二次土改",是"土地回家";有的农村干部则称之为"辛辛苦苦三十年,一夜回到解放前",就是这种观点的写照。① 还有一些人认为,家庭承包制好是好,但是它"成分可疑""方向不正",不一定长得了,恐怕有朝一日还得变回去,还会来一个"第二次合作化"。②

  社会上对家庭承包制性质的疑虑,在经济理论界也有所反映。20世纪80年代初期,在全国一些主要报刊上就陆续发表了一批有关农村家庭承包制的论述文章,其要点大都着重在家庭承包制是否改变了集体经济性质的问题上,多数文章是把家庭承包制看作集体经济、合作经济框架内"劳动组织形式的改变",或者是"经营管理形式的改变",甚或仅仅是"生产责任制形式的改变",等等,从而作为其对家庭承包制"并未改变集体经济性质"这一论断的依据。③应该指出的是,当时有个别文章分析了实行家庭承包制"把生产的实际经营管理权、产品分配权,以及生产资料的占有权、使用权、支配权都下放给农户",并提出了"公有制的实现"问题,但文章

---

  ① 参见刘必坚《包产到户是否坚持了公有制和按劳分配?》,《农村工作通讯》1980年第3期;印存栋《分田单干必须纠正》,《农村工作通讯》1980年第2期。
  ② 参见林子力《论联产承包制》,上海人民出版社1983年版,第3—4页。
  ③ 参见郭明《一年来关于农业生产责任制问题的讨论综述》,《经济研究》1982年第3期。

作者恰恰认为这些表明家庭承包制"已不是完整的集体经济性质"了,而"坚持以生产队为基础的集体经济形式",才是"中国农业的出路和方向"。[1] 有些理论工作者对于家庭承包制是否会影响农业现代化的进程提出了种种疑虑,如有人认为家庭承包制增强了农民对土地的依恋心理,将承包地视为私有,再加上土地分割零碎,既妨碍农业的机械化,也妨碍土地集中向适度规模经营发展。家庭承包制也使集体经济的多年积累被分光,集体经济被削弱,农业现代化所需资金的筹措将极为困难。旧的人民公社体制取消后,农民组织化程度大大降低,这种极度分散的农户难以适应市场经济的发展变化,更难以根据市场的需要把自己提高到适应现代化的高度。因此,有的理论工作者认为,家庭承包制主要是在传统农业基础上进行的合作化失败的产物,它既是对以往合作化错误的纠正,又是为保持合作化方向与成果而实施的挽救。家庭承包制产生的这种特殊的社会历史背景,便决定了它不会永远存在下去,而且由于它更适宜于中国现在还处在传统阶段的农业而不适宜于现代农业,所以随着中国农业越来越向现代化方向发展,它的历史使命也就会宣告完成。[2]

1982年年初,由中共中央转发的《全国农村工作会议纪要》,曾针对干部和群众中关于家庭承包制的性质和前途的疑虑,指出包括"包产到户"和"包干到户"在内的各种家庭承包制形式,都属于社会主义的合作经济形式。[3] 接着,1982年9月党的十二大报告,也进一步肯定了农村改革中农民群众的创造性实践,指出:"近几年在农村建立的多种形式的生产责任制,进一步解放了生产力,必须

---

[1] 参见马德安《农业生产的组织管理形式要由生产力发展水平决定》,《经济研究》1981年第1期。

[2] 参见林子力《联产承包制讲话》,经济科学出版社、农村读物出版社1983年版;赵天福《关于联产承包责任制的几个理论问题》,《农业经济》1983年增刊第1期;袁亚愚《中国农业现代化的历史回顾与展望》,四川大学出版社1996年版。

[3] 《全国农村工作会议纪要》,《人民日报》1982年4月6日。

长期坚持下去，只能在总结群众实践经验的基础上逐步加以完善，决不能违背群众的意愿轻率变动，更不能走回头路。"① 1983 年年初，中共中央又转发了作为草案试行的《当前农村经济政策的若干问题》，对家庭承包制普遍实行后农村中出现的新情况和新问题作了政策规定。② 所有这些，对于当时消除干部和群众中对于家庭承包制的疑虑，推动家庭承包制的健康发展和巩固，起到了极其重大的作用。

经过两三年的实践，家庭承包制日益发展巩固完善，其优越性充分发挥了出来，农业生产蓬勃发展，农民收入大大增加，农村的面貌也大为改观。面对这一现实，人们对家庭承包制的疑虑也基本销声匿迹了。但是，如何从理论高度上，深刻解剖家庭承包制在整个农村经济体制改革中的地位、作用和前途；又如何从中国市场取向改革的宏观角度，审视农村家庭承包制的实践意义和理论意义，是当时摆在中国经济理论界的一个亟待解决的重要课题。

第三节　家庭联产承包制改革的理论意义

1983 年，中国著名的经济理论刊物《经济研究》发表的三篇有关家庭承包制的文章，就是理论工作者从崭新的角度探讨农村家庭承包制这一改革实践的尝试。这三篇文章是：第 3 期发表的于祖尧撰写的《农业实行包干到户是我国经济体制改革的前奏》，第 11 期发表的李家蓬撰写的《包干到户是生产关系前进性的变革》和第 12 期发表的唐明曦撰写的《中国农村新型家庭经济的崛起》。这三篇文

---

① 《中国共产党第十二次全国代表大会文件汇编》，人民出版社 1982 年版，第 27 页。

② 《当前农村经济政策的若干问题》，《人民日报》1983 年 1 月 2 日。

章的一个共同特点就是：文章作者都不认为家庭承包制的实行仅仅是"劳动组织形式的改变""经营管理形式的改变"或"生产责任制形式的改变"，而是社会主义生产关系的一次深刻的变革，是对传统社会主义经济理论的重大突破。结合这三篇文章的论述，这一变革和突破可概述为以下几个方面。

第一，在生产资料所有制方面，原来人民公社体制是按照传统社会主义经济理论的基本模式建立的，土地等主要生产资料共同占有、共同使用；而家庭承包制下农民家庭对于土地等主要生产资料的关系，则是按社会主义商品经济的基本模式，以所有制可进一步区分为所有权、支配权、占有权、使用权四个部分、四种形式的阐述为理论依据，按土地等主要生产资料仍归由农民家庭组合而成的"集体"所有、由这个"集体"支配，但交给农户实际占有和使用四权分离的公有制新模式建立的。这是中国农民在长期合作经济实践中的一个创造。它的实质是建立了一个生产者与生产资料相结合的新方式。在人民公社体制下，社员是在土地公有、四权合一的前提下，在广义上，即在社会范围内实现生产资料与生产者的间接结合。而家庭承包制下的农民家庭，则是在土地公有、四权分离的前提下，在生产过程中，即在家庭范围内，实现生产资料与生产者的直接结合。从间接结合演变到直接结合，农户也从人民公社体制下的基本经济单位——生产队中的一个劳动成员，转变为具有经济实体性质的独立的一级社会主义商品经济中的基本经济单位。当然，在一些集体经济实力比较强的地方，在实行家庭承包制时，集体还保留了对大型机器设备和大型水利设施等生产资料的使用权、支配权，实行统一经营，并形成了"统分结合、双层经营"的模式，但土地这一农业基本生产资料还是承包给农民家庭，因此，农民家庭经营这一层次仍然成为一个主要经营层次。

第二，由于生产资料所有权的分离，集体与农民家庭之间的关系发生了很大变化。在人民公社体制下，生产队作为农村基本生产单位，在国家各级政府和人民公社各级组织的行政干预下，负责组织农业生产和经营的具体过程。生产队与农户的关系是以行政隶属关系形式出现的生产的组织者、经营者与劳动者的关系。在家庭承包制下，集体与农民家庭的关系，变成了生产资料所有者、支配者与生产资料占有者、使用者和经营者之间的具有商品性质的平等的契约关系。双方通过承包，不仅确认了相互独立的地位和独立的利益，而且把所有制四权的分割重新按经济利益的原则结合起来。一方面，集体凭借对土地的所有权，从农民家庭经营成果中，收取公积金、公益金等提留，并对土地等主要生产资料的使用施加限制，如不得买卖、抵押、典当、营建住房等；集体还凭借其对土地的支配权，在适当的情况下可以对土地的划分进行必要的调整，重新分配使用权。另一方面，农民家庭凭借其获得的在合同期内具有排他性的对土地的占有权和使用权，参照国家和集体的规划，根据市场的需求，进行独立的生产经营。这时，农民家庭就由原来依附于集体经济中的劳动者，转化成为具有较大经营自主权的、相对独立的商品生产经营者了。

第三，由于所有制四权的分离、农民家庭地位的变化以及经营自主权的形成，相应地劳动产品的分配形式也出现了根本性的变化。这种变化首先表现在形式上，人民公社体制下的社员，其劳动产品的获得分为明显的两部分，其基本部分是由集体分发的以"工分"计算的劳动报酬（包括实物形式的"口粮"和折算后的现金）；另一部分则是直接归己的少量的自留地收入和副业经济收入。而家庭承包制下的农民家庭，其劳动产品的获得是按照"交够国家的，留足集体的，剩下全是自己的"这一基本形式进行的，表现为从其全部劳动收益中拿出一部分交给国家和集体，其余的则全归自己，这就使分配形式从原来的"公有分发"变为"户属上缴"。这种变化其次表现在分配的具体内容上，农民家庭经济由于具有了独立的"生产单位"和"经营层次"的身份，因而产生了按劳分配的"以户核算、联产计酬"的新形式，即以凝结形态的物化劳动为计酬依据，注重于经济效果，注重于有效劳动，从而更符合农业生产的特点，更准确地反映劳动者的实际贡献，也更能充分地体现按劳分配的原则。不仅如此，在家庭承包制下，"归自己"的部分要大于纯粹的按劳分配的量，它既包括农民对自己劳动的必要产品价值的补偿，以及对简单再生产投入资金和劳动的价值补偿，还包括农民对扩大再生产的追加投资部分的补偿。因此，虽然劳动是"归自己的"部分的主要来源，但各户拥有的工具、技术、装备和资金也是影响农民收入的重要因素，这就包含了商品生产"按资金分配"的因素。在合同期内，"交够国家的，留足集体的"是已定量，而"归自己的"部分则是可变量，这就鼓励土地承包者追加投资，提高劳动生产率，从而取得额外的更高的收入。

正由于家庭承包制通过对生产资料所有制关系中所有权、支配权与使用权、占有权的分离，使农民家庭成为一个相对独立的经营层次，解决了"权"的问题；通过承包，使农民家庭成为具有经营自主权的商品生产者、经营者，解决了"责"的问题；又通过实行劳动与劳动成果直接挂钩的分配形式，真正实现了多劳多得、少劳少得、多投入多得、少投入少得，解决了"利"的问题。正是这种权、责、利三者在家庭经济上直接紧密的结合，充分激发了农民增产增收的积极性。可以毫不夸张地说，家庭承包制的实行使得中国农业生产力得到了再一次解放。不仅如此，随着家庭承包制的实行，农村商品生产长足发展，一种建立在商品生产基础上的新型的家庭经济正在逐步崛起。这种新型的家庭经济，以保留和发展传统家庭经济基础为起点，通过发展商品生产，使用先进的工具和技术，逐步实行分工分业，逐步扩大生产规模，由"小而全"到"小而兼"再到"小而专"，逐步形成商品化、专业化，进而企业化了家庭经济，生产社会化的因素不断渗入传统农业的体系之中，从而将人们主观促进建设的过程和自然客观的历史发展过程有机地融为一体，大大地加速了中国农业现代化历史进程。因此，可以说这种新型家庭经济的诞生和成长,不仅会给中国农村经济的发展带来蓬勃生机,而且必将对有中国特色的农业现代化产生巨大的推进作用。[①] 正如有人总结性地指出的那样,中国农村由于实行了家庭承包制,必将出现一连串的连锁效应:农民创造才能和积极性被充分激发—农业生产率空前迅速地提高—农业实现增产增收—劳力、资金出现剩余—多种经营、分业分工以及乡村工业得到发展—专业户、新联合体和各种技术服务组织产生和发展—自给、半自给的传统生产方式向商品化、社会化的现代生产方式转变—推动农村流通体制、金融体制等的变革—农村剩余劳动力向城市流动、农村城镇化得到发展—社会化、现代化和富有中国特色的社会主义农业雏形的出现—农村经济、政治、文化、社会生活走向全面进步,社会主义新农村形成。[②]

突破了传统社会主义经济理论和僵化社会主义模式的农村经济体制改革率先成功,不仅引起整个农村经济的连锁反应,也必然对中国包括工业、商业、金融、财税在内的整个经济体制产生巨大的冲击。农业经济改革冲破了政社合一的行政体制,实行政企分治,按照社会化生产的特点进行生产和经营;冲破了以单一指令性计划调节的计划体制,实行合同制,统筹兼顾国家、集体、农户三方面的利益、权利和责任;冲破了社会主义经济在经营形式上单一化的模式,实行了经营形式的多样化,从而搞活了经济;冲破了"铁饭碗""大锅饭"的分配体制,把劳动和劳动成果直接联系起来,使劳动成果的分配与承担的义务、行使的权利和享有的利益相结合;还冲破了自给半自给的自然经济体制,推动了生产专业化和联合,导致自给半自给的自然经济解体,商品经济得以发展;等等,这些

---

① 以上部分参见于祖尧《农业实行包干到户是我国经济体制改革的前奏》,《经济研究》1983年第3期;李家蓬《包干到户是生产关系前进性的变革》,《经济研究》1983年第11期;唐明曦《中国农村新型家庭经济的崛起》,《经济研究》1983年第12期。

② 参见林子力《论联产承包制》,上海人民出版社1983年版,第2页。

都为中国整个经济体制的改革提供了可资借鉴的经验和方向。因此，在一定意义上可以说，农业经济体制的改革成为中国经济体制全面改革的先导。①

（执笔人：章琳，中国社会科学院经济研究所编审）

---

① 参见于祖尧《农业实行包干到户是我国经济体制改革的前奏》，《经济研究》1983年第3期。

第十二章

对中国基本国情的掌握——社会主义初级阶段论逐步形成并成共识

　　自新中国成立以来，特别是改革开放以来，中国的社会主义建设取得了巨大的成就，生产力迅速发展，经济总量不断增加，人民生活水平日益提高，在世界经济体系中的重要性和在国际政治舞台上的影响力也在与日俱增。依据中国的基本国情进行经济建设，这是中国取得举世瞩目成就的最基本的经验之一。我党在总结我国社会主义建设的经验教训并借鉴其他国家社会主义兴衰成败历史经验的基础上，对社会主义的本质和发展阶段有了更加深刻的认识，并逐步形成和发展了社会主义初级阶段理论。这个理论是对中国国情的准确概括，是建设中国特色社会主义必须遵循的基本前提。

　　在社会主义本质和发展阶段问题的探讨中，特别是在社会主义初级阶段理论的形成和发展过程中，经济理论界做出了重要的贡献。社会主义初级阶段理论明确了中国经济学研究的制度背景和初始条件。从社会主义初级阶段这个基本前提出发，中国经济学界对社会主义经济体制及其运行机制进行了比较深入的研究，取得了丰硕的理论成果，形成了若干重要的理论突破，不仅进一步丰富了社会主义初级阶段理论的内涵，而且有力地推动了有中国特色的经济学体系的建设。

第一节 马克思主义经典作家和革命领袖对社会主义发展阶段的设想和思考

马克思、恩格斯通过对资本主义内在矛盾的深入研究，认为资本主义社会必然灭亡，共产主义社会必然胜利。马克思、恩格斯对不同阶段共产社会的设想，是根据对英国、法国等当时比较发达国家的研究而做出的，他们对共产主义社会的表述也是非常简单、抽象的。由于历史条件的局限，对于社会主义社会的本质，它又将会经历哪些发展阶段，他们没有也不可能有明确的论述。

对社会主义理论和实践的系统探索是从列宁开始的。列宁继承了马克思、恩格斯关于共产主义发展阶段的观点并作了发展，他将无产阶级取得政权以后的社会明确划分为社会主义和共产主义两个阶段。十月革命胜利后，列宁的主要精力投入到如何实现俄国向社会主义的过渡中，至于社会主义制度建立以后的发展阶段问题，则没有展开更多的研究。

苏联社会主义制度的建立是在斯大林的领导下完成的。但斯大林对马克思、恩格斯设想的未来社会做了一种简单的、机械的理解，并将社会主义视为向共产主义过渡的短暂历史时期，试图迅速建成社会主义并快速过渡到共产主义。在他晚年撰写的《苏联社会主义经济问题》一书中，他所理解的社会主义本质和设想的理想模式是典型的建立在"一大二公"基础上的产品经济。斯大林及其后继者对于经典作家关于社会主义社会设想的僵化理解和对社会主义本质的错误认识，也对中国和其他社会主义国家造成了长期的消极影响。

在取得全国政权以后，毛泽东在中国社会主义建设的道路上进行了许多有益的探索。尽管他关于社会主义本质和发展阶段的理论前后发生过很大的变化，但他对于这一问题的思考，仍然给我们留下了不少有价值的思想。毛泽东曾经认为，生产资料所有制的社会主义改造的结束，只是意味着社会主义制度的确立，而并非表明社会主义的建成。① 毛泽东认识到，从生产资料社会主义所有制的确立到社会主义社会的完全建成，还需要经历一个过程。中国社会主义社会的建立和发展，将经历一个过渡时期，即社会主义制度建立—社会主义社会建成—准备向共产主义过渡的阶段。② 但他很快就偏离了实事求是的思想路线。"大跃进"的失败和接踵而至的自然灾害促使毛泽东反思急于求成的错误。1959年年底到1960年年初，毛泽东在读苏联《政治经济学教科书》时，对社会主义发展阶段问题进行了新的思考。他认为：社会主义又可能分为两个阶段，第一个阶段是不发达的社会主义，第二个阶段是比较发达的社会主义，后一个阶段可能比前一个阶段需要更长的时间。毛泽东在这里实际上提出了社会主义可能分为两个阶段的观点。这种社会主义社会发展的多阶段论，为社会主义初级阶段理论的形成提供了宝贵的思想来源。

第二节 "文化大革命"前经济理论界对社会主义发展阶段问题的探讨

新中国成立以后，经济理论界怀着极大的热情，对社会主义革命和建设中的重大经济理论问题进行过热烈的探讨。但20世纪五六十年代的学术研究经常受制于政治环境的变化，导致很多重要问题的研究受到非学术因素的干扰而无法深入进行。尽管如此，当时一些学者的真知灼见，即便在今天看来仍然闪耀着智慧之光。

---

① 参见薛汉伟《社会主义初级阶段与历史上的类似表述》，《理论前沿》1987年第4期。

② 参见沈宝祥《毛泽东与中国社会主义》，江西人民出版社1996年版。

第十二章　对中国基本国情的掌握……逐步形成并成共识

20世纪50年代中期，国内曾经发生过一场关于社会主义基本经济规律的大讨论，其实质是对新中国成立初期中国的社会性质和发展阶段的探讨。由于中国的社会主义建设尚未充分展开，再加上当时"崇苏"氛围的影响，学者们的研究方法主要是应用斯大林的有关论述来分析中国的问题，因而突破传统理论体系的新观点并不多。但即便如此，也有一些学者针对中国的现实国情，发表了不同于主流观点的独立见解。曾经在30年代中国社会性质大讨论中论证了"中国社会是半殖民地半封建社会"的王学文，对当时中国社会的性质就有着独到的认识。他认为，过渡时期既然存在多种经济成分，每种经济成分就都应该有其本身的基本经济规律或"主要经济规律"。不能认为社会主义基本经济法则就是决定当时社会生产发展的一切主要方面与一切主要过程的基本经济法则。因为这将会抹杀当时中国社会的过渡性质，看不到当时现实存在的多种经济成分。[①] 他的观点实际上是表明，基于中国的独特国情，在相当长的时期里，多种所有制应当是同时并存和共同发展的。

时任中共中央党校校长杨献珍也持相似的见解。他在20世纪50年代中期提出的"综合经济基础论"中，认为中国社会的经济基础并非局限于单一的社会主义公有制，还应当包括个体经济和私人资本主义经济，这些经济成分共同形成了综合的经济基础。杨献珍的"综合经济基础论"与王学文的观点异曲同工，同样表达了现阶段中国应当实现多种经济成分相互兼容、共同发展的思想。[②]

20世纪50年代末60年代初，国内经济学界对生产力和生产关系也展开过热烈的讨论，并提出了一些有价值的观点。范文澜认为，不同民族面临不同的特殊条件，彼此之间存在一定的差别，因此，

---

① 王学文：《关于我国过渡时期经济规律问题的几点意见》，《经济研究》1955年第4期。

② 参见杨献珍《关于中华人民共和国在过渡时期的基础与上层建筑的问题》，杨献珍等《为坚持辩证唯物主义而战斗》，湖北人民出版社1980年版。

即便生产关系一定要适合生产力是一个普遍规律,但其具体表现形式上也会是复杂而曲折的,因而不能将它作为一个简单公式来套用。① 对于一些人主张生产关系走到生产力前面才能推动生产力发展的观点,严北溟批评道,"有一种肤浅的看法,把主要矛盾简单地理解为'生产关系跑到生产力前面',这种看法就可能使我们对生产关系滋生一种'万事大吉'的情绪","就会给我们在实践上带来危害"。即使生产关系的变革也不一定必然推动生产力发展,因为生产力和生产关系之间"矛盾的特点也表现在生产关系某些环节的缺陷,使它未能适合生产力发展的需要"。② 在 20 世纪 60 年代初,经济理论界对"大跃进"和三年困难时期所暴露出的问题进行了初步的反思。有的学者剖析了生产关系"大跃进"的后果,认为"人们不能超越生产力发展的性质和水平去改变生产关系。如果人为地过早地改变生产关系,超越了生产力的发展阶段,那么这种生产关系就会起来反对生产力的发展,破坏生产力"。③ 而平心则另辟蹊径,对生产力问题进行了深入的研究,他认为当时在生产力和生产关系的关系上存在"把生产关系绝对化,把生产力简单化,认为生产力始终要依赖生产关系才能增长,生产力不能有任何相对独立的运动"④ 的错误。不难看出,平心的观点已经开始触及当时脱离国情、脱离社会发展阶段的"左"倾路线的实质了。

在 20 世纪五六十年代生产力与生产关系之关系讨论的背后,反映了部分经济学家对于当时中国生产力发展缓慢和生产关系过于超

---

① 参见范文澜《生产关系一定要适合生产力性质》,《光明日报》1957 年 2 月 28 日。

② 严北溟:《我国生产力和生产关系矛盾的特点》,《新闻日报》1957 年 4 月 27 日。

③ 张友仁:《关于生产关系一定要适合生产力性质的规律》,《北京大学学报》(社会科学版)1963 年第 2 期。

④ 平心:《论生产力与生产关系的相互推动和生产力的相对独立增长——七论生产力性质》,《学术月刊》1960 年第 7 期。

前的忧虑,虽然他们的观点只能通过抽象的理论分析委婉地表达出来,但在当时的政治氛围下,这种理论探索也是难能可贵的。

由于传统政治经济学思维方式的局限和各种政治运动的不断冲击,经济理论界关于社会主义本质和发展阶段的研究难以深入进行,"文化大革命"的爆发更是使得相关的学术研究完全中断。尽管如此,"文化大革命"前的相关研究仍然形成了一些重要的学术成果,并为改革开放之后社会主义初级阶段理论的形成提供了深刻的思想启迪。

第三节 社会主义初级阶段理论的形成和发展

社会主义初级阶段理论是在改革开放新的历史条件下形成和发展的。党的十一届三中全会以来,我党恢复了解放思想、实事求是的思想路线,逐步摆脱了教条主义和"左"的思想的影响,通过对社会主义本质的再认识和对基本国情的正确分析,得出了我国还处于社会主义初级阶段的科学论断,在此基础上逐步形成了社会主义初级阶段理论。

一 邓小平对社会主义初级阶段理论的重大贡献

在社会主义初级阶段理论的形成过程中,邓小平起到了极为重要的作用。"文化大革命"结束以后,邓小平敏锐地把握时代发展的脉搏,对社会主义的本质和中国的国情进行了深入的思考。早在1980年,邓小平就指出:"不解放思想不行,甚至于包括什么叫社会主义这个问题也要解放思想。经济长期处于停滞状态总不能叫社会主义。"[①] 后来又指出,"什么叫社会主义,什么叫马克思主义?

[①] 《邓小平文选》第二卷,人民出版社1994年版,第312页。

我们过去对这个问题的认识不是完全清醒的"。① 这些思考表现了他开辟社会主义建设新道路的巨大政治勇气和开拓马克思主义新境界的巨大理论勇气。

邓小平通过对新中国成立后中国社会主义建设历史经验的深刻反思，认识到中国的社会主义建设不能脱离国情，不能超越阶段。他曾指出："要充分研究如何搞社会主义建设的问题。现在我们正在总结建国三十年的经验。总起来说，第一，不要离开现实和超越阶段采取一些'左'的办法，这样是搞不成社会主义的。我们过去就是吃'左'的亏。第二，不管你搞什么，一定要有利于发展生产力。"② 在这一思想的指导下，党的十一届六中全会第一次提出了中国处在社会主义初级阶段的基本论断，并在党的十二大和十二届六中全会上予以重申。为了更好地指导改革开放和现代化建设，党的十三大报告起草小组准备以"中国正处在社会主义初级阶段"这一科学论断作为立论的基础，报告的整体设计思路汇报给邓小平后，他批示"这个设计好"。在党的十三大前夕，他在会见意大利共产党领导人时指出："我们党的十三大要阐述中国社会主义是处在一个什么阶段，就是处在初级阶段，是初级阶段的社会主义。社会主义本身是共产主义的初级阶段，而我们中国又处在社会主义的初级阶段，就是不发达的阶段。一切都要从这个实际出发，根据这个实际来制订规划。"③ 他的这个思想在党的十三大报告中得到全面阐述，成为党的十三大报告立论的基础。党的十三大结束后，他在评价党的十三大报告时指出，党的十三大报告阐述了社会主义初级阶段的理论，在这个理论指导下，坚定地贯彻党的十一届三中全会以来的路线、方针和政策。④ 在1992年的"南方谈话"中，他又一次谈到了社会

---

① 《邓小平文选》第三卷，人民出版社1993年版，第63页。
② 《邓小平文选》第二卷，人民出版社1994年版，第312页。
③ 《邓小平文选》第三卷，人民出版社1993年版，第252页。
④ 《邓小平文选》第三卷，第258页。

主义初级阶段，"我们搞社会主义才几十年，还处在初级阶段。巩固和发展社会主义制度，还需要一个很长的历史阶段，需要我们几代人、十几代人，甚至几十代人坚持不懈地努力奋斗，决不能掉以轻心"。[①] 他在这里强调了初级阶段的长期性，告诫全党在建设社会主义的道路上要继续艰苦奋斗。

在改革开放和社会主义建设新的历史时期，邓小平提出了一系列对社会主义本质及其发展阶段的新认识、新见解，既继承前人又突破成规，为社会主义初级阶段理论的形成做出了重大贡献。

二 社会主义初级阶段理论的形成和发展

社会主义初级阶段理论的形成和发展，大体上经历了三个阶段。

（一）理论酝酿阶段（党的十一届三中全会到十二届六中全会）

1981年党的十一届六中全会通过了《中共中央关于建国以来党的若干历史问题的决议》，第一次明确提出我国处于"社会主义初级阶段"的论断。指出："尽管我们的社会主义制度还是处于初级的阶段，但是毫无疑问，我国已经建立了社会主义制度，进入了社会主义社会，任何否认这个基本事实的观点都是错误的。"这里虽然已经提出我国的社会主义制度处于初级阶段，但联系上下文来看，这段话是批判那些对中国的社会主义制度持怀疑论者，强调的重点是我国已经建立了社会主义制度，已经进入了社会主义社会。对于社会主义初级阶段则没有展开更详细的论述。党的十二大报告指出："我国的社会主义社会现在还处在初级发展阶段，物质文明还不发达。"这里实际上已经描述了社会主义初级阶段的一个重要特征，就是物质文明不发达，但没有对此展开充分论述。1986年党的十二届六中全会通过的《中共中央关于社会主义精神文明建设指导方针的决

[①] 《邓小平文选》第三卷，人民出版社1993年版，第379—380页。

议》，重申了我国正处于社会主义初级阶段，并简要概括了初级阶段的经济特征，阐述了初级阶段的精神文化状态，这表明我党对于社会主义初级阶段的认识在进一步深化。但这份决议对于社会主义初级阶段的内涵仍然没有展开论述。

在这一时期，尽管我党已经提出我国正处于社会主义初级阶段的论断，并在党的若干重要文献中多次重申对社会主义初级阶段的某些特征，特别是经济方面的特征也有了基本的认识，但这些判断和认识尚未上升到系统理论的高度。因此，这个时期只能说是社会主义初级阶段理论的酝酿时期。

（二）系统形成阶段（党的十二届六中全会到十三大）

尽管我党通过对历史经验的反思和总结，已经形成了社会主义初级阶段理论的基本思想，但这个重要问题当时尚未引起理论界的充分重视，围绕它的深入研究和探讨并不多见。党的十三大报告的起草工作大大推进了对社会主义初级阶段理论的研究进程。此后，理论界围绕社会主义初级阶段问题展开了热烈的讨论，并取得了一些成果。

党的十三大报告集中了全党的智慧，吸收了理论界的研究成果，第一次完整阐述了社会主义初级阶段理论。党的十三大报告将我国还处在社会主义初级阶段作为立论的基础，比较系统地阐述了社会主义初级阶段的基本含义、基本特征、主要矛盾和历史任务。报告指出，社会主义初级阶段是我国在生产力落后、商品经济不发达的条件下建设社会主义必然要经历的特定阶段。在这个阶段，我们所面临的主要矛盾，是人民日益增长的物质文化需要同落后的社会生产之间的矛盾。为了解决这个矛盾，就必须大力发展商品经济，提高劳动生产率，逐步实现工业、农业、国防和科学技术的现代化，同时还需要改革生产关系和上层建筑中不适应生产力发展的部分。在此基础上，报告阐明了党在社会主义初级阶段的基本路线和奋斗目标："领导和团结全国各族人民，以经济建设为中心，坚持四项基本原则，坚持改革开放，自力更生，艰苦创业，为把我国建设成为富强、民主、文明的社会主义现代化国家而奋斗。"报告还提出了"三步走"的经济社会发展战略。社会主义初级阶段理论的提出，是中国共产党对马克思主义的创造性贡献。在党的纲领中明确提出社会主义初级阶段的科学概念，这在马克思主义历史上是第一次。

（三）发展完善阶段（党的十三大后到现在）

党的十三大确立社会主义初级阶段理论以来，我党在建设中国特色社会主义的伟大实践中，不断地总结新的实践经验，吸收新的理论成果，用新的思想和观点丰富和发展社会主义初级阶段理论。

党的十四大报告指出，要想加快我国的经济发展，就必须进一步解放思想，加快改革开放的步伐，以利于进一步解放和发展生产力，而不要被一些姓"社"姓"资"的抽象争论束缚自己的思想和手脚。经济体制改革的目标模式是关系整个社会主义现代化建设全局的一个重大问题，党的十四大报告从社会主义初级阶段的实际出发，在计划与市场关系问题上的认识有了新的重大突破，明确提出我国经济体制改革的目标是建立社会主义市场经济体制。为了加速改革开放，推动经济发展和社会全面进步，报告还提出必须努力实现的十个方面关系全局的主要任务。党的十五大报告再次集中论述社会主义初级阶段理论，并首次提出党在社会主义初级阶段的基本纲领。报告提出"中国现在处于并将长时期处于社会主义初级阶段"的新论断，强调社会主义初级阶段是一个相当长的历史时期，要充分认识社会主义初级阶段的长期性和不可逾越性，从而树立起长期艰苦奋斗的思想。报告阐明社会主义初级阶段的基本经济制度，提出建设有中国特色社会主义的经济、政治、文化的基本目标和基本政策，这些基本目标和基本政策构成党在社会主义初级阶段的基本纲领。基本纲领是党的基本路线在经济、政治、文化方面的进一步具体展开，是改革开放以来最主要经验的总结。党的十六大报告对改革开放以来取得的成就进行了客观的评价，指出我国正处于并将长期处于社会主义初级阶段，虽然人民生活总体上达到小康水平，但还是低水平的、不全面的、发展很不平衡的小康。在此基础上，报告系统地阐述全面建设小康社会的构想。党的十七大报告专门论述科学发展观，指出科学发展观是立足社会主义初级阶段基本国情，总结我国发展实践，借鉴国外发展经验，适应新的发展要求提出来的，是我国经济社会发展的重要指导思想，是发展中国特色社会主义必须坚持和贯彻的重大战略思想。报告还提出全面建设小康社会奋斗目标的新要求，要将中国建设成为富强、民主、文明、和谐的社会主义现代化国家。坚持和发展中国特色社会主义是贯穿党的十八大报告的一条主线。党的十八大报告指出，建设中国特色社会主义，总依据是社会主义初级阶段，总布局是五位一体，总任务是实现社会主义现代化和中华民族伟大复兴。基于对国情的深刻了解，党的十八大报告既肯定了中国改革开放的伟大成就，也不回避中国在经济、社会等领域存在的诸多问题，强调中国仍处在社会主义初级阶段。只有从这一点出发，才能正确认识中国取得的成就、面临的挑战和未来的发展方向，才能真正做到既不妄自菲薄，也不妄自尊大，从而推动中国特色社会主义建设不断取得胜利。

　　国际金融危机以来，世界经济格局出现了重大的调整和变化，综合实力日益增强的中国也站在了新的历史起点上。面对新的挑战和机遇，党的十九大立足世情国情党情的变化，描绘了全面建设社会主义现代化国家的宏伟蓝图，并对决胜全面建成小康社会进行了战略部署。党的十九大报告指出，随着中国特色社会主义进入了新时代，我国社会主要矛盾也发生了变化，长期以来的人民日益增长的物质文化需要同落后的社会生产之间的矛盾，已经转化为人民日益增长的美好生活需要和不平衡不充分的发展之间的矛盾。我国社会主要矛盾的变化是关系全局的历史性变化，将会从各方面对中国特色社会主义建设产生深远的影响。党的十九大报告同时也强调，我国社会主要矛盾的变化，没有改变我们对我国社会主义所处历史阶段的判断，我国仍处于并将长期处于社会主义初级阶段的基本国情没有变，我国是世界最大发展中国家的国际地位没有变。报告要求全党要牢牢把握社会主义初级阶段这个基本国情，牢牢立足社会主义初级阶段这个最大实际，牢牢坚持党的基本路线这个党和国家的生命线、人民的幸福线，将我国建设成为富强民主文明和谐美丽的社会主义现代化强国。

社会主义初级阶段理论的形成和发展过程，表明我党对社会主义本质的认识越来越深刻，对中国国情的了解越来越全面，对中国特色社会主义发展道路的探索越来越深入。改革开放和社会主义建设的伟大实践，还将继续赋予社会主义初级阶段理论以新的内涵。

第四节　社会主义初级阶段论深化了对中国国情的认识

正确认识我国的基本国情和所处的历史阶段，是建设有中国特色的社会主义的首要问题，是我党制定和执行正确的路线和政策的根本依据。党的十三大报告明确指出：我国正处在社会主义的初级阶段。这个论断，包括两层含义。第一，我国社会已经是社会主义社会。我们必须坚持而不能离开社会主义。第二，我国的社会主义社会还处在初级阶段。我国社会主义的初级阶段不是泛指任何国家进入社会主义都会经历的起始阶段，而是特指我国在生产力落后、商品经济不发达条件下建设社会主义必然要经历的特定阶段。这个论断是对中国国情所作出的总体性、根本性的判断，它构成了建设有中国特色社会主义的重要前提，我们只有准确把握这个基本国情，才能认识为什么必须实行现在这样的路线和政策而不能实行别样的路线和政策，我们想问题、办事情都必须从这个实际出发，而不能超越这个阶段。建设和发展中国特色社会主义，首先要从这个最大的实际出发。

我党对于这个基本国情的认识经历了一个曲折的过程。在新民主主义革命时期，中国共产党正确认识到了中国处于半殖民地半封建社会的社会性质，并从这一国情出发，将马克思主义的普遍原理与中国革命的具体实际创造性地结合在一起，通过对中国社会主要矛盾的深刻分析，提出了正确的路线、方针和政策，终于赢得了新民主主义革命的胜利。但在新中国成立以后，特别是在完成生产资料私有制的社会主义改造之后，我党在探索社会主义建设的道路上，曾经脱离了中国的实际情况，忽视了中国生产力落后、商品经济不发达、社会发展不平衡的基本国情，采取了一系列超越历史发展阶段的错误路线和政策，过分强调"一大二公三纯"，使生产关系和上层建筑与当时的生产力状况严重脱节，严重阻碍了经济的发展。不仅如此，由于对社会主要矛盾的错误判断，阶级斗争论甚嚣尘上，最终导致了"文化大革命"的发生。在改革开放以前，中国的生产力发展缓慢，人民的生活水平没有大的提高，社会主义的优越性没有得到充分的体现。党的十一届三中全会以来，我党正确地分析国情，做出了我国正处于并将长期处于社会主义初级阶段的科学论断。这一论断既揭示了中国的社会性质，又阐明了中国目前所处的社会发展阶段，是对中国国情最简明、最准确的概括。

随着改革开放和社会主义建设实践的不断发展，我党对于社会主义初级阶段的认识也越来越全面，越来越深刻，这集中体现在三个方面。

（一）对社会主义初级阶段基本特征的认识

在党的十三大报告中，将社会主义初级阶段的基本特征归结为五个方面，即社会主义初级阶段是逐步摆脱贫穷、摆脱落后的阶段；是农业国逐步转变为工业国的阶段；是由自然经济半自然经济占很大比重的社会，转变为商品经济高度发达社会的阶段；是建立和发展社会主义经济、政治、文化体制的阶段；是全民奋起，艰苦创业，实现中华民族伟大复兴的阶段。党的十五大报告将它扩展到八个方面：由农业国逐步转变为工业化国家；由自然经济半自然经济占很大比重，逐步转变为市场经济国家；由人口素质较低的国家，逐步转变为科技教育文化比较发达的国家；由低收入国家逐步转变为全体人民比较富裕的国家；地区经济文化差距将会逐步缩小；社会主义市场经济体制、社会主义民主政治体制和其他方面体制将比较成熟和完善；在建设物质文明的同时努力建设精神文明；逐步缩小同世界先进水平的差距。这表明，我党对社会主义初级阶段基本特征的认识，已经从经济发展、体制完善、民族复兴，扩展到了促进科教文卫、协调区域发展、提高人民收入、建设精神文明，涉及经济、政治、文化等各个方面，对初级阶段基本特征和发展进程的认识更加全面、更加具体。

（二）对社会主义初级阶段长期性的认识

社会主义初级阶段绝不是一个一蹴而就的短暂历史时期。党的十三大报告中曾经指出：我国从五十年代生产资料私有制的社会主义改造基本完成，到社会主义现代化的基本实现，至少需要上百年时间，都属于社会主义初级阶段。但在党的十三大报告中，关于我国基本国情和社会发展阶段的基本论断是："我国正处在社会主义的初级阶段。"从党的十五大开始，这一论断修正为"我国正处于并将长期处于社会主义初级阶段"，党的十六大以来的历次党代会报告也重申了这一论断，这表明我党对社会主义初级阶段的长期性和艰巨性有了更加清醒的认识。

改革开放以来，我国的社会生产力有了巨大发展，综合国力大幅增强，人民生活显著改善，实现了由解决温饱到总体达到小康的历史性跨越。但我们也要清楚地看到，现在达到的小康还是低水平的、不全面的、发展很不平衡的小康。生产力决定生产关系，经济基础决定上层建筑。由于生产力仍然不够发达，必然导致社会主义市场经济体制还不够完善，建设高度社会主义民主政治和和谐社会所必需的一系列经济社会条件也还不够充分，这些状况说明，我们现在仍然远没有超出社会主义初级阶段。因此，习近平同志指出，

"不仅在经济建设中要始终立足初级阶段,而且在政治建设、文化建设、社会建设、生态文明建设中也要始终牢记初级阶段;不仅在经济总量低时要立足初级阶段,而且在经济总量提高后仍然要牢记初级阶段;不仅在谋划长远发展时要立足初级阶段,而且在日常工作中也要牢记初级阶段"。[①] 在社会主义初级阶段,通过全党和全国人民长期的艰苦奋斗,中国将逐步摆脱不发达状态,基本实现社会主义现代化,经济、政治、文化、社会、生态文明等方面都将发生巨大而深刻的变化。

(三) 对新世纪新阶段基本国情具体表现的认识

社会主义初级阶段是一个较长的历史过程,但在发展进程中必然还要经历若干具体的发展阶段,不同时期会显现出不同的阶段性特征。党的十七大报告从八个方面,将进入新世纪新阶段后,我国发展呈现的新的阶段性特征进行了概括:(1) 经济实力显著增强,同时生产力水平总体上还不高,自主创新能力还不强,长期形成的结构性矛盾和粗放型增长方式尚未根本改变;(2) 社会主义市场经济体制初步建立,同时影响发展的体制机制障碍依然存在,改革攻坚面临深层次矛盾和问题;(3) 人民生活总体上达到小康水平,同时收入分配差距拉大趋势还未根本扭转,城乡贫困人口和低收入人口还有相当数量,统筹兼顾各方面利益难度加大;(4) 协调发展取得显著成绩,同时农业基础薄弱、农村发展滞后的局面尚未改变,缩小城乡、区域发展差距和促进经济社会协调发展任务艰巨;(5) 社会主义民主政治不断发展、依法治国基本方略扎实贯彻,同时民主法制建设与扩大人民民主和经济社会发展的要求还不完全适应,政治体制改革需要继续深化;(6) 社会主义文化更加繁荣,同时人民精神文化需求日趋旺盛,人们思想活动的独立性、选择性、多变性、差异性明显增强,对发展社会主义先进文化提出了更高要

---

① 习近平:《紧紧围绕坚持和发展中国特色社会主义,学习宣传贯彻党的十八大精神》,人民网,http://cpc.people.com.cn/n/2012/1119/c64094-19615998-2.html。

求；(7) 社会活力显著增强，同时社会结构、社会组织形式、社会利益格局发生深刻变化，社会建设和管理面临诸多新课题；(8) 对外开放日益扩大，同时面临的国际竞争日趋激烈，发达国家在经济科技上占优势的压力长期存在，可以预见和难以预见的风险增多，统筹国内发展和对外开放要求更高。这些阶段性特征是社会主义初级阶段基本国情在新世纪新阶段的具体表现。随着中国经济进入新常态，我国发展的环境、条件、任务和要求都在发生新变化。要解决好新时期中国发展面临的新问题和新矛盾，就应该更加自觉地坚持新发展理念，走科学发展之路。党的十九大报告强调，发展是解决我国一切问题的基础和关键，发展必须是科学发展，必须坚定不移贯彻创新、协调、绿色、开放、共享的发展理念。新发展理念体现了我国在新时期的发展思路、发展方向和发展着力点，进一步深化了我们对社会主义初级阶段发展规律的认识。

第五节 改革开放以来经济理论界对社会主义初级阶段理论形成与发展的贡献

党的十一届三中全会以来，蓬勃发展的改革开放实践不断地产生新现象、提出新问题，迫切需要理论界提出新的观点、新的理论来解释现实，指导改革。随着解放思想、实事求是的思想路线的贯彻，长期束缚理论界的"左"的思想的绳索被逐步解除，经济理论界对这场史无前例的制度变迁和经济发展进行了深入的探讨，产生了丰硕的理论成果。其中，围绕着社会主义初级阶段问题的研究，不仅极大地丰富了中国的经济学理论，不少重要的研究成果还被党中央和国务院所采纳，成为党和国家经济政策的组成部分。

早在20世纪70年代末，苏绍智和冯兰瑞就提出了无产阶级取得政权后的社会发展阶段问题。① 他们认为,从资本主义社会到共产主义高级阶段,可以分为三个阶段:第一个阶段是从资本主义到社会主义的过渡阶段。它又分为两个时期:第一个时期就是从无产阶级革命胜利后到生产资料所有制的社会主义改造基本完成,这个时期的特点是还存在多种经济成分,相应地存在多个阶级,因而是进行激烈的、尖锐的阶级斗争的时期;生产资料所有制的社会主义改造基本完成以后,就进入第二个时期,即不发达的社会主义。第二个阶段是发达的社会主义,最后一个阶段才进入共产主义阶段。他们指出,如果不分阶段、混淆阶段,就会把某一阶段存在的现象、因素,扩大成为社会主义几个发展阶段上都有的现象或因素,在理论上和实践中都会产生严重的消极后果。例如,如果不分阶段,把从资本主义到不发达的社会主义,从不发达的社会主义到发达的社会主义看作同一个历史时期,就会把过渡阶段第一个时期的无产阶级同资产阶级的矛盾、社会主义同资本主义的矛盾贯穿到整个历史时期,就容易把阶级斗争扩大化。再如,如果把发达的社会主义阶段才应该做的事,拿到不发达社会主义阶段来做,就会导致过早地消灭个体经济,取消自留地和家庭副业,取消按劳分配、商品生产和商品交换,甚至急于向共产主义过渡。这篇文章的结论是:中国还处在不发达的社会主义社会,还处在社会主义的过渡时期,不能认为我们的经济制度已经是发达的或者完全的社会主义。朱述先则认为无产阶级取得政权后的社会发展阶段应当做这样的划分:第一个阶段,从资本主义到社会主义的过渡时期;第二个阶段,共产主义第一阶段即社会主义,又分为两个时期即不发达的社会主义时期和发达的社会主义时期;第三个阶段,共产主义的高级阶段即共产主义。② 朱述先同意苏

---

① 苏绍智、冯兰瑞:《无产阶级取得政权后的社会发展阶段问题》,《经济研究》1979 年第 5 期。

② 朱述先:《也谈无产阶级取得政权后的社会发展阶段问题——与苏绍智、冯兰瑞同志商榷》,《经济研究》1979 年第 8 期。

绍智和冯兰瑞关于中国还处在不发达社会主义时期的观点，但不赞成他们关于中国仍处在社会主义过渡阶段的论断，认为中国所处的阶段是社会主义阶段的不发达社会主义时期。经济理论界关于社会主义社会也应当分阶段以及我国社会主义还处在不发达阶段的观点，产生了非常重要的社会影响。1981年，"我们的社会主义制度还是处于初级的阶段"的论断开始出现在党的中央文件中，最终在党的十三大上得到系统阐述并成为全党的共识。

经济学界对于社会主义初级阶段理论的探索过程，实际上也是从经济的角度对社会主义本质的再认识过程。改革开放以来，经济学界从中国当时的实际经济发展状况出发，围绕初级阶段的经济问题开展了大量的研究，不断突破传统理论的樊篱，提出了很多新观点、新认识，不仅深化了我们对于初级阶段社会主义的认识，而且对于社会主义初级阶段理论的不断发展和完善也起到了积极的作用。经济学界对于社会主义初级阶段基本经济制度的认识深化和理论突破，就说明了这一点。

传统的观点认为，社会主义所有制结构只能是又公又纯、越纯越好，个体经济每天都在不断地产生资本主义，而私营经济则是资本主义的根源，是必须被消灭掉的。改革开放以后，这种认识开始发生转变。一些经济学家开始提出社会主义所有制多样性的观点，主张在保持公有制占主导地位的条件下，发展包括多种个体、私营在内的非公有制经济。薛暮桥是最早主张发展多种经济成分的经济学家，他在1979年就提出，留一点个体经济和资本主义的尾巴可能利多害少。[①] 随着我国非公有制经济的迅速发展，经济学界对于初级阶段所有制结构的认识进一步深化。陈宗胜较早地将我国所有制改革的目标模式概括为一种"混合经济"，即公有制居于相对主体地位，私人经济、个体经济、国家资本主义经济等共同存在、溶合生长。所谓共同存在，是指公有制与非公有制及其各种具体形式在整

---

① 薛暮桥：《薛暮桥回忆录》，天津人民出版社1996年版。

个国民经济范围内并存;所谓溶合生长,是指各种所有制形式相互渗透、彼此交叉,在一个企业内部溶合发展。他还强调指出,这种模式不是私有制居相对主体地位的混合经济,而是公有制居相对主体地位的混合经济。① 在党的十五大上,公有制为主体、多种所有制经济共同发展,被正式确认为社会主义初级阶段的基本经济制度。

传统的观点认为,全民所有制必须而且只能采取国家所有制的形式,属于社会主义全民所有的生产资料,只能由社会主义国家代表全体劳动人民来占有,国家直接领导属于国家的企业,通过国家机关任命的企业领导人管理这些企业,国家机关直接计划这些企业的全部生产活动。改革开放之初,董辅礽就对这些观点提出质疑,认为经济体制改革的实质是改革全民所有制的国家所有制形式。他提出将国家行政组织和经济组织分开,经济活动由各种经济组织去进行,各种经济组织应该具有统一领导下的独立性,实行全面的独立的严格的经济核算,应该有自身的经济利益,负有法律规定的经济上的责任的主张。② 这篇文章拉开了关于国家所有制改革讨论的序幕。进入20世纪90年代以后,特别是邓小平"南方谈话"以后,经济理论界关于国有制改革问题的讨论空前活跃。周叔莲提出"所有制是一种经济手段"的观点。③ 他认为,所有制和计划一样,都是经济手段。建立国有制是为了促进生产力的发展,发展生产力才是目的,国有制只是一种经济手段。他批评一些人把国家所有制看成是社会主义的目的,对它产生了迷信,认为承认国有企业的产权就会改变国家所有制的性质,也就破坏了社会主义的经济基础。这种迷信实质上是传统的社会主义经济体制下的国家所有制,实质上是把所有制当成目的而不是当成手段。党的十六届三中全会肯定了明

---

① 陈宗胜:《论所有制改革的目标模式》,《南开经济研究》1987年第3期。
② 董辅礽:《关于我国社会主义所有制形式问题》,《经济研究》1979年第1期。
③ 《所有制是一种经济手段——专访周叔莲教授》,《经济社会体制比较》1993年第5期。

晰国有企业产权的重要性，强调建立"归属清晰、权责明确、保护严格、流转顺畅"的现代产权制度将有利于维护公有财产权，有利于巩固公有制经济的主体地位。

传统的观点认为，只有全民所有制和集体所有制才是社会主义公有制的实现形式，全民所有制是社会主义所有制的高级形式，集体所有制则是其低级形式，集体所有制最终也将过渡到全民所有制。在20世纪80年代初，何伟就注意到，现实生活中已经出现一些公有制的新形式，他提出应该根据实际经济生活中的变化，重新研究社会主义生产资料所有制理论的主张。[1] 刘诗白认为，在不发达的社会主义社会，公有制是一个以全民所有制为主导，由集体所有制、联合所有制和其他公有制形式组成的多样性的复合结构。[2] 于光远的《中国社会主义初级阶段的经济》是国内第一本系统研究社会主义初级阶段经济问题的著作，曾被誉为"影响新中国经济建设的10本经济学著作"。在这本书中，于光远注意到我国已经出现了各种属于非基本形式的社会主义所有制新形式[3]，并预言，很可能在将来的某个时期，这种复合的社会主义所有制形式将会比非复合性的社会主义所有制形式占到更重要的地位。在具体的改革思路上，厉以宁等一些学者认为股份制是公有制实现的较好的方式，并从很多方面对此进行了论证。党的十五大报告中认可了"公有制实现形式可以多样化"。党的十六届三中全会《中共中央关于完善社会主义市场经济体制若干问题的决定》则进一步提出"使股份制成为公有制的主要实现形式"，并要求"大力发展国有资本、集体资本和非公有资本等参

---

[1] 何伟：《社会主义公有制应当有多种形式》，《人民日报》1984年12月31日。
[2] 刘诗白：《社会主义所有制结构》，《中国社会主义经济理论的回顾与展望》，经济日报出版社1986年版。
[3] 在书中，基本形式或者非复合性的社会主义所有制形式是指传统的公有制形式，非基本形式或者复合性的社会主义所有制形式是指公有制企业之间通过横向联合或者集资而形成的股权多元的公有制企业。参见于光远《中国社会主义初级阶段的经济》，中国财政经济出版社1988年版。

股的混合所有制经济，实现投资主体多元化"。党的十八届三中全会《中共中央关于全面深化改革若干重大问题的决定》明确指出，国有资本、集体资本、非公有资本等交叉持股、相互融合的混合所有制经济，是基本经济制度的重要实现形式，有利于国有资本放大功能、保值增值、提高竞争力，有利于各种所有制资本取长补短、相互促进、共同发展，因此，应当"积极发展混合所有制经济"。

传统的观点认为，生产资料公有制决定了只有按劳分配才是社会主义的分配原则，土地、资本等要素参与分配则是资产阶级庸俗经济学的陈词滥调。谷书堂和蔡继明认为这种观点不适用于社会主义初级阶段。他们认为，由于社会主义初级阶段还存在多种所有制，国家、企业和个人还具有相对独立的经济利益，企业和个人还具有不同程度的收入分配和积累的自主权，所以还不能完全实行按劳分配。他们提出，社会主义初级阶段的分配原则是按贡献分配，也就是按各种生产要素在社会财富的创造中所作出的实际贡献进行分配。社会主义初级阶段的各种收入都是按贡献分配的形式，各种生产要素的贡献是由各生产要素的边际收益决定的。他们强调，在社会主义初级阶段，只有贯彻按贡献分配的原则，才能确保机会均等，提高效率，实现资源的最优配置，促进社会生产力的发展。[①] 他们的观点曾经引起了很大的争议，但改革实践的发展验证了这种观点的合理性。党的十六大明确提出："确立劳动、资本、技术和管理等生产要素按贡献参与分配的原则，完善按劳分配为主体、多种分配方式并存的分配制度"，最终认可了按生产要素的贡献进行收入分配的合法性。党的十九大报告继续强调坚持按劳分配原则，完善按要素分配的体制机制，促进收入分配更合理、更有序。

不难看出，在社会主义初级阶段理论的形成和发展过程中，经济理论界做出了重要的贡献。"社会主义初级阶段论和社会主义市场

---

① 谷书堂、蔡继明：《按贡献分配是社会主义初级阶段的分配原则》，《经济学家》1989年第2期。

经济论一起，成为中国改革开放以来经济理论研究最重要、最突出的成果，是当代中国社会主义政治经济学的两大支柱。现阶段中国一切经济问题的研究，各项经济政策的制定，都要以这两大理论为依据、为指导。"[1] 社会主义初级阶段理论的发现和论证，是改革开放以来中国经济学界对马克思主义经济学和科学社会主义理论的重大贡献和发展。随着改革开放和社会主义建设的不断发展，经济理论界对社会主义初级阶段经济问题的认识也将更加深入，必将进一步丰富和发展社会主义初级阶段理论。

（执笔人：万军，中国社会科学院世界经济与政治研究所副研究员）

---

[1] 张卓元：《改革开放以来我国经济理论研究的回顾与展望》，《张卓元文集》，上海辞书出版社2005年版，第53页。

第十三章

1984 年确立社会主义商品经济论

1984 年确立社会主义商品经济论是迈向社会主义市场经济论的决定性步骤，是对"计划经济为主、市场调节为辅"在思想认识上又一次重大飞跃，初步书写了新版的社会主义政治经济学教科书。

第一节　20 世纪 80 年代初改革思想理论交锋

1984 年党的十二届三中全会做出了《中共中央关于经济体制改革的决定》，明确社会主义经济是有计划的商品经济，对 20 世纪 80 年代初开始关于社会主义经济是不是商品经济的讨论做了科学总结，从而为确立社会主义市场经济论迈出了决定性的步伐。

社会主义经济是公有制基础上有计划的商品经济，这一命题作为全党和全国人民统一的认识是在 1984 年 10 月以后确立的。而在我国经济学界，则在 20 世纪 70 年代至 80 年代初，一直有人写文章提出和论证了上述论断，例如，有的文章提出社会主义经济是计划经济和商品经济的统一，有的文章认为社会主义经济兼有计划性和市场性，有的文章提出应当明确地认识到我们的社会主义经济是社会主义的商品经济，有的文章还直接地把社会主义经济规定为有计划的商品经济等。[①] 与此同时，在经济部门包括经济体制改革系统部门，对计划与市场的关系也展开了广泛的研究和讨论。比如，1980年9月，国务院经济体制改革办公室撰写的《关于经济体制改革的初步意见》中就说："我国现阶段的社会主义经济是生产资料公有制占优势，多种经济成分并存的商品经济。"文件的主要起草人薛暮桥在各省、自治区、直辖市书记会议上做说明时说："现在我们提出我国现阶段的社会主义经济是生产资料公有制占优势、多种经济成分并存的商品经济，是对30年来占统治地位的教条主义思想的挑战。"[②] 但是这一认识当时没有得到党内高层的认同，坚持社会主义经济是计划经济的观点仍占主流。1981年4月，在以中共中央书记处研究室的名义印发的一份材料上，按照对计划和市场的态度，将经济学家划分为四类：第一类是坚持计划经济的；第二类为赞成计划经济但不那么鲜明的；第三类为赞成商品经济但不那么鲜明的；第四类则是主张发展商品经济的。薛暮桥、廖季立、林子力等被列为第四类。[③] 1981年11月，时任国务院总理赵紫阳在《政府工作报告》中提出了"计划经济为主，市场调节为辅"作为改革的目标模式。1982年9月，党的十二大报告重申"计划经济为主体，市场调节为补充"的原则。

---

① 参见刘明夫《社会主义经济的经济形式》，《经济研究》1979年第4期；孙尚清、陈吉元、张耳《社会主义经济的计划与市场性相结合的几个理论问题》，《经济研究》1979年第5期；刘成瑞、胡乃武、余广华《计划与市场相结合是我国经济管理改革的基本途径》，《经济研究》1979年第7期；谢佑权、胡培兆《从实际出发正确认识和有计划地利用价值规律》，《社会主义经济中价值规律问题讨论专辑》，《经济研究》1979年第6期。

② 参见《薛暮桥回忆录》，天津人民出版社1996年版，第357页。

③ 参见吴敬琏《二十年来中国经济改革和经济发展》，《百年潮》1999年第11期。

尽管如此，当时仍有一些经济学家撰文认为社会主义经济具有商品经济的属性，认为随着买方市场的逐步形成，随着价格的合理化，要逐步缩小指令性计划的范围，扩大指导性计划的范围等。[①] 但是，这类观点遭到参加起草党的十二大报告的袁木等同志的反对。他们写信给主管意识形态工作的胡乔木说："在我国，尽管还存在着商品生产和商品交换，但是绝不能把我们的经济概括为商品经济。如果作这样的概括，那就会把在社会主义条件下人们之间共同占有、联合劳动的关系，说成是商品等价物交换的关系；就会认定支配我们经济活动的，主要是价值规律，而不是社会主义的基本经济规律和有计划发展的规律。这样就势必模糊有计划发展的社会主义经济和无政府状态的资本主义经济之间的界限，模糊社会主义经济和资本主义经济的本质区别。"认为"在商品经济基础上的计划经营方式"，"必然会削弱计划经济，削弱社会主义公有制"。[②] 1982年8月，当时主管意识形态工作的胡乔木批转了这封信。自那以后，计划经济论成了报刊主流认识，商品经济论成为受批判的观点，以致大概有一年左右的时间，在论坛上主张社会主义经济也是一种商品经济的文章销声匿迹。但是，真理的声音是压不下去的。经济体制改革的实践，冲垮了上述人为地制造的理论框框。1983年以后，社会主义商品经济论，以其更强烈的现实背景、更充分的理论论证，重新登上中国的论坛，吸引了千百万人的注意。1984年10月，党的十二届三中全会，对我国经济界和理论界多年的争论做了总结，以党的决议的形式，肯定了我国社会主义经济是公有制基础上的有计划的商品经济。这就使我们的研究和讨论进入一个崭新的阶段。

---

① 参见刘国光《坚持经济体制的改革方向》，《人民日报》1982年9月6日。
② 参见彭森、陈立等《中国经济体制改革重大事件》（上），中国人民大学出版社2008年版，第120页。

第二节 社会主义商品经济论的确立

1984年党的十二届三中全会文件的起草，经历了一个充满复杂斗争的过程。这一文件从1984年6月开始起草，用了一个多月的时间提出了一个提纲。但这个提纲没有脱离原来的"计划经济为主，市场调节为辅"的调子，当时的中共中央总书记胡耀邦对此很不满意，因此，重新调整了文件起草班子。正在这个时候，当时任中国社会科学院院长的马洪，受命组织院内的几位专家（周叔莲、张卓元、刘增录以及吴敬琏）撰写了《关于社会主义制度下我国商品经济的再探索》的文章，为商品经济论翻案。该文提出，在肯定社会主义经济是计划经济时，不要"否定社会主义经济同时也具有商品经济的属性。商品经济的对立物不是计划经济，而是自然经济"，不能把计划经济同商品经济"对立起来"。文章重新肯定此前被否定的"社会主义经济是有计划商品经济"的提法。马洪院长把这篇文章送给了一些老一辈革命家征求意见，结果文章不但没有招来批评，还得到了王震等同志的称赞。如王震信中说，这篇文章写得很好，我们不能只说老祖宗说过的话，应该有创造性。9月8日，赵紫阳给中共中央政治局常委写信，题目是《关于经济体制改革中三个问题的意见》，信中写道：

"反复考虑，建议把我国的计划体制概括为以下四层意思：

"（一）中国实行计划经济，不是市场经济。

"（二）自发地盲目地通过市场进行调节的生产和交换，只限于小商品、三类农副产品和服务修理行业，它们在整个国民经济中起辅助作用。

"（三）计划经济不等于指令性计划为主。指令性计划和指导性计划都是计划经济的具体形式。我国幅员辽阔，现代化手段不发达，交通不便，信息不灵，编制包罗万象的指令性计划，不仅不可能，而且有害。在当前和今后相当长的时期内，我们的计划应该是逐步缩小指令性计划，扩大指导性计划。

"（四）指导性计划主要用经济手段调节，指令性计划也必须考虑经济规律，特别是价值规律的作用。社会主义经济是以公有制为基础的有计划的商品经济。计划要通过价值规律来实现，要运用价值规律为计划经济服务。'计划第一，价值规律第二'这一表述并不确切，今后不宜继续沿用，应该如实地把两者统一起来，而不要把它们割裂或对立起来。"[1]

对于上述意见，9月11日，邓小平批示："我赞成。"12日，陈云也批示同意，同时指出，信中所提的三个问题，是当前我国经济工作面临的重要问题，也是对这几年城市经济体制改革经验的总结。关于计划体制的四层意思，符合目前的实际情况。李先念也表示，信中提到的三个问题确实是根本性的问题，解决好了，将会大大促进我国社会生产力的发展。

国家体改委也组织了专家学者召开座谈会，讨论党的十二届三中全会《决定》的草稿。会上，有人提出，应当明确写入"商品经济"。座谈会的结果被写成简报报给中央。赵紫阳把简报批转给起草小组经济部分的负责人高尚全：请你酌处，马洪同志也有相同的意见。此后，文件最后明确：社会主义计划经济必须自觉依据和运用价值规律，是在公有制基础上的有计划的商品经济。这就意味着，"公有制基础上的有计划的商品经济"，已取代党的十二大的"计划经济为主，市场调节为辅"，成为中国经济体制改革的目标模式。[2]

---

[1] 参见吴敬琏、张问敏《社会主义市场经济理论》，张卓元主编《论争与发展：中国经济理论50年》，云南人民出版社1999年版。

[2] 参见彭森、陈立等《中国经济体制改革重大事件》（上），中国人民大学出版社2008年版，第199—201页。

第三节 确立社会主义商品经济论的重大意义

1984年党的十二届三中全会《中共中央关于经济体制改革的决定》虽然有不够完善的地方（比如在论述社会主义商品经济后面加上了这样一句话："在我国社会主义条件下，劳动力不是商品，土地、矿山、银行、铁路等一切国有的企业和资源也都不是商品"），但它毕竟实现了社会主义理论的重大突破。对此，邓小平评价说它"是马克思主义的基本原理和中国社会主义实践相结合的政治经济学"。[①]

肯定社会主义经济是商品经济，就意味着：（1）社会经济关系的商品货币化，商品生产和商品流通在社会经济活动中占统治地位，各种产品全部或绝大部分转化为商品，卷入商品流通的旋涡。（2）具有独立经济利益的商品生产者和经营者是商品经济的基本要素，他们之间既有交换关系，又有竞争关系，生产与消费、供给与需求在生产发展和技术进步的基础上出现失衡是商品经济运动的必然现象，通过竞争达到暂时的均衡。（3）市场调节是商品经济运行机制的基础特征，价值规律通过市场价格及其变化自发地调节商品生产和商品流通，使有限的经济资源自动地从效率低的行业流向效率高的行业，使资源配置适应市场和社会的需要，实现资源的有效配置。（4）商品市场关系的扩展要求克服民族经济的孤立性和闭塞性，实行对外开放，走向世界市场，开拓世界市场，逐步融入经济全球化进程中。

社会主义商品经济论的确立，为社会主义市场经济论打开了大门。1984年社会主义商品经济论确立后，经济体制改革包括企业改

[①] 参见中共中央文献研究室编《邓小平年谱（1975—1997）》，中央文献出版社1998年版，第297页。

革、价格改革、宏观经济管理改革、收入分配制度改革、涉外经济体制改革等均迅速开展起来。1984年起，探索企业改革"两权分离"（即国家所有权和企业经营权分离）的路子。1985年，大部分农产品价格放开。1987年，国家体改委委托中国社会科学院、国务院发展研究中心、北京大学、中共中央党校、中国人民大学、国家计委、上海市政府等组织课题组，研究和提出今后8年（1988—1995年）我国经济体制改革的中期规划，并汇编成书出版。[①] 1988年，试图价格改革"闯关"。1991年实行多年的工业生产资料价格双轨制并轨，并为市场单轨制。总之，传统的计划经济体制，被商品货币关系冲出一个又一个缺口，市场取向的改革呈不可阻挡之势向前推进。

（执笔人：张卓元，中国社会科学院经济研究所研究员）

[①] 参见国家经济体制改革委员会综合规划司《中国改革大思路》，沈阳出版社1988年版。

第十四章

1984年中青年经济科学工作者学术讨论会——"莫干山会议"

1984年9月3—10日在浙江省德清县莫干山召开的"中青年经济科学工作者学术讨论会"（史称"莫干山会议"），不仅是中国改革开放以来第一次，也是新中国成立以来第一次全国性的中青年经济科学工作者学术讨论会。在党的十二届三中全会召开之前中国改革所处的关键时期，由中青年经济学者自己发起、组织召开的这次学术讨论会，标志着中国中青年经济学者作为一个有时代责任感的群体的历史性崛起。这次会议不仅为此后的改革开放提供了某些重要的思路，也对新中国经济学理论的发展起到了一定推动作用。在纪念中国改革开放30周年和新中国成立60周年的时候，"莫干山会议"一再被提起，并被称作"中国改革开放三十年三十件大事之一"[1]。2018年11月，即纪念中国改革开放40周年前，香港凤凰卫视中文台播放了五集电视纪录片《论剑莫干山》，在国内外引起较大反响。这里根据笔者掌握的历史资料和其他与会者的回忆并参考相

---

[1] 《中国改革》杂志2008年第12期曾把"莫干山会议"评为"中国改革开放三十年三十件大事"之一。

关文献，做一阐述①。

第一节　莫干山会议的背景、筹备及会议召开概况

一　会议的背景

1978年12月，党的十一届三中全会做出了经济体制改革的决策，开启了改革开放的新纪元。最初的几年，改革的主战场在农村，城市只进行了企业层面局部的放权让利试验。随着改革的深化，到1984年，整个国家面临如何由农村改革和企业局部试点拓展为全面经济体制改革的历史性课题。从当时的情况看，农村改革已经有所起色，但城市改革尚未起步，而且由于计划经济体制根深蒂固的影响，整个改革举步维艰。此时此刻无论是在理论上还是实践上，都遇到一些前所未有的新情况和新问题。中共中央做出决定，拟在1984年10月召开党的十二届三中全会，对经济体制改革若干重大问题进行讨论并做出重要决策。

从理论上来说，当时遇到的突出问题是中国经济体制改革的目标模式问题，即到底是继续按照传统的计划经济体制（或计划经济体制的变形"计划经济为主，市场调节为辅"）惯性运作，还是另辟社会主义商品经济新路？从实践上来说，遇到的问题更多，比如，中国整个经济体制改革的中心环节到底是什么？如何在计划经济的重重包围中"杀出一条血路来"？如何推进国有企业改革，把它改造为自主经营、自负盈亏的商品生产者和经营者？如

---

① 本章撰稿人作为这次会议的参加者，虽然亲历了这一历史事件，但是由于"莫干山会议"是分组讨论的，笔者只在其中一组讨论。尽管会议过程中代表之间有诸多沟通和交流，但对其他组的讨论情况掌握并不全面。这里根据笔者掌握的现有历史资料阐述。

何推进价格改革，使价格能提供正确的市场信号、促进经济资源的合理配置？如何实施政企分开，打破行政区划，发挥中心城市的带动作用？如何进一步扩大开放，特别是怎样开放沿海港口城市和创办新的经济开发区，并通过进一步开放来倒逼经济体制改革？等等。这些问题都需要做出明确的回答。为此，拟作出经济体制改革决定之前，需要社会各方面，包括中青年经济学者为中央献计献策。

党的十一届三中全会以后，随着思想解放运动的展开，积累了相当多的人才，一批中青年经济学者开始崭露头角。此时，大体有三支队伍引人注目。一是高等学校的中青年教师和研究生；二是中国社会科学院及地方社会科学院中青年研究队伍；三是在京的中央和国家部委的相关研究机构，以及挂靠在相关部委、具有民间"基因"的研究组织（如"中国农村发展问题研究组"，简称"农发组"）的中青年研究人员。除上述专业研究队伍外，在民间还有大量的关心改革的中青年经济学者在执着探索。

这些不同系统、不同方面的中青年经济学者，深深扎根于中国大地（其中有不少亲身经历过农村生活的磨难），对中国社会底层的真实情况有比较深刻的洞察，对传统计划经济体制所造成的经济衰退及人性遭受的压抑有比较深切的体会。他们思想解放、知识新颖、敢想敢说，提出了不少有价值的见解。例如20世纪80年代初期，中青年经济学者朱嘉明、王岐山、翁永曦、黄江南提出的《关于中国经济调整与改革若干阶段问题的看法》[1] 就是其中例证之一。类似有价值的成果，在天津、上海、浙江、广东、内蒙古、陕西等地中青年经济学者中也有显露。所有这些都为召开莫干山会议提供了坚实的思想基础和组织基础。

---

[1] 朱嘉明、王岐山、翁永曦、黄江南：《关于中国经济调整与改革若干阶段问题的看法》，《红旗》杂志主办《内部文稿》1981年第10期。

二　会议的酝酿和筹备

从笔者掌握的历史资料和亲身经历来看，莫干山会议是由中青年经济学者民间发起、新闻单位和地方研究机构出面主办、中央和国家有关部门相关人员参与和支持的一次"民办官助"的会议。会议的宗旨是"为党和国家献计献策"，中心议题是"城市经济体制改革"。

现有文献表明，"中青年经济科学工作者学术讨论会"的酝酿及会议地点确定在"莫干山"，是由当时国务院技术经济研究中心（后并入国务院发展研究中心）朱嘉明、浙江省经济研究中心刘佑成、中国社会科学院工业经济研究所黄江南、《经济学周报》张钢等多次酝酿、商议提出[①]，并得到中共中央书记处农村政策研究室王岐山支持的。

在当时的情况下，由中青年经济学者民间主办这样一个全国性的学术讨论会，实有困难。于是采取由中央级新闻单位和地方研究

[①]　此处所谓"多次酝酿、商议"，根据笔者掌握的材料，主要经历这样"三波"过程。第一波，在京初步酝酿。据张钢和刘佑成资料，1983年12月，朱嘉明、黄江南曾与张钢初步议论过召开"青年学者会议"问题；年底刘佑成因公出差北京，与张钢也谈及此事，"不谋而合"。第二波，1984年春，朱嘉明、黄江南到杭州，交流对改革开放形势的看法，与刘佑成等初议了召开学术研讨会的问题（参见常修泽《史料版1984年莫干山会议》，《学术研究》2012年第11期）。第三波，天津商议、北京敲定。1984年6月上旬，朱嘉明、黄江南、张钢三位到南开大学经济研究所进行学术交流，交流中提出准备召开青年经济学者会议构想，获南开大学四位青年学者——杜厦、李罗力、金岩石、常修泽的赞成和支持。返京时，上述所谓"南开四条汉子"把朱、黄、张三位送到天津东站，一直送到火车上。于是接上柳红女士的以下记述："在从天津回北京的火车上"，朱嘉明拿一张"破纸"用铅笔起草了"关于召开青年经济科学工作者会议的通知"（参见柳红《八〇年代：中国经济学人的光荣与梦想》，广西师范大学出版社2010年版）。后据笔者了解，他们下火车后，直奔北京西城区月坛北小街2号院2号楼中国社会科学院经济研究所，在《经济研究》编辑部讨论商定，由《经济研究》编辑乔桐封女士把通知厘清成文（"中青年"一词张钢在此提出）。

第十四章　1984年中青年经济科学工作者学术讨论会——"莫干山会议"　225

机构出面主办的会议模式。《经济日报》、《经济学周报》、中央人民广播电台、《世界经济导报》、《中国青年报》、《中国青年》杂志、《中国村镇百业信息报》、《经济效益报》、浙江省社会科学院、浙江省经济研究中心等单位先后参与作为联合主办单位。其中《经济日报》发挥了较大作用。

1984年6月12日，《经济日报》（总编辑安岗、副总编辑丁望）发布了一条颇为引人注目的新闻，题为《本报等五单位将召开中青年经济学术讨论会，广泛征集论文邀请入选者作为正式代表出席》，消息指出："将于9月上旬在浙江省联合召开'中青年经济科学工作者学术讨论会'。讨论的中心内容是我国经济体制改革中的重大理论问题和现实问题。从本月中旬开始，向全国广大中青年经济科学工作者广泛征集论文。论文入选将作为正式代表应邀出席会议。"这里最值得关注的是"以文选人"的模式。就是这条"英雄不问来路"的"以文选人"的消息，对各行各业、各个层面的中青年产生不小吸引力，在全国各地引起反响。

从6月12日"征文"到8月15日，短短两个月内，会议筹备组收到了来自全国各地的1300多篇论文，平均每天20余篇。论文作者既有从事理论研究的专业人员，也有在各条战线基层工作、利用业余时间从事理论研究的人士，反映了他们"位卑未敢忘忧国"、愿为改革大业贡献才智的使命感。

会议筹备组日常工作由北京的中青年学者承担。其中论文评审组任务繁重，组长为王小鲁、周其仁，副组长为朱嘉明、卢迈、宋廷明、高梁。由于来稿踊跃，遂扩大阅稿队伍，张少杰、蒋跃、夏小林、高善罡、贾康等先后参与审阅。选文章的宗旨是，不讲学历，不讲职务，不讲职称，不讲关系，"以文选人"。

经过两个月的认真审阅和选拔，至8月中旬敲定会议名单。除通过论文入选的代表以外，还有一部分是发起、组织、筹备会议的中青年学者和少数当时已经有一定成就的中青年学者，共计124人。在这124名代表中，按系统来分，高等学校占30%；中国社会科学院和地方社会科学院占24%；政府所属事业性研究机构占14%；党政机关占16%；企业界占10%；此外，还有新闻界占6%。按地区分，北京（包括中央在京单位）占42%；上海占9%；天津占6%；除三大直辖市之外，来自改革开放先行地区的代表较多，如浙江10人、广东8人；此外，西部地区也有一定数量的代表，如陕西6人，新疆、西藏都有代表参加。除上述124位代表外，另确定中央有关部委代表和浙江特邀及列席代表。

会前，筹备组成员向浙江省委、省政府领导报告了会议的准备情况（在这方面，刘佑成做了大量工作），获得支持。到8月底，各项筹备工作准备就绪。

三 会议的召开概况

经过前期的准备，1984年9月3日莫干山会议在莫干山450号正式召开。出席会议的有论文入选作者（及一部分筹备会议和受邀学者代表）124人、中央有关部委代表8人、浙江特邀及列席代表19人，加上会议领导小组成员、新闻界代表、浙江有关方面负责人等，共计180余人。

这里需要指出，与会者中，有部分在中央和国家有关部门工作的相关人员。如中共中央书记处农村政策研究室王岐山、中宣部理论局贾春峰、中央组织部青干局闫淮等（会议期间，时任赵紫阳秘书的李湘鲁、时任张劲夫秘书的孔丹等也曾到会，但会议名单中未出现），这些与会人员虽以个人身份参加，但鉴于其工作背景，实际上对会议形成了有力支持。

为保证会议按既定目标顺利举行，会议期间设有领导小组，由主办单位的领导组成，包括《经济日报》总编辑安岗及副总编辑丁望，《经济学周报》社长冯兰瑞、总编辑王瑞荪，《世界经济导报》总编辑钦本立等。秘书处由张钢任秘书长，刘佑成、徐景安、黄江南为副秘书长，朱嘉明、周其仁、王小鲁等为主要成员。

会议围绕城市经济体制改革的中心议题，分下列八个专题讨论：关于价格改革的战略问题；关于国有企业"自负盈亏"问题；关于对外开放问题；关于金融体制改革问题；关于发挥中心城市功能问题；关于农村产业结构变动问题；关于政府经济职能问题；关于社会主义经济基本理论问题（如商品经济、所有制问题等）。讨论中打破传统的会议模式，在会上不宣读论文，不作空泛议论，而是紧紧围绕专题，各抒己见，会议还创造了"挂牌讨论"等新鲜形式，洋溢着年轻人特有的朝气和活力。

第二节　讨论的主要问题及进展（上）：价格改革"放调结合"的提出

价格改革的战略问题，是讨论最热烈也最富有成果的专题。莫干山会议的重大意义就在于价格改革思路的突破，故本章专门设立一节，叙述会议提出的"放调结合"两种思路的提出过程。最后一节还将就"放调结合"两种思路的作用及意义予以阐述。

一　关于价格改革的背景及其改革的现实迫切性问题

关于价格改革的背景。

当时，党的十一届三中全会开启的经济体制改革已开展五年。作为改革的主战场，农村已实行联产承包责任制；城市虽然尚未开展全面系统改革，但企业领域的"放权让利"已经开始。随着农村联产承包和企业"放权让利"改革的深化,利益问题随之而来,价格矛盾越来越突出。由于能源、原材料等基础工业品价格太低,加工工业品价格太高,结果基础工业越来越跟不上加工工业的发展。国务院开了很多次会议,讨论价格改革问题。做了多少方案都行不通。① 莫干山会议关于价格改革的讨论就是在这种背景下应运而展开的。

关于价格改革的现实迫切性。

有的代表指出,"价格在商品市场中对无数的微观经济单位起引导作用"。"价格改革的进程很大程度上决定了整个经济体制改革的进程","不改革价格,就难以突破这个局面"。②

有的代表更明确提出,"价格体制不改,其他体制就不可能有根本性的改变","从这个意义上说,价格体制的改革就是整个体制的改革,价格体制是改革的'牛鼻子'"。③

即使是当时主张"以计划价格为主体"的代表也认为,"当前,不合理的价格体系严重地阻碍着经济改革,引起了各方面的关注"。④

可以说,在莫干山会议上,对"价格体系必须改革",中青年学者是有共识的。

二 关于价格改革的目标模式及其理论依据问题

在讨论改革思路过程中,可以看出目标模式及其理论依据的

---

① 参见徐景安《我所亲历的改革决策过程》,中国善网,http://www.chinashanwang.com。

② 参见周小川、楼继伟、李剑阁《价格改革无需增加财政负担》,《经济日报》1984年9月29日《中青年经济科学工作者学术讨论会论文摘登》。

③ 参见张维迎《价格体制改革是改革的中心环节》,《经济日报》1984年9月29日《中青年经济科学工作者学术讨论会论文摘登》。

④ 参见田源、陈德尊《关于价格改革思路的思路》,《经济日报》1984年9月29日《中青年经济科学工作者学术讨论会论文摘登》。

不同。

一种主张"以计划价格为主体"同时"放开部分价格"。如有的代表指出："价格改革的目标模式大致是：以计划价格为主体，其中包括统一定价和浮动价格，其他的不适于纳入计划价格的放开为自由议价。"①

另一种侧重于强调"导入市场机制"。如有的代表指出："中国经济体制改革的基本目标应该是：通过改革，把计划建立在价值规律的基础上，导入市场机制，建立一个具有自动调节功能的计划经济的新体制"，而在这一论者看来，"价格体制的改革就是整个体制的改革"，由此可以判断，上述"基本目标"也就是"价格改革的目标模式"。持这种观点的代表强调"市场机制的核心是价格，价格体制的改革过程实际上就是市场机制的形成过程"。②

价格改革目标模式的不同，实际反映了理论依据的差异。主张"以计划价格为主体"的代表，强调自己的理论依据为"以劳动价值论为基础的价格形成理论"，称强调"导入市场机制"的观点为"自觉不自觉地接受了'均衡价格'理论"。③

三 关于价格改革的路径问题

价格改革的路径问题是会议讨论最深入、争论也最激烈的问题。

从会上讨论实况和既有文献看，会上并没有出现"休克疗法"或"大震荡模式""渐进模式"等提法，也没有出现"价格双轨改

---

① 参见田源、陈德尊《关于价格改革思路的思路》，《经济日报》1984年9月29日《中青年经济科学工作者学术讨论会论文摘登》。

② 参见张维迎《价格体制改革是改革的中心环节》，《经济日报》1984年9月29日《中青年经济科学工作者学术讨论会论文摘登》。

③ 参见田源、陈德尊《关于价格改革思路的思路》，《经济日报》1984年9月29日《中青年经济科学工作者学术讨论会论文摘登》。

革"的提法，当时出现的是"调"或"放"等提法。而且，就历史资料看，讨论中持不同意见的代表都没有把"调""放"截然对立起来（"非此即彼"）；不同程度地包含"调放结合"的意涵，但侧重点确实有所不同，形成以下三种意见。

第一种意见主张"以调为主"。国务院价格研究中心田源认为："改革不合理价格体系的对策，自然应该是除那些可以放开的价格以外，通过有计划地调整价格的办法，逐步解决。"并认为"国家完全有能力通过有计划地调整解决中国价格体系中初级工业品和消费品价格不合理的问题"。[①] 基于此，在会上提出"大步调整"的建议。

清华大学系统工程专业在职博士生周小川、中国社会科学院研究生院研究生楼继伟、李剑阁（与会）在提交论文中提出用"小步快调"的办法，不断校正价格体系，既减少价格改革过程的震动，又可以逐步逼近市场均衡价格。他们在会前还专门做了模型，试图把价格改革的底数计算清楚。

在会后执笔上报的报告中，"以调为主"派代表田源强调价格改革的四个约束条件：（1）改革不能大量减少财政收入或增加财政支出；（2）不能降低绝大多数群众的生活水平；（3）市场不能出现大的波动；（4）价格总水平只能有控制的、收敛式上涨，不能螺旋式推进上涨。[②]

第二种意见主张"以放为主"。西北大学经济系研究生张维迎主张应该放开价格控制，实行市场供求价格。张维迎说，"所谓改革价格体制，就是有计划地放活价格管制，逐步形成灵活反

---

① 参见田源、陈德尊《关于价格改革思路的思路》，《经济日报》1984年9月29日《中青年经济科学工作者学术讨论会论文摘登》。

② 同上。

映市场供求关系的平衡的价格体系"。① 张维迎在会上还用"温度计"打比方,阐述其价格根据市场供求变化"灵活反映"的观点。②

对此观点争论激烈。主张"以调为主"的代表,不赞成"以放为主"的观点。主要理由是:在计划经济为主的情况下,一下放开价格控制太不现实,同时市场发育也需要一个过程。在市场不完备时,市场均衡价既难以实现,也未必优化。

主张"以放为主"的代表,则不赞成"以调为主"的观点。张维迎在同一个"温度计比喻"中说:"调价是什么意思呢?不是水银柱,而是铁柱子,要降价就得锯;要加价就得接。"③ 并指出:"价格的问题在于现行的价格制度切断了供给与需求的关系,使价格不成其为价格。在这种价格体制下,即使初始价格完全合理,也会很快变得不合理,除非经济处于绝对静止状态。这并不是一般地否定价格调整,而只是说,价格调整还不是解决问题的根本办法。"④

---

① 参见张维迎《价格体制改革是改革的中心环节》,《经济日报》1984年9月29日《中青年经济科学工作者学术讨论会论文摘登》。从现有史料看,在会议之前张维迎有"实行双轨制价格,旧价格用旧办法管理,新价格用新办法管理"的提法,但据徐景安文章称,当时会议讨论的焦点是"以调为主""以放为主"的问题。

② 张维迎举例:温度计中的水银柱,气温高了,水银上去了;气温低了,水银就下来。价格就是要按照市场供求关系变化,自动地升降。调价是什么意思呢?不是水银柱,而是铁柱子,要降价就得锯;要加价就得接。

③ 参见徐景安《我所亲历的改革决策过程》,中国善网,http://www.chinashanwang.com。

④ 从当时张维迎发表的《价格体制改革是改革的中心环节》一文看,他"并不是一般地否定价格调整,而只是说,价格调整还不是解决问题的根本办法"。在论及"价格体制改革的具体办法"时,他写道:"可以参照农副产品价格改革的办法,实行双轨制价格,旧价格用旧办法管理,新价格用新办法管理,最后建立全新的替代价格制度。"参见《经济日报》1984年9月29日《中青年经济科学工作者学术讨论会论文摘登》。从历史长河看,在当时提出"以放为主"是"有革命意义的"(徐景安语)。

第三种意见主张"调改结合"。争论最初是在上述"以调为主"还是"以放为主"两种意见之间进行的。在争论激烈之时，出现第三种意见：中国社会科学院研究生院研究生华生、何家成、张少杰、高梁和中国人民大学计统系研究生蒋跃等代表，经过分析讨论，吸纳和综合双方观点，形成并提出了"调改结合"的价格改革思路。

持"调改结合"思路的学者主张，应该自觉利用客观上已经形成的生产资料两类价格，使计划价格和市场价格逐步靠拢。在这个过程中，逐步缩小生产资料计划统配的部分，逐步扩大市场自由调节的部分，最后达到两个价格统一。

由华生执笔撰写的《价格改革建议之二》指出："价格改革不宜全面出击，而应加以分解，各个击破。""大调小调皆有局限，出路何在？""总思路：因势利导，外改内调。""步骤：先改后调，改中有调。"[1] 这可以说是"调改结合"的价格改革思路的精练概括[2]。

四　价格改革报告的形成及上报

在讨论基础上，会后，会议副秘书长、来自国家经济体制改革委员会的徐景安将会议讨论的有关价格改革的思路（加上他自己的考虑）专门撰写了一份报告，题为《价格改革的两种思路》。报告指出，价格改革应主要解决两个问题，一是以提高采掘工业品价格

---

[1] 载《经济研究参考资料》1985年4月。

[2] 关于会上价格改革问题的争论，也有的文献是分成两派来综述的。例如，徐景安在会议几年后概括会议关于价格改革问题的争论时指出："其争论基本上是在'调'派和'放'派之间进行。在'调'派内，有主张大调到位和小调快走之分；在'放'派内，有单放和放调结合的差别。围绕这次价格改革的讨论，中青年经济学工作者们争议的主要焦点集中在是大调还是小调的讨论上。"参见李连第主编《中国经济学希望之光》（徐景安篇），经济日报出版社1991年版，第754页。

为中心，改革工业品价格体系；二是以解决农产品价格倒挂和补贴过多为中心，调整消费品价格和公用事业收费。

关于改革工业品价格，该报告指出，有两种思路，即（1）"调放结合，以调为主"；（2）"调放结合，先放后调"。并指出"上述两种思路，侧重点有所不同，但并不互相排斥和对立，在改革中可把'调'与'放'结合起来，能放的先放，能调的先调，互相促进、相辅而行"。[①] 报告建议，先将供求基本平衡的机械、轻工、纺织的价格放开，所需的原料也由计划价改为市场价；随着一个个行业的放开，统配煤、钢材的比重就会缩小，这时较大幅度地提高能源、原材料价格，就不会对整个国民经济产生很大冲击。一个个行业的放开，就会出现统配内的计划价与自销的市场价。[②]

虽然报告没有明确使用"价格双轨制改革"的范畴，但是"调放结合"必然导致价格双轨制的改革过程，这在逻辑上是可以成立的。这一思路受到国务院领导的重视。

实践表明，在调放结合、双轨推进的改革思路形成过程中，无论是"以调为主"，还是"以放为主"，还是"调改结合"或"放调结合"，都从不同方面、程度不同地作出了贡献。从更广的视野审视，"调改结合"或"放调结合"这一被后来概括成的中国"价格双轨制改革"的思路是莫干山会议诸多中青年学者共同讨论、集体智慧的结晶。其作用拟在第四节"莫干山会议的效应和影响"部分专门论述。

---

① 载《经济研究参考资料》1985年4月。
② 参见徐景安《我所亲历的改革决策过程》，中国善网，http：//www.chinashan-wang.com。

第三节 讨论的主要问题及进展（下）：其他领域的改革思路

一 关于进一步扩大对外开放问题

莫干山会议的讨论，除了价格改革争论激烈，还有一组讨论也十分活跃，这就是对外开放组。该组组长是会议主要发起人之一的朱嘉明，成员有上海、天津等沿海城市和内蒙古、陕西等内地省份的代表。由于该组成员总体而言有国际视野，开放意识比较强，而且在此前多数成员对深圳经济特区和沿海开放地区做过实际调查和理论研究[①]，因此讨论的焦点并不在于要不要扩大对外开放，而是如何进一步实施扩大开放的战略问题。

（一）关于沿海地带的开放战略问题

沿海开放地带（包括十几个港口城市、四个经济特区和海南岛）自北向南沿太平洋西岸，形成中国改革开放的前沿一线。如何根据这一格局，形成一个既有分工又有联系的有机结构和系统，是首先面临的战略问题。

该组组长朱嘉明以及天津代表杜厦、李罗力等提出，应以大连、天津、上海、广东四个地区为中心来规划整个开放地带的宏观生产力配置。大连重点引进为东北重工业技术改造服务的项目，同时发挥地理优势，拓通欧亚大陆桥，发展转口贸易。天津腹地最大，待开发的资源又很丰富，可在对外开放中逐渐由目前的低水平出口加

---

① 参见谷书堂主编，杨玉川、常修泽副主编，李罗力、马建堂、柳欣等参加调研和撰写的《深圳经济特区调查和经济开放区研究》，南开大学出版社1984年版。另参见南开大学经济发展战略研究组（杜厦、李罗力、常修泽、金岩石、郝一生、马建堂、姚林、张志超等）集体研究的《对于天津滨海经济开放区建设的一些设想和建议》（蓝皮书），1984年5月内部印行。

第十四章 1984年中青年经济科学工作者学术讨论会——"莫干山会议" 235

工转向北方特有资源的精深加工,以逐步建立未来渤海湾工业区的优势产业。上海则有条件向尖端技术和新兴产业发展,可在开放中逐步形成知识技术密集型工业中心。广东除盯住香港市场发展中高档消费品外,还应充分估计到南海石油的开发前景,及时起步为石油开发配套并发展石化工业。

上海与会代表陈平、蔡乃中等在提交的论文中,提出了中国沿海开放城市三大板块的构想:第一板块,从大连到连云港,它们的近海有渤海与黄海油田,东面主要对着日本、韩国等,而向西则是三座欧亚大陆桥;第二板块,从温州到北海,它们的近海有南海油田,面对的是中国台湾、中国香港地区和东南亚、大洋洲诸国;第三板块,自南通到宁波,它们地处中国海岸线中部,近海有南黄海和东海油田,面向太平洋,背靠长江流域广大腹地,形成全方位对外的态势。①

围绕沿海地区开放,会议深入讨论了如何创办经济开发区的问题。南开大学经济研究所常修泽指出:"从历史上看,世界上第一个经济特区就设在意大利西北部热那亚湾的港口附近;从现实看,当今世界其他各地兴办的'出口加工区'或'自由贸易区'也大多设在国际贸易的交通线上。"② 他从制度创新角度进行了分析,指出:"在社会主义的国土上开办经济特区和经济开发区,这在历史上是前所未有的。党的十一届三中全会,我们开始摸索、寻找创办经济特区的路子,进行了若干区域性实践,深圳经济特区蛇口工业区是创办比较早而且比较成功的一个。"③ 在会上,他以创办蛇口工业区的实践为"样本",源于蛇口,高于蛇口,提出了未来各地创办经济开

---

① 夏禹龙、谭大骏、陈平、蔡乃中:《沿海开放地带的战略地位》,《经济日报》1984年9月28日《中青年经济科学工作者学术讨论会论文摘登》。

② 常修泽:《从蛇口工业区的开发得到的启示》,《经济日报》1984年9月28日《中青年经济科学工作者学术讨论会论文摘登》。

③ 同上。

发区应该遵循的八个要点。① 南开大学经济研究所李罗力进一步指出:"开发区不能照搬深圳的模式,应允许有利于老市区的产业结构调整的老企业建在老市区,享受与开发区同样的政策。同时国家应明确规定土地使用费标准的上限;还应在开发区内建立封闭的外国人生活区。"② 与会其他代表也指出要处理好开发区新区与原有老区的关系,并提出"新区为老区服务,外资为内资服务"的政策主张。

(二)沿海开放城市的改革问题

该组主持人朱嘉明、杜厦以及与会代表一致认为,沿海开放城市作为中国战略发展的前沿阵地,需要一整套新的经济体制与之适应。不仅如此,沿海开放城市的改革,还可能成为全国改革的"突破口"。认为有必要在"区域的整体改革"和"整体的局部改革"两个方面去摸索新的改革路子。建议在沿海开放地带有选择地"倒逼"推进以下八个方面的改革:(1)计划体制改革。改革的方向是逐渐打破条条与块块的计划管制,使企业有权依据互利原则与外资或合资合作企业建立协作配套关系。(2)流通体制改革。外商独资、合资、合作企业的内销产品不应统购包销,这些企业的内供原料和协作产品,可直接通过订货合同解决。(3)价格体制改革。可以考虑在沿海试行"有限浮动价格体制",应尊重外商独资、合资、合作企业的价格决定权。(4)外贸体制改革。基本方向是外贸企业要成为经济实体。(5)分配体制改革。企业应向自负盈亏过渡,以税收为主要分配形式。(6)金融体制改革。在条件成熟的地方发展股份制经济,并逐步建立多功能的地方银行。(7)劳动体制改革。向招

---

① 常修泽:《从蛇口工业区的开发得到的启示》,《经济日报》1984年9月28日《中青年经济科学工作者学术讨论会论文摘登》。

② 参见李罗力《当前开发区建设中的几个问题》,《经济日报》1984年12月27日。

聘制过渡。(8) 地方政府经济职能改革。由"政企合一"的机构逐步转化为经济协调机构。上述建议，显示了"开放倒逼改革"的思路。

(三) 关于沿海地区开放与内地协调发展问题

上海代表陈申申等十分重视沿海地区吸引外资的重要作用。其他上海代表在提交的论文中也指出：中国是世界上人口最多的国家，有强有力的"资本引力场"，"而中国沿海的老工业基地，经济基础较好，海陆交通方便，作为地区或全国的经济中心城市，正是他们（指外商——笔者注）开辟中国市场理想的前沿地带"。[①]

来自西部组的代表郭凡生（内蒙古自治区党委研究室）也参加了开放组的讨论，对经济界长期以来存在的"梯度推移"理论提出了挑战，指出"梯度推移理论逻辑和推理的理论基础，基本上还是把中国看成一个闭关自守的封闭系统"。"当前，我们正面临着新技术革命的挑战，新技术革命给了不发达地区一个超越性发展的机会"，因此，他认为"国内技术的梯度推移不能构成一个规律"。这一观点引起热烈讨论，并为西部和中部地区的"跨梯度发展"提供了新的理论支撑。[②]

在上述讨论的基础上，由朱嘉明执笔的专题报告指出，沿海对外开放，内地也应对外开放。内地开放的重点是利用外资开发资源，这不仅有利于内地的发展，还将促进沿海的对外开放。首先，利用外资开发内地资源可以解决高技术产业产品全部内销后出现的汇回利润的平衡问题；其次，外资深入腹地开发资源必然要在

[①] 陆丁、张一宁：《引进外资引力何在》，《经济日报》1984年9月28日《中青年经济科学工作者学术讨论会论文摘登》。

[②] 郭凡生：《谈谈技术的梯度推移规律》，《经济日报》1984年9月28日《中青年经济科学工作者学术讨论会论文摘登》。来自西部的代表郭凡生等在会上主张的"跨梯度发展"印象深刻。另参见柳红《西部畅想曲》，《八〇年代：中国经济学人的光荣与梦想》，广西师范大学出版社2010年版，第465—482页。

沿海开拓输出窗口，从而贯通腹地和沿海的资源运输线，为沿海吸引外资创造条件；再次，资源运输线一旦拓通，就可能带起一批企业，沿海初级加工工业可顺势向腹地疏散；最后，跨区域配套生产同时也解决了沿海与内地的联合开放、联合致富的问题，并将影响全国性的生产力宏观配置。这是一个大宏观决策，需要国家统筹考虑。

基于上述认识，与会代表提出以下几点建议：（1）逐步开放二连浩特、满洲里、黑河等陆地口岸，在内地选择几个利用外资条件较好的地区试办"内陆开发区"。（2）鼓励外资到内地合资甚至独资办矿、修路。（3）鼓励外资在内地或沿海进行资源的初加工和深加工，但对污染严重的企业要加以限制。（4）鼓励内地直接引进国际一流技术进行重点建设，并给予一定的优惠和资助。（5）鼓励内地部分省份发挥现有的国防工业、航天工业优势，发展一些相关的高技术产业。（6）鼓励沿海与内地开展多种形式的协作，内地省份可以到沿海开发区合资办企业，也可以保证原料供应为条件进行合资合作，并享有和外商同等的优惠条件。[①] 上述建议不仅对当时有应用价值，而且对此后长远的开放和发展也具有战略意义。

二 关于国有企业改革问题

与上述价格改革和对外开放战略问题相联系的，是企业改革，特别是国有企业（当时称"国营企业"）改革问题。会议组织者在确定选题时意识到，价格改革和对外开放需要相应的微观基础，那就是国有企业必须成为"自负盈亏"的市场主体。唯有如此，才能对价格信号和国内外市场做出理性的反应。围绕此问题，讨论中要

[①] 《中青年经济科学工作者学术讨论会报告》之四《沿海十四个城市对外开放的若干问题的建议》（朱嘉明、杜厦执笔），《经济研究参考资料》1984年10月。

点有三。

（一）关于国有企业改革的基本方向和启动点问题

针对长期以来把国有企业看成"政府行政机构附属物"的观点，会议明确提出，"国有企业应成为自主经营、自负盈亏的商品生产者和经营者"，成为"市场主体"。基于这种理论认识，会议提出国有企业应以"自负盈亏"为基本方向，以此推进企业改革。

会议明确提出"改革从国营小企业和集体企业搞起"的思路。一则国营小企业和集体企业面广量大，将对整个工业和国民经济产生重大影响；二则可为国营大中型企业的改革探索道路；三则国营小企业和集体企业灵活性高、适应性强，可以减少改革的成本。从战略上说，会议提出的是一条"边际演进"的改革道路，以此可以建立可靠的改革根据地，形成对国营大中型企业的包围之势。讨论形成的结论是，国有企业改革的方向是实行不同条件、不同程度的自主经营、自负盈亏。

（二）关于"利润留成"和"股份制"两种改革方式问题

1. 相当一部分代表主张实行国有企业"利润留成"改革

本着国有企业实行自负盈亏的宗旨，相当一部分代表建议对国营小企业和集体企业实行"除本分成"式的"利润留成"改革。实行上述改革后，"交够国家的，剩下是自己的"，企业将有很大的动力，也面临很大的压力。这实际上是承认企业的剩余索取权。

2. 少数代表试探性地提出实行"股份制"改革

持这种新见解的代表认为，实行股份投资，将会使国家一元决策转化为投资者多元决策，同时由国家单独承担投资风险转化为投资者多家承担风险。这些论者主张，"国营小企业可发行部分股票，扩建和技术改造也可发行股票"。尽管提法比较谨慎，没有大胆提出"国营大中型企业可发行部分股票"，但是毕竟提出实行"股份制"改革问题，这对国有企业改革来说意义非同小可。

（三）关于国有企业破产问题

讨论过程中，遇到企业经营不善是否允许"破产"的问题。在这个问题上当时理论界和社会上还是固守传统观念，认为社会主义企业不应该破产倒闭。针对这一传统理论，会议论文和部分代表明确提出"企业可以破产"。[1] 还尖锐提出，"是否允许倒闭，是企业实行真自负盈亏还是假自负盈亏、完全自负盈亏还是半自负盈亏的标志"。

会议建议国家尽快制定"企业破产条例"，或"企业破产法"，先在国营小企业和集体企业试行。这是在经济学界较早明确提出"企业破产"，并由此引发了"企业破产法"的诞生。[2]

三 关于金融体制改革问题

金融是现代经济的核心。中国人民银行总行金融研究所蔡重直、刘渝、齐永贵等金融界代表，对金融体制改革尤其是银行体制改革和发行股票问题颇为积极。

（一）关于近期金融体制改革思路

与会代表指出，中国当时基本上还是实行"统存统贷"的资金管理体制。这样，一则割裂了基层银行信贷业务间的资金横向流动，二则割裂了工商业与各对应层次银行的直接关系，资金流动慢，经济效益差。同时，在中央银行与四大银行并存的情况下，由于不存

---

[1] 例如，郭振英在提交的论文《自负盈亏与企业扩权》中论述了"国营企业的破产问题"，指出："由于经营管理不善，长期亏损的企业达到了相当数额，当然就破产了。但是，在实践中，我们用其他企业的钱来补贴亏损企业，维持它已经枯死的躯壳。我们之所以采取这种办法，是与长期以来存在着一种'国营企业不破产'的理论分不开的。我们应当抛弃这种理论。"参见郭振英《自负盈亏与企业扩权》，《经济日报》1984年9月25日《中青年经济科学工作者学术讨论会论文摘登》。

[2] 《中青年经济科学工作者学术讨论会报告》之三《企业实行自负盈亏，应从国营小企业和集体企业起步》，《经济研究参考资料》1985年4月。

在金融市场，没有中央银行存款准备率、政府债券公开市场业务、证券再贴现三大控制手段，中央银行对专业银行的协调与控制能力很弱。对此，会议提出以扩大地方省一级专业银行自主权作为第一步，加强资金横向流动等建议以及金融改革的配套对策。

(二) 关于发行股票、发展股份经济问题

这是本次会议触及的最为敏感和最有挑战性的议题之一。会前，会议代表蔡重直等以"敢为天下先"的精神提出"建立金融市场"，引起会议关注。[1]

会议讨论指出，股票和债券业务是异常复杂的经济活动，特别是牵涉财产的权利和所有权的利益分配，在很大程度上受市场的影响，建立社会共同认可的准则，格外重要。对于正在出现的股份经济，千万不能把其中一些尚待成熟的好苗头抑制住，建议"一看，二导，三管理"。

鉴于当时绝大部分股票和债券是直接发行，不通过一定的金融中介机构，发行的股票、债券不允许流动，代表指出，这种局面既不便于社会监督和不利于股票、债券的经营，也不符合其本来的性质。建议各级政府提供条件，使暗中的股票、债券交易公开化、社会化。政府在没有设立专门的股票、债券机构之前，其发行、购买、转化和偿付可由银行的信托部承担。为保护股票和债券的发行和购买双方的合法权益，处理双方的纠纷，建议设立适当的仲裁机构。对各类不同性质的企业，会议还提出了不同的股票、债券发行政策，并建议对企业股票和债券的收入征收所得税。这是在国内较早提出发行股票、发展股份制的系统建议，对中国资本市场的发展具有开拓意义。

---

[1] 参见李连第主编《中国经济学希望之光》（蔡重直篇），经济日报出版社1991年版，第754页。笔者最初被分在金融组，1984年9月2日当晚就听到蔡重直讲建立金融市场的意见，印象深刻。

四　关于农村改革和发展问题

农村改革和发展问题，农发组早就做过深入研究。本次会议由于有一批对农村发展素有研究的学者如王岐山、陈一谘、周其仁、裴长洪、白南生、左芳等的参加，所以对农业和农村改革发展的讨论比较深入且居于前沿。[①]

（一）关于农村改革和发展总体形势判断问题

会议认为，我国农村面临新的转折。连续几年成功的改革，一方面提出了深入改革农村经济体制、全面改造农村产业结构的新的历史任务；另一方面为完成这个更深刻的变革准备了条件。特别是整个经济体制全面改革的酝酿，城市和大工业中长期受到束缚的巨大生产力的初步释放，同农村已经实行的改革汇聚到一起，相互激发、势不可当。新的形势提出了一系列新的问题，迫切需要在系统的调查研究的基础上，提出可供决策参考的思想认识和解决办法。

会议着重讨论了新的形势提出的新问题。认为在连续的农业增产，特别是粮食增收面前，出现的新难题是所谓粮食"过剩"问题，表象是"仓容危机"，其实质则是整个国民经济的产业结构、流通体制、收入结构中原有矛盾在新条件下的集中体现。绝不能由此推断我国粮食问题已经获得根本解决，可以从此高枕无忧了。我国粮食产量的进一步增长，既不能够依靠强制生产者接受低价统派的方式来实现，也不能够依靠国家财政补贴的大幅度增长来维持。真正可靠的基础，应当是社会有购买力的需求。目前对粮食的有效需求并没有完全、充分地表现出来，这些方面的需求潜力，应充分挖掘。

（二）关于农产品（首先是粮食）购销体制改革问题

与会者认为，影响以上有效需求充分实现的主要障碍，是粮食（及农产品）购销体制不合理，因此，农产品（首先是粮食）购销

---

① 参见柳红《脚踏实地的农发组》，《八〇年代：中国经济学人的光荣与梦想》，广西师范大学出版社2010年版，第407—426页。

体制的根本性改革更加紧迫。供给型的生产和分配型的商业，在新的条件下必须改弦更张。为此，建议从粮权下放入手，进行粮食及农产品购销体制的全面改革。具体的设想是：（1）补贴包干；（2）下放权力；（3）中央储备，并实行保护价制度。

（三）变革农村产业结构

会议认为，变革农村产业结构是根本解决农产品价格和购销体制的基础。解决这一矛盾的根本出路在于，使一部分农村人口从土地经营中脱离出来，走工业化和城市化道路。为此，与会者提出选择好先导产业、运用好农村资金（预测：到2000年，需要转移3亿多农村人口，平均每年转移出近2000万农村人口，相应每年大约需要资金200亿—300亿元）以及处理好政企关系等建议。

农业和农村发展的讨论成果，最后形成题为《改革粮食购销体制和农村产业结构》的报告，上报中央。3个月后，1985年中央一号文件明确提出"农村进行第二步农产品的统派购制度改革"。

除上述议题之外，会议还讨论了关于发挥中心城市功能问题、关于政府经济职能问题等，以及基本理论组讨论的有关社会主义基本理论问题等。因篇幅所限，不再一一阐述。当然，在当时的背景下，对于与人文关怀相关的公平与效率的关系，以及收入分配和社会保障体系的建立问题，还没有顾及。例如浙江大学姚先国曾提交了《社会主义劳动基金的两重性与我国工资改革》等，会议未能设小组专题讨论。

第四节　莫干山会议的效应和影响

从中国改革史的角度研究，1978年党的十一届三中全会以来，由中青年经济学者主办的会议，有可能被载入史册的，两次比较突出：一是1984年9月的这次莫干山会议；二是1989年3月底到4月初在北京京丰宾馆召开的"改革十年：中青年理论与实践研讨会"（简称"京丰会"）。而莫干山会议作为中国改革开放以来第一次全国性的中青年经济科学工作者学术讨论会，其效应和影响是深远的、多方面的。从会前以文选人、天下招贤；会上自由讨论、执着创新；到会后献计献策、变革求进，受世人之瞩目，跨世纪而弥新。关于本次会议的历史价值，有待于未来的历史学家去进一步研究和评估。仅就当时的效应和影响来说，主要表现在以下几个方面。

一 直接为中央改革决策提供思路和方略

莫干山会议结束后，根据会议讨论的情况，徐景安、朱嘉明、王岐山、黄江南、周其仁等负责起草拟向高层汇报的专题报告，杜厦、蔡重直、田源、蒋跃、刘瑜等多位青年学者参与了执笔（或提纲写作）。经过几天紧张的分析和整理，于 1984 年 9 月 15 日完成八份专题报告：《价格改革的两种思路》（后有两个附件）、《与价格改革相关的若干问题》、《关于沿海开放城市的建议》、《实行自负盈亏应从小企业和集体企业起步》、《金融体制改革的若干意见》、《发展和管理股份经济的几个问题》、《改革粮食购销体制和农村产业结构》、《关于中国现阶段政府的经济职能》。[①]

八份专题报告完成后，遂派代表在杭州向张劲夫做了汇报（此时劲夫同志正在杭州搞调查研究，专门召开了中青年座谈会）。张劲夫听后，问了一些情况，并与与会者进行了座谈，会后于 9 月 20 日做了批示，继之，10 月 10 日国务院领导也做了批示。

除领导批示外，会议提出的若干理论观点和对策思路，比如"企业是自主经营、自负盈亏的商品生产者和经营者"，以及"进一步开放沿海港口城市"的构想等，也被吸收到此后不久（1984 年 10

[①] 《中青年经济科学工作者学术报告》，原载经济日报编辑部《经济文稿》第一期，1984 年 10 月 18 日；半年后《经济研究参考资料》1985 年第 52 期（总第 1252 期）以"中青年经济科学工作者学术讨论会报告"为题选载七个报告（1985 年 4 月 3 日）。

月）召开的党的十二届三中全会通过的《中共中央关于经济体制改革的决定》中。可以说，莫干山会议从一个方面为中央决策提供了有力的智力支撑。

当然，在看到"价格放调结合"改革思路积极效应的同时，也应看到其历史局限性和"双轨运作"带来的负面效应，特别是从双轨价格中套利所产生的寻租行为，导致社会腐败问题的孳生，从而带来新的社会矛盾，对此要有客观的评价。

二　推动中国经济改革理论研究的深化

莫干山会议除了为中央献计献策，还推动了中国经济改革理论的深入探讨。

就在会后不久，即9月25日、9月28日、9月29日、10月4日、10月11日，《经济日报》接连开辟5个专版，以"探讨经济改革中的理论问题——中青年经济科学工作者学术讨论会论文摘登"为通栏标题，刊登会议18篇理论成果。9月25日，选登了2篇，分别是郭振英的《自负盈亏与企业扩权》和吴克的《计划管理中综合运用各种经济杠杆》；9月28日，选登了4篇，分别是常修泽的《从蛇口工业区的开发得到的启示》，郭凡生的《谈谈技术的梯度推移规律》，夏禹龙、谭大骏、陈平、蔡乃中的《沿海开放地带的战略地位》，陆丁、张一宁的《引进外资引力何在》；9月29日，选登了3篇，分别是周小川、楼继伟、李剑阁的《价格改革无需增加财政负担》，张维迎的《价格体制改革是改革的中心环节》，田源、陈德尊的《关于价格改革思路的思路》；10月4日选登了3篇，分别是张宝通的《联产承包适合当前生产力状况》，张太平的《农村家庭经济及其发展趋势》，王长远的《县级经济管理体制改革的趋势》；10月11日选登了6篇，分别是郝一生、杜厦的《搞好沿海城市的产业配置》，夏禹龙等的《借鉴特区形式，开发新兴工业》，朱嘉明、何伟文的《引进先进技术与保护民族工业》，金岩石的《内地资源开发与沿海对外开放》，沈水根的《对外开放与人民币汇兑制度的改革》，李弘、蔡重直的《建立我国的金融中心》；其他报刊也有论作发表。

上述刊发的会议成果，涉及改革发展的重要理论问题。发表之后引发了对其他一些重要问题，如宏观经济调节与控制、财政金融体制改革、产业结构调整以及所有制关系改革基本理论问题的研究，在研究中开始注意引进西方经济学的有益成分，中西结合，洋为中用。不少青年经济学者积极发表文章阐释其观点，形成了20世纪80年代中后期中青年经济学者从事深度学术研究的高潮，并对90年代乃至21世纪前期的经济学研究产生影响。

三 促进中青年经济学者队伍的成长

从历史长河来分析，在20世纪80年代前半期，青年一代的崛起是必然的，莫干山会议则对当时青年一代的崛起起了相当大的助推作用。

首先，把一批中青年学者推上历史舞台。此次会议涌现出一批人才。中央领导不仅重视会议的成果，也开始重视这批中青年学者。会后，一批中青年学者进入政府部门。国家体改委还专门成立了中国经济体制改革研究所，吸纳莫干山会议人员参加。这些中青年学者进入政府部门和相关机构后，为其注入了新鲜血液。除中央外，地方政府也注重发挥青年学者的作用。北京、天津等直辖市和有关省份纷纷成立（中）青年经济学会。①

其次，直接催生《中青年经济论坛》创刊。根据莫干山会上商量的意向，会后不久，由中青年自己创办的刊物——《中青年经济论坛》于1985年4月在天津创刊。它的横空出世，标志着中国中青年经济学者有了自己的学术阵地。以京、津、沪为核心，聚集了全

---

① 例如，在笔者所在的天津中青年经济学会中，成员就有李建国、郑万通、李盛霖、王旭东、罗保铭、邢元敏等。

国各地有影响和活动力的中青年经济学者。①《中青年经济论坛》成为当时颇有影响的经济理论刊物之一。

最后，促进新人才进一步涌现。莫干山会议唤起了更多中青年学者的热情。半年后，即1985年4月，第二届中青年经济科学工作者学术讨论会在天津召开。会议"以文选人"，从2615篇论文中，选出125位作者。马飚、卢中原、马建堂、郭树清、冯仑、刘伟、朱民、洪银兴等就是在这次会上脱颖而出的。

四 形成一股新的会风并影响后世

莫干山会议的会风和文风是比较独特的，这群年轻的经济科学工作者携带一股清新的空气，向长期以来国内盛行的沉闷、僵化的会风和党八股的文风提出挑战。其中突出的有以下两点。

一是"以文选人"。这是会风最闪光之处。选文章的过程中，几个"不讲"，对各行各业、各个层面的中青年产生不小吸引力。"第二届中青年经济科学工作者学术讨论会"的125位代表，就是继承莫干山会议"以文选人"的原则筛选出来并在《经济日报》上昭示天下的。

二是自由讨论。莫干山会议除"以文选人"以外，还特别鼓励学术争鸣，注重维护学术民主和学术自由。王岐山说，保持学术研究的独立性很重要，"怀才不遇可怕，身不由己更可怕"。会议倡导批评，追求真理，注意"头脑风暴"的作用。由于争论非常激烈，

---

① 总编辑：丁望；副总编辑：王小鲁、邢元敏、陈申申、金观涛、郝一生；委员（以姓氏笔画为序）：丁望、王洛林、王战、王小鲁、左志、卢健、田源、邢元敏、刘安、刘佑成、孙恒志、乔桐封、刘景林、朱民、朱嘉明、巫继学、杨沐、李罗力、杜厦、陈一谘、周天豹、陈申申、金观涛、陈伟恕、周其仁、金岩石、张钢、罗保铭、姚林、张朝中、郝一生、高铁生、郭凡生、黄江南、常修泽、蔡重直。第二年编委会有所调整，朱嘉明改任总编，增加罗保铭、黄江南任副总编，增加孙衍、朱小平、伍晓鹰、华生、何凌、杨小凯、陈琦伟、张向荣、张炜、张思平、徐景安、袁中印、散襄军为编委。

会议还发明"挂牌辩论"的方式。这一方式延续下来，1989年3月底到4月初"京丰会"期间，就采取了"挂牌辩论"的方式。这种自由讨论、追求真理的会风对日后的学术研究产生重大影响。

当然，在阐述莫干山会议历史作用的同时，也应该进行冷静的思考。中国经济学未来的发展路程还很漫长，还很艰难，有待于全体经济学人，特别是中青年经济学者矢志不渝的探索和努力。

（执笔人：常修泽，中国宏观经济研究院教授、博士生导师，兼任莫干山研究院学术委员会联席主任）

第十五章

1985年"巴山轮"会议引入西方国家宏观经济管理理论与经验

第一节 背景：微观经济开始放活了，宏观经济管理如何跟上去

1979年改革开放后，推行市场取向改革，首先放活微观经济，农村实行家庭联产承包责任制后，农民开始成为独立的商品生产者和经营者，城市则扩大企业自主权，允许非公有制经济存在和发展，城市市场竞争逐步开展，呈现你追我赶的喜人景象，国民经济开始活跃起来。

与此同时，市场竞争也带来某种无序状态。比如，投资、消费的膨胀带来国民收入的超分配，货币超经济发行引发物价上涨和通货膨胀。在这种情况下，沿用计划经济时期那一套以指令性计划为主要标志的方法进行宏观经济管理已经不行了，无法奏效了，迫切需要探索在新的条件下进行宏观经济管理的有效途径和办法。经济学家们首先从书本上了解到，在市场经济条件下，市场除了具有优化资源配置的优点外，还有其自身的弱点和消极方面，需要政府对宏观经济进行调节和管理。但市场经济国家对宏观经济的管理，并

不是采取直接管理的形式,而是实行以间接管理为主,主要运用经济和法律手段,辅之以必要的行政手段,对经济总量和重大经济结构进行调控,使国民经济稳定健康运行。这还不够,许多有识之士认为,还应当请这方面的国外专家到国内来,介绍市场经济条件下宏观经济管理的理论和经验,以便结合中国的国情,创造性加以运用,改进和完善对国民经济的调节和管理。

在这个背景下,由世界银行驻北京办事处主任林重庚先生邀请了一批国外著名专家,包括美国诺贝尔经济学奖获得者詹姆斯·托宾、英国皇家经济学会前会长阿莱克·凯恩克劳斯、联邦德国原中央银行副行长奥特玛·埃明格尔、匈牙利经济学家科尔奈·亚诺什、法国保险公司董事长米歇尔·阿尔伯特、南斯拉夫经济改革执行委员会委员亚历山大·拜特、美国波士顿大学教授里罗尔·琼斯、波兰经济学家弗拉基米尔·布鲁斯、日本兴业银行董事小林实和艾德林·伍德10位专家,同中国的专家学者薛暮桥、马洪、安志文、刘国光、吴敬琏、童大林、高尚全、陈如龙、尚明、洪虎、杨启先、宫著铭、项怀诚、周叔莲、张卓元、赵人伟、陈吉元、戴园晨、楼继伟、郭树清、何家成、李振宁、田源、吴凯泰等一起,共30多人举行"宏观经济管理国际讨论会"。会议由中国社会科学院、中国经济体制改革研究会和世界银行联合主办,并于1985年9月2—7日在从重庆至武汉的长江"巴山号"轮船上进行。这次会议,就市场经济国家宏观经济管理问题,特别是中国经济体制改革中碰到的宏观经济管理和其他重要问题,进行了深入的研讨。由于这次会议国外著名专家学者比较系统地介绍了市场经济国家宏观经济管理的理论、政策和经验,并对中国市场化改革过程中如何进行和改进宏观经济管理问题,以及市场化改革中碰到的其他重大问题,同中方的权威专家学者交流看法,达成了一些共识。因此可以说,"巴山轮"会议开启了我国宏观经济理论研究的新阶段。

这次讨论会成果,由中国经济体制改革研究会编了《宏观经济的管理和改革——宏观经济管理国际讨论会言论选编》一书,经济日报出版社于1986年6月出版，印数达2万册。会前，时任国务院总理赵紫阳会见了与会外国专家和中方主要成员。会后，1985年10月12日，中国经济体制改革研究会和中国社会科学院联合向国务院写了《关于"宏观经济管理国际讨论会"主要情况报告》。

第二节 "巴山轮"会议讨论的主要议题与看法

从直接管理为主到间接管理为主，是原计划经济国家宏观经济管理体制改革的核心，这是"巴山轮"会议与会中外专家对中国宏观经济管理改革的一致认识。这标志着中国经济学界对宏观经济管理理论认识的一次飞跃。

"巴山轮"会议讨论的主要议题与看法，根据会议归纳，有以下三个方面。

一 关于经济体制改革的中长期目标与步骤

与会专家们认为，经济体制改革必须有一个明确的中长期目标和比较具体的近期措施。对于改革的中长期目标，匈牙利著名经济学家科尔奈教授的分析认为，当今世界各国的宏观经济管理模式，基本上分为两大类。一类是通过行政手段协调，另一类是通过市场机制协调。在前一类中，又可分为直接行政协调和间接行政协调，在后一类中又可分为完全非控制的市场机制协调和宏观控制下的市场机制协调。第一类即行政手段协调的特点是，企业与国家之间存在从属关系，经济活动主要依靠纵向的信息流和集中化的决策进行协调。第二类即市场机制协调的特点是，企业与国家之间不存在从属关系，经济活动主要依靠横向的信息流和非集中化的决策进行协调。当然，他说这只是一种抽象的理论概括，实际上各种方式往往是互相交错、同时存在的。这种分类只是指调节的主要方式，所谓完全非控制的市场协调，就一个国家来说，在实际生活中是不存在的。

社会主义国家经济改革的目标模式，主要指对国有企业的管理，科尔奈认为可以选择间接行政手段协调，也可以选择宏观控制下的市场机制协调。这两种模式都要求基本上取消指令性实物计划指标管理，企业的经济活动主要由国家通过经济手段进行控制。两者的主要区别是，宏观控制下的市场机制协调是由国家通过制定统一的、稳定的经济调控措施和经济法规，对企业进行管理，企业必须依法办事，不再依赖于纵向的行政保护和照顾；间接行政手段协调，虽然国家也规定了一些经济调控措施和经济法规，但通常都不是很有效的，企业最终还可以通过各种渠道，向国家纵向管理机构讨价还价，企业的盛衰与存亡仍然依赖于纵向的行政保护与照顾。匈牙利的改革之所以没有取得预期的成效，主要是在选择两种目标模式之间长期处于两难境地，企业同国家之间继续处于讨价还价的"软预算约束"状态。因此，改革者可以在两种模式中选择其一。他倾向于第二种模式，但认为必须相应创造出三个方面的条件。一是果断地进行价格改革，以保证比价的正确。二是严格地执行各种经济法规；使企业必须承担最后的经济责任。三是逐步开放资金市场，作为经济活动的中介环节。此外，科尔奈教授认为，由于社会主义国家的性质、所有制结构、分配制度、计划的作用和社会道德标准与资本主义国家都不同，采用这种模式与西方的市场经济，在本质上是有区别的。

美国的琼斯教授则认为，在发展中国家，由于市场不发达、不完善，作用有限，单纯用行政手段调节或市场机制调节，都可能失败。中国应选择一个二者相结合的模式，根据不同情况区别对待。在市场处于完全竞争的领域，政府就不必干预；如果市场竞争还是潜在的，政府就应采取措施促进竞争；在还没有竞争的条件下，政府就应有选择地进行行政干预。波兰籍的经济专家布鲁斯也说，经济体制改革的目标,关键是要为市场机制发挥作用创造充分的条件,但市场不是万能的,要克服市场的错误与不足,计划还要起必要的指导作用。

关于改革的方法和步骤,外国专家和学者们认为,中国的经济管理体制,就对国有企业来说,现在还处在从直接行政手段协调向间接行政手段协调过渡的阶段。如果要达到宏观控制下的市场协调模式,还需要有一个长期的过程。改革的方法,首先是要尽可能采用间接的行政手段,如金融货币、财政税收等,对经济进行控制与调节,在必要时再辅之以直接的行政手段调节。对改革的步骤,在讨论中有不同的看法。布鲁斯主张,要从中国的现状出发,分阶段向最终目标过渡,在不同时期对不同的经济部门可以用不同的办法管理,有的用新办法,有的暂时用老办法。科尔奈认为,对改革的步骤问题简单化了不行,有的领域如所有制结构的调整,在公有制为主的条件下,实行所有制的多样化,奖励发展跨行业、跨地区的联合所有制和不同经济成分组成的股份制等,要分步进行;有些领域的改革,如改革计划体制、价格体系、工资制度和金融体制等,应该是一揽子同时进行。英国经济专家凯恩克劳斯则认为,改革要一揽子同时进行,必须是在总供给与总需求比较平衡的情况下才有可能。但进行改革的国家,往往开始时都不具备这样的条件,因此改革应当一步一步走,采取渐进的逐步过渡的办法。英国在第二次世界大战后,从统制经济过渡到主要从宏观上控制需求的经济体制,大概花了9年的时间,其中对外汇的控制一直延续到1979年才取消。

在中国经济出现需求膨胀的情况下,对经济管理采取一些直接行政控制是需要的,如对信贷规定限额,控制工资的增长幅度和控制外汇的使用等。但是应当看到,这样做也存在某种实际的危险,即容易把这种临时性解决问题的措施,变为永久性的管理办法,回到权力过分集中的体制,脱离改革的正确方向和目标。

二 关于宏观经济间接管理的主要调控手段

与会专家、学者一致认为,要实现宏观控制下的市场机制协调模式,国家对企业微观经济活动的直接控制必须放开。与此同时,必须加强宏观经济的间接控制,其核心是要有效控制总需求的合理增长,相应地建立和完善各种间接管理的调控手段。归纳会议讨论的意见,主要是要改革和完善金融货币、财政税收、收入分配、国际收支和计划等方面的体制。

(一) 金融货币

专家们一致强调,完善金融货币制度,在宏观经济间接管理的调控手段中,具有关键的作用。为了充分发挥金融货币手段的应有作用:

第一,要建立广义的货币总量指标或基础货币指标,作为控制总需求的重要手段。埃明格尔认为,广义的货币总量指标,应包括货币发行、活期存款、定期存款和储蓄存款,可用不同权数加权平均计算。但鉴于中国还处在建立新的金融制度过程中,货币流通规律很不稳定,科学的广义货币总量指标,短期内不可能建立起来,可以暂时用规定信贷总额的办法来控制通货膨胀,保证经济的稳定增长。美国经济专家托宾则认为,是否需要有一个广义的货币总量指标,在发达国家中还有争议,对中国现阶段的改革不一定适用。只要是非通货膨胀性的货币增长,就可以不加控制。对中国来说,储蓄存款是目前居民唯一的积累办法,如果把长期的储蓄存款也划入货币总量指标,等于是限制了储蓄的增长,对经济发展是不利的。因此,应当通过控制基础货币(即现金和相当于现金的中央银行负债)的办法,来控制货币供应量和通货膨胀。

第二,要健全与改进准备金的制度。各商业银行按吸收存款的一定比例向中央银行缴纳存款准备金,这是西方国家限制商业银行发放贷款的能力,保证货币稳定的重要金融手段。专家们认为,中国各专业银行向中央银行缴10%的准备金率是不低的，但没有按照不同的存款期限规定不同的准备金率，中央银行对准备金还支付利息，并且要按计划而不是按上缴准备金的多少，向专业银行提供资金，这就抵消了准备金制度应有的作用，是不利于宏观经济的控制与调节的。

第三，要充分发挥利率的调节作用。利率是进行宏观经济间接控制的重要信号，对资源的有效分配、产业结构的调整和微观效率的提高，都有重大的引导作用。总的来说，利率应当放开，除了中央银行可以根据市场货币供求状况确定统一的再贷款利率外，对商业银行的贷款利率不应加以行政干预。根据中国目前的情况，还不可能完全用利率来调节经济活动，但必须改变存贷款利率低于通货膨胀率的负利率状况。将用行政规定利率的办法，逐步过渡到根据经济发展的需要和市场货币情况实行浮动利率的办法，促使企业对利率做出必要的反应。

第四，要建立完善的银行体制。上述金融货币手段作用的发挥，责任主要在中央银行。因此必须强化中央银行的地位。西方国家中央银行的地位，基本上有两种。一种是受议会领导，有较大的独立性，如联邦德国、美国、瑞士、荷兰等。另一种是受政府领导，互相之间存在依赖性，如英国、法国、意大利等。两种做法对控制货币稳定和通货膨胀的效果是不一样的。中国的中央银行要独立于政府之外，是不可想象的，但保持一个强有力的中央银行是必要的。不能将中国人民银行变成计划、财政部门的货币管理单位和出纳机构。同时，要逐步建立一个在中央银行控制下的，由各种专业银行、地方银行等多种银行形式组成的银行体系。对中央银行以外的其他各种银行，要逐步实行企业化，并通过它们的竞争来更好地发挥金融手段的作用。

（二）财政税收

专家们认为，预算是宏观控制的有力手段。财政政策对经济的影响主要有两类：一是直接影响，即政府的预算收入与支出；二是间接影响,即政府依靠银行贷款弥补财政赤字。政府的财政政策,可以是紧缩性的,即增加税收、减少支出;可以是扩张性的,即增加支出、减少税收;也可以是中性的,即通过发行公债来解决政府财政赤字。

财政政策与货币政策存在密切的关系,必须结合使用。一般认为,在当前中国经济增长过热,和存在过度需求的情况下,财政和银行都应采取紧缩政策。从长期来看,在经济发展比较协调的情况下,则应采取紧缩的财政政策和较松的货币政策,尽可能避免采取较松的财政政策和紧缩的货币政策。美国当前实行的就是后一种做法,结果不是令人满意的。但日本经济学者小林实提出,日本在经济高速增长时期,曾经实行过类似美国现行的扩大财政、紧缩金融的政策,结果在有些年度并没有出现财政赤字。因为随着经济的增长,企业和个人上缴政府的所得税大幅度增加。这里,关键的问题是如何健全税收制度,充分发挥税收的作用,以保证经济增长后政府的财政收入能相应地增长。与会专家一致强调,在任何情况下,财政赤字都不能转嫁给银行,不能靠发钞票弥补,主要应该通过发行债券解决。在存在通货膨胀的情况下,除了银行要紧缩信贷,财政如有盈余,应由中央银行予以冻结,以减少市场货币流通量,保持货币和价格的稳定。

(三) 收入分配

与会专家、学者一致指出,工资增长过快,消费需求过度膨胀,是导致当前西方发达国家和部分东欧国家经济困难和通货膨胀的一个重要原因。西方国家一般采用的工资增长率由通货膨胀率加劳动生产率的增长幅度确定,现在证明这不是一种好办法。因为,通货膨胀率和劳动生产率的增长都很难事先准确预计,工资增长以此为基础,实际上是为未来的通货膨胀率定下了基调,必然造成工资与通货膨胀螺旋式上升的局面。这种教训,在中国经济改革中制定收入分配政策时,应当引起足够的重视。因此,他们认为,对国有企业实行工资增长与利润挂钩不一定是好办法。因为,国有企业利润的增长，同国家投资多少和资源条件等外部因素有直接关系，企业间的工资水平不宜过于悬殊，否则就不能真正体现社会主义的按劳分配原则。如果部分企业工资增长过快，就会蔓延到其他企业，一些企业就会把工资成本的提高转移到产品价格上去。从而在社会上形成一股强大的压力，互相攀比，推动工资全面增长，导致通货膨胀的发展。专家们主张，对平均工资增长的幅度，国家必须严格控制，企业和职工的工资增长，超过社会平均增长水平的，必须是真正做出了超额贡献的单位和个人。中国现行的征收超额奖金税的制度，从目前来看，不失为一个好的办法，要严格和普遍执行；但从长期来看，必须寻求更好的改革工资制度的途径，例如实行小时工资制，和使工资与实物产量相联系的办法等。

（四）国际收支

布鲁斯提出，控制对外经济关系、控制投资与控制收入分配，是进行国家经济计划管理的三个不可缺少的因素。控制对外经济关系，不是要垄断对外贸易，而是要使国家保持应有的支付能力，以利于在经过评价和过滤后，有选择地把国外的先进技术和管理经验引进来，为我所用。这种评价和过滤的过程，也许会导致某些直接控制，如控制外汇、控制部分产品的进口与出口等。像中国这样的大国，国内经济不能时时受国外的影响，必须保持必要的独立自主。托宾也认为，用间接办法控制外汇平衡，对中国来说，还不是目前或近期的事，而是未来的事，没有必要牺牲国内宏观经济的平衡来换取外汇的平衡。不要在可以预见的未来，放弃对国际资本流动的控制。无论是现在还是在相当长的时间内，都不要造成公民可以随便取得外汇的自由。

专家们认为，为了保持国内经济增长、维持就业和供给与需要的平衡，可以有计划地对外借款，也可以在外贸经常账户上保持合理的逆差。因为，利用外资来保持一定的投资水平和利用外资来保持较好的生活水平，二者的性质是不一样的。但必须充分重视外汇使用的效益，以保证今后有偿还的能力。实行开放式的经济，建立和保持均衡的汇率是一个关键问题。在外汇经常账户不平衡，出口不景气，人民币币值高估的情况下，调整汇率是不可避免的。但只有在国内过度需求得到控制的条件下，才能发挥作用，否则，调整汇率的好处，将很快被国内价格上涨所抵消。

（五）规划与计划

法国经济专家阿尔伯特提出，实行宏观控制下的市场调节，除了需要很好运用上面几种调控手段以外，如何运用好规划与计划手段，也是一个重要方面。特别在半发达国家，运用计划来减少"不确定因素"和对市场进行综合性研究，促进技术革新和产业结构的调整，有不可忽视的作用。如法国，在第二次世界大战后，由于制定了重点行业发展的规划，并通过公共部门中期订货的形式来刺激公司、企业的科研与技术革新，取得了很大的成功，使法国很快成为第二大核能工业国、第三大军火出口国和飞机制造、航天、通信工业的大国。但是，计划有两种。一种是与市场相对立的计划，这种计划是指令性的，是经济集中化的手段；另一种是市场中的计划，是非指令性的，是经济非集中化的手段。正确的做法，应该是把上述两种方法结合起来，中国的某些经济活动，如对经济基础设施、交通运输、能源工业和新兴产业的发展等，国家还应当控制和承担责任。这样，才能使产业结构的变化适应国际国内市场竞争的需要。但这些企业的生产经营，必须由企业自己进行非集中化的决策。凯恩克劳斯则认为，指令性计划对解决短期短缺是有效的，但如果不平衡是长期的，还是应该通过调整价格或税收来解决。如果指令性计划用得不当，有可能打击生产的积极性，导致生产恶性循环。对于经济活动的指导，只能主要靠协议、说服和磋商，依靠集权式计划的粗暴强迫是不可取的。

三 关于实行宏观经济间接控制的必要条件

与会专家和学者指出，宏观经济间接控制的影响作用，在很大程度上取决于微观经济单位的反应。在实行间接控制的情况下，如果企业对利率、税率、汇率、工资、价格等，不能做出灵敏的反应，宏观经济的间接控制手段就不起多大作用了。因此，必须下决心创造能够促使企业对宏观经济间接控制手段做出灵敏反应的各种外部和内部条件。

（一）要建立比较完善的市场体系

专家、学者们一致认为，实行宏观经济的间接管理，必须有比较完善的市场条件，特别是要建立健全商品市场与资金市场。

首先，要全面开放商品市场，包括消费品市场和生产资料市场。除了战争时期以外，对许多产品实行控制和分配的办法，对经济发展是不利的。和平时期的经济，主要应当是管理需求，而不是组织供给。控制实物产品的做法，无论是对消费者还是对生产者来说，都是令人厌烦的，因为它排斥竞争，窒息了经济发展的刺激力，其代价是很昂贵的。但是，开放商品市场，并不等于政府什么都不管，政府还要运用各种间接经济手段，通过市场机制的作用，来影响和引导企业的经济活动。然而，政府所采取的措施，必须有利于竞争和保持市场的统一性，避免导致市场的任何分割。布鲁斯认为，南斯拉夫经济中所出现的严重困难，在某种程度上就是由于全国八个行政地区各自为政，相互分割封锁，没有一个统一市场所造成的。

专家们普遍认为，开放商品市场，必须同时开放要素市场。没有一个正常的要素市场，特别是金融市场，就不可能有一个正常的商品市场。因为，要实行宏观经济的间接管理，充分发挥金融货币手段的作用，是一个非常重要的条件。不能设想，先建立商品市场，然后再建立金融市场。目前，中国除必须建立发达的银行体系以外，建立股票市场可能还不到时候，但建立债券市场的时机已经成熟了，应该在开放商品市场的同时，逐步发展债券市场。这样，有利于企业通过发行债券筹集资金，提高资金使用的效益；有利于政府通过发行债券弥补财政赤字，减轻中央银行的压力；有利于增加公民的长期财富，减少社会流动资金对市场的冲击。同时，由于债券的利率和还本期限都是事先固定的，不能高价倒卖，有利于防止开放资金市场后可能引起的投机活动。但债券的发行,有两种形式,一种是派购性的,另一种是自由购买的。前一种等于是上缴,后一种才是真正的债券,应当尽可能避免采取前一种形式。并且,要有必要的立法,保障债券持有者的权益。托宾则认为,中国不仅可以开放债券市场,还应当考虑开放股票市场,如何在中国既建立比较完善的资金市场,又不牺牲社会主义原则,是一个需要严肃谨慎对待的问题。

布鲁斯还指出,由于中国在相当程度上没有劳动力市场,影响对未来改革目标的考虑。在这种情况下,对国有企业的管理,必然要超出西方主要利用金融货币管理的传统手段,市场机制的作用将受到限制。苏联在劳动力的流动方面,比中国灵活一些。这个问题值得中国考虑。

(二)要积极果断地进行价格改革

多数专家认为,要建立完善的商品市场,必须放开商品价格,改变价格扭曲的状况。为此,必须把结构性物价调整引起的价格上升,与通货膨胀加以区别。这是很重要的。只要不是因为货币发行过多,而是由于经济生活中的某种压力而促使价格上涨,就不是通货膨胀。如某种产品长期价格偏低,需要合理调整价格;粮食歉收引起的粮价上涨;国际市场价格波动,引起国内物价上涨。这些都不是通货膨胀。只要合理控制货币供应总量,把实物产品的价格放开,并不会引起价格的全面上涨。控制价格,关键是要控制三种战略性价格,即资金价格(利率)、劳动价格(工资)和外汇价格(汇率),而不是控制实物产品的价格。世界银行的经济专家林重庚指出,在中国当前经济增长率较高的情况下,应当抓紧时机,果断地改革物价,核心是改变用行政手段来确定价格的办法,因为任何官员都不可能算出每种商品的价格应当是多少。按照某些社会主义国家已有的经验,用行政手段确定价格,先要用两年时间收集情况,然后再用两年时间研究才能得出结论,最后还要半年时间才能印出物价表,要付诸实施至少需要四五年时间,早已时过境迁。由此可见，主要用行政手段来调整价格体系，不仅需时甚长，而且很难达到应有的效果。

对于中国和其他社会主义国家中存在的一种商品两种价格的状况，会上有两种不同的评价。科尔奈认为，商品价格是互相依赖的，一个环节不合理，很快会传到其他环节，一部分市场价，一部分行政价，价格不可能发出准确的信号，很难解决企业"软预算"的问题。而布鲁斯则认为，中国对生产资料实行"双轨制"价格，可能是一种有用的发明。因为其他社会主义国家还只有消费品的两种价格，没有实行过生产资料的两种价格。这种办法，有利于从一种价格体系，过渡到另一种价格体系，成为由行政官员直接定价，平稳地过渡到市场定价的一种桥梁。但应当意识到，它不是尽善尽美的，最重要的是，实行"双轨制"价格的时间，无论如何不能持续太长。

（三）要实行多样化的所有制形式和经营方式

布鲁斯提出，社会主义国家的公有制企业对经济发展能起重要的作用，这是应当肯定的，但也应看到，在社会主义条件下，也有使所有制多样化的必要性。因为至今还很难证明，一种所有制形式对另一种形式有绝对的优越性。社会主义国家的传统看法，往往是把国有企业当成最好和最理想的形式，实际上都不是单一的国有制形式。如苏联宪法宣称，只有全民和集体两种所有制，但名词和现实对不上号。可是，对集体和个体所有制，总是采取轻视和排斥的态度，把集体所有制改造成了大体相当于全民的形式，在管理方法上同国有企业的区别微乎其微。个体经济，在有的社会主义国家，如在波兰的农业中，虽然长期起着主要作用，但往往不是遭到正面攻击，就是被围困起来，希望它有一天会垮台。即使在最容忍时期，最多也只是允许其存在。所以，可以说，在社会主义国家中，至今还不存在比较完善的多样化所有制形式，而这一点实在太需要了。

所有制的多样化，应当既包括国有经济，也包括集体经济和个体经济。很重要的一点，是要给集体经济以充分的社会主义性质和地位。对于国有企业的经营管理方式既可以采用传统的形式，也可以有新的形式，如实行联合经营和股份制等，会更有利于经济的发展。中国现在已开始提出并考虑这类问题，是很好的。因为，合理的所有制结构和经营方式，对企业的效益有非常重要的影响，中国农业改革的突出成就和非国有经济活力增大所取得的效果，已经明显地证明了这一点。阿尔伯特还认为，市场的作用远比生产资料所有制的问题更重要，在某些领域实行国有化是必要的，但前提是国有企业也要参与市场竞争，而不能阻碍市场的运转。

（四）要给企业以必要的独立性

专家们提出，国营企业也可以有比较高的效益。必需的条件：一是要赋予企业以必要的独立决策权力。企业不但要有日常经营活动的决策权，而且要有必要的投资决策权。布鲁斯认为，匈牙利经济改革之所以停滞不前，主要原因之一，就是企业的投资决策权基本上仍然集中在国家手中，并通过直接计划手段加以控制。阿尔伯特比喻说，这种由企业决定日常生产经营，由国家决定发展方向、产品结构和投资的办法，企业管理人员必然是一只眼睛看着上级，另一只眼睛看着市场，等于一个人同时追两只兔子。在这种体制下，谁也不可能对企业负责，是不能取得好的效果的。二是要使企业有一个公平的竞争环境。不仅在国内同一行业内要互相开展竞争，取消垄断，而且在可能条件下要参与国际竞争。尽可能避免不必要的行政干预和保护，不使任何一个竞争者受到特殊照顾。企业长期经营不善，应予改组或倒闭。补贴不但对国营企业，甚至对私营企业，都只能是"安眠药"，而不是"补药"。财政部完全可以把这种钱节省下来。三是要把国有企业置于公众监督之下，使企业不致因自己的利益而损害国家、社会和消费者的利益。

与此同时，要改变政府机构管理企业的职能和办法。政府机构对企业的管理，可以参照跨国公司的经验，主要是：（1）任命总经理；（2）下达明确的目标；（3）监督企业的经营活动；（4）实行奖惩制度；（5）提供必要的资金和作出投资决定；（6）做出长期的协调计划。除此之外，其他什么也不管，让企业自行决定。对国营企业，可以实行董事会制度。董事会应由代表国家利益、职工利益和消费者利益三方面的人士组成，其中代表国家利益的人应占多数。为使企业领导人的行为符合全局的利益，他们的工资、奖金应当由国家决定，经营不好的应随时予以撤换。

（五）要建立健全经济信息与经济监督系统

专家们普遍认为，要管好中国这样庞大的开放经济，建立一个完善的信息系统，是刻不容缓的任务。托宾说，我1972年访华时就曾经提过这样的建议，今天我还要再一次建议。如果没有可靠的统计资料和经济分析做基础，就不能做出准确的经济预测和正确的宏观决策。阿尔伯特也强调，任何国家的经济发展，都是随着信息的发展而发展的，必须把经济信息与经济计划，放在同等重要的地位。离开准确信息所制订的计划，往往都是盲目的计划。

为了保证宏观经济间接管理各种调控手段的有效实施，专家们还提出，必须加强有关的经济立法，建立全国统一的会计制度和独立的审计系统。没有一个全国一致的会计制度，对企业的经营成果就很难做出准确的评价，社会资源的分配就难以取得良好的效益。没有严格的审计制度，就不可能防止企业的欺骗和违法行为，经济法规也无法得到认真的贯彻执行。

上述几个方面的讨论成果，其中不少对我国的经济体制改革，是有一定借鉴和参考价值的。随着我国经济体制改革的不断深入，我们应该坚持从我国的实际情况出发，在注意研究改革中出现的新情况、新问题和认真总结我们自己实践经验的同时，通过各种方式，继续进行国际经济管理经验的交流，是很有好处的。①

---

① 以上摘自中国经济体制改革研究会编《宏观经济的管理和改革》，经济日报出版社1986年版，第3—15页。

第三节　若干评论

1985年"巴山轮"宏观经济管理国际讨论会,对国内关于宏观经济管理理论乃至经济体制改革理论,具有非常重要的意义,在某种程度上可以说具有里程碑式的意义。这次研讨会对实际工作也很有意义,正如薛暮桥在开幕词中说的:"要把微观经济搞活,必须加强对宏观经济的控制。现在我们还不善于加强宏观管理,所以微观放活以后,就出现许多漏洞。去年第四季度到今年第一季度,就出现了银行信贷基金失控和消费基金失控,给今年的经济体制改革增加了困难。因此,召开经济计划和宏观管理国际研讨会,就有特别重要的意义,我们对会议寄予很大的希望。"[1]

我们认为,这次会议经过讨论,以下几点共识是特别重要的。

第一,在微观经济放活以后,政府对宏观经济的管理,应从原来的直接管理、计划管理转变为间接管理为主,即主要运用经济和法律手段辅之以行政手段进行管理。这也是宏观经济管理体制改革的主要内容。

第二,宏观经济管理的经济手段主要是实行适当的财政政策和货币政策。一般来说,在宏观经济过热即总需求大于总供给时,宜实行紧缩的宏观经济政策,收紧财政和信贷;而在宏观经济过冷即总供给大于总需求时,宜实行扩张性的宏观经济政策、财政赤字和信贷扩张。总的是根据宏观经济形势变化实施不同的财政政策和货币政策以及两者之间的很好搭配。在特殊情况下,如中国1985年,由于面临发生严重通货膨胀的危险,治理之道是应当采取财政、货币和收入"三紧"的政策。

---

[1] 中国经济体制改革研究会编:《宏观经济的管理和改革》,经济日报出版社1986年版,第59页。

第三，宏观控制下的市场协调机制，有利于资源的优化配置，是最有效率的体制，可作为我国选择中长期改革目标的重要参考。这同我国 1979 年以后市场取向改革是一致的。为此，必须对以指令性计划为主要标志的计划经济体制进行根本的改革。

第四，为使政府对宏观经济的间接管理有效，就要深化国有企业改革，发展非公有制经济，使每一个企业都真正成为独立的市场主体，即能对市场信号特别是利率、汇率、价格等信号做出灵敏反应调整自己经济行为的利益主体。为此，国有企业要改变"软预算约束"状态，不要一只眼睛盯住市场，另一只眼睛盯住政府。

第五，要建立一个有效的宏观经济管理体系，还要建立和完善市场体系，特别是建立和完善金融市场和劳动力市场；要积极果断地改革价格形成机制和价格体系，要建立健全经济信息和经济监督系统；完善收入分配政策，防止消费需求过度膨胀；等等。

（执笔人：张卓元，中国社会科学院经济研究所研究员）

第十六章

1985年起以放开价格为主的改革推动市场价格论的形成和经济迅速活跃起来

价格是国民经济中最灵敏的杠杆。在市场经济条件下，价格是最重要最有效的信号，是调节生产、流通、消费的指示器，价值规律这只看不见的手是通过价格的涨落来调节社会经济活动的。即使是在计划经济体制条件下，只要还保留商品生产和交换，价格的作用也是无法忽视的。行政定价造成的价格扭曲，往往给国民经济带来消极的影响，甚至造成国民经济的严重失衡。工农业产品价格"剪刀差"及其扩张，严重抑制了农业生产的发展，造成工农业的严重失衡。价格杠杆的灵敏性、有效性和重要性，使它成为新中国成立以来经济学界关注的一个重点，掀起了一次又一次讨论的热潮，提出了不少有价值的创新成果。

中国经济改革的一个特点是，党和政府在改革开放初期就高度重视价格改革，不断出台改革措施，1985年起就以放开价格为主，1987年党的十三大报告即明确提出：要逐步建立少数重要商品和劳务价格由国家管理，其他大量商品和劳务价格由市场调节的制度。这实质是要建立市场价格制度，从而比1992年确立社会主义市场经济体制改革目标早五年。市场化价格改革动手既早又快，使社会经济生活迅速活跃起来，给老百姓带来许多实惠，并推动经济运行机制迅速转轨。

第一节　改革开放前的研究与探索

改革开放前我国主要是实行传统的计划经济体制，价格的形成以行政定价为主，价格问题的研讨与探索是在这一背景下展开的。主要研讨内容大体有以下几个方面。

一　是否要计划价格和如何体现价值规律的要求

在计划经济体制确立后，价格的形成以计划价格为主，计划价格是否要体现价值规律的要求，多数经济学家持肯定意见；至于如何体现价值规律的要求，则有不同意见。

薛暮桥认为，在社会主义制度下，商品的价格是由国家计划决定的，但是，国家在决定价格的时候，必须正确利用价值规律，慎重考虑价值规律的作用。他指出，根据价值规律的要求决定价格的客观因素主要有三项：（1）商品的价格主要决定于它本身的价值；（2）货币是衡量价值的尺度，货币所代表的价值如果发生变化，商品价格也将跟着发生变化；（3）商品的供求关系也在一定程度上影响商品价格。[①]

于光远持有类似观点，他认为价值规律对计划价格的制约作用体现在以下三个方面：（1）尽管价格是国家规定的，但价格不能完全脱离价值；（2）当价格和价值发生背离时，价值规律就会根据背离的情形，发挥作用，产生这样或那样的后果；（3）在社会主义制度下，价格变化长期的总的趋势是向着价格

[①] 参见薛暮桥《价值规律和我们的价格政策》，《红旗》1963年第7—8期。

接近价值的方向前进。①

孙冶方则进一步认为,等价交换的原则必须贯彻执行,价格应该以不背离价值为原则,党的价格政策必须以等价交换的原则为依据。他指出,以下三种说法是错误的,即(1)价格同价值相符是经济原则,而价格背离价值则是政治挂帅;没有价格同价值的背离,便没有价格政策。(2)在实践中,执行等价交换的原则还要照顾政策。(3)价格是国民收入再分配的杠杆,是社会主义积累的手段,农产品的采购价格应该永远低于其价值,工业品的销售价格应该永远高于其价值。②孙冶方的上述观点,是同他主张"千规律,万规律,价值规律第一条"相一致的。

价格的基础是价值,价格的运动受价值规律调节,价格政策必须尊重价值规律。当时经济学界的主流观点是正确的。

二 在社会主义制度下,计划价格形成的基础是不是生产价格

这是讨论的热点,异常激烈,并且在1964年以后至"文化大革命"期间把这一学术争论变成政治问题,主张生产价格论者被说成是宣扬反革命修正主义,孙冶方是最大的受害者。

以孙冶方为代表的一些经济学家在1959—1964年断断续续发表论文提出,在社会主义制度下,价值转化为生产价格具有客观必然性,生产价格是商品计划价格形成的基础,即以部门平均成本加上平均资金利润率确定的利润为基础。承认生产价格是承认资金利润率的必然的逻辑的结论,同时也只有承认生产价格才能贯彻投资效果的计算。社会主义经济中生产价格的形成是受物质技术条件(主要是对劳动者的物质技术装备)在社会主义生产过程中起着日益重

---

① 参见仲津(于光远)《社会主义制度下价值规律的作用问题》,《学习》1957年第10期。

② 参见孙冶方《关于等价交换原则和价格政策》(1961),《社会主义经济的若干理论问题》,人民出版社1979年版,第152—156页。

要的作用和社会主义社会化大生产的经济条件制约的。为了在经济上承认物质技术条件在社会主义经济中的作用，要求价值转化为生产价格，以便使国民经济各部门创造的剩余产品，按照各部门资金占用量的多少进行分配。这样做的积极作用有：（1）有利于扩大再生产的顺利进行。（2）能够把生产单位的经济效果同社会的经济效果结合起来，从而有助于人们合理选择生产和投资方案。（3）有利于促进企业、部门和整个国民经济采用新技术，从而有利于技术进步，提高劳动生产率。（4）有利于正确处理不同部门和不同企业之间的关系。（5）有利于各部门、各企业努力节约占用资金。[①]

社会主义经济中存在生产价格命题的提出，立即在经济学界引起了争论。一些人不同意这个观点，他们认为社会主义价格形成的基础只能是价值，而不需要任何其他转化形态。有的文章认为，生产价格存在，不决定于大机器生产的物质条件，而决定于生产资料资本主义私有制，社会主义经济的本质不可能产生生产价格。在大机器生产的物质条件下，表现社会劳动的范畴，依然是社会价值而不是生产价格。利用生产价格、平均资金利润率范畴，对于社会主义经济实践并不能起到积极作用，相反会产生一些不良影响。[②]有的文章也认为，在社会主义经济中资金和利润并无必然联系，资金利润率不是评价企业先进落后的标志。否则，必然排斥社会主义原则及国家对企业的计划管理。个别企业的盈利和整个社会的需要不能等同，如果使平均资金利润率成为自动调节器，是和有计划发展的国民经济的要求不相容的。[③]

由于批判生产价格论的调子越来越高，并逐渐扣上宣扬修正主

---

① 参见孙冶方《论价值》，《经济研究》1959年第9期；杨坚白《国民经济平衡和生产价格问题》，《经济研究》1963年第12期；何建章、张玲《试论社会主义经济中的生产价格》，《经济研究》1964年第5期。

② 参见何桂林等《生产价格不能成为社会主义价格形成的基础》，《经济研究》1964年第4期。

③ 参见戴园晨《评生产价格和资金利润率论》，《经济研究》1964年第9期。

义的政治帽子,1965年以后,直至"文化大革命"结束,正常的学术讨论被迫停止。

三 关于农产品价格形成问题

一是农产品价格形成是取决于中等还是劣等土地生产条件的耗费?有的主张由中等生产条件决定,认为社会主义计划经济条件下,不允许虚假的社会价值存在,因而不应由劣等土地生产条件的耗费来决定。① 有的则主张农产品价格取决于劣等土地的生产条件,认为这是由于还存在产生级差地租的自然条件和经济条件,因此,要考虑级差地租因素,按照在劣等土地生产条件下生产农产品的劳动耗费(部门成本)和合理利润,来规定农产品的收购价格,是一种客观的必然性。② 在当时,比较多的论著持有后一种即马克思在《资本论》第三卷分析农产品价值形成的著名观点。

关于工农业产品价格"剪刀差"问题,孙冶方提出了新的观点。他主张改变通过级差利润形式积累资金的办法,应该实行税收的形式。因为,直接税同间接税相比较,前者是比较合理和进步的一种负担形式。工农业产品价格的"剪刀差"是一种隐蔽的间接的负担形式,其缺点在于它的隐蔽性,使国家和农民双方都不能清楚知道国家到底从农民手中取得多少积累。③

四 顾准提出和倡导在市场价格基础上对社会主义经济运行进行研究,这是改革开放前价格理论研讨的最大亮点

1957年,顾准撰文指出,社会主义既然受制于价值规律,那

---

① 参见刘光杰《我国社会主义制度下农产品社会价格决定问题》,《江汉论坛》1962年第6期。
② 参见汪涛、粟联《关于社会主义级差地租产生原因的探讨》,《经济研究》1962年第2期。
③ 参见孙冶方《把计划和统计放在价值规律基础上》,《经济研究》1956年第6期。

么，使价值规律支配价格运动，价格就会平衡供需，刺激生产。使价值和价格差离达到违反价值规律的程度，不免加深供销脱节，阻碍生产发展。因此，不管计划规定价格也好，还是经济核算制度自动调节价格也好，价值规律支配价格的运动都是必要的。对于企业生产而言，独立成本核算是必需的，在追求优势和利润的过程中，企业自然而然地对价格做出反应，计划不能代替市场，计划应当是预测，而不是"个别计划的综合"。他还推论说，企业将自发地根据利润选择和调节生产，价格将自发地上下浮动，这样一来价格的运动将实际上发出要求增加或减少生产的信号。① 由上可见，20 世纪 50 年代，顾准的经济理论思维是大大超前的，已接近社会主义市场经济论的水平，其对经济理论的贡献是非常突出的。

第二节　改革开放初期价格理论争论与创新

改革开放以来，中国经济学界在价格理论创新方面成果突出，创新的价格理论对价格改革实践的推动作用成效明显。在 20 世纪 80 年代和 90 年代，中国价格改革一枝独秀，走在其他改革特别是企业改革和宏观管理改革前面，大大促进了我国经济运行机制的转轨，使市场迅速活跃起来。价格改革的成功实践，在相当大的程度上得益于经济界和经济学界对于在社会主义制度下价格要回到交换中形成，以及用市场价格论取代行政定价论的广泛共识。当然，也得益于党和政府对价格改革的重视。早在 1984 年党的十二届三中全会的《中共中央关于经济体制改革的决定》就明确指出，"价格是最有效的调节手段，合理的价格是保证国民经济活而不乱的重要条件，价格体系的改革是整个经济体制改革成败的关键"，这就大大激发了社会各界对价格改革

---

① 参见顾准《试论社会主义制度下的商品生产和价值规律》，《经济研究》1957年第3期。

的重视和热情。反过来，价格改革的一系列成功实践，又为价格理论创新提供了丰富的材料和经验，使经济学家有条件研究中国价格改革的客观规律性。同时，规范价格行为的《中华人民共和国价格法》也于1998年5月开始实施，将价格改革纳入法治的轨道。

中国价格改革虽已取得实质性进展，但并未完全过关，价格体制和价格体系仍需完善。因此，价格理论有待继续创新，价格改革规律有待进一步探索。进入21世纪后，中国经济增速加快，从2003年起已连续五年GDP增速达到两位数。与此同时，人们发现，经济增长付出的资源环境代价过大，资源和环境容量成为经济增长的主要"瓶颈"。这就要求认真落实科学发展观，加快转变经济发展方式，从主要追求数量增长转移到主要追求质量提高上来，好字当头，好中求快。在这方面，理顺价格关系，特别是理顺生产要素和资源产品价格关系，正如党的十七大报告指出的，要使它们的价格能反映市场供求关系、资源的稀缺程度和环境损害成本，成为最突出最现实的问题。生产要素和资源产品价格的市场化改革，已成为能否转变经济发展方式、实现经济又好又快发展的焦点。这就迫切要求价格理论的进一步创新，以推动价格改革的进一步深化，为使经济社会转入科学发展轨道贡献力量。

让我们首先回顾在改革初期价格理论争论和创新。

从1978年党的十一届三中全会做出改革开放的重大决策，并决定首先大幅度提高农产品收购价格（1979年18种主要农产品收购价格平均提高24.8%）以刺激农业生产的恢复和发展后，中国在960万平方千米的土地上掀起了改革开放大潮。中国经济在改革开放的强力推动下，实现了持续高速发展，成为世界上经济增速最快的大国，到2009年已成为全球第二大经济体。在整个经济体制转轨过程中，价格改革对经济运行机制的根本转变，即从命令经济转为市场经济，起到了关键的作用。改革开放大潮促进和带动了价格理论的探索、争论和创新，而价格理论的创新又反过来推动价格改革的步步深化。从一个侧面来说，思想理论先行，思想的解放、理论的创新，对改革实践的顺利推进起着决定性作用。

中国价格改革正是在不断解放思想、突破传统价格理论禁锢过程中向前推进的。改革开放以来，价格领域研究大体有以下几方面理论争论。

一　是否应以市场价格体制作为价格改革的目标

改革初期，党和政府采取一系列调价措施，如大幅度提高粮食等农产品收购价格，鼓励农民增产农产品并取得成效。有的同志据此认为，靠政府调整价格也能理顺价格关系。20世纪80年代中期，理论界还推荐测算影子价格，有的经济学家夸大影子价格的作用，企图通过采用决策价格体系来理顺价格关系。[①]

与此不同，许多经济学家主张让价格回到市场交换中形成，并以市场价格体制作为价格改革的目标模式。调整价格以及影子价格、浮动价格等只能作为过渡形式加以利用。他们认为，由于改革之初价格结构严重扭曲。这集中表现在不同行业的资金利润率悬殊上。1979年，县及县以上国营工业企业的平均资金利润率为12.3%，但不同行业差距很大：手表61.1%，工业橡胶49.4%，针织品41.1%，自行车39.8%，染料油漆38.4%，石油37.7%，油田34.1%，缝纫机33.1%，化学药品33.1%；而煤炭只有2.1%，化肥1.4%，铁矿1.6%，化学矿3.2%，船舶2.8%，水泥4.4%，半机械化农具3.1%，木材采选4.8%，农机5.1%。[②] 因此在改革初期，为避免一下子全面放开价格带来利益关系的剧烈变动和增强价格改革的可控性，需要采取调整价格的办法，参考影子价格，以及利用浮动价格等，这是无可非议的。但是要看到，调整价格有其固

---

① 参见国务院经济技术社会发展研究中心产业政策研究组《资源最优配置与决策价格体系》，《成本与价格资料》1987年第20期。

② 参见何建章等《经济体制改革要求以生产价格作为工业品订价的基础》，《中国社会科学》1981年第1期。

有的缺陷,调价可能使一时价格关系顺一些,但因为没有改变价格形成机制,过不了多久,由于供求关系等变化,原来比较顺的价格关系又不顺了,出现新的扭曲。所以,单靠调整价格是永远理不顺价格关系的。只有实现价格形成机制的转换,即放开价格由市场调节,建立市场价格体制,才能从机制上保证理顺价格关系,保证形成比较合理的价格结构。[①]

中国价格改革实践证明,建立和完善市场价格体制的主张是符合中国市场化改革的方向的。

二 价格改革是一步到位,还是逐步推进

怎样推进价格改革?也有不同的思路。一种看法主张快速推进,最好一步到位[②];另一种主张逐步推进,不能操之过急。在实践中,采取的是后一种主张。

前面两种不同的主张,背后是要不要在保持物价大体稳定的条件下推进价格改革之争。持前一种意见的学者认为,在价格改革过程中要抛弃稳定物价口号,说"稳定物价"是一种"非商品观念的物价意识",稳定物价会束缚我们自己的手脚,"可能使我们越搞越被动"[③]。而持后一种意见的学者则认为,由于长期实行政府定价,各种商品的价格被人为地压低了。进行价格改革,无论是调整价格还是放开价格,都会使物价水平有所上涨。要达到理顺价格关系的目的,一般认为要上涨一倍左右或者更多。这样如果企求快速推进价格改革,甚至一步到位,使物价总水平大幅度上涨,则会带来社会的震荡,使市场出现混乱,包括抢购物资等。这是不可取的。而采取逐步推进价格改革的办法,虽然在改革过程中会带来物价上涨,

---

① 参见张卓元主编《中国价格模式转换的理论与实践》,中国社会科学出版社1990年版。

② 参见吴稼祥等《管住货币一次放开价格的思路》,《世界经济导报》1988年8月8日。

③ 同上。

但可以在一个比较长时期比如十年十几年消化，分摊下来，每年物价上涨幅度不会超过两位数，这样风险会比较小，从而比较稳妥。事实上，从 1978 年到 2017 年，我国居民消费价格指数年均增速为 4.86%，物价处于大体平稳状态，这就使我国价格改革能够比较顺利地推进。

三 工业生产资料价格双轨制是并为市场价单轨制还是计划价单轨制

这个问题，在 20 世纪 90 年代初期发生过较大的争论。工业生产资料价格实行双轨制（即计划价和市场价）是中国渐进式改革的产物，从 1985 年起持续了五六年时间。20 世纪 90 年代初，双轨价差大幅缩小，具备并轨条件。有的经济学家以工业生产资料有许多是关系国计民生的产品，在社会经济活动中有重要作用和供求不平衡（供不应求）为由，主张工业生产资料双轨价主要并为计划单轨价。有的同志更明确主张，生产资料价格双轨制并轨时，80% 以上要并为计划价。持这种意见的同志还认为应着力研究和计算这些产品的合理利润水平，作为定价的依据。[①]

与此不同，许多经济学家认为在工业生产资料双轨制价格改革中，应坚持以市场为取向，着力解决价格的形成机制问题，扩大市场机制的作用。当时消费品价格绝大部分已经放开并且成效显著，不能让工业生产资料价格转为计划价格而同消费品价格形式相对峙。同时，20 世纪 90 年代初双轨价差已大大缩小，而市场单轨价不会带来物价总水平的大幅度上涨。在转轨过程中，不应把主要精力用在计算各种产品的价格水平和利润水平上，而应是放开由市场调节。[②]

[①] 参见温桂芳《在治理整顿中适度推进价格改革——中国价格学会座谈会纪要》，《价格理论与实践》1989 年第 12 期。

[②] 参见张卓元等《生产资料价格双轨制向何处去》，《中国物价》1990 年第 11、12 期。

后来的实践表明，工业生产资料价格双轨制并为市场价单轨制是成功的。对于中国工业生产资料价格实行双轨制，国外一些著名经济学家给予高度评价。1985年9月，在著名的"巴山轮"会议上，波兰经济学家布鲁斯就说："生产资料实行双重价格，是中国的发明。它可以作为一个桥梁，通过它从一种价格体系过渡到另一种价格体系，也就是说由行政、官定价格过渡到市场价格。有了这个桥梁，过渡起来就比较平稳。"① 而美国经济学家斯蒂格利茨则认为实行生产资料价格双轨制，"采用的是一个天才的解决办法"②。

四 价格改革要不要排除通货膨胀的干扰

改革开放以来，伴随着经济的高速发展，曾几次出现短时期的中度以上通货膨胀。这就提出了价格改革能不能在通货膨胀条件下顺利推进的问题，或者价格改革要不要排除通货膨胀的干扰问题。

有的经济学家主张，用通货膨胀来支撑经济的快速增长，尽快把"蛋糕"做大，价格改革只能在通货膨胀中推进。

有的经济学家则不赞成这种主张，认为用通货膨胀来刺激经济的快速增长，只能在短时间内见效，但留下后患，从长远看不利于经济的持续快速增长。③

在通货膨胀条件下，比如1988年、1993—1995年，价格改革很难迈出实质性步伐，更不能"闯关"，而且为了控制物价涨幅过大需要把一些已经放开的价格重新管制起来，造成不合理比价复归，出现新的价格扭曲。为了顺利推进价格改革，包括实现工业生产资料价格双轨制并为市场单轨制，必须首先治理通货膨胀，稳定经济，

---

① 参见中国经济体制改革研究会编《宏观经济的管理和改革》，经济日报出版社1986年版，第51页。

② 斯蒂格利茨：《中国第二步改革战略》，《人民日报》（海外版）1998年11月13日。

③ 参见成致平《有关物价与通货膨胀的若干认识问题》，《价格改革30年（1977—2006）》，中国市场出版社2006年版。

稳定物价总水平。正如著名经济学家薛暮桥指出的，1988年又想绕过制止通货膨胀这一步，不顾物价飞涨而加速价格改革的步伐，这年夏季下决心要"闯关"，但是消息刚刚透露，各地立即发生提存抢购风潮，这一风潮把主观设想的加快价格改革的方案一下子冲得无影无踪。事实证明，要实现价格改革，必须坚决遏制通货膨胀，这是一条应该牢记不忘的教训。[①]

中国价格改革实践证明，后一种主张是现实可行的，排除通货膨胀的干扰有利于顺利推进价格改革。

第三节 对价格改革规律性和基本经验的探索

随着价格改革的展开和深化以及经验的积累，从改革开放初期起，经济学界就开始探索中国价格改革的一些规律性，提出了自己的看法。如有的文章提出，迄今为止，我们初步认识到的价格改革的规律性主要有以下几个方面：

（1）价格改革包括价格体系改革和价格管理体制改革两大方面，这两方面改革要配套进行，并且要善于通过价格管理体制的改革推动价格体系的合理化。价格管理体制改革最根本的是实现从行政定价为主到市场定价为主的过渡。

（2）新价格模式要求有计划控制宏观价格（包括控制物价总水平、主要比价关系和战略性价格）和放活微观价格（以市场价格为主），价格改革在总体上要符合这一要求。

（3）价格体制改革，要逐步进行，一般包括如下三个阶段：调整价格，使各行业能够得到大致相同的利润水平；放开价格，使价格能充分反映市场供求关系；同国际市场价格挂钩。

（4）理顺价格关系，要分步骤和配套进行，首先要理顺基础产

---

① 参见《薛暮桥回忆录》，天津人民出版社1996年版，第421页。

品价格，基础产品价格理顺了，就能促进整个价格体系的合理化。

（5）价格改革的难度和主要矛盾在于要处理好理顺价格和稳定价格的关系，价格改革能迈多大的步子，其进程和成效取决于改革会带来多高的物价上涨率，国家、企业和人民群众能否承受得了。

（6）要为价格改革创造比较良好的经济环境，其中最主要的是经济协调发展，总供给和总需求及其主要结构的平衡，货币供应量的增长同经济发展和经济市场化需要相适应，即使出现超前增长时也要控制在5%以内。①

有的论著，还提出中国价格改革的基本经验是：

（1）价格改革必须处理好改革、发展和稳定的关系。

（2）遵循价值规律，转换价格机制，建立以市场形成为主的价格机制。

（3）渐进式推进、逐步深化。

（4）各项改革协调配合，有序推进。

（5）加强党和政府对价格改革的领导，使价格改革沿着正确的轨道前进。②

有的文章认为，中国价格改革头三十年的经验有：

（1）以具有中国特色的社会主义理论为指导，从中国的实际出发，坚持改革的市场取向，是改革取得成功的根本保证。

（2）解放思想、敢闯敢干、善于创新是价格改革顺利推进的强大动力。

（3）积极稳妥，认真探索，实行渐进式改革，是中国特色的价格改革成功之路。

（4）坚持以人为本，关注民生，妥善地协调和解决改革中的种种利益关系和矛盾，取得广大人民群众的理解和支持，是改革取得成功的动力所在。

---

① 参见张卓元《价格改革规律性探索》，《江汉论坛》1987年第8期。
② 参见李盛霖主编《价格知识问题》，中国市场出版社2005年版。

（5）既坚持价格改革的关键地位，又做好同其他改革的协调配套工作，争取各方面的支持，使改革获得可靠的物质保障。

（6）加强价格管理和研究机构的建设，为价格改革顺利进行提供理论指导和组织保证。①

理论是实践的先导。中国价格改革过程中一些重要问题的讨论或争论，体现着人们不断地解放思想、深化认识、推进理论创新，并对改革实践起重要推动作用。比如，关于必须尊重价值规律的作用、让价格回到市场交换中形成的讨论，关于工业生产资料价格双轨制如何并轨的讨论，对于价格改革坚持市场化取向，至关重要。另外，价格改革实践经验日益丰富，又使改革理论不断深化和发展，比如，对于价格改革规律性的探索，在很大程度上是改革实践提供的经验初步概括出来的。而价格改革理论的创新，对深化价格改革，又起着新的带动作用。

第四节　价格理论创新有力地推动价格改革一枝独秀

在价格理论不断创新推动下，中国价格改革在20世纪80年代和90年代可以说是一枝独秀，走在国有企业改革和其他改革前面。价格的逐步放开带来市场的活跃，国民经济充满活力，出现了"中国的奇迹"。一些经济学家在不同时期撰文，回顾这一段改革历程，认真总结其成功经验。

一　中国经济体制改革从一开始就明确以市场为取向，逐步引入市场机制，改革传统的排斥商品生产和市场关系的计划经济管理体制

1992年，进一步确定以社会主义市场经济体制作为改革的目标

---

① 参见温桂芳《价格改革30年：回顾与思考》，《财贸经济》2008年第11期。

模式。同时,中国是一个拥有十多亿人口的大国,社会生产力和人民生活水平比较低(1978年全国有2.5亿人尚未解决温饱问题),各地发展也很不平衡,因此,改革经济体制既要坚定不移,又要十分慎重,分地区分步推进,"摸着石头过河",恰当选择改革顺序和着力点,不能一步到位。中国价格改革的成功实践,充分说明中国经济体制渐进式市场化改革的必要性和取得的巨大成效。

中国价格改革之所以取得巨大成功,最重要的是既坚持改革的市场取向,又采取逐步推进的方针,具体说就是先调后放,调放结合,逐步放开,逐步同国际市场价格相衔接。1984年以前以调整不合理比价差价为主,使各行各业都能得到大体相近的利润水平,兼及放开价格。1984年以后以放开价格为主,兼及调整价格。这样做,可以在保持物价总水平的大体稳定(年平均上涨率不超过6%,至多不超过10%)的条件下推进。同时要抓住机遇,一旦条件允许,就在有的地区大胆地放开价格。广州市是在20世纪70年代末80年代初最早放开蔬菜、水果、水产品、猪肉等价格的,结果是"放到哪里活到哪里"。放开价格之初,价格有点上涨。但不久由于供应充足很快价格就平抑下来、稳定下来,老百姓拍手称快。放开价格带来的最大变化是取消凭票供应。广州市20世纪六七十年代票证最多时达118种,随着商品价格一样一样地放开,市场供应增加,票证一个一个被取消。1982年还有48种票证,1988年只剩粮票、糖票两种。不久连这两种也取消了。[①]

全国各地差不多都在几年的时间内走了广州市走的放开价格的路子。1985年开始,国家放开了除国家定购的粮、棉、油、糖等少数品种外的绝大部分农副产品的购销价格。工业消费品价格也逐步放开。1985年放开了缝纫机、收音机、手表等价格,1986年放开了自行车、电冰箱、洗衣机等七种耐用消费品价格,1988年放开了13

[①] 《广州放开农产品价格——中国价格改革由此开端》,《粤港信息日报》1988年7月5日。

种名烟名酒价格。在这之前，1982年9月和1983年8月先后放开了160种和350种小商品价格。1992年，随着宏观经济环境改善，政府放开大批商品价格，中央政府管理的商品价格目录大大减少。其中，重工业生产资料和交通运输价格由原来的737种减少为89种，农产品价格由原来的40种减少为10种，轻工商品由41种减少为9种。从此，中国的市场价格体制初步形成了。[①]

中国在放开价格的过程中，充分显示了市场的"魔力"，即一些产品放开价格后，尽管一时出现了上涨，但是很快这部分产品就会像泉水般涌流出来，增加供给，活跃市场，价格也逐渐稳定下来，使越来越多的商品从一向短缺、排队抢购、黑市猖獗到供应充裕、琳琅满目，让老百姓亲身感受到改革给大家带来的实惠，使改革得到广大群众的有力支持。2006年，在社会商品零售总额、农副产品收购总额和生产资料销售总额中，市场调节价比重就分别达到95.6%、97.7%和91.9%。[②] 价格的放开带来了市场的全面活跃，整个国民经济充满生机和活力。

二 中国价格改革过程中，20世纪80年代中后期实行工业生产资料价格双轨制并于90年代初并为市场单轨制的实践，是渐进式市场取向改革的生动范例

中国同种工业生产资料在同一时间、地点上存在计划内价格和计划外价格，是1984年开始出现的（个别品种如原油1981年就出现了计划内平价与超产高价两种价格[③]），1985年后遍及所有产品。据1988年统计，在重工业品出厂价格中，按国家定价销售的比重，采掘工业产品为95.1%，原材料产品为74.6%，加工工业产品为

[①] 马凯：《中国价格改革20年的历史进程和基本经验》，《价格理论与实践》1999年第1期。

[②] 参见《人民日报》2007年8月25日。

[③] 成致平：《从山重水复到柳暗花明——生产资料价格双轨制始末》，《价格理论与实践》2018年第11期。

41.4%，其余为计划外价格即市场价销售部分。工业生产资料价格双轨制，是在短缺经济环境下，双重经济体制特别是双重经济运行体制并存的集中表现，是双重生产体制和物资流通体制的集中表现。双轨制价格能刺激紧缺物资的增产，鼓励超计划的生产，满足计划照顾不到的非国有经济包括乡镇工业企业的原材料等的需要，有助于调剂余缺、调节流通，还有助于了解正常的比价关系等。这是实行双轨价的有利的一面。与此同时，双轨价又常常在利益驱动下影响供货合同的履行，助长投机倒卖、营私舞弊等，这是它的弊端。经验表明，如果双轨价差不是那么大，市场价格高出计划价格一倍以内，双轨价的积极作用可以发挥得好一些；而如果价差很大，超出一倍，其消极作用就很突出。20世纪80年代中期，实行双轨价初期，价差不是很大，如1985年年底、1986年年初估计，价差在一倍左右，属正常范围。但此后在需求过旺的推动下，市场价格往往比计划价格高出一倍多，甚至两三倍，造成市场秩序混乱，倒卖生产资料活动猖獗，要求取消双轨制价格呼声很高。1990—1991年，由于宏观经济环境改善，供求关系趋于缓和，双轨价差缩小至一倍以内甚至50%以内。党和政府抓住有利时机，对双轨价进行并轨，主要并为市场单轨价。这也说明，工业生产资料价格双轨制及其向市场单轨制过渡，是中国渐进式市场取向改革的又一成功实践。

三 中国经济体制改革使中国经济出现了"奇迹"，突出的标志是，经过十多年的改革，从1997年起，就告别了困扰全国人民几十年的短缺经济，市场一片繁荣，人民生活水平大幅度提高，开始形成大家梦寐以求的供大于求的买方市场格局。而促成这个重大转变的直接动力，正是市场化的价格改革

价格改革使各种产品和服务的价格，不再由政府制定和调整，而是回到市场交换中形成，从而使价值规律有对商品的生产和交换充分发挥调节作用的广阔空间。商品供应不足，价格上涨，从而刺激商品生产者开足马力增加生产，增加供应；相反，如果商品供应

过多，价格下跌，从而刺激消费者多消费，生产者减少生产和供应，然后又可能出现商品供应不足、价格上涨的情况。如此循环往复，使社会生产和社会需求内在联系起来。改革开放前，我国长期实行计划经济体制，逐渐走向短缺经济，市场供应紧张，凭票配给、排队抢购现象很普遍，人民生活很不方便。实行改革开放，特别是推进价格改革，逐步放开商品价格，在商品价格有所上涨后，旋即有力地刺激了商品生产者多生产多供应，以便在市场竞争中加快发展，提高效益。在市场机制作用下，每个市场主体都力求扩大市场占有份额，促使一批又一批商品大量增加，新产品层出不穷，品种增加，质量提高。长期短缺的商品如食品、服装、家电、建材等很快丰富起来，市场格局出现根本性变化，从卖方市场转为买方市场，即市场上大部分商品供求平衡或供给略大于需求，消费者主权开始形成并能实现。

买方市场的形成使维护公平竞争的市场环境也发生变化。过去，地方封锁市场主要是不让本地生产的农产品原材料外运，甚至派民兵在县市边界把守；而在买方市场格局形成后，地方封锁则主要表现为市场封锁，即要求市场销售本地产品，阻挠外地产品进入本地市场竞争。总之，价格放开，市场竞争，带来的是繁荣与发展。市场经济体制能解放生产力，提高资源利用和配置效率，正在于此。

价格改革不仅直接导致中国从短缺经济转向买方市场，而且促进了我国经济的快速增长。价格是市场配置资源的核心。放开价格和转向实行市场价格体制，使价格能较好地反映价值和市场供求关系，反映资源的稀缺程度，形成比较合理的价格结构。这就给生产者和经营者发出比较准确的市场信号，使生产者和经营者知道应当生产和经营哪些商品，从而促进资源配置优化，提高经济效率，推动经济持续快速发展。世界银行曾对三十多个价格偏差高低不同的发展中国家的经济增长率进行比较，发现价格偏差（扭曲）较高的国家经济增长率比平均数低2个百分点，而价格偏差（扭曲）较低的国家经济增长率则比平均数高 2 个百分点。① 中国改革开放以来，从 1978 年到 2010 年，经济增长加速，平均增速比同期全球经济平均增速和发达国家平均增速高两倍多，其中一个重要原因是，价格放开后，价格结构趋于合理，从而促进了资源配置优化。

第五节　广义价格改革论的提出和 21 世纪深化生产要素与资源产品价格改革任务

20 世纪 90 年代，我国绝大部分物质产品和服务的价格已逐步放开，由市场调节。经济学界开始探讨价格改革的内涵问题，是只限于物质产品和服务价格的改革即狭义价格改革，还是应既包括物质产品和服务价格的改革又包括生产要素和资源价格的改革即广义价格改革？

有的经济学家倾向于把价格改革限制在物质产品和服务价格的改革，这同当时价格主管部门只管物质产品和服务价格的范围相一致。从这个认识出发，到 20 世纪 90 年代初期，由于那时绝大部分商品和服务价格已经放开由市场调节，市场价格体制已初步建立，因此认为中国价格改革已"过万重山"，基本完成了。与此不同，许多经济学家认为，价格改革不能只限于商品和服务价格的改革，还应包括生产要素（资金、土地、劳动力、技术等）和资源价格的改革，从狭义的商品和服务价格改革发展为广义的包括生产要素和资源价格的改革，正是价格改革深化发展的内在逻辑。因为随着社会主义商品和市场经济理论研究的进展，生产要素和资源被确认要逐渐商品化并进入市场，显露其价格，广义价格及其改革的重要性被提出来并得到广泛的重视。事实上，从 20 世纪 90 年代起，我国价格改革实践就已经进入一个新的阶段，其特征是物价、工资、利率、

---

① 世界银行：《1983 年世界发展报告》（中文版），第 63 页。

第十六章 1985年起以放开价格为主的改革……经济迅速活跃起来

汇率（后来又包括资源，例如土地和其他自然资源价格）联动的广义价格的调整与改革，从实物产品和服务价格的市场化扩大到生产要素和资源价格的市场化。只有跨越这一阶段，市场机制才能全面形成，市场对资源优化配置的功能才能真正发挥，市场取向改革才能取得全面的进展。可见，广义价格改革过程同市场机制整体功能的发挥的统一，是21世纪价格改革的显著特点，这正好标志着人们对价格改革认识的深化，而这个认识又有力地推动了价格改革的深入。有的论著提出，商品价格体系包括反映物质资料再生产的价格体系和反映生产要素与物质资料相关性的价格体系，具体指物价、利率、股息、工资、汇率以及信息、科技转让的价格体系。价格改革正是要理顺上述价格体系。[①]

党的十七大报告进一步提出，加快形成统一开放竞争有序的现代市场体系，发展各类生产要素市场，完善反映市场供求关系、资源稀缺程度、环境损害成本的生产要素和资源价格形成机制。这具有十分重要的指导意义。报告不仅明确价格要反映资源的稀缺程度，而且第一次把环境损害成本列为价格形成因素，并着重提出要完善生产要素和资源价格形成机制。在全面建设小康社会的过程中，深化价格改革，就是要认真贯彻和落实党的十七大报告的精神。

中国价格改革到现在已取得实质性进展。大量商品和服务的价格已经放开，由市场调节，市场价格体制已初步建立。但是，仍需进一步完善。进入21世纪以后，在经济高速增长的同时，生产要素（特别是土地）和能源资源的"瓶颈"制约越来越突出，价格改革重点已逐步转移到继续推进生产要素和资源产品价格的市场化改革上。[②]

深化生产要素和资源价格改革，实现生产要素和资源价格市

[①] 参见许崇正主编《中国社会主义市场价格学》，浙江大学出版社1991年版。

[②] 参见张卓元《深化资源产品价格改革，促进经济增长方式转变》，《张卓元改革论集》，中国发展出版社2008年版。

化，是完善社会主义市场经济体制的内在要求。社会主义市场经济体制的标志，是市场在资源配置中发挥基础性作用，而所谓资源，就是各种生产要素，包括资金、劳动力、土地、技术以及一些自然资源如矿产资源、水资源和环境资源等。要发挥市场在资源配置中的基础性作用，关键是发展生产要素市场和生产要素与资源价格市场化。生产要素和资源如果不能进入市场自由流通，生产要素和资源如果不能自由地由效益较低的行业进入效益较高的行业，资源配置就无法优化和更加有效。而生产要素和资源进入市场自由流通就意味着生产要素和资源价格由市场形成。只有放开生产要素和资源价格，生产要素市场才能很好地发展起来。

改革开放以来，从20世纪90年代起生产要素价格开始逐步放开。但是这方面的进展仍然不是很快。除技术价格市场化程度较高外，其他要素价格仍受政府管制或政府干预较多。最重要的生产要素——资金的价格利率，市场化仍未实现，贷款利率双轨制明显。重要生产要素——土地的价格也是扭曲的。我国人均耕地不足1.4亩，只及世界平均水平的40%，在工业化、城市化进程中，要严格限制、有效使用从农用地转为非农用的土地，杜绝浪费宝贵的土地资源。但土地市场与规范要求还有距离。农用地转为非农用地收益分配也不够合理，失地农民没有得到应有的补偿。进入21世纪以后，随着农民工大量进城，各种劳动力市场以及人才市场等迅速发展起来。劳动力资源丰富，是我国的一大优势，要积极推进户籍制度改革，建立和健全统一规范的劳动力市场，形成城乡劳动者平等就业制度，劳动力价格逐步实现市场化，可以使数以亿计的农村剩余劳动力平稳有序地向城市，向第二、第三产业转移，以提高我国的社会劳动生产率。据统计，农村劳动力转移到第二、第三产业，劳动生产率平均提高4—5倍。可见，劳动力价格市场化、劳动力市场的发展，对中国经济的快速增长多么重要。

进入21世纪以后，随着我国经济的快速增长，资源短缺问题日益突出，资源价格改革、资源产品价格市场化问题突出起来，成为今后中国深化价格改革的一个重点。有些生产要素如土地也是一种重要资源，资源的价格改革也包括了一部分生产要素价格的改革。

进入21世纪以后，特别是2003年到2007年经济两位数增长，粗放型经济增长方式带来的资源"瓶颈"制约越来越突出。

首先，这几年能源消费量大幅度增加，能源消费弹性系数从改革开放以来直至2000年的0.5以下跃升为"十五"期间的2002年、2003年和2004年的1以上，2005—2007年仍达0.93、0.76和0.59，电力消费弹性系数则从2000年起至2007年，年年超过1，2008—2010年则分别为0.58、0.78和1.27。

其次，我国能源和其他重要资源并不富裕，而利用效率低下，这样消耗下去难以为继。一方面，我国人均占有的石油、天然气和煤炭资源储量分别为世界平均水平的2/5、4.5%和79%，45种矿产资源人均占有量不到世界平均水平的一半，铁、铜、铝等主要矿产资源储量分别为世界平均水平的1/6、1/6和1/9。人均耕地占有量为世界平均水平的2/5，人均淡水资源占有量为世界平均水平的1/4。

另一方面，我国能源资源利用效率低。2005年，我国万元国内生产总值能耗为1.22吨标准煤，相当于美国的3.2倍，日本的8.7倍。2005年，我国GDP占世界GDP的5%，但一次能源消耗量占世界总量的14.7%（煤炭则占36.9%），钢材消耗量占世界总量的27%，水泥消耗量占世界总量的50%。2006年，我国GDP占世界GDP的5.5%，但一次能源消耗量占世界总量的15%，钢材消耗量占世界总量的30%，水泥消耗量占世界总量的54%。[1] 2009年，中国生产粗钢5.68亿吨、水泥16.5亿吨，分别占世界总产量的43%和52%，绝大部分由自己消耗掉了，一次能源消耗31亿吨标准煤，占世界总量的17.5%，而同年我国GDP只占世界GDP的8.7%。多年来能源资源的过度消耗使我国能源资源日显短缺，越来越依靠进

---

[1] 参见《中国经济时报》2007年3月19日。

口，致使主要矿产品的对外依存度，从1990年的5%提高到2010年的50%。原油、铁矿石、氧化铝、精铜矿等40%甚至50%以上都要依靠进口。中国在国际市场上对资源产品的旺盛需求，带动了国际市场资源性产品价格的大幅度上涨。1998年年底，国际市场原油价格每桶才10美元多一点，2008年一度涨到147美元一桶，2011年仍维持在100美元左右一桶。

最后，伴随着能源消耗的迅猛增长，主要污染物排放量不断增加，生态和环境也在恶化。中国能源结构长时间以煤炭为主，能耗高往往带来环境污染的加重，从而带来经济损失。根据国家环保总局和国家统计局发布的《中国绿色国民经济核算研究报告（2004）》，2004年，全国因环境污染造成的经济损失为5118亿元，占当年GDP的3.05%。[1] 报告还指出，这个数字还是不完全的，实际损失还要大一些。瑞士达沃斯世界经济论坛公布的"环境可持续指数"评价，在全球144个国家和地区的排序中，中国居第133位。

为使中国经济持续快速协调健康发展，转变经济增长方式和发展方式，建立资源节约型和环境友好型的生产方式和消费模式，已成为刻不容缓的问题。

我国"高投入、高消耗、高污染、低效益"的粗放型经济增长方式之所以难以根本转变，一个重要原因在于，长期以来，我国资源产品价格受政府管制，明显偏低，鼓励人们滥用浪费，这已成为经济学界的共识。[2] 主要表现在：

（1）地价低。一些地方政府用行政权力向农民低价征地，然后办开发区等，用低价出让土地招商引资。

（2）水价低。直到2010年，我国城市的水价不仅没有包括水资源价格，有的还不包括污水处理费或者污水处理费很低，低于成本。

---

[1] 参见《光明日报》2006年9月9日。
[2] 参见朱明龙、周志高《资源要素价格改革与"三过"问题解决途径》，《价格理论与实践》2008年第7期。

农用水几乎是免费的，各个城市水价普遍偏低。水价低导致我国水行业有些年全行业亏损。

（3）长期以来能源价包括煤价、油价、天然气价、电价低。大量高能耗产品之所以争着出口，是因为中国能源价格长时期处于低水平。

（4）矿产品价格低。长期以来我国10多万个矿山企业中仅有2万个矿山企业是要付费取得矿山开采权的，绝大部分是通过行政授予无偿占用的。2005年，我国矿产资源补偿费平均率为1.18%，而外国一般为2%—8%。

要建立资源节约型社会，形成节能、节地、节水、节材的生产方式和消费模式，必须深化资源产品价格改革，使它们的价格能很好地反映资源的稀缺程度。有许多资源产品，它的开采和使用，往往会损害环境和破坏生态，所以它们的价格还要反映环境损害和生态破坏成本。总的是逐步提高价格，用价格杠杆迫使生产企业和消费者节约使用资源，提高资源利用效率，使整个经济运行走上资源节约型轨道。

世界银行的研究报告指出，有的经济学家2004年对2500家公司做的研究发现，能源使用量的降低，55%归于价格调整的结果，17%是研究与开发的结果，还有是工业所占份额的变化等的结果。[1]

我国有的城市严重缺水，有限的水资源如何分配给企业，是政府计划分配，还是用公开拍卖谁出的价高卖给谁的办法？事实证明，用后一种办法能有效利用水资源。《中国物价》[2]中的一篇文章介绍，美国的研究结果是，水价从每立方米7.9美分提高到13.2美分，用水量减少42%；从15.9美分提高到21.1美分，用水量减少26%。可见，价格杠杆的作用是非常明显的。

---

[1] 世界银行：《中国"十一五"规划的政策》（2004年12月），第70页。

[2] 参见段治平《我国水价改革历程及改革趋向分析》，《中国物价》2003年第4期。

总之,要转变经济增长方式和发展方式,提高资源利用效率,必须推进价格改革,纠正资源产品价格长期偏低的扭曲现象。

在理顺各项资源产品价格过程中,重点是调高能源价格,提高天然气和汽油价格,还要逐步调整煤炭和电力的价格。提高能源价格,是降低能源消耗系数的有效途径。

此外,要提高矿山资源补偿费;水价应计算水资源价格,污水处理费要能补偿成本并略有利润;经营性土地价格一律公开规范拍卖,严防暗箱操作,等等。

总之,要根据经济发展需要和社会的承受能力,按照价值规律的要求,逐步提高资源产品价格,并择机放开资源产品价格。有的经济学家指出,2005年和2006年,CPI上涨率只为1.8%和1.5%,是调整能源资源产品价格的大好时机,可惜当时由于对资源产品价格改革的重要性认识不够到位,以致丧失了时机,没有及时地对资源产品价格做较大幅度调整。因此应特别注意抓住有利时机,加快推进资源产品价格改革。经济学家普遍认为,2009年是资源产品价格改革的好时机,希望不要再次错过。[①] 同时,提高水、电、油、气等价格后,要考虑对农民和低收入群体的某种补助,包括适当提高最低生活保障标准或发放临时补贴等。

(执笔人:张卓元,中国社会科学院经济研究所研究员;路遥,中国社会科学院财经战略研究院副编审)

---

① 参见董小君《理顺资源价格切不可再失良机》,《中国经济时报》2009年6月3日。

第十七章

1987年国家体改委组织八个单位制定中期改革规划纲要

1987年10月至1988年6月,国家体改委组织中国社会科学院课题组、北京大学课题组、中共中央党校课题组、中国人民大学课题组、吴敬琏课题组、国务院农研中心发展研究所课题组、国家计委课题组和上海课题组,就我国中期(1988—1995年)改革规划纲要分别提出报告。这是在我国经济体制改革由旧体制机制向新体制机制转变的关键时期,由国家体改委托有关经济主管部门、科研机构、大专院校、个别直辖市上百名专家学者,就此后5—8年的经济改革应如何展开提供具体的思路、设想和规划纲要。中国经济改革的成功实践表明,这些规划纲要提出的许多观点、思路和设想,既有现实针对性,又具有超前性、创新性,对推动经济改革起了良好的作用。因此,这是一次集中各方智慧为改革献计献策的成功探索。上述8个课题组的报告,连同国家体改委综合规划司汇总八家方案的报告,汇编成《中国改革大思路》一书,由沈阳出版社于1988年7月出版,印数达5万册。该书因对中国经济改革有重要理论创新和实用价值,获得孙冶方经济科学奖。

第一节　鼓励探索集中智慧的成功尝试

1978年改革开放以后，我国经济学界在党的解放思想、实事求是、团结一致向前看思想路线指引下，不断冲破各种思想禁锢，异常活跃，呈现百花齐放、百家争鸣局面。这次制定中国中期改革规划纲要，也充分体现了这一点。

八家课题组分别提出中期改革规划纲要，最显著的特点是勇于探索，敢于创新，提出了不同的具体改革思路和方案。大家在中国经济体制要坚持市场化或市场取向改革方向上是完全一致的，但如何具体推进市场取向改革，中期改革的主线是什么，如何妥善处理改革、发展和稳定的关系，短期快速转轨还是需用较长时间逐步转轨等方面，各家提出了各自的主张，并且互相争辩，各不相让，真正形成了百家争鸣的可喜景象。

当时争论最大的，是关于中期改革的主线是什么，提出了三种不同的主张：

第一种以北京大学课题组和中共中央党校课题组为代表，主张企业改革中心论或所有制改革中心论，主张中期改革以企业改革为主线，积极推行股份制，建立现代企业制度。

第二种以吴敬琏课题组为代表，主张以价格改革为主线，着力实现经济运行机制转轨，以便为企业改革和其他改革创新提供一个良好的市场环境。

第三种以中国社会科学院课题组为代表，主张企业改革和价格改革、所有制改革和经济运行机制改革双线推进，即两条主线论，认为这两方面改革如同一个硬币的两面，不可偏废，而应协调配套进行。

围绕着关于改革主线的三种不同主张，各课题组都对自己的观点做了大量的系统的论证。应当说，这些论证都是言之成理的，从

第十七章 1987年国家体改委组织八个单位制定中期改革规划纲要 293

而各自成一家之言。

不仅如此，1987年冬，在京郊怀柔某宾馆，各家在交流各自主张和观点时，还进行了热烈的讨论，展开了不同观点的友好争论。那么多经济学家，坐在一起，就中国经济改革问题，进行互不相让的争论，令与会的人今天回忆起来，还觉得很有意思。本章执笔人作为当时中国社会科学院课题组负责人之一，也曾积极参与讨论和争辩。

关于主线争论，还可以追溯到头一两年。在此之前，即1986年年底和1987年年初，论坛上关于企业改革和价格改革是不是有主次和高低层次之分，已经有过不同意见争论。厉以宁教授1986年11月3日在《世界经济导报》上发表《先改价格还是先改所有制选择哪个思路》一文，主张先进行所有制改革后进行价格改革，认为与所有制改革相比较价格改革有十大弊端。有的经济学家与厉教授观点不同，曾写文章《价格改革仍然是经济体制改革的关键》[①]与之争辩。改革主线之争已过去20多年，现在回头看，当时争论的意义已远远超出谁对谁错的问题，最主要的是激发了经济学家积极参与中国经济改革，贡献自己的智慧。

当时讨论的另一热点问题是关于经济改革的环境问题，即改革要不要一个比较稳定的经济环境问题。20世纪80年代初期和中期，我国经济学界关于能不能用通货膨胀的政策支撑经济的高速增长，有过比较激烈的争论。有的经济学家主张或倾向于用通货膨胀的政策支撑经济的高速增长，以便尽快把"蛋糕"做大，宣扬通货膨胀无害有益论，同时认为中国改革只能在通货膨胀条件下推进；另一些经济学家则反对用通货膨胀的政策支撑经济高速增长，认为通货膨胀不仅不利于经济的稳定和长远的发展，而且不利于改革的顺利推进。中国社会科学院课题组主张后一种观点，为此提出了"稳中

---

① 《价格改革仍然是经济体制改革的关键》，《成本与价格资料》1987年第1期。

求进"的改革和发展思路，主张前三年（1988—1990年）以稳定经济、治理通货膨胀为主，为改革创造相对宽松的环境，后五年（1991—1995年）改革可以迈出较大的步伐。这个问题的争论，总的说是到1988年价格闯关被迫中止以后才逐步取得比较一致的认识。

确立新经济体制的主导地位需要多长时间？各家方案也有分歧。最乐观的意见是四年，即首先通过一年的"稳中起步"做准备，后三年进入决战阶段，主要通过理顺经济参数和建立符合我国商品经济发展要求的组织制度和组织体系两方面改革，实现基本转轨。多数方案则争取在八年或稍长一些时间内，确立起新经济体制的主导地位。现在看来，当时许多经济学家可能对改革转轨的复杂性、艰巨性估计不足，设想实现体制机制基本转轨的时间偏短。尽管如此，经济学家们对改革的热情和对转轨的急切期待是应予充分肯定的。

第二节　改革理论创新和切合实际的政策建议可圈可点

八家制定的中期（1988—1995年）改革规划纲要，有许多改革理论创新和切合实际的政策建议，即使现在读起来可圈可点之处仍然很多。这充分体现出中国经济学家具有较深的经济学造诣和良好的改革谋略。

第一，准确把握新经济体制的基本框架。正如国家体改委综合规划司在归纳八家方案时指出的，各家方案较一致的看法是：中期改革的目标，应该是通过新、旧体制的转换，确立社会主义商品经济新体制的主导地位。这种新经济体制的基本框架是"政府调控市场，市场引导企业"，它包括相互联系的三个方面的内容，即"经济运行的市场化，企业形态的公司化，宏观调控的间接化"。现在看来，这"三化"的概括是颇有新意的，即使是在明确了经济体制改革的目标是建立社会主义市场经济体制的今天看来,这"三化"也是对新体制基本框架的比较接近准确的概括。

第二,明确提出企业改革的中心任务是创建现代企业制度。中共中央党校课题组一开头就提出:"九年多的实践反复证明,生产力的基础在企业,经济体制改革的基础也在企业。能否真正搞活企业,使之成为名副其实的商品生产者,关系到改革的全局和命运。从'简政放权'、'减税让利'、两步'利改税'到普遍推行承包经营责任制,我们已经做了许多工作,取得了令人瞩目的成果。现在,形势的发展要求我们的改革再迈上一个新台阶:从改善企业经营机制走向全面创建现代企业制度。"与此相类似,北京大学课题组提出:"从总体上说,八年(1988—1995年)内,企业体制改革的重点逐渐由承包制向股份制过渡,由低层次的经营机制与产权关系的改革向高层次的经营机制与产权关系的改革过渡。""理顺财产关系的结果是企业形态的公司化。"我们知道,中央文件是1993年党的十四届三中全会《中共中央关于建立社会主义市场经济体制若干问题的决定》提出国有企业改革的方向是建立现代企业制度的,而在这之前五年多,在制定中期改革规划纲要时,就有方案明确主张企业改革的中心任务是建立现代企业制度,可见其超前性。

第三,明确提出建立有宏观管理的市场经济体制。吴敬琏课题组的报告说:"世界经济的发展不允许我们在建立有计划的商品经济体制,即有宏观管理的市场经济体制的过程中,重复原始市场经济早期的混乱,也不允许我们采取试试碰碰的办法做长久的摸索。我们的改革战略和方法的制定和选择,必须站在现代化的高度,切合中国的国情,依据发展商品经济和实行市场化的一般规律和共同经验,用不太长时间,在一个较高的起点上建立起一个有发展战略和产业政策引导的社会主义经济市场秩序。"把当时有计划的商品经济体制的共识,解释为就是要建立有宏观管理的市场经济体制,是改革理论和战略的一大进展,具有明显的超前性。吴敬琏课题组成员在讨论中,明确提出"市场—价格改革中心"论。他们认为,以市场为取向的改革的关键在于价格改革。在取消了指令性计划的同时，如不及时地放开价格，形成市场，整个经济活动就不可避免地陷入混乱。放开价格从而建立起竞争性市场体系，是让新体制的整体功能得以发挥的基本条件。因此，市场—价格改革是经济体制改革的中心，中期改革规划必须以价格改革、建立市场为基本线索。现在看来，中国改革的实际比较像是按他们课题组的思路走的（除时间拉长很多外）。从20世纪80年代末到90年代，中国价格改革一直走在整个经济改革的前列，从而促进了在20世纪末以前实现了经济运行机制的基本转轨。放开价格，形成市场，使国民经济迅速活跃起来，并开始实现从卖方市场到买方市场的重大转变。与此同时，国有企业改革则困难重重，1998—2000年还在致力于国有大中型工业企业脱困。只是在进入21世纪以后，国有企业改革才逐步加快了进程，建立现代企业制度和现代公司制逐步取得了实质性进展。

第四，提出政府干什么应当由市场干不了什么来决定。几家方案都提出宏观经济调控间接化。为此就要切实转变政府职能，要彻底改变政府直接干预企业生产经营活动的经济管理体制，使政府的一切经济职能，都是围绕市场而展开，并通过市场来实现。也就是说，政府干什么，是由市场干不了什么所决定的，政府怎么干，则是以市场为中介来完成的。具体来说，就是国家从运用行政手段和实物指标对企业进行直接计划控制，转变为主要运用经济手段通过市场对企业行为进行间接引导；国家计划的主要任务由分钱分物，进行实物管理转变为制定和实施国民经济发展战略、产业政策以及财政、货币、收入政策，以保持积累、消费的适当比例和宏观经济的总量平衡，推动国民经济持续、稳定地发展。现在看来，上述意见，总的说是符合中国改革实际的，有很强的指导意义和实用价值。

第五，提出了"稳中求进"的改革和发展的思路。这是中国社会科学院课题组贡献的，也代表了中国社会科学院一批经济学家包括刘国光、张卓元、戴园晨、沈立人、陈东琪等的观点，后被经济学界列为"稳健改革派"代表。稳中求进，就是以稳定经济的措施来保证改革，同时也要用深化改革的办法来稳定经济。确立"稳中求进"的改革思路，就要进一步重视通货膨胀问题。稳定经济的核心是稳定物价，稳定物价的方针绝不能放弃。稳定经济，在经济过热时必须紧缩货币发行，控制通货膨胀。要做到这一点，就必须稳定经济的增长速度，控制投资需求和消费需求总量，消除超常规的周期波动。因此，前三年，由于要在调整和校正宏观政策指导思想的基础上，消除或稀释前期的经济不稳定因素，改革采取"稳中求进，以稳为主"的阶段性策略；后五年，阶段性策略的重点可以由"稳"转"进"，改革步子可以迈得更大一些、更快一些。改革开放40年的实践证明，"稳中求进"的思路是可取的，并逐步被采纳为党和政府指导经济发展和改革的重要方针。这也许是中国社会科学院经济学家对改革开放和社会主义现代化建设的一个比较重要的贡献。

第三节　领导重视，影响深远

委托八个课题组制定中期改革规划纲要，得到领导的高度重视。在怀柔各家交流观点时，中共中央政治局委员、国家体改委主任李铁映同志亲自主持和参加讨论会，国家体改委其他领导同志安志文等也一直参加讨论会，听取各家方案介绍，交流看法。由于大家都坚持市场取向改革，大的改革认识是一致的，有共同语言。分歧主要是在改革的策略和推进速度等不同估计上，所以争论的多是大同下的小异。争论是热烈的，但气氛是友好的。

1988年6月1日，时任国务院总理李鹏同志，接见各课题组成员，并听取了八个课题组的汇报，每组汇报五分钟，讲主要观点。然后李鹏总理还同大家一起讨论中期改革规划问题。这充分说明，党中央、国务院对制定中期改革规划纲要是十分重视的。

国家体改委委托八个课题组制定中国中期改革规划纲要，实际上是组织和动员广大经济理论工作者积极研究中国经济改革的经验和理论，因而有力地推动了广大经济理论工作者进一步解放思想，坚持改革开放，为深化改革开放提供智力支持，对中国的改革开放和社会主义现代化建设事业发挥了良好的作用。

制定中期改革规划纲要的实践还表明，由一个利益超脱部门组织各方面专家学者制定改革规划纲要，有利于提高改革决策的科学性，能有效地防止部门、地区利益或某种利益群体对改革实践的干扰，从而有利于使改革能得到广大人民群众的支持和参与，改革成果为全体人民共享。经过多年努力，到21世纪初，中国经济体制改革已取得实质性进展，社会主义市场经济体制已初步建立，正在逐步完善之中。在完善新体制过程中，还有一些攻坚任务，这些攻坚任务，都要触及某些既得利益群体的利益，因而难度较大，阻力不小。这就需要党和政府的强力推动，需要排除既得利益群体的干扰，不断提高改革决策的科学性，增强改革措施的协调性。在这些方面，很好地借鉴1987年组织多家单位制定改革规划纲要的经验，有重要的现实意义。

（执笔人：张卓元，中国社会科学院经济研究所研究员）

第十八章

中国经济理论界对苏联东欧改革的借鉴与认识

在20世纪80年代中国经济改革开放的初期，中国经济学界也开始了拓展其研究视野和方法范式的"理论改革开放"的进程。显而易见的是，同为社会主义阵营的苏联和东欧已经从实践和理论两方面开始了各种程度的变革尝试，它们的改革经验和成果自然地率先成为中国理论界研究、学习和反思的主要对象。

对于中国经济理论界而言，对苏联东欧改革经验的借鉴经历了两个重要的发展转变历程。其一是对于苏联东欧作为计划经济体制改革的先行者，中国理论界的考察视角发生了从"追随者"逐渐向"中立者"乃至"领先者"的转变。这主要由于苏联东欧的改革实践没有表现出可持续性，20世纪90年代初的苏联和东欧剧变近乎宣告其改革实践的破产，而与之相比较，中国的经济改革反而表现出更强的韧性。当然，这个转变过程在改革开放的80年代初期并不是特别明显。其二是中国经济学界在对苏联东欧改革的借鉴之中，经历了从对具体经济政策、经济理论和思想的研究到扩大理论视野和确立新的研究范式的一般化过程。考虑实证方法的初步引入以及制度研究的兴起，对苏联东欧改革的借鉴在很大程度上可谓开启了从中国经济学的"苏联范式"向现代经济学范式转型。

中国经济理论界对于苏联东欧改革的借鉴和认识大致也可以分为两大部分。其一是早期决策层与理论界对于苏联和东欧国家的考察研究以及交流，主要是对各种改革实践模式的经验学习和研究借鉴。其二则是以布鲁斯、锡克和科尔奈等人为代表的东欧经济学家思想和理论的系统引入，包括相关学者与中国学界的交流访问、著作的引入等。这是对市场社会主义及改革相关一般理论的系统借鉴。从思想史和理论意义上，这第二部分内容对中国经济理论的发展产生了更为深远的影响。

第一节　对苏联东欧改革的考察

一　对外考察热潮

20世纪70年代末，中国的改革开放处于酝酿时期，决策层意识到必须打开国门走向世界，利用外部资源来加快自己的发展，"把世界最新的科技成果作为自己的起点"[①]。由此中国决策层和理论界逐步展开了对外学习考察的热潮，而考察的对象"既包括苏联、东欧，也包括资本主义国家"[②]。学习考察的内容也逐渐从资金、技术、设备和管理经验这样相对表层的因素而逐渐深入到对经济体制层面的探索。

在20世纪70年代末80年代初中国从决策层、各管理部门到企业界乃至理论界都展开了对外考察学习的热潮。根据萧冬连的总结，其中重要的经济学家组成的考察团包括1979年薛暮桥与马洪率中国社会科学院和国家计委联合组成中国工商管理考察团访问美国；袁

[①] 房维中：《在风浪中前进：中国发展与改革编年纪事（1977—1989）》第一分册，未刊稿，2014年，第33页。

[②] 姚依林：《同心协力做好经济改革的调查研究》，《经济研究参考资料》1979年第144期。

第十八章 中国经济理论界对苏联东欧改革的借鉴与认识

宝华为团长,邓力群、孙尚清等参加的国家经委代表团应美中贸易全国委员会邀请访问美国;于光远、刘国光、黄海、陈国焱等在匈牙利进行经济体制考察;1980年国家经委代表团访问联邦德国、瑞士、奥地利等;许涤新为团长的11人经济学家代表团访问美国;等等。①

从20世纪50年代起,以南斯拉夫为代表的东欧社会主义国家就已经相继对苏联模式有了不同程度的突破,甚至苏联也对其经济体制进行了一定意义上的改革。苏联东欧的改革实践较为有代表性的有50年代的南斯拉夫铁托、波兰哥穆尔卡等改革,60年代匈牙利的卡达尔、捷克斯洛伐克的杜布切克等也提出了改革方案,甚至苏联也出现"利别尔曼建议"和短暂的"柯西金改革"。苏联东欧也形成了一些较为有影响的改革模式理论,如波兰布鲁斯的"导入市场机制的计划经济"、捷克斯洛伐克锡克的"计划与市场相结合"、匈牙利科尔奈的"有宏观控制的市场协调"、南斯拉夫卡德尔的"社会所有制与工人自治模式"等,这些改革模式具有的共性特点是放松计划对经济与企业的控制,引入市场机制。②

同为社会主义国家,中国的经济体制同苏联和东欧国家具有天然的相似性,中国经济改革学习的目光投向苏联东欧顺理成章。1979年6月27日,姚依林在经济理论和财经政策研究工作座谈会上特别强调要详细了解苏联、南斯拉夫、罗马尼亚、匈牙利等国的改革情况和经验教训。③ 如吴敬琏所指出:"同一类型国家和地区发展经验也存在各自的特点,尤其是东欧社会主义国家进行了不同方向的改革探索,成为中国学习借鉴的重要内容","改革开放初期中国派出大量考察团对匈牙利、波兰等东欧社会主义国家访问,一时间

---

① 萧冬连:《探路之役》,社会科学文献出版社2019年版,第133页。
② 陈健、郭冠清:《社会主义市场化改革模式的比较》,《经济纵横》2018年第11期。
③ 姚依林:《同心协力做好经济改革的调查研究》,《经济研究参考资料》1979年第144期。

中国社会科学界都在大谈和介绍'东欧模式'"①。

中国决策层和理论界对苏联东欧改革的考察研究，包括南斯拉夫、罗马尼亚、匈牙利、民主德国、苏联等，范围较广泛，但关注的重点较为集中在南斯拉夫、罗马尼亚和匈牙利等国家的经济改革上。这三个国家被认为较为典型地代表了"市场派""计划派"和"中间派"的三种改革基本取向。② 1980年薄一波在全国党校工作座谈会上的讲话提到，社会主义的经济体制"目前基本上有三种模式：一种是苏联模式，就是中央集权制；一种是南斯拉夫模式，就是地方分权、企业自主型；一种是匈牙利模式，介乎前两者之间，是1956年以后从苏联模式演变的"，他特别指出"就是苏联也早已不是50年代初那个样子了"，因此"苏联和东欧各国的体制，可能都有值得借鉴的地方"。③ 这大致代表了当时决策层对于苏联东欧改革的基本认识和加强对苏联东欧改革考察的决心。

二 对南斯拉夫和罗马尼亚改革的考察

从思想解放的角度来看，对南斯拉夫改革的考察和学习于中国理论界和决策层有着特别的意义。中国改革开放之初，南斯拉夫共产主义联盟实行的企业"劳动者自治""社会所有制""社会主义自治制度"一度是中国改革开放的主要参照模式。如雷颐所指出的，"南共理论对当时中国的意义却不容低估"，南斯拉夫改革的"最大意义，就是对斯大林模式的'公有制'或曰'全民所有制'的分

---

① 吴敬琏：《当代中国经济改革：战略与实施》，上海远东出版社2003年版，第28—32页。

② 刘艳、王涛：《苏联东欧改革对中国改革开放初期的影响——基于改革开放前后中国高级领导干部对苏联东欧考察的分析》，《当代世界与社会主义》2015年第3期。

③ 薄一波：《关于经济工作的几个问题》，《经济研究参考资料》1980年第111期。

析、解构、解魅",这甚至"成为中国改革理论的逻辑起点"。①

1977年8月铁托访华,中南两国关系升温。1978年3月,中共中央批准中联部副部长李一氓为团长、中国社会科学院副院长于光远和中联部副部长乔石为副团长的代表团访问南斯拉夫,全面考察其政治、经济制度。考察团报告中指出"南斯拉夫不失其为社会主义国家,南共不失其为走在社会主义道路上的党","我们过去跟着苏联否认南斯拉夫是社会主义国家是不对的"。② 这样的意见让中国决策层和经济理论界在对社会主义模式多样性的认识上迈进了一大步。出于改革探索起步阶段的谨慎,这一时期中国对于东欧的出访和考察较为着重的是一种扩展视野和比较分析。以当时视角来看,南斯拉夫的改革属于较为激进型的,而罗马尼亚的改革模式则较为保守。因而此阶段的考察较多地对南斯拉夫和罗马尼亚进行联合对比考察。

1978年11月至1979年1月,宦乡、孙冶方等人组成的中国社会科学院经济学家考察团到南斯拉夫、罗马尼亚进行考察访问。考察团与两国各级政府的经济主管部门及主要负责人、经济学家、科研人员和企业管理人员进行了广泛接触。通过调查研究,考察团对两国在解决以农业为基础问题上的努力、不断完善企业管理体制、正确处理计划与市场的关系、重视经济研究和经济管理干部的培养四个方面的工作表示赞同,但对两国在经济发展中高积累、高消费、高速度的做法持保留态度。经过考察比较,中国考察团总结出南斯拉夫和罗马尼亚两国在探求计划与市场的结合上有明显的区别,南斯拉夫比较倾向于强调自治,而罗马尼亚比较重视中央的集中统一领导。

---

① 雷颐:《"国有"与"全民所有"之辨——改革初期南共思想的影响》,《中国中小企业》2013年第11期。

② 于光远:《1978:我亲历的那次历史大转折》,中央编译出版社2005年版,第54—55页。

中国社会科学院经济学家考察团在考察之中，注意到"在南经济学界，计划和市场的关系长期来是一个争论得很激烈的问题"[①]。结合对南斯拉夫的市场社会主义模式的观察和思考，考察团敏锐地意识到类似"计划与市场的关系如何处理，又如何理解在计划指导下的市场"这样的问题在中国改革中的现实性和重要性。考察报告指出，"这就是意味着在计划控制下的商品交换，也意味着为消费而生产，生产者要为消费者服务的观点，就是我们所说的以销（市场）定产，而不是以产定销"[②]。这显然已经表达了某种初步的市场导向的社会主义经济体制设想。当然，由于"过去在我国经济学界一向是把'计划'和'市场'作为两个对立的概念来提的，认为'市场'就是意味着无计划和自发势力，一谈到'市场'就联想到'自由'市场"，因此考察报告并未明确表达出市场地位或者市场与计划的关系，而是相对含混地指出"只要我们把供、产、销的问题合理解决了，这个问题也就基本解决了"[③]。

从理论层面来看，同样也具有重要意义的是对于经济理论界的思想解放的借鉴。考察报告特别指出"南经济研究工作开展得是相当生动活泼的。我们在访问过程中所遇到的经济学家，都是自由地各抒己见，还存在着不同的流派，他们发表自己的著作，维护自己的观点。南之所以会出现这种生动活泼的局面，是因为南领导人认为这些不同意见反映了经济生活的复杂性，是有好处的，是允许的，因此对这种争论不是横加干预，而是鼓励"[④]。考察报告的意见显然也与改革决策层的思想解放思路具有一致性。在中国改革开放的进程之中，经济理论界能够成为一支重要改革驱动力，与这种强调容纳不同意见，鼓励百家争鸣的思想解放倾向是分不开的。

[①] 中国社会科学院经济学家考察团：《南斯拉夫和罗马尼亚的经济考察》，《世界经济》1979年第7期。

[②] 同上。

[③] 同上。

[④] 同上。

三 对匈牙利改革的考察

匈牙利的改革，由于其在"计划"与"市场"方面的相对折中和综合取向而更受中国理论界青睐。南斯拉夫作为计划经济改革的先行者，率先成为中国考察研究的对象，但其市场化倾向较为强烈，并且放弃国家所有制和国家计划，实行自治制度，这对于初期改革开放的中国而言是难以接受和效仿的。而罗马尼亚的改革则较为保守，显得改革力度不够。与南斯拉夫和罗马尼亚等国家相比较，匈牙利将计划和市场结合得比较好，改革较为稳妥而且深入，因此成为中国经济体制改革重视的对象。1979 年 7 月国务院财经委召开的经济问题调查研究工作座谈会上，体制改革小组负责人房维中指出要特别对匈牙利的经济体制改革进行系统的调查研究后才能提出全面体制改革方案。在这样的背景下，中国理论界启动了对匈牙利经济体制改革的考察。

1979 年年末，于光远、刘国光、苏绍智、黄海、陈国焱等在匈牙利进行经济体制考察，与匈牙利经济学家和经济界人士进行了会谈。回国后，于光远等在不同场合详细地介绍了匈牙利的改革情况及其新经济体制特点，并将他们对匈牙利的考察和研究结集成书出版，产生了较大影响。匈牙利自 1968 年开始实行"新经济体制"，根据刘国光等的总结[①]，其特点在于，首先是对中央计划的放松，"在计划制度方面，取消了中央下达指令性计划的办法，改由企业自己制定计划"，把大部分的经济决定权转入企业职权范围内，以充分调动企业的积极性。国家的计划管理主要不是通过行政手段而是通过经济手段来影响企业，使其活动按国家经济政策和国民经济计划所规定的方向发展。其次是发挥市场机制的积极作用，"在计划经济的前提下充分运用商品货币关系"，"用贸易制度代替由中央统一调

---

① 刘国光：《匈牙利经济体制改革 12 年的评价》，原题为《匈牙利经济体制考察报告》，《刘国光文集》第二卷，中国社会科学出版社 2006 年版，第 550 页。

配生产资料的制度和官方分配产品的办法"。这样给商品关系和市场作用以广阔的活动空间,让各类企业展开竞争。最后,在组织制度方面,宏观经济过程的管理牢固地掌握在国家的中央机构手中,微观过程的管理则保持在经营机构一级。一方面,把相当一部分经济决定权下放到企业,使领导机构的工作可以简化;另一方面,在国家对国民经济管理方面,在比较高级的领导机构之间进行合理的分工和适当的改组,并对经济问题的决定权实行某种程度的集中。

考察之后中国理论界总结比较匈牙利体制与南斯拉夫体制,认为它们存在两个重大区别。第一,匈牙利强调同时发展两种公有制经济,即国营经济和合作社经济,而南斯拉夫强调必须把国有制经济改为社会所有制经济。第二,匈牙利认为,实行市场经济,不是倒退到私有制经济,废弃国家计划,而是改变了国家计划的形式。南斯拉夫则早先就放弃了国家计划,实行了较完全的市场经济。[①]

此后匈牙利经济体制改革的经验进一步受到中国理论界的重视,并且双方交流不断深入。1983年5月至6月国家体改委、中国社会科学院、中央书记处研究室组织对匈牙利经济体制改革进行了考察。[②] 1983年10月至11月,以"匈牙利经济改革之父"匈牙利党中央委员、科学院经济所顾问涅尔什·雷热为团长的匈牙利经济学家代表团应邀回访,并对中国经济体制改革进行考察与交流。中国方面对匈牙利代表团的来访高度重视,国家体改委、经委、计委,中国社会科学院等十多个部门向代表团介绍了中国经济体制改革的情况,并安排代表团到北京、上海、重庆、广州、常州和深圳等城市进行考察和座谈。访华期间,涅尔什·雷热和霍尔瓦特·拉约什等参加了改革的专题报告和座谈,并发表了对中国改革的咨询意见,

---

① 苏绍智、黄海、陈国焱:《匈牙利现行经济体制的介绍》,《经济研究参考资料》1980年第68期。

② 中国社会科学院经济学家代表团:《匈牙利经济体制考察资料》,《经济研究参考资料》1983年第954期。

在中国理论界激起了较强烈的反响和广泛的讨论。①

对匈牙利、南斯拉夫的考察一直延续到 20 世纪 80 年代中后期。为了给 1987 年、1988 年制定改革方案提供借鉴，国家体改委认为有必要对匈牙利、南斯拉夫再做一次综合考察，时间从 1986 年 5 月初到 6 月上旬，以高尚全为团长，包括陈一谘、王小强、李峻、张少杰等中青年学者的考察团对两国再次展开了深入考察。考察重点是两国在新旧体制交替过程中的摩擦、矛盾、问题、发展趋势和解决问题的方向。考察报告总结了多方面的认识②，提出值得借鉴的经验包括：实行多元化工资管理制度，给企业以选择权；金融体制改革、住房制度改革；加强法制；加强市场组织、协调和市场监督；在改革中承认社会不同阶层的利益差别；党政企分工；重视对改革的宣传；等等。针对当时中国改革面临的如价格改革等迫切问题，考察报告强调："市场的形成是相当长期的过程"，"要避免将改革本身理想化"。③

总体而言，中国经济理论界对匈牙利经济体制改革的考察较为充分而且系统，这里有对外考察交流经验积累的因素，也有理论界对于改革的问题和理论思考研究深入的原因。特别是 1979 年以于光远、刘国光为代表的对匈牙利经济体制的考察，既有对改革现实问题和经验的研究总结，也有对改革和经济体制一般理论的思考，为之后的对外考察研究提供了很好的范例。匈牙利改革的考察就具体政策建议作用而言，对决策层的影响也很大，匈牙利改革经验常常成为经济体制改革讨论的话题，一些具体的政策成为中国体制改革的重要参

---

① 《匈牙利经济学家访华代表团报告选编》《匈牙利经济体制参考资料——匈牙利有关人士的谈话纪要选编》，《经济研究参考资料》1984 年第 1057、1058 期。

② 中国经济体制改革研究所编：《艰难的探索——匈牙利、南斯拉夫改革考察》，经济管理出版社 1987 年版。

③ 吴敬琏：《80 年代经济改革的回忆与反思》，中国经济体制改革研究会编《见证重大改革决策——改革亲历者口述史》，社会科学文献出版社 2018 年版，第 263—295 页。

考。如于光远等在考察报告中提出的匈牙利设立经济体制改革委员会，召集各方面力量研究和制定改革方案的办法，很快为中国改革所仿效。1980年中国成立国务院体制改革办公室，1982年成立国家经济体制改革委员会，专门研究、协调和指导经济体制改革。

四　对苏联、民主德国等国的改革考察

罗马尼亚、民主德国、苏联等国家的经济改革在市场化方面相对保守，但中国决策层和理论界以一种包容并蓄的态度，认识到对苏联经济体制的研究是经济体制改革不应绕过的环节，苏联、民主德国等相对滞后的改革模式仍然有学习研究的参考意义。

1981年12月，国务院体制改革办公室和经济研究中心召开了苏联东欧国家经济体制改革比较座谈会，对苏联东欧的经济体制改革问题进行了比较深入的探讨。在此基础上，1982年2月至4月，刘国光、柳随年、郑力等对苏联经济管理体制进行了考察。考察组与苏联国家计委、建委和一些综合性部委的研究所等单位的经济官员和经济学家进行了座谈，并参观访问了工农业、建筑业、商业和物资供应等基层单位，与中国驻苏机构人员进行了座谈和讨论。考察组认为，苏联经济体制根本性变化不大。在经济决策权的结构上仍然坚持高度集中的管理原则；在经济机制的运转上仍然坚持计划管理是整个经济运转的中心环节；在经济管理的组织结构上仍然实行以部门原则为主、按行政层次管理经济的办法；在所有制结构上仍然坚持国有和集体两种公有制，农村和城市基本不存在个体经济，更没有国家资本主义经济。苏联改革的进展主要体现于逐步发挥地方的作用，改进计划工作，加强计划管理，提高计划工作水平和质量，在下达指令性计划的同时也注意利用经济杠杆刺激管理层和基层企业、劳动者的积极性等方面。[①]

[①] 柳随年、刘国光、郑力：《关于苏联经济管理体制的考察报告》，《计划经济研究》1982年第30期。

1983年10月中国社会科学院经济考察团奔赴民主德国，重点对民主德国经济管理体制的理论与实践、经济发展战略问题等做了为期四周的考察。民主德国总体上坚持集中型计划经济管理体制，坚持指令性计划，在计划和市场关系上也基本固守传统的观点，因此考察报告根据民主德国集中型计划经济管理体制的特点，重点强调了生产资料社会主义公有制、处理好集权与分权的关系以及将经济方法和行政方法结合起来等问题。[①]

对于苏联等国家经济改革的考察还有王积业、罗元铮、赵人伟等1985年对苏联戈尔巴乔夫经济改革的考察，等等。[②] 总体而言，中国对苏联、民主德国的考察涉及的理论问题较少，而侧重于对具体问题和当时经济体制改革重点措施的考察。苏联、民主德国等国改革的基础在于承认社会主义计划的多样性，但着重于强化和完善计划的作用，同时发挥经济杠杆的刺激作用。相比较而言，对苏联等相对保守的改革模式的考察产生的影响不如对南斯拉夫、匈牙利经济改革的考察。

第二节 苏联东欧改革思想和理论的引入

一 市场社会主义与兰格模式

如果说在中国改革开放的初期对于苏联东欧改革实践的考察和学习还带有试探性的谨慎，考察关注重点更多的在于解决问题的实践性和实用性，那么之后中国经济理论界对于苏联东欧改革的借鉴则进入较为系统地引入相关理论家的思想和理论阶段，从而在改革

[①] 中国社会科学院赴民主德国经济考察团：《民主德国经济考察报告》，《经济研究参考资料》1984年第1099期。

[②] 王积业、罗元铮、赵人伟等：《访苏归来——对当前苏联完善经济管理体制措施的考察》，《经济社会体制比较》1986年第2期。

理论系统化方面深入了一步。

正如吴敬琏所指出的,"最先对社会主义关于在公有制基础上实行计划经济设想的可行性作出严密经济学论证的,不是马克思主义经济学家,而是新古典经济学家"①。这里所说的"新古典经济学家",除了帕累托、巴罗尼等先驱人物之外,主要指的就是波兰经济学家奥斯卡·兰格。兰格作为"市场社会主义"和"兰格模式"的代表人物,以一种理论上为西方正统经济理论和马克思主义政治经济学都相对能够接受的方式关注"社会主义经济问题",参与了20世纪30年代社会主义经济计算大论战。

用西方左翼经济学家的视角来看,社会主义经济的基本理论问题在于"资源配置问题"。一方面,如塞利格曼所指出的,在资本主义国家,虽然"价格还是起了一些配置作用的,例如将劳动力配置到各个不同的行业当中",然而"价格体系并不像资产阶级经济学家吹捧的那样运作良好,利润也绝不是社会效用的衡量手段";另一方面,"社会主义的资源配置方法与此不同,而且更有效率",不幸的是,"马克思从来没有提出过任何建议,在社会主义制度下,这个关键问题究竟应该怎样得到解决"②。

以兰格为代表的"市场社会主义"正是着力于解决此基本理论问题。传统的社会主义经济理论和西方主流经济学理论基本上将"计划"与"市场"视为对立。如皮尔森所总结的,"对于大多数传统主义者来说,市场产生的地方就是社会主义终止的地方","这毫无疑问是对计划和市场之间关系的占支配地位的理解,然而在实践中,二者却从来不曾这样泾渭分明"③。市场社会主义正是代表着这

---

① 吴敬琏:《当代中国经济改革:战略与实施》,上海远东出版社2003年版,第23页。

② 塞利格曼:《现代经济学主要流派》,贾拥民译,华夏出版社2010年版,第104页。

③ 皮尔森:《新市场社会主义:对社会主义命运和前途的探索》,姜辉译,东方出版社1999年版,第98页。

种来自实践观察和理论思考，同时也是夹缝之中生长的"弱小的、有时并不明显的理论传统，它十分明确地尝试要建立一种从整体上来说是以市场为基础的社会主义模式"，而这种市场社会主义肇端可以"追溯到两次大战之间的波兰经济学家奥斯卡·兰格（Oskar Lange）的著作，以及一些与其观点类似的其他理论家的著作"。①"兰格模式"的核心逻辑在于，中央计划经济可以依据瓦尔拉斯一般均衡理论，使用"试错法"等方法找到一般均衡价格，从而实现对市场的模拟，实现资源的有效配置。

从经济理论和思想的演进视角来看，"社会主义经济计算大论战"以及由此产生的"市场社会主义"相关理论是理论思想史的重要内容。社会主义经济计算大论战对经济学的西方理论体系和社会主义理论体系两大阵营都产生了深远的影响。东欧国家的一些改革就曾经直接地受到兰格模式的影响，而中国经济理论界对于市场社会主义相关思想和理论的借鉴则是通过对东欧经济学家的理论观点间接引入。

20世纪70年代末到80年代初，"苏东经济学家频繁受邀访华，首位来访者是南斯拉夫经济学家马克西莫维奇（Maksimovich）"，"其中影响力最大的访问活动莫过于前波兰经济学家布鲁斯（Wlodzimierz Brus）和捷克斯洛伐克经济学家奥塔·锡克（Ota Sik）"。② 到80年代中期，早已蜚声海外的匈牙利经济学家科尔奈也来到中国访问，掀起了中国理论界的"科尔奈热"。皮尔森在总结"新市场社会主义"时指出："许多著名的市场社会主义倡导者都是东欧的经济学家"，"包括波兰的布鲁斯，匈牙利的科尔奈和捷克斯洛伐克的锡克"。③ 中国经济理论界在改革开放初期甚至形成了一定范围内研究

---

① 皮尔森：《新市场社会主义：对社会主义命运和前途的探索》，姜辉译，东方出版社1999年版，第99页。
② 林重庚：《中国改革开放过程中的对外思想开放》，《中国经济50人看三十年——回顾与分析》，中国经济出版社2008年版，第29页。
③ 皮尔森：《新市场社会主义：对社会主义命运和前途的探索》，姜辉译，东方出版社1999年版，第101页。

布鲁斯、奥塔·锡克和科尔奈等的改革理论热潮，他们所引入的"买方市场与卖方市场""软预算约束""短缺经济学""影子价格"等术语在很长一段时间内成为中国理论界讨论的常见主题词，这绝非偶然。

二 布鲁斯

波兰经济学家布鲁斯（Wlodzimierz Bruse）是东欧市场社会主义理论的代表性人物之一。布鲁斯实际上沿着兰格的基本思路区分了"经济模式"和"社会主义经济制度"，改变了将计划经济与市场经济矛盾对立的传统思想，进而提出了计划调节与市场机制相结合的分权模式。

布鲁斯认为区分"经济制度"有三个主要标准："1. 生产资料所有制形式；2. 由它们产生的各种社会集团在生产中的地位；3. 由它们产生的产品分配的原则。"[①] 如果实行生产资料公有，人们在生产资料公有制基础上结成彼此合作的关系，个人参与分配的产品份额由劳动决定，那么就是社会主义经济；与之相反，便是资本主义经济。但是，无论是社会主义经济还是资本主义经济，都可以而且必然采取不同的模式。

布鲁斯将社会主义经济决策划分为三个层次：第一类是"根本性的宏观经济决策，它们通常应当由中央一级直接作出"；第二类是"在收入已定的情况下关于个人消费结构的决策，关于职业选择和劳动岗位的决策，它们通常应当是分散的并通过市场来实现的"；第三类是"其他的决策"。[②] 在此基础上，布鲁斯考察社会主义经济运行的实践，将社会主义经济模式分为前面所提到的四种类型：（1）"军事共产主义"模式，该模式三个层次的决策都是集中化。

---

① 布鲁斯：《社会主义经济的运行问题》，周亮勋等译，中国社会科学出版社1984年版，第3页。
② 布鲁斯：《社会主义经济的运行问题》，第65页。

(2）集权模式，第一、第二层次决策集中化，第三层次决策在原则上分散化。（3）引入市场机制的中央计划经济模式，其中第二、第三层次决策分散化。（4）市场社会主义模式，三个层次决策均分散化。按照布鲁斯的划分，"苏联模式"就是"集权模式"的典型，而他倡导的是第三类，即"分权模式"。

早在1979年7月时任中国社会科学院经济研究所副所长的刘国光就于体制改革研究小组的座谈会上介绍了布鲁斯的相关理论和思想[1]，另一位副所长董辅礽则于英国学术访问交流时与布鲁斯就经济体制改革问题进行了特别交流，并邀请布鲁斯来华讲学。[2] 1979年年底，布鲁斯来到中国社会科学院经济研究所讲授其经济模式理论，并就中国改革的问题与中国经济学者展开讨论。经济所学者赵人伟从理论层面到实践层面提出了诸多代表性问题，如"社会主义模式""计划与市场""企业自主权"，等等。与布鲁斯的讨论主要论点随后被赵人伟整理并报送中央主要机构以及各学术单位，产生了重要的影响。[3] 布鲁斯以流亡者的身份与中国社会科学院副院长于光远、宦乡等人会谈交流改革意见，并受到了当时国务院副总理薄一波的接见，这充分展现了改革初期的思想解放。

布鲁斯此后还多次来华访问交流。1982年7月参加了国家体改委以中国物价学会的名义在浙江莫干山召开的苏联东欧经济体制改革座谈会，也被称为"莫干山会议"。1985年来华参加了"巴山轮会议"。1992年参加了由国家体改委和联合国经济部举办的经济机制转换国际研讨会。布鲁斯长期流亡英国并任教于牛津大学，因此也把一些现代经济学的概念介绍到了中国。例如布鲁斯介绍的"买

---

[1] 柳红：《八〇年代：中国经济学人的光荣与梦想》，广西师范大学出版社2010年版，第280页。

[2] 董辅礽：《怎样进行经济体制改革？——记与牛津大学布鲁斯教授的一次谈话》，《经济管理》1979年第11期。

[3] 赵人伟：《布鲁斯谈经济管理体制的改革》，《经济研究参考资料》1980年第259期。

方市场"和"卖方市场"的概念,以及"买方市场"在转型时期的重要性,这种理论分析框架很快被中国经济界接受并展开应用分析。①

三 奥塔·锡克

奥塔·锡克(Ota Sik)是积极倡导"集工人管理、市场社会主义和经济计划于一体"的"第三条道路"的主要理论家。②锡克的改革方案最突出的观念基础是"市场与人道主义的社会主义",强调在改革中应充分重视个人的物质利益这一激励因素,并认为,这是市场与计划相结合的黏合剂。锡克在其代表作《社会主义的计划和市场》(1965年)中,以"兰格模式"为基础,更进一步从利益角度,对社会主义市场的必要性做了深刻的探讨,提出并论证了社会主义制度下计划与市场相结合的体制模式。锡克认为兰格模式没有触及"社会主义劳动和经济利益的内在矛盾性"③这个问题的实质。他认为,市场之所以不能被取代不仅是因为在技术上存在不可克服的困难,而且因为在社会主义社会中企业与社会之间存在不可克服的利益矛盾。没有市场,就不能保证企业有社会所需要的微观生产结构,企业就不能灵活地根据需求的变化进行生产、积极主动地改进质量和生产新产品、最经济地利用生产要素、最大限度地提高生产率和最有效地进行投资等。没有市场,不仅自发的机制将消失,而且计划和监督结构也不可能弄清具体的需求,不可能最有效和最灵活地组织生产,从而也就不可能具体地反映社会利益和保证社会利益的实现。

---

① 林重庚:《中国改革开放过程中的对外思想开放》,《中国经济50人看三十年——回顾与分析》,中国经济出版社2008年版,第31页。

② 法斯费尔德:《奥塔·锡克论经济民主和人道主义》,张宇燕译,《国外社会科学》1989年第9期。

③ 奥塔·锡克:《社会主义的计划和市场》,王锡君译,中国社会科学出版社1982年版,第22页。

第十八章　中国经济理论界对苏联东欧改革的借鉴与认识

　　锡克还从信息出发，论证了市场的必要性。他认为，社会主义经济在信息收集、传输和处理上存在许多困难。由于信息的不完备性，使得人们的每一具体劳动还不具有一般的直接的社会性质，并不能直接成为完全的社会必要劳动，而利用市场，企业掌握和处理信息的能力增强，使生产更加符合社会需要，既有利于生产的最优发展，又有利于促进生产力发展，解决生产和消费的矛盾，又能解决因利益的矛盾而妨碍具体劳动耗费向社会必要劳动的转化的矛盾。由此，锡克又从信息出发，论证了市场的必要性。锡克在《第三条道路》（1972 年）中，更进一步提出社会主义生产资料公有制和经济发展的宏观平衡的要求，使社会主义计划经济成为必然。计划经济同利用市场机制并不矛盾，相反，取消了市场机制，就不可能实现微观的平衡，亦不能达到宏观的平衡。

　　与布鲁斯、科尔奈等人相比，锡克不仅是一位经济理论家，而且"曾任捷克经济改革委员会主席，设计了捷克经济体制改革方案"，"一九六八年四月任捷政府副总理兼经济部部长，领导经济改革"[1]，具有丰富的指导社会主义经济建设实践经验。1981 年年初锡克的著作《共产主义政权体系》被中国期刊《苏联东欧问题》介绍到国内，其重点还在于对苏联斯大林的政治体制的批判。[2] 是年 3 月锡克应中国社会科学院邀请来到中国，"在北京、上海、苏州作了七场学术报告，人们对他的到来表现出极大的热情"[3]。锡克向中国政府和学者介绍了价格改革的思想，提出中国的价格改革可以效仿捷克以前的做法，采取"先调后放"的手段，利用投入产出表来计算价格。在此次座谈之后，国务院成立了价格问题研究中心，由薛暮

---

　　[1] 奥塔·锡克：《奥塔·锡克教授谈经济体制改革》，《农村金融研究》1981 年第 12 期。

　　[2] 蔡慧梅：《苏联官僚统治的实质——〈共产主义政权体系〉一书简介》，《苏联东欧问题》1981 年第 1 期。

　　[3] 柳红：《八〇年代：中国经济学人的光荣与梦想》，广西师范大学出版社 2010 年版，第 290 页。

桥、马洪负责,并聘请锡克推荐的捷克专家介绍他们计算"影子价格"的经验。锡克的到访在中国掀起了一阵研究改革理论和实际措施的热潮。[1] 1982 年 7 月的"莫干山会议",东欧专家组由布鲁斯带队,锡克虽然没有参会,但他的工作搭档考斯塔(Jiri Kosta)是东欧专家的重要代表。[2] 锡克一直保持着与中国经济理论界的联系,"1986 年,奥塔·锡克教授致函国务院发展研究中心总干事马洪,附寄了他题为《社会主义的计划及其发展》的一篇近作"[3],希望能对中国的经济改革有所借鉴。1982 年,锡克的著作《社会主义的计划和市场》《第三条道路——马克思列宁主义理论与现代工业社会》《共产主义政权体系》等在中国翻译出版,产生了重要影响。

四 科尔奈

科尔奈(János Kornai)的市场社会主义理论实际上建立在他的"非均衡"或者说"反均衡"分析框架之上。他认为,社会主义经济生活中除了价格信号外,还存在大量的非价格信号,而且非价格信号和非市场控制起着重要的作用。他认为,以一般均衡理论为依据的兰格模式和布鲁斯模式,不研究非价格信号,从而无法说明社会主义经济的本质关系。科尔奈对市场社会主义的主要贡献是揭示了,传统社会主义经济中普遍和长期存在的短缺现象的主要原因,在于使企业预算软化的社会经济关系和制度条件。在此基础上他提出了以"有宏观控制的市场协调"为特征的社会主义经济运行的目标模式。

科尔奈将约束企业的类型分为资源约束、需求约束和预算约束

---

[1] 柳红:《八〇年代:中国经济学人的光荣与梦想》,广西师范大学出版社 2010 年版,第 293 页。

[2] 林重庚、苏国利、吴素萍:《亲历中国经济思想的对外开放》,《中共党史研究》2018 年第 4 期。

[3] 柴野编译:《奥塔·锡克教授谈苏联、东欧和中国的经济体制改革》,《经济社会体制比较》1987 年第 1 期。

三种形式，从纯粹形式和约束类型来看，古典资本主义企业受需求约束更明显，属于需求约束型体制，而传统社会主义企业受资源约束程度更强，属于资源约束型体制。科尔奈独具匠心地提出，古典资本主义企业的预算约束是硬性的，而社会主义企业则处于"软预算约束"①之中。这主要是指资本主义企业独立承担生产管理的风险，承受外部市场竞争环境的不确定性和自己决策生产的行为后果，企业对于投入品的需求是优先的。与之相反，传统社会主义企业属于软预算约束类型，企业的商品价格由中央计划机构制订，外部资金投资、税收和信贷制度都是软的，国家提供无偿拨款。

科尔奈指出，在价格信号和非价格信号的双重作用下，价格机制的作用程度取决于企业"预算约束"的硬度。在软预算约束条件下，企业的生存并不仅仅取决于销售收入能否补偿成本。既然企业的生存与发展不取决于价格，那么企业对价格信号就不敏感，因而也就无法起到充分调节的作用。高度集中体制下软化的企业预算约束，造成社会产品和资源的长期短缺。而短缺是一种非价格信号，不能通过均衡价格来克服。杜绝短缺的途径只能是改革高度集中的计划体制，切断国家与企业的"父子关系"，引入市场机制，使传统的半货币化的经济向完全货币化的经济体制过渡。

早在1981年，中国学者吴敬琏就于国际会议中接触到科尔奈的"短缺经济学"，并产生强烈共鸣。此后国内学界开始介绍科尔奈的思想和理论，《短缺经济学》的译稿甚至在1986年正式引入出版之前两年就在学界广为流传。② 1985年科尔奈受邀访问中国，参加了中国社会科学院经济研究所和世界银行举办的国有企业改革会议。

1985年9月经国务院批准，由中国经济体制改革研究会、中国社

---

① 亚诺什·科尔内：《短缺经济学》（上卷），经济科学出版社1990年版，第35页。

② 柳红：《八〇年代：中国经济学人的光荣与梦想》，广西师范大学出版社2010年版，第300—301页。

会科学院和世界银行联合召开了"宏观经济管理国际研讨会",即"巴山轮会议"。这次会议邀请了布鲁斯、科尔奈、诺贝尔经济学奖获得者托宾等著名经济学家参加。在这次会议上科尔奈介绍了其改革目标模式的观点。他把宏观经济管理中的经济协调机制分为两种类型:一种是行政协调机制,另一种是市场协调机制。在这两种协调机制中,每种类型又有两种具体形态。行政协调分为直接的行政协调(ⅠA)和间接的行政协调(ⅠB);市场协调分为没有宏观控制的市场协调(ⅡA)和有宏观控制的市场协调(ⅡB)。科尔奈认为真正有效的改革应当把ⅡB作为目标模式。① 这次会议在思想的传播上起到的作用尤为深远,参与这次会议的我国中青年一代学者如吴敬琏、赵人伟、张卓元、项怀诚、洪虎、楼继伟、郭树清、高尚全等,都在以后中国改革开放的理论和实践发展中发挥了重要的作用。

科尔奈的思想和理论能够在中国产生巨大的反响,既与中国改革开放对于理论的迫切需求有关,也与科尔奈本人深厚的学术造诣、成体系的理论和方法分不开。在这个时期,"不但中国有科尔奈热,而且国际上也有科尔奈热"②。根据赵人伟的回忆,甚至国外有学者曾经略有不满地评论道:"大陆经济学界有人把科尔奈抬得太高了,和马克思相提并论,科尔奈怎么能和马克思比呢?"③ 科尔奈对于中国的影响,由此可见一斑。

第三节 中国理论界对苏联东欧改革的思想借鉴与反思

对于苏联和东欧的经济体制改革经验,有学者认为由于苏联和

---

① 赵人伟:《一个经济学家的学术探索之旅》,《经济社会体制比较》2009年第6期。

② 同上。

③ 同上。

东欧的改革并不成功,并且这些国家与中国的国情差别比较大,因而对于中国改革而言作用不大。如胡鞍钢认为,"实际上当时东欧社会主义国家的改革经验对中国领导人的改革思路所能够提供的信息、经验和理论还是相当有限的",而且"中国的经济改革进程和成功很快就超过了这些国家,相对他们而言还是'先行一步'"[1]。较为常见的观点则认为苏联东欧的改革实践和理论创新对于中国的改革开放有着重要的影响。如安志文认为,"中央决策层在把握改革走什么路、走什么方向的问题上,并不是一开始就十分清楚的,而是根据地方和企业的实践探索,同时注重学习、借鉴国外的经验,逐步明确的"[2]。文世芳总结认为,"国外在发展过程中既有成功的经验,也有失败的教训,尤其是苏东社会主义国家改革过程中曾经走过弯路,这对中国改革引以为鉴,避免重蹈覆辙产生了重要影响"[3]。刘艳、王涛更为具体地分析了苏联东欧考察对中国改革开放产生的作用,认为包括如下几个方面:第一,"深化了对社会主义模式多样性的理解";第二,"推动了中国改革开放的进行";第三,"丰富了中国改革理论的思想资源";第四,"促进了有中国特色改革道路的形成"[4]。

在理论和方法层面上,苏联东欧改革对中国理论界的更为深远的影响还在于实证范式、制度范式等方面的思想和方法的引入。如林重庚指出,"东欧经济学家们不像中国经济学家们那样脱离国外的经济理论",因此,"他们可以在中国用现代经济理论的概念和技术

---

[1] 胡鞍钢:《邓小平与中国对外开放》,《中国经济50人看三十年——回顾与分析》,中国经济出版社2008年版,第153页。

[2] 安志文:《中国改革开放的决策背景》,《与改革同行——体改战线亲历者回忆》,社会科学文献出版社2013年版,第7—8页。

[3] 文世芳:《改革开放初期借鉴国外发展经验研究述评》,《甘肃理论学刊》2016年第2期。

[4] 刘艳、王涛:《苏联东欧改革对中国改革开放初期的影响——基于改革开放前后中国高级领导干部对苏联东欧考察的分析》,《当代世界与社会主义》2015年第3期。

来分析中国的经济情况","这就把对经济问题的解释提升到了一个新的层次"。① 章玉贵认为,制度范式特别是制度比较范式的引入,"解放了中国经济学界的思想,破除了僵化的社会主义八股模式的迷信,而且改变了传统社会主义政治经济学的研究方法,这种分析方法引进中国以后,成为中国改革理论的主要分析方法"②。在实证研究方法方面,"定性分析和定量分析如何相结合的问题是长期以来困扰我国经济学界的问题之一",赵人伟认为虽然存在"实证非实证"③的争议,但科尔奈思想和方法的引入无疑对于中国经济学家是颇具启发的。

从经济体制改革的历史进程来看,到20世纪90年代,中国与苏联、东欧改革产生了巨大反差。苏联东欧国家普遍"先是无法突破旧体制的硬壳","后是改革失去控制",而"通过改革实现了从计划经济向市场经济的平滑过渡,没有产生社会失控和经济下滑,并且保持了持续高增长的,只有中国"。④ 在改革实践方面,中国以"后发者"身份实现了对苏联东欧戴国家的"赶超"和"跨越"。然而需要看到,无论是在改革理论或者一般理论层面中国经济学界的进展显然滞后于中国改革的实践。甚至在改革开放三四十年之后,中国经济理论界对于一般理论的深入和创新发展甚至仍然不能与20世纪七八十年代东欧经济学家布鲁斯、锡克和科尔奈当时的国际影响力相匹敌。这是值得中国经济理论界反思的。正如夏斌在非正式文献之中所指出的,"迄今对形成'中国奇迹'的理论秘诀是什么?

---

① 林重庚:《中国改革开放过程中的对外思想开放》,《中国经济50人看三十年——回顾与分析》,中国经济出版社2008年版,第31页。

② 章玉贵:《比较经济学对中国经济理论发展的影响(1978—2005)》,《财经研究》2007年第2期。

③ 赵人伟:《一个经济学家的学术探索之旅》,《经济社会体制比较》2009年第6期。

④ 萧冬连:《探路之役:1978—1992年的中国经济改革》,社会科学文献出版社2019年版,"前言"第2页。

第十八章 中国经济理论界对苏联东欧改革的借鉴与认识

认识并不统一",中国经济理论界对中国改革的总结大多数都是"经验性总结",而"纯理论性文章"较少。[1]

从中国经济理论界对苏联东欧的改革实践和理论创新认识借鉴过程的考察,可以得到某些启示。改革的中国理论落后于中国实践,这首先可能与中国传统文化的"务实"倾向有关,即重视"实干"胜过"书本",重视"实用知识"而轻视"形而上学"的一般逻辑和知识体系。其次,还可能存在作为"落后国家"急于"赶超"的战略导向带来的短期效应与制度性约束。最后,中国经济理论界与决策层的紧密关联,一方面使得中国改革能够得到经济理论直接有力的支持,另一方面可能也造成经济学界的学术独立性不足。这特别地反映在改革初期对于苏联东欧改革的考察阶段,理论界与决策层具有相当的身份重叠,许多参与考察的学者本身也是决策层或者具有相当的决策影响力。这固然有助于经济理论的应用和高效地解决改革的实际问题,但也造成了经济理论界普遍重视现实问题的解决,而轻视甚至忽视一般理论体系和方法创新。事实上,早在20世纪50年代,中国经济学界就有顾准、孙冶方等人就"价值理论""计划与市场"等方面的一般理论创新尝试。1978年宦乡、孙冶方等人组成的中国社会科学院经济学家考察团在同南斯拉夫马克西莫维奇院士等座谈时,南斯拉夫方面"不识庐山真面目",特别提到,"我们的经济改革有很多地方是从你们经济研究所所长孙冶方那里学来的,是他的一些思路给了我们启发"[2]。这个"小插曲"也生动地表明中国经济学界并不是一直在理论研究上就处于跟随者地位的。

苏联东欧改革的实践和理论借鉴对于中国理论界的思想解放,具有双重含义。其一是通过苏联东欧的改革实践经验,认识到了

---

[1] 夏斌:《一个经济学人对理论创新的思考》,爱思想网,2019年3月31日,http://www.aisixiang.com/data/115742.html。

[2] 柳红:《八〇年代:中国经济学人的光荣与梦想》,广西师范大学出版社2010年版,第287页。

"社会主义经济体制的多样性",打破了此前的如价值、市场与计划等诸多问题讨论禁区,从而中国的经济学者能够积极参与思考解决此类实践和理论问题。其二是诸如布鲁斯、锡克和科尔奈等东欧经济学者的一般性理论和思想的引入,使得中国经济学界认识到即便是在"社会主义经济体制"基本前提之下,仍然可以有较为一般化和较为完整的创新理论分析框架和视角。如科尔奈的"短缺经济学""软预算约束"等。这在一定意义上是对中国经济学界在一般理论和方法层面的"思想解放",甚至是"启蒙"。中国的经济体制改革已经进行了40年,取得了巨大的成就,而中国经济理论界的一般理论和方法层面的总结和创新仍然处于起步阶段,这无疑有待于更深入的反思和总结。

(执笔人:谢志刚,中国社会科学院经济研究所副研究员)

第四部分

改革开放全面展开经济迅速腾飞时期（1992—2001年）中国特色社会主义经济学呈现一片繁荣景象

第十九章

1992年社会主义市场经济论确立并成为中国深化改革开放的理论支柱

1978年年底改革开放以后,中国改革的目标模式究竟应如何确定?一直是各方面关心和探索的问题,也是经济学界研究的重点。1989年春夏之交的政治风波之后,有人否定1978年年底以来的"市场取向"改革,要求改弦更张,回到"计划取向"的老路上来。但是,这种意见响应者寥寥无几。绝大多数经济学家认为应坚持市场取向改革,进一步发挥市场优化资源配置的作用,促进经济快速增长。但是,对于中国能不能搞社会主义市场经济,社会主义市场经济论能否成立,有的经济学家还是有怀疑和顾虑。在这种情况下,1992年党的十四大确立社会主义市场经济体制为我国改革的目标模式,从而确立社会主义市场经济论,对我国改革的深化发展就自然具有无法估量的意义,使我国改革开放进入一个全面深化的新阶段。

第一节 1992年确立社会主义市场经济论

1984年,社会主义商品经济论确立以后,经济学家没有就此停步，而是继续探索。20世纪80年代后半期，经济学家进一步提出，中国的经济改革，应明确是市场取向的改革，是市场化改革。内容包括：允许非公有制经济的存在和发展，企业应成为市场竞争主体，价格改革的目标是建立市场价格体制，建立和发展包括商品市场和要素市场在内的市场体系，生产要素参与收入分配，宏观经济管理要从直接管理转变为以间接管理为主，实行全方位对外开放，参与国际市场竞争，等等。1986年，有文章认为，宏观经济管理的目标模式，主线是国家掌握市场（即国家主要通过经济手段和市场参数调节供需，实现对市场的"领导权"），市场引导企业，或者是"国家调控市场，市场引导企业"[1]。20世纪90年代初，吴敬琏等明确提出，改革的目标就是建立社会主义市场经济体制，并对新体制的框架做了比较详尽的论证。[2]

与此同时，还是有些经济学家不赞成中国搞社会主义市场经济。1990年、1991年，在报刊上发表了一些企图否定社会主义市场经济论的文章，表明认识的分歧是存在的。

党和国家领导人的政治智慧和勇于理论创新精神对社会主义市场经济论的确立并成为主流观点起着决定性的作用。1979年，我国改革开放总设计师邓小平就指出，社会主义也可以搞市场经济。1992年春，邓小平在"南方谈话"中进一步阐发了他对计划和市场问题的看法。他说："计划多一点还是市场多一点，不是社会主义与资本主义的本质区别，计划经济不等于社会主义，资本主义也有计划；市场经济不等于资本主义，社会主义也有市场。计划和市场都是经济手段。"1991年10—12月，时任中共中央总书记江泽民同志主持召开了11次专家座谈会，为1992年党的十四大有关经济体制改革和政策纲领的提法进行酝酿。座谈会上，一些专家建议实行社会主义市场经济体制，并获得与会专家的普遍赞同。座谈会的最主

---

[1] 参见李成瑞《关于宏观经济管理的若干问题》，《财贸经济》1986年第11期。
[2] 参见吴敬琏、刘吉瑞《论竞争性市场体制》，中国财政经济出版社1991年版。

要成果是酝酿了"社会主义市场经济体制"的倾向性提法，同时还对这一重要提法给出两点解释：一是市场在资源配置中发挥基础性作用；二是市场是有国家宏观调控而不是放任自流的。[①] 1992 年 9 月，党的十四大报告把中国经济体制改革的目标模式确定为建立社会主义市场经济体制，使市场在资源配置中发挥基础性作用。这标志着对经济改革理论的认识达到一个崭新的阶段，即确认社会主义市场经济论并把它作为深化改革开放的理论支柱的阶段。

社会主义市场经济理论还随着中国经济改革的深化而深化。1993 年，党的十四届三中全会通过的《中共中央关于建立社会主义市场经济体制若干问题的决定》确定了社会主义市场经济体制的基本框架，包括：坚持以公有制为主体、多种经济成分共同发展的方针，进一步转换国有企业经营机制，建立适应市场经济要求，产权清晰、权责明确、政企分开、管理科学的现代企业制度；建立全国统一开放的市场体系，实现城乡市场紧密结合，国内市场与国际市场相互衔接，促进资源的优化配置；转变政府管理经济的职能，建立以间接手段为主的完善的宏观调控体系，保证国民经济的健康运行；建立以按劳分配为主体，效率优先、兼顾公平的收入分配制度，鼓励一部分地区一部分人先富起来，走共同富裕的道路；建立多层次的社会保障制度，为城乡居民提供同我国国情相适应的社会保障，促进经济发展和社会稳定。必须围绕这些主要环节，建立相应的法律体系。以上就是著名的社会主义市场经济体制的五大支柱。1997 年，党的十五大提出了从战略上调整国有经济布局的任务，企求从整体上搞好国有经济，明确个体私营等非公有制经济是社会主义市场经济的重要组成部分。2002 年，党的十六大报告提出了到 2020 年建成完善的社会主义市场经济体制，建立中央政府和地方政府分别代表国家履行出资人职责，享有所有者权益，权利、义务和责任相

[①] 参见陈君、洪南编《江泽民与社会主义市场经济体制的提出》，中央文献出版社 2012 年版。

统一，管资产和管人、管事相结合的国有资产管理体制的任务。2003年，党的十六届三中全会提出了完善社会主义市场经济体制的任务，提出了以人为本，全面协调和可持续的科学发展观，提出股份制是公有制主要实现形式、建立现代产权制度等。2007年，党的十七大报告提出推动科学发展，促进社会和谐，转变经济发展方式等任务，提出了加快建设国有资本经营预算制度，完善反映市场供求关系、资源稀缺程度和环境损害成本的生产要素和资源价格形成机制，人人共享发展成果，建立全覆盖的社会保障制度，深化政府、财税、金融、农村改革等。

与此同时，经济学家对社会主义市场经济理论问题展开了热烈的讨论，发表了大量的论著，社会主义市场经济论逐步深入人心。现代企业制度理论、公司治理理论、利用外资理论、资本市场理论、公共财政理论、金融创新理论、服务型政府理论、社会保障理论、效率与公平关系理论、法治市场经济理论、公有制与市场经济结合理论、收入分配理论、经济转型理论、开放型经济理论、大国经济理论、转变经济增长和发展方式理论、人民币国际化理论、人民币汇率形成机制理论、国际金融市场和危机理论、"三农"问题研究等，经济学界都有深入研究，其中有些成果具有超前性。

回顾改革开放以来我国经济学界对计划与市场关系和经济体制改革的研究与探索，可以得出以下几点认识：

第一，计划与市场关系问题，是社会主义经济理论的核心问题。传统的社会主义经济理论的根本缺陷，在于把作为经济调节手段的计划或市场，说成是区分社会主义经济制度和资本主义经济制度的基本标志，把计划等同于社会主义，市场等同于资本主义。这种认识，完全不符合世界各国经济发展的实践。第二次世界大战以后，许多发达的资本主义国家，也在制订各种经济发展计划，调控宏观经济的运行。而实行传统社会主义计划经济体制的国家，则因贬低和排斥市场的作用，窒息了经济的生机和活力，以致在和平经济竞赛中败北。事实使越来越多的经济学家认识到，社会主义国家只有借助市场，才能重新活跃被指令性计划捆死了手脚的经济活动；只有发挥市场在资源配置中的基础性作用，才能提高经济效率。当然，市场也不是万能的，需要有"看得见的手"如政府的宏观调控等，来纠正市场的缺陷，以保证经济的健康运行。

第二，社会主义政治经济学的科学性，在很大程度上取决于是否能够科学地阐明社会主义同商品经济与市场经济的关系，使社会主义与市场经济相互适应相互结合。中国特色社会主义经济建设，就是发展社会主义市场经济。在世界科技进步加速、经济全球化趋势不可阻挡的时代，只有快速发展社会主义市场经济，才能振兴中华，实现工业化、信息化、城市化和现代化，有效参与国际市场竞争，跻身于世界民族之林，以经济的辉煌业绩证明社会主义市场经济理论的确立与成熟，从而构建社会主义政治经济学大厦。

第三，作为社会主义政治经济学的重要组成部分的转轨经济学或过渡经济学，也是以论述从计划主导型经济体制向社会主义市场经济体制转轨的过程及其规律性为主要内容的。中国是一个拥有十几亿人口的大国。迄今为止，只有中国的经济体制转轨的经验和规律性，最具有典型意义。揭示中国经济体制转轨的规律性，将为当代经济科学增添新的篇章，从而丰富和发展当代经济科学。

第四，社会主义市场经济论，是全新的理论体系，既需要社会主义市场经济的发展实践为这一理论提供素材和养料，也需要经济学家的艰辛探索和理论概括，需要经济学家的理论勇气和攀登科学高峰的精神。认识真理的过程是复杂而曲折的。真理有时在少数人手里。真理被多数人认识需要有一个过程。在学术研究上真正贯彻"双百"方针，是经济学家们由衷的期盼。这也是防止扼杀真理、打击坚持真理者悲剧重演的重要保证。

第二节　确立社会主义市场经济论后中国改革开放全面大步展开

第一，国有企业改革从过去放权让利转向体制创新，以建立现代企业制度为方向，努力适应市场经济的发展。通过对国有经济布局和结构的战略性调整，以及对国有大中型企业进行公司制股份制改革，使国有经济走出困境，许多国有大中型企业转换了经营机制，提高了市场竞争力和活力，国有经济的控制力得到增强。1997年全国国有企业25.4万户，到2012年减少到14.5万户，减少了近40%；但国有经济总量不断扩大，综合实力不断增强：1997年全国国有企业资产总额13.9万亿元，到2012年增长到85.37万亿元。1998年，2/3以上国有企业亏损，全国国有企业加起来的利润才213.7亿元，而到2012年，国有企业利润总额达到16100亿元，实现大幅度增长。到2012年年底，全部116家中央企业净利润11315亿元，上缴税金14058万亿元。到2012年，90%的国有企业已完成了公司制股份制改革，中央企业净资产的70%已在上市公司，中央企业及其子企业引入非公有资本形成的混合所有制企业户数已占总户数的52%。所有这些均表明我国国有企业改革已取得实质性进展。

第二，财政体制进行了重大改革。1994年实行了适应市场经济发展的分税制改革，即在中央和地方两级财政之间实行分税制，改变原来实行的地方财政包干的办法。在分税制中，增值税是最大税种，实行中央和地方分成，中央得75%，地方得25%。消费税则全归中央。增值税和消费税比上年增长部分以1∶0.3的比例返还地方。这一改革一方面促进了财政收入的迅速增长，1993年，全国财政收入为4348.95亿元，而到2010年，全国财政收入跃增至8.3万亿元，增长了18倍；另一方面是中央财政收入占的比重迅速提高，1993年，中央财政收入占国家财政收入的比重为22%，而到2007

年，中央财政收入占国家财政收入的比重提高到51.2%，这就使中央对地方财政转移支付的能力大大增强。进入21世纪后，财政体系又进行重大转变，即从经济建设型财政逐步向公共服务型财政转变，承诺逐步实现对全体居民基本公共服务均等化。这就意味着财政支出结构将做重大调整，即大幅度提高用于公共服务的部分，提高用于改善民生的部分，提高用于欠发达地区和低收入群体的部分。

第三，2001年11月中国加入世界贸易组织，表明中国对外开放进入新阶段。加入世界贸易组织，是顺应经济全球化潮流的重大举动，具有里程碑式意义。做出这一决策，是党的第三代领导集体最耀眼的历史功绩。在加入世界贸易组织谈判中，不少人忧心忡忡，怕加入世界贸易组织影响国家安全，许多产业包括金融、商业、农业、信息等会受到很大冲击，弊大于利，至少短期弊大于利。但中国加入世界贸易组织十年的实践证明，加入世界贸易组织对中国利大于弊，原来的许多担心都没有出现。中国是经济全球化的受益者，加入世界贸易组织提高了中国的收益率。加入世界贸易组织以后，中国的经济总量、对外贸易、利用外资、外汇储备等的增速都加快了。据世界贸易组织统计，2002—2012年，我国出口总额平均增速达21.3%，在全球位次由第六位升至第一位。2012年货物贸易进出口总额38670亿美元，居于世界第二位；我国服务贸易进出口总额为4710亿美元，居于世界第三位。而且，开放促进了改革，加入世界贸易组织使中国一大批同市场经济一般规则相抵触的法律法规和政策得以废止和修改。许多产业着力提高自主创新能力，提高市场竞争力。许多企业"走出去"，充分利用两个市场、两种资源，发展壮大自己。到2012年，对外直接投资878亿美元，居于世界第三位。

第四，个体、私营等非公有制经济大发展。改革开放后，先是个体经济和私营经济被允许存在和发展。个体、私营等非公有制经济大发展是在1992年以后，1993年、1994年、1995年私营经济户数增幅均达50%以上。1997年，党的十五大进一步肯定了个体私营等非公有制经济是社会主义市场经济的重要组成部分。到2012年，私营企业达1086万家，注册资本（金）达31万亿元，从业人员12000万人；个体工商企业达4059万户，资金数额1.98万亿元，从业人员8000万人。① 多年来，个体私营等非公有制经济是我国重要的经济增长点，是提供新就业岗位的主渠道，是满足全国人民不断增长的多样化的物质文化生活需要的生力军。个体、私营等非公有制经济的大发展，形成了我国多元市场主体竞争格局，有力地推动了公有制企业适应市场经济改革的深入开展。

第五，积极推进社会领域改革。进入21世纪以后，社会领域改革迅速展开，社会建设加快。义务教育阶段学杂费已全部取消。就业优先，加强职业培训和就业服务，推动建立和谐劳动关系。最低生活保障制度已从城市扩展至农村，积极探索城乡居民养老保障制度建设。2017年，基本养老保险覆盖超过9亿人。城镇居民基本医疗保险制度、新型农村合作医疗制度建设进展很快，2017年已惠及13亿居民。努力建设廉租房等保障性住房，"十二五"期间计划建设3600万套，逐步使全国城镇保障性住房覆盖面达到20%左右，解决城市低收入家庭住房困难，等等。

第六，加快行政管理体制改革，转变政府职能。为适应社会主义市场经济的发展积极推进政府改革、政府职能转换，从全能型政府、经济建设型政府向公共服务、保护环境型政府转变，实行政企分开、政资分开、政事分开、政府与市场中介组织分开，切实履行经济调节、市场监管、社会管理、公共服务、保护环境职能。推进了审批制度改革，减少审批，依法审批；政府不直接干预企业生产经营活动。

在此期间，还实现了国有大型商业银行整体上市，进行了资本市场上的股权分置改革，取消了农业税，实行集体林权制度改革，

---

① 《〈中共中央关于全面深化改革若干重大问题的决定〉辅导读本》，人民出版社2013年版，第76页。

统一了内外资企业所得税,推进了部分资源性产品市场化价格改革,对一些垄断行业企业进行分拆和引入竞争机制,进行文化体制改革等。

由于以上许多改革在20世纪90年代的迅速推进,到2000年,我国已初步建立起社会主义市场经济体制,市场已开始在资源配置中起基础性作用。进入21世纪初期,新体制正按发展社会主义市场经济的要求进行完善,以便使整个国民经济充满活力、富有效率、更加开放,继续为发展中国特色社会主义提供强大动力和体制保障,并争取于2020年建成比较完善的定型的社会主义市场经济体制。到那时,由于得到新体制和经济快速发展的依托,社会主义市场经济论就真正立起来了。

第三节 社会主义与市场经济的有机结合:一项具有划时代意义的理论创新

中国经济学家在1992年以后写了许多专著和文章,系统和深刻地阐述了社会主义市场经济论确立的重大意义。指出,社会主义市场经济论立论的基础是社会主义与市场经济能够相互结合,而不是像传统理论认定的那样是完全对立的。不光要从理论上论证两者能够结合,更要在实践上广泛和反复证明两者能够结合。以往的市场经济都是同资本主义或者私有制相结合的,社会主义市场经济的最大特点是市场经济同公有制相结合。因此,我国在社会主义条件下发展市场经济,是前无古人的伟大创举,也是一项全新的课题。在成功实践基础上概括出来的社会主义市场经济论,是中国共产党人和马克思主义经济学家关于科学社会主义的重大理论创新,也是对经济科学的划时代的贡献。

社会主义市场经济论的难点在于公有制与市场经济的有机结合。我国已确立了公有制为主体、多种所有制经济共同发展的基本经济制度。在这一基本经济制度中，个体、私营等非公有制经济能够与市场经济结合，这是没有问题的。问题在于公有制特别是国有制能不能与市场经济相结合，怎样与市场经济相结合。这不但是一个理论问题，更是一个实践问题。传统的计划经济体制下的公有制和国有制是难于同市场经济结合的。改革开放后，各方面都在努力寻找能同市场经济结合的公有制和国有制的实现形式。经过多年的探索和实践，我们终于找到了能够同市场经济相结合的公有制包括国有制的有效实现形式——股份制。1997年，党的十五大报告就指出："股份制是现代企业的一种资本组织形式，有利于所有权和经营权的分离，有利于提高企业和资本的运行效率，资本主义可以用，社会主义也可以用。"2003年党的十六届三中全会进一步指出："要适应经济市场化不断发展的趋势，进一步增强公有制经济的活力，大力发展国有资本、集体资本和非公有资本等参股的混合所有制经济，实现投资主体多元化，使股份制成为公有制的主要实现形式。"中国国有企业改革实践证明，推进公有制企业包括国有企业的公司制股份制改革，可以使公有制企业适应市场经济的发展，可以使公有制企业成为自主经营、自负盈亏的市场主体和法人实体，并且可以在公司制股份制框架下逐步完善公司法人治理结构。因此，将公有制企业特别是国有大中型企业改革为现代公司，其中重要的企业实行国家控股（个别的还可国有独资），就可以同一般市场经济国家的现代公司接轨，不仅可以同非公有制市场主体如外资企业、私营企业展开平等竞争，而且可以走向国际市场，参与国际市场竞争。可见，通过实行股份制，我国公有制特别是国有制找到了一个与市场经济相结合的形式和途径。

社会主义市场经济首先是市场在资源配置中起基础性作用和决定性作用，同时政府对国民经济运行进行宏观调控，是市场机制与政府调控的有机统一。社会主义国家是以公有制为主体的，可以保证政府的宏观调控更加有力和有效，促进社会主义市场经济平稳健康运行。

在社会主义条件下发展市场经济,要求以人为本,以实现共同富裕为目标,防止两极分化。正如在党的十七大报告指出的:"要始终把实现好、维护好、发展好最广大人民的根本利益作为党和国家一切工作的出发点和落脚点,尊重人民主体地位,发挥人民首创精神,保障人民各项利益,走共同富裕道路,促进人的全面发展,做到发展为了人民、发展依靠人民、发展成果由人民共享。"这就要求坚持和完善按劳分配为主体、多种分配方式并存的分配制度,要让全国人民共享改革发展的成果。我们不仅要把"蛋糕"做大,而且要把"蛋糕"切好分好,更加注重普遍改善民生,伸张公平正义。坚持公有制为主体,国家促进公平的收入分配政策,公共的财政体系和基本公共服务均等化,完善社会保障制度,优先发展教育和实现教育公平,将有力地促进和保证走共同富裕的道路。现实中这方面存在不少实际问题,不同地区不同群体收入差距过大,社会公平受到严重挑战。党和政府正在采取各种措施解决这一问题。

社会主义与市场经济相结合,是公有制为主体的社会主义和市场经济两个方面相互适应的过程。一方面,公有制要着力适应市场经济,国有企业和其他公有制企业要不断深化公司制股份制改革,使国有制和公有制通过股份制形式实现同市场经济的结合;另一方面,市场经济的发展则要着重适应社会主义共同富裕目标,努力防止私有制市场经济往往带来的两极分化。[1] 这样,就能实现社会主义与市场经济的有机结合。改革开放以来,中国已经逐渐有效地实现了社会主义同市场经济的结合。但是我们还要做得更好。中国经济学家对这一结合的成功实践充满信心,从而对社会主义市场经济论的科学性充满信心。

---

[1] 参见彭森、陈立等《中国经济体制改革重大事件》(下),中国人民大学出版社2008年版,第394页;张卓元《社会主义市场经济论:中国改革开放的主要理论支柱》,《光明日报》2008年12月7日。

第四节　探索社会主义市场经济的特点与若干规律

进入 21 世纪，随着社会主义市场经济体制的初步建立和逐步完善，中国经济发展迅速，充满活力，日益开放。与此同时，经济学界开始关注与研究社会主义市场经济的特点和内在规律，为党和政府决策提供理论依据和智力支持。

有的文章认为，根据中国当前实际，看来我们需要很好地掌握社会主义市场经济的特点和内在规律，主要有以下几个方面：

一　市场在资源配置中发挥基础性和决定性作用，价值规律调节社会生产和流通

社会主义市场经济与传统的计划经济最大的不同点，在于市场在资源配置中的作用有根本的区别，前者起基础性和决定性作用，即主要调节者作用；后者则不起作用或只起很小的作用。按照马克思主义经济学的语言，在社会主义市场经济中，价值规律是社会生产和流通的主要调节者，而在传统的计划经济中，价值规律不起调节作用，调节社会生产和流通的，是国家的指令性计划。迄今的中外实践表明，按照市场的信号主要是价格信号对有限的社会资源进行配置和重新配置，比按照国家的指令性计划配置资源，具有更高的效率。这是因为，在社会化大生产和生产精细化条件下，不但产品和服务的品种繁多，数以万计、十万计，而且社会和人的需求也复杂多变和不断发展，国家计划部门采用任何现代计算技术和严格的行政调节也无法将社会供给和社会需求有机联系和协调起来。由市场通过价格涨落提供的社会需求的信号，比任何发布指令的计划部门要准确得多、及时得多，从而使各个经济活动主体能够按照社会的需求进行生产、经营和提供服务，避免资源的严重浪费和损失。

也就是说，在价值规律作用下，社会资源自动地从效益较低的产业流向效益较高的产业，而效益较高的产业正是社会需求比较旺盛的；在同一产业（部门）内部不同企业之间，则优胜劣汰。这就使社会资源得到比较有效的利用和配置。

二 企业是市场经济活动的主体，真正实现政企分开、政资分开

在社会主义市场经济条件下，企业不再像计划经济条件下那样是上级行政主管部门的附属物，而是独立的、自主经营、自负盈亏的经济主体。市场对资源配置发挥基础性和决定性作用，是通过一个个最主要的微观经济主体即企业的活动实现的。企业根据市场信号主要是价格变动，决定生产什么和多少商品，提供什么和多少服务，以实现利润的最大化。正是一个个企业追逐经济效益的活动，使社会资源比较有效地分配到社会需要的领域。也就是说，企业是市场经济活动的主角，政府已不再是市场经济活动的主角。因此，选择社会主义市场经济，由市场配置资源，就必须使企业成为独立的市场主体和利益主体，自主经营、自负盈亏、自担风险，也就是大家在改革初期提出的使企业成为独立的商品生产者和经营者。对于非国有企业来说做到这一点相对比较容易，尽管政府的行政干预一直不少，需要下大力气逐步克服。而对于国有企业来说，就很不容易。改革开放以来的经验表明，国有企业从原来主管部门的附属物脱离出来，成为独立的市场主体，是一个脱胎换骨的改造。一方面，从企业来说，原来事事靠上级主管部门，照他们的指令办事，经济效益好坏不在乎，没有改善经营管理的积极性和主动性，没有活力。现在要转变为独立的市场主体，自主经营、自负盈亏，就必须努力适应市场，参与市场竞争，承担风险，搞得好，就能不断发展壮大，经营者和职工也能增加收益，否则就可能亏损甚至破产。市场机制像一条无情的鞭子，督促着企业不断改进技术和改善经营管理，向前再向前，永不停步，永不懈怠。另一方面，从政府和主管部门来说，原来是直接指挥各项微观经济活动，对企业的各种经

济活动进行审批和下达指令。由于对企业往往多头管理，多龙治水，企业生产经营搞得好，各个部门争相把功劳记在自己名下，而一旦出了问题，则互相推诿，谁都不愿承担责任。推进市场化改革，最重要的就是要转变政府职能，实行政企分开、政资分开，政府不再干预企业的生产经营活动，一些原来主管企业的专业部门被撤销，政府公共管理职能和国有资产出资人职能分开。由于这样的改革触及不少行政管理部门及其官员的利益，因而改革往往受到这些部门的阻挠而困难重重。主管部门当惯了"婆婆"，一旦不能发号施令，很不适应。所以，国有企业要真正成为独立的市场主体，必须坚持政企分开、政资分开，必须有政府职能转换的配合，政府不再干预微观经济活动，政府职能转为从事经济调节、市场监管、社会管理、公共服务和保护环境，即转变到主要为市场主体服务和创造良好发展环境上来。

三　国家的宏观调控主要是促进国民经济的平稳、较快发展

现代市场经济并不是完全放任由市场机制调节的，而是由国家宏观调控的。社会主义市场经济也是这样。党的十六大报告提出："要把促进经济增长，增加就业，稳定物价，保证国际收支平衡作为宏观调控的主要目标。"这是对改革开放以来我国宏观调控丰富经验的科学总结，是符合市场经济发展规律的。世界上许多市场经济国家，都是把上述四个方面作为国家宏观调控的主要目标。中外实践表明，在市场经济条件下，要处理好增长与稳定的关系，即既要促进经济增长，又要保持经济稳定。从长远看，在经济稳定中实现经济增长，是最可取的也是最快速的。相反，如果片面追求经济快速增长，不重视经济稳定，不是在稳定中求增长，就很容易出现大起大落，而大起大落必然带来生产力的浪费和损失，从长远看是因为走弯路而慢了。在前面的四大目标中，前一个是促进经济增长，后面三个是保持经济稳定的内容，因此，可以把国家宏观调控概括为促进国民经济的平稳较快发展。中外经济发展实践表明，在经济稳

定条件下，市场信号比较稳定、准确，市场有效配置资源的功能可以较好地发挥，从而有利于促进经济增长，实现较快发展。

在社会主义市场经济中，要搞好宏观调控，按照2007年党的十七大报告的精神，就要树立和认真落实科学发展观，实现全面、协调、可持续发展。这是我国发展社会主义市场经济经验的重要总结。科学发展观的基本内容是以人为本，促进全面协调可持续发展，做到五个统筹，即统筹城乡发展、统筹区域发展、统筹经济社会发展、统筹人与自然和谐发展、统筹国内发展和对外开放。统筹的实质是协调，五个统筹的实质是做到五个协调发展。做到五个统筹，就既能有效地保持经济稳定，又能不失时机地促进经济增长，从而实现国民经济的平稳较快发展。

四 科学评价市场经济活动效果，保证社会主义市场经济实现可持续发展

中国的社会主义市场经济，政府在市场经济中扮演着重要的角色。科学评价市场经济活动效果，难点不在企业，因为评价企业经济活动效果的主要指标或中心指标是利润和利润率，同时还要承担社会责任，这一点早已成为共识。真正困难的是在政府主要是地方政府成为经济活动的重要角色时，如何评价地方政府及其官员的政绩。过去，人们一般用GDP即国内生产总值及其增长速度作为评价政府部门绩效的主要标准，年年评比排座次，GDP增长率高的，政绩就优；GDP增长率低的，政绩就差。结果各地互相攀比，全力以赴争取GDP的快速增长，而且都想争第一，你快了我要比你更快。因此人们形容这些地方政府是GDP政府。但是，多年的实践表明，这样做存在不少问题。首先，把GDP增速作为评价政府政绩的唯一或最主要指标，必然忽视各项社会事业的发展，造成经济发展腿长、社会发展腿短的不协调局面；其次，还会鼓励政府的短期行为，用粗放外延扩张的方式促进经济增长，影响经济的可持续发展；最后，还会促使有的政

府官员造假。为了使我国社会主义市场经济可持续发展，需要制定科学的评价体系。就全国或一个地区来说，首先是逐步改 GDP 增长单一指标为多方面指标，比如，联合国可持续发展委员会提出了四个方面的指标：（1）社会；（2）环境；（3）经济；（4）制度，对此我们可以借鉴。其次是将 GDP 指标逐步发展为绿色 GDP 指标或加上绿色 GDP 指标。还有就是加强对统计数字的核实，严肃查处作假者，增强统计信息的透明度和准确性。可见，寻找正确评价社会主义市场经济活动效果的指标体系，对于社会主义市场经济的健康的可持续的发展，有非常重要的意义。2005 年，国家"十一五"发展规划纲要第一次把国民经济主要指标区分为约束性指标和预期性指标，把 GDP 列为预期性指标，把节能减排、耕地保有量等列为约束性指标，是一次很有价值的探索与尝试。

五　依法规范市场经济活动，保障市场经济健康运行

现代市场经济是法治经济。中外经济实践证明，市场经济只有在法治轨道上运行，才能比较有效地发挥其积极作用，减轻因其自发调节带来的种种消极作用。社会主义市场经济也是法治经济。市场经济是竞争经济，实行公平竞争，以提高效率。这就必须对如何竞争进行规范，形成有效的竞争规则或游戏规则，如同体育比赛要遵循比赛的规则一样。可见，社会主义市场经济只有在法治轨道上运行，才能保证其健康发展。[①]

有的经济学家则从企业的角度看市场经济的客观规律，指出，从改革开放以来的实践中，以及从国外企业兴衰成败的大量案例中可以看出，人们对市场经济客观规律的认识至少可包括下面所述的一些内容：（1）市场永远处于不断变化之中。（2）树立正确

---

① 参见张卓元《试探社会主义市场经济的特点与若干规律》，《宏观经济研究》2004 年第 4 期。

的风险意识。(3) 贴近顾客是企业安身立命之本。(4) 市场机遇时时处处都在。(5) 把握好有形与无形价值、短期与长期利益的关系。(6) 从"零和游戏"到"双赢"的竞争新格局。①

（执笔人：张卓元，中国社会科学院经济研究所研究员）

---

① 参见潘承烈《市场经济客观规律初探》，《信息参考》1999年第60期。

第二十章

所有制理论的突破和社会主义基本经济制度的确立

社会主义＝公有制＋计划经济＋按劳分配，多少年来成为人们不变的信条。其中公有制是社会主义社会唯一的经济基础，而且公有制只限于全民所有制和集体所有制两种形式，也是不能有任何动摇的。20世纪50年代至"文化大革命"期间，上述信条还逐步发展到极端，公有制越大越公越好，搞"一大二公"和所有制升级，企图实现纯而又纯的公有制，赶尽杀绝一切私有制。但是，上述企求和做法在实践中却被碰得头破血流，貌似先进的生产关系被落后的生产力拖住手脚，受到物资短缺、生活水平难以提高、经济缺少活力等的惩处。"文化大革命"结束后，特别是改革开放以后，经济学界和其他社会各界在反思中国经济不能很好起飞的原因中，找到了一个捆住中国生产力发展的大绳索，就是超越阶段的"一大二公"的所有制理论和政策，并在改革开放过程中逐步确立起公有制为主体、多种所有制经济共同发展的社会主义初级阶段的基本经济制度，在继续发展公有制经济的同时，允许和鼓励、引导个体、私营等非公有制经济的发展，从而大大解放了社会生产力，调动了各方面的积极因素加快推进社会主义现代化建设，经济迅速起飞并创造出令世人瞩目的"中国奇迹"。

以下是新中国成立70年来所有制理论的演变的简要回顾。

第一节 20 世纪 50 年代对私有制的社会主义改造及此后至"文化大革命"中对私有制的鞭挞

中国 1953—1956 年对个体农业、手工业和私人资本主义工商业等生产资料私有制进行大规模的社会主义改造。1959 年人民出版社出版由薛暮桥、苏星、林子力等合著的《中国国民经济的社会主义改造》一书，是这方面研究的代表性成果。当时经济学界着重阐述中国的社会主义改造走的是从中国国情出发的独特道路，主要是引导个体农业、手工业走合作化道路，对私人资本主义工商业采取和平赎买的方针，并在短短几年取得了重大的进展。"文化大革命"后，有些经济学家以及其他各界人士认为 20 世纪 50 年代的社会主义改造也存在一些缺点和错误。对此，1981 年 6 月党的十一届六中全会《中共中央关于建国以来党的若干历史问题的决议》说："这项工作中也有缺点和偏差。在一九五五年夏季以后，农业合作化以及对手工业和个体商业的改造要求过急，工作过粗，改变过快，形式也过于简单划一，以致在长期间遗留了一些问题。一九五六年资本主义工商业改造基本完成以后，对于一部分原工商业者的使用和处理也不很适当。但整个来说，在一个几亿人口的大国中比较顺利地实现了如此复杂、困难和深刻的社会变革，促进了农业和整个国民经济的发展，这的确是伟大的历史性胜利。"[①]

社会主义改造基本完成后至"文化大革命"结束前，经济论坛上的主流观点还是斯大林的教条，即认为社会主义公有制是社会主义社会的唯一的经济基础，社会主义公有制只包括全民所有制和集

[①] 《三中全会以来重要文献选编》（下），人民出版社 1982 年版，第 800—801 页。

体所有制，全民所有制是高级形式，集体所有制是低级形式，随着社会生产力发展，集体所有制要向全民所有制过渡，形成单一的全面的全民所有制。1958年农村人民公社化运动中，大刮"一平二调"的"共产风"，剥夺农民，否定等价交换原则，结果造成灾难性后果，严重破坏了社会生产力，农业生产大倒退。1959年起纠正上述错误做法，重新肯定要尊重农民的集体所有权，肯定发展商品生产、实行等价交换和按劳分配。但好景不长，1962年年底起，又提出"千万不要忘记阶级和阶级斗争"和以阶级斗争为纲，直至"文化大革命"，不断搞超越阶段的砍杀个体和私营经济，割资本主义尾巴。由于取消个体经济的做法在政策中占主流地位，到1977年，全国城镇个体工商业者仅剩下15万人。北京市1978年只剩下259户，上海也不超过1.3万人。详见表20—1。

表20—1　　　　改革前我国城镇个体经济劳动者人数　　　　单位：万人

年份	总计	个体工商业者					其他个体经营者
		工业	建筑业	运输业	商业饮食服务业	小计	
1952	883	360	83	56	318	817	66
1953	898	375	80	65	318	838	60
1954	742	342	86	50	209	687	55
1955	640	205	143	54	171	573	67
1962	216	49	4	8	71	132	84
1963	231	49	4	10	66	129	102
1964	227	48	5	10	58	121	106
1965	171	39	5	10	48	102	69
1971	81	21	3	6	24	54	27
1972	66	18	3	5	20	46	20
1973	51	15	3	4	16	38	13
1974	36	10	2	3	14	29	7
1975	24	6	2	2	12	22	2

续表

年份	总计	个体工商业者					其他个体经营者
		工业	建筑业	运输业	商业饮食服务业	小计	
1976	19	4	2	1	11	18	1
1977	15	3	1	1	9	14	1
1978	15	3	1	1	9	14	1

资料来源：张卓元、胡家勇、刘学敏：《论中国所有制改革》，江苏人民出版社2001年版，第49—50页。

至于私营经济，则到1956年社会主义改造基本完成后至改革开放前不复存在。从统计数据看，1949年，我国私营企业职工有296万人，占职工总数的36.5%；1952年为367万人，占22.8%；到1957年仅剩2万人，随后基本消失。1949年，私营工业产值68.3亿元，占全国工业总产值的48.8%；1952年为105.2亿元，占30.7%；1955年为72.7亿元，占13.2%；1957年仅为0.4亿元。1957年至1978年，私营企业的各项数据从统计资料中消失。

个体私营经济的逐步消灭不仅严重影响经济的发展，而且给居民生活带来一系列难题，坐车难、住房难、吃饭难、做衣难、购物难、修理难、洗澡难、理发难等一直困扰居民的日常生活。

第二节　改革开放前提出的一些有价值观点

从20世纪50年代起，就有经济学家和政府领导人对社会主义社会所有制结构问题，进行客观的冷静的分析与研究，提出了一些与传统信条相左的论点与政策主张。

1956年三大改造基本完成后，陈云提出，在经济活动中，应允许一部分个体经营自由生产和自由市场作为补充。① 这在当时被认为是颇有新意的主张。

20世纪60年代初，当时主管农村工作的邓子恢，还有邓小平、陈云、田家英等，表示支持包产到户，以利于农业生产的发展。②

1958年农村人民公社化运动失败并带来三年经济严重困难后，在经济论坛上发表了不少文章，从中国生产力仍很落后出发，论证了小集体经济存在的必然性，以及与此相联系的农民自留地、家庭副业和农村集市贸易存在的必然性③，这就宣告"一大二公"和所谓向共产主义过渡的理论与政策的彻底破产。

孙冶方1961年提出社会主义制度下，生产资料的所有权同占有权、使用权和支配权是可以分离的，认为在全民所有制之下，"经营管理权问题应该代替所有制的地位而成为社会主义政治经济学所要研究的生产关系三个方面中的第一个方面"。"财经管理体制的中心问题是作为独立核算单位的企业的权力、责任和它们同国家的关系问题，也即是企业的经营管理权问题。"④ 苏绍智等持有类似观点。苏绍智说："生产资料所有权已经确定的限度内，所有权、占有权、支配权和使用权（企业的所有权和企业的经营管理权）又不是完全不可分的。在私有制的条件下，几个'权'可以分属于不同的阶级或个人；在公有制的条件下，可以分属于不同的单位或部门。"⑤ 朱剑农说："在社会主义国家的国营企业中，凡由国家交给使用的生产

---

① 参见《陈云文选》第3卷，人民出版社1995年版，第13页。
② 参见薄一波《若干重大决策与事件的回顾》下卷，中共中央党校出版社1993年版，第1078—1087页。
③ 参见亦农《三级所有、队为基础是我国农村人民公社现阶段的根本制度》，《经济研究》1961年第1期。
④ 参见孙冶方《关于全民所有制经济内部的财经体制问题》，《社会主义经济的若干理论问题》，人民出版社1979年版，第140页。
⑤ 参见苏绍智《试论生产资料的所有权、占有权、支配权和使用权》，《学术月刊》1962年第6期。

资料，其所有权、占有权和支配权全属于国家。""企业对国家交与使用的生产资料享有使用权。"①

骆耕漠于 1959 年提出"大全民"中有"小全民"的独特观点。他认为："在社会主义阶段，全民所有制的生产资料和产品，在一定范围内和一定程度上，还包含有局部全民所有的关系，即在'大全民'所有之中还有'小全民'所有的关系。""这种大小全民的交叉关系，归根结底也是由于生产力发展水平还不够高和人们的共产主义觉悟还不够高。这两点使代表全民的国家，对于它的地方经济组织和各部门经济组织以及基层的企业单位，还必须适当利用物质利益去推动它们努力管好生产，好像国家必须适当利用'按劳分配'原则（物质利益）去推动人们努力劳动一样。"②

骆耕漠 1957 年还提出集体所有制是"内公外私"的观点。他说："集体所有制经济虽然是社会主义经济，但是毕竟是一伙人一伙人的公有，它们并不是全民所有——我认为甚至还可以这样说，那一伙一伙的集体公有制经济是'内公外私'的，即它对内为公有，对国家就比全民所有制经济内部的企业和个人对国家还含有更多的'私的残余'。"③

第三节 改革开放后从中国国情出发，确立社会主义初级阶段基本经济制度

新中国成立不久，我国在所有制关系上出现了超越阶段的冒进问题，在城市和农村都搞"一大二公"，非公有制经济一直被视为社

---

① 参见朱剑农《论社会主义时期生产资料的四权问题》，《学术月刊》1962 年第 12 期。
② 参见骆耕漠《关于从社会主义向共产主义过渡的问题》，《新建设》1959 年第 8 期。
③ 参见骆耕漠《社会主义制度下的商品和价值问题》，科学出版社 1957 年版。

会主义的异己力量，受到排斥，稍有露头，就会被当作"资本主义尾巴"砍掉。在城市，更是几乎国有经济一统天下。1978年，全国城镇仅有15万个体工商业者，其经营范围被严格限制在修理、服务和手工业等少数几个行业中。

改革开放以来，人们逐渐认识到，中国的生产力发展水平远未达到可以实现全面公有化、消灭非公有制经济的程度。由于中国的经济还比较落后，需要多种所有制经济并存和发展，以便调动各方面力量，走出贫困、落后的状态，促进经济快速增长。特别是20世纪70年代末80年代初，理论界提出了中国社会主义仍处于初级阶段即不发达阶段的论点，产生了重大社会影响。1981年，在邓小平主持起草的《关于建国以来党的若干历史问题的决议》中明确提出："我们的社会主义制度还是处于初级的阶段。"党的十三大系统地论述了社会主义初级阶段的理论，并逐渐成为人们的共识。这就使我们找到了一条在中国的条件下建设社会主义现实可行的路子。

社会主义初级阶段理论的内涵是，中国从1956年社会主义改造基本完成到21世纪中叶基本实现现代化，仍然处于社会主义的初级阶段，这期间要经历一百年的时间。中国原来是一个半殖民地半封建社会，人口多，底子薄，生产力水平低下，经济的商品化、市场化程度很低，人均国内生产总值居世界后列。根据世界银行经济考察团1980年对中国的考察报告，1952年中国的人均国民生产总值约合50美元，比印度还低，只相当于苏联1928年人均240美元的1/5多一点。[①] 即使经过近60年的建设，生产力不够发达的状况还没有发生根本变化。2008年，我国人均国内生产总值仍然只有3000美元多一点，仍处于全世界的第100位左右。2010年13亿人口，仍然有7亿多人在农村。农业没有完全改变靠天吃饭的局面，劳动生产率

[①] 参见世界银行考察团《中国社会主义经济的发展》（1982年3月），中国财政经济出版社1983年版。

低。一部分现代化工业，同大量落后于现代化水平的工业同时存在；一部分市场关系比较发达的城市，同落后的农村（在一定程度上是自给自足的自然经济）同时存在；少量具有先进水平的科学技术，与普遍的科技水平不高，文盲半文盲还占人口总量一定比例的状况，同时存在。这些都说明我国明显处于二元经济结构状态。2007年，农村贫困人口还有4320万人（指人均年纯收入低于1067元者），城市也有2000多万人处于贫困状态。我国人民虽已总体上达到小康生活水平，但仍不富裕。要基本上实现现代化，还需再努力奋斗几十年。

根据党的十三大报告，社会主义初级阶段的主要矛盾，是人民群众日益增长的物质文化需要同落后的社会生产之间的矛盾。初级阶段的基本任务，就是要以中国特色社会主义理论为指导，坚持党的基本路线，以经济建设为中心，集中力量发展社会生产力，通过经济的社会化、商品化和市场化，逐步走向工业化、城市化和现代化。为了实现现代化这一宏伟目标，就要充分调动各方面积极性，大力发展生产力。一切符合"三个有利于"（指有利于发展社会主义社会的生产力，有利于增强社会主义国家的综合国力，有利于提高人民的生活水平）的非公有制经济都可以和应当利用来为实现现代化服务。因此，应当允许和鼓励非公有制包括个体、私营、外资经济在国家政策引导下发展，并依法监督、管理，以便动员更多的资金用于经济建设和社会建设，安排更多的劳动力就业，生产更多更好的产品，提供更多更好的服务，满足社会多方面的需要，推进现代化进程。

所以，从我国现阶段仍然处于社会主义初级阶段这一基本国情出发，必须在继续发展公有制经济的同时，允许和鼓励非公有制经济的发展，而原来追求公有制和国有制一统天下的想法和做法，必然破坏生产力，如同从20世纪50年代中期到1976年那样。

认识水平的提高和转变要求对原有政策做相应的调整。改革开放以后不久，党和政府就制定了以公有制为主体、多种经济成分共同发展的方针，允许和鼓励个体、私营、外资经济等非公有制经济的发展，并一再申明要长期坚持下去，确认非公有制经济是社会主义经济的必要的有益的补充。这样就逐步消除了前一段时间所有制结构不合理造成的对生产力的羁绊，调动了各方面的积极性，促进了生产的发展和人民生活水平的提高。

1997年9月举行的党的十五大，将公有制为主体、多种所有制经济共同发展，进一步概括为我国社会主义初级阶段的一项基本经济制度。这意味着又一次较大的政策调整。因为既然是基本经济制度，就不只是一般的方针政策，更不是权宜之计，而是具有稳定性、长期性的制度安排。这是对社会主义初级阶段理论的具体应用和重大发展，是中国特色社会主义理论的重要组成部分。

从上述社会主义初级阶段基本经济制度规定出发，党的十五大报告对非公有制经济做出了一个新的具有重要指导意义的论断："非公有制经济是我国社会主义市场经济的重要组成部分。"这个论断比过去一般提非公有制经济是社会主义经济的补充等提法更积极、更准确。为了实现现代化这一初级阶段的基本任务和宏伟目标，就要充分调动各方面积极性，大力发展生产力；就要把非公有制经济看成是社会主义市场经济的重要组成部分而不是一般的配角；就要使一切符合"三个有利于"的非公有制经济都很好地利用来为实现现代化服务。

以公有制为主体、多种所有制经济共同发展，包括三方面含义：（1）公有制为主体；（2）国有经济控制国民经济命脉的重要行业和关键领域，对国民经济发挥主导作用；（3）多种所有制经济长期共同发展。我国是社会主义国家，必须以公有制为主体，不能走私有化道路即全面恢复私有制，这是坚定不移的。

所谓以公有制为主体，最根本的就是公有资产在社会总资产中占优势（或者说是公有资本在社会总资本中占优势），国有经济控制国民经济命脉，对经济发展起主导作用。

以公有制为主体，是社会主义市场经济的重要特征。为什么要以公有制为主体？这是因为，以公有制为主体有利于调动广大职工和劳动者的积极性，有利于广大群众的共同致富，从而有利于社会生产力的解放和发展。所以，坚持以公有制为主体，是符合生产力标准的。

在社会主义市场经济中，公有制不等于国有制，公有制经济不仅包括国有经济和集体经济、合作经济，还包括混合所有制经济中的国有成分和集体成分。改革开放以来，不仅国有经济和集体经济、合作经济有了明显的壮大和发展，混合所有制经济中的公有成分同样也有了明显的壮大和发展。这是改革开放取得的成果。

第四节　从理论上和实践上寻找能同市场经济相结合的公有制实现形式

中国的经济体制改革是以市场为取向的，改革的目标是建立社会主义市场经济体制。要发展和完善以公有制为主体的社会主义基本经济制度，就要解决公有制同市场经济相适应的问题，对传统的社会主义公有制进行改革。因为政企不分的国有制是不能适应社会主义市场经济的，任务就在于努力寻找能够促进生产力发展、适应社会主义市场经济的国有制和公有制的实现形式，并按照发展社会主义市场经济的要求，进一步调整和完善所有制结构。

改革开放初期，就有经济学家倡导发展股份制经济，并努力寻找能同市场经济相结合的公有制和国有制的实现形式。20世纪80年代初，有经济学家提出，随着改革的推进，公有制将不只限于全民所有制和集体所有制两种形式，"社会主义公有制目前出现许多形式"，"我们应该根据实际经济生活中的变化来重新研究社会主义生产资料所有制的理论,而不能用现成的理论去套实际生活中的复杂情况"①。

有的经济学家还提出社会主义所有制多样性概念,指出,在不发达的社会主义社会,公有制还不是"一刀切"和"清一色",而是一个多样性的复合结构,是一个以全民所有制为主导,由集体所有制、联合所有制和其他公有制形式组成的,公有化程度由高到低的多层次、多阶梯的占有关系体系。这种公有制的复杂性是同生产力的不平衡与多层次相适应的。它从社会主义商品性再生产的运动中来考察各种占有关系的组合、交错和互相渗透,来进一步分析和揭示社会主义公有制的十分丰富的具体形态。②

20世纪80年代中期起,中国社会经济生活中开始发展股份制经济。这是一种混合所有制经济。其中,大量的公有成分控股的股份制经济,应看成是公有制的一种形式,经济学家对此争议不大。20世纪80年代末特别是90年代,各地还出现各种各样的股份合作制经济。一般认为,股份合作制经济具有不同程度的公有性,其中以劳动者的劳动和资本联合为主的股份合作制,是公有制的一种新形式。

1987年,国家经济体制改革委员会委托中国社会科学院、中共中央党校、北京大学等单位研究提出的中期(1988—1995年)改革规划报告中,几乎都提出了国有企业从当时的承包制向股份制过渡的建议,指出由于承包制并未从根本上改变传统国有企业产权制度中的先天性弱点,因而企业改革必须朝产权关系重组的方向即股份制的方向发展。北京大学课题组还具体提出了过渡的办法:对已承包的企业采取"先包后股"的过渡方式,对尚未承包的企业采取一

---

① 参见何伟《社会主义公有制应当有多种形式》,《人民日报》1984年12月31日。

② 参见刘诗白《社会主义所有制结构》,《中国社会主义经济理论的回顾与展望》,经济日报出版社1986年版。

边股一边包的方式或"先股后包",对新建企业一律采取股份制的企业组织形式。①

1997年,党的十五大报告对寻找公有制实现形式方面有重大突破。报告提出,公有制实现形式可以而且应当多样化。一切反映社会化生产规律的经营方式和组织形式都可以大胆利用。要努力寻找能够极大地促进生产力发展的公有制实现形式。股份制是一种现代企业的资本组织形式,有利于所有权和经营权的分离,有利于提高企业和资本的运作效率,资本主义可以用,社会主义也可以用。不能笼统地说股份制是公有还是私有,关键看控股权掌握在谁手中。国家和集体控股,具有明显的公有性,有利于扩大公有资本的支配范围,增强公有制的主体作用。党的十五大报告的这一论述,具有重要的指导意义。党的十五大之后,有的文章列举改革开放以来除国有制和集体所有制外,提出和实践的公有制的新的实现形式有:股份合作制、社团所有制、租赁、委托经营、地方社团所有制、公有制控股的股份有限公司、乡镇村组所有制等。②

2003年,党的十六届三中全会《中共中央关于完善社会主义市场经济体制若干问题的决定》,又进一步提出股份制是公有制主要实现形式的论断。指出,"要适应经济市场化不断发展的趋势,进一步增强公有制经济的活力,大力发展国有资本、集体资本和非公有资本等参股的混合所有制经济,实现投资主体多元化,使股份制成为公有制的主要实现形式"。一些经济学家认为,公有制实现形式多样化,股份制是公有制主要实现形式,说明我们已找到了公有制同市场经济相结合的正确途径,社会主义市场经济论立论更为充分、更为坚实了。

---

① 参见国家经济体制改革委员会综合规划司编《中国改革大思路》,沈阳出版社1988年版。

② 参见魏杰《公有制的多种实现形式:理论根据与观念创新》,王珏主编《劳者有其股——所有制改革与中国经济论坛》,广西人民出版社1997年版。

股份制经济的发展，混合所有制经济的发展，既是社会主义市场经济发展的客观要求，也表明经济主体和市场主体的多元化是不可避免的，除国有等公有制市场主体外，还应包括非公有制经济主体和市场主体。这些市场主体在社会主义市场经济中各显神通，平等竞争，相互促进。正如党的十七大报告指出的那样，今后坚持和完善基本经济制度，应致力于形成各种所有制经济平等竞争、相互促进的新格局。

在推进农村改革发展家庭联产承包责任制过程中，一大批乡镇企业异军突起，1996年就业人数已达1.35亿人。各种形式的合作经济组织也有相当的发展。无论是像原来乡镇企业那样的集体经济还是合作经济，都是公有制的有机组成部分。在社会主义市场经济条件下，必须发展多种形式的集体经济、合作经济。

我国集体经济（如乡镇企业）存在产权不够清晰的问题。经过多年来以明晰产权为重点的改革，已取得重大进展。有的文章介绍，苏南乡镇企业从1997年起进行两次改制，改制面高达80%，使所有制结构出现了较大变化。以无锡市为例，2005年无锡市工业总产值所有制结构为：国有企业占5.4%，集体企业占12.1%，股份合作制企业占7.4%，股份制企业占22.8%，"三资"企业占29.2%，个体经营占1.0%，私营企业、联营企业占22.1%。这说明，改革后集体企业仍占一定比重，股份制企业、股份合作制企业和私营企业和联营企业则迅速发展起来了。改革促进了生产的发展和农民收入水平的提高。无锡市农村居民人均纯收入2004年为7115元，2005年为8004元，高于全国平均水平。[①]

要不断提高农民收入水平，离不开农民专业合作组织。各种农民专业合作组织对提高农民组织化程度、降低交易费用、提高农民市场谈判地位、增强应对自然与市场风险能力、提高规模效益等方

[①] 参见范从来、孙覃玥《新苏南模式所有制结构的共同富裕效应》，《南京大学学报》2007年第2期。

面，有着重要意义和作用。20世纪80年代末以来逐步发展起来的各种农民专业合作组织的实践说明了这一点。据统计，截至2008年年底，我国有农民专业合作社11.09万户。其中，山西省的合作社户数最多，为1.28万户；江苏省的成员出资额和成员数最多。[①] 今后，要进一步发展各类农民专业合作组织，以推进社会主义新农村建设，促进农民收入的增长。

最后，还有混合所有制经济的问题。1993年，党的十四届三中全会《中共中央关于建立社会主义市场经济体制若干问题的决定》提出：随着产权的流动和重组，财产混合所有的经济单位越来越多，将会形成新的财产所有结构。1997年，党的十五大报告提出：公有制实现形式可以而且应当多样化。股份制是现代企业的一种资本组织形式，社会主义也可以用。2002年，党的十六大报告提出：除极少数必须由国家独资经营的企业外，积极推行股份制，发展混合所有制经济。党的十七大报告进一步提出，要以现代产权制度为基础，健全现代企业制度，发展混合所有制经济。改革开放以来，特别是进入21世纪以来，国有经济继续发展，总资产和净资产都在不断增加。与此同时，集体经济、合作经济和个体私营等非公有制经济也在迅速发展，利用外资数量不小。我国实施允许国内民间资本和外资参与国有企业改组改革的政策，使国有资本和各类非国有资本相互渗透和融合，以股份制为主要形式的混合所有制经济迅速发展起来。有资料显示，除个体户外，大量新建企业都为股份制企业。有的经济学家估计，以股份制为主体的混合所有制经济将越来越在国民经济中起举足轻重的作用，1999年，以股份制为主体的混合所有制经济占我国总体经济的33%左右，将来这个比重将更高。[②] 混合所有制经济的发展，也表明我国公有制特别是国有制找到了一个同市场经济相结合的形式和途径。

---

① 参见《领导决策信息》2009年第663期。
② 参见迟福林《中国改革进入新阶段》，中国经济出版社2003年版。

第五节　改革开放后大力发展个体私营等非公有制经济的理论与实践

改革开放后，中国经济学界在所有制理论方面有一系列重大突破。首先在所有制结构方面，认为在中国生产力发展水平不高、仍处于社会主义初级阶段的条件下，必须允许个体经济等非公有制经济的存在和发展。我国著名经济学家薛暮桥早在1979年就针对当时全国城镇待业人员已达2000多万人，影响社会安定的实际情况，勇敢地提出发展多种经济成分、广开就业门路的重要建议。明确提出："在目前，留一点资本主义的尾巴，可能利多害少。""我们现在还不可能使资本主义绝种，有一点也没有什么可怕。"[①] 他是在我国改革开放后最早倡导发展多种经济成分的经济学家。

有的经济学家也说："由于我国现有生产力的不平衡性，就需要在所有制结构上保持多层次性或多元性和它相适应：不仅要有占领导地位的全民所有制和占优势的各种社会主义所有制成分，而且还要保留某些个体私有制和国家资本主义成分作为补充。"同时，"由于提倡不同所有制成分之间的各种形式的联合经营，我国的所有制结构将会出现十分错综复杂的局面"[②]。

与此同时，党和政府也一次又一次颁布鼓励个体经济发展的文件。1980年8月，《中共中央关于转发全国劳动就业会议文件的通知》中指出："允许个体劳动者从事法律许可范围内的不剥削他人的个体劳动。这种个体经济是社会主义公有制经济的不可缺少的补充，在今后一个相当长的历史时期内都将发挥积极作用，应当适当发

---

① 参见《薛暮桥回忆录》，天津人民出版社1996年版，第349页。
② 参见王永江、杜一《试论我国现阶段生产资料所有制的结构》，《天津师范大学学报》（社会科学版）1980年第5期。

展。"1981年7月，国务院发布了《关于城镇非农业个体经济若干政策性规定》，指出："应当认真扶持城镇非农业个体经济的发展，在资金、货源、场地、税收和市场管理等问题上给予支持和方便。"1982年12月，五届全国人大五次会议把发展和保护个体经济写入《中华人民共和国宪法》："在法律规定范围内的城乡劳动者个体经济，是社会主义公有制经济的补充。国家保护个体经济的合法的权利和利益。"随着鼓励个体经济文件的不断出台，个体经济的地位得到确认和提高，个体经济迅速发展起来。

随着个体经济的迅速发展，怎样认识和对待私营经济的问题被提出来了。农村雇工经营在1981年前后兴起。据原国务院农村发展研究中心1984年组织的对全国农区36667户的调查，私人雇请6个月以上长工的共203户，平均每户雇长工4.1个，其中雇工8人以上的25户，这25户中，雇工年收入541元，雇主年收入9920元。对雇工问题，理论界出现了几种观点。第一种观点认为，它具有资本主义雇佣劳工的性质。第二种观点认为，这是属于商品经济的一种形式，属于社会主义经济体系。第三种观点认为，雇工经营在公有制下具有不确定性和可塑性，可鼓励发展。第四种观点认为，这是属于国家资本主义范围。第五种观点认为，雇工经营其本质是资本主义，但在我国，要具体分析，不宜"一刀切"。[①] 这期间，中央的方针是不争论，看一看。邓小平对全国闻名的"傻子瓜子"年广九的致富，主张不能动，一动人们就会说政策变了，得不偿失。[②]

1992年年初，邓小平在"南方谈话"中，提出了著名的"三个有利于"原则，大大打开了人们的眼界，有力地促进了私营经济和外资经济的发展，私营经济在国民经济中的作用逐步增大。1997

---

① 参见彭森、陈立等《中国经济体制改革重大事件》（上），中国人民大学出版社2008年版，第182—184页。

② 参见《邓小平文选》第三卷，人民出版社1993年版，第371页。

年，党的十五大报告明确提出："公有制为主体、多种所有制经济共同发展，是我国社会主义初级阶段的一项基本经济制度。""非公有制经济是我国社会主义市场经济的重要组成部分。"1999 年 3 月，《中华人民共和国宪法修正案》规定："国家在社会主义初级阶段，坚持公有制为主体、多种所有制经济共同发展的基本经济制度"。"在法律规定范围内的个体经济、私营经济等非公有制经济，是社会主义市场经济的重要组成部分。"

改革开放 30 年实践证明，允许个体、私营等非公有制经济的发展，确认个体、私营等非公有制经济是社会主义市场经济的重要组成部分，社会主义基本经济制度的确立，大大解放了社会生产力，个体、私营等非公有制经济已经逐渐成为国民经济的新的生长点，成为吸收就业的主渠道。

表 20—2 是改革开放以后个体、私营经济大发展的生动写照。

表 20—2　　　　1990 年以来我国个体私营经济发展变化

年份	数量（万家）		从业人数（万人）		注册资金（亿元）		营业额（亿元）	
	私营	个体	私营	个体	私营	个体	私营	个体
1990	9.8	1328.3	170.0	2092.8	95.0	397.4	—	—
1991	10.7	1416.8	184.0	2258.0	123.0	488.2	—	—
1992	13.9	1533.9	232.0	2467.7	221.2	600.9	113.6	2238.9
1995	65.5	2528.5	956.0	4613.6	2621.7	1813.1	1499.2	8972.5
2000	176.2	2571.4	2406.5	5070.0	13307.7	3315.3	9884.1	19855.5
2002	243.0	2377.0	3409.0	4743.0	24756.0	3782.0	14369.0	20834.0
2005	430.0	2464.0	4714.0	5506.0	61475.0	5809.0	30373.6	26239.6
2006	497.4	2576.0	6395.5	7500.0	75000.0	6517.0	34959.0	25489.5
2007	551.3	2741.5	7253.0	5496.0	—	—	—	—
2008	657.4	—	13700.0	—	117400.0	—	—	—

续表

年份	数量（万家）		从业人数（万人）		注册资金（亿元）		营业额（亿元）	
	私营	个体	私营	个体	私营	个体	私营	个体
2010	845.5	3452.9	—	—	192055.0	13358.0	—	—
2012	1085.7	4059.0	—	—	310972.0	19767.0	—	—

资料来源：《〈中共中央关于完善社会主义市场经济体制若干问题的决定〉辅导读本》，人民出版社2003年版，第40—44页；《十七大报告辅导读本》，人民出版社2007年版，第173页；《中华工商时报》2009年2月24日；大成企业研究院编著：《民营经济改变中国》，社会科学文献出版社2018年版，第42—45页。

随着社会主义市场经济的发展，个体私营等非公有制经济将继续快速发展，其占GDP的比重将进一步提高。一些论著指出，个体、私营经济对我国社会主义市场经济的发展有以下积极作用。

第一，促进了国民经济的快速增长。改革开放以来，直到2010年，我国国民经济以年均9.9%的速度增长，而个体、私营经济的年均增速都达到了10%以上，成为支撑整个国民经济快速发展的重要因素。由于个体、私营经济的高速发展，它们对国内生产总值的贡献率已从1979年不到1%增长到2006年的30%以上。规模以上私营工业企业实现销售收入从2000年的4792亿元，增加到2005年的44107亿元，5年间增长了8.21倍，年均增长55.9%。私营工业实现销售收入占全部工业的比重从2000年的5.7%，提高到2005年的18%。规模以上私营工业企业完成增加值从2000年的1319亿元，增加到2005年的11807亿元，占全部工业增加值的比重，从2000年的5.2%提高到2005年的17.8%。[①] 2006年，私营企业户数和注册资本数在第一、第二、第三产业中的比重分别为1.96%、33.34%、

[①] 参见中华全国工商业联合会课题组《中国民营经济的三大历史性变化》，《经济理论与经济管理》2007年第3期。

64.7%和1.83%、37.48%、60.7%。① 这说明私营企业对第三和第二产业发展贡献较大。部分沿海地区，非公有制经济已成为经济增长的关键性因素。如浙江省2002年非公有制经济增加值、纳税额和出口总额分别占全省的47%、40.6%和79%。

第二，扩大了社会就业，并逐渐发展为新增就业岗位的主渠道。到2010年，全国个体私营企业从业人员已超过1.6亿人。国家统计局发布报告显示，城镇非公有制单位就业人员比例从1978年的0.2%增加到2007年的75.7%。20世纪90年代以来，中国个体、私营企业每年净增工作岗位420万个，占城镇每年新增就业岗位的58.7%②，成为新增就业岗位的主渠道。非公有制经济的发展还促进了农村富余劳动力的转移，加快了我国工业化和城市化进程。一般估计，未来工业化、城市化过程中从农村转移出来的上亿个劳动力，主要将通过发展个体、私营等非公有制经济来吸收他们就业。

第三，带动了一批新兴产业发展，其中突出地表现在第三产业特别是民营科技企业迅速发展上面。民营科技企业大多数由科技人员创办，实行"资金自筹，自愿组合，自主经营，自负盈亏"，不受行政管理体制束缚，以市场为导向，按市场原则运行，主要从事技术开发、技术转让、技术咨询、技术服务和科技成果产业化活动。改革开放特别是1992年以来，直到2010年，民营科技企业实现技工贸总收入和上缴税金平均以30%左右的速度增长。改革开放以来，到2010年我国技术创新的70%、国内发明专利的65%和新产品的80%来自以私营企业为主的中小企业；我国有超过15万家民营科技企业。在53个国家级高新技术开发区企业中，民营科技企业占70%以上。个体私营经济已经成为我国国民经济中一个显著的亮点。

第四，推进了所有制结构的调整和优化。个体、私营等非公有

---

① 参见北京师范大学经济与资源管理研究院《2008中国市场经济发展报告》，北京师范大学出版社2008年版，第31页。

② 参见《北京日报》2008年11月4日。

制经济的发展，改变了公有制一统天下、整个国民经济缺少活力的局面，促进了各种所有制经济的共同发展，促进了混合所有制经济的发展。非公有制经济的发展，为社会主义市场经济创造了一个多元市场主体互相竞争、充满活力的体制环境，并且成为产业结构调整和提高竞争力的直接动力，也促进了国有和集体经济的资产重组和企业机制转换。私营企业在其发展过程中也向现代企业制度方向发展。请看表20—3[①]。

表20—3　　　　　　私营企业组织形式比例变化　　　　单位:%

年份	独资企业	合伙企业	有限责任公司	其他	合计
1993	63.8	16.0	16.5	3.7	100
1995	55.8	15.7	28.5	0	100
2002	28.7	5.7	65.6	0	100
2004	22.5	7.4	62.9	7.2	100

非公有制经济的发展有力地促进了基本经济制度的完善。个体、私营经济活跃的地方，商品、劳动力、资本、技术等市场发育较快，促进了市场竞争的开展、市场规则的建立和市场体系的发展。与此同时，也推动了国有企业适应市场，参与市场竞争。

党的十七大报告提出，毫不动摇地鼓励、支持、引导非公有制经济发展，坚持平等保护物权，形成各种所有制经济平等竞争、相互促进的新格局。《中华人民共和国物权法》公布后，平等保护物权已无法律障碍，相对来说比较容易落实。比较困难的是形成各种所有制经济平等竞争的条件，消除对个体私营等非公有制经济的歧视、设置门槛限制市场准入等，需要进一步解决。

直到2018年，非公有制经济发展仍然存在一些体制性、政策性

---

①　参见中华全国工商业联合会课题组《中国民营经济的三大历史性变化》，《经济理论与经济管理》2007年第3期。

等制约因素。

首先,观念和认识还跟不上。由于长期受传统观念的影响,有些同志总认为非公有制经济是同社会主义经济相矛盾、相排斥的,看不到在社会主义市场经济条件下,公有制经济同非公有制经济不但是互相渗透的,而且是可以互相促进、共同发展的,因而在行动上采取限制、压抑非公有制经济的措施,影响了非公有制经济的顺利发展。

其次,歧视性法规和政策尚未完全消除。个体、私营等非公有制经济同公有制经济一样,也是社会主义市场经济的重要组成部分。但是,在政策方面,如在市场准入、企业融资、土地使用等方面,常出现限制较多、审批手续繁杂、待遇不公平等问题。

最后,政府管理不适应非公有制经济发展的需要。不少政府部门仍习惯于以公有制经济为主要服务对象,尚未真正做到进行社会公共管理,即要面对全社会各类所有制企业而且一视同仁。还有一些政府部门,有时还沿用计划经济体制下的管理方式,直接干预企业的生产经营活动,甚至下达指标任务,以检查收费代替服务和监督,而在市场监管、为各类企业创造公平竞争的环境等方面做得很不到位。

针对以上情况,一些论著指出,为大力发展和积极引导个体、私营等非公有制经济,必须着力做好以下几方面的工作:

第一,进一步解放思想,切实转变观念。发展非公有制经济,是坚持和完善基本经济制度的要求。因此,要改变过去所谓公有制是高级所有制,私有制是低级所有制的错误观念,摒弃所有制"唯成分论",以生产力为标准,对于现阶段有利于社会生产力发展的非公有制经济,应毫不动摇地鼓励、支持和引导其快速、健康发展。改革开放后的实践充分证明,哪个地区非公有制经济发展较快,哪个地区的经济就比较活跃,发展迅速。我国中西部许多地区经济发展不够快,重要原因之一,是人们的思想观念不够解放,非公有制经济发展不够快,导致市场活力不足,发展速度存在差距。

第二，完善有关法律法规。有关促进非公有制经济发展的各种具体配套措施已基本制定完成，需尽快出台。如国防科工委已发布《非公有制经济参与国防科技工业建设指南》，规定非公有制企业可以参与的具体领域是：军工基础设施建设投资，国防基础科研项目、军工配套科研项目，军工企业的改组改制，采取多种方式与军工企业合作，参与军民两用高技术开发及其产业化发展。[①]

第三，改变歧视政策，实现公平竞争。首先要放宽市场准入，允许非公有资本进入基础设施、公用事业以及法律法规未禁止进入的行业和领域。凡是鼓励和允许外资进入的领域，均应鼓励和允许民间资本进入。2005年2月，国务院下发了《关于鼓励支持和引导个体私营等非公有制经济发展的若干意见》（共36条），对非公有制经济进入许多重要领域和垄断行业做出了明确的规定，旨在为非公有制经济的发展创造公平竞争的环境。接着，2007年3月十届全国人大五次会议通过了《中华人民共和国物权法》，《物权法》规定：国家实行社会主义市场经济，保障一切市场主体的平等法律地位和发展权利。国家、集体、私人的物权和其他权利人的物权受法律保护，任何单位和个人不得侵犯。平等保护物权，是由我国社会主义市场经济的特点决定的。市场经济要求市场主体享有相同的权利、遵循相同的规则、承担相同的责任。坚持平等保护物权，特别是像保护国家、集体的物权那样平等保护私人物权，有助于完善我国平等竞争、优胜劣汰的市场环境，有助于完善现代产权制度和现代企业制度。坚持平等保护物权，是各种所有制经济平等竞争、相互促进的基础。不少民营经济人士反映，在市场准入方面仍然存在"玻璃门""旋转门""弹簧门"，看起来墙是拆了，可以进去了，实际上进不

[①] 参见《上海证券报》2007年8月7日。

去，还有一层玻璃门挡着或者刚进去又被弹出来。针对上述情况，2010年5月13日，《国务院关于鼓励和引导民间投资健康发展的若干意见》正式发布。《意见》指出，鼓励和引导民间资本进入法律法规未明确禁止准入的行业和领域，鼓励和引导民间资本进入基础产业和基础设施、市政公用事业和政策性住房建设、社会事业、金融服务、商贸流通、国防科技工业领域，鼓励和引导民间资本重组联合和参与国有企业改革、积极参与国际竞争，推动民营企业加强自主创新和转型升级。改革投资体制，改变对非公有制经济投资的歧视性政策，减少审批环节，降低行政性收费，个体私营经济不再靠一个个送红包过审批关口。对于国家支持和鼓励发展的产业，民间投资项目应实行登记备案制。鼓励和引导民间资本参与国有企业的改组、改革，参与西部大开发和东北地区等老工业基地振兴。非公有制企业在税收、投融资、土地使用、人才招聘和对外贸易等方面，应与其他企业享受同等待遇。当前比较突出的问题是融资困难。今后需大力发展多种所有制形式和多种经营形式的中小金融机构，更好地为非公有制中小企业服务。大银行也要多放小额贷款，做好零售服务。有关部门需采取更有力措施，妥善解决非公有制企业融资难问题。

第四，转变政府职能，改进政府对非公有制企业的服务和监督管理。政府对非公有制企业，先要做好服务，然后才是依法进行监督管理。要进一步改善政策服务环境，真正做到把银行贴息如国债贴息改造、风险基金使用、改制上市等支持公有制企业发展的政策，同样运用于非公有制企业。鼓励和支持非公有制企业通过同国有企业、集体企业、外资企业的合资合作，以及兼并、收购等做强做大，形成若干个有自主知识产权和品牌、国际竞争力强的大公司、大企业集团。建立和完善服务体系。建立面向中小企业的服务体系，为个体私营企业及时提供资金、技术、信息和法律等方面的服务。扩大中小企业的直接融资渠道。通过宣传教育，引导个体私营企业爱国、敬业、诚信、守法。引导个体私营企业在产业结构调整、西部大开发、城市化以及开拓国际市场等方面积极发挥作用。引导、支持非公有制企业加大科技投入，加快技术改造，大力支持建立研发机构和博士后工作站等。

（执笔人：张卓元，中国社会科学院经济研究所研究员）

第二十一章

企业制度演进和国有企业公司制股份制改革研究

新中国成立以后，随着20世纪50年代中期社会主义改造基本完成，我国开始实行传统的计划经济体制。在这一体制下，除农村外，全国几乎是国有企业一统天下，城镇集体企业实际上是地方国有企业。这些国有企业并不是真正意义上的具有独立经济利益的市场主体和法人实体，而是它们的上级行政主管部门的附属物和算盘珠，按照国家的指令性计划进行生产和经营，利润全部或几乎全部上缴，职工工资由主管部门统一规定，企业吃"大锅饭"，职工捧"铁饭碗"，干多干少一个样，干好干坏一个样，严重束缚了企业和职工的积极性和创造性。这种情况一直延续至1978年。其间，经济学界对改进企业制度和管理也进行了不少的研讨，提出了不少有价值的见解，但因总的经济体制没有改变，这些有价值见解很难付诸实施，甚至受到批判。

1978年年底实行改革开放以后，国有企业改革是从扩大企业自主权开始的。党的十一届三中全会公报指出："现在我国经济管理体制的一个严重缺点是权力过于集中，应该有领导地大胆下放，让地方和工农业企业在国家统一计划的指导下有更多的经营管理自主权。"在这前后，经济学界则从理论上论证国有企业在社会主义制度下也应是独立的商品生产者和经营者，是经济利益主体。蒋一苇提出了著名的"企业本位论"[①]，有的经济学家提出"两权即所有权和经营权分离"理论、"承包制"理论等。随着市场取向改革的深化，人们发现，光是放权让利没有约束机制会导致短期行为和造成国有资产流失。一些经济学家提出了股份制、现代公司制的改革道路。1993年，党的十四届三中全会通过《中共中央关于建立社会主义市场经济体制若干问题的决定》，明确国有企业改革的方向是建立现代企业制度。围绕着建立现代企业制度改革，经济学家深入研究了股份制理论、垄断与竞争理论、市场主体平等竞争理论等。与此同时，个体、私营等非公有制企业大量发展，大量私营企业也像公有制企业一样面临向现代企业转型问题。从此，企业理论创新站到了一个新的高度。可以预期，随着企业改革的进一步深化和制度创新的不断完善，企业理论也不断向前推进。

下面，让我们考察一下新中国成立70年企业理论是怎样主要随着企业体制的改进、管理的加强，特别是1978年以后国有企业改革的深入开展、实践经验的积累而不断有所创新的，而创新的企业理论又是怎样有力地推动国有等各类企业改革的深化并将指导今后新体制如何逐步完善的。

第一节　改革开放前关于企业体制与管理的研讨

改革开放前这方面的研讨还是比较多的，现择其要者进行评述。

一　关于扩大企业的自主权问题

在传统的计划经济体制下，企业是没有多少经营管理权的。这

[①] 参见蒋一苇《企业本位论》，《中国社会科学》1980年第1期。

种情况引起一些经济学家的怀疑。高尚全在20世纪50年代中期发表文章提出，经过实地调查，他认为企业自主权过小，主管机关集权过多、过细，存在许多弊端：一是给国家造成很大的人力、财力浪费。不仅造成企业来京办事人员多、中央对企业的统计报表多，还层层扩大组织机构，增加人员编制。二是限制了企业的积极性和主动性，使潜力不能充分发挥。三是助长了中央机关的官僚主义、文牍主义和事务主义。①

提出更有创新见解的是孙冶方。1961年，他在一篇研究报告中鲜明地提出，在资金价值量简单再生产范围内的事，是属于企业的小权，国家不要去管。他说："财经体制的核心问题是企业的经营管理权问题；大权小权的界限，管而不死、活而不乱的界限，首先是扩大再生产和简单再生产的界限。""我认为财经体制中的'大权'和'小权'、'死'和'活'的界限就是扩大再生产的界限。属于扩大再生产范围以内的事是国家'大权'，国家必须严格管理，不管或管而不严就会乱；属于简单再生产范围以内的事是企业应该自己管的'小权'，国家多加干涉就会管死。"现行体制存在以下缺点：

"第一，国家代替企业管理了企业自己应该负责通盘筹划的，简单再生产范围以内的事情。

"第二，由于企业对固定资产（特别是对设备）的更新没有责任，没有通盘打算，把属于固定资产更新范围的（即简单再生产范围以内的）基本建设和大修理机械地分开，妨碍了技术进步。

"第三，由于国家多管了原来应该由千万个独立核算企业自己操心的简单再生产范围以内的事情，结果是使自己陷于日常事务圈子里，反而放松了属于国家长远建设方面的重大规划，即扩大再生产范围以内的事情和国民经济的平衡工作。"②

---

① 参见高尚全《企业要有一定的自主权》，《人民日报》1956年12月6日。
② 参见孙冶方《关于全民所有制经济内部的财经体制问题》，《社会主义经济的若干理论问题》，人民出版社1979年版，第140—144页。

可惜的是，孙冶方的上述颇有新意的观点，还没有很好研讨，不久就被当作修正主义观点大加批判。

二 企业强化管理是否就是"管、卡、压"

20世纪60年代初，国民经济实行"调整、巩固、充实、提高"的方针。为贯彻这一方针，整顿企业秩序，中共中央于1961年9月颁布了《国营工业企业工作条例（草案）》即著名的"工业七十条"。著名经济学家马洪是重要起草人。[①]"工业七十条"对国家与企业之间的关系概括为"五定五保"。国家对企业"五定"是：由国家定产品方案和生产规模，定人员和机构，定主要原材料消耗定额和供应来源，定固定资产和流动资金，定协作关系。企业对国家"五保"是：保证产品的品种、质量、数量，保证不超过工资总额，保证完成成本计划，保证完成上缴利润，保证主要设备的使用年限。"工业七十条"还规定了以厂长为首的全厂统一的生产行政指挥系统的运行规则和职责等。[②] 对此，"文化大革命"前夕和"文化大革命"期间都被斥为是对工人阶级的"管、卡、压"，"工业七十条"被当作修正主义的企业管理纲领进行批判。

与此相联系，在20世纪50年代末60年代初"大跃进"期间，掀起过一个大破规章制度的高潮，许多必要的规章制度都被废除了，带来了许多严重的后果。对此，有的经济学家提出，合理的规章制度是必要的，每个企业都必须建立规章制度，并根据发展了的客观情况来检验和改革各种不合理的规章制度。"合理的规章制度也就是科学的规章制度。它一般应该符合三条标准：（1）正确反映社会主义工业企业的性质，符合企业管理的基本原则；（2）正确反映生产

---

① 参见薄一波《若干重大决策与事件回顾（修订本）》下卷，书中说："参加起草条例的主要执笔人有马洪、梅行、廖季立、董峰、张沛等同志。"（人民出版社1997年版，第986页）。

② 参见戎文佐、吴冬梅《企业理论》，张卓元主编《论争与发展：中国经济理论50年》，云南人民出版社1999年版，第189页。

的客观规律，合乎工作的实际需要；（3）通俗易懂、条理清楚、概念明确、手续简便。其中前两条是基本标准，后一条是具体标准。对于合理的规章制度，必须严格遵守。"①

1969年4月，在从事飞机生产的401厂出了由于废除检查制度而产生严重质量事故后，周恩来总理立即发表谈话，指出，"有些人要把一切制度砸烂，这是极左思潮"；对质量检验制度"不是逐步恢复，而是应当马上恢复"；"改革不合理的规章制度，合理的还是要保留，一概取消是不符合毛泽东思想的，是不尊重科学的"。②

三　关于改革设备管理制度问题

1963年，孙冶方写了《固定资产管理制度和社会主义再生产问题》研究报告，力主改革现行设备管理制度，指出："我们现在在企业管理制度上的最大缺点恰恰就在于国家对于新的投资控制过松，而对于不需要国家新投资，只要通过技术改造、设备更新来实现的扩大再生产又控制过严，把同样属于原有固定资产更新范围以内的重建、大修理、技术革新措施等不同的更新办法，分裂为繁复的不同的制度，由企业和不同主管机关分类掌握。这就大大限制了技术进步和生产力的发展，限制了企业的积极性和首创精神。"他建议，承认无形损耗，提高折旧率，缩短折旧年限，以促进技术进步；把原有资金范围内的生产，包括固定资产（主要是技术设备）的更新工作交给企业去做，大修理并不一定比重置、重建合算，应交由企业自己决定。③"文化大革命"以后，1979年，孙冶方又写了一篇文章，题目叫《从必须改革"复制古董、冻结技术进步"的设备管理

---

① 参见戎文佐《企业管理的基本原则与基本制度》，轻工业出版社1960年版，第73—76页。

② 参见周恩来《合理的规章制度应该保留》，《周恩来选集》下卷，人民出版社1984年版，第462页。

③ 参见孙冶方《固定资产管理制度和社会主义再生产问题》，《社会主义经济的若干理论问题》，人民出版社1979年版。

制度谈起》，刊登在《红旗》1979 年第 6 期，重申了他的上述观点。

四　关于利润指标在企业经济核算中的地位问题

孙冶方是最早提出和主张以利润作为评价企业业绩好坏的中心指标的经济学家。1957 年，他发表文章说："在企业核算的各项指标中，应该有一个指标能作为中心指标，抓住这个指标，就能带动其他一切指标的核算。这个指标不能是总产值净产值指标，也不是产量、品种或其他任何指标，而只能是'利润'指标。利润是企业经营好坏的最集中的表现。"[①] 1963 年，他进一步指出："社会平均资金利润率是每个企业必须达到的水平，超过平均资金利润率水平的就是先进企业，达不到这水平的就是落后企业。"[②] 沈经农持有相同观点。他说，中心的、统率的指标只能是一个，而不是两个或更多，否则就无所谓中心了。经济核算体系的中心指标，就是利润指标。[③]

与上述观点相类似，有的文章认为成本、利润可作为评价企业经济效果的主要指标，两者并重。因为，产品成本是产品劳动消耗的最重要的组成部分。产品成本的高低在相当程度上直接反映生产产品劳动消耗的高低，它是企业技术经济活动的综合指标。利润指标，反映了成本高低的因素，又反映了成本所不能反映的其他指标对经济效果的影响。两者都是综合性指标，应该并重。[④]

以上可见，在改革开放前，经济学界对企业的自主权、经济核算、经营管理等问题展开了很有意义的研讨，提出了不少有创新价

[①] 参见孙冶方《从"总产值"谈起》，《统计工作》1957 年第 13 期。

[②] 参见孙冶方《社会主义计划经济管理体制中的利润指标》，《社会主义经济的若干理论问题》，人民出版社 1979 年版，第 265 页。

[③] 参见沈经农《关于社会主义企业经济核算的几个问题》，《光明日报》1962 年 5 月 28 日。

[④] 参见杨润瑞、李勋《试论工业企业的经济核算》，《人民日报》1962 年 7 月 19 日。

值的观点，并对经济活动产生了一定的好的影响。

第二节 改革开放后国有企业改革的重大进展和现代企业理论创新

国有企业改革，是中国经济体制改革过程中最困难和争议最多最大的改革。中国国有企业改革从1978年开始，特别是在20世纪90年代初确立现代企业制度为改革方向后取得实质性重大进展，尽管还有一些攻坚任务，但国有企业改革最困难的时期已经过去。但改革任务直到2018年尚未完成，还要进一步深化和完善新体制，基本完成国有经济布局和结构的战略性调整任务，国有大中型企业基本实现公司制股份制改革，加快垄断行业改革，国有资本管理体制基本完善，使国有经济在国民经济中的主导作用更好地发挥出来，推动社会主义市场经济健康发展。

改革开放一开始，理论界就对国有企业的性质和地位展开讨论。1979年年初，在首都经济学界对工业管理体制改革的讨论中，有三种不同意见。第一种认为当前的问题，并不是国家集中太多，而是国家集中不够。第二种认为当前的问题，的确是集中过多，但主要是中央集中过多，应当把权力下放到地方，让一个省或一个市有独立自主权管企业。第三种认为当前的问题是企业缺乏自主权，不能发挥主动积极性。在讨论中，蒋一苇提出了著名的"企业本位论"。他认为，过去的经济体制是按"国家本位"来建立的。它是把全国作为一个单一的经济组织，中央和地方政府作为这个单一而庞大经济组织内部的上层机构，对其直属的分支机构进行直接的指挥。他主张的"企业本位论"与"国家本位论"完全不同，主张以企业为基本经济单位，让企业在国家统一领导和监督下，实行"独立经营、独立核算"。企业是现代经济的基本单位，是一个能动的有机体，应当具有独立的经济利益，这种经济利益也就是促进企业发展的动力。

国家对企业的管理要采取经济手段和施行经济立法等。蒋一苇的"企业本位论"是符合中国社会主义市场经济的改革方向的,得到许多经济学家和经济工作者的赞同,对此后企业改革产生了重大影响。

与"企业本位论"相呼应,有的经济学家提出了企业从算盘珠转变为能自动调节的经济组织的理论。认为必须改变企业依靠行政机关从外部推动,推一推,动一动,不推则不动的状况,使社会主义企业"自动化"。所谓企业自动化就是企业时时刻刻发挥主动性,努力发展社会主义生产、满足整个社会及其成员的需要。[①] 这一主张,同当时相当流行的认为企业应是独立的商品生产者和经营者的观点是一致的。

在企业理论创新的推动下,中国国企改革逐步展开了。

从1978年年底开始的国有企业改革,可以分为两大阶段,第一阶段是从1978—1992年,主要是放权让利,探索两权分离。第二阶段是从1993年起,明确以建立现代企业制度为方向,不断深化公司制股份制改革、完善新体制。

1978年10月,四川省宁江机床厂等6个企业进行了扩大企业自主权的试点,确定企业在增收基础上,可以提取一些利润留成,职工可以得到一定的奖金。允许国有企业从事国家指令性计划之外的生产,允许出口企业保留部分外汇收入自主支配。1983年开始,向政府上缴利润由利润所得税替代。1984年10月,党的十二届三中全会做出了关于经济体制改革的决定,确认社会主义经济是有计划的商品经济。按照发展社会主义有计划的商品经济的要求,决定提出今后应全面推进以增强企业活力,特别是增强国有大中型企业活力为中心、以城市为重点的经济体制改革。国有企业改革的目标是:要使企业真正成为相对独立的经济实体,成为自主经营、自负盈亏的社会主义商品生产者和经营者,具有自我改造和自我发展能力,

---

① 参见周叔莲、吴敬琏、汪海波《价值规律和社会主义企业自动调节》,《经济研究》1979年第9期。

成为具有一定权利和义务的法人。按照这一目标，国有企业改革转向实行"两权分离"，即国家的所有权与企业的经营权分离。1986年12月，国务院提出，要推行多种形式的承包经营责任制，给经营者以充分的经营自主权。1987年，国有大中型企业普遍推行企业承包经营责任制。到1987年年底，全国预算内企业的承包面达78%，国有大中型企业达80%。1990年，第一轮承包到期的预算内工业企业有3.3万多户，占承包企业总数的90%。接着又开始第二轮承包。

从扩大经营自主权到承包制的放权让利改革，使企业开始有了一定的活力。但是，承包制也有重大缺陷，承包制"一对一"谈判强化了政企不分，承包制只有激励没有约束，所有权和经营权分离了，但所有权不能约束经营权。经营者滥用经营自主权牟取私利或小集体利益，造成"内部人控制"和短期行为，以致普遍出现企业承包一轮，国有资产流失一轮，富了和尚穷了庙，后果严重。实践告诉我们，国有企业改革不能以承包制为方向，必须以建立现代企业制度为方向，实行制度创新。有许多经济学家对承包制进行质疑，认为承包制不能解决政企不分问题，不能使不同企业进行平等竞争，并导致企业短期行为，主张国有大中型企业应建立现代企业制度，取代承包制。[①] 有的则提出对国有大中型企业进行股份制改造。[②]

1992年，党的十四大确立社会主义市场经济体制为中国经济体制改革的目标模式。1993年11月，党的十四届三中全会做出了《中共中央关于建立社会主义市场经济体制若干问题的决定》，在党和政府文件中第一次明确提出国有企业改革的方向是建立现代企业制度，并指出现代企业制度的特征是：产权清晰、权责明确、政企分开、管理科学。从此，中国国有企业改革进入制度创新

[①] 参见吴敬琏等《大中型企业改革：建立现代企业制度》，天津人民出版社1993年版。

[②] 参见厉以宁《所有制改革和股份企业管理》，《中国经济体制改革》1986年第12期、1987年第1—2期。

阶段。

由于承包制不能促进国有企业适应市场经济的发展，还带来国有资产的流失，使许多国有企业包括大中型企业陷入困境。1997年党和政府提出帮助国有企业脱困的任务，其目标是，从1998年起，用三年左右的时间，使大多数国有大中型亏损企业摆脱困境，力争到20世纪末大多数国有大中型骨干企业初步建立现代企业制度。到2000年年底，这一目标已基本实现。1997年年底，国有及国有控股大中型工业企业为16874户，其中亏损的为6599户，占39.1%。到2000年，亏损户减为1800户，减少近3/4。1997—2000年国有大中型工业企业脱困，用去银行呆坏账准备金1500亿元以上，技改贴息200亿元左右，债转股金额4050亿元。[1] 在帮助国有大中型企业脱困的同时，进行了现代企业制度试点，逐步推行公司制股份制改革，努力使国有或国有控股企业成为适应社会主义市场经济发展的市场主体和法人实体。

经过多年的努力，我国国有企业股份制公司制改革已取得巨大进展。

首先，到2005年年底，国家统计局统计的国家重点企业中的2524家国有及国有控股企业，已有1331家改制为多元股东的股份制企业，改制面为52.7%。国有中小企业改制面已达80%以上，其中县属企业改制面最大，一些已达90%以上。2008年，全国有4651户国有企业改制为公司（另有2724户集体企业改制为公司）。[2]

其次，作为国有企业主干的中央企业，到2010年，已有宝钢集团有限责任公司等32家企业按照《中华人民共和国公司法》转制，开展董事会试点，试点企业的外部董事超过了董事会成员的半数，实现了企业决策层与执行层分开，改善了公司法人治理结构。

---

[1] 参见张卓元《新世纪新阶段中国经济改革》，经济管理出版社2004年版，第169页。

[2] 参见《中华工商时报》2009年2月25日。

再次，到 2012 年年底，90% 的国有企业已完成了公司制股份制改革，中央企业净资产的 70% 在上市公司，中央企业及其子企业引入非公有资本形成的混合所有制企业户数已占总户数的 52%。

最后，上市公司股权分置改革基本完成，这是改革取得的重大进展。截至 2006 年年底，全国除国有金融机构控股的上市公司外，801 家国有控股上市公司已有 785 家完成或启动股改程序，占 98%。在改革过程中，大量企业实行资产重组，有不少企业关闭破产。截至 2008 年年中，全国国有工商企业共实施政策性关闭破产项目 5000 户，安置人员 1000 万人。截至 2007 年年底，全国共有 1299 家国有大中型企业实施主辅分离辅业改制，分流安置富余人员 233.8 万人。[①]

公司治理在现代企业制度中处于核心地位。公司治理理论早在 20 世纪 90 年代初期就在我国经济学界中展开讨论。1999 年，党的十五届四中全会《中共中央关于国有企业改革和发展若干重大问题的决定》指出，公司法人治理结构是公司制的核心。要明确股东会、董事会、监事会和经理层的职责，形成各负其责、协调运转、有效制衡的公司法人治理结构。改革实践表明，国有大中型企业公司制改革最重要的环节是建立和完善公司法人治理结构。经济学家们指出，公司治理的本质是解决由所有权和控制权相分离而产生的委托代理关系问题，即股东会、董事会和经理层的关系问题，在中国还有一个"新三会"（即股东会、董事会和监事会）和"老三会"（即党委会、工会和职工代表大会）的关系问题。董事会在公司治理中处于特别重要的地位。鉴于我国国有企业很容易出现"内部人控制"，特别需要重视和健全董事会制度。董事会是由股东会或股东大会选举产生的。董事会受股东会委托，向股东会负责，对公司的发展目标和重大经营活动做出决策，并聘任经营者实施。有关股东会、

[①] 参见《经济日报》2008 年 8 月 28 日。

第二十一章 企业制度演进和国有企业公司制股份制改革研究

董事会、监事会和经理层的关系，已由《中华人民共和国公司法》[①]明确界定，成为健全公司治理的准则。有的经济学家还研究和比较了国外的理论和做法，以便进一步完善我国公司治理。

我国还要继续推进国有大中型企业的公司制股份制改革。在这方面，中央企业的任务特别紧迫。中央企业是中国国有企业的主干，到 2010 年，只有 32 家进行了公司制改革，成立了国有独资公司，成立了董事会，总共只有几家企业进行了股份制改革，实现了股权多元化，绝大部分企业还有待进行公司制股份制改革。中外资料表明，股权多元化公司比国有独资企业绩效好得多，有人计算过，2004 年，中国国有独资公司销售利润率为 6.12%，而其他有限责任公司销售利润率为 6.67%，股份有限公司销售利润率为 9.38%。2008 年，在规模以上工业企业中，净资产利润率国有的为 11.71%，私营的为 25.12%，外资的为 16.72%[②]，说明国有企业的效益并不理想。所以，应重点推进中央企业公司制股份制改革，积极引入战略投资者或者整体上市，实现投资主体多元化，重要的企业由国家控股，在此基础上改善法人治理结构，提高竞争力。

有的学者提出，中国国有企业从过去那种作为政府部门的附属机构，向市场经济中的自主经营主体转变的改革目标已经基本实现。下一阶段，国有企业深化改革应继续向下述定位方向推进。第一，实现更有利于经济整体有效运行和保证基本民生的基础设施、基础产业的稳定普遍供应的国有企业改革方向。第二，在实现经济发展方式转变、建设重大民生事业工程以及实现战略性新兴产业发展的关键突破，特别是形成保证国家安全的危机应急机制等方面，发挥更有效的功能。第三，在改善市场运行秩序和产业组织结构方向上

[①]《中华人民共和国公司法》已于 1993 年 12 月 29 日八届全国人大常委会第五次会议通过。2005 年 10 月 27 日，十届全国人大常委会第十八次会议对其修订，修订后的《中华人民共和国公司法》自 2006 年 1 月 10 日起施行。

[②] 参见张文魁《"十二五"期间国有企业改革的方向和任务》，《经济要参》2011 年第 5 期。

发挥积极作用。第四，在发挥收入分配"公平标杆"功能、扭转社会收入分配差距过大方向上发挥积极作用。[①]

第三节　国有经济的定位和国有经济布局与结构的战略性调整

在社会主义市场经济条件下，国有经济的地位和作用应如何确定？这在经济学家中有不同的认识和讨论。比较一致的认识是：现阶段国有经济在国民经济中应发挥主导作用；国有经济应控制关系国民经济命脉的重要行业和关键领域，并逐步从一般竞争性行业中退出；国有经济应更多关注社会效益突出的领域；国有经济应同非国有经济优势互补，平等竞争，相互促进，共同发展，等等。根据以上认识，在国有企业改革过程中，要着力从整体上搞好国有经济，而不是企求把每一个国有企业都搞好。

多年的国有企业改革实践告诉我们，要想把数以十万计的国有企业每个都搞好是不可能的。大量的在一般竞争性行业从事生产经营的国有中小企业没有优势，竞争力低下。针对这一情况，1997年党的十五大报告，1999年党的十五届四中全会《中共中央关于国有企业改革和发展若干重大问题的决定》，提出了从战略上调整国有经济的布局与结构的任务和"抓大放中小"的方针，要求从整体上搞好国有经济，发挥国有经济的主导作用。国有经济主要控制关系国民经济命脉的重要行业和关键领域，包括涉及国家安全的行业、自然垄断的行业、提供重要公共产品和服务的行业以及支柱产业和高新技术产业中的重要骨干企业。抓好大型企业，放开搞活大量中小企业。

自那以后，经过十年的努力，调整国有经济布局和结构的任务

[①] 参见金碚《论国有企业改革再定位》，《中国工业经济》2010年第4期。

已取得实质性进展。国有经济和国有资本逐步向关系国民经济命脉的重要行业和关键领域集中,向大企业集中,而从一般竞争性行业中逐步退出,开始改变国有企业量多面广和过于分散的状况。1998年,全国国有企业共有23.8万户,而到2007年,户数减少至11.5万户,减少了一半多。1998年,全国国有企业实现利润213.7亿元,而到2012年,全国国有企业实现利润16100亿元,增长了近75倍。其中,中央企业实现利润11315亿元,上缴税金14058亿元。2008年,由于受国际金融危机和国内经济回调的影响,国有企业利润总额有所减少,为9419亿元,其中,中央企业实现利润6652.9亿元。[①] 2002—2010年,中央企业的资产总额从7.13万亿元增加到24.3万亿元;净资产达9.5万亿元。从2006年开始,中央企业向国家上缴国有资本收益,到2010年已累计上缴1371亿元。[②] 经过多年的国有经济布局的调整,到2008年,中央企业82.8%的资产集中在石油石化、电力、国防、通信、运输、矿业、冶金、机械八大行业。据统计,中央企业承担着我国几乎全部的石油、天然气和乙烯生产,提供了全部的基础电信服务和大部分增值服务,发电量约占全国的55%,民航运输总周转量约占全国的82%,水运货物周转量约占全国的89%,汽车产量约占全国的48%,生产的高附加值钢材约占全国的60%,生产的水电设备约占全国的70%,火电设备约占全国的75%。[③]

表21—1是1998年以来中国国有企业改革发展的情况简表。

表21—1　1998—2008年中国国有企业改革发展若干经济指标

年份	1998	2003	2004	2005	2006	2007	2008	2012
国有企业户数（万户）	23.8	14.6	13.6	12.6	11.9	11.5	11.37	14.5

---

① 参见《经济参考报》2009年5月7日。
② 《人民日报》2011年1月25日。
③ 参见《经济参考报》2008年8月26日。

续表

年份	1998	2003	2004	2005	2006	2007	2008	2012
销售收入（亿元）	64685	100161	120722	140727	162000	180000		42.38
利润总额（亿元）	800（1997）	4852	7364	9190	12000	16200	9419	16100
销售利润率（%）	0.3	3.0	6.1	6.8	7.4	9.0		
上缴税金（亿元）		8140		10075	14000	15700		33500
职工人数（万人）	6394	3067	3660	3209				
中央企业数（户）		196			157	150	143	116
中央企业利润总额（亿元）		3006	4877.2	6377	7681.5	9968.5	6652.9	11315
中央企业上缴税金（亿元）		3563	4655.2	5779.9	6822.5	8303.2	9914	14058

资料来源：张卓元、郑海航主编：《中国国有企业改革30年回顾与展望》，人民出版社2008年版，第5页；《经济参考报》2009年5月7日；《人民日报》2009年6月30日；《人民日报》2011年1月25日；迟福林主编：《市场决定》，中国经济出版社2014年版；邵宁主编：《国有企业改革实录（1998—2008）》，经济科学出版社2014年版。

中国国有企业经过多年改革和制度创新，不但走出了困境，而且成为具有较高劳动生产率、较强盈利能力和竞争力的市场主体，国有经济也不断向能发挥自己优势的重要行业和领域集中，向大企业集中，并且站稳了脚跟，成为我国社会主义市场经济的一支骨干力量，主导着国民经济的发展。这说明党关于推进国有企业改革的方针是正确的。下面几组数字充分证明，国有企业的效益和竞争力已有明显提高。2005年，全国国有及国有控股工业企业在全国工业企业中的比重，户数仅占11%，但销售收入占35%，实现利润占45%，上缴税金占57%。2007年1—11月，全国规模以上工业企业中，国有及国有控股企业实现利润9662亿元，比上年同期增长

29.6%，超过同期集体企业利润的增幅（25.2%），接近股份制企业利润的增幅（35.1%）。① 2008 年中国企业 500 强排行榜名单中，国有及国有控股企业共 331 户，占 66.2%；实现年营业收入 18.2 万亿元，占 500 强企业收入的 83.1%。2008 年中国制造业企业 500 强中，国有及国有控股企业共 229 家，占 45.8%，实现营业收入 8.38 万亿元，占 62.9%。2008 年中国服务业企业 500 强中，国有及国有控股企业 278 家，占 55.6%，实现营业收入 7.95 万亿元，占 86.6%。② 与此同时，我们要冷静地看到，国有企业改革、国有经济布局和结构调整，仍然面临一些改革攻坚任务，有待在 2020 年前完成。

直到 2012 年，我国国有企业数量仍然太多，达 14.5 万户，主要是地方中小企业太多，它们仍然大量活跃在一般竞争性领域，很难发挥国有企业的优势，需要继续进行资产重组等推进国有经济布局和结构的战略性调整。根据《中国国有资产监督管理年鉴》，2010 年，在国民经济 95 个大类中，国有经济涉及 94 个大类，其中，在 396 个国民经济行业类中，国有经济涉足 380 个行业，分布面达 96%。约有 2/3 的国有企业、40% 的国有资产分布在一般加工和商贸服务等行业。中央企业资产重组任务也未完成。2003 年国务院国资委成立以来，已有许多中央企业进行了重组，企业数已从 196 家减少到 2010 年的 122 家。一般认为，国有企业在投资大、建设周期长、规模效益显著、社会效益突出的领域有优势。因此，今后调整国有经济的布局和结构，就要进一步推动国有资本向关系国家安全和国民经济命脉的重要行业和关键领域集中，向大企业集中，加快形成一批拥有自主知识产权和国际知名品牌、国际竞争力较强的优势企业，而从一般竞争性行业逐步退出；把大多数国有中小企业放开搞活。

---

① 参见《证券时报》2007 年 12 月 28 日。
② 参见中国企业联合会、中国企业家协会课题组《中国企业 500 强分析》，《经济要参》2009 年第 22 期。

有人认为，国有中央企业将来要减少至 100 家，太少了，甚至认为会影响公有制的主体地位。这是不必要的担忧。以 2006 年为例，中央企业虽然只有 157 户，但拥有下属企业共达 16373 户，销售收入达 82939.7 亿元，利润总额 7681.5 亿元，上缴税金 6822.5 亿元，增加值 24637.7 亿元，占全国 GDP 的近 12%。特别是中央企业控制着关系国民经济命脉的重要行业和关键领域，在国民经济中起举足轻重的作用。这里说的，一是指中央企业，不包括地方企业；二是指工商企业，没有包括金融企业。如果加上国有地方企业和国有金融企业，国有经济在全国 GDP 的比重将占 30% 多，国有经济继续发挥着主导作用。如果再加上其他公有制经济，加上国有自然资源资产、非经营性资产等，公有资产占优势是没有问题的，公有制的主体地位并没有因为深化国有企业改革、调整国有经济的布局和结构而受到影响。

2009 年，在中央实施 4 万亿元投资刺激计划和一些地方（如山西）对资源开发实行"上大压小"等背景下，有的经济学家认为中国出现了"国进民退"，有悖于市场化改革方向，并引发了不同意见的讨论。[①] 由于"国进民退"总体上没有得到统计数字的支持[②]，讨论一阵子后就逐渐销声匿迹了。

第四节　引入竞争机制和加强政府监管——国有特大型垄断企业改革的必然选择

垄断行业是中国国有经济最集中和控制力最强的领域。垄断行

---

① 参见《"国进民退"之争》，《中国社会科学内部文稿》2010 年第 3 期。
② 《统计数据不支持"国进民退"观点》，《北京晨报》2010 年 8 月 2 日；韩朝华：《要想整体"国进民退"也不行》，《改革内参》2010 年第 2 期；马骏：《关于"国进民退"的初步分析》，国务院发展研究中心《调查研究报告》第 215 号（2009 年 12 月 28 日）。

业中的主要大型骨干企业，几乎都是国有企业，都是中央企业。随着改革的深化，垄断行业改革已成为今后国有企业改革的重点，并引起经济学界的广泛关注与讨论[①]。

根据2007年党的十七大报告的精神，深化垄断行业改革，重点是实行政企分开、政资分开，引入竞争机制，包括引入战略投资者或新的厂商（市场主体），同时加强政府监管和社会监督，以提高资源配置效率，并有效保护消费者利益。

进入21世纪以后，我国垄断行业改革逐步开展，但发展不平衡，总的来说攻坚任务尚未完成。根据深化改革的部署，需要根据各个垄断行业改革进程，分类推进或深化改革。

一类是已经实行政企分开、政资分开和进行初步分拆、引入竞争机制的电力、电信、民航、石油等行业，要完善改革措施，深化改革。比如，放开市场准入，引进新的厂商参与市场竞争。特别是大量非自然垄断性业务，应开放市场，允许国内民间资本和外资进入竞争，以提高效率。如电力部门应实行厂网分开、发电厂竞价上网，电信运营商开展竞争，允许民营资本投资经营航空公司（2008年已有七家民营航空公司领取运营牌照），放开成品油市场等。即使是自然垄断性业务，有的也可以通过特许经营权公开拍卖（如自来水生产和供应、污水处理等），使其具有一定的竞争性并提高效率。2006年，酝酿了八年之久的邮政改革开始启动，已初步实现政企分开和政资分开，这项改革仍需不断完善。

另一类是到2012年尚未进行实质性体制改革的铁道、盐业、某些城市的公用事业等，则要积极推进政企分开、政资分开、政事分开改革。铁路投融资体制改革已开始进行，铁路建设、运输、运输

---

① 参见王俊豪等《中国自然垄断经营产品管制价格形成机制研究》，中国经济出版社2002年版；王俊豪、周小梅《中国自然垄断产业民营化改革与政府管制政策》，经济管理出版社2004年版；仇保兴、王俊豪《中国市政公用事业监管体制研究》，中国社会科学出版社2006年版。

设备制造和多元经营等领域已向国内非公有资本开放。但整个铁路行业的政企、政资分开尚待进行。党的十七大报告在谈到加快行政管理体制改革时，提出要探索实行职能有机统一的大部门制。如果铁道部门政企、政资不分开，统一的交通运输部就很难建立起来。

国内外的经验表明，垄断行业引入竞争机制必须同政府加强监管与社会监督相结合，既要加强对安全、环保、普遍服务等监管，也要加强对价格的监管，包括实行价格听证制度等，以维护公众的正当权益。一些国家在20世纪私有化浪潮中，把大量原来国有的垄断企业私有化。但实践表明，私有化有很大的局限性，垄断行业私有化带来许多负面效应，如破坏环境、损害公众利益、引发大的事故（如大面积停电）等。因此，垄断行业引入市场机制，必须逐步进行，并同加强政府监管和社会监督相结合。

有的经济学家建议，下一步垄断行业改革要推进"四化"即运营环境商业化、市场竞争公平化、投资主体多元化、政府监管科学化。①

公众对不少垄断行业职工收入畸高、为维护自身既得利益构筑较高的进入壁垒、收费高服务差效率低等问题意见颇大，说明垄断行业改革是一场真正的攻坚战。21世纪初垄断行业改革进行得不够顺利的实践表明，垄断行业改革必须有党和政府的强力推动，既要大胆引进市场机制，打破既得利益者人为设置的种种壁垒和"玻璃门""弹簧门"，又要逐步完善监管体系，以便稳步推进和深化我国垄断行业改革。

有的经济学家对深化垄断行业改革不那么赞成和支持，他们怕这一改革的深化，会影响国有经济的地位和主导作用，这种看法不利于国有企业改革的深化，也不利于优化资源配置，并将损害公众的利益。经济学家们在研究中指出，垄断有三大类：第一类叫自然

---

① 参见常修泽《中国经济体制改革三十年：进展、经验及未来趋势》，《港澳经济年鉴》（2008），港澳经济年鉴社2008年版，第355页。

垄断，它是以输送网络系统的存在为基础以及与此相适应的规模经济性和范围经济性所决定的。与自由竞争能促进效率提高不同，网络性自然垄断业务由一家经营比多家厂商竞争更有效率。这就要加强政府监管和社会监督，以保护消费者。第二类叫行政垄断，指滥用行政权力限制竞争，这是要明确反对和禁止的。第三类叫经济垄断，包括企业之间搞价格同盟、企业从事企图垄断市场的并购等，这也应予以限制和禁止。[①] 可喜的是，在各方推动下，《中华人民共和国反垄断法》于2007年8月30日由全国人大常务委员会通过并已颁布，从2008年8月1日起施行。反垄断法规定了三种垄断行为，即经营者达成垄断协议；经营者滥用市场支配地位；具有或者可能具有排除、限制竞争效果的经营者集中。可以认为，反垄断的创新研究取得的共识，已开始纳入反垄断法中。而在反垄断法的规范下，我国垄断行业和企业的改革，将在健康的轨道上快速推进。

第五节 国有资产管理体制改革和理论创新

在中国国有企业改革过程中，特别是在实行"两权分离"和承包制过程中，普遍出现所有者缺位或不到位的"内部人控制"现象，从而引发经济界和经济学界关于国有资产或国有资本管理体制问题的研究与讨论。

国有企业所有者缺位，原因是多个部门分割行使出资人职能，"五龙治水"（计委管立项、经委管运行、财政部管财产登记、组织人事部门管干部任免、劳动部门管工资），但无人对国有资产保值增值负责。1994年实行分税制后，地方财政投入形成的国有资产笼统地归中央所有也不合理。进入21世纪后，不少学者撰文建议，改变原来统一所有、分级管理的制度，实行分级所有、分级管理，管资

---

① 参见《十六大报告辅导读本》，人民出版社2002年版，第178—179页。

产和管人、管事相结合,并主张从庞大的国有工商企业经营性资产管理体制改革入手。

据会计决算统计,截至 2000 年年底,我国国有资产总量共计 98859.2 亿元,其中经营性国有资产总量为 68612.6 亿元,占 69.4%;非经营性国有资产总量为 30246.6 亿元,占 30.6%。情况如表 21—2 所示。

表 21—2　　　　2000 年全国国有资产总量和结构　　　　单位:亿元,%

项目	全国合计	中央小计	比重	地方小计	比重
合计	98859.2	47938.2	48.5	50921.0	51.5
一、经营性国有资产	68612.6	40768.5	59.4	27844.1	40.6
(一)一般工商企业	57554.4	30690.4	53.3	26864.0	46.7
(二)金融保险企业	8303.9	7467.6	89.9	836.3	10.1
(三)境外企业	1195.7	1051.9	88.0	143.8	12.0
(四)各类建设基金	1558.6	1558.6	100.0	—	—
二、非经营性国有资产	30246.6	7169.7	23.7	23076.9	76.3
(一)行政事业单位	21653.7	4349.4	20.1	17304.3	79.9
(二)基本建设单位	8592.9	2820.3	32.8	5772.6	67.2

资料来源:参见《经济日报》2001 年 7 月 26 日。

在国有资产总量中,需要特别关注国有工商企业的经营性资产。这部分资产从 1998 年以来增长很快,情况如表 21—3 所示。

表 21—3　　　国有及国有控股的非金融类企业总资产和净资产　　　单位:亿元

年份	资产总额	净资产	中央企业总资产	中央企业净资产
1998	134780	50371	—	—
2000	160068	57976	—	—
2003	199971	70991	83280	36000
2004	215602	76763	—	—

续表

年份	资产总额	净资产	中央企业总资产	中央企业净资产
2005	242560	87387	—	—
2006	290000	122000	122000	53900
2007	355000	—	148000	—
2008	—	—	177000	—
2015	192000	401000	470000	159000

资料来源：《中国经济时报》2007年12月24日；《经济日报》2008年12月11日；《人民日报》2009年6月30日；常修泽等：《所有制改革与创新》，广东经济出版社2018年版，第164页。

2002年党的十六大明确了改革国有资产管理体制的方针。这就是：在坚持国家所有的前提下，充分发挥中央和地方的积极性。国家要制定法律法规，建立中央政府和地方政府分别代表国家履行出资人职责，享有所有者权益，权利、义务和责任相统一，管资产和管人、管事相结合的国有资产管理体制。关系国民经济命脉和国家安全的大型国有企业、基础设施和重要自然资源等，由中央政府代表国家履行出资人职责。其他国有资产由地方政府代表国家履行出资人职责。从那以后，我国国有资产管理体制改革已取得显著成效。首先，组建机构，继国务院国资委于2003年成立后，到2004年6月，全国31个省（自治区、直辖市）和新疆生产建设兵团国资委全部成立，地（市）级国有资产监管机构组建工作基本完成。与此同时，制定了《企业国有资产监督管理暂行条例》和与此相配套的规章。经历14年艰难起草的《中华人民共和国企业国有资产法》已于2007年12月列入全国人大常委会会议议程，并于2008年10月28日十一届全国人大常委会第五次会议通过，自2009年5月1日起施行。其次，强化出资人监管，抓财务监督和风险控制，开展了国有独资公司建立董事会试点工作，公开招聘中央企业高级经营管理者〔到2008年已先后在100家（次）中央企业的103个高级管理职位面向全社会公开招聘]①,核定中央企业主业以提高企业核心竞争力等。最后,推进国有大中型企业公司制股份制改革,完善公司法人治理结构,央企及其所属子企业的公司制股份制改制面从2005年的40%提高到2010年的70%,实现主营业务整体上市的央企已经有43家,央企控股境内外上市公司达336家。② 与此同时,规范国有企业改制和产权转让,国有产权交易普遍进入产权交易市场公开操作,避免了国有资产的大量流失。实践表明,党的十六大以来国有资产管理体制改革,有效地推进了国有企业改革的深化和国有经济的迅速发展与主导作用的发挥。

一些经济学家提出,根据这几年国有资产管理体制改革的经验,今后要坚持政企分开、政资分开,进一步完善国有资产管理体制。国资委主要履行出资人职责,尽可能减少不属于出资人该做的工作,维护企业作为市场主体依法享有的各项权利,坚持所有权与经营权分离,充分尊重企业的自主经营权和法人财产权。要促进企业体制创新和管理创新,完善公司法人治理结构,鼓励和支持发展一批有国际竞争力的大企业集团。要探索国有资本有效的经营形式,提高资本的营运效率。要尽快制定和明确对国有自然资源资产、金融资产、非经营性资产的监管制度。

经国务院批准,财政部于2007年年底会同国资委发布了《中央企业国有资本收益收取管理办法》,规定中央企业应上缴利润的比例,区别不同行业,分三类执行。第一类为烟草、石油石化、电力、电信、煤炭等具有资源性特征的企业,上缴比例为10%;第二类为钢铁、运输、电子、贸易、施工等一般竞争性企业,上缴比例为5%;第三类为军工企业,转制科研院所企业,上缴比例三年后再定。③ 2010年年底,财政部下发《关于完善中央国有资本经营预算

---

① 参见《经济日报》2008年12月11日。
② 参见《上海证券报》2011年2月23日。
③ 参见《证券时报》2007年12月12日。

有关事项的通知》，明确上调央企上缴红利比例。调整后，石油石化等垄断性央企的红利收取比例为15%，钢铁等竞争性央企收取比例为10%，军工和科研院所央企收取比例为5%。[1] 这表明，国有资本经营预算制度建设已开始启动并在不断的完善中。有的经济学家提出，大力推进国有企业的股份制改革，国有股就能比较规范地获得同非国有股一样的股息或红利，从而有利于建立和健全国有资本盈利上缴制度。[2]

完善国有资产管理体制还有大量工作要做，还需加把劲，即使这样，估计也要到2020年才能基本完成。为此，对国有资产管理理论研究有待进一步深化，以使这项改革能够比较顺利地推进。

（执笔人：张卓元，中国社会科学院经济研究所研究员）

---

[1] 参见《上海证券报》2011年2月23日。
[2] 张春霖：《有效约束、充分自主——中国国有企业分红政策进一步改革的方向》，《比较》2010年第2期。

第二十二章

市场体系理论的研讨与创新

1949年新中国成立以后,随着1956年社会主义改造基本完成,市场的范围和作用逐步缩小,市场在理论上常常被看作计划的对立物,是社会主义的异己力量。传统的社会主义计划经济体制建立后,直至改革开放前,我国仅有一个残缺不全的消费品市场,含经常受到打压的集贸市场,没有生产资料市场,没有资本、劳动力等要素市场,资源配置由单一的计划调节。改革开放后,开始在经济活动中引入市场机制,最重要的就是逐步放开市场、放开价格,培育市场形成市场,先是扩大和发展农副产品市场和工业消费品市场,继而发展生产资料市场,然后逐步建立和发展资本市场、劳动力市场、土地市场等生产要素市场。经过40多年的努力,我国已初步建立起统一开放竞争有序的包括商品市场和生产要素市场的现代市场体系,并且正在逐步完善过程中,从而使市场在资源配置中开始发挥基础性和决定性作用。

市场的兴衰是一个社会经济活力强弱的标志。改革开放后我国经济活力不断增强,经济增长加快,重要原因,在于打破了传统的社会主义经济理论的束缚,逐步认识市场的功能和作用,形成了比较完整的社会主义市场理论,建立了比较健全的社会主义市场体系,从而带来社会经济生活的日益繁荣和昌盛。

第一节 改革开放前只存在残缺不全的消费品市场条件下对流通问题的研讨

我国社会主义改造基本完成后，逐步实行传统的计划经济体制，强调经济工作的计划性和统一性，排斥市场和市场机制；强调有计划发展规律的作用，排斥价值规律的作用。在理论上，则受斯大林《苏联社会主义经济问题》一书的深刻影响，认为社会主义制度下价值规律对生产不起调节作用，生产资料不是商品，"并且脱出了价值规律发生作用的范围，仅仅保持着商品的外壳（计价等等）"[1]。因此在经济理论研究中存在着轻视流通、轻视商业的思想，甚至"无流通论"思想。上述体制和理论决定着我国改革开放前商品流通被严格限制在一定范围内，只存在一个残缺不全的消费品市场和经常受到限制的农村集贸市场。

与此同时，经济学界也对市场和流通问题进行研讨，提出了一些有价值的见解。

第一，孙冶方 20 世纪 60 年代初在中国人民大学经济系授课时专门讲了"流通概论"，批判了"无流通论"和"自然经济论"。他认为，"无流通论"和"自然经济论"的产生有两个原因：一是私有制的消灭，以及由此而引起的盲目自发的市场交换的消灭，使人产生一种错觉，认为至少从全民所有制内部生产关系来说，作为社会分工的各个单位之间的联系纽带或起媒介作用的流通已不存在了。二是社会主义国家现在普遍采用的物质技术装备的供应方式，是在物资缺乏、供不应求的情况下采取的一种不得已的措施，而绝不是社会分工基础上产生的产品交换或产品流通的正常形式。孙冶方认为无流通论给社会主义经济造成了很大的危害，严重地妨碍着人们

---

[1] 参见斯大林《苏联社会主义经济问题》，人民出版社 1961 年版，第 41 页。

在理论上正确认识社会主义经济。他主张，社会主义政治经济学应从分析客观经济过程入手来编写，这个经济过程既包括生产过程，也包括独立的流通过程，还要把流通概念和分配概念严格区分开来。[①] 必须指出，在当时条件下，孙冶方批判"无流通论"是具有远见卓识的。

第二，有的经济学家研究了一些流通经济和流通规律问题。许涤新提出，社会主义商品流通有三条渠道：（1）国营商业是全民所有制商业，它是以生产资料全民所有制为基础的。（2）供销合作社是以生产资料集体所有制为基础的，它是集体所有制商业。（3）集市贸易是以农村人民公社社员的自留地和家庭副业生产和极少量的独立经营的手工业者生产作为条件的，各个集体经济组织之间的经济联系，也是集市贸易存在的条件。[②]

有的经济学家还研究了流通规律，如有论文认为，社会主义商品流通存在十个规律：（1）社会主义商业总的过渡的规律；（2）社会主义商品流通不断增长规律；（3）社会生产和社会需要之间的矛盾迅速反映到市场，并通过商业不断地有计划联系与不断解决的规律；（4）商品购进的对象方面的规律；（5）商品销售不断完善的规律；（6）商品调拨与流向日趋合理的规律；（7）商品储存力量不断加强的规律；（8）国营贸易与对外贸易相互联系与相互制约的规律；（9）商品流通费用不断下降的规律；（10）商业利润不断增长的规律。[③] 看来，这样的探索是有意义的。

第三，主张全民所有制内部调拨的生产资料也应是商品，应该进入流通过程。1957年，南冰等发表文章，开始批评斯大林关于国

---

① 参见孙冶方《流通概论》，《社会主义经济的若干理论问题》，人民出版社1979年版，第204—207页。

② 参见许涤新《论我国的社会主义经济》，人民出版社1964年版，第246—247页。

③ 参见陈绍之《上海财经学院贸易经济系讨论社会主义商品流通的规律问题》，《大公报》1963年2月27日。

营企业间进行分配的生产资料不是商品的论断。他们认为，在实行经济核算制度条件下，各个国营企业还要彼此当作不同的相对独立的经济单位来相互对待，还要"亲兄弟，明算账"，因此，生产资料在国营企业内部进行分配时，各个企业之间还是要把它当作商品来相互对待，这种买卖的经济关系，绝不是"观念的""象征的"意义，而是具有真实的、与企业利害相关的经济内容。他们还在文中详细论证了生产生产资料的劳动转化为价值的必然性。[①] 樊弘持有相同看法。他认为，物质鼓励在社会主义现阶段，仍不失为推动社会生产力发展的一个比较重要的因素，对于生产生产资料的国营企业，好的则应该给予物质的奖励，不好的则应该遭受物质的惩罚。为了贯彻物质鼓励原则，国营企业内部的物资调拨也要继续保存商品关系，任何其他的方式在社会主义的现阶段，都不是主要的和长期的促进生产力的方法。[②] 上述观点，颇具超前性，而且被后来经济生活实践证明是正确的。

第四，党和国家领导人也提出了具有深远影响的重要观点。1956年，陈云在党的八大会议上提出了关于计划与市场关系颇有新意的观点。他说："至于生产计划方面，全国工农业产品的主要部分是按照计划生产的，但是同时有一部分产品是按照市场变化而在国家计划许可范围内自由生产的。计划生产是工农业生产的主体，按照市场变化而在国家计划许可范围内的自由生产是计划生产的补充。因此，我国的市场，绝不会是资本主义的自由市场，而是社会主义的统一市场。在社会主义的统一市场里，国家市场是它的主体，但是附有一定范围内国家领导的自由市场。这种自由市场，是在国家领导之下，作为国家市场的补充，因此它是社会主义统一市场的组

[①] 参见南冰、索真《论社会主义制度下生产资料的价值和价值规律的作用问题》，《经济研究》1957年第1期。

[②] 参见樊弘《关于在社会主义制度下商品生产的问题》，《关于社会主义制度下商品生产和价值规律问题》，科学出版社1959年版，第418—419页。

成部分。"①

1959年3月，毛泽东批评"一平二调"的"共产风"，在一份报告上做了如下批示："旧账一般不算这句话，是写到了郑州讲话里面去了的，不对，应改为旧账一般要算。算账才能实行那个客观存在的价值法则。这个法则是一个伟大的学校，只有利用它，才有可能教会我们的几千万干部和几万万人民，才有可能建设我们的社会主义和共产主义。否则一切都不可能。对群众不能解怨气。对干部，他们将被我们毁坏掉。有百害而无一利。"②

第二节 社会主义经济中仍然存在实现问题

1978年年底党的十一届三中全会确定实行改革开放的重大决策后，传统的社会主义计划经济体制和经济理论不断受到猛烈的冲击，并逐步向社会主义市场经济体制转轨，社会主义市场经济理论也日益深入人心。

从传统的社会主义计划经济体制转向社会主义市场经济体制，最主要的标志是市场在资源配置中起基础性和决定性作用，也就是价值规律调节社会生产和流通。而要发挥市场调节资源配置的功能和作用，这个市场必须是统一开放、竞争有序的，并且是各种各类市场包括商品市场、资本市场、货币市场、土地市场、劳动力市场、技术市场等都比较发达和形成统一体系的，即必须是现代市场体系。改革开放以来，我国市场体系迅速发展，正在逐步完善过程中，我国各种各类市场的发展和逐步走向规范，是同市场体系理论探索和创新分不开的，这一探索和创新是我国经济学界关于计划与市场关

---

① 参见陈云《社会主义改造基本完成以后的新问题》，《陈云文选》第三卷，人民出版社1995年版，第13页。

② 《毛泽东文集》第八卷，人民出版社1999年版，第34页。

系研究和讨论的深化与发展。

社会主义经济中是不是存在实现问题，即资金形态变化问题，长期以来经济学界对此持否定态度。传统的社会主义经济理论认为，商品货币关系是外在于社会主义经济的，社会主义计划经济中各种劳动消耗，从一开始就是社会劳动消耗，即劳动具有直接的社会性质。这样，自然不存在实现问题，市场问题被逐出社会主义政治经济学大门之外。所以，要发展社会主义市场体系，必须首先肯定社会主义存在实现问题。孙冶方批判"无流通论"，强调研究流通过程，同时也就强调社会主义存在实现问题。[1]

随着人们对社会主义经济的商品属性的确认，已经有越来越多的经济学家承认在社会主义经济中仍然存在实现问题，即资金从产品形态转变为货币形态的问题。当然，在社会主义条件下，与资本主义的资本循环的形态变化有些不同之处。但是，在价值补偿和物质替换即商品两重性意义上的资金循环还是存在的。这就意味着社会主义制度下仍然存在局部劳动和社会劳动的矛盾，仍然存在企业的局部劳动转化为社会必要劳动的问题，而且其转化情况对企业和职工有一定的经济利害关系。企业经营管理得好，产品适销对路，经济效益高，企业和职工就能得到较多的物质利益；否则情况就相反。而不是经营好坏一个样，经营管理得好，企业的个别劳动消耗低于社会必要劳动消耗，企业和职工也不能多得；相反，经营管理得不好，企业的个别劳动消耗高于社会必要劳动消耗，企业和职工也不会少得。更不是一切损失和浪费（如企业生产出废品卖不出去，劳动支出不被社会承认，企业的局部劳动不能转化为社会劳动），都由社会或国家包下来了事。商品生产是为他人为社会需要而进行的生产。马克思说："商品在能够作为价值实现以前，必须证明自己是使用价值，因为耗费在商品上的人类劳动，只有耗费在对别人有用

---

[1] 参见张卓元《卓越的理论贡献 深邃的思想启迪——孙冶方社会主义流通理论评介》，《财贸经济》1983年第7期。

的形式上，才能算数。但是，这种劳动对别人是否有用，它的产品是否能够满足别人的需要，只有在商品交换中才能得到证明。"① 产品转化为商品，实现价值，需要经过社会（消费者）对生产这种产品的劳动进行质和量的检查。列宁在谈到商品交换时也说过："商品生产，也就是通过市场而彼此联系起来的单独生产者的生产。个体生产者供他人消费的产品只有采取货币形式，就是说，只有预先经过质量和数量两方面的社会计算，才能到达消费者手里，才能使生产者有权获得其他社会产品。而这种计算是在生产者的背后通过市场波动进行的。"②

在社会主义条件下，社会对生产商品的劳动预先经过质和量两个方面的社会计算，并不完全是在生产者的背后进行的。但是，既然社会主义企业生产的产品还是商品，这种社会计算或检查就是必要的。它除了首先要确定产品的平均劳动消耗量以外，一方面是指某一个产品是否具有与其他同类产品相同的品质、相同的社会使用价值，进行有用效果的比较；另一方面是指某一种产品的生产量和供应量，是否同社会的需要量相适应，进行有用效果和社会需要的比较。这样，产品是否具有使用价值，满足社会需要的程度如何，对于个别劳动消耗转化为社会必要劳动消耗，即对商品价值的形成和实现有重要作用。过去，由于没有真正承认社会主义企业是相对独立的商品生产者和经营者，是独立的市场主体，不尊重价值规律的作用，搞统购包销，结果一再出现企业不顾社会需要，为仓库而生产，造成积压浪费，损失惊人。这种情况，越是片面追求高速度、高指标时，就越厉害。

社会主义建设的实践表明：原来那种产品统购包销、财政上统收统支的吃"大锅饭"的经济体制并不可取，弊端丛生。这也是造成一些社会主义国家（包括我国在内）在传统的计划经

---

① 《马克思恩格斯全集》第23卷，人民出版社1972年版，第103—104页。
② 《列宁全集》第1卷，人民出版社1984年版，第369页。

济体制下产品货不对路、大量积压从而浪费社会劳动的原因。这种情况，更加启发人们重视社会主义社会要按需生产，实现产需衔接。而要做到这一点，除了要加强社会中心或国家对国民经济进行宏观调控，提高宏观调控的科学性，并运用经济杠杆引导企业经济活动符合社会需要外，主要通过市场调节使企业的经济活动和经营决策同企业和职工的经济利益挂钩，使企业有一种努力按需生产的动力和压力，关心自己的局部劳动转化为社会劳动的问题。这里所说的压力，就是指企业如果生产的产品不适销对路，卖不出去，它的劳动支出就不能得到社会的承认，其经济损失要由企业的出资人和职工承担。这样，实现问题也就成为社会主义经济中客观上存在的问题了。同时，这也使流通部门更加成为国家经济最敏感的部门，许多经济问题（首先是生产问题）都会在流通过程中暴露出来。因为盲目生产和建设，国民经济比例失调，都会在流通过程中表现为东西卖不出去或者商品脱销，或者资金周转困难、堵塞，等等，即整个产供销系统出现混乱现象。这里所说的流通过程出现问题，实际上就是产品的实现有问题，就是市场销售有问题。显然，上述理论上的进展和突破，对于大家承认和重视社会主义实现问题，加强对社会主义市场和流通问题的研究，具有重大的推进作用。

社会主义流通，作为一个独立的经济过程，在社会主义再生产和整个国民经济循环中，具有重要的意义，绝不是无足轻重的。也就是说，市场信号是最重要的信号，是社会供求现状的真实反映。市场是连接宏观经济和微观经济的枢纽，是社会主义市场经济顺畅运行的关键环节；市场观念是社会主义商品经济和市场经济观念的核心。探索社会主义市场发展的规律性，按社会主义市场规律办事，不仅对于整个国民经济的发展，而且对于各个部门、地区和企业讲求经济效益，都是至关重要的。这些都会大大提高社会主义市场问题研究的重要性和迫切性。

第三节 社会主义商品经济论确立后市场理论的进展与突破

社会主义有计划的商品经济理论的确立，把市场问题提到了突出的地位。党的十三大提出"国家调节市场，市场引导企业"，明确了在经济运行机制的新构想中将市场处于中心地位，从此，我国市场理论研究出现了引人注目的进展与突破。这方面的进展是伴随着经济体制改革的实践和社会主义商品经济理论的发展而出现的，但比商品经济理论更为深刻。概括20世纪80年代的理论研究和讨论，结合市场取向改革实际来看，这些进展和突破，至少有如下几个方面：

一 市场关系是社会主义基本经济关系，市场问题不能回避

传统的经济理论视市场为社会主义的异物，否认社会主义经济存在实现问题（即市场问题），否认劳动两重性，否认局部劳动转化为社会劳动的必要性，从而为"大锅饭"体制奠定理论基础。

理论研究和改革实践证明，社会主义经济仍然存在实现问题，即市场问题。社会主义之所以存在实现问题，是因为商品关系和市场关系仍然是社会主义的基本经济关系，劳动虽有一定直接的社会方向性，但仍要经过交换和市场，才能真正转化为社会劳动。市场检验是证明劳动有效性的最好形式。市场压力是打破"大锅饭"体制、促进企业改善经营管理、提高效益的强大力量，使企业真正实现按需生产，增加有效供给。企业只有见市场之世面，经竞争之风雨，才有活力和希望。

二 市场机制的作用范围是覆盖全社会的

改革以来,我国理论界逐步突破了把市场机制理解得很狭窄的观点,即突破了只限于商品市场、消费品(还不包括住宅)市场的作用,认为要建立和健全社会主义市场体系,首先要扩大到建立生产资料市场(第一步),还要扩大到建立资金、劳动力、技术、信息、房地产市场(第二步),最后扩大到外汇市场(第三步)。市场机制作用范围的扩大,是同商品范围的扩大、商品化范围的扩大同时进行的,也是同消费品、生产资料以及生产要素价格的放开同一程度发展的。价格不放开,谈不上市场机制的作用。目前以下几种认识已趋于一致:(1)商品经济问题从本质上说就是市场问题;(2)商品—市场关系是社会主义基本经济关系;(3)市场的作用范围是覆盖全社会的;(4)市场关系的扩大是有序的。[①]

三 社会主义经济运行主要靠市场协调

在传统的经济体制下,通行着一种产品经济的直接计划机制,国家管理权力过度膨胀,成为经济的唯一调节者。与此相呼应,传统理论认为,计划机制是社会主义唯一的调节机制,没有市场协调的余地。市场协调只能带来无政府状态和经济危机,是同计划机制完全对立、互相排斥的。几十年社会主义建设实践证明:这种理论既陷入官僚主义空想,窒息了经济活动的生机和活力,又不可能保证社会经济生活实现正常的良性循环,反而把经济搞死了,为仓库而生产大量存在,致使资源配置劣化,损失浪费惊人。许多经济学家提出,既然社会主义经济还是一种商品经济、市场经济,既然商品关系、市场关系是其基本经济关系,以体现经济横向联系为特征的市场机制就成为主要调节机制。我们经济体制改革的目标,就是

[①] 参见吴世经、段云程《论我国市场发育》,《中国市场发育探索》,中国物资出版社1992年版。

使社会主义经济的运行主要依赖市场协调，逐步加强市场对企业各项经济活动以至对社会生产和消费的导向作用，而国家则更多地通过有计划地调节市场，来引导千千万万个企业的经济活动，把商品经济纳入互相协调发展的轨道。市场协调的整体功能是：一方面，促使资源配置优化，实现帕累托状态；另一方面，提高微观营运效益——产需衔接和竞争，少投入多产出。

有的文章提出，计划与市场有机结合的体制基础是商品经济；计划与市场有机结合的微观基础是企业真正成为独立、自主、自负盈亏的商品生产者；计划与市场结合的客观基础是价值规律，市场调节不能只局限于微观经济；计划与市场结合的主观条件是树立现代商品经济观念和市场经销观念。①

四　供不应求不是社会主义经济固有的规律

传统理论认为，供不应求是社会主义经济固有的规律。从20世纪30年代起，斯大林的一个观点曾广泛流行，即社会主义国家有购买力需求的增长总是超过生产的增长，还说这是社会主义制度的优越性。在这种理论观点的影响下，我国和其他一些社会主义国家一样，长期以来物资供应短缺，生产单位的产品是"皇帝的女儿不愁嫁"，感受不到市场的压力。现在，越来越多的经济学者认为，供不应求、经济短缺是传统体制的产物，不是社会主义经济的本质属性。我们改革经济体制就是要改变这种供不应求、经济短缺现象。因为经济体制改革就是发展社会主义商品经济，而这就要求供求是平衡的，最好形成供略大于求的买方市场。因为供求平衡或供略大于求的买方市场有利于市场协调，有利于商品经济的发展。②

---

①　参见何克《论计划与市场有机结合的运行机制》，《中国市场发育探索》，中国物资出版社1992年版。

②　参见刘国光《再论买方市场》，《财贸经济》1983年第9期。

五　市场与计划不是排斥的，而是互补的

传统经济理论认为，计划与市场是互相排斥的，它们之间是太极图式的关系，计划范围的扩大就是市场范围的缩小。各种经济活动都是按照自上而下的，主要是由实物指标构成的指令性计划，通过各级计划和财政机构层层落实，从而窒息了企业的生机和活力。

随着商品经济理论的确立，计划与市场结合就不可避免。改革开放以来，我国理论界对计划与市场的认识经历了三个阶段：互相排斥—板块结合—互相渗透的内在结合。它们之间的互补关系表现在：（1）计划——保证宏观经济大体协调，管总量平衡和长期的产业结构调整；市场——促使微观经济活跃，使之富有生气，管个量平衡和短期产业结构调整。（2）计划要以市场为依据，尊重价值规律，计划的对象为市场；而市场要受计划的调控，但以间接调控为主。

六　建立社会主义市场体系是经济体制改革的一个基本内容

随着经济体制改革的推进，理论界对建立社会主义市场体系在经济体制改革中的重要地位和作用，有了许多新的认识。（1）经济体制改革的实质，就是引入市场机制，把市场搞活。充分利用市场机制是经济体制改革的总方向。（2）市场是商品经济活动的舞台，不同的商品生产者和经营者就是在这个舞台上分胜负、见高低的，竞争性市场为不同的企业提供了同等机会，能够在同一起跑线上赛跑。（3）市场是连接宏观经济和微观经济的枢纽。国家调控市场，市场引导企业是新的商品经济体制的运行模式。（4）实行国家对企业间接控制为主的宏观经济管理，是有计划的商品经济的内在要求，必须有企业自主经营、自负盈亏和市场体系大体完善这两个基本条件。（5）市场体系的建立和健全，使企业成为真正的商品生产者和经营者，使国家对企业的管理能够逐步由直接控制为主转向间接控制为主，主要运用经济手段和法律手段，从而建立新的社会主义宏

观经济管理制度。(6) 市场是一个体系,不是一个一个孤立的市场,只有建立和健全社会主义市场体系,才能发挥市场的整体功能。①

有的论著,对社会主义市场体系的建立和发展做了专门论述。有的文章主张改革应分为两大阶段,"第一阶段的主要目的是建立一个较为完善的商品市场,第二阶段的主要目的是在完善商品市场的基础上建立起完整的市场体系。这是因为,无论是在历史上还是在逻辑上,商品市场都是劳动市场、土地市场和资本市场的前提或基础。当然,这些市场并不能绝对独立地存在,商品市场形成和完善的过程,事实上和其他市场形成和完善的进程是相互制约、相互促进的。因此,第一阶段在以建立和完善商品市场为重心的改革的同时,应当使其他市场的形成开始起步"②。美国耶鲁大学教授费景汉、B. 雷诺兹等在他们设计的中国经济体制总体改革规划(1986—2006年)中,把我国经济体制改革分为初期(1978—1985年)、中期(1986—1997年)和后期(1998—2006年),并按建立各类市场的顺序作为划分这三个时期的重要标志。初期为货币经济的来临,中期为建立商品市场,后期为建立资本市场和劳动力市场。③ 亚洲一些发展中国家的经济学者也认为,发展中国家市场关系的发展是有序的,大致是:先建立商品市场,其次是金融市场,最后是劳动力市场。④

中国经济体制改革的实践、中国市场经济的实践,证明上述设想总的来说是正确的。从 1978 年年底开始,中国主要放开农副产品

---

① 参见陈晓伟《十年来市场理论研究和学科建设情况简介》,《财贸经济资料》1988 年第 4 期。

② 参见郭树清、楼继伟、刘吉瑞《经济体制改革总体规划构思》,《经济研究参考资料》1986 年第 35 期。

③ 参见费景汉、B. 雷诺兹等《中国经济体制总体改革合理顺序的探讨》,《经济工作者学习资料》1987 年第 11 期。

④ 参见张卓元、吴敬琏《亚洲三国发展的经验》,《经济社会体制比较》1987 年第 4 期。

市场和价格，接着放开工业消费品市场和价格，然后放开生产资料市场和价格。到 20 世纪 90 年代初，中国已形成一个比较发达的商品和服务市场体系。与此同时，生产要素市场如资本市场、劳动力市场、土地市场等，也开始逐步建立并有一定程度的发展。市场理论的发展同市场体系的扩展相互促进相当明显。正如有的文章指出的，改革开放以来，我国的市场体系从无到有、从简到繁、从单一到配套逐步建立和发展起来，逐步取代了计划经济体制下长期形成的各种资源通过分配、调拨进行配置的做法，市场体系建设已粗具规模。一是市场基础建设已经具备一定规模。二是市场体系基本形成并不断完善。遍布城乡商业网点形成了巨大的商品网络，相继出现了丰富多样的商业形态，如连锁超市、仓储超市、拍卖市场、旧货市场、电子商务、网上购物等。三是多元主体参与的市场主体结构的合理化格局基本形成，除国有、集体外，还包括私营、联营、外商经营的商业企业。四是市场机制在资源配置中的基础性作用明显增强，以市场为主导的价格机制建立。五是市场法规不断健全，市场管理逐步加强。加入世界贸易组织将推动我国与国际惯例接轨的步伐。[①]

第四节　社会主义市场经济论确立后重点转为发展生产要素市场

1992 年党的十四大确立社会主义市场经济体制的目标模式后，建立和发展市场体系，无论是理论研究还是改革实践，其重点已转移到发展生产要素市场上，因为只有着力发展生产要素市场，才能使市场在资源配置中发挥基础性和决定性作用。

从 20 世纪 80 年代末 90 年代初开始，不少经济学家已提出，要

---

① 参见张俊飚、王宏杰《我国市场体系建设探析》，《财金贸易》2000 年第 1 期。

形成统一、完整的市场体系。如有的文章提出:"社会主义市场体系包括各种类型的市场,如消费品市场、金融市场、劳动力市场、房地产市场、生产资料市场、技术市场、企业产权市场等。只有市场类型齐全,市场体系中的各种手段才能齐全,才能使市场参数之间形成有机的联系,这是社会主义市场体系的一个要点。其次,市场体系要按一定的规则来组成,这个规则对各类市场要统一。例如,在各类市场上要基本上以供求关系来形成价格,这样,各类价格参数的联系才是真正反映整个市场体系的。市场组织要健全,各类为市场服务的机构要配套。市场的活动归根到底要靠人的活动,而人的活动要有组织进行才能有效率。现代化的市场体系一定要使经营组织健全有力,才能使市场充满活力。"[1]

1993年11月,党的十四届三中全会做出的《中共中央关于建立社会主义市场经济体制若干问题的决定》,有专门一部分论述"培育和发展市场体系",明确提出,"发挥市场机制在资源配置中的基础性作用,必须培育和发展市场体系","形成统一、开放、竞争、有序的大市场"。特别提出:"当前培育市场体系的重点是,发展金融市场、劳动力市场、房地产市场、技术市场和信息市场等。"值得注意的是,过去党的文件,一直是用劳务市场,这是第一次明确用劳动力市场。在这个问题上,经济学家也是起了作用的,因为有的经济学家竭力主张用劳动力市场而不要用模糊不清的劳务市场概念,得到一些同志的支持,从而使劳动力市场概念,得以开始写入党的正式文件。[2]

经济学界对劳动力市场的研究是比较早的。很多人认识到,社会主义条件下劳动力仍然具有商品的性质,这是劳动力市场存在的根本的经济原因。如有的经济学家指出,在社会主义条件下,劳动

---

[1] 参见李晓西《论中国社会主义市场模式》,《中国市场发育探索》,中国物资出版社1992年版,第23页。

[2] 参见高尚全《民本经济论》,社会科学文献出版社2005年版,第2页。

者和生产资料的结合，实际上还是一种交换关系，不承认劳动力是商品，就必然否认劳动力具有价值，就不能科学地说明社会主义商品经济的运行规律。而劳动力作为商品，就离不开市场，就要进入市场。我国长期以来所实行的统包统配的劳动力管理制度，实际上就是人为地关闭了客观存在的劳动力市场。[①] 也有学者从劳动力市场的角度论证劳动力的商品属性。比如说，因为我们已经确认社会主义初级阶段是市场经济，市场经济要求主要由市场配置包括劳动力资源在内的一切资源，要求建立包括劳动力市场在内的统一完整的市场体系，要求包括劳动力在内的生产要素能够自由流动，要求劳动就业的市场化和工资数量的市场调节，这一切决定劳动力必须成为商品。仅从劳动力市场的必要性，完全可以得出劳动力必须是商品的结论。市场经济中所有生产要素都是商品，劳动力也不例外。[②]

对于劳动力商品和劳动力市场的重新认识具有非常重要的意义，它是经济学研究中思想解放的一次重要体现，是重要的经济理论创新。因为否认劳动力市场和劳动力的商品属性，就会否认劳动力这一重要生产要素的流动的必要性和经济合理性，劳动者就不能自主选择自己的职业，社会主义商品经济或社会主义市场经济就无法正常运行。

我国拥有13亿以上人口，有世界上最巨大的劳动力市场。我国正处于工业化和城市化进程中，尽管到2009年，农村外出务工人员已达1.45亿人[③]，但农村剩余劳动力大约还有1亿人左右，需要在工业化过程中向城市、向第二、第三产业转移。这也是建设社会主

---

① 参见何伟等《试论我国社会主义市场的全方位开放》，《中国社会科学》1986年第2期。

② 参见简新华《社会主义劳动力商品理论在改革时期的发展》，《中国经济问题》1999年第6期。

③ 参见本书编写组编著《〈中共中央关于制定国民经济和社会发展第十二个五年规划的建议〉辅导读本》，人民出版社2010年版，第5页。

义新农村使农民增加收入的重要途径。2009年,农村外出务工人员人均月工资收入1659元,外出务工已成为农民转移就业、增加收入的重要途径。可见,大力发展劳动力市场,至今对中国社会主义市场经济的发展,扩大就业,解决"三农"问题,具有重要意义。党的十七大报告中指出:"健全面向全体劳动者的职业教育培训制度,加强农村富余劳动力转移就业培训。建立统一规范的人力资源市场,形成城乡劳动者平等就业的制度。"还有,发展各类人才市场,对于鼓励、引导大学生面向农村、面向基层就业,也很重要。进入21世纪后,每年有五六百万以上的大学毕业生要就业,就业压力可谓不小。此外,还要完善面向所有困难群众的就业援助制度,及时帮助零就业家庭解决就业困难等。就业是民生之本。扩大就业,最重要的是完善市场就业机制。所以,发展各种各类人才市场,推进劳动力市场的科学化、规范化、现代化建设,有利于更好地解决民生问题。

同时,要规范发展土地市场。我国地少人多,人均耕地只及世界平均水平的40%,必须十分珍惜和合理利用土地资源,加强土地管理,切实保护耕地,严格控制农业用地转为非农业用地。1996年,我国耕地总面积为19.51亿亩,到2006年年底,已降为18.27亿亩,10年净减少1.24亿亩。到2010年,又进一步减少至18.18亿亩。而我国工业化、城市化并未实现,中央一再强调要实施最严格的土地管理制度,"十二五"规划纲要要求,到2015年,耕地保有量仍维持在18.18亿亩,即耕地总量不再减少。所以土地市场的规范特别重要。有的文章提出:"一方面要按照节约用地、保障农民权益的要求推进征地制度改革,以逐步理顺国家对农地征收为建设用地后增值收益的分配关系,使农民在更大程度上共享工业化、城镇化的成果。另一方面,要积极稳妥推进农村土地整治,完善农村集体经营性建设用地流转和宅基地管理机制,以努力实现对工业化、城镇化进程中征收耕地的占补平衡和严格宅基地管理并依法保障农户宅基地用益物权;同时,探索建立对依法取得的农村集体经营性建设用地通过统一有形的土地市场以公开规范的方式转让土地使用权的制度，实现集体闲置资产的增值。"①

多年来土地市场存在的另一个问题是不少地方政府在征用农民土地时，补偿费太低。不少地方失地农民只拿到少量补偿金，难以继续生活，而又不容易找到工作或其他谋生手段，以至于形成数量可观的失地又失业的人群，有的经济学家估计有两三千万人之多，成为一个严重的社会问题。农民由于失地造成的损失有人估计数以万亿元计。而一些地方政府靠低价从农民手里征用土地，经过进行基础设施建设后转手卖给房地产商或举办开发区等赚大钱。2009年地方政府卖地收入1.5万亿元，2010年更高达2.9万亿元。这种情况，是不规范不正常的，也是不可持续的。

技术市场、信息市场发展很快，特别是进入21世纪提出着力提高自主创新能力和加快发展现代服务业以后，更是如此。2007年，光是技术合同成交金额就达2200亿元，比上年增长21%。而到2010年，全国共签订技术合同23万项，技术合同成交金额3906亿元，成交金额比2008年增长近八成。

资本市场是现代市场体系的中心。根据中国实际情况，今后要着力发展多层次资本市场，发展公司债券市场，改变企业间接融资比重过高的状况，提高直接融资比重。我国经济中心上海市，已拥有比较完备的金融市场体系。2010年金融市场交易总额（未计入外汇市场）突破380万亿元，上海证券交易所股票交易额位居全球第三。这方面情况，另有专章介绍。

建立和发展现代市场体系，提高国民经济的市场化程度，必须发展各种市场中介组织。党的十四届三中全会《决定》指出："发

---

① 参见陈锡文《加快社会主义新农村建设》，本书编写组编著《〈中共中央关于制定国民经济和社会发展第十二个五年规划的建议〉辅导读本》，人民出版社2010年版，第71页。

展市场中介组织,发挥其服务、沟通、公证、监督作用。当前要着重发展会计师、审计师和律师事务所,公证和仲裁机构,计量和质量检验认证机构,信息咨询机构,资产和资信评估机构等。发挥行业协会、商会等组织的作用。中介组织要依法通过资格认定,依据市场规则,建立自律性运行机制,承担相应的法律和经济责任,并接受政府有关部门的管理和监督。"从此,各种市场中介组织如雨后春笋般迅速发展起来,越来越成为现代市场体系的有机组成部分。经济学界也对市场中介组织展开了系统研究,出版了不少论著。

有的论著指出,在转向社会主义市场经济以后,政府对经济的管理,从直接管理转变为以间接管理为主,一般不再与单个企业发生直接的关系之后,客观上需要在政府和企业之间有一个中间媒介,如行业协会、同业公会、商会等市场中介组织,用于协调政府与企业之间的关系,对下向企业传达政府的意图,对上向政府反映企业的呼声、要求,并承担一些原属于政府部门的社会职能和经济事务。同时,企业转换经营机制,走向市场之后,无论是原料购买、产品销售、员工招聘,还是信息咨询、财务审计、公证仲裁、资信评估、质量验证等,都需要市场中介组织及时提供服务。市场中介组织在市场经济体制下,起润滑剂、协调阀、保险钮的作用。没有中介组织的发展,市场经济的正常运行就会受到限制和障碍。[1] 有的论著进一步明确需要积极发展的市场中介组织大体分为两类。一要大力发展专业化市场中介服务机构。主要包括:(1)法律、财务服务机构。(2)信息咨询服务机构。(3)市场交易中介组织。(4)市场监督鉴证机构。这些机构要独立公正、规范运作。二要按照市场化原则规范和发展行业性自律组织,要注意保持这些机构的民间性质,避免变成"二政府"。[2]

---

[1] 参见宋光华主编《市场中介组织研究》,经济管理出版社1997年版。

[2] 参见本书编写组编著《党的十六届三中全会〈决定〉学习辅导百问》,党建读物出版社2003年版,第97—98页。

第五节 打破部门垄断和地区封锁，规范市场秩序

我国从 1979 年起，一直坚持市场取向的改革，不断突破传统计划经济体制的框框，一批又一批的物质产品和服务从指令性计划分配转入市场，各项生产要素也逐步进入市场，使国民经济的市场化程度逐步提高。经过 20 年的努力，至 20 世纪末，我国国民经济的市场化程度已达 50% 以上。有的文章提出，据初步测算，到 20 世纪末我国产品市场化程度达到 71.16%，要素市场化程度达到 41.58%，企业市场化程度达到 51%，政府对市场适应程度达到 40%，市场对外开放程度达到 23.3%。[1] 有的研究报告指出，2001 年、2006 年中国经济的市场化程度分别达到 69% 和 77.7%。[2] 也就是说，市场机制已在我国社会经济生活中起主导作用，社会主义市场经济体制已经初步建立。这是就国民经济总体来说的，而在不同领域、部门和地区，市场化的程度并不相同，有的高些，有的低些。比如，商品和服务领域的市场化程度较高，生产要素领域则低一些；非国有部门的市场化程度较高，国有部门的市场化程度则低一些；竞争行业的市场化程度较高，一些自然垄断行业则低一些；东部地区市场化程度较高，中西部地区则低一些，等等。我国是一个大国，幅员辽阔，人口众多，各地经济发展不平衡，经济改革的发展也不平衡。我国的经济改革采取渐进的方式，从传统计划经济体制相对薄弱的领域和环节突破，逐步扩大和深入，因此出现不同领域和部

---

[1] 参见常修泽、高明华《中国国民经济市场化的推进程度及发展思路》，《经济研究》1998 年第 11 期。

[2] 参见北京师范大学经济与资源管理研究所《2008 中国市场经济发展报告》，北京师范大学出版社 2008 年版，第 3 页。

门市场化程度不尽相同的状况是很自然的。

我国的市场化改革并未完成，国民经济的市场化程度还有待提高。一些论著指出，以后，我国在提高国民经济市场化程度方面还要迈出较大的步伐，特别是在进一步打破部门、行业垄断和地区封锁，规范市场秩序，建立开放的市场体系方面，要迈出新的实质性步伐。

第一，要打破部门和行业垄断，鼓励市场竞争。中国存在几种类型的垄断：第一种是行政垄断。政府职能部门运用手中权力搞强制交易，要消费者按照它审定的价格购买它指定的产品和服务，这也包括地方政府不准某些商品进入它所管辖的地区销售，或授予本地企业一些业务垄断权等。第二种是行业垄断。公用企业或其他依法具有独立地位的经营者实施的强制交易或限制竞争的行为，有些自然垄断行业如电力行业对某些能够引进市场竞争的领域（如发电厂可以竞价上网）限制其竞争。第三种是经济垄断。如企业之间搞限价、价格同盟，企业间反竞争的购并，企图垄断市场（这就是为什么许多国家反垄断法都规定对企业购并要进行审查，防止购并对市场竞争产生实质性损害的原因），等等。以上几种类型的垄断，除属自然垄断外，都要防止和反对。经过几年的努力，《中华人民共和国反垄断法》已于2007年8月30日由全国人大常委会通过，从2008年8月1日起施行。这就使今后反对垄断、保护竞争有法可依。

第二，要打破地方封锁，建立全国统一的商品和要素能够自由流动的市场。改革初期，在卖方市场条件下，地方封锁表现为设卡放哨，不许紧缺物资如粮食、生猪、棉花、煤炭等销往外地。20世纪90年代中期形成买方市场格局后，地方封锁则表现为不许外地产品（从啤酒、药品到汽车）进入本地市场，或者对销售本地产品给予种种优惠，保护本地落后生产。在地方封锁的条件下，一些商品不能很好地参与公平的市场竞争。市场的扭曲也使市场价格扭曲，不能真正形成市场调节价格。我国加入世界贸易组织后，对外贸易要取消配额、许可证等非关税壁垒，允许外国商品在缴纳关税后在国内自由流通。因此，用行政手段搞地方封锁是违反世界贸易组织规则的。可见，加入世界贸易组织，参加国际市场竞争，也要求建立和完善全国统一的市场，拆除各种地方壁垒，使商品和要素在全国统一的市场内自由流动。这几年，在市场竞争大潮的冲击下，形形色色的地方封锁受到抑制和反对，但一直没有绝迹，有的地方甚至制定地方性法规搞市场封锁。要采取更有力和有效的措施，反对各种各样的地方封锁，使全国统一的市场真正建立起来。

建立开放的市场体系，还要适应加入世界贸易组织的要求，有步骤地推进银行、保险、证券、电信、外贸、内贸、旅游等服务领域的开放，逐步对外商投资实行国民待遇。

规范市场秩序也很重要。改革开放初期，市场刚放开不久，曾出现假冒伪劣产品泛滥、诚信严重缺失状态。整顿市场秩序、加强市场监管，成为各级政府的重要职责。市场秩序不规范的一个突出表现就是，公开地或变相地搞各种形式的价格同盟。1998年、1999年，一些行业在有关主管部门支持下，搞行业自律价格，不让一些有竞争力的企业按低于社会平均成本（但高于本企业生产成本）的价格销售产品，保护落后的生产和企业，抑制市场竞争。他们打着反不正当竞争的招牌，实际上是搞行业价格卡特尔，妨碍价格竞争，反对优胜劣汰。由于这种做法违背发展社会主义市场经济的客观要求，因此，遭到各方面的批评和反对，过不了多久，就名存实亡、销声匿迹；行业内部价格竞争此起彼伏，一浪高过一浪向前发展。21世纪初，较多出现的是行业内部一些大企业串通起来搞价格同盟。对此，有关物价主管部门明确表态，任何价格行为都必须依法进行，凡是搞价格自律、价格同盟而妨碍市场竞争的，都将依据《中华人民共和国价格法》进行处罚。如一度出现的彩电价格同盟明显违反了《中华人民共和国价格法》所规定的"经营者不得相互串通，操纵市场价格，损害其他经营者或消费者的合法权益""不得捏造、散布涨价信息，哄抬价格"等条款。汽车、药品、空调等部门生产企业，也有类似行为。药品价格长期虚高，生产药品厂家以高折扣卖给医院，致使药费畸高，老百姓意见很大，也影响医疗改革的推进。由于药品生产超额利润很高，在价值规律作用下，许多厂商进入药品生产行业，致使许多药品供过于求，药品价格大战在所难免。这就触及药品生产厂家和医院的利益。前几年，居然出现成都市一家医院召集由药商、医院药房及有关物价部门参加的联席会议，要求药商和药厂不得再向低价药店供药，否则医院就停止进该药商或药厂的药品这样的咄咄怪事。[①] 还有近年来食品安全问题突出，瘦肉精、塑化剂等让老百姓无所适从。大力加强食品安全监督，是规范市场行为的紧迫任务。

对于如何规范市场秩序，经济学界也进行了广泛的研究。《转轨经济条件下的市场秩序研究》一书[②]，有一定的代表性。该书认为，我国市场秩序的治理之所以陷入了"屡禁不止，屡治屡乱"的困顿状态，其关键原因在于我国以往治理市场秩序紊乱的理论基础和措施存在着很大的缺陷。要摆脱这种状态，从根本上解决我国市场秩序紊乱问题，最为首要的是，要重新认识市场秩序的本质，重新确定治理市场秩序的核心原则。该书指出，市场秩序在本质上是一种利益和谐、竞争适度、收益共享的资源配置状态和利益关系体系。一个国家需要构建一种和谐的市场秩序，不仅需要进行必要的法制建设、行政管理以及道德规范，而且更为重要的是必须充分协调各种利益冲突，重构和引导各种利益关系，从根本上使各种社会经济主体无法从扰乱市场秩序、损害其他经济主体的利益中获得额外的收益。市场秩序是在正常合法利益的诱导下，各种社会经济主体遵守各种维护市场秩序的法律、法规以及行为规范的产物。因此，治理市场秩序的核心原则应当是在必要的法制建设、行政管理以及制度完善的基础上，进行利益关系的重构和协调，消除各经济主体之间、政府之间以及政府与各社会经济主体之间的利益冲突，从而实

---

① 参见《经济日报》2000年7月27日。

② 该书由中国人民大学出版社2003年出版。

现利益和谐以及利益和谐下的市场有序。

建立和健全社会信用体系也很重要。党的十六届三中全会《中共中央关于完善社会主义市场经济体制若干问题的决定》将其列为完善社会主义市场经济体制的单独一条。指出："形成以道德为支撑、产权为基础、法律为保障的社会信用制度，是建设现代市场体系的必要条件，也是规范市场经济秩序的治本之策。增强全社会的信用意识，政府、企事业单位和个人都要把诚实守信作为基本行为准则。按照完善法规、特许经营、商业运作、专业服务的方向，加快建设企业和个人信用服务体系。建立信用监督和失信惩戒制度。逐步开放信用市场。"中国人民银行等已初步建立了企业和个人征信系统，这对建立有效的信用激励和失信惩戒制度，强化全社会信用意识和诚信行为，将起到有力的推动作用。

我国维护商品市场秩序的法律法规也已初步建立。有保护和鼓励竞争的法律、法规，包括《中华人民共和国反不正当竞争法》《中华人民共和国价格法》《中华人民共和国反倾销和反补贴条例》《价格违法行为行政处罚规定》《关于制止低价倾销行为的规定》《中华人民共和国反垄断法》等。还有市场准入、市场管理方面的法律法规，如《期货交易管理暂行条例》《商品交易市场登记管理办法》《批发监督管理办法》《拍卖市场管理办法》《连锁店经营管理规范意见》等。存在的问题，一是有些重要法律法规尚未出台，如比较全面的国有资产法；二是有些法律法规有待完善，如价格法；三是执法不力，存在不少有法不依，出现一些市场主体抗法现象，执法中经常受到地方保护主义的干扰，等等。随着社会主义市场经济向法治化发展，规范市场秩序经验的积累，我国维护市场秩序的法律将会逐步得到完善。

（执笔人：张卓元，中国社会科学院经济研究所研究员）

第二十三章

产业结构和产业组织理论的研讨与进展[①]

新中国成立70年来我国的产业结构和产业组织理论的研究,以改革开放为界形成鲜明的对比。改革开放之前的30年,关于产业结构理论的探讨在马克思的再生产理论范畴内展开;当时没有专门"产业结构"的提法,多数称"再生产理论"和"经济结构"。改革开放以来,产业结构理论的研究发生范式的变化,主要以发展经济学中关于产业结构变迁的相关论述作为理论依据。改革开放之前,我国没有专门的学科研究产业组织问题,仅有部分的讨论涉及目前产业组织学科涵盖的内容。从严格意义上讲,产业组织理论的研究从改革开放之后才逐渐发展起来。

新中国成立以来,我国的产业结构和产业组织理论的研究在研究方法和对象上发生了重大的变化。改革开放之前,产业结构理论的研究在马克思的"两大部类"范式内展开,研究的问题主要集中于"农、轻、重"的关系上;改革开放以来,产业结构理论的研究在"三次产业"的范式内展开,研究内容包括三次产业的变迁与经

---

① 本章是以作者的《产业结构和产业组织理论的研讨与进展》为基础拓展而成,该文载张卓元等《新中国经济学史纲(1949—2011)》,中国社会科学出版社2012年版。

济发展阶段、经济周期、政府行为等变量之间的关系。改革开放之前，有限的关于产业组织问题的讨论集中在分工与协作、企业效率等方向；改革开放以来，产业组织理论的研究与国外相关学科并无二致，讨论市场的运行及政府与市场的关系。

随着时代赋予的历史使命，我国学界关于产业结构与产业组织理论的研究，不断结合当时的现实情况进行探索。新中国成立70年以来的研究，根据其时代背景及研究特点可以大致分为五个时期。

第一个时期从新中国成立后到改革开放前的30年，这个时期我国逐步建立并完善了计划经济体制。由于新中国成立后我国的经济发展是在薄弱的基础和不利的环境中艰难起步的，另外，集中的经济体制下中央政府担负了完全的经济职责；因此如何计划、引导经济发展是政府的重要职责，也成为学界热烈讨论的课题。这个时期，如何快速实现国家的工业化是产业结构理论讨论的核心问题，关于农业、轻工业、重工业之间关系的认识也不断加深。但是，由于该时期频繁而且大规模的政治运动（尤其是"文化大革命"），学术研究受到严重的影响。

第二个时期从改革开放到20世纪90年代初，这个时期是我国经济体制改革的探索时期，也是计划经济成分不断下降、商品经济因素不断上升的时期。当商品经济日益取代新中国成立后建立的计划体系，短缺从隐性转向显性。结构失衡日益凸显，原有计划经济下的理论框架不再适应新的形势。学界产生了对新的经济理论的需求，引进新的经济思想并用来分析中国现实成为这个时期产业结构理论研究最重要的特色。在这个时期，我国政府也开始广泛实施产业政策，1989年颁布的《国务院关于当前产业政策要点的决定》囊括了农业和工业中的所有大类行业。

第三个时期从1992年党的十四大到21世纪初，我国正式确立了改革的目标，即建立社会主义市场经济体制。在这个时期里，我国价格改革基本完成，短缺经济结束，买方市场开始形成。在这样的经济大背景下，对市场的研究成为学界需要直面的课题，因此现代产业组织理论的大量引进和运用成为合乎情理的现象。在政策运用方面,《中华人民共和国反不正当竞争法》的通过和电信业的改革,是政府维护市场有效运作、促进竞争的开始。这个时期我国经济融入世界经济日趋加深,开放条件下的产业结构理论也是重点研究内容。

第四个时期从 2001 年加入 WTO 到 2012 年,我国经济已基本达到小康水平。如何应对全球化浪潮,如何提高经济运行的质量成为学界研究的重点问题。从产业结构理论研究看,开放条件与工业化道路是两个关键词;产业组织理论的研究也围绕着开放经济下的企业竞争力、市场绩效等问题展开。政策运用方面,比较重大的事件有《汽车产业发展政策》《钢铁产业发展政策》等国家级产业发展政策的制定和《中华人民共和国反垄断法》的实施。

第五个时期从 2012 年党的十八大到 2019 年,经济增速从高速度转向中高速度,中国经济进入新常态,经济也从高速增长转向高质量发展。党的十九大报告指出:中国特色社会主义进入新时代,我国社会主要矛盾已经转化为人民日益增长的美好生活需要和不平衡不充分的发展之间的矛盾,我国经济迈入新时代。新时代下,产业转型升级、产业政策作用、移动互联网时代的产业组织与反垄断实践探索成为研究的热点。

第一节 新中国成立到改革开放前的研究进展

新中国成立之后,如何快速地发展经济、实现工业化是我国政府的最重大课题。苏联在 20 世纪二三十年代通过发展重工业快速实现工业化并在第二次世界大战后成为世界上唯一可以与美国抗衡的超级大国,其指导思想是列宁的生产资料生产优先增长的规律和斯大林的社会主义工业化道路从重工业开始的论述。我国政府和学术界非常重视苏联的成功经验,很多重要的政策和理论研讨都以列宁和斯大林的论述作为出发点。

一 再生产框架下的产业结构理论探讨

1. 再生产理论。一些学者尝试对马克思再生产模型进行扩展。董辅礽在对马克思再生产公式的具体化中,对两大部类产品按其最终使用方向做了细分,将扩大生产的不同途径的因素引入了再生产公式,并考察再生产公式中不同参数的变化(劳动生产率与劳动者生产基金装备率、各部类劳动生产率与劳动者平均实际收入,等等),对再生产公式的深化做了有益的探索。① 他的这些尝试,扩大了社会再生产公式反映的各种比例关系的可能性,能够更为具体地分析社会再生产主要比例的变化。

2. 生产资料生产优先增长规律。列宁根据马克思的再生产理论指出,技术进步、劳动生产率提高、资本有机构成上升,是机器生产代替手工劳动和在机器生产基础上技术不断进步所带来的不可避免的现象。由此总结出生产资料生产优先增长的规律。该规律在新中国成立后到改革开放前成为指导我国经济发展的重要指导思想。生产资料生产优先增长意味着在现实经济中,某些部门的发展速度要更快一些。杨坚白认为,社会主义经济总的趋势是按比例发展的,但在经济发展过程中,存在着某种不平衡和某种不按比例的情况。面对部门之间发展不平衡的情况,我们要坚持积极平衡,反对消极平衡,要抓住关键的比例关系。② 另外,生产资料优先增长的规律受到生活资料的制约。季崇威较早就提出,消费资料也应保持一定的

---

① 董辅礽:《从社会产品生产和使用统一的角度探索马克思再生产公式具体化问题》,《经济研究》1963 年第 3 期;《关于不同扩大再生产途径下的社会主义再生产比例关系问题——马克思再生产公式具体化问题的再探索》,《经济研究》1963 年第 11 期;《产品的分配和使用与两大部类比例的关系——马克思再生产公式具体化问题的探索之三》,《经济研究》1964 年第 8 期。

② 杨坚白:《论社会主义经济发展的平衡和不平衡问题》,《经济研究》1960 年第 5 期。

增长比例，这样才能保证满足整个社会经常增长的物质和文化生活的需要。①

3. 部门间投入产出问题。我国学界在 20 世纪 60 年代初开始引进部门联系平衡表。部门联系平衡表包括以货币表现的和以实物表现的。通过对部门联系平衡表的经济内容、统计组织和数学加工的研究，可以解决国民经济平衡表和个别产品物资平衡表的衔接问题；也可以为计划工作引进新的指标——完全消耗指数，并利用数学规划方法，在一系列可能的平衡方案中确定最优计划。我国学者认为，部门联系平衡表能够提高计划工作的质量，把计划工作置于更精确的计算和分析的基础上。② 在 20 世纪 70 年代，我国编制了第一个实物型部门联系平衡表。该表展示了 1973 年的 61 种主要产品，覆盖了约 85% 的农产品、30% 的轻工业产品、60% 的重工业产品、43% 的建筑业和 66% 的货运周转量。③

二　关于产业结构政策的研究

1. 社会主义工业化道路的选择。我国学者认为优先发展重工业符合马克思的社会扩大再生产过程中两大部类对比关系的原理。重工业主要是生产资料的生产，农业和轻工业主要是消费资料的生产；农业、轻工业和重工业的相互关系，反映着社会生产两大部类的关系；通过重工业、轻工业和农业的比例，是把生产资料生产和消费资料生产的比例关系加以具体化。④ 这样，我国的工业化事业就成为

---

① 季崇威：《我国工业应当积极支援和促进农业的发展》，《经济研究》1958 年第 2 期。

② 乌家培、张守一：《关于部门间产品生产和分配平衡表》，《经济研究》1962 年第 8 期。

③ 江小涓：《产业结构与产业组织理论》，张卓元主编《论争与发展：中国经济理论 50 年》，云南人民出版社 1999 年版，第 471 页。

④ 杨坚白：《论国民经济根本性的比例关系》，《经济研究》1959 年第 10 期；俞明仁：《论农业、轻工业和重工业的相互关系》，《经济研究》1960 年第 2 期。

以发展重工业的生产即生产资料工业的生产为基础。在重工业优先发展的工业化道路中，杨坚白提出该原则适用的条件。一是重工业生产力的实际水平；二是农业、轻工业和其他部门对重工业需求的适应程度，以及它们对重工业产品的需求程度；三是全社会劳动资源和物质资源的规模，特别是积累的规模。这三个条件是互相联系不可分割的，集中到一点取决于积累的规模和它的使用方向。[①] 在现实政策实践上，我国在"一五"计划中，把工业基本建设作为五年计划的中心，明确规定集中主要力量发展重工业。从 1952 年到 1956 年，我国重工业生产平均年增长 23.9%，轻工业生产平均年增长 14.8%，手工业生产平均年增长 12.6%，农业生产平均年增长 4.4%。[②] 从"一五"的实施效果看，它完全符合重工业优先增长的政策设计。

2. 承认农业的基础作用。马克思的再生产理论虽然强调了第一部类优先发展对第二部类生产增长的决定性作用，但也指出第二部类的必要增长对第一部类优先发展的制约作用。我国农业的发展，跟不上整个国民经济的发展和工业发展的要求。农业剩余劳动是国民经济其他一切部门存在和发展的物质基础；具体表现为农业为国民经济其他部门提供粮食、工业原料、劳动力、资金和市场。因此，我国必须进一步地大力发展农业，才能保证人口有计划地增长和人民的生活水平的提高；工业同农业是一种相互依存、相互支援、相互促进、相互发展的关系；要保证农业在国民经济中的基础地位。[③] 在政策层面，早在 1956 年，中央提出的《1956 年到 1967 年全国农

---

① 杨坚白：《试论农业、轻工业、重工业比例和消费、积累比例之间的内在联系》，《经济研究》1961 年第 12 期、1962 年第 1 期。

② 吴海若：《再生产原理的一般性和特殊性》，《经济研究》1957 年第 1 期。

③ 季崇威：《我国工业应当积极支援和促进农业的发展》，《经济研究》1958 年第 2 期；何畏：《关于发展农业的问题》，《经济研究》1958 年第 3 期；王向明：《论重工业对农业的依存与支援》，《经济研究》1962 年第 10 期；许涤新：《论农业在国民经济中的地位和发展农业生产的关键》，《经济研究》1962 年第 12 期。

业发展纲要（草案）》将发展农业生产提到极为重要的地位。在1957年春季，中央又进一步提出了在优先发展重工业的基础上发展工业和发展农业同时并举的方针。但这些政策都被"大跃进"中"左"的思想打断。经过"大跃进"和三年困难时期的惨痛经历后，各方面深刻反省了片面发展重工业的局限。20世纪60年代初，中央提出了国民经济计划的安排要以农、轻、重为序，这也体现着工农业中两大部类的比例安排。

第二节 改革开放到20世纪90年代初的研究进展

改革开放之初，产业结构或经济结构失衡是我国现实经济中最重大的问题之一，学界以开放的精神引进、借鉴西方的产业结构理论。其中最基本的是引进新的分析范式，即三次产业分析经济结构的方法。与原有的范式相比，该范式最突出的特点是承认非物质生产部门在经济活动中的重要地位与作用。在具体理论方面，包括三次产业的划分，产业结构变化与人口就业结构、人均收入、经济发展的关系，划分产业结构变化的依据，等等。我国学者利用这些理论分析中国现状，包括我国产业结构的现状、特点、问题所在及调整方向等。另外，由于日本产业政策在实践中的成功，产业政策思想的引进与在我国的实践也成为重要的议题。这个时期，我国学者也开始介绍现代产业组织理论，以及讨论当时环境下的竞争与垄断、企业经营水平低下的激励等问题。

一 引进国外经济思想

（一）关于产业结构理论的译介

1985年，杨治在国内第一次以"产业经济学"为名，出版了《产业经济学导论》，在国内影响较大；同时，国外关于产业结构理论的经典著作也在20世纪80年代末被大量翻译，影响比较深远的有库兹涅茨的《各国的经济增长》和《现代经济增长》、钱纳里的《工业化和经济增长的比较研究》、佐贯利雄的《日本经济的结构分析》等。

对产业结构理论的译介主要包括以下几个重要思想：

关于三次产业分类的介绍。杨治在《产业经济学导论》中，系统地介绍了三次产业的概念、分类及它们在不同经济增长阶段中的表现。20世纪80年代初期，三次产业的范式引进在学术界曾有过较为激烈的争论，但到20世纪80年代中期以后，学界基本认同了该分类的科学性和强大的现实解释力。三次产业思想的引进，突破了原先"两大部类"范式中只重视物质资料生产的框架，承认服务业等第三产业的重要性；这为我国的学者打开了新的视野，学者们利用该范式对我国的实际情况进行了大量的研究。值得一提的是，在《中国统计年鉴1988》中，我国官方开始出现三次产业的相关数据，这也为学界利用统计数据进一步研究我国三次产业问题提供了数据支持。

关于产业结构变迁与经济发展、就业、收入等指标之间的内在联系。17世纪英国经济学家威廉·配第通过对当时英国的实际情况归纳出随着经济的不断发展，产业中心将逐渐由有形财物的生产转向无形的服务性生产。20世纪的经济学家克拉克拓展了配第的研究。配第—克拉克定理指出，随着经济发展，劳动力逐渐从第一产业向第二产业转移，继而向第三产业转移。[①] 库兹涅茨归纳出产业结构演进的模式：在人均产值较低阶段，农业部门与非农业部门的份额呈此消彼长的变化；非农业部门份额大幅度上升，但其内部（工业与服务业）的结构变动不大。当人均产值较大后，农业与非农业部门的份额变动不大，但非农业部门中服务业的比重上升较为明显。[②] 钱纳里的理论认为，经济发展可以分为三个阶段，其间伴随着

[①] 杨治：《产业经济学导论》，中国人民大学出版社1985年版。

[②] 西蒙·库兹涅茨：《各国的经济增长》，商务印书馆1985年版；西蒙·库兹涅茨：《现代经济增长》，北京经济学院出版社1989年版。

三次产业的结构变迁。第一阶段为初级产品生产阶段，农业等初级产品的生产占统治地位，但初级产品的生产慢于制造业；第二阶段为工业化阶段，生产结构由初级产品向制造业迅速转移；第三阶段为经济发达阶段，制造业在经济和就业的比重下降，服务业逐步成为推动经济增长的主要部门。[1]霍夫曼认为研究产业结构必须重视消费品工业的净产值与资本品工业净产值之比（霍夫曼系数）。在工业化进程中，该系数的值是不断下降的；该系数也可以判定工业化的具体进程情况。[2]

关于产业政策思想的介绍。产业政策主导的思想认为，在发现产业结构变动规律的基础上，通过产业政策政府能够在经济发展进程中扮演积极的角色。因此产业政策理论是产业结构理论的应用层面。佐贯利雄通过对战后日本工业发展情况的分析发现，战后日本工业的发展先后经历了三个阶段，分别是以电力工业的发展为主导的产业阶段，以石油、石化、钢铁、造船等行业为主导的产业阶段和以汽车和家电等高收入弹性行业为主导的产业阶段。佐贯利雄认为，在工业发展过程中主导产业的替代如下：轻工业—原材料工业—加工组装工业，各个阶段的主导产业分别为纺织业—石油、石化、钢铁—汽车、家电。[3]

（二）介绍产业组织理论

虽然在一些早期翻译到国内的微观经济学教材中会出现产业组织的基本理论，但从专著看，谢佩德的《市场势力与经济福利导论》可能是我国较早的一本译著。1985年，世界银行经济发展学院和清华大学经济管理学院联合举办经济管理讲习班，曾开设产业组织理论课程，这可能是我国系统讲授该课的最早记录。[4] 同年出版的杨治

---

[1] 钱纳里：《工业化和经济增长的比较研究》，上海三联书店1989年版。
[2] 杨治：《产业经济学导论》，中国人民大学出版社1985年版。
[3] 佐贯利雄：《日本经济的结构分析》，辽宁人民出版社1987年版。
[4] 江小涓：《产业结构与产业组织理论》，张卓元主编《论争与发展：中国经济理论50年》，云南人民出版社1999年版，第483页。

的《产业经济学导论》也有专章介绍产业组织。这些著作和讲学都对产业组织理论在我国的普及起了积极的推动作用。20世纪80年代后期，施蒂格勒和克拉克森的著作被译成中文。施蒂格勒的《产业组织和政府管制》是一本论文集，包括《规模经济》《管制者能管制什么》等产业组织理论发展过程中的经典文献。肯尼迪·W.克拉克森等的《产业组织：理论、证据和公共政策》则是一本标准的教科书，涵盖了当时产业组织领域内所有比较重要的内容，该书主要的特色是讨论与竞争、垄断有关的法律问题。[1] 这些重要的著作深远地影响了我国的经济学界。

二 产业结构的探讨

1. 对我国产业结构存在问题的研究。20世纪70年代末到80年代初，由国务院财政经济委员会组织，我国经济学界曾进行过一项规模和影响都很大的经济结构（产业结构）研究，并出版了大量的研究报告。当时对产业结构问题的研究主要是总结新中国成立30年的经验教训。研究者指出，我国结构不合理主要表现在农轻重比例失调、基础工业与加工工业比例失调等；造成结构不合理的原因包括片面追求重工业优先发展、片面强调生产资料优先增长规律，等等。[2] 也有学者认为，我国轻重工业结构不够合理，没有做到协调发展，主要经验有三：一是重工业增长过快，轻工业相对落后；二是轻重工业大起大落，很不稳定；三是轻重工业内部结构不够合理，主要表现为重工业中自我服务的比重过大，轻工业中为生产服务的比重过大。[3]

2. 关于产业结构调整或产业结构合理化。对于如何正确处理农

---

[1] 谢佩德：《市场势力与经济福利导论》，商务印书馆1980年版；施蒂格勒：《产业组织和政府管制》，上海三联书店1989年版；肯尼迪·W.克拉克森、罗杰·勒鲁瓦·米勒：《产业组织：理论、证据和公共政策》，上海三联书店1989年版。

[2] 马洪、孙尚清主编：《中国经济结构问题研究》，人民出版社1981年版。

[3] 孙尚清主编：《论经济结构对策》，中国社会科学出版社1984年版。

轻重关系，坚持走中国的工业化道路，杨坚白等认为：以农业为基础，坚持中国的工业化道路，改变重工业的生产结构，使之与发展农业和轻工业的需要相适应，坚持以农轻重为序。① 有的学者对轻重工业结构合理化的对策是：实现轻工业生产的战略转变，确保轻工业的稳定增长；既要保证重工业的优先增长，又要适当控制重工业的规模和速度。② 宋则行以辽宁省为例，认为经济结构的调整要注意到积累和消费的比例、经济结构中的薄弱环节、部门间的协调发展、地方和全国的经济结构的协调配合。③ 李京文、郑友敬等提出必须依靠技术进步促进产业结构合理化，才能实现产业高度化；调整产业结构的基本原则包括协调发展、效益最佳、消费导向、技术进步、就业需求，其中前两项原则是最基本的。④

3. 关于第三产业的研究。随着三次产业分类法在我国学界的译介和讨论，越来越多的学者认识到使用三次产业分类法的科学性。研究较早并有较大影响的是李江帆，他提出不仅要考虑农轻重的比例，还要考虑物质生产部门与服务消费品部门之间的比例。在专著《第三产业经济学》中，李江帆运用马克思的劳动价值理论分析第三产业，揭示了第三产业的经济规律。这本书还分析了第三产业形成的标志、条件、时间、途径以及第三产业的分配、消费等问题。在该书中，他提出非自动化的服务产业的相对价值量上升较快、服务的供给和需求上升将使第三产业比重日益增大。⑤

---

① 杨坚白、李学曾：《论我国农轻重关系的历史经验》，《中国社会科学》1980年第3期。
② 孙尚清主编：《论经济结构对策》，中国社会科学出版社1984年版。
③ 宋则行：《实现经济发展战略目标，合理调整经济结构》，《社会科学辑刊》（经济增刊）1983年第3期。
④ 李京文、郑友敬等：《技术进步与产业结构问题研究》，《数量经济技术经济研究》1988年第1期。
⑤ 李江帆：《服务消费品的生产规模与发展趋势》，《经济理论与经济管理》1985年第2期；李江帆：《第三产业经济学》，广东人民出版社1990年版。

三 产业政策研究

20 世纪 80 年代,我国学者对产业政策的观点比较一致,认为推行产业政策是战后日本等国家产业结构升级和经济加速发展的重要原因,因而我国政府也应积极利用产业政策。[1] 学界的观点迅速得到政府的重视和采纳,1986 年"七五"计划中出现了产业政策的概念并给予重要地位。1989 年我国颁布了《国务院关于当前产业政策要点的决定》,涉及农业和工业中的所有大类行业,将每一类产业中的子行业和产品分为支持发展、限制发展和禁止发展三类。

对于产业发展模式,李京文等总结了产业发展的三种模式:倾斜式发展模式、平推式发展模式和协调—倾斜式发展模式,并认为第三种模式是我国 2000 年前应采取的较为理想和符合我国实际的发展模式,即兼顾国民经济总体的协调发展和不同区域的倾斜发展。[2] 对于产业优先发展顺序,学界提出我国也要利用产业政策来优先发展某些主导产业或支柱产业。有的学者从我国的资源禀赋出发,认为我国应优先发展劳动密集型的出口产业。[3] 也有学者认为瓶颈产业是我国经济发展的主要约束,因此要优先发展能源等基础产业。[4] 随着讨论的深入,越来越多的因素被考虑,学界关于主导产业的观点也越来越多,并没有形成比较一致的看法。

四 对我国产业组织问题的初步涉及

企业组织结构问题是产业组织中的重要问题之一,虽然西方的

---

[1] 周叔莲等主编:《产业政策问题探索》,经济管理出版社 1987 年版;杨沐:《产业政策研究》,上海三联书店 1989 年版;王慧炯等主编:《中国产业部门政策研究》,中国财政经济出版社 1989 年版。

[2] 李京文、郑友敬等:《技术进步与产业结构问题研究》,《数量经济技术经济研究》1988 年第 1 期。

[3] 黄一义:《论本世纪我国产业优先顺序的选择》,《管理世界》1988 年第 3 期。

[4] 李伯溪、谢伏瞻、李培育:《对瓶颈产业发展的分析与对策》,《经济研究》1988 年第 12 期。

产业组织理论尚未系统引入，早在20世纪80年代初期，我国学者就总结出当时我国企业组织结构中存在的问题。我国企业组织结构的主要特点是"大而全""小而全"，并成为我国规模经济水平低的直接原因。企业的绝对规模大，但有效规模小。另外，经济体制不合理也是企业组织结构不合理的重要原因。我国企业规模结构反映了它的欠发达性质，还表现在中小企业数量的不稳定性和经济效率的低下。造成上述情况的原因是商品经济不发达、经济发展战略失误和现行的经济体制（吃大锅饭及不合理的价格体系）。[1] 20世纪80年代中期，在城市经济体制改革中的企业改革"放权""搞活"又带来了另一个严重的问题：一管就死，一放就乱。卫兴华等认为增强企业活力应包括通过建立和完善各种约束机制，纠正企业在增强自身活力过程中可能出现的偏差，将企业活力引入国民经济计划轨道。[2]

胡汝银的专著《竞争与垄断：社会主义微观经济分析》是20世纪80年代影响较大的研究产业组织的专著。该书系统考察了西方经济学流派、东欧经济学流派和我国党的十一届三中全会以来有关竞争和垄断的各家学说，系统地研究了社会主义竞争问题。作者以马克思的微观经济分析框架为基础，在产业组织层面上，从多种角度考察社会主义微观经济运行。该书揭示了20世纪80年代我国微观经济运行过程中的多重分割状态的特征，考察了部门内竞争、部门间竞争、空间竞争、国际竞争所受到的各种限制，以及引发的资源配置失当和低效率。该书的重要结论包括：社会主义经济中的垄断以国家垄断和行政垄断为特征，社会主义竞争有部门内不均齐竞争等特点；各种"鞭打快牛""抽肥补瘦"的措施虽然会抑制部门内竞争的不均齐程度，但也会起阻碍先进企业成长、保护落后企业的

---

[1] 孙尚清主编：《论经济结构对策》，中国社会科学出版社1984年版。
[2] 卫兴华、洪银兴、魏杰：《企业活力与企业行为约束机制》，《学术月刊》1986年第4期。

作用，从而降低了资源配置的效率。①

第三节 20世纪90年代的研究进展

经过20世纪80年代的探索，我国摸索出改革的方向，即建设社会主义市场经济体制，并在1992年党的十四大得到正式确立。经过20世纪80年代产业结构理论引进的高潮后，20世纪90年代产业组织理论成为经济思想译介的重点。这个阶段我国产业结构理论的研究包括现实产业结构的演变、产业结构合理化、与新经济相关产业的发展、经济开放对产业结构的影响等；在产业政策方面，探讨了当时产业结构中急需解决的问题如瓶颈产业、衰退产业、过度竞争产业、产业保护等，并有学者对产业政策的有效性进行了反思。产业组织方面的研究主要在结构—行为—绩效的框架下进行，或者针对某一方面做专门的研究。产业组织的政策应用主要集中于产业组织的合理化问题，即对分散的行业实现适度集中的同时对垄断行业加强竞争或实施有效管制。

一 进一步引进产业组织理论

20世纪80年代是引进产业结构理论的高峰期，进入90年代后，西方重要的产业组织思想也被全面翻译、介绍进来，并迅速被我国学者所接受。其中影响比较大的产业组织教科书有泰勒尔的《产业组织理论》；丹尼斯·卡尔顿、杰弗里·佩罗夫的《现代产业组织》；多纳德·海、德理克·莫瑞斯的《产业经济学与组织》等。②

---

① 胡汝银：《竞争与垄断：社会主义微观经济分析》，上海三联书店1988年版。
② 泰勒尔：《产业组织理论》，中国人民大学出版社1997年版；丹尼斯·卡尔顿、杰弗里·佩罗夫：《现代产业组织》，上海人民出版社1998年版；多纳德·海、德理克·莫瑞斯：《产业经济学与组织》，经济科学出版社2001年版。

这三本都是西方产业组织学界影响力较大的教科书。这三本教科书的内容囊括了产业组织的重要流派和思想，如哈佛学派的"结构—行为—绩效"框架、芝加哥学派的价格理论研究传统和新产业组织中利用交易费用研究的视角。其中，泰勒尔的教科书把产业组织的讨论放在博弈论和信息经济学的分析框架内，理论性较强；丹尼斯·卡尔顿、杰弗里·佩罗夫的教科书最大的特色是大量的现实案例与理论相结合，注重公共政策。

迈克尔·波特的竞争三部曲也相继被翻译引进。他在《竞争战略》中提出产业竞争的五力模型和三个基本战略，在《竞争优势》中提出价值链分析，在《国家竞争优势》中提出钻石理论，这些分析框架迅速被我国学者所认同并得到广泛应用。[1]

进入20世纪90年代后，我国学者开始关注产业组织政策，这包括国外的反垄断、经济管制和社会管制。植草益《微观规制经济学》是国内翻译的第一本以"规制经济学"为名的专著，管制的放松或重新管制思想也被介绍进来，如艾伦·加特的《管制、放松与重新管制：银行业、保险业与证券业的未来》；一些学者如余晖、王俊豪等也有专文来介绍管制理论。[2]

二 关于产业结构的研究

（一）我国产业结构的现状及其调整方向

关于我国的工业化的现状。刘伟利用钱纳里、库兹涅茨等的多国模型为参照，综合全面地对整个国民经济结构进行了分析，计算

---

[1] 迈克尔·波特：《竞争战略》，华夏出版社1999年版；《竞争优势》《国家竞争优势》，华夏出版社2002年版。

[2] 植草益：《微观规制经济学》，中国发展出版社1992年版；艾伦·加特：《管制、放松与重新管制：银行业、保险业与证券业的未来》，经济科学出版社1999年版；余晖：《管制的经济理论与过程分析》，《经济研究》1995年第5期；王俊豪等：《西方国家的政府管制俘获理论及其评价》，《世界经济》1998年第4期。

和分析了中国工业化所处阶段,影响较大。① 郭克莎认为,产业结构偏差和工业结构升级缓慢,影响了工业化中经济的持续增长和增长质量的上升。②

关于产业结构调整的方向。郭克莎通过对照国际上不同国家产业结构变动的一般特征,得出的结论是我国产业结构存在较大的偏差。他认为,推进工业化的模式应该是加快第三产业发展带动农业剩余劳动力转移和农民收入水平提高,消除人均收入水平与工业产出比重不协调而产生的需求制约,以支持工业化阶段的演进和经济较高速稳定增长;同时,通过加快体制改革促进市场化、城市化与工业化的协调发展,加快装备工业发展以带动工业结构升级,推动经济增长质量的提高。③ 张世贤对此表示不同的看法,他认为要从中国国情和中国经济发展的特殊性来考察是否存在产业结构的偏差;我国产业结构的变动没有遵循世界一般模式,应该把产业投资的资本边际效率相等作为产业结构合理化的标准。④

(二) 新经济相关产业的发展

美国在 20 世纪 90 年代持续的高速经济增长以及在增长中出现的一些新特点引发了经济学界的广泛关注,被称为新经济。新经济基于信息技术革命,不仅催生新兴产业的迅猛发展,并深刻影响到传统产业。我国学术界在 20 世纪末对新经济及其相关产业展开了广泛讨论。

国家信息中心中国新经济发展战略课题组认为,虽然我国在新经济产业的发展中面临一系列的挑战,但有非常大的机遇,表现在我国已形成一定的产业基础、市场潜力巨大、国际分工中的比较优

---

① 刘伟主笔:《工业化进程中的产业结构研究》,中国人民大学出版社 1995 年版。
② 郭克莎:《中国工业化的进程、问题与出路》,《中国社会科学》2000 年第 3 期。
③ 郭克莎:《我国产业结构变动趋势及政策研究》,《管理世界》1999 年第 5 期。
④ 张世贤:《工业投资效率与产业结构变动的实证研究》,《管理世界》2000 年第 5 期。

势以及后发优势等，对我国新经济的发展表现出较为乐观的态度。①许小年则认为，我国发展高科技产业的路还很长。应该把注意力投入到高科技产业发展的条件上来，先着手为高科技产业的发展提供一个良好的环境。不要梦想通过发展高科技来形成"赶英超美"的格局。②

（三）开放条件下的产业结构研究

由于我国经济中外资的影响越来越大，外商投资对产业结构的作用引发很多学者的思考。他们的结论有的是乐观的，也有的比较悲观。王洛林等认为，由于技术先进的大型跨国公司纷纷前来我国投资，对我国制造业的产业结构升级起到了举足轻重的带动作用。宋泓、柴瑜的观点则相反。他们从产业间和产业内贸易的角度，实证分析了三资企业在我国对外贸易中的地位和作用，认为在我国对外贸易及产业结构调整中，三资企业已经占据了主导地位。而我国国内企业则在向劳动密集型和资源密集型的产业退化。郭克莎也认为，由于外商投资的结构性倾斜，加大了我国三次产业的结构偏差并扩大了我国三次产业发展水平和国际竞争力的差别。③

三　产业政策

（一）瓶颈产业、衰退产业

中国的基础设施产业长期以来处于紧运行状态。对于如何发展瓶颈产业，学者们从不同的角度提出他们的政策主张。有学者认为，造成基础产业相对滞后的原因中最根本性的困难是资金筹集机制不

---

① 国家信息中心中国新经济发展战略课题组：《新经济：中国面临的机遇和挑战》，《求是》2001年第5期。

② 许小年：《新经济在大炼钢铁吗》，《浙江金融》2000年第7期。

③ 王洛林、江小涓、卢圣亮：《大型跨国公司投资对中国产业结构、技术进步和经济国际化的影响》，《中国工业经济》2000年第4期；宋泓、柴瑜：《三资企业与我国产业结构调整——对外贸易视角的实证分析》，《管理世界》1999年第6期；郭克莎：《外商直接投资对我国产业结构的影响研究》，《管理世界》2000年第2期。

健全。他们提出基础设施和基础工业筹资的途径：集中财政支出、通过国有资产存量结构的调整为基础设施和基础工业的发展筹集资金、利用外资、通过金融机构有效融资（包括建立政策性银行）、利用土地资源划拨或有偿转让，等等。① 也有学者从政府管制的角度分析，认为解决"瓶颈"问题的一个有效途径，是改革中国基础设施产业现行政府管制体制，提高基础设施产业的经济效率。通过借鉴英国基础设施产业政府管制体制改革的经验教训，王俊豪认为我国基础设施产业必须政企分离、提高竞争。政府进行管制时要以有效竞争为目标，以经济原理制定管制价格。②

进入20世纪90年代，我国经济总体上从供给约束转向需求约束。另外随着经济的发展，产业结构的调整也在所难免。这两方面的原因导致一些行业经营出现困难甚至出现全行业的亏损。江小涓认为，一些产业的衰退是必然的，这是由于收入水平的提高和消费结构的变化。我国国有企业的困境不仅有制度问题，也有结构问题。即我国在某些行业的分布密度较大。对于国有企业的退出援助，江小涓建议设立调整援助基金，通过受益者提供的补偿援助退出企业，对企业员工失业和再就业制定特别政策，对区域性调整制定成套援助措施；传统产业的调整和新兴产业的发展相结合，援助退出企业应成为今后一段时期我国产业政策的重点。③

（二）开放经济中的产业保护

随着我国经济对外开放的不断深化，学者们注意到我国的产业安全和保护问题。罗元铮认为，20世纪90年代以来外资进入对国内经济的竞争效应大过互补效应，"以市场换技术"的结果是丢了市

---

① 国家计委经研中心基础产业资金筹集课题组：《我国基础工业和基础设施的资金筹措》，《中国工业经济》1994年第6期。

② 王俊豪：《中国基础设施产业政府管制体制改革的若干思考》，《经济研究》1997年第10期。

③ 江小涓：《国有企业的能力过剩、退出及退出援助政策》，《经济研究》1995年第2期。

场，而技术也没有得到。因此要注意扩大外资与保护民族经济的关系，对引进外资要强化政策引导和管理监督。① 王振中认为，无国籍的全球公司并不存在，民族工业问题依然是我们所要面对的；要有限松动市场准入，不能对外资全面放开；有限实施"国民待遇"，积极推行"对等待遇"；加强对外国公司的监控；等等。② 程恩富认为，要大力扶植几十家具有同来华跨国公司相抗衡的国有控股（集团）公司，以保证民族产业安全。③

也有一些学者认为应以开放的态度面对国际竞争。厉以宁认为，外资并非过多，合资、外资企业产品主导市场，是市场竞争中的正常现象；保护落后，只能阻碍中国经济的发展与技术进步，保护落后是垄断。④ 夏友富、马宇建议进一步完善利用外商投资产业目录和暂行规定；对外商充分开放成熟产业和一般产业，大力鼓励向基础设施和基础产业投资；即使出现产业保护，也必须要符合国际惯例、适度保护，尽量运用经济手段扶持国内企业。⑤

（三）产业政策的评价

我国是推行较多产业政策的国家，产业政策以各种理由广泛地存在于许多领域中；但长期以来产业政策的实际效果远远不如预期效果，表明在这两者之间有某些尚未被充分考虑的因素在发挥作用。江小涓利用公共选择理论研究产业政策中的政府行为。她认为进入20世纪90年代后政府制定产业政策时将面临两个重大的变化：随着普遍短缺行业的明显减少和市场调节作用的增强，制定产业政策的客观标准显著缩减，影响政策制定的因素增多，政策制定的难度增加；随着时间的推移，与政府自身利益有关的因素在产业政策制定

---

① 罗元铮：《积极利用外资与保护民族工业并行不悖》，《民主》1997年第11期。
② 王振中：《开放条件下保护和发展民族工业之探讨》，《改革》1996年第6期。
③ 程恩富：《外商直接投资与民族产业安全》，《财经研究》1998年第8期。
④ 《华商时报》1997年3月7日；《南风窗》1997年第1期。
⑤ 夏友富、马宇：《外商投资与我国主导产业、幼稚产业的适度保护》，《改革》1997年第3期。

中的影响有显著增加的趋势。她认为制定的产业政策应该符合这样的标准：在同样有助于产业政策目标实现的前提下，尽量选择与行政系统和产业政策对象自身利益一致或较少冲突的政策手段，产业政策才能被有效地执行。她的最终结论中有三点耐人深思：存在产业结构失衡问题不一定是实行相应产业政策的充分理由；产业政策既可以解决产业结构问题，又可以引起产业结构问题；产业政策手段的设计、选择和配合需要深入研究。①

四　扩大对产业组织的研究

（一）关于市场结构与企业行为的研究

关于市场结构。王慧炯主编的《产业组织及其有效竞争——中国产业组织的初步研究》对产业集中度、最小规模经济等方面做出颇多具有开创性的研究。马建堂主笔的《结构与行为——中国产业组织研究》，全面考察了当时我国的市场运行情况，计算出我国3个主要工业行业的市场集中度，对我国工业企业规模经济状况进行估计；对我国40个工业行业的进入壁垒进行了排序。他指出，我国最不利于资源优化配置的进入壁垒是一些政策性壁垒，特别是因实行条块管理体制而对行业进入的限制。杨慧馨运用数学模型和计量经济学的方法，以汽车制造业和耐用品制造业为例，对中国企业的进入、退出进行审视和剖析，并对转轨过程中企业的过度进入、退出障碍及其资产存量刚性等作了较为深入和系统的分析。②

我国存在比较严重的市场分割现象，统一的国内市场尚未形成，呈现出一种区域性差别较大的独特的市场结构。这与不同区

---

① 江小涓：《中国推进产业政策中的公共选择问题》，《经济研究》1993年第6期。

② 王慧炯主编：《产业组织及其有效竞争——中国产业组织的初步研究》，中国经济出版社1991年版；马建堂主笔：《结构与行为——中国产业组织研究》，中国人民大学出版社1993年版；杨慧馨：《企业的进入退出与产业组织政策》，上海人民出版社2000年版。

域社会经济发展的不平衡有关，有学者认为区域市场结构的独特性与政府行为特别是地方政府的行为有着极为密切的关系。地方政府的行为又源于长期以来我国政府的行政管理职能与经济管理职能合二为一，以及中央与地方的分权改革不到位。银温泉、才婉茹以路径依赖理论为分析工具，指出地方市场分割是经济转轨过程中出现的特有现象，以财政大包干、大量国有企业事实上的地方所有制为基本特征的行政性分权是其深层体制原因，传统体制遗留的工业布局、地方领导的业绩评价等现实因素，也强化了地方市场分割倾向。①

在企业行为方面，大多数学者沿着产权结构—企业行为—产权改革的框架展开，马建堂的研究同时考虑了企业内部结构和外部市场结构的影响，拓展了企业行为研究领域。他指出，我国行业集中度与行业利润率不存在确定的相关关系，主要原因是国家对高集中度的行业实行了较为严格的价格控制。②我国学者在20世纪90年代初就注意到横向和纵向一体化等企业行为的问题。③沈志渔分析了我国电力、铁路、民航、电信等自然垄断产业的价格政策与价格形成，认为这是典型的行业行政性垄断，其行为方式也是一种行政性的行为方式。④

（二）我国现实产业运行绩效问题的研究

江小涓等考察了转轨时期竞争导致的截然不同的产业绩效。部分制造行业效率水平不断提高，产品与技术迅速升级，生产向少数

---

① 杨灿明：《地方政府行为与区域市场结构》，《经济研究》2000年第11期；银温泉、才婉茹：《我国地方市场分割的成因和治理》，《经济研究》2001年第6期。

② 马建堂主笔：《结构与行为——中国产业组织研究》，中国人民大学出版社1993年版。

③ 王慧炯主编：《产业组织及其有效竞争——中国产业组织的初步研究》，中国经济出版社1991年版。

④ 沈志渔：《我国自然垄断产业组织的市场行为分析》，《中国工业经济》1997年第12期。

优势企业集中，国际竞争力明显增强。但在另外一些制造行业中，竞争的作用表现迥异，生产分散、重复建设、效益下降、企业大范围亏损甚至全行业亏损等现象长期存在。棉纺织业就是竞争未能改善产业组织结构的典型行业。她认为制度环境的扭曲和所处行业的特征是造成该种现象的原因。这里，她认为不能仅仅将行业集中度作为度量产业组织结构是否恶化的指标，而要同时注意到市场规模扩大所带来的影响。[1]

对于产业集中度与经济绩效之间的关系，殷醒民考察了20世纪80年代以来的经济效益与工业集中度的关系，得出以下结论：工业的经济效益与企业规模是积极相连的；小企业的迅速建立恶化了中国的资源配置，制约了工业经济效益的提高；中国工业经济的资源配置模式说明中国经济仍未摆脱高速低效的粗放型发展方式。[2] 戚聿东也认为产业集中度与产业经济绩效在一定范围内是正相关关系的。但是他对这种正相关关系的解释是单位成本费用降低的结果，而与价格因素关系不大，其深层决定因素是技术进步和创新。[3]

刘小玄延续了产权—绩效的路径，以1995年全国工业普查的数据为基础，利用生产函数模型和计量方法，大规模地对17万家具有竞争性特点的企业进行了效率测定和比较。她的结论是私营个体企业的效率最高，三资企业其次，股份和集体企业再次，国有企业效率最低；旧体制中的隶属等级地位对于企业的发展是消极的，较低隶属等级的非国有企业效率高于等级地位高的国有企业，结果使得

---

[1] 江小涓、刘世锦：《竞争性行业如何实现生产集中——对中国电冰箱行业发展的实证分析》，《管理世界》1996年第1期；江小涓：《市场化进程中的低效率竞争实践——以棉纺织行业为例》，《经济研究》1998年第3期。

[2] 殷醒民：《论中国制造业的产业集中和资源配置效益》，《经济研究》1996年第1期。

[3] 戚聿东：《中国产业集中度与经济绩效关系的实证分析》，《管理世界》1998年第4期。

后者的规模优势丧失。①

也有学者从产业竞争角度来观察经济绩效。金碚借鉴了波特等的研究成果，从工业品国际竞争力角度对中国工业国际竞争力的理论、方法进行探讨，提出了工业品国际竞争力的实现指标、因素指标等。裴长洪通过对电子、汽车、服装、洗涤用品、轮胎、商业零售等行业的产业竞争力进行实证分析，分析出不同性质的行业中外商投资对中国产业竞争力的影响。吕政、曹建海认为，存在竞争强度过大并造成经济效率和经济福利损失的过度竞争，我国在转轨的过程中多数产业发生的过度竞争问题，主要是制度性原因造成的。江小涓认为，我国国有工业部门存在能力过剩、过度竞争的原因包括国有企业的规模与其所需的供给及市场条件不相适应，并与国有企业的行业、地域分布及退出障碍有关。②

五 政府对产业组织方面的政策

（一）市场结构的适度集中问题

20世纪90年代中后期我国经济从卖方市场转向买方市场，大部分行业的产业组织很不理想，具体表现在全行业产能过剩，行业内的企业数量过多，各企业的产量绝对水平非常低，与国际领先企业的规模相比，有非常大的差距。对于这种不理想的市场结构，我国学者们的观点比较一致，认为必须要做大优势企业，淘汰落后产能，实现规模经济，推动产业集中。沈霖认为，市场结构的极度分散是由我国政企不分、行政权力对企业经营的干涉而导致的；因此，必

---

① 刘小玄：《中国工业企业的所有制结构对效率差异的影响》，《经济研究》2000年第2期。

② 金碚：《产业国际竞争力研究》，《经济研究》1996年第11期；裴长洪：《利用外资与产业竞争力》，社会科学文献出版社1998年版；吕政、曹建海：《竞争总是有效率的吗？——兼论过度竞争的理论基础》，《中国社会科学》2000年第6期；曹建海：《对我国工业中过度竞争的实证分析》，《改革》1999年第4期；江小涓：《国有企业的能力过剩、退出及退出援助政策》，《经济研究》1995年第2期。

须要政企分开，消除行政性壁垒，通过竞争来提高集中度。谢地、乔梁的观点是，要为垄断正名，推动主要产业的适度集中是实现经济增长方式从粗放型向集约型根本转变的客观要求。①

（二）反垄断与管制政策

我国学者对反垄断的意见比较一致，对于反垄断案例的具体分析，张维迎、盛洪的论文《从电信业看中国的反垄断问题》影响深远。他们通过对我国电信业发展过程的详尽分析，提出了改革中国电信业的基本思路，如组建新的"国家电信管理委员会"、将中国电信分解为几个公司、起草电信法等。他们指出，中国当前反垄断的首要任务是反政府部门的垄断和限制公平竞争的行为。这不仅适用于电信业，也适用于邮政通信、电力、铁路等行业。陈小洪、张昕竹、王俊豪等也对中国电信业的垄断问题发表过重要的文章。②

关于管制制度及管制理论的应用。余晖详细考察了中国政府管制制度。他认为，我国现有的政府管制制度对维护市场秩序、保障消费者和社会利益、促进产业的发展都产生了一定的推动作用；但由于政企不分、政事不分依然存在，某些政府机构运用其所掌握的行政权力维护本部门、本行业的利益的现象时有发生。③ 杨慧馨认为，我国的管制体系要在总体上形成一种企业进入、退出自由的氛围；政府应根据不同产业的特点设置不同的进入、退出壁垒，引导产业组织的合理化；政府的产业组织政策引导的方向必须与市场信

---

① 沈霖：《我国产业组织合理化问题》，《中国工业经济研究》1993 年第 10 期；谢地、乔梁：《为垄断正名与反垄断》，《经济研究》1997 年第 9 期。

② 张维迎、盛洪：《从电信业看中国的反垄断问题》，《改革》1997 年第 9 期；陈小洪：《中国电信业：政策、产业组织的变化及若干建议》，《管理世界》1999 年第 1 期；张昕竹、让·拉丰、安·易斯塔什：《网络产业——规制与竞争理论》，社会科学文献出版社 2000 年版；王俊豪：《中英电信产业政府管制体制改革比较》，《中国工业经济》1998 年第 8 期。

③ 余晖：《中国的政府管制制度》，《改革》1998 年第 3 期。

号引导的企业利益相一致，才会得到认同和执行。① 王俊豪在专著《政府管制经济学导论》中，系统地论述了各种管制理论，并对我国的电信、电力、自来水这三种自然垄断经营产品的管制价格形成机制作了系统的研究，同时构建模型指出我国自然垄断产品价格管制的政策目标，影响较大。②

第四节　21世纪初到党的十八大的研究进展

进入21世纪以来，我国的产业结构发生了重大变化。2010年第一、第二、第三产业的结构分别为10.2%、46.8%、43.0%，与2000年15.1%、45.9%、39.0%相比，表现出第一产业比重下降明显、第二产业基本持平、第三产业持续提高的趋势。在结构优化的同时，也应看到我国产业结构调整面临的挑战：2001年我国加入WTO后面临的国际竞争；劳动力、土地等要素成本快速上升，劳动年龄人口供给增长率下降，刘易斯拐点来临和人口红利逐步消失；资源环境压力加大，面临应对气候变化的挑战和环境保护的压力；新技术革命及全球产业结构调整；国际金融危机下宽幅波动的大宗商品的价格波动；等等。

面临种种挑战，2002年党的十六大提出走新型工业化道路、信息化是加快实现工业化的必然选择。坚持以信息化带动工业化，以工业化促进信息化，走科技含量高、经济效益好、资源消耗低、环境污染少、人力资源优势得到充分发挥的新型工业化道路。2007年党的十七大进一步提出，促进经济增长由主要依靠第二产业带动向依靠第一、第二、第三产业协同带动转变，加快发展现代服务业，提高第三产业在国民经济中的比重。2010年，通过的

---

① 杨慧馨：《企业的进入退出与产业组织政策》，上海人民出版社2000年版。
② 王俊豪：《政府管制经济学导论》，商务印书馆2001年版。

《国务院关于加快培育和发展战略性新兴产业的决定》，选定了节能环保、新一代信息技术、生物、高端装备制造、新能源、新材料、新能源汽车七个产业。

进入 21 世纪，我国产业结构及产业组织的研究重心转向开放经济和全球背景下对结构调整、垄断与竞争的研究，主要包括结构调整、经济增长、新型工业化道路、反垄断及自然垄断行业改革等。

一 对产业结构的研究

（一）关于新型工业化道路的研讨

新型工业化道路不是靠资本积累，而是靠效率提高实现经济增长，这是经济学界的共识。但是，对如何走新型工业化道路、新型工业化道路与 21 世纪以来我国出现的重化工业化现象之间的关系，学界有着不同的观点。

刘世锦认为，进入 21 世纪以来，我国新的主导产业表现为消费性质的产业如住宅、汽车、电子通信和投资性质的产业如钢铁、有色金属、机械、化工等。行业增长的出发点和归属点都是以居民消费作为基础的，这是我国过去所没有的。由于以居民消费作为支撑，我国经济出现大范围、长时间的泡沫的可能性已经没有了，他判定，我国经济进入以市场为基础、技术含量和附加价值逐步提高、可持续性比较强的重化工业发展阶段。对中国这样的大国，经历重工业增长加快、比重提高阶段，在"经验和常识范围"是完全正常的。国家统计局也认为我国进入了重化工业快速发展的时期。[①]

吴敬琏对经济结构的重型化持反对意见。他认为，经济结构的

---

① 刘世锦：《中国正进入新的重化工业阶段》，《上海证券报》2003 年 10 月 24 日；刘世锦：《我国进入新的重化工业阶段及其对宏观经济的影响》，《经济学动态》2004 年第 11 期；刘世锦：《正确理解"新型工业化"》，《中国工业经济》2005 年第 11 期；国务院新闻办 2004 年 1 月 20 日的记者招待会上国家统计局李德水、姚景源的发言。

重型化造成国民经济整体效率的下降、技术创新的滞后、服务业发展的缓慢、生态环境的破坏、就业难度的增加以及金融风险的隐患。因此，要建立一个有利于技术进步和效率提高的体制，加快服务业发展，用信息化带动工业化。他强调，中国的经济发展不应依靠高投入，而应主要依靠效率的提高，走新型的工业化道路。[①] 徐朝阳等也认为，政府偏离要素禀赋结构优先发展重工业的话，将导致资源配置的扭曲和经济发展的低效。因为产业结构是内生于要素禀赋结构的，同时随着要素禀赋结构的升级而升级的。他认为，经济发展的核心问题在于要素禀赋结构升级，而不是产业结构升级；从经济发展的效率看不宜优先发展重工业。[②] 林毅夫认为，由于中国劳动力过剩，应当更关注劳动密集型而不是资本密集型产业的发展。赵丽芬、董军认为，不应按西方国家的工业化阶段划分标准来判断我国的工业化进程。近年来我国重化工业的快速增长只是经济上升期的周期性现象，并不能据此认为我国进入重化工业阶段。[③]

（二）产业结构调整研究

黄茂兴等分析了技术选择、产业结构升级与促进经济增长之间的内在关系，认为通过技术选择和合理的资本深化，能够促进产业结构升级，提升劳动生产率，实现经济快速增长。[④] 江小涓认为，产业结构优化升级是经济持续增长的推动力。因此要推进产业结构优化升级，包括提高自主创新能力、增强组合利用全球技术

---

① 吴敬琏：《思考与回应：中国工业化道路的抉择》（上），《学术月刊》2005年第12期；吴敬琏：《注重经济增长方式转变，谨防结构调整中出现片面追求重型化的倾向》，国研网，2004年11月16日。

② 徐朝阳、林毅夫：《发展战略与经济增长》，《中国社会科学》2010年第3期。

③ 林毅夫：《目前的重工业热不符合中国国情》，《经济参考报》2004年12月23日；赵丽芬、董军：《论现阶段我国"重化工业化"论断的反思》，《改革》2005年第4期。

④ 黄茂兴、李军军：《技术选择、产业结构升级与经济增长》，《经济研究》2009年第7期。

资源的能力、加强重要基础产业和基础设施建设、加快第三产业发展、继续发展劳动密集型产业。① 干春晖等发现生产率的增长主要来自产业内部,尤其是第二产业内部。劳动力要素的产业间流动具有结构红利现象,而资本的产业间转移却并不满足结构红利假说。②

产业同构现象。我国很多地区发生产业结构趋同的现象,例如"长三角"的产业同构与恶性竞争问题。产业同构现象产生的原因,有行政性分权和财政包干制对选择产业投资方向的影响。张晔等认为目前存在的地方政府官员的经济业绩竞争制和风险规避倾向,是地区产业结构趋同的根本原因。③ 邱风等也认为,产业趋同主要表现在由政府控制投资的领域,这是由我国特殊的政府官员晋升体制决定的。而市场力量会促使地区产业互补推进。促进区域合作、优化产业的空间布局,要从供给性制度变迁入手。④ 胡向婷等进一步细分了政府对产业结构同构的两方面影响:政府设置贸易壁垒增加地区间贸易成本,会促进地区间产业结构趋同;政府的投资行为则在整体上促进了地区间产业结构的差异化。⑤

(三) 产业转移问题

产业的地区间分工表现为产业转移,在我国突出表现为近年来出现的东部劳动密集型产业向中西部转移。蔡昉等认为21世纪以来东北和中部地区比沿海地区有更快的全要素生产率提高速

---

① 江小涓:《产业结构优化升级:新阶段和新任务》,《财贸经济》2005年第4期。

② 干春晖、郑若谷:《改革开放以来产业结构演进与生产率增长研究——对中国1978—2007年"结构红利假说"的检验》,《中国工业经济》2009年第2期。

③ 张晔、刘志彪:《产业趋同:地方官员行为的经济学分析》,《经济学家》2005年第6期。

④ 邱风、张国平、郑恒:《对长三角地区产业结构问题的再认识》,《中国工业经济》2005年第4期。

⑤ 胡向婷、张璐:《地方保护主义对地区产业结构的影响——理论与实证分析》,《经济研究》2005年第2期。

度和较高的贡献率。通过实现产业在东中西部三类地区的重新布局，即沿海地区的产业升级、转移与中西部地区的产业承接，可以在中西部地区回归其劳动力丰富比较优势的同时，保持劳动密集型产业在中国的延续。[①] 陈建军也认为，由于长三角区域的要素流动和产业转移，推动了长三角区域经济一体化进程。长三角区域出现制造业产业重心的迁移，进而形成相对合理的产业空间结构和产业分工结构，使得以上海为地标的中国经济的中心区域扩展到了整个长三角地区。[②]

冯根福等对我国大规模的产业转移不是很乐观。他们的判断是截至2006年，我国东中西部地区间只发生了部分的相对产业转移，绝对产业转移的现象尚未发生。目前我国东中西部地区间大规模产业转移的条件还不成熟，因而在相当长的时期内，试图通过东中西部地区间的产业转移来实现我国的区域协调发展以及解决国际金融危机背景下我国产业结构调整与扩大就业之间的矛盾还是相当困难的。[③]

（四）发展第三产业尤其是生产性服务业

李江帆、曾国军分析了第三产业内部的四个层次，利用计量回归对我国第三产业内部演变进行了纵向和横向分析。他们认为，我国第三产业第一层次比重的下降和第二层次比重的上升，体现了第三产业结构升级的方向。李江帆进一步指出，第三产业内部结构升级表现为流通部门比重下降，生活生产服务部门比重提高，传统服务业比重下降，现代服务业比重上升。在产业结构高级化、第三产

---

① 蔡昉、王德文、曲玥：《中国产业升级的大国雁阵模型分析》，《经济研究》2009年第9期。

② 陈建军：《长江三角洲地区产业结构与空间结构的演变》，《浙江大学学报》（人文社会科学版）2007年第2期。

③ 冯根福、刘志勇、蒋文定：《我国东中西部地区间工业产业转移的趋势、特征及形成原因分析》，《当代经济科学》2010年第2期。

业比重日趋增大的形势下，我国很有必要全面推进第三产业现代化。[1] 江小涓和李辉也对中国服务业的发展与内部结构变化进行了考察，并分析出对服务业发展的影响因素。[2]

在信息技术不断创新和广泛应用的支撑下，第三产业内部传统的分配性服务业、社会性服务业和个人服务业的相对地位下降，生产性服务业的地位迅速提高。生产性服务业是现代服务业中最具活力和最具发展潜力的产业，它不仅与制造业相互依赖、共同发展，还能够带动传统服务业的升级改造。程大中指出，我国相对于OECD经济体而言，国民经济及其三次产业中的物质性投入消耗相对较大，而服务性投入（即生产性服务）消耗相对较小。中国生产性服务业发展的差距不只是由经济发展阶段决定的，而是在很大程度上源于社会诚信、体制机制和政策规制的约束。他认为，打破市场垄断、理顺市场机制、规范市场运行秩序和政府行为以及打造诚信经济，是发展生产性服务业的着力点。[3] 吕政等也认为，要从消除进入壁垒、强化分工优势、促进产业关联、推动服务业创新、优化产业布局和加强区域协调等方面加快我国生产性服务业发展。[4]

二 产业政策

（一）关于国家产业政策发展战略选择

金碚认为，国家产业发展战略选择不仅仅以纯理性判断为准则，

---

[1] 李江帆、曾国军：《中国第三产业内部结构升级趋势分析》，《中国工业经济》2003年第3期；李江帆：《产业结构高级化与第三产业现代化》，《中山大学学报》（社会科学版）2005年第4期。

[2] 江小涓、李辉：《服务业与中国经济：相关性和加速增长的潜力》，《经济研究》2004年第1期。

[3] 程大中：《中国生产性服务业的水平、结构及影响——基于投入—产出法的国际比较研究》，《经济研究》2008年第1期。

[4] 吕政、刘勇、王钦：《中国生产性服务业发展的战略选择——基于产业互动的研究视角》，《中国工业经济》2006年第8期。

而且必然含有强烈的越理性因素，包括民族的、伦理的以及各种人文的价值观准则。我国目前可行的产业发展战略必须以科学发展观为基础，其价值体现不仅是顺应客观规律，而且要满足于实现一定的社会合意性目标。① 而徐朝阳等对产业政策的应用态度上相对保守，他们认为，适当的产业政策可以促进产业结构升级，但其有效性也受到要素禀赋结构的制约，且应尽可能是整体性、宏观性和跨行业的。②

蔡昉强调了产业均衡发展的重要性。他认为，应该实施反哺农业和支持农村的战略，创造良好的劳动力流动的环境，建立有保障的资金向农业、农村流动的机制，增强农业基本资源和生产条件的可持续性，从而形成一个和谐、平衡的城乡关系格局。③

（二）主导产业选择

中国投入产出学会课题组认为，制造业影响力系数值和感应度系数值大多大于社会平均水平，并且呈上升趋势；因此制造业是我国国民经济的增长点。高新技术产业将成为我国经济发展的主导产业。④

郭克莎认为，汽车产业对工业和服务业以及就业都有很大的带动作用，而且间接带动作用远大于直接带动作用。他认为要选择汽车产业作为 21 世纪初期我国的主导产业，有利于减轻消费需求对经济稳定增长的制约，有利于加强投资需求对经济增长的拉动作用，也有利于产业结构的调整升级。⑤

---

① 金碚：《中国产业发展的道路和战略选择》，《中国工业经济》2004 年第 7 期。
② 徐朝阳、林毅夫：《发展战略与经济增长》，《中国社会科学》2010 年第 3 期。
③ 蔡昉：《"工业反哺农业、城市支持农村"的经济学分析》，《中国农村经济》2006 年第 1 期。
④ 中国投入产出学会课题组等：《我国目前产业关联度分析——2002 年投入产出表系列分析报告之一》，《统计研究》2006 年第 11 期。
⑤ 郭克莎：《汽车产业对经济发展的带动作用》，《财经问题研究》2001 年第 9 期。

（三）加入 WTO 后的开放环境下的产业政策

郭克莎认为，工业发展政策的调整要形成以产业结构政策为中心，以对外贸易政策和利用外资政策的调整为搭配的新格局，处理好政府适度和有效干预的问题是新时期工业发展政策的关键。王平、钱学锋考察了技术进步的类型与偏向性选择对贸易条件的影响。他们认为，我国长期采取出口偏向型技术进步已成为我国贸易条件恶化的根本原因；因此，我国鼓励技术进步的政策应该倾向于进口偏向型的中高级技术。马捷、周纪冬认为，最优政策干预以及它能否消除非对称信息可能带来的效率损失依赖于竞争类型，而不依赖于信息结构。另外，马捷通过对国际多市场寡头条件下的模型推导，认为现实中出口退税政策会加剧国内市场的扭曲，而且还不一定能够提高本国福利。[1]

三　产业组织的研究

（一）市场运行

刘小玄把对中国国有企业行为的研究放在不同市场框架下进行，发现在垄断竞争市场上，国有企业的目标是以销售收入最大化为主要形式；在一般竞争性市场上，则是以费用支出最大化为主要形式。[2] 价格竞争已是我国企业惯常采用的策略行为，安同良等以彩电行业为例，从产品特征、产业所处生命周期阶段、产业生产规模特征、市场集中度、行业退出壁垒、下游企业市场势力六个方面揭示

---

[1] 郭克莎：《中国工业发展战略及政策的选择》，《中国社会科学》2004 年第 1 期；王平、钱学锋：《从贸易条件改善看技术进步的产业政策导向》，《中国工业经济》2007 年第 3 期；马捷、周纪冬：《不完全竞争、非对称信息下的最优进口贸易政策和产业政策》，《经济研究》2001 年第 7 期；马捷：《国际多市场寡头条件下的贸易政策和产业政策》，《经济研究》2002 年第 5 期。

[2] 刘小玄：《中国转轨过程中的企业行为和市场均衡》，《中国社会科学》2003 年第 2 期。

了易发生价格竞争的产业特征。①

（二）企业竞争力研究

企业竞争力是指在竞争性市场中企业所具有的能够持续地比其他企业更有效地向市场提供产品或服务，并获得盈利和自身发展的综合素质。孙洛平利用边际分析方法，分析出竞争力的提高与企业规模无关的逻辑过程。他指出，我国若干中小城镇的产业集群现象，就是利用市场组织分工发挥其竞争优势的典型例子。② 有的学者利用外部环境竞争力、短期生存实力、中期成长能力、长期发展潜力四个分层目标，对我国不同行业中小企业的竞争力做出评价。他们认为，我国不同行业中小企业的竞争力强弱排序依次是：电子电器业；化工、轻工、商业服务业；食品、机械、冶金、建筑、建材业；纺织业。③

四 政府对产业组织方面的政策

（一）关于自然垄断与行政垄断

我国的垄断很大一部分是行政垄断。这种垄断造就国企高利润，形成庞大的既得利益集团，并成为我国经济最大的制度性瓶颈，既表现为经济腐败，又表现为政治腐败。刘小玄对中国转轨过程中的企业行为进行分析，她认为，在竞争市场上解决产权问题是首要的，而在垄断竞争市场上，解决行政性的市场垄断最为关键。反垄断应当成为中国转轨时期迫切和长期的任务。④ 郑杰等根据我国电信行业的特点构架了一个双产品主垄断模型，他们认为主垄断企业的各种

---

① 安同良、杨羽云：《易发生价格竞争的产业特征及企业策略》，《经济研究》2002年第6期。

② 孙洛平：《竞争力与企业规模无关的形成机制》，《经济研究》2004年第3期。

③ 林汉川、管鸿禧：《中国不同行业中小企业竞争力评价比较研究》，《中国社会科学》2005年第3期。

④ 刘小玄：《中国转轨过程中的企业行为和市场均衡》，《中国社会科学》2003年第2期。

行为会引起各种不同的效果，其中前向纵向控制会引起行业内利润下降的反竞争效应。①

也有学者认为特定的行业保持集中的市场结构是必需的。刘伟、黄桂田认为，各国金融资产配置方式不同，银行业的产业组织结构存在差异性，由大规模银行组成的相对集中的产业组织结构并不一定导致竞争程度的下降。中国银行业偏高的集中率并不是影响行业竞争程度的原因。即使中国银行业大幅度提高了商业化程度，银行业的产业组织结构也不宜过度分散，保持相对集中的行业结构，可能更有利于提高金融资产的配置效率。②

（二）关于反垄断立法

我国垄断领域多涉及国有企业。反垄断与国企改革交织在一起，阻力和难度不小。垄断行业只有深化改革，引入竞争机制，才能有效提高我国资源配置效率。③

过勇、胡鞍钢认为，2001年中国加入WTO，为我国经济体制改革的深化带来了很好的契机。要利用国际通用的规则来规范国内的市场行为，打破行业垄断和地区垄断，并对已有的法律进行重新检验和调整，逐步建立相关法律体系框架。④ 反垄断法是市场经济国家的法律基石之一，能够保证市场机制的良好运行，并实现资源优化配置和经济效率的提高。各国反垄断执法的组织可分为以美国为代表的司法模式和以欧盟为代表的行政模式。王晓晔认为，出于我国现实条件和政府管理经济职能的考虑，我国反垄断执法更适合采取

---

① 郑杰、易卫平、郁义鸿：《我国电信行业的主垄断效应研究》，《经济研究》2001年第6期。

② 刘伟、黄桂田：《银行业的集中、竞争与绩效》，《经济研究》2003年第11期。

③ 张卓元：《着力完善社会主义市场经济体制》，《人民论坛》2007年第20期。

④ 过勇、胡鞍钢：《行政垄断、寻租与腐败——转型经济的腐败机理分析》，《经济社会体制比较》2003年第2期。

王晓晔认为要警惕跨国公司的垄断，因为其可以凭借资金和技术优势很容易在我国市场上取得支配地位，甚至垄断地位。她提出，要利用反垄断法在抵制外国垄断势力，尤其是在禁止国际卡特尔、禁止跨国公司滥用市场支配地位、限制跨国公司的外部扩张等方面维护竞争秩序。[2]

（三）民营化与垄断行业改革

王俊豪认为，民营化对自然垄断产业真正实现政企分离起推动作用，同时民营化改革可以有效促进竞争。因此，民营化改革是深化我国自然垄断产业政府管制体制改革的必然选择。[3] 胡鞍钢、过勇也认可这一观点。国际上发达国家的基础设施和许多公共服务部门的公共投资效率低下、价格昂贵、机构臃肿、服务低劣、严重亏损，工业化国家政府通过私营化改革一方面可以大幅度节省政府预算，同时获得税收；另一方面，私营机构提供服务成本明显低于公共机构，效率更高。[4] 罗党论、刘晓龙指出，近年来随着市场化的改革，某些政府管制的行业逐渐允许民营资本进入。他们以 2004—2006 年民营上市公司为样本发现，民营企业采取政治策略能有效帮助其进入政府管制行业，进而显著提高企业绩效，促进企业的发展。[5]

（四）政府管制研究

王俊豪等指出，在现行体制下，中国垄断性产业除存在自然垄

---

[1] 王晓晔：《关于我国反垄断执法机构的几个问题》，《东岳论丛》2007 年第 1 期。

[2] 王晓晔：《巨型跨国合并对反垄断法的挑战》，《法学研究》1999 年第 5 期。

[3] 王俊豪：《我国自然垄断产业民营化改革的若干思考》，《商业经济与管理》2002 年第 1 期。

[4] 胡鞍钢、过勇：《从垄断市场到竞争市场：深刻的社会变革》，《改革》2002 年第 1 期。

[5] 罗党论、刘晓龙：《政治关系、进入壁垒与企业绩效——来自中国民营上市公司的经验证据》，《管理世界》2009 年第 5 期。

断外，还同时存在行政垄断，即中国垄断性产业垄断的二元性。为从根本上打破行政垄断，需要根据垄断性产业垄断的二元性和行政垄断的两重性特征，制定有效的分类管制政策。①

政府对市场的不当管制经常会带来效率损失。刘煜辉等以金融市场为例，认为政府管制的制度安排是导致极高的 IPO 抑价的根本原因之一。政府管制产生的寻租行为增加了一级市场投资者的成本，因此产生更高的 IPO 抑价。② 朱恒鹏以医药行业为例，认为医疗服务价格低估导致"以药补医"机制，而收益率管制政策进一步诱导医院进销高价药品。政府对医疗服务和药品价格的管制并不能实现预定的目标。③

也有学者对管制政策进行反思。白让让、郁义鸿对管制放松的初始诱因提出了一个新的解释，即管制放松是技术进步、需求结构变化和原有管制下的产品特征、产业组织结构及权力结构安排的内生现象。由边缘性进入引发的放松是一个渐进性的"多赢"结局，不会导致由强制性管制放松所引起的管制无序甚至缺失现象。江飞涛等对 1994 年以来旨在防治"产能过剩"的中国钢铁工业投资管制政策进行反思。他们指出，钢铁工业投资管制政策存在三个缺陷：一是不能从根本上治理产能过剩；二是相关部门不可能进行准确预测和制定合意的投资规划；三是这一政策会干扰市场过程，并导致不良后果。管制政策阻碍了市场对固定资产投资的自发调整，造成一些不良政策后果，采取此类政策应审慎。④ 余晖认为管制的官僚体

---

① 王俊豪、王建明：《中国垄断性产业的行政垄断及其管制政策》，《中国工业经济》2007 年第 12 期。

② 刘煜辉、熊鹏：《股权分置、政府管制和中国 IPO 抑价》，《经济研究》2005 年第 5 期。

③ 朱恒鹏：《医疗体制弊端与药品定价扭曲》，《中国社会科学》2007 年第 4 期。

④ 白让让、郁义鸿：《价格与进入管制下的边缘性进入》，《经济研究》2004 年第 9 期；江飞涛、陈伟刚、黄健柏、焦国华：《投资规制政策的缺陷与不良效应——基于中国钢铁工业的考察》，《中国工业经济》2007 年第 6 期。

制存在制度性缺陷。现有行政机构的纵向设置（如药监和工商管理的省以下垂直领导）和纵向性的横向整合（如银行、证券、保险监管的大区派出），在实际执行过程中很难落实，这与我国党政不分、政企或政资不分以及公共财政制度缺失有关。因此管制很难实现政策目标。[①]

第五节　迈入新时代的探索

随着经济增速从高速转向中高速，中国经济进入新常态，经济也从高速增长转向高质量发展。党的十九大报告指出：中国特色社会主义进入新时代，我国社会主要矛盾已经转化为人民日益增长的美好生活需要和不平衡不充分的发展之间的矛盾。高质量发展预示着结构转型升级，是对过去粗放型增长方式的扬弃，也带来对以往政策的重新认识。

一　产业结构

（一）关于产业结构的历史经验总结

金碚认为，当前的工业转型是工业的工具效用和价值实质间内在关系的再调整，是工业创新能力的再释放，信息化、智能化是工业发展的逻辑必然。黄群慧总结了改革开放40年中国的产业发展和工业化的成就，概括了工业化"中国方案"中的逻辑和经验。工业化"中国方案"的核心经验是处理六大关系：处理改革、发展与稳定的关系，"稳中求进"保证产业持续成长和工业化进程持续深化；处理政府与市场的关系，不断提高产业效率和促进产业迈向高端化；

---

① 余晖：《监管权的纵向配置——来自电力、金融、工商和药品监管的案例研究》，《中国工业经济》2003年第8期。

处理中央政府与地方政府的关系，促进产业合理布局和区域协调发展；处理市场化与工业化的关系，培育全面持续的产业发展动力机制；处理全球化与工业化的关系，形成全面开放发展的现代化产业体系；处理城市化与工业化的关系，促进产业和人口集聚效率提升与社会民生协调发展。[①]

(二) 产业结构优化与转型升级

产业结构优化，根本路径在于技术升级。傅元海等指出，制造业结构优化的技术进步路径是，消化吸收外资技术基础上的自主创新能促进制造业结构的高度化与合理化；提高本地产业技术能力，加快推进市场化进程，外资发生技术溢出，最终实现促进制造业结构升级。张伟等指出，低碳化也是产业结构优化的方向。我国产业体系低碳化发展是由能源结构的变化所驱动，属于能源结构变化型；由于产出占比和能源消费占比较大，导致我国产业体系能源消费强度，即能源使用效率主要受二次产业的影响。我国产业结构优化的独特背景是人口老龄化，汪伟等通过构建多维指标，对我国分省面板数据进行实证分析。他们的结论是，人口老龄化不仅促进了中国第一、第二、第三产业间结构的优化，而且推动了制造业与服务业内部结构的优化。人口老龄化主要通过增加消费需求、加快人力资本积累和倒逼企业用资本和技术替代劳动来应对劳动力成本上升，促进了产业结构升级。[②]

[①] 金碚:《工业的使命和价值——中国产业转型升级的理论逻辑》,《中国工业经济》2014 年第 9 期；黄群慧:《改革开放 40 年中国的产业发展与工业化进程》,《中国工业经济》2018 年第 9 期。

[②] 傅元海、叶祥松、王展祥:《制造业结构优化的技术进步路径选择——基于动态面板的经验分析》,《中国工业经济》2014 年第 9 期；张伟、朱启贵、高辉:《产业结构升级、能源结构优化与产业体系低碳化发展》,《经济研究》2016 年第 12 期；汪伟、刘玉飞、彭冬冬:《人口老龄化的产业结构升级效应研究》,《中国工业经济》2015 年第 11 期。

二 产业政策的讨论

（一）产业政策的案例研究

由于我国在不同时期实施了范围广泛、数量众多的产业政策。这相当于可供政策检验的自然实验。尤其是2009年我国提出发展战略性新兴产业后，实施了大量的产业政策。对于这些政策的效果，学界进行了广泛的关注和研究。

余东华、吕逸楠解释了中国战略性新兴产业出现产能过剩的原因，提出"政府不当干预论"。他以光伏产业为例，指出光伏产业不仅呈现出结构性产能过剩，还出现体制性产能过剩；近年来，政府偏好于对战略性新兴产业进行不当干预，引致和加剧了光伏产业的产能过剩。光伏产业中政府干预程度越深的环节，产能过剩程度越严重。化解当前战略性新兴产业的产能过剩问题，应转变传统扶持政策，避免政府不当干预行为，进一步推动要素市场化改革。周亚虹等认为，产业起步阶段，政府补助能带来新型产业盈利优势；产业扩张后，政府扶持难以有效鼓励企业进行更多的研发投入，后果是同质化产能过剩。因此，激励原始创新和转向需求培育可能是未来新型产业政策调整的方向。白雪洁、孟辉以中国新能源汽车产业为例，阐释其产业政策制定实施过程中显著的双重委托代理关系，以及由道德风险和逆向选择行为导致的激励约束缺失。据此提出新兴产业政策需依据产业发展阶段特征及政策目标差异，构建多元主体的全过程政策实现机制，并适时视政策效果对其进行调整或退出的选择，才可能尽量降低激励约束缺失效应。[1]

---

[1] 余东华、吕逸楠：《政府不当干预与战略性新兴产业产能过剩——以中国光伏产业为例》，《中国工业经济》2015年第10期；周亚虹、蒲余路、陈诗一、方芳：《政府扶持与新型产业发展——以新能源为例》，《经济研究》2015年第6期；白雪洁、孟辉：《新兴产业、政策支持与激励约束缺失——以新能源汽车产业为例》，《经济学家》2018年第1期。

（二）产业政策的经济后果

产业政策的经济后果，是基于规范分析得出具体产业政策对现实经济的各种影响，例如对资本市场、公司行为、所有权变动等的影响。

韩乾、洪永淼通过上海证券交易所的交易数据研究了国家新兴战略性产业政策对金融证券价格和投资者行为的影响。他们发现，产业政策在公布后短期内能给投资者带来较高超额收益，在中长期对收益率没有影响。王克敏等对政策不确定性与公司投资行为、产业政策与公司决策进行了研究。他们发现，为促进地区经济发展，地方政府偏好基于国家产业政策，为本地区公司提供资金支持，然而，政府与公司间的信息不对称问题可能降低资源配置效率，引发公司过度投资。李文贵、邵毅平从企业产权变更视角考察产业政策经济后果，他们发现，那些受产业政策鼓励或支持行业的民营企业，实施国有化的概率显著增加。黎文靖、郑曼妮分析中国产业政策对企业创新行为的影响及其内部机理。选择性产业政策只激励企业策略性创新，企业为"寻扶持"而增加创新"数量"，创新"质量"并没有显著提高。[①]

（三）产业政策有效性

产业政策有效性一直是我国学界研究产业政策的焦点，支持产业政策的经济学家认为我国实施产业政策是中国经济增长奇迹的重要因素，反对者则认为，产业政策是政府越位对资源配置的干预，导致了经济结构失调和产能过剩。两派的争论在 2016 年林毅夫与张维迎的公开辩论中达到高潮。林毅夫认为，大多数成功的经济体均在快速发展过程中使用了产业政策。16 世纪的英国，19 世纪中叶的美、德、法以及第二次世界大战之后的日本和"亚洲四小龙"都在快速发展过程中使用了产业政策。获得成功的经济体有五个特征：开放经济、宏观稳

[①] 韩乾、洪永淼：《国家产业政策、资产价格与投资者行为》，《经济研究》2014 年第 12 期；王克敏、刘静、李晓溪：《产业政策、政府支持与公司投资效率研究》，《管理世界》2017 年第 3 期；李文贵、邵毅平：《产业政策与民营企业国有化》，《金融研究》2016 年第 9 期；黎文靖、郑曼妮：《实质性创新还是策略性创新？——宏观产业政策对微观企业创新的影响》，《经济研究》2016 年第 4 期。

定、高储蓄高投资、有效市场以及积极有为的政府。林毅夫认为，成功经济体是因为积极有为的政府制定了产业政策来推动新的产业发展。经济发展要利用比较优势，也要强调充分发挥政府的作用来利用比较优势，产业政策正是起到这样的作用。张维迎则认为，产业政策是无效的。产业政策之所以失败，是由于人类认知能力的限制和激励机制的扭曲。创新过程充满了不确定性，没有统计规律可循。产业决策是集中决策，是一场豪赌。它将每个人犯错的概率累积到一起，加大了集体出错的概率。成功的可能性很小，失败的可能性巨大。同时，产业政策对不同产业、不同企业在市场准入、税收和补贴、融资和信贷、土地优惠、进出口许可等方面的区别对待，创造出权力租金，这必然导致企业家与政府官员的寻租行为。一项特定产业政策的出台，与其说是科学和认知的结果，不如说是利益博弈的结果。[1]

除了这场辩论，还有许多学者对产业政策的有效性进行分析。孙早、席建成在承认发展中国家"实施产业政策具有现实合理性"的前提下，指出中国式产业政策的实施效果不仅取决于中央政府赋予地方政府的双重任务目标，同时还受制于不同地区的经济发展水平和市场化进程。中央政府考核目标从"偏增长"向"重转型"的变化很大程度上影响着地方政府在落实产业政策和追求短期经济增长之间配置努力的水平，市场化水平的提高有助于增强地方政府落实产业政策的激励。陈钊、熊瑞祥认为，产业政策的效果在那些有比较优势的行业呈现出逐年递增的趋势，在那些没有比较优势的行业则始终不显著。产业政策的制定过程中并不存在事先的"挑选赢家"行为。王文等认为，一个有效的产业政策必须满足"确保目标产业的适度竞争性"与"产业政策的惠及对象足够广泛"两个基本条件。韩永辉等发现，产业政策的出台与实施显著促进了地区产业结构合理化和高度化。舒锐认为，产业政策可以实现工业行业产出

---

[1] 银昕、徐豪、陈惟杉：《林毅夫 VS 张维迎：一场产业政策的"世纪之辩"》，《中国经济周刊》2016 年第 44 期。

的增长，却不能促进生产效率的提高。江飞涛、李晓萍提出在以功能性产业政策或横向性产业政策为代表的新产业政策模式下，市场应居于主导地位，政府在为市场机制的有效运转提供必要的市场基础制度方面扮演着关键性角色。同时，在环境保护、公共基础设施、基础科学研究、科技公共基础设施和服务体系、教育与劳动者培训等领域，政府需补充市场的不足。在新的产业政策模式下，市场与政府是互补与协同的关系。顾昕、张建君认为，关键不在于要不要产业政策，而是产业政策的施政如何能以"市场强化型"的方式来弥补市场不足、矫正市场失灵，而不是代替市场去主导资源配置，甚至由政府来"挑选赢家"。宋凌云、王贤彬发现，地方政府的重点产业政策总体上显著提高了地方产业的生产率；重点产业政策对产业生产率的影响程度在不同产业类型上具有显著差异；将资源导向生产率增长率更高企业的程度不同导致了重点产业政策的资源重置效应因产业类型而异。[①]

三　产业组织

（一）市场运行情况

产业组织传统的核心命题是市场结构、企业行为与市场绩效。周末、王璐提出在异质性产品市场测度市场势力和垄断损失的方法，克服

[①] 孙早、席建成：《中国式产业政策的实施效果：产业升级还是短期经济增长》，《中国工业经济》2015年第7期；陈钊、熊瑞祥：《比较优势与产业政策效果——来自出口加工区准实验的证据》，《管理世界》2015年第8期；王文、孙早、牛泽东：《产业政策、市场竞争与资源错配》，《经济学家》2014年第9期；韩永辉、黄亮雄、王贤彬：《产业政策推动地方产业结构升级了吗？——基于发展型地方政府的理论解释与实证检验》，《经济研究》2017年第8期；舒锐：《产业政策一定有效吗？——基于工业数据的实证分析》，《产业经济研究》2013年第5期；江飞涛、李晓萍：《产业政策中的市场与政府——从林毅夫与张维迎产业政策之争说起》，《财经问题研究》2018年第1期；顾昕、张建君：《挑选赢家还是提供服务？——产业政策的制度基础与施政选择》，《经济社会体制比较》2014年第1期；宋凌云、王贤彬：《重点产业政策、资源重置与产业生产率》，《管理世界》2013年第12期。

了不可观测的产品异质性和技术冲击导致的影响。他们采用全国规模以上工业企业数据库数据，估计了产品差异非常大的白酒制造业市场势力溢价，并以此为依据，计算了由于市场势力溢价带来的福利净损失。钟真、孔祥智从生产和交易两个维度构建了产业组织模式与农产品质量安全之间的逻辑关系。通过对奶业抽样数据的实证分析表明，尽管生产模式和交易模式对食品品质和安全都具有显著影响，但是在控制了其他条件的情况下，生产模式更为显著地影响了品质，而交易模式更为显著地影响了安全。李霖、郭红东将中国蔬菜产业组织模式分成完全市场交易模式、部分横向合作模式、完全横向合作模式和纵向协作模式，分析了不同产业组织模式对农户蔬菜种植净收入的影响。他们发现，与完全市场交易模式相比，部分横向合作模式和完全横向合作模式能够显著增加蔬菜种植户的净收入；但纵向协作模式在促进农户增收方面没有显著优势。寇宗来、高琼利用 2004—2007 年中国规模以上工业统计数据对影响企业研发强度的因素进行了实证分析，他们发现，企业规模和市场集中度与研发强度之间存在显著的倒 U 形关系，这意味着在一定范围内，规模的增长和竞争的加剧是有利于创新的。从企业产权特征来看，与其他所有制相比，股份制和有限责任制企业的创新投入激励要更大些，而国有企业和私人企业则无明显差异。此外，企业的市场份额越大，其研发积极性也更高，这表明研发具有一定的规模经济。除了市场结构对创新投入影响外，市场绩效也影响着企业的研发强度。[1]

（二）互联网经济的产业组织研究

迈入新时代的一个重要技术背景是互联网技术的蓬勃发展。随

---

[1] 周末、王璐：《产品异质条件下市场势力估计与垄断损失测度——运用新实证产业组织方法对白酒制造业的研究》，《中国工业经济》2012 年第 6 期；钟真、孔祥智：《产业组织模式对农产品质量安全的影响：来自奶业的例证》，《管理世界》2012 年第 1 期；李霖、郭红东：《产业组织模式对农户种植收入的影响——基于河北省、浙江省蔬菜种植户的实证分析》，《中国农村经济》2017 年第 9 期；寇宗来、高琼：《市场结构、市场绩效与企业的创新行为——基于中国工业企业层面的面板数据分析》，《产业经济研究》2013 年第 5 期。

着智能手机的发明及快速普及，我国迅速进入移动互联网时代。互联网经济的产业组织是一个全新的研究领域。杨德明、刘泳文认为，要推进互联网和实体经济的深度融合，推进"互联网+"国家战略在传统企业中更为有效地实施。在互联网环境下，差异化仍然有助于企业获得竞争优势，提升企业业绩；但成本领先则难以帮助企业获得竞争优势。罗珉、李亮宇认为，在互联网时代下，传统的价值链中以供给为导向的商业模式正在逐渐走向消亡，以需求为导向的互联网商业模式和价值创造正在出现。他们提出了互联网时代商业模式概念并对它的关键要素如社群、平台、跨界、资源聚合和产品设计进行了描述，阐述了互联网时代连接的重要性，指出连接满足了顾客深层次的需求，进而揭示了互联网时代的商业模式追逐的是连接红利。傅瑜等基于互联网经济的本质特征，导出技术进步与商业模式创新的市场不相容定律，并在不同厂商网络不兼容与平台开放策略的约束下，发现市场将出现单寡头竞争性垄断结构。他们提出单寡头竞争性垄断结构本身并不会妨碍竞争效率，为互联网反垄断诉讼给出了理论解释。程贵孙将组内网络效应引入双边市场定价模型中，研究组内网络效应和组间网络效应共同作用下的双边市场定价策略问题，突出了分析组内网络效应对双边平台企业定价策略的影响。他们发现，组内网络外部性强度对消费者价格和厂商价格的影响取决于双边用户接入平台后的市场结构。[①]

四 政府关于产业组织的政策

（一）反垄断

对于互联网领域的反垄断，学界一般认为不应采用传统经典的

---

① 杨德明、刘泳文：《"互联网+"为什么加出了业绩》，《中国工业经济》2018年第5期；罗珉、李亮宇：《互联网时代的商业模式创新——价值创造视角》，《中国工业经济》2015年第1期；傅瑜、隋广军、赵子乐：《单寡头竞争性垄断：新型市场结构理论构建——基于互联网平台企业的考察》，《中国工业经济》2014年第1期；程贵孙：《组内网络外部性对双边市场定价的影响分析》，《管理科学》2010年第2期。

分析视角。孙宝文等认为，对垄断界定的传统方法建立在工业经济基础上，在互联网行业的实际运用中存在困难。从互联网行业相关市场界定、垄断势力的实际测量、福利变动理论分析三个方面对行业反垄断必要性进行了重新判断。他们发现，行业微观层面的生态竞争与分层垄断竞争的市场结构使"相关市场"概念不适用，在反垄断过程中应弱化这一概念；行业虽有垄断结构却不具有垄断势力，即没有实际的垄断行为；行业的福利没有明显的降低，甚至对于消费者来说可能还会有所提高。这三点说明，针对互联网行业的反垄断管制必要性不高，可以采取较为宽松的管制政策。杨文明认为，将互联网平台企业免费定价视为掠夺性定价的观点是伪命题。但就市场结构而言，免费产品相关市场难以界定，因而企业市场支配地位无法证成。就行为构成看，无论依成本标准还是损失补偿标准，免费定价都难以符合掠夺性定价的一般构成。论竞争效果，免费定价不影响同等效率竞争者竞争，且能增进消费者及社会的福利。王惠文等提出了中国互联网行业反垄断的三点措施，加大对滥用市场支配地位行为的管理力度，完善有关产权保护的各项措施和扶持创业型的中国互联网企业。曲创、刘重阳认为，在双边市场中，交叉网络外部性和非对称定价等特性使得平台厂商的市场份额与市场势力之间的关系变得错综复杂，使用传统市场势力评估方法容易导致误判。通过对中国搜索引擎市场的实际检验，发现市场份额与市场势力之间具有明显的不对等性，具有最大份额的平台厂商并不具有最强的市场势力。[1]

对于传统行业的反垄断，出现了多个比较典型的案例，如可口

---

[1] 孙宝文、荆文君、何毅：《互联网行业反垄断管制必要性的再判断》，《经济学动态》2017年第7期；杨文明：《互联网平台企业免费定价反垄断规制批判》，《广东财经大学学报》2015年第1期；王惠文、黄澄清、魏嫄：《中国互联网行业反垄断研究》，《北京航空航天大学学报》（社会科学版）2016年第11期；曲创、刘重阳：《平台厂商市场势力测度研究——以搜索引擎市场为例》，《中国工业经济》2016年第2期。

可乐并购汇源果汁、电信反垄断等。李青原等以反垄断法实施以来首个未获通过的并购案——可口可乐并购汇源果汁为例，发现资本市场的经验证据支持了"效率理论"而非"市场势力理论"。黄坤、张昕竹认为商务部否决此次并购的决定是合理的，但竞争损害并非来自组合效应，而是来自被并购企业的单边效应。白让让、王光伟发现，2007年中国电信产业重组所形成的不对称寡头垄断结构，使部分一体化运营商在接入和互联环节获得了一定的垄断势力，可以通过接入的价格或质量歧视，对上下游的竞争者产生一定的圈定效应。这种行为由于获得了行业规制者的许可，也限制了反垄断法发挥作用的范围和效力。[1]

（二）竞争政策

竞争政策是主要市场经济国家历史实践中公认的能促进市场公平竞争的经济政策，对市场配置资源起到决定性作用。《中华人民共和国反垄断法》出台，标志着我国竞争政策的初步探索。但是，竞争政策的另外重要构成——公平竞争审查制度却迟迟未能建立。经过多年的讨论，2016年国务院下发了《关于在市场体系建设中建立公平竞争审查制度的意见》，标志着我国公平竞争审查制度的正式出台。该政策规定了公平竞争审查制度的主要内容，包括审查对象、方式、标准、例外规定以及保障措施。

竞争政策的一项基本问题，是协调与产业政策之间的关系。我国产业政策自20世纪80年代引入以来得到广泛的应用，对经济的介入程度非常深，在很大程度上妨碍了市场的公平竞争。2013年党的十八届三中全会通过的《中共中央关于全面深化改革若干重大问题的决定》，明确指出，清理和废除妨碍全国统一市场和公平竞争的

---

[1] 李青原、田晨阳、唐建新、陈晓：《公司横向并购动机：效率理论还是市场势力理论——来自汇源果汁与可口可乐的案例研究》，《会计研究》2011年第5期；黄坤、张昕竹：《可口可乐拟并购汇源案的竞争损害分析》，《中国工业经济》2010年第12期；白让让、王光伟：《结构重组、规制滞后与纵向圈定——中国电信、联通"反垄断"案例的若干思考》，《中国工业经济》2012年第10期。

各种规定和做法，严禁和惩处各类违法实行优惠政策行为，反对地方保护，反对垄断和不正当竞争。

《关于在市场体系建设中建立公平竞争审查制度的意见》规定，自2016年7月1日起政府出台政策措施要进行公平竞争审查，在制度上实现对滥用行政权力排除限制竞争行为的事前防范，在法理上规定了竞争政策优先于产业政策，确立了竞争政策的基础性作用。实施公平竞争审查制度是反行政性垄断的有力措施，也是放松经济性管制的突破口，体现了竞争政策优先的市场准则，将推动建立统一开放、竞争有序的市场体系。[1]

第六节　若干评论

新中国成立70年来我国的产业结构与产业组织理论研究，呈现出的最大特点就是理论研究与现实经济的紧密结合性。这首先表现为现实需求是理论研究的基本动力。例如对国外经济思想的译介。20世纪80年代是介绍产业结构理论的集中时期，而大部分的产业组织理论的介绍则出现在90年代，这不能仅认为是由于学者的研究兴趣发生转移，更应当从社会经济条件发生变化的大背景下进行考虑，是新的经济现象产生理论需求。理论与实际的结合还表现在理论对实际政策的影响。不论是产业结构理论还是产业组织理论的研究，基本上都是以现实作为出发点、以政策建议作为归宿，实用主义色彩浓厚。《中华人民共和国反不正当竞争法》《中华人民共和国反垄断法》等维护市场运行的法规和《汽车产业发展政策》《钢铁产业发展政策》等产业发展政策都有学界的影响。

新中国成立70年来在产业结构与产业组织理论的研究进展，主

---

[1] 许昆林：《逐步确立竞争政策的基础性地位》，《价格理论与实践》2013年第10期。

要表现在：一、研究范式的转变。产业结构理论的研究从改革开放前期的"两大部类"和"农轻重"发展到"三次产业"；产业组织理论的研究从零散的、针对个别问题的研究转向利用"结构—行为—绩效"或以价格理论作为研究范式。二、研究方法的丰富。早期的研究以定性分析为主，随着研究的不断深化，定量研究越来越多；另外，比较静态分析、动态分析等研究方法不断出现，还出现纯模型推导的研究。三、研究的深度和广度不断拓展。越往后的研究，就越注重变量的多样性和复杂性，考虑到更多的条件，在更宽广的背景中展开。

（执笔人：程锦锥，中国社会科学院经济研究所助理研究员）

第二十四章

20世纪90年代以后中国财政改革与现代财政理论的发展

自从1992年社会主义市场经济体制改革目标明确之后，中国财政改革速度加快，财政理论也发生了根本性的变化，最为突出的是，多种力量催生了中国现代财政理论的形成和发展。现代财政理论发展的初始阶段是形成了中国公共财政理论。中国进入新时代之后，随着财政是国家治理的基础和重要支柱新定位的提出，现代财政理论的发展进入了新阶段，这主要是从国家治理视角重新审视财政理论，并推动了中国财政学的新发展。

第一节 中国公共财政理论体系形成的准备工作

中国公共财政理论体系不是市场经济改革目标确定之后就突然形成的。在此之前，学术界为此进行了多方面的准备工作。"公共财政"一词从之前的基本上被忽略，到重新浮出水面就是一项重要的工作。

在中国，"公共财政"一词的操用，尽管是在确立社会主义市场经济体制改革目标之后的事情，但严格说来，对于我们，公共财政并非完全意义上的"新生"概念。

早在1949年之前，中国已有"公共财政"的提法。20世纪20年代，曾经留学日本东京帝国大学的陈启修所著《财政学总论》和哥伦比亚大学经济学博士寿景伟（又名寿毅成）所著《财政学》都曾使用了"公共财政"概念（陈启修，1924；寿景伟，1926）。不过，在当时的背景下，公共财政的用法与政府财政没有太大差异。从1949年到实行改革开放前的30年中，无论在财政理论界，还是在财政实践层，都很少见到"公共财政"的字眼。只是在20世纪80年代之后，"公共财政"一词才在不同场合得到越来越多的使用。1983年，由美国经济学家阿图·埃克斯坦所著的"*Public Finance*"中译本出版发行。译者张愚山将"*Public Finance*"直译为《公共财政学》（埃克斯坦，1983）。该书篇幅不大，但在当时的经济社会环境下，产生了较大的影响，然而，或许是人们当时并未意识到公共财政概念所具有的深刻内涵以及它将给中国经济社会生活带来的深刻变化，这一译法并未引起财政学术界的足够关注。人们对此未做多少特别的探究，也未赋予它什么特殊的意义。

按照杨志勇（2008）的考察，从1949年新中国成立到1992年社会主义市场经济体制改革目标提出之前，"公共财政"的使用场合大致包括：用于国外财政理论和实践的翻译和介绍；用于指称资本主义财政；用于中国经济体制改革问题的讨论；用于概括财政改革方向；与"财政"等同意义的使用。

改革的市场化取向早在市场经济改革目标确定之前就已经明确。在经济改革还是"摸着石头过河"的阶段，财政改革目标自然也难以明确。更多的改革措施和研究建议也只是围绕现实财政问题的解决进行。如在20世纪80年代中后期和90年代初期，为了应对财政困难，各界对"振兴财政"做了较为深入的讨论，但真正从财政模式转换的角度，从中国公共财政理论构建的角度进行研究，还是1992年之后的事。

第二节 市场化改革实践推动财政的现代化

改革开放以来,随着市场化改革的越发深入,特别是社会主义市场经济体制改革目标明确之后,市场化改革实践取得了根本性的突破,"公共财政"呼之欲出。"公共财政"的理念对财政运行和财税体制改革都有着根本性的影响。中国特色社会主义建设进入新时代之后,建立现代财政制度的财税改革目标明确,财政现代化进程因此加快。

一 借用"公共财政"压缩财政支出规模

进入20世纪90年代以后,迫于经济体制转轨以来的财政收支困难的压力,在财政收入占GDP比重持续下降且短期内难有较大改观的背景下,财政学术界和实践层越来越倾向于从财政支出规模的压缩上寻求出路(如叶振鹏,1993;安体富、高培勇,1993)。于是,便有了基于压缩支出规模目的而调整支出结构的动作,并有了消除"越位"、补足"缺位"以及纠正"错位"的说法。支出结构的调整牵涉沿袭多年的财政支出模式的变动,总得要提出一个不同于以往的带有方向性的目标。恰好,典型市场经济国家财政职能范围相对狭窄的特点与我们旨在通过调整支出结构压缩支出规模的初衷是相吻合的。而且,在那一时期,人们已经习惯于将公共财政同典型市场经济国家的财政支出格局相提并论,甚至将公共财政作为典型市场经济国家财政的同义语加以使用。因此,以典型市场经济国家的财政体制机制为参照系,公共财政便被人们"借用"于压缩财政支出规模、缓解财政收支困难的实践。

二　财税体制的全面改革与公共财政

单纯地调整支出结构而不对收入一翼做同步的变动，至多只能缓解部分的财政困难。为了跳出"跛脚"式调整的局限，从根本上走出财政收支的困难境地，便有了1994年的财税体制改革。1994年的分税制改革对于规范中央和地方财政关系，起到了重要作用，对于加强中央政府宏观调控也发挥了积极作用，对于地方政府行为选择也产生了决定性的影响。1994年的税制改革是新中国成立以来规模最大、影响最为深远的税制改革，其基本的原则，被界定为"统一税法、公平税负、简化税制、合理分权"。这"十六字"原则，在当时的背景下，具有相当的冲击力。因为，它们毕竟是植根于社会主义市场经济体制的土壤，并基于构建适应社会主义市场经济的税制体系的目标而形成的。对于它们，只能按照市场经济的理念加以解释（项怀诚，2002）。故而，在归结其理论基础或思想来源的时候，公共财政的字眼，也不时出现在阐述税制改革问题的有关文献之中。

三　实践中财政改革目标的明确：从公共财政到现代财政制度

（一）构建公共财政框架，完善公共财政体系

无论是支出一翼的调整，还是以税制为代表的收入一翼的变动，所涉及的终归只是财政体制机制的局部而非全局。零敲碎打型的局部调整固然重要，但若没有作为一个整体的财政体制机制的重新构造，并将局部的调整纳入整体财政体制机制的框架之中，并不能解决财政困难问题的全部。甚至，不可能真正构建起适应社会主义市场经济的财政体制机制。在当时，人们也发现，能够统领所有的财政改革线索、覆盖所有的财政改革项目的概念，除了公共财政之外，还找不到其他别的什么词汇担当此任。于是，以1998年12月15日举行的全国财政工作会议为契机，决策层做出了一个具有划时代意义的重要决定：构建中国的公共财政基本框架（李岚清，1998）。在

那次会议上，时任中共中央政治局常委、国务院副总理李岚清代表中共中央明确提出"积极创造条件，逐步建立公共财政基本框架"。并且，从那个时候起，作为中国财政改革与发展目标的明确定位，公共财政建设正式进入了政府部门的工作议程。

时隔五年，2003 年 10 月，党的十六届三中全会召开并通过了《中共中央关于完善社会主义市场经济体制若干问题的决定》。在那次会议上以及那份重要文献中，根据公共财政体制框架已经初步建立的判断（李岚清，2003），提出了进一步健全和完善公共财政体制的战略目标。认识到完善的公共财政体制是完善的社会主义市场经济体制的一个重要组成部分，将完善公共财政体制放入完善社会主义市场经济体制的棋盘，从而在两者的密切联系中谋划进一步推进公共财政建设的方案，也就成了题中应有之义。因而可以肯定地说，那次会议给中国的公共财政建设带来了新的契机。

2007 年召开的党的十七大，在全面总结改革开放的历史进程和宝贵经验的基础上，对我国新时期的经济建设、政治建设、文化建设、社会建设等方面做出了全面部署。在其中，无论是涉及经济建设、政治建设问题的阐释，还是有关文化建设、社会建设图景的描绘，都融入了公共财政的理念，渗透着公共财政的精神，甚至直接使用了公共财政的字眼。特别是党的十七大报告关于"围绕推进基本公共服务均等化和主体功能区建设，完善公共财政体系"的表述，在更广阔的范围内、更深入的层面上标志着中国公共财政理论与实践又推进到了一个新的阶段。

进一步的考察，还可发现，在当前的中国，无论是来自党和政府部门的一系列重要文件，还是学术界围绕有关科学发展观、政府职能转变、公共服务体系与社会事业建设等重大经济社会问题的讨论，甚或是普通百姓茶余饭后闲聊中的改善民生话题，都可以从中找到公共财政的字眼，都已离不开以公共财政为主要线索的相关内容阐释。在某种意义上可以说，中国已经步入全面和全力建设公共财政的时代，可能并非夸张之语。

（二）建立现代财政制度

2013 年党的十八届三中全会通过的《中共中央关于全面深化改革若干重大问题的决定》明确财政是国家治理的基础和重要支柱的新定位，并提出建立现代财政制度的改革目标。2017 年党的十九大报告要求加快建立现代财政制度。

建立现代财政制度的最主要内容有三：预算改革、税制改革和政府间财政关系改革。2017 年之后，深化财税体制改革的重点次序做了调整，政府间财政关系改革排在第一位，接着是预算改革，最后才是税制改革。

加快形成规范的中央和地方财政关系最难做到。中央和地方财政关系的背后是事权划分难题。事权的划分与财政关系非常密切，却是一个比财政更深层次的问题。近年来，特别是 2016 年以来，有关部门、有关方面做出了一些努力，并取得了突出成就，比如说，在财政事权划分上取得了突出的成就。中国是大国，中央和地方的财政关系，与小国是不一样的，规范化的财政关系的构建，要立足国情，发挥中央和地方的两个积极性，特别是地方的积极性。比如，地方花钱如果它主要来源于地方，可能效率会更高一些。如果说把大量的事权都集中到中央，效率不一定就会提高。

加快建立现代预算制度，其中关于预算的绩效管理改革是很重要的内容。党的十八届三中全会强调建立"全面规范、公开透明"的预算管理制度，党的十九大报告又有了新的提法，对此进行了进一步细化，要求建立全面规范透明、标准科学、约束有力的预算制度，全面实施绩效管理。绩效管理要求的不仅仅是花钱要符合制度规定，而且要说明花钱的效果如何。要办大学，从事某个项目，出国访问，等等，需要财政支出，支出按照规定进行，这是合规性问题。绩效管理要看具体支出与绩效之间的关系。这是非常重要的内容，其中涉及许多专业性很强的技术，而且这些技术还需要改进和完善。财政支出往往是在没有市场参照系的背景下进行的，评价起来有相当的难度，但这是加快现代预算制度建立不可或缺的内容。

加快建立现代税收制度举世瞩目。现代税收制度应该解决好税负的合理性问题。对中国来说，这就是要树立大国轻税的观念。为什么要有这样的观念呢？中国有什么条件做到呢？中国有国有经济优势，有国有土地、国有资源。这些可以承担发达国家政府只能靠税收收入来支持的职责（杨志勇，2018）。税制结构要合适，合适是要适应税收功能实现的需要。关于税制结构，我的理解是不应该过分地去强调什么税多少比例，主要的是要适应税收功能的需要。税收不可能承担所有的公共政策功能。公共政策有一整套工具体系。社会需要帮助穷人，但不一定要通过税收。帮助中低收入者，通过社会保障、通过公共服务，可能更加有效。

第三节　中国公共财政理论的形成与发展

中国公共财政理论的形成与发展，借鉴了西方公共财政理论，但绝不是西方的翻版，更不是有些人所认识的那样只是名称的变化。市场化改革，特别是社会主义市场经济体制改革目标的确定，提出了财政改革目标模式的问题。中国改革再也不是"摸着石头过河"，而是有了明确的目标，财政也不例外。在这样的背景下，中国式公共财政理论得到迅速的发展。

一　中国式公共财政理论的探索："双元财政论"

在围绕公共财政概念阐释而推动的中国公共财政理论体系建设中，曾有过以所谓"双元财政"命名的中国财政改革目标模式的提法。

1993年，叶振鹏和张馨提出中国财政改革的目标模式应该是包括公共财政与国有资产财政（国有资本财政）在内的双元财政（双元结构财政）模式。叶振鹏在《财政研究》1993年第3期发表了《适应市场经济的要求重构财政职能》一文。之后，他和张馨为

1993年6月下旬在厦门大学召开的"全国第七届财政基础理论讨论会"共同提交了《论双元财政》的论文，对双元财政论的基本观点做了较全面的介绍。1995年，叶振鹏和张馨合著的《双元结构财政——中国财政模式研究》（该书1999年出版第二版）对双元财政论进行了较为系统全面的阐述和论证。

双元财政理论是叶振鹏和张馨共同发展的理论。[①] 双元财政理论认为，社会主义市场经济条件下的财政是"双元财政"（又称双元结构财政），是由相对独立的公共财政和国有资本财政组成的有机统一体。在市场经济下，在政企分离、政资分开和资企分开的状况下，财政行为客观上表现为：以社会管理者的身份，为满足社会公共需要进行分配而形成公共财政；以生产资料全民所有制代表的身份，对国有资本进行价值管理和收益分配而形成国有资本财政。

"双元财政论"是借鉴西方财政理论与实践，同时结合中国特定国情后提出的一种概括财政改革目标模式的理论。公共财政致力于解决与西方财政一样所面临的市场失效问题，而国有资本财政则专注于中国特有的国有资本（营利性或经营性国有资产）的保值增值问题。

中国公共财政理论何去何从，双元财政模式能否可以成为中国财政改革的目标模式，在很大程度上取决于对社会主义市场经济的认识。关于社会主义市场经济，一般有两种理解：第一种是"公有制（国有制）+市场经济"；第二种是"社会公正+市场经济"。在第一种情形中，国有资本财政与公共财政可相互共存。在第二种情形中，国有经济未得到充分的强调，国有资本财政可能失去存在的依托，但具体如何，在很大程度上取决于国有经济改革的实践。

中国现实中存在大量经营性国有资产，这样所对应的财政模式本来就是"双元财政模式"。双元财政区分不同的财政组成部分，并不一定意味着在现实中就要由相应的机构对应。只要财政运作按照

[①] 本节对该理论的介绍主要以张馨（1999）为依据。

双元财政的理念去做，那么就可以说双元财政模式已经确立。张馨（2012，2013，2014）提出并论证了"第三财政"的概念。在他看来，第三财政是政府通过支配国有经济盈利而形成的财力分配活动；双元财政混一，从政府与市场关系角度看是双元财政问题，从政府财源角度看是第三财政问题；第三财政应分别纳入公共财政与国有资本财政管理。

二 理解和认识"公共财政"

从逻辑上说，将"公共"与"财政"连缀在一起，从而形成"公共财政"，肯定有不同于以往"财政"概念的特殊意义。因而，在围绕公共财政而展开的讨论中，对于中国财政学界来讲，一个始终绕不开、躲不过的命题是，"公共财政"与以往"财政"究竟有何不同？

基于同样的逻辑推论，"公共财政"当然是将"财政"作为改造对象的。也可以说，"公共财政"就是针对以往"财政"而形成的新概念（刘尚希，2000）。问题是，如果说"公共财政"有别于以往"财政"的地方，就在于"公共性"的彰显，那么，以往"财政"肯定带有某种"非公共性"特征。或者，至少在某些方面缺乏"公共性"特征。

事实上，不论主观上的认知程度如何，从提出公共财政概念并以此作为改革目标的那一天起，牵涉了中国财政学界颇多精力的一项重要工作，就是在"公共财政"与以往"财政"之间找寻区别点。而且，在归结以往"财政"的"非公共性"特征上，曾有过一段颇具戏剧性的经历。

最初的时候，不少人（如安体富，1999；高培勇，2000）曾把"非公共性"的"非"字当作生产建设支出，从而用财政支出退出生产建设领域来解释公共财政建设。然而，随着时间的推移和实践的进展，人们很快注意到，财政以公共服务领域为主要投向并相应减少生产建设支出，固然符合市场化的改革方向，但减少不等于退出。需要减少的，也只能限于投向竞争性领域的支出。政府履行的公共职能，在任何社会形态和任何经济体制下，都不能不包括生产或提供公共设施和基础设施。公共设施和基础设施的生产或提供，肯定属于生产建设支出系列，又肯定不排斥公共性，不少人对于公共财政的批评，也正是基于或抓住了这一点。故而，在改革过程中，减少财政对生产建设领域的投入固然必要，但让财政支出由此退出生产建设领域，甚至以此作为财政支出结构调整的方向，绝不是公共财政建设的实质内容。

也有许多人（如张馨，1999，2004）把计划经济年代的财政视作"非公共性"的典型，并试图从计划经济财政与市场经济财政的体制差异来揭示公共财政建设的意义，从而认定公共财政是市场经济的产物或适应市场经济的财政类型和模式，直至把公共财政等同于西方财政，其代表性的解释是，公共财政是指在市场经济条件下国家提供公共产品或服务的分配活动或分配关系，是满足社会公共需要的政府收支模式或财政运行机制模式，是与市场经济相适应的一种财政类型，是市场经济国家通行的财政体制和财政制度。张馨（1999）对公共财政从基本特征、理论概括和财政学说史三个方面进行了深入的研究。然而，由此出发而放眼整个财政的发展史，且不说前市场经济几千年的人类社会历史长河中，并不乏诸如水利支出、修桥修路支出、赈济支出、祭祀支出甚至军事支出这样的带有公共性质的政府支出项目，即使是在我国计划经济年代以生产建设支出为主导的财政支出格局中，包括城市基础设施、社会福利设施建设在内的许多可归入生产建设系列的支出项目，本身就是典型的"公共性"支出。因而，把市场经济财政等同于公共财政，而将非市场经济财政一概归之于"非"公共财政，不仅不能说明前市场经济下的财政制度及其运行格局，不能说明计划经济体制下的公共性支出项目。而且，也难以厘清作为整个社会管理者的政府部门同其他行为主体的行为动机和行为模式。

还有人对公共财政做了主观臆断式的简化处理。其突出的表现有两极，或是把"公共财政"视作有别于以往"财政"的一个新范畴、新学科，或是将其视作同以往"财政"内涵无异的一个时髦概念。前者将公共财政同以往的财政范畴、财政学学科对立起来，试图将其解释为不同于以往的新范畴、新学科，进而有了所谓"公共财政学""公共财政专业""公共财政方向"等新的称谓。后者则在未赋予任何实质意义的条件下，把以往使用"财政"二字的地方统统置换为"公共财政"，进而有了所谓"公共财政预算""公共财政收入""公共财政支出""公共财政政策"等新的说法。甚至有人主张将财政部更名为"公共财政部"，将财政厅（局）改名为"公共财政厅（局）"。见诸媒体的类似说法就更多，如"公共财政为师范教育买单""公共财政让农村孩子不再失学"，等等。但是，循着如此的线索略加思考便知，无论是把"公共财政"当作新事物，还是把它当作旧概念的翻版，都难以自圆其说。比如，按照前者的逻辑，作为一门新范畴或新学科的起码条件，公共财政要有不同于以往"财政"的新的内涵与外延、新的研究对象或新的研究方法。而这些，并未发生在公共财政身上。"公共财政"的内涵与外延，"公共财政"的研究对象和研究方法，与以往"财政"并无不同。再如，按照后者的逻辑，"公共财政"与以往"财政"概念的替换，便成了没有实质意义的赶时髦或"画蛇添足"之举（陈共，1999）。只要开启电脑的文字替换功能，有关公共财政的全部工作，转瞬之间，便可通过"更名"而万事大吉。这当然更不符合事实。所以，上述的两种表现虽位于两个极端，但它们均未触及公共财政的实质内容。在某种程度上，实属对公共财政的误读。

在一片关注民生、改善民生的大潮中，也出现了一种关于公共财政的新说法——有人把公共财政等同于民生财政，甚至用财政是否专注于民生事项作为区分"公共性"与"非公共性"的标尺。然而，只要稍加观察，便会发现，在计划经济年代，我们曾把大量的财政资金投向生产建设，而相对忽略了民生的改善。在由计划经济转入市场经济的过程中，也曾犯过所谓"倒洗澡水连同孩子一同倒

第二十四章 20世纪90年代以后中国财政改革与现代财政理论的发展

掉"的错误,把为数不少的民生事项推给了市场。故而,一路走下来,在民生领域积累下了大量的财政欠账。在当前,加大财政对民生事项的投入,强调改善民生的紧迫性,当然是必要的。但是,无论如何,改善民生并非财政唯一的职能事项。除此之外,诸如国防、外交、环境保护、社会管理等典型的公共事项,都属于财政必须担负的"公共性"职能。当前对民生领域、民生事项的倾斜政策,只是说明,相对于其他的职能事项,这个领域形成了"瓶颈",要作为重点投入事项了。这并不意味着财政的职能事项只是改善民生,更不意味着只有民生事项才是公共性的。所以,顾此失彼,从一个极端走向另一个极端,把当前带有"补偿性"色彩的改善民生举动误读为公共财政的全部内容,既确有片面之嫌,也非公共财政的实质所在。

在找寻"公共财政"与以往"财政"区别点过程中遭遇到的困难,实际折射出了中国公共财政问题的特殊性。

从英文译名的改变到被"借用"于财政改革、税制改革的实践,由构建公共财政框架到进一步健全和完善公共财政体制,再到完善公共财政体系,公共财政所走出的这一基本轨迹意味着,它并非一个经过严谨论证的纯学术概念,而更多的是改革实践催生的产物。

传统计划经济条件下,财政体制机制可以概括为"国有制财政+城市财政+生产建设财政",财政收支活动所牵动的,主要是国有部门、城市区域,并且,主要围绕生产建设事项而进行。在那个时候那种条件下,国有部门大都坐落于城市,在城市中聚集的也主要是国有部门,至于生产建设支出事项,更主要是在国有部门系统内部封闭运行。故而,从所有制看,三个层面高度重叠,财政收支集中表现为国有部门自家院落内的收支。既然是自家的事情、自家的选择,它的运行,即便有一定的规范,但因为立足于国有部门内部,不必纳入公共轨道,也不必适用整个社会的公共规则和公共理念。但是,随着社会主义市场经济体制改革目标的确立以及"多种所有制财政+城乡一体化财政+公共服务财政"的实践要求,财政收支活动所牵动的是，包括国有和非国有在内的多种所有制部门，包括城市和农村在内的所有中国疆土和所有社会成员，并且要围绕着眼于满足社会公共需要的整个公共服务领域的事项。在这个时候这种条件下，财政收支已经跳出了国有部门的自家院落，而演变成整个社会的收支了。一旦财政收支要在全社会的范围内运作，一旦牵涉全体社会成员的切身利益，作为众人的事情和众人的选择，它就必须纳入公共的轨道，必须立足于整个社会的公共规则和公共理念。

两种覆盖范围的体制机制差异以及由前者向后者的转换过程，把中国财政体制机制带上了一个更高远、更广阔的制度变革平台：改变游戏规则——适用于国有部门内部的旧的"自家"制度规范，被适用于整个社会的新的"公共"制度规范所替代。事实上，公共财政概念的提出以及围绕其发生在中国财政领域的重大变化，正是一个制度变革的过程（贾康，2007）。我们在这个旗帜下所做的全部事情，就在于推进中国财政制度的变革，就在于把中国的财政体制机制带上公共的轨道，按照公共的规则和公共的理念加以运作。

所以，归根结底，公共财政是一种财政制度安排。只不过，与以往不同，它是一种以满足社会公共需要（而非满足其他需要）为主旨的财政制度安排；与之相对应，公共财政建设是一场财政制度变革，是一场以公共化（而非以其他目标）为取向的财政制度变革。

第四节　新时代中国现代财政理论的发展

2012 年，随着党的十八大的召开，中国特色社会主义建设进入了新时代。2013 年，党的十八届三中全会通过的《中共中央关于全面深化改革若干重大问题的决定》明确全面深化改革的总目标是完善和发展中国特色社会主义制度，推进国家治理体系和治理能力现代化。按照财政是国家治理基础和重要支柱的定位，全面深化财税体制改革的目标就是要建立现代财政制度。

一　现代财政与公共财政

现代财政与公共财政不存在矛盾。高培勇（2014，2018）在对中国财税改革历程的梳理中，也对公共财政和现代财政的关系做了阐释，以"财政公共化"匹配"经济市场化"，以"财政现代化"匹配"国家治理现代化"，也就是以"公共财政体制"匹配"社会主义市场经济体制"，以"现代财政制度"匹配"现代国家治理体系和治理能力"。

现代财政制度与公共财政体制均是针对中国财税改革所提出的目标。建立公共财政体制是对应社会主义市场经济体制、以属性特征标识的财税体制改革目标。现代财政制度的主要着眼点落在财税体制的时代特征上，是对应国家治理现代化、以时代特征标识的财税体制改革目标。公共财政体制与现代财政制度并不矛盾，而是如同一枚硬币的两面，是一脉相承的统一体。前者对应社会主义市场经济体制，以属性特征标识财税体制改革目标，表述为公共财政制度；后者对应国家治理现代化，以时代特征标识财税体制改革目标，表述为现代财政制度（高培勇，2015）。

建立现代财政制度，需要把握其内涵。杨志勇（2014，2015）认为，建立现代财政制度的基本原则应有利于国家治理能力的现代化，有利于促进社会公平正义，有利于市场在资源配置中决定性作用的发挥，有利于宏观经济稳定。现代财政制度的基本特征可以概括为：与国家现代化建设相适应，体现民主财政和法治化财政理念，有相应的专门财政管理机构，以专门的治理技术为依托，适应动态财政治理的需要。

现代财政制度站在了公共财政体制的肩膀之上，系建立在公共财政体制基础之上的财政制度安排，终归是以财政公共化为基础的财政现代化（高培勇，2018）。

二 国家治理框架下的中国财政理论发展

长期以来,财政学作为经济学(应用经济学)的一个分支学科存在,虽然不能说没有争议,但是多数人是持赞成态度的。随着财政是国家治理的基础和重要支柱这一新定位的提出,财政学科属性问题又一次提出。

财政学是一门交叉学科,是一门综合性很强的学科。财政学与经济学、公共管理学、法学、社会学、工商管理学等都有交叉。财政学融入公共管理学一度流行,但如今多数曾经这么努力的高校已经选择让二者分开,仅有少数在坚持。这种状况说明财政学自身的特殊性。

1949年之前,财政学曾经是政治学系的一门重要课程,这说明财政学的政治学属性。1952年大学调整之后,政治学基本上淡出,在这样的背景下,财政学与经济学的联系就更加密切。

安体富(2016)从财政的性质(本质)、财政学在西方经典经济学中的地位、如何认识不同学科之间的交叉、如何看待财政政策与财政制度问题、关于"财政是经济基础还是上层建筑"的争论以及如何理解"财政是国家治理的基础"等,多角度论证了财政属于经济范畴,财政学属于经济学,是其重要组成部分。他认为,财政学研究属于上层建筑的财政政策和财政制度,所反映的是财政经济关系,而不是政治关系和其他关系。他认为,"财政是国家治理的基础和重要支柱"虽然提高了财政在国民经济中的地位和作用,但这不能成为财政(学)从经济(学)中独立出来的根据。关于财政学与其他学科的关系,他的建议是从不同角度,如政治学、社会学、管理学、法学等学科角度研究财政问题,并形成相应的专著,如政治财政学、社会财政学、管理财政学等,但不可能写出包括上述诸学科的综合财政学。因此,他仍主张财政属于经济范畴,财政学属于经济学。

但是,越来越多的财政学者认为财政学应该超越经济学。高培勇（2015）认为，财政是一个综合性范畴和综合性要素，作为一门学科的财政学，实质是经济学、管理学、政治学、法学、社会学等多个学科的融合体。财政学科既是拥有多个学科基因的混合体，那么，将财政学建立在多个学科彼此交叉、相互融合的根基之上，从"多视角"的现代国家治理意义上定位财政学科——关于治国理政的学问，是"基础和支柱说"的题中应有之义。财政学科理论体系的基本逻辑关系应做如下调整：以满足国家治理活动中的社会公共需要为逻辑起点，围绕国家治理层面的基本问题界定财政职能，以此为基础，按照政府收支活动运行的内在联系依次引入各个相关范畴和概念。马骁、李雪（2018）认为：在我国，财政学科作为应用经济学一级学科下的二级学科的学科分类和学科定位，更是在很大程度上束缚了财政学科建设的视野和想象。

刘晓路、郭庆旺（2017）区分了计划经济财政学、市场经济财政学和国家治理财政学，认为财政学因此经历了强调国家、忽视国家和再次强调国家的"否定之否定"的历程，应当从国家自主性角度重新认识国家在财政学理论中的地位。

刘尚希（2018）、刘尚希和李成威（2018）从公共风险视角探讨中国财政学基础理论，杨志勇（2017）对财政学的基本问题的探索，马珺（2018）从财政思想史视角研究财政理论的创新等，进一步推动了中国财政学的繁荣和发展，促进了中国财政理论话语体系、学术体系、学科体系的建设。

中国财政理论的发展从根本上来自实践的推动。对新中国成立以来以及改革开放以来的中国财政实践的研究，梳理总结了中国财政实践的经验、财政改革的逻辑，不仅为全面深化财税体制改革提供了有益的参考，而且为中国财政理论的发展提供了素材和养分，例如高培勇（2018）对中国财税改革40年的基本轨迹、基本经验和基本规律的概括，刘尚希、傅志华等对中国改革开放的财政逻辑所进行的研究，杨志勇（2018）对中国财政体制改革和变迁的研究，等等。

第五节 结论与启示

　　财政理论在发展中,体现了多个学科的交叉融合,结果之一就是财政理论研究方法的日趋丰富。随着研究方法工具箱的日益丰富,财政理论的发展因此进入快车道。财政理论研究方法从仅限于传统的政治经济学方法,到多种方法兼容并蓄,更多地引入现代经济学方法来研究市场经济条件下的财政活动。

　　无论是与新中国成立之初相比,还是与改革开放初期相比,中国财政理论的研究方法有了根本性的变化,财政学已"面目全非",但"焕然一新"。财政学研究中越来越多地强调定量分析,更多地用到现代经济学方法,市场经济的话语体系受到更多的欢迎,空洞的研究正逐步退出历史的舞台。值得注意的是,关注财政问题的经济学背景之外的学者越来越多,法学、政治学、社会学、公共管理学等背景的学者深入研究中国财政问题,为财政理论的进一步发展提供了更加广阔的空间。一些学者在积极探索财政学与社会学、政治学、法学等的交叉研究,出版了一系列论著,也引进了海外的一些研究成果,这些工作都是基础性的,未来当可在财政理论发展上发挥更大的作用。从历史的视角研究财政,财政学、历史学、经济学等多个学科背景的学者正致力于其中,或整理有关财政史资料,或对特定阶段的财政史进行深入研究,或系统梳理中国财政史,留下了丰富的文献,例如,项怀诚(2016,主编)的《中国财政通史》特别是其中的"大事记",内容富有特色。叶振鹏(2013,主编)的《中国财政通史》篇幅大,财政学界和历史学界通力合作,为未来中国财政理论发展提供了更充分的资料支持。

　　回顾20世纪90年代以后中国财政改革与现代财政理论的演进,可以清晰地看到"公共财政"和"现代财政制度"两个关键词。"公共财政"绝不是在对"财政"玩文字游戏,而是突出财政的"公共性",突出它与社会主义市场经济的内在适应性。"现代财政制度"是从财政制度的现代化视角提出的一个概念,它所对应的是时代特征。"现代财政"与"公共财政"的实质是相通的,之所以有"现代财政"的提法,是因为全面深化改革提出了国家治理体系和治理能力现代化的目标。这也可见现代财政理论的时代特征。

从国家治理视角发展的财政理论,已经超越传统的财政理论之经济学视角,中国财政基础理论的发展迎来了新时代。不失时机地推进中国特色社会主义财政基础理论的建设,与时俱进地改造或重构中国财政学学科体系,从而实现治国理政实践和理论创新的有效互动,是时代赋予我们这一代人的神圣使命(高培勇,2014)。

(执笔人:高培勇,中国社会科学院副院长、学部委员;杨志勇,中国社会科学院财经战略研究院研究员)

第二十五章

中国金融理论进展

同所有的后起经济体类似,新中国成立后随即面临发展高储蓄动员能力的货币、金融体制,突破低收入贫困陷阱,实现经济起飞的历史重任。后起经济体实现经济起飞的最大障碍在于其势必会遭遇由经济增长潜力巨大和资本积累严重不足引发的资源动员和组织的格申克龙难题。这与格申克龙提出的后发劣势有关。[①] 尽管从表面上看,一个经济体起飞越晚,似乎越可以从引进外来技术、充分获得知识外溢效应中获得补偿,然而其低下的收入水平和严重的资本积累不足将制约经济增长潜力的发挥。很显然,为了消除后发劣势给经济增长带来的阻碍,需要发展具有高储蓄动员能力的货币、金融体制。只有这样,才能加速投资和增长,突破低收入水平贫困陷阱,实现经济起飞。因此,新中国成立70年的金融思想的主线是围绕探索适合市场经济需要的动员性货币、金融体制模式及其转型展开的。

第一节 中国对动员性货币、金融体制的艰难探索

为了寻找到适合市场经济需要的动员性货币、金融体制,中国

---

① 亚历山大·格申克龙:《经济落后的历史透视》,中译本,商务印书馆2009年版。

进行了艰难的探索。

一 计划经济的储蓄动员机制

在计划经济时期，中国曾经发展出一种严格限制货币媒介作用的储蓄动员机制。这样的储蓄动员机制主要由计划经济的投融资体制构成，并可以通过运用如式（1）所示的资金流量恒等式进行剖析：

$$I \equiv S + \Delta Ms \qquad (1)$$

其中，I 代表企业固定资产投资，S 代表国民储蓄，ΔMs 代表货币供给增加。在计划经济中，一方面，企业原则上不拥有投资决策权，其投资活动主要由社会计划部门的投资计划负责统一安排。另一方面，在计划经济中，储蓄同样高度集中。高度集中的价格体制和工资体制相结合，系统压低生产要素价格（低于市场均衡价格）和相应的居民可支配收入。这主要包括两方面内容：（1）运用高度集中的价格管理体制，人为压低农产品，以及原材料和能源等物资的价格，降低该类产业劳动报酬水平。（2）以产品价格被压低的产业劳动报酬水平为基准，运用统一的工资管理制度，同样压低获得廉价投入品和超额利润的产业劳动报酬水平。可以说，在计划经济中，居民可支配收入水平基本上仅够满足当期的消费支出，使得居民储蓄几乎可以忽略不计。此外，对外经济联系微弱，国外部门的储蓄（即国际收支逆差）也可视为零。那么，中国国民储蓄就成了政府储蓄，即财政预算盈余。由此可见，在计划经济中，政府成为近乎唯一的储蓄和投资主体。很显然，这样的计划经济投融资体制由于已经通过高度集中的价格和工资体制系统压低几乎所有的生产要素报酬，将储蓄率提高到理论上的极限水平，并不再需要通过银行信贷扩张方式进一步动员储蓄。因此，同计划经济的投融资体制相适应，中国当时发展出财政、信贷资金分口管理体制和相应的财政、信贷综合平衡的宏观调控规则,严格限制银行体系通过信贷扩张方式参与固定资产投资、动员储蓄的能力。所谓财政、信贷资金分口管理体制,系指财政部门以财政拨款方式满足企业固定资产投资资金和定额流动资金需要。银行信贷则仅限于满足企业临时性和季节性超定额流动资金需要。考虑到流动资金定额确定的困难,为了防止财政部门向银行转嫁流动资金供给任务,采用财政、信贷综合平衡的宏观调控规则同样十分重要。葛致达认为在财政、信贷综合平衡中,财政平衡发挥着更重要的作用。[1] 这是因为在计划经济时期,除了吸收和贷放社会闲置资金外,银行最主要的职能就是实现财政预算资金的信贷化使用。很显然,在这样的金融体制下,为了适应经济发展需要,银行信贷收支出现差额具有必然性,需通过预算拨款和货币经济性发行加以弥补。林继肯认为在计划经济时期流动资金没有核实拨足,特别是基本建设规模安排过大,导致流动资金被挪用,一方面会造成财政开支超出预算计划,另一方面还可能妨碍投资项目及时形成生产能力,导致企业经济效益下降,财政虚收。[2] "基建挤财政,财政挤银行,银行发票子",正是造成财政假平衡、真赤字的原因之一。此外,为了抑制货币的财政发行,在中国计划经济时期,货币发行应遵循1∶8的经验值,即每增加8元人民币现金交易额,需增加1元人民币发行进行周转。[3] 由此可见,如式(1)所示,一方面,在财政、信贷资金分口管理体制影响下,银行体系丧失了通过信贷扩张将实体经济部门储蓄(S)转化为投资(I)直接参与固定资产投资的渠道。另一方面,银行信贷扩张通过增加货币供给(ΔMs)间接提供固定资产投资可贷资金方式也因计划经济体制财政、信贷综合平衡的宏观调控规则而受到很大限制。

---

[1] 葛致达:《财政、信贷与物资的综合平衡问题》,《经济研究》1963年第10期。
[2] 林继肯:《坚持货币的经济发行》,《经济研究》1981年第1期。
[3] 林继肯:《论货币需要量及其确定方法》,《江汉学报》1963年第11期。

很显然，这样的集中性投融资体制最大限度地排除了竞争性市场机制配置资源的作用，以致货币媒介的使用受到严格限制，在一定程度上出现了向消费券退化的趋势。因此，计划经济时期的储蓄动员机制并非动员性货币、金融体制。作为最为重要的市场经济媒介，货币顺利流通可以有效降低交易成本，促进专业化分工和市场开拓。由于信息和激励方面的难题，这种将银行信贷扩张排斥在外的储蓄动员机制尽管能够实现资本积累最大化，却难以保证稳定的投资回报，从而无法带来良好的经济增长绩效。在计划经济储蓄动员机制运行的几十年里，中国人均GDP长期徘徊在200美元左右，始终未能完成突破低收入水平贫困陷阱、实现经济起飞的任务。这种状况甚至在改革开放开始后的很长一段时期里都未得到根本改变，中国经济仍带有明显的低收入水平贫困陷阱特征，人均GDP偏低，并有大量的农村剩余劳动力等待转移。直到20世纪90年代初，中国人均GDP也只有400美元左右。截至20世纪90年代末，12亿人口仍有9亿人生活在农村。

二 国家隐性担保下的银行信贷扩张、储蓄动员和经济起飞

正是为了弥补计划经济投融资体制的上述不足，中国在改革开放后开始发展出能够满足市场经济需要，具有高储蓄动员能力的货币、金融体制，主要通过国家隐性担保下的银行信贷扩张方式加速投资和增长。中国动员性货币、金融体制的形成主要经历了两轮金融改革：（1）20世纪80年代，经过银行信贷制度和建立中央银行制度，特别是实贷实存的信贷资金管理体制改革，中国中央银行—国有专业银行二级银行体系得以建立。这一轮金融改革成功打破了财政、信贷资金分口管理体制的桎梏，使得国有专业银行成为全额流动资金和固定资产投资贷款主体，从而为以银行信贷扩张方式动员储蓄提供了可能。（2）进入20世纪90年代中

期以后，中国更是开始了中央银行和国有专业银行商业化改革。这一轮金融改革不仅使得中央银行完全摆脱批发银行的性质，成为真正的货币政策宏观调控部门，而且成功实现国有银行向商业化主体的转变，激励了银行信贷扩张。中央银行—国有商业银行二级银行体系的建立标志着适应市场化要求的动员性货币、金融体制最终形成。从此，银行信贷扩张就成为中国在改革开放后储蓄动员的主要方式。

我们可以通过运用代表性商业银行资产负债简表，较为全面地揭示信贷扩张动员储蓄机制。如表25—1所示，银行信贷扩张规模的直接约束条件有两个：（1）充足的资本金率；（2）充足的准备金率。根据不完美信息、委托代理和金融合同的激励与约束理论分析，由于非货币金融资产（负债）间是不完全替代的，企业内部资金成本低于外部资金成本，银行只有具备充足的资本金率（由银行营业利润和资本损益决定的内部资金率）才能一方面降低由存款人对银行贷款项目审计的预期成本反映的代理成本，激励银行为贷款项目融资而发行各种存款债务；另一方面，为各种存款债务提供良好抵押，激励存款人的有效需求，从而从存款债务供求两方面支持信贷扩张的可贷资金获取。[1] 同样因信息不对称和交易成本之故，资产和负债也不完全等同，这就要求企业保持足够的流动资产，以降低流动性风险冲击带来的提前清算损失。而作为提供降低整个社会流动性风险冲击功能的银行体系来说，自然更需要保持充足的准备金率。银行只有具备充足的储备（实质为银行的流动资产），保持合理的准备金率，才能有效进行信贷扩张，对投资和生产提供信贷支持。[2]

---

[1] Ben S. Bernake, Mark Gerter, 1989, "Agency Costs, Net Worth, and Business Fluctuations", *American Economic Review*, 79.

[2] Benjamin M. Friedman, Kenneth N. Kuttner, Ben S. Bernake, and Mark Gerter, 1993, "Economic Activity and the Short-Term Credit Markets: An Analysis of Prices and Quantities", *Brookings Papers on Economic Activity*, 2.

表 25—1　　　　　　　　代表性商业银行资产负债简表

资产	负债和资本金
	负债
准备金	活期存款
证券和贷款	其他存款或借款
	资本金

中国银行信贷扩张上述两个约束条件是通过特殊的货币、金融制度安排来满足的。其中对金融中介，特别是国有银行免于破产的国家隐性担保起到了补充银行资本金的作用。在国家提供隐性担保的过程中，存、贷利率管制，特别是相应的利差政策发挥了至关重要的作用。如图25—1所示，从1999年开始，中国一改存、贷利差较低的常态，跃升至年利差3%以上，一度与存、贷利差一直偏高的欧元区日趋接近，远远高于同期的日本、韩国和美国。考虑到中国货币化进程的长盛不衰，如此规模的信贷扩张竟然能够保持与经济停滞和信贷扩张缓慢的欧元区相近的存、贷利差，那就不得不说拜国家利率管制和相应的利率政策所赐了。毕竟如果存在存、贷利率市场化，信贷扩张的活跃将引发存、贷款市场的双向竞争，通常倾向于缩小存、贷利差。由此可见，稳定的存、贷利差政策和活跃的信贷扩张相结合保证了银行中介盈利，起到了补充银行资本金的作用。从这个意义上讲，对金融中介，特别是国有银行免于破产的国家隐性担保也就演变成了对银行存、贷利差的国家隐性担保。与此同时，具有兼顾通货膨胀控制和经济增长双重目标的货币政策则起到了保证银行体系准备金充足的作用。改革开放以来，中国货币政策的非稳定性也得到大量研究成果的证实。谢平、罗雄在检验中国货币政策中的泰勒规则时，运用货币政策反应函数GMM估计发现，通货膨胀率对利率的调整系数小于1，这是一种不稳定的货币政策规

则，在这一制度下，通货膨胀或通货紧缩的产生和发展有着自我实现机制。[①] 樊明太运用 1992—2003 年数据估计中国货币政策反应函数时，发现通货膨胀压力的厌恶程度小于对产出缺口的容忍程度，货币政策反应函数具有动态不稳定性。[②] 赵进文、黄彦在检测中国的最优非线性货币政策反馈规则时，发现 1993—2005 年，央行存在非对称性政策偏好，实际造成中国通货膨胀倾向明显。[③] 由此可见，中国货币政策存在兼顾通货膨胀控制和经济增长的双重目标，在很大程度上具有根据信贷扩张和动员储蓄的需要内生供给货币的特征。

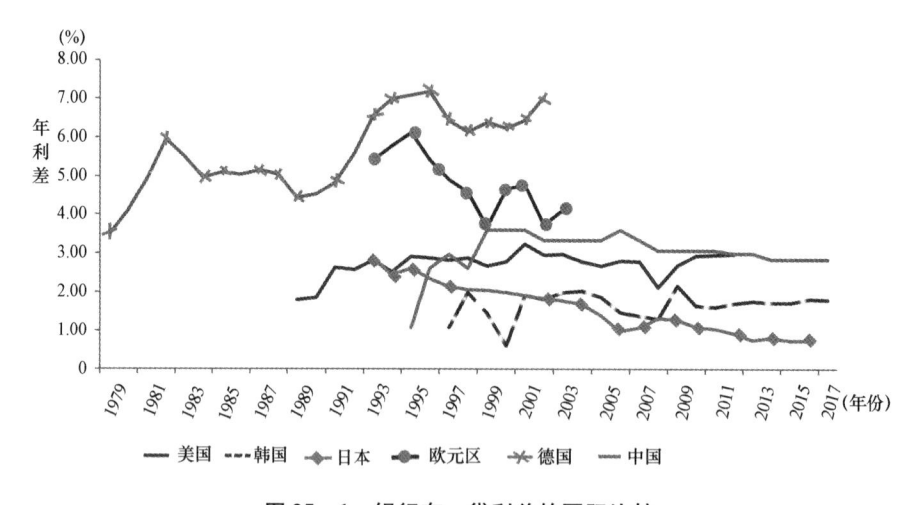

图 25—1 银行存、贷利差的国际比较

资料来源：CEIC。

中国国家隐性担保下的银行信贷扩张取得了巨大成功，迅速推

[①] 谢平、罗雄：《泰勒规则及其在中国货币政策中的检验》，《经济研究》2002 年第 3 期。

[②] 樊明太：《金融结构及其对货币传导机制的影响》，《经济研究》2004 年第 7 期。

[③] 赵进文、黄彦：《中国货币政策与通货膨胀关系的模型实证研究》，《中国社会科学》2006 年第 5 期。

动了由货币化衡量的金融深化，并有效地动员了储蓄，进而加速了投资和经济增长，对实现经济起飞做出了应有贡献。如图25—2和图25—3所示，中国以M2占GDP比重衡量的货币指数在1998年就

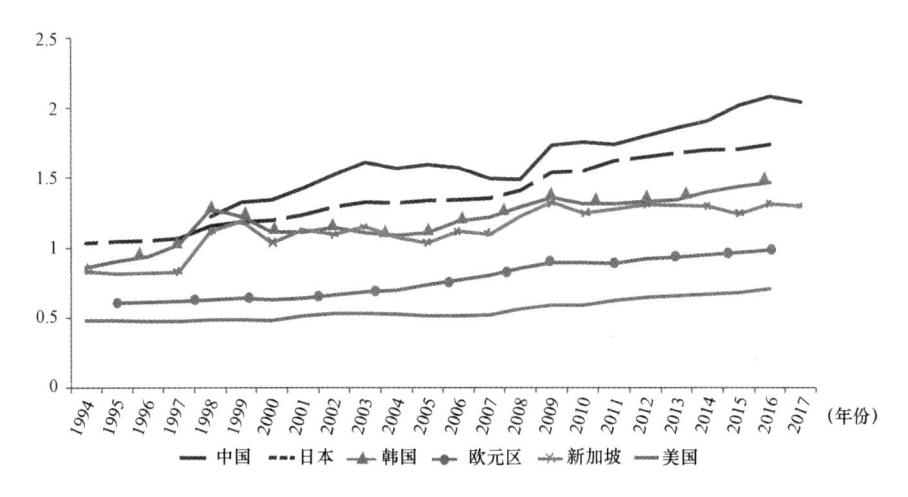

图25—2 货币化指数国际比较（一）

资料来源：CEIC。

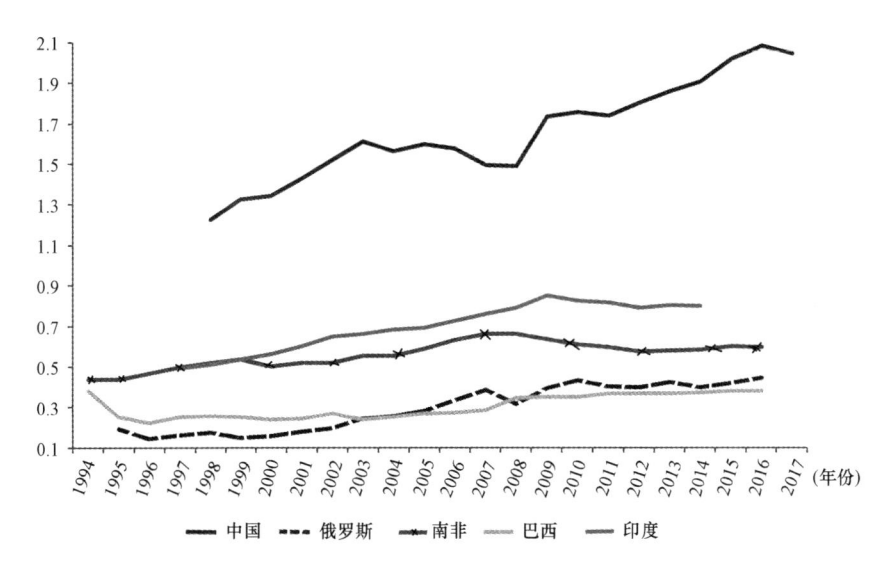

图25—3 货币化指数国际比较（二）

资料来源：CEIC。

图 25—4 中国国内和国民储蓄率

资料来源：CEIC。

达到1.23，2016年的最高点曾达到2.08，不仅远远高于其他金砖国家，而且也高于所有主要的发达经济体。如图25—4所示，以国内储蓄率为例，中国1992年就超过40%，2007—2013年接近或超过50%，只是从2014年开始才略有下降。中国国民储蓄率趋势则与国内储蓄率类似。得益于国家隐性担保下的银行信贷扩张推动，中国2003年人均GDP达到1000美元，开始步入中等收入国家行列，经济起飞任务得以初步完成。储蓄动员效果之所以在计划经济时期和改革开放以后反差悬殊，除了得益于改革开放的一般性市场化过程，也与国家隐性担保下的银行信贷扩张成功解决由格申克龙难题所体现的协调困难密切相关。主流经济学观点认为中国奇迹的关键因素之一就是找到了与人口红利的禀赋条件相适应的出口导向型工业化的经济增长方式。出口导向型工业化的经济增长方式在性质上属于由外部技术引进推动的国内要素和资本积累，干中学则构成了其核心增长机制。[①] 很显然，出口导向型工业化的经济增长方式对竞争性

[①] 中国社会科学院经济研究所经济增长和宏观稳定课题组：《干中学、低成本竞争机制和增长路径转变》，《经济研究》2006年第4期。

市场机制配置资源的充分运用以及对较为成熟的外部技术引进属于一般性市场化过程，一举缓解了困扰计划经济的投资回报低下难题，并同时保证了银行信贷扩张加杠杆的正面效果。银行信贷扩张所内含的对企业价值看跌期权性质也有助于控制银行信用风险。然而，对银行信贷扩张的国家隐性担保仍然在解决后起经济体所特有的协调难题上发挥着不可替代的作用。选择国家隐性担保下的银行信贷扩张这一动员性货币金融体制可以被视为对斯密—杨定理的一种具体运用。① 根据该定理，增长是由各种不断增加的活动类型之间的劳动专业化分工所支持的。随着经济的增长，更大的市场使得企业能够支付生产更大数量的中间投入所需要的固定成本，而这又会进一步提高劳动、资本的生产力，从而保持了经济增长。因此，如果没有国家隐性担保下的银行信贷扩张对储蓄的有效动员，加速企业固定资产投资，充分利用人口红利深化专业化分工，中国作为一个后起经济体加速经济增长，实现经济起飞将很难想象。张杰和张兴胜都肯定了通过金融抑制方式补贴体制内增长（主要指国有企业）对促进宏观经济稳定和增长的极端重要性。② 张杰还剖析了通过金融抑制方式补贴体制内增长的可能机制，即国有银行特殊的资本结构。以国家提供国有银行免于破产以及存款隐性担保体现出来的国家信誉才是国有银行资本金最重要的组成部分。③ 中国社会科学院经济研究所经济增长和宏观稳定课题组进一步把中国改革开放以来的金融体系概括为国家隐性担保下的银行信用扩张、兼顾经济增长和通货膨胀控制的货币政策和基于资本管制的人民币固定汇率制三驾马车，更加系统地论证了在干中学的经济发展阶段，由货币、金融扭曲加

---

① Young, A., 1928, "Increasing Returns and Economic Progress", *Economic Journal*, p.38.

② 张杰:《渐进改革中的金融支持》,《经济研究》1998 年第 10 期；张兴胜:《经济转型与金融支持》,社会科学文献出版社 2002 年版。

③ 张杰:《中国国有银行的资本金谜团》,《经济研究》2003 年第 1 期。

速投资和经济增长的可行性。[①] 张磊则进一步分析了国家隐性担保下的银行信贷扩张具体机制。张磊借鉴 Niloy Bose 和 Richard Cothren 的分析方法，运用了引入资本品生产不对称信息和金融约束的干中学世代交叠模型，剖析了经济增长和金融发展的低收入贫困陷阱对后起经济体在经济起飞时期选择政府主导型金融体制的决定性影响。[②] 张磊将中国现行的动员性货币、金融体制概括为政府主导型金融体制，在性质上属于由国家提供金融中介免于破产的隐性担保、信贷利率管制以及信贷利率补贴相配合复制低利率信贷集中性均衡（pooling equilibrium）。[③] 国家隐性担保、信贷利率管制和信贷利率补贴之间相辅相成。其中信贷利率管制意味着信用风险程度不同的借款人（企业家）支付相同利率（信贷集中性均衡的实质），国家隐性担保维持了信贷市场的存在，信贷利率补贴则激励了低风险的借款人（企业家）进入信贷市场，有助于改善借款人（企业家）的整体质量，降低信贷市场的维持成本。很显然，这样的政府主导型金融体制优点在于能够对所有合格借款人提供充分的信贷支持，最大限度地动员资源，推动出口导向型工业化或干中学的经济增长。

第二节　动员性货币、金融体制与中国经济增长方式转变的冲突

根据前面的分析，国家隐性担保下的银行信贷扩张无疑是实现经济起飞的中国增长奇迹的重要组成部分。然而，随着经济起飞任

[①] 中国社会科学院经济研究所经济增长和宏观稳定课题组：《金融发展与经济增长：从动员性扩张向市场配置的转变》，《经济研究》2007 年第 4 期。

[②] Niloy Bose, Richard Cothren, 1997, "Asymmetric Information and Loan Contracts in a Neoclassical Growth Model", *Journal of Money, Credit and Banking*.

[③] 张磊：《后起经济体为什么选择政府主导型金融体制》，《世界经济》2010 年第 9 期。

务的完成以及相应的增长成本不断攀升,动员性货币、金融体制却日益成为中国经济增长方式转变的障碍,人口老龄化时代的来临则加剧了这一进程。随着工业化和城市化推进,中国经过近30年的高速增长,也开始步入人口转型的第三阶段,即老龄化时代。人口红利的逐步消失对中国增长减速的影响在2011年以后变得尤为明显,从而提出了重构增长动力的时代挑战。Cai和Wang指出随着我国在2013年左右人口抚养比由下降转为提高,传统意义上的人口红利趋于消失。① 中国经济增长和宏观稳定课题组认为,改革开放以来,中国由劳动力供给增长所带来的人口红利正在消失。② 目前,中国劳动力供给已经进入绝对减少的"拐点"区域,2015年之后,劳动年龄人口持续下降及相应劳动供给持续减少将成为常态。学术界对人口红利消失的预测也为有关统计资料所证实。至2012年年末,我国劳动年龄人口绝对数量出现首次下降。中国基于国内要素和资本积累的干中学增长日益表现出的后继乏力特征标志着增长方式亟须转变。刘仁和等从宏观经济学关于投资的q理论出发,借鉴金融经济学中基于生产的资产定价模型,构造出包含实物资本调整成本的资本回报率模型,再结合中国的宏观总量数据测算国内的资本回报率。③ 从全球来看,一旦加入资本调整成本,中国的资本回报率可能没有明显高于其他经济体。值得指出的是,在剔除生产税和企业所得税的情形下,考虑调整成本的资本回报率从2008年的9.82%逐年下降到2014年的3.02%。

尽管自2005年以来,中国金融市场化改革和发展一度得以加

---

① Fang Cai, Dewen Wang, 2005, "China's Demographic Transition: Implications for Growth", in: Garnaut and Song (eds), *The China Boom and Its Discontents*, Canberra: Asia Pacific Press.
② 中国经济增长和宏观稳定课题组:《干中学、低成本竞争机制和增长路径转变》,《经济研究》2006年第4期。
③ 刘仁和、陈英楠、吉晓萌、苏雪锦:《中国的资本回报率:基于q理论的估算》,《经济研究》2018年第6期。

速,但尚未对推动增长方式转变做出应有贡献。

1. 过于漫长的利率市场化改革扭曲了资金配置。从 1996 年放开银行间同业拆借市场利率算起,中国利率市场化改革经历了 20 年之久。随着 2004 年 10 月取消除城乡信用社的贷款利率上浮限制,中国利率市场化改革得以加速。2012 年 6 月 8 日,央行在下调存贷款基准利率的同时,将存款利率浮动区间上限调整为基准利率的 1.1 倍,这是继 2004 年 10 月放开贷款利率上限和存款利率下限后,利率市场化改革向实质化迈进的重要一步。2015 年 10 月,央行解除了对商业银行等金融机构存款利率上限的管制,虽然央行会继续公布存贷款基准利率,但商业银行理论上已经可以自主决定存贷款利率,这标志着信贷利率市场化在形式上已经完成。[①] 与此同时,其他金融产品,同业拆借、回购市场、债券市场、互换市场、网络金融如 P2P 都是买卖双方自主交易达成的价格,它们所隐含的利率都是市场化的利率。各期市场利率,包括短期、中期、长期市场利率形成一个完整的利率期限结构,正在金融资产的定价决定、资金配置方面发挥着重要作用。然而,中国利率市场化与主要国家相比改革的进程仍相对缓慢。例如,美国从 1970 年放开 90 天以内 10 万美元以上大额存单利率管制起,至 1986 年取消,经历了 16 年;日本 1977 年允许国债上市流通并于 1978 年放开银行间同业市场拆借利率起,至 1994 年取消所有存款利率限制,同样经历了 16 年;韩国从 1981 年放开商业票据贴现利率起,经过两个阶段的市场化改革后,至 1997 年利率市场化全面实现,也用了 16 年的时间。事实上,除法国和印度历经 20 年完成利率市场化改革外,大部分渐进改革国家都仅

---

① 中国利率市场化历程:1996 年,取消同业拆借利率上限;1997 年,放开回购利率;1998 年,改革贴现率形成机制并增加贷款利率上限;1999 年,开始逐步允许不同的机构协商利率;2000 年,放开外币存贷款利率;2004 年,扩大金融机构贷款利率浮动区间;2012 年 6 月,将存款利率浮动区间上限调整为基准利率的 1.1 倍;2014 年 11 月 21 日,将存贷款利率浮动区间上限调整为基准利率的 1.2 倍;2015 年 10 月 24 日,不再设定存款利率浮动上限。

历经 10 年左右就实现利率完全开放的目标。过于漫长的利率市场化改革使得中国付出了诸多代价,利率扭曲就是重要根源之一。陈昆亭、周炎、黄晶运用 DSGE 周期模型集中研究了利率扭曲的负面影响。[①] 正如米塞斯—哈耶克工业波动模型所指出的那样,信贷扩张本身就有跨期错配风险管理难题。[②] 信贷扩张实质上相当于金融部门通过压低利率使得资产回报率偏低的投资项目获得过多的货币支持。由于缺乏消费者意愿储蓄配合,这样的信贷扩张必将导致恶性通货膨胀而被迫终止。届时随着利率跨期错配风险贴水飙升,经济和投资将转而开始进行收缩调整。国家对银行信贷扩张的隐性担保进一步加剧了跨期错配风险。该文所涉及的"利率扭曲"除了传统意义上的跨期错配,即现实经济中执行的政策利率的实际值(去除通胀)偏离中长期经济均衡的实际利率水平(即实际的自然利率水平),还包括实际存贷款利差偏离长期均衡的利差水平。该文研究发现:(1)存在明显的期限错配,实际储蓄利率的负向冲击,只在很短的时间内、以很有限的幅度引致经济增长,接着形成远超过增长幅度的大幅度萧条。(2)长期实际执行的储蓄利率均值接近于 0,不但造成收入分配不平等,还影响长期增长。过低的实际储蓄利率导致私人部门储蓄意愿不强,从而降低信贷市场上可贷资金的量,因此会降低投资,最终影响经济的长期增长。(3)金融市场摩擦(存、贷款利差)冲击可能会改变中长期经济发展趋势。1% 利差的增加将被转化为对投资和消费的挤出,其中对投资的挤出最多,达到全部挤出的 81%,剩余 19% 的挤出中仅有 1% 是由企业家部门承担,剩下的 18% 形成对一般家庭的消费的挤出。金中夏、洪浩、李宏瑾通过构建、校准和模拟 Stockman 现金先行动态随机一般均衡模型

[①] 陈昆亭、周炎、黄晶:《利率冲击的周期与增长效应分析》,《经济研究》2015 年第 6 期。

[②] 布赖恩·斯诺登、霍华德·文、彼得·温纳齐克:《现代宏观经济学指南——各思想流派比较研究引论》,商务印书馆 1998 年版。

(DSGE)，集中探讨了利率市场化，特别是存款利率市场化的好处。[①] 研究结果表明，名义存款利率上升通过提高存款实际利率和企业资本边际成本将有效抑制投资和资本存量增长，提升消费占 GDP 的比重，从而有利于改善经济结构并促进经济可持续发展；在面对外部冲击时（无论是技术冲击，还是货币政策冲击），利率水平的上升还可以通过经济结构调整减少宏观经济的波动，从而有利于宏观经济的长期平稳增长；利率市场化后，实体经济对货币政策冲击的反应将大大加强，这也意味着货币政策利率传导渠道将更加通畅。相反，利率市场化改革后，关于名义存款利率上升将使经济发展受到冲击，并使投资和宏观经济增长面临负面影响的担心，没有得到模型的支持。由此可见，尽管很多国家在利率市场化改革的同时或不久都出现了不同程度的金融危机和经济动荡，但并不能将其原因归咎为利率市场化改革本身，不恰当的宏观经济政策和失败的金融监管更应承担。很显然，利率市场化改革严重滞后将会付出相应代价。纪洋、徐建炜、张斌在借鉴 He 和 Wang 与 Porter 和 Xu 的研究基础上，运用一个银行寡头竞争的利率双轨制模型，经过比较静态分析、参数校准与数值模拟，刻画了"计划轨"的存款利率影响"市场轨"的贷款利率的微观机制。[②] 该研究认为放开存款利率上限是推进利率市场化的关键步骤，其作用机制主要可以归结为两点：（1）放宽存款利率上限将提高存款利率，增加居民部门的

[①] 金中夏、洪浩、李宏瑾：《利率市场化对货币政策有效性和经济结构调整的影响》，《经济研究》2013 年第 4 期；Stockman, A., 1981. "Anticipated Inflation and the Capital Stock in A Cash in Advance Economy", *Journal of Monetary Economics*, 8 (2)。

[②] 纪洋、徐建炜、张斌：《利率市场化的影响、风险与时机——基于利率双轨制模型的讨论》，《经济研究》2015 年第 1 期；He, D., He. Wang, X. Yu, 2014, "Interest Rate Determination in China: Past, Present and Future", HKIMR (Hong Kong Institute of Monetary Research) Working Papers No. 042014; Porter, N. and T. Xu, 2013, "Money Market Rates and Retail Interest Regulation in China: The Disconnect between Interbank and Retail Credit Conditions", Bank of Canada Working Paper.

收益，并帮助银行吸引更多的可贷资金，从而缓解贷款的供给压力，降低贷款利率。（2）如果在保持上限的情况下适当降低银行业准入门槛，并不会降低融资成本。这是由于存款利率管制限制了银行的竞争手段，银行无法提高利率以吸引存款，缺乏相应的可贷资金来降低贷款利率。此外，在市场自由进出的条件下，放宽存款利率上限将导致部分银行破产，但由于中国对设立银行实行严格的审批制度，目前银行数量远低于长期均衡的银行数量，在现实中并没有破产风险。因此，利率市场化的代价实际上有可能被夸大。

2. 金融市场发展严重滞后不仅拖慢了利率市场化改革的速度，而且使其效果大打折扣。尽管股权分置改革早已在2007年得以完成，但金融市场发展滞后却是不争的事实。2005年4月29日，中国证监会启动了股权分置改革。截至2007年年底，股权分置改革基本完成。股权分置改革的完成使国有股、法人股、流通股利益分置、价格分置的问题不复存在，各类股东享有相同的股份上市流通权和股价收益权，各类股票按市场机制定价并成为各类股东共同的利益基础。然而，由于仍是被作为银行信贷的配套来对待，股权分置改革的完成并没有从根本上改变金融市场发展滞后状况。股权分置设计的初衷是向内部资本市场方向发展的。所谓内部资本市场，系指企业相互持有股份并进行内部转让，公开的二级市场相对不发达。本来如果坚持这样的资本市场发展方向，中国金融体制很可能演变成日、德全能银行模式，以主办银行制，企业相互持股，公开资本市场，特别是以股票市场滞后发展为特征。然而，由于股票市场的迅速发展，特别是国有上市公司不断放弃配股权，资本市场这一发展方向变得难以为继，从而转为更为充分的市场化取向。正是由于即使最为成功的股权分置改革也是政策设计的意外结果，银行信贷仍在社会融资总量中占据压倒性的优势地位。尽管在全社会新增资金中，新增人民币贷款比重曾从2002年的92%下降到2013年最低点51%，新增外币贷款、新增委托贷款、新增信托贷款和企业债券融资等比重一度稳步上升，但 2017 年新增人民币贷款社融占比重新回到 71%。张勇、李政军和龚六堂曾计算过中国过去 10 年平均国有银行信贷融资占社会总融资的 75% 以上，说明存款利率管制的国有银行信贷融资成为融资主体，自由定价的市场融资则处于次要地位。① 强静、侯鑫、范龙振揭示了金融市场扭曲对利率市场化改革效果的负面影响。② 该文将一年期存款基准利率作为影响债券市场利率期限结构的政策基准利率；短期市场利率与基准利率的偏差可以用来衡量资金流动性，将其作为影响市场利率的第二个因子变量；由于投资长期债券具有风险，可将风险溢酬作为第三个因子变量。基于这三个变量构造仿射利率期限结构模型。实证表明模型很好地解释了国债各期利率从 2002 年到 2017 年的表现。模型揭示政策基准利率仍是决定市场各期利率重要的变量，而资金流动性因子主要影响短期利率的变动，风险溢酬因子主要决定长期市场利率的变动。研究还发现政策基准利率与预期通胀率高度相关，但市场各期利率与预期通胀率联系很弱。原因在于资金流动性因子与预期通胀率在样本期的前后两个阶段都负相关。③ 因此，简单地放松利率管制只是市场化改革的开始，建立紧密联系经济基本面的市场化利率是下一步改革的重点。

3. 作为金融改革最为滞后的领域，人民币汇率制度始终面对希望增加汇率弹性又害怕汇率浮动的两难选择，同样损害了资金配置效率的提高。梅冬洲、龚六堂通过将 Bernanke 等人提出的模型推广

---

① 张勇、李政军、龚六堂：《利率双轨制、金融改革与最优货币政策》，《经济研究》2014 年第 10 期。

② 强静、侯鑫、范龙振：《基准利率、预期通胀率和市场利率期限结构的形成机制》，《经济研究》2018 年第 4 期。

③ 为了反映市场环境的变化，该文把样本分成前半段和后半段。第一阶段从 2002 年 1 月至 2010 年 12 月，第二个阶段从 2011 年 1 月至 2017 年 12 月。第二个阶段利率市场化改革的步伐加快，先是允许存贷款利率围绕基准利率浮动，到后来不再设限，最近两年央行探索了价格型的货币政策调控手段，如利率走廊制度。

到小国开放经济中，考察了中国及新兴市场经济国家在一种特殊的货币错配，即普遍持有大量美元资产，企业融资主要依靠国内银行，经济时刻面临升值压力情况下的汇率制度选择问题。[①] 对这种特殊的货币错配研究较少，其中以 Mckinnon 提出的"高储蓄两难"模型最具代表性，但该模型缺乏微观基础。[②] 梅冬洲、龚六堂的研究弥补了这一不足，并发现汇率制度的选择与持有的美元资产比例和金融加速器效应直接相关，其数值模拟证实无论是出口正向冲击还是世界利率负向冲击均可能导致中国产出下降，甚至引发流动性陷阱，具体机制为出口正向冲击或世界利率负向冲击都将迫使人民币面临升值压力，损害国内企业净值，进而通过金融加速器效应提高外部融资成本，引致经济衰退。正是为了应对这种可能引发人民币升值的货币错配，中国外汇管理体制改革主要沿着形成更为灵活的人民币汇率决定机制，并稳定汇率水平的方向展开。1994 年 1 月 1 日人民币官方汇率与外汇调剂价格正式并轨，中国开始实行以市场供求为基础的、单一的、有管理的浮动汇率制。2005 年 7 月 21 日中国出台了完善人民币汇率机制改革，人民币汇率不再盯住单一美元，而是以市场供求为基础，参考一篮子货币计算人民币多边汇率指数的变化对人民币汇率进行管理和调节，维护人民币汇率在合理均衡水平上的基本稳定。2015 年 8 月 11 日中国宣布"决定完善人民币对美元汇率中间价报价"改革后，人民币汇率波动一度骤然增加。为缓解人民币贬值压力，中国政府曾多次公开强调维护人民币汇率稳定的决心，并不断完善人民币兑美元汇率中间价报价机制，2017 年 5 月

---

① 梅冬洲、龚六堂：《新兴市场经济国家的汇率制度选择》，《经济研究》2011 年第 11 期；Bernanke, B., M. Gertler, S. Gilchrist, 1999, "The Financial Accelerator in A Quantitative Business Cycle Framework", In: Handbook of Macroeconomics, 2 (J. Taylor and M. Woodford. eds.), North-Holland, Amsterdam。

② McKinnon, R., 2005, Exchange Rates under the East Asian Dollar Standard: Living with Conflicted Virtue, MIT Press (Cambridge).

末在原有"收盘价+一篮子货币汇率变化"的报价模型中加入了"逆周期因子",以对冲市场情绪的顺周期波动。为了同保持货币政策独立性和实现人民币汇率基本稳定相适应,中国被迫采取严格的资本管制并带来相应的扭曲。尽管早在1994年1月1日就已经实现人民币在经常项目下的有条件可兑换,但在资本项目下的自由兑换却进展比较缓慢。根据中国央行课题组2012年报告(《我国加快资本账户开放的条件基本成熟》)给出的定义,资本账户开放是一个逐渐放松资本管制,允许居民与非居民持有跨境资产以及从事跨境资产交易,实现货币自由兑换的过程。在IMF对一国资本管制划分的七大类40项指标中,中国现有不可兑换项目4项,部分可兑换项目22项,基本可兑换项目14项。在未来5—10年内对资本流动的管理要逐步用价格型代替数量型。人民币汇率弹性不足及其配套的资本管制不仅带来扭曲成本,而且相应加大宏观调控难度。[1] 很显然,利率市场化改革漫长、金融市场发展滞后、人民币汇率弹性不足和资本管制日渐失效共同作用造成由资本化衡量的中国金融(发展)宽度不足。与迅速的货币化形成鲜明的对照,中国资本化进程却一波三折。如图25—5所示,以沪深两市股票总市值占GDP比重衡量的资本化率自从2007年达到1.2的高点之后,到2017年也只有0.69。这种间接融资高度发达而直接融资发展滞后的金融结构无疑是国家隐性担保下银行信贷扩张的现行货币、金融体制的产物。

中国金融宽度不足给增长方式转变带来巨大负面影响。(1)对银行信贷扩张的国家隐性担保可能引发普遍的道德风险并带来过度投资的激励,从而加剧金融风险。Lee等证实即使以具有投资导向型经济增长特征的亚洲经济体高标准衡量,中国实际投资率仍然显得

---

[1] 陈创练、姚树洁、郑挺国、欧璟华:《利率市场化、汇率改制与国际资本流动的关系研究》,《经济研究》2017年第4期;李成、王彬和马文涛:《资产价格、汇率波动与最优利率规则》,《经济研究》2010年第3期。

偏高，跨期错配和过度投资严重。① 中国 30 多年来可预测的投资标准应占 GDP 的 33%—43%，但中国实际投资却在 GDP 的 35%—49% 的更大范围内波动。不过，只是在 2000 年以后，中国跨期错配问题才变得突出，并在 2009 年为了应对国际金融危机而实施一系列经济刺激方案以后越发严重。国家隐性担保下的银行信贷扩张可能引发信用膨胀和经济波动，早已引起广泛关注。黄达、周升业较早地界定了信用膨胀概念，并指出信用膨胀最终必将引发通货膨胀。引起货币投放的贷款，必须以本期流通中货币必要量的增加额为准。② 超过这个界限会形成过多的货币投放，即信用膨胀。至于引发信贷投放过多和通货膨胀的体制成因可具体概括为：因体制改革不到位，企业和各投资主体将资金过多地配置于固定资产投资，以及银行固定资产投资贷款规模高速增长，助长了固定资产投资膨胀，使得被迫采用信用膨胀方式缓解企业流动资金不足问题。由固定资产投资过度引发信用和通货膨胀由蒋跃较早提出，王一江通过政府追求产出最大化，政府参与企业资源配置，政府与企业存在资源配置的信息不对称等一系列假定，更加严格地论证了这一理论可能性。③ 钱彦敏则从企业产权改革滞后和相应的内部人控制角度论证了代表性国有企业产出高于社会最优水平，倒逼出过度信贷投放和货币供给的机制。④ 钟伟、宛圆渊通过引入预算软约束，构建了金融危机的信贷扭曲膨胀微观基础，并提出防范这种类型的金融危机，必

---

① Lee, M. I. H., Syed, M. M. H., Xueyan, M. L., 2012, "Is China Over-Investing and Does it Matter?", International Monetary Fund.
② 黄达、周升业：《什么是信用膨胀，它是怎样引起的?》，《经济研究》1981 年第 11 期。
③ 蒋跃：《当前流动资金短缺机制及其缓解对策》，《经济研究》1986 年第 5 期；王一江：《经济改革中投资扩张和通货膨胀的行为机制》，《经济研究》1994 年第 6 期。
④ 钱彦敏：《论企业外部性行为与货币政策效率》，《经济研究》1996 年第 2 期。

须从减少政策性负担、弱化政府隐含担保和引入竞争性金融体系入手。① 易纲、林明提出国有企业事后的费用最大化从而事前的投资最大化是中国经济规模扩张的主要动力,但这种增长方式成本极高,其直接后果是形成巨大的银行不良资产。②（2）金融宽度不足还损害了企业创新活动,阻碍新增长动力的形成。林毅夫、孙希芳、姜烨提出一个企业（或投资项目）通常有三类风险：技术创新风险、产品创新风险和企业家（经营）风险。③ 对于一个处于新兴产业的企业会主要面临技术及产品创新风险,而处于相对成熟产业的企业可能更多面临企业家（经营）风险。考虑到金融市场在分散和管理技术和产品创新风险时通常更有效率,作为一个后起经济体,中国在完成经济赶超任务时,适宜选择银行主导的金融结构。龚强、张一林、林毅夫运用企业融资模型继续探讨增长阶段、产业风险和金融结构的上述关系。④ 该文发现金融市场的有效运转,需要以良好的市场环境为前提。市场环境是否优良,与相关法律、信用体系、产权保护、信息披露等制度的完善程度有关。与金融市场相比,银行通过要求企业提供贷款抵押并保留违约清算权力,能够更加有效地保护自身权益,并约束企业的道德风险。该文表明,当市场环境抑制了金融市场的有效性时,对于风险较低的成熟产业,银行更有利于促进产业的发展；然而,对于风险更高的创新产业,银行的融资效率显著下降,此时必须通过改善市场环境,才能发挥金融市场对产业的支持作用。张成思、刘贯春构建了考察金融结构与经济增长关系的新古典增长模式,并以股市交易总额与金融机构贷款总额的

---

① 钟伟、宛圆渊：《预算软约束和金融危机理论的微观建构》,《经济研究》2001年第8期。
② 易纲、林明：《理解中国经济增长》,《中国社会科学》2003年第2期。
③ 林毅夫、孙希芳、姜烨：《经济发展中的最优金融结构理论初探》,《经济研究》2009年第8期。
④ 龚强、张一林、林毅夫：《产业结构、风险特性与最优金融结构》,《经济研究》2014年第4期。

比例构成作为金融结构的代理指标，运用 1996—2012 年中国 29 个省区的面板数据验证了林毅夫等的逻辑。[①] 回归结果显示，金融结构对经济增长的影响显著为正，即金融市场在金融体系中相对重要性的上升已经有利于经济的快速发展。邓可斌、曾海舰集中探讨了中国上市公司融资约束产生的特殊根源及其对企业创新的复杂影响。[②]根据 Fazzari 等的定义，融资约束原指由于市场不完备而导致企业外源融资成本过高，从而使得企业投资无法达到最优水平的情况。[③] 很显然，融资约束风险增加与市场不完备紧密关联，从而使其不可分散。这种不可分散性特质的风险要求企业，特别是中小创业型企业只有积极进行创新，培育更强的技术创新能力和生产效率，才可能有效放松相应的融资约束。反而言之，如果放松融资约束不能促使企业更愿意承担风险和从事创新活动，而只是一味追求需要充裕资金投入的项目，就可能导致资金错误配置，进而危及经济增长原动力的产生。然而，尽管该文运用严格依据了融资约束的定义设计的 WW 指数更好地计算了沪深上市公司的融资约束情况，但没有能够发现放松融资约束激励企业承担风险和进行创新的证据。中国企业的融资约束外生于市场，很大程度上源于政府对市场的干预，而不是源于市场竞争引起的市场摩擦和流动性约束。这导致融资约束在中国成为一种外生于市场体系的系统性风险，投资者承担这一风险虽然能获得相应的股票超额收益，但外生系统性风险的性质决定了其不能对市场体系内的企业技术创新行为产生影响。正是由于中国融资约束具有外源于市场的根本性特征，解决融资约

[①] 张成思、刘贯春：《经济增长进程中金融结构的边际效应演化分析》，《经济研究》2015 年第 12 期；林毅夫、孙希芳、姜烨：《经济发展中的最优金融结构理论初探》，《经济研究》2009 年第 8 期。

[②] 邓可斌、曾海舰：《中国企业的融资约束：特征现象与成因检验》，《经济研究》2014 年第 2 期。

[③] Fazzari, S., R. G. Hubbard, and B. C. Petersen, 1988, "Financing Constraints and Corporate Investment", *Brookings Papers on Economic Activity* 1.

束问题不应仅仅关注消除市场摩擦（包括金融市场的摩擦）；更重要的是打破企业间的融资渠道壁垒，让融资约束风险产生于市场并解决于市场。

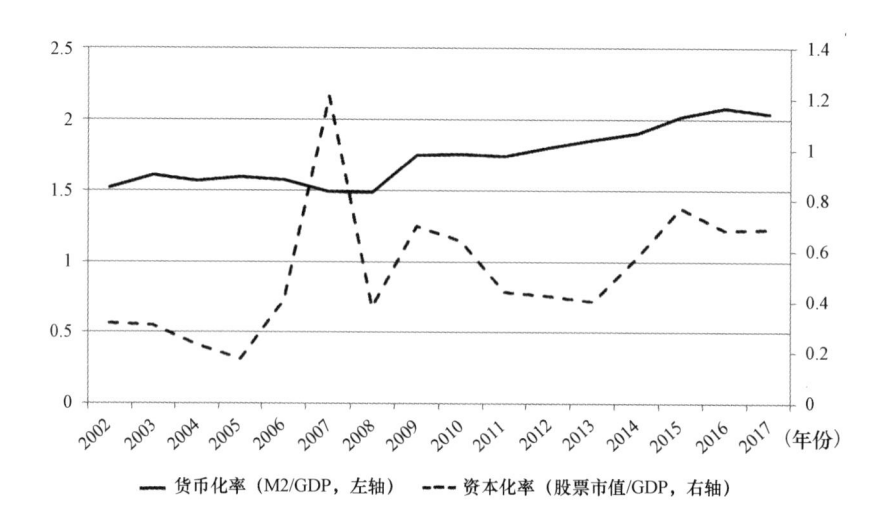

图 25—5　中国资本化率

资料来源：CEIC。

第三节　中国金融市场化改革面临的挑战

根据上面的分析，对中国国家隐性担保下的银行信贷扩张的既有调整尚不足以满足增长方式转变的需要。究其原因，这种金融市场化改革的挑战在于不仅要解决与这种动员性货币、金融体制相伴随的国企和地方政府预算软约束治理难题，而且要防范由抑制信贷过度扩张可能引发的债务—通缩风险。尽管金融危机归根结底是由国企和地方政府预算软约束和相应的信贷过度扩张引致的，但去杠杆过程却不能一蹴而就。中国人民银行营业管理部课题组针对中国部分企业中存在的预算软约束问题及其造成价格扭曲、资源错配的现实背景,在金融加速器理论的基础上,建立嵌入预算软约束的金融加速器机制,通过企业与金融机构债务契约优化问题,得到预算软约束企业的融资溢价方程,阐述预算软约束造成价格扭曲及资源错配的内生机理。① 具体地讲,金融加速器可以起到提高融资溢价,进而降低企业杠杆和减少可贷资金供给的作用。因此,金融加速器可以通过调节融资溢价水平促使资金流向财务状况更好、收益率更高的企业,优化资金配置;在经济下行时期,可以加快生产低效、财务风险较大的企业退出,促进市场出清。相反,预算软约束却会在很大程度上抵消金融加速器作用。预算软约束使得企业融资溢价与杠杆率的相关程度减弱,企业对利率、负债的敏感度降低。政府担保程度越大,企业融资溢价越低,获得可贷资金越多,杠杆越高。王博森、吕元稹、叶永新将政府隐性担保定义为债券违约后的政府兜底偿付概率,并以 Duffie 和 Singleton 的模型为基础,分析中国债券市场中隐性担保问题。② 具体地讲,就是借助 CIR 利率模型,采用卡尔曼滤波,结合极大似然估计方法,从债券价格推测投资者对不同种类债券违约概率的看法;通过使用样条方法拟合了不同种类债券即期利率曲线;通过在经典模型中引入政府隐性担保概率,对政府隐性担保在债券定价中的作用进行了测算。AA 评级中央企业债和地方国有企业债的定价中,分别隐含着对应政府以 39.9% 和 6.7% 概率进行的隐性担保,而类似的隐性担保在 AA+ 评级中央企业债和地方国有企业债定价中分别为 33.9% 和 1.2%。王永钦、陈映辉、杜巨澜选取了一个独特的视角,即从交易城投债的金融市场的角度,

---

① 中国人民银行营业管理部课题组:《预算软约束、融资溢价与杠杆率——供给侧结构性改革的微观机理与经济效应研究》,《经济研究》2017 年第 10 期。

② 王博森、吕元稹、叶永新:《政府隐性担保风险定价:基于我国债券交易市场的探讨》,《经济研究》2016 年第 10 期;Duffie, D., K. J. Singleton, 1997, "Model of the Term Structure of Interest-rate Swap Yields", *Journal of Finance* 52; Duffie, D., and K. J. Singleton, 1999, "Modeling Term Structure of Defaultable Bonds", *Review of Financial Studies* 12。

将城投债的收益率价差分解成流动性风险价差部分和违约风险价差部分，利用（对于地方政府而言）外生的冲击，通过双重差分的方法来进一步识别中国地方政府债务的违约风险。[①] 在中国经济整体的风险方面，该文利用了中国的货币政策冲击、2008—2009 年的国际金融危机、实际汇率冲击；地方层面的风险方面，控制了财政收支情况、土地价格和产业结构等信息。回归结果证实，宏观外生冲击稳健地被定价，地方性的信息却并没有被定价和反映在收益率价差中。换言之，地方政府债务的违约风险并没有在城投债的收益率价差中得到反映，而中国的整体违约风险则在其中得到了有效的定价；整体违约风险价差在 2012 年后大幅度飙升。这也初步表明，中国的地方债存在较严重的软预算约束问题，金融市场并没有将不同的地方债区别对待。纪敏、严宝玉、李宏瑾提出尽管杠杆率水平与经济发展水平在超过阈值后负相关，但阈值本身并不稳定，债务的可持续性，即债务和货币扩张能否得到有效维持，对经济增长和金融稳定同样重要。[②] 由于债务形成的投资或消费能够推动 GDP 增长，只要（人均）债务增速快于杠杆率增速，那么（人均）名义 GDP 仍能实现正增长。因而，债务可持续能力不同的国家，在相同杠杆率水平下，经济表现并不相同。通常，在经济负债水平和杠杆率较低的情形下，货币和信贷扩张确实能够带来经济的快速增长，但这种效果在长期内将消耗殆尽，杠杆效率高低是其中的关键性决定因素。因此，一方面应合理把握去杠杆和经济结构转型的进程，避免过快压缩信贷和投资可能引发的流动性风险和"债务—通缩"风险，另一方面政府宜减少直接的资源配置，创造必要的环境由市场去选择谁加杠杆、谁去杠杆以优化杠杆结构、提升杠杆效率。此外，人口

[①] 王永钦、陈映辉、杜巨澜：《软预算约束与中国地方政府违约风险：来自金融市场的证据》，《经济研究》2016 年第 11 期。

[②] 纪敏、严宝玉、李宏瑾：《杠杆率结构、水平和金融稳定——理论分析框架和中国经验》，《金融研究》2017 年第 2 期。

老龄化和经济结构服务化转型带来的经济减速影响也加剧了去高杠杆的复杂性。陈雨露、马勇、徐律基于119个国家1980—2012年的动态面板数据，从实证角度研究了人口老龄化对金融杠杆的影响，发现在越过老龄化"拐点"之后，"去杠杆化"进程将伴随金融危机发生概率的明显上升。[1] 根据文章实证结论推算，中国极有可能在2019—2028年进入拐点区域，此后，人口老龄化、金融部门"去杠杆化"和资产价格的下降可能产生"共振"效应，并对金融体系的稳定性造成猛烈冲击。张斌、何晓贝、邓欢以次贷危机前欧美国家的杠杆率上升为参照，比较了2009—2016年中国杠杆率上升的现象、构成、原因及其对实体经济的影响。[2] 较高的货币增速、地方政府和国有企业预算软约束、高储蓄率等原因难以解释中国近年来杠杆率的快速上升。从制造到服务的经济结构转型特定背景下，债务扩张带来的真实GDP增速和通胀增速边际效力下降，带来杠杆率上升。很显然，面对可能的经济减速，政策更不能一味主动倡导去杠杆，而是在保持经济稳定的条件下，进一步深化金融市场化改革，由市场自主决定去杠杆。

第四节　中国经验在世界金融理论中的位置：从储蓄动员到多层次资本市场发展

70年来，中国对动员性货币、金融体制的探索不仅为突破低收入贫困陷阱，实现经济起飞的历史任务做出了应有贡献，而且在世界金融理论发展史上占有一席之地。总的说来，中国经验

---

[1] 陈雨露、马勇、徐律：《老龄化、金融杠杆与系统性风险》，《国际金融研究》2014年第9期。

[2] 张斌、何晓贝、邓欢：《不一样的杠杆——从国际比较看杠杆上升的现象、原因与影响》，《金融研究》2018年第2期。

在增添经济增长和金融发展互动关系的 Patrick 假说新例证的同时，还极大地丰富了金融发展的"需求导向"和"供给导向"两分法的内涵。

不同经济增长阶段与金融体制模式及其相应金融发展水平的关系一直是学术研究关注的重点之一。对后起经济体金融发展及其扭曲的研究主要沿三个方向展开：(1) Mckinnon-Shaw 以拉美金融发展经验为基础提出金融压抑或金融深化理论。[①] 将阻碍金融中介在其潜在技术水平上运行的政策和规定均定义为金融压抑的形式，通常包括：①低收益的法定准备金；②对贷款或存款利率的最高限价；③对金融资产征收通货膨胀税，等等。[②] 金融压抑理论认为这些扭曲金融的做法将带来巨大成本。比如：①利率压抑可能削弱储蓄激励和相应的经济增长；②利率压抑和强制的高准备金率会提高信用成本和限制信用规模；③利率长期压抑还可能导致正规金融部门业务扩张和发展受到限制，以致地下中介盛行（所谓"结构主义者"的观点）。Rorbini 等通过对 52 个国家的分析证实金融压抑对长期经济增长率的负面影响。[③] 他们根据拉美国家同其他国家有条件的聚合情况，把金融压抑指标并入经济增长方程式，以解释拉美国家弱增长的情况。金融压抑理论对后起经济体选择金融压抑的做法给出的解释是这些经济体可能正规税制发展滞后，需要通过金融压抑的隐性税收来弥补财政收入不足。Bencivenga 和 Smith 通过一般均衡模型，探讨了发展中国家在财政赤字需货币化的情况下，最优通货膨胀税

---

① McKinnon, R., 1973, *Money and Capital in Economic Development*, Washington, D. C.: The Brookings Institution; Shaw, E., 1973, *Financial Deepening in Economic Development*, New York: Oxford University Press.

② McKinnon, R., 1993, *The Order of Economic Liberalization*, 2nd ed. Baltimore, Md.: The Johns Hopkins University.

③ Rorbini, N. X. Sala-I-Martin, 1992, "Financial Repression and Economic Growth", *Journal of development economics*, 39.

以及相应的最优金融压抑程度决定问题。① 该学派对金融压抑解除的对策就是强制优先控制预算赤字,然后实现金融自由化。(2) Hellmann 等从不完全信息和其他交易成本引起金融市场失灵的前提出发,提出用一套可称为金融约束的政策组合来提高金融市场效率。② 金融约束的两个基本组成部分是存款利率控制和对金融部门竞争数量的限制。金融约束代表一组用来创造租金机会的金融政策,这些政策会诱使金融部门中的经营主体去进行一些在竞争市场中提供不足却有益的金融活动,比如信息生产和金融中介扩张等。金融约束理论特别强调金融约束与金融压抑的差别。该理论认为在金融压抑中,为了筹资解决预算赤字,政府压低存贷款利率,利用金融部门从私人部门抽取租金。但金融约束则不同,政府不是从私人部门抽取租金,而是在私人部门内部创造租金。当政府创造了租金机会以后,允许利润最大化的公司去追求这些租金,私人信息就可纳入分配决策中去。因此效率最高的公司或银行获益最多,也成长最快。很显然,金融约束理论的政策对策与金融压抑理论针锋相对,前者认为只要设计得当,适度的金融扭曲并不必然带来金融压抑反而可以激励金融发展。由此可见,金融约束理论是从弥补市场失灵视角来解释后起经济体金融扭曲的成因。(3) 传统的发展经济学文献主要以东亚的金融发展经验为基础,同样对后起经济体金融发展及其扭曲问题提出了深刻的洞见。希法亭将 19 世纪末 20 世纪初德国的金融体制本质概括为由金融资本和产业资本相互融合形成的金融寡头,并提出在未来社会主义经济中,国家可以运用金融寡头形式,

---

① Bencivenga, Valerie, R., Smith, Bruce, D. 1992, "Deficits, Inflation, and The Banking System In Developing Countries: The Optimal Degree of Financial Repression", *Oxford Economic Papers*, New Series 44.

② Hellmann, T., K. Murdock and J. Stiglitz, 1996, "Financial Restraint: Toward a New Paradigm", forthcoming in M. Aoki, M. Okuno-Fujiwara and H. Kim (eds). *The Role of Government in East Asian Economic Development: Comparative Institutional Analysis*, New York: Oxford University Press.

加速信用扩张，资本积累和经济增长的设想，较早涉及后起经济体选择动员性货币、金融体制问题。① 格申克龙在对后来者经济赶超的研究中，在提出由经济增长潜力巨大和资本积累严重不足引发的后起经济体资源动员和组织的格申克龙难题基础上，将金融创新及政府对它的推动放到了自己理论的核心部分。② 对付这样的后发劣势，必须对后起经济体金融发展实行更高强度的政府干预。Evans 则进一步在巴西、印度和韩国经验的基础上提出了"发展的政府"（developmental state）概念。③ Patrick 就经济增长和金融发展间的互动关系提出了金融发展的"需求导向"和"供给导向"两分法。④ 一方面，"需求导向"的金融发展是实体经济部门发展的结果。这就意味着市场不断开拓和产品种类不断增长，必须更有效地分散风险以及更好地控制交易成本，因此金融发展在经济增长过程中起了更好的推动作用。另一方面，"供给导向"的金融发展先于对金融服务的需求，因而对经济增长有着自主的积极影响。特别是对动员那些阻滞在传统部门的资源，使之转移到能够促进经济增长的现代部门，并确保投资于最有活力的项目方面，起到基础性作用。Patrick 提出的假说是"供给导向"的金融发展对早期的经济发展有着支配作用。一旦经济发展趋于成熟，"需求导向"的金融发展就该发挥作用了。此外，发展中国家同发达国家之间的差距越大，则越有可能遵循"供给导向"的金融发展模式。世界银行主要从东亚经济体宏观经验和金融市场不完善的角度，充分肯定了后起经济体在经济起飞时期选择动员性货币、金融体

---

① 鲁道夫·希法亭：《金融资本》，中译本，商务印书馆1998年版。

② 亚历山大·格申克龙：《经济落后的历史透视》，中译本，商务印书馆2009年版。

③ Evans, P. B., 1995, *Embedded Autonomy: States and Industrial Transformation*, Princeton Univeristy Press.

④ Patrick, H. T., 1966, "Financial Development and Economic Growth in Underdeveloped Countries", *Economic Development and Cultural Change* 14.

制支持信用扩张、加速投资的价值。①

考虑到所面临的经济赶超的增长任务,中国学术界对经济增长和金融发展关系的研究主要是遵循上述第三个发展经济学的思路展开的。国内的主流文献承认中国选择动员性货币、金融体制的合理性,并肯定其加速企业投资和经济增长的作用。黄达从货币的交易媒介性质和贷款创造存款的信用扩张过程,阐述了允许银行参与企业全额流动资金和固定资产投资贷款、加速经济增长的必要性和可行性。② 曹尔阶、李敏新、王国强,尚明、吴晓灵、罗兰波描述了国有银行成为企业全额流动资金和固定资产投资贷款主体的制度变迁过程。③ 王广谦通过对中国改革17年来金融发展与经济增长的实证分析,论证了金融数量扩张对经济的推动作用和效率较低对经济带来的负面影响。④ 张杰、张兴胜、中国社会科学院经济研究所经济增长和宏观稳定课题组和张磊进一步细化了这方面的研究。⑤ 不过,也有部分文献倾向于否定中国现有金融发展,甚至银行业发展对经济增长的推动作用〔Boyreau-Debray（2003）,王晋斌（2007）,陈雨

---

① 世界银行:《东亚奇迹——经济增长与公共政策》,中译本,中国财政经济出版社1994年版;世界银行:《东亚复兴:关于经济增长的观点》,中译本,中信出版社2003年版。

② 黄达:《财政信贷综合平衡导论》,金融出版社1984年版。

③ 曹尔阶、李敏新、王国强:《新中国投资史纲》,中国财政经济出版社1992年版;尚明、吴晓灵、罗兰波:《银行信用管理与货币供应》,中国人民大学出版社1992年版。

④ 王广谦:《提高金融效率的理论思考》,《中国社会科学》1996年第4期。

⑤ 张杰:《渐进改革中的金融支持》,《经济研究》1998年第10期;张兴胜:《经济转型与金融支持》,社会科学文献出版社2002年版;中国社会科学院经济研究所经济增长和宏观稳定课题组:《金融发展与经济增长:从动员性扩张向市场配置的转变》,《经济研究》2007年第4期;张磊:《后起经济体为什么选择政府主导型金融体制》,《世界经济》2010年第9期。

露、马勇（2008），王定祥、李伶俐、冉光和（2009）]。① 然而，正如 Rioja 和 Valev 所指出的那样，金融发展与经济增长的关系在不同阶段具有不同的表现形式：在发达国家主要通过影响生产力来促进经济增长，而在发展中国家则主要通过资本积累来促进经济增长。杨胜刚、朱红运用中国中部地区的金融发展数据在一定程度上验证了这一点。② 鉴于中国曾经的干中学经济增长特征，上述实证研究成果还不足以推翻中国现有金融发展，特别是银行业发展对经济增长推动作用的判断。中国学者对 Patrick 金融发展的"需求导向"和"供给导向"两分法的拓展显而易见，通过分析罗德里克所揭示的增长诊断法可以清楚地揭示这一点。罗德里克根据新古典增长模型提出私人投资回报低和融资成本高是发展中经济体投资不足和增长乏力的重要根源。③ 私人投资回报低在市场失灵方面可能来自被称为自主发现的信息外部性和产业组织的协调难题。所谓自主发现，是指任何一个经济体都需要自身的企业家去发现新经济活动的成本结构，即找到哪些新的生产活动成本较低、有利可图。为此，企业家必须对新的产品线进行各种尝试，同时要对现有的国外生产技术加以改造使其适应国内条件。换言之，自主发现是生产知识本土化过程。自主发现对企业家而言无疑是一种社会效益高而个人回报低的经济活动。产业组织的协调难题是指以

---

① Boyreau-Debray, G., 2003, "Financial Intermediation and Growth: Chinese Style", World Bank Policy Research Working Paper, 3027；王晋斌：《金融控制政策下的金融发展与经济增长》，《经济研究》2007 年第 10 期；陈雨露、马勇：《社会信用文化、金融体系结构与金融业组织形式》，《经济研究》2008 年第 3 期；王定祥、李伶俐、冉光和：《金融资本形成与经济增长》，《经济研究》2009 年第 9 期。

② Rioja, F. and N. Valev, 2004. "Finance and the Source of Growth at Various Stage of Economic Development", *Economic Inquiry* 42；杨胜刚、朱红：《中部塌陷、金融弱化与中部崛起的金融支持》，《经济研究》2007 年第 5 期。

③ 丹尼·罗德里克：《相同的经济学，不同的政策处方：全球化、制度建设和经济增长》，中译本，中信出版社 2009 年版。

产业集群等为代表的规模经济和投资外部性。很显然，这两种分别源自信息和协调的外部性均可以纳入格申克龙难题范畴。融资成本高则可归因于国内储蓄率低和金融中介市场不完善导致的国内融资不足。Patrick 所提出的"供给导向"金融发展对早期的经济发展有着支配作用假说显然更侧重于国内融资不足的障碍。殊不知"供给导向"的金融发展政策却可能需要以克服金融发展的需求障碍（由经济增长所决定）为前提。具体地讲，低收入水平的欠发达陷阱使得金融体系不可能得到发展，这反过来又阻碍了资源向投资的分配，并减缓了经济增长。这就要求同时在金融发展的供给和需求两侧发力，通过补贴金融中介动员储蓄，进而间接补贴投资来解决融资成本高和私人投资回报低的双重难题。中国国家隐性担保下的银行信贷扩张这一储蓄动员方式尽管直接表现为补贴金融中介的供给导向政策，但实际上涵盖了供给导向和需求导向两方面的政策，并特别注意供给导向和需求导向政策间的有益互动，才取得支持信贷扩张与加速投资和增长的应有政策效果。然而，不可否认的是中国动员性的货币、金融体制及其特殊的金融发展模式所引发的路径依赖隐性成本仍然被低估了。所有的金融发展从理论上均可视为复制以阿罗－德布鲁证券定义的完备性市场过程。所谓阿罗－德布鲁证券，就是指在一个将来状态支付一单位报酬的证券。换言之，如果一只证券在状态 s 获得的收益是 1 元，而在其他状态获得的收益是 0 元，那么这只证券就被称作为阿罗－德布鲁证券，即状态证券。Arrow 假设在一个经济系统初期会存在一个状态证券的完备性市场，亦即一个状态证券满足了所有可能状态。[1] 可以很容易地发现，除了加入风险规避的假

---

[1] Arrow, J., 1964, "The Role of Securities in the Optimal Allocation of Risk Bearing", *The Review of Economic Studies* 2; Debreu, G., 1959, "Theory of Value: An Axiomatic Analysis of Economic Equilibrium", *Cowles Foundation Monograph* 17, Wiley.

设，Debreu 有关竞争均衡的存在与最优化的结论仍然不变。具体地讲，状态证券价格 π_s 需要同时对主观概率进行风险规避和时间价值调整，用公式可以表示为 $\pi_s \equiv q_s/r$，（1）其中 $q_s \equiv p_s \times Y_s$，$q_s$ 代表经风险规避调整后的风险中性概率，p_s 代表主观概率，Y_s 代表风险规避调整因子。那么，在存在状态证券的完备性市场条件下，$\sum_s \pi_s = 1/r$，其经济含义为可以构建这样一项资产组合在每一种状态下均可获得 1 元报酬，其价值等于确定获得 1 元的价值 $1/r$。阻碍完备性市场复制过程的无疑是政府失败或市场失败。Patrick 金融发展假说意味着后起经济体面临的最大增长障碍是与低收入贫困陷阱密切相关的市场失败，这才要求政府对金融中介和投资进行双重补贴，通过政府干预培育市场。然而，该假说成立的前提是从先行经济体的技术引进能够有效降低技术和市场方面的不确定性，只有这样，才可以较为准确地计算投资和融资的外部性，从而成功控制补贴可能引发的政府失败成本。随着经济赶超任务的完成，Patrick 金融发展假说成立的前提条件势必丧失，届时与先行经济体相比，这种政府培育市场的金融发展战略的优势将荡然无存，后起经济体在复制完备性市场过程中还不得不付出额外的由路径依赖引发的政府失败成本。为了缓解跨期错配难题和激励创新投资，中国进一步的金融发展重点应该从储蓄动员转向多层次资本市场发展已达成共识，并形成金融供给侧改革政策主张。然而，受制于政府培育市场的金融发展路径依赖，金融供给侧改革推行仍然困难重重。即使目前最被寄予厚望的科创板设立也有待实践检验。尽管更大程度地市场化发行、交易和退市以及更规范的信息披露可期，但科创板仍没有实行"T+0"的交易制度，导致做空机制的缺乏。考虑即使在成熟的资本市场，也只能进行有限套利，做空机制的先天缺陷将对如何抑制投资泡沫提出严峻挑战。

第五节 结论

根据前面的分析，在改革开放后形成的中国国家隐性担保下的银行信贷扩张有效地动员了储蓄，加速了投资和经济增长，对实现经济起飞做出了应有贡献。经济起飞任务的完成以及人口老龄化时代的来临，迫切要求中国转变基于国内要素和资本积累的干中学增长方式，形成由能够创造市场的创新推动的新增长动力。然而，利率市场化改革漫长，金融市场发展滞后，人民币汇率弹性不足和资本管制日渐失效共同作用使得这一动员性货币、金融体制转型困难重重，造成资金配置扭曲，特别是不能有效进行创新融资，从而阻碍了中国经济增长方式的转变。更为关键的是进一步深化金融市场化改革，需要在防范由去杠杆可能引发的债务—通缩风险基础上，解决隐藏在动员性货币、金融体制背后的国有企业和地方政府预算软约束治理难题。徐忠将中国未来金融市场化改革的重点概括为新时代背景下中国金融体系与国家治理体系现代化。[①] 这一历史任务要求：（1）金融治理要与国家治理体系的其他治理更加密切地融合，更好地发挥金融治理在国家治理体系和治理能力现代化中的作用，这包括财政与金融的关系、去杠杆与完善公司治理的关系、金融风险防范与治理机制完善的关系、人口老龄化、养老金可持续与资本市场的关系。（2）建设现代金融体系要以建设现代金融市场体系为纲，重点是破解市场分割和定价机制扭曲。（3）要依据金融市场发展一般规律建设中国现代金融体系，明确中央银行与金融监管不可分离，建立激励相容的监管体系。其中考虑到市场不完全和有限套利的限制，建立必要的宏观审慎和微观金融监管体制尤为重要，需

[①] 徐忠：《新时代背景下中国金融体系与国家治理体系现代化》，《经济研究》2018年第7期。

要进一步深入研究。总的说来，中国通过政府对金融中介和投资的双重补贴培育市场的金融发展经验不仅成功地实现经济赶超，而且极大丰富了 Patrick 关于金融发展的"需求导向"和"供给导向"两分法的内涵。然而，在经济赶超任务完成之后，如何打破政府培育市场的金融发展路径依赖，缓解跨期错配难题并激励创新投资，减轻阻碍复制完备性市场的政府失败和市场失败，是摆在中国学术界面前的新课题。

（执笔人：张磊，中国社会科学院经济研究所研究员）

第二十六章

居民收入分配理论的重大突破

20世纪90年代是我国居民收入分配理论和实践取得重大突破的历史时期。改革开放之初，我们就开始破除平均主义"大锅饭"，提出切实贯彻按劳分配原则。随着社会主义市场经济体制改革目标的确立和经济市场化进程的推进，除按劳分配外，其他收入分配方式也逐渐进入人们的经济生活，尤其是生产要素越来越多地参与到收入分配中来，居民收入来源日趋多元化，呈快速增长态势。1987年党的十三大提出"按劳分配为主体，其他分配方式为补充"，1992年党的十四大确立了建立社会主义市场经济体制的改革目标，1993年党的十四届三中全会提出了"按劳分配为主体、多种分配方式并存"的基本收入分配制度，实现了收入分配理论的重大突破。在收入分配理论不断演进的过程中，公平与效率的关系、收入差距和共同富裕等问题也一直是理论探讨和实践的热点。

第一节 居民收入来源日趋多样化

20世纪90年代，随着我国的所有制结构和经济运行机制的不断变化，收入分配原则和格局随之不断发生变化。从所有制结构来看，计划经济时期的单一公有制结构被打破，个体经济、私营经济、外资经济开始成长，所有权结构和财产结构日益多元化；从经济运行机制来看，市场在资源配置中的作用越来越大，劳动力、资本、土地等生产要素需要经过市场才能进入经济流转过程之中，劳动者与生产资料的结合不再是简单而直接的结合，往往要借助资本等中介。所有制结构和经济运行机制变迁导致收入分配原则和格局的变迁，那就是劳动以外的要素逐渐加入收入分配中来，按劳分配之外的收入日渐增多。

早在改革开放之初实行家庭联产承包责任制时期，收入分配原则和格局就已经悄然发生变化，"物"的因素开始影响人们的家庭收入和经济条件。徐禾在论述集体经济贯彻按劳分配不充分时就指出了这一点。他说："每一个集体经济单位，占有的生产资料、生产资金的情况，是各不相同的，因而即使它们付出同样多的劳动量，各单位的生产水平和收入水平，也是有差别的。在付出同样劳动量的条件下，那些生产条件好的单位，所得的总收入要多一些，因而社员的个人收入也会多一些；反过来，那些生产条件比较差的单位，他们的总收入和社员的个人收入，就会少一些。"[①]可见，实行家庭联产承包责任制以后，决定农民家庭收入的不仅是家庭成员付出的劳动，还有土地肥沃程度、地理位置、气候、种子质量、农业基础设施、农具好坏等非劳动因素，那些自然条件好、投入资金多、经营管理水平高的农户，优势马上就显现出来了。这反过来又激励其他农户加大资金投入、更新设备、改善经营管理和生产条件，以获取更好的收成和更多的收入，从而促进农业生产力和农民收入总体水平的提升。因此，从理论上讲，家庭联产承包责任制时期按生产要素分配就已经开始萌芽生长。

家庭联产承包责任制时期收入分配的另一个重要变化是，个人收入或家庭收入分配已经超出了个人消费品分配的范围，这与经典

---

① 徐禾：《社会主义基本经济规律·按劳分配·奖金》，《学术论坛》1979年第1期。

作家将未来社会的收入分配仅限于个人消费品分配的设想有重大差别。在家庭联产承包责任制下，农户获得的归自己的收入不仅包括维持自身及家庭的简单再生产的部分，还包括用于扩大再生产的追加投资部分。[1] 也就是说，个人收入中已经包含着一部分可以转化为投资和财产的收入，这意味着我国积累和资本形成机制的质的改变，预示着非公有财产开始生成且日益增多，财产结构开始多元化。可以说，家庭联产承包责任制的实行同时标志着新收入分配理论的萌生。

非公有制经济和非公有财产的出现是我国收入分配原则和居民收入结构发生变化的转折点。我国非公有制经济的发展是从个体经济开始的。开启改革开放大幕的党的十一届三中全会肯定了社员自留地、家庭副业和农村集贸市场的存在，并把它们视为增加农民收入的渠道。1980年12月11日，温州姑娘章华妹从温州市工商行政管理局领到了改革开放后第一张个体工商户营业执照，成为改革开放后的第一个个体户。1981年年底，全国登记注册的个体工商户达182万多家，从业人员达227万多人，注册资金达45840万多元，实现营业额达211399万多元。个体经济中劳动者同自己所有的生产资料直接结合进行生产，所得到的产品和收入归劳动者个人所有。个体经营者的收入显然是一种劳动收入，因为他为此付出了辛勤劳动，但这种收入不是根据按劳分配原则取得的。从本质上讲，它是一种经营性收入，从市场上取得，由个体劳动者的劳动付出、生产条件、技术和经营水平等多因素决定，受价值规律制约。

我国私营经济发展稍晚于个体经济。1987年党的十三大肯定了私营经济的存在，1988年的《中华人民共和国宪法修正案》进一步指出："国家保护私营经济的合法权利和利益。"从此，私营经济迅速成长，成为推动我国经济和社会发展的重要力量。私营经济的最

---

[1] 于祖尧：《农业实行包干到户是我国经济体制改革的前奏》，《经济研究》1983年第3期。

大特点是雇工经营,其分配方式迥异于公有制经济。雇工的收入是劳动收入,但它是由劳动力价值决定的,同时受劳动力市场供求状况的影响。雇主的收入则包含许多成分:作为经营者,他负责企业经营决策和日常运作,付出了脑力和体力劳动,由此获得劳动收入;作为资本所有者,他投入了资本,这些资本参与了利润的社会平均化过程,由此获得资本收入;他还要承担经营和财产风险,由此获得风险补偿性收入。因此,雇主收入是劳动收入、资本收入、风险补偿收入的混合体。外资经济的收入分配原则与私营经济是一样的。

改革开放初期,随着居民收入和消费剩余的增加,居民财产开始增加和多样化,财产性收入随之增加和多样化。居民的财产和财产性收入主要包括:一是储蓄存款和利息。1978年,城乡居民储蓄存款余额为210.6亿元,1995年增加到29662.3亿元,增加近140倍。1995年,定期存款利率半年期为6.65%,五年期为13.86%,储蓄存款带来可观的利息收入。二是企业和政府发行的债券及利息。居民持有的债券包括企业债、国债、国家投资债券、国家投资公司债券、金融机构债券等。1995年,企业债余额为679.87亿元,国债余额为2286.4亿元,金融机构债券余额为876.29亿元,国家投资债券余额为139.39亿元,国家投资公司债券余额为151.81亿元,构成居民和企业的固定收益资产。三是股票及其带来的股息和资本收益。20世纪80年代初期,股份制企业开始出现,一些企业向本企业职工或社会发行股票筹资。到1989年年底,我国股票累计发行42亿元,其中公开向社会发行的股票约占65%,向企业内部职工发行的股票约占35%。股票给持有者带来的收入有两部分:一部分是股息,一部分是出售股票的资本化收益。四是房产及其带来的房租和资本性收益。随着住房制度改革的推进,住房逐渐获得了商品和财产的属性,房产日益成为居民持有的一种重要资产。2017年,我国住房自有率已经达到70%。住房带给持有者的收入有两部分:一部分是出租带来的租金,另一部分是出售带来的资本化收益。房产带给房产持有者的资本化收益非常丰厚。

20世纪80年代中后期开始，越来越多的学者开始关注收入分配原则和居民收入结构的变化。1988年，谷书堂、蔡继明发表了《按劳分配理论与现实的矛盾》，对现实中收入分配原则的变化做出了分析，认为由于社会主义初级阶段存在着多种所有制成分，存在着商品生产和商品交换，国民收入中积累与消费的比例、劳动者眼前利益与长远利益、个人需要与公共需要的选择等还不能完全由国家统一规定，企业和个人都具有不同程度的收入分配和积累的自主权，所以，现阶段还不能完全实行经典作家所设想的那种按劳分配。他们提出，社会主义初级阶段的分配方式可以概括为"按贡献分配"，即按照各种生产要素在创造社会财富中所做出的实际贡献进行分配。[①]因此，现实中，除了劳动收入之外，还存在非劳动收入。劳动收入是指单纯凭借脑力和体力支出所得到的收入，包括工人的工资，也包括个体经营者、雇工经营者和企业家收入中属于劳动报酬的部分；非劳动收入是指凭借劳动的客观条件（如自然条件、生产资料等）所得到的收入，包括利息、利润和地租等。当然，也有学者对按要素分配提出质疑，一种代表性观点认为，按要素分配就是萨伊的"三位一体"公式的翻版，有悖于社会主义原则。[②]

第二节 社会主义基本分配制度的确立

社会主义初级阶段基本分配制度是在改革开放实践中逐渐形成的。从上面的分析可以看出，改革开放初期，我国收入分配原则和居民收入结构已经开始多元化了，为基本分配制度的形成奠定了坚

[①] 谷书堂、蔡继明：《按劳分配理论与现实的矛盾》，《中国社会科学》1988年第3期；《按贡献分配是社会主义初级阶段的收入分配原则》，《经济学家》1989年第2期。

[②] 郭仲藩：《价值论：政治经济学的基础和出发点——兼议按要素分配论的理论来源》，《湖北师范学院学报》（哲学社会科学版）1992年第5期。

实的现实基础。1987年党的十三大正式提出了"实行以按劳分配为主体的多种分配方式",指出:"社会主义初级阶段的分配方式不可能是单一的。我们必须坚持的原则是,以按劳分配为主体,其他分配方式为补充。除了按劳分配这种主要方式和个体劳动所得以外,企业发行债券筹集资金,就会出现凭债权取得利息;随着股份经济的产生,就会出现股份分红;企业经营者的收入中,包含部分风险补偿;私营企业雇用一定数量劳动力,会给企业主带来部分非劳动收入。以上这些收入,只要是合法的,就应当允许。"[1] 尽管党的十三大没有明确提出"按生产要素分配",但是它对一系列非劳动收入都加以肯定,实际上就是对按生产要素分配实践的间接肯定。

党的十四大提出经济体制改革的目标是建立社会主义市场经济体制。党的十四届三中全会通过《中共中央关于建立社会主义市场经济体制若干问题的决定》,首次提出"允许属于个人的资本等生产要素参与收益分配",并将原来的"按劳分配为主体,其他分配方式为补充"改为"按劳分配为主体、多种分配方式并存"。[2] 从"补充"到"并存",表明多种分配方式(主要是按要素分配)地位的提升。此后,对其他分配方式的提法又有了一些变化,即"规范和完善其他分配方式,土地、资本、知识产权等生产要素,按有关规定公平参与收益分配"[3]。党的十五大提出了社会主义基本经济制度,同时明确提出了"按生产要素分配",而且,对于按要素分配不仅"允许",还要"鼓励":"坚持按劳分配为主体、多种分配方式并存的制度。把按劳分配和按生产要素分配结合起来……允许和鼓励资本、技术等生产要素参与收益分配。"[4] 党的十六大进一步把按要素分配上升为"原则",提出"确立劳动、资本、技术和管理等生产

---

[1] 《十三大以来重要文献选编》(上),人民出版社1991年版,第32页。
[2] 《十四大以来重要文献选编》(中),人民出版社1997年版,第1470页。
[3] 《十四大以来重要文献选编》(中),第1878页。
[4] 《十五大以来重要文献选编》(上),人民出版社2000年版,第24页。

要素按贡献参与分配的原则，完善按劳分配为主体、多种分配方式并存的分配制度"，同时指出"一切合法的劳动收入和合法的非劳动收入，都应该得到保护"，①这意味着将劳动收入与合法的非劳动收入放到了同等重要的地位。党的十七大报告重申："坚持和完善按劳分配为主体、多种分配方式并存的分配制度，健全劳动、资本、技术、管理等生产要素按贡献参与分配的制度"，提出"创造条件让更多群众拥有财产性收入"。②可见，从党的十三大到党的十七大，社会主义基本分配制度已经形成。

第三节 如何从理论上看待生产要素参与分配

如何从理论上看待社会主义市场经济条件下生产要素参与分配呢？它符合马克思主义经典作家有关收入分配的一般原理。关于收入分配的一般原理，马克思有两段经典论述：一是在《哥达纲领批判》中的论述："消费资料的任何一种分配，都不过是生产条件本身分配的结果；而生产条件的分配，则表现生产方式本身的性质。"③这里，"生产条件本身分配"可以理解为生产资料所有制结构。再是《1857—1858年经济学手稿》中的论述："分配关系和分配方式只是表现为生产要素的背面。……分配的结构完全决定于生产的结构。分配本身是生产的产物，不仅就对象说是如此，而且就形式说也是如此。就对象说，能分配的只是生产的成果，就形式说，参与生产的一定方式决定分配的特殊形式，决定参与分配的形式。"④从马克思的这两段论述可以清晰地看出，决定一个社会分配制度的是它的

---

① 《十六大以来重要文献选编》（上），中央文献出版社2005年版，第21、12页。
② 《十七大以来重要文献选编》（上），中央文献出版社2009年版，第30页。
③ 《马克思恩格斯文集》第3卷，人民出版社2009年版，第436页。
④ 《马克思恩格斯文集》第8卷，人民出版社2009年版，第19页。

所有制结构。改革开放初期，我们就开始打破计划经济时期"铁板一块"的公有制结构，所有制结构和社会财产结构日益多元化，这是不以人的意志为转移的。党的十五大确立了社会主义基本经济制度，即"以公有制为主体、多种所有制经济共同发展"，股份制、私营企业、混合所有制经济等快速成长起来，并且在经济社会生活中发挥越来越重要的作用。与社会主义基本经济制度相适应的基本分配制度必然是"按劳分配为主体、多种分配方式并存"："公有制为主体"决定了按劳分配的主体地位，"多种所有制经济共同发展"决定了多种分配方式并存，而"多种分配方式"中的主要方式是按生产要素分配。

收入分配理论的突破点是引入了按生产要素分配，而按生产要素分配涉及的基本理论问题是价值创造与价值分配的关系，以及财产收入的性质。按生产要素分配的提出使许多人想到了"三位一体公式"。"三位一体公式"是由法国经济学家萨伊提出来的，他认为，劳动、资本和土地这三个生产要素不仅是创造商品使用价值的要素，而且是创造商品价值的要素。因此，三者都应获得相应的收入：劳动获得工资，资本获得利息，土地获得地租，即劳动—工资，资本—利息，土地—地租。马克思在《资本论》第3卷专门设一章对"三位一体的公式"进行了深刻的批判，[①] 但有时被误以为是马克思否定生产要素收入。"三位一体公式"的要害是混淆了价值创造与价值分配的关系，试图用价值创造作为价值分配的依据。根据马克思的劳动价值论，劳动是价值的唯一源泉，"物"是不创造价值的。如果用价值创造作为价值分配的依据，那么，资本、土地等生产要素是不能参与价值分配的，这显然不能解释现实中的收入分配。或者，承认生产要素创造价值，从而为生产要素参与价值分配提供依据。这是违背劳动价值论的。而在马克思看来，"三位一体公式"的庸俗之处在于将资本、土地、劳动都看作价值的源泉。但马克思

[①] 参见《马克思恩格斯文集》第7卷，人民出版社2009年版，第921—942页。

并没有否认土地所有权、资本成为收入的源泉。他说:"天然就是资本的劳动资料本身也就成了利润的源泉,土地本身则成了地租的源泉。"① 在马克思看来,价值分配和价值创造是不同的,生产资料所有权是参与价值分配,从而获取收入的基本依据。在马克思的理论中,所有权从来不是仅仅被看作一种人与物之间的纯"法"的占有关系,更不是一种虚无缥缈的所在,它在本质上是一种人与人之间的经济利益关系,是一种利益索取权,即要素的所有者通过对要素的占有而拥有的获得该要素所带来的物质利益的权利。马克思在论述土地所有权的性质时写道:"如果我们考察一下在一个实行资本主义生产的国家中,资本可以投在土地上而不付地租的各种情况,那么,我们就会发现,所有这些情况都意味着土地所有权的废除,即使不是法律上的废除,也是事实上的废除。但是,这种废除只有在非常有限的、按其性质来说只是偶然的情况下才会发生。"② 马克思以土地所有权为例论述了价值分配与价值创造的关系,所有权的本质在这种关系中更充分地显露了出来:"按照我们所谈的理论,对于自然对象如土地、水、矿山等的私有权,对于这些生产条件,对于自然所提供的这种或那种生产条件的所有权,不是价值的源泉,因为价值只等于物化劳动时间;这种所有权也不是超额剩余价值……的源泉。但是,这种所有权是收入的一个源泉。"③

所有权是参与收入分配的基本依据,但所有权还不是生产要素所有者参与收入分配的全部依据。生产要素所有者之所以能够以所有权参与收入分配,并为社会所广泛接受,除了他拥有所有权之外,还因为他拥有的生产要素本身在社会财富创造过程中发挥了重要作用。"物"的要素哪怕不创造一个价值"原子",但它参与社会财富的创造。马克思的劳动价值论区分了价值创造和财富创造,但价值

---

① 《马克思恩格斯文集》第 7 卷,人民出版社 2009 年版,第 934 页。
② 《马克思恩格斯文集》第 7 卷,第 849 页。
③ 《马克思恩格斯全集》第 26 卷(Ⅱ),人民出版社 1973 年版,第 36 页。

创造不能替代财富创造。社会财富是使用价值和价值的统一体。马克思从财富创造过程中抽象出价值创造过程，目的是要从价值关系和价值创造分析中揭示剩余价值的来源。因此，"我们在运用劳动价值论时决不能将从财富创造中抽象出的价值创造过程代替财富创造过程"①。马克思和恩格斯在《哥达纲领批判》中对德国工人党纲领提出的"劳动是一切财富和一切文化的源泉"进行了分析，指出："劳动不是一切财富的源泉。自然界同劳动一样也是使用价值（而物质财富就是由使用价值构成的！）的源泉，劳动本身不过是一种自然力即人的劳动力的表现。上面那句话……在劳动具备相应的对象和资料的前提下是正确的。可是，一个社会主义的纲领不应当容许这种资产阶级的说法回避那些唯一使这种说法具有意义的条件。"②

从上面的分析可以看出，非劳动生产要素虽然不是价值创造的要素，但它们是财富创造的要素，其中主要包括资本、土地、技术、管理等。马克思具体分析了非劳动生产要素在创造财富过程的作用，他在分析土地、矿藏等自然资源在创造财富中的作用时指出："种种商品体，是自然物质和劳动这两种要素的结合。……人在生产中只能像自然本身那样发挥作用，就是说，只能改变物质的形式。不仅如此，他在这种改变形态的劳动本身中还要经常依靠自然力的帮助。因此，劳动并不是它所生产的使用价值即物质财富的唯一源泉。正像威廉·配第所说，劳动是财富之父，土地是财富之母。"③ 他举例说："如果发现富矿，同一劳动量就会表现为更多的金刚石。"④ 资本是一种重要的生产要素，对于资本在财富创造和价值形成中的作用，需要给予特别的关注。根据马克思的分析，资本最重要的作用

---

① 洪银兴：《先进社会生产力与科学的劳动价值论》，《学术月刊》2001年第10期。
② 《马克思恩格斯文集》第3卷，人民出版社2009年版，第428页。
③ 《马克思恩格斯文集》第5卷，人民出版社2009年版，第56—57页。
④ 《马克思恩格斯文集》第5卷，第53页。

是将劳动力、土地等在内的各种生产要素并入到生产过程中。[①] "资本一旦合并了形成财富的两个原始要素——劳动力和土地，它便获得了一种扩张的能力。"[②] 不仅如此，科学技术在生产和工艺上的应用也需要通过资本的导入功能来完成，如果没有资本的介入，科学技术就不能转化为现实的生产力，再先进的科学技术也只能停留在观念形态上。

资本不仅参与了财富的创造，对于价值的创造，资本也是有影响的。在财富的价值构成 c＋v＋m 中，v＋m 是新价值，由劳动创造，c 是"物"或"资本"的转移价值，"这个转移价值对价值创造也不是被动的，能能动地起作用"。具体说，资本质量的提高，含有更高技术的机器设备可能会因创造更多的产品而影响价值量。[③] 正如马克思所指出："使用一架强有力的自动机劳动的英国人一周的产品的价值和只使用一架手摇纺车的中国人一周的产品的价值，仍有大得惊人的差别。"[④] "而且，劳动也不是均质的，劳动也是被资本导入价值创造过程的。资本雇佣更高质量的活劳动则可能创造更高的价值。"[⑤]

党的十六大提出"确立劳动、资本、技术、管理等生产要素按贡献参与分配的原则"，党的十七大重申"健全劳动、资本、技术、管理等生产要素按贡献参与分配的制度"，都涉及生产要素的"贡献"，对于如何理解"生产要素的贡献"，学术界进行了热烈讨论。根据以上的分析，"生产要素的贡献"显然不是指生产要素自身创造了价值，而是指它参与了财富的创造和影响了价值的创造。这与马

[①] 洪银兴：《先进社会生产力与科学的劳动价值论》，《学术月刊》2001 年第 10 期。

[②] 《马克思恩格斯文集》第 5 卷，人民出版社 2009 年版，第 697 页。

[③] 洪银兴：《先进社会生产力与科学的劳动价值论》，《学术月刊》2001 年第 10 期。

[④] 《马克思恩格斯文集》第 5 卷，人民出版社 2009 年版，第 699 页。

[⑤] 洪银兴：《先进社会生产力与科学的劳动价值论》，《学术月刊》2001 年第 10 期。

克思劳动价值论不存在矛盾。

那么,资本等生产要素参与价值分配在现实经济生活中是怎样进行的呢?是通过市场这只"看不见的手"进行的,即生产要素的所有者首先借助于价值规律、竞争规律和供求规律对新创造的价值进行分割。马克思在《资本论》中阐释的利润平均化理论已经科学地解释了这一过程。那就是:"等量资本获得等量利润"的内在要求驱使生产要素不停地在不同产品、不同部门、不同地区的生产之间流动,从而改变不同产品、不同部门、不同地区的供求关系和价格,相应改变它们的盈利水平。这个过程会一直持续下去,直到等量生产要素获得的报酬趋于相等。所以,在企业获得的利润中,就已经包含着资本等生产要素参与社会新增价值分配的结果,而在企业等微观层面上给予生产要素所有者的报酬实际上是对市场分配价值过程的确认。

经济学界围绕其中的按生产要素分配涉及的基本理论问题进行了热烈讨论。一些学者探讨了按生产要素分配与劳动价值论的关系,其中有些学者试图通过拓展劳动价值论来为按生产要素分配提供理论支撑。如有的学者提出,传统劳动价值论关于"物化劳动只能转移价值而不能创造价值"的观点需要修正,只有承认物化劳动与活劳动都参与价值创造,按生产要素分配才能获得理论依据。[1] 有的学者尽管在表述上仍沿用"劳动价值论"的说法,但强调"资本"在价值创造中的贡献。卫兴华则指出,否定劳动价值论实际上是混淆了"财富"(使用价值)与"价值"概念。"财富"由劳动和其他生产要素共同构成,而价值只源于劳动。按生产要素分配的理论依据不在于这些生产要素参与了价值创造,而在于它们参与了社会财富的创造。[2] 一些学者探讨了按生产要素分配与剥削的关系。虽然一

---

[1] 钱伯海:《关于深化劳动价值认识的理论探讨》,《福建论坛》(经济社会版)2001年第9期。

[2] 卫兴华:《不要错解与误导十六大精神——与晏智杰教授商榷》,《理论前沿》2003年第13期。

些学者认为按生产要素分配得到的收入是剥削收入，但更多的学者认为，按生产要素分配与剥削之间没有必然的联系。胡培兆认为，非劳动要素参与价值分配的合理性来源于其在协助价值创造中的必要作用，各要素只要根据其在生产中的贡献获得应得的收入，就不能算作剥削。杨继瑞认为，需要区别资本收入的二重性质：剥削收入和要素收入。前者反映剥削关系，与资本主义制度相联系；后者仅表明一种要素分配关系，与市场经济制度相联系。社会主义市场经济条件下的资本收入体现为要素收入，而非剥削收入。[①] 一些学者探讨了按劳分配与按生产要素分配的关系。有学者认为，在市场经济条件下，劳动是作为一个生产要素而存在的，因此，按劳分配已经包含在按生产要素分配之中。卫兴华则认为，劳动者在不同分配方式中的地位是不同的。在按生产要素分配中，劳动者仅仅作为一种生产要素参与分配，而在按劳分配中，劳动者是作为主人翁参与分配的。在社会主义条件下，必须突出劳动者的主体地位，所以按劳分配不能包含在按生产要素分配中。[②]

社会主义基本分配理论是对马克思主义政治经济学收入分配理论的继承和创新，奠定了社会主义市场经济的基本激励结构。

第一，它坚持以按劳分配为主体，这就掌握了社会主义的基本性质，体现了社会主义的公平观。马克思认为，未来社会收入分配的唯一尺度是劳动，现实中我们还做不到以劳动作为分配的"唯一"的尺度，但劳动应该是主要的分配尺度，坚持了这一点，就掌握了经典作家关于未来个人分配的精髓。

第二，它承认多种分配方式的存在，特别是承认和鼓励劳动、资本、土地、技术、管理等多种生产要素参与分配。引入按生产要

[①] 杨继瑞：《资本收入性质的再解析》，《四川大学学报》（哲学社会科学版）2008年第1期。

[②] 卫兴华：《〈马克思主义政治经济学原理〉修订版的体系结构和理论构思》，《教学与研究》2003年第7期。

素分配无疑是马克思主义政治经济学收入分配理论中国化、时代化的重大突破。传统个人收入分配理论只承认按劳分配收入，而不承认其他形式的劳动收入，更不用说生产要素收入等非劳动收入，这显然不符合社会主义初级阶段生产力发展水平和社会主义市场经济的内在规律。承认按生产要素分配和非劳动收入，为人民群众开辟了多种收入渠道和广阔的致富空间。

第三，确立了与社会主义市场经济高度融合的激励机制。利益是经济运转的原始驱动力。一个好的分配制度，应能够使社会成员合理的利益诉求得到充分释放，进而汇聚成经济社会发展的不竭动力。社会主义基本分配制度所确立的利益结构与社会主义市场经济内在的激励结构高度契合。一方面，"按劳分配为主体"能够激励亿万劳动者的劳动积极性和积累人力资本的积极性，鼓励人们勤劳致富；另一方面，允许和鼓励按生产要素分配，能够调动人民群众积累财富、配置资源的积极性，促进社会资本形成和提高生产要素的流动性，为市场在资源配置中的决定性作用奠定微观激励基础。总之，社会主义基本分配制度能够"让一切劳动、知识、技术、管理、资本的活力竞相迸发，让一切创造社会财富的源泉充分涌流"。

第四节 科学处理公平与效率的关系

改革开放以来，我们对公平与效率关系的认识随实践的推进而不断发展变化。在梳理公平与效率关系的发展脉络时，有必要弄清我们的起点在哪里。改革开放初期，国民经济普遍缺乏效率、人们缺乏劳动积极性、平均主义"大锅饭"盛行，人们普遍贫困，生产力处于崩溃的边缘。当时的首要任务是发展社会生产力，提高经济效率，进而摆脱贫困，因此，从理论到实践都需要强调"效率"的作用，效率的优先地位被逐渐确立下来，并为社会所广泛接受。

1987年党的十三大提出："在促进效率的前提下体现社会公平"①，这里明确指出了效率的提高是实现社会公平的前提。1993年党的十四届三中全会通过《中共中央关于建立社会主义市场经济体制若干问题的决定》，首次提出了"效率优先、兼顾公平"的原则，同时提出"走共同富裕的道路"。党的十五大重申了"效率优先、兼顾公平"的原则。2002年，党的十六大对公平与效率关系的表述有细微的变化，除重申"效率优先、兼顾公平"原则，还对如何处理二者的关系作了具体的表述："初次分配注重效率，发挥市场的作用，鼓励一部分人通过诚实劳动、合法经营先富起来。再分配注重公平，加强政府对收入分配的调节职能，调节差距过大的收入。"②党的十六大之后，随着收入差距的日益扩大，注重公平、促进共同富裕等提法越来越多地出现在党和政府的决定、政策文件中。从2004年党的十六届四中全会开始，就不再提"效率优先、兼顾公平"了。党的十七大将原来的"初次分配注重效率，再分配注重公平"改为"初次分配和再分配都要处理好效率与公平的关系，再分配更加注重公平"。③把公平与效率的关系置于生产与分配的全过程来考量。

21世纪初，效率与公平的关系是学术界讨论的一个热点，焦点是"效率优先、兼顾公平"这一改革开放初期提出的原则是否继续适用。刘国光指出，鉴于收入差距扩大的事实，应逐步加重公平的分量，应逐步实现从"效率优先、兼顾公平"向"效率与公平并重"或"公平与效率的优化结合"过渡。④应宜逊认为："效率优先、兼顾公平"（"优先说"）在理论上存在明显缺陷。"优先说"仅注重效率与公平相互矛盾的一面，而没有注重更为主要的统一与相

---

① 《十三大以来重要文献选编》（上），人民出版社1991年版，第32页。
② 《十六大以来重要文献选编》（上），中央文献出版社2005年版，第21页。
③ 《十七大以来重要文献选编》（上），中央文献出版社2009年版，第30页。
④ 刘国光：《研究宏观经济形势要关注收入分配问题》，《经济学动态》2003年第5期。

辅的一面，尤其是没有注重公平失衡会损害效率，与市场经济的要求是不相符的。应该抛弃"优先说"，改用"并行说"，具体的表述可以是"努力实现效率与公平的优化结合"，即维护适度社会公平以促进效率，通过效率提高以进一步提升社会公平。[1]

党的十八大以来，以习近平同志为核心的党中央全面推进经济体制改革和经济发展，提出和践行以人民为中心的发展思想，对公平与效率的关系形成了一系列新的认识，"公平"在政策和实践上的分量明显加重。十八大提出："初次分配和再分配都要兼顾效率和公平，再分配更加注重公平"[2]，突破以往人们常常把公平局限于再分配领域的思维定式。且对"公平"的理解也趋于其本质，即把"权利公平、机会公平、规则公平"作为社会公平的主要内容，这种"公平"观不仅与社会主义的本质规定相一致，也与现代市场经济运行的内在规律相一致，为确立科学的公平与效率关系奠定了基础。党的十八届三中全会《中共中央关于全面深化改革若干重大问题的决定》提出，应围绕保障和改善民生、促进社会公平正义和共同富裕、推进基本公共服务均等化，深化社会体制改革和收入分配体制改革。《中共中央关于制定国民经济和社会发展第十三个五年规划的建议》提出："调整国民收入分配格局，规范初次分配，加大再分配调节力度"，对于如何规范分配秩序，提出"保护合法收入，规范隐性收入，遏制以权力、行政垄断等非市场因素获取收入，取缔非法收入"。[3] 在党的十九大报告中，习近平总书记指出："增进民生福祉是发展的根本目的。……在发展中补齐民生短板、促进社会公平正义……保证全体人民在共建共享发展中有更多获得感，不断促进

---

[1] 应宜逊：《"效率优先、兼顾公平"原则必须调整——兼与周为民先生商榷》，《中国经济时报》2002年11月2日。

[2] 《十八大以来重要文献选编》（上），中央文献出版社2014年版，第28页。

[3] 《十八大以来重要文献选编》（中），中央文献出版社2016年版，第814、815页。

人的全面发展、全体人民共同富裕。"①

新时代，收入分配理论和收入分配制度需要进一步完善，一个重要方面是在新的历史条件下处理好公平与效率的关系。从公平实现的全过程来看，公平包括起点公平、过程公平和结果公平，它们依次继起，相互影响。在现代市场经济中，如果起点和过程都是公平的，那么由此而带来的竞争结果就可以视为符合公平原则，人们也会在很大程度上认可和接受这种结果。②所以，起点公平和过程公平在构筑公平社会的过程中居于核心地位。不过，这种结果可能包含着公平竞争本身所造成的收入和财富的差别，而这正是经济发展的原动力之所在。结果公平需要从两个方面把握：一方面，形成结果的起点和过程必须是公平的，否则，它们所带来的结果就不会被社会所认可；另一方面，这种结果所带来的收入和财富差距不能过于悬殊，不会造成两极分化。结果公平除了依赖于起点公平和过程公平而获得自身价值之外，它本身还具有独立的价值。这是因为：第一，结果的公平性接下来会影响新起点和新过程的公平。具体讲，上一轮竞争或上一辈人竞争的结果往往构成下一轮竞争或下一辈人竞争的条件，从而决定着新一轮竞争的起点和利用机会的能力。第二，相对平等的收入和财富分配更利于社会再生产的顺利进行，特别是消费（尤其是中低收入群体消费）对生产反作用的发挥和劳动力的再生产，影响着人自由而全面的发展和人性的解放。但是，校正公平竞争结果的行为是有限度的，那就是，它不能损害经济发展和市场运转的原动力。因此，在追求公平的努力中，首要任务是构建公平竞争的条件和环境，以充分调动人们创造财富的潜能，然后对竞争的结果进行适当修正，把收入和财富的差距控制在社会所能

---

① 习近平：《决胜全面建成小康社会 夺取新时代中国特色社会主义伟大胜利》，人民出版社 2017 年版，第 23 页。

② 布坎南说："如果初始禀赋和能力的分配的大体公平能够保证，在实际预期意义和规范偏好意义上，对于竞争市场过程的分配结果，我是相对心安理得的。"参见布坎南《自由、市场与国家》，中译本，上海三联书店 1989 年版，第 197 页。

接受的范围内。

"权利公平、机会公平、规则公平"是实现起点公平、过程公平的关键,也是实现结果公平的关键。为了实现社会公平,同时促进经济效率,首先需要保障起点公平和过程公平。对于起点公平,要确保社会各阶层,特别是低收入家庭子女获得公平教育的机会。"对于政府来说,为使国家走上分配较为平等的道路,教育政策是最为可靠的办法","教育是而且永远是穷人家庭孩子逃出贫困的一条主要出路"。[①] 低收入家庭孩子营养状况、劳动力健康状况、家庭居住条件等也会对起点公平产生重要影响。对于过程公平,则要求竞争规则公正、透明,竞争机会开放,人们有迁徙、择业、投资、交易的自由,拥有平等获取和利用生产要素的权利。因此,开放户籍制度、消除各类进入和退出障碍、发展金融市场和完善信息基础设施等,都是增进过程公平的重要因素。如果起点公平和过程公平,我们就能够在较大程度上实现社会认可的结果公平。以此为基础,通过社会保障、低收入群体补贴、消除贫困等措施对竞争结果加以适当校正,实现更高程度的结果公平。同时,为了缓解收入和财富差距造成的消费差距,我们还需要通过完善产权保护制度和发展金融市场等措施,激励富裕群体把大部分收入和财富转化为再生产过程中的投资,在增加低收入群体的就业和收入机会的同时,缩小社会成员实际消费的差距,缓解由收入差距和财富差距所造成的消费差距,实现更高程度的消费公平和福利公平。

(执笔人:胡家勇,中国社会科学院经济研究所研究员)

[①] 迈耶、斯蒂格利茨:《发展经济学前沿》,中译本,中国财政经济出版社2003年版,第390页。

第二十七章

社会保障理论和政策发展 70 年

第一节 传统社会保障制度的理论基础与发展（1992 年以前）

一 改革开放前中国社会保障制度的理论基础

新中国成立之初，中国社会保障制度的理论基础主要有三个：第一，马克思的"产品扣除"理论。根据马克思的解释，工人创造的"社会总产品"是建立社会保障制度的基础，而社会保障又是进行"再生产"的必要条件，因此从"再生产"的角度看，在"社会总产品"中进行福利扣除是必需的[①]。第二，列宁的"国家保险"理论。列宁将马克思的"产品扣除"理论发展成"国家保险"理论，强调国家在社会保障中的责任[②]，根据该理论建立的苏联社会保障模式对中国经济学界和社保制度模式的选择产生了"一边倒"的影响。第三，毛泽东的"以福利促发展"理论。给予劳动者"看得见的福利"[③]，在保证人民福利的基础上，

[①] 《马克思恩格斯选集》第 3 卷，人民出版社 1995 年版，第 302—303 页。
[②] 《列宁全集》第 29 卷，人民出版社 1985 年版，第 489 页。
[③] 《毛泽东著作选读》（下），人民出版社 1986 年版，第 563—564 页。

调动资方的积极性,这对恢复国民经济有着重要的意义。中国共产党人在斗争和建设过程中总结了自己在社会保障方面的做法和经验,遵循马克思"产品扣除"的基本思想,结合列宁"国家保险"的基本原则,进一步拓展了苏联"国家保险"模式,建立起一个具有中国共产党人和中国共产党福利思想特色的"国家/企业保险"模式。

具体而言,"国家/企业保险"模式是指以国家为实施和管理主体,国家和企业共同负担费用,由此形成国家和企业一体化的社会保障模式。① 其特点主要包括以下三个方面:第一,"国家/企业保险"模式为城镇居民提供了"从摇篮到坟墓"的保护,并成为计划经济下低工资制度的较好补充,为人们提供了较为全面的保障。在城镇,社会保障制度主要包括四大劳动保险、社会救济、社会福利以及其他的保障,不仅覆盖劳动者本人,劳动者的家属也在保障范围之内。第二,国家主导,企业执行。在计划经济制度下,各个企业并非独立的经济单位,企业依附国家而存在,国家决定了各个企业的生死存亡。表面上看,社会保障政策是由各企业单位实施,但是其背后则是国家财政的无限责任,"单位"成为国家各项社保政策具体执行的一个载体。第三,"国家/企业保险"事实上是一种由工会系统主导的"国家统筹和企业保险"相结合的制度,主要体现在工会对保险资金的分级管理和使用上。《中华人民共和国劳动保险条例》规定:企业必须按月缴纳相当于企业职工工资总额的3%作为劳动保险金,其中的30%上缴中华全国总工会管理,作为劳动保险统筹基金,在全国范围内进行调剂使用。70%存于该企业工会基层委员会,作为本企业的劳动保险基金。上述新中国社保制度的三个特征随着经济建设的发展,其优越性日益显现,为新中国经济建设起到了积极的保障功能。

---

① 马杰、郑秉文:《计划经济条件下新中国社会保障制度的再评价》,《马克思主义研究》2005年第1期。

之后，随着改革开放的推进，"国家/企业保险"模式逐步暴露出以下三个问题：第一，筹资渠道单一，职工个人不参加缴费，个人激励制度日显削弱，制度建设逐渐失去活力，国家财政不堪重负，使得社会保障制度成为另外一个"大锅饭"。第二，制度覆盖面狭窄，城乡失衡，城镇机关事业单位、国有企业和部分集体企业基本被覆盖进来，享有较为完善的劳动保险制度，而农村的社会保障制度仅包括"五保"制度和农村合作医疗制度以及一些救灾制度，从而强化了二元结构特征。总体看，农村保障水平低于城镇，不利于经济长期发展。第三，"文化大革命"期间，传统的"国家/企业保险"受到极大冲击，1969年《关于国营企业财务工作中几项制度的改革意见（草案）》标志着"国家/企业保险"模式退化成"企业保险"，劳动保险制度自此变成了企业内部事务，并一直延续到改革开放。当"国家/企业保险"制度退化为"企业保险"制度后，传统社会保障制度的社会化程度进一步降低，单位各自为政，严重影响了劳动力在不同所有制企业之间、部门之间和地区范围内的正常流动。从财务可持续的角度讲，"企业保险"使各个企业不堪重负，特别是对于那些老国企来说，保险待遇的支付风险不断加大，随着经济体制的转型，劳动保险待遇越来越成为阻碍企业转制的包袱。

二 改革开放条件下社会保障理论学习与发展

党的十一届三中全会以后，马克思主义"产品扣除"理论已无法解决体制转型背景下社会保障实践中出现的新问题，于是，中国社会保障迎来了理论的春天，开始了新的学习之旅：第一，福利经济学等社会保障基础经典理论开始（恢复）引入中国[①]，为新时期探索中国特色的社会保障制度提供了理论基础；第二，介绍世界各

---

① 部分经典著作译介始自"文化大革命"前，在改革开放后这些著作陆续重印，如《福利经济学评述》等。

国社会保障制度的著作也逐渐公开出版①,从 1985 年起,经济学界开始大量吸收借鉴世界各国社会保障制度的实践经验,并陆续出版了一批介绍世界各国社会保障制度的著作,同期也刊登了相当数量的介绍世界各国社会保障制度的文章,20 世纪 80 年代末期高校教材开始出现。②这些著作的出版,进一步提升了社会保障理论的研究深度,也为培养中国社会保障专业人才奠定了理论基础。

除理论学习外,在对中国劳动保险(社会保障)制度和理论的学术研讨和政策研讨过程中,针对经济体制转型过程中新出现的诸多问题,理论界围绕如何建立具有中国特色社会保障制度这一主题,对中国社会保障的性质、作用、保险基金的筹措和管理体制等问题进行了热烈探讨,当时主要集中在三个方面。

第一,关于劳动保险(社会保障)制度缺陷的讨论,理论界认为劳动保险(社会保障)存在的问题有:覆盖范围不广、缺乏统一管理、企业负担不均、职工待遇差距悬殊、劳动与保险之间不具备关联性。同期解决问题的建议包括:扩大覆盖范围到多种所有制企业、实行费用筹集的社会统筹并实现服务社会化、建立统一的社会保障管理机构、建立劳动保险基金以产生激励效应等。

第二,关于劳动保险(社会保障)的性质的讨论,当时理论界存在三种不同观点③:第一种观点认为,劳动保险是以"需要"为尺度,是按需分配的范畴,属于社会主义阶段的共产主义萌芽;第二种观点认为,劳动保险的大多数待遇是以工资额为计算基数,是按劳分配的继续;第三种观点认为,劳动保险是国家和社会在劳动

---

① 如《五十个国家社会保障制度》(1985)、《各国经济福利制度》(1986)、《外国社会保障制度概况》(1989)、《苏联东欧社会保障制度》(1991)等。

② 1989—1990 年,陆续出版了《社会保障概论》《社会保障教程》《社会保障初论》《社会保障学》等著作。

③ 童源轼、钱世明:《关于社会主义劳动保险若干问题的探索》,《财经研究》1984 年第 3 期。

者丧失劳动能力时提供的一种物质帮助。经过一段时间的探讨，经济学界对社会保障概念的理解开始逐渐向通行的含义即第三种看法接近。

第三，关于社会保障模式选择的讨论。当时的理论界对于相关概念的使用并不统一[1]，对具体的模式选择更是各持己见。学者们认为，中国可供选择的方案有：其一，现收现付制。支持原有现收付制的学者认为该模式所具有的社会共济性优势是其他模式无可比拟的，在当时有相当数量的学者主张通过扩大覆盖范围来完善社会保障制度。其二，基金积累制。支持基金积累制的学者比较看重该模式具备的激励效应与资金积累效应，当时由中国人民保险公司举办的部分城镇集体经济组织职工的养老保险便采用了该模式。[2] 其三，部分积累制。部分积累的目的在于未雨绸缪，应对未来人口老龄化之需。

尽管仍存在许多分歧，经济学界仍逐步达成了如下共识：关于"劳动保险"和"社会保险"的名称问题，二者没有本质上的差别[3]；中国实际上实行的是"就业保障"，未来应转变为"社会保障"[4]；社会保障体系应与生产力发展水平相适应；社会保障制度应广覆盖、

---

[1] 当时的社会保障术语还没有得到统一，如现收现付制的表达方式有："现提现用"（杨继明，1987）、大统筹模式（彭布尔等，1991）、社会共济统筹（周传业、杨团，1991）等；完全积累制的表达方式有："预筹积累基金制"（华文，1987）、储蓄积累模式（彭布尔等，1991）、个人强制储蓄预筹（周传业、杨团，1991）等；另外需要说明的是，尽管当时部分学者使用了"部分积累制"（张光耀，1990）这一提法，但其含义与现在不同，当时的含义更多的是从字面上解释，尽管当时对于部分积累的实现方式见解不同。

[2] 杨海清：《发展我国养老保险事业　为企业分忧　为改革配套》，《浙江金融》1985年第11期。

[3] 中国劳动学会秘书处：《改革保险福利制度的理论探讨——记保险福利问题学术讨论会》，《中国劳动》1983年第18期。

[4] 陈望涛、赵晓京：《北京社会保障问题座谈会纪要》，《社会学研究》1986年第3期。

低水平、多层次；社会保障费用应由三方负担；社会保障费用筹集与社会保障服务应社会化。这些理论研究成果后来陆续体现在党和国家制定的各项社会保障政策之中。

三 改革开放条件下社会保障政策成果与制度发展

这一时期取得的理论成果与政策成果主要体现在以下几个方面。

第一，覆盖范围稳中求进，不断扩大。劳动保险制度从仅覆盖机关事业单位、国有企业扩大到集体经济。农村养老保险制度的建立开始提上议事议程，到1984年年底，已经实行《劳动保险条例》和参照国营企业有关社会保险规定的集体职工达到1700万人，占城镇集体职工总数的62.9%[①]。1984年农村养老保险改革试点开始启动。

第二，明确了养老保险以社会统筹为主的制度框架，确立了国家、企业、个人三方负担原则，提出了进一步扩大养老保险的覆盖范围和建立多层次养老保险的制度目标。1991年国务院发布的《关于企业职工养老保险制度改革的决定》是改革开放过程中社保制度改革的一个重要标志，它在相当程度上体现了这一阶段理论界和政策面对养老保险制度改革达成的共识：确立三方负担原则。

第三，提出医疗改革制度方向：逐步建立起适合中国国情，费用由国家、单位、个人合理负担，社会化程度较高的多形式、多层次的职工医疗保险制度。一系列医疗保险改革试点陆续展开，试点主要内容包括建立职工医疗保险基金，资金由国家、单位和个人共同筹集，原则上按工资总额的一定比例筹集，将"暗补"改为"明补"。同时，职工看病时少量负担医疗费，增设专门的医疗保险管理机构。

---

① 严忠勤：《当代中国的职工工资福利和社会保险》，中国社会科学出版社1987年版，第330页。

第四,"待业保险"从无到有。[①] 1986年《国营企业职工待业保险暂行规定》开始实施,它首次以法规的形式建立了城镇国营企业职工待业保险制度,标志着我国社会保障制度发展进入了一个新的阶段,为后来在20世纪90年代末建立失业保险制度打下了基础。

第五,在这一时期社会保障理论界仍将社会保障视为"社会主义市场经济和社会化大生产的一个不可或缺的配套工程"[②],因而更多地从同期经济、国有企业、劳动分配制度改革的角度出发进行探讨,这些从"有利生产,保障生活"等提法中可见一斑。而同期始自养老保险金统筹试点中总结出来的"抓好试点,以点带面"的工作方法,也成为以后制度改革经常采用的工作范式。

第二节 社会保障理论的探索与发展:中国社会保障目标模式的选择(1992—1998年)

1992年,邓小平"南方谈话"标志着中国改革开放进入了一个新的历史时期。1993年,党的十四届三中全会通过的《中共中央关于建立社会主义市场经济体制若干问题的决定》提出了"建设社会主义市场经济""个人收入分配要坚持以按劳分配为主体、多种分配方式并存的制度,体现效率优先、兼顾公平的原则",并提出了"建立多层次的社会保障体系""实行社会统筹和个人账户相结合"的制度建设目标。在对社会保障制度改革的论述中,党的十四届三中全会指出,"建立多层次的社会保障体系,对于深化企业和事业单位

[①] 关于"失业保险"和"待业保险"名称的探讨,可参见陈天培《待业保险与失业保险》,《中国劳动》1991年第9期;赵建臣《我国待业保险制度亟待深化改革》,《松辽学刊》(社会科学版)1992年第1期。

[②] 多吉才让:《新时期中国社会保障体制改革的理论与实践》,中共中央党校出版社1995年版,第2页。

改革,保持社会稳定,顺利建立社会主义市场经济体制具有重大意义"。从有计划的商品经济到建立市场经济,中国的经济体制转型向前迈出了一大步。而在这个时期,中国经济面临着两个困难:严重的通货膨胀和国有企业经营困难。经济体制转型、现实存在的困难以及劳动分配制度改革,这些外部环境的变化对于新时期社会保障理论的研究与探索产生了深刻的影响。

一 社会保障理论发展与国际经验借鉴

20世纪90年代前中期的社会保障理论著作数量已经大大丰富了,著作内容无论深度还是广度都有所发展。与上一个时期仅有少量社会保障高校教材相比,这些著作大致可以分为以下几类:第一,高校教材类。这一时期新出版了相当数量的高校教材[1],这些著作为新出现的社会保障专业(社会工作与管理)教学提供了保证。第二,经验总结类著作。不仅有总结试点经验的著作[2],也有对社会保障制度改革的理论与实践进行总结的著作。[3] 第三,理论研究类著作。这些著作对构建社会保障理论,分析社会保障与其他学科的互动关系都有重要的意义。[4] 第四,专题探讨类著作。这些著作主要是针对社会保障领域内的某一主题进行专项研究与探讨。[5] 第五,农村社会保

---

[1] 如《社会保障学概论》(1992,1995,1996)、《现代社会保障制度》(1994)、《社会保障论》(1995)、《医疗保险学概论》(1995)、《社会保障》(1996)等。

[2] 如《自贡模式:建立城镇集体职工养老保险新制度探索》(1992)。

[3] 如《社会保障体制改革》(1995)、《社会保障制度改革》(1996)、《社会保障制度改革新论》(1997)、《养老保险制度改革》(1997)、《医疗保障体制改革:一场涉及生老病死的变革》(1999)等。

[4] 如《社会保障与保险》(1994)、《社会保障体系》(1994)、《养老保险改革的理论与政策》(1995)、《社会保障经济理论》(1996)、《中国医疗保险制度改革政策与管理》(1999)等。

[5] 如《社会保障指标体系》(1993)、《社会保障财政管理》(1996)、《社会保障制度结构与运行分析》(1997)、《社会保障法》(1997)、《城镇职工基本医疗保险制度全书》(1998)等。

障著作。这些著作针对中国农村社会保障实际情况进行了理论分析与探讨。[1] 第六，工作手册与工具书。这一时期出现了相当数量的参考工具书籍[2]，这些著作的出版，极大地方便了社会保障理论传播和社会保障实务操作。

这一时期，借鉴国外社会保障经验的著述所探讨的范围更加广泛，研究更为深入。同期出版的国外社会保障相关著作较多[3]，各种学术期刊发表的关于各国社会保障制度的文章更是数不胜数。与以往主要介绍西欧、北欧、美国等发达国家和地区的制度不同，这一阶段的比较借鉴视角更宽——除了发达国家之外还大量介绍了拉美国家的个人账户制度以及新加坡、东亚等经济体的社会保障制度。需要指出的是，到了20世纪90年代，关于世界各国的社会保障制度更多采用的是比较研究的范式，注重介绍各国社会保障制度新的发展与变革，而不再是简单的对社会保障制度的介绍。这些比较研究对中国社会保障模式选择的确定，起到了重要的参考作用。

在当时的历史条件下，社会保障制度国际比较研究与其他研究一样，也不可避免地受到国际大环境的影响。一方面，石油危机和人口老龄化在一定程度上导致传统的 DB 型现收现付制出现支付危机，另一方面，由新自由主义主导、智利首创的 DC 型完全积累制改革却取得了举世瞩目的成就，个人账户的引入及其在

---

[1] 如《农村社会养老保险手册》（1993）、《中国农村社会保障概要》（1993）、《中国农村社会养老保险概论》（1993）、《农村社会养老保险基本方案论证报告》（1995）、《农村社会养老保险》（1996）、《农村社会养老保险工作》（1996）等。

[2] 如《社会保障百科全书》（1994）、《养老保险指南》（1995）、《养老保险617问》（1996）、《职工医疗保障制度改革指导手册》（1996）、《医疗保险政策问答》（1999）等。

[3] 如《北欧社会福利制度及中国社会保障制度的改革》（1993）、《世界各国的社会保障制度》（1994）、《世界主要国家社会保障制度概观》（1995）、《美国的社会保障》（1995）、《全球社会保障1995》（1996）、《社会保障税制国际比较》（1996）等。

社保制度中的作用日益受到业界的关注并在世界范围内掀起了一场关于社会保障制度模式优劣比较的探讨，一时间关于模式的争论达到了白热化程度。随着以瑞典为代表的传统 DB 型现收现付制财政压力越来越大，而以智利为代表的 DC 型完全积累制取得了较为理想的市场回报率，智利的完全积累制和同样引入个人账户的新加坡中央公积金模式成为中国经济学界极为关注的焦点，相当一部分经济学家对个人账户和 DC 型完全积累制的应用研究产生了极大的兴趣。[①]

二 社会保障制度模式选择等问题的探讨

20 世纪 90 年代中国经济体制改革的主要任务是国有企业改革和建立现代企业制度，面临的主要风险是通货膨胀。而社会保障改革的主要任务是建立起现代社保制度的基本框架，主要风险是人口老龄化。理论界公认的社会保障制度的主要问题包括覆盖范围过窄；不同所有制企业负担不均；缺乏激励效应导致的社会保障资源浪费现象；政出多门且缺乏监督，决策行为和基金使用并不规范；此外，引起各界关注的还包括失业保险问题以及社会保障征缴率下降和社会保障基金保值增值等问题。

20 世纪 90 年代是中国社保制度建设的关键时期，准确地讲，养老和医疗等社保制度雏形诞生于 90 年代末。在这个重要历史时刻，理论界对一些重大理论问题逐渐达成共识，这些"社会共识"对 90 年代建立起社保制度总体框架起到了重要的、积极的作用。首先，对社会保障概念的定义逐渐趋同：经过十几年的讨论，理论界逐渐认为，社会保障是大保障的概念，包括社会保险、社会福利、社会

---

① Zheng Bingwen, The Interaction and the Comparison of Social Security Reform in China and Latin America, "China outside China: China in Latin America", Held by CASCC, Turin and Milan, Italy, March 17 – 18th, 2008.

救济、优抚安置四个方面，其中社会保险是这一制度的核心[①]；在表述上，国际劳工组织关于社会保障的定义逐渐占主导地位[②]。其次，理论界对社会保障总体原则达成共识：应加强政府在社会保障事业中的职责；建立多层次的社会保障制度，逐步实现基本保险、补充保险和个人储蓄相结合的保障制度；实施多渠道的资金筹集方式，实行社会统筹。最后，理论界普遍认为，中国社会保障制度应扩大参保人员的范围；增大收入再分配的因素；不同所有制企业应公平负担社会保障费用，加强社会保障法制建设，等等。

20世纪90年代既是社会保障制度总体框架形成的时期，也是社会保障理论争议非常激烈的时期。90年代出现的这些争议不仅对当时中国社会保障制度模式的选择产生了重要影响，而且有些问题至今仍然存在，争论仍在继续。当时争论最大的是养老保险筹资模式问题，这个问题因为涉及制度可持续性和制度前途，而备受关注。当时主要有三种不同看法[③]。第一种看法支持积累制，认为中国的改革方向应以新加坡模式为主，该模式既可激励在职职工努力工作，为其自身创造相应的福利与保障，也能促进节约，减少国家开支，合理配置资源；第二种看法支持现收现付制，认为社会保障应以公平为主、兼顾效率，中国人均收入很低，特别是一些企业的生产经营困难，无法实行个人账户制度，只能采取现收现付制；第三种看法认为应将二者结合起来，建立部分积累制度，这既可通过现收现付制保证绝大多数人的基本生活，又可通过个人账户积累制满足进一步提高和改善生活的要求，即通过建立统账结合制度，在自我保障的基础上实行社会互助，在效率的基础上实现公平。[④]

[①] 张永建：《进一步建设社会保障体系：社会保障体系建设问题座谈会述要》，《管理世界》1994年第5期。

[②] 国际劳工组织102号公约：《社会保障（最低标准）公约》。

[③] 张永建：《进一步建设社会保障体系：社会保障体系建设问题座谈会述要》，《管理世界》1994年第5期。

[④] 刘志峰：《深化社会保障体制改革前景光明》，《人民论坛》1995年第6期。

总体来看，这一时期的探讨受到了国内经济形势和国际社会保障发展的影响。国际上实行传统现收现付制的各国普遍采取降低保险金给付标准、通过增加费率、延长退休年龄等措施应对支付危机，而同期智利等国实行个人账户取得的成就使得理论界更多地将目光集中于积累制；国有企业经营困难使得企业负担不均，缴费难、失业现象日益显现；通货膨胀使得原有的基金面临无法保值增值的风险，同时也为乐观的积累制支持者敲响了警钟，积累制的实现需要条件，关于这些条件的探讨也出现在这一时期的末端。[①]

三 政策成果及理论发展

20 世纪 90 年代是确立中国社会保障制度的目标模式的时期。当时的社会保障理论已经更为成熟，理论界对于世界各个国家的社会保障制度利弊已经有所了解，理论分析探讨也更贴近中国的实际情况。在中国面临着国有企业改革与严重通货膨胀的背景下，理论界开始更多地关注社会保障制度的财务平衡。这一时期理论的发展脉络为：通过国际比较开始反思传统现收现付制的不足，借鉴部分国家实行个人账户制的成功经验→反思总结社会保障制度运行过程中所出现的问题并对解决问题的经验进行总结→确定中国社会保障的原则、目标及制度模式选择。在这一理论发展脉络的影响下，社会保障各项政策规定在很大程度上吸收借鉴了当时的理论探讨成果。主要体现为以下几个方面。

1. 确立养老保险制度统账结合模式

1997 年，国务院颁发《关于建立统一的企业职工基本养老保险制度的决定》，该《决定》标志着中国城镇职工养老保险统账结合制度最终确立，同时奠定了未来中国基本社保制度的格局。值得注意的是，中国养老保险制度确立统账结合模式的时期也是国际上新

---

① 李珍：《论社会保障个人账户制度的风险及其控制》，《管理世界》1997 年第 6 期。

自由主义思潮大行其道的时期，但中国最终没有受到激进的新自由主义思潮的影响，选择了一个理性的、符合中国实际的部分积累制度模式，其制度设计初衷和理念直到今天都是值得称道的。理论上该模式可以将社会统筹与个人账户的特点结合起来，既可以实现社会共济，也可以增强个人的责任。但是，这一时期依旧有很多问题没有解决。理论界早已达成共识的"缺乏养老金调整机制、管理体制不顺"依旧没能解决，而养老保险制度自身的复杂性以及一些具体规定也为后来产生新的问题埋下了伏笔。"过渡性养老金"从养老保险基金中解决等规定，导致了一代人负担不止一代人，这也是后来出现的空账、退保问题的制度根源所在。

2. 医疗保险制度统账结合试点与制度的确立

1998年，以国务院《关于建立城镇职工基本医疗保险制度的决定》的颁布为标志，统账结合的医疗保险制度在中国确立。对于统账结合制度，有学者认为，实行统账结合，在法定的自我保障的基础上实行社会互助，在效率的基础上实现公平……单一的社会统筹存在的激励不强，平均主义成分过大，因此个人账户的存在是很有必要的。[1] 从这个角度看，统账结合同时兼顾了医疗保险的公平与效率，是将国家责任、企业责任和个人责任有效结合的制度。除此之外，医疗保险领域也存在着许多问题，如医疗卫生体制不配套的问题，医疗费用快速上涨的问题，覆盖面狭窄的问题，个人账户和统筹账户如何结合的问题等，这些问题的解决将会直接影响到下一阶段中国医疗保险制度的改革。

3. 国有企业"待业保险"制度的发展

1993年颁布的《国营企业职工待业保险规定》扩大了待业保险的范围，同时明确了待业保险的管理机构及职责并调整待业保险待遇标准。"待业保险"制度的出现是中国失业保险制度建立过程中的一个独特阶段，是中国采取循序渐进式改革开放策略的一

---

[1] 刘志峰：《深化社会保障体制改革前景光明》，《人民论坛》1995年第6期。

个缩影，是当时大环境下的一个特殊产物。与同期的社会保障其他险种问题相似，当时"待业保险"制度存在几方面的问题，如待业保险覆盖面过于狭窄、统筹层次过低、保险待遇偏低、监督管理体制不顺等。

4. 城市居民最低生活保障制度的试点和推广

1995年下半年，在对试点经验总结的基础上，学术界研究确立了具有中国特色的城市居民最低生活保障制度的制度框架，包括最低生活保障线的确立、低保对象的资格和条件、制度的经费来源和负担方式、制度的机构和救助方式等。[①] 1997年，国务院发出《关于在全国建立城市居民最低生活保障制度的通知》，规定各地要根据当地实际情况，逐步使非农业户口的居民得到最低生活保障。到1999年9月底《城市居民最低生活保障条例》实施之前，全国有668个城市和1638个县政府所在地的建制镇已经全部建立起最低生活保障制度。[②]

第三节 社会保障理论的繁荣与制度完善：中国社会保障模式的建立与统一（1999—2012年）

养老保险、医疗保险制度统账结合模式确立前后，时逢国有企业再次出现经营困难和亚洲金融危机的冲击。外部环境的变化使中国迅速地从通货膨胀转为通货紧缩，国有企业的亏损面和亏损率逐年递增，在此背景上，中央政府做出了"国有企业三年脱困"的目

---

① 参见《中国城市社会救济制度改革研究》课题组《建立中国城市居民最低生活保障线制度的研究报告》，《社会工作研究》1995年第6期。

② 杨玉婷：《城市居民最低生活保障制度的现状和对策》，《湖南财经高等专科学校学报》2008年第4期。

标安排。国有企业进行了产业结构调整,大量分流的人员(下岗、退休)给社会保障制度运行带来了巨大的压力。这就是社会保障理论界在这个阶段初期所面临的外部大环境。

一 社会保障理论的发展与制度借鉴

这一时期是社会保障理论研究最活跃的时期之一,各种理论著作汗牛充栋。本章将部分有代表性的著作大致分为以下七大类:第一,从经济学与收入分配角度探讨社会保障理论。这些著作从经济学的角度出发,探讨社会保障的再分配以及促进社会公正的功能,对社会保障制度转轨中的帕累托效率等进行了讨论。第二,对中国社会保障制度建设的总结反思的著作。这些著作回顾了中国社会保障制度改革历程,总结了改革经验及教训,并对未来的社会保障制度建设构建了理论框架。第三,社会保障法相关著作。在这些著作中,探讨了社会保障法理、法律建设等内容。与其他社会保障理论多是国内著作不同,这一时期大量引入了国外社会保障法相关著作。第四,农村社会保障相关著作。在这些著作中,总结了中国农村社会保障事业的发展经验与教训,并提出了制度建设的理论框架。第五,出现了社会保障实务相关理论及特殊群体的社会保障理论。第六,高校教材类书籍层出不穷。第七,还出现了丛书和以书代刊的周期性书籍。

与此同时,理论界对国际社会保障制度的介绍与比较更加深入,国内学者研究特定国家和地区社会保障制度的研究成果浩如烟海。按照研究对象来划分,大致有两类:第一,具体国家(地区)社会保障制度的研究分析。与以往相比,制度研究更加深入,往往历经多个时间跨度;研究内容更加丰富,往往包括大量社会保障制度制建立的背景和理论探讨的内容。第二,专题比较研究分析。研究的主题从基金管理到社会保障法,从私有化改革到农村社会保障比较;从区域社会保障制度集萃到全球化背景下的社会保障变革,主题分布广泛,比较研究的内容无论从深度还是广度都是以往不能比拟的。

二　中国特色社会保障理论发展与探讨

自 1999 年起，中国特色社会保障制度运行进入正轨，在此之前，虽然从传统社会保障制度转型到现代社会保障制度过程中，我国进行了将近 20 年的讨论和探索，即便如此，我们在现代社会保障制度运行中依然遇到不少问题，对此，理论界对于现代社会保障制度遇到的问题以及如何解决这些问题进行了卓有成效的探讨。

1. 关于养老保险制度的讨论

养老保险制度是现代社会保障制度的重中之重，这一阶段，关于养老保险制度的探讨和争论主要集中在以下几个方面。

第一，关于养老保险模式的比较。这一阶段开始出现了基于新古典经济学的经济分析判断。[①] 他们大多利用新古典经济学方法，利用世代交叠（OLG）模型等新古典经济学分析工具，论证了现收现付制与完全积累制的判别条件，并探讨了中国的社会保障模式与储蓄率、福利之间的关系。在十年的平均工资增长率超过 10%，而实际养老保险收益率过低的情况下，这些分析判断的结论更接近基于"生物收益率"的"艾伦条件"，即当人口增长率与工资增长率之和小于资金收益率时，完全积累制才具有优势，而中国的实际情况恰恰相反。同期，关于模式的争论还包括名义账户制的探讨。[②]

---

① 袁志刚、宋铮：《人口年龄结构、养老保险制度与最优储蓄率》，《经济研究》2000 年第 11 期；袁志刚：《中国养老保险体系选择的经济学分析》，《经济研究》2001 年第 5 期；柏杰：《养老保险制度安排对经济增长和帕累托有效性的影响》，《经济科学》2000 年第 2 期；封进：《中国养老保险体系改革的福利经济学分析》，《经济研究》2004 年第 2 期。

② 郑秉文：《欧亚六国社会保障"名义账户"制利弊分析及其对中国的启示》，《世界经济与政治》2003 年第 5 期；王新梅：《全球性公共养老保障制度改革与中国的选择——与 GDP 相连的空账比与资本市场相连的实账更可靠更可取》，《世界经济文汇》2005 年第 12 期；等等。

第二,关于养老保险财务可持续性的问题。养老保险财务可持续性问题的核心是空账问题,对此,各界基本上达成了共识,"空账不过是隐性债务的另外一种表现形式而已"[1],而关于隐性负债,理论界探讨了其成因、规模与解决途径。关于成因,各界达成了共识,也就是"老人"和"中人"个人账户部分缺失额由制度内解决所带来的问题;关于其规模,各界进行了测算,因测算方法、测算范围等差异,测算结果不等[2];至于解决途径大致有如下几种建议,包括财政转移支付、制度内部分筹措、划拨国有资产、养老保险基金增值、建立主权养老基金、提高退休年龄等。

第三,养老保险统筹层次问题。统筹层次过低是中国城镇职工养老保险制度面临的主要问题,也是引发其他问题的重要原因。由于统筹层次低,导致中国城镇职工养老保险制度存在一个悖论:一方面,基金快速增长,支付能力空前提高;另一方面,在剔除财政补贴后,有半数省份基金收不抵支。[3] 不仅如此,统筹层次低使得基本养老保险关系异地转移接续困难成为当前养老保

---

[1] 赵人伟:《福利国家的转型与我国社保体制改革》,《经济学家》2001年第6期。

[2] World Bank, 1997, "Old Age Security: Pension Reform in China", Washington D. C. , pp. 32 – 33, 38 – 53; Yvonne Sin, Pension Liabilities and Reform Options for Old Age Insurance, The World Bank Working Paper Series on China No. 2005 – 1, Washington D. C. , USA, May 2005;房海燕:《对我国隐性公共养老金债务的测算》,《统计研究》1998年第5期;劳动和社会保障部社会保险研究所:《世纪抉择——中国社会保障体系构架》,中国劳动社会保障出版社2000年版;王晓军:《中国养老金制度及其精算评价》,经济科学出版社2000年版;宋晓梧:《中国社会保障体制改革与发展报告》,中国人民大学出版社2001年版;王燕等:《中国养老金隐性债务、转轨成本、改革方式及其影响》,《经济研究》2001年第5期。

[3] 郑秉文、孙永勇:《对中国城镇职工基本养老保险现状的反思——半数省份收不抵支的本质、成因与对策》,《上海大学学报》(社会科学版)2012年第3期。

险制度中的突出问题。① 对此，有学者按照"三步走"战略，先实现省级统筹，然后建立全国统一预算、分省余缺调剂的方式，逐步过渡到全国统收统支的模式。②

第四，机关事业单位养老保险改革。学界对于机关事业单位养老保险制度改革讨论的起点是企业和机关事业单位养老待遇差距③，无论是从社会公平的角度，还是从财务可持续的角度，机关事业单位养老保险改革都势在必行。对此，笔者曾经指出④，从长远和全局的角度看，事业单位参加基本养老保险改革是否能成功，关键在于"三个联动"：一是事业单位和公务员改革一起行动，以避免相互攀比，互相掣肘。二是事业单位的三个类别一起改革⑤，在养老保险上不应该分出三六九等。三是事业单位改革与建立职业年金同步进行，以弥补参加改革后降低的那部分，旨在给出预期，减少改革阻力，维持生活水平不要降低，给所有人一个"定心丸"。

第五，农村养老保障和农民工养老保障问题。首先，在农村养老保障方面，理论界对于农村社会保障制度在运行中存在很多问题达成了共识：覆盖面小、可持续性差、保障水平低、制度存在不稳定性、基金存在保值增值困难问题等。但是，关于农村社会保障制

---

① 章书平、黄健元、刘洋：《基本养老保险关系转移接续困难的对策探究》，《理论与改革》2009 年第 5 期。

② 张利军：《我国提高养老保险统筹层次的改革路径与发展方向探讨》，《理论与现代化》2009 年第 4 期。

③ 如王晓军、乔杨：《我国企业与机关事业单位职工养老待遇差距分析》，《统计研究》2007 年第 5 期；张祖平：《企业与机关事业离退休人员养老待遇差异研究》，《经济学家》2012 年第 8 期；张祖平：《解决企业与机关事业单位离退休人员养老待遇差异的政策建议》，《经济研究参考》2012 年第 60 期，等等。

④ 参见郑秉文相关文章，如《事业单位养老金改革的关键是三个"联动"》，《中国证券报》2009 年 2 月 23 日第 A12 版；《〈社会保险法〉立法面临三大困难》，《上海证券报》2009 年 5 月 27 日第 B06 版；等等。

⑤ 中国的事业单位可分为三大类：第一类是行使行政职能的；第二类是从事公益性活动的；第三类是从事经营活动的事业单位。

度的评价却充满争论,如"农村社会养老保险名不符实"[1];有人甚至认为"存在着重大的理论和实践上的错误"[2]。其次,农民工养老保障问题一度成为社会焦点与特点,关于应当采取何种模式,存在三种模式[3]:其一,纳入城镇社会保障体系;其二,建立新的农民工社会保障体系;其三,把农民工纳入农村社会保障体制。并由此引发了中国社会保障制度应当是"碎片化制度"还是"统一制度"的大讨论。当新型农村养老保险制度出台后,理论界对于农民工养老保障制度的争论基本停止。

第六,构建多层次养老保障体系。1999年以来,基本养老保险制度替代率逐年下降已成不争事实,过于依赖基本养老保险制度无论是对于个人还是对于制度本身都面临较大风险,构建多层次养老保障体系成为社会共识。特别是在2004年,《企业年金试行办法》和《企业年金基金管理试行办法》发布,构建多层次养老保障体系上升为国家意志,学界对于多层次养老保障体系的讨论更加热烈。[4]

2. 关于医疗保险制度的讨论

关于医疗保险制度的探讨主要集中在医疗卫生体制的市场化改革、医疗保险制度设计、全民医保的实现路径等方面。

第一,医疗卫生体制的市场化改革。2005年,国务院发展研究中心指出中国的医疗卫生体制改革基本上是不成功的,医疗卫生体

---

[1] 刘书鹤:《农村社会保障的若干问题》,《人口研究》2001年第9期。

[2] 王国军:《现行农村社会养老保险制度的缺陷与改革思路》,《上海社会科学院学术季刊》2000年第1期。

[3] 杨立雄:《建立农民工社会保障制度可行性研究》,《社会》2003年第9期。

[4] 相关讨论参见张奇林《老年人保障体系的多层次性与伦理选择》,《中州学刊》2002年第3期;郑秉文《中国企业年金的治理危机及其出路——以上海社保为例》,《中国人口科学》2006年第6期;郑秉文《中国企业年金发展滞后的政策因素分析——兼论"部分TEE"税优模式的选择》,《中国人口科学》2010年第2期;董克用、孙博《从多层次到多支柱:养老保障体系改革再思考》,《公共管理学报》2011年第1期;等等。

制出现商业化和市场化的倾向是其主要原因。一石激起千层浪,学界开始了对医疗卫生体制市场化改革的讨论。一方认为,医疗卫生体制的商业化和市场化的走向违背了医疗卫生事业发展的基本规律,从而使医疗卫生服务的可及性大大降低。[1] 还有学者认为,市场化和商业化并非改革失败的原因,政府垄断医疗资源以及过去医院垄断患者才是目前问题的根本原因。[2] 中国医改之所以不成功是因为政府没有充分发挥责任,医疗保险制度没有充分建立起来,或者说是国家财政对低收入阶层的补贴制度没有建立起来,这是问题的根源。[3]

第二,医疗保险制度设计问题。其中包括个人账户的去留,支持个人账户的观点主要集中在控制医疗费用过快增长、缓冲统筹基金支付危机、增加参保人员可支配的医疗资金等。[4] 反对个人账户的观点主要集中在个人账户不符合医疗保险的"大数风险"、个人账户的管理低效、"私有性"的账户属性将会纵容"第三方支付"的道德风险等。[5] 此外,还包括医疗保险费用支出问题,第三方支付模式使得医疗保险面临支出压力,控制费用和维持服务质量方面面临矛盾,如何优化医疗保险制度设计以缓

---

[1] 2005 年国务院发展研究中心课题组:《对中国医疗卫生体制改革的评价与建议》。

[2] 宋晓梧:《正确评价医疗改革》,《财经界》2006 年第 6 期。

[3] 《几位专家对医疗改革的看法》,2006 年中国宏观经济与改革走势座谈会,2006 年 3 月。

[4] 王宗凡:《基本医疗保险个人账户的成效、问题与出路》,《中国卫生经济》2005 年第 3 期;傅勤生:《设立基本医疗保险个人账户的利弊分析》,《卫生经济研究》2005 年第 10 期;等等。

[5] 中国社会保障体系研究课题组:《中国社会保障制度改革:反思与重构》,《社会学研究》2000 年第 6 期;郑秉文:《医疗保障制度改革国际比较》,陈佳贵、王延中主编《社会保障绿皮书:中国社会保障发展报告(2007)No.3》,社会科学文献出版社 2007 年版,第八章;郑秉文:《取消医保个人账户是大势所趋》,《中国改革报》2007 年 1 月 4 日第 5 版;等等。

解上述矛盾是制度设计的焦点，不少学者进行了相关的讨论。[1]

第三，全民医保的实现路径问题。2009年《中共中央 国务院关于深化医药卫生体制改革的意见》为我国指出了全民医保的道路。自该《意见》颁布以来，理论界从以下几方面解读了全民医保制度：首先，全民医保是中国医疗体制改革的突破口，可以从根本上改变病无所医的局面。在全民医保制度下，全体城乡居民都被纳入基本医疗保障制度中，居民可以在更大的范围内分散风险，实现"病有所医"的目标。[2] 其次，全民医保下中国医疗保障模式的选择问题。学者认为，政府主导下的全民医保有两种选择：一是公费医疗；二是强制性的医疗保险。当然全民医保的公平性自不待言，但是这种制度对财政的压力较大，在现在的财政体制和现有财力的约束下，实行公费医疗模式是不可行的。[3] 而只能是国家继续扮演保险者的角色，在现行制度架构中通过调整实现全民医保。此外还有，全民医保的资金是否足够。有学者对全民医保制度下医疗保险费用的收支做出了预算，认为从2010年开始，全国城乡医保机构有望每年最少筹来5650亿元，而从现在的医疗机构的看病收入来看，大约为5000亿元，医疗保险制度足以应对居民的看病支出，从而不会出现资金的缺口。[4]

---

[1] 如赵曼：《社会医疗保险费用约束机制与道德风险规避》，《财贸经济》2003年第2期；丁继红、朱铭来：《试论我国医疗保险制度改革与医疗费用增长的有效控制》，《南开经济研究》2004年第4期；赵树青：《中国社会医疗保险费用控制研究》，《内蒙古科技与经济》2012年第9期。

[2] 顾昕：《全民医保是医改的突破口》，http://news.xinhuanet.com/politics/2008-02/14/content_7602104.htm；王杉：《全民医保将改变病无所医》，http://old.jfdaily.com/news/hot/200904/t20090407_595228.htm。

[3] 顾昕：《全民医保是医改的突破口》，http://news.xinhuanet.com/politics/2008-02/14/content_7602104_1.htm。

[4] 顾昕：《新医改的三大新挑战》，http://www.ycwb.com/news/2009-04/13/content_2107040.htm。

三 现代社会保障制度的构建与发展

1999—2012年是中国社会保障制度大发展的时期,这一阶段,中国现代社会保障制度的框架进一步完善,项目结构进一步合理,覆盖范围进一步扩大,法制化框架初现雏形,主要体现在以下几方面。

1. 社会保障法制化框架初现雏形

1999—2012年,一系列与社会保障制度相关的法律法规陆续颁布,使得我国社会保障制度运行走向法制化轨道,如《失业保险条例》《社会保险费征缴暂行条例》《城市居民最低生活保障条例》《工伤保险条例》。特别是在2010年,十一届全国人大常委会第十七次会议通过了《中华人民共和国社会保险法》,这标志着我国社会保险制度正式进入定型阶段,意味着中国现代社会保障制度法制化框架基本建立起来。社会保险法体现了以下几个立法原则:第一,使人民群众共享改革发展成果,目标是做到制度上没有缺失,覆盖上没有遗漏,衔接上没有缝隙,使全体人民在养老、医疗等方面都能做到有基本保障,无后顾之忧。第二,公平和效率相结合,权利与义务相对应。社会保险作为政府主导的社会保障制度,要体现公平原则,防止和消除两极分化,但同时应体现激励和引导原则,坚持权利与义务相适应。第三,确立框架,循序渐进。社会保险法还在发展当中,此次立法做出了一些弹性的或授权性的规定,为今后的制度完善和机制创新留出了空间。[1]

2. 多层次养老保障制度蓬勃发展

自1998年以来,我国养老保障制度迎来快速发展期,主要体现在以下几个方面。

第一,建立起覆盖各类人群的基本养老保险制度。2005年,城镇职工基本养老保险制度进一步定型并将覆盖范围进一步扩大到灵

---

[1] 《着力保障改善民生——胡晓义详解〈社会保险法〉》,http://www.chinadaily.com.cn/hqgj/jryw/2010-11-24/content_1271940.html。

活就业人员。2009年，农村居民养老保险制度建立起来，2011年，城镇居民养老保险制度出台，也就意味着基本养老保险对社会各类人群实现了全覆盖，在此过程中，争论多年的农民工养老保障问题也因此得以解决。到2012年年末，全国参加城镇职工基本养老保险的人数达到3.04亿人，占当年城镇就业人员总数的比重为81.9%，参加城乡居民社会养老保险制度的人数更是高达4.84亿人①。值得注意的是，无论是城镇职工基本养老保险制度还是城乡居民社会养老保险制度，都采取了社会统筹和个人账户相结合的制度模式，也就给未来的制度统一提供了框架。

第二，不断调整与完善个人账户制度。主要体现在以下两个方面：其一，做实个人账户，扩大试点范围。针对基本养老保险制度中实行社会统筹与个人账户相结合方式在实际运行中存在的隐性债务和个人账户"空账"问题以及由此造成的国家、个人责任模糊不清问题，2000年国务院发布《完善城镇社会保障体系试点方案》，将辽宁确定为试点单位，探索把城镇企业职工基本养老保险的社会统筹部分与个人账户部分分账管理和独立运行，之后试点逐步扩大。这不仅表明了中国政府做实个人账户和实现部分积累制的决心，而且将进一步厘清国家和个人各自承担的责任，使统账结合制度名副其实起来，促进养老保险制度的良性发展。其二，缩小个人账户比例，调整统账关系。主要体现在2005年12月3日发布的《国务院关于完善企业职工基本养老保险制度的决定》中：在缴费总额不变的基础上，统筹账户从17%提高到20%，而个人账户则从11%缩小到8%；养老金与缴费的关联度提高。退休时的基础养老金月标准以当地上年度在岗职工月平均工资和本人指数化月平均缴费工资的平

---

① 2012年城镇职工基本养老保险参加人数和城乡居民社会养老保险参加人数见中华人民共和国人力资源和社会保障部《2012年度人力资源和社会保障事业发展统计公报》；2012年城镇就业人员数量见国家统计局年度数据，http://data.stats.gov.cn/easyquery.htm? cn=C01。

均值为基数，缴费每满1年发给1%。

第三，养老保险体系的多层次性特征开始凸显。2004年，随着企业年金领域两个办法的出台，DC型信托制的企业年金制度被明确作为养老保险第二支柱，其优点是养老金资产独立于雇主，实行委托人、受托人、托管人、投资人、账户管理人分立的完全市场化投资的运行模式；其法律定位是采取国家给予税收优惠支持和企业采取自愿原则。此后，劳动和社会保障部陆续颁发了一系列政策文件，对企业年金制度予以完善。到2012年，我国企业年金基金累计结余为4821亿元，参加企业年金的企业数和职工人数分别增至5.47万个和1847万人，并且在基金投资运营方面，企业年金的投资收益率要高于基本养老保险制度，2012年为5.68%。①

第四，养老保险收支规模进一步扩大，财政对养老保险的补贴逐年增多。1999—2012年，城镇职工基本养老保险基金收入从1965亿元升至20001亿元，基金支出从1925亿元增加至15562亿元，基金累计结余更是从734亿元增至23941亿元。②在财政补贴养老保险方面，1999年恰逢我国国有企业改革攻坚期，如何按时足额发放养老金成为党中央和国务院的当务之急，但在企业不堪重负的情况下，财政投入成为"两个确保"运行下去的关键。除了直接的财政补贴外，中央财政还为地方提供欠发养老金的专项借款，并向中西部地区和老工业基地倾斜。此后，财政对养老保险的补贴更是与日俱增，2003年，财政对我国城镇职工基本养老保险制度的补贴为530亿元，到2012年更是高达2648亿元，但财政占基金收入的比重维持在相对稳定的空间内（12%—15%），2012年，这一比重为13.2%。③

---

① 郑秉文主编：《中国养老金发展报告2013——社保经办服务体系改革》，经济管理出版社2013年版，第88页。
② 中华人民共和国人力资源和社会保障部：1999—2012年《劳动和社会保障事业发展统计公报》和《人力资源和社会保障事业发展统计公报》。
③ 中华人民共和国人力资源和社会保障部：《2012年人力资源和社会保障事业发展统计公报》。

3. 医疗保障走向"全民医保"

进入21世纪以来,医疗保障制度的改革与探索成为这一时期的主旋律。2009年《中共中央国务院关于深化医疗卫生体制改革的意见》规定,加快建立和完善以基本医疗保障为主、其他多种形式补充医疗保险和商业健康保险为补充、覆盖城乡居民的多层次医疗保障体系。其中,基本医疗保障体系包括城镇职工基本医疗保险、城镇居民基本医疗保险、新型农村合作医疗和城乡医疗救助制度。从各个制度的覆盖范围来看,事实上新医改方案为中国确立了一种全民医保模式,我们可以从以下几个方面对全民医保模式进行制度解析。

第一,探索城镇多层次医疗保障体系。首先是基本医疗保险制度的扩面,1999—2006年,医疗保险逐步扩展至灵活就业人员、农民工等群体。其次是开展医疗救助体系。2005年,国务院办公厅《转发民政部等部门关于建立城市医疗救助制度试点工作意见的通知》,总目标是在全国建立起管理制度化、操作规范化的城市医疗救助制度。最后是发展补充医疗保险制度。1998年《国务院关于建立城镇职工基本医疗保险制度的决定》中明确指出:超过最高支付限额的医疗保险费用,可以通过商业医疗保险等途径解决。

第二,建立新型农村合作医疗保险。随着经济体制的改革,传统农村合作医疗制度渐渐衰落,到2002年,中国农村合作医疗的覆盖率只有9.5%。[①] 2003年,国务院办公厅转发了《关于建立新型农村合作医疗制度的意见》,这标志着中国的农村合作医疗保险制度进入了新的发展时期。截至2012年年底,全国有2566个县(市、区)开展了新型农村合作医疗,参合人口达到8.05亿人,参合率为98.5%,实现了对农村人口的应保尽保。同年,新农合筹资总额达

[①] 邹东涛:《中国改革开放30年(1978—2008)》,社会科学文献出版社2008年版,第678页。

到 2484.7 亿元，基金支出 2408 亿元，补偿支出受益 17.45 亿人次。①

第三，建立城镇居民医疗保险制度。2007 年国务院颁布了《关于开展城镇居民基本医疗保险试点的指导意见》，指出城镇居民基本医疗保险重点保障参保居民的住院和门诊大病医疗支出，有条件的地区可以逐步试行门诊医疗费用统筹。到 2012 年年底，城镇居民医疗保险参保人数达 2.7156 亿人，基金累计结余为 769 亿元。②

随着城镇职工基本医疗保险覆盖范围不断扩大以及城镇居民医疗保险制度和新型农村合作医疗保险制度的建立，我国基本建立起覆盖全民的基本医疗保障制度。此外，在基本医疗保障制度外，我国也开始探索建立多层次的医疗保障体系，医疗保障水平不断提升。

4. 失业保障从"待业保险"走向"失业保险"

1997 年，国有企业改革进入了攻坚阶段，下岗失业是当时改革遇到的最突出的问题。在此背景下，国务院于 1999 年颁布了《失业保险条例》，正式将"待业保险"这一名称改为"失业保险"，这标志着我国的失业保险制度发展进入了一个新的发展时期。在《失业保险条例》运行过程中，随着新问题的出现，理论界探讨了存在的问题③，包括保障范围有待于进一步扩大（乡镇企业职工、农民工等）；失业基金征缴困难且存在挤占挪用问题；失业保险申领资格条件审核不够严格；此外，理论界还开始关注"隐性就业问题"与失

---

① 国家卫生和计划生育委员会：《2012 年我国卫生和计划生育事业发展统计公报》。

② 中华人民共和国人力资源和社会保障部：《2012 年人力资源和社会保障事业发展统计公报》。

③ 冯宪芬、赵文龙：《论我国失业保险制度中的问题及完善》，《延安大学学报》（社会科学版）2000 年第 2 期；刘雪斌、何筠：《我国失业保险制度的变迁和发展》，《当代财经》2004 年第 1 期；丁煜：《我国失业保险制度的演变、评估与发展建议》，《中国软科学》2005 年第 4 期。

业统计指标体系。在制度发展方面，2012 年年底，全国参加工伤保险的人数为 1.9 亿人，全年工伤保险基金收入 527 亿元，基金支出 406 亿元，年末工伤保险基金累计结余 737 亿元。[①]

5. 非缴费型社会保障制度日趋完善

1999 年，以国务院颁布的《城市居民最低生活保障条例》为标志，低保制度正式在中国城市建立起来。进入 21 世纪，中国的城市居民低保制度进入发展和巩固阶段，取得了突破性的进展。制度覆盖面逐步扩大，保障人数从 1999 年的 265.9 万人上升到 2012 年的 2143.5 万人[②]，保障资金支出大幅度增加，全国低保支出从 2001 年的 45.74 亿元上升到 2006 年的 241.01 亿元[③]，在缓解贫困和保障城市居民基本生活权益方面发挥了重要的作用。在取得一些成绩的同时，该制度在实施过程中还存在一系列的问题，如最低生活保障的标准偏低，未能实现有效保障；制度结构过于简单，忽视某些特殊情况的存在；未能有效区分低保对象和非低保对象；和其他社会保障政策的衔接不好；等等。[④]

在实施城市居民最低生活保障制度的同时，中国也开始了农村最低生活保障制度的探索。为贯彻落实党的十六届六中全会精神，切实解决农村贫困人口的生活困难，国务院决定，2007 年在全国建立农村最低生活保障制度。截至 2012 年年底，全国农村低保对象 2814.9 万户、5344.5 万人得到了农村最低生活保障，全年共发

[①] 中华人民共和国人力资源和社会保障部：《2012 年人力资源和社会保障事业发展统计公报》。

[②] 中华人民共和国民政部：《2008 年民政事业发展统计公报》《2012 年社会服务发展统计公报》。

[③] 中国资讯行数据库。

[④] 相关资料参见毛华滨、刘士才《城镇居民最低生活保障问题研究》，《高等函授学报》（哲学社会科学版）2007 年第 12 期；康蕊《浅析城市居民最低生活保障制度》，《中国太原市委党校学报》2007 年第 1 期；程静《论城市居民最低生活保障制度》，《现代商贸工业》2008 年第 11 期；等等。

放农村最低生活保障资金 718 亿元,每人每年低保平均标准为 2067.8 元。①

除了农村和城市的最低生活保障制度外,还有一系列的非缴费型社会保障制度与之相配套,如城市的"三无"救济制度、农村五保制度、农村传统救助制度、医疗救助制度、临时救助制度等。以上非缴费型制度共同为我国贫困等弱势群体构筑起坚强有力的社会安全网。

总结这一时期中国社会保障理论和制度发展,可以发现,我国社会保障体系建设已进入全民覆盖、城乡统筹、各类项目全面发展的时期。从社会救助到社会保险,从养老保险到生育保险,从城市保障到农村保障,社会上的各类人群均能在当前社保体系中寻找到适合的保障项目,并且政府在设计各类社会保障项目时开始从城乡统筹的视角为制度整合和改革提供框架基础。

第四节　社会保障理论的向前推进:新时代中国社会保障制度的全面深化改革(2013年以来)

中国社会保障制度在经历了上一时期的扩面和制度构建后,进入了全面深化改革阶段。党的十八大提出要坚持全覆盖、保基本、多层次、可持续方针,以增强公平性、适应流动性、保证可持续性为重点,全面建成覆盖城乡居民的社会保障体系。党的十八届三中全会则进一步提出建立更加公平可持续的社会保障制度的改革目标,这也标志着中国现代社会保障制度发展进入全面深化改革阶段。党的十九大提出全面实施全民参保计划的目标,按照兜底线、织密网、建机制的要求,全面建成覆盖全民、城乡统筹、权责清晰、保障适

---

① 中华人民共和国民政部:《2012 年社会服务发展统计公报》。

度、可持续的多层次社会保障体系。相应地，这一时期社会保障理论的发展和讨论更加集中于当前制度的完善和深化改革，同时还注重社会保障制度与整个社会经济的协调发展。

一　社会保障理论的新发展

相对于此前社会保障制度承担为市场经济保驾护航的作用，这一时期社会保障制度的发展与整个社会发展更为密切地联系在一起，真正成为社会发展的重要组成部分，并体现出独特的发展规律。

1. 人口老龄化与社会保障制度的持续发展

人口老龄化是社会保障制度全面深化改革不能回避的问题，而我国的养老保障体制改革也一直围绕人口老龄化问题展开。随着人口老龄化程度的不断提高，基本养老保险制度赡养率持续攀升，制度收入增速降低，而制度支出增速不断提高，甚至在有些省份出现基金穿底的现象，这就给基本养老保险制度的财务可持续性提出了巨大的挑战，财政对基本养老保险制度的补贴不断增加，甚至形成养老保险对财政的裹挟。与此同时，基本养老保险制度的独立性和保险性不断遭到削弱，无论是对财政而言，还是对基本养老保险制度自身发展来说，都是极其不利的。面对这种情况，我们在基本养老保险制度全面深化改革过程中，必须加强制度的收入能力和自我平衡能力，适度拉开制度与财政之间的关系，进而推动基本养老保险制度向纵深发展。

2. 供给侧改革给社会保障制度带来的挑战与机遇

2015年12月，习近平总书记在中央经济工作会议上指出："推进供给侧改革，是适应和引领经济发展新常态的重大创新，是适应我国经济发展新常态的必然要求。"去产能、去库存、去杠杆、降成本、补短板构成供给侧改革五大关键任务。在以上五大任务的引导下，社会保障的全面深化改革面临新的挑战与机遇。

第一，供给侧改革加大社会保障发展压力，减收增支成为社保发展新困境。从当前看，供给侧改革主要围绕去产能政策和针对企业减税降费政策展开，这两项政策从两个方向挤压社会保障发展空间。首先，随着去产能政策的展开，人员安置成为改革最为棘手的问题。以钢铁产业为例，从2016年开始，在近年来淘汰落后钢铁产能的基础上，用五年时间再压减粗钢产能1亿—1.5亿吨，由此导致的安置人员数量为18万人。除了钢铁产业外，在煤炭行业，由于去产能而需要安置的人员数量为70万人[1]。早在2013年，国务院就在相关文件中提出通过转岗、再就业和创业等多种手段解决人员安置问题，但这些手段通常是长期性的。从短期来看，依然要通过社会保障制度对安置人员进行及时援助，也就是说供给侧改革给社会保障制度带来的直接挑战之一就是保障人口增加，社保支出上升。其次，供给侧改革通过资金渠道造成社会保障资金来源缩减。供给侧改革要求企业降低运行成本，其中一个很重要的方面是降低企业税费水平，由此直接导致社会保障缴费收入减少，同时，在去产能的过程中，企业破产或重组可能会导致安置人员的社保缴费直接中断，也就是说供给侧改革从两个方面对社会保障缴费来源进行挤压。

第二，供给侧改革给社会保障制度的发展带来机遇和契机。供给侧改革对于不同的社会保障项目来说意义是不同的：对于养老保险制度来说，供给侧改革减少资金来源，但同时也为养老保险改革提供了改革契机，养老保险增收不能仅仅依赖缴费收入，出于长期可持续发展的考虑，我们必须更加重视制度的投资收益，同时还要促进多层次养老保障体系的构建，增强第二支柱和第三支柱在养老保障体系中的作用，从而降低对基本养老保险的依赖。对于失业保险制度来说，供给侧改革是推动失业保险向就

---

[1] 常金奎、王三秀：《供给侧改革与社会保障协调发展的困境与应对》，《长白学刊》2018年第1期。

业保险制度转型的重要机遇。长期以来，我国失业保险制度更加注重制度的保障功能，主要保障形式是发放失业救济金，在就业促进方面产生的作用相对较小。而在供给侧改革背景下，失业问题的解决不能单单依靠失业救济，失业保险要从就业促进的角度出发，顺利推动安置人员的转岗、再就业和创业，使失业保险促进就业的功能真正发挥出来。

二 新时代中国社会保障制度的改革与向前发展

相对于前一时期注重社会保障制度的构建与增补，这一时期社会保障制度的发展主要体现在深化改革方面，从而推动现代社会保障制度实现长期可持续发展。我们可以从以下几个方面总结这一时期社会保障制度的发展。

(一) 养老保障体制改革与发展

毋庸置疑，养老保障体系依然是这一时期社会保障制度深化改革的重中之重。无论是在制度设计上还是在制度发展上，公平性和可持续性成为这一阶段养老保障体系追求的主要目标。社会统筹和个人账户相结合的养老保险模式得到进一步确认，并建立起多缴多得的激励机制；在追求基础养老金全国统筹的过程中建立中央调剂金制度；统筹城乡的居民养老保险制度已经建立起来；机关事业单位养老保险改革取得突破性进展；多层次养老保障体系进一步向前推进。

1. 从"做实个人账户"到"完善个人账户"

党的十八届三中全会为中国社会保障制度的全面深化改革绘制了蓝图，其中，持续13年的"做实个人账户试点"向"完善个人账户制度"改革，意味着个人账户功能定位的重大改变。有研究指出，我国在基本养老保险制度中引入个人账户的目标主要包括两个：其一，加强制度的激励性，从理论上讲，账户比例越大，激励性越强，但为了降低做实账户的压力，2005年国务院38号文将个人账户的比例从11%降至8%，延续2004年上调的做法，个人账户多缴多得的精算功能降到历史最低点，同时，做实个人账户试点旷日持久，进展不顺，制度长期不能定型，空账成为影响参保人信心的关键因素，也就意味着通过个人账户调动参保人积极性的目的基本落空。其二，为未来建立"资产池"以应对人口老龄化的冲击。毫无疑问，随着做实个人账户工作的终止，上述目标并未实现。其中主要原因是财政压力巨大，转型成本始终没有解决，中央财政仅对有限的省份进行配比补贴，发达省份由地方财政承担做实个人账户之责，由此导致地方政府积极性不高，做实账户额与空账额之间的差距越来越大，空账规模从2007年的1.1万亿元扩大到2013年年底的3.1万亿元，做实账户额则从790亿元提高到4154亿元，也就意味着通过个人账户储备养老资产的目标亦没有实现。① 正是由于巨额转型成本的存在，建立个人账户第二个目标要首先服从于第一个目标，我们在完善个人账户制时首先要考虑账户的激励功能，这也是党的十八届三中全会对社会保障制度全面深化改革做出重要决定的精神实质。

2. 建立中央调剂金制度，作为实现养老保险全国统筹的第一步

在习近平新时代中国特色社会主义思想的指导下，为解决发展不平衡不充分的突出问题，围绕建立健全更加公平和可持续的养老保险制度目标，从基本国情和养老保险制度建设实际出发，遵循社会保险大数法则，建立养老保险基金中央调剂金制度，并作为实现养老保险全国统筹的第一步。2018年6月13日，国务院发布《关于建立企业职工基本养老保险基金中央调剂制度的通知》，其中规定，中央调剂基金由各省份养老保险基金上解的资金构成，按照各省份职工平均工资的90%和在职应参保人数作为计算上解额的基数，上解比例从3%起步，逐步提高。建立

---

① 郑秉文：《中国养老金发展报告2014——向名义账户制转型》，经济管理出版社2014年版，第8页。

中央调剂金是在我国基本养老保险统筹层次低进而导致地区间支付压力不平衡的背景下提出的。长期以来，我国多数省份基本养老保险的统筹层次长期沉淀在县市或省一级，不同省份的支付压力差别较大，比如有的省份养老保险已经收不抵支，需要中央财政大规模补贴，进而造成养老保险制度对财政的进一步依赖甚至是裹挟。而有些省份养老保险沉淀上千亿资金，这些资金存入银行，投资收益为银行存款利息。这也就意味着我国相当一部分财政资金被存入银行，进而造成福利的损失。鉴于此，在当前无法将养老保险统筹层次提高至全国水平的背景下，实行中央调剂金制度无疑是最为稳妥的选择。但值得注意的是，中央调剂金制度并不是我国养老保险制度的终极目标，全国统筹才是养老保险制度的发展方向。

3. 统筹城乡居民养老保险制度

我国城乡居民养老保险制度的建立走过了"从农村到城市再到城乡统一"的发展路径，国发〔2009〕32号文建立起新型农村社会养老保险制度，国发〔2011〕18号文建立起城镇居民社会养老保险制度，二者在缴费、待遇和财政补贴方面基本类似。2014年，在各地试点的基础上，《国务院关于建立统一的城乡居民基本养老保险制度的意见》（国发〔2014〕8号）将城镇和农村居民养老保险制度合并，在全国范围内建立起统一的城乡居民养老保险制度。该制度的建立无疑是我国社会保障制度的一大突破，它弥补了我国在非就业人口正规养老保障制度方面的空缺，将社会保险制度从就业人口扩展至非就业人口，其模式设置也为将来建立统一的养老保险制度奠定了基础。自2014年制度建立以来，居民养老保险制度实现了较为稳定的发展。参保人数由2014年的5亿人增加到2018年的5.2亿人，意味着新型农村养老保险制度和城镇居民养老保险制度在经历了初期的快速扩面后进入了相对稳定的发展时期。在基金收支方面，城乡居民养老保险基金收入从2014年的2310亿元升至2018年的3808.6亿元，同期基金支出从

1571亿元增加到2919.5亿元[①]。但值得注意的是，我国城乡居民养老保险制度仍处于较低的统筹层次，多处于县级统筹水平，当制度处于扩面阶段时，统筹层次低的问题并不明显，但从长远看却是不利的：一方面，基金分散在各区县，规模小，投资渠道主要为银行存款，不利于制度的保值增值。另一方面，随着城镇化进程以及人口流动的加快，再加上我国还未建立起地区间以及制度间的转移机制，这就给城乡居民参保带来诸多不便。并且统筹层次一旦确立下来，通常具有惯性或路径依赖的特征，统筹层次再难提高，不利于制度的长期持续发展。

4. 机关事业单位养老保险并轨改革，从"碎片化"到"大一统"

2015年3月，在全国推进依法治国的开局之年和全面深化改革的关键时刻，《国务院关于机关事业单位工作人员养老保险制度改革的决定》（国发〔2015〕2号）正式发布，该《决定》对城镇机关事业单位养老保险制度的规定，与已经运行了20多年的城镇职工养老保险制度几乎一致。这也就意味着我国养老金制度在消灭"碎片化"和走向"大一统"的路上迈出了关键性的一步，机关事业单位享有养老金特权的历史一去不复返。2015年养老保险并轨改革产生了深远的意义，首先，有利于促进公共部门与私人部门的劳动力流动。财政供养式的退休制度显然不利于机关事业单位与企业部门之间劳动力的流动，不利于根除公共部门人员向私人部门流动时"视同缴费"遇到的各种道德风险带来的变相歧视。其次，有利于保护机关工作人员的权益。改革后，所有机关事业单位人员都会获得独立于供职机构的养老权益和养老资产，它终身属于个人，无论发生什么事故或任何刑事案件，个人账户形成的养老资产和社会统筹形成的未来权益均受法律保护，这有助于保护机关事业单位工作人员的权益。再次，有利于推进国家治理体系和治理能力现代化建设。

---

① 中华人民共和国人力资源和社会保障部：《2014年人力资源和社会保障事业发展统计公报》《2018年人力资源和社会保障统计快报数据》。

机关事业单位工作人员参与现代社会保险制度是社会进步的主要体现，是经济发展到一定水平的必然结果，有助于推进国家治理体系和治理能力现代化建设。最后，并轨改革有利于促进社会公平正义。机关事业单位实行财政供养型退休制度世界罕见，使得改革更显急迫性，它指向的不仅仅是替代率问题，还涉及起点公平和政策公平问题①。

5. 多层次养老保障体系进一步向前推进

相对于上一阶段，这一阶段养老保障体系多层次化发展的特征更加明显。从当前看，我国养老保障体系由第一层次的基本养老保险制度、第二层次的企业年金制度和第三层次的个人税收递延型商业养老保险组成。首先，第一层次的基本养老保险制度是多层次养老保障体系的主体和基础，自1998年建立城镇职工基本养老保险制度以来，到2018年年底，制度参保人数为4.18亿人，当年基金收入为50144.8亿元，基金支出为44162.4亿元。在城乡居民养老保险制度方面，到2018年年底，制度参保人数为5.24亿人，当年基金收入为3808.6亿元，基金支出为2919.5亿元。这就意味着，基本养老保险制度已经实现了对我国9.42亿人口的覆盖，制度覆盖范围之广世界罕见。②其次，第二层次的企业年金制度初具规模且更加规范化，2017年年底，我国建立企业年金的企业数和职工人数分别为8.04万个和2331万人，基金累计结存12880亿元。同年年底，人社部、财政部联合印发《企业年金办法》，2018年2月1日正式开始实施，相对于2004年的《企业年金试行办法》在推动企业年金制度向前发展的道路上更具优势：将"自愿建立"改为"自主建立"表明了政府积极推动和鼓励广大企业建立年金制度的态度；虽然弱

---

① 郑秉文：《机关事业单位养老金并轨改革：从"碎片化"到"大一统"》，《中国人口科学》2015年第1期。

② 中华人民共和国人力资源和社会保障部：《2018年人力资源和社会保障统计快报数据》。

化了建立企业年金制度的三个条件，但修改的初衷是为了鼓励企业积极建立年金，扩大企业年金参与率；重新规范企业年金缴费比例，并与职业年金相一致；明确企业年金个人账户下设两个子账户，规定企业缴费归属三原则；对领取企业年金的资格条件首次做出明确规定，并首次规定了企业年金待遇计发方式。最后，2017年7月，国务院办公厅发布《关于加快发展商业养老保险的若干意见》，标志着第三层次的个人税收递延型商业养老保险正式诞生。随后，在2018年4月，财政部等五部委联合发布了《关于开展个人税收递延型商业养老保险试点的通知》，对税优资格进行了明确规定。

（二）医疗保障体系改革与发展

2009年"新医改"提出建设覆盖城乡居民的公共卫生服务体系、医疗服务体系、医疗保障体系、药品供应保障体系，形成"四位一体"的基本医疗卫生制度。在此背景下，我国医疗保障体系迎来新的发展和改革。

1. 城乡居民大病保险逐步建立起来

众所周知，"看病难、看病贵、因病致贫、因病返贫"是我国医疗保障体系遭受诟病的重要原因之一，经过十几年的发展，我国虽然建立起覆盖全民的医疗保障制度，但看病难、看病贵的问题并未得到根本解决。在全国7000多万贫困农民中，因病致贫的占到42%，在五个主要的致贫原因中，大病致贫占据首位[①]。鉴于此，2012年8月，国家发改委等六部委联合发布《关于开展城乡居民大病保险工作的指导意见》，初步提出城乡居民大病保险的保障对象、保障范围和承办方式等，并在有条件的地区开始试点；2015年8月，国务院办公厅正式发布《关于全面实施城乡居民大病保险的意见》，提出在2015年年底前，大病保险覆盖所有城镇居民基本医疗保险、新型农村合作医疗参保人群，到2017年，建立起比较完善的大病保

---

① 仇雨临、翟绍果、黄国武：《大病保险发展构想：基于文献研究的视角》，《山东社会科学》2017年第4期。

险制度，医疗保障体制的公平性进一步提升。2017年，民政部等六部门发布《关于进一步加强医疗救助与城乡居民大病保险有效衔接的通知》，该《通知》从保障对象、支付政策、经办服务、监督管理四个方面对城乡居民大病保险和医疗救助制度进行衔接，从而有效防止发生家庭灾难性医疗支出，进而减少城乡居民"因病致贫、因病返贫"现象的发生。2017年，党的十九大报告指出：完善统一的城乡居民基本医疗保险制度和大病保险制度。2018年政府工作报告对大病保险的基本成果进行了总结：大病保险制度基本建立，已有1700多万人次收益。值得注意的是，此处的大病保险制度仅仅针对城乡居民，保障对象为城镇居民基本医疗保险和新型农村合作医疗的参保人，保障范围与城乡居民基本医保范围相衔接，支持商业保险机构承办大病保险。

2. 整合城乡居民医疗保险制度

2003年，《关于建立新型农村合作医疗制度的意见》正式提出建立农村新型合作医疗制度；2007年，《关于开展城镇居民基本医疗保险试点的指导意见》以基本建立覆盖城乡全体居民医疗保障体系为目标，提出试点建立覆盖全体非从业居民的城镇居民基本医疗保险。这两个制度的推出意味着我国最终建立起覆盖全民的全民医保框架，但整个医疗保障体制依然呈现出城乡分立的三维特征，严重损害了医保体系的公平性和参保人的权益。鉴于此，如何实现不同群体医疗保险制度的整合成为当时理论界讨论的焦点，各地也不断试点推进制度的整合。2016年，国务院发布《关于整合城乡居民基本医疗保险制度的意见》，从六个方面对整合工作提出了要求：统一覆盖范围、统一筹资政策、统一保障待遇、统一医保目录、统一定点管理和统一基金管理，这意味着我国正式开始城镇居民基本医疗保险和新型农村合作医疗的合并工作。医疗保障体系从三维结构向二维结构转化，医疗保障体系的公平性和协调性进一步增强。2018年7月，新成立的国家医疗保障局会同财政部、人社部和国家卫生健康委员会联合发出《关于做好2018年城乡居民基本医疗保工作的通知》，该《通知》指出，2019年全国范围内统一的城乡居民医保制度将全面启动实施，已经整合的地区要实现制度的深度融合，提高运行质量，增强保障功能，未出台整合方案和尚未启动合并工作的地区要抓紧出台方案并尽快启动实施。当前，城乡居民医疗保险制度整合工作仍在进行中，从2018年的实施情况看，依然有部分地区的新型农村合作医疗制度尚未完成合并工作，全年城乡居民医疗保险制度参保人数为8.97亿人，新型农村合作医疗参保人数为1.30亿人，两个制度全年基金收入为7830.83亿元，基金支出为7102.73亿元，基金累计结余4628.36亿元，其中城乡居民基本医疗的收入、支出和累计结余占绝大部分。[①]

3. 多层次医疗保障体系基本建立起来

从整体上看，我国当前多层次医疗保障体系已具备一定规模，多层次医疗保险网络建设日臻完善。首先，医疗救助是我国医疗保障体系的第一层次，最低生活保障家庭成员、特困供养人员和其他特殊困难的人员都可以申请相关的医疗救助。2018年，医疗救助制度直接救助3824.59万人次，其中住院人次占比超过50%，自主参加医保人数为4971.59万人，制度直接救助资金支出为281.65亿元。其次，医疗保障体系的第二层次是城镇职工基本医疗保险制度和城乡居民基本医疗保险制度，以及两个制度的延伸，其中包括城乡居民大病保险、城镇职工大病保险和公务员医疗补助等。在城镇职工基本医疗保险方面，2018年参保人数为3.17亿人，基金收入为13259.28亿元；基金支出为10504.92亿元，基金累计结余18605.38亿元；在城乡居民基本医疗保险方面，2018年参保人数为10.27亿人，基金收入为7830.83亿元，基金支出为7102.73亿元，基金累计结余4628.36亿元，也就意味着我国基本医疗保险制度已经实现了对13.44亿人口的覆盖。[②] 最后，医疗保障体系的第三层次还包括企业补充医疗保险和

---

① 国家医疗保障局：《2018年医疗保障事业发展统计快报》。
② 同上。

团体健康险,其中企业补充医疗保险主要用于补偿政策内个人自付部分,各单位待遇水平差异大,到2015年年底,补充医疗保险覆盖人群约为职工基本医保的14.5%。在团体健康险方面,2016年团体健康险保费收入为481.87亿元,约为职工基本医疗保险基金收入的4.69%。另外,医疗保障体系第三层次包括个人税优型健康险和健康保险。其中个人购买个人税优型健康险可以税前扣除,到2017年7月,有30家保险公司经营该业务。个人购买健康保险不享受税优政策,但经营一年期以上健康保险产品的保险公司相应保费收入免征营业税。2017年,健康保险费收入为4389.46亿元。[①]

4. 整合医疗保障体制,成立国家医疗保障局

2018年3月7日,十三届全国人大一次会议批准了《国务院机构改革方案》,其中,组建国家医疗保障局是此次国务院机构改革的重要内容之一。根据机构改革方案,国家医疗保障局的首要工作是对医疗保障体制的相关职能进行整合,其中包括人社部对城镇职工基本医疗保险、生育保险和城镇居民基本医疗保险的管理职能,卫计委对新农合的管理职能,民政部的医疗救助职能,发改委的药品和医疗服务价格管理职能等。成立医疗保障局是对我国当前医疗保障运行体制改革与完善的回应。首先,医疗保障局的成立解决了不同医保制度间的整合协调问题。以城乡居民基本医疗保险制度整合为例,2016年国务院《关于整合城乡居民基本医疗保险制度的意见》中指出,在城乡居民基本医疗保险制度中要整合经办机构,但是在实际操作过程中遇到不少问题。在多数地区,农村新型合作医疗由卫生部门管理,城镇居民基本医疗保险由人社部管理,这也就意味着,仅仅在经办管理方面,城乡居民医疗保险制度整合就遇到了较大的阻力。理论界众说纷纭,有学者主张将新农合的管理纳入人社部门,还有的学者主张维持当前的模式,而医疗保障局的成立终结了这种争论。

---

① 郑秉文:《中国社会保障40年:经验总结和改革取向》,《中国人口科学》2018年第4期。

其次，建设多层次医疗保障体系的需要。医疗保障局成立后，民政部门的医疗救助职能和人社部门的医疗保险职能整合在一起，由独立的部门进行统一管理，使得医疗救助和基本医疗更好地为困难群体提供保障，并提高了经办管理方面的效率。同时，商业医疗保险在多层次医疗保障体系中承担了越来越明显的功能，商业保险的发展需要基本医疗保险为其留下空间，并且通过医疗保障局与财政部门的协商，可以为商业医疗保险的发展提供必要的税优政策。

（三）社会保障其他领域的改革与发展

这一时期，除了养老保险和医疗保险取得了长足进步外，社会保障其他领域也朝着全面深化改革的方向发展，社会救助体系发展进一步规范，意味着缴费型和非缴费型社保制度相互配合并形成了相对完整的制度体系。此外，社会保障体系与社会经济的互动向纵深发展，在供给侧改革的有力推动下，社会保险费率有了较为明显的下降，社会保障制度的持续能力进一步增强。

1. 城乡统筹的社会救助体系基本建立起来

2014年，国务院颁布《社会救助暂行办法》，其中规定我国的社会救助体系包括最低生活保障制度、特困人员供养制度、受灾人员救助制度、医疗救助制度、教育救助制度、住房救助制度、就业救助制度和临时救助制度等，从而实现零散社会救助项目向综合性社会救助体系的转型，根据该《办法》，社会上不同类型的弱势人群都能在社会救助体系中找到相应的救助制度和救助标准。近年来，我国社会救助制度取得了较大的发展，截至2017年年底，在最低生活保障制度方面，全国共有城市低保对象741.5万户和1261万人，全年各级财政共支出城市低保资金640.5亿元；在特困人员供养制度方面，全国共有特困人员492.3万人，全年各级财政共支出特困人员救助供养资金290.6亿元；在临时救助制度方面，全国临时救助累计970.3万人次，全年各级财政共支出临时救助资金107.0亿元；在医疗救助制度方面，2017年医疗救助参加基本医疗保险5621.0万人，全年各级财政支出医疗救助资金74.0亿元；在防灾减灾救灾方面，2017年，国家减灾委、民政部共启动国家救灾应急响应17次，向各受灾省份累计下拨中央财政自然灾害生活补助资金80.7亿元（含中央冬春救灾资金57.3亿元）；等等。[1]

2. 社会保险降费取得实质性成果

自2019年"两会"开始，在短短不到一个月的时间里，改革开放以来规模最大、最密集的减税降费方案连续出台。在社会保障体系方面，城镇职工基本养老保险单位缴费费率从19%降至16%，失业和工伤保险费率继续执行阶段性下调政策。4月4日，国务院办公厅印发《降低社会保险费综合方案》，决定调整就业人员平均工资计算口径，将各省城镇非私营单位就业人员平均工资下调为全口径城镇单位就业人员平均工资作为缴费基数，缴费基数下降。降低社会保障缴费是新常态经济发展背景下的必然选择，随着我国经济从经济高速增长阶段向中高速增长的高质量发展阶段转型，经济下行压力加大，企业利润空间受到挤压，就业的结构性矛盾凸显，高水平的社会保障缴费成为企业的"刚性成本"。在此背景下，降低社会保障缴费是贯彻中央关于企业缴费"有实质性下降"的重要举措，是改善社会保障制度公平性和可及性的重要手段，同时也是社会保障制度改革取向和改革观念的一次重大变革。但值得注意的是，降低社会保障缴费可能会使得财务的可持续性面临较大压力。特别是养老保险领域，在原有的费率水平下，我国有些省份的城镇职工养老保险制度已经开始面临支付压力，随着降低缴费水平工作的展开，笔者曾经指出，大幅"双降"后，养老保险基金枯竭的时点比"双降"前至少要提前10年左右到来。[2]

---

[1] 中华人民共和国民政部：《2017年社会服务发展统计公报》。

[2] 该部分主要内容参见郑秉文《大幅"双降"：社保制度改革进程中的一个转折点——从长期制度安排和长期经济增长的角度》，《华中科技大学学报》（社会科学版）2019年第3期。

第五节 70年来中国社会保障制度转型之比较与总结

一 传统社会保障制度与现代社会保障制度的实证比较

现代社会保障制度与传统社会保障制度存在巨大差异，转型前后，社会保障在制度性质、结构、功能、所属政策范畴以及管理主体等方面都发生了质的变化，主要表现为：制度性质从"文化大革命"前的"国家—企业保险"，到"文化大革命"期间的"企业保险"，再到改革开放后以社会保险为主体的国家—社会保障；制度结构从改革开放前的单一层次转变为改革开放后的多层次；制度功能上，改革开放前是计划经济体制的一个子系统，改革开放后经历了从为国有企业改革配套和为社会主义市场经济服务转变为化解社会风险和维护社会稳定的社会安全网，最终成为推进国家治理体系和治理能力现代化的重要组成部分；所属政策范畴方面，从"文化大革命"前的劳动政策，到"文化大革命"期间的企业政策，再到改革开放后的社会政策；管理主体从"文化大革命"前的工会，到"文化大革命"期间的企业，再到改革开放后的政府职能部门。这些特性的转变又影响到社会保障的覆盖范围、资金筹集等制度参数的重大改变。

1. 制度结构：从单一层次转变为多层次

改革开放前的传统退休养老制度和医疗保险制度提供的只是国家单一层次的制度安排，即只有劳动保险制度、公费医疗和劳保医疗制度。改革开放后，现代社会保障制度逐渐走向多层次：从整体结构来看，现代社会保障制度由缴费型的社会保险制度和非缴费型的社会救助、社会福利制度组成，非缴费型制度和缴费型制度相结合，通过"社会救助—社会保险—社会福利"的架构满足了社会成员不同层次的需求，尤其是非缴费型的社会救助制度，作为社会保障体系的最后一道防线，自2014年综合社会救助体系建立以来充分发挥了保障特殊困难群体生活的"社会安全网"功能。随着社会保障制度结构的多层次发展，制度供给主体也发生了变化。相比于传统社会保障制度在"文化大革命"前由各级工会组织实施和"文化大革命"期间由企业提供，现代社会保障制度由国家、企业、社会、市场等主体混合提供，实现了供给主体的多元化。

2. 覆盖范围：从仅覆盖公有制企业到覆盖各类所有制企业

改革开放前的传统社会保障制度仅覆盖公有制企业，适应计划经济时代以国有经济为主体的单一经济结构。改革开放后，随着多种所有制相结合的混合经济的发展，众多小集体和新办集体经济组织或企业、"三资"企业、私营企业与乡镇企业开始出现，新的经济形态与就业形势呼唤着新的社会保障制度。自改革开放以来，社会保障制度的覆盖面从最初的以公有制企业职工为主体，扩展至包括各类所有制类型的正规就业职工和灵活就业人员以及城市未就业居民和农村居民。各项社会保障制度的覆盖人数逐年增加：基本养老保险的参保人数从20世纪90年代的不到2.0亿人增加到2017年年底的9.2亿人，城镇职工基本医疗保险覆盖人数从1998年的509万人增加到2017年的3.0亿人，同期失业保险覆盖人数从7927.9万人增加到1.9亿人，工伤保险覆盖人数从3781.3万人增加到2.3亿人，生育保险覆盖人数从2776.7万人增加到1.9亿人。[①]

3. 筹资模式：从企业缴费到国家、企业、个人三方分担

传统社会保障制度只有企业缴费（比如，劳动保险制度的资金完全来源于占职工工资总额3%的企业缴费），个人不承担任何缴费责任；由于计划经济时代企业依附于国家，实质上是国家在"兜底"传统社会保障制度的运行，国家财政成为传统社会保障制度唯一的

[①] 中华人民共和国人力资源和社会保障部：历年《劳动事业发展统计公报》和《人力资源和社会保障事业发展统计公报》。

资金来源。国家"兜底"的筹资模式最终使国家财政不堪重负，导致传统社会保障制度难以为继。改革后的现代社会保障制度由国家、企业和个人共同承担筹资责任，以城镇职工基本养老保险和医疗保险为主体的新的社会保险制度的资金来源由用人单位缴费、个人缴费和财政补贴三部分组成，其中财政补贴的地位和作用显著。根据财政部发布的数据，2017年，城镇职工基本养老保险基金收入33542.04亿元，其中财政补贴收入4955.13亿元，占基金收入总额的14.8%，比2016年增长15.5%；城乡居民基本养老保险基金收入3339.3亿元，其中财政补贴收入2319.19亿元，占基金收入总额的69.5%，比2016年增长10.9%；城乡居民基本医疗保险基金收入6838.33亿元，其中财政补贴收入4918.68亿元，占基金收入总额的71.9%，比2016年增长6.7%。[1] 多元主体分担责任的筹资模式强化了现代社会保障制度的物质基础，使社会保障基金收入和基金积累规模不断增加，制度抗风险能力得以提高。

4. 财政介入：推动非缴费型制度和缴费型制度不断发展和完善

改革开放以来，中国社会保障制度改革完善的一个显著特征是非缴费型制度与缴费型制度同步发展，"两条腿走路"以满足不同收入群体的需求。非缴费型制度的迅速发展得益于国家财政的大规模介入。改革开放前，可列为非缴费型制度的农村"五保"制度虽然也获得中央和地方财政补贴，但受覆盖范围小、待遇水平低等因素的影响，财政介入的程度不高；最终，农村"五保"制度因资金困境等原因在"文化大革命"期间几乎全部停顿。改革开放以来，不仅着眼于解决农村"五保"制度的资金问题，使"五保"制度恢复运转，而且逐步建立和完善了以城乡居民最低生活保障制度为核心的综合社会救助体系以及资金几乎全部来自财政补贴的新型农村基本养老保险制度（2014年起合并为城乡居民基本养老保险制度），

---

[1] 中华人民共和国财政部：《关于2017年全国社会保险基金决算的说明》。

从而实现了中国非缴费型制度的规范化、系统化发展。以城乡居民最低生活保障制度为例，中央和地方财政支出低保资金逐年增加，其中中央财政支出占大头：2007年各级财政支出低保资金386.5亿元，其中中央财政支出占49.1%；经过10年的时间，2016年各级财政支出低保资金1702.4亿元，是2007年的4倍多，其中中央财政支出占78.8%。[①]

财政补贴缴费型制度的典型例子是基本养老保险制度，虽然学界对于财政补贴基本养老保险制度存在争议，但毋庸置疑，财政在推动基本养老保险制度的建立和发展方面起到了关键性的作用，在城镇职工基本养老保险方面，财政是制度转型的润滑剂，没有财政补贴，城镇职工基本养老保险不会如此顺利转型。2003年，全国各级财政对城镇职工基本养老保险的补贴额是530亿元，到2017年，补贴已经增至8004亿元，当前制度累计余额中绝大部分来自财政。[②] 在城乡居民基本养老保险方面，财政是制度建立与发展的推动器，无论是制度缴费还是待遇发放，财政都参与其中。

5. 物质基础：全国社会保障基金的发展

2000年建立的全国社会保障基金起步阶段注入资金仅为200亿元，截至2017年年末，全国社保基金资产总额22231.24亿元。其中直接投资资产9414.91亿元，占全国社保基金资产总额的42.35%；委托投资资产12816.33亿元，占全国社保基金资产总额的57.65%。财政性拨入全国社保基金资金和股份累计8577.80亿元，其中财政性净拨入累计8557.18亿元。全国社保基金自成立以

[①] 根据中华人民共和国财政部《民政事业/社会服务发展统计公报》以及《中国民政统计年鉴2017》（中国社会服务统计资料）相关数据的计算。

[②] 中华人民共和国人力资源和社会保障部：《2003年度劳动和社会保障事业发展统计公报》《2017年人力资源和社会保障事业发展统计公报》。

来，年均投资收益率8.44%，累计投资收益额10073.99亿元。①

国务院发布的《全国社会保障基金条例》明确规定，全国社会保障基金的性质是"国家社会保障储备基金，用于人口老龄化高峰时期的养老保险等社会保障支出的补充、调剂"，是一只长期投资基金。作为一只主权养老基金，2004年以来，全国社保基金实现两个质的飞跃：实现了委托管理的"外包"目标；2006年获得了QDII境外投资资格。全国社会保障基金是中央政府集中的国家战略储备基金，由中央财政拨入资金、国有股减持或转持所获资金和股权资产、经国务院批准以其他形式筹集的资金及其投资收益构成。

二 社会保障转型对开放型经济体的理论诠释

经历了制度性质、结构、功能等方面的转变之后，现代社会保障制度为开放型经济的健康有序发展发挥了支持和促进的作用，保障了开放型经济体的建立、运行和发展。现代社会保障制度之所以能够对建立开放经济体以及促进开放经济发展做出重大贡献，主要原因在于现代社会保障制度成为开放经济的一项"生产要素"②，与资本、技术、劳动力等其他生产要素一起推动开放型经济总体产出水平的持续提高。

作为一项生产要素，现代社会保障制度促进开放经济发展的作用具体表现为以下三方面。

第一，现代社会保障制度有助于调动消费和投资这两个经济变量对经济增长的作用，进而促进开放经济的持续快速发展。现代社会保障制度帮助实现个体不同生命周期之间以及不同经济周期之间

---

① 全国社保基金理事会：《全国社会保障基金理事会社保基金年度报告（2017年度）》。

② 生产要素是指持续提高某一经济体的总体产出水平的力量，其具体途径是提高每个工人或工时的产出水平（劳动生产率）。参见ILO（2005），Social Protection as a Productive Factor. GB. 294/ESP/4, Geneva, Switzerland, ILO, November, p. 1。

的消费平滑，有助于增加居民的可支配收入，进而有助于提升居民的消费预期、刺激消费水平的提高；现代社会保障制度使企业成为真正的市场主体，有助于企业作为投资经营主体地位的优势得到充分发挥，可激发企业的投资活力，进而促进整体投资水平的提升。

现代社会保障制度的贡献可以用简单的开放经济理论模型来诠释。开放经济理论模型假设产出水平取决于技术、资本、劳动力等生产要素，生产函数为：

$Y = AF(K, L)$（其中 Y 代表产量，K 表示资本，L 代表劳动力）

纳入现代社会保障制度这项生产要素后，生产函数变成：

$Y = AF(K, L, SS)$（其中 SS 表示社会保障）

第二，现代社会保障制度促进了劳动力的自由流动，激发了劳动力这项生产要素满足开放经济发展需求的功能。劳动力的自由流动是开放经济的本质特征，如果劳动力不能自由流动，开放经济体就难以形成。劳动力自由流动才能促进劳动力资源的合理配置，继而充分发挥该生产要素促进开放经济发展的作用。此外，医疗卫生保健和职业安全政策等项目有助于维持或提高劳动者的生产效率（ILO，2003），进而提高开放经济体的总体产出水平。

不同于资本和劳动力等生产要素对产出水平的直接影响，现代社会保障制度通过提高劳动者的生产效率、促进劳动力资源的合理配置等方式间接地影响产出水平。

开放经济理论模型还假设消费水平 C 取决于可支配收入，二者正相关：

$C = C(Y - T)$（T 是税收），

投资 I 取决于实际利率 r，并且与 r 成负相关：

$I = I(r)$

由于 $Y = C + G + I + NX(CA)$（其中 G 代表政府支出、NX 代表贸易差额或净出口额），则：

$NX(CA) = EX - IM = [Y - C - G] - I = S - I$（其中 EX 为出

口额、IM 为进口额）

纳入现代社会保障制度这个生产要素以后，储蓄、投资和消费均会受到社会保障制度的影响。经济危机期间，现代社会保障制度改革增加了居民收入，从而促进消费水平的提高；保障下岗失业人员的生活、降低保险费率等改革有助于减轻企业的负担，保证企业生产、投资的正常进行；现代社会保障制度"反周期"功能的发挥还能够缓解或避免扩张性财政政策最终导致总需求减少的风险。

第三，现代社会保障制度能够发挥"反周期"的作用，这是中国特色社会主义市场经济条件下现代社会保障制度的一个重要特点。开放型市场经济具有周期性，伴随着衰退、萧条、复苏、繁荣的交替循环；现代社会保障制度的"反周期"功能尤其体现在2008年国际金融危机和当前的供给侧结构性改革中。2008年国际金融危机期间，中国社会保障政策被纳入"一揽子"刺激政策组合中，采取了与一些发达国家紧缩福利相反的措施，通过强力推进各项社会保障制度建设、阶段性降低社会保险费率等方式增加居民收入、减轻企业负担，成为拉动经济恢复和增长的第一大引擎。现阶段经济进入新常态后，在供给侧结构性改革中，社会保障制度作为改革大局的有机组成部分，通过多轮的降低费率、制度整合、城乡衔接等适应性变革发挥着协调和配合作用，以提高供给侧结构性改革的综合效益。刚刚闭幕的"两会"正式宣布，养老保险费率在前几年降低1个百分点的基础上，2019年再次下降3个百分点，并且费基也做了大幅下调，费率和费基的"双降"力度之大创历史之最。

总之，开放经济中，现代社会保障制度这项生产要素有助于提振居民的消费信心、刺激消费，激发投资活力，进而拉动经济增长，改善贸易平衡状况。

三 中国社会保障制度的总结与展望

新中国社会保障制度70年发展历史亦是从计划经济体制下的传

统社会保障制度转型为适应社会主义市场经济的现代社会保障制度的历史。传统社会保障制度是封闭经济条件下特殊经济体制的产物，适应封闭经济下国有经济和集体经济占统治地位的所有制结构、低工资制和工分制的简单分配关系以及不存在劳动力流动和劳动力市场的现状。转型后适应开放型经济的现代社会保障制度促进了劳动力的自由流动，提高了劳动者的生产效率，有助于提高居民的消费水平并激发企业的投资活力，在经济危机来临时发挥"反周期"功能，有益于促进经济的恢复和发展，从而在整体上帮助开放型经济体的建立并且促进开放型经济的持续健康发展。

然而，现代社会保障制度仍面临着人口老龄化加剧、经济下行压力加大以及制度自身问题等的巨大挑战。首先，人口老龄化加剧的挑战。2000年中国正式进入老龄化社会以来，中国的人口老龄化程度不断加深，2018年60岁及以上老年人口占总人口的17.9%[1]；联合国的预测显示[2]，到2030年60岁及以上老年人口的比重可达25.1%，到2050年将达35.1%，到2070年将达36.3%。人口老龄化必将导致社会保障财政支出不断增加，财政赤字不断扩大，进而影响高质量开放型经济体系的发展。其次，经济下行压力的挑战。经济下行压力将会加剧社会保障制度的财务压力，一方面政府需增加资金投入以应付社保制度的资金缺口，另一方面因企业经济效益下降导致的缴费不足会影响整个社保体系的运转。最后，制度改革的压力。现代社会保障制度本身仍然存在着公平性、可持续性、可及性、便携性等方面的问题，这些问题如果不能有效地解决，将不利于其发挥支撑高质量开放型经济体系的功能。

上述问题包括但不限于如下几点：一是过高的缴费率违背了现代社会保障制度建立时给企业减负的初衷，不利于企业竞争力的提升。目前，中国五项社会保险制度的缴费率合计、住房公积金缴存

---

[1] 国家统计局：《2018年国民经济和社会发展统计公报》。

[2] 联合国人口司官网。

比例以及企业年金缴费率等总和已超过50%，在世界范围名列前茅。二是养老保险的财务可持续性存在巨大隐患，地区间基金累计结余不平衡（东部沿海地区结余较多、中西部地区需要财政补贴），构成了巨大的财政风险。三是由于统筹层次低和财政体制"分灶吃饭"等原因造成制度便携性差，阻碍了劳动力的全国流动，不利于全国范围内劳动力市场的形成。

展望未来，中国现代社会保障制度的改革取向须满足经济从高速度扩张向高质量发展转型的要求，在供给侧结构性改革中发挥作用。未来改革的必然选择将是关注供给侧的改革，完善顶层设计、保证立法先行、引入精算平衡原则、建立精算预测机制，从而有效应对人口老龄化和经济下行压力带来的挑战；加快提升基本养老保险和医疗保险的统筹层次并推进跨地区的可转移性，彻底实现城乡社会保障制度的一体化以促进劳动力流动并增进社会公平，加强社会保障基金管理并建立和完善基金风险预警制度以保障财务的可持续性。

（执笔人：郑秉文，中国社会科学院世界社保研究中心主任；高庆波，中国社会科学院社会发展战略研究院副研究员；于环，北京体育大学管理学院讲师；张笑丽，中国人民大学劳动人事学院博士研究生）

第二十八章

加入世界贸易组织后我国对外开放理论的深化与发展

2001年12月,我国正式加入了世界贸易组织(WTO)。这是我国现代化进程中具有历史意义的一件大事,标志着我国对外开放进入新的阶段。[①] 加入WTO以来,我国与世界多边经贸体制和国际规则、国际惯例顺利接轨,初步建立了社会主义市场经济体制,成功抵御了国际金融危机,继续保持了国民经济持续快速发展,基本完成了由有限领域和范围开放向倡导全方位、多层次、宽领域开放的转变,由强调政策性开放向强调体制性开放的转变,由单边开放向多变互动开放的转变;与此同时,又大力推进由国内经济均衡向内外经济综合平衡的转变,由国际规则的参与者、执行者向国际规则的制定者的转变,由强调发展中国家属性向既强调发展中国家又重视承担大国责任的转变。2010年,我国经济总量超过日本,跃居世界第二位,对外贸易规模超过2.9万亿美元,保持世界第三位,成为名副其实的世界贸易大国。2013年9—10月,我国提出了建设"丝绸之路经济带"和"21世纪海上丝绸之路"的重大倡议,积极

---

① 魏礼群:《中国加入WTO:对外开放进入新阶段》,《国务院部委领导论中国加入WTO:机遇·挑战·对策》,中国言实出版社2002年版。

发展与"一带一路"沿线国家的经济合作伙伴关系，共同打造政治互信、经济融合、文化包容的利益共同体、命运共同体和责任共同体。实践证明，加入 WTO 后的近 20 年里，我国对外开放不仅开创了全球范围内新兴经济体发挥后发优势，融入全球开放经济体系，走国际开放式发展道路的成功范例，也成为中国模式、中国道路最鲜明、最重要的标志之一。

在这近 20 年中，围绕一个个热点、焦点、难点问题，经济理论工作者不囿一隅、不拘一格，展开了丰富的讨论和热烈的争鸣，推动着我国的对外开放理论取得了新的进展和成就。

第一节　对外贸易理论的新进展

一　转变外贸增长方式的讨论

改革开放后的 20 多年里，以数量扩张、劳动密集和低价格取胜的外贸增长方式为中国经济高速增长做出了巨大贡献。加入 WTO 后，随着我国逐渐面临外贸摩擦日益增多、外贸顺差过大、资源消耗过多、环境压力加剧、经济效益低下、内需日益疲软等困难，这种增长模式的弊病也开始凸显。因此，在加入 WTO 四年后的制定国家"十一五"规划期间，理论界围绕转变外贸增长方式展开了热烈讨论。

在制定国家"十一五"规划前，理论界更趋向于探讨转变外贸增长方式的必要性。对转变外贸增长方式的理解并不一致。有学者认为外贸增长方式与经济增长方式一样，也分为粗放型和集约型、内涵型和外延型。柴海涛认为，单纯依靠数量规模和价格优势的外贸增长方式弊端日见。[①] 闻潜则提出外贸增长方式寓于经济增长方式之中，经济增长方式的转变自然也包括外贸增长方式的转变，两者

---

① 柴海涛：《当前我国外贸发展趋势分析》，《经济日报》2004 年 8 月 3 日。

紧密相连、相互促进。①

当转变外贸增长方式被写入国家"十一五"规划后，国内学者将讨论的焦点集中在转变我国外贸增长方式的基本路径、基本目标和操作策略上。围绕外贸增长方式转变的基本路径，一种观点主张"跨越式转变"，即我国应尽快转变外贸增长方式，彻底抛弃那种粗放型增长方式；另一种观点主张"渐进式转变"，即转变外贸增长方式要经历一个长期艰难的过程。裴长洪认为，我国转变外贸增长方式是长期的过程，在此期间既要保持我国中低端产品和生产环节的国际竞争力，保持出口贸易的数量增长，又要提高中高端产品和生产环节的国际竞争力，达到改善贸易结构、提高贸易质量的目的。在"渐进式转变"的前提下，对转变外贸增长方式的侧重点和切入点又有不同看法。②

对于转变外贸增长方式的基本目标，理论界普遍认为要达到技术升级、质量改进、结构优化、效益提高等目的。中国对外贸易增长方式将发生出口商品结构更加优化的"拐点性"变化。③鲁建华认为，要以数量增加为主向以质量提高为主转变，变"中国制造"为"中国创造"。④简新华认为，新的外贸增长方式应该是一种进出口商品结构优化、市场多元化、主要依靠自主创新和自主品牌、科技兴贸、以质取胜、产业结构合理、加工度高、附加值大、高效益、可持续的方式。⑤隆国强提出，当前中国外贸要满足中国发展的两个目标：一个目标是在全球价值链上升级，利用好两个市场、两种资源来推动中国的结构升级；另一个目标是营造一个良好的外部环境，

---

① 闻潜：《深化经济体制改革，转变外贸增长方式》，《人民日报》2005年7月6日。
② 裴长洪：《外贸增长方式的转变与政策思路》，《改革》2005年第1期。
③ 江小涓：《十一五：中国外贸增长方式将现"拐点性"变化》，《世界机电经贸信息》2005年第12期。
④ 鲁建华：《加快转变外贸增长方式》，《人民日报》2006年3月27日。
⑤ 简新华：《论我国外贸增长方式的转变》，《中国工业经济》2007年第8期。

保证国家和平发展与和平崛起。①

对于如何实现中国外贸增长方式的转变,刘伟、黄桂田认为,首先要提高创新能力,并以经济增长方式的转变推动外贸增长方式的转变②;刘新民主张采取推进体制改革、优化出口结构、提高进口质量、推动加工贸易转型升级四大措施实现外贸增长方式转变③;陈文玲认为,应从支持具有自主品牌和高附加值的产品出口,控制高能耗、高污染和资源性产品出口,增加能源、原材料以及先进技术设备、关键零部件进口,努力扩大服务贸易,促进加工贸易转型升级五个方面着手。④ 李晓西、吴铭认为,在外贸过程中,进出口商品结构都会发生变化。出口的扩大可以带动国内外更多投资流向出口生产部门,促进相关产业快速增长。进口资本品则提供先进的技术设备和国内生产所需资源,增强一国经济发展的后劲,推动一国技术水平和管理水平向国际先进水平靠拢。由此,对外贸易可促进资源转移和产业结构升级,使国民经济产业结构更趋于有利于国际化分工的良性格局。⑤ 叶琪从供给侧改革和外贸的关系角度提出,在全球治理格局变动中,我国应该在供给层面深化对市场结构、企业结构、产品结构和要素结构等的调整优化,不断开拓我国对外开放的新局面、新空间。⑥

---

① 隆国强:《中国对外开放的新形势和新战略》,《中国发展观察》2015 年第 8 期。

② 刘伟、黄桂田:《以经济增长方式的转变推动外贸增长方式的转变》,新浪网,2006 年 3 月 31 日。

③ 刘新民:《四大措施实现外贸增长方式转变》,《中国经济周刊》2006 年 2 月 26 日。

④ 陈文玲:《中国如何转变外贸增长方式》,《人民日报·海外版》2007 年 3 月 13 日。

⑤ 李晓西、吴铭:《统计贡献度与实际贡献度辨析——2009—2011 年外贸对国民经济贡献度的客观评价》,《国际贸易》2012 年第 5 期。

⑥ 叶琪:《论供给侧结构下改革下我国对外开放新格局的构建》,《现代经济探讨》2017 年第 3 期。

二 大力发展服务贸易的思路与观点

进入 21 世纪后，世界经济由工业经济向知识经济快速转变，第三次技术革命加速推动服务业繁荣发展，我国服务贸易对外开放领域不断扩大，服务贸易占整体对外贸易的比重也越来越大，服务贸易表现出的经济活力也越来越明显。截至 2009 年，在 WTO 分类的 160 多个服务贸易部门中，我国已经开放 104 个，占 62.5%，接近 108 个发达成员体的平均水平。其中，54 个部门允许独资，23 个部门允许设立外资控股合资企业。近年来，我国积极推广负面清单管理，稳步扩大金融业开放，持续推进交通运输、商贸物流、专业服务等服务业领域的开放，在北京、天津、雄安等 17 个省（市、区）开展深化服务贸易创新发展的试点。对于服务贸易的作用，有学者根据比较优势指数，测算出中国服务业的首要比较优势是劳动密集型产业，但部分技术和知识密集型行业如信息服务业、广告等也呈现上升势头，因而主张中国服务产业逐步实现比较优势的动态积累，逐步做大比较优势馅饼。[1] 也有学者认为，服务贸易开放程度的提高促进了国内服务业发展，扩大了服务贸易的规模，增强了对国民经济的拉动作用；为尽快扭转贸易失衡局面，必须进一步推动服务贸易体制改革，充分发挥服务贸易在建设贸易强国中的作用。[2]

随着全球服务外包的市场规模不断扩大，以及天津、南京、杭州等地的服务外包业取得成功经验，发展服务外包成为 2005 年后理论探讨的一个热点。隆国强明确提出要以服务业外包作为扩大服务出口的突破口，并努力培养一批出口龙头企业和合格的外贸人才。[3]

---

[1] 王蓉梅、桂韬：《在开放与保护的均衡中寻求大发展——入世后中国服务贸易发展思路的探讨》，《江苏商论》2004 年第 4 期。

[2] 王佃凯：《中国服务贸易体制改革与创新》，《中国服务业发展报告》，社会科学文献出版社 2007 年版。

[3] 隆国强：《中国服务贸易出口：机遇与政策》，《中国服务贸易发展报告（2006）》，中国商务出版社 2006 年版。

王子先认为，我国承接国际服务外包的战略定位应当是：以科学发展观为指导，将积极参与服务业全球化、大力承接国际服务外包作为新一轮对外开放的核心内容，并将其置于转变经济增长方式、提升现代化发展水平的战略高度予以重视，切实转变发展观念、创新发展路径。① 霍景东分析了服务外包的特点，认为服务外包具有资源消耗低、附加值大、信息技术承载度高、吸纳就业特别是大学生就业能力强等诸多优点。据估算，服务外包的经济增值幅度为制造业的6—20倍，而其能耗仅为制造业的20%。如果抓住服务外包转移的机会，就能加快经济结构调整步伐，提升服务业竞争力。② 王子先提出，为应对国际金融危机，中国应推动以服务业为主导的新一轮开放，扩大服务业市场准入，推动服务贸易自由化、便利化，嵌入以服务业为主导的全球价值链。③

三　国际贸易摩擦问题的争论

近年来，我国面临的国际贸易摩擦日益增多，"轮胎战""玩具战""汽车零部件战""铁矿石之争""石油战争"等层出不穷。越来越多的出口产品受到反倾销、反补贴、保障措施、特殊保障措施等贸易救济措施的制约和惩罚，我国已经成为当今世界滥用贸易救济措施最大的受害国。我国遭遇的反倾销调查数居高不下，2002年为51件，2003年为52件，2005年为51件，占同期世界反倾销调查案例数的比重都达20%以上，而且涉案金额越来越大。2008年国际金融危机以来，各国发起的贸易救济调查中约有1/3是针对中国出口产品的。2017年中国共遭遇21个国家（地区）发起贸易救济调

---

① 王子先：《国际服务外包发展新趋势及我国的战略选择》，《财经界》2008年10期。
② 霍景东：《服务外包：理论、趋势及北京的对策》，《学习与探索》2007年第6期。
③ 王子先：《世界经济进入全球价值链时代　中国对外开放面临新选择》，《全球化》2014年第5期。

查 75 起，涉案金额 110 亿美元。中国已连续 23 年成为全球遭遇反倾销调查最多的国家，连续 12 年成为全球遭遇反补贴调查最多的国家。中美、中欧贸易摩擦问题成为持续关注的一个焦点问题。2018 年 3 月 22 日，美国总统特朗普正式签署了总统备忘录，要对价值 600 亿美元的中国进出口商品加征惩罚性关税，标志着美国对中国正式发动贸易战。

关于国际贸易摩擦增多的原因，学者们的看法不大一致。冯雷认为，影响我国贸易摩擦的因素及领域主要是：人民币升值压力，普惠制"毕业"，一般贸易方式，难以实施生产过程转移的产品贸易，大宗产品，进口国国内政治，WTO 重点谈判领域，进口摩擦。① 有学者认为，贸易保护主义根深蒂固是贸易摩擦激化的根本原因，当发达国家经济不景气时，这种保护倾向尤为严重。② 还有的学者认为是由于国际贸易规则不完善，《与贸易有关的知识产权协议》关于知识产权保护的很多方面超出现行国际公约保护水平，是一些发达国家基于保护本国经济利益而如此设定，这种过分保护易出现权力滥用，导致隐性贸易摩擦。③

学界普遍认为国际贸易摩擦增多包含着政治、经济等多方面的综合性因素。外经贸部中美经贸关系中期展望课题组把中美贸易摩擦的原因主要归结于进出口统计误差、中国香港的转口贸易及美国对华出口限制等。④ 赵晓认为，中国已经进入至少长达 20 年的国际经济摩擦期，其原因为三个方面，即世界经济正在进入碰撞轨道期、

---

① 冯雷：《大国条件下招致的关注——我国对外贸易结构动态变化及未来贸易摩擦重点领域》，《国际贸易》2003 年第 6 期。

② 姜跃春：《对中外经贸摩擦问题的若干思考》，《国际问题研究》2005 年第 3 期。

③ 蔡四青：《隐性国际贸易摩擦与预警机制建立的对策》，《经济问题探索》2006 年第 6 期。

④ 中美经贸关系中期展望课题组：《新因素——中美经济贸易关系中期展望》，《国际贸易》2001 年第 4 期。

中国的崛起以及中国在经济发展过程中自身的一系列问题。①

关于如何应对国际摩擦，有关人士也各抒己见。魏礼群指出，要善于借鉴国际上通行的"开放式保护"的做法，学会在WTO规则的框架内保护自己，以各种合法的、符合国际惯例的手段，保护国内产业特别是幼稚产业。②龙永图在分析纺织企业应对国际贸易摩擦时提出，要把握好出口节奏，渡过关键期，不能急于出口，要冷静观察、认真对待、慎重行为，以积极配合的态度，采取强大的自律手段，转变对外贸易的增长方式，优化出口产品结构。③王世春认为，行使WTO赋予我们的权利应对贸易壁垒，是摆在我国政府和企业面前的一个重大课题。应对贸易壁垒，不能采取消极的"守株待兔"的态度，而应积极主动地收集和掌握国外对华贸易政策的发展趋势、正在实施或拟定中的与贸易相关的措施，建立和完善贸易壁垒通报和快速反应机制，适时采取调整和适应措施。④桑百川认为，鉴于遭受反倾销调查的产品大多为劳动密集型产品，因此，加快经济结构调整，是我国应对其他国家滥用反倾销、反补贴、保障措施和特殊保障措施等贸易救济措施的根本出路，同时还要加快自主创新，掌握核心技术，谋求进入产业价值链的高端。⑤陈文玲提出，应当打破和防止新的贸易保护主义，贸易保护主义的实质是设置国际贸易壁垒，影响商流、物流、信息流、资本流的快速流通。当前贸易保护主义强调一个国家的国际收支平衡，实际上一国顺差或逆差

---

① 赵晓：《从战略角度看中国的"国际经济摩擦"时期》，《国际经济评论》2003年第6期。

② 魏礼群：《中国加入WTO：对外开放进入新阶段》，《国务院部委领导论中国加入WTO：机遇·挑战·对策》，中国言实出版社2002年版。

③ 龙永图：《纺企如何应对国际贸易摩擦》，全球纺织网，2005年6月16日。

④ 王世春：《运用WTO规则反击国外贸易壁垒》，《中国贸易报》2004年11月4日。

⑤ 桑百川：《我们该怎样应对贸易摩擦?》，《人民日报·海外版》2009年11月23日。

与该国的汇率关系并不大。① 陈德铭等认为，有必要澄清和改进贸易救济规则，现行 WTO 贸易救济规则体系为保护进口国国内产业和维护出口国利益提供了相应规则保障的同时，也存在一些值得关注的问题，如贸易救济措施存在被滥用的空间。②

四 要求承认中国市场经济地位的理论成果

中国市场经济地位问题与中国市场化程度的测量密切相关。20世纪 90 年代以来，国内不少研究者基于促进经济改革的目的从不同角度对中国市场化程度进行测量。卢中原和胡鞍钢从投资、价格、生产和商业四个方面，测度出中国 1992 年的市场化程度为 62.2%。③ 国家计委课题组将经济市场化划分为商品流动市场化和要素流动市场化，测度出 1994 年的市场化程度为 65%。樊纲、王小鲁等从政府与市场的关系、非国有经济的发展、产品市场的发育程度、要素市场的发育程度及中介组织发育和法律制度环境五个方面测度了中国 1997 年以来各省（市、区）的市场化排序。④ 这些测量进一步丰富了人们对中国市场化改革进程的认识，为尽快完成经济体制转轨、建立社会主义市场经济体制做出了贡献。

加入 WTO 后，贸易环境得到较大改善，政府行为更加规范，国际规则在经济各领域被普遍采用，理论界对市场化程度的研究有了一种全新的视角，那就是与全球贸易和中国市场经济地位问题联系在一起。因为欧美等国家在中国加入 WTO 以后，仍视中国为"非市场经济国家"，在对华反倾销中采取歧视性政策，形成最严重的非关

---

① 陈文玲：《把争取国际经贸中的正当权益作为国家战略》，《中国流通经济》2011 年第 12 期。
② 陈德铭等：《经济危机与规则重构》，商务印书馆 2014 年版。
③ 卢中原、胡鞍钢：《市场化改革对我国经济运行的影响》，《经济研究》1993 年第 12 期。
④ 樊纲、王小鲁等：《中国各地区市场化进程相对报告》，《经济研究》2003 年第 3 期。

税壁垒。因而，这一时期的市场化测量的指标体系不仅注重价格作用和资源配置机制，也注重政府职能转换和法律制度环境；不仅注重反映国内市场经济发展的最新成果，也充分借鉴国际反倾销中市场经济地位的立法标准和经济自由度测度的相关指标，并在度量方法和指标采用上有较大创新。

2001年以来，北京师范大学经济与资源管理研究院在李晓西教授的主持下，围绕中国市场经济地位问题，展开了连续八年的市场化测度，形成多个年度《中国市场经济发展报告》。该报告提出了市场化测度的五条标准和33个测度指标，得出了2001年、2002年、2003年、2004年、2005年、2006年、2007年、2008年的市场化程度分别是 64.26%、64.76%、67.07%、70.53%、76.03%、75.19%、76.19%、76.40%，并从中概括出中国市场经济发展的基本阶段和特征。[1] 该报告公布的市场化指数得到了社会的广泛认可。

2019年是我国加入WTO18周年，已有近100个WTO成员承认了中国的市场经济地位，包括俄罗斯、巴西、瑞士、澳大利亚、新西兰等，此外北欧各国、英国、荷兰等也支持中国获得市场经济地位，但是美国、欧盟、日本至今不予承认，这其中也包含了大国政治博弈和经济博弈的复杂因素。

五 构建与国际规则和惯例更加适应的外贸管理体制的对策研究

加入WTO既给我国外贸事业带来历史机遇，也给我国外贸管理体制带来严峻挑战。理论界普遍认为，总体上我国要建立与国际规则接轨、与国际惯例相适应、更加符合市场经济需要、更加注重内

---

[1] 北京师范大学经济与资源管理研究院：《中国市场经济发展报告》（2003、2005、2008、2010），分别由中国商务出版社、北京师范大学出版社出版。（这里市场化指数摘自2010年报告第210页"2001—2008年市场化测度指数表"，对此前年度报告的市场化指数略有调整。）

第二十八章　加入世界贸易组织后我国对外开放理论的深化与发展

外协调的新外贸管理体制,从而不断提高贸易自由化便利化水平,合理调控进出口总量平衡,促进贸易结构优化,确保对外贸易平稳运行,更好地配合国民经济发展需要。

在加入WTO前后,理论界更多地关注我国外贸管理体制如何接轨。杨圣明指出,加入WTO后中国外贸体制改革主要表现四个方面:加快外贸主体多元化,尽快完成外贸经营权审批制向登记备案制的过渡;推动科工贸一体化,在宏观层次加强国家有关行政主管部门的协调与配合,在微观层次赋予大型生产企业外贸经营自主权;推动外贸中介组织的创新,加快观念创新、内容创新、职能创新和制度创新;创建和完善有效保护机制,更多地采用技术与环境保护措施。[①] 加入WTO几年后,陈德铭强调指出,我们要始终秉持开放的心态,促进进出口贸易和国际收支的基本平衡,加快实施自由贸易区战略,妥善处理经贸纠纷,以对外开放带动扩大内需,坚定走和平发展的道路。[②]

2005年后,面临我国汇率制度重大改革、国际贸易摩擦日益增多、转变外贸增长方式的紧迫要求,理论界更加关注我国外贸管理体制如何更好地发挥优化结构、内外平衡的功能,如何在尊重世贸组织规则下维护我国外贸经营的合法权益。沈丹阳提出,"十一五"期间我国外贸管理体制改革,要强化宏观管理职能,弱化行政性管理手段;加强出口产业政策管理,形成出口产业政策管理机制;完善与外贸活动相关的市场中介服务体系和社会中介服务体系;完善对外贸易促进机制,形成高效的对外贸易服务体系网络;完善外贸代理制,建立适用所有类别出口企业的出口货物"免抵退"税共同机制。[③] 张小济指出,中国的贸易顺差主要是国际因素造成的,是全

---

① 杨圣明:《面临"入世"的中国外贸体制改革》,《国家行政学院学报》2000年第5期。
② 陈德铭:《关于国内外贸易的几个认识问题》,《求是》2009年第7期。
③ 沈丹阳:《"十一五"期间我国对外贸易体制改革基本思路研究》,《中国对外贸易》2005年第10期。

球化下的市场分工所决定的,现在大量的跨国公司把产业转移到中国,他们的进出口大部分都是公司内贸易。贸易顺差不是中国政府单方面的宏观调控就能解决的。政府的宏观调控,目的向来在于防止经济大起大落,而不是限制出口。[①] 张燕生指出:缩减顺差主要包括减少贸易顺差、减少资本顺差以及减少外汇储备规模。我国在涉外经济中要实现国际收支基本平衡,重点是提升出口产品的竞争力,而非简单地压缩出口扩大进口。国际收支的调整和缩小顺差不仅仅是宏观调节的问题,也关系到竞争力的提升和结构的调整。[②] 还有学者提出,要建立健全反倾销、反补贴和保障措施等公平贸易管理体制,加快建设进口预警体系,及时防止过度进口对国内产业造成严重损害;要对搞重复建设、严重冲击国内市场的进口采取 WTO 允许的手段加以合理调控,减少不利影响。[③]

2013 年,我国成为世界货物贸易进出口额第一大国。党的十八届三中全会提出构建开放型经济体制,要求"适应经济全球化新形势,必须推动对内对外开放互相促进、引进来和走出去更好结合,促进国际国内要素有序流动、资源高效配置、市场深度融合,加快培育参与和引领国际经济合作竞争新优势,以开放促改革。统一内外资法律法规,保持外资政策稳定、透明、可预期。推进金融、教育、文化、医疗等服务业领域有序开放,放开育幼养老、建筑设计、会计审计、商贸物流、电子商务等服务业领域外资准入限制,进一步放开一般制造业。加快自由贸易区建设,坚持世界贸易体制规则,坚持双边、多边、区域次区域开放合作,扩大同各国各地区利益汇合点,以周边为基础加快实施自由贸易区战略。改革市场准入、海关监管、检验检疫等管理体制,加快环境保护、投资保护、政府采

---

① 张小济:《贸易顺差中国单方难以解决》,《人民日报·海外版》2006 年 6 月 28 日第 5 版。
② 张燕生:《对外开放战略已到"转向"点》,《中国改革》2007 年第 8 期。
③ 韩玉军、周亚敏:《我国外贸体制改革的演进》,《人民论坛·学术前沿》2009 年第 1 期。

购、电子商务等新议题谈判，形成面向全球的高标准自由贸易区网络。建立开发性金融机构，加快同周边国家和区域基础设施互联互通建设，推进丝绸之路经济带、海上丝绸之路建设，形成全方位开放新格局"[①]。2015年，中共中央、国务院印发《关于构建开放型经济新体制的若干意见》，强调我国改革开放正在新的起点上，要建立市场配置资源创新机制，创新外商投资管理体制，建立促进"走出去"战略的新体制，构建外贸可持续发展新机制，实施"一带一路"倡议，建立健全开放型经济安全保障体系，等等。2018年中央经济工作会议要求，"推动全方位对外开放，要适应新形势、把握新特点，推动由商品和要素流动型开放向规则等制度型开放转变"。这标志着，我国已进入由器物层面的开放转变为制度层面的开放，即由商品、要素流动转变为以规则、制度开放为基础的新阶段。

这方面的理论观点很多，不仅产生了广泛的社会影响，也有力地推动着我国外贸管理体制改革实践。在促进外贸机构设置改革、修订对外贸易基本法、履行"入世"承诺分步降低关税等方面都起到一定的推动作用。在政府、社会与理论界共同努力下，一个由市场调剂的、与国际接轨的、实行自由贸易的外贸管理新体制初步形成了。

第二节 利用外资理论的新进展

加入WTO以后，中国吸收外资迈上了一个新台阶。2010年9月7日，时任国家副主席的习近平同志在联合国贸发会议举办的第二届世界投资论坛主旨演讲中谈到，坚持对外开放基本国策，坚定不移地发展开放型经济、奉行互利共赢的开放战略，是改革开放30多年来中国经济持续快速发展的一条成功经验。中国致力于不断优化

[①] 《中共中央关于全面深化改革若干重大问题的决定》，人民出版社2013年版。

投资环境、不断提高利用外资质量,已形成宽领域、多层次、全方位对外开放格局,制造业、农业的绝大部分领域和 100 个服务贸易部门都已对外开放,中国将继续致力于成为全球最具吸引力的投资东道国。①

外资已经成为中国经济的重要组成部分。是否需要外资、利用外资的规模问题已经不像 20 世纪那样引发大量争议,学术界关注的热点转变为在全面融入全球化的环境下如何对待外资、如何提升中国利用外资的质量等更加深入的问题。

一 外商"国民待遇"问题的新认识

一方面,加入 WTO 使中国逐步放开外资进入的领域和条件,外资在越来越多的行业享受了"国民待遇"。但另一方面,改革开放以来的前 20 年,各级政府为招商引资,对外商投资企业设置了以所得税为核心的优惠政策体系,还实行了多种多样的优惠待遇。如何看待给予外商投资企业的优惠政策,成为学术界探讨的热点之一。总体来看,主流观点都反映出理性的态度。

李晓西提出:应以平常心来对待引进外资。一是以平常心看市场。外资来多来少,要尊重市场经济的调节作用。二是以平常心看内外资企业。对外资企业尤其是跨国公司,要按法规办事;对内资企业,要平等对待,不要重外轻内。三是以平常心看待外商,不仅要创造好的投资运营环境,也要有良好的生活环境。四是以平常心看待市场竞争。中国企业要在竞争中学习、在竞争中壮大,政府则要致力于创造公平竞争的环境。五是以平常心来组织招商活动,要更加注重招商引资的长期效果,而不是过于追求政府的短期招商业绩。②

---

① 《习近平在"联合国贸发会议第二届世界投资论坛"开幕式上的主旨演讲(全文)》,http://politics.people.com.cn/GB/1024/12659661.html,2010 年 9 月 7 日。

② 李晓西:《中国市场化进程》,人民出版社 2009 年版,第 286—287 页。

桑百川等认为：中国外商投资的高速增长与优惠政策分不开。中国经济体制转轨的国情使得给予外资某些优惠政策成为必要；对外资的优惠政策也是中国与其他国家博弈以争取优质外资的手段。但从长计议，按照市场经济的要求，实行按照产业、区域设置投资优惠政策，而非按照经济成分实行不同的投资政策，并且应把给予外商投资企业国民待遇和以下几个方面结合起来：统一不同所有制内资企业的政策待遇，取消单独对外商投资企业的优惠政策，硬化国有企业的预算约束，减少政府官员滥用行政权力左右资源配置的机会等，才是可行的。①

二 利用外资领域拓宽和方式创新的理论进展

21世纪的跨国公司将目光瞄准了中国的服务业以及一些技术密集型行业。加入WTO则为跨国公司实施领域扩张战略提供了条件。按照加入WTO的承诺，中国向外资扩大市场准入，对外开放的领域逐步从制造业扩展到服务业。与此同时涌现出新的利用外资方式。这些变化推动了相关的理论进展。

裴长洪等对历年外商投资企业投资方式和资本结构的研究表明：独资经营已成为外商投资企业最主要的投资方式，外商投资企业外方注册资本的比重呈上升趋势，且外商投资企业独资化的趋势将进一步扩大。针对这种情况，内资企业要积极与外商投资企业建立战略联盟，维护公平市场竞争环境，防止跨国公司在中国市场形成垄断，加强知识产权保护，进一步提高外商投资企业知识产权出资比重。② 此外，他们指出，加入WTO是中国服务业吸引外资的一个分水岭，服务业成为中国吸引外资增长最快的领域。目前中国服务业

---

① 桑百川等：《外商直接投资：中国的实践与论争》，经济管理出版社2006年版，第14—15页。
② 裴长洪等：《中国外商投资企业运营状况》，社会科学文献出版社2010年版，第39—42页。

水平较为低下，提升承接服务业国际直接投资的能力应从两方面入手：一是充分发展知识技术密集型的服务行业，形成高水平、结构合理的现代服务业结构体系；二是充分利用各种形式的服务业产业转移。①

何德旭分析了加入 WTO 后外资进入中国银行业的影响和对策。外资银行带来的先进技术、金融创新方法、先进的管理理念和运作方式等，为中国银行业提供了学习榜样、参照体系和竞争对象，有利于中国商业银行经营管理水平的提高和体系的完善。但是外资银行在经营管理、资产质量、人才资源、产品创新等方面都占有绝对优势，中国银行业面临显而易见的挑战。中国银行业必须全面提高综合竞争力，循序渐进地推进银行业对外开放、改革国有商业银行产权制度、完善商业银行内部组织架构、加紧处理国有商业银行不良资产、提高中小银行抗御外部冲击的能力、建立存款保险制度、强化对外资金融机构的监管等。②

三 新形势下提高利用外资质量和水平的观点

提高利用外资质量和水平是加入 WTO 以后吸收外资领域的研究者和决策者都十分关注的一个重要问题。党的十六大报告正式提出"进一步吸引外商直接投资，提高利用外资的质量和水平"，党的十七大报告进一步要求"发挥利用外资在推动自主创新、产业升级、区域协调发展等方面的积极作用"。这些上升为国家战略的表述语言，反映了学术争鸣的热点问题。在利用外资的质量和水平方面有大量的文献发表，下面择而简述。

江小涓认为，跨国公司在华投资的一个重要作用，是大大加快了国内产业结构的升级，相当一部分跨国公司提供了填补国内

---

① 裴长洪等：《中国外商投资企业运营状况》，第 45—46 页。
② 何德旭：《外资进入中国银行业：趋势、影响及对策》，《财经论丛》2004 年第 2 期。

空白的技术，并且外商投资企业引进的技术产生了明显的外溢效应。①

余永定认为，FDI 对创造就业、增加出口发挥了积极作用；对于技术进步的影响非常复杂，但跨国公司在生产技术、管理以及营销网络上具备优势，势必会带来一些技术转移与技术外溢；对经济增长的影响主要是通过资本积累和全要素生产率这两个渠道来实现，考虑到挤出效应和中国高储蓄率，FDI 对资本积累的贡献有限，对经济增长的贡献更多体现在全要素生产率的提高方面。②

王林生认为，在加入 WTO 后，外国直接投资在中国尚在进行的产业升级过程中仍将继续扮演非常积极的角色，在利用外资政策中，"以市场换技术"的指导方针发挥的作用是有限的，需要一种"以竞争促创新"的策略，它的基本含义是，通过建立与国际接轨的、开放的、公平竞争的市场环境，使内外资企业在竞争中都不断提高技术含量，在竞争中不断创新技术。③

四 外资对国家安全影响的深入分析

加入 WTO 以后，跨国公司对中国重要行业龙头企业几次并购事件引发了关于外资并购影响国家安全的广泛关注，学术界存在很大争论。

程恩富和李炳炎认为，跨国公司在中国的投资战略发生了重大变化，其中一个突出特点是加快兼并和收购中国内资的行业龙头企业。原先发展势头很好的重点企业纷纷被外资控股，失去了自主创新权，丧失了优质资产、技术力量、品牌和市场，致使多年来通过

---

① 江小涓：《吸引外资对中国产业技术进步和研发能力提升的影响》，《国际经济评论》2004 年第 2 期。
② 余永定：《FDI 对中国经济的影响》，《国际经济评论》2004 年第 2 期。
③ 王林生：《入世与中国的外资利用——以竞争力为中心的一种观点》，《南开经济研究》2002 年第 1 期。

自主研发培养的技术团队和技术能力被外资控制和利用甚至消解，巨额利润随之外流，品牌价值也被外商侵吞。企图以外资整合民族企业发展国民经济，没有民族企业的发展和强大，就不可能尽快实现强国富民。①

巫才林和李鑫认为，必须对某些重要行业的外资并购进行限制，例如装备制造业、金融业、能源业、矿产开采业等，国家只有牢牢抓住这些关键行业，并完善相关法律法规和体制，才能在任何情况下都能稳定和发展国家经济，减小外资对中国经济命脉的影响。②

隆国强认为，对于国家经济安全而言，外商直接投资具有"双刃剑"的作用，如果引导得当，可以促进中国经济发展；如果管理失当，则可能出现外资在国内市场的垄断、对战略行业的控制等风险，威胁国家经济安全。因此，既要防止片面夸大外资对国家经济安全的威胁而丧失发展的机遇，也要切实提高利用外资的质量与水平，防止战略性行业中对外资的过度依赖。为此，需要更新观念，用适应全球化时代的经济安全新理念指导外资工作，完善法律法规，严格执法，防范风险。③

2011年2月3日，《国务院办公厅关于建立外国投资者并购境内企业安全审查制度的通知》，此举被认为是我国正式建立外商投资国家安全审查制度的标志。国家安全审查制度的建立是中国对外开放法律法规进一步完善的标志，同时也标志着中国将在不断扩大开放的过程中完善产业安全机制。从建设法治政府的角度看，建立这样一项制度有利于中国下一步的对外开放，进一步增强政策的透明度，

---

① 程恩富、李炳炎：《警惕外资并购龙头企业维护民族产业安全和自主创新——美国凯雷并购徐工案的警示》，《生产力研究》2007年第5期。
② 巫才林、李鑫：《反思外资并购行为——外资并购对中国经济的负面影响及底线分析》，《集团经济研究》2007年第24期。
③ 隆国强：《论新时期进一步提高利用外资质量与水平》，《国际贸易》2007年第10期。

完善政府部门的依法行政。国家安全审查制度并不是对外商投资境内企业设置的一项新的壁垒，而是为了更好引导外国投资者并购境内企业、有序发展、维护国家安全而设立的一项"安全阀"制度。作为一个负责任的投资和贸易大国，中国不会利用这项制度来排外，更不会对外商投资实施歧视。

第三节 "走出去"理论的新发展

加入WTO后中国对外开放的重要突破之一是从着重"引进来"转变为"引进来"和"走出去"并重。"走出去"战略是对外开放新阶段的基本国策，主要包括：采取对外投资、对外承包工程和对外劳务合作等多种方式走出国门，以充分利用"两个市场、两种资源"[①]，更广义地讲，还包括对外经济技术援助、外贸出口、到境外利用外资等各种利用比较优势走向国际市场，获取发展条件和持续竞争优势的过程。2001年《中华人民共和国国民经济和社会发展第十个五年计划纲要》将"走出去"与对外贸易、利用外资并列为"十五"开放型经济发展的三大支柱。2002年党的十六大报告明确提出，"坚持'引进来'和'走出去'相结合，全面提高对外开放水平"。这一时期对"走出去"的学术研究也蓬勃发展起来。

一 "走出去"的条件与动因

中国经济的高速发展和企业综合实力的提高，为在全球范围内配置资源提供了基础。加入WTO后中国经济进一步融入全球化，企业扩展了国际化视野，"走出去"有了更成熟的条件和动因。

卢进勇认为，实施"走出去"战略是加入WTO后中国发展的需

[①] 陈文敬：《中国对外开放三十年回顾与展望（一）》，《国际贸易》2008年第2期。

要，是适应经济全球化发展的必然要求，是合理配置资源和更好地利用国外资源的要求，有利于经济结构调整和产业结构优化，有利于提高中国的国际地位，是发展国家自己的跨国公司的需要，是发展高新技术产业的要求。①

郭虹、赵春明认为，应该在经济发展和投资发展二者动态的相互作用之中发展对外直接投资。根据投资发展路径理论，中国在经过长期大幅度引进外国直接投资的鼎盛期之后，将逐步迎来对外直接投资的高潮。中国虽然属于发展中国家，但国内一些大型企业完全具备对外投资的资本实力。现阶段国内企业对外投资的主要目的是寻求战略性资产，即自然资源、技术资源和市场资源，来提升国内企业的资源基础，从而提升企业的国际竞争优势，特别是在国内市场的国际竞争优势，通过国内外协同效应，有效抗衡全球化带给国内企业的竞争压力。②

二 "走出去"方式和领域的新发展

经过加入 WTO 后近十年的发展，对外投资、对外承包工程、对外劳务合作和对外经济援助等"走出去"方式日趋多样，水平逐步提高。"走出去"业务遍及世界 170 多个国家和地区，从过去以贸易服务和小型加工为主逐步发展到能矿资源开发、交通物流、加工制造、高新技术产业等领域。学术界的研究也反映出"走出去"方式和领域的发展变化趋势。

张幼文等总结了这一时期"走出去"方式的几个特点：对外直接投资由"绿地投资"逐渐向跨国并购等方式发展；对外承包工程不断向 EPC 总承包、BOT 等更高层次发展。大项目不断增多，技术

---

① 卢进勇：《中国企业的国际竞争力与海外直接投资》，对外经济贸易大学，博士论文，2003 年。
② 郭虹、赵春明：《我国发展对外直接投资的条件与对策分析》，《北京师范大学学报》（人文社会科学版）2005 年第 1 期。

含量日益提高；对外劳务合作逐步探索出团队整建制派出、基地县培训后派出、政府间协议派出等方式，工程师等高级劳务派出不断增加。①

卢力平提出，中国对外直接投资应以资源开发型和出口导向型为主，市场寻求型和高新技术研发型为辅。应注意充分发挥在境外已有的贸易型、售后服务型、金融企业等服务型行业对外投资的作用。与此同时，应当积极鼓励以国际融资及其间接对外投资方式在境外开展投资活动，进一步扩展中国对外投资的范围，利用好国外资源，同时也会对直接投资企业起到保护和服务作用。②

卢进勇、闫实强认为，作为中国对外经贸发展总体战略布局的一部分，中国境外直接投资的未来行业布局不仅应同国内产业结构的调整与优化相结合，还应同培育和发展中国跨国公司相结合，同时还应同建立由中国企业主导的国际生产分工体系和经营网络结合起来。在选择和确定境外投资行业时应主要考虑以下几个关键因素：能否充分发挥本国产业的比较优势、带动国内相关产业发展的程度、是否处于产品生命周期的第二和第三（对外投资）阶段、拟进入行业的竞争状况与市场容量、拟进入行业的开放度与政策法规情况、拟进入行业的综合商务成本等。③

三 "走出去"的问题和风险分析

中国"走出去"起步较晚，整体上还处于起步阶段，因此，认清"走出去"的问题和风险并找出解决办法，是学术研究的重要任

---

① 张幼文等：《探索开放战略的升级》，上海社会科学院出版社 2008 年版，第 359 页。
② 卢力平：《中国对外直接投资战略研究》，经济科学出版社 2010 年版，第 190 页。
③ 卢进勇、闫实强：《境外直接投资行业分布：特点、演变和趋势》，《国际经济合作》2011 年第 6 期。

务，这方面的研究成果也较多。

许丹松认为，"走出去"在宏观和微观上的问题主要表现在五个方面：立法滞后；审批制度不适应社会主义市场经济的要求；外汇管理制度不适应当前形势的需要；企业海外投资战略不明确，管理体制难以适应国际市场的需要；信息不灵制约中小企业的跨国经营。解决对策包括：完善法制建设，加快立法；改革管理体制以适应市场经济的要求；营造更好的多双边国际环境；加强对"走出去"的引导和促进；加快金融服务体系建设；建立适应国际市场需要的外汇管理制度；鼓励民营企业"走出去"；等等。①

聂名华详细分析了中国企业在对外直接投资中面临的七方面风险：(1) 国家政治风险，包括政治势力"区别性干预"风险、蚕食式征用风险、战争或内乱风险；(2) 恐怖主义与民族主义风险；(3) 政策与法律变动风险；(4) 汇率变动与汇兑风险；(5) 投资决策与经营风险；(6) 文化冲突风险；(7) 管理体制与道德风险。此外还有东道国违约风险、利率风险、融资风险、技术风险等。中国对外投资企业应该充分发挥主观能动性，健全风险防范和控制机制并有效发挥其功能。中国政府应该采取具有科学性、针对性、可操作性的政策措施，帮助企业在"走出去"过程中规避风险，提升经济效益。②

李大伟认为，中国企业"走出去"的过程可以划分为准备阶段、实施阶段和运营阶段，每个阶段面临的主要风险不同，造成的损失也有很大区别。政治风险、政策风险和法律风险贯穿企业"走出去"过程的始终，不可抗性极强，可能诱发其他风险，造成损失最严重的时期是在实施阶段的末期和运营阶段的前期。技术风险和资金风险体现在实施阶段，属于商业层面。经营管理风险、环保风险和成

---

① 许丹松：《"走出去"：现状、问题及对策》，《国际经济合作》2002年第4期。
② 聂名华：《中国企业对外直接投资风险分析》，《经济管理》2009年第8期。

本风险主要体现在运营阶段，除环保风险可能由东道国政策引起外，其他两类基本属于商业范畴，与国内投资的风险有很多相似性，但也需注意文化差异引发的经营管理风险。要加强对投资国的跟踪、监测和预警，降低政治、政策和法律风险；进一步拓宽融资渠道，降低金融风险；加强现代企业制度和文化建设，减少经营管理风险。[①]

四 "走出去"制度保障的讨论

"走出去"的迅速发展对制度保障提出了更高要求，既离不开宏观层面的国家制度保障，又需要微观层面的企业制度保障。

邢厚媛认为，政府在实施"走出去"战略中应有的职责和定位包括制定者、管理者和服务者。一是构筑战略体系，做战略的制定者。二是完善政策体系，做战略的管理者。应完善实施走出去战略的政策促进体系，发挥政府的推动者和引导者作用，注意政策的系统性、协调性、稳定性和连续性。三是对实施"走出去"战略提供保障和服务。我国正在建立和完善社会主义市场经济体制，市场在资源配置中的主导地位必将进一步加强。对外投资和企业的跨国经营在投资决策制度和机制上更应该与国际接轨。政府应该从审批项目的具体事务中淡出，全面实行备案制度。国家应建立完善的统计分析制度，根据国际政治经济发展的动态，建立风险预测、预警和快速反应机制，通过政治保险、内部通告以及外交协调等有效措施，帮助企业规避风险。财政应加大对信息服务、人才培训等公共设施或基础性服务的投入，政府主管部门应该对社会服务体系的建立和完善进行引导和必要的管理，以调动社会资源为实施"走出去"战

---

① 李大伟：《中国企业"走出去"现状分析及风险研究》，国家发展和改革委员会对外经济研究所《中国经济国际化进程》，人民出版社 2009 年版，第 246—268 页。

略服务。①

裴长洪、樊瑛认为，国家特定优势为企业微观竞争优势的形成提供了制度保证。促进企业的对外直接投资行为的政府制度安排必须以母国利益最大化为前提。在这个前提下，中国政府在国内的投资政策和公共服务可以通过法律法规的制定、财政税收鼓励政策、金融融资和外汇用汇优惠政策、信息服务和人才培训等具体措施实现，在国外的投资政策和公共服务可以通过与东道国签订双边或多边投资协定保障中国企业对外直接投资安全和投资利益，通过建立各种形式FDI产业集聚区带动大批企业走出去。这将形成母国国家特定优势。②

第四节　外汇理论的新进展

进入21世纪尤其是加入WTO以来，我国加速融入经济全球化的进程，对外开放进一步扩大，社会主义市场经济体制进一步完善，外汇市场形势发生根本性变化。我国外汇管理从"宽进严出"向均衡管理转变，进一步发挥利率、汇率的市场化作用，有序推进资本项目可兑换，注重防范和化解国际金融风险，努力促进国际收支平衡。

一　人民币汇率形成机制改革的路径选择

2001年后伴随着中国经济融入更加宽广的世界经济潮流中，原有的强制结售汇制度不能正确反映外汇市场的供求关系，人民

---

① 邢厚媛：《政府定位：实施"走出去"战略的关键》，《国际经济合作》2004年第8期。

② 裴长洪、樊瑛：《中国企业对外直接投资的国家特定优势》，《中国工业经济》2010年第7期。

币汇率形成机制面临新的改革。人民币汇率制度改革有两个关键点：第一，建立能够适应中国经济发展需要的市场化的人民币汇率形成机制；第二，尽量减少由于汇率调整带来的宏观经济波动风险，尤其是对人民币的恶性投机或短期内产出水平的大幅波动。

为此，理论界就汇率制度改革的目标是继续固定汇率制度还是实行浮动汇率制度展开了热烈的讨论，甚至一些国际知名经济学家对此也给予前所未有的关注。罗伯特·蒙代尔认为改变现行的固定汇率制度的风险很大，不利于中国吸收直接投资，且中国的金融体系十分脆弱，对灵活的汇率机制还没有应对准备。因此，在可预见的未来中国应继续保持现行汇率制度。① 罗纳德·麦金农也认为人民币汇率应维持现有的中心汇率不变，并在其周围围绕一个1%—2%的浮动区间进行汇率微调，便于更多国际参与者加入现有结汇市场中，从而减少中央银行的结汇压力、促进中国经济的发展。② 不过，有不少国内学者不赞成他们的观点，认为目前的固定的汇率制度不仅使中国的货币政策受到极大束缚，损害了货币政策的自主性，而且容易造成"道德风险"。易纲认为，对于资本账户尚未开放的发展中国家而言，真正有弹性的、完全浮动、灵活调整的市场化的汇率制度是不可能实现的，发展中国家在实现货币的完全可兑换之前，是不可能有真正意义的市场汇率的，发展中国家实行的是在政策参数控制下、以市场供求为基础的有管理的浮动汇率制度。③

余永定指出，中国目前开放经济的特点是准固定汇率制度、资本管制和持续的"双顺差"，三个特点的组合造成了中国在开放经济

---

① 罗伯特·蒙代尔：《国际货币体制：关于人民币汇率的有关问题》，《上海财经大学学报》2003年第5期。

② 罗纳德·麦金农：《论中国的汇率政策和人民币可兑换》，《国际金融研究》2004年第7期。

③ 易纲：《汇率制度的选择和人民币有效汇率的估计》，《中国人民银行工作人员论文》2000年第2期。

下宏观管理的复杂性。在固定汇率制度下，持续的"双顺差"必然要求中央银行不断注入基础货币，增加货币供应量，造成国内经济的不稳定，因此继续保持固定汇率制度必然会导致货币供给的波动和经济的不稳定。[1] 胡祖六认为维持目前人民币汇率不变的政策，实际上忽视了固定汇率制度与货币政策自主权及资本账户渐进自由化之间的内在矛盾。因为，灵活的汇率制度可以更好地反映多变的市场状况和经济基础，并使中国一方面协调更自由的资本流动，另一方面更有效地执行独立的货币政策，以控制经济过热的风险和应对来自内外部的各种冲击。[2]

学者们围绕改革汇率形成机制的基本路径和时机也做出了深入探讨。许文彬指出首先要实现利率市场化，改变目前强制性的结售汇制度，逐步实行自愿结售汇制度，改善中央银行在外汇市场进行操纵干预的机制，逐步降低央行入场干预的频度，推行目标汇率区，并且考虑建立外汇平准基金，实现调控多样化和市场化，加快外汇市场本身的发展和完善。[3] 孙鲁军指出，退出固定汇率制度，需要为货币政策选择一个名义锚，以确保低通货膨胀承诺的可信度。比较理想的退出时机应选择在货币处于强势处境时进行，平滑的退出需要通过谨慎的敞口管理以及提供一些有效的规避风险的工具。[4]

2005年7月21日，中国人民银行宣布人民币汇率实行有管理的浮动制度，开始实行以市场供求为基础、参考一篮子货币进行调节、有管理的浮动汇率制度。人民币不再钉住单一美元，形成更富弹性的人民币汇率形成机制，同时明确提出人民币汇率改革必须坚持主

---

[1] 余永定："A Review of China's Macroeconomic Development and Policies in the 1990s", *China & World Economy*, Vol. 9, No. 6。

[2] 胡祖六：《资本流动、经济过热和中国名义汇率制度》，《国际金融研究》2004年第7期。

[3] 许文彬：《三元悖论下我国汇率制度改革探析》，《财经问题研究》2003年第7期。

[4] 孙鲁军：《关于汇率制度选择的几个问题》，《中国货币市场》2004年第4期。

动性、可控性和渐进性的原则，由此市场在汇率形成中的基础作用进一步加强，汇率弹性进一步扩大，对国际收支的调节作用进一步发挥。人民币汇率改革进入了以建立健全市场供求为基础的、有管理的浮动汇率体制，保持人民币汇率在合理、均衡的水平上基本稳定为目标的新阶段。余永定认为："汇率制度改革增加了人民币汇率的弹性，同时又给中央银行干预外汇市场留下了足够的空间，从而保证了人民币汇率的稳定。中央银行必须把握好汇率的稳定性和灵活性，既不能忽视汇率的稳定性，也不能过度强调汇率的稳定性。否则，参考一篮子货币的汇率制度又会回到钉住美元的汇率制度，从而使我们的改革目标落空。"[1] 2008 年国务院颁布《外汇管理条例》，明确人民币汇率制度实行以市场供求为基础、有管理的浮动汇率制度。胡晓炼提出，考虑到目前我国资本项目尚未完全开放，资本流动无规律可循，因此，可以稳定贸易为原则，选择与我国贸易往来密切国家的货币，并综合考虑其他因素，特别是经常项目收支状况，进而组成货币篮子。[2] 梅冬州、龚六堂提出，在管理浮动汇率制度下，货币当局通过选择性干预稳定汇率，因汇率目标隐秘而不透明，既可以避免浮动汇率制下升值危机使经济陷入流动性陷阱，又比固定汇率制福利损失要小，是新兴市场经济国家最合适的汇率制度选择。[3] 陆前进研究人民币对美元汇率、人民币对非美元汇率和人民币有效汇率之间的关系，认为如果央行以人民币有效汇率为目标，则能确定每天人民币对美元汇率中间价，从而真正建立人民币参考一篮子货币的汇率目标。[4] 2015 年 8 月 11 日，中国人民银行宣

---

[1] 余永定：《人民币汇率制度改革的历史性一步》，《世界经济与政治》2005 年第 10 期。

[2] 胡晓炼：《有管理的浮动汇率制度的三个要点》，《金融时报》2010 年第 7 期。

[3] 梅冬州、龚六堂：《新兴市场经济国家的汇率制度选择》，《经济研究》2011 年第 11 期。

[4] 陆前进：《人民币汇率增加弹性和参考一篮子货币汇率形成机制研究》，《数量经济技术经济研究》2011 年第 11 期。

布实施人民币汇率形成机制改革，强调参考收盘价决定第二天的中间价，日浮动区间在2%上下浮动。这是人民币汇率形成机制迈向浮动汇率的重要一步，但是由于对短期快速贬值的可能性估计不足，该机制三天后则告流产。2016年2月，中国人民银行公开了"收盘汇率+一篮子货币汇率变化"定价规则的具体内容，即当日中间价＝前日中间价+［（前日收盘价－前日中间价）+（24小时货币篮子稳定的理论中间价－前日中间价）］/2。总体上看，人民币汇率制度改革，进入了以建立健全以市场供求为基础的、有管理的浮动汇率体制，保持了人民币汇率在合理、均衡水平上的基本稳定为目标的新的发展阶段。余永定在2016年还强调，虽然"收盘价+一篮子货币"的汇率形成机制较好地实现了引导人民币逐步贬值的政策，但却使市场长期无法出清，无法实现汇率的真正双向波动。是否可以考虑暂时把汇款的自由浮动放一放，而引入人民币汇率宽幅波动的新汇率形成机制。[①]

二 关于人民币升值的理论争鸣

进入21世纪，全球经济趋于低迷萧条，经济失衡日益严重，尤其是国际金融危机的爆发使得全球经济形势进一步恶化，西方一些发达经济体的经济增长陷入停滞甚至倒退。与之相反，中国经济不仅继续保持高速增长，还成功抵御了国际金融危机。因此，日本和美国等发达国家为维护本国利益，改变本国贸易逆差局面，不断对我国人民币升值施加压力，甚至恶意指责中国是"汇率操纵国"。鉴于复杂的现实情形，理论界关于人民币升值的利弊、压力、路径的讨论也异常激烈。

关于人民币究竟应当不应当升值，大部分学者同意人民币应在可控范围内小幅度地升值。这是因为，在中国经济持续高速增长、

---

① 余永定：《克服贬值恐惧症，加速中国汇率体制改革》，中国社会科学院世界政治与经济研究所国家金融研究中心工作论文，NO.2016.072。

第二十八章　加入世界贸易组织后我国对外开放理论的深化与发展

劳动生产率不断提高、外汇储备大幅增加的形势下,人民币升值是一个必然趋势。人民币长期钉住美元及其币值低估,使得我国贸易条件恶化、资源配置失当、贸易摩擦加剧。同时,外汇储备的不断膨胀,导致基础货币投放的压力日益增大,削弱了我国货币政策的独立性,容易导致严重的通货膨胀,损害宏观经济的整体稳定。有学者分析,在保持真实汇率不变与物价水平稳定的政策组合下,贸易品部门相对于非贸易品部门全要素生产率提高更快,但这带来产业结构扭曲、贸易余额扩大、工资水平下降等一系列问题;因而只有通过重估人民币名义汇率,实现真实汇率上升,使贸易品与非贸易品相对价格合理调整,才能优化国民经济结构,改善外部不平衡,促进劳动力由农村向城市的转移。[①] 还有一些学者不同意人民币升值,认为人民币升值并不能解决中国的巨额贸易顺差问题,还会导致中国外贸出口和外商投资下降、就业形势恶化、农产品价格压低,造成通货紧缩,助长新的升值预期,刺激国际游资大量流入。

关于人民币升值的压力,理论界大多认为主要来自全球经济失衡。它主要表现为:一是美元发行不受约束,全球流动性大大增强,致使实体经济与虚拟经济更加背离;二是美国持续的高消费与低储蓄率,造成其财政和国际收支账户双巨额赤字,而中国的高储蓄、高投资、高出口、低消费导致生产能力扩张和国际收支巨额盈余。这些结构性矛盾给全球经济带来巨大风险,需要逐步调整,因此美元贬值和人民币升值都是调整中的题中应有之义。有学者认为,人民币升值压力有短期和长期两种,短期压力是内外经济失衡造成的,表现为国际收支持续大量顺差;长期压力是中国经济长期快速增长、劳动生产率不断提高和国际竞争力不断增强所带来的。也有学者指出,布雷顿森林体系解体后,汇率波动常常是国际各种力量博弈的结果,基本由金融性交易主导,在人民币升值的压力中,国际游资

[①] 张斌、何帆:《货币升值的后果——基于中国经济特征事实的理论框架》,《经济研究》2006年第5期。

的投机炒作即金融性因素的作用要远远大于实体性因素。① 此外，有学者通过分析1994—2002年的年度数据和运用恩格尔-格兰杰两步检验法，对1998—2003年的月度数据进行协整检验，认为美中贸易收支与人民币汇率之间没有长期稳定的协整关系，因此仅仅依靠人民币汇率变动是无法解决中美贸易逆差的。② 还有学者认为人民币名义汇率的升值不是中国唯一调整贸易失衡的方式，即便人民币汇率仍旧钉住美元，中国仍旧可以使用通货膨胀来调整产品与美国的相对价格。③

关于人民币升值的路径，学术界一直有两种观点：一种观点认为人民币升值应该一步到位。这样做可以最大限度地抑制投机资本的流入，有利于国家产业战略布局和宏观经济调控，符合中国自身的经济利益。不过，这对出口的打击过大，易形成国内产能过剩和资产泡沫等。另一种观点认为采取稳健渐进的升值方式，根据宏观经济运行情况和理性预期进行相机抉择。林毅夫认为，当前人民币汇率升值速度并不快，过快汇率提高并不利于中国经济稳定。④ 余永定认为，中国可以采取"分级跳"的办法实现人民币的升值。⑤ 樊纲指出，人民币远未进入贬值区间，升值不应一步到位。⑥ 夏斌认为，当前升值应该要采取时密、时疏、时高、时低的策略，打破对

---

① 张曙光：《人民币升值利弊权衡不能跟着感觉走》，《第一财经日报》2005年5月17日。
② 沈国兵：《外商在华直接投资与中美贸易平衡问题》，《财经研究》2005年第9期。
③ 肖耿：《人民币升值会带来外汇储备的泡沫》，新浪财经，2010年3月20日。
④ 《专家对人民币升值节奏争议升值不应该一步到位》，《中国证券报》2007年7月30日。
⑤ 陈涛：《人民币升值正当其时——专访前中国人民银行货币政策委员会委员余永定》，《南方周末》2007年8月8日。
⑥ 参见《华夏时报》2008年6月7日。

人民币升值的预期。①

事实上，自 2005 年汇率改革以来，人民币升值步伐不断加快，累计升值已超过 20%。2006 年 7 月，人民币汇率中间价"破 8"，2008 年 4 月"破 7"，2011 年 1 月突破 6.6。即便如此，国际贸易保护主义不断加剧。2010 年 3 月，130 名美国国会议员联名呼吁将中国认定为"汇率操纵国"。可见，人民币升值问题日趋复杂艰巨，理论界和政策制定者要更加清醒，吸取日本《广场协议》效应的教训，不屈服于外部压力，坚持主动性、可控性、渐进性的原则，着力使人民币币值保持合理、均衡的水平，维护我国宏观经济稳定大局。

三 加快人民币国际化进程的探讨

随着近些年来中央银行和一些国家签署货币互换协议，我国政府提出准备实行人民币国际结算，要把上海打造成"两个中心"，政策层面关于推动人民币国际化的思路日益清晰。理论界一方面对人民币国际化基本达成共识，普遍意识到一方面，人民币国际化是市场的选择，虽能带来国际铸币税收入，减少对外经济活动中的汇价风险，获取"非对称性"的政策优势，但会使我国面临货币政策、财政政策等的"两难"，容易招致投机攻击和假币的冲击；另一方面，围绕人民币国际化的现实可行性和具体路径，从不同角度展开热烈讨论。2016 年 10 月，人民币被正式纳入 SDR 篮子货币，迈出了人民币国际化的重要一步。2018 年 6 月，中国 A 股纳入 MSCI 新兴市场指数和全球基准指数（ACWI），它不仅进一步推动 A 股市场的对外开放，而且推动了人民币的国际化进程。

关于当前是否具备人民币国际化条件，主要有两种观点。第一种观点认为，目前条件已经成熟。罗熹认为，中国经济持续增长为人民币国际化提供了强大动力，世界货币体系改革为人民币国际化

---

① 《专家对人民币升值节奏争议升值不应该一步到位》，《中国证券报》2007 年 7 月 30 日。

提供了广阔舞台,中国金融体系的稳定为人民币国际化提供了基本保证。[1] 赵海宽认为,人民币国际化已经具备了中国 GDP 已跃居世界第二位、中国在国际上的信用地位很高、中国的金融系统很稳定和中国经济国际化程度越来越高四个条件。[2] 刘煜辉认为,从中期来看,现实条件具备了,因为我国对诸多发展中国家形成了巨大逆差。[3] 第二种观点认为,还不全面具备条件。丁志杰认为,人民币国际化的路径是由区域货币到国际货币,目前人民币的影响主要还在亚洲,而且不具备一个健全、发达、开放的金融市场,资本还不能够完全自由流动。作为替代选择,可以发展香港离岸金融市场,为境外人民币投资者开辟投资渠道。[4] 魏尚进从美元在美国经济强盛 100 年之后才成为国际货币的历史经验指出,人民币成为主流国际货币还有一些路要走。[5] 陈炳才指出,人民币国际化还没有起步,现在别国的银行和企业能否接受人民币结算?[6] 杨珍增、马楠梓通过将我国的利率市场化、央行独立性、资本账户开放、汇率自由浮动四个方面与国际化货币经济体进行比较,得出我国尚未具备推动人民币国际化的条件。[7]

关于如何推动人民币国际化进程,余永定认为,国际金融危机为人民币国际化提供了动力,人民币国际化是与资本项目自由化相互联系的渐进过程,但是资本项目自由化是货币国际化的必要条件,

---

[1] 罗熹:《循序推进人民币国际化进程》,《求是》2009 年第 3 期。
[2] 赵海宽:《人民币可能发展成为世界货币之一》,《经济研究》2003 年第 3 期。
[3] 刘煜辉:《人民币国际化现实条件其实已经具备》,新华网,2009 年 3 月 28 日。
[4] 丁志杰:《人民币国际化:从区域货币到国际货币》,《21 世纪经济报道》2009 年 3 月 7 日。
[5] 魏尚进:《货币国际化,不能指望一口吃成胖子》,搜狐财经,2009 年 5 月 16 日。
[6] 陈炳才:《人民币国际化还很遥远》,《国际财经时报》2009 年 4 月 29 日。
[7] 杨珍增、马楠梓:《当前应该推动人民币国际化吗——基于货币国际化制度条件的反思》,《南方经济》2013 年第 7 期。

第二十八章 加入世界贸易组织后我国对外开放理论的深化与发展 615

但不是充分条件。[①] 任志刚指出，货币发展史表明，主要货币在国际贸易金融中的重要性会逐步演变，只是演变的过程比较缓慢，人民币在区内及其他地方广泛使用是一个渐进的过程，以确保各种可能风险能得到妥善管理。香港可提供理想的实验场地，以助相关开放措施平稳顺利实施。[②] 李稻葵、刘霖林提出，根据中国经济特点，可以采取一种双轨制、渐进式的人民币国际化步骤，第一个轨是在中国境内要实行定向的、有步骤的、渐进式的、与中国金融改革同步的资本项目下可兑换的进程；第二个轨是在境外主要是在香港，建立与当地资本市场规模相匹配的人民币外汇交易市场。[③] 罗熹认为要遵循周边化—区域化—国际化三步走战略，进一步完善人民币汇率机制改革，加大金融改革开放力度，建立离岸金融市场。[④]李晓西提出，中美合作可能会形成一种主辅双元化的国际货币模式。它有四个特点：一是不取代，以美元为主，以人民币为辅，美元仍在所有国家通用，人民币可能在部分国家使用；二是不干预，是来自市场需求，是自然形成，而不是政府的决定或政府间的协调与安排；三是不排斥，要与国际机构和美国、德国以及日本等有很好的沟通，尤其是美国，是合作不是去竞争；四是不着急，人民币发挥国际化作用，是要求中国经济不能出现大的危机，要保持增长，完善相关的制度，提高金融管理水平，让人民币国际化与人民币管理的完善化相互地交叉地影响，这需要时间。[⑤] 龚刚认为，我国金融改革次序可以分为两大步走：第一步是实施货币政策独立、利率市场化改革

[①] 余永定：《人民币国际化是和资本账户自由化相互联系的渐进过程》，《最后屏障之辩》，东方出版社2016年版。

[②] 参见时娜《香港是理想的人民币国际化试验场》，《上海证券报》2009年4月17日。

[③] 李稻葵、刘霖林：《双轨制推进人民币国际化》，《中国金融》2008年第10期。

[④] 罗熹：《循序推进人民币国际化进程》，《红旗文稿》2009年第9期。

[⑤] 李晓西：《在国际货币体系的未来与人民币的角色研讨会上的发言》，中国发展研究基金会和美国对外关系委员会主办，2011年11月1—2日。

和金融深化,同时推进人民币计价债券的境外发行;第二步是以国内金融改革为基础,在国内实际利率为正、通货膨胀率较低、丰富的理财产品和人民币国际化(或境外人民币计价债的发行)取得一定的实质性进展后,交替推进人民币汇率市场化形成机制改革和资本账户开放。[1] 刘珈利、曾文革提出,人民币加入 SDR 后,作为 SDR 篮子货币中唯一尚未实现可自由兑换的货币,我国外汇仍需加强改革,以适应 2021 年 SDR 篮子货币的审查;我国应该注重外汇管理改革与国际规则之间的协调,并健全外汇管理立法体系、完善外汇管理监管体系,以防范外汇管理改革中的金融风险。[2]

第五节　国际经济合作理论的新进展

加入 WTO 为中国参与国际经济事务提供了更加广阔的舞台。以开放大国姿态积极参与全方位国际经济合作,是实现由大国向强国转变的必由之路。结合加入 WTO 影响、探讨国际经济合作问题的学术研究十分丰富,推动着中国利用多边贸易体制和区域经济合作的平台,主动参与全球治理和国际决策机制。

一　加入 WTO 对政府经济职能转变的影响是促进国际经济合作的重要条件

中国加入 WTO 后面临的最大挑战之一是转变政府职能。参与 WTO 的多边贸易体制,使中国制度变迁的内在机制发生了变化,而政府制度变迁的内涵即是政府职能转变。政府职能转变是加入 WTO 后在国际经济关系中趋利避害的关键,也为深化和拓展多边经济合

---

[1] 龚刚:《人民币突围——走向强势货币》,人民出版社 2013 年版。
[2] 刘珈利、曾文革:《SDR 篮子货币评估法律框架视域下我国外汇管理改革》,《云南师范大学学报》(哲学社会科学版)2017 年第 5 期。

作和区域经济合作提供了重要条件。

国务院发展研究中心的研究者们把政府职能转变归纳为九个方面：（1）用符合 WTO 规则的方式支持本国经济；（2）政府从唯一的政策制定者变为政策制定的合作者，而行业组织、市场主体等在政策制定中的作用日益增强；（3）政策针对范围从国内扩大到区域甚至全世界；（4）政府一部分权力向区域组织或国际组织让渡；（5）政府职能更多转向社会政策；（6）国家层面的政策受到越来越多国际规则的制约，地方分权化改革趋势加强；（7）政策视野拓展，吸引外部资源解决本国问题；（8）日益重视开放带来的经济安全问题；（9）政策执行的国际合作日益重要，区域组织和国际组织功能越来越强大，职能越来越复杂。①

李晓西撰文写道：高效率的现代行政管理制度才能适应加入 WTO 的形势需要，要确保国内相关法律法规与世贸组织规则和相关义务一致；要建设与国际接轨的外经贸体制；要处理好严格履行 WTO 协议与从我国实际出发的关系，包括研究并利用世贸组织为发展中国家提供的某些保护措施，支持企业发展；要在不违反世贸组织规则基础上，从中国国情出发，制定一些有助于本国经济发展的政策；要关注并参与贸易争端的解决，对企业进行加入 WTO 的辅导和帮助；等等。②

刘光溪把 WTO 协议内容抽象为五项基本规则：一视同仁，公平竞争；公开透明，统一管理；开放市场，企业本位；减少干预，市场主体；灵活例外，合理保障。这些规则对成员政府都是普遍适用的，而中国加入 WTO 承诺对政府职能转变的要求更加具体，有诸多特殊的与宏观经济环境运行相关的政策与体制层面的承诺，而且这一层次的加入 WTO 承诺所要求的经济体制改革与政府职能转变带有

---

① 国务院发展研究中心课题组：《中国尤为艰巨——经济全球化背景下的政府职能转变》，《国际贸易》2002 年第 5 期。

② 李晓西：《WTO 与政府管理体制的创新》，《求是》2001 第 22 期。

根本性的变革。①

二 利用多边贸易体制营造有利外部环境的探索

WTO是世界多边贸易体制最有权威的国际组织,其影响远远大于联合国的经济职能。加入WTO后,中国一直在积极参与并努力建设一个更为合理的全球多边贸易体系。

薛荣久认为,中国加入WTO,将从以下几个方面促进多边贸易体制的发展。第一,使WTO成为名副其实的世界贸易组织。第二,将从单边自主、窄领域的对外开放转变为相互、多边和全方位的对外开放。在WTO多边贸易体制基础上,与WTO成员进行"开放、公平和无扭曲的竞争"与合作。第三,中国加入WTO后,将为WTO成员提供更多的商机,促进相互的发展与繁荣。第四,中国加入WTO,将维护多边贸易体制的基本原则,认真如实地履行入世议定书的承诺,与WTO成员共同努力,化解多边贸易体制遇到的困境,抑制不良倾向的加剧,使其真正成为"一个完整的、更可行的和可持久的多边贸易体制"。②

王新奎认为,在多边贸易体制中发挥建设性作用是中国继续"毫不动摇地坚持开放,不失时机地推进改革"的必然要求和战略选择。为此,要公正和合理地运用各项规则,适应经济全球化,以促进本国社会、经济发展;要积极参加新规则的制定,在维护本国利益的同时,在更大范围推动国际经济秩序的改善;要一方面与主要发达成员合作,另一方面与发展中成员合作,改变多边贸易体制"富人俱乐部"的形象;要在享受加入WTO成果的同时,充分考虑中国经济发展给外部世界带来的效应和影响,尊重和照顾他国的利

---

① 刘光溪:《入世后的政府职能转变》,《中国党政干部论坛》2003年第8期。
② 薛荣久:《中国加入WTO与多边贸易体制的发展》,《中国统计》2002年第5期。

益，从而在全球多边贸易体制中真正实现互利共赢和共同发展。①

三 积极稳妥参与区域经济合作的讨论

进入 21 世纪，以自由贸易协定（FTA）为主要形式的区域经济合作呈现出蓬勃发展态势，日益成为各国加速实现贸易投资自由化和便利化的重要方式。2002 年中国—东盟自由贸易区的启动标志着中国的区域经济合作进入了加速发展的阶段。党的十七大报告正式提出了积极实施自贸区战略。

赵晋平指出，实施国家 FTA 战略是我国经济长期发展的必然要求。我国应将逐步建立商品与要素自由流动、内外经济相互融合的开放型市场体系作为对外经济体制改革的一个基本目标。从推动与周边国家的制度性合作起步，首先实现区域范围内的经济融合和要素跨境自由流动，就完全有可能为达到开放型经济体制改革目标积累经验和创造条件。②

李向阳认为，积极参与区域经济合作是中国适应经济全球化发展的一项战略选择，绝非权宜之计。参与区域经济合作，可以在一定程度上为回避全球化风险、提高制定国际经济规则的影响力、维护周边安全与稳定创造良好的外部环境。作为一个大国，中国在估价参与区域经济合作的收益中，即考虑与贸易相关的静态经济收益，还要考虑动态经济收益及非经济收益。③

于立新、王佳佳提出，中国对外区域经济合作的战略目标应该是：根植本土，加速"中国内地、香港地区、澳门地区、台湾地区"的合作进程；立足亚洲，谋求与周边国家形成区域或次区域经济合作

---

① 王新奎：《中国是多边贸易体制的积极参与者》，《解放日报》2006 年 12 月 10 日第 8 版。
② 赵晋平：《从推进 FTA 起步——我国参与区域经济合作的新途径》，《国际贸易》2003 年第 6 期。
③ 李向阳：《全球区域经济合作的发展趋势与中国的战略选择》，《拉丁美洲研究》2005 年第 2 期。

组织；突破疆界、跨越洲际，构筑全球合作网络。在具体措施方面，要注重在宏观层面上，发挥政府在构建区域经济合作组织框架时的主导作用；在微观层面上，发挥企业的微观主体作用，依靠企业跨国经营来推动区域经济合作进程；同时强调区域经济合作发展的渐进性；注重与国际惯例接轨，按市场经济规则办事，舍近利而求远利。[1]

王静、张西征认为，面对区域自由贸易发展的新变化，中国应准确分析双边自由贸易协定的发展态势，既要考虑眼前利益又要考虑长远利益，既要顾及局部增长又要顾及全面发展，借鉴他国发展自由贸易协定的经验，制定符合自身国情的战略与对策。一是利用中小自由贸易协定分化重组的机会，积极参与双边和区域FTA，寻求更多合作伙伴；二是注重亚太地区自由贸易协定的发展；三是积极发展跨区域的自由贸易协定。[2]

第六节 涉外经济法制建设的新进展

加入WTO前后，经济界和法学界的专家都提出，我国现有法律体系与世贸组织规则有着内在的精神联系，但要进一步丰富和完善中国市场经济法律体系，使其更加符合市场经济的共同规律，与世界贸易规则完全一致起来。

龙永图指出，加入WTO后对外开放将出现三个变化。第一，中国的经济发展和国际合作将会面临更好的国际经济环境。中国将按照国际通行的规则来从事对外经济贸易活动。第二，中国将建立一个更加符合社会主义市场经济需要的稳定、透明、可预见性的法律

---

[1] 于立新、王佳佳：《中国参与区域经济合作的进程、动因与趋势》，裴长洪主编《中国对外经贸理论前沿（4）》，社会科学文献出版社2006年版，第304—321页。

[2] 王静、张西征：《区域自由贸易协定发展新趋势与中国的应对策略》，《国际经济合作》2011年第4期。

第二十八章 加入世界贸易组织后我国对外开放理论的深化与发展

体制,更加公平有序的市场经济环境。第三,中国将建立更加开放的政策环境。① 曹建明指出,总体而言,加入 WTO 会形成对中国经济发展以及涉外经济贸易案件更为有利的态势,但同时在市场准入、降低关税、外商投资企业的国民待遇、外商投资数量限制、知识产权司法保护等方面还要进一步调整。② 王家福指出,中国现行的经济法律与 WTO 规则是相通的,但还要进一步在立法中彰显市场经济法制理念,贯彻国民待遇原则和法制统一原则,体现公平竞争精神,增强法律透明度。为此,要制定民法典,健全外商投资法,完善对外贸易法,加快促进知识经济发展的立法。③ 李晓西指出,我国现有的法律法规与 WTO 要求相比,存在与 WTO 规则不一致、不协调、不透明的三个突出缺陷,需要尽快设立专门的通报咨询机构,建立一个透明的、统一的、公正的、便于监督的法律体系。④ 王利明提出,需要借加入世贸组织的契机与国际接轨,推动我国社会主义市场经济法律体系的建立和完善,首先要制定一整套的金融、保险、电信、商业、外贸、航空等方面的法律,在内容上逐步与《服务贸易总协定》相衔接;要尽快制定反倾销法;根据加入 WTO 的要求,协调、修改、统一"三大外资法"中超国民待遇和非国民待遇等问题,健全国有商业银行法律风险防范机制和内控制度建设。⑤

按照世贸组织规则,1999 年年底至 2002 年,我国清理了各项法律法规和部门规章 2300 多件,并对原有货物进出口法律法规体系进行"废立改",先后出台了《中华人民共和国货物进出口管理条例》和与之配套的 10 个部门规章,涵盖了我国进出口管理体制的各个方

---

① 龙永图:《加入世贸后对外开放将出现三个变化》,《人民日报》2002 年 4 月 5 日第 5 版。
② 曹建明:《WTO 与中国法治建设》,《中国对外贸易》2001 年第 8 期。
③ 王家福:《WTO 与中国市场法律制度建设问题》,《中国法学》2001 年第 1 期。
④ 李晓西:《加入 WTO 与我国政府管理体制和职能的转变》,《中国市场化进程》,人民出版社 2009 年版。
⑤ 王利明:《加入世贸组织与我国法制建设》,《人民法院报》2000 年 4 月 8 日。

面。根据中央政府 2001 年 9 月的通知精神，地方各级政府按照法制统一、非歧视和公开透明的原则，对 19 万多件地方性法规、规章和政策措施予以全面清理。2004 年 7 月，我国颁布新修订的对外贸易法，将实行了 50 年的外贸审批制改为登记制，初步形成了外贸管理的三级法律框架体系。我国进一步完善了适应社会主义市场经济需要的统一、公平、透明的涉外经济法律体系，比较好地调整了我国经济主体与国外经济主体的各类经济关系。

2019 年 3 月，十三届全国人大二次会议表决通过了《中华人民共和国外商投资法》，自 2020 年 1 月 1 日起施行，将取代"外资三法"，成为促进外商投资、保护外商权益和管理外国投资的基础性法律。外商投资法全面确立了对外资的准入前国民待遇加负面清单管理制度，确定了外资在中国进行公平竞争的环境，进一步加强了对外资企业权益的保护。遵循了四个重要原则：一是突出积极扩大对外开放和促进外商投资的主基调；二是坚持外商投资基础性法律的定位；三是坚持中国特色和国际规则相衔接；四是坚持内外资一致。

21 世纪以来，我国更加积极主动地参与修订旧的国际经济贸易公约，参与制定新的国际经济贸易公约，切实履行一个负责任的大国的"入世"承诺。2003—2008 年，十届全国人大常委会批准我国与外国缔结的各类条约、协定、协议和我国加入的国际条约共 74 件，2009 年又批准了 7 件。2016 年，中国加入联合国国际道路运输公约，成为该公约第 70 个缔约国。2017 年以来，在美国积极退出《巴黎气候变化协定》、《维也纳外交关系公约》、《跨太平洋伙伴关系协定》（TPP）以及万国邮政联盟等国际公约协定的同时，我国依旧认真履行一个负责任大国的历史担当。

（执笔人：李晓西，北京师范大学经济与资源管理研究院名誉院长、教授；何奎，生活·读书·新知三联书店副总编辑、副编审；吴铭，商务部投资促进事务局综合部副主任）

中国社会科学院
庆祝中华人民共和国成立70周年书系
国家哲学社会科学学术研究史

总主编 谢伏瞻

新中国经济学研究70年

张卓元 张晓晶 / 主编

下卷

中国社会科学出版社

目　　录

(下卷)

第五部分　全面建设小康社会时期（2002—2012年）经济学研究专注于完善新体制和促进经济转入科学发展轨道

第二十九章　2002—2012年全面建设小康社会的提出、理论探索和实践 ……………………………（625）
　第一节　中国的发展与政策制定 …………………………（625）
　第二节　全面建设小康社会的理论探索 …………………（627）
　第三节　全面建设小康的成就和实践中的挑战 …………（635）

第三十章　科学发展观提出的背景及重要意义 ………………（643）
　第一节　中国特色经济发展思想的演变 …………………（643）
　第二节　科学发展观的形成 ………………………………（650）
　第三节　科学发展观是中国特色社会主义经济发展理论的一次飞跃 …………………………………………（658）

第三十一章　2005年重提转变经济增长方式 ………………（661）
　第一节　20世纪90年代的理论探讨 ……………………（663）

目录(下卷)

第二节　21世纪初我国无法实现经济增长方式转变的
　　　　原因 …………………………………………………(668)
第三节　如何实现经济增长方式转变 ……………………(672)

第三十二章　2008年国际金融危机爆发后关于中国经济转型和发展方式转变问题的研讨 ………………………………(677)

第一节　国际金融危机使我国转变经济发展方式
　　　　刻不容缓 ………………………………………………(677)
第二节　转变经济发展方式必须把经济结构的战略性
　　　　调整作为主攻方向 ………………………………(679)
第三节　转方式、调结构与保增长的关系 ………………(683)
第四节　怎样加快转变经济发展方式 ……………………(685)

第六部分　全面建成小康社会和改革攻坚期(2013—2019年)　经济学研究力促深水区改革和经济转向高质量发展

第三十三章　党的十八届三中全会提出市场在资源配置中起决定性作用的重大意义 ………………………(689)

第一节　市场决定论是最大亮点 …………………………(689)
第二节　市场决定引领经济领域各项改革的深化 ………(693)
第三节　党的十九大报告进一步提出加快完善社会主义
　　　　市场经济体制，推动经济高质量发展 …………(706)

第三十四章　中国经济新常态 ……………………………………(710)

第一节　"新常态"的时代背景与基本内涵 ……………(710)
第二节　全面认识新常态 …………………………………(715)

第三节　新常态、新挑战 …………………………………… (723)
第四节　引领新常态 ………………………………………… (727)

第三十五章　新发展理念 ……………………………………… (735)
第一节　创新发展 …………………………………………… (736)
第二节　协调发展 …………………………………………… (743)
第三节　绿色发展 …………………………………………… (747)
第四节　开放发展 …………………………………………… (751)
第五节　共享发展 …………………………………………… (756)

第三十六章　供给侧结构性改革 ……………………………… (762)
第一节　供给侧结构性改革：概念辨析 …………………… (763)
第二节　为什么要以供给侧结构性改革为发展主线？…… (769)
第三节　如何推进供给侧结构性改革？…………………… (774)
第四节　赢取供给侧结构性改革红利 ……………………… (783)

第三十七章　农村脱贫攻坚与乡村振兴战略 ………………… (788)
第一节　改革开放40年来农村脱贫取得巨大进展的
　　　　主要因素 ………………………………………… (789)
第二节　精准扶贫是打赢脱贫攻坚战的主要抓手 ………… (793)
第三节　乡村振兴战略——新时代解决"三农"
　　　　问题的纲领 ……………………………………… (796)

第三十八章　建设现代化经济体系 …………………………… (817)
第一节　"现代化经济体系"概念的思想和政策渊源 …… (819)
第二节　党的十九大以来现代化经济体系研究进展 ……… (825)
第三节　未来展望：经济体系学初步 ……………………… (830)

第三十九章　全球化与逆全球化的争论和中国提出"一带一路"倡议 …………………………………………（835）
　　第一节　理论界对全球化的探讨 ……………………………（835）
　　第二节　逆全球化的兴起及其理论反思 ……………………（839）
　　第三节　"一带一路"倡议的提出与讨论 ……………………（849）

第四十章　社会主义市场经济法治化探索与进展 ……………（857）
　　第一节　我国社会主义市场经济法治化的探索与建立 ……（857）
　　第二节　社会主义市场经济法治化的理论探讨 ……………（867）
　　第三节　社会主义市场经济法治化的实践进展与展望 ……（876）

第七部分　经济学"中国化"的重大进展

第四十一章　转型经济研究理论成果与深化 …………………（885）
　　第一节　转型经济研究的主要对象 …………………………（885）
　　第二节　经济转型研究或比较研究的主要领域 ……………（902）
　　第三节　转型经济研究还需要进一步深化 …………………（915）

第四十二章　从工业化赶超到高质量增长：中国经济增长理论研究70年 ……………………………………（923）
　　第一节　"赶超模式"大转型与经济增长研究范式之扬弃 ……………………………………………（925）
　　第二节　改革以来的"经济奇迹"及其增长源泉：若干争论 ……………………………………………（930）
　　第三节　长期增长路径、机制与"结构"：关键问题的理论求索 ……………………………………（936）
　　第四节　供给侧结构性改革和面向未来的高质量转型探索 ……………………………………………（942）

第四十三章　进入21世纪后中国化马克思主义政治经济学教材的重新撰写 ……… (945)

第一节　我国马克思主义政治经济学教材的最初编写 …… (945)

第二节　1978年至20世纪末我国马克思主义政治经济学教材编写 ……………………………………… (949)

第三节　21世纪马克思主义政治经济学教材的编写 ……… (952)

第四节　结语 ………………………………………………… (960)

第四十四章　新中国经济史学的发展 ……………………… (966)

第一节　新中国经济史研究的两大阶段 …………………… (967)

第二节　新中国经济史研究队伍和方法的演变 …………… (974)

第三节　中国古代经济史研究的若干进展 ………………… (981)

第四节　中国近代经济史研究的若干进展 ………………… (985)

第五节　中国现代经济史研究的若干进展 ………………… (989)

第四十五章　西方经济学在中国的历程和境遇 …………… (1000)

第一节　晚清民国：西学东进 ……………………………… (1000)

第二节　改革之前30年："西学东进"的没落 …………… (1007)

第三节　改革开放40年："西天取经"的繁荣 …………… (1015)

第四节　进一步的两点初步讨论 …………………………… (1023)

第四十六章　构建中国特色社会主义政治经济学 ………… (1027)

第一节　中国特色社会主义政治经济学是中国特色社会主义理论体系的重要组成部分 ……………… (1027)

第二节　成熟的中国特色社会主义政治经济学源于成熟的中国特色社会主义经济制度和基本实现现代化 ……………………………………… (1032)

第三节　寻找中国特色社会主义政治经济学的主线 ……… (1037)

第四节 探索中国特色社会主义政治经济学的
"四梁八柱" …………………………………（1042）
第五节 提出构建中国特色社会主义政治经济学…………（1045）

参考文献……………………………………………………（1047）

后　记………………………………………………………（1104）

第五部分

全面建设小康社会时期
（2002—2012年）
经济学研究专注于完善新体制和
促进经济转入科学发展轨道

第二十九章

2002—2012 年全面建设小康社会的提出、理论探索和实践

小康社会目标是中国特色社会主义发展道路的一个重要组成部分，是中国经济社会现代化进程中不能绕开的必经发展阶段。这一重要目标具有动态探索的特点。1982 年党的十二大提出"2000 年国民生产总值翻两番、本世纪末达到小康水平"。2002 年党的十六大提出确立了 21 世纪头二十年"全面建设小康社会"的奋斗目标，把这看作实现现代化第三步战略目标必经的承上启下的发展阶段。2012 年党的十八大又做出 2020 年"全面建成小康社会"的新部署。从政策与实践的角度对这一理论的梳理，能更明确地理解中国发展的演进道路。

第一节　中国的发展与政策制定

2002—2012 年是中国经济高速发展的十年，2001 年中国加入 WTO，中国经济融入世界经济的舞台，2002 年党的十六大明确指出，我国已经实现了党的十三大提出的现代化建设"三步走"战略的第一步、第二步目标，人民生活总体上达到小康水平，但达到的小康还是低水平的、不全面的、发展很不平衡的小康，由此提出了

全面建设小康社会的战略,使经济更加发展、民主更加健全、科教更加进步、文化更加繁荣、社会更加和谐、人民生活更加殷实,并提出了经济发展、民主与法制、文化基础、可持续发展能力四个方面的一系列具体目标。

小康社会的概念早在党的十二大报告中就已出现,党的十三大提出了现代化建设"三步走"的战略,其中第二步的目标为人民生活达到小康水平,党的十四大、十五大也继续强调了这一要求,但党的十六大将全面建设小康社会这一要求提升到战略层面,其高度、深度、广度都比之前小康社会的要求有所增加,比以往更侧重于"全面"。在党的十六大之后,关于全面建设小康社会的理论研究、指标体系研究以及政策分析层出不穷。

党根据中国新发展形势在十八大报告经济持续健康发展的目标要求中,提出"在发展平衡性、协调性、可持续性明显增强的基础上,实现国内生产总值和城乡居民人均收入比2010年翻一番"。国内生产总值或人均国内生产总值,是从总体上反映经济发展程度的核心指标。党的十六大提出"在优化结构和提高效益的基础上,国内生产总值到2020年力争比2000年翻两番"。党的十七大根据当时经济发展实际情况,将这一指标修改为"在优化结构、提高效益、降低消耗、保护环境的基础上,实现人均国内生产总值到2020年比2000年翻两番"。发展指标从党的十六大到党的十八大完成了两级跳,从党的十六大提出国内生产总值翻两番到党的十七大提出人均国内生产总值翻两番,而党的十八大更在此基础上提出了2020年比2010年人均收入翻一番,这是全面小康的核心物质指标升级,是中国居民收入的倍增计划,贴近了中国发展的现实和民生的需要,实现这个目标是切合中国发展的实际的。

收入倍增、全面覆盖城乡的小康生活,核心是克服城乡差距。2006年,党的十六届五中全会通过了《中共中央 国务院关于推进社会主义新农村建设的若干意见》,该《意见》指出,加快农村全面小康和现代化建设步伐,全面建设小康社会,最艰巨最繁重的任务在农村。这一政策引发了学界对于农村全面小康建设的研究热潮。

2007年，党的十七大提出了实现全面建设小康社会奋斗目标的新要求，在党的十六大确立的全面建设小康社会目标的基础上，进一步增加了增强发展协调性、扩大社会主义民主、加强文化建设、加快发展社会事业、建设生态文明五个方面的新要求，相对于党的十六大确立的目标而言更加具体、全面，并首次提出生态文明建设这一要求。党的十七大后，学界也开始将全面建设小康社会与生态文明建设相结合进行研究。

2008年，党的十七届三中全会通过了《中共中央关于推进农村改革发展若干重大问题的决定》，其中提到，"没有农民全面小康就没有全国人民全面小康"，并根据党的十七大提出的实现全面建设小康社会奋斗目标的新要求，提出了到2020年农村改革发展的基本目标任务。这一决定使学界对于农村全面小康建设的研究热度只增不减。

2012年，党的十八大在十六大、十七大提出的全面建设小康社会目标的基础上继续推进，提出了经济持续健康发展、人民民主不断扩大、文化软实力显著增强、人民生活水平全面提高、资源友好型和环境友好型社会建设取得重大进展五个方面的要求，并提出了深化重要领域改革、加大对农村和中西部地区扶持力度等具体措施。

第二节　全面建设小康社会的理论探索

在党的十六大提出全面建设小康社会的目标后，学界的研究首先从理论研究、指标体系研究等方面入手，党的十七大、十八大对全面建设小康社会的目标要求进一步扩充，学界的研究范围也逐渐扩大，其中，对农村地区全面建设小康社会的研究尤其多见，也有人口问题、生态文明建设、循环经济、区域协调发展相关方面的拓展研究。

一 理论研究

关于全面建设小康社会的理论研究热出现在党的十六大之后的2002年至2005年之间，主要包括全面建设小康社会的理论溯源、政策分析、路径研究等。

一是理论溯源。学界对小康社会思想是如何形成的进行了研究，认为小康这一概念最早由邓小平同志在1979年提出，出自其20世纪末实现四个现代化的思路（卫兴华，2002；李君如，2002；丁俊萍、李华，2005），在党的十二大报告中已经出现；1987年，党的十三大提出现代化建设"三步走"战略，其中第二步，到本世纪末（20世纪末），使国民生产总值再增长一倍，人民生活达到小康水平，将实现小康社会正式确定为战略目标，"奔小康"也成为我国经济社会发展的主旋律。

学界认为，小康社会思想的内容是一步步发展、扩充的。党的十五大对"小康生活"的内容进行了丰富，提出"在改善物质生活的同时，充实精神生活，美化生活环境，提高生活质量"；2000年《中共中央关于制定国民经济和社会发展第十个五年计划的建议》中，提出"向更加宽裕的小康生活迈进"，进一步将"建立良好的社会秩序，保障人民安居乐业"等加入小康概念中；党的十六大极大地丰富了"小康社会"的概念内容，提出经济更加发展、民主更加健全、科教更加进步、文化更加繁荣、社会更加和谐、人民生活更加殷实的"高水平小康社会"。卫兴华（2002）指出，所谓"全面建设"，既包括要改变现有小康状况的低水平、不全面、不平衡局面，还包括小康内容的拓宽。

二是政策分析。对于如何理解全面建设小康社会以及当时所已经实现的小康水平，学界也进行了一系列研究。党的十六大指出的我国当时所实现的小康是"低水平的、不全面的和不平衡的小康"，其中低水平是指我国的社会生产还比较落后，社会主义初级阶段的主要矛盾即人民日益增长的物质文化需要同落后的社会生产之间的矛盾还在逐步缓解中；不全面是指还有几千万人处在低水平和不巩固的温饱状况；不平衡是指不同地区、不同城镇的收入和生活状况差别很大。张卓元2002年发表在《经济学动态》的《工业化和城市化是全面建设小康社会的中心任务》一文指出：全面建设小康社会的主题是继续保持经济的快速健康发展，全面建设小康社会的中心任务是基本完成工业化，初步实现城市化，走出二元经济结构状态。厉以宁（2002）认为，全面建设小康社会是以发展先进生产力作为物质基础，意味着人的全面发展，也符合人民的根本利益。

三是路径研究。学界研究了全面建设小康社会的具体路径，有许多著名经济学家提出了前瞻性的观点，为下一步的政策走向提供了一定参考。全面建设小康社会的中心任务是走出二元经济结构状态，推动农村现代化建设。陈锡文2002年在《经济研究》发文《全面建设小康社会的关键在农村》认为，全面建设小康社会的关键在农村，在总体达到小康的背后，主要是农村，尤其是中西部地区的农村实际上离小康水平仍有相当的差距，这成为学界的共识。厉以宁（2002）认为，全面建设小康社会的过程中首先应当以共同富裕为目标，在人均收入水平普遍上升的同时，要扩大中等收入者的比重，提高低收入者的收入水平。胡伯项、张斌（2008）探讨了全面建设小康社会的发展模式，提出了系统优化模式、协调发展模式、可持续发展模式、内生增长模式四个发展模式。

二 指标体系研究

党的十六大之前，国家层面和学术界都有对小康社会发展水平的测度指标体系的研究。国家统计局会同国家计委和农业部制定了《全国人民小康生活水平的基本标准》《全国农村小康生活水平的基本标准》《全国城镇小康生活水平的基本标准》，其中，《全国人民小康生活水平的基本标准》包括经济水平、物质生活、人口素质、精神生活和生活环境五类共16项指标，城镇、农村标准在此基础上有所增减，但基本思路保持不变。学界较为有影响力的是中国社会科学院社会学研究所提出的小康社会的指标体系，包括社会结构、人口素质、经济效益、生活质量、社会分配结构、社会稳定与社会秩序六个方面共60条标准。党的十六大之后，全面建设小康社会指标体系的研究有了多样化、扩大化、细致化的发展。

1. 全面建设小康社会指标体系的专门化研究

在党的十六大提出全面建设小康社会后，学界对指标体系的研究基本在国家统计局的标准上，结合国际上通用的标准和对十六大报告的理解，对现有指标体系进行扩充、完善。部分学者参考了美国社会学家英格尔斯提出的现代化十项指标，如朱庆芳（2002）设定了社会结构、经济与科教发展、人口素质、生活质量和环保、法制及治安六个方面共28项指标，相对于国家统计局的指标增加了社会发展、知识化和科技创新、生活质量和环保、法制等方面的指标；国家发改委宏观经济研究院将英格尔斯的现代化十项指标加上基尼系数、社会保障覆盖率、国家信息化综合指数和国家资源环境安全指数四个指标作为评价全面建设小康社会进程的指标体系，形成了"10+4"式的全面建设小康社会的指标体系。也有学者参考了1998年的联合国发展援助框架（UNDAF），从经济发展、文教与卫生发展、社会发展三个方面设立了包含26项指标的测度体系（贺铿，2003）。任建智（2004）根据党的十六大报告，认为小康社会测度体系应包括经济社会发展水平、社会主义民主与法制、国民素质、可持续发展四个子系统。陈友华（2004）设立了包括经济发展、生活质量、社会结构、社会公平四个方面共十个指标的测度体系。

2. 全面建设小康社会的进程评估和局部化研究

2003年起，国家统计局着手研究全面建设小康社会指标体系，2005年曾出台相关征求意见稿，2008年，国家统计局正式印发了全面建设小康社会统计监测方案，最终方案中的指标体系由经济发展、社会和谐、生活质量、民主法制、文化教育、资源环境六个方面23项指标组成。在2005年之后，学界对于全面建设小康社会的指标体系研究有所减少，并且多与小康社会建设的进程评估相结合，辅以评估方法的创新，或将研究范围限定在农村或城镇，针对全面建设小康社会指标体系本身的专门化研究不多，并且在涉及数据的评估研究中，由于民主法制的相关指标难以获取，此类研究对这一方面有所欠缺。

宋林飞（2010）利用经济发展、生活水平、社会发展、社会结构、生态环境五大类共36个指标构建中国小康社会指标体系，评估了全国各地全面小康的实现程度。王青、张峁（2010）从经济发展、物质生活、精神生活、人口素质、生活环境与社会保障五个方面构建城镇小康生活评价指标体系，分析了我国1981—2007年的小康进程趋势。

针对农村全面建设小康社会的指标体系及进程评估的研究较多。李东坡、孙文生（2005）建立了包括收入分配、生活水平、人口素质、生活环境四个方面13项指标的农村小康社会评价体系，并利用模糊综合评价方法考察了各地区农村建设全面小康社会的情况。蒋远胜等（2005）先拟定候选评价指标体系，进而筛选出一个包含16项指标的评价指标体系，并定义农村全面小康指数（ROXI）和农村人类发展指数（RHDI），对我国农村全面小康社会建设进行了综合评价。张春光（2006）设立了由经济发展、社会进步、政治民主、生活质量、生态环境五个子系统组成的包括22项个体指标的评价体系。

3. 全面建设小康社会的内在要求指标体系研究

根据党的十六大报告，全面建设小康社会是经济更加发展、民主更加健全、科教更加进步、文化更加繁荣、社会更加和谐、人民生活更加殷实的小康社会，有诸多方面的内在要求。学界通过对全面建设小康社会的内涵解析，对其相关的社会公共需求、生态文明、人口等指标要求进行了研究。

李军鹏（2002）认为全面建设小康社会的重点是满足社会公共需求，相关指标涉及城镇化、社会保障、教育、医疗卫生、环境、科技和文化、人民权利七个方面。常克艺、王祥荣（2003）认为，全面建设小康社会包括了生态文明建设的内在要求,由此从评估城市复合生态系统健康状况角度出发,构建了以活力、组织、恢复力三方面构成的全面小康社会下生态型城市指标体系。邵凡、谭克俭(2007)认为,人口发展指标是全面建设小康社会指标体系的基础性指标,包括人口数量、人口素质和人口结构三方面共12项指标。

三 农村全面建设小康社会的研究

2006年,党的十六届五中全会通过了《中共中央 国务院关于推进社会主义新农村建设的若干意见》,指出全面建设小康社会最艰巨最繁重的任务在农村,引发了学界对于农村全面小康建设的研究热潮;2008年,党的十七届三中全会通过了《中共中央关于推进农村改革发展若干重大问题的决定》,其中提到"没有农民全面小康就没有全国人民全面小康",这使得对农村全面小康建设的研究热度进一步增加。

在2006年党中央明确指出农村全面建设小康社会是重难点之前,学界已经注意到了农村全面建设小康社会的重要性。实现全面建设小康社会目标的难点和重点在于农村(陈锡文,2002;潘盛洲,2003),"三农"问题是我国在21世纪头20年全面建设小康社会之重大任务(张雷声,2005),城乡二元结构是全面建设小康社会的重大障碍(刘奇葆,2003),陈锡文(2002)还指出当时农村发展中的突出矛盾是农民增收困难,统筹城乡经济社会发展是加快农村小康建设步伐的当务之急。张卓元(2002)认为,中国只有走出二元经济结构状态,使成亿的农村富余劳动力向城市转移,才能使农民的收入水平有较大幅度的提高,才能从根本上解决"三农"问题,才能实现全面的小康,这也是学界的共识。

对于农村全面建设小康社会的具体问题也有研究。如农村劳动力转移问题,推动农村劳动力转移是全面建设小康社会的重要环节(何鲁丽,2005),政府应处理好政府与非政府组织、农民增收与繁荣农村经济、就地转移与异地转移三种关系,对农民培训要与产业发展要求相结合，对进城务工农民要与城市就业人员一视同仁（万宝瑞，2004）。农村还存在严重的贫困问题，农村贫困人口的生存状况极差，呈现出绝对贫困与相对贫困、区域贫困与阶层贫困并存等特征，应大力发展农村经济，加快城市化进程，完善社会保障制度、基础教育和医疗卫生，改变投资结构（白玉红，2007）。

如何在农村全面建设小康社会？党的十六大报告指出，应全面繁荣农村经济，加快城镇化进程。因此，在全面建设小康社会的过程中，必须高度重视并切实做到统筹城乡经济社会发展（潘盛洲，2003），在加强农业基础地位、推进农业和农村经济结构调整、保护和提高粮食综合生产力、增强农业的市场竞争力的同时，要推进城市化的进程，促进城乡经济的协调发展（张卓元，2002）。只有农业实行以工业化为本质的产业化经营，农村城市化走城镇化道路，农民收入增长，才能保证农村小康社会的全面建成（张雷声，2005）。资源丰富的美国实行的大农业模式、资源缺乏的日本实行的高效农业模式，以及韩国实行的新村运动模式，对我国农村建设和实现全面小康也有着重要的启示（邓德胜等，2007）。

四 拓展研究

1. 全面建设小康社会与循环经济

2003年的中央人口资源环境工作座谈会曾提出：要加快转变经济增长方式，将循环经济的发展理念贯穿到区域经济发展、城乡建设和产品生产中，使资源得到最有效的利用。最大限度地减少废弃物排放，逐步使生态步入良性循环。因此，学界将全面建设小康社会与循环经济的理念相结合进行了研究。

循环经济的概念是国际上20世纪90年代形成的，是一种具有整合意义的新发展方式，是对18世纪工业化运动开始的以经济、社会、环境三维分裂为特征的传统发展模式的根本性变革（诸大建，2003）。循环经济的本质是一种生态经济，要求按照生态规律组织整个生产、消费和废物处理过程，我国也曾展开循环经济的实践探索，如在企业层面积极推行清洁生产、在工业集中区建立由共生企业群组成的生态工业园区、在城市和省区开展循环经济试点工作等（解振华，2003）。循环经济是目前解决全面建设小康社会所面临的环境污染、资源危机、生态安全等可持续发展问题的最佳模式，只有走以最有效利用资源和保护环境为基础的循环经济之路，可持续发展才能得到实现（王成新等，2003）。

2. 全面建设小康社会与生态文明

2007 年，党的十七大进一步增加了增强发展协调性、扩大社会主义民主、加强文化建设、加快发展社会事业、建设生态文明五个方面的全面建设小康社会新要求，首次提出生态文明建设；党的十八大对推进生态文明建设做出了全面战略部署。党的十七大后，学界也开始将全面建设小康社会与生态文明建设相结合进行研究。

生态文明是人类文明发展的高级形态，既是理想的境界，也是全面建设小康社会的重大任务，其内涵主要包括生态意识文明、生态制度文明和生态行为文明三个方面（宋光华等，2009）。党的十八大对生态文明建设的阐述，主要表现在三个方面：一是确立了生态文明建设的突出地位，将其与经济建设、政治建设、文化建设、社会建设一并列入"五位一体"的总布局；二是明确了生态文明建设的目标；三是指明了建设生态文明的现实路径（刘晓明，2012）。

建设生态文明，必须转变经济发展方式，坚持走中国特色新型工业化道路，并立足我国国情，正确引导消费结构升级，形成有利于节约能源资源和保护环境的城乡建设模式和消费模式（宋光华等，2009）。还应依靠科技加强对资源和生态环境保护与治理工作，健全和完善资源和生态环境保护的法律和政策，并加强监督管理体制，控制人口数量，加强生态环境教育（侯瑞华，2009）。

3. 其他方面的拓展研究

翟振武（2003）认为，全面解决人口问题是全面建设小康社会的最重要基础之一，他指出，全面建设小康社会应及时支付实施计划生育政策的"未付成本",包括独生子女夭折家庭的社会保障问题、计划生育家庭的养老问题、出生性别比持续偏高带来的婚姻挤压问题等,这几乎前瞻性地预测了后来我国出现的广受关注的突出性社会问题。

郑杭生、李迎生(2003)指出,为保证全面建设小康社会的现实需要,国家和社会应对弱势人群给予高度的关注和支持,以往的社会政策着眼于对弱势群体成员基本物质生活的补偿,而缺乏如何消除社会排斥、促进社会整合以帮助他们最终摆脱困境,在全面建设小康社会的新时期,我国的社会救助制度在理念、目标、内容、方法及实施模式等方面都应及时转型。

李美云(2003)认为,第三产业还有相当大的发展空间,尽可能地扩大第三产业的就业容量,实现比较充分的社会就业,对缓解日趋严重的就业问题、确保人民安居乐业和社会稳定、全面建设小康社会有极重要的意义。李强(2003)认为,我国建设小康社会中存在发展不平衡问题,一是中国社会分层结构的总体特征差异性极大,二是贫富分化差距上升,财产的集中化程度比较高,城乡分化和区域分化问题突出,低收入群体与主体社会脱节,应积极推进城市化进程、创造新的就业机会、建立覆盖面更广泛的社会保障体系,以应对全面建设小康社会中的发展不平衡问题。

第三节 全面建设小康的成就和实践中的挑战

一 全面建设小康的成就

1. 工业化和城市化高速增长

工业化、城市化带来中国经济高速发展。国内生产总值(GDP)增长率是考察一国经济增长速率的最有效、最直接的指标。2003年至2012年,中国的国民经济处于高速增长期,年均GDP增长率在

10%以上。如表29—1所示，2003年至2007年，中国的GDP增长率一直在10%以上，并且逐年攀升，2007年GDP增长率为14.2%，达到峰值；受国际金融危机影响，2008年之后中国GDP增长率有所下降，但依然在10%左右，直至2012年下滑至7.9%，中国经济进入中高速增长期。

GDP高速增长的背后，是工业化和城市化的快速发展，这是中国经济快速增长的主要驱动力。如表1所示，2003年至2012年，工业增加值占GDP的比重一直在40%上下，可以说，这一期间中国的经济增长主要来源于工业的快速发展。城镇化率在2003年至2012年同样增长迅速，每年增长1.3%左右，2012年城镇化率达到52.6%。工业化带来了全要素生产率的提高，城市化使得农村地区的剩余劳动力迅速被吸纳，共同促成了中国经济的高速增长。

表29—1　　全国GDP增长率、工业增加值构成和城镇化率　　单位：%

年份	2003	2004	2005	2006	2007	2008	2009	2010	2011	2012
GDP增长率	10.0	10.1	11.4	12.7	14.2	9.7	9.4	10.6	9.6	7.9
工业增加值构成	40.3	40.6	41.6	42.0	41.4	41.3	39.6	40.1	40.0	38.8
城镇化率	40.5	41.8	43.0	44.3	45.9	47.0	48.3	49.9	51.3	52.6

资料来源：国家统计局。

2. 居民收入—财富的倍增

居民收入—财富成倍增长，人民生活水平提升。全面建设小康社会提出后，人民生活水平得到全面提升。如表29—2所示，从城镇居民家庭人均可支配收入、农村居民家庭人均纯收入来看，城乡居民家庭收入均得到了成倍的增长，2012年城镇居民家庭人均可支配收入约为2002年的3.2倍，农村居民家庭均纯收入增长更快，约为3.3倍。我国一直是高储蓄率国家，相应来说城乡居民储蓄比收入增长更快，2012年城乡居民人民币储蓄存款年底余额约为2002年的4.6倍。

我国居民生活水平的提升还体现在恩格尔系数的逐年降低上。全面建设小康社会提出时,我国的城镇/农村居民家庭恩格尔系数分别为37.7%和46.2%,根据联合国划分的标准,恩格尔系数在40%—50%为小康水平,这符合"人民生活总体上达到小康水平"的论断。2002年至2012年,通过全面建设小康社会战略的实施,我国城镇/农村居民家庭恩格尔系数分别降低至36.2%和39.3%,城乡居民生活水平得到了进一步提升,城乡差距也大大缩小。

表29—2　全国城镇/农村家庭人均收入、恩格尔系数及储蓄情况

年份	城镇居民家庭人均可支配收入（元）	农村居民家庭人均纯收入（元）	城镇居民家庭恩格尔系数（%）	农村居民家庭恩格尔系数（%）	城乡居民人民币储蓄存款年底余额（亿元）
2002	7652.4	2528.9	37.7	46.2	86910.65
2003	8405.5	2690.3	37.1	45.6	103617.65
2004	9334.8	3026.6	37.7	47.2	119555.39
2005	10382.3	3370.2	36.7	45.5	141050.99
2006	11619.7	3731.9	35.8	43.2	161587.30
2007	13602.5	4327.0	36.3	43.1	172534.19
2008	15549.4	4998.8	37.9	43.7	217885.35
2009	16900.5	5435.1	36.5	41.0	260771.66
2010	18779.1	6272.4	35.7	41.1	303302.49
2011	21426.9	7393.9	36.3	40.4	343635.89
2012	24126.7	8389.3	36.2	39.3	399551.00

资料来源:国家统计局。

二　实践中的挑战

1. 分配机制不完善,差距再次拉大和社会分化的风险

收入分配机制。基尼系数是国际上用来综合考察居民内部收入

分配差异状况的重要指标。如表29—3所示,2003年至2008年,中国基尼系数持续上升,而在2008年达到0.491高峰后,逐年回落,2012年全国居民收入基尼系数为0.474,接近2003年的水平,但这一数字仍然超过国际公认0.4的贫富差距警戒线。

表29—3　　　　　　　　全国居民收入基尼系数

年份	2003	2004	2005	2006	2007	2008	2009	2010	2011	2012
基尼系数	0.479	0.473	0.485	0.487	0.484	0.491	0.490	0.481	0.477	0.474

资料来源:国家统计局。

基尼系数、城乡收入分配差异、区域平衡近年都在缩小,但很多是靠政府的转移支付来实现的,没有完成太多的机制性变革。从中国反贫困来看,其成就不可不谓巨大。但是,按国内标准看仍有8000万人口处在贫困线下,如果按照世界银行人均日收入2美元的更高标准的贫困线计算,则还有2亿多人口生活在这一贫困线下。这些城乡居民,虽然温饱问题已经解决,但因收入偏低仍然可能陷入相对贫困状态而难以自拔。除了政府政策调整和救助外,更应通过教育培训、稳定就业、提高收入、降低生活压力等来帮助他们脱困。

城乡一体化机制很不完善。人们无法享受城乡统一的普遍化服务,特别是基本的医疗服务都难以满足。人口流动受到户籍限制仍处于分割状态,行政区划和城乡分割仍难突破。

贫富差距关乎能否全面建设小康社会,影响社会稳定。不适度的收入分配差距对经济发展动力的需求和投资都会有相应的消极影响,也会使部分经济困难的群体产生严重的心理失衡和被剥夺感,引发他们对社会的抵触情绪。虽然我国收入差距扩大已经导致种种不满,但在经济蛋糕不断做大的情况下,收入差距尚可容忍。然而,随着经济增长减速,在没有足够的增量可供分配的条件下,弱势群体占有的收入份额会更不稳定,而在资产升值的情况下则加剧了不同人群的收入差距。随着低收入群体被弱化,其不满就会强烈表达出来,一些事情处理得不公平或不透明成为其宣泄负面情绪的突破口,容易引发大规模的群体事件。贫富差距拉大也意味着中产阶级的萎缩。

2. 结构性的"短板"问题

主要指在经济社会分配中,仍有多个处于结构扭曲的短板问题,且未得到全面矫正:第一,需求结构中,消费率持续低位,1978—2012年中国的消费率呈下降趋势,而国际金融危机爆发后,消费率更是低于50%,原因很多,表面原因是投资过快,根本原因是劳动者收入增长速度不快(见表29—4)。

表29—4　　　　1978—2012年中国的消费率　　　　单位:%

年份	1978	1979	1980	1981	1982	1983	1984	1985	1986	1987	1988	1989
消费率	62.1	64.4	65.5	67.1	66.5	66.4	65.8	66.0	64.9	63.6	63.9	64.5
年份	1990	1991	1992	1993	1994	1995	1996	1997	1998	1999	2000	2001
消费率	62.5	62.4	62.4	59.3	58.2	58.1	59.2	59.0	59.6	61.1	62.3	61.4
年份	2002	2003	2004	2005	2006	2007	2008	2009	2010	2011	2012	
消费率	59.6	56.9	54.4	53.0	50.8	49.6	48.6	48.5	48.2	49.1	49.5	

资料来源:国家统计局。

第二,初次分配中劳动者份额低位徘徊。如表29—5所示,要素初次分配的劳动者报酬占GDP的比重,一直保持在低位50%上下,2012年为49.53%,初次分配劳动报酬低与非农就业比重低高度相关,农村仍然有大量隐蔽性失业。资本性收入占GDP的比重处于历史上的高位。从1997年的30.59%上升到2000年的34.41%后,一直处于高位,且仍在逐年攀升,直到2008年的39.80%,为近十几年的新高;2008年后资本性收入份额有所下降,但降幅不大,2012年依然处于37.18%的高位。生产税净额占GDP的比重从2002年的12.39%缓慢上升至2012年的13.29%。可以看出,即使政府完全将税收用于转移支付,我国的生产税净额份额仍然偏低。

表29—5 劳动者报酬份额、生产税净额、资本性收入份额　　　单位:%

年份	劳动者报酬份额	生产税净额份额	资本性收入份额
1997	53.64	15.77	30.59
1998	53.40	16.68	29.92
1999	53.32	16.50	30.18
2000	53.37	12.22	34.41
2001	53.30	12.00	34.70
2002	54.23	12.39	33.38
2003	53.22	12.98	33.81
2004	50.84	12.92	36.24
2005	50.81	12.90	36.29
2006	49.35	12.81	37.84
2007	48.08	13.25	38.66
2008	47.69	12.52	39.80
2009	49.10	12.33	38.57
2010	47.77	13.18	39.05
2011	47.49	13.29	39.22
2012	49.53	13.29	37.18

资料来源:根据历年资金流量表数据计算,原始数据来源于相关年份《资金流量表历史核算资料》《中国统计年鉴》。

3. 人力资本增长放缓

一般认为,人力资本的积累主要是通过教育实现,并把平均受教育年限作为人力资本的重要测度,Barro 和 Lee(2010)提供了世界各国人口教育水平的详细数据。把中国15岁以上人口平均受教育年限与美国、日本等发达国家及拉美等发展中国家进行比较(如表29—6所示),可以看出:中国的人均受教育年限不仅与发达国家相去甚远,而且与诸多新兴工业化经济体也存在不小差距。从人均教育年限的增长幅度看，1970—2010年，拉美九国、印度尼西亚、马来西亚、菲律宾、泰国、印度、中国分别增长了1.1倍、1.7倍、1.5倍、0.8倍、2.2倍、2.9倍、1.1倍，中国人力资本增幅相对较低。

进一步，若把15岁以上人口平均受教育年限与人均GDP进行比较，可以得到更有意义的启示。从Barro和Lee（2013）及世界银行的"世界发展指标"中，抽取各国2010年15岁以上人口平均受教育年限和人均GDP序列，制成散点图（见图29—1），可以看出，中国人均受教育年限不仅低于大多数人均GDP较高的国家，而且低于很多人均GDP较低的国家。

上述国际比较说明，技术进步、人力资本培育这两个对于内生增长至为关键的因素，在中国工业化结构性加速时期的要素驱动型增长模式中的作用是相对不显著的。这种局面如果不能予以调整，就很难抵消经济过快减速风险。

表29—6　　　　　各国15岁以上人口平均受教育年限

年份 国家	1970	1975	1980	1985	1990	1995	2000	2005	2010
美国	10.8	11.5	12.0	12.1	12.2	12.6	12.6	12.9	13.2
日本	7.8	8.4	9.1	9.6	9.8	10.5	10.9	11.3	11.6
拉美九国	4.0	4.2	4.6	5.3	6.0	6.7	7.3	8.0	8.5
印度尼西亚	2.8	3.2	3.6	3.9	4.2	4.6	5.2	6.4	7.6
马来西亚	4.2	4.8	5.8	6.7	7.0	8.4	9.1	9.7	10.4
菲律宾	4.7	5.5	6.2	6.6	7.1	7.6	7.9	8.2	8.4
泰国	2.5	3.0	3.6	4.2	4.9	5.5	5.7	7.0	8.0
印度	1.6	2.0	2.3	2.9	3.5	4.1	5.0	5.6	6.2
中国	3.6	4.1	4.9	5.3	5.6	6.3	6.9	7.3	7.5

注：拉美九国为人口加权平均，九国分别是乌拉圭、秘鲁、巴拉圭、墨西哥、厄瓜多尔、哥伦比亚、智利、巴西和阿根廷。

资料来源：Barro & Lee（2013）。

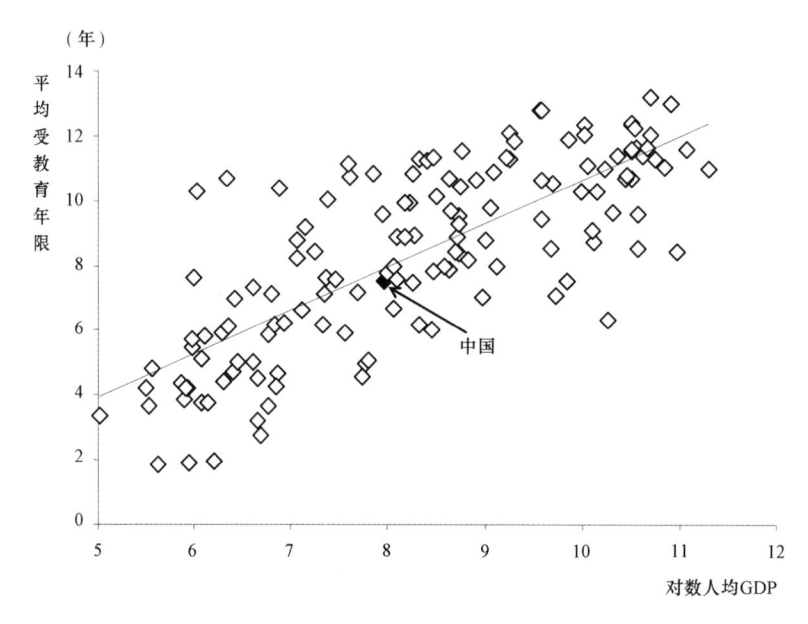

图 29—1　2010 年中国与 144 个国家人均 GDP 与平均受教育年限对比散点分布

注：平均受教育年限的统计口径为 15 岁以上人口。

资料来源：Barro 和 Lee（2013），2014 年世界发展指标（World Bank，2014）。

4. 和谐发展

青山净水，蓝天白云是全面小康社会的应有之义，成为中国高速发展遗留下来的短板。中华文明强调天人合一、道法自然等观念。从这个角度，低碳经济发展及生态文明建设，完全可以建立在中华传统的创造性转化上，以此来推进绿色的生活模式和生产方式，实现人与自然的和谐，尽快走上循环、绿色经济的可持续发展的轨道。

（执笔人：张平，中国社会科学院经济研究所研究员；侯燕磊，中国宏观经济研究院经济研究所博士）

第三十章

科学发展观提出的背景及重要意义

新中国成立 70 年来，特别是改革开放 40 多年来，我国经济发展取得了举世瞩目的成就，创造了世界经济发展奇迹，经济发展理论也取得了长足的进展，一个重要成就就是 21 世纪头十年提出了科学发展观，实现了中国特色社会主义经济发展理论的一次飞跃。

第一节 中国特色经济发展思想的演变

中国是一个发展中大国，谋求经济发展，进而实现社会主义现代化，始终是我们的奋斗目标。新中国成立以来，我们开启了经济发展的历史进程，中国特色社会主义经济思想也在实践进程中孕育和发展。

一 经典作家关于经济发展思想

在马克思、恩格斯的经典论述中，蕴含着丰富的经济发展思想，其中关于人的解放和自由全面发展思想，更是经济发展思想的精髓，构成中国特色社会主义经济发展思想的一个重要源泉。

第一，生产力发展是经济社会发展的决定力量。马克思、恩格斯充分地肯定了物质资料生产在社会发展中的作用，认为物质资料的生产是人类社会存在和发展的前提,生产力的发展是人类社会发展的最终决定力量。经典作家的这一思想一直为我们党所继承和发展。

第二,人民群众是经济发展的主体。综观马克思、恩格斯的大量著作、手稿等,可以发现其中蕴含了丰富的"以人为本"思想。关于由谁来实现发展,马克思认为,"在一切生产工具中,最强大的一种生产力是革命阶级本身"。① 人既是社会历史发展的剧中人,又是社会历史发展的剧作者。关于为谁而发展,在《共产党宣言》中,马克思、恩格斯明确指出,未来社会"将是这样一个联合体,在那里,每个人的自由发展是一切人的自由发展的条件"。② 在《资本论》中,马克思进一步指出未来社会是"以每个人的全面而自由的发展为基本原则的社会形式"。③

第三,人与人、人与自然的和谐。马克思、恩格斯非常关注人与人、人与自然的和谐共生关系。在《国民经济学批判大纲》中,恩格斯提出了"人类与自然的和解以及人类本身的和解"④的重要思想。在《1844年经济学哲学手稿》中,马克思认为"历史可以从两方面来考察,可以把它划分为自然史和人类史。但这两方面是不可分割的;只要有人存在,自然史和人类史就彼此相互制约"。⑤ 马克思、恩格斯还看到了人的劳动对人与自然关系可能产生的"异化",认为"人与自然的和解"与"人本身的和解"是密切相关的,人与自然之间的和谐可以提高人类可持续地从自然界获取物质产品的能力,人与人之间的和谐可以促进人与自然之间和谐。马克思、恩格斯"两个和解"的思想极为宝贵,是中国特色社会主义经济发展理论的重要源泉。

---

① 《马克思恩格斯选集》第1卷,人民出版社1972年版,第160页。
② 《马克思恩格斯选集》第1卷,人民出版社1995年版,第294页。
③ 《马克思恩格斯选集》第2卷,人民出版社1995年版,第239页。
④ 《马克思恩格斯文集》第1卷,人民出版社2009年版,第63页。
⑤ 《马克思恩格斯选集》第1卷,人民出版社1995年版,第66页。

二 中国特色社会主义经济发展思想的孕育

新中国成立以来，我们党对社会主义经济发展进行了一系列的探索。新中国成立初期，由于长期战争，国民经济遭到严重破坏。这一时期，我们所面临的重要任务是迅速恢复国民经济，在经济十分落后、发展很不平衡、人口众多、农民占绝大多数、文化水平低、社会主义制度尚处于建设之中的初始条件下实现经济发展。在改革开放之前30年的实践探索中，形成了新中国成立初期的经济发展思想。首先，必须大力发展生产力。毛泽东要求把恢复和发展生产作为一切工作的中心，正确处理好恢复国民经济同其他各项工作的关系，提出"在一个相当长的时期内，逐步实现国家的社会主义工业化，并逐步实现国家对农业、手工业和资本主义工商业的社会主义改造"，为建设国民经济体系和随后的发展奠定了基础。其次，提出了"四个现代化"的任务和目标。从1965年开始实施"两步走"战略：第一步，建立独立的比较完整的工业体系和国民经济体系；第二步，在本世纪（20世纪）全面实现农业、工业、国防和科学技术的现代化。最后，提出了统筹兼顾和协调发展的思想。在《关于正确处理人民内部矛盾的问题》中，毛泽东提出"统筹兼顾、适当安排"。在《论十大关系》中，毛泽东论述了十个关系全局的重大实践和理论问题，其中七个是经济发展问题，包括重工业和轻工业、农业的关系，沿海工业和内地工业的关系，经济建设和国防建设的关系，国家、生产单位和生产者个人的关系，中央和地方的关系，汉族和少数民族的关系，中国和外国的关系，其中蕴含的经济发展思想仍具有现实指导意义。

三 改革开放初期的经济发展思想

党的十一届三中全会开启改革开放的历史大幕，也开启中国经济起飞和发展的历史新征程。这一历史性转折是我国社会主义初级阶段主要矛盾运动的必然结果，是社会主义本质的必然要求。以改革开放为契机，全社会逐步形成了"发展才是硬道理"的共识，经济理论界开始围绕怎么实现发展、如何研究经济发展展开了讨论。

1957年党的八届三中全会后，"以阶级斗争为纲"逐渐成为全党全国各项工作的指导思想，党对社会主要矛盾的定位，由党的八大时的"人民对于建立先进的工业国的要求同落后的农业国的现实之间的矛盾"和"人民对于经济文化迅速发展的需要同当前经济文化不能满足人民需要的状况之间的矛盾"，转变为"无产阶级和资产阶级的矛盾、社会主义道路和资本主义道路的矛盾"。与此同时，"四人帮"还挑起了对所谓"唯生产力论"的批判。我国经济建设由此耽搁了20年之久，以致在改革开放伊始的1978年，我国人均国内生产总值仅为当时世界平均水平的7.9%。1956年以后实际人均GDP年均增速仅为3.4%，明显落后于日本、韩国、新加坡、马来西亚、泰国、中国台湾等周边国家或地区。在重工业优先发展战略下，人民生活水平提升的速度较之实际人均GDP增速更为缓慢，居民人均生活消费支出占人均GDP的比重由1957年时的56.0%降至1978年时的39.2%，无论城镇还是乡村，均显著存在这一趋势。全国居民普遍处于"蜗居"状态，城乡人均住宅建筑面积分别只有6.7平方米和8.1平方米。农村中尚有30.7%的人口（2.5亿人）未能解决温饱，97.5%的人口（7.7亿人）处于贫困状态（参见表30—1）。

面对陷入困顿状态的国民经济和人民生活，粉碎"四人帮"后，党的领导集体和经济理论界开始重申生产力标准，明确指出要大力发展社会生产力，改变贫困落后的面貌，将党和国家的工作重心转到经济建设上来。1977年8月，党的十一大报告强调指出，"生产力是最革命的因素"；1978年9月13日至20日，邓小平在视察东北三省以及唐山和天津等地时发表谈话（又称"北方谈话"），明确提出要迅速地坚决地把党的工作重点转移到经济建设上来，并比较系统地阐述了改革开放问题；1978年12月，党的十一届三中全会正式提出"把全党工作的着重点和全国人民的注意力转移到社会主义现

表 30—1　　　　　　1978 年国民经济与人民生活水平

人均 GDP（元）	人均 GDP 与世界平均水平之比（%）	1957—1978 年实际人均 GDP 年均增速（%）	全国居民人均生活消费支出（元）	全国居民人均生活消费支出/人均 GDP（%）	1957 年全国居民人均生活消费支出/人均 GDP（%）
385	7.9	3.4	151.0	39.2	56.0
城镇居民人均生活消费支出（元）	城镇居民人均生活消费支出/人均 GDP	1957 年城镇居民人均生活消费支出/人均 GDP	农村居民人均生活消费支出（元）	农村居民人均生活消费支出/人均 GDP	1957 年农村居民人均生活消费支出/人均 GDP
311.2	80.8	132.1	116.1	30.1	42.2
城市人均住宅建筑面积（平方米）	农村人均住宅建筑面积（平方米）	未解决温饱的农村人口数量（亿人）	未解决温饱的人口占农村人口的比重（%）	农村贫困人口数量（亿人）	贫困人口占农村人口的比重（%）
6.7	8.1	2.5	30.7	7.7	97.5

资料来源：根据《新中国六十年统计资料汇编》、世界银行数据库等相关数据整理。

代化建设上来"[①]，从而拉开了中国改革开放的历史序幕。可以说，"一心一意谋发展，专心致志搞建设"在改革开放之初便已成为全党、全社会最大的共识。及至 1987 年 10 月，党的十三大明确了"一个中心、两个基本点"的社会主义初级阶段基本路线，进一步将

[①] 《三中全会以来重要文献选编》（上），人民出版社 1982 年版，第 5 页。

发展问题由党和国家工作的"重心"提升至"中心"的位置,并系统分析和提出了我国社会主义初级阶段的经济发展战略和经济体制改革的目标,初步回答了发展阶段、发展道路、发展目标、发展步骤、发展战略等一系列基本问题,并由此开启了中国特色社会主义经济发展思想的形成进程。

然而,人们的思想认识有差异,观念转变有先后,在重大历史转折期,要将大家的思想和行动统一到发展问题上来,需要付出巨大的努力。在这一过程中,作为改革开放总设计师的邓小平发挥了关键性的历史作用,他的一系列精辟分析和论断,构筑了中国特色社会主义经济发展的理论和思想基础,将全党、全社会的精力凝聚到了发展问题上来。

首先,邓小平通过总结回顾社会主义现代化建设的经验教训,紧紧抓住"什么是社会主义、怎样建设社会主义"这一根本问题,深刻揭示了社会主义"解放生产力,发展生产力"的本质。1985年4月邓小平在会见外宾时指出:"马克思主义的基本原则就是要发展生产力。……从一九五八年到一九七八年这二十年的经验告诉我们:贫穷不是社会主义,社会主义要消灭贫穷。不发展生产力,不提高人民的生活水平,不能说是符合社会主义要求的。"[①] 1992年邓小平在"南方谈话"中指出:"社会主义的本质,是解放生产力,发展生产力,消灭剥削,消除两极分化,最终达到共同富裕。"[②] 为了实现"共同富裕",邓小平提出"一部分地区、一部分人可以先富起来,带动和帮助其他地区、其他的人,逐步达到共同富裕";在区域发展上提出了"两个大局"的思想:沿海地区要对外开放,使这个拥有两亿人口的广大地带较快地先发展起来,从而带动内地更好地发展;发展到一定的时候,沿海地区要拿出更多力量来帮助内地发展。

---

① 《邓小平文选》第三卷,人民出版社1993年版,第116页。
② 《邓小平文选》第三卷,第373页。

其次，为进一步推动思想解放，解除旧的意识形态束缚，鼓励各级干部群众积极尝试运用各种能够有效促进经济发展的新事物、新方法、新举措，提出了"三个有利于"的标准，为各项工作提供了判断准则和行动指南。"三个有利于"是邓小平1992年"南方谈话"时提出的："改革开放迈不开步子，不敢闯，说来说去就是怕资本主义的东西多了，走了资本主义道路。要害是姓'资'还是姓'社'的问题。判断的标准，应该主要看是否有利于发展社会主义社会的生产力，是否有利于增强社会主义国家的综合国力，是否有利于提高人民的生活水平。"①

"中国解决所有问题的关键要靠自己的发展"②，"发展才是硬道理"③，邓小平的这些掷地有声的重要论断把全党、全国的注意力迅速凝聚到"发展"这一引领全局的主题上来。

为了加快实现社会主义现代化目标，改革开放初期我国制定了"三步走"战略：第一步，从1981年到1990年实现国民生产总值比1980年翻一番，解决人民的温饱问题。第二步，从1991年到20世纪末，使国民生产总值再翻一番，人民生活达到小康水平。第三步，到21世纪中叶，国民生产总值再翻两番，达到中等发达国家水平，基本实现现代化。"三步走"发展战略对中国经济发展和现代化建设产生了深远的影响。

值得注意的是，在加快经济增长的同时，邓小平已经注意到资源、环境对发展的约束，认为人口素质是可持续发展的关键因素，发展需要把资源、环境最大的承受力考虑在内，应该努力挣脱高成本、高消耗、低产出的恶性循环。

---

① 《邓小平文选》第三卷，人民出版社1993年版，第372页。
② 《邓小平文选》第三卷，第265页。
③ 《邓小平文选》第三卷，第377页。

第二节　科学发展观的形成

改革开放推动了中国经济的强劲增长，人民群众从高速增长中获得了好处。进入 21 世纪，我国的经济社会环境发生了明显变化，粗放型增长所固有的弊端日益显露，经济发展理念随之发生重大变化，提出了科学发展观，实现了中国特色经济发展理论的一次飞跃。

一　"中国奇迹"及增长的代价

1978 年到 21 世纪的头十年，中国经济高速增长。按不变价格计算，1979—2012 年，我国 GDP 平均年增长率为 9.8%。1993 年，世界银行出版了一份长达 500 页的研究报告：《东亚奇迹——经济增长与公共政策》[1]，阐述了日本、中国香港、中国台湾、新加坡、韩国、印度尼西亚、马来西亚、泰国等东亚国家和地区的经济成就及其成功的原因。随后，1994 年林毅夫、蔡昉和李周出版了《中国的奇迹：发展战略与经济改革》，提出了"中国奇迹"。[2] 图 30—1 基于人均 GDP 的比值对中国经济增长奇迹给予了直观的刻画。由图可见，中国的人均 GDP 相对于世界平均水平、高收入国家、中高等收入国家以及自身所处的东亚太平洋地区和同为转轨经济体的俄罗斯和中东欧国家，均表现出了显著的快速上升的趋势，这在 1992 年确立社会主义市场经济改革目标之后表现得尤为突出。改革开放之初，中国的人均 GDP 仅相当于世界平均水平的 7.85%，是当时世界上最贫穷的国家之一，2016 年提高到 79.70%，是改革

---

[1]　世界银行：《东亚奇迹——经济增长与公共政策》，中国财政经济出版社 1995 年版。

[2]　林毅夫、蔡昉、李周：《中国的奇迹：发展战略与经济改革》，上海三联书店、上海人民出版社 1994 年版。

开放初的10倍,且高于中高等收入国家的平均水平。苏联和东欧剧变之初,我国的人均GDP仅相当于俄罗斯的9.12%和中东欧国家的13.73%,2016年则分别达到92.85%和63.76%。世界银行的一份研究报告显示,第二次世界大战以来,许多国家和地区都经历过短暂的快速增长,但只有25个经济体在25年或更长的时间段维持了年均7%及以上的增长。①

因此,无论从纵向对比还是从横向对比看,改革开放以来,中国经济取得了骄人的增长业绩。

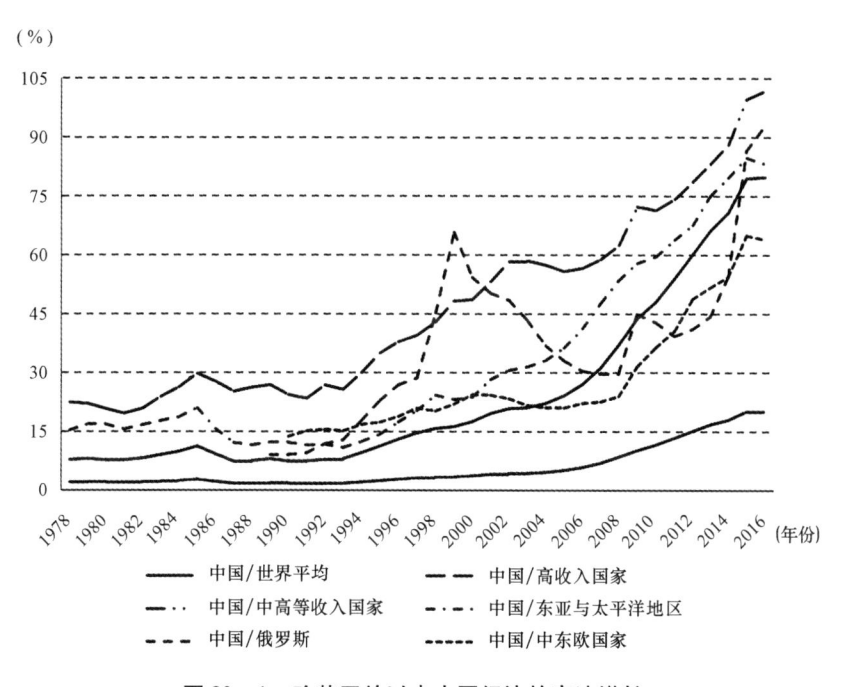

图30—1 改革开放以来中国经济的高速增长

资料来源:世界银行数据库。

但是,中国经济增长基本上是在粗放轨道上运行的,主要靠

---

① 25个经济体包括:博茨瓦纳、巴西、中国、印度尼西亚、日本、韩国、马来西亚、马耳他、阿曼、泰国等。

投资驱动,具有典型的高投入、高消耗、高排放、高污染、效率低特征。中国社会科学院经济研究所中国经济增长前沿课题组指出,与中国经济高增长相伴随的是投资的迅猛增长,中国固定资产投资率的平均水平1978—1991年为28.6%,1993年达37.5%,1997年降到33.8%,2004年为43.6%。①中国的投资率不仅高于美国和OECD国家,而且高于日本、韩国、马来西亚、新加坡、泰国等国家和地区高速增长时期的水平。董敏杰和梁泳梅利用一个非参数分析框架,基于省级样本测算发现,1978—2010年,资本投入在中国经济增长中的贡献份额高达85.4%,在20世纪90年代前大体处于下降趋势且波动较大,1992年后则基本呈上升趋势,2005年后接近90%。②武鹏基于中国1978—2010年的省级面板数据,综合利用SFA和DEA方法计算发现,资本投入对中国经济增长的平均贡献率高达92%,中国经济增长的投资拉动特征非常明显。投资拉动作用还具有长期波动式上升的趋势特征,21世纪持续上升趋势非常明显,贡献值平均每年都要提高近1%。

经济的快速增长给我国经济社会生活带来了深刻的变化,我们也为此付出了较高的代价。最明显的是资源环境方面的代价。据初步估算,2003—2012年,我国环境退化和资源枯竭所造成的成本已经接近GDP的10%,其中空气污染占6.5%,水污染占2.1%,土壤退化占1.1%。由环境污染所带来的医疗费用上升和生活质量下降越来越严重。世界银行和国务院发展研究中心在一份报告中指出:"中国当前的增长模式已对土地、空气和水等环境因素产生了很大的压力,对自然资源供给的压力也日益增加。今后的挑

---

① 中国社会科学院经济研究所中国经济增长前沿课题组:《高投资、宏观成本与经济增长的持续性》,《经济研究》2005年第10期。

② 董敏杰、梁泳梅:《1978—2010年的中国经济增长来源:一个非参数分解框架》,《经济研究》2013年第5期。

战在于通过采用绿色增长模式，把这些压力转化为经济增长的源泉。"①

与中国经济高速增长相伴随的是居民收入差距的扩大。改革开放初期，我国居民收入基尼系数基本维持在 0.3 左右的较低水平，进入 20 世纪 90 年代后开始攀升，1994 年首次超过 0.4 的警戒线。其后虽有短暂回落，但总体趋势是上升的。2012 年，我国基尼系数为 0.474，随后略有回落，2017 年仍高达 0.467，2018 年为 0.474。财富不平等较之收入不平等的程度更为严重。越富裕的群体储蓄能力和投资能力越强，因此，财富差距具有快速累积效应，财富的不平等程度通常远大于收入的不平等程度。根据《中国家庭金融调查报告》估算，中国城市家庭总资产均值为 247.6 万元，中位值为 40.5 万元。这意味着中国城镇家庭财富呈严重的右偏分布，社会财富占有高度不均。有学者基于中国居民收入调查（CHIP）2013 年数据和中国家庭追踪调查（CFPS）2016 年数据，按照住户调查数据计算我国居民家庭总财产净值的基尼系数，分别为 0.619 和 0.736，如果加上遗漏的高端人群的财产，分别达到 0.747 和 0.796。根据联合国《人类发展报告 2007/2008》数据，以基尼系数衡量的中国居民收入差距为 0.469，在所统计的全球 126 个国家中排在第 93 位，已处于收入差距偏大国家的行列。需要引起我们注意的是，中国周边各国在经济发展过程中大多保持了相对较好的收入分配格局。尤其是日本和韩国，在成长为发达经济体的过程中，收入差距一直维持较低的水平，在某种程度上实现了公平和效率的兼顾。

二 科学发展观的提出

粗放型经济增长是难以持续的，首先遇到的就是资源瓶颈和环

---

① 世界银行和国务院发展研究中心：《2030 年的中国：建设现代、和谐、有创造力的社会》，中国财政经济出版社 2013 年版，第 9 页。

境制约。我国人均耕地占有量为世界平均水平的40%左右，随着工业化和城市化的推进以及人口的增加，人均耕地还将减少，可用于经济增长的土地资源会越来越少。人均淡水资源占有量仅为世界平均水平的1/4，且时空分布不均。在600多个城市中，2005年就有400多个缺水，110个严重缺水。人均占有的石油、天然气和煤炭资源储量分别为世界平均水平的11%、4.5%和79%；45种矿产资源人均占有量不到世界平均水平的一半；铁、铜、铝等主要矿产资源储量分别为世界平均水平的1/6、1/6和1/9。2005年，主要矿产资源的对外依存度就已提高到50%以上，2004年石油对外依存度已达42.1%，铁矿石对外依存度约40%，铜精矿和氧化铝消费量的50%都依赖进口。中国资源进口不断增加，也助长了国际市场资源性产品价格的上涨。[①]

从21世纪开始，收入和财富差距过大的负效应开始显现。第一，收入差距过大在一定程度上造成社会不稳定、治安恶化，产权保护和社会"维稳"的成本增加。第二，收入差距过大禁锢了社会阶层间流动，造成了不平等的世代传递，阻碍了人的自由发展，违背了社会公平正义的原则。第三，收入差距过大滋长了社会的浮躁心态与激进情绪，为经济和社会发展埋下了诸多隐患。第四，收入差距过大所引致的社会不稳定，令富裕阶层缺乏安全感，从而热衷于投资移民，削弱了国家发展的财富基础。

2003年，我国人均国内生产总值突破了1000美元关口，跨上了一个重要台阶，经济社会进入一个关键的发展阶段。从国际经验来看，进入这一阶段以后，一个国家的经济社会发展会出现多方面的重大变化，包括居民消费开始加速转型升级，由满足基本生活需要的生存型消费，转向追求生活质量和能力提升的发展型消费；制造业产品的技术含量开始显著提升，工农业生产由高污染、高能耗、

[①] 张卓元：《深化改革，推进粗放型经济增长方式转变》，《经济研究》2005年第11期。

高排放的粗放型发展阶段迈入集约化、可持续发展的阶段；城市化进程开始显著加速，并逐渐与工业化、农业现代化、农民市民化和服务业拓展升级等方方面面融合。但从我国的实际情况看，粗放型经济增长方式没有根本改变，集约式发展方式还远没有形成，人口资源环境压力加大，民生问题凸显，这些问题都日益紧迫。

发展中的问题必须用发展的办法来解决。早在1995年，党的十四届五中全会就明确提出了实行两个根本性转变的要求：一是经济体制从传统的计划经济体制向社会主义市场经济体制转变；二是经济增长方式从粗放型向集约型转变。这是党的文献第一次提出增长方式转变问题。自此以后，转变经济增长方式问题越来越受到理论界和决策部门的关注。进入21世纪，适应经济发展阶段的新变化，转变经济增长方式日益成为党和政府关注的焦点。2002年，江泽民在党的十六大上指出："马克思主义执政党必须高度重视解放和发展生产力"，"必须把发展作为党执政兴国的第一要务"，"在经济发展的基础上，促进社会全面进步，不断提高人民生活水平，保证人民共享发展成果"。[①] 2003年党的十六届三中全会通过了《中共中央关于完善社会主义市场经济体制若干问题的决定》，指出："坚持以人为本，树立全面、协调、可持续的发展观，促进经济社会和人的全面发展"。[②] 在这次会议上，胡锦涛明确提出了"树立和落实科学发展观"，指出："要正确处理增长的数量和质量、速度和效益的关系。……增长并不简单地等同于发展，如果单纯扩大数量，单纯追求速度，而不重视质量和效益，不重视经济、政治和文化的协调发展，不重视人与自然的和谐，就会出现增长失调、从而最终制约发展的局面。"[③] 2004年，胡锦涛在中央人口资源环境工作座谈会上发表重要讲话，从以人为本、全面发展、协调发展、可持续发展四个

---

① 《十六大以来重要文献选编》（上），中央文献出版社2005年版，第10、6页。
② 《十六大以来重要文献选编》（上），第465页。
③ 《十六大以来重要文献选编》（上），第484页。

方面阐述科学发展观的内涵和基本要求。2006年，党的十六届六中全会通过了《中共中央关于构建社会主义和谐社会若干重大问题的决定》，指出：在经济体制深刻变革、社会结构深刻变动、利益格局深刻调整的背景下，需要把构建和谐社会摆在更加突出的地位。①2007年，党的十七大召开，对科学发展观进行了系统的阐述："科学发展观，第一要义是发展，核心是以人为本，基本要求是全面协调可持续，根本方法是统筹兼顾。"②

将经济发展转入科学发展轨道，首先必须切实转变经济发展方式和调整经济结构。1995年，党的十四届五中全会《中共中央关于制定国民经济和社会发展"九五"计划和2010年远景目标的建议》就明确提出了"积极推进经济增长方式转变，把提高经济效益作为经济工作的中心"。2005年，党的十六届五中全会关于"十一五"规划建议重新强调了转变经济增长方式的重要性，指出："我国土地、淡水、能源、矿产资源和环境状况对经济发展已构成严重制约。"③ 2007年6月25日，胡锦涛在中共中央党校省部级干部进修班发表讲话，将以往"转变经济增长方式"的表述改为"转变经济发展方式"，指出："由转变经济增长方式到转变经济发展方式，虽然只是两个字的改动，但却有着十分深刻的内涵。转变经济发展方式，除了涵盖转变经济增长方式的全部内容外，还对经济发展的理念、目的、战略、途径等提出了新的更高的要求。"④ 具体而言，经济增长主要着眼于量的扩张，而经济发展则更为注重质的提升和结构的优化；经济增长突出的是手段，而经济发展突出的是目的，即以人为本，最终实现人的全面发展；经济增长主要着眼于生产领域，

---

① 参见《十六大以来重要文献选编》（下），中央文献出版社2008年版，第649页。

② 《十七大以来重要文献选编》（上），中央文献出版社2009年版，第11—12页。

③ 《十六大以来重要文献选编》（中），中央文献出版社2006年版，第1064页。

④ 《十七大以来重要文献选编》（上），中央文献出版社2009年版，第107页。

而经济发展则涵盖了生产、分配、交换、消费等国民经济活动的方方面面，进而在发展战略的制定上需要更加全面和系统化；经济增长的实现主要依托投入和规模扩张，而经济发展必须依赖于效率驱动和可持续发展。为了达到"新的更高的要求"，中央陆续部署了建设创新型国家、走中国特色新型工业化道路等诸多战略举措。

科学发展观提出以来，经济学界进行了广泛深入的讨论，富有理论和实践意义的是探讨了实现科学发展的体制机制。张卓元指出，深化财税改革、完善财税政策对于转变经济增长方式、提高经济活动的质量和效益具有极其重要的作用。为此，应完善政府性收入的预算监督，设立和完善有利于资源节约、环境保护和经济增长方式转变的税收制度；着力深化价格改革，使生产要素和资源产品价格能反映资源稀缺程度；与此同时，推进其他方面改革以形成促进经济增长方式转变的合力，如转变政府职能以使政府从经济活动的主角转为公共服务型政府，改革干部政绩考核和提拔任用体制，深化企业改革特别是国有企业改革以形成转变经济增长方式的微观基础。[①] 吴敬琏认为，传统增长模式已经带来了一系列问题，如造成了土地、淡水和煤、电、油、运以及其他稀缺资源的高度紧张，加速了生态环境加速恶化，抑制了服务业发展，增加了就业的难度，扭曲了经济结构，并导致银行不良资产增加和金融系统风险积累，这些已经威胁着中国经济增长的健康。[②] 他认为，转变中国经济增长模式的核心是政府干预经济问题，因此，"转变经济增长模式最终取决于政府自身改革的成效"。[③] 刘伟指出，经济增长方式的转变首先在于技术创新，而技术创新的根本又在于制度创新，其中关键是使效率提高成为增长的首要动力，需要处理的重要矛盾是收入分配差距

[①] 张卓元：《深化改革，推进粗放型经济增长方式转变》，《经济研究》2005年第11期。

[②] 吴敬琏：《中国经济增长模式的抉择》，上海远东出版社2005年版，第119—139页。

[③] 吴敬琏：《中国经济增长模式的抉择》，第176页。

的扩大。① 针对我国高投入的增长方式，林毅夫和苏剑指出，这主要是我国长期采用的低利率、低土地价格、低能源价格、低原材料价格的政策性要素价格体系所导致的。因此，要转换经济增长方式，就需要进行要素价格体系和其他方面的改革，使企业面临的要素价格体系符合我国的要素禀赋结构，尽量使企业的最优化接近于经济整体的最优化。② 针对我国经济发展中出现的高消耗、高排放、高污染问题，蔡昉等指出，被动等待库兹涅茨转折点的到来已无法应对日益增加的环境压力，必须主动作为，依靠中央政府的决心、地方政府和企业转变增长方式的动机，加大激励力度，实现可持续经济增长。③ 李玲玲和张耀辉在对2000—2009年我国经济发展方式的变化进行综合指标测评的基础上，提出从薄弱环节入手，通过优化收入分配结构、提高市场化程度和科研投入产出率以及改变生产方式等途径加速经济发展方式转变。

第三节　科学发展观是中国特色社会主义经济发展理论的一次飞跃

科学发展观的提出，是对马克思主义经济发展理论的继承和发展，顺应了我国经济发展阶段的转换和国际经济发展潮流，紧扣时代发展的主题，实现了中国特色社会主义经济发展理论的一次重大飞跃。

第一，继承和丰富了马克思主义的经济发展理论。生产力是经济发展和社会进步的基础，科学发展观把发展作为第一要义，体现

---

① 刘伟：《经济发展和改革的历史性变化与增长方式的根本转变》，《经济研究》2006年第1期。
② 林毅夫、苏剑：《论我国经济增长方式的转换》，《管理世界》2007年第11期。
③ 蔡昉、都阳、王美艳：《经济发展方式转变与节能减排内在动力》，《经济研究》2008年第6期。

了经典作家有关生产力的基本论述和历史唯物主义的基本原理；人民群众是历史的创造者，是推动社会发展进步的决定性力量，人是生产力中最活跃、最革命的因素，是物质财富和精神财富创造的主体，科学发展观提出"核心是以人为本"，充分体现了经典作家对"人"的根本认识；"全面协调可持续"和"统筹兼顾"，充分体现了经典作家有关"两个和解"和"人的自由而全面发展"这一经济发展本质的根本认识。

第二，科学发展观的提出符合经济发展理论发展的国际潮流。20世纪40年代以后，加快经济增长成为发展中国家的共识和基本政策取向，但早期的发展思想和政策过分强调物质资本的积累和经济增长，相对忽视环境保护和能源、资源节约，对社会公平重视不够。诸如此类的发展思想和实践导致一些国家经济结构失衡、社会发展滞后、能源资源日趋紧张、生态环境恶化以及社会两极分化等问题，甚至造成了"有增长而无发展"的局面。60年代，发展思想开始发生嬗变。1962年美国科学家蕾切尔·卡森出版了《寂静的春天》，提出了人类如何同自然和谐相处的问题，西奥多·舒尔茨提出了人力资本理论，把人的发展置于发展过程的中心环节，70年代法国经济学家弗郎索瓦·佩鲁在他的著作《新发展观》中对此作了系统的论述。1972年罗马俱乐部发表《增长的极限》，把经济增长、城市化同人口和资源等联系起来，提出了全球性的生态、人口、环境、资源等问题。1972年联合国通过《人类环境宣言》，1987年发表了《我们共同的未来》，1992年通过了《里约环境与发展宣言》，这些都表明，可持续发展已经受到国际社会的广泛关注。可见，科学发展观反映了当代世界发展理念的新变化，适应了世界经济发展潮流，体现了我们党对社会经济发展规律的科学认识。

第三，科学发展观实现了中国特色社会主义经济发展理论的一次重大飞跃。它紧扣我国是一个发展中大国的基本国情，同时顺应了我国经济发展的阶段性转换，为未来经济发展开辟了道路。作为一个发展中国家，发展始终是执政兴国的第一要务。没有经济的快速发展，其他发展就会失去坚实的基础。但与经济增长相比，经济发展具有丰富得多的内涵，除了包括较快的经济增长以外，还包括经济结构的优化、发展动力的转换、收入财富差距的缩小、自由选择空间的拓展，生活质量的提高，最终体现在人的自由而全面发展上。同时，经济发展还必须与发展的条件和环境相适应，充分考虑发展的代价和人民从中获得的利益。科学发展观综合考虑了与我国经济发展阶段相适应的发展条件、发展目标、发展路径和人民的诉求，自从它提出之日起，就成为指导我国经济发展的基本方针。

中国特色社会主义经济发展实践在不断向前推进，中国特色社会主义经济发展理论也在不断向前发展。党的十八大以来，以习近平为核心的党中央根据新发展实践，提出了"创新、协调、绿色、开放、共享"新发展理念，实现了中国特色社会主义经济发展理论的又一次重大飞跃。新发展理念蕴含着科学发展观中的重要思想，又体现与时俱进的理论品质，是我们从"富起来"到"强起来"，进而实现社会主义现代化强国的科学指南。

（执笔人：胡家勇，中国社会科学院经济研究所研究员）

第三十一章

2005年重提转变经济增长方式

　　1995年我国制订"九五"计划时，提出要转变经济增长方式。到2005年党的十六届五中全会《中共中央关于制定国民经济和社会发展第十一个五年规划的建议》中，我国重新提出要转变经济增长方式。间隔十年，两次提法一致，虽有历史联系，但在内涵上有着显著不同。

　　"九五"期间提出转变经济增长方式，与我国当时的经济发展程度有关。我国从改革开放一直到20世纪90年代初，一直处于短缺经济状况。在短缺经济时代，物资供应紧张，经济运行中的核心矛盾是生产供应不足，粗放型经济增长方式必然盛行。在短缺经济时代，我国政府也认识到要追求提高效率的增长。党的十一届三中全会确立以经济建设为中心的基本路线，提出各项经济活动要讲求经济效益。党的十二大提出把全部经济工作转到以提高经济效益为中心的轨道上来，党的十三大提出经济发展要从粗放经营为主逐步转上集约经营为主的轨道。但在实际经济中，我国经济仍旧是重速度、轻效益，重投入、轻产出，重数量、轻质量，重外延扩张、轻技术进步。90年代初我国确立了社会主义市场体制的改革目标后，市场在资源配置中起到了基础性作用。市场经济使我国快速告别短缺经济，进入了买方市场，但在经济转轨过程中仍然普遍存在粗放型经济增长方式，由此带来的经济发展质量不高、资源浪费、效率低下的现象日益突出。党的十四届五中全会提出，实现"九五"计划和2010年远景目标的关键是完成两个具有全局意义的根本性转变，一是经济体制从传统的计划经济体制向社会主义市场经济体制转变；二是经济增长方式从粗放型向集约型转变。这是我国第一次提出要转变经济增长方式。

进入21世纪尤其是我国加入世界贸易组织后，经济获得迅速腾飞，但是原有粗放型经济增长方式愈演愈烈，高耗能高污染情况日益严重，资源、环境承载能力已到了临界点。这个阶段我国经济发展方式主要有三个特征。第一，经济增长高度依赖投资和出口，消费对经济增长的拉动作用较弱。第二，经济增长高度依赖第二产业特别是工业的扩张，服务业发展相对滞后。第三，经济增长高度依赖低成本资源和生产要素的高强度投入，科技进步和创新对经济增长的贡献率偏低。这种经济发展方式难以为继，对投资和出口的高度依赖会引发流动性过剩和通胀压力加大；对第二产业的高度依赖带来产业发展失衡，对资源和生产要素的依赖导致资源环境压力加大。因此，2005年党的十六届五中全会又提出要落实科学发展观，转变经济增长方式，把经济社会发展切实转入全面协调可持续发展的轨道。时隔十年，再次提出要转变经济增长方式，是党的十四届五中全会提法的延续。

2005年我国重提转变经济增长方式，与十年前相比，对经济增长方式转变的内涵、要求等有了更深刻、更全面的理解，提出了要从"高投入、高消耗、高排放、低效率"的粗放扩张的增长方式，转变为"低投入、低消耗、低排放、高效率"的资源节约型增长方式，突出了资源能源节约、自主创新以及保护环境和自然生态。[①]

---

① 张卓元：《"十一五"时期转变经济增长方式的紧迫性》，《宏观经济研究》2006年第1期。

第一节 20世纪90年代的理论探讨

一 对历史教训的考察

粗放型经济增长方式在其他国家并不鲜见，比较突出的是苏联和东亚地区。陆南泉对苏联经济增长方式的转变进行了历史回顾。苏联长期以追求速度为目标，依靠不断大量投入新的人力、物力和财力，走粗放发展道路，是一种消耗型经济。到20世纪70年代，苏共提出经济向集约化为主的发展道路转变。苏联采取的主要措施包括：加速科技进步、调整投资政策、调整国民经济的部门结构和技术结构、提高劳动者的文化技术水平和加速智力开发、改革经济体制。这些措施并没有让苏联转向集约化道路。陆南泉认为，苏联经济发展集约化难以取得进展的根本原因是经济体制问题。表现为：企业缺乏采用新技术的内在动力；物资技术供应制度阻碍企业技术革新；新技术产品的生产者与使用者之间存在矛盾；物质奖励制度弊端多；产品供不应求，缺乏竞争；企业资金不足，阻碍设备更新；科技管理制度弊病丛生。余永定分析了东亚地区政府在维持较高资源投入方面的主要政策措施，包括：一是鼓励储蓄，长期维持较高的储蓄率；二是鼓励投资，努力维持较高的投资率；三是重视人力资本积累，大力普及基础教育。与东亚地区相对应的，发达国家经济增长过程中的生产效率问题主要是通过市场机制来解决的。主要包括：一是激烈的竞争是促进生产效率提高的最重要的推动力；二是大垄断企业组织在推动技术进步方面发挥着重要作用；三是企业家精神；四是政府干预。[①] 应该指出，苏联和东亚地区虽然都出现粗放型增长方式，两者却有本质的差别，两者的经济体制不同。苏联

[①] 陆南泉：《前苏联经济增长方式评述》，《经济学动态》1995年第11期；余永定：《国外经济增长方式的理论与实践》，《改革》1995年第6期。

实行高度集中的计划经济，政府在资源配置中起主导作用，规模扩张型经济一直是传统计划经济国家的通病，片面追求规模扩张必然走粗放发展道路，经济体制中难以内生形成集约化发展道路的动力和机制。东亚地区虽然政府掌握一定的资源配置能力，但其基础仍然是市场经济。东亚地区出现的高投入发展是后发经济体利用重商主义追赶发达经济体过程中的必经发展阶段。这两种经济发展类型对我国都有极强的启示。我国经济在很长一段时期内实行苏联的计划经济模式，在政府管理经济上仍有不少原有体制的痕迹；另外，我国也属于赶超型经济，发展路径上参考了东亚经济腾飞的经验。因此，两种粗放型经济发展模式在我国都出现过，它们的经验对我国有着重要的参考价值。

二　对我国经济增长方式的分析

陆百甫归纳了粗放型增长方式的表现及其危害。他认为，旧的经济增长方式就是粗放型的增长方式，其主要特征可概括为"三高""三低"。"三高"，即高速度、高投入、高消耗；"三低"，即低质量、低产出、低效益。其表现为，从宏观上，重实物量平衡、轻价值量平衡；从投资上，重外延扩张、轻内涵深化；从生产上，重数量速度、轻质量效益。显然，这种经济增长方式是浪费资源、缺乏实惠的一种非经济性的增长方式。陆百甫认为，旧的经济增长方式对经济的长期稳定发展不利，具有明显的危害性，其主要危害可归纳为以下四个方面：一是经济总量控制不住，社会总供给与总需求难于平衡，通货膨胀不时抬头，物价上升超过社会承受能力；二是"投资饥渴"不断膨胀，投入产出比下降，重复建设、盲目发展，重新项目开工、铺新摊子，忽视合理配置和现有项目的改造更新；三是有钱不愿向"弱质产业"投入，结构不能优化升级，造成农业严重滞后，基础产业和基础设施"瓶颈"制约，生产经营眼睛向"歪"，追求产值产量、外延投入、价格转嫁；四是忽视技术进步、质量品种、成本利润。我国经济沿着旧的经济增长方式走下去，只能是浪费资源、枯竭国力，国家和人民得不到多少实惠。而要真正提高我国经济实力、综合国力和人民生活水准，不摆脱旧的经济增长方式，是不可能提高人均水平的。[①]

关于粗放型经济增长方式产生的原因，张立群认为有以下三点：一是与我国所处的经济发展阶段有关。我国处于工业化的中前期，国际经验表明，这一阶段的经济增长一般有粗放型的特点。二是与经济体制的特点有关。高度集中的计划体制，以及以后的计划经济向社会主义市场经济转换中的转轨型经济体制，缺少严密有效的内在经济约束，不利于鼓励竞争，促进技术进步。三是我国的具体国情。我国人口多增长快的国情，决定了经济规模必然迅速扩大。[②]

粗放型经济增长方式与国有企业改革滞后有着密切联系。国有企业在传统机制下，偏向于数量增长，是粗放型经济增长方式的微观体现。高尚全认为，不充分发挥市场机制的调节作用就不会有经济增长方式的根本转变，而不加快国有企业改革的进程，不确立国有企业作为市场竞争主体的地位，就不会有市场机制作用的充分发挥。国有企业一方面占用着全社会大多数的资金和资源，另一方面又处于高投入、低产出效益低下的状态；从国有企业的现状看，由于其体制和机制不顺，除少数企业效益和活力还较好外，大多数国有企业缺乏活力、效益低下、债务负担过重，正常经营运作困难；国有企业由于其体制和机制不顺，缺少加强管理、降低成本、提高效益的动力，因而也无法真正消除导致通胀的内在原因和严重威胁。周叔莲认为，转变经济增长方式的成果要集中表现在提高经济效益上，最主要的则是要深化经济改革，尤其是深化国有企业改革。我国产业结构难以优化的根本原因仍然是经济体制问题，由于多数国

[①] 陆百甫：《实现经济增长方式转变是我国经济发展的战略性选择》，《管理世界》1995 年第 6 期。

[②] 张立群：《论我国经济增长方式的转换》，《管理世界》1995 年第 5 期。

有企业还未成为真正的市场竞争主体，同时普遍缺少活力，市场机制难以充分发挥作用，宏观调控也往往达不到预期目标，资源因而难以在产业间合理分配。从企业层面看，企业普遍存在的大而全、小而全、盲目建设、重复建设现象，都是同传统体制必然产生的地区分割、部门分割有内在联系的。只有使企业成为真正的企业，充分发挥市场机制的作用，再加上正确的宏观调控，也才有可能实现规模经济的要求。科技进步的主体是企业而国有企业真正成为有活力的商品生产者和经营者，也才有可能成为技术进步的主体，做到向科技进步要效益，关于科学管理，现在企业管理存在滑坡现象，强调加强企业管理是十分必要的，但为什么企业管理普遍不被重视，这不仅是由于认识不够、领导不够，更根本的是传统体制还在起作用。[1]

三 如何进行经济增长方式转变

经济增长方式转变，依靠的是改革与开放。改革，就是改变原有经济体制和运行机制，改变粗放型经济增长方式存在的土壤，让市场机制在资源配置中起更大作用；开放，就是进一步扩大我国的对外经济关系，利用开放提高全要素生产率，从而改变粗放型经济增长方式。从根本上，经济增长方式转变在于转变原有增长方式的制度基础。

郭克莎认为，我国经济增长方式由速度型向效益型的转变之所以十分缓慢，究其基本原因：一是市场机制未能发挥有效的调节功能；二是宏观经济政策没有起到应有的推动作用。因此作者提出，促进经济增长方式转变的基本条件是加快改革开放，包括加速建立现代企业制度，进一步完善市场体系和市场规则，提高对外开放水

---

[1] 高尚全：《加快国有企业改革，促进经济增长方式转变》，《经济学动态》1996年第10期；周叔莲：《转变经济增长方式和深化国有企业改革》，《管理世界》1996年第1期。

平等，以提高市场机制调节的功能；调整宏观经济政策，包括控制经济增长速度、调整投资重点、优化产业结构等。这是推动经济增长方式转变的重要保证。①

江小涓分析了吸引外资和经济增长方式转变之间的关系。她建立一个利用外资与经济增长方式转变的分析框架，包括：利用外资与资本形成质量的关系、与技术进步的关系、与人力资源开发的关系、与贸易结构和国际竞争力的关系、与产业结构和产业组织变化的关系、与体制转轨的关系等。利用外资在以上几个方面都可以起到积极促进作用。因此她提出，以促进经济增长方式转变为目标，进一步提高利用外资水平，主要包括：制定适合开放环境的中长期产业和技术发展战略；为外商投资企业和国内企业创造平等的竞争环境；加强对外商投资方向的引导。②

马建堂指出，企业产品质量不高、竞争力不强、技术进步缓慢，原因在于没有确立优胜劣汰的机制；科研与生产的脱节，原因在于没有形成促使科研与生产、科研与市场紧密结合的制度安排；地方重复投资、重复建设、有着强烈的投资冲动，原因在于政府直接管理经济的体制未彻底改变，政企不分、争投资、争项目，政府的干部考核、评价和使用体制存在问题。因此，他提出要深化企业体制改革、投资体制改革、科技体制改革和政府管理体制改革，才能实现经济增长方式的转变。③

---

① 郭克莎：《经济增长方式转变的条件和途径》，《中国社会科学》1995年第6期。
② 江小涓：《利用外资与经济增长方式的转变》，《管理世界》1999年第2期。
③ 马建堂：《转变经济增长方式的关键是建立新的体制基础》，《改革》1995年第6期。

第二节　21世纪初我国无法实现经济增长方式转变的原因

在21世纪初，决策层已充分认识到"高投入、高消耗、高排放、低效率"的粗放扩张的增长方式已经难以为继了。从20世纪90年代末到21世纪最初几年，资源环境的约束表现在以下方面：我国人均耕地占有量为世界平均水平的40%左右，2004年为人均1.41亩，随着工业化和城市化的推进以及人口的增加，人均耕地还将减少。我国人均淡水资源占有量仅为世界平均水平的1/4，且时空分布不均。目前600多个城市中已有400多个缺水，110个严重缺水。我国人均占有的石油、天然气和煤炭资源储量分别为世界平均水平的11%、4.5%和79%；45种矿产资源人均占有量不到世界平均水平的一半；铁、铜、铝等主要矿产资源储量分别为世界平均水平的1/6、1/6和1/9。主要矿产资源的对外依存度已从1990年的5%上升到目前的50%以上。[1]

吴敬琏认为，我国经济增长方式从"九五"以来一直无法改变是由于体制的原因。他归纳为四个方面：一是政府还保持着对一些重要资源的配置权力。虽然党的十四大确定了改革目标是建立社会主义市场经济，明确了市场经济就是要让市场机制在资源配置中起基础性作用，但是这在现实中没有到位。很多资源仍然是由非市场因素决定的，最重要的是金融与土地领域。金融改革滞后，金融资源主要是银行，因为银行改革没有到位，所以银行的信贷仍然在很大程度上是受当地党政领导的影响；土地也是由各级政府决定配置。

---

[1] 张卓元：《深化改革，推进粗放型经济增长方式转变》，《经济研究》2005年第11期。

二是把 GDP 增长作为干部业绩主要的标准。三是税收制度，生产型增值税使政府收入直接与产值挂钩。四是行政干预定价，尽量压低各种生产要素的价格，如工资、土地、利率、汇率等。这四条决定了各级地方官员有一个自发的倾向，走回老的增长模式，就是用大量的投资、大量的资源来支持那些价格高、产值大、税收多的生产。[①]

张军认为，我国经济增长过程中存在着体制性扭曲，导致了过度投资和区际过度竞争。在转轨经济中，地方政府受到捕捉租金的激励驱动，竞相发展利润率高的制造业。由于还没有形成有效的资本的所有权制度，资本还没有真正变成稀缺的要素，同时信贷资金的使用还在很大程度上受到政府的干预。这促进资本的形成，从而不断提高资本—劳动的比率。由于过度的投资和过度的竞争，企业的技术选择显示出资本替代劳动的偏差，使技术路径逐步偏离了要素的自然结构。要素价格扭曲是经济增长质量不高的原因。[②]

开放经济与经济增长方式也有着密切的关系。中国的外向经济关系，可以借助本土资源、劳动力优势，迅速融入全球分工体系。对外经济关系对经济增长方式的作用形成两种不同的观点。一种观点认为，发达国家的外资的技术扩散和外溢有利于发展中国家的技术进步，有利于提高全要素生产率以及促进经济发展方式的转变。余泳泽、武鹏提出"技术势能"假说，认为外商投资企业对东道国技术进步的潜在推动能力，同时受到内外资企业间技术差距和外商投资企业进入程度的影响。外资企业较高的全要素生产率水平对内资企业产生了积极显著的技术溢出效应。白俊红、吕晓红认为，FDI 质量对中国经济发展方式的转变具有显

[①] 吴敬琏：《增长模式与技术进步》，《科技潮》2005 年第 10 期。
[②] 张军：《增长、资本形成与技术选择：解释中国经济增长下降的长期因素》，《经济学》（季刊）2002 年第 1 期。

著的促进作用；从分地区的层面来看，沿海和内陆两个地区的FDI质量提升均有助于经济发展方式的转变，并且沿海地区FDI质量的作用强度显著大于内陆地区。① 另外一种观点则认为开放经济并未实现经济增长方式的转变，反而有负面的作用。路风、余永定认为，我国保持多年高速增长的成就是以出口导向和外资依赖为鲜明特征，因此出现近20年同时保持了经常项目和资本项目的顺差；在繁荣下被掩盖的问题是，中国的技术和组织能力在总体上并没有在这个过程中获得足够的成长。这种国际收支"双顺差"悖论所反映的实质问题是，中国在经济发展过程中出现了能力缺口，与外资依赖互为因果，阻碍了产业升级，使粗放发展方式顽固地延续甚至恶化，也使中国经济越来越容易受到外部力量的左右。②

经济增长方式与人口结构有着密切关联。蔡昉、王美艳从人口角度考察人口结构与增长方式转变之间的关系。由于人口再生产类型从"高出生率、高死亡率、低增长率"阶段，经由"高出生率、低死亡率、高增长率"阶段向"低出生率、低死亡率、低增长率"阶段转变的过程中，由于出生率和死亡率下降在时间上具有继起性和时间差，相应形成人口年龄结构变化的三个阶段。这三个阶段分别具有少年儿童抚养比高、劳动年龄人口比重高和老年抚养比高的特征。在整个改革开放期间，中国处在劳动年龄人口比重最高的时期，生产性较高的人口结构既提供了充足的劳动力供给，也创造了形成高储蓄率从而支撑资本积累的条件。由于人口红利的存在，劳动力数量、质量和价格具有明显的优势，并得以形成和保持很高的

---

① 余泳泽、武鹏：《FDI、技术势能与技术外溢——来自我国高技术产业的实证研究》，《金融研究》2010年第11期；白俊红、吕晓红：《FDI质量与中国经济发展方式转变》，《金融研究》2017年第5期。

② 路风、余永定：《"双顺差"、能力缺口与自主创新——转变经济发展方式的宏观和微观视野》，《中国社会科学》2012年第6期。

储蓄水平和资本积累率,使得这种主要依靠投入的增长方式足以支撑中国经济的高速增长。一旦人口结构、劳动力供求关系和劳动力成本发生变化,必然导致劳动力从无限供给到短缺的刘易斯转折点,进而引起工资水平和劳动力成本的上升,传统增长方式赖以作用的条件就发生了变化,经济增长方式向主要依靠生产率提高的转变迫在眉睫。[①]

也有一些经济学家认为原有经济增长方式具有合理性。林毅夫、苏剑认为,一个经济的目标增长方式是使得该经济的生产成本最小化的增长方式,这一增长方式是由该经济的要素禀赋结构决定的。我国的目标增长方式应当是能够充分利用劳动力优势的增长方式,而不是利用不具优势的资本密集增长方式,也不必然是以自主研发来促进生产率提高的增长方式。一个经济的实际经济增长方式取决于企业的行为,因为经济增长是由企业实现的,而企业是在一定的宏观经济环境中做决策的,这个宏观经济环境的最根本特征就是要素价格体系,因此,一个经济的实际经济增长方式最终取决于该经济的要素价格体系,有什么样的要素价格体系,就有什么样的经济增长方式。我国最近几十年来资本和土地密集型的增长就是我国长期采用低利率、低土地价格、低能源价格、低原材料价格的政策的必然结果。因此,要转换我国的经济增长方式,首先要改变我国的目标增长方式;其次是进行要素价格体系和其他方面的改革,使得企业实际支付的要素价格体系符合我国的要素禀赋结构,从而使企业的最优化尽量接近整个经济的最优化。[②]

[①] 蔡昉、王美艳:《劳动力成本上涨与增长方式转变》,《中国发展观察》2007年第4期。

[②] 林毅夫、苏剑:《论我国经济增长方式的转换》,《管理世界》2007年第11期。

第三节　如何实现经济增长方式转变

粗放型经济增长方式与政府行为有着密切关联。首先，中央政府对官员的考核在很长一段时期内有着"唯 GDP"标准，地方官员在 GDP 竞争的晋升机制下追求政绩，盲目投资上项目，尤其以"园区建设"作为抓手，投资和开发区建设能在短期内迅速刺激 GDP 增长，在微观表现为低端产能过度进入；其次，地方保护主义盛行，通过扭曲要素市场价格，如金融支持、低地价甚至零地价，税收优惠及财政补贴等手段，造成市场竞争不充分，落后产能、落后企业淘而不汰。

张卓元提出，要深化改革，推进经济增长方式转变。深化经济体制改革，特别是财税体制改革和价格改革，使各种生产要素和产品的价格，如土地、水、能源、矿产品的价格能更好地反映资源的稀缺程度，同时推进利率的市场化及完善汇率形成机制。深化改革还包括转变政府职能，政府从经济活动的主角转为公共服务型政府；改革干部政绩考核和提拔任用体制；深化企业改革特别是国有企业改革；深化金融体制改革；等等。通过深化改革，用经济杠杆迫使生产企业和消费者节约使用资源，提高资源利用效率，从根本上减少环境污染，真正实现经济增长方式的转变。[①]

王国刚认为，城镇化是我国经济发展方式转变的重心。中国经济发展方式转变是从以工业经济为主要推动力转变为工业经济和城镇经济共同推动的过程。通过工业化解决了"吃、穿、用"之后，要有效解决目前严重短缺的"住、行、学"等问题，加快发展城镇

[①] 张卓元：《深化改革，推进粗放型经济增长方式转变》，《经济研究》2005 年第 11 期。

经济。解决"住、行、学"问题,既是城镇化的主要内容,也是在温饱型小康基础上实现全面小康的主要内容,还是保障中国经济长期可持续发展的主要动力。[1]

曾铮考察了历史上有多个国家和地区的改革,这些改革跨越了"中等收入陷阱",实现了经济发展方式的转变。韩国、日本、新加坡和中国台湾的经济发展方式转变的经验对我们具有尤为重要的借鉴意义。通过对这些典型亚洲国家和地区经济发展方式转变经验的总结,他得出以下四条基本启示:一是转变经济发展方式包含经济与社会自然和谐发展;二是经济发展方式转变要坚持市场导向与政府干预相结合;三是经济结构调整是转变经济发展方式的重点方向;四是自主创新是转变经济发展方式的重要支撑。[2]

中国经济增长与宏观稳定课题组认为,经济增长方式与一国生产力和社会发展水平密切相关。在工业化早期,都会经历一个或长或短的粗放型增长期。经济增长方式演变的总体趋势是从劳动、资本投入驱动型到管理、知识创新带来的生产效率提高型,即体现为"要素积累—集约管理—知识创新"的动力演化路径,集约化程度和创新程度越来越高。虽然一个经济体不能跨越自身发展阶段而随意选择某种经济增长方式,但是可以通过努力(如技术进步、企业家创新、制度完善、政策调控)缩短从一种较粗放的增长方式向集约型增长方式转型的时间。改变我国经济增长方式,必须从供给政策和市场化条件改革双向入手。课题组的建议包括:一是加强准入管理,对通过转嫁企业外部或代际成本进行低成本竞争的公司要加强准入性限制管理,如环保条件准入管理、劳动保护的准入管理等,从而避免技术演进过程中那种不顾后果的"恶意套利者"的进入和

---

[1] 王国刚:《城镇化:中国经济发展方式转变的重心所在》,《经济研究》2010年第10期。

[2] 曾铮:《亚洲国家和地区经济发展方式转变研究——基于"中等收入陷阱"视角的分析》,《经济学家》2011年第6期。

过度竞争。二是逐步校正扭曲的要素和资源价格,减少微观主体对扭曲价格的套利行为,使得竞争有一个公平的基础。三是放松管制,向国内资金开放现代服务业部门。四是利用好资本市场进行要素资源的配置。五是在供给政策上通过减税和增加 R&D 的投入激励中国企业进行技术—产品升级,积累自主创新能力。①

蔡昉等认为,经济发展阶段变化所引起的增长方式转变的内在需要,以及人均收入水平提高所引起的对环境质量的更高要求,是节能减排政策能否实现与地方政府的发展动机及企业行为激励相容,从而真正得以贯彻的关键。他们通过拟合环境库兹涅茨曲线、预测排放水平从提高到下降的转折点,考察了中国经济内在的节能减排要求。研究结果显示,对于温室气体的减排来说,被动等待库兹涅茨转折点的到来,已无法应对日益增加的环境压力。在这种情况下,需要依靠中央政府的决心、地方政府和企业转变增长方式的动机,加大激励力度,以实现可持续经济增长。②

如何衡量经济增长方式的转变及评价也是研究的重要领域。张友国基于投入产出结构分解方法实证分析了 1987 年至 2007 年经济发展方式变化对中国 GDP 碳排放强度的影响。分析的结果表明,经济发展方式的变化使中国的 GDP 碳排放强度下降了 66.02%。其中,生产部门能源强度、需求直接能源消费率的持续下降和能源结构的变化分别使碳排放强度下降了 90.65%、13.04% 和 1.16%,但是需求衡量的分配结构、三次产业结构、三次产业内结构、制造业内结构变化以及进口率和中间投入结构的变化却分别导致碳排放强度上

---

① 中国经济增长与宏观稳定课题组:《干中学、低成本竞争和增长路径转变》,《经济研究》2006 年第 4 期。
② 蔡昉、都阳、王美艳:《经济发展方式转变与节能减排内在动力》,《经济研究》2008 年第 6 期。

升了4.61%、2.50%、1.02%、3.85%、2.89%和27.63%。① 王小鲁等考察了中国经济增长方式正在发生的转换，发现改革开放以来我国生产率（TFP）呈上升趋势。TFP的来源在发生变化，外源性效率提高的因素在下降，技术进步和内源性效率改善的因素在上升。在要素投入方面，教育带来的人力资本质量提高正在替代劳动力数量简单扩张的作用。世界经济危机正在对中国经济增长造成不良影响，但并不是不可克服的。实证分析发现，行政管理成本的膨胀和消费率的持续下降是影响经济增长的两个内在因素。如果能够克服这些负面影响，中国经济在2008—2020年仍然可能保持9%以上的增长率。②

简要评论

经济增长方式转变，从根本上是实现经济长期可持续增长。邓小平在改革开放之初就曾说过科学技术是第一生产力，指出了经济长期可持续增长必须依靠科技进步。随着我国人口红利的逐渐消失，人们对环境保护的日益重视，我国的经济增长将越来越依靠劳动生产率的提高来实现。经济增长方式转变的实现，从根本上讲是处理好资源配置问题，也就是实现市场在资源配置的决定性作用，并更好地发挥政府作用。

我国多次提出调整经济结构、转变经济增长方式。2015年提出的供给侧结构性改革及党的十九大提出经济增长从高速增长转向高质量增长，其本质也是转变经济增长方式。因此，经济增长方式转变的研究，既有巨大的理论意义，也有重大的现实意义和政策需求。只有通过体制、结构的改革，把统一、开放、竞争有序的市场体系

---

① 张友国：《经济发展方式变化对中国碳排放强度的影响》，《经济研究》2010年第4期。

② 王小鲁、樊纲、刘鹏：《中国经济增长方式转换和增长可持续性》，《经济研究》2009年第1期。

建立起来,发挥市场在资源配置中的决定性作用,通过市场建立起一个有效的激励机制来实现结构的优化,才能实现经济增长方式的转变。

(执笔人:程锦锥,中国社会科学院经济研究所助理研究员)

第三十二章

2008年国际金融危机爆发后关于中国经济转型和发展方式转变问题的研讨

2008年9月15日,以美国五大投资银行之一的雷曼兄弟公司宣告破产为标志,爆发了全球自1929年以来最严重的金融危机和经济危机。据国际货币基金组织材料,危机使世界2008年的经济增长率从2006年、2007年的5.2%和5.3%降到2.8%,2009年出现负增长,为-0.6%。其中,发达经济体美国为-2.6%,欧元区为-4.1%,日本为-5.2%。国际金融危机对中国也有比较大的影响。如何应对国际金融危机的影响,如何保持中国经济持续快速发展的势头,成为中国经济学家们研讨的热点和重点。

第一节 国际金融危机使我国转变经济发展方式刻不容缓

2009年年底,中央经济工作会议在布置2010年经济工作任务时,提出:"这场国际金融危机使我国转变经济发展方式问题更加突显出来。综合国际国内形势看,转变经济发展方式已刻不容缓。我们要把加快经济发展方式转变作为深入贯彻落实科学发展观的重要目标和战略举措。"

紧接着,2010年2月3—7日,全国省部级主要领导干部集中在中共中央党校,专题研讨深入贯彻落实科学发展观,加快经济发展方式转变问题,胡锦涛总书记等中央领导同志做报告,其规模和重视程度可以同前几年学习科学发展观相比拟。

胡锦涛总书记在2010年2月3日的报告中强调,国际金融危机使我国转变经济发展方式问题更加突显出来,国际金融危机对我国经济的冲击表面是对经济增长速度的冲击,实质上是对经济发展方式的冲击。加快经济发展方式转变是适应全球需求结构重大变化、增强我国经济抵御国际市场风险能力的必然要求,是提高可持续发展能力的必然要求,是在后国际金融危机时期国际竞争中抢占制高点、争创新优势的必然要求,是实现国民收入分配合理化、促进社会和谐稳定的必然要求,是适应实现全面建设小康社会奋斗目标新要求、满足人民群众过上更好生活新期待的必然要求。胡锦涛指出,转变经济发展方式,关键是要在"加快"上下功夫、见实效,并就重点工作,提出八点意见。第一,加快推进经济结构调整。第二,加快推进产业结构调整。第三,加快推进自主创新。第四,加快推进农业发展方式转变。第五,加快推进生态文明建设。第六,加快推进经济社会协调发展。第七,加快发展文化产业。第八,加快推进对外发展方式转变。

为什么中国在国际金融危机袭击下使转变经济发展方式凸显出来?经济学家们认为,主要是2003—2007年,中国国民经济的两位数或两位数以上速度增长,基本上是沿着粗放扩张实现的,从而积累了一些不平衡、不协调、不可持续的问题,严重制约着中国经济的稳定、高效和可持续增长。2008年国际金融危机的爆发和冲击使中国的失衡问题和粗放扩张问题凸显,出口下降要求扩大内需解决,提高国际市场竞争力不能继续靠低价要素成本和污染环境不付费来维持,居民消费占GDP比重严重偏低、居民收入差距过大引发公众不满和尖锐的社会矛盾，因此转变经济发展方式已刻不容缓，更加紧迫了。转变经济发展方式意味着经济转型，即从追求数量扩张型转为注重增长的质量和效益型，使经济真正走上稳定、协调、高效和可持续发展的轨道，科学发展的轨道。2011年3月，十一届全国人大四次会议通过的《中华人民共和国国民经济和社会发展第十二个五年规划纲要》，已明确以发展为主题，以加快转变经济发展方式为主线。这样，转变经济发展方式，已成为各方面关注和研究的重点和热点。

第二节　转变经济发展方式必须把经济结构的战略性调整作为主攻方向

要加快经济转型和发展方式转变，就必须把经济结构的战略性调整作为主攻方向。这是各界的共识。

调整经济结构，主要是要解决中国经济面临的失衡问题，重新协调好国民经济的主要比例关系。有文章提出[①]，中国现阶段经济失衡主要表现在以下五个方面。

一　储蓄与消费失衡，储蓄率太高，消费率太低

1978年，中国储蓄率为37.9%，比世界平均储蓄率25.1%高12.8个百分点。到2008年，中国储蓄率为51.4%，比世界平均储蓄率23.9%高27.5个百分点。这是因为，我国改革开放后，1978—2008年，储蓄率提高了13.5个百分点，年均提高0.45个百分点，其中，2002—2008年储蓄率突然从40.4%上升到51.4%，年均提高1.83个百分点。与此同时，消费率大幅度下降，1978年中国消费率为62.1%，2008年降为48.6%，下降了13.5个百分点，其中

[①] 参见张卓元《加快调整经济结构推进经济转型和发展方式转变》，《中国流通经济》2010年第11期。

2002—2008年消费率连续下降，年平均下降1.6个百分点。消费率下降主要是居民消费率下降造成的，居民消费率已从1978年的48.8%下降至2008年的35.3%，共下降了13.5个百分点。我们常说内外需失衡，出口依存度太高（1998年为18%，2007年提高到36%），内需不足，实质是居民消费需求严重不足。居民消费不足，使我们越来越走上为生产而生产的怪圈，严重背离了社会主义生产的目的，背离了"以人为本"的理念。有专家提出，为解决这一失衡问题，"十二五"期间应使消费率提高至占GDP的55%以上，居民消费占GDP比重每年应至少提高一个百分点。这是很有道理的。

二 第三产业发展滞后，经济增长过于倚重第二产业

我国人均GDP从2002年起超过1000美元，到2009年已达3600美元，但是中国的第三产业增加值占GDP的比重，并没有随着人均GDP成倍或成几倍的增长而提高，而一直在40%左右徘徊。2002年占41.5%，2008年占41.8%，2009年占42.9%。其间我国第三产业增加值占GDP的比重，已比同等发展水平的其他国家低十几个百分点。第三产业发展滞后，现代服务业发展滞后，制约我国经济增长质量和效益的提高，制约我国经济发展方式的转变，也制约我国居民生活水平的提高。与此同时，中国经济增长过分依靠第二产业的发展，特别是其中"两高一资"行业和房地产行业的发展。据报道，全球房地产投资占GDP的比重一般为4%—6%，而我国在2008年前后都达10%以上，致使有人说房地产行业绑架了中国经济。因此，需加快发展第三产业，第三产业增加值的增长，应快于GDP增长，使第三产业的比重逐步提高。这也有助于扩大就业，包括大量增加大学毕业生的就业岗位，使人力资源得到充分利用。

三 投入结构不合理，物质资源消耗太多，技术进步贡献率低

中国经济到2010年为止主要靠粗放扩张，物质消耗大但效率不高。2009年，中国GDP占全球总量的8%，但消耗了世界能源消耗

量的18%，钢铁的44%，水泥的53%，这样巨大的资源消耗是不可持续的。由于资源大量消耗，而我国资源特别是人均资源拥有量低，使我国一些主要矿产品（如原油、铁矿石等）对外依存度，已从1990年的5%上升到2010年的50%以上。科技进步不够快，研究与试验发展经费支出占GDP比重低，2000年才占0.9%，2008年才占1.47%，2009年才占1.62%，低于创新型国家至少2%的水平。与此相应，我国技术的对外依存度很高，占50%以上。我国是世界生产汽车第一大国，但几乎所有核心技术和品牌都是外国的。我国号称"世界工厂"，但直到2010年没有一个世界名牌，出口商品中90%是贴牌产品。中国今后必须着力从"高消耗、高排放、低效率"的粗放式增长，逐步向"低消耗、低排放、高效率"的资源节约型方式转变，这是转变经济发展方式的核心所在。

四 人与自然不和谐、不协调

2003—2008年，经济超高速发展的一个代价是，生态和环境恶化了，人与自然更加不和谐了。2007年党的十七大报告也确认，经济增长的资源环境代价过大。环境和生态恶化的原因在于我们盲目发展了一批高耗能、高污染、高排放产业。"十一五"规划把节能减排列为约束性指标，但"十一五"规划要求单位GDP能耗下降20%的目标没有完全达到。这就使资源、环境、生态已成为我国经济可持续发展的最大瓶颈、真正的硬约束。我们不能继续走局部改善、总体恶化的老路，而要下决心走局部改善、总体也改善的绿色发展道路，不再侵占子孙后代的利益。

五 居民收入差距过大

中国反映居民收入差距的基尼系数在进入21世纪后一直在0.4的警戒线之上，且有上升趋势，世界银行资料显示2007年已达0.48。有研究报告指出，1988—2007年，收入最高的10%人群和收入最低10%人群的收入差距，已从7.3倍上升到23倍，贫富分化在发展。2009年，城镇居民家庭人均消费支出为12264.55元，而农村居民家庭人均消费支出为3993.45元，后者不及前者的1/3，说明城乡居民消费差距相当大。如加上医疗、教育、社保等公共服务的城乡不平等，城乡居民消费差距将进一步扩大至5∶1的水平。人均地区生产总值差距也不小。2007年，上海为78225元，而贵州为10258元，前者为后者的7倍多。王小鲁在《比较》2010年第3期发表文章，推算2008年有9.3万亿元隐性收入（其中灰色收入5.4万亿元）没有统计在国民总收入中，这两个数字都比2005年增加了近一倍。他提出，如把隐性收入计算进去，则以全国居民最高收入和最低收入各占10%的家庭来衡量，其人均收入差距应从统计数据显示的23倍，调整到65倍，基尼系数相应会高于0.47—0.5的水平。中国居民收入差距过大主要原因在于分配不公、权钱交易、分配秩序混乱、政府调节不力等。注重公平分配，加快提高低收入群体的收入和消费水平，让人人共享改革发展成果，已成为缓解社会矛盾、维护社会稳定的关键。中央领导人提出要实现"包容性增长"，就包含了要使增长结果由公众分享的内容。

现阶段，世界上发达国家和地区均已实现经济发展方式转变，它们在转变方式中呈现的某些规律值得我们重视和借鉴。

有资料显示，世界范围经济发展方式转变有三大规律和标志（见表32—1）。

表32—1　　　世界范围经济发展方式转变的三大规律和标志

规律	标志	发达国家和地区实现时间
一　服务业成为主要带动力	第三产业在GDP中所占比重超过了第一、第二产业的总和	美国第三产业的占比在20世纪40年代突破了50%（之后稳步上升，目前达80%左右）；日本第三产业的占比在20世纪70年代突破了50%（之后稳步上升，目前达70%以上）

续表

规律	标志	发达国家和地区实现时间
二 消费成为主要拉动力	消费率与经济增长的关系呈现一种U形曲线,走过U形最底端,形成稳步上升的势头	日本消费率的上升拐点出现在1970年左右;韩国消费率的上升拐点,出现在1990年左右;当时它们的恩格尔系数均已降到30%以下,第一产业比重均已降到10%以下,城市化水平均已升至70%以上
三 全要素生产率成为主要贡献率	用资本和劳动投入要素来说明经济增长的部分逐步减少,而用全要素生产率来说明经济增长的部分逐步增加	新加坡20世纪60年代经济增长中靠全要素生产率提高获得的比重约为10.1%,70年代上升到35.5%,80年代进一步上升至64.1%。全要素生产率的提高成为经济增长的主要贡献率,在美国大致发生于20世纪50年代,德国于60年代,英国、法国、日本于70年代,新加坡和中国香港、中国台湾地区于80年代,韩国于90年代

资料来源:《三个五年规划与转方式20年路径变迁》,《领导决策信息》2010年第31期。

第三节 转方式、调结构与保增长的关系

一些经济学家认为,要落实转方式、调结构,就要适当放缓经济增速,放弃速度增长主义至上、GDP至上观念。他们指出,中国经济结构失衡的根本原因,主要是连年追求超高速经济增长。为了追求短期超高速增长,不断加大投资,而且大上工业和重化工项目,挤压消费;投资增速很高,粗放扩张,必然要付出过大的资源环境代价。为保经济增速一高再高,财政支出多用于基础设施建设,用于支持欠发达地区和增加低收入群体收入的财力不足,社会公共事业发展滞后。由于追求短期的经济超高速增长,致使经济结构失衡

越来越加重和突出。

因此，为缓解经济结构失衡问题，当前需适当放缓经济增速，从历来的追求两位数增速逐步转为追求比如8%左右的增速。2010年以来，政府强化淘汰落后产能、取消一部分"两高一资"产品出口退税、加大节能降耗工作力度、各地纷纷提高最低工资标准、控制银行放贷规模和增速、整顿地方融资平台、对房地产行业进行调控，等等，都在使经济增速有所回调，这些都是有利于调整经济结构的。

与此同时，在经济学家中也有人担心中国经济会因政府上述措施出现"二次探底"，不利于经济的平稳较快发展。其实，这种担心是不必要的。2010年下半年以来中国经济的一定程度的回调是政府宏观调控的要求，是有利于转方式、调结构的，并不是什么"二次探底"。2010年第三、第四季度的经济增速仍近两位数，达9.6%和9.8%，全年经济增速仍达10.3%。如果不能容忍一定程度的增速回调，老是维持在两位数以上，那么，所谓调结构就将落空，甚至会使结构失衡更加严重，最终走向"硬着陆"。这说明，在中国经济转型过程中，需要转变增长和发展的理念，要从追求两位数增长转变为追求常态的中高速增长。只有这样，才能为加快调整经济结构创造比较良好的环境和条件。

有的经济学家认为，在目前中国体制和政策格局下，我们根本不必为经济探底发愁。现在各方面特别是地方政府，仍是GDP挂帅，急功近利，只要有一点可能，都会千方百计提高经济增速，即有强大的追求经济高速再高速的动力，并希望一直实施扩张性的宏观经济政策。在中国，目前最难的还是控制经济增速太快带来的资源紧张、环境恶化、通货膨胀、贫富悬殊、国强民不富等问题。我们要逐渐回归到常态的增长，只有在两种情况下有可能：一种是内外环境迫使不得不放缓经济增速，否则会出现社会震荡、危及社会稳定，这是被动的调整；另一种是通过深化改革，主要是推动政府转型，政府不再以追求GDP增速作为第一目标，转为公共服务型政府，这是主动的调整。我们应当努力实现主动的调整。①

第四节 怎样加快转变经济发展方式

加快转变经济发展方式，有多种途径，包括大力提高自主创新能力，发展战略性新兴产业，完善法律法规，调整政策，等等，同时有许多经济学家则更强调深化各方面改革，为转变经济发展方式提供体制支撑。

有的经济学家认为，加快转变经济发展方式需要实施四大战略：一是以完善社会保障和扩大基本公共服务为重点的改善民生、扩大内需战略；二是以农民工市民化为重点的城镇化战略；三是以提升中高端产业竞争力为重点的产业转型升级战略；四是以促进节能减排增效和生态环境保护、降低单位 GDP 碳排放强度为重点的绿色发展战略。也有的认为，应加快形成有利于经济发展方式转变的体制机制：一是加快以经济发展方式转变为主线的经济体制改革；二是加快以政府转型为主线的行政管理体制改革；三是加快以适应社会公共转型为主线的社会体制改革；四是加快以适应低碳经济发展为目的的全方位改革。②

有的经济学家强调必须坚定不移地推进改革开放，建立起一个规范的法治化的市场体系，让市场充分发挥在资源配置中的基础作用。也有的认为，在深化改革方面，应以政府转型和财政转型为重点。2005 年《中共中央关于制定国民经济和社会发展第十一个五年规划的建议》，为配合把转变经济增长方式作为实施

---

① 参见张卓元《适当放缓经济增速 加快调整经济结构》，《中国经济时报》2010 年 8 月 30 日。常修泽《论以人的发展为主导的经济发展方式转变》，《30 位著名经济学家会诊中国经济发展方式》，中国友谊出版公司 2010 年版。

② 参见卫兴华、张福军《2010 年理论经济学热点问题研究综述》，《经济学动态》2011 年第 2 期。

"十一五"规划的关键环节,明确提出加快行政管理体制改革是全面深化改革和提高对外开放水平的关键。这是有内在联系的。当时大家普遍认识到,要切实转变经济增长方式,必须靠政府转型来推动和保证,而政府转型是现阶段行政管理体制改革的主要内容。可惜这一关于加快行政管理体制改革重要意义的重要论断以后被淡化了,没有落实,服务型政府的建设滞后了。所以今后在经济转型中要突出强调政府转型,从经济建设型政府向服务型政府转变,处理好政府同市场、企业的关系,政府不再以追求GDP的高速增长作为主要目标,而应把做好公共服务放在第一位。

在政府转型过程中,财政转型很重要。财政要从经济建设型财政转为公共服务型财政。从中央到地方,财政支出主要用于公共服务而不是经济建设。经济建设除必要的基础设施外主要用于"三农",如兴修水利、改良品种、推广农业先进技术、对农民种粮等进行直补等。要大力调整财政支出结构,大幅度增加公共服务支出,包括教育、医疗卫生、就业培训与服务、社会保障、公共文化建设等,这些能有效提高公众特别是低收入者的收入和消费水平,提高居民消费占GDP的比重。这正是转变经济发展方式所要求的。[1]

(执笔人:张卓元,中国社会科学院经济研究所研究员)

---

[1] 参见吴敬琏《经济转型"开倒车"是绝没有出路的》;迟福林《以发展方式转型为主线的"十二五"改革》,中国(海南)改革发展研究院编《30位著名经济学家会诊中国经济发展方式》,中国友谊出版公司2010年版。

第六部分

全面建成小康社会和改革攻坚期
(2013—2019年)
经济学研究力促深水区改革和经济转向高质量发展

第三十三章

党的十八届三中全会提出市场在资源配置中起决定性作用的重大意义

2012年党的十八大以后，中国特色社会主义进入新时代，中国经济已由高速增长阶段转向高质量发展阶段。大会提出全面建成小康社会和全面深化改革的重要任务。党的十八大后，从反腐败抓起，重启改革进程，使中国特色社会主义现代化建设走上更加健康发展的轨道，中国特色社会主义经济理论特别是社会主义市场经济理论进一步丰富和发展。

第一节　市场决定论是最大亮点

2013年，党的十八届三中全会做出了《中共中央关于全面深化改革若干重大问题的决定》（以下简称十八届三中全会《决定》），吹响了全面深化改革的号角，重启了全面深化改革的新征程。经济体制改革是全面深化改革的重点。十八届三中全会《决定》中经济体制改革部分有许多亮点，其中最重要的是提出市场在资源配置中起决定性作用。

用市场在资源配置中起决定性作用，代替已沿用21年的市场在资源配置中起基础性作用，无论是理论上还是对深化市场化改革，均具有十分重要的意义。

十八届三中全会《决定》说："经济体制改革是全面深化改革的重点，核心问题是处理好政府和市场的关系，使市场在资源配置中起决定性作用和更好发挥政府作用。""紧紧围绕使市场在资源配置中起决定性作用深化经济体制改革。""决定性"和"基础性"只有两字之差，但含义却有相当大的区别。提出市场在资源配置中起决定性作用，是20多年来沿用的基础性作用提法的继承和发展。

1992年党的十四大在确立社会主义市场经济体制改革目标时，明确市场在资源配置中起基础性作用。从那之后，中国的市场化改革在经济领域蓬勃开展，到20世纪末中国已初步建立社会主义市场经济体制。市场化改革有力地促进了中国经济迅速腾飞，至2009年，中国已超过日本成为世界第二大经济体。与此同时，人们也看到，国民经济在高速发展中出现和积累了不平衡、不协调和不可持续的问题，转变经济发展方式刻不容缓。而之所以存在上述问题，根本原因，是我国社会主义市场经济体制还不完善，加上改革步伐在迈入21世纪后一段时间有所放慢，因而存在不少体制性问题，妨碍经济的持续健康发展。这意味着，改革进入攻坚期和深水区。必须以强烈的历史使命感，最大限度地集中全党全社会力量，调动一切积极因素，敢于啃硬骨头，敢于涉险滩，以更大决心冲破旧思想观念的束缚、突破利益固化的藩篱，推动中国特色社会主义制度自我完善和发展，重点是完善社会主义市场经济体制。为此必须进一步处理好政府和市场的关系这个经济体制改革的核心问题，使市场在资源配置中起决定性作用和更好发挥政府作用。

为什么要用市场在资源配置中起决定性作用代替原来的基础性作用呢？有的论著认为主要有以下几点。

第一，这是我们党对社会主义市场经济体制改革认识不断深化的结果。1992年，党的十四大确立社会主义市场经济体制改革目标时，提出了"使市场在社会主义国家宏观调控下对资源配置起基础性作用"。2002年，党的十六大进一步提出，"在更大程度上发挥市场在资源配置中的基础性作用，健全统一、开放、竞争、有序的现代市场体系"。2012年，党的十八大进一步提出，"更大程度更广范围发挥市场在资源配置中的基础性作用"。可以看出，20年来，对市场机制作用的认识是逐步往前走的。人们越来越深切地感受到，资源的稀缺性要求不断提高资源配置的效率，而实践表明，由市场配置资源是最为有效率的，市场经济就是市场配置资源的经济。《决定》指出："市场决定资源配置是市场经济的一般规律，健全社会主义市场经济体制必须遵循这条规律。"新的提法即市场在资源配置中起决定性作用比原来起基础性作用的提法，能够更加确切和鲜明地反映市场机制对资源配置的支配作用，反映市场经济的基本规律价值规律的内在要求。

第二，这是经济改革实践发展的必然选择。党的十四大确立社会主义市场经济体制改革目标后，在市场化改革推动下，比较快地初步建立起社会主义市场经济体制。但是还不完善，还存在不少体制性弊端，突出地表现在政府直接配置资源过多，政府对社会经济活动干预过多，存在多种形式的行政垄断，一些部门在非自然垄断环节阻碍竞争；政府对市场和价格的不当干预妨碍全国统一的现代市场体系的形成，对非公有制经济在市场准入、融资、用地等方面实施某种歧视性政策，妨碍公平竞争市场环境的形成和完善；政府对宏观经济的管理还不完善，对市场的监管不到位，政府的公共服务、环境保护和社会管理也远未到位；等等。这说明，在政府和市场的关系方面存在政府越位和缺位现象，从而在相当程度上影响市场机制对于社会经济活动的调节作用。为了今后进一步深化市场化改革，处理好政府与市场的关系，党的十八届三中全会用市场在资源配置中起决定性作用的提法，代替过去沿用的基础性作用的提法。这意味着，凡是依靠市场机制能够带来较高效率和效益,并且不会不可逆地损害社会公平和正义的,都要交给市场,政府和社会组织都不要干预。各个市场主体在遵循市场规则范围内,根据市场价格信号,通过技术进步、劳动者素质提高、管理创新,努力提高产品和服务质量,降低成本,在公平的市场竞争中求生存求发展,提高市场竞争力,优胜劣汰。市场机制这只无形的手,像一条无情的鞭子,督促着每一个市场主体努力再努力、前进再前进,永不停滞,永不懈怠,使整个社会经济活动形成你追我赶、奋勇争先的局面,不断提高社会生产力。这正是价值规律革命作用的表现。在社会主义市场经济体制下,我们有很好的条件使价值规律的革命作用更加充分地发挥出来,从而促进我国经济长期持续健康发展。

第三,可以更好地发挥政府作用。市场在资源配置中起决定性作用并不意味着不重视政府的作用,而是要明确政府职责,更好地发挥政府作用。十八届三中全会《决定》明确规定:"政府的职责和作用主要是保持宏观经济稳定,加强和优化公共服务,保障公平竞争,加强市场监管,维护市场秩序,推动可持续发展,促进共同富裕,弥补市场失灵。"具体来说包括以下几个方面。一是要搞好宏观经济调控,保持宏观经济稳定运行,防止大起大落,这是专属中央政府的职能。二是加强市场监管,维护市场公平竞争环境和秩序,政府主要是裁判员而不是运动员,即使对国有企业也要实行政企分开、政资分开。三是要做好公共服务,这方面做得很不到位,需要加快补上去。十八届三中全会《决定》还提出,"国有资本加大对公益性企业的投入,在提供公共服务方面作出更大贡献"。四是完善社会治理,加强社会管理,促进社会和谐和全面进步。五是保护生态和环境,这是针对进入 21 世纪后我国环境生态问题突出而对政府提出的新要求,也是我国"五位一体"建设对政府提出的新要求。十八届三中全会《决定》在加快生态文明制度建设部分对此作了系统的论述,提出健全自然资源资产产权制度和用途管制制度,划定生态保护红线，实行资源有偿使用制度和生态补偿制度，改革生态环境保护管理体制，等等。可见，政府职能转换到位，对于更好地发挥市场在资源配置中的决定性作用，对于完善社会主义市场经济体制，促进经济持续健康发展，也是至关重要的。[①]

有的论著提出，"市场决定"能使市场活力有效地释放出来。一是可以释放市场机制的活力，二是可以释放社会资本的活力，三是可以释放创新创业的活力。[②]

第二节 市场决定引领经济领域各项改革的深化

十八届三中全会《决定》提出："紧紧围绕使市场在资源配置中起决定性作用深化经济体制改革，坚持和完善基本经济制度，加快完善现代市场体系、宏观调控体系、开放型经济体系，加快转变经济发展方式，加快建设创新型国家，推动经济更有效率、更加公平、更可持续发展。"这说明，市场决定正引领着经济领域各项改革的深化。主要包括以下几方面。

一 国资监管机构从以管企业为主到以管资本为主的转变

《决定》说："完善国有资产管理体制，以管资本为主加强国有资产监管，改革国有资本授权经营体制，组建若干国有资本运营公司，支持有条件的国有企业改组为国有资本投资公司。国有资本投资运营要服务于国家战略目标，更多投向关系国家安全、国民经济命脉的重要行业和关键领域，重点提供公共服务、发展重要前瞻性

[①] 参见张卓元《经济改革新征程》，社会科学文献出版社2014年版，第42—45页。

[②] 参见迟福林主编《市场决定》，中国经济出版社2014年版，第50、52、56页。

战略性产业、保护生态环境、支持科技进步、保障国家安全。"2015年8月24日《中共中央国务院关于深化国有企业改革的指导意见》指出："以管资本为主推进国有资产监管机构职能转变。国有资产监管机构要准确把握依法履行出资人职责的定位，科学界定国有资产出资人监管的边界，建立监管权力清单和责任清单，实现以管企业为主向以管资本为主的转变。"

2002年党的十六大确立管资产和管人管事相结合的国有资产管理体制，国家、省、市（地级）成立国资委，结束了多年来"九龙治水"的弊端，但是始终解决不好国资委既当老板又当婆婆的问题，从而也很难解决政企分开的问题。这次从"以管企业为主"到"以管资本为主"的国有资产监管机构的改革，既是深化国企改革的重大举措，也是经济改革理论的重大创新。这意味着：

第一，国资委不再是国有企业事事都要向其请示的顶头上司。在"以管企业为主"的体制下，国有企业即使进行了公司制改革，成立了董事会，但是这个董事会却无法履行公司法赋予它的权力，不能独立的对公司的重大问题进行决策，因为几乎所有重大问题都必须向国资委请示后才能做出决定。也就是说，公司连自主经营决策权都没有，更谈不上成为独立的市场主体。这样，市场在资源配置中起决定性作用，在国有企业这样的微观层面也落实不了。现在要转变为"以管资本为主"，除个别例外，国资委就真的是只当老板，给出资公司派股东代表和董事，让公司董事会真正履行公司法规定的权责。2017年7月，国务院办公厅印发《中央企业公司制改制工作实施方案》，要求2017年年底前，按照1988年制定的《中华人民共和国全民所有制工业企业法》登记、国资委监管的中央企业（不含中央金融、文化企业）要全部改制为按照公司法登记的有限责任公司或股份有限公司，加快形成有效制衡的公司法人治理结构和灵活高效的市场化经营机制。此次改革涉及将要转制的69户央企集团公司总部（央企当时总共101户）资产近8万亿元，以及3200余户央企子企业资产 5.66 万亿元。① 此项拖了 20 多年的改革终于在 2017 年年底落地了，这既是深化国企改革的迫切需要，也是落实"以管资本为主"的重要条件，因为只有上述 69 户央企及 3000 多户子企业转为公司制后，国资委才有可能不去直接管这些企业，逐渐转向"以管资本为主"。在央企全面实现公司制改革带动下，到 2018 年第三季度末，全国国有企业公司制改制面达到 94%；央企数调整至 96 户；央企累计减少法人户数超过 1 万户，法人总数已由 5 万多户降至 4 万多户。②

第二，组建或改组资本运营公司和投资公司，作为国有资本市场化运作的专业平台。国资委要做到"以管资本为主"，就要组建或改组国有资本运营公司和投资公司，国有资产监管机构依法对国有资本投资和运营公司和其他极少数监管的企业履行出资人职责，并授权国有资本投资、运营公司对授权范围内的国有资本履行出资人职责。因此，以后一般国有企业就是与国有资本投资运营公司打交道，国有资本投资运营公司是被国资委授权的国有企业的出资人即老板。从 2014 年起，国务院国资委即进行国有资本投资运营公司试点，到 2017 年，已有中粮集团、国投公司、神华集团、中国五矿、宝武集团等 10 家公司试点，已取得一定成效。一是基本完成了向投资、运营公司的转型。根据国有资本投资运营公司功能定位，各企业内部实施了总部职能调整、业务板块整合、子企业授权放权等多项改革，实现了管理体制的重塑和再造。二是充分发挥了投资、运营公司的平台作用。投资公司立足优势产业，推进产业重组整合，在产业引领和供给侧结构性改革中充分发挥表率作用。运营公司探索国有资本市场化运作，支持了央企结构调整、创新发展和提质增效。三是积极探索了企业内部机制改革的途径方式。不少试点企业开展综合性改革试点，率先推进落实董事会职权、职业经理人制度、

---

① 参见《经济参考报》2017 年 7 月 27 日。
② 参见《经济参考报》2018 年 10 月 16 日。

薪酬分配差异改革、混合所有制改革等，推动企业加快形成市场化经营新机制，有力激发了企业活力。①

第三，国资委的主要职责，是更好地服务于国家战略目标，优化国有资本配置，提高国有资本运作效率，提高国有资本的流动性。按照十八届三中全会《决定》指出的，今后国有资本投资重点主要是以下五项：提供公共服务、发展重要前瞻性战略性产业、保护生态环境、支持科技进步、保障国家安全。这一规定，比1999年党的十五届四中全会《中共中央关于国有企业改革和发展若干重大问题的决定》论述更为具体和明确。十五届四中全会《决定》提出的国有经济需要控制的行业和领域包括：涉及国家安全的行业，自然垄断的行业，提供重要公共产品和服务的行业，以及支柱产业和高新技术产业中的重要骨干企业。十五届四中全会《决定》则不再笼统提控制自然垄断的行业，而是指出，国有资本继续控股经营的自然垄断行业，根据不同行业特点实行网运分开、放开竞争性业务。还把保护生态环境列为国有资本投资重点领域之一，也表明比1999年的四大领域有进一步扩展。直到2017年，国有资本还未很好做到集中于关系国家安全、国民经济命脉的重要行业和关键领域，仍有大量国有资本存在于一般竞争性产业，包括大部分央企热衷于投资房地产业（不含保障房）。今后需要进行有进有退的调整，争取到2020年前后80%以上的国有资本集中在该《决定》指出的五个重点领域。

第四，国资委将专注于提高国有资本运作效率，实现保值增值。在"以管企业为主"的条件下，国资委要管100户左右央企，管理的战线太长，与管理学原理一般的直接管理30户左右比较有效率的要求相悖，更何况央企下面还有五六个层级最多的达十个层级的子公司、孙子公司、曾孙公司，等等，国资委更是鞭长莫及。这就影

---

① 参见《经济参考报》2018年3月13日。

响国资委专注于提高整个国有资本的效率，也不利于国有资本的保值增值。一个时期以来，一些国有企业内部管理混乱，因侵吞贪污、关联交易、利益输送、违规决策等导致国有资产流失现象时有发生。如2015年中央巡视组发现，在中国石化、中国海运、中船集团、神华集团、东风公司等央企，都不同程度存在搞利益输送和交换、关联交易谋利等突出问题。①造成这一端的原因很多，但与"以管企业为主"的体制机制有一定关系。今后，国资委"以管资本为主"，可以集中精力管好国有资本，专心致志做好国有资本保值增值工作。

二 提出混合所有制经济是基本经济制度的重要实现形式，这是《决定》的又一重要亮点

十八届三中全会《决定》说："积极发展混合所有制经济。国有资本、集体资本、非公有资本等交叉持股、相互融合的混合所有制经济，是基本经济制度的重要实现形式，有利于国有资本放大功能、保值增值、提高竞争力，有利于各种所有制资本取长补短、相互促进、共同发展。允许更多国有经济和其他所有制经济发展成为混合所有制经济。国有资本投资项目允许非国有资本参股。允许混合所有制经济实行企业员工持股，形成资本所有者和劳动者利益共同体。"这段话对改革理论和实践都有重要意义。

第一，积极发展混合所有制经济，是坚持和完善公有制为主体、多种所有制经济共同发展的基本经济制度的重大举措。改革开放以来，随着经济腾飞，国有资产和资本、民间资本、外商直接投资均有巨大增长。2017年，全国国有企业（不含金融类企业）资产总额已达183.5万亿元，国有金融企业资产总额共241万亿元，全国行政事业单位国有资产总额共30万亿元。②截至2017年年底，我国民

---

① 陈治治：《关联交易是痼疾，顶风违纪仍频发》，《中国纪检监察报》2015年2月7日。

② 参见《经济参考报》2018年10月30日。

营企业数量超过2700万家，个体工商户超过6500万户，注册资本超过165万亿元。① 2010年以来，每年实际使用外商直接投资均在1000亿美元以上，社会资本投资已占全部固定资产投资总额的60%以上。因此，从社会层面看，中国经济已经是混合经济了。十八届三中全会《决定》指的发展混合所有制经济，主要是指微观层面的，即要积极发展国有资本、集体资本、非公有资本等交叉持股、相互融合的混合所有制企业，这样一方面有利于国有资本放大功能、保值增值；另一方面有利于各种所有制资本取长补短、相互促进、共同发展。混合所有制经济还允许员工持股，具有一种新的激励机制。党的十五大报告提出，股份制是公有制的实现形式。党的十六届三中全会《中共中央关于完善社会主义市场经济体制若干问题的决定》进一步提出，股份制是公有制的主要实现形式。十六届三中全会《决定》进一步提出，混合所有制经济是基本经济制度重要实现形式。长时期改革实践告诉我们，公司制可以是国有独资公司，股份制也可以是几个国企入股的股份公司，而发达国家的股份公司一般都是私人资本持股的，只有混合所有制经济才是真正投资主体多元化的经济实体，而投资主体多元化正是国企公司制股份制改革，以克服原来国有制弊端和提高效率的重要要求。在这个意义上，可以说，混合所有制是股份制的发展形态和升级版。

第二，积极发展混合所有制经济也有重要的指向。其一是充分调动各种所有制资本的积极性，发挥他们各自的优势，这种优势不要只限于独自发挥，而要通过交叉持股互相融合作为整体发挥出来。比如，为了加快具有正外部性的基础设施建设，就可以考虑吸收社会资本参与，并因此推动其提高效率，缩短回收期限，做到社会效益与经济效益相结合。其二是为国有自然垄断行业改革打开通道。十八届三中全会《决定》提出，国有资本继续控股经营的自然垄断行业，要根据不同行业特点实行网运分

---

① 参见《人民日报》2018年11月2日。

开、放开竞争性业务。自然垄断行业有大量竞争性业务需要放开，怎样放开？最佳选择就是搞混合所有制改革，吸收非国有资本参与。这样，可以把多年垄断经营的竞争性业务，放开竞争，从而优化资源配置，提高效率。与此同时，国有自然垄断企业可以通过出售部分竞争性业务股份，筹集资金，加大科技投入等，改善自然垄断环节业务。我们看到，十八届三中全会《决定》出来以前，处于一般竞争性行业的国企，基本上都已实行公司制股份制改革，实现投资主体多元化，改革比较滞后的是垄断行业，因此，这次提出积极发展混合所有制经济，针对性最强的，可以认为就是为了更好地推动自然垄断行业的改革。

第三，十八届三中全会《决定》出来后，混合所有制经济迅速发展起来，有些地区还把发展混合所有制经济作为深化国企改革的重点。李克强总理在2014年《政府工作报告》中提出，制定非国有资本参与中央企业投资项目的办法，在金融、石油、电力、铁路、电信、资源开发、公用事业等领域，向非国有资本推出一批投资项目。2014年7月15日国务院国资委在中央企业启动混合所有制经济试点，并确定中国医药集团总公司、中国建筑材料集团公司为试点单位。试点的目的有六个方面，一是探索建立混合所有制企业有效制衡、平等保护的治理结构；二是探索职业经理人制度和市场化劳动用工制度；三是探索市场化激励和约束机制；四是探索混合所有制企业员工持股制度；五是探索对混合所有制企业的有效监管机制以及防止国有资产流失的方法和途径；六是探索在混合所有制企业开展党建工作的有效机制。[①] 一些省市也纷纷出台发展混合所有制经济的政策和措施。据不完全统计，2015—2017年，中央企业新增近千户实行混合所有制的子企业，其中2017年就新增混合所有制企业700多户，通过资本市场引入社会资本3386亿元。截至2017年年底，我国已有超过2/3的中央企业引进了各类社会资本，

[①] 参见《人民日报》2014年7月16日。

半数以上的国有资本集中在公众化的上市公司，三家中央企业成为集团层面的混合所有制企业，中央企业二级子企业以下混合所有制企业户数占比超过50%。[①] 到2018年，重要领域混合所有制改革试点已分三批在50户企业开展，市场反应积极，产生了良好的社会影响。但是，总的来说，混合所有制改革进展仍然不够快，试点企业的经验截至2018年未见详细披露，有的央企混合所有制改革审批协调程序相当复杂。混合所有制改革涉及比较大的问题是股权比例安排和国有资产估价，这也有待逐步取得共识、周到协调和公开透明操作。

有的论著提出，混合所有制经济是中国所有制结构改革的新趋势。认为，新阶段改革需全面准确把握发展混合所有制经济的内涵。根据中央"国有资本、集体资本、非公有资本等交叉持股、相互融合的混合所有制经济"的内涵界定，在发展混合所有制经济中，可以采用"异质产权多元化"和"同质产权多元化"两种方式，但对大多数国有企业而言，"异质产权多元化"是"主旋律"，"同质产权多元化"是"协奏曲"。国有企业只有吸收"异质"的非国有资本，方能达到既"放大国有资本功能"，又有利于搞活企业的目标；否则，单纯在"同质"产权范围内兜圈子，难以达到中央所要求的"放大国有资本功能"的目的。国企"混改"是中国发展混合所有制经济"整台大戏"中的"重头戏"。新阶段，应实行分类、分层、分区推进方略：在分类基础上，以重要行业和关键领域的商业类为重点，全领域推进"混改"；在分层基础上，以中央企业母公司为重点，母子（孙）公司全系统推进"混改"；在分区基础上，以东北和其他老工业基地为重点，全地域推进"混改"。在重点瞄准国企"混改"的同时，还应着手开辟中国发展混合所有制经济的第二战场，即鼓励民营企业、外资企业积极发展混合所有制经济，并从"形成资本所有者和劳动者权

[①] 参见《人民日报》2018年2月7日。

益共同体"的战略考虑,稳步推进员工持股。在整个"混改"的操作过程中,如何防止这种新的制度设计发生"异化",同时,在反"异化"过程中,又如何避免因噎废食,以致无所作为,"按兵不动",这些都是需要解决的问题。①

三 加快完善现代市场体系,使市场在资源配置中的决定性作用更好地发挥出来

十八届三中全会《决定》指出:"建设统一开放、竞争有序的市场体系,是使市场在资源配置中起决定性作用的基础。必须加快形成企业自主经营、公平竞争,消费者自由选择、自主消费,商品和要素自由流动、平等交换的现代市场体系,着力消除市场壁垒,提高资源配置效率和公平性。"并就如何建设现代市场体系说了五条,现择要阐述如下。

第一,建立公平开放透明的市场规则。十八届三中全会《决定》首次在党的文件中提出实行负面清单管理模式,提出:"实行统一的市场准入制度,在制定负面清单基础上,各类市场主体可依法平等进入清单之外领域。探索对外商投资实行准入前国民待遇加负面清单的管理模式。"此前我国一直实行正面清单管理模式,而发达的市场经济国家通行的是负面清单管理模式。经过几年的努力,2017年6月28日,国家发改委、商务部发布了《外商投资产业指导目录(2017年修订)》,列入负面清单中的限制、禁止类内容共计63条,比2015年版减少了30条。新版目录明确提出外商投资准入特别管理措施(外商投资准入负面清单),这标志着我国外商投资管理体制开启了新的时代。② 2018年12月25日,备受广大投资者关注的《市场准入负面清单(2018年版)》正式对外公布,标志着我国全面

---

① 参见常修泽等《所有制改革与创新》,广东经济出版社2018年版,第346、347页。

② 参见《经济参考报》2017年6月29日。

实施市场准入负面清单制度。清单以外，市场主体皆可依法进入，各级政府均不再审批。清单主体包括"禁止准入类"和"许可准入类"两大类，其中禁止准入类4项、许可准入类147项，一共有151个事项、581条具体管理措施，与试点版相比，事项减少了177项，具体管理措施减少了288条。①

十八届三中全会《决定》说："推进工商注册制度便利化，削减资质认定项目，由先证后照改为先照后证，把注册资本实缴登记制逐步改为认缴登记制。推进国内贸易流通体制改革，建设法治化营商环境。"此后三年中国营商环境大为改善。营商环境的优化，充分激发了我国市场活力和创造力。2014年起，全国平均每天新设企业都在万户以上，2017年达1.66万户，2018年达1.8万多户，而商事制度改革前的2013年每天新设企业为6900户。世界银行发布的《2017年全球营商环境报告》显示，中国营商便利度近三年来在全球跃升了18位，平均每年向前跨升6位。②世界银行2018年10月31日发布的《2019年营商环境报告：为改革而培训》称，中国2018年排名大幅上升30多位，从2017年的第78位上升到第46位，进入世界排名前50的经济体之列。③

第二，完善主要由市场决定价格的机制。十八届三中全会《决定》指出："凡是能由市场形成价格的都交给市场，政府不进行不当干预。推进水、石油、天然气、电力、交通、电信等领域价格改革，放开竞争性环节价格。政府定价范围主要限定在重要公用事业、公益性服务、网络型自然垄断环节，提高透明度，接受社会监督。完善农产品价格形成机制，注重发挥市场形成价格作用。"十八届三中全会《决定》做出后，价格改革迈出较大步伐，取得了明显进展。首先，政府定价项目列入清单。2015年10月下旬，国家发改委发布

---

① 参见《人民日报》2018年12月26日。
② 参见《人民日报》2017年8月17日。
③ 参见《经济参考报》2018年11月1日。

了新修订的《中央定价目录》，定价范围大幅缩减，种类由13种（类）减少到7种（类），减少46%。具体定价项目由100项左右减少到20项，减少80%。与此同时，地方具体定价目录平均减少约50%。在完善农产品价格形成机制方面，2014年，政府实施了放开烟叶和桑蚕茧收购价格的改革，标志着农产品价格全部由市场形成。2016年，推进玉米收储制度改革，建立玉米生产者补贴制度。新疆棉花、东北和内蒙古大豆目标价格改革试点总体顺利，国内外市场价差缩小。在深化能源价格改革方面，输配电价改革2014年年底首先在深圳电网和内蒙古电网破冰，到2017年6月底，实现了省级电网全覆盖。2015年放开了跨省电能交易价格，由送受双方协定。同年，实施煤电价格联动机制。2016年1月，国家发改委根据煤炭价格下降幅度，下调燃煤机组上网电价每千瓦时3分钱，并同幅度下调一般工商业销售电价，每年可减少企业用电支出约225亿元。到2015年，全国40%以上天然气价格已经放开。2013年3月，国家发改委将汽油柴油零售价格调价周期由22个工作日缩短为10个工作日，取消国际原油市场油价变动4%才能调价的限制。稳步推行居民用水用气用电阶梯价格制度。截至2015年年底，31个省份中，除青海、西藏以外的29个省份已经建立城镇居民阶梯水价制度；已通气的30个省份中，除重庆新疆外的28个省份均已建立阶梯气价制度。阶梯电价制度自2012年试行以来运行平稳，除新疆、西藏外，其他省份已全面实施居民阶梯电价制度。[①] 市场化价格改革深化的集中表现是，到2017年年底，97%商品和服务价格已放开由市场调节。2020年前，能源、农业、交通运输、医疗等领域仍存在一些攻坚任务。

第三，建立城乡统一的建设用地市场。十八届三中全会《决定》提出："在符合规划和用途管制前提下，允许农村集体经营性建设用

---

① 参见许光建、丁悦玮《深入推进价格改革 着力提升"放管服"水平》，《价格理论与实践》2017年第5期。

地出让、租赁、入股,实行与国有土地同等入市、同权同价。"此后,又进一步明确,要从两权分离即农村集体土地所有权和农户土地承包权的分离,发展为三权分离即农村集体土地所有权、农户土地承包权、农村土地经营权的分离,发展土地承包经营权流转市场,发展多种形式的适度规模经营。

第四,完善金融市场体系。十八届三中全会《决定》说:"扩大金融对内对外开放,在加强监管前提下,允许具备条件的民间资本依法发起设立中小型银行等金融机构。""完善人民币汇率市场化形成机制,加快推进利率市场化,健全反映市场供求关系的国债收益率曲线。"此后,17家由民间资本发起设立的民营银行已相继营业。随着人民币储蓄存款利率上限被取消,利率市场化已基本实现。国务院已于2015年4月公布《存款保险条例》,自2015年5月1日起施行,该条例规定了50万元的最高偿付限额,表明存款保险制度已经建立起来。

第五,深化科技体制改革,发展技术市场。十八届三中全会《决定》提出:"建立健全鼓励原始创新、集成创新、引进消化吸收再创新的体制机制,健全技术创新市场导向机制,发挥市场对技术研发方向、路线选择、要素价格、各类创新要素配置的导向作用。"接着,2015年党的十八届五中全会《中共中央关于制定国民经济和社会发展第十三个五年规划的建议》提出,要完善发展理念,牢固树立创新、协调、绿色、开放、共享发展理念。"创新是引领发展的第一推动力。必须把创新摆在国家发展全局的核心位置,不断推进理论创新、制度创新、科技创新、文化创新等各方面创新,让创新贯穿党和国家一切工作,让创新在全社会蔚然成风。"在党和政府强化创新驱动发展战略推动下,技术市场迅速发展。2015年共签订技术合同30.7万项,技术合同成交额9835亿元。而到2018年,全年共签订技术合同41.2万项,技术合同成交额17697亿元。

四 深化财税体制改革、健全城乡发展一体化体制机制、构建开放型经济新体制等

在深化财税体制改革方面，十八届三中全会《决定》提出："财政是国家治理的基础和重要支柱，科学的财税体制是优化资源配置、维护市场统一、促进社会公平、实现国家长治久安的制度保障。必须完善立法、明确事权、改革税制、稳定税负、透明预算、提高效率，建立现代财政制度，发挥中央和地方两个积极性。"十八届三中全会《决定》还分别就改进预算管理制度、完善税收制度、建立事权和支出责任相适应的制度作出规定。有学者认为，十八届三中全会《决定》提出现代财政制度，是对20世纪90年代以来中国从经济建设财政向公共服务财政转型后，财政制度的又一重大转型，是同建设现代化经济体系、推进国家治理体系和治理能力现代化相适应的。现代财政制度有三个基本特征，一是公共性，二是非营利性，三是法治化。[①]

关于健全城乡发展一体化体制机制，十八届三中全会《决定》指出："城乡二元经济结构是制约城乡发展一体化的主要障碍。必须健全体制机制，形成以工促农、以城带乡、工农互惠、城乡一体的新型工农城乡关系，让广大农民平等参与现代化进程、共同分享现代化成果。"分别就加快构建新型农业经营体系、赋予农民更多财产权利、推进城乡要素平等交换和公共资源均衡配置、完善城镇化健康发展体制机制提出了一系列改革举措。

关于构建开放型经济新体制方面，十八届三中全会《决定》指出："适应经济全球化新形势，必须推动对内对外开放相互促进、引进来和走出去更好结合，促进国际国内要素有序自由流动、资源高效配置、市场深度融合，加快培育参与和引领国际经济合作竞争新

[①] 参见高培勇《论国家治理现代化框架下的财政基础理论建设》，《中国社会科学》2014年第12期。

优势，以开放促改革。"还分别就放宽投资准入、加快自由贸易区建设、扩大内陆沿边开放提出了许多改革举措。十八届三中全会《决定》做出后，国家推出了对外开放一系列重大举措。直至2018年，共建"一带一路"引领效应持续释放，同沿线国家的合作机制不断健全，经贸合作和人文交流加快推进。货物通关时间大大缩短，关税总水平降至7.5%。大幅压缩外资准入负面清单，扩大金融、汽车等行业开放，等等。

第三节 党的十九大报告进一步提出加快完善社会主义市场经济体制，推动经济高质量发展

2017年10月，党的十九大胜利召开，习近平总书记作了《决胜全面建成小康社会　夺取新时代中国特色社会主义伟大胜利》的报告。报告指出：经过长期努力，中国特色社会主义进入了新时代，这是我国发展新的历史方位。中国特色社会主义进入新时代，我国社会主要矛盾已经转化为人民日益增长的美好生活需要和不平衡不充分的发展之间的矛盾。我国经济已由高速增长阶段转向高质量发展阶段，正处在转变发展方式、优化经济结构、转换增长动力的攻坚期，建设现代化经济体系是跨越关口的迫切要求和我国发展的战略目标。党的十九大报告对深化市场化改革和深化社会主义市场经济论做出了一系列论述和部署。

第一，明确提出坚持社会主义市场经济改革方向，加快完善社会主义市场经济体制，着力构建市场机制有效、微观主体有活力、宏观调控有度的经济体制。宏观调控有度是首次使用的，主要指发挥宏观调控熨平经济波动的作用，既不能放任自流，也不能过度，适时适度调控，为经济健康运行创造良好的宏观经济环境。

第二，明确经济体制改革必须以完善产权制度和要素市场化配

置为重点，实现产权有效激励、要素自由流动、价格反应灵活、竞争公平有序、企业优胜劣汰。这比十八届三中全会《决定》更加重视产权制度改革。十八届三中全会《决定》强调完善产权保护制度，这次则提出要完善整个产权制度，实现产权有效激励。此前有一段时间，由于对民营企业家产权保护不够，影响了他们的投资积极性。2016年民间资本对全国固定资产投资增速只有3.2%，大大低于过去两位数或以上年增速（2015年增速为10%），采取各种保护产权措施后，2018年民间资本对全国固定资产投资增速已回升至8.7%，占固定资产投资（不含农户）的比重回升至62%。当前完善产权制度还有一个重点是要加强对知识产权的保护和激励等。这次还专门提出要加快要素价格市场化改革，这是要素市场化配置的重要条件，也是使市场在资源配置中起决定性作用的重要条件。

第三，提出推动国有资本做强做优做大。这比十八届三中全会《决定》提出国资监管机构"以管资本为主"又进了一步。国资监管机构应主要关注国有资本而非国有资产，因为国有资产是由负债和所有者权益组成的。如果资产负债率超过百分之百，所有者权益就是负数了，如像一些僵尸企业那样。还有，推动国有资本做强做优做大，比1999年十五届四中全会《决定》提出着眼于搞好整个国有经济也进了一步，因为国有经济中有一些公益性、福利性单位，它们的任务主要是搞好服务，而不一定要做强做优做大。

第四，支持民营企业发展，激发各类市场主体活力，打破行政垄断，防止市场垄断。激发和保护企业家精神，鼓励更多社会主体投身创新创业。这是在党的重要文件中第一次提民营企业，十八届三中全会《决定》还是用非公有制企业的提法。民营企业更通俗和直白，大家一看就懂。提出支持民营企业发展，激发和保护企业家精神，是为了更好地调动民营经济的积极性，充分发挥他们在支撑增长、促进创新、扩大就业、增加税收等方面的重要作用。防止市场垄断也是首次出现在党的文件中，表明打破垄断、鼓励竞争的决心。

需要特别提出的是，2018年11月1日，习近平总书记在民营企业座谈会上发表了重要讲话，对民营企业在我国发展社会主义市场经济中的地位和作用、大力支持民营企业发展壮大等作了深刻的论述。讲话首先充分肯定我国民营经济的重要地位和作用，指出，"截至2017年底，我国民营企业数量超过2700万家，个体工商户超过6500万户，注册资本超过165万亿元。概括起来说，民营经济具有'五六七八九'的特征，即贡献了50%以上的税收，60%以上的国内生产总值，70%以上的技术创新成果，80%以上的城乡劳动就业，90%以上的企业数量"。"一段时间以来，社会上有的人发表了一些否定、怀疑民营经济的言论。比如，有的人提出所谓'民营经济离场论'，说民营经济已经完成使命，要退出历史舞台；有的人提出所谓'新公私合营论'，把现在的混合所有制改革曲解为新一轮'公私合营'；有的人说加强企业党建和工会工作是要对民营企业进行控制，等等。这些说法是完全错误的，不符合党的大政方针。""民营经济是我国经济制度的内在要素，民营企业和民营企业家是我们自己人。""在全面建成小康社会、进而全面建设社会主义现代化国家的新征程中，我国民营经济只能壮大、不能弱化，不仅不能'离场'，而且要走向更加广阔的舞台。"同时还提出了六方面政策举措支持民营企业发展壮大。其一，减轻企业税费负担。其二，解决民营企业融资难融资贵问题。其三，营造公平竞争环境。其四，完善政策执行方式。其五，构建亲清新型政商关系。其六，保护企业家人身和财产安全。[①]

此后不久，2018年11月24日，由中国社会科学院民营经济研究中心、北京大成企业研究院等联合主办的"改革开放40年与中国民营经济发展"座谈会上，全国工商联原主席黄孟复提出，民营经济要坚定信心未来仍有广阔发展空间。有的专家认为，现在看来，随着生产技术的发展，人们生活的多样化，生产的分散化、个性化、

---

① 参见《人民日报》2018年11月2日。

多样化、社会化以后，生产的社会化程度的提高，并不一定要求社会占有全部生产资料，建立单一的社会公有制。所以，目前根本看不到消灭私有经济的前景，否则只会带来社会生产力的大破坏，经济的大倒退。还有的专家提出，用优质制度建设支撑和推动民营经济更好发展。[①]

第五，提出健全货币政策和宏观审慎政策双支柱调控框架，深化利率和汇率市场化改革。双支柱调控框架意味着金融监管机构不能只关注物价稳定，还要关注资产价格变动，关注住房金融活动，关注表外金融活动和跨境资本流动，等等。

第六，提出高质量发展阶段要转换增长动力，推动动力变革。这至少包括以下四方面内容。一是强调创新是引领发展的第一动力，并以科技创新带领全面创新，这是建设现代化经济体系的战略支撑。二是深化供给侧结构性改革，加快建设制造强国，加快发展先进制造业，推动互联网、大数据、人工智能和实体经济深度融合，在中高端消费、创新引领、绿色低碳、共享经济、现代供应链、人力资本服务等领域培育新增长点、形成新动能。三是开放促改革和发展，无论是"一带一路"建设，还是拓展对外贸易，实行高水平的贸易和投资自由化便利化，优化区域开放布局，探索建设自由贸易港，创新对外投资方式，都能推动经济的高质量发展。四是加快完善新体制，不断增强我国经济创新力和竞争力。动力变革是一篇大文章，有待在今后实践中不断探索和发展。中国（海南）改革发展研究院迟福林院长主编了一本《动力变革》专著，45万字，由中国工人出版社2018年出版，系统地论述了新时代动力变革的含义、对推动高质量发展的重大意义等。

（执笔人：张卓元，中国社会科学院经济研究所研究员）

[①] 参见《经济参考报》2018年12月5日。

第三十四章

中国经济新常态

第一节 "新常态"的时代背景与基本内涵

"新常态"这一概念是与21世纪以来的经济和金融危机相伴而生的。"新常态"（new normal）最早于21世纪初见诸西方报端，它指的是互联网泡沫破灭后，发达经济体出现了所谓无就业增长的经济复苏。2010年，太平洋投资管理公司首席执行官埃里安在其题为《驾驭工业化国家的新常态》的报告中，正式用新常态概念来诠释本轮危机后的世界经济新特征。[①] 自那以后，这一概念迅速传播开来，大量国外媒体和知名学者开始在危机之后全球需进行长期深度调整的意义上使用这一概念。新常态旋即转变为刻画后危机时代全球经济新特征的专用名词。

2014年，埃里安又根据全球经济的新变化对新常态作了进一步阐释。他指出，新常态主要指的是：西方发达经济体在危机过后将陷入长期疲弱、失业率高企的泥沼中，而造成这一状况的直接原因，

[①] El-Erian, M. A. (2010), "Navigating the New Normal in Industrial Countries", *International Monetary Fund* (Dec. 15), Retrieved Oct. 18, 2012.

就是超高的杠杆比率、过度负债、不负责任地承担高风险和信贷扩张等。他认为,发达经济体要消化这些负面冲击需要较长时间,更何况,决策当局因循守旧的应对之策,将会使得这种新常态长期化。[1] 国际货币基金组织总裁拉加德指出:新常态可以更贴切地被表述为全球发展的"新平庸"(new mediocre),其基本表现是:主要国家的经济呈现弱复苏、慢增长、低就业、高风险特征。[2]

萨默斯等人则更愿意将未来发达经济体的新常态表述为"长期停滞"。[3] 长期停滞概念一经提出,便引起西方主流经济学界的强烈关注和共鸣。"长期停滞"一词最早是在1938年大萧条快结束的时候,由时任美国经济学会主席阿尔文·汉森所提出。他认为,大萧条也许开启了一个新的时代,在这个时代里没有任何自然力量将推动经济走向充分就业,会出现一个持续失业与经济发展停滞时期。汉森指出,主要由于出生率的下降,以及高储蓄、低投资倾向和低通胀,以致经济出现停滞不前。[4] 萨默斯借用这一概念,用于描述危机以来发达经济体的新常态,这包括潜在增长率的下滑,以及与之相伴随的低通胀、低利率、全要素生产率下降、债务不断攀升等现象。

造成西方国家和世界经济长期停滞的原因,众说纷纭、莫衷一是。一些学者认为在于需求侧,另一些学者则归结为供给侧。从国际经济学界的文献看,有越来越多的研究,开始将目光聚焦在技术

---

[1] El-Erian, M. A. (2014), "The New Normal has been Devastating for America", *Business Insider*, Mar. 22.

[2] Lagarde, Christine (2014), "The Challenge Facing the Global Economy: New Momentum to Overcome a New Mediocre", Georgetown University, School of Foreign Service, October 2, 2014.

[3] Summers, L. (2014a), "Bold Reform is the Only Answer to Secular Stagnation", *Financial Times Columns*, Sep. 8.

[4] Hansen, A. (1939), "Economic Progress and Declining Population Growth", *American Economic Review*, 29 (1), pp. 1–15.

进步放缓、市场扭曲、人口与收入分配等深层结构性问题。

在中国，新常态一词则与中国经济转型升级的新发展阶段密切相关。2014年5月，习近平总书记在河南考察时首次使用新常态概念；7月29日，在中南海召开的党外人士座谈会上，习近平总书记又一次用新常态来概括当前经济形势。11月10日，在北京召开的APEC工商领导人峰会上，习近平主席集中阐述了中国经济发展新常态下速度变化、结构优化、动力转化三大特点，并集中表达了新常态将给中国带来新机遇的乐观预期。到了2014年12月9日的中央经济工作会议上，习近平总书记从消费需求、投资需求、出口和国际收支、生产能力和产业组织方式、生产要素相对优势、市场竞争特点、资源环境约束、经济风险积累和化解、资源配置模式和宏观调控方式九大方面分析了中国经济新常态的表现、成因及发展方向后，明确指出："我国经济发展进入新常态是我国经济发展阶段性特征的必然反映，是不以人的意志为转移的。认识新常态，适应新常态，引领新常态，是当前和今后一个时期我国经济发展的大逻辑。"2016年1月，习近平总书记又系统总结了新常态的基本特征：增长速度要从高速转向中高速，发展方式要从规模速度型转向质量效益型，经济结构调整要从增量扩能为主转向调整存量、做优增量并举，发展动力要从主要依靠资源和低成本劳动力等要素投入转向创新驱动。这些变化，是我国经济向形态更高级、分工更优化、结构更合理的阶段演进的必经过程。实现这样广泛而深刻的变化并不容易，对我们是一个新的巨大挑战。①

关于中国经济新常态，吴敬琏认为有两个基本特征：一是从高速增长转向中高速增长；二是从规模速度型的粗放增长转向质量效益型的集约增长。吴敬琏强调，以上两者的进度是有很大差异的：前者已是既成事实，绝大多数人对适应这种状况也有一定的思想准

---

① 习近平：《在省部级主要领导干部学习贯彻党的十八届五中全会精神专题研讨班上的讲话》，《人民日报》2016年5月10日第2版。

备；后者只是期望而非现实，需要经过努力才有可能实现。① 蔡昉认为，中国经济发展进入新常态的一个表现，就是传统经济增长源泉式微，不再能够维持长期以来近两位数的 GDP 增长速度。而且，如果不能及时挖掘出新常态下特有的增长源泉，潜在增长率将继续降低。② 金碚把中国经济新常态的主要特征归纳为中高速增长、结构调整、创新驱动、素质提升和公平分享等几个方面。③ 李扬、张晓晶指出，中国经济已经从过去 30 余年的"结构性增速"转向了未来一段"结构性减速"的时期，我们很难再回到旧常态下的潜在增长率水平，一位数的增长率将成常态，且增速存在较大可能进一步下滑。而且，新常态的其他特点，或者由结构性减速衍生，或者只是结构性减速所带来的问题和挑战。④

国内外经济新常态是有区别的。有学者较早地对中美两种"新常态"进行了比较研究。⑤ 李扬、张晓晶认为，国内和国外的新常态概念基本上是相对独立形成的——在国际上，新常态更多的是被动地刻画了自 20 世纪 80 年代以来全球经济增长之长周期的阶段转换，其内涵的倾向，如果不是悲观的，至少也是无可奈何的；中国则不然，新常态是中国迈向更高级发展阶段的宣示，它不仅分析了中国经济转型的必要性，而且明确指出了转型的方向，同时指出了转型的动力结构。⑥ 经济新常态概念，尽管从表述来看借鉴自西方，但已经按照中国的语境进行过创造性转化，具有全新的内涵。它重在刻

---

① 吴敬琏：《中国经济新常态有待确立》，2015 年 4 月 25 日在第 7 期上海金融家沙龙暨第 75 期中欧陆家嘴金融家沙龙上的演讲。
② 蔡昉：《从国际经验看新常态下中国经济增长源泉》，《比较》2015 年第 3 期。
③ 金碚：《中国经济发展新常态研究》，《中国工业经济》2015 年第 1 期。
④ 李扬、张晓晶：《论新常态》，人民出版社 2015 年版。
⑤ 汪红驹：《防止中美两种"新常态"经济周期错配深度恶化》，《经济学动态》2014 年第 7 期。
⑥ 李扬、张晓晶：《新常态：经济发展的逻辑与前景》，《经济研究》2015 年第 5 期。

画一种趋势性、不可逆的发展状态，意味着中国经济已进入一个与过去30多年高速增长期不同的新阶段，因而是一个具有历史穿透力的战略概念。

具体而言，它用一个"新"字，将20世纪80年代以来的经济发展划分出存在系统性差别的两个不同时期；它用一个"常态"的概括，指示出当前及未来一段时期中国经济发展的主基调。"常态"的判断，指示出当前及未来一段时期国内外经济发展的基本底色。它提醒我们，"旧常态"的辉煌或许值得眷恋，但是，在大概率上，它已经很难回归。因此，面向未来，我们必须全面调整理念、心态、战略和政策，主动适应新常态，学会在新常态下生产和生活，并积极地引领新常态向着我们设定的更高目标发展。特别要注意，新常态蕴含着发展的新动力。发现、挖掘并运用好这些动力，需要我们对旧常态下习以为常的发展方式进行革命性调整，必须对旧常态下扭曲的经济结构进行壮士断腕式改革。

在新常态下，中国经济尽管面临较大下行压力，但长期向好的基本面没有变，经济韧性好、潜力足、回旋空间大的基本特质没有变，经济持续增长的良好支撑基础和条件没有变，经济结构调整优化的前进态势没有变。我们要把握这些大势，坚持以经济建设为中心，坚持发展是硬道理的战略思想，变中求新、新中求进、进中突破，推动我国发展不断迈上新台阶。

近年来，中国经济已开始脱离投资驱动和出口驱动的传统增长方式，正逐渐向更强调质量、效益、创新，更关注生态文明建设，更重视民生改善，更具可持续性的轨道过渡。在这个过程中，我们熟知的数量型指标正发生着向下的变化，而我们过去比较陌生且重视不够的质量效益型指标正发生着向上的变化，与此同时，改革不断稳步推进。总体而言，中国经济已呈现向"速度略降、质量效益提高、生态效应改善、可持续性增强"良好态势转换的迹象。现在看来，这种转换不可能一蹴而就，改变中国经济发展质量不够高、发展不平衡不充分的现状还需要经历一段较长的时间。

第二节 全面认识新常态

一 科学认识新常态下的经济减速

经济发展新常态是中国经济向更高发展水平跃升的必经阶段。从长期看,一个经济体的增长速度呈现出一定规律性,即随着人均收入水平提高,助推经济较快增长的"低垂的果子"会逐渐减少,经济发展在更高阶段上只能取得相对较低的增长速度。进一步地看,在经济发展的漫长历史进程中,任何一个经济体的增长都不可能以恒定的高速度永久地持续下去。在经济发展大历史的由衰至盛阶段上,中国已经在最短的时间里,实现了低收入到中等偏下收入以及再到中等偏上收入阶段的跨越,如今进入从中等偏上收入向高收入国家行列的冲刺阶段,以增长速度趋缓为特点之一的新常态,是这个历史转变的结果。[①]

借助熊彼特的创新理论来分析,中国经济经历的结构性减速是一种"创造性破坏",因为它自身就蕴含着并衍生出新常态的另外两个基本特点:一是经济增长将更多地依赖产业结构的优化,即向以创新为引领的高端制造业和高端服务业转型;二是经济增长将全面转变动力结构,即更多依赖内需而非外需,更多依赖全要素生产率的提升而非要素规模的单纯扩张。经济增长速度因结构变化而稍降,结构变化同时蕴含着走向更高效率、更好质量的经济增长的路径——这就是新常态的辩证法。

当然,光明的愿景并非唾手可得。经济发展新常态提出的内在逻辑要求,就是加快转变经济发展方式,实现经济增长动力的转换,在提高发展平衡性、包容性、可持续性的基础上保持中高速增长。

[①] 蔡昉:《从中国经济发展大历史和大逻辑认识新常态》,《数量经济技术经济研究》2016年第8期。

特别要看到，在这个阶段上，中国还存在着制约经济增长的体制性障碍，在21世纪第一个十年中，特别是应对金融危机期间，刺激性宏观经济政策的过度使用也加重了不平衡、不协调和不可持续的问题。要保持中高速增长，实现高质量发展，必须从供给侧推进结构性改革。

二　新常态不是避风港

新常态，仅就其对于一定发展时段特征、趋势的概括而言，并不存在价值判断，不能简单地用好或坏来进行判别。比如，自20世纪80年代初至本轮危机之前全球经济的"大缓和"或"大稳定"，相较于此前阶段的滞胀时期，也可以说是一个新常态；而日本所谓"失去的20年"，相较于日本经济此前的较快增长，也算是新常态。中国经济发展新常态既包含"三期叠加"导致"结构性减速"的困难层面，更有经济向形态更高级、分工更优化、结构更合理阶段演进的积极层面。新常态构成了中国经济发展的基本语境，提出了塑造中国未来前途的大逻辑。但新常态不是安全岛，不是避风港，更不能以此为借口，把不好做或难做好的工作都以新常态做托词。

如何应对新常态，党中央提出三个关键词，即认识、适应和引领。"认识"，就是强调要从长周期视角来理解中国经济当前及今后一段时期所处的发展阶段，无论是经济减速、结构调整还是增长动力转换，非一朝一夕之事，而是要持续较长时间。"适应"，就是面对这样的新常态，要有历史耐心和定力。不能一遇减速，就指望强刺激，需摆脱高增长依赖症；特别是要学会在新常态下如何生存和发展，要把自己的行为模式、目标函数调适到新常态的"频道"，跟着新常态的节奏起舞。当然，这并不意味着只能被动适应新常态，实际上，第三个关键词最重要，就是"引领"。新常态意味着经济发展方式的根本转变，中国经济的"浴火重生"。为此，还需要以创新、协调、绿色、开放、共享的新发展理念为指引，大力推进供给侧结构性改革来逐步实现。

世界各主要经济体也认识到，走出经济"新平庸"的出路在于创新和改革。党的十八届三中、四中、五中全会和党的十九大对中国的改革发展作了全面部署，而美、欧、日等经济体也纷纷推出各自的改革计划与长期增长战略，全球性的创新和改革竞赛已经拉开序幕。这场竞赛不是零和博弈，而是任何经济体摆脱体制僵化与社会惰性的重要动力，也是持续增长的重要前提。因此，无论从国内角度还是国际角度看，均要求在新常态下有新作为，不能将新常态当作避风港而观望等待。

在一些地方，出现了以新常态为避风港"休养生息"，改革发展的积极性不足，甚至打算"熬到"届满的迹象。究其原因，一是破除"唯GDP论"往往被地方上片面理解成可以不要增长了；二是面对反腐高压，一些干部在工作上谨小慎微，多一事不如少一事，观望成为相对"保险"的做法；三是改革的推进使得各种利益格局处在调整之中，而相关改革实施方案缺乏细则难以落地，在此情况下，观望或不作为成了一些地方官员的"常态"；四是中央、地方改革权责尚未完全厘清，存在着激励不相容、改革缺乏动力的现象。那么，如何让广大干部走出避风港，积极引领新常态呢？张晓晶提供了以下几点思路。[①]

首先，要把违纪腐败问题与敢为天下先的探索区分开。中央提出，要有容错机制，鼓励担当，保护积极性。对勇于改革创新与担当、不谋一己之私利的同志，要给他们撑腰。在敢啃"硬骨头"、敢蹚"地雷阵"、敢为天下先的过程中难免会出现失误或差错，对于这样的错误要有容忍度，而不是一棍子打死。面对新常态，如果以什么事也不干来避免犯错，就会形成坏的示范效应。打破这个僵局，就要给改革探索者和创新者一定的"试错权"和"试错空间"。只有这样，才能让各地放开手脚，最大限度调动大家的积极性、主动性、创造性，推动全社会形成想改革、敢改革、善改革的良好风尚。

---

① 张晓晶：《新常态不是避风港，当有新作为》，《人民日报》2016年4月27日。

要形成这样的氛围,既要有制度的约束和惩戒,还要有制度的支持、保障和激励。

其次,要形成良好的政商关系和政治生态。现在各地不敢干事,或出现懒政、怠政,还可能由于在处理政商关系上畏首畏尾,生怕出事。确实,很多腐败问题与政商关系处理不当有关。因此,构建"亲""清"新型政商关系,形成风清气正的政治生态,是解决这一问题的关键。"亲"是勤政而为的标尺,"清"是坚守纪律的规则;亲商有助公平,清政需要公开。"亲""清"的实现要建章立制在先,要有边界、有担当、有作为,而不只是划清界限,推卸责任。要明确制度红线,不能认为官员与商人交往就一定是腐败。这需要我们推进法治建设、完善市场体系,在阳光下运行权力,在包容中发展经济。这是善治政府的体现,也是有为政府的重要保障。

最后,要赋予地方更多自主权,实现权威性与有效性的平衡。各项改革事业,都需要狠抓落实。没有这一条,改革就只停留在口号上、文件上、会议上。特别是,改革方案更多的是原则性、方向性的,再细化的方案,也不可能穷尽现实的复杂性。因此,推进改革离不开因地制宜、基层创新。这就要赋予地方更多的自主权。改革的顶层设计,是要树立中央的权威性,突出改革的协调性,也防止从部门和地方的视角偏离改革方向。但改革要能落地生根,就要突出"有效性",鼓励首创精神,允许因地制宜。权威性与有效性缺一不可,要实现有机统一和新的平衡。如果仅仅权威性得到了较好的体现,有效性方面却有所削弱,即使表面上和原则上大家都听中央的指挥,但在真正贯彻落实上却有折扣,仍然难以实质性推进改革,百姓就会缺乏对改革红利的获得感。改革要取得成效离不开地方自发和自主创新的积极性,这是过去40年的成功经验。在推进供给侧结构性改革中,例如在国有企业改革、为企业减负、房地产调控,以及去产能、去杠杆、清理僵尸企业等方面,都可以让地方有较大的自由裁量权,在不违背中央大政方针的前提下,具体怎么做、做到什么程度，应由地方来定。

三 以新常态超越世界经济"新平庸"

中国在高速增长时期，恰逢西方国家和新兴经济体的黄金增长期，以及由此释放出有效需求带来的经济全球化，对外开放特别是加入世界贸易组织让中国尽享改革开放红利。国际金融危机以来，西方国家黄金增长期结束，全球经济日渐进入如拉加德所形容的"新平庸"，经济全球化也遭遇挫折。从这个意义上，虽然不应该认为中国经济减速是受到世界经济和贸易低迷的外部冲击，也需要看到，中国经济发展的外部环境的确有所恶化。

但是，中国经济增长减速，总体上是平行于世界经济格局变化、经济发展进入新常态的表现。因此，一方面，中国经济保持中高速增长，希望但并不依赖于世界经济增长的复苏；另一方面，推动供给侧结构性改革可以开启经济增长新动能，以中国经济发展的新常态超越世界经济新平庸。

一些学者囿于对中国国情和既有优势缺乏了解，特别是不懂得中国经济通过结构性改革可能赢得改革红利，从而提高潜在增长率，保持中高速增长的巨大潜力，把从只见森林不见树木的多国、长期面板数据得出的结果，拿来判断和预测中国经济前景，倾向于低估中国未来的经济增长速度。[①]

例如，普里切特和萨默斯认为，任何超乎平均水平的增长速度都是异常的，按照规律终究要"回归到均值"。按照他们的逻辑，这里所谓的"均值"就是世界经济的平均增长率。该方法论的依据是著名的"高尔顿谬误"（Galton's Fallacy），即正如一个扩展家庭的平均身高不可能长期维持异于寻常的状况，而倾向于回归到总体人口的平均水平一样，经济增长率也遵循这个统计规律。据此他们预测

---

① 对此类研究的批评性评论，可参见蔡昉《认识中国经济减速的供给侧视角》，《经济学动态》2016年第4期。

的中国经济增长率，2013—2023 年将有零有整地下降为 5.01%，2023—2033 年则进一步下降到 3.28%——即其所谓的"均值"。①

普里切特和萨默斯把"回归到均值"应用于解释中国经济减速，并宣称该统计规律不容回避，不啻把众多国家旷日持久且丰富多彩的增长实践，湮没在一组面板数据之中，特别是忽略了发展中国家具有的赶超特点。既然该逻辑未能回答以往的赶超经济体如日本和"亚洲四小龙"，以及中国在过去 40 多年何以实现高速经济增长，并且没有能够提供关于中国经济减速的合理解说，"回归到均值"的预言也就无法令人信服。以这种研究方式，为中国经济未来 20 年预测出的增长百分点，就如同按照世界上成千上万男女老少的尺码做出一个被称为"均值"的鞋子，并宣称这是应用于任何一个活生生的人的均码一样，显然是犯了"宁信度，无自信也"式的方法论错误。

巴罗得出与此相似的预测和结论，即中国经济增长率很快将显著下降到 3%—4% 的水平，从而不可能实现官方确定的在"十三五"时期 6%—7% 的增长率目标。他的依据来自其享有著作权的"条件趋同"假说及其分析框架。在他的增长回归模型中，决定经济增长率的因素被分为两类，一类是趋同效应，用（对数形式的）初始人均 GDP 作为自变量，另一类是一组决定增长稳态的解释变量（或称 X 变量）。经过无数次增长回归，他十分确信自己得出了一个"趋同铁律"，即一个国家不可能以长期异于 2% 的速度与更发达经济体或自身稳态趋同。既然以往中国经济取得了明显快于模型所预测的增长速度，按照这个铁律，今后不太可能继续既有的增长势头。②

---

① Pritchett, Lant and Lawrence H. Summers (2014), "Asiaphoria Meets Regression to the Mean", NBER Working Paper, No. 20573.

② Barro, Robert J. (2016), "Economic Growth and Convergence, Applied Especially To China", NBER Working Paper, No. 21872.

随着人均收入水平的提高从而趋同空间缩小,经济增长速度减慢无疑是符合一般规律的。但是,即使认同巴罗的趋同分析框架,在"趋同铁律"之外,也仍然存在着诸多 X 变量,影响经济增长速度。巴罗也承认,具体到某一单个的经济体,可能存在独特的 X 变量或国别意义上的特质性因素,可以使其异于所谓的"铁律"或"均值"。例如,巴罗及其合作者(Barro and Sala-i-Martin)曾经在其增长回归模型中,先后加入过超过 100 种解释变量并发现均具有显著性。中国经济增长的故事既有一般意义,更是独特的,忽略或者无视其特有的因素,就会导致低估中国经济的增长潜力,误判其减速的时间和幅度。

艾肯格林及其合作者不承认存在着某种经济增长放缓的铁律。在识别经济增长和全要素生产率减速的国别因素方面,他们做了特别的努力。他们发现,按 2005 年购买力平价计算的人均 GDP,平均而言,在 10000—11000 美元以及 15000—16000 美元两个区间上,一个经济体通常会分别遭遇两次减速。① 按照他们的口径和定义,中国迄今尚未到达典型的 10000 美元减速起点,但是已经部分符合了关于减速的定义,即从 2012 年以前的大约 10% 的增长率下降到以后的不到 8%,减速幅度为 2—3 个百分点。尽管定义是把减速点之前的 7 年与之后的 7 年平均增长率进行比较,但是,我们可以确信的是,中国经济的确不可能回到 10% 的增长率上面了。

在 2013 年的论文中,艾肯格林等识别出若干与减速相关的普遍性因素,如与趋同相关的"回归到均值"效应、人口老龄化导致人口红利消失、过高的投资率导致回报率下降、汇率低估阻碍产业结构向更高的技术阶梯攀登等,也指出了一些可以减小减速概率的因素,如更好的人力资本储备等。然而,一方面,他们没有能够把其

---

① Eichengreen, Barry, Donghyun Park, and Kwanho Shin (2013), "Growth Slowdowns Redux: New Evidence on the Middle-income Trap", NBER Working Paper, No. 18673.

中一些因素与减速本身之间的因果关系说清楚，没有把周期性因素与增长性因素完全区分开；另一方面，他们没有特别强调在其较早论文中的重要发现，即全要素生产率的下降可以解释85%的经济增长减速。不过，这一缺憾在同一些作者的另一篇专门讨论全要素生产率减速的文章中得到弥补。①

虽然艾肯格林等没有像前述作者那样预测中国经济的大幅度减速，但是，他们把迄今为止发生的2—3个百分点的增长率下降看作减速的表现。问题在于，他们在各国数据中观察到的从平均5.6%的增长率下降为2.1%（下降3.5个百分点），与中国从"十一五"时期的11.3%下降到"十二五"时期的7.8%（同样下降3.5个百分点），减速的幅度是不同的，前者为62.5%，后者仅为31.0%。而且，减速后的中国经济增长，按照世界标准仍然属于高速度。此外，分析中国的减速原因将表明，一方面，减速是发展阶段变化的结果，不可避免；另一方面，存在着诸多机会，使得中国的减速既不会演变为停滞，也不会过于剧烈。

中国学者的一项研究表明，即便没有额外的刺激和新的改革措施，按照潜在增长率的自然下降趋势，也仍然可以在较长时间里保持中国经济以中高速或者中速增长。更重要的是，通过消除生产要素供给和配置以及全要素生产率改善障碍的体制潜力是巨大的，结构性改革必然带来改革红利。② 一旦真正理解了新常态，认识到改革红利的存在就是顺理成章的了，进而通过在改革当事人之间、在不同社会群体之间、在短期和长期之间合理分担改革成本和分享改革收益，确保改革不走样、不变形，改革红利将长期支撑中国经济的合理增长，以中国经济的新常态超越世界经济的"新平庸"。

---

① Eichengreen, Barry, Donghyun Park, and Kwanho Shin (2015), "The Global Productivity Slump: Common and Country-specific Factors", NBER Working Paper, No. 21556.

② Cai Fang and Yang Lu (2016), "Take-off, Persistence, and Sustainability: Demographic Factor of the Chinese Growth", *Asia & the Pacific Policy Studies*, September/October.

第三节　新常态、新挑战

新常态下，中国国民经济的运行进入了一个新的中高增速增长平台。毫无疑问，与这个新平台"内洽"的一系列经济指标，如储蓄、投资、物价、就业、财政收支（包括赤字）、国际收支、人民币汇率、货币供给、利率等，均呈现出新的性状。尽管我国近几年6%—7%的经济增速在世界范围内仍属较高的速度，但这一速度是在以往年份10%左右的高位之上回落下来的；3个百分点以上的速度落差带来的巨大下行压力有"水落石出"之功效，将高增长时期积累的诸多深层次、结构性问题充分暴露出来，由此引发的巨量的、复杂的震荡可能会导致各种经济风险的不断积累。这不仅会暴露出我国经济运行长期被掩盖的深层次矛盾，而且会引发新的矛盾。这些新矛盾，构成新常态下的新挑战。

李扬、张晓晶认为，以下三方面挑战尤为严峻。[1]

一是产能过剩。产能过剩是市场经济中的正常现象。然而，当前中国产能过剩之严重，绝难用市场经济的一般道理加以解释，其中，深藏着体制机制方面的原因。导致产能过剩的直接原因当然在于企业盲目扩张，但是，若无其背后地方政府的扩张冲动推波助澜，企业的盲目扩张绝难形成气候。在中国现行体制下，各级地方政府为了增加本地就业和税收收入，同时也为获取中央政府的产业优惠和转移支付，无不以"画地为牢"的方式扶持本地企业。产业政策导向上的趋同，致使各地区之间出现较为普遍的产业结构同质化现象；全国加总，产能过剩就是合乎逻辑的结果。中国地方政府"父爱主义"的产业政策，客观上有着"自造"道德风险，引致企业不计成本盲目扩张的倾向。在

---

[1] 李扬、张晓晶：《论新常态》，人民出版社2015年版。

市场经济中,因盲目投资和重复建设造成的损失,是由企业自身承担的;而在中国的体制下,造成的损失可能最终都要由政府来埋单。基于这种体制,一些企业或地方政府在作投资决策时就会冒进,由此导致的产能过剩问题就更加严重。

二是债务风险增大。作为一个储蓄率长期高达40%—50%的国家,自改革开放以来,中国各部门的负债率和杠杆率一直处于稳定的较低水平。这种局面于2009年开始转变。2003—2008年,我国的杠杆率事实上呈持续回落之势。2009年之后情况逆转,我国杠杆率显著上升,同时伴随着债务融资工具期限不断缩短。在考察国家整体债务水平的同时,政府部门债务,特别是地方政府债务的长期化倾向,尤其值得高度关注。这不仅因为其沉疴已久,非下猛药难以治愈,而且这一问题与我国各级政府间财政关系扭曲密切相关,因而关乎我国治理结构的完善。我国地方政府债务的风险目前仍属可控,但潜在风险亦不可小视:其一,中国地方政府债务大都为筹集投资资金而形成,然而,大部分投资项目(以基础设施建设居多)都很难产生现金流。因此,从财务角度看,中国地方债务存在偿付能力短绌和流动性不足两大缺陷。其二,由于不能产生现金流,从而也不具有市场可交易性,地方政府大量的"资产"并不具备经济意义上的资产内涵。而且,由于地方政府还需逐年投入新的资财来对这些资产进行维修养护,地方政府收支的"硬缺口"业已固化且愈演愈烈。其三,债务期限和对应的投资项目之间存在严重的期限错配。其四,经济增长速度下滑、城镇化战略转型、房地产市场调整等宏观和体制因素,都将使地方政府财务状况恶化,进而挤压其举债和还债空间。

三是城镇化转型。传统的城镇化战略主要是从"城里人"角度规划的城镇化。因此,其行进的路径基本上就是注重城市规模扩张的"开发区化"。诸如建成区人口密度下降、人均建成区面积畸高等,就是这种模式的主要恶果。在如此单向、扭曲的城镇化进程中,广大"乡下人"的多方面利益诉求,显然被忽视了，最终消除城乡二元结构的历史任务，也就没有了着落。传统城镇化步调是由政府主导的固定资产投资特别是房地产投资引导的。它不甚关注城镇化中市场的建设和产业的协调发展，从而使城镇化"失去了市场"。更严重的恶果，就是形成了对钢筋、水泥等建筑材料的畸形需求，导致这些产业产能激增，终至过剩。由此，形成了一个产能过剩支持快速城镇化，城镇化快速推进又进一步推动产能过剩的恶性循环。两种扭曲互相交织，形成了难以自拔的"过剩循环怪圈"。最后，从经济增长因素的角度看，传统的城镇化战略更侧重于从需求面认识城镇化，即寄望于通过城镇化带动基础设施投资和城市消费等国内需求，以支撑经济增长。相反，与城镇化高度相关的产业积聚、规模经济、人力资本积累、知识外溢等对长期可持续发展更为重要的供给面因素，则一直未被重视。

黄汉权强调了新旧动能转换的挑战。[1] 近年来，我国推动产业新旧动能转换的探索取得了初步成效，创业创新引领发展，新动能加快集聚；传统产业加快转型，传统动能焕发新活力；产能过剩行业出现恢复性增长；地方结合区域产业发展重点，围绕新旧动能转换的探索不断深入。但仍存在新产业、新动能发展规模难以弥补传统产业下滑导致的动能衰退缺口；传统产业全要素生产率水平偏低，优化升级任务艰巨；三次产业优化发展不平衡，第一、第二产业相对滞后；基础薄弱地区新旧动能转换缓慢，导致区域发展不平衡现象更加突出等问题。现阶段，进一步推进产业新旧动能转换需扫除多方障碍，包括市场准入壁垒较多、市场监管体制不完善、尚未建立适应新经济发展的监管新模式等体制机制障碍，以及经济发展尚未完全脱离对传统发展路径的依赖，政策的设计制定和贯彻落实缺乏

---

[1] 黄汉权：《推进产业新旧动能转换的成效、问题与对策》，《经济纵横》2018年第8期。

统筹性、协调性，高端要素对新旧动能转换支撑力不足等障碍。①

张承惠分析了新常态下金融转型面临的挑战。② 她认为，新常态下中国金融转型面临的核心挑战集中反映在金融发展理念和部门利益调整上。在过去几十年中，中国金融发展理念归纳起来，就是全力满足中国工业化早中期"集中力量办大事"的需要，促进中国经济超常发展。由此，形成了一套间接融资为主、直接融资为辅，银行业金融机构为主、非银行业金融机构为辅，大银行为主、中小银行为辅的金融体系，以及政府主导、自上而下建设金融市场的发展模式。客观地说，这套体系和模式与中国工业化早中期阶段的发展特征是相适应的。但是随着市场化改革推进、经济发展方式转变和经济结构的演变，金融发展理念陈旧老化和不适应性逐渐显露。从大的方面看，是政府和市场的关系没有理顺，金融发展究竟应该由政府主导还是市场主导并不明晰。从问题的具体表现来看，一是过于注重金融机构的发展，忽略了市场机制的培育；二是过于重视市场外在形态的发展，忽略了市场内涵的发展；三是过于偏重数量的增加，忽视了市场效率的提升；四是过于强调绝对的金融稳定，忽略了金融市场自身所具有的动态平衡功能。多年行政性干预的结果是，有关政府部门事实上已经成为市场主体之一。既当运动员又当裁判员，既制定规则又执行规则，在很多问题上都有强烈的自我利益导向。由于政府部门利益的固化，权力的调整和再配置十分困难，在很大程度上影响了决策的科学性和金融改革的深化。

新挑战意味着新征程。当前中国经济发展的第一要务，就是平心静气地应对新常态下的各种挑战，平滑地从旧常态向新常态过渡，实现新时代下中国经济的新跨越。

---

① 黄汉权：《推进产业新旧动能转换的成效、问题与对策》，《经济纵横》2018年第8期。

② 张承惠：《新常态对中国金融体系的新挑战》，《金融研究》2015年第2期。

第四节 引领新常态

经济增长速度由高速降至中高速，当然是中国经济新常态的主要特征之一。不过，如果我们被减速"一叶障目"，而看不到其背后发生的质量和效益的提高，便难以全面理解中国经济的新常态。不过，当我们说新常态开拓了通往新繁荣的康庄大道，意味着中国经济"浴火重生"，那也指的是它为我们创造了新的战略机遇，为我们的新飞跃提供了新的要素、条件和环境——机遇要变成现实，还有待我们积极推进各个领域的改革，切实完成转方式、调结构的历史任务。因此，"引领新常态"，应当成为经济新常态下的主动行为。

中国经济学界围绕引领新常态进行了深入思考，形成了大量文献。其中的代表性文献，均强调要以新发展理念为指导，围绕供给侧结构性改革这条主线来引领新常态。[1] 根据已有文献，特别是李扬、张晓晶的论述，引领新常态的主要着力点包括以下几个方面。[2]

一 打造创新驱动新引擎

经济发展到今天，已经不可能依靠要素规模驱动力来支撑我国越过中等收入陷阱，要想百尺竿头更进一步，必须不断提高要素质量，更多依靠人力资本的质量和技术进步，让创新成为驱动发展的新引擎。

毫无疑问，实行创新驱动战略和建设国家创新体系，应以市场

---

[1] 蔡昉：《从国际经验看新常态下中国经济增长源泉》，《比较》2015 年第 3 期；卫兴华：《供给侧结构性改革引领新常态》，《金融评论》2016 年第 5 期；杨伟民：《适应引领中国经济发展新常态 着力加强供给侧结构性改革》，《宏观经济管理》2016 年第 1 期；王一鸣等：《治国理政新思想新实践：引领经济新常态 迈上发展新台阶》，《人民日报》2016 年 8 月 19 日。

[2] 李扬、张晓晶：《论新常态》，人民出版社 2015 年版。

机制为基础、以企业为主导。这里涉及大量体制机制改革，此处难以备述。我们希望强调新常态下创新驱动战略中的政府作用，这是因为，政府在创新驱动中的作用常常是不可替代的。在市场经济体制下，政府的功能，一是创造并维护一个有利于企业创新的社会经济环境；二是在创新的公共品领域，在具有外部性、垄断性领域中，发挥主导作用。值得强调的是，政府在产业选择、技术选择方面，不能过度干预，也应避免直接作为市场主体参与其中。在有必要实行产业政策的情形下，为克服政府失灵，应区分选择性产业政策和功能性产业政策，区分直接干预型和间接诱导型产业政策。这里的核心要义是，政府应当像投资银行家那样行事，产业政策应成为作为矫正市场失效的工具，而不是替代市场的工具来发挥作用。

改革可以激发创新活力。要通过改革建立真正"面向市场、依靠市场"的创新要素配置机制。鼓励包括资金、人才、技术在内的一切创新要素自由流动与灵活组合，破除种种不合理的体制机制障碍，如金融管制、（产业）准入限制、户籍制度、人事档案等。最大限度地减少政府对竞争性领域的干预，取消种种不合理的行政审批与许可，降低创业成本，增强对企业家创业失败的宽容度，充分释放微观经济主体的竞争活力。

二 处理好供给与需求的关系，创新和完善宏观调控体系

供给侧和需求侧是管理和调控宏观经济的两个基本手段。当前和今后一个时期，我国经济发展面临的问题，供给和需求两侧都有，但矛盾的主要方面在供给侧：我国不是需求不足，或没有需求，而是需求变了，供给的产品却没有变，质量、服务跟不上。因此，供给和需求两手都得抓，但主次要分明。当前要把改善供给结构作为主攻方向，把供给侧结构性改革作为发展主线。在此基础上，长短兼顾，标本兼治，综合施策，既有效化解当前经济运行中的主要风险点，实现经济平稳增长，又加快营造与现代化经济体系相匹配的制度框架和政策环境。因此，我们要把发展经济的着力点放在实体

经济上，把提高供给体系质量作为主攻方向，解除"供给抑制"，提高长期潜在增长率，增强我国经济质量优势。

需要注意，鼎新与革故是一体的。如果缺乏开放、公平、透明、激烈的市场竞争，缺乏效率的企业不能退出市场，创新不能迅速扩散，就无法使全要素生产率特别是微观生产效率在经济增长中起支配作用，潜在生产率的提升就将成为空中楼阁。

从这个意义上说，供给侧结构性改革也有短期目标。那就是有效化解产能过剩、房地产库存增加、杠杆率上升、债务负担加剧等风险隐患，挤掉经济中的水分，使中国经济运行呈现出健康的面貌。

强调供给思维，并不是无视需求。如果短期宏观稳定不能保证，供给侧结构性改革将无法推进。因此，就短期而言，稳定总需求仍然有必要。不能把供给与需求对立起来、把短期宏观稳定与中长期增长对立起来，这恐怕也是各国政策制定者都需要认真解决的难题。

三　发挥好投资的关键作用

在新常态下，稳增长依然是我们的目标之一。分析各类要素对经济增长的贡献率，我们必须清醒地看到，在今后一个不短的时期内，稳增长的动力，仍然主要来自投资。我们体会，这正是中央反复强调要发挥投资的关键作用的深意。

但是，在中国，投资又是造成产能过剩的渊薮。换言之，中国严重存在着投资/增长/过剩悖论——增长高度依赖投资，而投资经常会造成产能过剩。显然，在稳增长的同时，加速经济结构调整和转变经济发展方式，必须消弭产能过剩。于是，以改革的精神来安排投资，是"发挥投资关键性作用"的关键。其要点，是要处理好投什么、怎样投和谁来投的问题。

首先是投什么。经过长达 40 年高强度的工业化，在传统商业环境下可创造较大商业利润的工业投资项目已基本被挖掘殆尽。基础设施中的经济基础类设施，经过 2009 年以来财政刺激计划的横扫，也已没剩下多少有利可图的空间。因此，启用投资引擎，不仅需要找寻新的投资领域,还需创造条件,让这些投资具有商业可持续性。分析起来,有三个领域值得关注:一是促进消费长期增长的社会基础设施,主要包括教育、文化、医疗保健、健康服务业等;二是有利于技术进步的更新改造和创新投资;三是有利于可持续发展的节能环保产业,大气和水污染治理、生态修复以及资源循环利用等产业。

其次是怎样投。中国是当今世界上少有的高储蓄率国家,因此并不缺少投资资金来源。在投资领域中长期存在的问题,是缺少长期资本的动员和筹集机制以及缺乏解决"期限错配"的有效机制。我国金融体系以间接融资为主,这种金融结构内在地就有提高债务率的弊端。我们必须下决心改变这种状况。概言之,改革的方向有四:其一,采取切实措施,将"发展多层次资本市场"的目标落在实处;其二,放开国家对信用的统治,创造有利于资本形成的机制,特别是鼓励社会资本进入各类投资领域,为大众创业、万众创新提供合适的金融环境;其三,鼓励各种将债务性资金转变为股权性资金的金融创新;其四,充分发挥类似国家开发银行等长期信用机构的作用,同时,逐步放松对商业银行从事投资的限制,从根本上消除债务融资比重过高的基础。

最后是谁来投。传统上,基础设施和公共服务领域突出地存在着自然垄断性、公共性和外部性,这就从技术上摒社会资本于基础设施投资领域之外。然而,近几十年来,随着管理能力的提高和现代科技尤其是信息技术的发展,那些影响社会资本进入的技术障碍,或者渐次消失,或者可通过一定的制度安排予以克服。这就为在这些领域中引入社会资本开辟了广阔空间。目前采取的公私合营(即PPP)或者有管制的民间投资主体,都是国际上普遍采用的方式,应当大力推行。当然,从实践上看,关键还是要从思想上、制度上彻底摒弃对社会资本的歧视和限制。

四 构筑全面对外开放新格局

开放发展面临的形势：一是逆全球化潮流、经贸摩擦加剧以及中美贸易战；二是美日欧形成新的"联盟"，制定新的贸易规则对中国的冲击；三是中国自身出口引资也到了需要转型的时候，更加注重进口和资本"走出去"；四是"一带一路"倡议引领开放新格局。

进一步优化外商投资环境。发展高质量开放型经济需要构建一个有利于推动投资便利化、贸易自由化的体制机制环境，引导公平竞争，稳定良好预期。加强同国际经贸规则对接，增强透明度，强化产权保护，坚持依法办事，鼓励竞争、反对垄断。加大自由贸易试验区开放力度和相关制度改革力度，推进自由贸易港建设。进一步修订外商投资准入负面清单，放宽外资准入，并在全国范围内全面实现准入前国民待遇和负面清单管理办法，营造公平竞争的营商环境。

更加注重引资结构、质量和效益，扩大进口。从国内外趋势来看，大规模招商引资已经到了一个新的历史阶段，我们更应当关注引进外资的质量和效益。特别是，要关注引进外资的结构效益，如高技术制造业外资引进等；要关注服务业引进外资力度和能级的提升，促进高端服务业的开放与引进；要关注引进外资的环境效益，确保开放型经济实现绿色发展理念。积极主动扩大进口。扩大进口是提高中国开放型经济高质量发展的重要选择。在当前背景下，积极扩大出口不仅是平衡进出口贸易、实现国际收支平衡的短期选项，更是满足人民对美好生活的需要、让人民从高质量开放型经济发展中得到更多的获得感、幸福感。在上海举办的中国国际进口博览会，就是中国推动全球化继续前行、体现开放经济高质量发展的国际担当和大国责任的彰显。

推进服务业开放。向外看，在全球贸易体系中，服务贸易是一个"潜力板块"。过去5年，全球服务出口占总出口的比重平均每年提高近1个百分点，可以预期，服务贸易在全球贸易中的地位还将不断提升。面对这样的市场趋势性变化,中国应以开放的心态、积极的姿态参与其中。向内看,金融、教育、医疗等服务业的市场需求增长迅猛,供给质量、供给效率却跟不上。虽然服务业在国民经济中的占比已经过半,但总体还处在较低发展水平,传统劳动密集型服务业比重大,高端生产性服务业比重较低。在扩大开放中实现服务业的升级,对于优化供给侧、满足人们美好生活需要都有重要意义。在金融服务业方面,大幅度放宽市场准入。这包括:(1)取消银行和金融资产管理公司的外资持股比例限制,内外资一视同仁;允许外国银行在我国境内同时设立分行和子行。(2)将证券公司、基金管理公司、期货公司、人身险公司的外资持股比例的上限放宽到51%,三年以后不再设限。(3)不再要求合资证券公司境内股东至少有一家是证券公司。(4)进一步完善内地和香港两地股市互联互通的机制。(5)鼓励在信托、金融租赁、汽车金融、货币经纪、消费金融等银行业金融领域引入外资。(6)对商业银行新发起设立的金融资产投资公司和理财公司的外资持股比例不设上限。(7)大幅度扩大外资银行的业务范围。(8)不再对合资证券公司的业务范围单独设限,内外资一致。(9)全面取消外资保险公司设立前需开设两年代表处的要求。

扩大自贸区建设和推行"一带一路"倡议。自贸区建设是中国积极主动适应经济全球化新形势而自主推行的发展战略。就国际看,中国已与20多个国家和地区签署了自由贸易协定;中韩、中澳的自贸区谈判已结束;中美、中欧的投资协定谈判也在紧锣密鼓地推进;与此同时,中日韩自贸区谈判,以及与海合会、以色列等的自贸区谈判,亦在进行中;中国—东盟自贸区升级谈判和区域全面经济伙伴关系协定谈判也有了新进展。同时,我们将努力建设在2014年北京APEC会议上中方提出的亚太自贸区(FTAAP)。就国内看,从上海自贸区试点到其扩围,中国的自贸区建设步伐显著加快。积极推动上海、广东、天津、福建自贸试验区建设,并适时向全国推广,同时,通过推进国内贸易一体化进程,我们也将获得应对全球贸易增速回落的新手段。推进"丝绸之路经济带"和"21世纪海上丝绸之路"合作建设,是新形势下我国对外开放的大战略和总抓手。其一,它有助于促进区域协调发展。"一带一路"倡议的实施,将会为我国区域协调发展提供新的驱动力。"一带一路"建设对东中西部而言都是发展机遇,特别是西部一些地区,过去是边缘,而一旦同周边国家实现了互联互通,就会成为辐射中心,发展机遇更大。其二,助推产业转移和转型升级。"一带一路"为我国东部地区产业转移和化解过剩产能,提供了广阔的战略迂回空间。"一带一路"倡议的重点是实现互联互通。基础设施建设是互联互通的基础和优先领域。加大交通等基础设施建设力度,将有助于我们实现"一带一路"沿线各国联动发展。另外,通过"一带一路"建设,还可以为我国的产业转移和转型升级留出必要的发展空间。扩大内陆和沿边开放,当能进一步促进经济技术开发区创新发展,提高边境经济合作区、跨境经济合作区发展水平。其三,冲破束缚,实现全方位对外开放。"一带一路"是中国形成全方位对外开放格局、实现东西部均衡协调发展的关键一环。它将通过沿线国家基础设施的互联互通,对域内贸易和生产要素进行优化配置,促进区域经济一体化。借由初期的大规模基础设施建设,紧接着资源能源开发利用,随后的全方位贸易服务往来,"一带一路"倡议势将成为新常态下我国经济发展的新增长点。

五 从生态环境改善中求增长

关于经济增长与生态环境的关系,一直有"先发展后治理",或"边发展边治理"的说法,这体现出二者之间的一种对立关系。事实上,从更高层次上来认识,生态环境与经济发展是相辅相成的,改善生态环境就是发展生产力,注重环境保护与生态文明建设,更是促进经济社会全面发展的重要内容。2013年5月,习近平总书记在中共中央政治局第六次集体学习时指出,"要正确处理好经济发展同生态环境保护的关系,牢固树立保护生态环境就是保护生产力、改善生态环境就是发展生产力的理念"。这一重要论述,深刻阐明了生态环境与生产力发展之间的关系,体现了尊重经济规律与尊重自然规律的科学精神,蕴含着尊重自然、谋求人与自然和谐发展的价值理念和发展理念。

要克服把保护生态与发展生产力对立起来的传统思维,必须下大决心、花大气力改变不合理的产业结构、资源利用方式、能源结构、空间布局、生活方式等,更加自觉地推动绿色发展、循环发展、低碳发展,绝不以牺牲环境、浪费资源为代价换取一时的经济增长,绝不走"先污染后治理"的老路。

在目前的经济架构下,绝大多数环保、治污、生态修复活动都被视为经济运行的"成本",是增长绩效的"扣除"。在这一框架下,绝大多数生态文明建设的行为都成为企业负担。为从根本上解决生态文明建设中的"负向激励"问题,我们建议修改统计方法,其基本方向,是将企业在环保、治污、生态修复等领域的投入计为固定资产投资,并相应统计为国民产出。只有如此,我们才能创造有效的制度,提供正向激励机制,保证实现经济社会发展与生态环境保护共赢。

此外,我们还要从制度上保障生态红线,优化国土空间开发格局,科学布局生产空间、生活空间、生态空间,给自然留下更多修复空间;加大生态环境保护力度,实行最严格的生态环境保护制度,建立健全自然资源资产产权制度和用途管制制度,国土空间开发保护制度,能源、水、土地节约集约使用制度,水、大气、土壤等污染防治制度,反映市场供求和资源稀缺程度、体现生态价值和代际补偿的资源有偿使用制度和生态补偿制度。

(执笔人:张晓晶,中国社会科学院经济研究所研究员)

第三十五章

新发展理念

《中共中央关于制定国民经济和社会发展第十三个五年规划的建议》从全局性、根本性、方向性和长远性着眼，确立了"十三五"时期我国经济社会发展新理念，即实现创新发展、协调发展、绿色发展、开放发展和共享发展。这五大发展理念，来源于中国共产党全心全意为人民服务的根本宗旨，以及习近平总书记系列重要讲话中体现的以人民为中心的发展思想，充分反映了党的十八大以来我们党治国理政的新理念、新思想和新战略；这五大发展理念，升华了国内外发展的经验和教训，是针对全球大变局与中国经济新常态这一历史发展新阶段的战略回应，是引领中国未来发展的基本遵循和行动指南。习近平总书记指出，坚持创新发展、协调发展、绿色发展、开放发展、共享发展，是关系我国发展全局的一场深刻变革。[①]

人类关于发展的理论探索已有数百年。特定发展时期的主要矛盾决定了特定发展理念的形成。发展理念正是在尝试解决人类所面临的问题中不断修正、演进和升华的。发展最初是关于一国的发展，如《国富论》讨论的就是国家发展与财富积累问题。而且，早期对

---

① 习近平：《在党的十八届五中全会第二次全体会议上的讲话》，2015年10月29日，《求是》2016年第1期。

发展的理解还局限在经济总量的扩大,因此发展问题就简化成增长问题。但国富国穷最终是要落实到普通百姓即人的身上,这才使得理论的关注点从国家发展延伸到人的发展。这一重要转变在马克思的经典著作中得以完成。"二战"以来发展经济学与现代增长理论的同时兴起,以及世界各国的发展实践,生动演绎了发展理念的变迁。20世纪五六十年代重视经济增长,七八十年代向贫困宣战和注重环境与可持续发展,90年代推出人类发展指数,21世纪提出包容性发展,发展理念经历了从只关注经济增长的数量到重视经济发展的质量、从经济发展到社会发展再到注重人的发展的一系列重大转变。

创新、协调、绿色、开放、共享五大发展理念的提出,既是对人类发展实践与理论探索的传承与创新,更是对当前历史发展新阶段所做出的战略回应。就国内而言,我国发展新阶段的最突出特点,是进入以增长速度换挡、结构调整加速和增长动力转换为特征的经济新常态。新常态提出的内在逻辑要求,就是加快转变发展方式,实现增长动力的转换,在提高发展平衡性、包容性、可持续性的基础上保持中高速增长。而新发展理念恰恰顺应了新常态的逻辑要求,成为引领新常态的指南。就国际而言,危机以来全球面临大变局:既有逆全球化暗流涌动、南北发展不平衡加剧等问题,又有寻找增长新动力、促进包容性发展和应对气候变化等挑战。发展新理念显然可以为全球新变局、新发展提供中国智慧和中国方案。①

第一节 创新发展

创新注重的是解决发展动力问题。在国际发展竞争日趋激烈和我国发展动力转换的形势下,只有把发展基点放在创新上,形成促进创新的体制架构,才能塑造更多依靠创新驱动、更多发挥先发优

---

① 张晓晶:《新发展理念的国家担当》,《学习时报》2017年8月11日。

势的引领型发展。坚持创新发展，是分析近代以来世界发展历程，特别是总结我国改革开放成功实践得出的结论，是应对发展环境变化、增强发展动力、把握发展主动权，更好引领新常态的根本之策。这也是将创新发展置于五大发展理念之首的原因所在。

习近平总书记指出，抓住了创新，就抓住了牵动经济社会发展全局的"牛鼻子"。树立创新发展理念，就必须把创新摆在国家发展全局的核心位置，不断推进理论创新、制度创新、科技创新、文化创新等各方面创新，让创新贯穿党和国家一切工作，让创新在全社会蔚然成风。[①]

一 创新发展的内涵

创新是历史进步的动力、时代发展的关键。创新发展理念的内涵不仅仅局限于器物层面，更是一个涵盖了理论、制度、技术和文化的系统性发展方略。

理论创新是先导。思想理论创新是社会发展和变革的先导，也是各类创新活动的思想灵魂和方法来源。当年的改革开放，就是以"实践是检验真理的唯一标准"的理论大讨论为先声。当前在发展新阶段所遇到的种种困难和问题，也正需要我们以巨大的勇气、深刻的洞察和理性的光辉，对事物发展的本质、规律、趋势等做出正确的分析与判断，用创新理论为创新实践开辟道路。

制度创新是保障。制度创新是持续创新的保障，能够激发各类创新主体活力，也是引领经济社会发展的关键，核心是推进国家治理体系和治理能力现代化，形成有利于创新发展的体制机制。40多年改革开放本身就是规模宏大的创新行动，今后创新发展的巨大潜能依然蕴藏在体制改革之中。

科技创新是基础。科技创新是全面创新的重中之重。要从根本

---

① 参见《习近平总书记系列重要讲话读本》，人民出版社2016年版，第131—133页。

上解决我国发展方式粗放、产业层次偏低、资源环境约束趋紧等急迫问题，兼顾发展速度与质量、统筹发展规模与结构，关键是要依靠科技创新转换发展动力。培育壮大新产品、新业态，淘汰落后产能，提升中国产品和服务业在全球价值链中的位置，让中国制造走向中国创造，背后都是科技创新在支撑。

文化创新是根本。文化创新本质上是"软实力"创新，培植民族永葆生命力和凝聚力的基础，为各类创新活动提供不竭的精神动力。中国社会从来不缺文化创新的基因，"日新之谓盛德""苟日新、日日新，又日新"，这是中国古老的经典《周易》中的核心要义，也是中国社会数千年来不息脉动的文化精魂。如何把中国传统文化中这种求新求变的禀赋与新时代的大变革、大转型有机结合起来，让历史的品质焕发出时代的光辉，正是今日中国文化创新已经和正在做的事情。

技术、制度等因素事实上与一国的主流文化——价值观、态度、信仰等——息息相关。保护和激发个性、想象力、理解力和自我实现的文化有助于促进一个国家的自主创新。[1] 为了培育有助于提高自主创新能力的主流文化，各级政府在舆论上和政策导向上应当全面形成"创造兴国"的良好氛围，保护并鼓励人们追求个性化的生活，激励人们探索、挑战和自我表现。在制定经济政策时更加体现包容性，对创新的负面影响加以制度性的约束，以使广大民众更容易接纳创新。同时加大知识产权保护力度，以使企业更加放心地在创新领域投入资源。[2]

理论创新、制度创新、科技创新和文化创新这四大创新连同其他方面创新一起"发力"，共同构成了创新发展理念的完整内涵。

---

[1] 菲尔普斯：《大繁荣：大众创新如何带来国家繁荣》，余江译，中信出版社2013年版。

[2] 蔡昉、张晓晶：《构建新时代中国特色社会主义政治经济学》，中国社会科学出版社2019年版。

二 创新能力决定前途命运

创新是引领发展的第一动力。迈克尔·波特指出:"国家竞争力的唯一意义就是国家生产力。竞争力指一国(或产业、企业)在世界市场上均衡地生产出比其竞争对手更多财富的能力。国家经济的升级需要生产力的持续成长。"① 也就是说,在全球分工体系中,一国所处的位置,在很大程度上取决于其科技实力的强弱及其相应生产力水平的高低。生产力或生产率的重要性无论如何强调也不过分。20 世纪 80 年代兴起的新增长理论,就将生产率或创新视为增长的根本源泉。

我国同发达国家的科技经济实力差距主要体现在创新能力上。必须清醒地看到,虽然我国经济规模很大、经济总量已跃居世界第二,但大而不强、臃肿虚胖体弱的问题仍然突出;尽管我国经济增速很快,但依然快而不优。主要依靠资源等要素投入推动经济增长和规模扩张的粗放型发展方式是不可持续的。创新能力不强、科技发展水平总体不高、科技对经济社会发展的支撑能力不足、科技对经济增长的贡献率远低于发达国家水平,是中国这个经济大块头的"阿喀琉斯之踵"。放眼当今世界,新一轮科技和产业革命蓄势待发,新技术替代旧技术、智能型技术替代劳动密集型技术趋势越发明显,经济社会发展越来越依赖于理论、制度、科技、文化等领域的创新,国际竞争新优势也越来越体现在创新能力上。不创新就要落后,创新慢了也要落后,谁在创新上先行一步,谁就能拥有引领发展的主动权。②

这一判断是基于对现实的冷静观察做出的。进入 21 世纪以来,

---

① 迈克尔·波特:《国家竞争优势》,李明轩、邱如美译,华夏出版社 2002 年版。

② 习近平:《在省部级主要领导干部学习贯彻十八届五中全会精神专题研讨班上的讲话》,《人民日报》2016 年 5 月 10 日第 2 版。

伴随着国际力量对比发生的重大变化和国际体系的深刻复杂调整，国际竞争尤其是大国间的综合国力竞争日益加剧。2018年以来，中美贸易战的爆发与美国对中兴、华为等中国高科技企业的制裁进一步凸显了创新能力不足面临技术封锁甚至被迫"技术脱钩"的风险。李滨、陈怡认为，要实现中华民族伟大复兴，就必须在国际分工体系中实现从中低端向高端的转型升级。在这一过程中，中国必然会遭遇来自传统上引领国际分工的发达国家的阻挠。这就是近来中国与美国高技术产业贸易纷争的最深刻的背景。[1] 关志雄发现，从2018年3月特朗普政府依据《1974年贸易法》"301条款"决定发动对华制裁开始，中美经济摩擦升级，对立焦点正从贸易失衡转向技术转移。美国批评中国政府为了取得技术，对投资中国某些行业的美国企业实施出资限制政策，并且对收购海外先进技术企业的中国企业提供各种支持。美国政府不仅要求中国改变这些政策，还对外资收购美国企业的项目加强了国家安全层面的审查。[2] 朱民、缪延亮强调，目光长远，从体制调整和变革入手，做好自己的事情，是中国应对趋于恶化的外部环境的根本对策。中国内部还存在较多体制机制障碍，通过加快结构性改革，进一步优化资源配置，必将不断释放新的增长活力。[3] 可见，进一步推进改革开放、提升创新能力是应对当前中美贸易战的治本之策。

三 努力提升自主创新能力

在实现重要科技领域的跨越式发展的过程中，需要正确地、辩证地处理好开放和自主的关系。习近平总书记指出，不能总是用别

---

[1] 李滨、陈怡：《高科技产业竞争的国际政治经济学分析》，《世界经济与政治》2019年第3期。

[2] 关志雄：《中美经济摩擦进入新阶段：矛盾焦点从贸易失衡转向技术转移》，《国际经济评论》2018年第4期。

[3] 朱民、缪延亮：《从多边和双边视角看中美贸易》，《国际经济评论》2018年第4期。

人的昨天来装扮自己的明天，不能总是指望依赖他人的科技成果来提高自己的科技水平，更不能做其他国家的技术附庸。[1] 国内学界对我国自主创新的战略意义和实施路径等问题进行了较深入的探讨。

贾根良指出，工业智能化是先进智能技术体系对传统产业改造的过程，后者的市场在中国这样的发展中大国主要是国内市场。中国要在先进智能技术体系上处于国际领先地位，需要通过保护国内高端产品市场，创造独立自主的核心技术，充分利用正被智能化改造的国民经济具有广袤国内市场的大国优势，彻底改变我国"出口低端产品，进口高端产品"的传统对外经济发展方式。[2] 欧阳峣、汤凌霄认为，后发大国的技术创新要坚持模仿创新和自主创新相结合，适时转换技术创新方式，首先要通过模仿创新逐渐接近国外先进技术，然后加大力度推进自主创新，从而在技术追赶中实现技术超越。[3] 龚刚等指出，中国要跨越"中等收入陷阱"，必须极尽所能地进行自主研发和创新，使自主研发的技术进步率大于前沿国家。技术进步不仅取决于研发投入量，更取决于国家创新体系的构建和兴衰。高效、实力雄厚的国家创新体系，是中国跨越"中等收入陷阱"的必备条件。[4] 蔡昉、张晓晶强调，在新的形势下，我们应当紧跟技术前沿的可能变化，花大气力，尤其在制度与政策支撑方面，为迈向技术前沿作出努力，真正实现我国科技水平由跟跑并跑向并跑领跑转变，增强我国经济整体素质和国际竞争力。毕竟目前阶段不同于以前。一方面，中国产业体系逐步完备，技术基础较为扎实，有了自主创新的基础；另一方面，经过较长时间的

---

[1] 习近平：《在中国科学院第十七次院士大会、中国工程院第十二次院士大会上的讲话》，人民出版社2014年版。

[2] 贾根良：《第三次工业革命与工业智能化》，《中国社会科学》2016年第6期。

[3] 欧阳峣、汤凌霄：《大国创新道路的经济学解析》，《经济研究》2017年第9期。

[4] 龚刚等：《建设中国特色国家创新体系 跨越中等收入陷阱》，《中国社会科学》2017年第8期。

模仿赶超，我们离前沿技术越来越近，有某些领域，和发达经济体几乎处在同一起跑线上，赶超空间已经不大。从而，"十三五"以及今后更长时间，在充分利用技术赶超的同时，需要把自主创新放在更为重要的位置。①

2018年中美贸易摩擦升级以来，美国一些人对中国"强制技术转让""窃取美国技术"等方面的指责甚嚣尘上。这些违背事实的言论暴露了美国实行技术保护主义、推行科技霸权、打压中国发展的战略企图，也凸显了自主创新的极端重要性。正如习近平总书记所指出，我国发展到现在这个阶段，不仅从别人那里拿到关键核心技术不可能，就是想拿到一般的高技术也是很难的，西方发达国家有一种教会了徒弟、饿死了师傅的心理，所以立足点要放在自主创新上。② 另外，改革开放40多年来，我国与世界先进科技水平的差距不断缩小，后发优势持续减弱，越来越需要自主创新来引领发展。况且，新信息技术革命的出现，把我国的相当多领域直接推到了全球创新前沿，我国经济与创新前沿接触面不断扩大，已经有了一批走在创新前列的企业、技术和商业模式。在这些新兴领域大力推进自主创新正逢其时。

关于自主创新的含义，也存在一定争议。华为创始人任正非在接受国内媒体联合采访时表示："自主创新如果是一种精神，我支持；如果是一种行动，我就反对。"其理由是，科技创新是需要站在前人的肩膀上前进的，你中有我，我中有你，在别人的基础上形成了自己的创新。③ 其实，这个世界上从来没有完全从零开始的自主创新，都必须是在前人的基础上、在巨人的肩膀上的创新，强调了创

---

① 蔡昉、张晓晶：《构建新时代中国特色社会主义政治经济学》，中国社会科学出版社2019年版。

② 习近平：《在参加十二届全国人大三次会议上海代表团审议时的讲话》，2015年3月5日，《习近平关于科技创新论述摘编》，中央文献出版社2016年版，第50页。

③ 2019年5月21日，任正非在中国深圳的华为总部接受了多家媒体的联合采访，https：//www.guancha.cn/economy/2019_05_21_502541.shtml。

新与学习、创新与继承的辩证关系。《21世纪经济报道》发表社论指出，任正非所说的"自主创新"是做孤家寡人，什么都要自己做。这种定义之下的自主创新显然不值得鼓励。但是，自主创新作为一项政策目标，在中国有着特定的含义。自主创新不是一个狭隘的概念，或许用技术创新更接近本质，它是利用全球创新资源进行科技创新的开放性活动，是企业提升竞争力的关键，也是国家经济强大的标志。①

习近平总书记多次强调，自主创新不是闭门造车，不是单打独斗，不是排斥学习先进，不是把自己封闭于世界之外。我们要更加积极地开展国际科技交流合作，用好国际国内两种科技资源。② 因此，自主创新绝不是关起门来另起炉灶，而是在强调自力更生、艰苦奋斗的精神的同时，顺应科学技术的全球扩散渗透日益加强、各国在科技领域的交流互鉴日益频繁的历史大势，以互利共赢为基础开展充分、全面、深入的国际技术合作。

第二节 协调发展

协调是持续健康发展的内在要求，注重的是解决发展不平衡的问题。只有坚持区域协同、城乡一体、物质文明精神文明并重、经济建设国防建设融合，才能在协调发展中拓宽发展空间，在加强薄弱领域中增强发展后劲。

习近平总书记指出，树立协调发展理念，就必须牢牢把握中国特色社会主义事业总体布局，正确处理发展中的重大关系，重点促

---

① 《社论：正确理解自主创新的含义》，《21世纪经济报道》，2019年5月23日，http://www.21jingji.com/2019/5-23/3MMDEzNzlfMTQ4NjY3Mg.html。

② 习近平：《在中国科学院第十七次院士大会、中国工程院第十二次院士大会上的讲话》，人民出版社2014年版。

进城乡区域协调发展，促进经济社会协调发展，促进新型工业化、信息化、城镇化、农业现代化同步发展，在增强国家硬实力的同时注重提升国家软实力，不断增强发展整体性。①

协调发展的思想和方法论来源于马克思主义政治经济学。马克思主义经典作家关于两大部类关系的分析，毛泽东关于中国社会主义经济建设十大关系的具体论述，都强调了发展的协调性。改革开放后，邓小平针对新时期的新情况新问题，提出"现代化建设的任务是多方面的，各个方面需要综合平衡，不能单打一"。在改革开放不同时期，邓小平提出了一系列"两手抓"的战略方针。江泽民提出了在推进社会主义现代化建设过程中必须处理好12个带有全局性的重大关系。胡锦涛提出了全面协调可持续发展。党的十八大提出了中国特色社会主义事业"五位一体"总体布局，2014年习近平总书记提出了"四个全面"战略布局，等等。这些都体现了我们对协调发展认识的不断深化，体现了唯物辩证法在解决我国发展问题上的方法论意义。②

党的十九大报告指出，我国社会主要矛盾已经转化为人民日益增长的美好生活需要和不平衡不充分的发展之间的矛盾。发展不平衡已成为制约中国经济高质量发展的短板。

过去很多年，中国走的是一条赶超的道路。赶超型发展往往是一种不平衡发展。这样的战略，难免会造成一些部门或产业发展得快些，另一些部门或产业发展得慢些；一些地区发展得快些，另一些地区发展得慢些；一些问题得到重视，另一些问题却有所忽视。因此，我们会看到产业之间、区域之间、城乡之间、经济与社会发展之间、人与自然生态之间、物质文明与精神文明之间、国防与经济建设之间、政府与市场之间，等等，均存在着不平衡、不匹配与

---

① 《习近平总书记系列重要讲话读本》，学习出版社、人民出版社2016年版，第131—134页。
② 习近平：《深入理解新发展理念》，《求是》2019年第10期。

不协调的问题。在经济发展水平落后的情况下，一段时间的主要任务是要跑得快，但跑过一定路程后，就要注意调整关系，注重发展的整体效应，否则"木桶"效应就会愈加显现，一系列社会矛盾会不断加深。这实际上是从赶超战略角度来认识当前的种种扭曲和不平衡。而促进协调发展就应从源头上解决赶超发展中的各类扭曲和不平衡问题。总体上，不协调的根源，不是干预少了，而是干预多了。要从源头上解决不协调的问题，就是要充分发挥市场的决定性作用，充分发挥社会自身的协调机能，不以赶超为借口制造新的扭曲和不平衡，政府应做到不越位、不缺位。[①]

在中国经济发展进入新时代的背景下，推进协调发展有了新的特点和要求。我们需要以习近平新时代中国特色社会主义思想为指导，全面准确地把握。蔡昉、张晓晶归纳总结出以下要点。[②]

首先，协调发展是统筹推进"五位一体"总体布局的要求。"五位一体"总体布局的表述外延完整、内涵丰富、关系清晰，形成一个紧密衔接、一脉相承的逻辑体系。这也决定了统筹推进"五位一体"总体布局要求各方面齐头并进，而不是一枝独秀。把握"五位一体"总体布局，必须深刻理解五大建设的丰富内涵，其中经济建设是根本，政治建设是保证，文化建设是灵魂，社会建设是条件，生态文明建设是基础。党的十八届三中全会提出全面深化改革的要求，部署经济体制、政治体制、文化体制、社会体制和生态文明体制的全面改革，成立中央全面深化改革领导小组，以及六个专项小组，一系列举措彰显了党中央全面深化改革的决心，同时也体现了在发展理念上向着整体、协调的方向转变。

其次，协调既是发展手段又是发展目标，同时还是评价发展的标准和尺度。协调发展是拓宽发展空间、在加强薄弱领域中增强发

---

① 张晓晶：《新发展理念的国家担当》，《学习时报》2017年8月11日。
② 蔡昉、张晓晶：《构建新时代中国特色社会主义政治经济学》，中国社会科学出版社2019年版。

展后劲的重要途径，同时是体现共享发展理念、实现基本公共服务均等化的目标要求。习近平总书记特别强调，要时刻把群众满意不满意、高兴不高兴、答应不答应作为工作的最高标准。以人民为中心的发展思想，从根本上将我们党的发展思想与任何其他的发展理论流派区别开来。随着全球经济社会发展总体上进入更高阶段，西方发展理论也越来越重视发展的协调性，并且这一演进趋势也的确标志着发展理论的整体进步。然而，这些理论往往是把协调发展作为实现发展可持续性的手段，而不是发展的目的本身。因此，一系列具有提升生产率和福利水平的进步因素，如技术进步、生态改善、经济全球化等，并没有使发达国家与发展中国家、跨国公司与普通劳动者均等获益，反而造成巨大的经济分化，加大了社会风险，在很多国家酿成了政治危机。

再次，协调是两点论和重点论的统一。习近平总书记特别强调协调发展要运用辩证法、善于"弹钢琴"。"有上则有下，有此则有彼"，唯物辩证法认为事物是普遍联系的，事物及事物各要素相互影响、相互制约，整个世界是相互联系的整体，也是相互作用的系统。践行协调发展，需要坚持和运用唯物辩证法，从客观事物的内在联系去认识事物，特别是学会统筹兼顾、"弹钢琴"的思想方法和工作方法，坚持多要素联动的原则，处理好局部和全局、当前和长远、重点和非重点的关系，在权衡利弊中趋利避害、做出最为有利的战略抉择。[①]

最后，协调发展是挖掘发展潜力和补足短板的统一。一个国家、地区、行业在其特定发展时期，既有发展优势也存在制约因素，在发展思路上既要着力破解难题、补齐短板，又要考虑巩固和厚植原有优势，两方面相辅相成、相得益彰，才能实现高水平发展。协调是平衡和不平衡的统一，由平衡到不平衡再到新的平衡是事物发展的基本规律，平衡是相对的，不平衡是绝对的。

---

① 习近平：《在省部级主要领导干部学习贯彻党的十八届五中全会精神专题研讨班上的讲话》，《人民日报》2016年5月10日第2版。

第三节 绿色发展

绿色发展，就其要义来讲，是要解决好人与自然和谐共生问题。人类发展活动必须尊重自然、顺应自然、保护自然，否则就会遭到大自然的报复，这个规律谁也无法抗拒。[1] 习近平总书记的绿色发展思想是在全球化背景下应对环境危机、解决经济发展与资源环境矛盾的基础上提出的。

从国际看，绿色发展渐成世界潮流。当今时代，"环球同此凉热"，各国已成为唇齿相依的生态命运共同体。一个时期以来，全球温室气体排放、臭氧层破坏、化学污染、总悬浮微粒超标以及生物多样性减少等问题日益严重，全球生态安全遭遇前所未有的威胁。建设生态文明成为发展潮流所向，成为越来越多国家和人民的共识。

1972年，美国麻省理工学院的梅多斯等组成的研究小组，提交了罗马俱乐部成立后的第一份研究报告《增长的极限》[2]，深刻阐明了经济增长与资源环境相协调、人与自然和谐发展的观点。报告所阐述的"合理的持久的均衡发展"理念，即是可持续发展思想的萌芽。1981年，美国世界观察研究所所长布朗在《建设一个可持续的社会》一书中，进一步对"可持续发展观"作了比较系统的阐述。[3] 1987年由挪威前首相布伦特兰夫人主持的联合国世界环境与发展委员会（WECD）在《我们共同的未来》研究报告中，从发展的公平

---

[1] 习近平：《在省部级主要领导干部学习贯彻党的十八届五中全会精神专题研讨班上的讲话》，《人民日报》2016年5月10日第2版。

[2] Meadows, Donella, Meadows, Dennis, Randers, J., Behrens, W., *Limits to Growth*, New York: Universe Books, 1972.

[3] Lester R. Brown, *Building a Sustainable Society: A Worldwatch Institute Book*, W. W. Norton, New York, 1981.

性、持续性、共同性"三原则"出发，提出可持续发展就是"既能满足当代人的需求，又不对后代人满足其自身需求的能力构成危害"的发展。① 这一解释逐渐得到国际社会的广泛认同。1992年在巴西里约召开的有183个国家和地区代表参加的联合国环境与发展大会，通过了《里约环境与发展宣言》和《21世纪议程》两个纲领性文件，标志着可持续发展观成为国际上制定经济、社会发展战略的重要指导思想。

从国内看，绿色发展面临严峻挑战。多年经济高速增长成就了世界第二大经济体的"中国奇迹"，但也积累了一系列深层次矛盾和问题。其中一个突出的矛盾和问题就是：资源环境承载力逼近极限，高投入、高消耗、高污染的传统发展方式已不可持续。潘家华的回顾显示，改革开放前，我国人与自然的冲突主要是传统农业社会生产力低下条件下满足基本粮食需要而破坏自然引发的生态失衡。改革开放之后以时间压缩的方式初步完成了工业化和城镇化进程，人与自然的冲突演化为高额物质消费和非物质享受的欲望不断膨胀，从而导致的危及人的生存环境和自然可持续力的污染危机。②

针对这一问题，中国政府采取了一系列措施，取得了明显成效，但问题并未得到根治。实证研究发现，改革开放以来中国实行的一系列节能减排政策有效地推动了工业绿色生产率的持续改善，特别是从20世纪90年代中期到21世纪初，中国工业绿色生产率增长最快并达到顶峰，且重工业生产率、效率和技术进步增长首次全面超过轻工业，初步彰显环境政策的绿色革命成效。但是，2002年以后重化工业膨胀再度恶化了我国的工业生产率。③

---

① Bruntland, G. (ed.) (1987), *Our Common Future: The World Commission on Environment and Development*, Oxford University Press.

② 潘家华：《从生态失衡迈向生态文明：改革开放40年中国绿色转型发展的进程与展望》，《城市与环境研究》2018年第4期。

③ 陈诗一：《中国的绿色工业革命》，《经济研究》2010年第11期。

习近平总书记曾指出，单纯依靠刺激政策和政府对经济大规模直接干预的增长，只治标、不治本，而建立在大量资源消耗、环境污染基础上的增长则更难以持久。[①] 粗放型发展方式不但使我国能源、资源不堪重负，而且造成大范围雾霾、水体污染、土壤重金属超标等突出环境问题。种种情况表明：全面建成小康社会，最大"瓶颈"是资源环境，最大"心头之患"也是资源环境。绿色发展理念的提出，是突破资源环境"瓶颈"、消除人民"心头之患"的必然要求，是调整经济结构、转变发展方式、实现可持续发展的必然选择。

早在2005年，时任浙江省委书记的习近平同志就指出"绿水青山就是金山银山"。2013年，习近平总书记进一步指出，"我们既要绿水青山，也要金山银山。宁要绿水青山，不要金山银山，而且绿水青山就是金山银山"。这一重要论述，深刻阐明了生态环境与生产力发展之间的关系，体现了尊重经济规律与尊重自然规律的科学精神，蕴含着尊重自然、谋求人与自然和谐发展的价值理念和发展理念。2016年，习近平总书记再次强调，生态环境没有替代品，用之不觉，失之难存。环境就是民生，青山就是美丽，蓝天也是幸福，绿水青山就是金山银山；保护环境就是保护生产力，改善环境就是发展生产力。[②]

关于经济增长与生态环境的关系，一直有"先发展后治理"，或"边发展边治理"的说法，这体现出二者之间的一种对立关系。事实上，从更高层次上来认识，生态环境与经济发展是相辅相成的，改善生态环境就是发展生产力，注重环境保护与生态文明建设，也能促进经济社会发展。有学者对雾霾治理与经济发展的关系进行了定量分析，结果证实，雾霾污染显著降低了中国经济发展质量；政府

---

① 《习近平谈治国理政》（第一卷），外文出版社2018年版，第335页。
② 习近平：《在省部级主要领导干部学习贯彻党的十八届五中全会精神专题研讨班上的讲话》，《人民日报》2016年5月10日第2版。

环境治理能够有效降低雾霾污染从而促进经济发展质量的提升。① 由此可见，改善生态环境与发展生产力之间存在密切的因果关系。

需要注意，绿色发展并不是一个独立的发展理念，而是与创新、协调、开放、共享发展理念共同统一于中国特色社会主义建设的伟大实践中，彼此间是辩证统一的关系。据此，有研究提出，要对绿色发展在五大发展理念中进行清晰的定位，充分发挥相互间的协调促进作用，形成正向合力。绿色发展代表的是未来发展的方向和主色调，在其战略实施中要为其他的发展理念提供绿色引领和发展导向，通过绿色的传递把五大发展理念紧密联系在一起。同时，绿色发展又要广泛汲取其他发展理念的支持。创新会为绿色发展提供动力，协调会为绿色发展提供方法和目标，开放会为绿色发展提供更大的视野和机遇，共享是绿色发展的归宿，促进绿色成果转化。②

处理好保护环境和发展经济的关系，根本在于实现经济发展方式转变和增长动能的转换。地方政府也好，企业也好，目前的激励跟环境保护的目标还是有矛盾的。在新的增长动能还没有形成的情况下，就会出现增长目标和环境保护目标不一致的情况。③

现在有些中西部地区增长速度是高于全国的，但是与此同时，它在某种程度上又在复制着原来沿海地区的发展方式，也就是说，它的污染情况、环境保护的不力也在后来居上，这使得环保目标和经济发展目标在现实中成了一对矛盾的东西。因此，加快经济发展方式的转变是根本。如果经济发展方式转变不了，无论执法有多强硬，这是与千千万万投资者和企业的激励机制不一致的，终究没有办法约束它。因此，要创造必要的机制，让绿色发展成为发展的机

---

① 陈诗一、陈登科：《雾霾污染、政府治理与经济高质量发展》，《经济研究》2018年第2期。

② 黄兴茂、叶琪：《马克思主义绿色发展观与当代中国的绿色发展》，《经济研究》2017年第6期。

③ 蔡昉、张晓晶：《构建新时代中国特色社会主义政治经济学》，中国社会科学出版社2019年版。

会，而不要成为成本。①

李扬、张晓晶认为，在目前的经济架构下，绝大多数环保、治污、生态修复活动都被视为经济运行的"成本"，是增长绩效的"扣除"。为从根本上解决这一问题，需要修改统计方法，其基本方向是，将这些产业的投入直接统计为国民产出。在这方面，美国业已提供了先例。②如此，保护、治理、修复生态环境，搞好生态文明建设，将成为中国经济进入新常态的新增长点，可实现经济社会发展与生态环境保护的共赢。③

第四节　开放发展

开放发展注重的是解决发展内外联动问题。开放带来进步，封闭导致落后，这已为世界历史所证明。开放是国家繁荣发展的必由之路，一国要发展壮大，必须主动顺应经济全球化潮流，充分运用人类社会创造的先进科学技术成果和有益管理经验。问题不在于一个国家要不要对外开放，而在于如何提高对外开放的质量和发展的内外联动性。不断扩大对外开放、提高对外开放水平，以开放促改革、促发展，也是我国发展不断取得新成就的重要法宝。

江小涓在回顾1978—2008年的对外开放历程后发现，中国通过对外开放，利用两种资源两个市场，提高资源配置效率，扩大就业和推动增长，推动改革进程，取得了举世瞩目的成就。④

裴长洪的文献梳理显示，从1993年党的十四届三中全会第一次

---

① 《要以更大力度推进环境综合治理》，《法制日报》2016年11月4日。
② 2013年4月，美国正式决定调整其GDP统计方法，将"研究与开发"（R&D）计为国民产出。这样，连同电影版税（涉及文化产业）的计入，美国的GDP较过去增大3%。1999年，美国就将电脑软件纳入GDP统计。
③ 李扬、张晓晶：《论新常态》，人民出版社2015年版。
④ 江小涓：《中国开放三十年的回顾与展望》，《中国社会科学》2008年第6期。

出现"开放型经济"的提法之后20多年来，伴随着我国对外开放实践的扩大和发展，"开放型经济"的提法不仅被党和国家重要文献以及领导人不断重复使用，而且其内容也不断丰富，包含了经济体系和体制、开放战略、参与全球经济治理以及形成参与国际经济竞争合作新优势等重大理论命题，事实上它已经成为指导中国对外开放的政治经济学理论。[1] 其中，党的十八大提出，要全面提高开放型经济水平。适应经济全球化新形势，必须实行更加积极主动的开放战略，完善互利共赢、多元平衡、安全高效的开放型经济体系。党的十九大将对外开放提升至新的高度，提出必须坚定不移贯彻创新、协调、绿色、开放、共享的发展理念，发展更高层次的开放型经济，推动形成全面开放新格局。这表明，实现新时代中国经济的高质量发展，仍需要以高质量的对外开放为支撑。

张宇燕指出，在五大发展理念当中，开放发展具有明显的系统重要性。作为创新发展基本内容之一的科技创新，既涉及自主研发，也涉及充分运用人类社会创造的先进科学技术成果和有益管理经验。在一个国家间相互依存度达到史无前例之高度的世界里，没有与外部世界的良性互动就不可能有内部的协调发展。当气候变化等全球问题频繁且日益严重地影响人类生存的时候，绿色发展本身就是一个需要世界各国采取共同行动加以应对的议题。发展的终极目标是每一个人的发展，发展的成果也应当由各国人民一起分享。[2]

需要看到，在新时代推进开放发展面临新的形势。当前，全球面临百年未有之大变局，主宰世界200余年的传统全球化范式渐趋式微，已经不能适应变化了的全球经济发展的需要，"逆全球化"浪潮席卷全球，美国等主要经济体的贸易保护主义行为正导致全球贸易紧张局势加剧。这首先是因为，经济全球化的发展，出人意料地

---

[1] 裴长洪：《中国特色开放型经济理论研究纲要》，《经济研究》2016年第4期。
[2] 张宇燕：《中国对外开放的理念、进程与逻辑》，《中国社会科学》2018年第11期。

产生了动摇发达经济体在全球经济发展中主导地位的结果。数百年来，发达经济体已经习惯了与广大发展中国家和新兴经济体保持巨大落差的优越地位，它们不能接受广大后发国家"赶上来"的现实；一旦这种状况出现，它们不由自主地就会发出特权和优越感丧失的哀鸣。

另外，如蔡昉所分析的那样，经济全球化并不必然意味着全球性的开放与参与。迄今为止，我们所观察到的全球化1.0和全球化2.0主要是殖民主义的历史，是由单一或少数世界霸权国家主导的全球化；无论是参与其中还是被排斥在外，也无论是被动进入还是主动参与，最广大的殖民地国家、半殖民地国家和发展中国家并没有从中获益。直到全球化3.0时代，才形成了发展中国家分享红利、世界范围贫困大幅度减少的格局。与此同时，因没有解决好国内收入分配问题，许多发达国家的老百姓感觉并未从全球化中获益，政治家因势利导，把矛盾引向新兴经济体贸易伙伴，一些国家领导人甚至充当了反全球化逆流的始作俑者，在国际政治中做出激进的保护主义行径，在国内政治中凸显民粹主义色彩。[1]

就在世界为全球化进程中所出现的大量矛盾现象困惑并在行动上逡巡之时，中国明确表达了自己对全球化的认识以及坚决推进全球化的态度。早在2012年，习近平总书记同在华工作的外国专家代表座谈就指出：国际社会日益成为一个你中有我、我中有你的命运共同体。2016年，在G20杭州峰会上，习近平主席进一步深化了他一贯强调的人类命运共同体的观点，指出："我们要树立人类命运共同体意识，推进各国经济全方位互联互通和良性互动。"2017年1月17日，习近平主席在达沃斯论坛上就全球化问题作主旨报告，指出：要坚定不移发展全球自由贸易和投资，在开放中推动贸易和投资自由化便利化，旗帜鲜明反对保护主义。习近平总书记关于人类命运共同体的新理念在党的十九大报告中得到进一步丰富和完善，

---

[1] 蔡昉：《全球化、趋同与中国经济发展》，《世界经济与政治》2019年第3期。

在报告中共出现6次。这些战略思想为经济全球化的发展趋势和我国对外开放新格局的构建勾画出新蓝图，提供了新动力。

裴长洪等比较系统地阐释了习近平新时代对外开放思想的理论价值：一方面，它顺应了世界经济多极化、各国经济联系日益紧密的客观历史潮流，吸收了前人（包括西方学者）理论中关于贸易投资自由化、经济全球化以及国际经济治理和调控的合理成分，成为构建开放型世界经济观点的思想来源；另一方面，它旗帜鲜明地提出了不同于"经济人假设"和霸权主义国际公共品供给方式的理论观点，用创新发展、增长联动、利益融合等朴素的语言建构了中国语境的政治经济学体系的价值观和理论基础。①

在习近平新时代对外开放思想的指引下，中国的对外开放战略也进入了新阶段。盛斌等指出，构建开放型经济新体制的政策框架集中体现为实施新一轮的高水平对外开放、构建全方位的对外开放格局以及培育参与和引领国际经济合作的新优势。②

在完善的开放型经济体的基础上，我们要积极同国际社会磋商、协调，争取合作共赢。那么，国际协调该如何运行呢？李扬指出，关键在于践行"一带一路"倡议，就是在承认各国利益的基础上，在承认世界多元化的前提下，寻求最大公约数，兼顾我国国情和国际标准，完善全球治理体系，争取合作共赢。唯有如此，才能使得我们这个世界，使得我们这个地球村平稳发展，造福全人类。③

蔡昉的研究显示，中国向全世界提出的"一带一路"倡议借用古老的陆上和海上丝绸之路这一历史符号，旨在发展与沿线国家的经济合作伙伴关系，打造政治互信、经济融合、文化包容的共同体，体现了全球化的本质内涵，着眼于构造崭新的全球治理框架，预期

---

① 裴长洪等：《习近平新时代对外开放思想的经济学分析》，《经济研究》2018年第2期。

② 盛斌等：《中国开放型经济新体制新在哪里？》，《国际经济评论》2017年第1期。

③ 李扬：《努力建设"现代金融"体系》，《经济研究》2017年第12期。

可以成为新一轮全球化的引爆点。① 林毅夫的分析同样表明,自贸区政策以及"一带一路"倡议,都是我国根据国内国际形势的变化与时俱进提出的新的改革开放战略。这个战略的落实,能够让中国有一个更完善的市场经济体系,也可以给中国一个更好的对外环境,展现"一花独放不是春,百花齐放春满园"的美好愿景。②

江小涓等的分析表明,虽然各种利益集团相互博弈,反全球化声音和事件时有发生,但世界已经高度联通,全球化趋势不会改变。我国在人口规模、经济体量、互联网技术创新、移动终端普及程度等方面具有独特优势,因此在网络时代的服务全球化发展中,有显著的规模经济优势,并将形成较强的全球竞争力。同时,中国还能以广阔的国内市场吸引全球优质资源前来投资和提供服务,快速提升我国服务业水平和质量。③

2018 年年底中央经济工作会议首提制度型开放。即要适应新形势、把握新特点,推动由商品和要素流动型开放向规则等制度型开放转变。制度型开放的重要内涵之一就是在学习规则和参与规则制定的过程中,更多地用市场化和法治化手段推进开放。制度型开放有利于中国更好地对标国际规则,这既是中国进一步以开放促改革的需要,又是中国越来越深度融入全球化、参与国际竞争的需要。

隆国强提出以高水平对外开放服务高质量发展。一是形成全面开放新格局,这包括重点推进服务业对外开放、加大中西部地区开放力度以及进一步加大对发展中国家的双向开放。二是打造参与全球国际合作竞争的新优势,如加快劳动密集型产业转型升级,打造新的国际分工网络;推进资本技术密集型产业开放发展;大力发展数字经济等新产业、新业态,形成经济发展新动能;扩大服务业开

---

① 蔡昉:《全球化的政治经济学及中国策略》,《世界经济与政治》2016 年第 11 期。

② 林毅夫:《一带一路与自贸区:中国新的对外开放倡议与举措》,《北京大学学报》(哲学社会科学版) 2017 年第 1 期。

③ 江小涓等:《网络时代的服务全球化》,《中国社会科学》2019 年第 2 期。

放，增强服务业国际竞争力。三是构建开放型经济新体制，如采取"准入前国民待遇＋负面清单"管理模式；落实好《中华人民共和国外商投资法》，推进贸易投资便利化，打造法治化、市场化、国际化营商环境。四是要培育参与全球竞争的新主体。高度重视中资跨国公司的培育，加快对外投资体制改革，深化国有企业改革，培养一批有国际竞争力的参与全球竞争的新主体。五是要营造一个互利共赢的国际环境。积极参与全球经济治理体系，包括WTO改革，在全球规则制定中提出中国方案、贡献中国智慧；以周边国家为重点，扎实推进"一带一路"建设；积极参与区域合作，加快推进区域贸易安排的谈判，形成面向全球的自由贸易区网络；妥善处理与大国的经贸关系，尤其是中美经贸关系。①

第五节　共享发展

共享发展理念注重解决社会公平正义问题，其实质就是坚持以人民为中心的发展思想，体现的是逐步实现共同富裕的要求。这反映了坚持人民主体地位的内在要求，彰显了人民至上的价值取向。

共同富裕自古以来就是中国人的梦想。孔子说："不患寡而患不均，不患贫而患不安。"孟子说："老吾老以及人之老，幼吾幼以及人之幼。"《礼记·礼运》具体而生动地描绘了"小康"社会和"大同"社会的状态。可见，邓小平同志借鉴古人的"小康社会"概念，以及党的十八大提出的全面建成小康社会目标，逻辑上已经包含了共享发展的要求。

把人民群众视为社会生产、社会生活和社会历史的主体，是马克思主义唯物史观的基本观点。在马克思、恩格斯看来，资本

---

① 隆国强：《对外开放新形势新战略》，《中国发展观察》2019年第9期。

主义社会的两极分化使得人民群众不能公平地分享经济社会发展的成果，而这正是社会化大生产和生产资料资本主义私有制之间的基本矛盾造成的。于是，社会主义经济就是要把"资产阶级掌握的社会化生产资料变为公共财产"[①]，然后通过自由人的联合体将公有财产组织起来进行生产的经济系统。在这样的社会中，阶级之间、城乡之间、脑力劳动和体力劳动之间的对立和差别将被彻底消除，国家机器将被完全抛弃，取而代之的是各尽所能、按需分配的政策。于是，社会共享和每个人自由而全面的发展将真正实现。

如果以"发展生产力，逐步实现共同富裕"的社会主义概念作为理论基石，那么，社会主义市场经济的基本含义就是以发展生产力和逐步实现共同富裕为目标的市场经济。于是，共同富裕就成为我国社会主义经济建设和改革的最根本目标，共享发展的理念也自然深深植根于中国特色社会主义政治经济学理论体系之中。在2015年召开的党的十八届五中全会上，以习近平同志为核心的党中央在深刻分析国内外发展大势的基础上首次明确提出了共享发展理念。习近平总书记认为，共享理念的实质就是坚持以人民为中心的发展思想，体现的是逐步实现共同富裕的要求。全面调动人的积极性、主动性、创造性，让广大人民群众共享改革发展成果，这是社会主义的本质要求，体现了我们党全心全意为人民服务的根本宗旨，体现了人民是推动发展的根本力量的唯物史观。

公平正义与自由发展的理想是美好的，而现实往往与理想有很大偏差。从实现共享发展的角度看，中国的成就与挑战并存。伴随着经济的高速增长，人民生活水平显著提高。同时也要看到，改革开放以来的较长时期内，城乡、区域和居民之间的收入差距以及享受基本公共服务方面的不均等程度均有所提高。

---

① 《马克思恩格斯选集》第三卷，人民出版社1972年版，第443页。

一方面,收入差距持续扩大的态势在很大程度上是中国所处的特定发展阶段决定的。库兹涅茨对发达经济体的历史数据进行了系统的挖掘和分析,发现各发达经济体在收入结构上都存在一个以不平等为特征的"倒 U 形曲线":在从前工业文明向工业文明过渡的早期阶段,不平等程度扩大,其后一段时间保持稳定,直至工业化后期,不平等程度才逐步缩小。[1] 要使我国收入差距扩大这一趋势发生逆转,根本出路是要继续加快推进工业化,保持经济快速增长,不断创造新的就业岗位;归根到底就是要通过不断发展生产力来实现共同富裕。

另一方面,收入差距持续扩大的态势与市场化改革不到位和政府的越位、错位、缺位也有关系:资源能源价格的扭曲、资源产权的模糊以及行业垄断的存在推动了行业间收入差距扩大,行政权力对微观经济活动的过多干预和对社会资源的垄断导致寻租和腐败现象难以根除,政府在基础教育、公共卫生、社会保障等方面的投入不足和改革滞后阻碍了机会均等的实现,诸如此类的各种因素在一定程度上加剧了收入差距的不均等。

我国经济学界对社会公平与体制改革的关系进行了长期研究。杨春学认为,公平和平等的逻辑总是无奈地会碰上不公平和不平等的残酷现实。对于任何一种可行的制度来说,适度的制度不完善是与生俱来的。[2] 因此,不断推进制度变革,增强发展的包容性是践行共享发展理念的必然要求。回到中国现实,朱玲的实证研究表明,初次分配制度的改革是本原的、生产性的,它决定着不同社会群体之间的权力平衡程度以及再分配制度的可持续性。若无初次分配领域的深刻变革,再分配制度虽然有助于改善低收入和贫困群体的生存状态,却无助于从根本上增强社会公平

---

[1] Kuznets, S. (1955), "Economic Growth and Income Inequality", *American Economic Review*, pp. 5, 1 – 28.

[2] 杨春学:《和谐社会的政治经济学基础》,《经济研究》2009 年第 1 期。

和消除社会排斥，从而扭转贫富差距加大的趋势。① 陆铭等以城市规模与包容性就业的关系为例展开了分析。结果表明，顺应市场规律的城市规模扩张能提高城市居民的就业率，并且低技能劳动力将从城市扩张中得益更多。若盲目采取限制城市人口规模的制度安排，特别是针对低技能者的限制，将会导致效率和公平兼失的局面。②

由此看来，中国在实现共同富裕道路上面临的收入差距扩大问题是在发展和改革的特定阶段出现的，从根本上说要靠进一步加快发展、推进改革来解决。生产力的发展可以为实现共同富裕提供物质基础；完善的社会主义市场经济体制能够保证机会的均等和过程的公平，并为全体公民提供基本的生活保障。习近平总书记的概括极为精辟：落实共享发展理念，归结起来就是两个层面的事。一是充分调动人民群众的积极性、主动性、创造性，举全民之力推进中国特色社会主义事业，不断把"蛋糕"做大。二是把不断做大的"蛋糕"分好，让社会主义制度的优越性得到更充分体现，让人民群众有更多获得感。

坚持目标导向与问题导向相统一，落实共享发展理念，是贯彻落实以人民为中心的发展思想的重要组成部分，应充分体现在当前全面建成小康社会的各项决策部署中。始终坚持目标导向与问题导向相统一，才能使发展成果更多更公平惠及全体人民。蔡昉、张晓晶认为，以下四个方面是按照这一方法论落实共享发展理念的重点领域。

第一，两个翻一番目标与经济保持中高速增长。党的十八大提出了到 2020 年实现国内生产总值和城乡居民人均收入比 2010 年翻一番的目标。这就要求经济保持中高速增长以及城乡居民收

---

① 朱玲：《包容性发展与社会公平政策选择》，《经济学动态》2011 年第 12 期。
② 陆铭等：《城市规模与包容性就业》，《中国社会科学》2012 年第 10 期。

入提高与经济增长同步。2010年，我国国内生产总值为40.9万亿元，按照不变价计算，2015年已增长到59.6万亿元。按照全面建成小康社会的要求，到2020年我国国内生产总值需要达到81.8万亿元。按照目标导向倒推，"十三五"时期我国经济年均增长率必须达到6.53%。在我国经济发展进入新常态的条件下，依靠资源要素投入驱动的增长难以保证实现这一增长速度目标，必须挖掘新的增长源泉，即依靠全要素生产率的提高实现创新驱动的增长。按照问题导向顺推，只有加快供给侧结构性改革才能获得新的增长源泉，创造更多改革红利，提高潜在增长率，切实保障"蛋糕"不断做大。

第二，人人都有更多获得感与收入差距明显缩小。全面建成小康社会要求人民生活水平和质量普遍提高，使全体人民在共建共享发展中有更多获得感。因而，仅仅达成经济总量和城乡居民人均收入翻一番的数量目标并不意味着全面建成了小康社会，而必须明显缩小城乡之间、地区之间和社会群体之间的收入差距。缩小收入差距，要求扩大基本公共服务供给并提高其均等化水平，不仅要做大"蛋糕"，还要分好"蛋糕"。

随着社会保障体系建设和劳动力市场发育，我国在基本公共服务均等化和缩小收入差距方面的政策努力已经取得明显效果。但是，实现有更多获得感的全面小康目标，仍需显著加大再分配力度。从那些收入差距较小的发达国家经验看，再分配政策可以将初次分配的基尼系数进一步降低36.2%。这表明，在不损害劳动力市场机制的前提下，在财政税收、扶贫济困工作和社会保障等基本公共服务供给方面，仍有发挥政府再分配作用的巨大空间。

第三，全面建成小康社会的要求与农村贫困人口脱贫。如果到2020年我国仍有几千万农村贫困人口没有脱贫，就不能说已经全面建成了小康社会。因此，"十三五"规划纲要提出明确目标要求：到2020年我国现行标准下农村贫困人口实现脱贫，贫困县全部摘帽，解决区域性整体贫困。党中央做出了打好脱贫攻坚战，实施精准扶贫、精准脱贫的决策部署。精准扶贫、精准脱贫，强调因人因地施策，分类扶持贫困家庭，通过产业扶持、转移就业等措施解决贫困人口脱贫问题；对完全或部分丧失劳动能力的贫困人口，全部纳入低保覆盖范围，实行社保政策兜底脱贫。这些具有创新性的科学扶贫方略，充分体现了目标导向与问题导向相统一、战略性与可操作性相结合的方法论。

第四，供给侧结构性改革与社会政策托底。做好当前经济工作，要从供给侧认识和适应新常态，以供给侧结构性改革引领新常态。习近平总书记概括了新常态下我国经济发展的主要特点：增长速度要从高速转向中高速，发展方式要从规模速度型转向质量效益型，经济结构调整要从增量扩能为主转向调整存量、做优增量并举，发展动力要从主要依靠资源和低成本劳动力等要素投入转向创新驱动。这些概括也规定了我们要实现的目标，指明了达到目标需要在哪些方面推进供给侧结构性改革。供给侧结构性改革可以提高潜在增长率，进而促进经济保持中高速增长。

但是，涉及调整产业结构、化解过剩产能、处置僵尸企业等方面的改革，也不可避免地会造成部分传统产业和企业职工转岗。因此，要特别关注那些受结构性改革和产业调整影响的劳动者，如产能过剩行业的劳动者、东北地区等老工业基地的职工和进城农民工，既以社会政策为他们的基本生活托底，又通过加强培训、职业介绍等公共就业服务，促进其尽快转岗就业或创业。[①]

（执笔人：张晓晶，中国社会科学院经济研究所研究员）

[①] 蔡昉、张晓晶：《构建新时代中国特色社会主义政治经济学》，中国社会科学出版社 2019 年版。

第三十六章

供给侧结构性改革

2015年11月10日,中央财经领导小组第十一次会议指出,要"在适度扩大总需求的同时,着力加强供给侧结构性改革,着力提高供给体系质量和效率,增强经济持续增长动力,推动我国社会生产力水平实现整体跃升",这是"供给侧结构性改革"这一术语首次出现在党中央重要会议的文献中。稍后召开的2015年中央经济工作会议又对供给侧结构性改革作了全面部署。在2016年3月发布的《中华人民共和国国民经济和社会发展第十三个五年规划纲要》中,供给侧结构性改革随即被确立为"十三五"期间的发展主线。2016年中央经济工作会议指出,要坚持以推进供给侧结构性改革为主线,全面做好稳增长、促改革、调结构、惠民生、防风险各项工作,促进经济平稳健康发展和社会和谐稳定。

推进供给侧结构性改革,是适应把握引领经济发展新常态的重大创新,是适应国际金融危机发生后综合国力竞争新形势的主动选择,是推动我国经济实现高质量发展的必然要求。习近平总书记强调,推进供给侧结构性改革是一场硬仗,要以锐意进取、敢于担当的精神状态,脚踏实地、真抓实干的工作作风,打赢这场硬仗。要把推进供给侧结构性改革作为当前和今后一个时期经济发展和经济工作的主线,转变发展方式,培育创新动力,为经济持续健康发展打造新引擎、构建新支撑。①

第一节　供给侧结构性改革：概念辨析

"供给侧结构性改革"概念甫一面世，便引起了社会各界的积极响应和国际社会的高度关注，中国经济学界对此的讨论更是十分热烈。然而，有一个现象却需要引起高度重视：社会各界人士对这一概念的理解存在很大差异。

高尚全通过观察对供给侧结构性改革进行讨论，认为有几种论断值得注意：一是万能论。认为所有问题只要套上供给侧结构性改革的外壳就能解决，这是片面的。二是无效论。即所谓的供给侧、需求侧是理论上的概念文字，不能解决实际问题。三是旧体制回归论。认为改革就是去私有化，瓦解私有企业，使大的私有企业公有化，加强计划经济管理。中央将供给侧结构性改革作为我国的战略调整的一条主线提出来，但部分人对其的认识仍然非常模糊。因此，推进供给侧结构性改革亟须取得共识，准确认识其内涵和外延。② 在思想界众说纷纭的情况下，各地各部门在贯彻落实时难免有认识模糊、思想不统一的问题，普罗大众则更是雾里看花。如习近平总书记所说，有的同志直言"对供给侧改革弄得还不是很明白，社会上很多讨论看了也不是很清楚"。③

从思想认识层面看，准确理解中国语境下的"供给侧结构性改革"概念存在着以下两个方面的特殊困难：一方面，与之类似的一

---

① 中共中央宣传部：《习近平新时代中国特色社会主义思想三十讲》，学习出版社2018年版。

② 高尚全：《关于供给侧结构性改革的几点思考》，《经济参考报》2016年6月6日。

③ 习近平：《在省部级主要领导干部学习贯彻党的十八届五中全会精神专题研讨班上的讲话》，《人民日报》2016年5月10日第2版。

些名词，例如供给侧经济学、供给管理、供给学派、结构性改革等，在国外早已被频繁使用。另一方面，中国有着几十年搞中央计划经济的历史，计划经济思维颇有影响力。而且计划经济就是以政府为主体，从供给端入手安排经济活动的。这难免导致有些人将从供给侧结构性改革等同于增强政府在资源配置中的作用，扩大政府干预生产的力度，或者说是搞新的"计划经济"。在这种状况之下，我们就不难理解，为什么国内学术界对于供给侧结构性改革存在着理解上的差异乃至分歧了。

需要明确指出，在国内得到高度认同并广泛使用的一系列重要概念，如新常态、新发展理念、供给侧结构性改革等，是在中国经济发展的特定语境下，对发展阶段变化、面临的重大挑战、当前经济问题主要原因及其解决方式的准确概括。它们与西方经济学理论和计划经济文献中字面上相似的诸多术语，在缘起和内涵上并不完全一致，甚至是迥然不同的。

根据2015—2018年历年中央经济工作会议精神，供给侧结构性改革的基本要义可以归结为以下四条：第一，在我国经济出现重大结构性失衡，导致经济循环不畅通的状况之下，供给侧结构性改革应当以满足市场需求、实现供求关系新的动态均衡为最终目的。第二，在深入研究市场变化，理解现实需求和潜在需求的基础上，决策者要用深化改革的办法推进结构调整，其指向的直接目标是厘清政府与市场的边界，重构制度框架与监管框架，完善市场在资源配置中起决定性作用的体制机制，增强微观主体内生动力。第三，改革的深化有助于矫正要素配置扭曲等结构性失衡问题，从而扩大有效供给，减少无效供给，提高供给结构对需求变化的适应性和灵活性。第四，改革最终将通过促进经济增长新机制的形成来实现提高全要素生产率、更好满足广大人民群众的需要、促进经济社会持续健康发展的政策效果。概括地说，供给侧结构性改革，最终目的是满足需求，主攻方向是提高供给质量，根本途径是深化改革。

接下来，可以用"供给侧＋结构性＋改革"这样一个公式来对

"供给侧结构性改革"作进一步剖析,以期准确把握供给侧结构性改革的战略意图。①

一是供给侧。辩证看待供给与需求的关系是准确把握供给侧结构性改革的必要前提。习近平总书记认为,供给和需求是市场经济内在关系的两个基本方面,是既对立又统一的辩证关系,二者你离不开我、我离不开你,相互依存、互为条件。没有需求,供给就无从实现,新的需求可以催生新的供给;没有供给,需求就无法满足,新的供给可以创造新的需求。强调从供给侧入手推进结构性改革主要基于对中国当前经济发展态势的大判断。中央认为,当前我国经济发展中有周期性、总量性问题,但结构性问题最突出,矛盾的主要方面在供给侧。因此,中央提出"在适度扩大总需求的同时,着力加强供给侧结构性改革",就意味着供给侧是主要矛盾,供给侧结构性改革必须加强、必须作为主攻方向。需求侧起着为解决主要矛盾营造环境的作用,投资扩张只能适度,不能过度,绝不可越俎代庖、主次不分。

二是结构性。我国当前结构性问题比周期性、总量性问题更加突出。因此,习近平总书记指出,"结构性"三个字十分重要,简称"供给侧改革"也可以,但不能忘了"结构性"三个字。供给侧结构性改革,重点是解放和发展社会生产力,用改革的办法推进结构调整,减少无效和低端供给,扩大有效和中高端供给,增强供给结构对需求变化的适应性和灵活性,提高全要素生产率。这不只是一个税收和税率问题,而是要通过一系列政策举措,特别是推动科技创新、发展实体经济、保障和改善人民生活的政策措施,来解决我国经济供给侧存在的问题。

三是改革。供给侧结构性改革与全面深化改革战略是相互贯通的。中央认为,供给侧结构性改革本质是一场改革,要用改革的办

---

① 这一公式的具体内涵可参见《七问供给侧结构性改革——权威人士谈当前经济怎么看怎么干》,《人民日报》2016年1月4日。

法推进结构调整,为提高供给质量激发内生动力、营造外部环境。各地区各部门要把依靠全面深化改革推进供给侧结构性改革摆上重要位置,坚定改革信心,突出问题导向,加强分类指导,注重精准施策,提高改革效应,放大制度优势。

我国经济学界对供给侧结构性改革的基本内涵进行了充分的讨论。

关于什么是"结构性改革"、为什么要"着力推进结构性改革",吴敬琏作了全面的阐述。他认为,21 世纪第一个十年,情况发生了变化。一方面,人口红利消失,青木昌彦所说的"库兹涅茨过程"也到了后期,通过结构变化提高效率的空间不大了;另一方面,中国的技术水平有了很大提高,中国由技术的追赶者成为同步者,在某些领域甚至成为领跑者。在这种情况下,靠购买外国设备、引进外国技术进一步提高本国技术水平的可能性也变小了。好几个学术研究机构的报告都表明,从 21 世纪的第一个十年起,中国经济的潜在增长率开始下降。过去中国很少用"结构性改革"这样的表达方式,我们一般说体制改革。但是,在发达国家这是一个经常用的词,中国文献中的体制改革在翻译成英文时,也往往被译为 Structural Reform,即结构性改革。在西方报刊和学术性文献中说的结构性改革,是指在市场经济的条件下某些制度架构和政府监管架构的改革。"结构性改革"的根本是改革。结构性改革是一个市场经济国家常用的概念。它的原意是指在市场经济条件下,对部分制度架构和政府规制架构进行改革,特别是对政府职能进行改革。不可与主要用行政方式进行的"结构调整"混为一谈。①

魏礼群表示,推进供给侧结构性改革,要义在于加快经济转型升级。其着力点是:解放和发展社会生产力,坚持用改革的办法充分发挥市场在资源配置中的决定性作用和更好发挥政府作用,推进

---

① 吴敬琏:《什么是结构性改革,它为何如此重要》,2016 年 6 月 30 日,新浪长安讲坛。

结构调整特别是供给侧的结构调整，优化现代产业体系。①

余永定发现，在讨论短期或长期经济增长问题时，为了方便，经济学家往往把相关问题分为两大类：结构改革（Structural Reform）和宏观需求管理（或调控）。凡无法用宏观经济政策解决的（增长）问题就称为结构问题。而为解决结构问题进行的改革则称为结构改革。西方国家所说的结构改革的内涵同我们所理解的结构改革是一致的，但中国式结构改革包含更多体制改革内容。余永定进一步考证发现，"供给侧"一词源于日文，是日本人把"Supply Side"翻译成"供给侧"的。余永定认为，在结构改革之前加上"供给侧"这个定语，应避免导致对结构改革内涵的理解发生偏误。"供给侧结构性改革"并不意味着"供给侧"才有"结构改革"，"需求侧"不存在"结构改革"，或只有"供给侧结构性改革"才是重要的。因此，对"供给侧结构性改革"应该有全面的理解。第一，结构改革主要解决长期问题，但不意味着可以忽视短期问题。第二，"供给侧"非常重要，但不意味着"需求侧"不重要。②

樊纲强调，把过剩的部分尽快消灭掉、重组掉，不使更多资源陷到里面去，从而提高资源利用效率，提高增长质量，促进经济增长，是供给侧结构性改革的本质含义所在。③

杨春学、杨新铭认为，供给侧改革的核心是要发挥市场配置资源的决定性作用，培育具有创新能力的微观主体和推动政府行政管理体制机制变革，解决制约长期经济增长的结构性问题。这些具有系统性、全局性和长远性的改革措施有较长的时间滞后效应，需要有耐心和定力，保持政策导向的稳定性以使人们形成稳定、积极、乐观的预期。④

---

① 魏礼群：《供给侧结构性改革的要义》，《人民日报》2016年4月14日。
② 余永定：《"供给侧结构性改革"不是大杂烩》，《财经》2016年6月4日。
③ 樊纲：《究竟什么是供给侧改革》，《英才》2016年第3期。
④ 杨春学、杨新铭：《供给侧改革逻辑的思考》，《中国社会科学院研究生院学报》2016年第4期。

习近平总书记指出："我们讲的供给侧结构性改革，同西方经济学的供给学派不是一回事。"学界围绕供给侧结构性改革与西方供给学派的关系进行了比较研究。

周文认为，西方供给学派不是供给侧结构性改革的理论基础，我国供给侧结构性改革是对西方经济学的超越。今天我们的一些学者不去正视这些事实，却仍在鼓吹"供给学派"理论，重提实施该学派的政策主张，把我国实施的供给侧结构性改革简单化地等同于供给学派理论，这不仅会误导舆论和政府政策方向，更有可能会对中国经济发展造成严重的消极影响。[①]

蔡昉在理论上将供给侧结构性改革与西方经济学中的供给学派和西方国家倡导的结构性改革做出了区分。该文强调，供给侧结构性改革等中国特色社会主义政治经济学概念是在中国经济发展的特定语境下，对发展阶段变化、面临的重大挑战、当前经济问题主要原因及其解决方式的准确概括，与西方经济学中字面上相似的诸多术语，在内涵上是迥然相异的。[②]

方福前则详细探讨了供给侧结构性改革理论与供给理论之间的关系。他认为，供给侧结构性改革理论是在供给理论的基础上，研究如何通过经济体制改革、经济结构调整和优化，以促进总供给能力增长、总供给质量提高，以及总供给在规模和结构上如何与总需求相适应、相匹配的问题。供给侧结构性改革理论与供给理论有联系，有交叉，但是供给理论不等于就是供给侧结构性改革理论。供给理论的核心是总供给能力由哪些因素决定，供给侧结构性改革的核心是改革——如何通过改革来改善总供给结构、提高总供给能力和质量。所以，我们不能简单地把供给侧结

[①] 周文：《警惕借供给侧结构性改革兜售西方理论》，《红旗文稿》2016年第10期。

[②] 蔡昉：《供给侧结构性改革不是西方供给学派的翻版》，《求是》2016年第17期。

构性改革理论等同于供给理论，更不能以供给理论取代供给侧结构性改革理论。[1]

蔡昉、张晓晶全面地剖析了供给侧结构性改革与西方供给学派和结构性改革政策的区别。我们讲"结构性减税"并将其作为实行积极财政政策的重要内容，与西方经济学供给学派的减税主张并不是一回事；我们讲"从广度和深度上推进市场化改革，减少政府对资源的直接配置，减少政府对微观经济活动的直接干预，把市场机制能有效调节的经济活动交给市场"，与推进新自由主义经济学的彻底市场化主张大相径庭；我们讲"降低制度性交易成本，转变政府职能、简政放权"，也截然不同于西方经济学解除规制和限制政府作用的主张；我们鼓励、支持、引导非公有制经济发展，致力于为非公有制经济发展营造良好环境和提供更多机会的方针政策，与推进私有化的新自由主义思潮更有天壤之别。[2]

总之，牢牢把握住"以人民为中心的发展思想"，领会中国特色社会主义经济学的本质，才能和西方经济学特别是新自由主义经济学划清界限，防止因某些用语上的相似性造成认识上的混淆，干扰供给侧结构性改革的方向。

第二节 为什么要以供给侧结构性改革为发展主线？

推进供给侧结构性改革，是以习近平同志为核心的党中央在

---

[1] 方福前：《寻找供给侧结构性改革的理论源头》，《中国社会科学》2017年第7期。

[2] 蔡昉、张晓晶：《构建新时代中国特色社会主义政治经济学》，中国社会科学出版社2019年版。

综合分析世界经济长周期和我国发展阶段性特征及其相互作用的基础上，集中全党和全国人民智慧，从理论到实践不断探索的结晶。①

世界科技和产业深刻变革，供给体系调整加快。国际金融危机以来，主要发达国家在实施需求管理政策的同时，高度重视供给体系调整。当前，世界范围内新一轮科技革命和产业变革蓄势待发，信息技术、生物技术、新材料技术、新能源技术广泛渗透，重大颠覆性创新不时出现，特别是新一代信息通信技术与制造业深度融合，催生智能制造、分享经济等各种新科技、新业态不断涌现。为适应技术和产业变革，发达国家纷纷出台应对举措，美国再工业化战略、德国工业4.0战略等应运而生，新技术革命正在有力推动全球供给体系调整。我们必须把握住这个历史性机遇，将其转变为我国经济发展的巨大驱动力；否则，就可能不进则退。

我国经济结构正在发生重大变化，供给体系质量亟待提升。我国生产能力大多数只能满足中低端、低质量、低价格的需求，生产能力中有大量过剩产能；供给结构不适应需求新变化，有效供给又严重不足。关键核心技术长期受制于人，一些重要原材料、关键零部件、高端装备、优质农产品依赖进口，旅游、体育、健康、养老、家政等领域供给也不能满足居民需要。这些是我国经济面临的最为突出的结构失衡矛盾。解决这样的发展矛盾，只有推进供给侧结构性改革，提高供给体系质量，适应新需求变化，才能在更高水平上实现供求关系新的动态均衡。②

2008年国际金融危机爆发后，中国经济开始出现明显减速。

关于中国经济减速的最常见解释，是"需求不足说"。这种观点

---

① 龚雯、许志峰、王珂：《七问供给侧结构性改革——权威人士谈当前经济怎么看怎么干》，《人民日报》2016年1月4日。

② 陈和：《深化供给侧结构性改革》，《经济日报》2017年11月14日。

从金融危机后净出口大幅度缩减的需求侧原因（因而也是周期性原因），解释中国经济减速。很自然，一旦可以打破需求瓶颈，如他们所建议的进一步加强投资刺激，周期就可以过去，中国经济仍可以回到原有的轨道，实现诸如8%的较高增长速度。类似主张刺激需求的观点，在中外经济学家中比较普遍。例如，林毅夫将人均GDP相当于美国的比率作为发展阶段的判断标准，发现中国目前人均GDP相当于美国的20%，这个发展阶段相当于日本的1951年、新加坡的1967年、中国台湾地区的1975年和韩国的1977年。数据表明，这些经济体在到达这一节点之后的20年中，分别实现了9.2%、8.6%、8.3%和7.6%的经济增长率。由此得出的结论是，中国仍有高速增长的潜力。[1]

尽管从需求面开展的分析有其合理性和必要性，但我们更应注意到，新常态下的中国经济面临的主要挑战并不来自短期的宏观经济总需求层面，而来自由供给侧决定的长期经济增长潜力和经济结构层面。正如习近平总书记所言："当前和今后一个时期，我国经济发展面临的问题，供给和需求两侧都有，但矛盾的主要方面在供给侧。"[2] 习近平总书记进一步指出，经济发展面临速度换挡节点，如同一个人，10岁至18岁个子猛长，18岁之后长个子的速度就慢下来了。根据这个重要判断，《人民日报》采访权威人士称，综合判断，我国经济运行不可能是U形，更不可能是V形，而是L形的走势。

不少学者从供给侧入手，探究中国经济减速的原因。

袁富华较早提出"结构性减速"。20世纪70年代以来普遍发生于发达国家的经济增长减速，是工业化向城市化发展进程中的一种

---

[1] Lin, Justin Yifu (2011), "China and the Global Economy", *China Economic Journal*, Vol. 4, No. 1, pp. 1–14.

[2] 习近平：《在省部级主要领导干部学习贯彻党的十八届五中全会精神专题研讨班上的讲话》，《人民日报》2016年5月10日第2版。

系统性趋势。当经济结构渐趋成熟，就业向服务业部门集中，高就业比重、低劳动生产率增长率的第三产业的扩张，拉低了这些国家的全社会劳动生产率增长率。作为长期增长的重要影响因素，劳动生产率增长率的减速将影响国民收入增长，进而给国民福利及投资、消费等带来冲击。发生于西方国家的"结构性减速"问题，对于中国具有极大的启发意义。长期增长过程的"结构性加速"和"结构性减速"这个问题对于中国之所以重要，原因在于未来一二十年里，中国将面临产业结构向服务化的调整以及人口结构的转型；更为重要的是，这些变化将在一个相对较短的历史时期里发生。类似于日本产业结构短期内的迅速变化，经济增长由"结构性加速"向"结构性减速"过渡期间所产生的冲击效应值得关注。与发达国家"结构性减速"本质不同之处在于，中国的"结构性减速"很可能发生在较低收入水平上，进而对国民福利提高和经济可持续增长带来巨大影响。因此，重新审视中国未来产业发展方向，以及结构调整和优化路径具有重要的现实意义。①

白重恩、张琼通过实证分析发现，对于中国经济减速，与深层次的结构性矛盾相比，那些周期性影响显然居于次要地位。②

李扬、张晓晶认为，导致我国经济出现结构性减速的原因主要有四：要素供给效率下降、资源配置效率下降、创新能力不足、资源环境约束增强。以上所列诸端，可以进一步综合为人力资本和全要素生产率的增速双重下降。这一趋势，自2008年以来变得日益明显。人力资本增长率下降，归因于人口老龄化以及人力资本增长的起点随全民普及义务教育制度的实施而不断上升。全要素生产率下降，则归因于后发优势不断减弱、创新能力不足、对外依存度大幅

---

① 袁富华：《长期增长过程的"结构性加速"与"结构性减速"：一种解释》，《经济研究》2012年第3期。

② 白重恩、张琼：《中国经济减速的生产率解释》，《比较》2014年第4期。

下降、政府规模不断扩大和劳动参与率持续降低。[1]

蔡昉强调，导致中国经济减速的长期供给侧因素主要有四个：第一，劳动力持续严重短缺导致工资增长超过劳动生产率，使单位劳动成本迅速显著上升。第二，新成长劳动力逐年减少，导致劳动者的人力资本改善速度下降。第三，资本报酬递减规律开始发挥作用，投资回报率显著下降。第四，随着资源重新配置空间缩小，全要素生产率提高的速度也相应减慢。[2]

在中国经济出现结构性减速的大背景下，历史上积累的各种风险和问题正在不可避免地水落石出，这是个必然的过程，要理性看待。尤其是要处理好稳增长、调结构、防风险的关系，一方面要保持经济增长的稳定性，另一方面要防控好金融风险，保持宏观杠杆率的相对稳定。两者平衡的关键是实施好以供给侧结构性改革为核心的政策体系。[3]

从政治经济学的角度看，供给侧结构性改革的根本，是使我国供给能力更好地满足广大人民日益增长、不断升级和个性化的物质文化和生态环境需要，从而实现社会主义生产目的。从国际经验看，一个国家发展从根本上要靠供给侧推动。一次次科技和产业革命，带来一次次生产力提升，创造着难以想象的供给能力。当今时代，社会化大生产的突出特点，就是供给侧一旦实现了成功的颠覆性创新，市场就会以波澜壮阔的交易生成进行回应。[4] 供给侧结构性改革，重点是解放和发展社会生产力，用改革的办法推进结构调整，减少无效和低端供给，扩大有效和中高端供给，增强供给结构对需

---

[1] 李扬、张晓晶：《新常态：经济发展的逻辑与前景》，《经济研究》2015年第5期。

[2] 蔡昉：《认识中国经济减速的供给侧视角》，《经济学动态》2016年第4期。

[3] 《中共中央政治局委员、国务院副总理刘鹤就当前经济金融热点问题接受采访》，新华社，2018年10月19日电。

[4] 习近平：《在省部级主要领导干部学习贯彻党的十八届五中全会精神专题研讨班上的讲话》，《人民日报》2016年5月10日第2版。

求变化的适应性和灵活性，提高全要素生产率。

第三节 如何推进供给侧结构性改革？

党的十九大报告指出，我国社会主要矛盾已经转化为人民日益增长的美好生活需要和不平衡不充分的发展之间的矛盾。这一判断反映了我国发展的阶段性变化，对党和国家事业发展提出了新的要求。从经济建设角度看，过分追求速度和以规模扩张为重心的经济发展方式已难以持续，只有真正实现发展方式转变、经济结构优化和增长动力转换，方可提高供给效率与质量，方可满足人民的美好生活需要。

我国新时代社会主要矛盾的主要方面决定了当前和今后一个时期内经济政策的基本取向，即坚持解放和发展社会生产力，坚持社会主义市场经济改革方向，以创新、协调、绿色、开放、共享发展理念为指导，主要从供给侧发力，建设现代化经济体系，推动高质量发展，着力解决我国发展面临的不平衡不充分问题。建设现代化经济体系、推动高质量发展的要义在于，坚持质量第一、效益优先，以供给侧结构性改革为主线，推动经济发展质量变革、效率变革、动力变革，提高全要素生产率，以实体经济、科技创新、现代金融、人力资源协同发展的产业体系为支撑，以构建市场机制有效、微观主体有活力、宏观调控有度的经济体制为动力，从而实现平衡充分的发展，为解决新时代社会主要矛盾创造必要条件，为不断增强我国经济创新力和竞争力、实现"两个一百年"奋斗目标夯实基础。

供给侧结构性改革，关键在供给侧，在生产方。生产函数的基本构成因子是劳动、资本、技术和自然资源等要素，它们的积累变化是长期过程，决定经济的潜在增长率。从这个意义上说，供给侧结构性改革是长期问题。不过，供给侧结构性改革也有短期目标。那就是有效化解产能过剩、房地产库存增加、杠杆率上升、债务负担加剧等风险隐患,挤掉经济中的水分,使中国经济运行呈现出健康的面貌。因此,要坚持推进"三去一降一补",即去产能、去库存、去杠杆、降成本、补短板,优化存量资源配置,扩大优质增量供给,实现供需动态平衡。[①] 供给侧结构性改革实施三年来,我们在"三去一降一补"方面取得了阶段性成果,国际社会普遍认为,通过"毁灭性创新",中国经济中一些过剩领域的价格水平回归均衡,供求关系明显改善,从而拉动了经济增长,促进了全球经济复苏。同时也要看到,我国经济结构调整的任务还没有完成,供给侧结构性改革要深化一步,下一步重点应是增强微观主体的活力、韧性、创新力,从而推动经济转型升级,促进国民经济良性循环。[②]

根据上述逻辑,今后一段时期内供给侧结构性改革将更加注重运用市场化改革的办法,在"巩固、增强、提升、畅通"八个字上下功夫,即巩固"三去一降一补"成果,增强微观主体活力,提升产业链水平,畅通国民经济循环,从而推动经济高质量发展。由此,蔡昉、张晓晶提出,推进供给侧结构性改革,当前最紧要的是以下五个方面。

第一,处理好政府与市场的关系。党的十八届三中全会明确指出,市场决定资源配置是市场经济的一般规律,健全社会主义市场经济体制必须遵循这条规律,着力解决市场体系不完善、政府干预过多和监管不到位问题。必须积极稳妥从广度和深度上推进市场化改革,大幅度减少政府对资源的直接配置,推动资源配置依据市场规则、市场价格、市场竞争实现效益最大化和效率最优化。即改革行政事业单位,精简机构,减少审批,减轻政府行政成本,降低市场交易成本,创新政府配置资源的方式。2016年中央全面深化改革领导小组第27

---

① 董昀:《建设现代化经济体系,增强金融服务实体经济能力》,《金融时报》2017年12月18日。

② 《中共中央政治局委员、国务院副总理刘鹤就当前经济金融热点问题接受采访》,新华社,2018年10月19日电。

次会议提出《关于创新政府配置资源方式的指导意见》，强调更多引入市场机制和市场化手段，提高资源配置效率和效益。对由全民所有的自然资源，要建立明晰的产权制度，健全管理体制，完善资源有偿使用制度。对金融类和非金融类经营性国有资产，要建立健全以管资本为主的国有资产管理体制，优化国有资本布局。对用于实施公共管理和提供公共服务目的的非经营性国有资产，要坚持公平配置原则，引入竞争机制，提高基本公共服务可及性和公平性。

第二，加快完善现代市场体系。首先是建立公平开放透明的市场规则。实行统一的市场准入制度，在制定负面清单基础上，各类市场主体可依法平等进入清单之外领域。探索对外商投资实行准入前国民待遇加负面清单的管理模式。推进工商注册制度便利化，削减资质认定项目，由先证后照改为先照后证，把注册资本实缴登记制逐步改为认缴登记制。推进国内贸易流通体制改革，建设法治化营商环境。改革市场监管体系，实行统一的市场监管，清理和废除妨碍全国统一市场和公平竞争的各种规定和做法，严禁和惩处各类违法实行优惠政策行为，反对地方保护，反对垄断和不正当竞争。建立健全社会征信体系，褒扬诚信，惩戒失信。健全优胜劣汰市场化退出机制，完善企业破产制度。在完善市场体系保障公平竞争方面，2016年中央推出了关于建立公平竞争审查制度的意见，强调坚决维护全国统一市场和公平竞争，建立健全公平竞争审查保障机制，按照市场准入和退出标准、商品和要素自由流动标准、影响生产经营成本标准、影响生产经营行为标准等，对有关政策措施进行审查，从源头上防止排除和限制市场竞争。进一步，积极推进要素市场化改革。这涉及完善主要由市场决定价格的机制，建立城乡统一的建设用地市场，完善金融市场体系，深化科技体制改革，以及农村土地制度改革，户籍制度改革，等等。这些改革，为土地、资本、劳动以及科技等生产要素的自由流动创造了条件。

第三，加强和完善党对国有企业的领导，推动混合所有制与国有企业改革。习近平总书记强调，要通过加强和完善党对国有企业的领导、加强和改进国有企业党的建设，使国有企业成为党和国家最可信赖的依靠力量，成为坚决贯彻执行党中央决策部署的重要力量，成为贯彻新发展理念、全面深化改革的重要力量，成为实施"走出去"战略、"一带一路"建设等的重要力量，成为壮大综合国力、促进经济社会发展、保障和改善民生的重要力量，成为我们党赢得具有许多新的历史特点的伟大斗争胜利的重要力量。新一轮国企改革坚持混合所有制方向，将有利于优化国有经济布局，进一步发挥国有资本带动力；改善公司治理结构，实现政企分开；公有制经济和非公有制经济良性互动，提高国家竞争力。包括推动国有企业的公司制股份制改革，特别是推动包括中央企业在内的大型企业的混合所有制改革；努力清除制约非公企业参与国有企业改革的政策性障碍，保证公开公平，提高非国有经济参与改革的积极性；在推进混合所有制改革时尝试和探索引入员工持股制度；加快开放可竞争性市场，为国有垄断企业推进混合所有制创造条件；以管资本为主完善国有资产管理体制；战略性调整国有资本布局和结构。国有资本职能定位得到进一步明确，推动国有资本更多投向关系国家安全和国民经济命脉的重要行业和关键领域，重点提供公共服务、发展重要前瞻性战略性产业、保护生态环境、支持科技进步、保障国家安全，尽快从一般竞争性行业退出。

第四，推进财税体制改革。深化财税体制改革的目标是建立统一完整、法治规范、公开透明、运行高效，有利于优化资源配置、维护市场统一、促进社会公平、实现国家长治久安的可持续的现代财政制度。重点是推进三个方面的改革。一是推进预算公开，规范财政支出。预算制度改革要在加强全口径预算管理、改善预算透明度、预算编制技术的创新和加强人大监督上下功夫。二是推进税制改革，完善政府收入体系。深化税收制度改革，优化税制结构、完善税收功能、稳定宏观税负、推进依法治税，建立有利于科学发展、社会公平、市场统一的税收制度体系，充分发挥税收筹集财政收入、调节分配、促进结构优化的职能作用。政府收入体系的构建要适应政府主要从企业取得收入向从个人和家庭取得收入转变的现实趋势。三是划分事权和支出责任，调整中央和地方政府间财政关系。要通过改革，健全事权和支出责任相适应的制度，保持现有中央和地方财力格局总体稳定，逐步理顺中央与地方收入划分，使中央与地方各安其位、各负其责、上下协同，促进政府治理整体效能的最大化。按照调动中央和地方两个积极性的要求，在坚持分税制财政管理体制改革方向的基础之上，构建较为稳定的中央和地方财政关系。

第五，完善产权保护制度依法保护产权。产权制度是社会主义市场经济的基石，保护产权是坚持社会主义基本经济制度的必然要求。有恒产者有恒心，经济主体财产权的有效保障和实现是经济社会持续健康发展的基础。改革开放以来，通过大力推进产权制度改革，我国基本形成了归属清晰、权责明确、保护严格、流转顺畅的现代产权制度和产权保护法律框架，全社会产权保护意识不断增强，保护力度不断加大。同时也要看到，我国产权保护仍然存在一些薄弱环节和问题：国有产权由于所有者和代理人关系不够清晰，存在内部人控制、关联交易等导致国有资产流失的问题；利用公权力侵害私有产权、违法查封扣押冻结民营企业财产等现象时有发生；知识产权保护不力，侵权易发多发。解决这些问题，必须加快完善产权保护制度，依法有效保护各种所有制经济组织和公民财产权，健全以公平为核心原则的产权保护制度，毫不动摇巩固和发展公有制经济，毫不动摇鼓励、支持、引导非公有制经济发展，公有制经济财产权不可侵犯，非公有制经济财产权同样不可侵犯。[1]

以上五个方面主要从体制机制层面指出了供给侧结构性改革的主攻方向。其他学者则对如何提升产业链水平、畅通国民经济循环进行了深入阐述。

王一鸣强调提升产业链水平要有新思路。目前，我国已建立比

---

[1] 蔡昉、张晓晶：《构建新时代中国特色社会主义政治经济学》，中国社会科学出版社2019年版。

较完整的产业体系,但"大而不强"问题仍然突出。提升产业链水平,要充分认识国际产业变革的发展趋势,强化科技创新的支撑作用,促进我国产业迈向全球价值链中高端,建设有国际竞争力的现代产业体系。

提升产业链水平的新思路概括如下:一是由"结构"标准向"效率"标准转变。过去一个时期,我国产业结构发生明显变化,服务业比重超过第二产业,成为占比最大的产业。但与此同时,全要素生产率持续下降,即出现了产业结构升级、生产效率下降的"逆库兹涅茨化"问题。随着我国产业结构体系日趋完备,资源在产业间再配置的空间逐步缩小,传统的产业结构调整思维需要向提升产业链水平思维转变,衡量产业结构高级化要从"结构"标准向"效率"标准转变。二是由"技术"升级向"系统"升级转变。由于智能制造体系是紧密联系、相互作用的多层面技术的协同突破和应用,我国的产业升级部署不能仅仅停留在工业机器人、3D打印等关键技术领域的突破,还要协同推进传感、大数据、纳米新材料等通用技术领域的突破,同时要加强大规模生产系统、柔性制造系统、可重构生产系统和工业互联网系统的战略部署。三是由"产业"思维向"体系"思维转变。过去我国产业结构调整仅仅聚焦于"产业"自身,而忽略了科技创新、现代金融、人力资源对产业发展的支撑和协同,表现为产业升级资金缺乏、技术缺乏、人才缺乏的问题比较突出。产业发展要从"单一产业"思维向"现代产业体系"思维转换,围绕产业链部署创新链,围绕创新链完善资金链和人才链,加快形成实体经济、科技创新、现代金融、人力资源协同发展的现代产业体系。[①]

王昌林认为,畅通国民经济循环应从以下三个方面推进。

首先,要促进实体经济、科技创新、现代金融、人力资源协同发展,畅通生产要素配置市场化渠道。要深入实施创新驱动发展战

[①] 王一鸣:《建设有国际竞争力的现代产业体系》,《学习时报》2019年3月4日。

略，切实加强基础研究，着力突破一批关键核心技术，提高技术有效供给能力。要把科技创新聚焦到振兴实体经济上来，加快建立和完善技术转移机制，提高科技成果转化率。要坚持以服务实体经济为本，加快推进金融领域市场化改革，促进金融机构组织结构、经营理念、创新能力、服务水平的升级转型，疏通货币政策传导机制，深化利率市场化改革，让资金真正能够进入实体经济最需要的行业和企业。要适应企业和产业转型升级的需要，加强职业教育和培训体系建设，优化学校和专业布局，鼓励和支持社会各界特别是企业积极支持职业教育，着力培养高素质劳动者和技术技能人才。要推进教育现代化，加快创新型人才培养。

其次，要加快建设统一开放、竞争有序的现代市场体系。市场是连接生产和消费的重要环节，要着力完善市场监管、社会信用、竞争政策等制度，实现市场准入畅通、市场开放有序、市场竞争充分、市场秩序规范。要强化竞争政策的基础性地位，加强竞争政策与产业政策、投资政策等的衔接协调。要加强全国信用信息共享平台建设，建立有效的信用激励和失信惩戒制度，营造诚实守信、公平竞争的市场环境。

最后，要推进收入分配体制改革。生产决定消费，消费反过来引导生产、为生产创造动力，没有消费需求，生产就无从谈起。因此，推进供给侧结构性改革，必须重视消费的作用，推进收入分配体制改革。要按照"限高、扩中、提低"的思路，优化收入分配格局，加大对中低收入群体的社会保障力度，扩大消费需求，促进形成强大国内市场。要完善国有企业高管薪酬管理制度，科学合理地确定公务员工资水平，完善事业单位工资总额管理制度。要切实发挥再分配调节作用，健全包括个人所得税在内的收入调节税收体系，加强多层次社会保障体系建设，提高国有资本收益用于社会保障及民生事业的比例。要增加居民投资渠道，稳步提高居民财产性收入。[1]

---

[1] 王昌林：《供给侧结构性改革的主攻方向》，《经济日报》2019年6月4日。

作为供给侧结构性改革的重要组成部分，金融供给侧结构性改革也提上了议事日程。

2019年2月22日，习近平总书记在主持中共中央政治局集体学习时提出，要深化金融供给侧结构性改革，增强金融服务实体经济能力。在我国经济发展面临的诸多供给侧结构性问题中，有很大一部分与金融有关。当前，我国金融业的市场结构、经营理念、创新能力、服务水平还不适应实体经济高质量发展的要求和人民生产生活的需要，从而导致金融资源配置扭曲，实体经济特别是民营和小微企业融资难、融资贵问题凸显，金融与实体经济之间的循环不畅，金融风险持续积累。不解决好这些问题，去产能和去杠杆的阶段性成果可能得而复失，市场主体的活力就不可能被激发出来，企业的创新力和竞争力就难以提升，国民经济循环不畅问题也无法真正解决。由此可见，深化金融供给侧结构性改革是坚持以供给侧结构性改革为发展主线的题中应有之义，也是供给侧结构性改革的升级版。

李扬比较系统地阐述了金融供给侧结构性改革的要义。他指出，这样一个命题，是在全面总结近年来国内外经济金融形势发展，以及中国金融业40年改革发展经验的基础上，在中国经济发展进入新时代的背景下提出的我国金融改革和发展的新方向。作为整体经济的供给侧结构性改革的有机组成部分，金融供给侧结构性改革的内容可概括为"一个基础、六大方向"。这里所说的"基础"，就是确认金融在国民经济中的重要地位；这里所说的"方向"，就是未来金融改革和发展的主要领域。这"六大方向"分别是：服务实体经济、优化金融结构、管理金融风险、遵循经济规律、发展金融科技和扩大对外开放。①

为了确保供给侧结构性改革取得预期成效，权威人士在《七问

---

① 李扬：《深入推进金融供给侧结构性改革》，2019年4月1日在国家金融与发展实验室年会上的演讲。

供给侧结构性改革》中指出，必须加强和改善党对经济工作的领导，排除干扰，心无旁骛，牢牢把握住中国特色社会主义政治经济学的几个重大原则。

一是坚持解放和发展社会生产力。社会主义初级阶段的最根本任务就是解放和发展社会生产力，这是中国特色社会主义政治经济学的核心，任何束缚和阻碍社会生产力发展的言行都背离社会主义本质要求，必须坚决反对。要始终坚持以经济建设为中心不动摇，主动研究发展规律，不断推进科学发展，持续改善人民生活。

二是坚持社会主义市场经济改革方向。深化经济体制改革的主线，是让市场在资源配置中起决定性作用，这是生产力能否解放好、发展好以及供给侧结构性改革能否取得成效的重大原则性问题。对于政府作用，强调"更好发挥"，不是"更多发挥"，要集中精力抓好那些市场管不了或管不好的事情。

三是坚持调动各方面积极性。人是生产力中最活跃的因素，必须充分调动人的积极性，充分调动中央和地方两个积极性，这是改革开放以来的重要经验。当前，要注重调动企业家、创新人才、各级干部的积极性、主动性、创造性。为企业家营造宽松环境，用透明的法治环境稳定预期，给他们吃"定心丸"。要为创新人才建立完善的激励机制，调动其积极性。对各级干部，要坚持激励和约束并举，既坚持党纪国法的"高压线"，也要重视正面激励，完善容错纠错机制，旗帜鲜明地给那些呕心沥血做事、不谋私利的干部撑腰鼓劲。

总之，我们要学好用好中国特色社会主义政治经济学，把各方面的力量凝聚起来，形成推进供给侧结构性改革的整体合力。[①]

[①] 龚雯、许志峰、王珂：《七问供给侧结构性改革——权威人士谈当前经济怎么看怎么干》，《人民日报》2016年1月4日。

第四节　赢取供给侧结构性改革红利

需要看到，我国的供给侧结构性改革已经取得明显进展。与此同时，一些领域有所推进但尚未取得突破性进展，甚至有些方面的改革推而不动。为什么取得共识并做出决策部署的改革任务，其中一些迄今进度不尽如人意呢？蔡昉、张晓晶从以下三个方面进行了考察，以期更好把握为了实质性推动供给侧结构性改革，哪些方面的认识有待澄清，怎样的障碍亟须克服，什么情形必须避免。

第一，结构性改革不是经济增长的替代物，而是可以获得实实在在的改革红利，这个道理尚未被普遍且真切地认识到，因而改革激励不充分。很久以来，国内外都存在着一个观点，即以为改革与增长具有非此即彼或者此消彼长的关系，最好的认识也是希望牺牲一点速度，以便取得改革的突破。有鉴于此，对一个高度关注经济增长速度的政府部门或地方政府来说，需求侧的刺激性政策通常在实施手段上是有形的，实施效果也可以是迅速、及时的，并且具有与政策手段的对应性。相反，对于供给侧结构性改革来说，政策手段似乎看不见摸不着，而且政策手段与效果之间没有清晰和确定的一一对应关系。

第二，没有按照恰当的标准界定好不同级别政府间的改革责任，因而尚未形成合理的改革成本分担机制和改革红利分享预期，造成改革的激励不相容。即使当事者可以了解到改革能够带来真金白银的收益，由于承担改革成本的主体和享受改革红利的主体并不一致，成本分担与收益分享分量不对称，因此，一些部门和地方往往产生等待观望的心态和行为。虽然在任何国家推进结构性改革，都需要为实现激励相容而进行必要的说服工作和做出特定的制度安排，在中国当前的一些改革领域，如户籍制度改革等，向改革当事人揭示改革红利的客观存在，使其对改革成本分担和改革红利共享形成合理预期，是改革得以及时推进的关键所在。

第三，在存在前述两种认识障碍的情况下，有些领域的改革举措有可能被回避、延缓、走样或者变形，以致或多或少偏离中央顶层设计的初衷、时间表和路线图。这一类表现包括：（1）在供给侧结构性改革方案和需求侧刺激方案之间，偏向于选择易于入手的后者，甚至形成对刺激政策的依赖，推迟了改革的时机；（2）仅仅以完成指标为导向，而不是立足于体制机制的调整与完善来推进改革工作，这样做的结果可能是，即使旧的存量问题得到了一定程度的解决，体制机制仍会制造出新的问题增量，治标不治本；（3）改革中偏向于避重就轻，甚至把一般性、常规性管理工作当作改革举措，结果，由于规避了对既得利益的触动而保持旧的格局，未能根本实现体制和机制的转变。[①]

从需求侧认识中国经济减速，政策结论则是着眼于实施刺激性的宏观经济政策和产业政策。一旦认识到中国经济减速的主因在于供给侧，便可以推论出，上述做法只能把实际增长率提高到潜在增长率之上，产生的结果与政策初衷并不一致。而供给侧政策则是着眼于提高潜在增长率。

2016年中央经济工作会议明确强调提高劳动生产率，提高全要素生产率，提高潜在增长率。提高中国经济潜在增长率有两个源泉。第一是保持传统增长动力。这并不意味着维持传统的要素投入驱动型的经济发展方式，而是着眼于挖掘生产要素特别是劳动力供给潜力，延长人口红利。第二是启动新的增长动力。这主要在于加大人力资本积累的力度，以及提高全要素生产率增长率及对经济增长的贡献率。这两个经济增长源泉，具体体现在以下几个方面，都需要从供给侧推进结构性改革予以开发。

第一，提高劳动者在高生产率部门的参与率。由于几乎所有导致中国经济潜在增长率下降的因素，归根结底都与劳动力无限供给

[①] 蔡昉、张晓晶：《构建新时代中国特色社会主义政治经济学》，中国社会科学出版社2019年版。

特征的消失有关，因此，增加劳动力供给可以显著延缓潜在增长率的下降。作为人口年龄结构变化的结果，不仅15—59岁劳动年龄人口已经处于负增长之中，即使考虑到现行的劳动参与率，15—59岁经济活动人口也于2017年以后进入负增长。因此，劳动力总量已经不再具有增长的潜力，挖掘劳动力供给潜力的唯一出路在于提高劳动参与率。由于中国劳动年龄人口总量巨大，1个百分点的劳动参与率在2015年就对应着900余万经济活动人口。模拟分析表明，2011—2022年，如果非农产业的劳动参与率每年提高1个百分点，可以获得0.88个百分点的额外潜在增长率。而提高劳动参与率的最大潜力，在于推进户籍制度改革，提高户籍人口城镇化率，从而稳定农民工在城市经济和非农产业的就业。①

第二，提高总和生育率，均衡未来的人口年龄结构。根据中国和国际经验，生育率下降是经济社会发展的结果，生育政策本身所能发挥的作用其实是有限的。不过，鉴于中国自1980年始实施了长达35年的以"一个孩子"为主的计划生育政策，因此，允许生育二孩的改革可以预期在一定时间里产生提高生育率的效果。一般认为，目前的总和生育率为1.5，生育政策调整将在或大或小的程度上使生育率向2.1的替代水平靠近。政策模拟显示，如果总和生育率提高到接近1.8的水平，与总和生育率1.6的情形相比，可在2036—2040年把潜在增长率提高0.2个百分点。值得指出的是，旨在均衡人口发展的改革，不应止于生育政策调整，还应该包括其他公共服务供给体系的完善，通过降低家庭养育孩子的成本，让人们能够按照政策要求和个人意愿决定孩子数量。②

第三，保持人力资本积累速度。经济学家从东亚经济发展的经

---

① Cai Fang and Yang Lu (2013), "The End of China's Demographic Dividend: the Perspective of Potential GDP Growth", in Garnaut, Ross, Fang Cai and Ligang Song (eds), *China: A New Model for Growth and Development*, ANU E Press, Canberra, pp. 55 – 74.

② Cai Fang and Yang Lu (2016), "Take-off, Persistence, and Sustainability: Demographic Factor of the Chinese Growth", *Asia & the Pacific Policy Studies*, September/October.

验中发现，任何国家和地区在经历了一个以结构调整为特征的经济发展阶段之后，都必然经历一个由人力资本驱动的经济发展阶段。政策模拟表明，对教育和培训发展做出合理假设，从而预期整体人力资本水平可以得到一定提高的情况下，在未来将潜在增长率提高约 0.1 个百分点。[①] 这个改革红利对于旨在维持中高速增长、避免过早陷入中速甚至中低速增长的中国经济发展新常态来说，是一个不容忽视的数字。况且，该模拟还仅仅考虑了人力资本的数量。如果考虑到教育质量后，人力资本对经济增长的作用会显著提高，比生产率的贡献还要突出。

第四，提高全要素生产率，获得更可持续的增长源泉。理论上可以预期，相关计量分析也发现，尽管提高劳动参与率有助于提升潜在增长率，但是，随着时间的推移，这种效果呈现逐渐减弱的趋势；而全要素生产率提高对潜在增长率的推动作用，不仅是立竿见影的，而且是经久不衰的。随着日益进入一个新古典增长阶段，一方面，中国经济越来越依靠科学技术创新保持经济增长可持续性；另一方面，通过清除体制性障碍获得资源重新配置效率的空间仍然巨大。政策模拟显示，2011—2022 年，如果全要素生产率年平均增长率提高 1 个百分点，潜在增长率可以提高 0.99 个百分点[②]。

总而言之，我国经济学界已经认识到，中国经济寻求长期可持续增长的关键，不在于运用宏观经济学司空见惯的需求侧刺激手段，而应该从供给侧推进结构性改革，释放体制潜力，达到提高潜在增长率的目标。鉴于此，凡是从供给侧增加生产要素供给数量和质量以降低生产成本、通过转变政府职能以降低交易费用，以及依靠提高全要素生产率保持产业和企业比较优势的政策调整和体制改革，都属于结构性改革的范畴，应该按照有利于提高潜在增长率的预期

---

① Cai Fang and Yang Lu (2016), "Take-off, Persistence, and Sustainability: Demographic Factor of the Chinese Growth", *Asia & the Pacific Policy Studies*, September/October.

② Ibid..

效果，安排其出台的优先顺序和推进力度。

中国经济面临诸多严峻挑战。在按照预定目标实现全面建成小康社会、跨越中等收入阶段的关键时期，风险不是来自增速的下降，而是来自误判和不当的应对措施。保持经济中高速增长，绝不能以牺牲增长的质量、效益、平衡性、协调性和可持续性为代价，追求超越潜在增长率的增长目标，而应该着眼于提高全要素生产率，提高潜在增长率。从党中央治国理政基本原则出发，遵循新常态这个发展大逻辑，保持战略定力和历史耐心，紧紧围绕供给侧结构性改革这一主线开展工作，才能做到"稳中求进"，才能持续不断地获取改革红利。

（执笔人：张晓晶，中国社会科学院经济研究所研究员）

第三十七章

农村脱贫攻坚与乡村振兴战略

"贫穷不是社会主义",消除贫困、改善人民生活、实现共同富裕,是社会主义的本质要求。1978年,党的十一届三中全会拨乱反正,重新确定以经济建设为中心,实行改革开放,使我国社会主义建设走入正轨。此后,在总结新中国成立前30年历史的经验教训基础上,科学分析中国国情,重新思考和规划我国现代化的发展战略,提出了"两个一百年"的奋斗目标,即在建党一百周年时,全面建成小康社会;到新中国成立一百周年时,实现社会主义现代化。

实现"两个一百年"奋斗目标,最重要的关键点和最大的难点,还是如何解决农业、农民、农村的"三农"问题。正如习近平总书记指出的那样:"农业还是'四化同步'的短腿,农村还是全面建成小康社会的短板";"全面现代化,也绝不能让农业和农村拖了后腿"。[1] 因此,中共中央提出农村脱贫攻坚,实行乡村振兴战略,正是实现"两个一百年"奋斗目标的重大举措。

对此,我国经济理论界也展开了热烈的讨论。讨论主要集中在两大主题,一个是在总结我国改革开放40年来农村脱贫取得巨大成就的主要因素基础上,如何以精准扶贫为主要抓手、打好农村脱贫

---

[1] 习近平:《习近平关于扶贫开发论述精编》,《中国扶贫(特刊)》2015年第12期。

攻坚战；另一个则是如何把握乡村振兴战略的科学内涵，从深化农村改革等不同方面，把乡村振兴战略落到实处。现仅就如下几个主要问题对讨论内容综述如下。

第一节 改革开放 40 年来农村脱贫取得巨大进展的主要因素

40 年来，随着以市场化为取向的经济体制改革的逐步展开，我国经济社会快速发展，农村脱贫取得了巨大成就，绝大多数农村人口在 40 年间摆脱了绝对贫困，农民的生活有了大幅度改善，困扰几代农民的温饱问题得到了彻底解决。这是中国历史上值得大书特书的了不起的一件大事。

根据国家统计局历年《中国农村贫困监测报告》提供的数据，1978 年党的十一届三中全会召开时，我国农村还有 7.7 亿人尚未脱贫，贫困发生率高达 97.5%；到了 2017 年年底，我国农村贫困人口为 3046 万人，贫困发生率则为 3.1%。也就是说，在这近 40 年中，农村贫困人口减少了 7.4 亿人，贫困发生率下降了 94%，这是令世人瞩目的巨大成就。

经济学界在讨论中对之所以能在 40 年中，我国农村脱贫取得如此辉煌的成就的主要原因作了多方面的分析，概括起来主要是以下六点：

1. 在 1978 年年末召开的党的十一届三中全会提出的"解放思想，实事求是，团结一致向前看"的思想路线指引下，在 20 世纪 70 年代末 80 年代初期，以安徽省凤阳县小岗村为代表的中国亿万农民群众一举打破了人民公社高度集中经营的僵化体制的牢笼，实行了土地集体所有基础上的以"包产到户"为主要经营形式的家庭联产承包责任制（以下简称"家庭承包制"）。这是中国农村经济体制具有划时代意义的一次根本性变革。这种由农民自主创新、自发进行的农村经济体制改革，迅速遍及全国农村，成为农村经济运行的主体。家庭承包制真正体现了农民在集体经济中的主人翁地位，把直接生产者与农业生产中最基本的生产资料——土地最佳结合起来，因此，它既能很好地保证生产者的切身利益，又能理顺他们同国家、集体及相互之间的经济关系。家庭承包制实行"交足国家的，留够集体的，剩下全是自己的"这一直来直去的分配方式，使农民的生产成果，扣除交给国家、集体的部分以外，全部归农民自己，使农民从发展生产中直接获益，从而克服了过去"一大二公"下的"大锅饭"的平均主义弊病，极大地刺激了农民的生产积极性，解决了推动我国社会主义农业发展的动力问题。经过实践的检验，家庭承包制日益发展巩固完善，其优越性也充分发挥了出来，农业生产蓬勃发展，农村的面貌大为改观，农民收入显著增加，为摆脱贫困创造了基本条件。

2. 20世纪80年代以来，乡镇企业首先在我国东南沿海各省农村异军突起，并逐步向中西部地区农村梯级推进。乡镇企业是我国农民继家庭承包制后又一伟大创造，是我国农民冲破城乡二元壁垒、谋求剩余劳动力出路和农村致富的一大创举。乡镇企业的发展打破了持续几十年的"以粮为纲"的单一失衡的农村产业结构，打破了城乡传统的产业分工，开始形成了一、二、三次产业协调发展，多种经营全面振兴的新的产业结构。尤其是乡镇企业通过"以工补农""以工建农"等方式扶持农业和其他行业，成为支持农业和农村经济全面发展的重要物质基础。它打破了持续几十年的农民被捆在土地上仅靠"土里刨食"、从而造成农民长期无法摆脱贫困的单一收入结构，扩大了农村就业门路和容量，转移安置了一大批农业的剩余劳动力，使农民收入分配来源多元化，农民人均纯收入有了较大增长。一大批乡镇企业发达的农村，农民已经摆脱绝对贫困，开始迈向小康之路，并在一定程度上缩小了城乡的差距。

3. 从20世纪80年代末期开始，世代与黄土打交道的中国农民，自发地从农村向大中城市流动，从落后的内陆地区向经济发达的沿海地区流动，从低收入的农业种植业向高收入的第二、第三产业流动。涓涓劳务输出细流，汇集发展成为拥有几千万流动大军、震动整个社会的"民工潮"。对于广大农村来说，这种流动是变剩余劳动力资源优势为商品优势和市场经济优势的好路子，它不仅创造了农民的就业机会，缓解了农村中人多地少的矛盾，而且增加了农民收入，加快了脱贫致富的步伐，所谓"出去一个，脱贫一家"的说法就是据此而来。外出农民将打工收入带回家中，既增加了农村消费，又可用于发展生产，推动农村经济建设和文明建设。而且，外出农民直接受到现代工业文明和城市文明的熏陶，开阔了视野，学到了本领，提高了素质，其中一些人返乡后成为当地发展第二、第三产业的骨干，不少人成为农民企业家，成为农村脱贫致富的带头人。

4. 国家实行了一系列扶农惠农政策，包括取消对主要农产品的统购统销，让农产品进入市场，提高农产品的收购价格，大大缩小了工农产品的价格"剪刀差"，使农民增产增收；取消实行了几千年的农业税，农民种地再也不用向国家纳税了；对利润较低的粮食生产给予种粮补贴、农机补贴；对退耕还林、还草、还牧，给予财政补贴；为鼓励农村儿童上学，对农村适龄儿童实行九年制义务教育，免交学杂费、书本费，对贫困地区学生还免费提供午餐；对农民看病实行合作医疗、大病统筹，解决农民看病贵、因病致贫、因病返贫的问题；等等。这些扶农惠农政策，对于广大农村脱贫，起到了极大的促进作用。

5. 发挥社会主义制度的优越性，实行东部发达省市对口支援西部边疆省区和少数民族聚集地区，以城市支援农村、工业反哺农业，实现城乡融合发展；同时发动社会单位参与农村扶贫，为贫困地区农村输送人力、物力、财力、智力，帮助贫困农村早日实现脱贫。从而形成国家专业扶贫、政府主管部门行业扶贫和社会力量全力支援扶贫的"三位一体"格局：国家专业扶贫主要是安排财政专项扶贫资金，由扶贫部门负责组织实施的扶贫项目，诸如整村推进、以工代赈、易地扶贫搬迁等专项扶贫项目。行业扶贫则是政府的农业、水利、交通、住建、教育、卫生等部门，按照其职能分工，承担相应的扶贫项目，例如危房改造、农村道路建设、农村饮水安全工程、学生营养改善计划、教育扶贫、健康扶贫、生态修复工程等。社会扶贫则是动员、倡导和安排人民团体、企事业单位和社会各界热心人士、海外侨胞等参与支援农村扶贫，使农村扶贫成为全民的事业。

6. 以为中国人民谋幸福、为中华民族谋复兴为终极目标的中国共产党，成为实现农村脱贫的中坚领导力量，中国大规模农村扶贫的成就与中国共产党的领导力量密切相关。在中国共产党的坚强领导下，在中央成立了国务院扶贫开发领导小组，省、市、县、乡、村五级行政体系中的党组织都相应建立了自上而下的扶贫开发组织，由一把手负总责，层层都签订了扶贫责任书，形成了从扶贫考核到农村扶贫治理的严密高效体系。中央纪检部门还对全国农村扶贫工作进行巡视，检查农村扶贫工作是否落实，有无违纪违法现象。中共中央还先后制定了《国家八七扶贫攻坚计划（1994—2000年）》《中国农村扶贫开发纲要（2001—2010年）》《中国农村扶贫开发纲要（2011—2020年）》，将农村扶贫开发纳入国家整体经济社会发展规划之中，成为凝聚全党、全国人民为之奋斗的共同目标。这是中国改革开放40年来农村脱贫取得巨大成就的动力源泉。

讨论中，各位专家学者认为，以上六个方面，既是改革开放40年中国农村脱贫之所以能够有突飞猛进成就的原因，也是中国农村脱贫事业发展得出的宝贵经验。同时，40年来中国农村脱贫也为国际反贫困事业做出了巨大贡献，提供了中国智慧和中国方案。[①]

[①] 本节参考了下述文献：张卓元等：《中国经济学40年（1978—2018）》，中国社会科学出版社2018年版；汪三贵：《中国40年大规模减贫：推动力量与制度基础》，《中国人民大学学报》2018年第6期；王琳：《中国扶贫开发的理论演进、实践发展与思路创新》，《宏观经济研究》2018年第1期。

第二节 精准扶贫是打赢脱贫攻坚战的主要抓手

"精准扶贫"是习近平总书记于 2013 年 11 月在考察湖南省湘西十八洞村时首次提出的,成为党和政府此后一个时期关于农村脱贫工作的指导性思想。如果仅从字面上解释,所谓"精准扶贫"是相对于粗放式扶贫方式而言的,它实际上是通过一种科学有效的政策与制度安排,将扶贫资源更准确地传递给目标人群的扶贫方式。正如不少学者在其文献中指出的,"精准扶贫"的提出,绝不仅仅是扶贫方式的改变,而是对此前 30 多年我国扶贫开发经验的系统概括和科学提炼,内涵十分丰富,是我国打赢脱贫攻坚战的主要抓手。

虽然改革开放以来,我国农村脱贫取得了巨大成就,但是,到 2012 年年底,我国有近 1 亿农村人口尚未摆脱绝对贫困,仍处于温饱都无法保证的状况。这些仍未脱贫人口多集中在革命老区、少数民族聚居地区和边疆地区等深度贫困地区。这些地区生存环境恶劣、致贫原因复杂、交通等基础设施和教育、医疗等公共服务缺口大,脱贫难度较大,任务十分艰巨。距离 2020 年实现全面建成小康社会的第一个百年目标,只有不到十年工夫,平均每年要实现脱贫 1000 万人以上。在此情况下,"精准扶贫"的提出,就是要求全党全国人民要在已经取得农村脱贫成就的基础上,再接再厉,聚焦深度贫困地区精准发力,打好脱贫攻坚的最后一仗,并确保脱贫成果经得起历史和实践的检验,彻底完成建党一百周年实现全面建成小康社会的奋斗目标。经济学界在讨论中认为,在这样一种历史背景下,精准扶贫的内涵可从以下四个方面加以阐释:

首先,精准扶贫要求扶贫标准要精准。"到 2020 年稳定实现扶贫对象不愁吃、不愁穿，保障其义务教育、基本医疗、住房，是中央确定的目标。"[1] 这种"两不愁、三保障"的扶贫标准，是根据我国国情、国力实事求是地提出的实现农村脱贫的标准。在扶贫工作中既不能降低标准，也不能不顾我国国情盲目提高超越我国发展阶段的标准。在经济学界的讨论中，有人特别指出，与单纯以人均收入为标准相比，这一标准实际上是一个多维贫困的标准，它体现了对贫困衡量的多维性，因此是一个更加科学的标准。如果说"两不愁"的实现主要靠贫困农民收入的提高，那么，"三保障"把教育、医疗和住房都包括进来，则体现了解决农民致贫的多维因素，体现了实现脱贫的稳定机制，使脱贫可以在较长时期内保证脱贫对象不出现返贫现象。

其次，精准扶贫要求确定扶贫对象要精准，即要求"扶真贫"。在一定意义上可以说，精准识别扶贫对象，是精准扶贫的前提和基础，没有精准识别，也就不可能有精准扶贫。精准扶贫就是在精准识别贫困对象的基础上，根据不同贫困对象的具体情况，采取实事求是的因户而异、因人而异的可行性扶贫措施进行帮扶，做到"因户施策，因人施策"[2]，从而实现其恒久的脱贫直至实现小康。所以，可以说精准识别扶贫对象，并提供精准帮扶，这是精准扶贫的第一要义。[3]

再次，精准扶贫还要求扶贫施策要精准，即实现"真扶贫"。由于贫困农民致贫原因千差万别，因此扶贫施策也应有针对性地选择不同的举措，做到措施到户必须精准，根据不同地区、不同人群、不同致贫原因，精准地设计帮扶对策。"对症下药、精准滴灌、靶向

---

[1] 《习近平扶贫论述摘编》，中央文献出版社2018年版，第4页。
[2] 《习近平关于"三农"工作论述摘编》，中央文献出版社2019年版，第163页。
[3] 参见陈成文、陈建平《论习近平的精准扶贫理论与井冈山的创造性扶贫实践》，《农业经济研究》2018年第10期。

治疗",不搞"大水漫灌、走马观花、大而化之"[①];在讨论中有的学者提出,根据精准施策的方针,在扶贫项目的安排上就可以针对实际情况采取不同对策,例如可以采取发展生产减少一批、就业增收补助一批、基础条件改善一批、易地搬迁安置一批、生态补偿脱贫一批、教育扶持提升一批、医疗救助帮扶一批、财政金融扶持一批、社会保障兜底一批等。有的学者还强调在扶贫资金使用安排上也要提升其使用的精准度和效率,要把扶贫资金的使用确实落实到贫困村、贫困户,并且通过扶贫资金的使用,激发他们摆脱贫困的内生力,增强贫困农民群众的自强发展能力,由偏重"输血"向注重"造血"转变,切实发挥扶贫资金的使用效益。有的学者认为,精准扶贫还要求在选派干部上也要做到精准派人,加强党的领导能力,要把扶贫攻坚实绩作为选拔任用干部的重要依据,在脱贫攻坚第一线考察识别干部,要把夯实农村基层党组织与脱贫攻坚有机结合起来,从而确保精准扶贫各项举措得到有效落实,这是实现精准扶贫的组织保证。

最后,精准扶贫还要求精准考核扶贫效果,即是否实现"真脱贫"。精准扶贫是为了精准脱贫。考察精准扶贫的效果,不仅在于考察"两不愁,三保障"是否得到真正的落实,更重要的是要考察扶贫资源是否真正作用于扶贫对象,从而使贫困农户实现精准退出、贫困村实现摘帽。精准退出,实现"真脱贫",是精准扶贫的最终目标。此外,有的学者在讨论中还特别指出,考核精准扶贫的效果,还要看是否把贫困群众的积极性、主动性充分调动起来了,是否引导贫困群众树立了主体意识,发扬自力更生精神,激发出彻底改变贫困面貌的干劲和决心,靠自己的努力去改变自己的命运。因此,精准扶贫要求把注重扶贫同扶志、扶智相结合,治贫与治愚相结合,特别是要把贫困地区的孩子培养出来,从而把贫困消灭在这一代人,杜绝贫困在代际传递。这才

---

① 《习近平扶贫论述摘编》,中央文献出版社2018年版,第58、60页。

是通过精准扶贫达到精准脱贫的根本标志,是精准扶贫的精髓。

总之,精准扶贫是打赢农村脱贫攻坚战的主要抓手,只有坚持精准扶贫才能实现我国在建党一百周年时,全面建成小康社会的战略目标。[①]

第三节 乡村振兴战略——新时代解决"三农"问题的纲领

习近平总书记在党的十九大报告中首次提出了"乡村振兴战略",并把它作为我国开启全面建设社会主义现代化强国的七大战略之一。经济学界在讨论中认为,这是高屋建瓴、立足顶层设计、从中国特色社会主义进入新时代的背景出发,谋篇布局,提出的具有重大意义的战略举措,具有划时代的伟大意义。经济学界专家学者围绕乡村振兴战略的历史必然性、乡村振兴战略提出的新思路新举措、实施乡村振兴战略必须进一步深化农村改革等方面,展开了热烈的讨论。现分析综述如下:

1. 对提出乡村振兴战略历史必然性的分析

讨论中学者们主要从以下三个方面作了阐述:

首先,乡村振兴战略的提出是实现"两个一百年"奋斗目标,从而实现中华民族伟大复兴的必然要求。如果说,打好农村脱贫攻坚战是实现第一个百年奋斗目标,即全面建成小康社会的必然要求,那么,实行乡村振兴战略就是实现第二个百年奋斗目标,即建设社会主义现代化强国的必然要求。正如没有农民和农村实现小康,就

---

① 本节参考了下列文献:白描:《中国精准扶贫的实践与思考——中国精准扶贫进展与前瞻研讨会综述》,《中国农村经济》2018年第4期;席云、牛海峰:《论精准扶贫战略的内涵、意义与实现机制》,《经济研究导刊》2018年第17期;黄成伟:《党的十八大以来脱贫攻坚理论创新和实践经验总结》,《中国农业大学学报》(社会科学版)2017年第10期。

没有全面建成小康社会的完成一样,没有农业农村的现代化,也就不可能有社会主义现代化强国这一目标的实现。农业农村的现代化,是实现中华民族伟大复兴中国梦的重要组成部分,要想实现国家富强、民族复兴、人民富足的中国梦,乡村必须实现振兴。有的学者特别指出,我国是社会主义国家,我国要实现的现代化是中国特色社会主义的现代化,绝不能走西方列强实现现代化时走过的剥削农民、农村凋敝、大批农民流落城市,形成城市中出现大量贫民窟的悲惨境况。我国实现社会主义现代化,从而实现中华民族伟大复兴的历史进程,必然是乡村振兴不断实现、不断推进的进程。有的学者还指出,党的十九大提出把第二个百年奋斗目标再分成两步走,即到2035年基本实现社会主义现代化,然后再奋斗15年,即到21世纪中叶,建设社会主义现代化强国。这比原来的预想大大提前了,这就迫切要求在乡村振兴上更要加快脚步,不能拖了实现社会主义现代化的后腿。

其次,乡村振兴战略的提出,是适应我国新时代社会主要矛盾转化的必然要求。党的十九大报告指出:"中国特色社会主义进入新时代,我国社会主要矛盾已经转化为人民日益增长的美好生活需要和不平衡不充分的发展之间的矛盾。……发展不平衡不充分,这已经成为满足人民日益增长的美好生活需要的主要制约因素";"我国社会主要矛盾的变化是关系全局的历史性变化,对党和国家工作提出了许多新要求"。[①] 由于社会主要矛盾的转化,党和政府必须着力解决好发展不平衡不充分的问题,以满足广大人民群众对美好生活的期盼。那么,正如有些学者分析的那样,从现实来看,在目前我国发展过程中出现的最大不平衡就是城乡发展之间的不平衡,最大的不充分就是农村发展的不充分,而受发展不平衡不充分制约的最

[①] 习近平:《决胜全面建成小康社会 夺取新时代中国特色社会主义伟大胜利——在中国共产党第十九次全国代表大会上的报告》,人民出版社2017年版,第11页。

大群体，就是广大农村中的农民群众。并且由于城乡发展的不平衡、农村发展的不充分，严重制约了整个国家社会的发展，影响了更好地满足全体人民日益增长的美好生活需要。有的学者认为，乡村振兴战略的提出，正是对新时代我国社会主要矛盾转化提出要求的回应，因此，实施乡村振兴战略，势必将对更好地满足全体人民日益增长的对美好生活的需求产生重要影响。

最后，乡村振兴战略的提出，还是从根本上解决我国"三农"问题的必然要求。有的学者认为，从一定意义上来说，乡村振兴战略要解决的问题本质上依然是"三农"问题，乡村振兴战略实质上就是"三农"振兴战略。乡村振兴战略是在中国特色社会主义进入新时代，将"三农"问题提升到国家战略高度，是从根本上解决"三农"问题的重大战略举措，它对我国"三农"问题定位更高、要求更高、设计也更长远，成为指导我国根本解决"三农"问题的纲领。因此，实施乡村振兴战略，优先发展农业农村，补齐"三农"短板，才能为确保全面建成社会主义现代化强国，实现中华民族伟大复兴奠定坚实的战略基础。①

2. 对乡村振兴战略新思路新举措的探索

在讨论中，经济学界学者们着重指出：围绕解决我国"三农"问题，乡村振兴战略提出了一系列新思路、新举措和新要求，概括起来主要集中在以下七个方面：

（1）对实现乡村振兴的总目标作了新的概括，即"产业兴旺、生态宜居、乡风文明、治理有效、生活富裕"，这与此前曾提出的建设社会主义新农村"生产发展、生活宽裕、乡风文明、村容整洁、管理民主"的总目标比较，在内容表述上发生了根本性的变化。要科学理解实施乡村振兴战略的丰富内涵，必须科学把握这些变化的

---

① 饶正武：《论新时代乡村振兴战略的思维导向》，《内蒙古社会科学》（汉文版）2018年第9期；陈锡文：《从农村改革40年看乡村振兴战略的提出》，《上海农村经济》2018年第8期。

深刻寓意。用"产业兴旺"代替"生产发展",层次更高,寓意更丰富。一是更加突出了以推进供给侧结构性改革为主线,顺应了我国经济由高速增长阶段转向高质量发展阶段背景下,推动经济发展质量变革、效率变革、动力变革的要求,有利于更好地瞄准满足人民日益增长的美好生活需要这个目标。二是更加突出了农村产业的综合发展,而非单纯的农业发展。许多发展中国家在工业化、城镇化迅速发展阶段,出现农村经济结构单一化、农业副业化和农村发展萧条衰败的问题。要求"产业兴旺"有利于规避这些问题。三是更加突出了对产业发展方式转变不同路径的包容性。如推进产业融合化和产业链一体化、强调农业发展由生产导向向消费导向转变。"生态宜居"包含新农村建设中"村容整洁"的内容,但要求更高,更加突出了重视生态文明和人民日益增长的美好生活需要。将其放到实施乡村振兴战略的第二位,凸显了贯彻新发展理念和以人民为中心发展思想的自觉性。"治理有效"包括新农村建设中"村容整洁、管理民主"的内容,但内涵更丰富,更加突出了从重视过程向重视结果的转变。突出"治理有效",是强调国家治理体系和治理能力现代化的具体化。"生活富裕"被放在实施乡村振兴战略总要求的最后,有利于突出目标导向,突出新时代解决"三农"问题的新要求。将新农村建设总要求中的"生活宽裕"置换为实施乡村振兴战略总要求中的"生活富裕",显然在目标导向上要求更高,这与我国当前正处于决胜全面建成小康社会,进而全面建设社会主义现代化强国的新时代密切相关。与之前相比,当前我国城乡居民收入和消费水平明显提高,对美好生活的需要内涵更丰富、层次更高,因此仅用"生活宽裕"难以涵盖新时代农民日益增长的美好生活需要。尽管"乡风文明"保留了字面的一致,但内涵也在发生变化。在未来现代化进程中,要深入挖掘乡村优秀传统文化蕴含的思想观念、人文精神、道德规范,结合时代要求继承创新,让乡村文化展现出永久魅力和时代风采。需要注意的是,促进乡风文明不仅是提高乡村生活质量的需要,也有利于改善乡村营商环境,促进乡村生产力发展。

（2）提出了坚持农业农村优先发展的新原则，把农业农村的地位提高到了前所未有的新高度。基于我国的基本国情，"三农"问题一直是关系国计民生的根本性问题，解决好"三农"问题一直是全党工作的"重中之重"。坚持这种"重中之重"的思想，一直是我党的自觉行动。当前，虽然中国特色社会主义进入了新时代，国情世情农情发生了新的重大变化，但必须始终把解决好"三农"问题作为全党工作的重中之重，不会因此有丝毫动摇，反而被提到更高地位，更需要长期大力坚持。乡村振兴战略提出"要坚持农业农村优先发展"，在很大程度上正是因为农业农村农民问题是关系国计民生的根本性问题，也是当前国民经济和社会发展中最突出的"短板"，属于发展不平衡不充分问题最突出的领域之一。

改革开放以来，我国基础设施和公共服务发展的重点长期放在城市。这既是提高公共资源配置效率的客观需要，也是在公共资源配置过程中，城市影响力大于农村影响力的必然结果。还要看到，在市场力量的作用下，公共资源以外的其他各类资源要素会自发地流向回报率高的工业和城市，农业和农村在这场资源要素争夺战中往往会败下阵来。特别是对我国这种后发追赶型国家而言，在现代化进程中，工业化、城镇化往往是快变量，农业农村农民向现代化转型往往是慢变量。在快速工业化、城镇化进程中，要想避免农业衰落、乡村衰落，实现国家协调均衡发展，必须牢固树立农业农村优先发展的理念，切实加大对农业农村发展的支持力度。

（3）把农业现代化扩展为农业农村现代化，这是实施乡村振兴战略的必然要求。因为乡村振兴，不仅需要加快推进农业现代化，积极发展现代农业，促进农村一、二、三产业融合发展，实现"产业兴旺"。而且需要加快推进农村现代化，建设生态宜居的美丽乡村，繁荣社会主义先进文化，构建自治、法治、德治相结合的现代乡村治理体系，实现"生态宜居、乡风文明、治理有效"。在以前多次单纯强调农业现代化和新农村建设目标的基础上，乡村振兴战略提出了农村现代化的目标，而农村现代化既包括"物"即产业和基础设施等的现代化，又包括"人"即农民的现代化。要通过学习、知识辅导、技能培训等方式，使农民掌握农业或经济生产的知识和技能，提升其适应环境和掌控环境的能力，健全其作为现代新型农民的综合素质，从而达到优化农业从业者结构，加快建设知识型、技能型、创新型农业经营者队伍的要求，实现农业农村现代化的目标。

（4）提出了城乡融合发展的新理念。此前，对城乡关系的提法一直是"城乡统筹"或"城乡一体化"，其实现方式主要是以城带乡、以城促乡、以工促农，其中隐含着城乡地位不平等的现实。乡村振兴战略提出城乡融合发展，则更加强调城乡地位的平等，更加强调城乡要素的互动，更加强调城乡空间的共融。由城乡统筹到城乡一体化再到城乡融合发展，反映出中国特色社会主义新时代，我们党对城乡关系、工农关系的新理念、新认识，实现了中国城乡关系的重大跨越。乡村振兴不是封闭的，不能只是局限在乡村内部重建和提升。新的历史条件下的乡村振兴必然是开放性的，必须有双重资源的集合和集成，既有农村内部资源的激活集聚，又有城市外部资源的整合进入。城乡融合并非简单是统筹城乡条件下的发展资源数量的分配过程，不是一块蛋糕在城与乡之间如何切、切多切少的问题。进一步而言，乡村振兴不应该是城对乡的恩赐式的福利给予，也不是乡对城的被动式的资源接受，更不是强势的城市对弱势的乡村新一轮肆无忌惮的利益剥夺。城乡融合意味着城乡发展战略思路的重大调整，由城对乡的带动发展变为城与乡的共同发展。城乡融合至少包括城乡资源平等公平的自由交换、城乡产业一体的共同发展、城乡互动性共存三个方面的主要内涵。因此通过城乡融合实现城与乡互利共赢，进而构建共生共存的新型城乡关系，是实施乡村振兴战略的根本要求。不管是要素融合、产业融合还是空间融合，构建城乡一体融合发展的体制机制都是关键性的制度支撑。城乡融合更为关注丰富的理论内涵，未停留在缩小城乡差别的层面，而是强调要减少城乡对立，让城市与乡村共同发展建设，共同享受社会发展成果，最终真正实现城市与乡村的发展一体化。城乡融合的实现不仅能够改变城乡关系、促进乡村发展，而且能够充分发挥乡村振兴中"人"的作用，尤其是维护农村居民在乡村振兴中的主体地位，最终形成以农村居民为主体的乡村发展良性循环。一方面，城乡融合的过程能够发掘乡村价值，从而吸引农村居民参与乡村振兴建设，激发其对自身主体性的自觉；另一方面，城乡融合给予乡村足够的发展空间，促使农村居民在乡村振兴建设中发挥主观能动性，维护其对乡村发展的主导权。城乡融合的前提是农村与城市、农业与工业、农村居民与城市居民在乡村振兴的过程中具有相同的地位。对于当前的形势而言，城乡融合能够提升农村和农村居民的地位。单向的城市扶持乡村、城市兼并乡村不能被称为城乡融合。相比之下，农村居民能够参与乡村发展过程，并具备在资本和市场进入农村之后抵御风险的能力，才能被称为真正意义上的城乡融合。总而言之，城乡融合是打破城市与乡村对立状态并实现利益共享的过程。

（5）强调走中国特色农业现代化道路要实现小农户和现代农业发展有机衔接，这是立足于中国国情的农业生产力发展水平，结合农业现代化需要，对中国特色农业现代化道路的新要求、新发展。因为在我国农业尚未全面实现现代化大生产的背景下，小农户在发展农业生产、满足农民生活需要等方面仍发挥着不可替代的作用。小农生产长期存在是中国农业生产的基本现实，推进农业现代化必须立足于这个基本国情农情。随着农村劳动力不断"洗脚进城"，我国农业劳动力存在过度转移的迹象，老龄化和女性化明显，培育新型农业经营主体，推动土地流转和农业适度规模经营势在必行。反差较大的是，虽然经过多方政策努力，农地流转率逐步提升，但与劳动力大量转移相比，农地流转的发生率仍然较为滞后。土地分散化的经营格局并没有发生根本变化，小农经营仍然是当前乃至未来相当长一段时间我国农业经营的主要形式。小农户不仅是整个农业生产经营主体的基本面，也是保障国家粮食安全和农产品有效供给的政策出发点。乡村振兴不仅依赖于新型经营主体，更依赖于广大小农户的共同参与。在传统农业阶段，农户家庭经营曾经焕发出旺盛的生命力，但随着社会化大分工生产方式的出现、市场经济的蓬勃发展和市场交易形式的日益复杂，传统小农与现代市场经济不匹配的问题越来越突出。虽然从经济发展现实来看，小农户相对新型经营主体在对接市场与现代农业方面确实存在很多困难，但从社会经济历史变迁的角度看，当前小农户早已不再是与世隔绝、自给自足的"桃花源"式的小农，而是早已深深地嵌入社会化的大分工网络之中，其适应现代化社会的能力在不断提升，是为"社会化小农"。所以在当前资源禀赋状况不可能发生根本改变的条件下，如何提升小农户的竞争力，推进小农户与现代农业有机衔接，更好地让广大小农参与现代化进程，共享改革发展与现代化的成果，是乡村振兴战略实施进程中一个重大而紧迫的课题。

改革开放40年来，来自小农户与现代农业连接机制创新形成的动能有三次。第一次是20世纪90年代兴起的农业产业化，采取"龙头企业+基地+农户"或"龙头企业+协会或合作社+农户"等方式，一定程度上解决了小农户进入大市场的问题，带动了小农户参与社会化大生产，形成了小农户发展现代农业的动能。第二次是兴起于21世纪前十年的农业专业合作化，通过农民加入合作社的方式对接大市场，参与社会大生产，形成了小农户发展现代农业的动能。目前，蓬勃发展的农业生产性服务业正成为第三次具有全局性意义的农业现代化动能来源，农业生产托管则是农业生产服务业连接小农户的最具有时代意义的形式。

（6）对于实现中国特色的农业现代化，提出了构建现代农业产业、生产体系、经营体系，完善农业的支持保护体系，以及健全农业社会化服务体系三方面的任务。农业的产业体系包括两方面内容，一是如何充分地、科学地、合理地利用好农业资源，使得农业资源的利用能够各得其所，产生最大效率。二是如此众多的农产品生产出来之后，如何适应社会需求的新变化，让它进入加工、流通、储运等领域，这些领域也必须现代化。所以构建农业的产业体系，首先是产业结构的优化，其次是产业链的延长和产业链的增值。生产体系主要是运用什么样的手段去从事生产。现代农业应当用现代化的手段去从事农业生产，包括从良种培育到栽培、养殖技术，到使用的各种技术装备，一直到后面的加工营销，都要从传统农业加快向现代农业转型。生产手段的变革是实现现代化的一个重要途径。而农业的经营体系就是资源、资金、技术、劳动力等要素如何优化组合，形成一种现实的生产能力，投入生产、经营和运行。通过取消农业税、逐步实行各种各样的补贴和支持政策，我国的农业支持保护体系才逐步建立起来。所以从这个意义上讲，我国农业支持保护体系真正建立的时间不长，还很缺乏经验，但是它已经取得了非常明显的成效。今后如何完善各种大宗农产品的定价机制、补贴机制、收储制度，是未来发展现代农业的非常重要的方面。农业支持保护政策也是一个产业政策，它决定农业在国民经济中的地位，决定农业各类具体产品的发展方向和技术应用，这对发展现代农业具有重大意义。中国现代化进程中，农业人口的城镇化和农业劳动力转移不可能一蹴而就。从这个角度看，就能理解为什么不可以也不可能提出要消灭小农户。而且要让小农户能够在农业现代化的进程中融入现代农业的发展，让他们与现代农业有机衔接，成为现代农业的组成部分。这就要通过发展农业现代化服务体系，采取托管、代耕、购买服务等形式来实现。这对中国来说是一个非常重大，也是一个非常特殊的问题。

（7）提出了乡村治理体系"自治、法治、德治""三治合一"的新要求和培养造就一支懂农业、爱农村、爱农民的"三农"工作队伍的新任务。

实现乡村振兴，离不开现代治理体系。乡村振兴战略提出要健全"自治、法治、德治"相结合的乡村治理体系，这是适合我国具体国情、乡情特点的乡村治理方式，这一治理体系既注重运用现代社会治理理念和方式，又注重发挥我国农村传统治理资源的作用。在这一体系中，自治是健全乡村治理的核心，法治是健全乡村治理的保障，德治是健全乡村治理的支撑，形成以自治为基、法治为本、德治为先"三治"结合相辅相成的治理体系，使乡村走向"善治"的必由之路。自治、法治、德治"三治合一"是对我国建立现代乡村治理体系的新要求。它在充分保证农村基层党组织对乡村治理政治领导作用的前提下，能够更好地发挥村民自治在乡村治理中的基础性作用，社会主义法治在乡村治理中的保障作用，德治在乡村治理中的促进作用，有利于调动农民群众参与乡村治理的积极性和主动性。

乡村振兴战略还提出要"培养造就一支懂农业、爱农村、爱农民的'三农'工作队伍"，这是在尊重农村各种政治与社会力量在乡村振兴中不同作用的基础上，对所有"三农"工作者一个普遍的、共同的，也是更高的要求。它不仅涵盖农村基层党组织和党员干部，也包括广大农民，还包括其他一切志愿从事"三农"工作的社会组织和个人。

总之，学者们在讨论中认为，从上述七个主要方面可以看出，乡村振兴战略的提出，是基于对新时代我国社会主要矛盾变化和农业农村不平衡不充分发展实际的深刻洞察，抓住了与乡村振兴相关的人民最关心最直接最现实的利益问题，凸显了鲜明的问题导向和目标导向，具有前瞻性和现实针对性。[1]

---

[1] 本节主要参考文献为：孔繁金：《乡村振兴战略与中央文件关系研究》，《农村经济》2018 年第 1 期；叶兴庆：《新时代中国乡村振兴战略论纲》，《改革》2018 年第 1 期；郭晓鸣：《乡村振兴战略若干维度观察》，《改革》2018 年第 3 期；陈锡文：《实施乡村振兴战略，推进农业农村现代化》，《中国农业大学学报》（社会科学版）2018 年第 1 期；姜长云：《全面把握实施乡村振兴战略的丰富内涵》，《农村工作通讯》2017 年第 22 期；李谷成：《双层经营制推动小农户衔接现代农业》，《中国社会科学报》2018 年 4 月 25 日；邓万春：《激发乡村振兴的内生动力》，《中国社会科学报》2018 年 6 月 19 日；周悦：《以"城乡融合"维护农村居民主体地位》，《中国社会科学报》2018 年 5 月 16 日；冀名峰：《农业生产性服务业：我国农业现代化历史上的第三次动能》，《农业经济问题》2018 年第 3 期；刘艳文：《以乡村"善治"推进乡村振兴》，《中国社会科学报》2019 年 1 月 31 日第 1 版；韩俊：《关于实施乡村振兴战略的八个关键性问题》，《中国党政干部论坛》2018 年第 4 期。

3. 实施乡村振兴战略必须进一步深化农村改革的几种思路

对于如何贯彻实施乡村振兴战略，经济学界在讨论中提出了多种思路，其中不少学者认为，进一步全面深化农村改革是实施乡村振兴战略的重中之重，但是至于以什么为农村改革的重点，则出现不同的思路。

有的学者认为首先是要用更大力气，深化农村土地制度、农业经营制度、集体产权制度等关键领域的改革力度，推进以"三权分置"为主要内容的土地制度改革。

持这种观点的学者们认为，这种"三权分置"的改革是继家庭承包制之后，我国农村土地制度改革的又一个重大制度创新，从理论和实践丰富了农村双层经营体制的内涵。改革开放之初为解决亿万农民的生产积极性问题，缓解国民经济濒临崩溃的风险，我们顺应农民群众的要求，创造性地改革了人民公社体制下的农村土地集体所有、集体经营的制度框架，实现了农村土地集体拥有所有权、农户家庭拥有承包经营权的两权分离。这一制度安排极大地解放和发展了农村生产力，大力推动了农村富余劳动力的转移，加速了工业化城镇化的进程。此后，农户拥有的承包经营权开始分离，离开农业经营的农户将土地经营权进行流转形成土地规模经营，农村土地的所有权、承包权、经营权形成三权分置的格局，顺应了分工分业的发展趋势，创新农村土地产权制度，开拓了农村土地集体所有制的有效实现形式，丰富了双层经营体制内涵。此前的两权分离主要解决的是调动亿万农民群众的生产积极性，从而解决温饱问题；而现在的三权分置则是重在提高农业效益，农业生产规模化、集约化经营，积极发展现代农业的问题，符合发展适度规模经营的时代要求，是中国经济社会发展到一定阶段的必然选择，为新形势下完善中国特色农村基本经营制度，推动解决"三农"问题，全面建成小康社会奠定了制度基础。[①]

---

① 张红宇：《关于深化农村改革的四个问题》，《农业经济问题》2016年第7期。

有的学者指出,"三权分置"是指在坚持农村土地集体所有制的基础上,尊重农村人地不断分离的现实,将土地承包经营权中能够进行市场交易、具有使用价值和交换价值的权能分离出来,形成土地经营权,使得土地承包经营权分离为农户承包权与土地经营权这两种独立权利形态,促使原来的农村土地集体所有权、土地承包经营权的"二元产权结构"变迁为集体所有权、农户承包权和土地经营权的"三元产权结构",以更有效地实现集体土地治理功能、社会保障功能和经济效用功能的现代农村土地产权制度。"三权分置"的创新要义在于农户承包权与土地经营权的分离,而"三权分置"的本质则是重构集体所有制下的农村土地产权结构。

有的学者提出,把土地承包经营权分离为农户承包权和土地经营权,就是要对土地承包经营权进行进一步的分割和细分。农村土地产权的细分、交易和配置,是中国推进"三权分置"实践创新的基本线索。"三权分置"就是要重构农村土地集体所有权、使用权、转让权权利体系,为农民提供完整、权属清晰、有稳定预期的土地制度结构。发挥好"三权分置"的积极作用,关键是要合理界定农村土地集体所有权、农户承包权、土地经营权的权能范围。因此,"三权分置"是要延续"土地所有权和承包经营权两权分离"的农村土地产权制度变迁逻辑,选择一种更有效、更合意的农村土地产权制度安排,把农村土地的占有、使用、收益、处分等各项权能界定清晰,保证其市场交易顺畅,实现优化配置;"三权分置"的本质就是要重构集体所有制下的农村土地产权结构,以实现其产权功能。

有的学者认为,从"三权分置"的政策含义可以看出,"三权分置"从制度上清晰构建了从农民集体到承包农户、从承包农户到新型农业经营主体之间的土地产权关系,以及农民与土地之间的关系。因而,"三权分置"建构了一种农村土地集体所有制的具体实现形式,它是厘清农村土地集体所有制、农民社会保障和土地财产权益、农村土地产权市场化改革三者关系的现实可行的制度安排,也是有效化解土地承包经营权所承载的社会保障功能与经济效用功能之间矛盾与冲突的现实可行的制度安排。首先，通过稳定农户承包权的产权制度设计，在集体经济组织内部成员之间均等分配农村土地，并实现集体经济组织成员对土地的私人利用，以促进"土地承包关系保持稳定并长久不变"，以及农村土地使用权在初始分配中的起点公平，尊重和满足农民社会保障的需要。其次，对于农民在初始分配中获得的保障性农村土地使用权，通过放活土地经营权的产权制度设计，农民可以依法依规地在农村土地产权市场上自由流转，以促进农村土地的优化配置和充分利用，引导土地经营权规范有序流转，发展多种形式的农业适度规模经营。显然，"三权分置"制度下农户承包权与土地经营权的分离，是农村土地使用权在初始分配与自由流转阶段的依序实现。

有的学者则认为，从"三权分置"改革的目标要求来看，放活土地经营权要解决"地由谁种""地怎么种"这两个重要问题。由此，放活土地经营权的基本要义有二：①在不损害集体所有权和农户承包权的前提下，承包农户自愿将农村土地的实际经营权流转给他人利用，以扩大农村土地的"耕者"范围，实现现代意义上的"耕者有其田"，充分利用农村土地的使用价值。现代意义上的"耕者有其田"有两种形式：一是承包农户家庭经营主导下的单一化、细碎化和小规模经营；二是家庭经营基础上的多元化经营（指家庭经营、集体经营、合作经营和企业经营）和适度规模经营，这是农村土地利用方式、农业生产方式和经营方式的创新。②赋予土地经营权抵押、担保权能，允许土地经营权人将土地经营权向金融机构抵押融资，以追求和利用农村土地的交换价值，满足农业规模经营的资金需求，缓解农业经营主体的融资难问题。①

有的学者则认为，推动农业供给侧结构性改革，促进农村一、二、三产业融合发展，才是农村改革中最紧迫的任务。他们认为，

---

① 肖卫东、梁春梅：《农村土地"三权分置"的内涵基本要义及权利关系》，《中国农村经济》2016年第11期。

在新的历史阶段,中国农业发展不断迈上新台阶的同时,农业的主要矛盾已由总量不足转变为结构性矛盾,矛盾的主要方面在供给侧。有的学者在其著述中指出:供给侧结构性改革既不是一般性的供给侧改革,也不等同于单纯的结构性调整,而是从生产端、供给端入手,采用综合配套改革的办法,破解深层次的结构性矛盾,促进供给体系和结构优化,提高供给质量和效率,增强综合竞争力和可持续发展能力。可以说,供给侧改革与结构性改革是一个有机整体。供给侧结构性改革大体可分为两种类型:一种是注重数量和产业增长,另一种是注重结构优化和质量提升。前者注重破解总量不足的矛盾,重点关注数量和产量的增长;后者侧重破解结构性矛盾,重点关注结构优化和提质增效。当前,我国在农产品供给方面,一方面是市场需求在快速升级,另一方面是市场供给严重错位。这就是现实挑战,也清晰地凸显了我国农业供给侧结构性改革的紧迫性。农业供给侧结构性改革需要重点解决的,是供给端存在的体制和政策问题,即如何通过制度创新、政策突破,实现农产品供给与不断变化发展的农产品需求相平衡。最重要、最紧迫的改革应该集中在三个层面:一是优化产业结构,二是降低生产成本,三是补齐发展短板。因此,农业供给侧结构性改革,不仅是简单地压缩某些阶段性、结构性过剩的粮食品种,而且要从资源利用、生产方式、产业融合、要素升级、结构优化和制度变革等方面,形成推动中国农业较快且可持续发展的新动能。[1]

有的学者指出,要实现农业供给侧结构性改革,必须改变农村单一的产业结构,推动农村一、二、三产业融合发展。农村一、二、三产业融合发展是以农业为基本依托,以新型经营主体为引领,以利益联结为纽带,通过产业链延伸、产业功能拓展和要素集聚、技术渗透及组织制度创新,跨界集约配置资本、技术

---

[1] 中国社会科学院城乡发展一体化智库:《供给侧结构性改革理论与实践探索》,《中国农村经济》2017年第8期。

和资源要素，促进农业生产、农产品加工流通、农资生产销售和休闲旅游等服务业有机整合、紧密相连的过程，借此推进各产业协调发展和农业竞争力的提升，最终实现农业现代化、农村繁荣和农民增收。

有的学者指出，我国已进入工业化中后期阶段，以信息技术、生物技术、新材料技术、新能源技术为代表的新一轮产业技术革命，为农村产业融合发展创造了技术条件。居民消费结构加快升级，食品安全日益受到关注，消费体验成为时尚热点，对农业发展方式转变提出了更新更高的要求，也为农村产业融合发展创造了巨大的市场空间。此外，随着农业信息化、专业化、规模化、集约化的推进，新业态、新模式加速形成，各种涉农新型经营主体参与农村产业融合能力明显提高，都为推进农村产业融合发展提供了良好的组织基础。

还有的学者认为，我国正处于全面建成小康社会的关键时期，经济发展进入新常态，农业发展的环境条件和内部动因正在发生深刻变化。推进农村一、二、三产业融合发展，既是主动适应经济新常态的必然要求，也是推进农业现代化的现实选择。在生产成本迅速上升、生态环境日益恶化、资源约束不断加强的背景下，依靠拼资源消耗、拼农资投入、拼生态环境的粗放式农业发展道路难以为继，必须加快转变农业发展方式。推进农村产业融合，实现一、二、三产业相互渗透、协调发展，提高农业产业链的科技水平和创新能力，促进其集约、节约和可持续发展，是加快农业发展方式转变、推进农业现代化的重要途径。

有的学者与之前提出的农业产业化相对比，认为农村一、二、三产业融合发展具有如下特点：（1）业态创新更加活跃。农村产业融合发展，不但包括农业生产、加工、销售等农业产业化内容，而且催生了新产品、新技术和新业态。如农业多功能开发产生的乡村旅游，通过信息技术应用产生了农村电子商务等新业态。（2）产业边界更加模糊。农村产业融合发展，使不同产业在技术、产品、业务等方面形成交集，跨界融合的主导特征显著，模糊了原有的产业边界。(3) 利益联结程度更加紧密。农村产业融合发展模式更加多样，更多地采用股份制、合作制等紧密型利益联结机制，更为广泛深入地带动农民参与到产业融合的进程中。(4) 经营主体更加多元化。相对于农业产业化经营，农村产业融合的经营主体类型更多，相互之间的关系更为复杂。参与农村产业融合的经营主体，包括普通农户、专业大户、家庭农场、农民合作社、龙头企业、工商资本等多元经营主体，龙头企业和工商资本对农村产业融合的引领带动作用更加突出；甚至部分市民通过社区支持农业等方式也成为农村产业融合的重要参与者。(5) 功能更加丰富。相对于一般的农业产业化，农村产业融合往往催生了循环农业、休闲农业、创意农业、智慧农业、工厂化农业等新业态，产生了生态、旅游、文化、科技、教育等新功能，内涵更加丰富多彩。当然，农业产业化与农村一、二、三产业融合发展也具有空间上的并存性和时间上的继起性，农村一、二、三产业融合发展丰富了农业产业化的内涵，拓展了农业产业化的外延，一定程度上可以说是农业产业化的延伸和发展，是农业产业化的高级阶段和"升级版"。[①]

对于如何推动农村一、二、三产业融合发展的基本思路，有的学者则认为一是大力培育新型农业经营主体。推动农村一、二、三产业融合发展，离不开专业大户、家庭农场、农民合作社、农业龙头企业等新型农业经营主体的广泛参与。传统小农囿于经营规模、资金、技术等各方面的限制，很难在推进农村产业融合上发挥大的作用。而新型农业经营主体是发展现代农业的主导力量，具有推进农村一、二、三产业融合发展的经济实力和主观愿望。鼓励和支持新型农业经营主体通过多种形式的合作和联合，发展农产品精深加工，建立完善的销售网络，开发农村旅游和休闲农业，有助于新型

[①] 国家发展改革委宏观院和农经司课题组：《推进我国农村一二三产业融合发展问题研究》，《农业经济研究》2016 年第 7 期。

农业经营主体带动更多的普通农户参与农村一、二、三产业融合发展。二是积极利用农村现有组织资源。事实上，长期以来，农业产业化经营在一定程度上实践着推动农村产业融合的历史任务。只不过，农业产业化经营更多地侧重于产加销三位一体的融合。利用农业产业化经营所打下的基础，发挥农业龙头企业等经济组织的作用，向前带动农业生产，向后推动销售、物流、观光休闲产业的发展，打通农村一、二、三产业之间的阻隔，是实现农村产业深度融合的重要法宝。有的农业龙头企业不仅在促进产业融合上发挥了重要作用，甚至在城乡融合方面进行了探索，取得了良好的社会效益。此外，发挥供销社系统、邮政系统等农村传统组织资源的作用，创新服务"三农"的工作机制，不仅对这些传统组织自身的发展具有积极意义，而且能够丰富农村产业融合的路径选择。三是合理引导工商资本进入农业。推动农村产业融合发展，不能仅靠农业农村内部力量。即使是那些实力较强的规模化农业生产经营者，单靠其一己之力也很难打通农业全产业链。工商资本拥有资金、技术和先进的经营理念。工商资本进入农业，更容易打破产业界限，通过整体策划，开发农业多种功能，获取更高的附加值。农村产业融合发展需要工商资本的带动和支持。在推进农村一、二、三产业融合发展的过程中，应该引导工商资本进入更适应其发展的资本、技术密集型领域，从事农产品加工流通、农业社会化服务以及乡村旅游和休闲农业等产业，与专业大户、家庭农场、农民合作社、龙头企业等经营主体分工协作、优势互补、协同发展。四是着力开拓乡村旅游、休闲农业。如前所述，随着城乡居民消费结构的升级，农业的文化、生态功能日益受到消费者的重视，与农业多功能性相关的农业休闲旅游、文化体验、生态环保、科技教育等消费需求持续扩张。乡村旅游和休闲农业高度体现了一、二、三产业融合的理念，是推进农村产业融合的重要业态。利用农村自然、生态和文化资源，吸引和支持包括返乡农民工在内的各类农业创业主体，大力发展创意农业，把农村地区变成活力之地，把农业产业变成不老产业，推动农村一、

二、三产业融合发展。把县城和重点镇、中心村、特色村镇，作为引导农村一、二、三产业融合发展的主要载体，引导农村一、二、三产业融合发展优化布局，提高农村一、二、三产业融合发展的布局效益。①

还有的学者认为，必须改革城乡二元结构，赋予农民更多财产权利，这应该是农村改革必须着力解决的一大关键问题。所谓城乡二元结构，就是在制度上把城镇居民和农村居民在身份上分为两个截然不同的社会群体，公共资源配置和基本公共服务等向城镇和城镇居民倾斜，农村得到的公共资源和农民享有的基本公共服务明显滞后于城镇和城镇居民，农民不能平等参与现代化进程，共同分享现代化成果。

有的学者提出，推进城乡要素平等交换和公共资源均衡配置，这是健全城乡融合发展体制机制，形成新型工农城乡关系的基本要求和重要举措。推进城乡要素平等交换和公共资源均衡配置，主要要求和举措是：第一，维护农民生产要素权益。这是推进城乡要素平等交换和公共资源均衡配置的重点。基本要求是"三个保障"，即保障农民工同工同酬，保障农民公平分享土地增值收益，保障金融机构农村存款主要用于农业农村。第二，健全农业支持保护体系，改革农业补贴制度，完善粮食主产区利益补偿机制。这是推进城乡要素平等交换和公共资源均衡配置的重要方面。第三，鼓励社会资本投向农村建设。这是推进城乡要素平等交换的重要形式和途径。社会资本投向农村建设，有利于弥补农村储蓄资金、劳动、土地等生产要素外流对农村发展的影响，有利于弥补公共资源配置的城乡不均衡对农村发展的影响。第四，推进城乡基本公共服务均等化。这是推进城乡要素平等交换和公共资源均衡配置的重要目标。要统筹城乡基础设施建设和

---

① 王兴国：《推进农村一二三产业融合发展的思路与政策研究》，《东岳论丛》2016年第2期。

社区建设，大力推动社会事业发展和基础设施建设向农村倾斜，加大公共财政农村基础设施建设覆盖力度。

有的学者则认为，赋予农民更多财产权利，这是健全城乡融合发展体制机制，推进城乡融合发展的重要内容和要求，是维护农民合法权益、推进城乡融合发展在理念上的重大突破。

赋予农民更多财产权利，是实现城乡居民财产权利平等的必然要求。目前我国城乡不平等的一个深层次表现是，农民和市民所享有的财产权利不平等。比如，城镇居民购买的房屋具有完整产权，可以抵押、担保、买卖，农民自己在宅基地上合法建造的房屋却不具有完整产权，不能抵押、担保，也不能出售到本集体经济组织成员以外。企业获得的国有土地使用权可以用于抵押、担保等活动，农民拥有的集体土地使用权不能用于抵押、担保等活动。农民对农村集体资产拥有所有权，但这些权利在经济上缺乏有效的实现形式。财产权利的不足，严重制约农户财富的培育、积累、扩大，制约农户财产进入社会财产增值体系、信用体系、流动体系，制约农民同城镇居民在经济权利上的平等，制约城乡的融合发展。赋予农民平等的财产权利，以实现农民平等的现代化人格地位，让广大农民平等参与现代化进程，共同分享现代化成果，这是我国现代化必须解决的重大问题，是实现城乡居民在权利上平等的必然要求。

有的学者着重指出，赋予农民更多财产权利，也是增加农民收入和财富，缩小城乡收入差距的必然要求。农业、农村、农民问题，核心是农民收入问题。农民收入水平低、增长慢，城乡居民收入差距大，不仅不利于农业农村发展和农民生活水平提高，而且制约内需特别是消费需求扩大和经济持续稳定增长，对巩固工农联盟和实现社会和谐稳定也会形成不利影响。持续较快增加农民收入，是缩小城乡差距和推进城乡融合发展的要求，对解决好"三农"问题乃至对整个经济社会发展全局都具有重要意义。增加农民收入，需要培育新空间和开辟新途径。从农民收入构成看，家庭经营性收入、工资性收入、转移性收入、财产性收入四个部分中，财产性收入所占比重最低，是增加农民收入最大潜力所在。应该把增加财产性收入作为促进农民增收的重要途径，采取多种措施大力推动农民增加财产性收入。赋予农民更多财产权利，推动农民财产权利在经济上的充分实现，就可以有效增加农民财产性收入，使财产性收入成为农民增收的新的增长点，拉动农民收入持续较快增长，逐步缩小城乡居民收入差距。

有的学者则提出，赋予农民更多财产权利，在内涵上就是要保障农民依法享有平等的财产权利。积极发展农民股份合作，赋予农民对集体资产股份占有、收益、有偿退出及抵押、担保、继承权，使农民依法获得集体资产股份分红收益；充实农民土地使用权权能，赋予农民对承包地占有、使用、收益、流转及承包经营权抵押、担保权能，允许农民以承包经营权入股发展农业产业化经营，使农民依法获得土地股权投资收益；鼓励承包经营权向农业大户、家庭农场、农民合作社、农业企业流转，使农民依法获得土地流转收益；保障农户宅基地用益物权，改革完善农村宅基地制度，通过试点推进农民住房财产权抵押、担保、转让，使农民依法获得宅基地和房产转让收益；允许农村集体经营性建设用地出让、租赁、入股，实行与国有土地同等入市、同权同价，完善对被征地农民合理、规范、多元保障机制，建立兼顾国家、集体、个人的土地增值收益分配机制，合理提高个人收益，使农民公平分享土地增值收益，推动财产真正成为农民发展和致富的重要手段。[1]

自从农村脱贫攻坚和乡村振兴战略提出以来，我国经济学界在全国各种报刊上发表了数以百计的文章，提出了许多真知灼见。本章仅归纳了其中一小部分文章中有代表性的观点，很可能挂一漏万。尤其是，当前我国的农村脱贫攻坚正在深入进行之中，乡村振兴战

---

[1] 冯海发：《对十八届三中全会〈决定〉有关农村改革几个重大问题的理解》，《农业经济问题》2013年第11期。

略也在全国范围内开始起步,随着实践的发展,经济学界的讨论方兴未艾。笔者只能在今后进一步的讨论中为经济学界专家学者提供一些素材,引导讨论进一步深入进行,期待出现更多的新观点、新思路、新总结、新概括,为构建中国特色哲学社会科学话语体系建设贡献一份正能量。

(执笔人:章琳,中国社会科学院经济研究所编审)

第三十八章

建设现代化经济体系

2017年10月,党的十九大报告首次提出"现代化经济体系"概念,而且以此作为标题统领报告中经济建设部分的内容(即报告第五部分:"贯彻新发展理念,建设现代化经济体系")。报告深刻指出:"我国经济已由高速增长阶段转向高质量发展阶段,正处在转变发展方式、优化经济结构、转变增长动力的攻关期,建设现代化经济体系是跨越关口的迫切要求和我国发展的战略目标。必须坚持质量第一、效益优先,以供给侧结构性改革为主线,推动经济发展质量变革、效率变革、动力变革,提高全要素生产率,着力加快建设实体经济、科技创新、现代金融、人力资源协同发展的产业体系,着力构建市场机制有效、微观主体有活力、宏观调控有度的经济体制,不断增强我国经济创新力和竞争力。"[①]

2018年1月,习近平总书记再次强调要深刻认识建设现代化经济体系的重要性。现代化经济体系,是由社会经济活动各个环节、各个层面、各个领域的相互关系和内在联系构成的一个有机整体。要建设创新引领、协同发展的产业体系,统一开放、竞争有序的市场体系,体现效率、促进公平的收入分配体系,彰显优

[①] 习近平:《决胜全面建成小康社会 夺取新时代中国特色社会主义伟大胜利——在中国共产党第十九次全国代表大会上的报告》,人民出版社2017年版。

势、协调联动的城乡区域发展体系，资源节约、环境友好的绿色发展体系，多元平衡、安全高效的全面开放体系，充分发挥市场作用、更好发挥政府作用的经济体制。习近平总书记指出，建设现代化经济体系，需要扎实管用的政策举措和行动。要突出抓好以下几方面工作。一是要大力发展实体经济，筑牢现代化经济体系的坚实基础。二是要加快实施创新驱动发展战略。三是要积极推动城乡区域协调发展，优化现代化经济体系的空间布局。四是要着力发展开放型经济。五是要深化经济体制改革，完善现代化经济体系的制度保障。[①]

基于上述背景，如何理解现代化经济体系概念背后的逻辑，如何建设现代化经济体系，已成为有重大理论价值和现实意义的话题。"现代化经济体系"概念不是凭空提出来的，而是来源于1949年新中国成立以来的一系列政策实践和理论探索。关于现代化内涵的探索，从四个现代化到社会主义现代化强国的政策诉求，从"现代市场体系""现代产业体系"到"现代化经济体系"的范围扩展，都构成了"现代化经济体系"概念的思想和政策渊源。"现代化经济体系"概念一经提出，立即引起经济学界高度关注，一系列相关研究如雨后春笋，对其理论内涵、制约因素、关键环节等的探讨不断深化。关于现代化经济体系的研究也启示我们运用"经济体系"的新视角研究改革开放以来的经济增长与发展。本章尝试从思想史角度梳理"现代化经济体系"概念的来龙去脉。具体安排如下。第一节将梳理"现代化经济体系"概念的思想和政策渊源。第二节评述经济学界对现代化经济体系的研究进展。第三节基于中国社会科学院经济研究所一项最新研究成果，展望关于现代化经济体系研究的方向，提出"经济体系学"的可能构架。

---

① 习近平：《深刻认识建设现代化经济体系重要性 推动我国经济发展焕发新活力迈上新台阶——习近平在中共中央政治局第三次集体学习时强调》，新华网，2018年1月31日。

第一节 "现代化经济体系"概念的思想和政策渊源

一 "现代化"的内涵及作为政策目标的演变

理解现代化经济体系,需要先对"现代化"进行界定。对"现代化"比较普遍的理解是:现代化是从农业社会向工业社会转变的过程,这个过程涉及社会各个领域的系统变革。吉尔伯特·罗兹曼将现代化看作涉及社会各个层面的一种过程,他认为走向现代化,就是从一个以农业为基础的人均收入很低的社会,走向重用科学和技术的都市化和工业化的这样一种巨大转变。[①] 布莱克等更强调科学和技术革命的影响,将现代化定义为:在科学和技术革命的影响下,社会已经发生或者正在发生着的变化,是一个过程[②];或者"现代化"反映着人控制环境的知识亘古未有的增长,伴随着科学革命的发生,从历史上发展而来的各种体制适应迅速变化的各种功能的过程。[③] 丹尼尔·勒纳将社会区分为传统社会和现代社会,提出现代化是从传统社会向现代社会转变的过程。[④]

国内也有诸多学者对现代化做出解释。罗荣渠从生产力变革角度定义现代化,提出现代化是以工业化为动力,引起政治、文化、思想等各个领域相应变革,推动人类社会从传统农业社会向现代工

[①] 吉尔伯特·罗兹曼主编:《中国的现代化》,国家社会科学基金"比较现代化"课题组译,江苏人民出版社2010年版,第7页。

[②] 西里尔·E. 布莱克等:《日本和俄国的现代化》,周师铭、胡国成等译,商务印书馆1984年版,第18页。

[③] 西里尔·E. 布莱克:《现代化的动力——一个比较史的研究》,段小光译,四川人民出版社1989年版,第6页。

[④] 丹尼尔·勒纳:《传统社会的消逝》,西里尔·E. 布莱克《比较现代化》,周师铭、胡国成等译,商务印书馆1984年版,第3页。

业社会的一场全球性大转变过程。① 于光远将现代化分解为"现代"和"化"两个部分,认为"现代"的意思是指已经达到的水平,"化"就是达到这个水平的手段。② 陈嘉明将现代化定义为社会从农业文明进入工业文明过程中,在生产力、生产方式、经济增长、社会发展等方面的变化,以及在城市化、信息化、教育普及、知识程度提高等方面的巨大进步。③ 陈柳钦认为,现代化是一个涉及经济、社会、政治、环境、文化的复杂系统,是一个具有时空约束和时代内涵的动态过程。④

梳理以往文献研究,我们可以将"现代化"看作一个变革过程,是一个以工业化为动力,推动经济、政治、文化、思想等社会各个领域从低级状态向中高级状态转变的动态过程。

实现"现代化"是我们党对人民的承诺和奋斗目标。从新中国成立初期的"四个现代化"到改革开放初期的"四个现代化",再到党的十八大提出的新"四个现代化"和党的十九大提出的"富强民主文明和谐美丽的社会主义现代化强国"目标,现代化的内涵不断丰富。

实现"现代化"是我们党为人民许诺的目标。关于现代化的提法,最早可以追溯到1954年全国人大一次会议,周恩来总理在《政府工作报告》中首次提到了"建设强大的现代化的工业、现代化的农业、现代化的交通运输业和现代化的国防",并明确"一五"计划中优先发展重工业的方针,为整个工业发展及现代化农业、现代化交通运输业、现代化国防的发展提供物质基础。1956年,党的八大正确分析了国内主要矛盾变化,将"四个现代化"任务写入《中

---

① 罗荣渠:《现代化理论与历史研究》,《历史研究》1986年第8期。

② 刘学文、于光远:《于光远畅谈21世纪世界历史大调整》,《决策与信息》2000年第1期。

③ 陈嘉明:《"现代性"与"现代化"》,《厦门大学学报》(哲学社会科学版)2003年第5期。

④ 陈柳钦:《现代化的内涵及其理论演进》,《经济研究参考》2011年第44期。

国共产党章程》，"中国共产党的任务，就是有计划地发展国民经济……使中国具有强大的现代化工业、现代化农业、现代化的交通运输业、现代化的国防"。这是最初的现代化战略目标，主要集中在工业、农业、交通运输业和国防四个方面，用以指导新中国成立初期的经济建设和工业发展。

"四个现代化"战略目标的正式提出是在1964年三届全国人大一次会议，周恩来总理正式将"四个现代化"的战略目标表述为"把我国建设成一个具有现代农业、现代工业、现代国防和现代科学技术的社会主义强国"，并提出"两步走"的设想。"四个现代化"的战略目标符合我国经济发展的实际需要，后因十年经济动荡，"四个现代化"的战略目标被搁置。1975年四届全国人大一次会议上周恩来总理重申了发展我国国民经济的两步设想，提出"在本世纪内，全面实现农业、工业、国防和科学技术的现代化"。

改革开放初期，"四个现代化"的战略目标被重新确定下来。1978年7—9月，国务院召开务虚会，研究加快"四个现代化"建设问题。1978年党的十一届三中全会决定把全党工作的着重点转移到社会主义现代化建设上来，这就确定了以经济建设为中心来实现"四个现代化"，经济是基础，经济建设为整个现代化提供物质力量和经济支持。1981年党的十一届六中全会、1982年党的十二大均明确了"四个现代化"战略目标，"逐步实现工业、农业、国防和科学技术的现代化，把我国建设成为具有高度文明、高度民主的社会主义现代化强国"。开始将高度文明、高度民主作为社会主义现代化的特征。党的十二大还提出"四个现代化的关键是科学技术的现代化"的论断，同时部署了新的"两步走"战略。

在深刻总结改革开放初期实践经验的基础上，党的十三大提出"为把我国建设成富强、民主、文明的社会主义现代化强国而奋斗"的目标，取代"四个现代化"的奋斗目标，同时根据实际发展情况将"两步走"战略深化为"三步走"，将实现现代化的时间瞄准在21世纪中叶。从党的十三大到党的十七大，按照"三步走"的战略部署，我国基本实现"三步走"战略的第一步和第二步，经济实力大幅提升，经济效益进一步提高，改革开放取得重大突破，开始进入全面建设小康社会新阶段。同时粗放型发展问题凸显，经济增长的资源环境代价大，城乡、区域、经济社会发展不平衡等问题日渐突出，党的十七大全面总结了我国现代化建设的实践经验，提出"建设富强民主文明和谐的社会主义现代化国家"目标，将"和谐"列入现代化的特征。

党的十八大以来，"现代化"的内涵得到进一步丰富。党的十八大提出新型工业化、信息化、城镇化、农业现代化，称为新"四个现代化"。党的十八届三中全会上习近平总书记提出了第五个现代化目标：推进国家治理体系和治理能力现代化。党的十九大提出"建成富强民主文明和谐美丽的社会主义现代化强国"，将"美丽"列为现代化的特征之一，进一步丰富了现代化的内涵，为未来现代化建设提出了更高要求。同时对"三步走"战略的第三步做出了具体安排。[①]

实现"现代化"是我们党对人民做出的重要承诺，也是我们党的奋斗目标。现代化的内涵随着社会主义建设的推进不断丰富，既丰富了现代化的内涵，也为支撑现代化目标的经济体系建设提出了更高要求。

二 从"市场体系""产业体系"到"经济体系"

现代市场体系。1992年党的十四大确立社会主义市场经济体制改革目标，首次提出了"市场体系"的概念，1993年党的十四届三中全会对培育市场体系提出了具体要求。经过十多年的改革实践，2002年党的十六大对市场体系的要求提升到了新高度，提出"现代市场体系"的概念，即统一开放、竞争有序的现代市场体系，2003

[①] 习近平：《决胜全面建成小康社会　夺取新时代中国特色社会主义伟大胜利——在中国共产党第十九次全国代表大会上的报告》，人民出版社2017年版。

年党的十六届三中全会对建设现代市场体系提出了具体要求。2013年党的十八届三中全会明确了"现代市场体系"的定位,提出:建设统一开放、竞争有序的市场体系,是使市场在资源配置中起决定性作用的基础。从党的十八届三中全会到党的十九大,现代市场体系建设进程明显加快,深化价格改革取得新进展。[①]

改革开放以来市场化改革进程中,各类市场的发育发展是不平衡的:服务市场、要素市场、高端和高质量产品发展不充分。"直到2012年,中国的市场体系还不够完善,主要表现在生产要素和资源产品价格市场化程度还不够,存在不同程度的扭曲;市场公平竞争环境也不健全……"[②] 要发挥市场在资源配置中的决定性作用,需要以统一开放、竞争有序的市场体系为基础,需要实现各类市场均衡发展,尤其要重视发展高质量产品市场、要素市场、服务市场以及双边市场等。党的十九大从现代化经济体系的高度对现代市场体系提出了更高要求:清除妨碍统一市场和公平竞争的各种规定和做法,包括全面实施负面清单制度、打破行政垄断、加快要素市场化改革、放宽服务业准入、完善市场监管等。

现代产业体系。党的十七大报告首次提出"现代产业体系"概念,并对建设现代产业体系做出了战略部署。但未对现代产业体系给出明确定义。张耀辉将产业体系视为企业间的联系方式,将现代产业体系描述为:传统产业体系中企业的数量竞争演化到创新竞争,进而引发产业体系变化的结果。[③] 刘钊将现代产业体系定义为在产业创新的推动下,由新型工业化、现代服务业、现代农业等相互融合、

---

① 张卓元:《中国经济四十年市场化改革的回顾》,中国社会科学院经济研究所学术委员会组编《改革开放四十年理论探索与研究》下卷,中国社会科学出版社2018年版,第17页。
② 同上。
③ 张耀辉:《传统产业体系蜕变与现代产业体系形成机制》,《产经评论》2010年第1期。

协调发展的以产业集群为载体的产业网络系统。① 贺俊、吕铁基于传统产业结构理论，分析了现代产业体系概念对产业结构概念合理成分的继承，以及本身具有的新特征。②

传统产业体系对应着市场需求相对稳定的特征。改革开放初期，供需总量矛盾凸显，物质文化产品稀缺，商品供不应求，产量扩张成为解决供需总量矛盾的主要方式。在政府主导资源配置的情况下，快速工业化推动经济的高速增长，商品数量供给不足的局面逐渐得到改善。这一时期产业体系的特征表现为：三次产业结构中工业占据主导地位，快速工业化引导农村剩余劳动力转向非农部门；快速工业化也意味着各次产业内部的低端化；技术相对稳定。从市场发展角度看，产品市场快速发展，以普通产品、工业品为主，高端和高质量产品、服务产品较少；要素市场发展相对滞后。

经济高速增长带来居民收入增加，使居民需求从追求数量转向追求多样化、个性化。高端产品、高质量产品需求增加；服务行业需求增加，如医疗卫生、教育咨询等知识密集型服务业。需求结构更具灵活性，传统产业体系无法灵活应对需求结构变化，意味着现代产业体系必须具有如下特征：一是服务业取代工业在三产结构中占主导地位；二是各次产业内部中高端化。党的十九大报告对现代产业体系提出了新的要求：以创新引领，实体经济、科技创新、现代金融和人力资源协同发展，驱动整个经济体可持续发展。

现代市场体系和现代产业体系作为现代化经济体系的重要组成部分，需要有相适应的现代产权制度为保障。现代化经济体系是一个整体性概念，比现代市场体系和现代产业体系有着更为丰富的内涵和更高层次的要求，不仅对现代市场体系、现代产业体系的发展

---

① 刘钊：《现代产业体系的内涵与特征》，《山东社会科学》2011年第5期。
② 贺俊、吕铁：《从产业结构到现代产业体系：继承、批判与拓展》，《中国人民大学学报》2015年第2期。

提出新要求，还包括收入分配体系、城乡区域发展体系、绿色发展体系、全面开放体系、充分发挥市场作用和更好发挥政府作用的经济体制等方面更高层次的要求，是各组成部分相互关系和内在联系的一个有机整体。

第二节　党的十九大以来现代化经济体系研究进展

自2017年党的十九大报告提出"现代化经济体系"概念以来，已有不少学者从理论角度对现代化经济体系进行解读，包括"现代化经济体系"概念的背景解析、内涵解读、问题研究和路径探索等。部分文献利用相关数据构建计量模型，初步从实证角度研究现代化经济体系。

一　"现代化经济体系"概念背景研究

针对"现代化经济体系"概念的提出依据，已有研究多集中于供给侧结构性改革、社会主要矛盾转变以及现代化国家建设需要等方面。

刘伟认为现代化经济体系实现了发展、改革、开放的有机统一，从供给侧结构性改革角度阐释了建设现代化经济体系的必然性，并认为在新时代我国发展中的主要矛盾发生转变，社会主要矛盾的主要方面从需求环节转向发展环节，供给侧结构性改革契合了当前社会主要矛盾转变的要求，因此需要以供给侧结构性改革为主线推进现代化经济体系建设。金碚认为市场经济的高度工具理性主义特性导致经济活动"创造有效供给"目的与"货币作为使用价值交换载体"手段之间出现了颠倒，需要在新发展理念指引下构建有效的治理体系来驾驭市场经济运行，即建设现代化经济体系以贯彻新发展理念，实现工具理性与价值目标的有效契合。王立胜、张彩云从历史和现实角度出发,将现代化经济体系建设的背景归结于以下四个方面:首先,新中国成立以来的社会主义现代化建设的探索和经验总结为现代化经济体系建设提供了基础和理论依据;其次,新时代社会主要矛盾发生转变,要求建设现代化经济体系来解决新时代的主要矛盾;再次,从"全面建成小康社会"到实现"社会主义现代化"及"社会主义现代化强国"的战略安排构成了其实践需求;最后,建设现代化经济体系是贯彻落实新发展理念的现实表现。

二 "现代化经济体系"的内容解读

关于"现代化经济体系"的内容解读,主要集中在概念内涵、逻辑框架、关键要点等方面。

张卓元认为,现代化经济体系主要体现在四个方面。第一,产业向全球中高端价值链迈进,服务业占GDP的比重要超过70%;第二,建成创新型国家,创新对经济增长的贡献超过70%;第三,劳动生产率达到发达国家的平均水平,目前我国的劳动生产率仅为发达国家的1/3左右;第四,进入高收入国家行列,中等收入人群占比超过一半,基尼系数控制在0.4以下,人均GDP在2050年达到4万美元左右。洪银兴主张从"在现代化整体中的定位"和"全面建成小康社会和开启现代化建设的衔接中的定位"两个角度理解现代化经济体系的内涵与作用,并将现代化经济体系内容概括为优化经济结构、转换增长动力、现代化国家治理体系三个方面。部分学者通过归纳现代化经济体系特征来解读其内涵。洪银兴认为新时代社会主义现代化包含以人民为中心、赶超西方发达国家、生态文明三个新特征,将现代化经济体系概括为现代化动力体系、现代化领域、现代化供给体系、现代化制度体系四个方面,并提出要重点关注创新体系、供给体系、制度体系的变革。沈开艳等基于国际比较和我国现代化经济体系建设的内涵,将现代化经济体系特征总结为高质量发展、创新驱动、平衡协调、开放合作、绿色节能五个方面,并提出了现代化经济体系的建设重点。

刘志彪讨论了建设现代化经济体系的基本框架，提出必须坚持质量第一、效率优先方针，坚持供给侧结构性改革为主线，建设创新引领、四位协同的产业体系作为现代化经济体系的基础，建设"三有"经济体制，并认为不断调整和改革政府与市场关系是建设现代化经济体系的主要路径。高培勇等将现代化经济体系建设看作经济体系的转换过程（详见本章第三节）。

刘伟具体探讨了现代化经济体系建设以深化供给侧结构性改革为主线的原因，一是社会主要矛盾主要集中在供给侧，不平衡不充分的发展属于供给侧的矛盾；二是我国经济面临实体经济结构性供需失衡、金融与实体经济失衡、房地产和实体经济失衡等突出问题；三是宏观经济存在通胀压力和下行压力；四是供给侧结构性改革有机统一了发展、改革、开放，供给侧结构性改革切中发展的质态根本。他提出要为现代化经济体系建设创造稳中求进的宏观经济环境，进行全面深入的经济、法制、政治、道德秩序等方面的制度创新等建议。张建刚、刘刚从马克思主义理论框架中，解析了"新阶段的新跨越"：跨越的本质是生产力的进步，同时生产力的进步需要一定的生产关系和制度环境与之相适应，需要各部门在改革开放新阶段和新技术革命的指引下协同发展。

三 "现代化经济体系"的制约因素及对策研究

关于现代化经济体系的问题研究，已有文献多集中在制约因素、对策研究以及建设现代化经济体系需要坚持的原则等方面。

张辉研究认为现有经济体系面临的挑战主要包括全要素生产率增速放缓产业结构优化升级不足、要素市场化不高、资源环境约束趋紧等，并提出从依托创新驱动、深化供给侧结构性改革、完善要素市场化改革、践行绿色发展理念以及促进经济发展的空间均衡等方面重点发力，推进现代化经济体系建设。刘志彪分析了现代化经济体系中产业体系、市场体系、分配体系、区域发展体系、绿色发展体系、对外开放体系、经济体制七个层面存在的制度问题和发展的不平衡不充分问题，并针对存在的制约因素给出建设现代化经济体系的相关政策重点。

刘伟认为，坚持新发展理念，建设现代化经济体系，关键在于现代化的产业体系和现代化的经济体制两方面。在现代化产业体系方面，要强调发展质量，提升结构高度，实现协调发展；在现代化经济体制方面，要坚持社会主义市场经济体制改革方向，重点完善产权制度和要素市场化。刘戒骄将现代化经济体系看作能够响应现代化发展要求并及时吸纳生产力发展和生产关系变革成果的经济体系，强调建设现代化经济体系需要从动力转换、资源配置、体制保障三个方面发力，实现新旧动能转换，做强实体经济，激发微观主体活力。

杨瑞龙分别探讨了计划和市场两种资源配置方式的优缺点，并结合中国特殊国情，论证了中国建设现代化经济体系必须坚持正确处理政府与市场之间关系的原则，即发挥市场经济在资源配置中的决定性作用和更好地发挥政府作用。许光建、孙伟提出了建设现代化经济体系需要处理好如下四个关系：政府与市场的关系、推进"放管服"改革与完善市场经济体制的关系、深化供给侧结构性改革与破除体制机制障碍的关系、推进农业农村现代化与深化制度改革的关系。

四　现代化经济体系建设关键环节探讨

现代化经济体系包括产业体系、市场体系、收入分配体系、城乡区域发展体系、绿色发展体系、全面开放体系、充分发挥市场作用和更好发挥政府作用的经济体制七个方面，是一个系统工程。建设现代化经济体系需要从多方面发力，着力解决经济社会活动各个环节、各个层面、各个领域存在的体制机制障碍和发展中存在的不平衡不充分问题。

第一，企业改革成功与否对建设现代化经济体系至关重要。剧锦文讨论了建设现代化经济体系中有关国企改革的问题，全面梳理了我国混合所有制改革、国有经济战略重组、国企产权结构三条国企改革主线的现状，结合党的十九大提出的新要求，提出了国有企业战略重组、混合所有制改革、完善国企治理结构等改革重点。张培丽认为在经济转型背景下，民营企业发展存在很大空间和发展机遇，提出了民营企业分类创新的发展思路，包括在大企业产业链中创新、联合创新、引领科技创新、在细分领域创新和模式创新等。第二，在微观主体有活力、市场机制有效的情况下，现代化经济体系需要构建完整的现代产业体系。黄群慧认为实现工业化是建成现代化强国的经济驱动力，我国目前的工业化进程中面临着区域发展不平衡、产业发展的结构不平衡、实体经济与虚拟经济发展不平衡、工业化速度与资源环境承载力不平衡、绿色经济发展不充分等问题，并就实现高质量工业化进程提出了相关政策重点。第三，在建设彰显优势、协调联动的城乡区域发展体系方面，王琼认为"城乡协调发展表现为城乡经济高效率发展和城乡居民共享发展成果"。针对城乡协调发展面临的问题，提出实现城乡协调发展，需要以农业和非农产业的现代化为基础，推动实现高度城镇化、实现城乡居民福利均等化，并强调政府要加大对"三农"的政策倾斜。第四，现代化经济体系对财税金融体制改革提出了更高要求，高培勇认为中国财税体制改革方向是从匹配"经济市场化"的"公共财政体制"转向匹配"现代国家治理体系和治理能力"的"现代财政制度"，并提出了现代财政体制的改革重点，包括处理好中央与地方财政关系、落实新预算法和直接税改革等。何代欣认为"税收改革肩负着在宏观调控、中观运行与微观治理等领域全方位发挥作用的使命"，着重分析了税制改革对经济社会生活的全方位影响，以及税制优化和税负合理对经济高质量发展的推进作用等问题。

五 "现代化经济体系"的实证研究

部分文献在现代化经济体系理论分析的基础上，利用相关数据对现代化经济体系做出初步的实证研究。贺晓宇、沈坤荣从理论和实证两个角度分析了现代化经济体系与全要素生产率、经济高质量发展之间的促进关系。他们利用相关省份数据，运用空间杜宾模型论证了现代化经济体系完善对提升全要素生产率、提高经济发展质量的促进作用。研究还发现现代化经济体系对全要素生产率提升的促进作用存在地区差异。张月友等从实证角度研究产业结构服务化对我国全要素生产率的影响，研究认为：产业结构服务化对我国全要素生产率有显著正向影响，且呈现出明显的地区差异；现阶段我国产业结构服务化的趋势还不突出，处于"结构性减速"阶段的原因在于中国传统的工业化模式难以为继，经济增长动力衰减。

综上所述，已有文献对现代化经济体系的研究多集中于内涵解读、问题探究和路径探索，或初步的实证研究，大多针对现代化经济体系某一部分、某一环节进行论述，容易忽略现代化经济体系的整体性。经济体系作为一个整体性概念，需要综合运用各种经济学方法进行整体性研究。

第三节　未来展望：经济体系学初步[①]

关于现代化经济体系的研究启示我们运用"经济体系"的新视角研究改革开放以来的经济增长与发展；未来在此基础上，可能衍生出一门新学问：经济体系学。作为一门以经济体系的特征、运转机制和不同经济体系的转换规律为研究对象的经济学科，从方法论上说，经济体系学强调经济体的系统性特征，侧重探索社会经济活动各个环节、各个层面、各个领域的相互作用和内在联系，因而必然是综合性的。政治经济学、微观经济学、宏观经济学的方法均可以在此得以运用。

---

① 本节主要内容摘自高培勇、杜创、刘霞辉等《高质量发展背景下的现代化经济体系建设：一个逻辑框架》，《经济研究》2019年第4期。

中国社会科学院经济研究所一项最新的集体研究成果初步搭建了经济体系学研究框架。[①] 该框架以经济体系为核心概念，尝试从理论上解读现代化经济体系背后的逻辑、经济体系的特征和运行机制，并对改革开放以来中国经济发展特征及当前转型做出总体概括。本节摘要如下。

所谓经济体系，是由社会经济活动各个环节、各个层面、各个领域的相互作用和内在联系构成的一个有机整体，它强调了经济的整体性和系统性。建设现代化经济体系并非万丈高楼平地起。在改革开放的历史进程中，根植于高速增长阶段的土壤，中国经济社会活动各个环节、各个层面、各个领域已经形成了一系列相互关系和内在联系的经济体系。为便于对比，该文将其统括称为"传统经济体系"。"传统经济体系"并非泛指转入高质量发展阶段之前的经济体系形态，而是特指改革开放以来逐步形成的、适应高速增长的经济体系形态。

由此，可以将建设现代化经济体系理解为经济体系转换的过程，即从传统经济体系转换到现代化经济体系。表38—1概述了传统经济体系与现代化经济体系的特征，其矩阵式结构也可视作经济体系转型逻辑框架的概括。具体来说，以经济体系概念为核心，逻辑框架可概括为"三大学科、四个转向、四个机制"。

鉴于经济体系概念的整体性和系统性，经济体系学要综合运用三大学科即政治经济学、微观经济学和宏观经济学的方法。（1）以社会主义政治经济学的基本概念——社会主要矛盾，微观经济学的基本概念——资源配置方式，宏观经济学的基本概念——增长阶段，和介于微观与宏观之间的概念——产业体系，共同作为经济体系的核心要素。（2）基于矛盾是事物发展动力的原理，以社会主要矛盾

[①] 高培勇、杜创、刘霞辉等：《高质量发展背景下的现代化经济体系建设：一个逻辑框架》，《经济研究》2019年第4期。

作为分析的逻辑起点，由此决定了理论的核心内容、立场和导向。（3）使用现代经济学语言，在供需分析框架里表述社会主要矛盾，进而阐释四个核心要素的内在逻辑关系及其在经济体系转换中的作用。

表38—1　　　　　传统经济体系 VS 现代化经济体系

经济体系	传统经济体系（1978—2012年）	现代化经济体系
1. 社会主要矛盾	总量性的矛盾： （i）人们基本的物质文化需要； （ii）更关注数量	结构性的矛盾： （i）人的全面发展，包括民主、法治、安全、环境、健康等； （ii）更关注质量、个性化
2. 资源配置方式	（i）政府主导； （ii）增长型政府、基础性的市场机制	（i）市场主导； （ii）公共服务型政府、起决定性作用的市场机制
3. 产业体系	（i）工业主导； （ii）各产业内部低端主导	（i）服务业主导； （ii）各产业内部中高端主导
4. 增长阶段	（i）高速增长； （ii）低质量发展：要素投入驱动为主	（i）可持续增长； （ii）高质量发展：技术进步驱动为主

注：第一列数字1、2、3、4代表逻辑顺序。

"四个转向"即经济体系四个要素的特征转换（表中第二列到第三列的转换）。（1）社会主要矛盾内容的范围扩展和层次提升；（2）资源配置方式从政府主导转向市场主导，从简单方式（增长型政府、基础性的市场机制）转向复杂方式（公共服务型政府、起决定性作用的市场机制）；（3）产业体系从工业主导转向服务业主导，各产业内部结构高级化（从低端主导转向中高端主导）；（4）增长阶段从高速增长转向可持续增长，从低质量发展转向高质量发展。

"四个机制"则指经济体系的运转机制，反映了"四个转向"的相互关联性（表中行与行之间的逻辑关系）。四个机制即"社会主要矛盾→资源配置方式→产业体系→增长阶段"的逻辑链条和负反馈，具体如下：

机制一：社会主要矛盾的性质决定了资源配置方式的选择。当社会主要矛盾是总量性的，"政府主导"+"增长型政府"+"基础性的市场机制"是有效的资源配置方式组合；随着社会主要矛盾转化为结构性矛盾，资源配置应转向"市场主导"，发展更加复杂精巧的市场机制，政府职能转向公共服务。

机制二：资源配置方式决定产业体系特征。当资源配置方式组合为"政府主导"+"增长型政府"+"基础性的市场机制"，后发国家可以快速推进工业化，形成工业主导的产业体系，但各产业内部也以低端为主；当资源配置方式组合为"市场主导"+"精巧的市场机制"+"公共服务型政府"，则可建立服务业主导且各产业内部结构高级化的产业体系。

机制三：产业体系特征与经济增长阶段的一致性。改革开放以来，中国工业化所导致的"结构性加速"成就了高速增长阶段；但是随着经济结构服务化，"结构性减速"随之发生，服务业主导的同时实现各次产业内部结构高级化才能实现经济高质量发展。

机制四：经济体系的内生转化。高速增长到一定程度，引起社会主要矛盾从总量性到结构性的转化，进而导致从传统经济体系到现代化经济体系的内生转化。

机制一、二、三体现了经济体系的内部运转机制，无论对传统经济体系还是现代化经济体系都适用。机制四则阐述了从传统经济体系转型为现代化经济体系的内生性。综合机制一、二、三、四，如果用单一的时间线表示，表38—1也可以简化为图38—1。

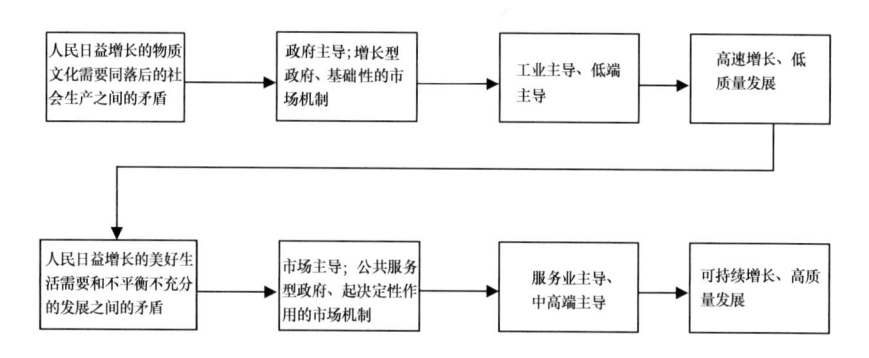

图 38—1　经济体系的运行机制和内生转化

以上初步探索只是涉及经济体系的运行机制。关于经济体系学的进一步研究，可以深入到政策层面、制度层面。

（执笔人：杜创，中国社会科学院经济研究所研究员；王佰川，中国社会科学院研究生院硕士研究生）

第三十九章

全球化与逆全球化的争论和中国提出"一带一路"倡议

第一节 理论界对全球化的探讨

一 关于世界经济形势的判断

全球化一般是指经济全球化，是经济活动超越国界，通过对外贸易、资本流动、技术转移等方式形成的全球范围内的有机经济整体化过程，是商品、技术、资金等生产要素跨国或跨区域的流动。全球化增进了各经济体之间的经济联系，提高了国际资源配置的效率，推动了世界经济的发展。理论界大多认为，20世纪80年代美元全球货币地位的确立开始了全球化进程，20世纪90年代后随着苏联解体、中国走向社会主义市场经济体制、互联网技术的广泛应用以及虚拟经济和实体经济在全球的重新配置，全球化不断发展，至2008年国际金融危机前经济全球化达到了高潮。

全球化趋势表现在诸多方面，部分学者对此进行了概括。尹艳林从技术、生产方式、生产布局、贸易体制等方面阐述了全球化的趋势。全球化趋势首先是科技进步，主要表现为新科技革命处于酝酿中，科技创新和新兴产业孕育新突破；页岩气的开发已经或正在改变全球能源格局，也正在改变国家和区域之间的经济和政治关系。其次是生产方式变革趋势，包括智能制造与数字服务相融合，呈现生产个性化、分散化增加趋势；能源技术与网络技术融合，出现能源利用网络化趋势；制造业与服务业融合，呈现第二、第三产业界限模糊化趋势。再次是生产布局调整趋势，即产业分布全球价值链化趋势；发达国家特别是美国制造业"回流"趋势；服务业全球化趋势。最后是国际贸易体制变革趋势，包括谈判议题多元化、区域合作多元化、协定方式多元化等。[1] 何自力认为，全球化的表现是从垂直型国际分工发展到水平型国际分工，在此过程中全球价值链形成，协同生产达到新的高度。国际贸易成为推动世界经济的强大引擎，国际贸易的增速超过了世界经济的增速。随着股票、基金、债券三大市场的全球联网，国际金融市场的规模迅速扩大。跨国公司数量不断增多，对外直接投资规模不断扩大，生产组织、技术研发、市场营销、人员配置等经营活动实现了全球化布局。[2]

学界不仅关注了全球化带来的社会生产方式的变化，也探讨了其对经济理论的影响。有学者指出，全球化经济区别于以往世界经济的本质特征是生产要素的跨国流动。生产要素跨国流动改变了各国的显性要素结构和比较优势，促进并超越了以贸易相联系的传统的国际分工，对经典贸易理论形成了挑战。新的贸易理论的发展已充分注意到国际贸易变形的现象，但仍在就贸易现象发展贸易理论。未来贸易理论发展需要基于生产要素跨国流动的理论构建，以全球化经济理论整合国际贸易理论。[3] 同时，全球化提供了全新的发展实践，提出了众多的发展难题，促进了多种意识形态之间的相遇和对

---

[1] 尹艳林：《经济全球化新趋势与中国新对策》，《国际贸易》2014年第1期。
[2] 何自力：《中国方案开启经济全球化新阶段》，《红旗文摘》2017年第3期。
[3] 陈钧浩：《全球化经济的要素流动与国际贸易理论的发展方向》，《世界经济研究》2013年第11期。

话，推动了经济发展理论创新。[①] 中国模式全球化进程基本理论框架是：全球化是基于非零和博弈的帕累托改进，制度效率源自不同的发展道路及文化积累特征，发展的阶段差异格局决定了参与全球化的能力，参与国际分工的强度导致了合作模式的可行性，市场经济制度全球化与金融全球化的制度形成，发展模式的成功源自嵌入全球化的阶段性进程。[②]

二 全球化对中国的影响与对策

全球化是把"双刃剑"，它一方面促进了全球经济的增长，另一方面加剧了世界范围的南北分化和各国国内的贫富不均。有学者认为，应当对西方的全球化理论进行反思，警惕资本全球化对经济全球化实质的掩盖。[③]全球化对中国的影响也是显而易见的。由于中国出口产品大多科技含量低、附加值不高，且多数企业缺乏核心技术与自主品牌，又加之中国企业国际化经验不足，参与全球价值链能力有限，全球化会造成中国在全球价值链中两头受压。国际金融危机之后，中国受到贸易保护主义的损害较多。同时，如果美国跨大西洋贸易与投资伙伴关系协定（TTIP）和跨太平洋伙伴协议（TPP）战略实现，中国面临的贸易壁垒将更加严峻。[④]

中国政府不单以积极的态度应对经济全球化，且陆续出台相关措施将其可能的负面影响降到最小。2013 年党的十八届三中全会通过的《中共中央关于全面深化改革若干重大问题的决定》指出，"适应经济全球化新形势，必须推动对内对外开放相互促进、引进来

[①] 高波：《全球化时代的经济发展理论创新》，《南京大学学报》（哲学·人文科学·社会科学版）2013 年第 1 期。

[②] 张建君：《中国模式全球化进程的理论框架》，《社会科学战线》2013 年第 1 期。

[③] 杨志军：《从全球贫富差距拉大看经济全球化的本质》，《思想理论教育导刊》2013 年第 2 期。

[④] 尹艳林：《经济全球化新趋势与中国新对策》，《国际贸易》2014 年第 1 期。

和走出去更好结合,促进国际国内要素有序自由流动、资源高效配置、市场深度融合,加快培育参与和引领国际经济合作竞争新优势,以开放促改革"。伴随着政府相关政策的出台,学界对中国应对全球化的对策也有大量的讨论。在综合改革方面,有观点认为,中国要充分利用全球化带来的重大发展机遇,促进政府体制改革,向政府与市场融合的市场经济转型;推进创新驱动发展,建设创新型国家;促进贸易和投资发展,建立国家竞争优势;加强金融部门改革,融入全球金融体系;推进产业升级,逐步主导全球产业链;建设资源节约型和环境友好型社会,大力推进生态文明建设,实现可持续发展。[1]经济全球化强化了中国与国外经济贸易的联系[2],中国应实施自由贸易区战略、加快建设中国(上海)自由贸易试验区、向西开放战略、建设丝绸之路经济带、建设21世纪海上丝绸之路。[3] 一些研究关注了全球化对中国供给侧结构性改革的推动。郑建雄指出,中国推动经济全球化需要在深化供给侧结构性改革的基础上构建起充满智慧的"合作共赢"的经济全球化治理模式。[4] 闫坤、张鹏则认为,推进"供给侧"结构性改革,要构建财税、货币政策搭配框架,以提升"供给侧"调控的作用和效率,应对当前宏观经济运行中的挑战。[5] 一些学者指出,全球化使得中国亟须转变发展方式。陈霄、王正攀认为,在准确把握全球化发展新趋势及新特征的前提下,科学认识社会主义市场经济的本质,正确理解转变经济发展方式的

---

[1] 高波:《全球化时代的经济发展理论创新》,《南京大学学报》(哲学·人文科学·社会科学版) 2013 年第 1 期。

[2] 李剑荣:《经济全球化对我国经济贸易的影响研究——基于我国加入 WTO 前后十年数据的实证分析》,《经济问题探索》2015 年第 6 期。

[3] 尹艳林:《经济全球化新趋势与中国新对策》,《国际贸易》2014 年第 1 期。

[4] 郑建雄:《经济全球化与我国的供给侧结构性改革》,《学术研究》2017 年第 6 期。

[5] 闫坤、张鹏:《美国"再全球化"战略和中国的供给侧改革》,《税务研究》2016 年第 6 期。

必要性以更好推动经济社会可持续发展，更加注重扩大中国社会主义市场经济的影响力，争取更多的控制权与领导权。① 杜人淮认为，为推动中国开放型经济平稳健康发展，更好地保障我国经济安全，需要适应经济全球化的新变化，加快转变对外经济发展方式，全面提高开放型经济水平，推动经济的对外开放朝着优化结构、拓展深度、提高效益方向转变。② 刘志彪指出，第一波经济全球化战略偏重于增长和开放，而第二波全球化战略却需要以彻底的结构性改革为前提来支持增长和发展，尤其是加速启动民生导向性的制度改革。为此，新一轮的开放局面需要形成全球化城市、全球化产业、全球化企业和全球化人才等支撑要素。支撑中国启动第二波经济全球化的主要因素是内需尤其是消费率水平。③ 曹雷、程恩富认为，从当代经济全球化的实质看，中国转变经济发展方式的基本方向必须是充分自主型经济发展方式。④

第二节 逆全球化的兴起及其理论反思

一 经济危机后的逆全球化浪潮

学术界对逆全球化的讨论是随着英国以全民公投方式"脱欧"、特朗普执政开启颠覆美国政治架构进程、欧洲多国右倾势力上升及中东乱局导致难民涌入欧洲等事件出现而出现的。理论界普遍认为，

---

① 陈霄、王正攀：《全球化与社会主义市场经济：历程、转型与展望》，《探索》2013年第3期。

② 杜人淮：《中国开放型经济面临的全球化挑战及其应对》，《齐鲁学刊》2013年第3期。

③ 刘志彪：《战略理念与实现机制：中国的第二波经济全球化》，《学术月刊》2013年第1期。

④ 曹雷、程恩富：《加快向充分自主型经济发展方式转变——基于经济全球化视野的审思》，《毛泽东邓小平理论研究》2013年第8期。

2008年国际金融危机是全球化的转折。袁志刚指出，2008年金融危机爆发表明，虽然以跨国公司为主要载体、以资本逐利为主要动力、以资本的优化配置带动其他生产要素的优化配置的全球化提升了生产能力，但导致了全球收入分配、产业结构、贸易结构的严重失衡，金融泡沫化严重，以及全球化持续发展与全球治理结构缺失之间的矛盾难以协调。[①]

国际金融危机之后，国际贸易的规模与增速明显萎缩，全球贸易平均增长率从1990—2000年的7%下降到2009—2015年的3%。跨国公司经营绩效和对外直接投资的增速仍未恢复到经济危机前的水平，贸易和投资增速持续低迷，社会危机持续深化，经济全球化陷入停顿。2008年后，发达国家和新兴经济体陷入严重的经济衰退，为了实现经济复苏，一些国家纷纷采取保护主义措施。如美国总统特朗普将中国视为汇率操纵国，并扬言对中国输美商品征收关税，企图挑起贸易战。2018年美国对中国的钢铝等制品增加关税。区域经济一体化一度成为助推经济全球化的重要力量。经济危机之后，由于复杂的政治和社会经济原因，既有的区域经济一体化进程受到重创。区域经济一体化呈现出了排他性、封闭性、碎片化的发展态势。[②] 2013年1月，英国首相卡梅伦首次提及"脱欧"公投。2018年7月，英国发布"脱欧"白皮书。2018年12月，欧洲法院裁定，英国可单方面撤销"脱欧"决定。2019年4月，欧盟各国达成一致，同意将英国"脱欧"日期延迟至10月31日。这些事件让世界格局即将到来的变化和未来发展充满高度不确定性。

全球化的推动力量是资本的全球化流动和携带资本力量的意识形态。全球化造成的后果是，资本输出国利益流失，加剧了其国内精英、权贵集团与社会大众的对立情绪。同时，后发国家在全球化

---

① 袁志刚：《深化要素市场改革 创新对外开放模式》，《经济研究》2013年第2期。

② 何自力：《中国方案开启经济全球化新阶段》，《红旗文摘》2017年第3期。

中累积了重塑国际秩序的经济政治能量,改变了既定的国际经济秩序,这是很多国家事先未预料到的。有学者认为,逆全球化只是全球化过程中偶尔发生的现象。全球化不会是一帆风顺的过程,全球化与逆全球化一起构成全球化的全部图景。全球化之所以不是一帆风顺的,是因为纳入全球化进程的各个国家发展的绝对不均衡是注定的事情,也是各个国家内部发展不平衡催生的结果。国家之间发展的不平衡,必然会让处于全球化获利的国家,积极赞同并大力推进。反之,又促进那些全球化获益不足,甚至丧失利益的国家,阻止全球化的步伐,从而催生了全球化的倒退。全球化一经启动就很难逆转。必须建立起全球化国家间的均衡机制,才有望缓解发达国家、发展中国家、欠发达国家之间对全球化获利不均的心态不平衡,这就急需国际社会制定一个参与全球化进程的、各个国家利益均沾的全球化契约。[①]

"逆全球化"在多方面呈现:一是自由贸易理念边缘化,贸易保护主义不断升级;二是全球经济陷入持续的结构性低迷,下行风险和不确定性上升;三是部分国家保守化倾向加重,国家干预和管制极端化;四是主要国家回归国家主义立场,参与国际发展合作的意愿减退。[②] 吴志成、吴宇指出,相较之前,本次"逆全球化"最新特点体现在:主体逐渐从底层民众扩展到国家主流群体和政治精英,主题日益由传统的经济、社会层面转向文化层面,民族主义与民粹主义紧密结合的色彩较为浓重等。国内贫富分化日益严重、新兴国家在全球化过程中的群体性崛起带给西方大国的沉重压力、难民问题和恐怖主义等是当前"逆全球化"浪潮的重要原因,全球化进程、国际秩序、全球治理、欧洲一体化进程等因此受到严重影响。[③] 有学

[①] 任剑涛:《逆全球化、民主轴心与全球化重构》,《探索与争鸣》2017年第3期。

[②] 吴志成、吴宇:《逆全球化的演进及其应对》,《红旗文摘》2018年第3期。

[③] 王瑞平:《对当前西方"反全球化"浪潮的分析:表现、成因及中国的应对》,《当代世界与社会主义》2018年第6期。

者认为,贸易保护主义抬头、右翼势力上升、美国全球化意愿减退等"逆全球化"问题的出现,其根源来自"全球化"本身,即全球化症结在于贫富分化,全球化失速缘于动力转换,全球化乱象缘于体制失效,全球化反复是历史常态。[1]

学界对逆全球化给全球经济带来的危害进行了分析。有观点认为,逆全球化会引发全球经济衰退和金融贸易风险,影响全球价值资源分配,激化社会矛盾与政治不稳定,冲击和割裂国际政治关系,导致经济全球化减速甚至停滞。[2] 同时,另有学者指出,"逆全球化"浪潮只能严重破坏全球自由贸易与经济体系的正常运转,侵蚀人类社会合作共赢的成果,给全球政治经济发展带来新的问题与挑战。[3]

二 逆全球化形成原因的分析

全球化具有两面性,它既是社会生产力发展的要求和科技进步的结果,也是一个积极效应与消极效应构成的矛盾统一体。因此,全球化不可避免会对现有的社会经济秩序形成负面影响。

一些观点认为,逆全球化的直接原因是经济危机之后,发达国家与新兴经济体国家经济增长乏力,西方发达国家社会经济问题错综复杂致其贸易保护主义抬头,逆全球化浪潮兴起。[4] "逆全球化"的根本原因是部分国家出现治理危机、个别大国霸权任性和责任缺失、国家间发展更不平衡、自由主义国际秩序陷入危机等。[5] 尽管存

---

[1] 李丹:《"去全球化":表现、原因与中国应对之策》,《中国人民大学学报》2017 年第 3 期。

[2] 吴志成、吴宇:《逆全球化的演进及其应对》,《红旗文摘》2018 年第 3 期。

[3] 刘洋、纪玉山:《从"逆全球化"到"新全球化":中国发展的战略选择》,《江苏行政学院学报》2018 年第 3 期。

[4] 袁志刚:《深化要素市场改革 创新对外开放模式》,《经济研究》2013 年第 2 期;何自力:《中国方案开启经济全球化新阶段》,《红旗文摘》2017 年第 3 期。

[5] 吴志成、吴宇:《逆全球化的演进及其应对》,《红旗文摘》2018 年第 3 期。

在失业率降低、经济增长恢复的情况,但是20世纪70年代延续至今收入不平等的持续扩大,生存状况迟迟无法改善,由此引发的不安全感,以及全球化导致的发达国家传统制造产业外移所引发的工人阶级和社会底层的失业,加之社会分享机制失效和政治治理能力弱化,成为今天欧美国家民粹浪潮产生、极右翼坐大并选举上台的根本原因。由此,也给欧美国家内部和国际格局的发展造成了巨大影响。[1] 发达国家中低收入阶层支持"逆全球化"的原因是,在发达国家内部,不同阶层在全球化过程中所获得的利益分配不均衡,社会精英阶层获得更多的收入,而作为主要价值创造者的中低阶层收入正在逐渐下降。[2] 有学者从全球视角分析逆全球化产生的原因。刘洋、纪玉山认为,全球化的利益分配不均引发"受益群体"与"受损群体"之间的矛盾冲突,西方发达国家在现有全球产业分工布局下出现的产业空心化与高失业率问题,新自由主义政策范式的惯性影响,以及以美国为代表的西方发达国家在全球化上的战略收缩,是保守主义、孤立主义与民粹主义盛行从而导致逆全球化出现的主要原因。[3]

有学者从技术进步的角度分析了逆全球化形成的原因。相较于之前历次技术进步对生产方式变革的影响,当前的经济全球化没有引发生产方式深刻而全面的变革,没有形成持续性推动经济增长的能力,对全球化进程没有形成有力的支撑。虽然发达国家是经济全球化的主导者和主要的获益者,但实际上其内部有很高的反全球化呼声。发达国家中获益于全球化的是极少数的私人资本,私人资本的对外投资不仅导致国内收入差距扩大,也造成产业的空心化和工人的失业,从而拉大了收入差距。一些政治势力利用反全球化进行

---

[1] 马峰:《全球化与不平等:欧美国家民粹浪潮成因分析》,《社会主义研究》2017年第1期。
[2] 万雅琴:《"逆全球化"思维缘何暗流涌动》,《人民论坛》2017年第13期。
[3] 刘洋、纪玉山:《从"逆全球化"到"新全球化":中国发展的战略选择》,《江苏行政学院学报》2018年第3期。

政治投机，制定贸易保护主义政策。此外，由于发展模式缺乏包容性，导致世界经济发展失衡。[1] 另有学者指出，世界范围内的财富更不均衡，各个国家之间贫富差距更加悬殊，以致全球治理遇到制度瓶颈。全球化过程中文化、信息、人员的跨国流动，给民族国家带来前所未有的挑战。同时，民粹主义兴起。[2]

部分学者认为，美国是世界逆全球化的主要力量。美国企业大规模海外扩张延缓了平均利润率下降，但同时也加剧了美国的人口悖论、世界市场悖论等一系列无法克服的经济悖论。为克服资本扩张悖论，美国一转全球化推动者的角色，采取了一系列"逆全球化"的政策，掀起中美贸易争端，给世界经济平稳发展带来严重阻碍。然而，受制于资本主义生产方式的限制，特朗普政府"逆全球化"策略无法根本突破资本扩张悖论。[3] 有学者对美国逆全球化的影响持积极态度。该观点认为，由于美国资本市场的涨落、经济周期的作用以及贸易战对美国经济都会产生不同的负面影响，美国发起的贸易战难以持久，逆全球化的力量将会因综合因素的作用慢慢衰减，世界将回到全球化的轨道。从美国这个移民国家的历史文化渊源来看，它有着扩大对外交往、趋向全球化的基因，美国从20世纪上半叶成为世界经济和工业强国后长期实行低关税政策，而低关税对它利大于弊，因此本次对主要贸易伙伴实行的高关税政策也很难持久，最终还是要回到低关税状态。[4]

一些学者对逆全球化的形成进行了反思。张燕生认为，在经济全球化过程中，没有解决好三个基本问题：第一个是没有解决好增

---

[1] 何自力：《中国方案开启经济全球化新阶段》，《红旗文摘》2017年第3期。

[2] 黄仁伟：《从全球化、逆全球化到有选择的全球化》，《探索与争鸣》2017年第3期。

[3] 徐宏潇、赵硕刚：《特朗普政府"逆全球化"：动向、根源、前景及应对》，《经济问题》2019年第2期。

[4] 杨万东、张蓓、方行明：《逆全球化的历史演进与可能走向》，《上海经济研究》2019年第1期。

长的动力问题。近年来,资本的逐利性导致了实体经济的空心化、科技创新、金融和房地产泡沫化。第二个是目前的国际规则只是解决了效率问题而没有解决公平问题,当内部和全球贫富到了一定程度就会发生国内和国际的冲突和动荡。第三个是目前缺乏国际合作机制解决世界经济不平衡、不协调、不持续增长的矛盾。① 盛玮认为,逆全球化的启示是,贸易和投资保护主义将成为西方国家政策的重要选项,直到国内矛盾充分缓解才可能有所改变。同时,在经济全球化进程中如果仍然以新自由主义为指导,任由资本无限膨胀,必然酿成严重的危机。②

三 逆全球化对中国的影响及对策的讨论

2016 年 11 月,世界经济论坛和全球贸易便利化联盟发布的《2016 年全球贸易促进报告》显示,按市场准入、边境管理、交通与数字化基础设施、运输服务和商业运营环境等指标评估,在全球 136 个经济体中,中国排名第 61 位,高于印度、巴西、俄罗斯。近年来,受到以贸易保护主义为代表的逆全球化损害最严重的国家中,中国居首。

随着全球化深入发展,世界经济中的各种矛盾和问题凸显。全球经济进入了低速增长、高失业率、对外贸易持续低速的"新常态"过渡时期,传统开放模式面临瓶颈。施建军等认为,逆全球化会在生产和贸易、开放型经济、竞争优势、传统经济体制、区域经济发展等方面对中国形成挑战。(1) 全球价值链规律凸显,经济活动的国际竞争方式发生变化。中国传统发展模式下的各种政府干预政策,不利于增强企业在全球价值链分工中的竞争力。面对新的技术、商

---

① 张燕生:《经济全球化没有解决好的三个问题》,《红旗文稿》2018 年第 17 期。
② 盛玮:《"逆全球化":新自由主义泛滥的恶果》,《红旗文摘》2017 年第 11 期。

业模式和组织方式，要求中国企业、产业和政府进一步吸收新变化，才能使我国生产和贸易活动进入价值链高附加端。（2）贸易保护主义升级，中美贸易战愈演愈烈。中国作为开放型经济体，经济发展面临较强的外部风险。在新一轮的贸易保护主义浪潮中，发达国家贸易保护手段更加多元。尤其是美国逐步加大对本国制造业的扶植，加大对中国产品征收高额关税的规模。不仅给当前中国出口依赖大、内需不振的现状带来较大危机，而且使以组织和法律为基础的WTO多边贸易体制和全球产业分工遭到破坏。（3）生产要素成本上升，竞争加剧。随着中国迈入中等收入国家行列，低成本制造的传统优势受到削弱。成本更低的新兴经济体逐渐成为新一轮全球产业转移的承载体，中国将面临越来越多的来自新兴经济体的潜在竞争。（4）结构调整、动能转换加快传统开放经济面临倒逼压力。经济下行压力增大的背景下，中国传统开放型经济增长"乏力"，对外贸易增长增速变缓，未达到预期增长目标。中国正处在能否跨越"中等收入陷阱"的关键时期，构建开放型经济发展新体制，以开放促发展，加快动能转换成为当前最紧迫的任务。新的比较优势是中国经济进一步融入全球分工体系，并实现可持续发展的唯一出路。（5）经济区域发展不平衡使中国开放型经济的整体格局受制于"木桶效应"。开放型经济追求的是均衡、全面、因地制宜开放，如何使中国面积广大、人口众多的中西部地区获得真正的发展并从高水平的对外开放中获益，将直接关系到中国收入差距问题和区域发展不均衡问题的解决。[1]

汪和建认为，国际金融危机宣告了经济全球化主流模式的终结及其转型。国际经济秩序对于中国经济的影响，集中表现为中国基于全球生产的经济增长模式面临来自外部市场需求减少和内部生产成本上升的双重阻碍。国内外条件的变化决定了中国经济增长模式

---

[1] 施建军、夏传信、赵青霞、卢林：《中国开放型经济面临的挑战与创新》，《管理世界》2018年第12期。

第三十九章 全球化与逆全球化的争论和中国提出"一带一路"倡议

亟须进行某种适应性的转换,即重建一种消费驱动的经济增长模式。[1] 有学者认为,金融危机后全球经济再平衡也正在以产业资本与金融资本再配置平衡的方式和需求再平衡的方式展开,不同的经济体正依据其比较优势选择参与全球经济再平衡过程。对于中国而言,应借助现有的制造业比较优势和市场规模优势,强化制造业领域的已有优势和服务业发展的潜在优势,引导和推动中国对外开放模式的转型,并由此改善中国外部发展环境,增强中国经济可持续发展动力。[2]

有学者认为,面对"逆全球化",一是加强逆全球化研究,理性认识逆全球化;二是推进国家治理现代化,加强国家治理能力建设;三是构建符合时代需求的新型经济全球化;四是积极参与和主导国家规则的制定,提高经济全球化运行质量;五是坚定支持经济全球化与自由贸易理念合作共建开放型世界经济;六是积极推动全球治理变革,引领全球治理长效机制建设。[3] 也有学者指出,面对逆经济全球化潮流的冲击,中国需要加快以经济转型为目标的结构性改革,推进以货物贸易为主的"一次开放"转向以服务贸易为重点的"二次开放",是我国经济转型与结构性改革的重大任务。同时,如何处理政府与市场的关系,决定着结构性改革的实际进程。[4]

中美贸易战是逆全球化的直接表现之一,一些学者对中美贸易战的解决进行了论述。李稻葵等认为,面对美国贸易保护主义的巨大挑战,中国短期内应多管齐下,务实解决资金外流与汇率贬值问题,沉着应对局部贸易战可能带来的不利局面。长期内应深化改革,

---

[1] 汪和建:《经济全球化转型与中国经济增长模式转换——问题与策略》,《学术研究》2016 年第 4 期。

[2] 袁志刚、余宇新:《经济全球化动力机制的演变、趋势与中国应对》,《学术月刊》2013 年第 5 期。

[3] 吴志成、吴宇:《逆全球化的演进及其应对》,《红旗文摘》2018 年第 3 期。

[4] 迟福林:《经济转型与结构性改革——经济全球化新挑战的中国选择》,《上海大学学报》(社会科学版) 2017 年第 2 期。

打造富有活力的大国增长模式，高举多边协议和自由贸易的大旗，以"一带一路"为抓手，促进形成多元合作的全球化经济新格局。①董琴认为，中美经贸摩擦及特朗普全球"零关税"政策看似冲突，实则是"美国优先"的真正体现，意在打击新兴经济体尤其是中国经济及其产业发展，重新形成以美国为核心的国际经贸新秩序，是"逆全球化"的新表现，对国际经贸发展产生了深远的影响。从长期看，进一步扩大对外开放是"逆全球化"不断发展下中国的正确选择，中国需要在进一步扩大对外开放整体规划、加强区域合作、深化供给侧结构性改革、完善知识产权制度等方面做出新设计。②

逆全球化无疑会对中国对外贸易造成负面影响。李莉文分析了在"逆全球化"背景下中国企业在美并购面临的风险。这些风险主要包括美国政府对中国企业在美并购的安全审查日趋严苛，中国企业在美并购的交易多存在债务驱动、高杠杆等金融风险，以及在美并购的中国企业存在转型突兀、"水土不服"等隐忧。为了应对中国企业在美并购过程中遇到的新风险，中国企业不仅要在审查程序上展开有针对性的应对，更要善于讲好"中国故事"，积极应对文化差异所导致的"水土不服"现象。同时，中国政府应持续加强监管有高杠杆驱动的并购交易。③

除了上述讨论外，2017年第3期《探索与争鸣》刊载了黄仁伟、张宇燕、杜运泉、沈丁立、黄军甫、赵汀阳、任剑涛等学者关于全球化、逆全球化现象的评论。从参与讨论的情况来看，大多数观点认为全球化是不可逆转的趋势，认为逆全球化是暂时的。

---

① 李稻葵、胡思佳、石锦建：《经济全球化逆流：挑战与应对》，《经济学动态》2017年第4期。

② 董琴：《"逆全球化"及其新发展对国际经贸的影响与中国策略研究》，《经济学家》2018年第12期。

③ 李莉文：《"逆全球化"背景下中国企业在美并购的新特征、新风险及对策分析》，《美国研究》2019年第1期。

第三节 "一带一路"倡议的提出与讨论

一 "一带一路"倡议的提出

2013年9月和10月,习近平主席在出访中亚和东南亚国家期间,分别提出建设"新丝绸之路经济带"和"21世纪海上丝绸之路"的合作倡议,受到国际社会的高度关注。"现在的问题不是要不要对外开放,而是如何提高对外开放的质量和发展的内外联动性。'一带一路'建设是扩大开放的重大战略举措和经济外交的顶层设计。"[①]"一带一路"借用丝绸之路的历史元素,依靠中国与相关国家既有的双边机制、合作平台,打造政治互信、经济融合、文化包容的共同体。2014年,中国政府编制了《丝绸之路经济带和21世纪海上丝绸之路建设战略规划》。为了建设21世纪海上丝绸之路,加强海上通道互联互通,拉近相互利益纽带,推动中国与东盟国家经贸往来全面发展,中国倡议筹建亚洲基础设施投资银行,动员更多资金向包括东盟国家在内的发展中国家的基础设施建设提供资金支持,促进区域互联互通和经济一体化。[②] 2015年3月,经国务院授权,国家发改委、外交部、商务部联合发布了《推动共建丝绸之路经济带和21世纪海上丝绸之路的愿景与行动》,阐述了共建原则、框架思路、合作重点、合作机制、合作内容、中国各地方开放态势、积极行动、共创美好未来等多方面内容,秉持"和平合作、开放包容、互学互鉴、互利共赢"的丝绸之路精神,促进沿线国家互利合作。

---

① 《习近平关于全面建成小康社会论述摘编》,中央文献出版社2016年版,第41页。
② 尹艳林:《经济全球化新趋势与中国新对策》,《国际贸易》2014年第1期。

在中国政府的推动下,至 2015 年,中国企业共对"一带一路"相关的 49 个国家进行了直接投资。"一带一路"倡议开创了地区新型合作模式。"一带一路"倡议提出后,东北地区振兴、中部地区崛起、京津冀协同发展、长江经济带发展等区域开发战略也陆续整合到该倡议中来。

2016 年 9 月,在二十国集团领导人杭州峰会上,习近平主席倡导建设开放型世界经济,继续推动贸易和投资自由化、便利化。2017 年 1 月习近平主席在出席达沃斯论坛和访问联合国日内瓦总部期间发表的讲话中,提出了推动经济全球化的中国方案。习近平主席指出,把困扰世界的问题简单归咎于经济全球化,既不符合事实,也无助于问题解决。搞保护主义如同把自己关进黑屋子,看似躲过了风吹雨打,但也隔绝了阳光和空气,打贸易战的结果只能是两败俱伤。2017 年 10 月 18 日,习近平总书记在党的十九大报告《决胜全面建成小康社会 夺取新时代中国特色社会主义伟大胜利》中提出,以"一带一路"建设为重点,坚持"引进来"和"走出去"并重,遵循共商共建共享原则,加强创新能力开放合作,形成陆海内外联动、东西双向互济的开放格局。

"一带一路"倡议提出后,获得了 100 多个国家和国际组织的响应与参与,许多发展中国家成为"一带一路"的支点,一些发达国家也积极参与。根据中国商务部消息,2018 年中国与"一带一路"沿线国家进出口总额达到 1.3 万亿美元,同比增长 16.3%。其中,中国对沿线国家出口 7047.3 亿美元,同比增长 10.9%;自沿线国家进口 5630.7 亿美元,同比增长 23.9%。中国企业对沿线国家非金融类直接投资达 156.4 亿美元,同比增长 8.9%,占同期总额的 13%。在沿线国家对外承包工程完成营业额 893.3 亿美元,同比增长 4.4%,占同期总额的 52%。沿线国家对华直接投资 60.8 亿美元,同比增长 11.9%。

二 学界对"一带一路"倡议的讨论

改革开放后,中国形成了引进资本、技术、管理、原料和半成品进行加工贸易,然后出口到国外市场的"两头在外"的开放模式。在实行对内改革和对外开放取得经济增长之后,中国要获得进一步的发展,必须实行要素市场改革,适应经济全球化形势和国内要素禀赋新变化,实行更加主动的开放战略,加快转变对外经济发展方式,推动开放朝着优化结构、拓展深度、提高效益转变。有学者认为,"一带一路"倡议是在对新时代精确把握的情景下形成的,中国在"一带一路"倡议中追求的是一个良好的经济发展环境。"一带一路"倡议是应对以美国为首的国家在亚太地区建立跨太平洋伙伴关系的积极回应。同时,在经历了平抑和抵消金融危机的不利影响后,客观上要求中国寻找新的需求,推动中国不仅着眼于内部调整,也需要在外部寻找出口。"一带一路"倡议提出后,国际形势发生了很大变化,引起了人们对中国智慧的关注。[①]

"一带一路"提出之初,受到诸如中国国内过剩产能转移、中国版的"马歇尔计划"、新殖民主义等非议,部分学者对此进行了回应。有学者指出,对"一带一路"的非议是以南北对立的冲突的狭隘思维看问题,没有理解"一带一路"构想的本质是顺应经济全球化进入新阶段的时代潮流。"一带一路"是经济全球化进入新阶段的重要标志。"一带一路"标志着中国东、中、西部经济出现新一轮的联动发展,也标志着经济全球化正在由海洋经济全球化向海陆经济全面打通,出现了历史上前所未有的新经济。"一带一路"整合了集装箱海运、高速公路、高速铁路、空运、互联网、现代网络金融产品等新老工具,全方面打通海洋经济和内陆经济,从而全面带动中国东、中、西部的经济提升,带动欧亚大陆从东

[①] 佟家栋:《"一带一路"倡议的理论超越》,《经济研究》2017年第12期。

到西,直到连通非洲、美洲的经济大陆合作和发展。[①] 针对部分西方智库学者罔顾事实抹黑"一带一路"的现象,姜丽、金鑫认为,"一带一路"可以带动欧亚非大陆新一轮生产力革命,推动世界经济发展,是中国为优化全球治理提供的可行方案,有助于推动不同地区和国家之间的协调联动发展,可以构建合作共赢的全球伙伴关系网络。[②]

2018年,《中国社会科学》杂志社邀请学者分别从全球价值链、亚洲区域合作、全球治理、地缘政治重大变化等视角,讨论"一带一路"建设与全球化新趋势问题。刘志彪、吴福象认为,企业以制造集群方式嵌入全球价值链,需构建沿线国家共生共荣的价值链、技术链、创新链、人才链、就业链,在构造差异化要素技能水平和技术复杂度的匹配模型的基础上,结合质量效应方程和种群竞争模型,提出了中国企业双重嵌入的理论框架。[③] 李向阳分析了全球价值链驱动缺少位于亚洲的最终消费市场并将不发达国家排除在外、缺少本地区大国推动的统一的自由贸易区安排及与亚洲经济合作相配套的自主安全保障机制的缺失等亚洲经济合作的缺位与失衡。同时指出,"一带一路"将填补亚洲区域经济合作的缺位。[④] 王帆提出,全球化竞争进入转型期,霸权国控制力衰弱却"卸责"不让权,加剧了责任转移带来的风险。中国在积极承担与国力相符的国际责任的同时,对责任转移应保有更多的理性与冷静,与多数国家一道,

---

[①] 郑必坚:《"一带一路"是经济全球化进入新阶段的重要标志》,《人民论坛》2017年第28期。

[②] 姜丽、金鑫:《"一带一路"的国际担当和时代价值》,《红旗文稿》2018年第14期。

[③] 刘志彪、吴福象:《"一带一路"倡议下全球价值链的双重嵌入》,《中国社会科学》2018年第8期。

[④] 李向阳:《亚洲区域经济一体化的"缺位"与"一带一路"的发展导向》,《中国社会科学》2018年第8期。

第三十九章　全球化与逆全球化的争论和中国提出"一带一路"倡议　853

重塑多边主义,推动经济全球化的可持续增长和包容性发展。[1] 欧阳康从国家治理与全球治理的双向建设中提出问题及对策,主张统筹世界和中国两个大局,积极应对全球治理变局,并回应了对"一带一路"倡议的相关质疑与误解。[2]

"一带一路"倡议提出后,得到学界的高度评价。有观点认为,在全球化去留的十字路口,中国力量成为推进全球化的重要引擎,中国担当发出捍卫全球化的明确信号,中国方案阐述全球治理的清晰路径,"一带一路"预示新一轮全球化的发展图景。[3] 另有观点指出,全球化进程遭遇了外部危机冲击影响、全球经济结构性困境、发达国家空心化发展、全球性不平等上升、全球经济治理缺陷等严重冲击和困扰。中国提出的"一带一路"建设新理念,有助于推动经济全球化的自我修复和完善,有助于构建更加公平和包容性发展的经济全球化发展机制,推动新一轮全球化继续深化发展。[4] 权衡认为,中国提出"一带一路"国际合作与交流平台,有助于破解经济全球化发展的现实困境,有助于加快经济全球化的自我修复和调节,有助于推动经济全球化发展朝着更加公平、更加包容、更加普惠、更加平衡和更加开放的世界经济方向继续前进。[5] 孙彦明指出,"一带一路"国际合作既符合我国及沿线各国合作发展的共同利益,也有助于世界各国携手实现和平、

---

[1] 王帆:《责任转移视域下的全球化转型与中国战略选择》,《中国社会科学》2018年第8期。

[2] 欧阳康:《全球治理变局中的"一带一路"》,《中国社会科学》2018年第8期。

[3] 李丹:《"去全球化":表现、原因与中国应对之策》,《中国人民大学学报》2017年第3期。

[4] 权衡:《经济全球化发展:实践困境与理论反思》,《复旦学报》(社会科学版)2017年第6期。

[5] 权衡:《经济全球化的实践困境与"一带一路"建设的新引擎》,《世界经济研究》2017年第12期。

发展、合作的愿景。①

"一带一路"是新时代中国推动全球化的策略，有学者将"一带一路"建设与全球化结合进行了论述。该观点认为，结合"一带一路"建设，未来的全球化首先应坚持创新发展理念，发展富有活力的增长模式，厚植经济全球化新动力。其次是坚持开放发展理念，打造公正合理的治理模式，推动经济全球化有序进行。最后为坚持联动发展理念，打造互利共赢的合作模式，协同推动经济全球化进入新阶段。同时，坚持包容发展理念，打造平衡普惠的发展模式，夯实经济全球化的共赢基础。②"一带一路"倡议的提出，表明中国从参与到引领全球化角色的转变。通过倡导文明的共同复兴、开创文明秩序、实现陆海联通和全球化的本土化，建设绿色、健康、智力、和平丝绸之路，共商、共建、共享利益、责任、命运共同体，"一带一路"扬弃了西式全球化，打造开放、包容、均衡、普惠的合作架构，给全球化注入中国色彩，将来可能或正在开创"中式全球化"。③有学者认为，在后危机时代新常态经济下，"一带一路"作为亚洲生产网络的重要战略组成，同北美生产网络、欧洲生产网络类似，有助推区域生产网络发展、壮大的"动力机制"。有望形成普遍大规模投资，促进经济"密度"规模溢出效应发挥，基础设施建设与互联互通缩短了世界主要区域的经济"距离"，沿线国家普遍发展与一体化减少"分割"问题，使该区域成为助推全球发展价值提升的新动力中心。"一带一路"推动亚太地区生产网络的优化升级、实施亚太地区区域经济一体化、普遍进行大规模投

---

① 孙彦明：《"一带一路"国际合作发展的挑战、范式及对策》，《宏观经济管理》2018年第11期。

② 何自力：《中国方案开启经济全球化新阶段》，《红旗文摘》2017年第3期。

③ 王义桅：《"一带一路"能否开创"中式全球化"》，《新疆师范大学学报》（哲学社会科学版）2017年第5期。

第三十九章 全球化与逆全球化的争论和中国提出"一带一路"倡议

资,助推基础设施优化升级,是当今全球化"破冰"关键点。[1] 张伟杰认为,"一带一路"倡议的提出,为国际社会研判全球化的走向提供了范本参考。随着越来越多的国家和国际组织积极参与支持"一带一路"建设,彰显以共商、共建、共享为价值追求的新型全球化,顺应时代发展潮流。随着"一带一路"建设的顺利推进,全球发展正朝均衡、普惠、共赢方向迈进,实现构建人类命运共同体的目标前景可期。[2] 传统的经济全球化在为世界各国带来发展机遇的同时,也产生了全球经济发展失衡、世界增长动能不足、国际治理体系不合理等问题,世界范围内的反全球化运动此起彼伏。进入 21 世纪以来,新兴经济体崛起于世界舞台,推动全球经济向着平等互利的新型全球化方向转型。王颂吉等认为,建设"一带一路"是解决传统全球化问题、探索新型全球化路径的中国方案。在新型全球化视角下,"一带一路"倡议旨在构建开放、包容、均衡、普惠的新型国际经济合作平台,其重点建设任务包括基础设施联通、支点城市建设、产业分工合作、贸易投资便利化,共同为新型全球化框架下的国际经济合作提供支撑。[3] 施建军等提出,实施新一轮高水平对外开放,全方位构建中西协调发展、"一带一路"双向延伸、沿海沿边内陆相呼应的开放格局。打造开放型经济发展平台,提升全球物流通关能力。加快现代金融体系建设和区域金融合作,创新金融服务监管工具,确保开放型经济稳速高质运行。加快对外开放顶层设计,把握国际需求机制,多措并

---

[1] 蒙昱竹、梁仁敏:《"一带一路"与全球化复兴逻辑研究》,《青海社会科学》2017 年第 4 期。

[2] 张伟杰:《"一带一路":新型全球化的探索与实践》,《当代世界》2018 年第 3 期。

[3] 王颂吉、谷磊、苏小庆:《"一带一路"引领全球化:变局研判及建设任务》,《西北大学学报》(哲学社会科学版)2019 年第 2 期。

举、推动开放型经济绿色发展、科学发展、可持续发展。① 刘洋、纪玉山认为，面对"逆全球化"浪潮的冲击和影响，作为全球最大的发展中国家，中国应致力于以"中国方案"和"中国应对"参与新一轮全球化规则的建设与全球治理，在推动"新全球化"的过程中积极贡献包括"一带一路"与"人类命运共同体"在内的全球治理理念与治理规则等公共产品，以创造新的全球化净收益，引领新全球化的进程。②

（执笔人：缪德刚，中国社会科学院经济研究所副研究员）

---

① 施建军、夏传信、赵青霞、卢林：《中国开放型经济面临的挑战与创新》，《管理世界》2018 年第 12 期。

② 刘洋、纪玉山：《从"逆全球化"到"新全球化"：中国发展的战略选择》，《江苏行政学院学报》2018 年第 3 期。

第四十章

社会主义市场经济法治化探索与进展

第一节 我国社会主义市场经济法治化的探索与建立

一 早期经济体制改革探索下法治的孕育和萌芽（1978—1991年）

1978年党的十一届三中全会以后，我国开始正式实行改革开放政策，引入非公有制和市场经济，将社会主义与市场经济相联系。这一时期计划与市场谁主谁辅以及如何结合成为理论和实践探索的重点。在改革开放初期的1979—1982年，计划与市场关系的探索摇摆不定，受传统社会主义经济理论的束缚，对于计划与市场的认识仍然是以计划经济为主，以市场调节为辅，但是计划经济和市场调节不再被视为完全对立，两者之间的结合是有主次的，市场调节在计划经济的总框架内运行，处于从属和次要地位。在这一背景下，市场主体开始形成，市场机制逐渐发生作用，市场开始成为配置资源的重要补充手段，多种所有制结构开始存在和发展，公有制经济经营上的国家指令性计划逐渐减少，地方财政权力增强。从1982年党的十二大提出"计划经济为主，市场调节为辅"原则，1984年党的十二届三中全会提出"在公有制基础上的有计划的商品经济"①，1987年党的十三大提出"有计划商品经济的体制应该是计划与市场内在统一的体制"和"国家调节市场，市场引导企业"的新经济运行机制②，到1988年政府工作报告中描述的"市场机制在国民经济运行中开始显示出重要作用"③，表明正在逐步突破计划经济体制时代以指令性计划为主、以行政手段为主的做法，市场的作用在不断强化，这一阶段"市场"已在国民经济中占有相当的比重。

改革开放之前，我国宪法和其他一些法律的颁行，对社会改革和经济、政治、文化发展起到了重大作用，但由于历史及思想原因，政府在经济与政治体制上的权力过分集中，处于"人治"的阶段，经济生活中真正起作用的是行政手段，法律法规的作用很有限，行政命令的权威高于法律。党的十一届三中全会以后，在原有计划经济体制下引入市场经济，国家逐渐向社会放权、分权，市场主体开始出现并活跃，一方面经济迅猛发展，另一方面社会秩序也出现了一些问题。因此，有必要建立与市场经济相适应的法律，早期市场经济法治开始孕育和起步。在改革开放的历史新时期，我国开始实现从人治到法治的转变。这一时期，我国的法制建设主要是恢复重建、全面修宪和大规模立法。

1978年胡乔木提出要加强经济立法和司法工作，邓小平同志在《解放思想，实事求是，团结一致向前看》的讲话中也强调了法治原则，并阐述了制定相关经济法规去调整经济关系的思想。党的十一届三中全会提出健全社会主义法制的伟大任务，确立法制建设十六字方针，开启了法制建设新阶段，这一时期的任务主要是重建法律

---

① 中共中央文献研究室编：《十二大以来重要文献选编》（上），人民出版社1986年版。

② 中共中央文献研究室编：《十三大以来重要文献选编》（上），人民出版社1991年版。

③ 中共中央文献研究室编：《十三大以来重要文献选编》（上），第136页。

制度和社会秩序。由于指导思想在计划与市场间徘徊不定，因此相关经济法律法规出台较为零散，并具有尝试性。改革开放政策的实行，推动了较多保护外商投资的法律的颁布，如1979年通过《中华人民共和国中外合资经营企业法》，1982年宪法规定允许外商投资并保护其权益，1985年通过《中华人民共和国涉外经济合同法》，1986年通过《中华人民共和国外资企业法》和《中华人民共和国企业破产法（试行）》，1988年通过《中华人民共和国中外合作经营企业法》，这些法律的施行保障了外商投资企业的合法权益，促进了对外开放和经济增长。1981年7月我国成立了"经济法规研究中心"，制定了大量的经济法律法规，对规范政府与市场主体行为起到了积极作用。1984年中国经济法研究会成立，促进了我国经济法的研究。1989年通过的《中华人民共和国行政诉讼法》，建立起司法审查制度，在规范政府行为与保护市场自由方面起到了重要作用。在保护市场主体权益和维护市场经济秩序方面，有1981年通过的《中华人民共和国经济合同法》、1985年通过的《中华人民共和国会计法》和1986年通过的《中华人民共和国民法通则》等法律；在知识产权保护制度方面，有1982年通过的《中华人民共和国商标法》、1984年通过的《中华人民共和国专利法》和1990年通过的《中华人民共和国著作权法》等法律；在国家宏观调控方面，有1980年通过的《中华人民共和国个人所得税法》等法律。1988年再次修改宪法，允许私营经济在法律规定的范围内存在和发展，由土地不得出租改为允许土地使用权出让并修改了土地管理法，保障私有经济的发展。

《中华人民共和国经济合同法》和《中华人民共和国民法通则》作为早期市场经济探索中的基础法律规则，结合其他正式的、非正式的法律规则，为早期的财产权利提供了确定性和保障性，1988年宪法的修改，开始了对私有经济的保障。这些法律的制定和施行，开始逐步承认公民合法财产权和私有经济成分，对我国早期市场经济和市场经济法制建设进行了积极探索。在这一阶段，由于市场环境法律法规的缺位，主要是行政手段在起作用，国家通过行政手段培育市场主体、调控企业和国家在利润分配方面的关系、管理市场秩序。

二 建立社会主义市场经济体制时期经济法治化的初步发展（1992—2002年）

20世纪80年代末，由于国内"姓资姓社"的争论以及国际格局形势的巨变，改革开放进程有所减缓，1989年和1990年经济增速出现下降。1992年邓小平同志在"南方谈话"中提出，计划和市场都是经济手段，社会主义也有市场。① 这一著名论断解放了全党全社会的思想，使计划与市场关系问题的认识更进一步，不再局限于社会基本制度范畴的束缚，全党全社会坚定了继续进行改革开放、走社会主义市场经济道路的决心。1992年党的十四大正式明确提出建立社会主义市场经济体制的经济体制改革目标，提出市场在社会主义国家宏观调控下对资源配置起基础性作用。1993年党的十四届三中全会对经济体制改革目标制定总体实施规划，培育和发展市场体系。1997年党的十五大开始了对所有制结构的改革，发展公有制和多种所有制，提出进一步发挥市场对资源配置的基础性作用，并提出依法治国、建设社会主义法治国家。2002年党的十六大提出在更大程度上发挥市场在资源配置中的基础性作用，并宣告我国社会主义市场经济体制初步建立。

这一阶段，社会主义市场经济体制初步建立，政府与市场的关系有了进一步发展，市场在资源配置中的作用的不同表述方式，表明了市场在资源配置中的作用在逐渐加强，程度较之前更大，市场主体地位得到进一步加强。改革过程中的"计划"与"市场"之争，不仅涉及资源配置方式问题，而且涉及所有制及政府与市场的关系等本质问题。改善所有制结构，为社会主义市场经济奠定了产

---

① 《邓小平文选》第三卷，人民出版社1993年版，第373页。

权制度基础。这一阶段市场在资源配置中起基础性作用，意味着在市场之上还有一个力量在配置资源，那就是政府，与之前计划经济下政府配置资源方式相比，市场的作用在增强。由计划经济转向市场经济，本质是产权安排、激励约束机制的变化，是对政府行为与经济主体的约束的变化。在计划经济体制下，政府拥有无限制的任意权力，经济主体没有任何自主权，由计划经济转向市场经济需要赋予经济主体自主权，要限制政府的任意权力。因此，为了营造公平竞争的市场环境，就需要建立相应的法律，保障市场主体权益，规范市场秩序，约束政府行为，这一阶段对我国法制建设提出了全新要求。

建设社会主义市场经济体制以来，社会主义法制建设对社会主义市场经济体制的确立和完善起到了重大的保障作用。1993年通过专门修宪确立了家庭联产承包责任制的法律地位，确定国家"实行市场经济"，"国家加强经济立法，完善宏观调控"。此后，建构社会主义市场经济的法律体系的步伐逐渐加快。1993—1998年这一阶段，市场经济立法大步推进，大规模市场经济重要法律密集出台，规范了市场秩序，为社会主义市场经济健康发展提供了坚实的法律制度支撑。在规范市场主体行为和保护市场主体权益方面，1993年通过《中华人民共和国公司法》、1995年通过《中华人民共和国商业银行法》、1997年通过《中华人民共和国合伙企业法》、1998年通过《中华人民共和国证券法》和1999年通过《中华人民共和国个人独资企业法》等法律；在维护市场经济秩序方面，1991年通过《中华人民共和国民事诉讼法》、1993年通过《中华人民共和国反不正当竞争法》《中华人民共和国消费者权益保护法》《中华人民共和国产品质量法》、1994年通过《中华人民共和国仲裁法》等法律；在加强宏观调控方面，1994年通过《中华人民共和国预算法》和《中华人民共和国审计法》、1995年通过《中华人民共和国税收征收管理法》和《中华人民共和国中国人民银行法》等法律。合同制度涉及市场经济的所有方面，1999年通过《中华人民共和国合同法》对保护主体合法权益、维护社会经济秩序起到了重大作用。1999年，《中华人民共和国宪法修正案》明确了非公有制经济作为社会主义市场经济重要组成部分的法律地位，并将依法治国，建设社会主义法治国家作为法治建设目标写入宪法。随着对外开放与经济全球化进程的不断推进，2001年中国加入世贸组织。在新的时代背景下，修改了《中华人民共和国中外合资经营企业法》《中华人民共和国外资企业法》《中华人民共和国中外合作经营企业法》，后来又对《中华人民共和国商标法》《中华人民共和国专利法》《中华人民共和国著作权法》《中华人民共和国会计法》等经济法规进行了修改，使我国的对外经济贸易法律体系与国际接轨。

这一阶段是市场经济法治化的早期阶段，大规模经济法律的制定和出台，初步构建了与市场经济体制相适应的基本经济法律制度，为发展市场经济提供了重要的法制条件。但是，由于历史和传统计划经济思想的影响等，"统制"在一些领域仍严重存在，在保护经济主体自主权、限制政府无限制任意权力方面的法律仍然缺乏，市场经济法治化进程严重滞后，事实上形成的是一种"半市场、半统制"的制度格局。这一时期政府主要是运用经济和法律手段调节国民经济，行政手段的作用相对弱化。由于政府与市场关系仍然较为模糊，导致政府干预经济较普遍，经济活动中出现市场秩序不规范、市场规则不统一、市场竞争不充分、生产要素发展滞后以及权钱交易等腐败现象。

三 完善社会主义市场经济体制阶段经济法治化的深入发展（2003—2012年）

2003年党的十六届三中全会宣布中国经济体制改革进入完善社会主义市场经济体制的新阶段。2005年政府工作报告中指出，政府为市场主体服务，不能替代和干预企业活动，体现出了政府自我约束的进步。从2002年党的十六大提出"在更大程度上发挥市场在资源配置中的基础性作用"，到2007年党的十七大提出"从制度上更好发挥市场在资源配置中的基础性作用"①,再到2012年党的十八大提出"更大程度更广范围发挥市场在资源配置中的基础性作用"②,在市场基础性作用前面所加的关键词的变化,说明了市场作用在不断增强。

这一阶段,对政府和市场关系的认识进一步加深,市场的作用在广度、深度和程度上得到体现,市场体系已经基本形成,同时,政府在防范经济危机中的宏观调控作用也得到加强,以矫正部分市场失灵。政府和市场作用的发挥,依据具体情况而定,在不同的市场领域方面,政府起不同的作用。政府和市场关系的界定也在不断深化,在宏观方面,政府从原来的计划调节转向政策调节,从行政手段调节国民经济为主转向以经济手段调节国民经济为主。在微观方面,向服务型政府转型。法治在界定政府和市场的边界、调整政府和市场作用的发挥方面起到了重要作用。这一阶段经济高速增长,法治化进程伴随着经济的高速增长而得到深入发展。

2004年修改宪法,加大了对公民合法私有财产的保护力度,放宽政府对非公有制经济发展的约束程度,加入了人权保障条款。2007年通过了具有"经济宪法"之称的《中华人民共和国反垄断法》,反垄断法由于具有很强的操作性,对保护市场主体公平参与市场竞争,维护市场秩序发挥了重大作用。在保护市场主体权益和维护市场秩序方面,2006年通过《中华人民共和国企业破产法》、2007年通过《中华人民共和国物权法》和2008年通过《中华人民共和国企业国有资产法》等法律,《中华人民共和国物权法》的施行,大大改善了中国的商业环境。在国家宏观调控方面,2002年通过《中华人民共和国政府采购法》、2006年通过《中华人民共和国

---

① 胡锦涛:《高举中国特色社会主义伟大旗帜　为夺取全面建设小康社会新胜利而奋斗——在中国共产党第十七次全国代表大会上的报告》,人民出版社2007年版。

② 胡锦涛:《坚定不移沿着中国特色社会主义道路前进　为全面建成小康社会而奋斗——在中国共产党第十八次全国代表大会上的报告》,人民出版社2012年版。

银行业监督管理法》和 2007 年通过《中华人民共和国企业所得税法》等法律。为适应社会主义市场经济发展的需要，对《中华人民共和国个人所得税法》《中华人民共和国商标法》《中华人民共和国中外合资经营企业法》《中华人民共和国产品质量法》《中华人民共和国商业银行法》《中华人民共和国银行业监督管理法》等多部法律进行了修改。法律体系逐步完善，为社会主义市场经济的发展提供了法律保障，促进了经济腾飞。这些经济法分别从每个具体的领域对保护市场主体权益、维护市场公平竞争、国家宏观调控等各个方面对经济法治予以一定的保障。2011 年，中国特色社会主义法律体系基本形成。2012 年，党的十八大报告指出了我国法治建设的成就，提出加快建设社会主义法治国家，全面推进依法治国，我国的社会主义法治建设进入新阶段。

宪法作为国家根本大法和建立市场经济法律体系的基础和依据，首先对经济体制改革的现实做出了积极的反映，宪法的五次修改都与经济体制改革相关，确立了市场经济和依法治国的宪法地位。在宪法的统率下，构成市场经济法律体系的主要法律基本建立，保护市场自由与规范政府行为的司法审查制度、民商事司法救济体系等也建立起来。我国社会主义市场经济法律体系已经形成，但仍然有不完善之处。在市场主体方面，现有的企业组织形式还不规范；在规范市场主体行为方面，民法典尚未颁布；在市场经济宏观调控方面，反垄断法等法律有待进一步完善；规范政府与企业的关系方面的法律还很不完备。①

四 市场决定资源配置下市场经济法治化的全面发展阶段 (2013 年至今)

2013 年党的十八届三中全会提出，处理好政府和市场的关系，

---

① 韩旭:《论新时期社会主义法治下市场经济的完善》,《东方企业文化》2011 年第 23 期。

使市场在资源配置中起决定性作用和更好发挥政府作用,并制定了全面深化改革的行动纲领,提出形成法治基础上的市场体制。①2014年党的十八届四中全会通过的《中共中央关于全面推进依法治国若干重大问题的决定》进一步明确指出,社会主义市场经济本质上是法治经济,提出全面推进依法治国的具体路线图,完善社会主义市场经济法律制度。2016年11月公布的《中共中央 国务院关于完善产权保护制度依法保护产权的意见》,具体部署了市场经济产权制度的完善。2017年党的十九大报告指出,全面推进依法治国的总目标,建设中国特色社会主义法治体系,建设社会主义法治国家。②

党的十八届三中全会中提出市场在资源配置中起决定性作用,重新定位了政府和市场的关系,政府和市场的关系界定较之前更清晰。市场在资源配置中的作用,从"基础性"提升到"决定性",是我国社会主义市场经济内涵"质"的提升,是思想解放的重大突破,也是深化经济体制改革以及引领其他领域改革的基本方针。社会主义市场经济发展中存在着众多的市场体系不完善、政府干预过多和监督不到位等问题,需要从法律上、制度上来完善,只有从法律、制度安排入手,才能从根本上解决市场和政府的关系问题。因此,需要不断推进社会主义市场经济法治化,不断完善市场经济法律体系,为市场经济发展提供制度保障。

党的十八大以来,社会主义市场经济快速发展,产权保护得到重视,2016年11月,最高人民法院发布《关于充分发挥审判职能作用 切实加强产权司法保护的意见》,坚持平等、全面、依法保护产权,保障人民财产权利。针对民营企业发展的立法和政策也

---

① 《中国共产党第十八届中央委员会第三次全体会议公报》,http://cpc.people.com.cn/2013/1112/c64094-23519137.html,2013-11-12。

② 习近平:《决胜全面建成小康社会 夺取新时代中国特色社会主义伟大胜利——在中国共产党第十九次全国代表大会上的报告》,人民出版社2017年版。

有很多，如 2017 年修订《中华人民共和国中小企业促进法》，支持和保护中小规模民营经济发展；2017 年 9 月国务院出台了《中共中央　国务院关于营造企业家健康成长环境　弘扬优秀企业家精神　更好发挥企业家作用的意见》，强调了法律制度和法治环境对企业家的权益保障；2018 年 11 月司法部出台了《关于充分发挥职能作用　为民营企业发展营造良好法治环境的意见》，提出包括营造公平竞争环境、保护企业合法权益等方面的 20 条具体措施，从立法、执法到法治监督保障民营企业法治环境和营商环境。市场经济发展迅速，并不断涌现出新的模式和行业，各方面行为都需要法律及时规范，市场经济立法更加微观和精细，如修改《中华人民共和国消费者权益保护法》以及于 2016 年通过《中华人民共和国资产评估法》。2014 年党的十八届四中全会明确提出编纂作为市场经济基本法的民法典。2016 年，民法典编纂工作进入立法程序。2017 年通过了《中华人民共和国民法总则》，保护民事主体的合法权益。2018 年审议了民法典各分编草案。在互联网信息高速发展的新形势下，2018 年我国通过了《中华人民共和国电子商务法》，以促进电子商务健康发展，维护市场主体权益，维护市场秩序和公平竞争。在人工智能方面也在进行相关立法研究，保障经济规范有序发展。2018 年十三届全国人大常委会立法规划提出，在促进对外开放、健全市场机制、完善知识产权保护制度、深化供给侧改革、深化税制改革等方面修改和制定相关法律，加强市场经济立法，保障经济高质量发展。

这一阶段，我国法治建设取得了明显成效。重视产权保护制度，保护非公有制经济，取消限制，规定各类市场主体依法平等进入负面清单以外领域等，政府持续推进职能转变，削减行政审批事项，并提出"市场主体法无禁令即可为、政府法无授权不可为"，约束权力，减少行政干预，让权力在法律框架内运行，充分发挥市场的作用，体现出对市场经济法治化的重视。

第二节 社会主义市场经济法治化的理论探讨

关于市场经济与法治化的关系，我们从三个层面来探讨，一是法治与市场经济关系的理论研究，二是发展中国家市场经济发展中法律权利的缺失，三是中国市场经济法治化的理论探索。

一 法治与市场经济关系的理论研究

亚里士多德最先在其《政治学》中提出"法治"概念，认为"法治应当优于一人之治"，"法治应包含两重意义：已经成立的法律获得普遍的服从，而大家所服从的法律又应该本身是制定得良好的法律"。[①] 重农学派和亚当·斯密都很重视法律问题，19世纪40年代，德国历史学派重新关注起经济学对法律的问题。罗雪尔认为，所有的法律都只是适应国家和民族的特殊需要而产生，不存在普遍适用的经济规律和法律体系。在新古典经济学中，经济学家们主要研究地租、工资、资本积累等现象，社会制度作为既定前提，主要研究的是资源配置问题，对法律、制度等的研究也不多。此后的美国制度学派认为制度因素、法律因素等影响经济发展。

对法律、法治与经济关系讨论最多、最深入的是以科斯为代表的新制度经济学。法律在决定市场的运行和范围方面发挥了根本作用。科斯认为，在市场上交易的不是物质产品，而是权利束，即执行特定行为的权利。交易什么，交易多少，依赖于个体和组织所拥有的权利和义务，而这是由法律制度确立的。法律制度将对经济体制的运行产生深刻的影响，并且可能在某些方面可以说是控制了它。

科斯的《社会成本问题》（1960年）被视为现代法经济学范式

[①] 亚里士多德：《政治学》，吴寿彭译，商务印书馆1985年版，第385页。

开始形成的标志。新制度经济学将制度纳入经济学分析框架,运用新古典经济学的逻辑和方法去分析制度的构成和运行。科斯从个人主义出发,分析了交易成本、产权与资源配置的关系,其核心思想是,如果交易成本为零,只要产权界定清晰,产权可交易,资源配置有效,法律体系对资源配置没有影响;如果交易成本为正,法律制度对资源配置具有重要作用。科斯定理说明,能使交易成本最小的法律就是最好的法律。

在理论研究方面,关于法律和法治对经济发展的作用研究运用了博弈论、合同论、信息经济学等主流经济学分析工具进行比较深入的分析;在经验实证方面,定量研究不同法律体系、不同类型的公司法、证券法和对金融及其他市场的规制,对公司融资、公司治理结构、证券市场发展、中小企业发展以及整体经济增长的影响。[①] 不同的法律体系对产权保护的效果也有差异。保护投资者(法律及其执行的实效性)与各自国家的法律制度起源密切相关。法律体系以英国判例法为起源的国家表现最强,以法国成文法为起源的国家表现最弱,以德国、北欧各国法律体系为起源的国家表现居中。

法治的含义并不仅仅是政府以法律来管理社会,而更重要的是政府的行动在法律约束之下。哈耶克认为,法治意味着:政府在一切行动中都受到事前规定并宣布的规则的约束——这种规则使得一个人有可能十分肯定地预见到当局在某一情况下会怎样使用它的强制权力,并根据对此的了解计划他自己的个人事务。在哈耶克看来,法治必须具备三个条件:第一,法律必须运用于既定社会中的每个人;第二,统治者在统治时要遵守法律;第三,统治者的行为是可预测的。法治的实质就是从制度上对国家权力的限制。诺思把基于法治的社会两个密切相关的特点概括为:一是它拥有能够限制和界定国家行为的合法边界的制度。二是制度是自我维系的。在确定了能够限制和界定国家行为的合法边界的制度后,关键是建立制度的

---

① 钱颖一:《市场与法治》,《经济社会体制比较》2000 年第 3 期。

自我维系，制度能得到有效实施。后者比前者更难。

在人类发展的历史上，绝大多数国家的绝大多数时候，都没有法治、没有民主、没有分权。在人类历史上，曾经存在过很多国家体制以外的、非法治的、非民主的机制，来约束和限制国家的掠夺冲动，不让它走得太远。在少数情况下，这些传统的约束机制，甚至为经济发展创造了条件。一些常见的约束国家的传统机制有国家之间的竞争、国家内部武力的平衡、行会抵制、重复博弈中的信用机制等。在这种情况下，国家不受限制而个人受限制，因此私人产权本质上是不安全的，市场竞争也不公平，经济发展因此受限。在现代社会的开放准入秩序下，由于国家权力受到制约，私人产权得以免受国家的侵犯，由此私人有激励进行投资和生产，市场公平竞争，经济得以快速发展。在每一种状态中，政治制度和经济制度是相互决定并互为增强的。奥尔森、诺思、阿西莫格鲁等分析的视角不一样，但他们都强调产权保障与国家权力受限制是现代化制度体系构建中一个问题的两个方面，也是建立现代化经济体系的关键。

自13世纪初英国《自由大宪章》的签署到光荣革命时期的英国政治体系的根本性变革对英国市场经济体制建立起了关键性的作用。诺思具体解释道，光荣革命的结果是"……议会的崇高地位，中央（议会的）控制财政事务，对皇权的限制，司法独立（至少脱离王室而独立），普通法法庭的崇高地位，均相应的建立起来了。这一系列变革的一个主要成果，是增强了产权的保障"。结果，"产权保障以及公共与私人资本市场的发展，不仅导致了英国后来快速的经济发展，还成就了其政治上的霸主地位，并最终使英国雄霸世界"。[①]在后来出版的《理解经济变迁过程》一书中，诺思又进一步从理论上总结道："良序运作的市场需要政府，但并不是任何政府都能做到这一点。必须存在一些限制政府攫掠市场的制度。因而，要解决这

[①] 道格拉斯·C. 诺思：《制度、制度变迁与经济绩效》，杭行译，生活·读书·新知三联书店1994年版。

类发展问题,就需要设计一些政治制度,从而为良序运作的经济所必需的公共物品的供给奠定基础,同时亦能限制政府及其政府官员的自由裁量权及其权威。"①

处理好市场与政府的关系是市场经济法治化要解决的主要问题。在历史上已经有若干社会成功地建立了限制国家权力的政治制度。它们成功的关键就在于认识到"权力只有通过权力才能加以控制"这个事实。这一命题直接导致了以"制衡"原则为基础的宪法设计理论。在政治领域中,孟德斯鸠在其《论法的精神》对英国宪法的解释中清晰地阐述了这个原则。洛克在其《政府论》下篇中提倡把立法权和行政权分开从而防止政府蜕变成专横的和暴虐的一种结构设计。从历史上看,这是英国的制度创新对全世界做出的贡献。从1215年的《自由大宪章》起,到1688年的光荣革命,在英国经过400多年,中间有很多反复,最终法治的框架基本形成。所谓法治,就是经济人和政府都置于法治的框架之下,都受到法律的约束。法律通过政府保护产权,实施合同,维护市场秩序,但同时法律也约束政府。

二 发展中国家市场经济发展中法律权利的缺失

秘鲁经济学家德·索托发现某些贫穷的第三世界国家和地区所缺少的不是财富和企业,而是没有建立起把资产转换成为资本的所有权法律制度。他的《资本的秘密》一书的核心思想是:这些国家在经济与法治化的关系上存在以下问题:一是法律不能确定财产权利,二是缺少财产权利进行抵押质押,三是司法系统不能有效保护产权交易,由此深深影响了资本的形成。我们主要讨论发展中国家法治与经济的关系两个方面:

一是经济中"好的法律"与"坏的法律"的问题。在科斯和布坎南分析的基础上,德·索托指出,法律有好的法律与坏的法律之

---

① 道格拉斯·C. 诺思:《理解经济变迁过程》,钟正生等译,中国人民大学出版社2008年版。

分。如果一种法律能够确保并提升经济效率，它就是好的法律，如果它妨碍或降低经济效率，它就是坏的法律。正规经济活动会产生不必要的成本，是因为存在一种"坏的法律"，非正规经济活动导致大量成本，则是因为缺少一种"好的法律"。[①]

在德·索托看来，法律体制的成本都是由政府发布的各种各样的法律法规所导致的。这些规章制度都是为了修正市场缺陷，更好地规划或管理私营活动，但是却取得了截然相反的结果。它们带来了一系列成本，这些成本对低收入者造成了歧视，而那些在经济上本来比较宽裕的人，却更容易享受到法律带来的好处，穷人要进入建筑、贸易、企业和运输领域，却几乎没有任何法律保护，因此，我们所拥有的法律是一种"坏的法律"。[②] 企业法律诉讼及维权成本高昂又促使企业或个人把契约的实施或纠纷的解决寄希望于政府，这又增加了行政成本。斯通等人比较了巴西与智利两国的商业交易成本。与智利相比，巴西的法律和管制结构更为复杂并且透明度更少一些，因此在巴西正式体系的交易成本就显得更高。

市场经济运行涉及其他各种各样的成本，比如协商或执行合同，提供或转让财产权，转让资本，雇佣劳动力，对资源进行分配，对财产实施保险，所有这些成本，无不与法律制度有关。达尼诺（Dagnino）和法里纳（Farina）比较分析了阿根廷与其他四个发达国家之间的交易成本总额，结果发现阿根廷的交易成本占GNP的比重高于其他国家，根据阿根廷历史经验证据解释了经济长期停滞的原因：政府人为实施一个"坏"的制度或法律，由政府机会主义导致交易成本上升。制度比较分析方法虽不能精确计算出具体的数值，但能真实反映一个国家制度优劣、政策法律好坏。

二是法律权利的缺失将严重地制约经济权利的实现，从而成为

[①] 赫尔南多·德·索托：《另一条道路》，于海生译，华夏出版社2007年版，第158页。

[②] 赫尔南多·德·索托：《另一条道路》，第174页。

发展中国家产权制度效率低下和经济落后的重要原因。德·索托反复提到，虽然发展中国家的绝大多数居民占据了庞大的资产而且创造出巨大的财富，但是他们掌握资产的方式有很大缺陷，这主要表现为产权界定和保护中的法律权利与经济权利是不匹配的。从权利层面来看，大多数现代经济学家的研究侧重于市场中的资源配置问题，而科斯的研究超出了这个范围。科斯学说是研究权利（rights）和权力（authority）的配置问题，这其中包括产权问题。权利和权力的配置往往是资源配置背后的因素和条件，因此，权利和权力配置问题对于从中央计划经济正走向市场经济的转轨经济来说，远比单纯的资源配置问题更为基本，更为重要。

发展中国家产权界定中的法律权利的缺失表现在以下两个方面：

一是大多数资产没有被恰当地记录下来，不能被所有权管理机构跟踪记录。这样的资产在市场中是无形的，无法用来产生资本。于是，发展中国家多数居民对资产的使用，仅限于物质方面的用途，不能像西方国家居民那样将其转化为资本，不能用作抵押，或者"通过保证提供其他形式的信贷供应和公共设施服务，以获得更多的产出"。这样的"资产的所有权难以查证，也不受法律所公认的一整套规定的管理；资产本身潜在的有价值的经济属性没有得到描述和组织；资产无法用于通过多重交易来换取剩余价值，因为有太多的误解、混淆、协议变更和错误的记忆"，他们"无法以使资产能够广泛地转让和互换的方式来表述资产，也就无法负担债务，无法使所有权人担负起经济上的责任"。①

这里还涉及如何把不合法资产转化为合法资产的问题。在秘鲁，经营不合法企业的企业家，每年要把10%—15%的年收入用于向政府行贿和交纳佣金，为了避免受罚也要付出很多费用。如何把不合法资产转为合法资产？德·索托的解决方案很简单：对穷人事实上

---

① 赫尔南多·德·索托：《资本的秘密》，王晓冬译，江苏人民出版社2001年版，第29—40页。

拥有的财产予以法律承认，这样他们的国家就能够变得资本充裕。政府应该提供和实施产权的法律权利。19世纪美国国会和最高法院承认了西部移民和金矿占有者的财产权，从而使美国资本主义一跃而居世界前列。正是靠着把不正规的财产权制度转化成正规的制度安排，西方才得以在19世纪和20世纪从第三世界发展到第一世界。大量证据显示，不管对于正规还是非正规经营者，交易的成本高得离谱，这导致了大量资源的浪费。除非法律制度有效降低这些成本，不然，这种浪费就不会有终止之日。①

二是德·索托认为发展中国家的法律（有关所有权的正式法律）本来的目的应该是惠及所有人；而要惠及所有人，就首先应该确保不合法的资产能顺利地转化为资本，以便不合法企业家能够创业，经济也能因此增长。可是现在的法律根本没有达到这样的目的，没有为绝大多数人的创业行为提供帮助，相反"这些国家中至少有80%的人口不能为他们的资产注入生命力，不能使资产创造出资本，因为法律把他们排斥在正规所有权制度之外"。这样的法律，在创造资本方面背叛了大多数人，又因影响了全面的经济增长而背叛了所有的人。换言之，这就是一种有限准入秩序，只保护少数精英人士的财产权，而大多数人在法律保护之外。这可以用"布罗代尔钟罩"来解释，"布罗代尔钟罩"指的是隔开资本主义与市场经济的某种障碍物，这种障碍物让"资本主义"这样的高级经济形式只局限在很小的范围，不能扩张到全部的市场经济活动中。在德·索托看来，布罗代尔说的"钟罩"在发展中国家"不是玻璃做的，而是用法律做的"。换言之，是现有的正式所有权法律形成了障碍，让一部分经济体能够创造资本而成为布罗代尔说的"资本主义"，同时阻止了另一部分经济体创造资本，使其因缺乏资本而长期停留在低级的市场交换活动中。此时的"钟罩"作为障碍物，阻隔的是资本主义与市

---

① 赫尔南多·德·索托：《另一条道路》，于海生译，华夏出版社2007年版，第210页。

场经济。① 进一步说，缺乏法治化的市场经济难以建立起现代化的经济体系。

据德·索托估算，20世纪末全世界的穷人拥有的财产大约为9.3万亿美元，② 主要是住宅，这远远高于外界给予发展中国家的援助。为什么这么庞大的资源成为"死资本"？这主要根源于发展中国家产权中的法律权利大多是"软"的。由于这些财产没有任何记录，所以他们不能以此作担保去银行借贷。西方标准化的法律能够使人们用分期付款的方式购房置产，用房屋作抵押向银行贷款，允许一个公司的资产分割成很多部分，可以公开上市进行股票交易，并使财产评估成为可能。由于发展中国家的法律制度赶不上人口流动、城市化等社会变化的步伐，社会大多数成员的财产只能游离于法律系统之外，因而成为"死资本"。

三 中国市场经济法治化的理论探索

马克思最初对法律进行经济分析，是在《1844年经济学哲学手稿》中，马克思历史唯物主义经济法学理论的基本内涵是：经济关系决定法权关系、重大经济关系是以法律形式刻画的、法律对财产占有的社会意义。③ 西方研究法律与经济发展的主流经济理论认为，法律系统可以为经济增长提供稳定的产权、契约和独立的司法。但是在中国经济腾飞的过程中，并没有满足这些条件，在中国普遍存在着法律制度不完善、私有产权保护不够、法律实施不力、政府干预较多等现象，这与西方经济理论是相悖的，具有特殊性。前面关于发展中国家市场经济发展中法律缺失的分析在一定程度上也是适

---

① 刘守刚：《财政经典文献九讲：基于财政政治学的文本选择》，复旦大学出版社2015年版，第95页。

② 赫尔南多·德·索托：《资本的秘密》，王晓冬译，江苏人民出版社2001年版，第27页。

③ 裴长洪：《法治经济：习近平社会主义市场经济理论新亮点》，《经济学动态》2015年第1期。

应我国转型时期的。国内外针对法律对中国经济增长的研究有很多，也各具争议。周林彬、王睿认为，中国经济增长得益于中国经济体制改革，而中国经济体制改革的有效推进则主要得益于有关推进与巩固经济体制改革及其成果的一系列法律（尤其是经济法律）改革。①

我国经济学家以前只关注市场经济与所有制的关联，对市场经济与法治关系的研究不够充分。钱颖一认为，现代市场经济中的交易是高度非人格化的交易，需要靠一套规则来维系，否则会出现混乱和无序。法治是现代市场经济有效运作的一个条件，通过两个经济作用为市场经济提供制度保障，其一是约束政府，约束政府对经济活动的任意干预，其二是约束经济人行为，包括产权界定和保护、合同和法律的执行、公平裁判、维护市场竞争。②并且对于好市场经济与坏市场经济的区分作了分析，无规范的、由权力支配的市场经济是坏的市场经济，建立在公正、透明的游戏规则之上的是好的市场经济，即法治的市场经济。他指出，目前世界上实行市场经济的国家占了绝大多数，但建立起规范的市场经济的国家并不多。转轨国家由于改革在保持原有行政权力体系的条件下从上到下推进，容易发生利用权力谋取私利，陷入坏的市场经济或称权贵资本主义的泥淖。

吴敬琏对市场经济和法治化的联系研究较多，他认为从过去的"人治""以法治国"到党的党的十五大的"依法治国"和建立"法治"，法治建设有了很大进步，但1997年以后，建设法治的实际进度并不快，甚至有时还有渐渐回到老轨道上的趋势。吴敬琏认为我国法治国家建设进展迟缓的原因，首先并不在于立法速度无法加快，

---

① 周林彬、王睿:《法律与经济发展"中国经验"的再思考》，《中山大学学报》（社会科学版）2018年第6期。

② 钱颖一:《市场与法治》，《经济社会体制比较》2000年第3期。

或者司法人员素质不够高,而在于从上到下缺乏法治的理念。① 在市场经济发展中,我国遭遇了许多困境,在 20 世纪和 21 世纪之交出现"中国往何处去"的问题,主要是因为政府对市场的过度干预,造成很大的权力寻租空间,不能有效制止腐败蔓延,市场经济需要法治,法治是支撑市场经济的基本制度安排,政府改革的目标是建立"有限政府"和"有效政府"。吴敬琏认为中国经济发展的主要教训就是一定要坚持市场化、法治化的改革方向。

在如何建立法治经济问题上,公丕祥提出了加快建设法治经济的主要路径:抓紧完善社会主义市场经济法律体系、进一步加大产权保护法治化的工作力度、加快构建市场决定资源配置的法律机制、努力夯实政府革命的法治基础、充分发挥司法在建设法治经济进程中的功能作用。② 张文显认为完整意义上的法治包括三个方面,即法律制度、法治体制、法治文化。新时代法治改革的对象就是通过法治改革,实现法律制度创新、法治体制创新和法治文化的变革。③

第三节 社会主义市场经济法治化的实践进展与展望

一 社会主义市场经济法治化的进展及法治评估

中国的市场经济法治化是"政府推进型"的法治化,在国家"上层建筑"的推进下启动和进行,是一种强制性制度变迁,由政府命令和法律强制推进和实行,国家行政力量是法治化的主要推动力,法治目标是在政府目标的设计下完成的。法治化进程在体制改革、

---

① 参见吴敬琏《呼唤法治的市场经济》,生活·读书·新知三联书店 2007 年版。
② 公丕祥:《加快建设法治经济》,《唯实》2016 年第 7 期。
③ 张文显:《新时代中国法治改革的理论与实践》,《法治现代化研究》2018 年第 6 期。

经济发展的基础上逐步完成,政府一直在法治建设过程中占主导地位。因为中国法治建设的启动因素源于政府努力,而不是基于中国社会内部自我发展的需要。"政府推进型"的法治化进程的最大特点就是在短时间内,人为地、强制性地完成社会制度变迁,不同于西方法治进程。① 回顾改革开放以来的实践经验,凡是市场化、法治化进行得比较好的时候,经济社会发展得就比较好。

中国的经济体制改革是渐进性改革,也是政府主导的自上而下推进的改革。法治化是伴随着社会主义市场经济体制的改革而进行的,因此,也相应地具有其改革特点。在改革初期呈现出先立法后司法、先公法后私法、先经济立法后宪法性立法、先涉外法后国内法、先实体法后程序法、先国家法后民间法的法律与经济发展的中国经验特点,或曰中国法治经济建设路径特点。② 市场经济法律体系的改革为建设市场经济保驾护航,有效推动了市场经济的发展,建立起中国特色的市场经济法律体系,促进了经济社会的改革与发展。

法治的核心是确定政府与经济人之间保持距离型关系以有利于经济的发展。③ 改革开放以来,我国对政府与市场关系的认识不断加深,从改革开放初期的"计划与市场相结合"到党的十八届三中全会的"市场在资源配置中起决定性作用",说明市场力量逐渐占据主导地位。法治化对确定政府与市场的边界也起到了重大的作用,走社会主义市场经济道路必须要建立法治的市场经济。回顾改革开放以来的实践经验,凡是市场化、法治化进行得比较好的时候,经济社会发展得就比较好。

对社会主义市场经济法治化实践进展做出客观判断的重要方法就是法治评估。从20世纪90年代起,一些国际组织相继开始尝试

---

① 钱大军:《当代中国法律体系构建模式之探究》,《法商研究》2015年第2期。
② 周林彬、王睿:《法律与经济发展"中国经验"的再思考》,《中山大学学报》(社会科学版)2018年第6期。
③ 钱颖一:《市场与法治》,《经济社会体制比较》2000年第3期。

法治评估，出现了包括世界银行全球治理指数中的法治指数、世界正义项目法治指数等法治评估方案。[①] 这些法治评估指标体系具有普适性，受到各国专家学者、民众和政府的普遍关注与参与。

考夫曼（Kaufmann）等从37个不同来源的数据库中，选取了几百个指标进行综合分析，从而给出对各国治理状况，包括对法治水平的评分。这个法治评分度量了一国司法体系的效率、法庭的公平程度、法庭的判决以及契约的执行程度、产权的被保护程度等方面。其原始评分范围为 -2.5—2.5。由表40—1可以看出，我国大部分年份的法治水平评分在 -0.4 左右。[②] 2005 年后我国法治水平在逐步提高。

表40—1　　　　　　中国1996—2005年法治水平的评分

年份	1996	1998	2000	2002	2003	2004	2005
法治评分	-0.5	-0.35	-0.42	-0.28	-0.41	-0.41	-0.47

资料来源：Kaufmann, D., Kraay, A. and Mastruzzi, M. (2006), "Governance Matters IV: Governance Indicators for 1996－2005", World Bank Working Paper。

在世界范围内各国法治评估的影响下，中国的法治评估也在兴起。从最直接的影响看，世界银行报告中的法治指数、世界正义论坛的法治指数和国际上的清廉指数以及其他经济、社会等各个领域的指数测评都不同程度地影响了中国的法治评估。境外指标运动对国内法治评估的影响主要是第三方评估。"量化法治"的概念最先由钱弘道在2006年启动的"法治余杭"系统工程中提出，受世界银行报告的直接影响，提出关于制定法治评估指标体系和测评法治指数

---

① 张保生、郑飞：《世界法治指数对中国法治评估的借鉴意义》，《法制与社会发展》2013年第6期。

② 姜磊、黄川：《法治水平与服务业发展关系的实证检验》，《统计与决策》2008年第23期。

的建议，启动了中国内地第一个法治指数——杭州市余杭区法治指数的实验，余杭法治指数是中国法学研究进入数据思维和量化法治阶段的标志。法治评估代表了一种数据和量化思维。①

在世界范围内各国法治评估浪潮的影响下，中国各地也在不断开展各种各样的法治评估，各地法治评价有了研究和实证探索，如香港法治指数、四川法治指数、昆明法治指数、余杭法治指数等，这些法治评估的实验为中国的法治评估和法治建设积累了经验。各地政府也在法治评估中积极出场，进行"法治 GDP"竞赛。同时，一些智库型科研机构也推出了一系列司法文明指数、法治政府评估、司法公信力指数等量化测评的成果，如《中国司法文明指数报告2017》《中国人民大学中国法律发展报告2018：2015—2017年中国法治满意度评估》《最高人民法院指导性案例司法应用研究报告（2017）》《国家智库报告：人民法院基本解决执行难第三方评估报告（2016）》等。

法治建设是实现全面依法治国战略的重要保障，如何衡量其建设水平及了解建设情况既是热点也是难点。国内各种法治评估的指标设计几乎都与法治社会建设不太对接，世界银行全球治理指数、国际上的清廉指数等中，与法治社会对应的评估指标也不多见。② 在不断推进法治中国建设的实践进程中，法治评估将越来越重要，受到越来越多的关注，在政府层面上，法治评估可以当作地方法治建设的客观评价标准。因此，应该不断完善法治评估指数设计，构建客观合理的法治评估指标体系，对国家、地区、社会的法治状况进行客观量化的描述和评估。

---

① 钱弘道：《中国法治评估的兴起和未来走向》，《中国法律评论》2017年第4期。

② 陈柏峰：《中国法治社会的结构及其运行机制》，《中国社会科学》2019年第1期。

二 市场经济体制的法治化滞后

尽管社会主义市场经济的发展取得了重大的进展,但是我们必须认识到,我国的市场经济体制仍然不够完善。市场经济体制不完善的主要方面表现为法治化的滞后,无论是从我国社会主义市场经济运行实践来看还是从法治评估来看,我国距离建设法治化的市场经济仍然有较大的差距。

一是法治化滞后表现为对政府权力缺乏限制和约束,存在权力滥用现象,资源配置由政府权力实行,市场配置资源的作用远远没有发挥出来。我国市场经济体制的不完善,从根本上讲就是因为没有处理好政府与市场之间的关系。政府职能存在"错位"问题,既有"越位"现象,又有"不到位"现象,处于转型中的市场经济,政府作用仍然较大,政府拥有较大权力,政府与市场的边界仍不够清晰。由此导致了社会不公平现象的产生,权力寻租、行政垄断、行业垄断、特权逐利等现象严重泛滥,社会结构分化。扭曲了分配关系,阻碍了改革进程。缺乏法治化的市场经济使我国经济难以从人格化交易转向非人格化交易。

二是法治化滞后表现为我国的法律体系还不完善,尤其是信用制度、产权保护制度、现代企业制度、司法制度等关键性制度还有待完善。我国立法及法治建设的速度远远赶不上市场经济对法律及法治的需求。习近平总书记指出,要加快形成完备的法律规范体系、高效的法治实施体系、严密的法治监督体系、有力的法治保障体系、完善的党内法规体系。

三是法治化滞后还表现为法律实施方面仍然存在一些问题。社会主义市场经济法治化不仅要建立相应的法律制度,而且要保障法律的有效实施。在法律实施方面仍然存在一些问题,例如法治程序和法治精神不足,导致一些看似矛盾的现象出现:(1)认同法治的重要性,但又不愿承受法治的结果,市场主体还没有适应规则之治带来的某些"不便"。(2)重视法律,是因为市场经济活动的每个环节都离不开法律，因此市场主体学法、用法的态度是积极的，但不能依法执法，经济活动中不讲诚信的问题突出。（3）积极寻求司法救济，但又不尊重司法权威，不尊重依照司法程序做出的裁判，不认可其终局性。[①]

法治精神的核心是社会自觉遵法守法。法治精神不足导致有法不依、法律执行"缺位"和"失守"、违法不究等现象经常发生，增加了法治成本，蔑视了法律制度的权威和尊严，使有法律但无法治成为一种普遍现象。因此，推进社会主义市场经济法治化，不仅要注重法律的建设，更要注重法治精神的培育。

三 新时期下社会主义市场经济法治化建设展望

我国经济已由高速增长阶段转向高质量发展阶段，正处在转变发展方式、优化经济结构、转换增长动力的攻关期，建设现代化经济体系是跨越关口的迫切要求和我国发展的战略目标。

一是坚持全面依法治国。全面依法治国是中国特色社会主义的本质要求和重要保障。必须把党的领导贯彻落实到依法治国的全过程和各方面，坚定不移走中国特色社会主义法治道路，完善以宪法为核心的中国特色社会主义法律体系，建设中国特色社会主义法治体系。建设社会主义法治国家，发展中国特色社会主义法治理论，坚持依法治国、依法执政、依法行政共同推进。

二是现代化经济体系的关键是社会主义市场经济法治化建设。市场经济是法治经济，要适应经济发展的新常态，必须要推进市场经济法治化，保证市场经济的效率与公平。完善社会主义市场经济体制改革，必须要建立与之相适应的、健全完善的法律体系，完善社会主义市场经济法律体系，实现社会主义市场经济法治化。发达的市场经济以法治为基础，政府权力受到法律约束，市场主体具有自主权，政府主要为市场提供公共品。因此，今后必须继续深化经

---

① 庄永廉：《建设市场经济 法治不能缺席》，《检察日报》2015年12月21日。

济体制改革，完善产权保护制度，完善要素市场。经济体制改革的根本要求就是法治，法治约束了市场主体与政府行为，包括产权界定、合同与法律的执行、公平裁判、维护市场公平竞争等，确定了市场与政府的边界，明确了市场与政府的权责范围。推进社会主义市场经济法治化，关键在于法治政府的建设，在于政府的转型，从全能政府转向有限政府，从不受约束型政府转向法治型政府，从审批型政府转向服务型政府。

三是坚持法治国家、法治政府、法治社会一体建设。2012年12月，习近平总书记第一次提出"法治国家、法治政府和法治社会一体建设"的命题，在此后的党的十八届三中、四中和五中全会中一再强调坚持法治国家、法治政府和法治社会建设。2017年10月，党的十九大明确提出了三位一体法治建设的两阶段目标，是全面深化依法治国实践的新命题。全面深化依法治国需要推进法治国家、法治政府和法治社会三位一体的法治建设。

（执笔人：卢现祥，中南财经政法大学经济学院院长、教授、博士生导师；李慧，中南财经政法大学经济学院博士研究生）

第七部分

经济学"中国化"的重大进展

第四十一章

转型经济研究理论成果与深化

转型经济研究是20世纪80年代适应市场化改革的实践需要而在理论经济学研究领域中出现的一个热门课题。这门新课题研究的主要内容是对中国由计划经济向市场经济转变的理论进行概括，对其转变的实践经验进行总结，对推进转变的有效政策进行梳理，同时，以中国由计划经济向市场经济转变的理论、实践和政策为依据，参照国际转型国家的经验与教训，对同一个国家纵向制度变迁的历史进程和不同国家横向制度变迁的教训的比较，弄清不同国家计划经济体制的具体特征，研究转型的起点在哪儿？弄清不同国家采取了什么样的转型策略、路径，研究转型的路子该怎么走？弄清不同国家最终将能建立什么样的市场经济？这门新兴的理论经济学研究涵盖了转型国家从哪儿来？到哪儿去？路径又是什么？这一系列最基本的转型和发展的理论、实践以及政策实施等问题。

第一节 转型经济研究的主要对象

一 经济转型的起点：转型的缘由和对传统经济理论的反思

从总体上讲，没有经济效益，或者说低效率的集权计划经济体制，是引发中国包括原社会主义国家放弃它而转向实行市场经济体制的深层原因。就中国的特殊国情来说，缘起20世纪50年代后半期，自上而下推进的"人民公社"促使生产关系的盲目变革、"大跃进"促使生产力盲目冒进，直至60年代后半期到70年代末的"文化大革命"将中国经济拖入"崩溃"的边缘，这是促使中国人民大胆改变旧体制的强大推动力。

中国从1949—1978年实行集权计划经济的30年间，虽然有过成功，但也发生过全国性的经济大波动。从统计数据上看，在那30年间，我国经济的增长速度并不慢。但由于我们的经济结构畸形，重重轻轻；统计体系计算的是全部新增产品，导致重复计算。因此，人们实际的感受和宣传口径大相径庭，老百姓切身感到：搞了30年社会主义，但日常经济生活仍然很贫穷。邓小平坦诚地说："我们太穷了，太落后了，老实说对不起人民。"①"从一九五八年到一九七八年整整二十年里，农民和工人的收入增加很少，生活水平很低，生产力没有多大发展。"②他还说："现在全世界一百多个国家中，我们的国民收入名列倒数二十几名，算贫穷的国家之一。……社会主义有优越性根本表现就是高速发展社会生产力。……生产力发展的速度比资本主义慢，那就没有优越性。"③邓小平的这些判断，实事求是地表达了老百姓的实际感受，"60后""50后""40后"……经历过那个时代的几代人，日常生活中最难忘记的事情就是饥饿、票证！

低效率的集权计划经济，从根本上说，缘于对若干重大经济理论问题的误解，真正弄清这些问题，始终牵制着转型的起步和进程。

一是我们处在一个什么样的社会发展阶段？

清醒认识我们所处的社会发展阶段，是制定经济、社会和政治政

---

① 《邓小平年谱（1975—1997）》（上），中央文献出版社2004年版，第381页。
② 《邓小平文选》第三卷，人民出版社1993年版，第115页。
③ 《百年小平》（下），中央文献出版社2004年版，第463页。

策的依据。毛泽东在1940年曾提出过新民主主义纲领，但在1953年后，他却提出了另外一套社会发展阶段的理论，要加快对农业、手工业和私人资本主义工商业的社会主义改造，时过不久即宣布：社会主义的基本制度在我国已基本建立。尽管党的八大明确提出了发展社会生产力是主要任务，但不久毛泽东却认为：右翼势力包括知识界，企图要推翻共产党。因此，从1957年5月开始，在全国范围内部署了"反右"斗争，号召在思想战线上"不断革命"。从那以后，毛泽东不断发动变革生产关系的政治运动，名曰加快向共产主义过渡，但从1959年后半年开始，中国却被拖入了空前的大饥荒。1962年8月，毛泽东在党的八届十中全会上提出：在无产阶级革命和整个无产阶级专政的整个历史时期（这个时期需要几十年，甚至更长的时间），存在着无产阶级和资产阶级之间的阶级斗争，存在着社会主义和资本主义这两条道路的斗争，此即"无产阶级专政下的继续革命"的理论。按照这个理论，他又发动了"文化大革命"，在党内寻找斗争对象，使中国社会长期处在激烈的动荡中，国民经济几乎陷入崩溃，丢掉了20多年经济发展的最好时期。"文化大革命"结束后，全党清理了"左"的错误倾向，对毛泽东的社会发展理论进行了反思，党的十三大召开前夕，邓小平指出："社会主义本身是共产主义的初级阶段，而我们中国又处在社会主义的初级阶段，就是不发达的阶段。一切要从这个实际出发，根据这个实际来制订规划。"[①] 党的十三大第一次系统地论述了社会主义初级阶段理论。党的十五大进一步明确了社会主义初级阶段所要完成的主要经济任务，鲜明地提出，社会主义初级阶段"至少需要一百年时间"。由此，是否有利于发展生产力，就成为这个历史阶段考虑一切问题的出发点和检验一切工作的根本标准。当今，又把保证实现社会的公平与正义，也纳入社会主义初级阶段的内在任

---

① 《邓小平文选》第三卷，人民出版社1993年版，第252页。

务，这就使经济发展有了新的科学观做保证。①

社会主义初级阶段理论，是对毛泽东"左"的社会发展理论的纠偏，准确定位我们仍然处在社会主义初级阶段，明确这个阶段的主要任务，这就彻底纠正了以阶级斗争为纲而搞"穷过渡"的社会发展思想。

二是我们需要什么样的社会主义？

我国是在半封建半殖民地的废墟上建设社会主义经济，底子薄、人口多、耕地少，经济发展水平又很不平衡，在这样一个经济和文化都比较落后的国土上建设社会主义，首先必须集中精力发展社会生产力，去实现许多别的国家在资本主义条件下实现工业化和经济社会化、市场化、现代化的任务。

马克思、恩格斯生活在资本主义产生的初期，残酷的资本原始积累，引发了极其尖锐的社会矛盾。《资本论》在对资本主义社会基本矛盾揭露的基础上，预见到取代资本主义的社会是一个一切生产资料都归全社会所有的无阶级社会。他把这个社会称作共产主义社会，需要指出的是：马克思在《资本论》中所得出的结论，只限于西欧各国②，而且马克思、恩格斯对此也都没有任何实践。列宁对什么是社会主义的问题，从实施战时共产主义到新经济政策，持探索的态度。但是，自从斯大林发表了《苏联社会主义经济问题》后，以集权计划经济为主要特征的社会主义却成了一种固定的模式在全

---

① 详见温家宝《关于社会主义初级阶段的历史任务和我国对外政策的几个问题》，新华社 2007 年 2 月 26 日电讯稿。

② 《马克思恩格斯全集》第 19 卷，人民出版社 1963 年版，第 268—269 页。19 世纪 80 年代，俄国的马克思主义小组即"劳动解放社"在学习《资本论》时，联系俄国当时还普遍存在的农村公社问题及由此产生的对俄国革命进程发生了争论，小组有一位成员在 1881 年 2 月 16 日直接给马克思写信请教，信中还特别提到：您在《资本论》中所讲的历史必要性，是否适合世界各国？马克思收到信后对俄国的社会经济情况进行了深入的研究，先后写了四份复信的手稿，1881 年 3 月 8 日复信说："我在《资本论》中所讲的对农民的剥夺，以及必然发生的剥夺者被剥夺这一运动的'历史必然性'明确地限于西欧各国，而并不适应于落后的东方国家。"

球推行，我们在一个很长的时期内，也照搬了苏联模式。邓小平1985年说："社会主义究竟是个什么样子，苏联搞了很多年，也并没有完全搞清楚……后来苏联的模式僵化了。"① 我们在充分占有学术资料的基础上，认真研究老祖宗的思想，社会主义的确没有什么固定的模式，不同的国家如何建设社会主义具有鲜明的具体国家的地域、民族特色，邓小平在党的十二大明确提出了"建设有中国特色的社会主义"的新命题，以和苏联僵化的社会主义模式相区别，他还特别说明："现在虽说我们也在搞社会主义，但事实上不够格。只有到了下个世纪中叶，达到了中等发达国家的水平，才能说真的搞了社会主义，才能理直气壮地说社会主义优于资本主义。"②

有中国特色的社会主义理论的提出，是对苏联斯大林社会主义模式的彻底否定，澄清了我们对社会主义理论的错误认识。

三是市场经济是否是"异己"的魔鬼？

市场经济和计划经济的属性长期困扰着理论界。从已有的经典文献看，马克思从来也没有使用过"计划经济"的概念。在他谈到未来社会时，通常使用的概念大都是"有计划""有意识""自觉的"等。恩格斯曾把"有计划的组织"作为资本主义的对立面来看待，他说：一旦社会占有了生产资料，"社会生产内部的无政府状态将为有计划的自觉的组织所代替"。③ 但他也没有使用过"计划经济"的概念。19世纪末，随着垄断在一些主要工业部门的出现，恩格斯改变了过去的观点，说："如果我们从股份公司进而来看那支配着和垄断着整个工业部门的托拉斯，那末，那里不仅私人生产停止了，而且无计划性也没有了。"④ 最早把计划经济与市场经济对立起

---

① 《邓小平文选》第三卷，人民出版社1993年版，第139页。
② 《邓小平文选》第三卷，第225页。
③ 《马克思恩格斯选集》第三卷，人民出版社1995年版，第757页。
④ 《马克思恩格斯全集》第22卷，人民出版社1965年版，第270页。

来并作为社会制度来对待的是列宁,但他并未由此而僵化。① 但是,斯大林却始终把计划经济和社会主义紧紧地捆绑在一起,认为市场经济是资本主义的专利。我国的理论经济学,长期受制于斯大林《苏联社会主义经济问题》的模式,以此控制了中国经济思想界整整 30 年,学界凡是讲市场经济及与此相联系的观点,都受到了批判甚至政治处罚。邓小平 1979 年 11 月 26 日说:"说市场经济只存在于资本主义社会,只有资本主义的市场经济,这肯定是不正确的。社会主义为什么不可以搞市场经济……市场经济,在封建社会时期就有了萌芽。社会主义也可以搞市场经济。"②

社会主义也可以搞市场经济,这是对传统马克思主义理论的挑战和修正,成为中国经济转型和社会发展的总体思路。

我们处在一个什么样的社会发展阶段?我们还处在社会主义初级阶段。

我们需要什么样的社会主义?我们要走自己的路,建设有中国特色的社会主义。

市场经济是不是"异己"的魔鬼?计划经济的失败使我们痛感需要让市场在资源配置中起决定性作用。

这三个问题,是中国由计划经济转型为市场经济最为基本的理论问题。

---

① 列宁 1906 年说:"只要还保存着货币权力和资本,世界上任何法律都无法消灭不平等和剥削。只有建立起大规模的社会化的计划经济,一切土地、工厂、工具都转归给工人阶级所有,才可能消灭一切剥削。"(《列宁全集》第 13 卷,人民出版社 1987 年版,第 124 页。)但过了十多年,即在 1917 年俄国社会民主党第七次会议上,列宁根据资本主义发展中出现的新情况,高度评价了恩格斯有关"资本主义也是一种有计划的经济"的观点,坦诚:资本主义正直接向它更高的、有计划的形式转变。

② 《邓小平文选》第二卷,人民出版社 1994 年版,第 236 页。

二 让市场在资源配置中起决定性作用：市场经济理论在转型实践中确立

市场经济的存在，其实已经有好几百年的历史了。这几百年间，在不同的历史发展阶段，在不同的国家，市场经济的有效性，始终取决于如何理顺市场与政府的关系。

18世纪中期，取消封建壁垒，增加国民财富，是产业资本家的主要任务，英国亚当·斯密在18世纪70年代写的《国富论》中，首次论述了完全自由的市场经济运行规则，奠定了自由市场经济所必要的思想资料。但到20世纪20年代，经过完全自由市场发展的英国经济，却开始出现萧条，严重的失业导致了一系列社会经济问题。30年代，凯恩斯出版了《就业、利息和货币通论》，系统地批评了自由放任的经济思想，提出了政府干预经济的主张。第二次世界大战前后，英国、美国等主要资本主义国家都采纳了凯恩斯的政策建议，其中美国"罗斯福新政"取得了良好的效果。因此，亚当·斯密和凯恩斯两人在不同的历史时期，奠定了两类市场经济理论的不同框架。在这以后经济学的各种流派，基本上都是从这两类理论框架中繁衍出来而又对各国社会经济发展起作用，比如：20世纪中期以美国萨缪尔逊和汉森为代表的新古典综合派，以英国罗宾逊为代表的新剑桥学派等，是从重视政府作用方面发展了凯恩斯的经济学思想。再比如：19世纪末以英国马歇尔为代表的新古典学派，20世纪70年代以美国弗里德曼为代表的货币主义学派等，在新时期发展了亚当·斯密的完全自由的市场经济思想，特别是货币主义学派在当今世界范围内有广泛影响，甚至渗透进了转型期国家的决策思想。另外，还有德国的弗莱堡学派，美国以加尔布雷斯为代表的新制度经济学派等，都从如何理顺政府和市场的关系这一根本问题出发，形成了现代经济学的不同流派，在不同国家的不同文化背景下，也出现了不同的现代市场经济模式。

1949—1979年，中国学界在非常严酷的政治环境下，对计划与市场的关系进行了艰难的探索。20世纪50年代中期，孙冶方根据计划经济的弊端，认为，价值规律是价值存在和运动的规律，它是任何社会化大生产都不能取消的自然规律。社会主义经济作为社会化生产，同样也存在着价值规律发生作用的机制。他在"价值规律内因论和商品生产外因论"的总题目下，特别强调了价值的决定作用，价值规律能促进社会劳动生产率的提高；特别强调等价交换作用，价值规律能督促企业搞好经济核算。只要按生产价格交换，依据资金利润率，核算活劳动耗费和核算物化劳动即资金占用效果，就能实现价值规律等价交换的作用。孙冶方以价值规律内因论和商品生产外因论对集权的计划经济体制进行了尖锐的批评。[①]

同一时期，顾准也提出了市场调节论。他认为，价值规律对计划经济同样有重要的制约作用，价值规律不仅调节着消费资料的生产和流通，而且调节着生产资料的生产和流通。价值规律对社会生产的调节作用是通过经济核算进行的，有一个重要办法是使劳动者的物质报酬与企业盈亏发生程度密切的联系；使价格也成为调节生产的重要的工具。[②] 孙冶方的价值规律内因论、顾准的市场调节论，触动了集权计划经济的痛处。他们也因此而遭到了不公正的处置。20世纪60年代初期，学界也讨论过"价值规律是一个大学校"，但那不过是在经济发生困难的时候，仅仅是利用价值规律而已。到"文化大革命"时，对市场经济的批判达到了顶峰，说：价值规律是一种异己的力量；商品交换是产生资本主义和资产阶级的温床、土壤等，因而必须通过无产阶级专政的手段来加以限制。

面对国民经济濒临崩溃的局面，1979年前后，许多经济学家反思了在商品货币市场问题上的观点，提出要发挥价值规律的作用，

[①] 孙冶方：《把计划和统计放在价值规律的基础上》，《经济研究》1956年第6期；《论价值——并试论"价值"在社会主义以至于共产主义政治经济学体系中的地位》，《经济研究》1959年第9期。

[②] 顾准：《试论社会主义制度下的商品生产和价值规律》，《经济研究》1957年第2期。

孙冶方再次提出：千规律，万规律，价值规律第一条。有关国家经济工作的综合部门还组织重新学习了孙冶方过去曾被批判过的观点，比如：把计划建立在价值规律的基础上等。薛暮桥提出，要利用市场搞活流通，为长途贩运平反。李先念公开提出了"计划经济和市场经济相结合"的口号。虽然这个时候，邓小平也讲过：社会主义也可以搞市场经济。但对经济理论界和决策部门的影响还不是很大，因为当时党内外所能接受的思想是在实行计划经济的前提下，采取某些市场调节的办法，来增加社会主义经济的灵活性，以满足人民生活多方面的需要。1980年9月，国务院经济体制改革办公室提出的有关经济体制改革的意见中说，经济体制改革的方向应该是：在坚持生产资料公有制占优势的条件下，按照发展商品生产和促进社会化大生产的要求，自觉地运用价值规律，把单一的计划调节，改为计划指导下充分发挥市场调节的作用。薛暮桥对其解释说：提出我国现阶段的社会主义经济是生产资料公有制占优势、多种经济成分共同并存的商品经济，是对30年来占统治地位的教条主义的挑战，从而解决在中国这块土地上应该建立什么形式的社会主义经济的问题。如果这个问题解决了，是对马克思的社会主义学说的重大发展。这个时期，四川搞了"扩大企业自主权"的试点；安徽搞了"包产到户"的试点。这两类改革，为充分发挥市场力量的作用打开了大门，也拉开了我国由计划经济转向市场经济的序幕。但在党的十二大报告起草的过程中，胡乔木组织并批转了林涧青、袁木等五位同志给他的一封信，这封信尖锐批评了经济学界关于社会主义经济具有商品经济属性、要充分发挥价值规律作用的观点。由于这封信的导向，1982—1983年，一些主要的报刊发表了不少批评认为社会主义经济具有商品经济属性、强调价值规律和市场调节作用观点的文章，薛暮桥也因为说过"计划调节大部分要通过市场调节来实现"的话而在一次会议上不得不做了检讨。1984年9月，时任国务院总理赵紫阳给中共中央政治局其他常委写信说：计划第一，价值规律第二，这一条表述并不确切，今后不宜沿用。还说：社会主义经济是以公有制为基础的有计划的商品经济。计划要通过价值规律来实现，要运用价值规律为计划服务。这个意见得到了邓小平、陈云等人的支持。[①] 1984年10月党的十二届三中全会提出：社会主义计划经济必须自觉依据和运用价值规律，是公有制基础上的有计划的商品经济。商品经济的充分发展，是社会经济发展不可逾越的阶段，是实现我国经济现代化的必要条件。只有充分发展商品经济，才能把经济真正搞活，促使各个企业提高效率，灵活经营，灵敏地适应复杂多变的社会需求，而这是单纯依靠行政手段和指令性计划所不能做到的。邓小平对此称赞说："这次经济体制改革的文件好，就是解释了什么是社会主义，有些是我们老祖宗没有说过的话，有些新话。我看讲清楚了。"还说："……是马克思主义基本原理和中国社会主义实践相结合的政治经济学。"[②] 经济理论界也突破仅仅在消费品市场意义上理解市场，强调要发展资金市场、劳动力市场、技术市场等，这就使市场由消费品的买卖概念转变为市场能够配置资源的科学范畴。在1987年2月6日党的十三大前夕，邓小平同中央的几位领导人有针对性地谈到了计划和市场的问题，指出计划和市场都是方法。我们以前是学习苏联，搞计划经济。后来又讲以计划经济为主，现在不要再讲这个了。党的十三大报告全面总结了改革开放以来的实践经验，提出了社会主义经济体制中计划和市场都是覆盖全社会的论断。按照这个思想，还特别提出了社会主义有计划商品经济的体制应该是计划和市场内在统一的体制，"新的经济运行机制，总体上说应当是国家调节市场，市场引导企业的机制"。党的十三大后，经济理论界空前活跃。马洪撰文说：我国经济体制改革，是要以市场机制为基础的资源配置方式取代传统的、以行政命令为主的资源配置方式。也就是说，我们要通过改革建立的社会主

---

① 张卓元等主编：《20年经济改革回顾与展望》，中国计划出版社1998年版，第11页。
② 《邓小平文选》第三卷，人民出版社1993年版，第91、83页。

义有计划的商品经济,是一种用宏观管理的市场来配置资源的经济,在这个意义上,也可以叫作社会主义的市场经济。我们要进一步解放思想,为市场经济正名,这对建立国家调节市场、市场引导企业的新的经济运行机制是非常重要的。① 于光远撰文说:市场经济的计划,应该有更好地适应市场情况的特性,应该有更大的灵活性。我们应该抛弃那种以固定的不允许有伸缩性为目标的计划模式。② 薛暮桥提出,要研究计划经济与市场经济的关系,过去认为前者是社会主义,后者是资本主义,这种理解是不利于深化改革的。他主张不要再提"指令性计划,指导性计划,市场调节"三块论了。商品经济与市场经济是不能混淆的两种本质,他认为,尚待讨论,苏联不说商品经济而说市场经济,我们说有计划的商品经济,苏联说有控制的市场经济,他认为本质相同,都不能等同于资本主义,都要保持生产资料公有制为主体。③ 吴敬琏撰文说:新古典经济学剖析了商品经济的运行机制,说明它如何通过市场机制的运作而有效地配置资源,市场被确认为商品经济的运行枢纽,从此,商品经济也通称为市场经济。所谓的市场经济,就是指在这种经济中资源的配置是由市场导向的。所以市场经济,从一开始就是从经济的运行方式即资源配置方式上立论的。④ 张卓元也认为:商品生产就是为市场而生产,商品经济就是市场经济。⑤ 这个时期的经济学家坚持独立思考,对市场化改革提供了相当充分的理论依据。

20 世纪 80 年代末,我国发生了一场政治风波。一些政治家、理论家利用市场化改革出现的暂时困难,对党的十三大提出的改革路

---

① 广东"市场经济研讨会"编辑组:《社会主义初级阶段市场经济》,东北财经大学出版社 1988 年版,第 3 页。

② 于光远:《政治经济学社会主义部分探索》(四),人民出版社 1988 年版,第 252—253 页。

③ 详见《特区时报》1991 年 1 月 4 日。

④ 吴敬琏:《通向市场经济之路》,北京工业大学出版社 1992 年版。

⑤ 张卓元:《论我国社会主义有计划的商品经济》,江苏人民出版社 1988 年版。

线以及经济理论界有关市场经济的讨论发动了一场倒算。他们说：改革开放是引进资本主义，和平演变的主要危险来自经济领域。那时，对市场化改革提出批评的文章几乎一边倒，由此造成了新的思想混乱。意识形态上的倒退使市场化改革停滞不前。在这种形势下，邓小平去南方，直接面对群众，对计划和市场的关系，发表了令人耳目一清的谈话。邓小平"南方谈话"，对确立社会主义市场经济理论具有非常重要的意义，他针锋相对地指出："改革开放迈不开步子，不敢闯，说来说去就是怕资本主义的东西多了，走了资本主义道路。要害是姓'资'还是姓'社'的问题。判断的标准，应该主要看是否有利于发展社会主义社会的生产力，是否有利于增强社会主义国家的综合国力，是否有利于提高人民的生活水平。"[①] "计划多一点还是市场多一点，不是社会主义与资本主义的本质区别。计划经济不等于社会主义，资本主义也有计划；市场经济不等于资本主义，社会主义也有市场。计划和市场都是经济手段。"[②] 邓小平的讲话，得到了广大人民群众的热烈欢迎。1992年3月，在中共中央政治局全体会议上，对计划和市场的关系问题，又做出了明确的规定，指出：计划和市场，都是经济手段，要善于运用这些手段，加快发展社会主义商品经济。在这种情况下，经济学界的不少同志，根据马克思主义理论的发展和我国改革的实际进程，特别是邓小平对我国经济建设和体制改革的深入思考，而发表的一系列观点，建议把党的十一届三中全会以来对计划和市场问题的论述提到一个新的高度，应该将我国社会主义经济改革的目标明确规定为建立市场机制即以市场机制为基础的资源配置方式取代以行政命令为基础的资源配置方式，这样才能更加鲜明而又准确地表达我国经济体制改革的实质，也才能为制定我国跨世纪的经济发展纲领奠定理论基础。1992年10月，党的十四大宣布："中国经济体制改革的目标是建立

---

① 《邓小平文选》第三卷，人民出版社1993年版，第372页。
② 《邓小平文选》第三卷，第373页。

社会主义市场经济体制。"在1993年11月党的十四届三中全会《中共中央关于建立社会主义市场经济体制若干问题的决定》中，为在20世纪末建立社会主义市场经济体制绘制了一幅灿烂的蓝图。

市场经济理论的确立，在我国经济学界经历了一个漫长的历史过程，有不少经济学家为此而付出了血的代价。现在回过头看看经济学理论界所走过的道路，我们无不深深地感到遗憾：在一个时期，经济学家独立思考的社会环境太狭窄了！如果没有邓小平关于"社会主义也可以搞市场经济"这一划时代的理论判断，经济学界就此理论问题的争论将可能依然在摸索中。

三 由计划经济向市场经济转型的实践进程

随着经济理论的清理归真，从20世纪70年代末开始了由集权计划经济体制向市场经济体制的转型。

转型的第一阶段，重点是农村，1978年12月召开了党的十一届三中全会，初步总结了中国农村走过的曲折道路，支持来自实践的经验，使完善后的家庭联产承包责任制得到普遍发展；与此同时，国家大幅度提高了农副产品收购价格，农民从提价中获益颇丰。这些改革措施，使中国20世纪80年代初的农业获得了迅速发展，主要农产品从长期短缺达到了基本自给，初步解决了中国人民的温饱问题。乡镇企业的蓬勃发展，是这一阶段农村经济体制改革的又一新事物，它不仅开辟了国家财政收入的新来源，而且安排了农村大量剩余劳动力。农村三项改革措施，闯出了中国农业现代化和农村城市化的新路子。

1984年10月，党的十二届三中全会后，转型的重点转移至城市，主要关注国有企业。国有企业一方面沉积和经营着大量的国有资产；另一方面又提供着国家所需的财政收入，但集权计划经济体制不能使二者协调，投入与产出不匹配。因此，1984年《中共中央关于经济体制改革的决定》中明确指出：增强国有企业活力，是以城市为重点的整个经济体制改革的中心环节。但那时国有企业的改革,一个明显的特点是突出了"包",在国家与企业的关系上,以调整利润分配为主线,相继实行了生产经营责任制、利改税和承包制;与企业改革相配套,在中央和地方的财政关系上,实施"分灶吃饭"。相比之下,价格体制改革则由以调为主适时转入以放为主,逐步放开了生活消费品价格,而在一个时期内,对生产资料价格仍实行了"双轨"价格,这对生产固然有刺激作用,但也给某些不法分子提供了"腐败"的条件。[①]

1992年党的十四大总结了改革经验,对什么是社会主义市场经济体制做了大体描述,要力求通过价格信号对企业的销售、供应和生产进行导向,在公开平等的市场竞争中实现优胜劣汰,把稀缺的经济和自然资源配置到社会最需要的行业中去;要国家通过经济政策、经济法规以及各类经济参数对市场进行调节,补充市场的缺陷。1993年11月党的十四届三中全会,进一步勾画了社会主义市场经济体制的基本框架,它包括:必须坚持以公有制为主体、多种经济成分共同发展的方针,进一步转换国有企业经营机制,建立适应市场经济要求,产权清晰、权责明确、政企分开、管理科学的现代企业制度;建立全国统一开放的市场体系,实现城乡市场紧密结合,国内市场与国际市场相互衔接,促进资源的优化配置;转变政府管理经济的职能,建立以间接手段为主的完善的宏观调控体系,保证国民经济的健康运行;建立以按劳分配为主体,效率优先、兼顾公平的收入分配制度,鼓励一部分地区一部分人先富起来,走共同富裕的道路;建立多层次的社会保障制度,为城乡居民提供同我国国情相适应的社会保障,促进经济发展和社会稳定。实际上,就经济的一般运行来说,正如邓小平说:

---

① 苏星在他的晚年,撰写了一部颇具特色的经济史,对大量的史料做了筛选,描述了中国由计划经济向市场经济转变的进程,参见苏星《新中国经济史》,中共中央党校出版社1999年版。

（社会主义市场经济的）"方法上基本上和资本主义社会的相似"。① 因此，我们在发展社会主义市场经济的问题上，完全可以大胆地吸收和借鉴当今世界各国包括资本主义发达国家的一切反映现代社会化生产规律的先进经营和管理方向。

到20世纪90年代中期，市场化改革的实践使国家集权控制全社会经济运行的格局发生了根本变化，笔者在1997年出版的《转型期中国经济关系研究》对此曾做过这样的归纳与总结：一是国家不再对企业经营承担无限责任，企业也不能继续吃国家的"大锅饭"，国有企业已逐步成为法人实体。二是个人对社会成果的分配，已不再是抽象的劳动支出，而必须是社会必要劳动，不仅个人劳动以社会标准衡量，各种生产要素也有偿参与社会价值的创造、实现和分配，政府以各种政策调节收入分配差距并逐步为实现共同富裕创造条件。三是农村和城市都以工业化为目标，农村不再是城市工业化资金积累的来源，提高农业生产率和农产品商品率，发展城乡商品关系。四是中央和地方政府，在统一的国家政权组织内，一级政府，一级事务，有独立的财政收支权限，同时中央和地方政府分税并法制化。集权计划经济体制下的各类经济关系发生了根本的变化。②

与世界成熟的市场经济模式相比较，社会主义市场经济模式还处在探索中。实际上在我国提出社会主义市场经济模式之前，国际上就有经济学家对社会主义如何走向市场经济进行过研究。早在20世纪30年代，有关社会主义经济的大论战中，奥斯卡·兰格就提出了"竞争的社会主义"模式，南斯拉夫提出的"个人自治的社会主义"，都对东欧国家的经济转型有过很大的影响。在西欧的社会民主党中，他们为了达到财富更公平地分配和社会平等的目标，也主张把市场经济和社会主义结合起来，他们特别注重对财富和收入的再

---

① 《邓小平文选》第二卷，人民出版社1994年版，第236页。
② 冒天启主笔，朱玲副主笔：《转型期中国经济关系研究》，湖北人民出版社1997年版。

分配，要求建立社会福利国家。这对我们构建具有中国特色社会主义市场经济模式，还是提供了某些可借鉴的思想资料。① 1994 年，笔者曾参加了马洪主编的《什么是社会主义市场经济》的撰写，对第二次世界大战以来，世界上"成功"的市场经济进行了比较研究，提出了三种模式。美国：消费者导向型市场经济模式，注重消费者利益，国家通过政府对商品和劳务的采购来扩大市场，通过货币政策对经济运行发生影响。法国和日本：行政导向型市场经济模式，依靠经济计划、产业政策对市场运行进行协调。德国：社会市场经济模式，在通过经济计划协调市场的同时，注重社会公正，实行社会市场经济的还有北欧的一些国家，如瑞典等。②

在由计划经济向市场经济转型的实践中，逐步确立社会主义市场经济的理论的过程，是斯大林社会主义经济理论从指导思想中逐渐淡出的过程。中国经历了近 40 年的市场化改革，党的十九大对当代中国的主要矛盾做出了新的判断，指出：中国不再贫穷了，中国特色社会主义进入了新时代，中国社会的主要矛盾已经发生了变化，从人民日益增长的物质文化需要同落后的社会生产之间的矛盾，变成了人民日益增长的美好生活需要和不平衡不充分的发展之间的矛盾。同时还指出，市场仍然要对资源配置起决定性作用，对新时代社会主要矛盾的新表述，是一个崭新的经济理论思维，是中国特色社会主义经济理论逐步成熟的表现。

---

① 美国经济学家斯蒂格利茨在他的《经济学》著作中说：市场社会主义面临着两个关键性的问题，一是获得确定价格需要的信息；二是经理缺乏激励，当企业赚得利润时，厂商不能获得回报，但当企业发生亏损时，政府又必须来弥补。他说这种市场经济的模式既缺乏资本主义中的市场激励结构，也缺乏传统社会主义中的经济控制机制。他也指出，中国在农业的生产责任制中获得了成功，提高了农业的劳动生产率，但在其他方面的改革还是有争议的。详见斯蒂格利茨《经济学》下册，中国人民大学出版社 1998 年版，第 379—381 页。

② 马洪主编：《什么是社会主义市场经济》，中国发展出版社 1993 年版。

四 经济转型的研究方法：体制变迁的纵向和横向比较

转型经济的研究，涉及马克思生产关系的变革理论、新制度经济学的制度变迁理论和发展经济学，以及如何评价新古典经济学等经济学中最基本的理论，但最直接的是有关比较经济学的理论。

首先，传统意义上的比较经济学，通常是将世界上现有的经济制度划分为资本主义、法西斯主义、民主社会主义和共产主义即科学社会主义而进行研究。20 世纪 80 年代末，东欧剧变、苏联解体，社会主义作为一种社会制度已不复存在，作为以"主义"比较为主要研究对象的比较经济学面临新的挑战，以"主义"为基本研究方法的比较经济学是否还会存在成为首要问题。其次，传统意义上的比较经济学，虽然也研究经济体制，但基本上是横向对几个体制进行静态比较，而没有纵向地对一个体制的变迁进行过动态的比较研究。所以，以中国、俄罗斯、东欧国家为案例，说明由计划经济向市场经济过渡中的各种经济问题，纵向进行制度变迁的比较研究即转型经济学研究，可以说是比较经济学的新分支。布茨卡林《过渡经济学》（1995 年）、斯蒂格利茨《社会主义向何处去》（1998 年）[1]、青木昌彦《比较制度分析》（1999 年）[2]、热若尔·罗兰《转型与经济学》（2002 年）[3] 等著作对这些国家由计划经济向市场经济转变做了理论总结。中国学者盛洪主编的《中国的过渡经济学》[4]，对中国经济改革的方方面面进行了理论探索；林毅夫等的《中国的奇迹：发展战略与经济改革》[5]，在与俄罗斯的比较研究中，用"奇迹"概述中国改革的成果；张仁德等撰写的《中外经济转轨度比较

---

[1] 约瑟夫·E. 斯蒂格利茨：《社会主义向何处去》，周立群等译，吉林人民出版社 1998 年版。

[2] 青木昌彦：《比较制度分析》，周黎安译，中国发展出版社 1999 年版。

[3] 热若尔·罗兰：《转型与经济学》，北京大学出版社 2002 年版。

[4] 盛洪主编：《中国的过渡经济学》，上海三联书店 1994 年版。

[5] 林毅夫、蔡昉、李周：《中国的奇迹：发展战略与经济改革》，上海三联书店 1994 年版。

研究》、景维民主编的《转型经济学》等著作，都相当娴熟地运用了比较经济学的最新成果研究中国的经济转型。

对"转型"和"改革"的含义，一般都是指从传统集权计划经济向现代市场经济过渡的理论和实践。但在国际学术界，对两者的含义却有不同的理解，波兰经济学家格泽戈尔兹·W. 科勒德克指出："转型"是一个发生根本性变化的过程，意味着引进全新的制度安排；而"改革"是在原社会主义制度范围内做一些改进，但并不发生制度的根本改变。中国学界对"转型"与"改革"并未做出很严格的区别，但中国的"转型"，就其内涵来说，的确与俄罗斯的"转型"不同：俄罗斯的"转型"包括两层含义：一是在国家政体上由共产党的一党执政转向多党的议会制；二是由集权的计划经济体制转向市场经济体制，而这一层又包括两个阶段，一个是叶利钦时期的自由市场经济体制，另一个是普京时期的可调控的市场经济或社会市场经济体制。但在中国的"转型"，一是指由集权的计划经济体制转向现代市场经济或称社会主义市场经济体制；二是指由落后的农业国转向现代的工业国。因此，体制转型和经济发展是我国"转型"的主要含义。

第二节 经济转型研究或比较研究的主要领域

一 对向市场经济转型策略的比较研究即转型的路径选择

在一个时期比较流行的研究方法主要是以经济增长为标杆，对俄罗斯"休克"（激进）模式与中国"摸着石头过河"（渐进）模式进行比较褒贬。

斯蒂格利茨的《改革向何处去？——论十年转轨》的文章对中国与俄罗斯转型按"渐进"和"激进"以及其结果作了对比，着重分析了俄罗斯"激进"失败的原因是对"市场经济最基本的概念理解错误"，特别是在采纳经济学家建议的政治程序即决策上出现了错误。他虽然赞扬中国改革"渐进"的成绩，但对所谓"社会主义市场经济"的模式是否能最终成功，也有自己的判断。① 通常我们将其归结为后凯恩斯学派。

波兰经济学家格泽戈尔兹·W. 科勒德克的《从休克到治疗》，从另一个角度对"激进"和"渐进"的选择作了分析，他认为，如果政治改革进程不是很深入，那么经济发展是有限的。从长时段看，制度改革是经济发展的必要前提，以一个时期经济增长的快慢来判断转型策略选择的得失，并不科学。就"激进"和"渐进"的选择而言，主要发生在三个领域：（1）经济自由化和宏观经济的稳定方面，要看货币和金融的稳定程度。如果转型前经济的控制程度很高，初期出现了金融不稳定，实行"激进"的方式可以达到经济自由化的目的。（2）结构改革和制度变革方面，包括民营化、公司治理结构，则必须采用"渐进"的方法，因为这项改革所需要的时间长、花费的财政和社会成本高。（3）产业的微观结构重组方面，要注入新的投资、要关闭旧工厂、要对劳动力重新进行调配和再培训、要提高行业的竞争能力、要吸收流动资本等，这些改革措施都需要时间，在这个问题上，也不能采取"激进"的方法。不能简单地在"渐进"和"激进"这两种方法上做出转型的选择。他明确地提出：在对中国和俄罗斯"转型"的比较研究中，不要太看重一时经济是增长还是衰退并对此进行褒贬。② 通常我们将他的观点归结为新政治经济学派。

---

① 斯蒂格利茨以信息经济学、交易费用论对新古典经济学理论进行了反思，他还对转型国家中的一些重要问题进行过探讨，比如：集权和分权、产权界定、私有化、公司治理结构、银行与法人控股、创新、"寻租"行为、分配关系、逆向选择、道德风险、信息不对称性、资本市场、金融政策、垄断与竞争、政府职能、市场失效、政府失效等。他将原社会主义国家的经济转型和世界经济一体化、金融国际化联系在一起，认为社会主义市场经济也有缺陷。

② 格泽戈尔兹·W. 科勒德克：《从休克到治疗》，刘晓勇等译，上海远东出版社2000年版，第94页。

值得注意的是，自20世纪90年代，随着俄罗斯经济的迅速恢复和发展，以经济增长还是衰退为标准而对中国与俄罗斯的转型进行褒贬的争论销声匿迹了。

二　对市场微观基础的建设：产权配置和企业制度建设

打破国有资产对国民经济的垄断，对国有资产重新配置，是由集权计划经济向现代市场经济转型的首要任务。

中国国有企业的改革是20世纪70年代末由"扩权让利"逐步推开的。但那时所实施的具体措施，比如：恢复奖金制度、超计划利润分成、计划外产品生产和销售等，主要还都着眼于利润如何分配。分配办法主要有利润留成、盈亏包干、以利代税、自负盈亏等。为了稳定国家财政收入的来源，1983年上半年实行"利改税"，但由于企业之间在价格、资产占用、资源使用等方面的级差收入未能得到调节，"利改税"的实际效果不仅单方面加重了企业负担，还加剧了企业间的苦乐不均，实施一年就销声匿迹了。"承包经营责任制"是在80年代中期扩大企业经营自主权的过程中逐步完善并于1987年年初在全国范围内推广的一项措施，基本原则是：包死基数，确保上缴，超收多留，歉收自补，以合同形式划分国家和企业的权责利，保证国家财政基数不减少，调动企业增收。但这项措施仅实施了一年，它的弊病就渐渐显露了出来，一些企业追求收入最大化，短期行为急剧膨胀，完成承包基数的企业，奖金侵蚀利润，而亏损的企业却仍然与政府有关部门讨价，要求调整基数，从而损害了国家财政收入。总之，80年代我国国有企业改革的总思路，基本上局限在如何调整国家和企业对利润的分配上。

随着经济发展和市场化改革，企业对资金的需求越来越紧迫。通过集资，聚集社会闲散资金，吸收内部职工入股，这对发展中的企业来说，是最简便易行的一种办法。这样，一种古老的财产组织形式即股份制，在市场化改革中慢慢萌生。当然，股份制的出现，还有另外两个直接的经济原因，一是随着承包制的完善，企业自有资金的量逐步扩大，为企业自我积累、自我改造、自负盈亏乃至形成法人实体提供了稳定的财源；二是在企业之间相互以产品为龙头，冲破不同所有制界限，相互参股、融资，再加上技术、物资、劳动力相互渗透，不同企业逐渐演变为股东。这种混合的财产组织形式即股份公司，作为新型企业制度在党的十四大以后得到了很大发展。组建各类股份公司，作为对国有企业进行改革的主要形式而被确立了起来。因此，进入20世纪90年代，国有企业改革的总体思路有了质的变化，它由过去利润怎样合理分配转向了资本怎样有效经营。就深层理论来说，影响实践变化的经济理论主要有两点：一是所有权同经营权可以适当分开的理论，诸如"利改税""承包制"，还有"租赁制"等，在特定时期，"两权分离"是向集权管理体制为企业讨还某些经营自主权的思想武器，有利于发挥企业生产经营的积极性和主动性，增强企业活力。二是出资者所有权与企业法人财产权分离的理论。这个理论有利于政企分开、转换经营机制，让企业摆脱对行政机关的依赖，国家解除对企业承担的无限责任。那些大量的多元股东公司，对建立新机制有相当大的促进作用。

出资者所有权与企业法人财产权分离，是使资本有效经营的重要理论。但由于历史的原因，这两种权利基本上还都处于残缺不全的状况。就出资者所有权来说，国有企业的资产属于国家所有，国务院代表国家行使所有者职能，但由什么机构来具体行使出资者的所有权职能，非常不明确。政府部门谁都可以管企业，但谁也都不对企业经营后果负责任，这是造成国有资产流失的体制因素。而就企业法人财产权来说，国家财政自"拨改贷"后，企业发展的资金被迫全部依赖银行贷款。作为国有企业，国家财政却欠拨、欠补、欠退，相当数量大中型国有企业，一方面按市场经济原则运作；另一方面却承担着国家政策性业务，这是造成国有企业负债过重的体制原因。建立现代企业制度，就其实质来讲，就是要对两种残缺的权利进行修补。比如：对改制企业，首先要界定产权，明确投资主体，建立科学的公司治理结构，让所有者代表进入企业，通过企业内的决策、监督、执行等机构，形成所有者、经营者、劳动者相互协调和相互制衡的机制，享受出资权益，并保证国有资产的增值。改制企业都进行过"增资减债"的工作，其中包括：将企业实际上缴的所得税、城建税等返还一定比例给企业，作为国家资本金；将地方财政借款、欠缴的能源建设基金和预算调节基金、集中的折旧和地方"拨改贷"转为国家资本金；提高企业折旧率并将税后一部分利润留给企业，增加国家资本金。科学的公司治理结构，抑制了原有行政隶属关系对企业经营活动的干预。

资本经营的有效性，除采取改制的办法推动出资者所有权和企业法人财产权分离外，还有一项就是产权的流动和重组。对于市场经济机制来说，存量产权重组和流动，是提高资本有效经营的条件。但实践中，企业兼并和收购还存在很多难点，比如：出资者所有权或法人财产权没有到位，缺乏交易主体，并购很难进行；国有资产难折价；富余人员难安排。另外，僵化意识形态的干扰，也使并购进程步履困难。

就国有企业改革的具体措施来说，对照中国与其他转型国家，比如俄罗斯有关对国有企业进行改革的文件，无论是实行股份制改造而对国有财产所有权进行转移，还是实行租赁而对财产经营权进行让渡，大体上都差不多。但从实施的绩效来看，相去甚远。问题的症结，主要发生在国有产权重新配置的目标确定上，俄罗斯国有产权重新配置的目的是扶植新的财产所有者；中国则是为了调整国有资产的布局，打破国有经济对国民经济的垄断，改造国有资产的管理制度，建立现代企业制度。但从结果来看，中国、俄罗斯都在配置市场经济的微观基础，这对转型来说，应该是殊途同归。

对俄罗斯改革方案的设计者来说，不是不懂与民营化相联系的放开价格、清理资产负债表、创建资本市场、建立法律框架以及确保契约和竞争等市场运行中的常识，他们所担心的首要问题是：相关法律制度的建立会拖延民营化的实际进展，甚至导致反复，造成集权经济制度和极权政治制度的死灰复燃。所以，在他们看来，民营化的实现速度要比如何实现民营化更为重要，从而主张必须快速进行民营化，能多快就多快！谁是民营化最初的所有者，这一点并不重要，"市场"会很快把资产重新分配到能够有效利用资产的新的所有者手中，从而形成一个新的强有力的政治力量，而这股力量，将是实行自由市场经济的社会基础，他们会更积极地进一步推进更为广泛更为彻底的转型计划。

俄罗斯国有企业民营化，提供了不少值得我们深入思考的问题，主要集中在以下两点。

一是如何建立严格的公司法人治理结构？

据统计，俄罗斯职工所拥有的公司股票比世界上任何国家职工所拥有的都要多，但他们的权利却很小。公司的实际控制权完全掌握在董事长、经理的手里。董事长、经理继续保持着集权计划经济下的思维方式。企业资金不足，就靠削减生产、解雇职工，靠政府的补贴、贷款和拖欠债务来继续生存。这样的"公司"只能是"城头变幻大王旗"，实质内容并没有什么变化。这说明：建立科学的公司法人治理结构，确定符合国情的多元股权结构，是非常重要的问题。

二是如何让一部分国有资产"有序退出"？

俄罗斯在国有资产产权重新配置中，一些国有资产"无序退出"，造成了经济上的混乱，同时引发了社会各阶层尖锐的利益矛盾。我们国家吸取了这个教训。提出了"有进有退"的基本思路，对"有序退出"做出比较周密的部署。第一，规定了国有经济"退出"的领域；第二，在实施"退出"中，必须听取职工意见，规范操作，注重实效；第三，加快社会保障体系建设，依法扩大养老、失业、医疗等社会保险的覆盖范围。第四，特别强调稳定的宏观经济环境和政府在国有经济布局调整中的重要作用。

国有经济的改革任重道远。如果国有企业不思进一步改革，甚至蜕变为官办、官营的垄断经济，那将会给社会主义市场经济带来新的麻烦！

党的十九大后,国有企业的改革有了新的举措。国有企业改革在引入民资、实现混合所有制改革的同时,还通过并购、重组的举措,实现国有资源的重新组合和国资产业布局的优化。实践证明,混合所有制的改革,会使国有企业的经营机制发生改变;但有些国有企业,为了做大而进行"合并",却掩盖了国有企业面临的真正需要解决的体制转化问题,从长远看,不利于国有企业经营体制的转化和管理效率的提升。

发展非国有经济,为打破国有经济垄断状况创造外部的竞争环境,这是较俄罗斯培育市场经济微观基础比较成功的一条经验。改革开放40多年来,非国有经济的发展虽然有过波折甚至是风险,但从总体上看,还是逐步地得到了政策支持和制度保证。全国政协十三届一次会议新闻中心在人民大会堂金色大厅举行首场记者会,全国工商联主席高云龙介绍,截至2017年年底,我国民营企业数量有2726.3万家,个体工商户6579.3万户,注册资本超过165万亿元。民营经济对我们国家的经济社会发展做出了突出贡献。我们有个"5、6、7、8、9"的说法,即民营经济贡献了50%以上的税收,60%以上的国内生产总值,70%以上的科技创新成果,80%以上的城镇劳动就业,90%以上的企业数量,所以,民营经济在稳定增长、促进创新、增加就业、改善民生等方面做出了突出贡献。

三 对市场宏观调控机制的建设:政府职能转变

中国、俄罗斯在这个问题上走了完全不同的路子!俄罗斯有关政府职能改革的立足点是建立在将原有国家政体、国体推倒重建的思路上。

俄罗斯一些思想家认为:俄罗斯文化不具备能使经济增长和保障世界福利标准的潜力,因此要用猛烈的措施,不惜一切代价,打破原有的社会结构和制度,消除俄罗斯的文化和传统。莫斯科历史档案学院院长尤·阿法纳西耶夫说:"这种体制不应当修补!它有三大支柱:苏联作为一个中央集权的国家,非市场经济的国家社会主义，还有党的垄断。应当逐步的，不流血地拆除这三根支柱。"①因此，俄罗斯转型的定位在一开始就很明确："一定要把原来的那个国家机器搞散架"，将原有的国家政体、国体彻底摧毁，重新建立一个新的国家体制和政府机构。

俄罗斯思想家还认为：大政府便意味着无效率；小政府意味着高效率。所以转型后一定要建立一个小政府。美国经济学家杰弗里·萨克斯在1993年提出：中央计划官僚机构一旦退出原位，市场马上就会繁盛起来。在转型过程中，要扭转经济萎缩、实现经济复苏和增长，其最简捷的路径是采取各种措施，减少政府对经济事务的干预，以建立一个小政府。叶利钦政府在市场经济运行中无所作为，就是由此产生的。

而中国与此完全不同，政府职能在转型中经历了由管理向服务的巨大转变。

政府职能转变的目标是依法行政。政府职能转变既是经济转型的关键，又是推进政治体制转型的起点。传统管理模式下政府履行职能的基本方式是行政审批制度。审批范围广、环节多、效率低；审批几乎不受法律的制约，审批的自由裁定权很大。市场准入的前置审批，给人力资源的进入和流动设置了重重障碍，大大削弱了市场配置资源的效率；行政不负责任的审批，对社会造成了严重的浪费，政府也因此承担了对社会的无限责任，并由此付出了昂贵的代价。这也为"寻租"、官员以权谋私等腐败提供了温床。因此，改革行政审批制度、推进行政体制改革、重新建立起与社会主义市场经济相适应的行政审批制度，是转变政府职能的关键。只有政府职能得到了转变，建立了符合现代市场经济运行的新体制，才能谈得上如何运用财政政策、货币政策以及产业政策、收入政策对市场经济的运行进行调控。与革命时期相关联的政府职能，本能地要行使经济的集权管理；但与建设时期相关联的政府，理所应当行使公共服

---

① 详见《社会科学报》2007年4月19日。

务职能。

建立一个"公共服务型政府",是政府职能转变中的一个新问题。政府的存在是为了纠正市场的失灵,为社会提供市场所不能有效提供的公共产品和公共服务,同时制定公平的规则,加强监督,确保市场竞争的有效性和市场在资源配置中的基础性作用、决定性作用。在经济活动中,政府通过宏观调控、公正执法和提供公共品的服务,最大限度地减少经济发展的成本和风险;维护社会公正和公共安全,维护公民和法人的合法权利,保护生态环境。市场经济运行中的政府不是统治社会,而是要服务社会,要建立一个完善的公共服务型政府。因此,应坚持以人为本,注重并建立不同利益主体的利益表达机制、界定中央和地方的财权事权、加快公共服务的立法、建立信息公开制度,用市场经济的理念构建新型政府职能。

四 对市场安全网的建设:社会保障体系

凡实行转型,都必须对原有的国有经济垄断布局进行调整和结构改革,都必须对原来的收入分配平均主义制度进行调整,都必须使产业、金融、财政等方面的宏观调控逐步适应现代市场经济运行的需要,而这一切都会引起社会经济利益的新矛盾,从而引发一些社会问题甚至社会动荡,诸如通货膨胀(紧缩)的压力、失业和再就业、城市退休和养老、农村养老和保险、文化教育医疗、地下经济等城乡社会诸多问题的威胁。如何实现社会的健康转型?这不仅需要建立完善的市场经济的运行机制;同时,需要建立完善的社会保障体制并重构新的社会安全网,由具有社会保障、社会服务和社会救助功能的正规和非正规部门或组织构成社会保护伞,维护与经济发展水平相适应的社会公平。

由于国情和转型策略的选择不同,由此引发的社会问题及其带来的社会震荡也有显著的差异。就一般而言,转型期间,随着经济结构调整的深化、管理机构精简,企业停产甚至破产,成为一种正常的经济现象。这使得过去以企业或机构为基础的社会保障失去了根基。另外，原社会主义国家的养老金，一般都由公共财政负担，但随着时间的推移，这些国家大都进入了老龄化社会，而且人均寿命也在延长，这使公共财政的压力越来越大，社会保障的赤字变成了中央财政的赤字。在转型过程中，如果缺乏经济增长作后盾，税收制度不健全，中央财政状况就更加恶化，常规的社会保障项目也就成了无源之水，这使得原来社会保障水平低但却还算比较稳定的社会保障制度遭到了破坏。俄罗斯经济严重衰退和剧烈的社会动荡，使原来的社会保障体系遭到了完全的破坏，为此付出了沉重的代价。因此，改革和完善社会保障体系成为规避市场转型风险的安全网和有序推进转型的保障。①

转型期间社会保障制度的改革和完善主要应该在社会保障筹资方式、财务管理、运行监督制度等方面寻找新的思路，将集权计划经济下的企业保障转变为现代市场经济下的社会保障。俄罗斯似乎在这方面有更多的教训。而我国经济转型过程中保障体系却包含着更加复杂的难题，整个保障体系面临着更加沉重的财务压力。我国的社会保障的水平较俄罗斯低，转型前期中央财政收入占国内总产值的比重逐年下降，财政用于社会保障的开支与其他

---

① 在苏联，每一个公民都享受着相当完备的社会福利，人们可以免费乘车、免费医疗，政府则从财政预算中弥补铁路和医疗系统的亏损。苏联解体后，虽然实施了私有化，但很多福利优惠政策却仍然继承了下来。叶利钦时期，为讨好选民，甚至无原则地增加社会福利，使俄罗斯1.44亿人口中，分布在不同行业和社会阶层的1.03亿人，继续享受各种免费医疗、教育、物业管理等优惠政策。名目繁多的优惠政策、数额庞大的福利补贴已成为俄国政府的沉重负担。2004年8月5日，国家杜马通过了《以津贴取代优惠》的法案，根据这项法案，自2005年1月1日起，3200万老龄和弱势人口的福利待遇（包括免费使用城市公共交通、免费药品和疗养、低价使用水电煤气等市政服务等）都将被取消，取而代之的是政府以现金形式发放补贴。但在实施中由于改革分配不均，受到冲击最大的是老战士、退休者和残疾人，而各级公务员的社会福利优惠并未改变。因此引发了新的社会矛盾。俄罗斯科学院经济研究所沙洛京教授提供的一份有关俄罗斯贫困水平的资料中指出：按俄罗斯当年汇率计算，1999年人均每月32.4美元贫困线，到2006年，已经提高到107.2美元。

方面，如基础设施建设、文化教育等形成了尖锐的矛盾。值得注意的是，我国集权计划经济时代存在着城镇职工保护过度和乡村人口保护不足的差别，过去在企业保障下的工人，曾经获得过"从摇篮到坟墓"式的全方位生活保障及福利待遇。突然的失业不仅使他们的主要收入来源中断，家庭生活状况迅速下滑，过去的社会保障也都丢失了。因此，在城镇社会保障危机引发的社会矛盾远比乡村尖锐，失业者直接面对的就是政府，城市大规模的失业难免引发集中的社会冲突或社会动荡。困扰我国的社会保障制度的核心问题是资金严重不足，加上中国面临的人口老龄化问题，社会保障任务十分繁重。转型期，我国逐渐实行了个人账户和社会统筹相结合的制度，按规定，个人按工资的8%缴费并建立个人账户，企业或雇主按工资的20%缴费并建立统筹账户。但实际上，现在退休的人，很多过去就没有缴过养老金，当时是企业开支养老金。现在，这些人也要领养老金，但个人账户没有或只有很少的养老金，统筹账户也不足，国家占用个人账户资金支付已退休人员养老金，出现了个人养老金空账的问题。如何解决个人养老金空账？是一个值得思考的新问题，不过我们应该认识到，在集权计划经济的低工资下，国有企事业单位职工所积累的养老金，曾经被政府用作不断扩大生产的投资，它已经物化在了现有的国有资产之中，那些在旧制度下没有养老金个人账户积累的退休职工，有向政府索取其养老退休金的权益。这项权益实质上就是政府背负的隐性养老保险债务。将一部分国有资产变现为社会保障资金，实际上是将国有企业职工在国有资产中的一份劳动积累返还给他们。但还没有找到返还的有效途径和机制。从总体上看，后转型国家的社会保障体系，还很不健全，1978—2018年，国家财政收入从1123.3亿元直超18万亿元，达到183352亿元，但社会福利制度建设却相当滞后，人们被医疗、教育、养老、住房四座大山压得有些喘不过气来。中国经济虽然在高速增长，但穷人却没有相应地分享到经济高速发展的成果。

与经济转型同步，社会问题日益复杂化。中国经济转型的起点是着眼于经济发展，忽视了与市场相关的制度立法的严肃性，给官员的贪污、腐败和受贿提供了可乘之机，官员的权力向资本转化；中国经济转型注重经济的增长速度，忽视了社会政策的有效性，贫富差距扩大，中国已属于当今世界收入不平等程度很高的国家之一。1983年1月12日，邓小平曾经主张：让一部分人通过劳动先富起来。但那时，他似乎没有预见到劳动致富后的剩余资金一旦转化为资本，资本致富的速度以及由此产生的收入差距会快速扩大。1993年9月16日，邓小平曾语重心长地说：过去，我们讲，先发展起来。现在看，发展起来以后的问题不比不发展时少。富裕起来以后财富怎么分配，解决这个问题比解决发展起来的问题还要困难。要利用各种手段、各种方法、各种方案来解决这些问题。[①] 邓小平晚年所思考的问题，是很实在的，而这正是社会各个阶层所深深忧虑的问题。诸多社会问题的累积，威胁着社会安全网的有效性。与此相适应，关于中国社会转型与社会结构变迁的研究引起学界的关注，社会学家孙立平提出了"权利失衡""利益博弈""上层寡头化，下层民粹化"等概念与观点，体现了对社会问题的深入思考。[②]

五 在对外开放中加快转型："倒逼"功能

中国从2001年年底正式加入WTO以来，按照最惠国待遇和自由贸易原则，以劳动力、自然资源和发达国家的资金、技术、先进管理方法相结合，使国内经济获得了迅速发展，一方面，推动了国内产品和服务的出口，以此将一些长线产品和落后产业转移了出去；另一方面，增加了先进技术、外资的进口，借此加快高新技术产业

[①] 详见《邓小平年谱（1975—1997）》（下），中央文献出版社2004年版，第1356—1364页。

[②] 孙立平：《我们在开始面对一个断裂的社会?》，《经济管理文摘》2004年第7期。

和服务业的发展，提升国内产业发展的整体水平，产业结构的快速调整和优化，提供了数千万个新的就业岗位。国务院新闻办公室于2018年6月28日发布《中国与世界贸易组织》白皮书，指出：2001年中国加入世界贸易组织，是中国深度参与经济全球化的里程碑，标志着中国改革开放进入历史新阶段，全面加强中国同多边贸易规则的对接，既巩固了改革开放取得的进步，又使中国经济发生了史无前例的变化。从2009年起，中国由2001年的世界第六大出口国跃居为世界第一大出口国；货物贸易进口额年均增长13.5%，高出全球平均水平6.9个百分点，成为全球第二大进口国；中国的经济规模，先后超过英国、法国、德国、日本，成为世界第二大经济体，2013—2018年中国对世界经济增长的平均贡献率达30%。

但是，2018年年初，中美贸易发生了严重纠纷，美国以贸易吃亏为借口，以加征关税为筹码，强制性提出要求中国经贸政策进行深层次结构性改革，包括对美国知识产权的保护措施、停止强制技术转让、限制对国有企业的补贴、改变关税和非关税壁垒以及税制、增加中国购买美国农业、能源和工业产品等。

对美国的霸凌行为应该驳斥，但坦率地讲，中美贸易摩擦中的有些问题，也是国内理论界非常关注的问题。

比如：国有企业改革和补贴长期依赖产业补贴，甚至直接通过出口补贴来促进出口的对外贸易政策，将导致贸易目标错位、贸易条件恶化、通货膨胀加剧、外汇储备潜在风险增加等很多问题。补贴，尽管给出口企业带来了好处，但同时给消费者与政府带来了损失。且补贴并不符合经济全球化与自由贸易原则。以光伏产业为例，国家曾对这个行业提供了大量补贴，貌似提高了竞争力，但其利润相当程度上来自补贴。2019年上半年，中国政府取消了补贴，很多光伏企业利润立即下降，甚至企业自身都难以维持。因此，改革原有的补贴政策，实施公平竞争，就"倒逼"我们在企业产权改革上下功夫，提高企业效率！

再比如，中国关税的确过重，据统计，中国的宏观税负在

37%—40%，世界银行的研究表明，发展中国家和发达国家应该具有不同的"最佳宏观税负水平"，低收入国家的最佳宏观税负水平应该为13%左右；中下等收入国家应该为20%左右；中上等收入国家应该为23%左右；高收入国家应该为30%左右。就中国税制来说，以流转税（间接税）和所得税（直接税）并重的双主体税制结构也不尽合理，间接税占税收总收入的70%以上，消费、营业、关税等作为间接税的主要税种直接计入商品价格，无疑会提高物价水平，增加消费者的负担。在日常生活中，一件美国品牌的羽绒服，在美国不过百元，但进口到中国销售，消费者需要多付出成倍的货币。因此，学界一直呼吁税制改革，降低间接税的比重。

在对外开放中，坚持国家、民族利益，守住底线，特别是保证金融安全，进一步拓宽改革开放的广度、深度，这有利于中国尽快建立融入国际经济关系的市场机制，按照国际经济规则，"倒逼"中国积极去改革体制深层的痼疾，向符合中国国情的市场经济转型。

第三节 转型经济研究还需要进一步深化

转型经济研究是否能成为一门独立的经济学学科，还处在艰难的探索中，到目前为止，体系、范畴等都没有初步形成。转型经济学研究还需要进一步发展与深化。

一 转型经济研究需要强化对制度建设的研究

进入21世纪，对后转型国家制度建设的关注，成为转型经济学研究的一个新视角。这一点在由叶利钦自由市场经济转向普京可调控的市场经济的俄罗斯学界尤为明显。

俄罗斯学者列昂纳德·波里什丘克在《转型经济中的制度需求演进》[①]一文中结合俄罗斯经济转型的实践,对制度建设作了具体说明:转型初期,获得了经济控制权的金融与工业寡头,并不支持甚至是反对产权保护的制度建设。但是,随着转型的深入,特别是1998年金融危机后,经济主体对于透明、稳定和有效的法律制度的兴趣有所增加,更愿意将其业务从地下经济转向正式部门,更愿意足额支付税金以换取产权的公共保护、法律和秩序。但是,法治建设是一个博弈过程,它涉及政治文化、政府可利用的财政和监督工具以及社会进行政治组织的能力之间的关系。詹科夫、科莱泽在《新比较经济学》[②]一文中说:过分强调转型的速度最终被证明是毫无意义的。各国经济转型成就存在巨大差异,在很大程度上取决于其创立的新制度的有效性,而新建的制度,需要在控制无序与专制的危害中做出权衡取舍。新制度的功能,就是要控制无序与专制的危险。严重的无序,会带来社会的巨大损失;但用更大的权力来控制无序,也会产生更强的专制甚至滥用权力。这种思考的角度,对后转型国家新制度的建立,极富启发意义。

吴敬琏一直关注市场运行中的制度建设,他认为:市场经济就是法治经济。政府一定要为市场机制提供一个制度平台。没有这样一个制度平台,就很难摆脱规则扭曲、秩序混乱、权力干预市场交易等状况。[③]笔者在《转型国家不同制度安排和价值取向》[④]一文中也指出,近百年的历史以及转型国家的实践教训说明:市场经济对一个国家来说,是一个提高效率的机制,但搞不好,也可能是一个

[①] 列昂纳德·波里什丘克:《转型经济中的制度需求演进》,《比较》第9辑,中信出版社2003年版。

[②] 詹科夫、科莱泽:《新比较经济学》,《比较》第10辑,中信出版社2004年版。

[③] 吴敬琏:《当代中国经济改革》,上海远东出版社2003年版。

[④] 冒天启:《转型国家不同制度安排和价值取向》,《经济研究》2007年第11期。

让社会毁灭的机制。就世界范围来说，有两种市场经济：一种是良性的；另一种恶性的。我们需要研究到底什么是良性的市场经济？什么是恶性的市场经济？什么样的市场经济形态容易走向良性的市场经济？什么样的市场经济形态容易走向恶性的市场经济？它的演变过程会受到什么因素的影响？除公司结构、产权结构、市场结构、分配制度、政治制度等因素外，还有一些什么因素？完善我国现行的市场经济体制，虽然是要将现行的市场经济体制发展为一种良性的市场经济，但对许多别的因素如果考虑不足，制度建设滞后，对行政权力的应用缺乏监督、制衡和责任追究的机制，也不排除会演变成恶性的市场经济。

二 加强对权力、劳动与资本经济关系的研究，树立在社会主义民主政治下资本与劳动和谐的经济新思维

在改革开放前，资本曾经有过"被灭绝"的悲催经历；改革开放后，又经历了"被发展"的曲折过程。在中国特色社会主义的实践探索中，资本的存在，私有经济的发展，成为建设中国特色社会主义的一个全新的理论问题。

早在1953年贯彻过渡时期总路线、对资本主义工商业进行大规模的社会主义改造时，毛泽东就认为，"党在过渡时期的总路线的实质，就是使生产资料的社会主义所有制成为我国国家和社会的唯一的经济基础"[1]。在改造过程中，毛泽东又进一步提出，要使"资本主义绝种，小生产也绝种"[2]。在这种指导思想下，从那以后至20世纪80年代初，私人资本主义经济作为一种经济形态，在中国大陆基本上绝种。人们都有过很痛苦的回忆：房前宅后种菜、养鸡，以至摆小摊，都要被作为资本主义的尾巴而被割掉，承受着被批判、被斗争的灾难。

---

[1] 《毛泽东文集》第六卷，人民出版社1999年版，第316页。
[2] 《建国以来重要文献选编》第7册，中央文献出版社1993年版，第310页。

在改革开放后，国内私人资本及外国资本，都在政府的主导和政策扶植下在大陆得到了很大的发展。改革开放实践证明，中外资本这些非公有制的快速发展，不仅加快了一批新兴产业和行业的发展，支持了国民经济的高速增长，而且拓宽了就业渠道，增加了国家财政收入，对于增强整个国民经济的活力，充分调动社会各方面的积极性，发挥了重要作用。

但是，我们应该清醒地看到，资本总归是资本，追逐超额利润，是资本的天然属性。而在经济转型期，由于我国特殊的国情，弄不好，更会使这种天然属性得以放纵。一是我国实行社会主义市场经济，市场经济是在政府（权力）的主导下运行，资本准入市场的门槛完全由政府（权力）控制，经济增长一旦成为政府决策的主题，那么资本自然而然就会成为政府的宠儿，权力与资本勾结而由此发生一系列社会问题，就很难避免，比如：行贿受贿、贪污腐败等。二是就业在一个很长的时期内仍然是我国一项重大的经济、社会问题，剩余劳动力的存在，使劳动对资本始终处于被动地位，资本不愁找不到新的劳动力，这就很难避免利润侵蚀工资的问题，资本执意压低工资，或者不愿意提高工资，从而使收入差距逐渐拉大。

应该调整权力与资本、劳动的关系，尽快改变政府主导经济发展的角色，建立公共服务型政府，通过税制改革，强化社会保障制度的功能，2018年我国财政收入已达18万亿元，我们应该更多地提出新的政策和制度创新，经济高速增长了，让穷人能通过新的途径分享到经济高速发展的成果。我们需要一个健全完善的社会保障体制，由具有社会保障、社会服务和社会救助功能的部门或组织构成社会安全保护伞，维护与经济发展水平相适应的社会公平。

应该建立劳动与资本之间新的经济关系。恩格斯曾经认为：马克思的劳动价值理论，虽然深邃地分析了劳动与资本的经济关系，但这种分析，抽象了市场竞争、价格，在实际经济生活中是很难找到的。如果从市场经济的实际运行出发，考虑到市场竞争、价格变动的因素，恩格斯认为，价值是生产费用对效用的关系。这个理论在一个时期，曾遭到我国理论界的批评。经济学家孙冶方依据恩格斯的价值理论批评集权计划经济的低效率，也曾受到很不公正的对待。但在20世纪初，伯恩斯坦根据资本主义发展的新情况，对恩格斯价值理论做了新的解释，他认为：生产费用对价值量的形成无疑起着重要作用，但这里要解决的问题是如何实现物品的效用。物品效用即使用价值的实现，与构成市场的各个阶级的购买力有关，也就是说，效用是通过市场有效购买力实现的。产品进入市场成为商品，如果因购买力不足而卖不出去，资本的剩余价值也就不能实现。因此，要提高劳动者的工资，增强社会购买力，提高社会福利，这成为后来欧洲各社会民主党注重社会福利的经济理论基础。

当今我国正在经历着由计划经济向市场经济转变的大变革，这是一个不可逆转的大趋势。资本的存在和发展，已成为一个客观经济事实。但是，无论是利润侵蚀工资，或者是工资侵蚀利润，都会扭曲企业的发展，伤害劳动者的利益。在当今中国劳动力过剩、就业岗位紧缺的大背景下，我们应该更多地关注、维护劳动者的利益，要实施严格而科学的劳资谈判机制，强化工会的作用，遏制资本的贪婪，保护劳动者利益。资本应该明白，只有提高劳动者的社会购买力，才能使生产领域形成的剩余价值得到实现，资本人格化后的企业家，应该有这样经济理念、伦理价值观。这正是恩格斯关于价值是费用与效用比较的理论中题中应有之义。

构建权力、劳动与资本之间的和谐关系，是中国特色社会主义实践中一个全新的理论问题。

三 转型经济学研究需要经济学各流派更深入地融合，社会科学多学科进一步协调，合作攻关

马克思主义生产关系变革理论与新制度经济学的制度变迁理

论的结合在转型经济学研究中得到了有益探索,科学地吸取新制度经济学中某些观点,可以丰富马克思主义的制度变迁理论。我们清楚地看到,马克思生产关系变革理论有助于研究不同经济制度的更替;新制度经济学则研究既定经济制度下如何让制度更有效率。

比较经济学在对转型经济的研究中得到了广泛应用。2002年,由吴敬琏主持创建了《比较》杂志,提倡"以比较传递理念、思想和智识",根据中国经济转型中所遇到的重大问题,有选择地介绍转型国家的理论和实践、经验和教训,推动转型经济学研究的不断深入。章玉贵在他所著《比较经济学与中国经济改革》一书中对比较经济学在中国经济转型实践中的广泛传播作了系统介绍。①

应用演化经济学对社会经济制度的演化进行研究,其对转型经济学研究的深入也起到了推动作用,德国学者何梦笔用演化经济学的研究框架来研究大国转型,他认为:中国和俄罗斯两国存在着巨大的空间(或地区)差异,全国统一的经济转型政策将会引发各地区政治经济不同的反应,而这种反馈差异又将促使各地区逐渐形成不同的转型路径,从而使地方利益逐渐形成并日益强化,正视这个演化过程,才能为政府竞争创造一种能够操作的政策框架。马克思指出,达尔文进化论构成了他们学说的自然历史之基础,技术进步类似于生态系统中物种共同演化及其相互转换,这是一种进化论的经济学观点。对此,贾根良在《演化经济学——经济学革命的策源地》②一书中对此也作了详细的论证。

"社会主义也可以搞市场经济",这是一个科学命题,但是,弄不好,这个科学命题也会被扭曲为"权力主导下的市场经济",实践

---

① 章玉贵:《比较经济学与中国经济改革》,上海三联书店2006年版。
② 贾根良:《演化经济学——经济学革命的策源地》,陕西人民出版社2004年版。

中的市场经济，在权力的主导下会变得很坏很恶！比如：价格改革曾实行过"双轨制"，本意在减少价格改革对社会的震动，但有的掌权者却利用计划内、外产品材料的差价进行"官倒"买卖，掠夺国家财产；（国有）企业改革曾实行过"承包制"，本意在调动企业经营者的积极性，但有的掌权者却利用承包合同的签订，实施无风险承包，亏了由公家承担，赚了归自己，实际上是给公有资产的流失开辟了新渠道；在公司改制过程中，"空手套白狼"式掠夺共有财产的案例也屡见不鲜；当今一些大型国有企业，以国家权力的名义，从国家拨款"输血"，垄断社会优势资源，但从垄断经营中获利，高官高薪。[①]

网络、大数据的快速发展，不仅改变了人们的生活方式，更重要的是带来了社会的高度连通，它使得政府和市场各自作用的方式都在迅速发生着变化，提高了国家管理经济的科学水平，对政府履行经济调节、市场监管、社会管理、公共服务、四项基本职能的积极影响[②]；同时，企业家通过大数据也提高了对市场资源配置的有效性。但是，互联网、大数据技术并不意味着计划经济体制的复归，其中也还隐含着一些新问题，诸如个人信息保护、商业模式创新、产业安全等。江小涓做出了详细分析，科学技术的发展能促进社会的变革，但它不可能取代社会变革中的制度建设，这是在转型经济研究中值得重视的一个新问题。

转型经济研究所取得的理论成果，反映了中国经济学 70 年间理论思维的巨变。但是，转型经济研究成果对社会变革的解释，基本还停留在对经济发展政策进行解释的层面上，对于社会变革深层的问题，单就经济学而言，可能还显浅薄，因为它

---

① 岳希明、李实、史泰丽：《垄断行业高收入问题探讨》，《中国社会科学》2010 年第 3 期。

② 江小涓：《大数据时代的政府管理与服务：提升能力及应对挑战》，《中国行政管理》2018 年第 9 期。

还涉及政治、文化、民族、历史、宗教以及科学技术的新发展等全方位的理论问题，需要多学科协同研究，多学科协调，合作攻关。

（执笔人：冒天启，中国社会科学院经济研究所研究员）

第四十二章

从工业化赶超到高质量增长：中国经济增长理论研究 70 年

经济学把探寻国民财富的性质和根源作为自己的核心命题之一，而经济增长理论即是解答国民财富增长与国家兴衰之谜的关键钥匙。自新中国成立以来，中国经济从"贫困陷阱"起步，从一穷二白、短缺经济到物质极其丰富，国计民生实现了突飞猛进的改善，以 GDP 度量的国家综合实力已跃居世界第二，人均收入顺次跨越了世界银行的"低收入""中等偏下收入"区间，进入"中等偏上收入"阶段，正朝着全面实现"小康"和"高收入"阶段迈进。

纵观 70 年来的中国现代化探索和发展历程，按其增长性质可分为改革开放前后两大阶段。前一阶段是 1949—1978 年计划经济体制下的重工业优先增长。中国政府通过"三反五反""三大改造""人民公社""集体食堂"等一系列经济措施和政治运动，对所有制、经营、建设、户籍、就业、迁徙等生产生活的方方面面实施严格的制度控制，把可以调动的劳动剩余都转移到重工业发展。如此展开的早期现代化，无疑是一种"系统性扭曲"，是典型的计划经济实验和试错，其特点之一是缺乏确定性，波动较大。从 20 世纪 50 年代中期国民经济恢复到计划经济体制建立，始终处于"政治挂帅"，其后经历大炼钢铁、"大跃进"、上山下乡、"文化大革命"等"大折腾",1953—1977 年国民经济年均增速虽达 6.5%,奠定了工业化初步基础,但出现了三个时期的负增长,负增长高达 27.3%,到"文化大革命"后期,国民经济几乎走到崩溃的边缘。1978 年 11 月改革开放开启,在很大程度上为吃饭问题倒逼,是现实所迫。从农村联产承包开始,由此展开的 40 多年现代经济增长过程,经历了引进外资,承包制,价格闯关,1992 年后社会主义市场经济体制建立,对外开放"快步走",宏观经济管理制度大调整,1998 年亚洲金融危机,下岗分流,2001 年加入世界贸易组织,2005 年汇率升值,2008 年国际金融大危机等重大事件。1978—1991 年是计划体制下的重工业赶超转向边际改革驱动的全面工业化(经济年增速 9.3%),但属于市场经济体制建立初期。1992—2011 年是重化工业化加速阶段(经济年增速高达 10.5%),突破"贫困陷阱",全面实现了工业化"起飞"。2012 年后进入深度城市化阶段,从数量型增长转向质量型增长,预期 2019 年城市化率突破 60%,2035 年将跃迁到 70%以上,城市化已经成为"新常态"的主导趋势和核心议题,为了继续实现人均 GDP 向高收入阶段的飞跃,未来 20 多年将再次面临经济体制的调整。

与 70 年来的经济"大赶超"、结构"大转型"亦步亦趋的,是中国经济增长理论研究范式的"大转向"。以 1978 年中国改革开放启动为界,前 30 年的经济增长理论研究是"封闭条件下的重工业优先增长范式",后 40 年则是"开放条件下的现代经济增长范式",而其中的最近 10 年伴随经济增长减速,又更多地表现为"高质量转型"的理论与政策探索。本章试图对此展开回顾与讨论。[①]

[①] 对于赶超中的主导理论转向,我们曾在《增长六十年》(王宏淼、张平,2013)一文中作过较为细致的梳理。

第四十二章　从工业化赶超到高质量增长：中国经济增长理论研究70年

第一节　"赶超模式"大转型与经济增长研究范式之扬弃

从1949年新中国成立到1978年，中国经济走了一条模仿苏联体制下重工业优先增长的经济赶超道路。重工业赶超增长模式就其实质而言，是以马克思主义经济学的再生产理论为依据，从突破资源稀缺对经济增长的约束入手，通过对产品和要素施以严格的行政控制、价格管制和计划配给制度，以保证资源以较低的经济成本优先流向重工业部门，克服产业结构中重工业薄弱对国家安全和经济发展产生的"短边效应"，使国民经济在最短的时间内加速增长，实现工业化追赶甚至超过发达经济的强国目标。这一模式的特点和经济表现可概括为"十低十高"：低基数、高增长，低消费、高积累，低轻工、高重工，低城市化、高工业化，低城乡融合、高二元分割，低自由择业、高隐性失业，低劳动激励、高平均主义，低市场竞争、高计划控制，低开放交换、高封闭循环，低稳定性、高波动性。

不可否认，我国在改革开放前的经济增长率确实是比较高的。在近30年特殊的政治环境和计划经济体制下，以高度政治化的统制经济在一穷二白的土地上集中资源进行重工业化的实践，赶超模式促进了中国的重工业化发展，在新中国成立以后的二三十年间获得了类"苏联模式"的数量驱动型超常规增长。但同时，这种增长模式的偏差也产生了巨大的社会经济代价。可以观察的典型化事实是重工业自我推动导致巨大的周期波动性，经济大起大落，经济结构严重畸形，生活水平得不到提高，民生极其困顿，"短缺"现象严重，国民经济在20世纪五六十年代初的短暂高增长之后就难以为继，于60年代中期到70年代末陷入严重停滞，甚至走到崩溃的边缘。

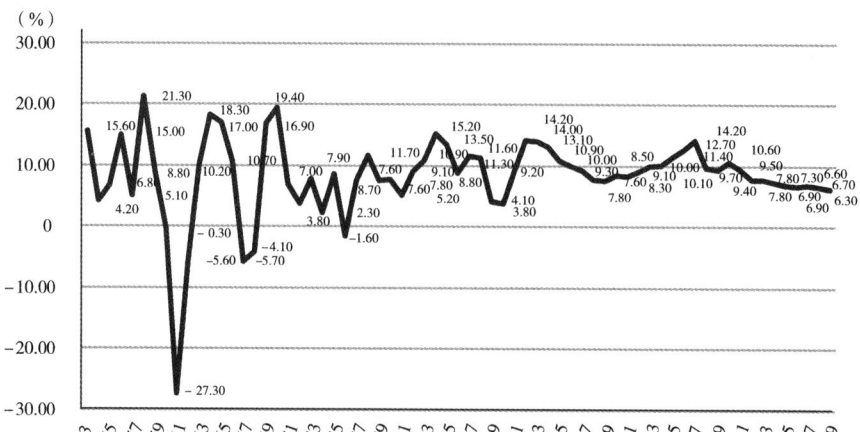

926　第七部分　经济学"中国化"的重大进展

图 42—1　1953—2019 年中国经济增长率

资料来源：《中国统计年鉴》(2018)，中国统计出版社 2018 年版。

"人均收入"是代表经济发展水平最为典型的指标，该指标清楚地显示出中国此时期与国际上的收入差距并未实现缩小，而是存在不断扩大的趋势。基于世界银行数据库资料，我们计算得出 1965 年世界银行"中上收入国家"的人均收入相当于中国的 3.82 倍，而到 1982 年却达到了历史高点 9.43 倍，在近 20 年间收入差距扩大了近 6 倍；1967 年，"非 OECD 高收入国家"的人均收入相当于中国的 5.24 倍，1981 年达到历史高点 32.13 倍，中国与之的收入差距在 15 年间增加了近 27 倍。再加上"文化大革命"带来的大震荡和大混乱，国计与民生、积累与消费、城市与乡村等之间的矛盾在 20 世纪 70 年代日趋激化，传统的生产关系及命令经济配置资源模式，严重束缚了生产力及社会发展水平的提高。而这一模式的失败，事实上也是重工业优先增长型赶超理论的被"证伪"。

吃饭问题逼迫"赶超"结构转向，改革启动了新的经济增长模式。进入 20 世纪 80 年代后，研究的两大焦点是对计划经济体制的反思和对改革方向的探索。尽管人们对新道路的细节一时还不十分清楚，但是扩大市场的作用，以边际上的增长来推动旧体制的变迁，却逐渐成为共识。学界比较一致地认识到：第一，生产资料特别是重工业的优先增长（"以钢为纲"方针）是片面的，新中国成立以来长期的国民经济比例关系严重失调，已成为国民经济向前发展的障碍。为从根本上改变这种不合理的经济结构，必须按照基本经济规律，把满足人民生活需要作为出发点和立足点，首先安排好农业、轻工业的发展，然后围绕农业、轻工业生产发展的需要安排重工业的发展。[1] 否则由于农业和轻工业的滞后发展，供不应求，会影响安定团结局面，使广大群众不能及时地获得所需要的消费品。加速发展农业和轻工业，可为"四个现代化"建设创造安定团结的局面。[2] 第二，改革开放促使经济赶超模式转型，要处理好改革力度、经济增长速度和质量同经济稳定的关系。新的经济建设道路要求保持经济发展的适当速度，获得持续、稳定、实惠的增长。保持合适的积累率仍是完全必要的，但既要避免过去高积累率、低消费水平的做法，也不能走低积累率、高消费水平的路子。同时还要注重经济效果，避免积累率的暴起暴落。实现经济发展速度、比例和效果的统一，就可以避免过去在经济建设中出现的各种大的失误和问题，使国民经济能够以持久稳定的高速度发展。[3] 一些论文针对当时的通货膨胀现象，提出要正确处理经济体制改革和经济发展的关系：一方面要坚持改革，稳步前进，促进经济稳定；另一方面要保持适度增长，治理经济环境，为进一步改革创造条件。[4] 第三，关于政府促增长、保稳定的调控手段，一批中青年经济学者提出"双轨制"，并提

---

[1] 冯宝兴、万欣、张大简：《在一定时期内优先发展轻工业的客观必然性》，《经济研究》1980年第1期；季龙：《贯彻调整方针，大力发展消费品生产》，《经济研究》1981年第5期。

[2] 吕律平：《关于加速发展轻工业的几个问题》，《经济研究》1980年第2期。

[3] 王向明、董辅礽：《社会主义经济发展的高速度问题》，《经济研究》1981年第4期。

[4] 刘洪、魏礼群：《正确处理"七五"计划中的几个重大关系》，《经济研究》1985年第10期。

出要按经验数据("财政框框")、积累消费比例、以人为中心的社会全面发展目标三方面要求来保持适度经济增长。[1]

随着思想解禁和改革开放的推进,经济增长研究的潮流,很自然地从马克思主义增长理论范式转向了现代经济增长理论范式。实际上,早在20世纪50—60年代新古典经济增长理论形成的较快时期,陈彪如等国内学者曾以《现代外国哲学社会科学文摘》为阵地,在1960—1964年对杜玛、爱蒂肯、甘恩、米德、琼·罗滨逊等西方经济学家关于经济增长的论著作过几篇简要介绍,可惜这一学习过程因"文化大革命"而中断。1978年改革开放启动前夕,杭勤在《国际贸易问题》(1978年第1期)上发表的《科技革命对战后资本主义经济增长的作用》一文,或许是"文化大革命"结束后第一篇直指"经济增长"的论文,标志着现代经济增长问题开始正式进入中国学者视野。其后,国内又有多篇考察研究美国、日本、英国、法国等资本主义国家经济增长相关问题的论文发表,分别探讨教育、积累率及基本建设投资与中国经济增长的关系。[2] 但那时,国内经济学者的工作仍主要是对卡莱茨基社会主义经济增长模型的引进和研究[3],以及探索两大部类的平衡增长,建立财政、信贷、物资等在内的综合平衡理论等。1985年8月,谭崇台在国内主流学术期刊《经济研究》发表《经济学说史中应当研究经济增长和经济发展思想》一文,这意味着国内一批学者已经开始全面关注和研究西方的经济增长理论。此后,经济增长理论陆续被引进,并应用于中国经济的

---

[1] 戴园晨:《保持适度经济增长率和采取"供给略大于需求"的反周期对策》,《经济研究》1989年第8期。

[2] 厉以宁:《论教育在经济增长中的作用》,《北京大学学报》(哲学社会科学版)1980年第6期;沈士成:《从积累率和国民收入增长率的数量关系看我国今后二十年间的经济增长速度》,《经济与管理研究》1981年第2期;梁文森、沈立人:《增加基本建设投资同经济增长和资金平衡的关系问题》,《经济研究》1982年第6期。

[3] 例如,余永定:《从FMD模型到社会主义经济增长模型》,《世界经济》1982年第12期。

经验研究。

从 1984 年张培刚的早年论著《农业与工业化》中文版①在国内面世，到 1994 年林毅夫、蔡昉和李周用现代经济学的规范方法对中国经济改革前后的事实进行归纳并出版《中国的奇迹》一书，十年间随着国际文献的引用，包括"资本形成""技术创新""干中学""结构模型""比较优势"等理论为国人熟知，现代经济增长的研究范式成为主要理论工具，在分析方法上逐步从结构分析的静态研究转向动态路径分析转变，研究经济增长的论著也逐步问世，并在 21 世纪以后形成一个研究热潮。我们基于一项早期统计并进一步补充分析发现②，1985 年后在国内主流经济学期刊《经济研究》上发表的论文中，题目中包含"经济增长"四字的平均每两个月就有一篇。这些专论文章又密集地发表在 1999 年之后——正是中国改革关键期和经济增长面临重大挑战时期。2007 年之后，在《经济研究》上冠名"经济增长"的文章年均达到 15 篇，平均每期约 1.3 篇，这还不包括那些与增长相关的文献。这表明，增长问题随着改革的不断推进越来越被重视，人们不仅研究经济增长理论，关心 GDP 等与增长相关的经济指标，而且开始用新的研究范式和成果为中国现实经济增长与结构调整服务。

总的看来，改革开放 40 年的经济增长模式仍然是以"赶超"为特征的，但这种赶超，是越来越基于市场而非计划、越来越趋于开放而非封闭、出口与投资双轮驱动、工业化与城市化齐头并进的新型加速增长。伴随改革前后的新旧赶超模式"大转型"而来的经济增长理论范式"大转变"，是改革开放条件下中国学术研究氛围日渐宽松、能够更好地吸收国际知识扩散并直面中国现实问题的结果，同时这种转变也反过来为经济实践提供了新的理论工具和决策支撑，

---

① 张培刚：《农业与工业化》（上卷），华中工学院出版社 1984 年版。
② 张卓元、王宏淼：《增长理论视角的"中国增长奇迹"——评〈改革年代的经济增长与结构变迁〉》，《经济研究》2009 年第 7 期。

由"干中学"产生的知识创新效应与改革创新效应相互促动,形成了一种良性循环。

第二节 改革以来的"经济奇迹"及其增长源泉:若干争论

20世纪后半叶中国经济的高速增长和异军突起,引发了广泛的研究兴趣。对于这一增长过程和机制的研究,国内外一直不断有各种数据、理论和经验文献涌现,相关的典型事实仍在不断地被归纳之中。但正所谓"横看成岭侧成峰,远近高低各不同",不同人从不同视角出发,得出了差异化理解和竞争性观点。

在20世纪90年代,林毅夫、蔡昉和李周较早提出了"中国增长奇迹"这一命题。随着时间流逝再来审视中国经济成就,相当多的国内外学者认同中国"增长奇迹"的提法,特别是通过国际比较之后,更能同意这一观点。当然也有不同声音存在。同在1994年,美国经济学家克鲁格曼就提出对"东亚奇迹"的质疑[①],此后他对"中国奇迹"一直不以为然,认为中国经济的高增长在很大程度上是因为"文化大革命"之后的低基数导致的,而且中国的经济统计数据大有水分。他同时高调批判中国制造污染、大搞生产补贴和保护主义、实行掠夺性的汇率政策以累积巨额贸易顺差,甚至在博客及专栏中言辞激烈地称中国为"流氓国家"。另有学者如陈志武认为,只是自我纵向比,当然容易看到奇迹——事实上中国的增长并无"奇迹"可言,只是赶上了全球化的好运气。中国经济成就至少包括两个主因:已成熟的工业技术和有利于自由贸易的世界秩序。这种发展条件或机遇来自西方,而非源自中国。如果把中国改革开放在

---

① Krugman, P., 1994, "The Myth of Asia's Miracle", *Foreign Affairs.* 73 (6), pp. 62 – 68.

150年来全世界的大框架下做横向比较,就会发现与其说是中国的奇迹,还不如说是世界带来的奇迹。改革开放的贡献在于让中国加入了起源于中国之外的世界潮流,让中国搭上了全球化的便车。后发之所以有"优势"也在于这种"便车"已经存在。如果靠模仿也能给中国带来奇迹,那恰恰说明西方过去500年发展的科学技术和所建立的世界秩序的重要。[1]而秦晖则在多篇文章中认为,中国改革的巨大成就,可以称得上"奇迹",但"纵向有进步,横向有落差",中国改革仍然雄关漫道、任重道远。[2]

对于上述观点的争论,需要基于中国经济增长的事实,从多个角度来寻求答案。

首先,无论从增长速度、经济规模、增长稳定性的纵向还是横向比较来看,中国经济增长称为"奇迹"并不过分。改革开放40多年来,从规模看我国国内生产总值(GDP)从3679亿元增长到2018年的90万亿元,年均实际增长9.5%,远高于同期世界经济2.9%左右的年均增速。我国GDP占世界比重由改革开放之初的1.8%上升到2017年的15.2%,多年来对世界经济增长贡献率超过30%,成为拉动世界经济增长的重要引擎。货物进出口总额从206亿美元增长到超过4万亿美元,累计使用外商直接投资超过2万亿美元,对外投资总额达到1.9万亿美元。主要农产品产量跃居世界前列,建成了全世界最完整的现代工业体系,服务业比重超过50%,成为经济增长主导驱动力。外汇储备与进出口贸易均居世界第一,吸引外资持续位列发展中国家第一。从增长稳定性来看,物价长期保持基本稳定,40多年来经济增长率的变异系数不到0.3,体现了典型的高位平稳增长特征,在高增长国家中实属罕见。这一系列成就,确实可称为中国增长奇迹。

其次,从民生来看,中国已解决了全球1/5人口的吃穿住行问题,

---

[1] 陈志武:《重新思考中国奇迹》,《经济观察报》2008年2月18日。

[2] 参见秦晖《"中国奇迹"的形成与未来》,《南方周末》2008年2月21日等文章。

摆脱了"贫困陷阱",进入了中等偏上收入发展阶段,与发达国家的收入差距呈现收敛态势,经济增长惠及民生。人均 GDP 由 1980 年的 313 美元增加到 2018 年的 9800 美元,在世界各国中增速居前。全国居民人均可支配收入由 1978 年的 171 元增加到 2018 年的 2.8 万元,中等收入群体持续扩大。40 年间贫困人口累计减少 7.4 亿人,贫困发生率下降 94.4 个百分点,成为人类反贫困史上的一大奇迹。九年义务教育巩固率达 93.8%,建成了包括养老、医疗、低保、住房在内的世界最大的社会保障体系,基本养老保险覆盖超过 9 亿人,医疗保险覆盖超过 13 亿人。常住人口城镇化率 58.5%。居民预期寿命由 1981 年的 67.8 岁提高到 2017 年的 77.0 岁。我们按世界银行的人均收入组别数据计算,1978 年改革启动之时,高收入 OECD 国家、高收入非 OECD 国家、中上收入国家、中等收入国家的人均国民收入分别是中国的 37.5 倍、20.6 倍、7.5 倍、2.8 倍,随着中国正在跨越中上收入区间,预计到 2020 年全面达成小康目标时,中国与高收入 OECD 国家的人均收入差距将缩小至 3.4 倍。可见 40 年来我国人均收入的赶超效果极其突出,与发达国家的贫富差距日渐缩小。[①] 从这一点来看,"中国奇迹"也应是实至名归。

再次,从增长性质看,改革开放 40 多年间中国仍处于经济赶超的发展阶段,仍是一种结构非均衡的经济增长。其增长动力主要来自以下四个方面。

(1) 要素投入。改革开放以来中国经济的高增长过程,表现出与高投资率(以及高储蓄率)极大的相关性,这一点得到了几乎所有研究的支持。1979—2010 年年均投资率 38.3%(GDP 年平均增长率达到 9.9%)。21 世纪头十年,由于城市化的高速扩张,投资率和增长速度也上升较快。2003—2010 年年平均投资率达到 43.7%,而

---

① 新古典增长理论一个最直接的检验假说,是其关于国别或地区经济增长的"收敛性"估计与预测,包括 σ 收敛、β 收敛、俱乐部收敛、γ 收敛等。尤其在国内各地区比较方面,已经有大量的"收敛性"测算文献。

GDP 增长率达到平均 10.9%。① 直到近年随经济转型，投资率才出现下降。除了高投资率外，人口红利带来高储蓄的资本供给和劳动力持续供给也直接提升了经济增长速度。

（2）结构变革。中国转轨经济的典型特征就是持续的高储蓄率和高投资率，剩余劳动力由农业向工业（工业化）、由农村向城市（城市化）、由国有向非国有（市场化）的持续转移是我国经济能够长期、高速增长的关键。②而从封闭经济转向开放经济（国际化），也极大地促进了经济规模扩张、市场拓展、资源优化配置和技术进步。③ 这一切是与体制改革分不开的。改革解放了生产力，促进了个人自由与经济自由，推动了要素的优化配置，激励了中国经济的高速增长。我国实现工业化和现代化、变二元经济结构为现代经济结构的根本动力，来源于与发展模式相配套的经济体制改革，发挥市场在资源配置中的基础性作用是经济效率提高和经济持续增长的关键④。中国经济的高速增长，得益于改革开放降低原先高居不下的体制成本，从而在全球化中发挥出比较优势，这是中国经验的根本。⑤ 不过随着改革因素逐步常规化（如现代企业制度建立、金融动态调整、加入 WTO 等），体制改革的贡献增量正在下降。

（3）技术进步。早期发展经济学家认为经济"起飞"的动力在于资本积累，而现代经济增长理论则认为技术进步是经济增长的决定因素，技术进步的源泉又来自人力资本投资和知识创新。中国经

---

① 中国的大规模投资建设速度，在国际上也是惊人的。从战后西方五个发达国家（美、日、德、英、法）看，即使由于面临战后重建等原因其投资率也未超过 30%（日本要高些，1960—1970 年的平均投资率达到 35%），在大部分时间均只有 25% 左右，近年的投资率更低，甚至在 20% 以下。

② 李扬、殷剑峰：《劳动力转移过程中的高储蓄、高投资和中国经济增长》，《经济研究》2005 年第 2 期。

③ 江小涓等：《中国经济的开放与增长：1980—2005 年》，人民出版社 2007 年版。

④ 张卓元：《张卓元文集》，上海辞书出版社 2005 年版。

⑤ 周其仁：《体制成本与中国经济》，《经济学》（季刊）2017 年第 4 期。

济增长与宏观稳定课题组的理论研究亦已证明，开放条件下的大量技术引进、"干中学"和竞争性低成本模仿—套利机制，加速了中国的技术进步，不过其效应会随着一国技术进步水平与国际技术前沿距离拉近而下降。[①] 但实证中却有很大分歧，如一大批增长核算文献的研究结论是改革开放以来中国TFP增长率并不高且有较大的波动，在一些年份甚至还出现了持续下降（如20世纪90年代中后期），直至21世纪后才有所回升，总体上中国经济主要靠要素累积尤其是高投资推动增长，低技术进步与高投资、高增长构成了巨大反差。[②] 另一些研究或测算发现，生产率的增长来自体现型技术进步与非体现型技术进步，中国的技术进步可能更多的是内嵌于设备资本的体现型或物化的技术进步。[③] 另外，一些研究[④]

---

① 中国经济增长与宏观稳定课题组：《干中学、低成本竞争和增长路径转变》，《经济研究》2006年第4期。

② 张军、施少华：《中国经济全要素生产率变动：1952—1998》，《世界经济文汇》2003年第2期；颜鹏飞、王兵：《技术效率、技术进步与生产率增长：基于DEA的实证分析》，《经济研究》2004年第12期；郑京海、胡鞍钢：《中国改革时期省际生产率增长变化的实证分析（1979—2001年）》，《经济学》2005年第2期；孙琳琳、任若恩：《中国资本投入和全要素生产率的估算》，《世界经济》2005年第12期；郭庆旺、贾俊雪：《中国全要素生产率的估算：1979—2004》，《经济研究》2005年第6期；刘伟、张辉：《中国经济增长中的产业结构变迁和技术进步》，《经济研究》2008年第11期。

③ 郑玉歆：《全要素生产率的测度及经济增长方式的"阶段性"规律》，《经济研究》1999年第5期；易纲、樊纲、李岩：《关于中国经济增长与全要素生产率的理论思考》，《经济研究》2003年第8期；林毅夫、任若恩：《东亚经济增长模式相关争论的再探讨》，《经济研究》2007年第8期；舒元、才国伟：《我国省际技术进步及其空间扩散分析》，《经济研究》2007年第6期；赵志耘、吕冰洋、郭庆旺：《资本积累与技术进步的动态融合：中国经济增长的一个典型事实》，《经济研究》2007年第11期；王小鲁、樊纲、刘鹏：《中国经济增长方式转换和增长可持续性》，《经济研究》2009年第1期。

④ Bai, C. E., Hsieh, C. T., Qian, Y.（白重恩、谢长泰和钱颖一），2006, "The Return to Capital in China"（中国的资本回报率）, Brookings Papers on Economic Activity, No. 2. 中国经济观察课题组：《中国资本回报率：事实、原因和政策含义》，北京大学中国经济研究中心研究报告, 2006年。

也发现改革开放以来中国平均资本回报率明显高于大多数发达经济体，也高于很多处于不同发展阶段的经济体。这暗示着如果没有较大的效率改进，高回报现象是不可能持续出现的，外资也不可能持续涌入中国。

（4）中国的增长率也受益于无环境约束。从10年样本期的平均情况看：20世纪80年代的碳排放增长增速为4.7%，1990—1999年为3.4%，2000—2006年为9.2%。一些估算表明，改革开放至2018年，中国潜在经济的增长速度平均为9.5%，其中大约1.3个百分点是环境的代价；进入21世纪以来，环境消耗拉动经济增长平均为2个百分点。[1]

改革开放以来的中国经济增长图景，分阶段来看可能更清晰[2]：① 20世纪80年代是农业大包干、乡镇工业兴起和国有工业"政企分开"[3] 带动下的经济增长。在这十年的前半期，农村制度创新激励下的农业经济效率一次性提高对增长的作用较明显，后半期随着全要素生产率（TFP）下降，农业剩余资本化配合金融多元化激励下的工业资本积累开始主导经济流程。② 20世纪90年代通过价格并轨而基本实现了产品价格的市场化，大批企业从承包制完成了"减员增效""转制""重组"。此时期的产权改革配合"招商引资"与金融分业改革，使得资本形成更多地表现为实物资产重估推动下的规模扩张逐年升级，相应地，TFP的作用却逐年减弱。③ 21世纪后，中国经济增长进入国际化扩张、城市化加速双重主导的发展阶段，尤其在2005年之后伴随着汇率改革，越来越多地表现为国际资本参与下的实物资产甚至虚拟资产升值推动的急速资本形成，而经

---

[1] 袁富华：《低碳经济约束下的中国潜在经济增长》，《经济研究》2010年第8期。

[2] 中国经济增长与宏观稳定课题组：《资本化扩张与赶超型经济的技术进步》，《经济研究》2010年第5期。

[3] 城市工业在国有体制下引进"市场调节"，即所谓20世纪80年代的"政企分开"。它包括财政分配上的"利改税"、投资上的"拨改贷"、流通上的"双轨制"与经营上的"承包制"，乃至发生1988年的"价格闯关"。

济创新被抑制，全要素生产率维持在低位增长。[1]

最后，从经济增长的成本来看，"中国奇迹"所对应的代价无疑是极为高昂的——这也正是一些学者或国际机构认为中国增长无奇迹、唱衰中国的重要原因。比如要素价格及其配置体制扭曲，资源利用低效与环境污染，以及高积累、低福利和日益扩大的收入和地区差距等，表现出强烈的路径依赖特征而难以改变。这些经济扭曲与结构失衡，就是创造增长奇迹所付出的代价。当然，这也是很多经济体为实现赶超所付出的代价，而这样一种忽视成本的赶超型增长模式是不可持续的。

第三节 长期增长路径、机制与"结构"：关键问题的理论求索

改革开放后新古典增长理论、内生增长理论等新理论范式的引进，为中国经济赶超模式的动态调整、寻求持续增长之路提供了基本的思想和方法。切合中国的增长理论一直在不断的归纳之中，关键的制度特征及结构转变等问题也越来越被关注。从增长路径看，中国改革开放 40 多年的人均 GDP 产出轨迹符合递增的赶超曲线，增长模式仍未能摆脱传统工业化道路，并带有极其明显的重商主义特征。林毅夫等归纳为"赶超战略"，张军的"过度工业化"命题[2]，刘世锦的"低价竞争模式"，袁志刚等对中国经济的制度、结构和福祉三个角度的考察[3]，中国经济增长与稳定课题组的"S 型增

---

[1] 中国经济增长与宏观稳定课题组：《资本化扩张与赶超型经济的技术进步》，《经济研究》2010 年第 5 期。

[2] 张军：《资本形成、工业化与经济增长：中国转轨的特征》，《经济研究》2002 年第 6 期。

[3] 袁志刚主编：《中国经济增长：制度、结构和福祉》，复旦大学出版社 2006 年版。

长曲线中的指数增长"以及"低价工业化""高价城市化"①的结构转变,宋铮及其两位欧洲合作者概括的"中国式增长"②,贺大兴、姚洋的"中性政府论"③,都试图从不同角度揭示中国增长模式的性质与制度条件。

尽管我国政府从1995年起就强调经济增长方式从外延转向内涵,并在21世纪之初提出了"科学发展观",提出了从粗放型到集约型的增长目标,并越来越强调节能减排、自主创新、循环经济等一系列具体的要求或约束,但长期以来只重数量的粗放型增长在一段时间内并未有实质改观,究其原因:(1)传统经济增长的粗放程度很高,但转换模式也需要付出代价。④(2)国家管制下的资源定价、行业垄断、财税体制、政府定位和干部政绩考核和提拔任用体制助长了粗放型增长,制约了转变。⑤(3)赶超的结构失衡会产生很强的增长和利益分配的路径依赖,政府干预的激励机制在短期内较难改变,往往导致干预路径被锁定,结构和机制调整困难。在存在结构性规模收益递增的条件下,政府实施的干预资源配置就有了其内在的经济逻辑和动力,政府干预在一定时期内对经济发展是有效的,而当规模收益出现递减或难以抵消政府干预的成本时,转型

---

① 中国经济增长与宏观稳定课题组系列报告(2004—2010)对资本形成、技术进步、财政政策、金融发展、增长失衡和政府责任、可持续发展机制等进行了系统研究。主要成果可参见三本专著:张平、刘霞辉主编《中国经济增长前沿》,社会科学文献出版社2007年版;刘霞辉、张平、张晓晶《改革年代的经济增长和结构变迁》,格致出版社2008年版;张平、刘霞辉、王宏淼主笔《中国经济增长前沿Ⅱ》,中国社会科学出版社2011年版。

② Zheng Song(宋铮), Kjetil Storesletten and Fabrizio Zilibotti, 2010, "Growing Like China", *American Economic Review*, No. 101.

③ 贺大兴、姚洋:《平等与中性政府:对中国三十年经济增长的一个解释》,《世界经济文汇》2009年第1期;贺大兴、姚洋:《社会平等、中性政府与中国经济增长》,《经济研究》2011年第1期。

④ 张卓元:《"十一五"时期转变经济增长方式的紧迫性》,《宏观经济研究》2006年第1期。

⑤ 刘晓辉:《转变经济增长方式要从体制入手》,《经营与管理》2006年第3期。

才成为必须。①

一个关键问题是增长型政府的干预。改革开放以来政府把经济增长作为首要目标，并形成了相应的制度安排：（1）党管人事，为动员控制全国经济资源并集中使用提供了体制性保障。（2）激励性和歧视性制度供给。如与出口导向政策相配合的固定汇率政策和结售汇制度，1994年汇率贬值提高了中国企业的全球竞争优势，1994年以后中国外贸持续顺差，外汇积累不断增加；在税收方面，通过所得税"三减两免"等措施激励外资的流入，退税激励企业出口，1997年以后几年积极的财政政策直接改善了中国基础设施，为中国工业化和城市化大发展打下了坚实的基础，2008年国际金融危机后实施大规模政府投资和产业振兴计划；在货币创造方面多年持续保持了 $M2/GDP$ 超过 1.6 的高比例，为经济增长提供了宽松的货币条件，近年来这一比重甚至达到 2.1 的全球罕见新高。而户籍管理制度上沿海开放地区的优先发展政策，国有与非国有政策支持上的差异，大企业垄断，资本控制下单向的 FDI 流入便利化，贸易管制逐步放松背景下进出口并重但更强调出口便利化，等等，都是非平衡赶超背景下歧视性经济管理政策的具体体现。（3）以数量型手段为主的宏观反周期调控。从改革开放以来，经历了近十次宏观调控，以数量型手段为主（如银行准备金调整、信贷配给、资本市场额度控制、购房限制、压产能等）、行政手段和价格手段为辅。在市场化初期价格机制不敏感情况下，这种干预方式往往目标明确，见效比较快，但相应问题也不少。

中国增长模式中的上述政府干预特征，引起了几种对立的观点。一类观点认为这是中国社会主义制度优越性的体现，好集中力量办大事。如20世纪80年代中后期邓小平谈到中国改革经验时就认为：现存体制"有个最大的优越性，就是干一件事情，一下决心，一做

---

① 张平、王宏淼：《发展模式转型：利益和机制调整是关键》，《中国社会科学报》2010年10月19日。

第四十二章 从工业化赶超到高质量增长：中国经济增长理论研究70年

出决议，就立即执行，不受牵扯"。① 在中国改革开放以来的持续大规模基础设施建设、历次宏观调控以及在对抗1997年、2008年两次国际金融危机的冲击等重大事件中，中国都表现出极强的政府动员能力和集合力量。这被一些人归纳为体制优势，近年来甚至上升到"中国模式"，并吸引了大量学者参与讨论。而贺大兴、姚洋则在其文章中把"中性政府"作为"中国模式"的主要特征之一，认为这是中国经济增长取得成功的重要因素。他们认为别国的代议制政府不是代表富人实行"右派"政策，就是代表穷人搞"民粹主义"，只有中国政府既不是穷人也不是富人的附庸，所以既不怕得罪穷人，也不怕得罪富人。而另一些人则认为，政府强烈的干预不应视作一种优势②，更不能当作"中国模式"的特殊性，而更可能是一种制度缺陷。而秦晖似乎比较纠结，并不简单认同上述两种观点。在他看来，一方面，中国地方政府竞相入市牟利的所谓"政府公司主义"现象打破了改革前中央统制下的死气沉沉，确实是中国经济"充满活力"的原因之一；但另一方面，政府利用权力"自由牟利"与民间的经济自由完全是相反的东西。因此中国经济可以崛起，但中国模式不应流行。③

林毅夫教授领衔倡导的"新结构主义发展经济学"④，以强调有效市场与有为政府的结合而著称。其理论实质和哲学要义，是强调成本比较优势在决定产业结构时的作用和结构升级的循序渐进性质。经济活动是人的活动，由于结构转型和产业升级不会

---

① 《邓小平文选》第三卷，人民出版社1993年版，第240页。
② 秦晓：《是制度缺陷，还是制度创新——对"中国模式论"的质疑》，《经济导刊》2010年第5期；秦晓：《中国模式"特殊论"不可取》，《中国企业家》2010年第16期。
③ 秦晖：《有没有"中国模式"？》，《中国市场》2010年第24期（另可见《经济观察报》2010年4月2日，http://www.eeo.com.cn/2010/0402/166726.shtml）；秦晖：《中国模式值得夸赞吗?》，《商周刊》2010年第22期。
④ 林毅夫：《新结构经济学》，苏剑译，北京大学出版社2012年版。

自动发生，因此要靠人和社会的有意识的努力去完成。为形成有活力的经济增长，需要由市场经济来有效配置资源、促使企业自主创新和跟随比较优势，但也需要政府在经济结构转型和产业升级中起到扶持作用，解决协调性、外部性和支持基础性研究等问题，所有转型成功的经济体，无一不是遵循了以市场机制为基础、政府为辅助的"二元系统"。但这一派理论，也因为异质性企业禀赋与分散知识的加总问题、比较优势的动态性与政府干预的滞后性矛盾、产业政策的成本弊端和创新不足等引发了一系列争议和辩论。

以突破"中等收入陷阱"（middle income trap）为基础，学界也针对未来增长动力、机制和路径进行了有益的探索。"中等收入陷阱"这一概念源于世界银行对世界各国发展的经验总结，并非有特定的学术逻辑，但却有着"经验"性的启示[①]：（1）赶超阶段的战略不可持续，"使各经济体赖以从低收入经济体成长为中等收入经济体的战略，对于它们向高收入经济体攀升是不能够重复使用的"[②]，进入中等收入阶段后创新、专业化是发展的关键；（2）政府干预模式必须修正，要让市场更优化地配置资源，以降低发展的风险；（3）随着国际化进程加快，需要增加管理经验，避免外部冲击引起的经济衰退；（4）中等收入阶段也是收入差距容易快速扩大的时期，易引起社会冲突导致停滞。大量论文在国际比较的基础上来探讨这一命题[③]，核心都是探索中国如何顺利进行结构和机制的转变，避开陷阱，保持可持续发展。技术进步、产业结构和转变经济发展方式的文章和文件几乎是汗牛充栋，但转变的效果依然不佳，体制机制

---

① 世界银行（Gill And Kharas et. al）：《东亚复兴：关于经济增长的观点》，黄志强、余江译，中信出版社2007年版。

② 转引自马岩《我国面对中等收入陷阱的挑战及对策》，《经学动态》2009年第7期。

③ 蔡昉：《中国经济如何跨越"低中等收入陷阱"？》，《中国社会科学院研究生院学报》2008年第1期。

第四十二章　从工业化赶超到高质量增长：中国经济增长理论研究70年

改革仍是关键。

中国经济增长与宏观稳定课题组（增长课题组）从2003年开始，创新性地提出了长期经济增长的"S型"路径命题，刻画了中国赶超中的阶段性"规模收益递增"特征，探索了从工业化转向城市化引起的动力结构转变、收益特性、政府干预、技术进步等原理。同时探讨了政策激励的成本增加和收益递减、技术进步中的"干中学"效应递减、低成本要素提供不可持续、从"结构性加速"向"结构性减速"转换的机理与挑战等问题〔张平、刘霞辉（2007）；刘霞辉、张平、张晓晶（2008）；张平、刘霞辉、王宏淼（2011）〕①。特别是2008年国际金融危机后，随着全球货币—贸易—投资摩擦加大，经济增长受到外部冲击的风险不断提升，经济增长一直处于下行压力中，政府动员资源水平下降，平抑周期能力下降，经济波动加剧，原先赶超中的积极因素开始显现其负向效应，直接挑战着经济可持续发展。由此增长课题组从工业化"结构性加速"和服务化"结构性减速"视角出发，对中国结构性减速和效率冲击问题进行了细致的研究和讨论，此时期伴随经济结构服务化而来的三大"不确定"——产业升级不确定、从"干中学"转向"自主创新"的技术进步路径不确定、消费升级不确定性，带来了经济效率提升不确定，同时叠加"成本病"问题，降低了全要素贡献，就会出现经济结构性减速，无法跨越中等收入阶段，由此提出了进入中等收入阶段的结构变革方向是一个最为重要的研究领域。增长课题组2015年和2016年的论文提出了进一步分析新要素供给对中国突破增长减速的重要影响，强调在物质资本驱动增长动力减弱的背景下，以知识部门为代表的新要素供给是实现增长跨越的关键。中国要跨过中等收入阶段，就要顺应服务业要素化趋势，协调工业与服务业发展，通过制度

---

① 详见经济增长前沿课题组、中国经济增长与宏观稳定课题组在《经济研究》发表的系列论文（2008—2016）。

改革推进以知识要素和人力资本要素积累为核心的效率模式重塑过程。面对新发展周期，改变发展型政府目标，转向"结构均衡增长"，寻找可持续机制，有效抵御内外部风险，应成为国家经济发展的最重要任务。

第四节　供给侧结构性改革和面向未来的高质量转型探索

总结70年经济增长两阶段历程，苏联体制下的重工业优先增长经济赶超模式，成为新中国成立后经济建设的基本依据，这一模式促进了中国改革开放前30年的重工业化发展，增长速度虽不低，但伴随的是结构失衡、民生凋敝、经济大起大落、社会发展停滞、国际横向差距拉大的一系列恶果。1978年中国改革开放启动，全面转向市场经济体制下的出口导向型工业化赶超增长，到2012年年均GDP增速9.8%，2009年起成为全球第二大经济体，堪称"中国奇迹"。2012年后经济增长逐步减速至8%以下，并逐年减速，2019年预计经济增长6.3%，预计这一趋势伴随着中国经济逐步成为发达国家而继续，直到中国高质量转型成功进入新"稳态"，向发达国家增速上限水平收敛。

改革开放40年，随着市场经济制度的引入，现代经济增长理论范式逐步成为中国经济实践和研究的主导，为中国经济新、旧赶超模式的大转型以及适应从工业化向服务化增长的持续动态调整，提供了基本的思想和方法，达成了一些共识，也存在不少分歧。伴随这一过程的理论与政策探索，事实上成为"中国奇迹"无形资产的重要组成部分。由于传统的经济增长理论更多的是基于工业化的，服务化阶段的经济增长理论仍有大量的知识空白点，特别是互联网知识经济时代更是人类前所未有的，这使得中国经济增长研究者和政策制定者在面临工业化、城市化、国际化、网络化等错综复杂的关系和干扰时，就不免存在某种知识不足之感，但这也增添了思想探索与理论升华的乐趣。

查尔斯·琼斯和保罗·罗默（Jonesand Romer）提出了"新卡尔多事实"，探索了新规模递增的要素、创新对增长收敛的影响及人力资本的积极作用，其本质是寻找规模递增的范围经济，对中国现阶段转型具有重要的理论探索意义。这一事实包括以下六个方面：第一，市场范围的扩大。全球化和城市化促进了货物、创意（idea）、资金和人员的流动，进而扩大了所有劳工和消费者的市场范围。第二，加速增长。几千年来，人口和人均GDP的增长在加速，从几乎为零到20世纪观察到的较快增长。第三，现代增长速度的差异。人均GDP增长速度的差异随着与前沿科技水平的差距增加而增大。第四，较大的收入和全要素生产率（TFP）差异。生产要素投入的不同只能解释不到一半的人均GDP增长差异中（换句话说，全要素生产率的解释力可以超过50%）。第五，世界各地的人均人力资本大幅度增加。第六，相对工资的长期稳定。人力资本相对于非熟练工人而言在不断增加，但这种量的增加并没有造成其相对价格的不断下降。在上述六个"新事实"中，全球化和城市化所带来的货物、人员和知识流动，以及由此带来的市场范围扩大，无疑是改革开放40多年来中国赶超增长的巨大源泉。然而，当前随着中美贸易战的升级，冷战结束后全球化经济遭遇到了巨大的挑战甚至可能存在逆转的危险，在技术进步升级路径不确定的条件下，中国经济要实现后赶超转型显然不得不直面新的重大约束。同时，后危机时代全球发达经济体陷入了"大萎不靡"甚至"增长停滞"，在非常规货币的刺激下仍然难有起色，而资产市场的波动却显著上升。诸如此类的世界经济的新现象以及中国经济面临的新挑战、新问题，都需要被持续融入今后的增长理论研究之中。

2008年国际金融危机爆发，中国经济不得不开始直面"高质量转型"问题。伴随 GDP 减速增长、经济结构服务化、投资回报边际递减、人口红利消失、外需贡献率下降、货币金融扰动增加等挑战，如何平稳实现"高质量转型"成为新时期最重要的任务。2015 年 11 月 10 日在中央财经领导小组第十一次会议上提出了"在适度扩大总需求的同时，着力加强供给侧结构性改革，着力提高供给体系质量和效率，增强经济持续增长动力，推动我国社会生产力水平实现整体跃升"。2017 年党的十九大提出了深化供给侧结构性改革，把全要素生产率写入了报告，提出了效率改善是供给侧结构性改革的关键。从高速增长转向高质量发展阶段，效率改善的紧迫性与日俱增。中国经济增长一直有着持续的效率提升，从国内拓展到国际，但近年来随着成本的不断提升，规模效率—低成本竞争优势逐步出现了规模递减，而创新效率—高价值捕获能力尚未形成，这一转型从发达国家的历史看需要 15 年以上的时间，核心在于通过消费—服务业提升整体要素质量，包括人力资本、新生产要素如创意、制度、信息、网络等规模递增性要素的产生传统要素如资本、土地的高效率配置方式改变，等等，推动全要素生产率的持续提升。供给侧结构性改革不是一蹴而就的，而是从规模性生产体系向高质量服务体系转变，通过一代人的努力完成效率模式的转型。

若干年前，我们在《增长六十年》一文中写道："我们面对的是人类历史上大国从赶超增长转向均衡发展的前无古人的、至为复杂的经济发展阶段。对中国经济谜题的抽象和破解，对中国趋势的判断与预测，成为当代经济学最激动人心的研究主题"，今天我们依然如此认为。现实挑战仍不少，中国改革远未到达终点，对中国经济增长之谜的探索还将继续，关键的制度特征及结构转变等问题仍将是中国经济增长中最为关键的部分。

（执笔人：王宏淼，中国社会科学院经济研究所研究员；张平，中国社会科学院经济研究所研究员）

第四十三章

进入 21 世纪后中国化马克思主义政治经济学教材的重新撰写

马克思主义政治经济学教材在马克思主义中国化、时代化和大众化的过程中发挥着极其重要的作用。新中国成立以来,特别是改革开放以来,随着实践的发展,马克思主义政治经济学教材一直在不断地变化发展。进入 21 世纪,马克思主义政治经济学教材不断吸收中国化马克思主义的最新理论成果,更加注重现代市场经济的一般原理,更加注重经济发展问题,更加注重经济全球化条件下国际利益格局的演变及其对中国的影响,新版本不断涌现。

第一节 我国马克思主义政治经济学教材的最初编写

马克思主义政治经济学是马克思主义的三大组成部分之一,是马克思主义理论"最深刻、最全面、最详尽的证明和运用"[1],是经济学的基础学科,为党和政府的大政方针提供基本理论支持。党和

---

[1] 列宁:《卡尔·马克思》,《列宁专题文集·论马克思主义》,人民出版社 2009 年版,第 17 页。

政府历来都非常重视马克思主义政治经济学的教学和研究工作。1954年苏联科学院经济研究所编写出版了《政治经济学教科书》，中文版次年就由人民出版社出版。1959年毛泽东同志要求各级领导干部读这本教科书，并就读苏联《政治经济学教科书》发表了一系列重要谈话[①]，对政治经济学研究对象、社会主义的生产力和生产关系、所有制等政治经济学的基本理论问题提出了若干重要思想，产生了深远影响。

从理论渊源上看，我国马克思主义政治经济学教材主要由三个方面组成。

第一，政治经济学资本主义部分以马克思的《资本论》和列宁的《帝国主义论》为蓝本，其基本概念、理论框架和基本逻辑联系都来源于这两部经典著作。由于《资本论》和《帝国主义论》具有理论的完整性和逻辑的严密性，以其为基础的政治经济学资本主义部分无论在基本范畴还是框架结构上都保持稳定，并基本延续至今。

第二，政治经济学社会主义部分主要来源于马克思和恩格斯对未来社会的构想，及列宁、斯大林、毛泽东在领导社会主义革命和建设的实践中所提出的社会主义经济思想。马克思、恩格斯并没有对未来社会提供详细的蓝图，他们是在批判旧世界中构想和发现新世界的，他们对未来社会的设想主要包括：生产资料公有制或社会所有制、有计划的社会生产、消费品的按劳动分配、国家的逐步消亡等，这些思想主要体现在《共产党宣言》《哥达纲领批判》《社会主义从空想到科学》《资本论》等经典著作中。这些理论观点对社会主义政治经济学产生了深远而重大的影响。列宁在领导无产阶级夺取政权并向社会主义社会过渡的实践中，形成了有关社会主义过渡和建设的理论。列宁认为，社会主义的经济基础必须通过大力发展生产力和不断提高劳动生产率来形成；在资本主义发展程度比较

[①] 参见毛泽东《读苏联〈政治经济学教科书〉的谈话（节选）》，《毛泽东文集》第八卷，人民出版社1999年版，第103—140页。

低或殖民地半殖民地国家（特别是东方国家）向社会主义过渡，需要通过保留商品货币关系，借以形成和发展壮大社会主义经济基础。特别是，1920年年底至1921年年初实施新经济政策，列宁提出了注重物质利益原则、发展多种所有制经济、发展市场经济的思想。斯大林的《苏联社会主义经济问题》对社会主义经济理论进行了初步探索，提出了许多重要思想。他认为，由于社会主义条件下存在着全民所有制和集体所有制两种公有制形式，它们之间必然存在商品交换，价值规律仍然发生作用，但主要限于流通领域；社会主义经济规律具有客观性，并阐述了社会主义经济的一些重要规律。以毛泽东同志为核心的第一代党中央领导集体在领导中国革命和建设过程中形成了毛泽东思想，其中蕴含着许多马克思主义政治经济学创新，在社会主义的基本矛盾和主要矛盾、社会主义的根本任务、国民经济重大比例关系、社会主义社会的商品和货币等方面都提出了影响深远的思想。

第三，我国政治经济学的体系结构主要来源于苏联《政治经济学教科书》。在体系结构上，这本教科书是"导论"加"三篇"的结构[①]，即总体上的"两分法"，把政治经济学分为"资本主义部分"和"社会主义部分"。值得指出的是，苏联《政治经济学教科书》中的社会主义部分是按照计划经济的逻辑编写的。例如，在分析社会主义制度下的劳动性质时指出，"在社会主义制度下，劳动具有直接的社会性，它是全国范围内有计划地组织的劳动"[②]；在分析社会主义条件下的商品生产和价值规律时指出，"社会主义制度下商品生产的必要性，是由社会主义生产的两种基本形式——国家形式和集体农庄形式——的存在而决定的"，"商品生产和商品流通的范

[①] 参见苏联科学院经济研究所编《政治经济学教科书》（上、下册），人民出版社1956年版。

[②] 苏联科学院经济研究所编：《政治经济学教科书》（下册），人民出版社1956年版，第477页。

围，主要限于个人消费品","在社会主义制度下，价值规律不能起生产调节者的作用"。[①]

改革开放之前，我国出版的有影响的马克思主义政治经济学教材资本主义部分主要包括于光远和苏星主编的《政治经济学》、徐禾主编的《政治经济学》，其体系结构和基本概念遵循《资本论》，比较成熟，并基本延续到现在。政治经济学社会主义部分有影响的主要包括北京大学经济系主编的《政治经济学》社会主义部分、中国人民大学经济系主编的《政治经济学》社会主义部分、南开大学政治经济学系和经济研究所主编的《政治经济学》社会主义部分、辽宁大学政治经济系主编的《政治经济学讲话》社会主义部分、武汉大学政治经济学系主编的《政治经济学讲义》社会主义部分。从体系结构和基本内容看，这一时期的政治经济学社会主义部分是沿着计划经济的逻辑，以社会主义公有制、社会主义基本经济规律、有计划按比例发展规律、按劳动分配规律为主要内容展开的。以南开大学政治经济学系和经济研究所主编的《政治经济学》社会主义部分为例，其修订本于1976年刊印，在结构上分为六篇：第一篇　总论，论述社会主义社会的性质；第二篇　社会主义的生产过程，论述社会主义公有制和社会主义生产的特征；第三篇　社会主义的流通过程，论述社会主义条件下的产品交换、货币流通和价值规律；第四篇　社会主义的分配过程，论述个人消费品的按劳分配；第五篇　社会主义生产的总过程，论述有计划、按比例发展规律；第六篇　社会主义和共产主义，论述社会主义向共产主义过渡。这本教材有理论闪光点，如认为社会主义生产过程是直接社会生产和商品生产的统一，指出了社会主义生产具有商品生产的一面，但其基调是计划经济的。

值得指出的是，改革开放之前我国经济学界已经开始突破计划

[①] 苏联科学院经济研究所编：《政治经济学教科书》（下册），人民出版社1956年版，第495—500页。

经济思想的束缚，探讨社会主义市场经济理论，这些探讨对改革开放后我国马克思主义政治经济学教材的编写产生了重要影响。例如，孙冶方在1956年发表的《把计划和统计放在价值规律的基础上》一文中指出，"只有把计划放在价值规律的基础上，才能使计划成为现实的计划，才能充分发挥计划的效能"[1]。再如，顾准在1957年发表的《试论社会主义制度下的商品生产和价值规律》，可以说是社会主义市场经济理论的开拓性著作。在这篇著名的论文中，顾准没有拘泥于经典作家"社会主义将废除商品交换和货币"这一个别论断，认为经济核算是社会主义存在货币和价值范畴的根本原因，社会主义经济是经济计划和经济核算的统一体，价值规律是社会主义的基本经济规律，社会主义经济可以在不同程度上运用价值规律，直至"任令价格自由浮动调节生产分配"[2]。

第二节　1978年至20世纪末我国马克思主义政治经济学教材编写

1978年，我国进入改革开放历史新时期。我国的经济体制开始发生重大变化，人们之间的经济利益关系不断调整，马克思主义政治经济学的现实土壤发生了变化。我们党对社会主义的本质、社会主义经济制度和经济体制、社会主义经济发展规律的认识不断深化，不断有新的重大理论创新。政治经济学界对社会主义商品生产和价值规律、按劳分配、农村改革、国有经济和国有企业改革等基本理论和实践问题进行了热烈的讨论，取得了重要理论进展。政治经济

---

[1] 孙冶方：《把计划和统计放在价值规律的基础上》，《经济研究》1956年第6期。

[2] 顾准：《试论社会主义制度下的商品生产和价值规律》，《经济研究》1957年第3期。

学教材的内容，特别是社会主义部分的内容也随之不断发生变化。

20世纪80年代，我国出版的有重要影响的政治经济学教材是北方十三所大学编写的《政治经济学》（简称"北方本"）和南方十六所大学编写的《政治经济学》（简称"南方本"）。与以前的教材相比，这些教材已经在原有的体系框架内纳入了与商品经济和经济体制改革相关的内容。以"北方本"[①]为例，该书第一版已经将物质利益原则、商品生产、价值规律、按劳分配、企业的独立性、成本、盈利等与商品经济有关的内容作为重要内容写了进来。在分析商品生产和商品流通时，该教材认为，"不仅在国营企业和集体企业之间、集体经济与集体经济之间必须保留商品生产和商品流通，而且就是在全民所有制内部各国营企业之间也必须实行商品生产和商品交换"，商品生产和商品流通的存在"是由社会主义劳动性质所制约的生产者之间的物质利益关系决定的"[②]。该教材进一步承认价值规律对生产的调节作用。这些论述与苏联《政治经济学教科书》相比，已经有了明显的进步。该教材第三版于1985年出版，吸收了1984年党的十二届三中全会通过的《中共中央关于经济体制改革的决定》的精神，在篇章结构和内容上作了较大改动，增加了社会主义的经济体制和模式、社会主义有计划的商品生产、社会主义的市场和市场机制、社会主义国家的对外经济关系等章节。

20世纪80年代，另一部具有探索性的教材是1989年上海人民出版社出版的谷书堂主编的《社会主义经济学通论》，该教材以当代社会主义经济作为研究对象，对政治经济学社会主义部分的体系结构作了大胆的新尝试，全书由四篇组成，即"第一篇　社会主义经济的本质特征""第二篇　微观经济运行""第三篇　宏观经济运

[①] 参见北方十三所高等院校编写组《政治经济学（社会主义部分）》，陕西人民出版社1980年版。

[②] 北方十三所高等院校编写组：《政治经济学（社会主义部分）》，陕西人民出版社1985年版，第102页。

行""第四篇　经济发展"。这样的体系结构即使以现在的眼光来审视，也是颇具新意的。

20 世纪 80 年代，有重要影响的教材还包括（以出版年份为序）蒋学模主编的《政治经济学教材》（第一版，上海人民出版社 1980 年版），宋涛主编的《政治经济学教程》（中国人民大学出版社 1981 年版），张友仁、刘方棫、李克刚、陈德华等主编的《政治经济学（社会主义部分）》（北京大学出版社 1984 年版），卫兴华、顾学荣主编的《政治经济学原理》（经济科学出版社 1989 年版）等。

20 世纪 90 年代，中国特色社会主义事业和改革开放事业进一步向前推进，我们党又有了一系列重大理论创新。对政治经济学教材编写产生重要影响的理论创新主要包括：一是 1992 年邓小平"南方谈话"，这是马克思主义中国化重大发展的一次集中体现，提出了社会主义的本质是解放生产力，发展生产力，消灭剥削，消除两极分化，最终达到共同富裕；计划经济不等于社会主义，市场经济不等于资本主义，计划和市场都是手段，计划多一点还是市场多一点，不是社会主义与资本主义的本质区别；发展才是硬道理；等等。二是 1992 年 10 月召开的党的十四大确定了我国经济体制改革的目标是建立社会主义市场经济体制，指明了我国改革开放的基本方向，对我国经济体制改革进程产生了深远影响。三是 1993 年 11 月党的十四届三中全会通过的《中共中央关于建立社会主义市场经济体制若干问题的决定》，提出社会主义市场经济体制就是使市场在国家宏观调控下对资源配置起基础性作用，对社会主义市场经济体制的内涵给予了明确的界定。四是 1997 年党的十五大提出了社会主义基本经济制度理论，指出公有制的实现形式可以而且应当多样化，非公有制经济是我国社会主义市场经济的重要组成部分，允许和鼓励资本、技术等生产要素参与收益分配。我国政治经济学界对社会主义市场经济的讨论也在逐步深入，在经济体制改革目标模式和改革道路、价格改革、股份制改革、国有经济战略性重组、按生产要素分配等重大理论问题上涌现出了一批重要理论著述。

基于党的重大理论创新和政治经济学研究的进展，20世纪90年代，我国政治经济学教材的体系结构和内容发生了进一步的变化。以国家教委社科司组编的《政治经济学》为例，该教材虽然总体上仍由资本主义部分和社会主义部分构成，大的结构没变，但社会主义部分的体系结构有重要创新，提出了"四篇"结构，这四篇分别是：社会主义基本经济制度、社会主义市场经济体制、社会主义微观经济运行、社会主义宏观经济运行与调控。这种体系结构便于在理论上演绎社会主义市场经济的制度特征和运行机制，与现实的切合度较高，在高校师生中获得了较高的认同。

第三节　21世纪马克思主义政治经济学教材的编写

进入21世纪，我国已经初步建立起了社会主义市场经济体制，面临完善社会主义市场经济体制的任务；经济发展进入到加快转变经济发展方式、追求高质量发展，全面建成小康社会的新阶段；经济全球化迅速发展，我国已经成为世界贸易组织成员和全球第二大经济体，国际分工和利益格局发生深刻变化。党的理论创新又有了新突破，提出了科学发展观，形成了习近平新时代中国特色社会主义思想，中国特色社会主义理论体系进一步丰富和发展。政治经济学界理论探讨的侧重点有所变化。政治经济学基本理论问题重新引起关注，财富理论、劳动理论、价值理论、分配理论、所有制理论、公平与效率、政府与市场、开放理论等的研究取得了新的进展；在经济体制转型研究方面，更加注重探讨现代市场经济的支持性制度和关键领域、重点环节的改革；经济发展理论受到前所未有的重视，在经济发展的源泉和动力、经济发展和结构变迁、新型工业化道路和城镇化道路、"两型"社会建设、生态环境保护等经济发展问题上取得了一系列研究成果。在新的实践和理论背景下，马克思主义政治经济学教材无论是体系结构还是内容都发生了重要变化。

第一,在结构上,尝试打破传统教材将政治经济学分为"资本主义部分"和"社会主义部分"的"两分法"。基本做法有以下两种。

一是在传统教材资本主义部分和社会主义部分之外增加一块,阐述市场经济的一般理论。基本理论依据是,无论是社会主义市场经济还是资本主义市场经济,都是现代市场经济,都具备现代市场经济的一般特征,提炼出市场经济的一般性,是政治经济学教材的一个重要任务,它能够帮助学生清晰地理解现代市场经济运转的一般规律。当然,对于哪些范畴可以纳入市场经济的一般范畴,政治经济学界是有争论的,争论最大的是,"资本"和"剩余价值"是否可以纳入市场经济的一般范畴。这方面的代表性教材是吴树青任顾问,逄锦聚、洪银兴、林岗、刘伟任主编的《政治经济学》,该教材第一版2002年由高等教育出版社出版,2008年出版第二版。从体系结构上看,它由"导论"和"三篇"构成,"三篇"分别是"第一篇 政治经济学的一般理论""第二篇 资本主义经济""第三篇 社会主义经济"。第一篇论述市场经济的一般理论,涵盖范围较广,把商品、价值、货币、资本、信用、竞争、垄断、再生产、收入分配、公平、效率等都纳入市场经济的一般范畴,最具特点和争议的是资本范畴的纳入。

二是打通"社会主义部分"和"资本主义部分",用一个统一的分析框架贯穿教材的始终。这种编写方法强调理论的统一性和逻辑的一致性。当然,这是有争议的,一个反对意见是,不同时代应该有不同时代的政治经济学。以程恩富任主编,何长玉、张银杰、马艳任副主编的《现代政治经济学》为例,该教材2000年由上海财经大学出版社出版。从体系结构上看,它由"导论"和"五编"构成,"五编"分别是"第一编 直接生产过程""第二编 流通过程""第三编 生产的总过程""第四编 国家经济过程""第五编 国际经济过程"。用统一分析框架来分析资本主义经济和社会主义经济是这本教材的一个亮点。不过，从教材所呈现的内容看，对社会主义经济制度和经济运行的分析显得偏弱，这可能是因为把资本主义经济和社会主义经济纳入一个统一分析框架存在编写上的困难。

第二，从内容上看，进入21世纪以来，政治经济学教材有了极大的丰富，市场经济一般范畴、经济制度、经济运行、经济发展等与我国经济体制改革和经济发展密切相关的内容所占的分量明显增加，教材的现实感和针对性明显增强。以张维达任主编，宋冬林、谢地任副主编的《政治经济学》为例，该教材2000年由高等教育出版社出版，在体系结构上，它亦没有沿袭以往的"二分法"，而是由"导论"和"四篇"构成，"第一篇　商品经济""第二篇　经济制度""第三篇　经济运行""第四篇　经济发展"。把"经济运行"和"经济发展"分别作为一篇放进教材，强调这两个问题的重要性，这与我国面临"转型"和"发展"双重任务的现实结合较紧。2001年复旦大学出版社出版的蒋学模主编的《高级政治经济学——社会主义本体论》是一本研究生教材，它由"社会主义生产过程篇""社会主义流通过程篇""社会主义生产总过程篇"构成，结构体系具有创新性，内容十分丰富。

可见，改革开放以来，我国马克思主义政治经济学教材，无论是体系结构还是具体内容，一直在与时俱进。但同时应该承认，与中国特色社会主义伟大实践相比，与我国改革开放的历史进程相比，与我们党的一系列重大理论创新相比，与大学生的知识需求相比，政治经济学教材存在滞后问题。

2004年，中央决定实施马克思主义理论研究和建设工程，组织编写全面反映邓小平理论和"三个代表"重要思想的一批哲学社会科学教材，《马克思主义政治经济学概论》被确定为第一批重点教材之一，并组成了由中国社会科学院牵头，以中国社会科学院经济研究所为依托，中国人民大学、北京大学、南开大学、南京大学、中共中央党校、中共中央政策研究室、国家发改委等单位专家学者参加的教材编写课题组，时任中国社会科学院经济研究所所长刘树成任课题组主持人。经过七年多的努力，作为中央马克思主义理论研究和建设工程重要成果之一的《马克思主义政治经济学概论》，于2011年5月由人民出版社和高等教育出版社联合出版。这本马克思主义政治经济学教材是在中国特色社会主义理论体系的指导下，各个方面通力合作和共同努力的结果，它最大限度地凝聚了我国政治经济学界和实际工作部门专家学者的共识，充分体现了新中国成立60多年，特别是改革开放30多年来我国马克思主义政治经济学研究所取得的重要理论进展，是我国马克思主义政治经济学教材编写的创新和发展。其突出特点主要表现在以下几个方面。

第一，具有较强的时代感。它努力做到了三个"充分反映"：充分反映马克思主义中国化的最新理论创新成果，突出了中国特色社会主义理论体系对马克思主义政治经济学的丰富和发展；充分反映我们党领导全国人民进行社会主义现代化建设和改革开放的生动实践与基本经验；充分反映在马克思主义指导下政治经济学学科建设的最新研究成果。由此引导学生在认真学习和掌握马克思主义政治经济学基本原理的基础上，运用马克思主义的立场、观点和方法科学认识当今世界的经济现象和经济规律，更好地认识和把握中国特色社会主义经济理论和实践。

第二，实现了框架结构上的创新。在框架结构上采用"四篇结构"，即在"导论"之后，分四篇展开："第一篇　商品和货币""第二篇　资本主义经济""第三篇　社会主义经济""第四篇　经济全球化和对外开放"。这种框架结构吸收了教材编写的最新做法，并有进一步创新，有利于全面把握市场经济的一般特点及其在资本主义和社会主义不同社会制度下的不同特点，有利于全面把握国内和国际两个大局。

第三，资本主义经济部分，在阐述马克思《资本论》和列宁《帝国主义论》等有关政治经济学基本原理的基础上，突出了对当代资本主义新变化的分析，增设了"国家垄断资本主义及其新发展"

"当代资本主义生产新变化""当代资本主义分配关系的新变化""当代资本主义的金融—经济危机"等内容。

第四,社会主义经济部分,全面、系统地阐述了中国特色社会主义经济理论的基本内容,主要包括:社会主义经济制度的建立及其解放和发展生产力的根本任务,社会主义初级阶段,经济体制改革和社会主义市场经济体制,社会主义初级阶段以公有制为主体、多种所有制经济共同发展的基本经济制度,社会主义初级阶段的分配制度,中国特色社会主义的经济发展,社会主义市场经济中的政府经济职能,等等。这样的篇章逻辑安排,一方面体现了生产力决定生产关系、生产关系对生产力具有反作用,经济基础决定上层建筑、上层建筑对经济基础具有反作用的基本经济规律;另一方面有利于把我们党在成功开辟中国特色社会主义道路上所形成的一整套路线方针政策和最新经验纳入教材体系,使教材具有较强的时代性、针对性和政策性。

第五,设"经济全球化和对外开放"一篇分析国际经济关系,这是政治经济学教材体系结构的一个重要创新。现有教材大多只在社会主义部分设一章来分析我国的对外经济关系,尽管谈到了经济全球化,但分量远远不够。设一篇来分析经济全球化和我国对外开放涉及的基本理论和实践问题,适应了国际国内经济发展的新形势。[①]

除了以上五个突出特点之外,这部教材在重要理论问题阐述、重要逻辑联系和具体内容安排上也有重要创新。对重要理论问题阐述的创新体现在许多地方,导论对"马克思主义政治经济学研究对象"的分析阐述就是一个很好的例子。对于政治经济学的研究对象,学术界是有争论的。一派观点认为,马克思主义政治经济学的研究对象应该界定为"生产方式",这样,就可以顺理成章地把生产力、

[①] 以上五点参考了马克思主义理论研究和建设工程《马克思主义政治经济学》教材编写课题组主持人、首席专家刘树成研究员的归纳总结。

资源配置和经济运行纳入政治经济学的研究范围。但多数学者仍坚持政治经济学的研究对象是"生产关系"。而如果将政治经济学的研究对象界定为"生产关系",那么,生产力、资源配置、经济运行、经济发展这些重要内容又能否内在地纳入政治经济学的研究之中呢?这是在有关政治经济学研究对象的争论中经常碰到的一个理论难题。这部教材通过重回经典较好地解决了这一理论难题,认为"马克思主义政治经济学的研究对象是生产关系,同时这种研究要联系生产力和上层建筑",而生产关系体现在社会再生产的四个环节,即生产、分配、交换和消费中,然后按照马克思《〈政治经济学批判〉导言》的理论逻辑对生产、分配、交换和消费范畴及其相互关系进行科学论证,从而把生产力、资源配置、经济运行和经济发展内在地纳入政治经济学的研究范围。以分配范畴为例,这部教材按照经典作家的论述,指出分配不仅指产品(消费品)的分配,还指生产要素的分配,而生产要素的分配在产品的分配之前就已包含在直接生产过程中,它包括生产工具的分配和社会成员在各类生产之间的分配。这样,通过对分配范畴的科学理解,就把资源配置和经济运行内在地纳入政治经济学的视野。

在重要逻辑联系的安排上,这部教材亦有独到之处。以第三篇"社会主义经济"为例,现有教材大多把社会主义基本经济制度或生产资料所有制作为社会主义部分的逻辑出发点,以此来展开其他重要理论问题的分析。而这部教材则依据社会主义市场经济的理论逻辑来展开社会主义部分的内容,把社会主义的根本任务和社会主义市场经济体制作为逻辑的出发点,来展开社会主义初级阶段的基本经济制度、社会主义初级阶段的分配制度、中国特色社会主义的经济发展、社会主义市场经济中的政府经济职能等基本内容。这样的逻辑安排更加符合社会主义市场经济的内在联系,更加符合生产力决定生产关系这一马克思主义的基本原理。

在具体内容的安排上也有创新。第十五章"社会主义市场经济中的政府经济职能"就对政府的经济职能作了更加全面和科学的概括。现有教材对政府经济职能的概括主要侧重于政府宏观经济职能，以至于造成政府经济职能就是宏观调控这种不全面、不科学的认识。实际上，在现代市场经济中，政府不仅要进行宏观调控，还要进行微观规制，以维护市场秩序和营造公平竞争环境，中外概莫能外。这部教材在论述政府的经济职能时，不仅分析了政府的宏观调控职能，还论述了政府的市场监管职能，这就从更加全面和科学的角度确立了认识政府经济职能的理论框架。在第四篇"经济全球化和对外开放"中，这部教材略去了国际贸易和国际金融中技术层面的内容，集中论述国际分工、国际经济秩序、经济全球化、中国对外开放战略和国家经济安全这些基本理论问题，有助于学生抓住经济全球化过程中的一些本质联系，充分地体现了政治经济学研究经济现象本质的学科定位。

党的十八大以来，以习近平同志为核心的党中央开创了中国特色社会主义新时代，形成了以新发展理念为主要内容的习近平新时代中国特色社会主义经济思想，实现了一系列重大理论突破，主要包括：提出了以人民为中心的发展思想，进一步明确我国经济发展的出发点和落脚点；明确新时代我国社会主要矛盾已经转化为人民日益增长的美好生活需要和不平衡不充分的发展之间的矛盾，实现了社会主义初级阶段理论的新发展；提出"使市场在资源配置中起决定性作用，更好发挥政府作用"的重大理论观点，发展了社会主义市场经济理论，深化了我们党对社会主义市场经济规律的认识；围绕在经济全球化新格局下如何提升我国国际分工地位、参与全球经济治理和竞争规则制定、提供国际公共产品、构建人类命运共同体等重大问题提出一系列新思想新论断，实现了对外开放理论的新飞跃，等等。理论和实践的重大创新推动了政治经济学教材建设，体现新思想、新理念、新战略的教材开始涌现。由逄锦聚、景维民、何自力、刘凤义、周云波等著的《中国特色社会主义政治经济学通论》由经济科学出版社于2017年10月出版。该教材共分七篇，分别是中国特色社会主义政治经济学的创立和发展、经济制度与经济改革、居民与企业、区域经济与产业结构、宏观经济与政府调控、经济发展与改善民生、开放发展与全球治理。由洪银兴主编的《新编社会主义政治经济学教程》由人民出版社于2018年9月出版，该教材以中国进入新时代后重大发展问题为导向建立强起来时代的政治经济学，分别从经济发展进入新时代、经济制度、经济发展、经济运行和对外经济五篇阐述中国特色社会主义政治经济学的基本原理。

为了把党的十八大以来我们党的理论创新的最新成果，特别是习近平新时代中国特色社会主义经济思想融入政治经济学教材，体现马克思主义政治经济学与时俱进的理论品质，2017年10月，中央决定对马克思主义理论研究和建设工程重点教材《马克思主义政治经济学概论》进行修订，随即成立教材修订课题组，由福建师范大学原校长李建平教授主持。教材修订课题组对党的十八大以来党的重要理论创新进行了系统梳理、分析，分赴华东、华中、西北重点高校进行调研，听取教学第一线师生的意见建议，并以教材修订课题组的名义召开了四次研讨会，征求了相关专家的意见，在此基础上，对原有教材进行了修订。修订稿对体系结构没有做大的变动，修订的重点放在中国特色社会主义部分上，力求把中国化马克思主义政治经济学的最新成果和中国特色社会主义最新实践纳入教材，党的领导、社会主要矛盾变化、中国特色社会主义新时代、市场在资源配置中的决定性作用和更好发挥政府作用、以人民为中心、新发展理念、建设现代化经济体系、绿色发展等重要理论创新都进入到教材之中。第四篇的篇名由原来的"经济全球化和对外开放"变为"经济全球化和构建人类命运共同体"，内容也作了相应的变化，将经济全球化、国际经济治理和构建人类命运共同体作为主要线索和主要内容。资本主义部分也作了一些修订，更加贴近《资本论》的逻辑结构，对当代资本主义新变化，如资本主义流通的新变化，作了丰富和补充。总之，《马克思主义政治经济学概论》修订本做到了与时俱进。

第四节　结语

编写一本新的符合时代发展和学生要求的马克思主义政治经济学教材，必须解决好以下四个重要问题。

第一，充分体现我们党的一系列重大理论创新成果。新中国成立 70 年来，特别是改革开放 40 多年来，我们党有一系列重大理论创新，这是马克思主义中国化的最新成果，其中相当一部分重大理论创新是马克思主义政治经济学的重大理论创新，主要包括社会主义初级阶段理论、社会主义市场经济理论、社会主义基本经济制度理论、社会主义基本分配制度理论、中国特色对外开放理论和社会主义经济发展理论等重大理论创新。把这些重大理论创新写进马克思主义政治经济学教材，是马克思主义政治经济学中国化、时代化和大众化的内在要求。

第二，系统总结中国特色社会主义发展经验并把它上升到基本理论层次。我国走出了一条中国特色社会主义道路，取得了举世瞩目的成就。在这一过程中，社会主义经济制度和社会主义经济发展的规律逐步展开，"中国奇迹"和"中国道路"在国际学术界引起了热烈的讨论。中国特色社会主义伟大实践为马克思主义政治经济学的发展提供了肥沃的现实土壤，马克思主义政治经济学教材应该运用科学的概念和框架把中国特色社会主义经济制度和经济发展规律在理论上比较完整地演绎出来，讲好中国故事。

第三，充分反映经济全球化发展。马克思当年在设计政治经济学的"五篇结构计划"和"六册结构计划"时，就把生产的国际关系和世界市场列为政治经济学的一个重要组成部分。当代，商品和生产要素的流动已经全球化，国际分工的广度和深度前所未有，深入剖析全球化时代国际分工和利益格局及其不断调整，显得比以往任何时候都更加迫切,马克思主义政治经济学教材应该做出自己的贡献,系统探讨国际经济秩序、国际利益分配、全球治理和构建人类命运共同体。

第四,在严格遵循《资本论》逻辑结构和基本观点的基础上,深入剖析当代资本主义的新变化和新特点。从马克思创立马克思主义政治经济学到今天,资本主义又发展了一百多年,虽然资本主义的历史趋势没有发生变化,但资本主义生产关系得到了新的重要调整,这些调整在一定程度上缓解了资本主义的基本矛盾,为生产力创造了新的发展空间。马克思主义政治经济学必须剖析资本主义基本矛盾发展变化过程中的新现象,体现与时俱进的理论品质。

中国特色社会主义事业在不断发展,社会主义市场经济体制在不断完善,中国经济发展进程在不断展开,中国特色社会主义理论体系在不断丰富,作为一个科学和开放的理论体系,马克思主义政治经济学会随之不断丰富和发展。

(执笔人:胡家勇,中国社会科学院经济研究所研究员)

附表　　　　对我国马克思主义政治经济学教材编写产生
重要影响的重大理论和实践创新

时间	主要内容
1978年12月	党的十一届三中全会召开,决定把全党的工作重点转移到社会主义现代化建设上来,确定了改革开放的大政方针。我国进入改革开放和社会主义现代化建设新时期
1982年9月	党的十二大召开,提出建设有中国特色的社会主义和"以计划经济为主,市场调节为辅"的原则

续表

时间	主要内容
1984年10月	党的十二届三中全会通过《中共中央关于经济体制改革的决定》，提出社会主义经济是在公有制基础上有计划的商品经济。邓小平评价这一决定："写出了一个政治经济学初稿，是马克思主义基本原理和中国社会主义实践相结合的政治经济学。"①
1987年10月	党的十三大阐明社会主义初级阶段理论，指出社会主义有计划商品经济体制是计划与市场内在统一的体制，新经济运行机制从总体上看是"国家调节市场，市场引导企业"的机制
1992年1—2月	邓小平"南方谈话"，是马克思主义中国化重大发展的一次集中体现
1992年10月	党的十四大确定我国经济体制改革的目标是建立社会主义市场经济体制，指出建立社会主义市场经济体制就是要使市场在国家宏观调控下对资源配置起基础性作用
1993年11月	党的十四届三中全会通过《中共中央关于建立社会主义市场经济体制若干问题的决定》，勾画了社会主义市场经济体制的基本框架，包括"五根支柱"：公有制为主体、多种经济成分共同发展；全国统一开放的市场体系；以间接手段为主的完善的宏观调控体系；以按劳分配为主体，效率优先、兼顾公平的收入分配制度，走共同富裕道路；多层次的社会保障制度
1995年9月	党的十四届五中全会通过《中共中央关于制定国民经济和社会发展"九五"计划和2010年远景目标的建议》，提出实行两个具有全局意义的根本性转变：一是经济体制从传统的计划经济体制向社会主义市场经济体制转变；二是经济增长方式从粗放型向集约型转变
1997年12月	党的十五大提出公有制的实现形式可以而且应当多样化，非公有制经济是我国社会主义市场经济的重要组成部分，允许和鼓励资本、技术等生产要素参与分配

---

① 《邓小平文选》第三卷，人民出版社1993年版，第83页。

续表

时间	主要内容
2000年10月	党的十五届五中全会通过《中共中央关于制定国民经济和社会发展第十个五年计划的建议》，指出必须把发展作为主题，把结构调整作为主线，把改革开放和科技进步作为动力，把提高人民生活水平作为根本出发点
2001年12月	中国正式成为世界贸易组织成员，标志着中国对外开放进入一个新阶段
2002年11月	党的十六大提出全面建设小康社会的奋斗目标，走新型工业化道路，加快城镇化进程，促进区域协调发展，必须毫不动摇地巩固和发展公有制经济，毫不动摇地鼓励、支持和引导非公有制经济发展，加强和完善宏观调控，深化分配制度改革，健全社会保障体系
2003年10月	党的十六届三中全会通过《中共中央关于完善社会主义市场经济体制若干问题的决定》，提出树立和落实科学发展观
2004年1月	中央决定实施马克思主义理论研究和建设工程，组织编写全面反映邓小平理论和"三个代表"重要思想的哲学、政治经济学等学科的教材
2004年3月	胡锦涛《在中央人口资源环境工作座谈会上的讲话》从四个方面阐述科学发展观的内涵
2005年10月	党的十六届五中全会通过《中共中央关于制定国民经济和社会发展第十一个五年规划的建议》，提出建设社会主义新农村，推进产业结构优化升级，促进区域协调发展，建设资源节约型、环境友好型社会，深化体制改革和提高对外开放水平，实施科教兴国和人才强国战略，推进社会主义和谐社会建设
2006年10月	党的十六届六中全会通过《中共中央关于构建社会主义和谐社会若干重大问题的决定》
2007年10月	党的十七大提出了包括邓小平理论、"三个代表"重要思想以及科学发展观等重大战略思想在内的中国特色社会主义理论体系，系统阐述了"科学发展观"："科学发展观，第一要义是发展，核心是以人为本，基本要求是全面协调可持续，根本方法是统筹兼顾。"

续表

时间	主要内容
2008年12月	胡锦涛发表《在纪念党的十一届三中全会召开30周年大会上的讲话》，从十个方面总结我国改革开放取得巨大成就所积累的宝贵经验
2010年10月	党的十七届五中全会通过《中共中央关于制定国民经济和社会发展第十二个五年规划的建议》，提出以科学发展为主题，以加快转变经济发展方式为主线，深化改革开放，保障和改善民生，促进经济长期平稳较快发展和社会和谐稳定，为全面建成小康社会打下具有决定性意义的基础
2013年11月	党的十八届三中全会通过《中共中央关于全面深化改革若干重大问题的决定》，提出"使市场在资源配置中起决定性作用和更好发挥政府作用"，我们党对政府与市场关系的认识实现了新突破。这一论断从此成为中国特色社会主义经济学的基本命题
2015年10月	党的十八届五中全会通过《中共中央关于制定国民经济和社会发展第十三个五年规划的建议》，提出"以人民为中心"的发展思想和"创新、协调、绿色、开放、共享"新发展理念，实现中国特色社会主义经济发展理论新发展
2015年11月	习近平在中共中央政治局第二十八次集体学习时发表《不断开拓当代中国马克思主义政治经济学新境界》的讲话，指出要立足我国国情和我国发展实践，揭示新特点新规律，提炼和总结我国经济发展实践的规律性成果，把实践经验上升为系统化的经济学说，不断开拓当代中国马克思主义政治经济学新境界
2015年12月	中央经济工作会议提出"坚持中国特色社会主义政治经济学的重大原则"，这是"中国特色社会主义政治经济学"首次出现在中央层面的会议上，极大地推动了国内政治经济学研究
2016年1月	习近平在省部级主要领导干部学习贯彻党的十八届五中全会精神专题研讨班上发表《深入理解新发展理念》的讲话，系统阐述创新、协调、绿色、开放、共享新发展理念

续表

时间	主要内容
2016年5月	习近平发表《在哲学社会科学工作座谈会上的讲话》，提出要按照立足中国、借鉴国外，挖掘历史、把握当代，关怀人类、面向未来的思路，着力构建中国特色哲学社会科学，在指导思想、学科体系、学术体系、话语体系等方面充分体现中国特色、中国风格、中国气派
2017年10月	党的十九大提出中国特色社会主义进入新时代；社会主要矛盾已经转化为人民日益增长的美好生活需要和不平衡不充分的发展之间的矛盾；从2020年到2050年"两步走"战略；建设现代化经济体系

第四十四章

新中国经济史学的发展[①]

1949年中华人民共和国（以下简称"新中国"）的成立，标志着半殖民地半封建社会的结束和社会主义新时代的开始，也是中国由百年战乱转变到和平建设的开端。这种变化，也为中国的社会科学繁荣和发展提供了巨大的社会需求和物质条件。但是社会科学的繁荣和发展是在马克思主义的指导下开展的，其服务对象也是非常明确的，那就是为中国共产党领导下的新中国政治、经济和社会各项事业发展服务。中国经济史研究已经成为新中国哲学社会科学的重要组成部分。在1978年以前"以阶级斗争为纲"的年代里，在急剧的社会变革和频繁的政治运动中，历史学成为显学，而马克思主义的唯物史观又决定了经济史在整个历史研究中的重要地位，因此对中国经济史的研究就成为历史学的热点，成果颇丰，1949—1978

[①] 由于本章的内容十分庞大，是笔者所难以驾驭的，因此有两点需要说明：(1) 对于我国香港、澳门、台湾地区和国外的中国经济史研究状况和成果、对于中国国内有关世界经济史的研究状况和成果没有涉及。(2) 由于笔者才疏学浅，没有能力和时间来亲自梳理和研究所涉及的各个方面，因此本章吸收了林毅夫、胡书东 (2001)、李根蟠（1998；2000；2002）、李伯重（2008）、林甘泉（2005）、杨国桢（2002）、张海英（2009）、吴承明（1999）、赵德馨（2002）、虞和平（1999）、徐建生（2018）、彭南生（2009）、张海鹏（2009）、赵学军（2009；2018）、见声（2009）、魏明孔（2018）等学者的研究成果，参引文献列在了文后，以便于核查。

年历史学的五次重大理论探索，有四次与经济史有直接关系。1978年改革开放以后，随着全国的工作重心转到经济建设上来，经济学又成为显学，随着经济体制改革的深入和西方经济学广为人知，对于中国经济史的研究逐渐引起经济学界的重视；而原来鼎盛一时的历史学，则为了修正过去"宏大叙事"的弊端，许多人转而研究微观层次的社会史，这又从历史学方面推动了经济史的研究。因此，通观新中国70年的经济史研究，它作为一个横跨历史学和经济学的交叉学科，不仅发展空间广大，而且成果丰硕，前景光明，肩负中国的经济学和历史学创新的双重重任。

第一节　新中国经济史研究的两大阶段

中国的现代经济史学是在20世纪初期西方近代社会科学传入中国以后才产生的，应该说是中国近代学术转型的产物。1903年，梁启超发表了著名论文《新史学》，倡言"史界革命"，号召创立新史学。虽然后人对"什么是新史学"的看法多有歧义，见仁见智，但是梁启超自己说得很清楚：这种新史学的主要特征就是必须获得"诸学之公理、公例"，即利用社会科学的理论方法研究历史。而在梁启超关于"新史学"的设想中，经济史占有最为重要的地位。1904年，梁启超写成《中国国债史》一书，此后出版的中国经济史研究著作都直接或间接受到他的影响。因此之故，经济史学界一般把梁氏《中国国债史》一书的问世作为中国经济史学出现的标志。[①]此后，经济史学在民国时期经历了形成阶段，并在20世纪30年代围绕中国社会性质和社会史论战而呈现出短暂的繁荣，如果从理论

---

① 参见赵德馨《20世纪上半期中国经济史学发展的回顾与启示》，原刊于《中南经济论坛》，转引自 http://jyw.znufe.edu.cn/znijslt/xxyd/sxglyjjsxs/t20051223_1384.Htm。

和方法的角度来看，这个时期的经济史研究分为以西方进化论和实证研究为特点的学派和以马克思主义的唯物史观和阶级斗争理论为指导的学派。

新中国成立 70 年来的经济史研究，大致可以以 1978 年党的十一届三中全会（改革开放的标志）为界，划分为前后两个时期。①

一 1949—1978 年的中国经济史研究历程

在第一个时期，中国经济史研究在中国共产党领导的民主革命和社会主义革命，以及无产阶级专政下继续革命的大背景下，根据"古为今用"的原则，以重新认识和解释历史为职责，运用唯物史观和阶级斗争理论，开展研究，在确立了唯物史观的"大一统"地位的同时，也形成了系统地解释中国经济发展历史的理论体系和结论，并产生了一大批至今有影响的研究成果。这个阶段经济史研究的突出特点与历史学的特点颇为相同，即重视宏大历史叙事和理论问题，重视用马克思主义基本理论来构建能够解释中国历史实际的史学理论体系，这个时期的经济史研究的对象主要集中在中国古代和近代，即前资本主义时期和半殖民地半封建社会时期。相对于新中国的经济学来说，当时的主要任务是解决社会主义经济建设中的问题，因此经济史研究在这方面的贡献不大。

作为一门现代意义的科学门类，中国经济史研究发端于清末，形成于民国时期。在上述两种新兴学科的推动下，20 世纪 30 年代随着中国社会史论战而繁荣，但是，随后受战争的影响而萧条。

1949 年新中国成立以后，社会科学研究开始了急剧转轨，即由过去封建传统文化、资本主义文化和马克思主义等百家争鸣的状态，

---

① 李伯重将 20 世纪的中国经济史学历程划分为萌芽（1904—1931 年）、形成（1932—1949 年）、转型（1949—1978 年）和繁荣（1978—2007 年）四个阶段，参见李伯重《回顾与展望：中国社会经济史学百年沧桑》，《文史哲》2008 年第 1 期。本章赞同并采用了这个分期。

迅速而彻底地转向以马克思主义理论为指导的"定一尊"的局面。就这个时期而言，中国经济史研究的角度和内容以及目的，可以说当时更多的是作为历史学重要组成部分的中国经济史研究，也迅速完成了在马克思主义的唯物史观指导下的理论整合。

作为经济史，尤其是历史学组成部分的经济史研究，由于新生国家政权的政治和文化建设需要，转轨过程尤其突出。

最早比较系统地阐述马克思主义历史观的是李大钊。李大钊在1919—1924年先后发表了《我的马克思主义观》《唯物史观在现代史学上的价值》《物质变动与道德变动》《由经济上解释中国近代思想变动的原因》等文章，介绍了马克思主义有关唯物史观、剩余价值和阶级斗争学说的基本内容。1924年，李大钊著的《史学要论》，科学地、系统地阐述了历史学的一些重要的理论问题，如什么是历史、什么是历史学、历史观问题、历史学的系统问题、史学与哲学的关系问题、史学对于人们树立积极进取的人生观的影响等。在《史学要论》中，李大钊旗帜鲜明地主张应用马克思的历史观研究历史。他指出："从来的史学家，欲单从社会的上层说明社会的变革——历史，而不顾社会的基址，那样的方法，不能真正理解历史。社会上层，全随经济的基址的变动而变动，故历史非从经济关系上说明不可。这是马克思的历史观的大体。"[1] "马克思所以主张以经济为中心考察社会的变革的原故，因为经济关系能如自然科学发现因果律。这样子遂把历史学提到科学的地位。"[2]《史学要论》是20世纪中国史学上最早面世的史学理论著作，在中国马克思主义发展史上，这是第一部从理论上开辟道路的著作，成为中国马克思主义史学在理论上的奠基石。此外，李大钊还撰写了《原人社会于文字书契上之唯物的反映》等论文，探索以唯物史观为指导研究中国历史的道路。

---

[1] 《李大钊全集》第四卷，人民出版社2013年版，第520页。
[2] 《李大钊全集》第四卷，第521页。

新中国成立后，一是需要用唯物史观重新认识和解释中国历史；二是研究近代以来的历史，论证新民主主义革命、新中国成立和社会主义革命的历史必然性和进步性。而马克思主义关于五种社会经济形态演进的历史观正好适应了这两个需求。新中国成立前后曾作为知识分子学习马克思主义重要文献的《联共（布）党史简明教程》（以下简称《教程》）对唯物史观和应该如何从事历史学研究作了如下概括：社会发展史首先是生产的发展史，是许多世纪以来依次更迭的生产方式的发展史，是生产力和人们生产关系的发展史。而历史科学要想成为真正的科学，首先应当研究物质资料生产者的历史，劳动群众的历史，各国人民的历史。历史科学的首要任务是研究和揭示生产的规律，生产力和生产关系发展的规律，社会经济发展的规律。《教程》还指出：生产力不仅是生产中最活动、最革命的因素，而且是生产发展的决定因素。生产力怎样，生产关系就必须怎样。而随着社会生产力在历史上的变化和发展，人们的生产关系、人们的经济关系也相应地变化和发展。因此，历史上有五种基本类型的生产关系：原始公社制的、奴隶占有制的、封建制的、资本主义的、社会主义的。并对五种社会生产关系作了较为详细的介绍。

新中国的经济史研究就是在上述思想指导下开展的。于是，古代社会的分期问题、地主制经济问题、资本主义萌芽问题、农民战争及作用问题、近代资本主义发展失败问题等遂成为新中国成立后17年间历史研究的重点和热点，也成为经济史研究的重点和热点问题。

1949—1978年，主要研究对象为古代和近代经济史，这一时期的中国经济史研究，主要还是采用传统史学研究范式，主要原因有二：一是用马克思主义唯物史观和政治经济学描述和解释中国前资本主义社会具有一定难度；二是在于前人行事，并无一经济学观念为前提，其言行自有一套道理办法规则，以经济学的后来观念解前人前事，当然颇为困难。

1949年新中国成立以后，在20世纪50年代前期，中国社会科学界开展了一场知识分子思想改造运动，并形成了一个学习马克思主义的热潮。中国共产党领导的民主革命的胜利和新中国的成立，表明运用马克思主义基本原理来认识和解决中国近代以来的社会问题取得了成功，马克思主义经济学家和史学家们在1949年新中国成立前运用唯物史观写成的著作的科学性得到了验证，这使新中国的史学工作者们受到极大的鼓舞和激励。通过学习，绝大多数历史学和经济学研究者具有了一定的马克思主义基础知识，并就如何运用马克思主义指导学术研究，进行了卓有成效的探索，而对于经济史研究来说，唯物史观的运用不仅是必需的，而且是有效的。因为马克思主义经典作家已经提供了一个全新的历史视角、完整的理论体系和分析框架，于是经济史自然更多地偏重于运用马克思主义唯物史观来解释中国的古近代历史。到1966年"文化大革命"爆发前，我国的经济史研究领域，已经形成了以唯物史观为指导、以社会经济形态研究为主体的新的学科体系。

尽管这一时期的研究工作存在一些问题，主要是在运用马克思主义研究历史过程中存在贴标签式的教条主义倾向，往往把复杂的历史简单化和公式化。而政治上的"左"倾错误则加剧了这种倾向，直至演变为"文化大革命"时期的影射史学和万马齐喑的局面。但是仍然应该看到，"文化大革命"前的17年就经济史研究来说，成绩仍然是主要的，这个时期不仅确立了马克思主义的指导地位，为经济史研究提供了有力的世界观和方法论，并使得经济史成为历史学的主流；而且通过研究培养了一批人才，出版了一批成果，这些都为1978年改革开放以后经济史研究成果的大量喷涌奠定了基础。

二 1978—2019年中国经济史研究历程

自1978年改革开放以来的41年，是中国经济史研究迅速发展和繁荣的时期，经济发展和改革的需要、前30年的史学积淀、对外开放的影响成为这个时期经济史研究队伍壮大、研究领域广阔、研究方法多样、研究成果丰硕的三个基本因素。

一是中国经济史的研究队伍迅速扩大，研究领域更加广阔，研究成果丰硕。1978年改革开放以后，经济史研究被视为新时期历史学的突破口。国家"六五""七五"期间的全国哲学社会科学规划，均把有关经济史的课题放在重要的位置上。人们研究经济史的积极性被调动起来了，许多原来从事其他领域研究（例如从事农民战争史研究）的学者转到了经济史领域上来，"文化大革命"中遭到破坏的中国经济史研究机构和队伍在新时期迅速恢复和发展。在空前扩大的经济史研究队伍中，有在20世纪三四十年代和五六十年代即从事研究工作的老年、中年学者，他们在新时期焕发了学术青春，在科学研究和培养人才方面取得了累累硕果；新时期恢复研究生培养制度以后培养的一批博士、硕士，80年代后期以后也迅速成长为具有新的知识结构和开拓精神的、生气勃勃的研究骨干，现在他们已经挑起中国经济史学科的大梁。随着研究的开展，研究人员迫切要求加强交流和协作，各地（如东北、广东）纷纷成立经济史研究的学术团体，全国性的中国经济史学会（挂靠中国社会科学院经济研究所）于1986年正式成立。厦门大学历史系主办的《中国社会经济史研究》和中国社会科学院经济研究所主办的《中国经济史研究》分别于1982年和1986年创刊。2000年又建立了"中国经济史论坛"网站，成为中国经济史学的重要学术阵地。2002年，中国经济史学会经过长期准备，加入了国际经济史学会，进一步加强了国内经济史研究队伍的国际交流。2012年，中国经济史学会创办会刊《中国经济史论丛》（2017年更名为《中国经济史评论》）。2016年，科学出版社历史分社和中国科学技术史学会科技与经济社会史专业委员会共同创办了《产业与科技史研究》并开设了微信公众号。近年来，随着移动互联网的发展，北京大学、清华大学、《中国经济史研究》杂志社等机构纷纷开设经济史方面的微信公众号，成为非常活跃的学术交流平台。就研究视野和领域来看，比1978年以前大大拓宽了。过去经济史多侧重于生产关系和经济制度的研究，偏重于古代和近代，偏重于汉族和农耕经济的研究，侧重于国家经济活动和重大经济事件的"宏观叙事"性总体研究，现在则拓展到生产力和经济运行，拓展到当代中国经济史，拓展到游牧经济和海洋经济，拓展到社会经济史和区域经济史。

二是经济史研究的资料基础更为广阔和雄厚。"文化大革命"以前的经济史资料工作基本上是近代一枝独秀，新时期近代经济史资料的整理继续发展，古代经济史资料的整理出版和发掘利用有了较大的进步，现代经济史也开始了系统整理资料的工作。这一时期整理出版了大批经济史的文献档案资料，中国台湾"中研院"经济研究所与中国社会科学院经济研究所等单位合作，将清朝大内档案中的粮价资料录入电脑，建成有关资料的数据库；中国社会科学院经济研究所等单位还开展了中华人民共和国经济档案的大规模整理出版工程。丰富多彩、层出不穷的考古材料（包括出土实物和文字材料，如农作物、工具、城址、甲骨文、金文、秦汉简牍、敦煌吐鲁番文书等）被广泛运用于经济史研究，与文献记载相印证，不断刷新、匡正或深化人们的认识，使研究增添了活力和动力。现代仍然存在于民间和现实生活中的丰富而生动的资料，如民间文书、族谱、碑刻和社会调查、习俗调查、民族调查、口述私记等，越来越引起经济史研究者的重视和利用。

三是学术思想空前活跃和理论方法的多元化趋向。在"实事求是、解放思想"的思想路线的指引下，经济史研究者在很大程度上摆脱了以前教条主义的束缚，突破了种种禁区，加深了对马克思主义的理解。改革开放后国际学术交流日益频繁，新理论、新方法得以不断引进，出现了国内与国际的学术研究相互激荡的新局面，使得中国经济史研究者思想空前活跃，新思路、新见解层出不穷，在探求中国经济史自身特点和规律方面迈出了坚定的步伐。与此相联系的是在理论方法方面突破了单一的模式，进行广泛的探索，呈现了多元化发展的趋向，并逐渐形成不同的学术风格和流派。有的学者提倡用经济学的理论和方法来研究经济史，强调计量研究和经济分析，力图使中国经济史学更加精密化。另一些学者注重把社会学、人类学的方法运用到经济史研究中，强调经济与文化的互动关系，实行社会史与经济史的结合。此外，许多学者分别把历史地理学、环境生态学、历史人口学、考古学、民族学等与经济史研究结合起来，形成一股多学科交叉融汇及其理论方法相互渗透的潮流。亦分亦合，并行不悖，百花齐放，生动活泼。许多经济史研究者已不满足于笼统的定性叙述，在条件许可的情况下，总是尽可能作些量化分析，并出现一批计算历代亩产、劳动生产率、商品流通量和物价变迁趋势、中国古代 GDP 的论著，这也是新时期中国经济史研究的一大进步。

第二节 新中国经济史研究队伍和方法的演变

新中国 70 年来的经济史研究，是建立在历史学和经济学两大学科发展繁荣基础上的。[①] 它作为历史学与理论经济学相交叉的分支学科，虽然研究的对象相同，研究的结论也可能相同，但从研究者的学科分类和研究视角来看，则大致可以分为两大类：一类是作为历史学科组成部分的经济史研究，其研究者基本上是历史学科研究和教学机构的史学工作者；另一类是作为理论经济学科组成部分的经济史研究，其研究者基本上是经济学科研和教学机构的经济学学者。由于历史学和经济学无论在理论上还是在方法上都比较成熟，因此虽然经济史研究历来强调"史无定法"，但是就经济史的研究来说，无论是研究者的职业需要、研究视角，还是其知识结构优势，以及

---

① 吴承明是学经济出身的，又曾在新中国成立前和新中国成立初期从事经济工作，但他经过长期从事经济史研究后认为："经济史首先还是'史'，要有个历史观。"参见吴承明《经济史：历史观与方法论》，《中国经济史研究》2001 年第 3 期。

社会需求导向，其选题和成果都呈现出上述两类特点，或者何者为主，或者平分秋色。本章之所以这样划分，一是为了了解和把握新中国经济史研究的学术发展演变的内在结构和因素；二是为了总结历史经验，以便推动未来中国经济史研究中的理论和方法的融会贯通。

就经济学来说，从清末西方经济学传入我国，到民国初期开始萌芽，到 1949 年新中国成立前，中国经济学科的发展有两条线索。一方面，许多留学欧美的学者，接受了系统的西方经济学训练，回国后积极传播欧美的西方经济学理论；另一方面，旧中国尖锐的阶级矛盾和阶级斗争也使马克思主义经济理论迅速地在中国传播。但是由于这个时期民族矛盾和阶级矛盾成为社会的两大矛盾，社会始终处于分裂和动乱之中，因此经济学并没有成为显学，其重心虽然在于解决中国当时面临的经济问题，但并没有形成能够完整解释中国经济制度、经济现象以及经济运行的经济学理论体系。而这个时期的历史学，则在原有中华民族高度重视历史的文化传统下和深厚的国学积淀基础上，吸取来自西方各种社会科学理论，而兴盛起来。这种兴盛与繁荣，仍然是"经世致用"的，即为解决现实问题而重新认识和解释历史，并从中寻找答案。

从 1949 年新中国成立到 1978 年改革开放以前这段时期，中国经济史研究机构和队伍比较清晰地分为两大部分。一是政府史学研究机构和高校历史教研机构的史学工作者；二是政府经济研究机构和高校经济教研机构的经济学工作者。虽然研究对象相同，但由于工作单位性质和任务不同，以及研究人员的知识结构和氛围不同，在研究领域、视角和方法上仍然有所不同。前者如中国科学院的历史研究所、近代史研究所以及大专院校的历史系，其研究和教学任务是历史学，从业者也是历史学家，其知识结构和治学方法多来自中国长期形成的历史知识和方法积淀，尤其擅长考据和实证研究。后者如中国科学院的经济研究所、上海科学院的经济研究所、北京大学、中国人民大学、南开大学以及部分财经院校的经济系，其研究和教学任务是经济学，从业者也多是经济学出身，熟悉基本的经济学理论和方法。

从研究领域来看，前者主要集中于古代经济史，那是他们发挥特长和史学优势的领域；而后者则主要集中在近代经济史，因为其中的大部分学者来自旧中国的现实经济问题研究部门和专业，只是由于他们在政治上或知识上不能适应新中国现实经济问题研究，而转向研究他们所熟悉的刚刚成为历史的旧中国经济，这也是他们能够发挥作用和经济学优势的领域。

改革开放以后，中国经济史研究则呈现出研究机构不断增加、队伍不断壮大、从业人员不断变动、知识和方法不断融汇和多样化的趋势。

首先是研究队伍的迅速壮大，大批从事实际经济工作的人员和经济学者开展了对新中国经济史的研究工作。他们或者从总结中国自己的历史经验教训出发，或者从运用西方经济理论来重新认识中国经济发展的目的出发，来兼职研究中国经济史。前者如20世纪80年代中期由中国社会科学院牵头进行的大型"当代中国丛书"编纂中有关经济各卷就集中了数百位曾经从事或正在从事实际经济管理工作的人员来撰写新中国有关经济专题和部门史。后者如刘国光、厉以宁、吴敬琏、汪海波、林毅夫等。他们的论著给中国经济史研究增色不少。

其次，随着全党和全国工作重心转移到经济建设，以及如火如荼的经济发展形势和眼花缭乱的经济体制改革，都吸引了大批历史学内的非经济史专业的学者和经济学外的其他社会科学学者来从事中国经济史的研究工作，前者如中共党史专业、中国当代史专业的许多学者将研究重心转到经济史方面；后者如不少研究政治、文化、社会、外交，甚至国防的学者将研究重心转向相关的经济史或者交叉研究。

近年来，不少青年学者选择从事中国经济史研究，为中国经济史的研究队伍注入了新鲜血液。一批中青年学者在老一辈学者的悉心指导和培育下脱颖而出，已经在学术界崭露头角。改革开放以后赴海外学习经济史的学者，学有所成之后纷纷回到国内，不断补充到国内的经济史学界中来。

总的来说，改革开放以来，尤其是进入 21 世纪之后，随着研究的深入和经济学知识的普及，以及理论和工具的多样化发展，经济史研究越来越经济学化。那些熟悉历史学方法的来自史学专业的研究者，则有一部分转向运用社会学的理论和方法，开展以实证和个案为特点的社会经济史研究。

从研究发展趋势看，改革开放以后，中国经济史研究存在着两种并行不悖的倾向，即李根蟠所概括的"分"的倾向和"合"的倾向。所谓"分"，包含两层意思：一是指理论方法的多元化；二是指学科的细分，最明显的表现是区域史、部门史和专题史研究的兴起，不再笼统地以整个中国或整个经济为研究对象。所谓"合"，也包含两层意思：一是指不同学科、不同学派理论方法的相互渗透；二是指全方位、长时段综合考察的研究视角。不是把经济因素孤立起来研究，而是从经济与社会、文化、自然的相互关联中去研究它的发展；不是把中国经济史孤立起来研究，而是从世界经济发展的大背景中去研究中国经济的发展；不是把某一时段孤立起来研究，而是瞻前顾后，同时考察它的"来龙"与"去脉"。

早在 20 世纪 60 年代末 70 年代初，美国就出现了一股新经济史学思潮，并掀起了一场将经济学理论与方法应用到经济史研究中来的革命，尤其是美国经济史学家诺思（D. C. North）和福格尔（R. W. Fogel）对间接计量法与反事实度量法的成功运用，在经济史研究中掀起了一股清新之风。正当新经济史学革命在大洋彼岸如火如荼地进行时，我国的经济史研究也进入了改革开放时代。80 年代初，老一辈学者吴承明和孔经纬分别在《晋阳学刊》（1982 年第 1 期）和《吉林大学学报》（1982 年第 1 期）上发表了《关于研究中国近代经济史的意见》《关于中国经济史的一些理论问题》等，阐明了理论方法的重要性。其后，吴承明在相关学术讲演和论文中列举了一些国外各学派研究中国经济史的方法，如经济计量学方法、发展经济学方法、区域经济学方法、社会学方法、系统论方法等，分析了它们的利弊，给人耳目一新之感。此后，经济史理论与方法日益受到学者们的重视。90年代以来，国外经济学与经济史理论方面的著作纷纷被译介到国内，最著名的如布莱克、亨廷顿等人的现代化理论，希克斯的经济史理论，诺思的经济史中的结构与变迁，张五常的佃农理论，舒尔茨的改造传统农业，门德尔斯的原始工业化理论等，都产生了广泛深入的影响。与此同时，一些经济史方面的国外汉学名著如黄宗智的姊妹作《华北的小农经济与社会变迁》与《长江三角洲小农家庭与乡村发展》，马若孟的《中国农民经济》，彭慕兰的《大分流：欧洲、中国及现代世界经济的发展》等，也在学界广为流传，其理论之新颖、方法之独到，对中国经济史研究产生了很大的影响。

从2013年开始，量化经济史研究呈现出兴起之势。陈志武、李中清、李伯重、马德斌等学者站在学术前沿，在国内学术界大力倡导和引领量化经济史研究。2013年起，"量化历史讲习班"已连续举办六届；2014年，《量化历史研究》创刊；2015年，"南都量化历史研究最佳论文奖"开办；2015年，华中师范大学大数据历史专业硕士研究生基地班开办；2017年，《大数据与中国历史研究》创刊。这股量化经济史研究热潮催生了一批优秀的研究成果，中国古代GDP研究方面的成果尤为突出。学者们普遍认为，量化研究方法的引入有利于中国经济史研究的科学化，能够令人信服地验证现有的假说，也能够从历史现象中发现新的认知。不过，也有一些量化研究的成果过分追求模型，而忽视了数据背后的深层次原因，被一些学者批评为"为模型而模型"。量化方法已成为中国经济史研究的重要方法之一，量化经济史研究具有良好的发展前景，但国内学者对于量化方法的优势、缺陷和适用条件的认识还有待进一步深化。

随着中国国际地位的提高以及中国经济史学科的发展成熟，中国经济史学界在引进和消化国外理论方法的同时，开始了构建具有中国特色的经济史研究的"话语体系"的思考和探索。2016年5月17日，习近平在哲学社会科学工作座谈会上发表的重要讲话，为加快构建中国特色哲学社会科学指明了方向。李伯重、魏明孔、叶坦、徐建生等学者在这方面做出了积极的探索。学者们普遍认为，构建具有中国特色的经济史"话语体系"，不仅是中国经济史学科发展的历史必然，还能够加深对于社会主义市场经济理论的认识。经过长期发展，中国经济史学科已经形成了在马克思主义唯物史观的指导下，各种理论方法多元化发展的良好局面，这为构建中国特色社会主义经济史学奠定了坚实的基础。李伯重等学者强调，构建具有中国特色的经济史"话语体系"，不是要"另起炉灶"或"推倒重建"，而是要以马克思主义为指导，充分利用国际学术环境提供的资源，并发掘中国传统学术当中的理论和方法，推进中国经济史研究，力争在对国际主流学术做出积极贡献的同时，在国际主流学术体系中获得更大的话语权。

近年来，我国经济学界越来越重视经济史的研究和教学。一些高校（如上海财经大学、中央财经大学）的经济学院成立了经济史学系，许多高校的经济学院恢复或开设了经济史课程。中国人民大学经济学院为呼吁经济学界重视经济史的研究与教学，从2015年起每年召开"经济与历史"学术研讨会，在学界产生了较大影响。吴承明曾指出，经济史应当成为经济学的"源"，而不是它的"流"。近年来，许多学者强调，中国经济史研究是构建中国特色社会主义政治经济学、创建中国经济学"话语体系"的重要基础。叶坦、魏明孔等学者认为，中国经济史学的深厚积淀和经世致用传统，为创新经济学"话语体系"提供了丰富的养料。武力、徐建生等学者主张构建以"广义政治经济学"为核心的中国特色社会主义政治经济学，而中国经济史研究是其重要基石。

总之，1978年改革开放以后，随着思想解放和市场经济体制建设，无论是经济学还是历史学的视野、方法都大大扩展和丰富了，过去束缚经济史研究的政治压力没有了,经济史研究与现实经济问题的联系也更加密切了,随着经济学成为显学和大量经济学理论和方法的引进,经济史研究的重心也开始偏向经济学。另外,改革开放以来,从历史学方面,又分解出一个经济史研究的生力军,那就是从社会史的角度开展研究的队伍突起和方兴未艾。改革开放以前,以傅衣凌先生为代表的一批学者即运用社会学的理论和方法开展基层和微观的经济史研究并卓有成效。[1] 但是受那个时期整个史学界关注重大问题的影响,这方面的研究并不多。改革开放以后,出于社会的需求和对过去"宏大历史叙事"的纠偏,以及受到国际社会经济史研究的影响,许多学者转向微观和具体的社会经济史研究,例如对区域经济史、历史上的"三农"问题、社会保障、灾害救助、疾病预防等社会史的研究,也大大丰富了经济史研究的内容。这种社会经济史的研究,已成为改革开放以来史学界的转机和热点,并且取得了可观成果,显示出历史学在经济史研究中仍然具有巨大空间、可以充分发挥作用以及充满活力。

吴承明先生曾经指出:经济史学"在我国,大体上说有三大学派。一派偏重从历史本身来研究经济发展,包括历史学原有的政治和典章制度研究。一派偏重从经济理论上来解释经济的发展。有的并重视计量分析。一派偏重社会变迁,可称为社会经济史学派"[2]。

改革开放给经济史研究带来的另一个重要突破和创新是比较研究,虽然在1978年以前,老一辈的经济史学者强调"不能就经济讲经济,不能就中国讲中国,不能就某一时代讲某一时代"。并且中国经济史的研究在实际上也按照马克思主义的五种社会形态理论,与

---

[1] 傅衣凌早年在日本受过社会学的训练,因此在研究中特别注重从社会史的角度和运用社会学的方法来研究经济史,例如注重地域性的细部研究和农村社区经济研究;强调注意发掘传统史学所轻视的民间文献(契约文书、谱牒、志书、文集、账籍、碑刻等)等史料,倡导田野调查,以今证古等。

[2] 吴承明:《经济史学的理论与方法》,《中国经济史研究》1999年第1期。

欧洲经济史进行着比较研究。但是当时的比较研究主要集中在理论层面来考察异同，而较少深入到微观层面和具体的社会经济史研究。而不断深入和自由广泛的国际交流，则推动了这种比较研究。其中以李伯重、龙登高、侯建新、朱荫贵、李毅、林毅夫、胡鞍钢等一批改革开放以来成长起来的经济史学者和经济学家的成果最为突出。

第三节　中国古代经济史研究的若干进展

中国经济史研究的起步，应该说是从古代经济史研究开始的，在新中国成立以前的 20 世纪 30 年代，中国的思想界就曾经掀起过一场关于社会性质的论战，并由此引发出学术界掀起关于中国社会史的论战。在论战过程中，马克思主义唯物史观和社会形态理论得到广泛传播。新中国成立以后，随着马克思主义唯物史观成为历史学科和国家意识形态的基础理论，运用它来重新认识和解释中国历史问题就成为历史工作者的主要和迫切的任务。由于 1840 年鸦片战争以前的中国有着悠久灿烂的古代文明，其建立在农业文明基础上的经济基础和上层建筑在明清时期已经相当发达，其发展轨迹和特征与马克思主义以欧洲历史总结出来的相互递进的五种社会形态，以及所概括的东方"亚细亚生产方式"有许多不同之处，因此运用唯物史观来解释中国的历史就成为一项非常繁重的工作，其中既有理论的运用和马克思主义中国化问题，也有重新梳理和研究浩如烟海的历史文献和大量历史遗存（实物）的问题。因此，新中国成立以后，围绕马克思主义唯物史观的最基本原理，兴起了以古史分期、中国封建社会经济形态和地主制经济、人民群众的历史作用、资本主义萌芽等问题，对古代经济史展开了全面的研究。

中国古史分期问题、亚细亚生产方式问题和中国封建社会长期延续问题，不仅涉及中国古代社会发展特点和发展规律，而且涉及如何运用马克思主义社会发展形态学说研究中国古代史，以及如何将唯物史观与中国历史实际相结合等相关的重大理论问题。通过讨论，不仅极大地促进了古史分期标准等一系列重要历史理论基本问题上的深入研究，而且在讨论中所呈现出的百家争鸣的局面，也是新中国成立后头 17 年史学领域的重要现象。

中国封建土地所有制形式问题的讨论，始于 1954 年侯外庐在《历史研究》创刊号上发表的文章《中国封建土地所有制形式问题》。该文提出中国封建土地所有制是"皇族所有制"即国有制，引起史学界的热烈反响，参加讨论的文章有 150 余篇。土地所有制问题的争论，主要集中在土地所有权的问题上，争论的焦点反映在中国封建土地所有制占支配地位的形式究竟是国有制、地主土地所有制还是各种所有制并存等问题上。虽然当时关于中国古代土地所有制形式问题的讨论并未取得一致的意见，然而通过不同见解的交锋和切磋，无疑极大地促进了我国史学界学术空气的活跃和历史研究理论水平的提高，也为这一重大理论问题的逐渐解决奠定了良好的基础。

对中国资本主义萌芽问题的讨论，主要是在新中国成立后兴起的。1955 年 1 月 9 日的《人民日报》发表邓拓的文章《论〈红楼梦〉的社会背景和历史意义》，提出了在封建经济体系内部生长起资本主义经济因素的萌芽问题，引起了史学界的注意，大家纷纷撰文发表自己的观点，资本主义萌芽问题由此开始成为极受学术界关注的重要问题。在当时，论者几乎一致承认中国封建社会已经出现了资本主义萌芽，主要分歧在于，中国资本主义萌芽究竟出现于何时？发展到了什么程度？在发展程度上，一些学者认为发展程度较高，在地域上不局限于沿海城市，而且阶级关系也发生了变化；另一些学者认为发展程度较低，主要仍然是农业和家庭手工业相结合的封建社会性质，中国近代的半殖民地半封建时代始于鸦片战争。在讨论中，学者还对中国资本主义萌芽对阶级结构所产生的影响等问题做了深入探讨。通过讨论，学术界对中国资本主义萌芽问题进行了全面深入的研究，发掘了大量资料，使用了丰富的史实对该问题加以论证，对中国古代经济史，特别是明清时期的经济发展历史进行了系统梳理和史料发掘，使该领域的研究获得了极其显著的进展。

1978年改革开放以后，随着社会科学的繁荣，中国古代经济史研究迎来了一个新的高潮。首先是整理出版了大批经济史的文献档案资料，主要的农书都已整理校释出版，历代食货志均有整理校释者。各经济部门、各行业、各地区和各种专题也在整理经济史资料，丰富多彩的考古材料（包括出土实物和文字材料）被广泛运用于经济史研究，其中云梦秦简对秦代土地制度和社会经济研究、出土文物简帛对包括楚国经济史在内的楚学和汉代社会经济史研究、走马楼简牍对三国时期尤其是吴国的社会经济史研究、敦煌吐鲁番文书对唐代经济史研究的推动作用最为显著。另外，现代仍存在于民间和现实生活中的诸多资料，如民间文书、族谱、碑刻和社会调查、习俗调查、民族调查等，越来越引起经济史研究者的重视。上海、苏州、佛山、北京等地有关经济史的碑刻资料、大量的少数民族社会历史调查的有关资料，也全面整理出版，为区域经济史及少数民族社会经济史的研究和前资本主义社会经济形态的研究提供了重要的资料基础。《中华大典》中的《经济典》《农业典》《工业典》包含了丰富的古代经济史研究资料。国家清史纂修工程组织编辑出版了数量可观的清代史料，有力推动了清代经济史研究。

改革开放以来的40多年里，古代经济史研究的视野和领域也大大扩展和深化了。除了过去研讨的资本主义萌芽、地主制经济等宏观和理论性较强的问题外，传统社会中的商品经济和自然经济、传统市场与市场经济等问题开始引起人们的重视。在对传统市场的研究中，人们注意到农村市场、城市市场、区域市场、全国性市场、生活用品市场、生产资料市场、劳动力市场、资金市场、土地市场等各类市场的发育状况及其相互关系，注意到商品流通量的计算和商品构成的分析，注意到市场价格体系及其变迁，对此已有众多成果问世。改革开放以来，中国古代经济史研究越来越重视与现实社会经济生活关系密切的问题，研究成果不仅体现了学术价值，而且具有现实借鉴意义。

在这个时期，农业史、商业史、交通史、手工业中的盐业史、纺织史等研究亦方兴未艾，研究视角涉及科学技术、生产力、生产关系、经营管理制度、国家对各类手工业经济的干预和管理、中外经贸交流等各方面，农业生态史也日益受到人们的重视。财政金融史、赋役史在资料整理和研究方面都有可观的收获。有关屯垦、马政、禁榷、市籴、漕运、仓储、荒政等方面的研究已渐次展开，还开辟了经济法制史研究的领域，国家经济政策和经济思想的研究亦有进展，货币金融史、人口史研究也取得较大进展，出现了一些有创见的、比较成熟的论著。

这个时期的区域经济史研究以明清和近代为主，或延伸至现代，研究区域遍及全国，其中成绩显著的有江南、华南地区；以徽州社会经济史为中心的徽学则异军突起，成为显学。有的学者提出在沿海社会经济史研究的基础上，把沿海经济史、海洋渔业史、对外贸易史、华侨华人经济史、海疆史等糅合在一起，建立海洋社会经济史学科。民族与区域经济方面，传统的西北、西南、北方少数民族经济史研究持续发展，中部少数民族及边境外贸经济的研究也有新的进展。改革开放以来，随着中国经济快速发展、体制改革和对外开放的深化以及学术交流的频繁，古代经济史研究在理论和方法上同样呈现出多元化、多样化的趋向。有的学者提倡用经济学的计量方法和经济模型来分析古代经济问题；另一些学者则注重把社会学、人类学的方法运用到经济史研究中，强调经济与文化的互动关系，实行社会史与经济史的结合。此外，许多学者分别把历史地理学、环境生态学、历史人口学、考古学、民族学、政治学、经济思想史、法律史等与经济史研究结合起来，形成一股多学科交叉融会和理论方法相互渗透的潮流。许多经济史研究者不满足于笼统的定性叙述，出现了一批计算历代亩产、劳动生产率、商品流通量和物价变迁趋势、中国古代GDP的论著，这也是新时期中国古代经济史研究的一大进步。特别是纂修清史这个国家重大工程启动以来的十几年间，围绕清代前中期经济史，特别是财政史的研究涌现出一批质量较高的成果。

第四节　中国近代经济史研究的若干进展

1949 年新中国的成立，标志着半殖民地半封建社会的结束和社会主义新时代的开始。从而使得对 1840 年鸦片战争至 1949 年间百余年社会经济发展变化及问题的研究，从现代、当代的现实问题和对策性应用研究，转变为对历史的研究，即成为中国近代史研究。而对这段历史的研究，又由于巩固新中国政权和意识形态的需要，受到中国共产党和政府的高度重视。而按照唯物史观，中国近代经济史则自然成为其中的重要组成部分。

1953 年，国务院中国历史问题研究委员会决定，由中国科学院经济研究所经济史组严中平负责，自 1954 年起着手编辑出版一套"中国近代经济史参考资料丛刊"。以 1955 年严中平等编的《中国近代经济史统计资料选辑》为始，先后有工业、农业、手工业、外贸、铁路、外债、公债等专题资料汇编出版。1958 年起，中央工商行政管理局与中科院经济所合作，组织上海、青岛、哈尔滨等城市的工商行政管理部门，编辑"中国资本主义工商业史料丛刊"，到 1966 年时已出版了 5 种史料。同期，上海科学院经济研究所主持编辑"上海资本主义典型企业史料"并出版 4 种；对外贸易部海关总署研究室编辑出版了"帝国主义与中国海关"资料 15 册。1960 年，周恩来根据毛泽东"很有必要写出一部中国资本主义发展史"的指示，组织当时在中央工商行政管理局工作的许涤新、吴承明等专家，在编辑出版"中国资本主义工商业史料丛刊"的基础上，开始了多卷本《中国资本主义发展史》的编写工作。这些扎实的资料工作不但极大地推动了有关专题研究，而且培养了一批高水平的研究骨干。帝国主义对华经济侵略和中国资本主义的发展，是这一时期中国近代经济史探讨的主要课题。到1966年，新中国的近代经济史研究在17年间出版资料38种、专著61种，发表论文570余篇。重要的著作有吴杰的《中国近代国民经济史》、傅筑夫和谷书堂的《中国原始资本积累问题》、尚钺的《中国资本主义关系发生及演变的初步研究》、吴承明的《帝国主义在旧中国的投资》、钦本立的《美帝经济侵华史》、张郁兰的《中国银行业发展史》、杨培新的《旧中国的通货膨胀》等。

上述近代经济史研究的兴盛局面在1966年被"文化大革命"所打断。近代经济史研究在"文化大革命"十年严重受挫，新中国成立前和"文化大革命"前十七年的大多数研究成果被否定，原有科研计划中止，研究工作陷于停滞，学术讨论被大批判和设禁区所取代。"文化大革命"十年间只有一本《江南造船厂史》和9篇文章在极"左"路线背景下问世，几无学术价值可言。

1978年改革开放以后，中国近代经济史研究进入了一个前所未有的繁荣昌盛时期。研究机构和队伍壮大，研究视野和领域扩展、研究方法多样，研究成果丰硕。

首先，大批经济史的文献档案资料得以整理出版。其中，由中国第二历史档案馆编选的《中华民国档案资料汇编》规模巨大。中国社会科学院经济研究所与中国台湾"中研院"经济研究所等单位合作，建成有关清朝大内档案中的粮价资料的数据库；中国社会科学院经济研究所继续编辑出版了"中国近代经济史参考资料丛刊"中的《中国近代航运史资料》第二辑和《中国近代铁路史资料》第二辑，并开始了对满铁资料的整理和出版。国家图书馆出版社组织编辑出版了《民国文献资料丛编》系列丛书；国家图书馆计划全面整理馆藏日本对华调查资料，已出版《东亚同文书院中国调查手稿丛刊》。上海档案馆开始整理出版馆藏金融史资料，已出版《上海市档案馆藏近代中国金融变迁档案史料汇编》。广西师范大学影印出版了《满铁调查报告》及《满铁密档》两个系列文献。经济科学出版社、中国财政经济出版社、浙江越生联合出版印刷有限公司计划合作出版《中国近代经济文献史料丛刊》。

此外，40多年来，在部门、行业和区域的经济史资料方面，航运、盐务、商务等部门和行业史资料书，英美烟草公司、满铁、鞍钢、伪满中央银行、金城银行、上海商业储蓄银行、中国银行、聚兴诚银行、汉冶萍、裕大华、大生、刘鸿生企业、吴蕴初企业等大型企业史料书，关于旧中国海关、海关税收和分配统计、清代外债、民国外债、华侨投资国内企业、江苏省工业调查统计、天津商会、苏州商会、南开经济指数资料、自贡盐业契约、张謇档案、盛宣怀档案、自然灾害档案资料等专题资料书，抗战时期主要革命根据地等根据地财经史料书相继出版；各地政府、各经济部门广泛开展方志和专业史志的编纂和出版，地方工商史、农林史、金融史、财政史、港史、公路史、邮政史等资料书更是不胜枚举。同时，气象、水文、地理变迁等资料以及各种考古材料、民间资料不断出版公布。

近年来，得益于新技术手段的应用，经济史资料的整理编辑出版出现了新的形式。在纸质出版辅以微缩胶片的形式之外，实现文献的电子数据化，制作专题数据库，以及数据可视化技术的运用，成为各大档案馆、图书馆的创新举措。2016年，国家图书馆申请设立"日本对华调查档案资料整理和数字化"项目，旨在建立一个数字化平台，从东亚同文书院和满铁调查报告开始，对馆藏日本对华调查资料进行全面整理和数字化，同时联合国内外各相关文献单位，建立专题数据库。"互联网+"手段的利用使"线上资料"新形式得以实现。2017年，中国社会科学院、国家图书馆和国家档案局合作筹建了"抗日战争与近代中日关系文献数据平台"，致力于汇集所有和抗日战争及近代中日关系有关的文献数据，借助开放、便捷的互联网技术向全球学术界、教育界以及民众提供服务。到2018年年底，该平台收录的档案、图书、期刊、报纸、图片等各类文献已达1300万页。新技术手段的应用既有利于史料的保存，又能够大大降低查阅史料的成本，提高使用效率，为中国经济史研究的快速发展创造了良好的条件。

其次，1978年以来发表的有关中国近代经济史论著的数量，也远远超过20世纪前80年有关论著的总和。学术成果中有两部著作最为引人注目，一是许涤新、吴承明先后主编的《中国资本主义发展史》三卷本（加上后来出版的当代中国丛书《中国资本主义工商业的社会主义改造》卷，共为四卷）；二是严中平、汪敬虞、吴太昌和刘克祥先后主编的《中国近代经济史》三卷本。这两部著作都是从20世纪50年代开始着手，以大量的专题研究为通史基础，代表了本学科总体研究的前沿水平。其他通史类著作不下15种。一些具有开创性意义的专题研究也有大量著作问世，如张仲礼、隗瀛涛、罗澍伟、皮明庥等主编的上海、重庆、天津、武汉等地的城市史，从翰香、苑书义、孔经纬、段本洛、乔志强、行龙、马俊亚等编撰的华北、东北、江南等地的区域（农村）经济史，陈诗启、戴一峰等撰写的海关史，徐鼎新、马敏、朱英、虞和平等撰写的上海、苏州、全国的商会史，刘佛丁、王玉茹、陈争平等撰写的有关经济发展、价格结构、国际收支等方面的计量经济史，朱英、石柏林、徐建生等撰写的近代经济政策史，吴松弟主编的中国近代经济地理，李文海撰写的中国近代灾荒史等。近年来，企业史、海洋经济史、环境史等专题研究也取得了丰硕的成果。

最近几年，与中国近代经济史密切相关的中国近代经济思想史研究取得了显著进展。2015年，叶坦提出打通经济史和经济思想史的学科界限是突破经济史学发展瓶颈的关键。2016年，邹进文所著《近代中国经济学的发展：以留学生博士论文为中心的考察》出版，作为对近代中国留学生经济学学术思想首次全面系统的研究，具有开创性意义。吴敏超、陈峰、刘兰兮等学者的经济史学术史研究成果也相继面世。

第五节　中国现代经济史研究的若干进展

中华人民共和国经济史，或者被称为当代中国经济史的研究，真正开始于1978年改革开放以后。在此之前，虽然也有零星的研究，如1958年河北大学出版的《中华人民共和国经济史》；有专门为当时政治服务的研究，如中国科学院经济研究所和国家工商局合作编写的《资本主义工商业的社会主义改造》，薛暮桥等编写的《中国国民经济的社会主义改造》，赵艺文著《我国手工业的发展和改造》，史敬棠等编写的《中国农业合作化运动史料》。但是都没有形成稳定的科研队伍和专业。1978年以后，出于总结自己历史经验的需要，中华人民共和国经济史研究开始受到经济学界的重视，中国科学院经济研究所（即今天中国社会科学院经济研究所的前身）、国家计委经济研究所、财政部财政科学研究所、北京大学经济学院的李德彬教授、中国人民大学经济学院的孙健教授、中南财经大学经济学院的赵德馨教授等，都开展了新中国经济史的研究，而1984年由中国社会科学院牵头启动的"当代中国丛书"，则使得中央各经济部门和地方有关机构都开展了对当代经济史的研究。1990年，当代中国研究所成立，专门从事中华人民共和国史的研究、编纂和出版工作。2001年，当代中国研究所成立经济史研究室，专门从事中华人民共和国经济史研究。目前，中国现代经济史研究形成了稳定的、多元化的、具有相当规模的研究队伍，除上文已经提到的各高校和科研机构、经济部门外，还有各级党校、党史办公室、地方志办公室等从事党史、国史、地方志研究的人员。

纵观改革开放40多年来的研究，其重点和成果大致可以分为以下几个方面。

一 改革开放以来的研究特点和阶段划分

中国现代经济史或者说中华人民共和国经济史研究的真正起步和繁荣是在 1978 年改革开放以后。此前，虽然已有薛暮桥、许涤新、沈志远、吴承明、赵德馨等研究新民主主义经济，研究社会主义改造，研究新中国经济发展规律，但是他们更多的是从当时社会变革和经济工作需要而进行研究的。改革开放以后，我们的党和国家需要认真总结过去经济建设的经验和教训，因此从 1978 年开始，研究革命根据地和新中国前 30 年经济发展与制度变迁逐渐成为当时党史和经济史研究的热点。40 多年来，中国现代经济史研究大致可以分为以下三个时段。

（一）20 世纪 80 年代为第一个阶段

这个阶段的特点是抢救历史资料和总结经验并重，以国家成立的有关机构和各部门成立的专职机构为主体。这个阶段，由于有一大批从事经济工作的老同志从领导岗位退了下来，他们认为有责任、有义务来总结自己亲身经历的历史经验，而且有关机构也认为时不我待，必须抓紧进行。这个时期的主要科研工作和成果主要体现在三个方面：一是由中央党史资料征集委员会牵头收集整理出版的系列有关经济史的历史文献，例如多卷本的有关资本主义工商业改造的历史资料；二是由财政部等单位牵头收集整理出版的大量有关革命根据地的财经历史文献，并在此基础上出版了一批研究专著；三是由《当代中国》丛书编委会牵头组织各有关经济部门编写出版的《当代中国》丛书有关经济各卷及其大量的副产品（如资料选编、大事记等）。

（二）20 世纪 90 年代为第二个阶段

这个阶段的特点是以研究为主的相对沉寂的阶段。经过十多年的历史资料收集和整理，一是 20 世纪 80 年代提出的任务已经逐步完成，而且当年退下来的大批顾问和老同志年事已高，没有精力继续深入开展研究；二是社会主义市场经济已经确定为改革和发展目标，这与 80 年代改革是围绕着如何完善公有制和计划经济而展开已经不同了，因此许多人认为时过境迁，历史经验已经没有多少借鉴和指导作用了；三是经济的快速发展和现实的迫切需求，使得党、国家和有关研究机构，甚至个人关注重点从历史研究转移到现实问题研究，甚至直接改行到实际经济工作中。

（三）21 世纪这 19 年为第三个阶段

这个阶段学科发展的特点一是有关中国现代经济史的研究打破了 20 世纪 90 年代的沉寂，重新成为经济学，特别是经济学基础研究的热点。经过 20 多年的"西学东渐"，西方经济学广泛传播，已经为人们所熟知，对经济学界来说，关键的问题和机会是如何运用经济学知识为中国的经济发展和制度变迁服务，因此就需要了解中国的国情，而历史是了解现实的"钥匙"，因此不少国内和国外研究中国经济问题的学者开始从事经济史的研究。二是国内经过 20 多年的发展，不仅解决了温饱问题，专业化和管理制度也逐渐严密，任意改行的成本和风险也越来越高，迫使从事学术研究的人要有创新，而经济史对于从事经济学研究的人来说，还是一个创新空间非常大的领域。三是国家提高了对马克思主义中国化研究的重视程度并加大了资助力度，不仅马克思主义理论被教育部列为一级学科，而且高校和研究机构马克思主义教学与研究的发展也得到大力扶持。同时中宣部设立了马克思主义理论研究和建设工程，这些都使得作为马克思主义中国化最重要领域的经济史繁荣起来。四是经过 20 多年的整理和研究，有关机构出版了一大批有关毛泽东、刘少奇、周恩来、邓小平、陈云等领袖人物的文集、年谱和传记，为研究的深入创造了条件。

这个阶段的研究呈现出四个特点。一是研究队伍由 20 世纪 80 年代以国家专门机构为主，经过 90 年代的相对沉寂而逐渐转向以高校为主。二是研究的热点几乎遍布各个方面，研究呈现出明显的不断深入趋势，人们已经不满足于过去的结论，而是对许多问题的研究拓展到微观和个案的实证分析。三是研究理论和方法也比过去更多样化。在 20 世纪 80—90 年代，中国现代经济史研究者多是历史专业（包括中共党史）和实际工作部门退下来的老同志，其方法也多是叙述的方法和归纳的方法。而 21 世纪以来，已经有越来越多的哲学、经济学、社会学专业的学者进入经济史研究领域，他们带来了许多新的理论、方法和视角。与中国古代经济史、中国近代经济史相比，多学科交叉和理论方法多元融合的特点，在中国现代经济史研究中表现得更加突出。四是中国现代经济史与现实问题的关系更加紧密，随着学科的发展成熟，其资政功能日趋显著。

二 关于新中国工业化和经济发展战略的研究

新中国是在彻底的新民主主义革命的基础上建立起来的，中国共产党领导的政府在新中国的经济发展和制度变迁中始终处于主导地位，因此新中国 70 年的经济发展是典型的政府主导型发展。而工业化又是新中国成立后所面临的最重大、最基本的任务，是研究新中国 70 年经济发展和制度变迁的核心线索。这些都使得中国共产党及中国政府的工业化思想和实践以及经济发展战略成为中国现代经济史研究的基本问题和持续的热点。

关于新中国经济发展战略和工业化历史的研究，起于改革开放之初，当时经济结构失衡、人民生活水平长期得不到提高和经济效益不高三大问题，一方面导致了改革开放和国民经济的调整；另一方面导致经济学界反思过去的工业化和发展战略的得失。20 世纪 80 年代有关经济发展战略的研究产生了两大重要成果：一是以董辅礽为代表的国内经济学家，他总结了中国和苏联的历史经验，分析了斯大林提出的优先发展重工业战略的背景和得失，认为虽然我们认识到苏联模式的弊病，提出了"以农业为基础，工业为主导"的农轻重全面发展的思想，但是在实际工作中并没有贯彻好这个思想。[①]二是以林毅夫为代表的最早的海归经济学家，从世界经济发展的视

---

① 参见董辅礽《经济发展战略研究》，经济科学出版社 1988 年版。

角和经验出发，运用比较优势理论，提出中国的比较优势是人力资源，而资本是最短缺的资源，因此应该充分运用这个比较优势而不应该过分强调资本有机构成高的重工业的发展。[①]

由于改革开放以来的 40 多年，工业化仍然是我国经济发展的核心和主要动力，加上中国底子薄、人均资源匮乏和大量农村剩余劳动力亟待转移，因此如何处理好农轻重关系，如何处理好计划与市场的关系，如何处理好外延发展和内涵发展关系，如何处理好城乡关系、区域关系、中外关系等一直是需要解决和始终没有完全解决的问题，而这些都关系到工业化和发展战略。因此自 20 世纪 90 年代以来，关于工业化和发展战略形成演变历史的讨论和研究仍然方兴未艾，产生了一批研究成果。[②] 近几年这个问题又演化成关于"中国模式"的讨论。

当前，中国工业史研究引起了高度重视。《中国工业史》的编纂正在如火如荼地进行。2012 年全国"两会"期间，我国工业界 20 多位全国政协委员联名提出《关于编纂〈中国工业发展史〉及筹建"中国工业博览馆"》的提案，得到了国务院领导的批示，随即开始了前期筹备工作。2015 年，《中国工业史》编纂座谈会暨签约仪式在人民大会堂举行，《中国工业史》编纂工作正式启动。这部《中国工业史》包含综合卷、煤炭工业卷、机械工业卷、钢铁工业卷、石油和化学工业卷、轻工业卷、纺织工业卷、建筑材料工业卷、有色金属工业卷、电力工业卷、电子信息产业卷、轨道运输装备工业卷、航空航天工业卷、船舶工业卷、食品工业卷、医药工业卷、其他工业卷、港澳台工业卷 18 卷，约 5000 万字，将于 2021 年中国共

---

① 参见林毅夫等《中国的奇迹：发展战略与经济改革》，上海三联书店、上海人民出版社 1995 年版。

② 参见吴敬琏《中国增长模式抉择》，上海世纪出版股份有限公司、上海远东出版社 2006 年版；刘世锦等《传统与现代之间》，中国人民大学出版社 2006 年版；高伯文《中国共产党与中国特色工业化道路》，中央编译出版社 2008 年版；朱佳木《中国工业化与中国当代史》，中国社会科学出版社 2009 年版。

产党建党 100 周年之际出版。此外，中国工业经济学会中国工业史专业委员会也于 2019 年 4 月 27 日成立，成为专门推动中国工业史研究的学术组织。

三 关于新中国前 30 年经济发展及体制得失的研究

改革开放以后，随着时间的推移和历史的沉淀，如何认识和评价 1978 年以前以单一公有制和计划经济为特征的社会主义经济的建立及其得失，因为它不仅是改革开放后经济发展的基础和起点，也是体制和政策改革的起点和对象。中国为什么会在 20 世纪 50 年代扬弃新民主主义经济而选择社会主义经济体制，新民主主义与社会主义以及中国特色社会主义除了前后相承的时间顺序外，在理论、体制、传承乃至得失方面它们之间到底是什么关系？至于涉及土地改革、"三反""五反"运动、党在过渡时期总路线、统购统销、社会主义"三大改造"，1956 年的"冒进"和"反冒进"，"一五"计划，"大跃进"，人民公社，20 世纪 60 年代初期的饥荒，国民经济调整，"三线建设""文化大革命"时期的经济是否濒临崩溃的边缘，等等，都成为重新关注的对象。其中最重要和持续的热点问题可以归纳为以下三个方面：一是如何认识中国从新民主主义经济向社会主义经济的过渡。二是如何认识计划经济。三是如何评价改革开放前的经济成就和失误。这方面的研究从 20 世纪 80 年代初期就成为经济史研究中不能回避的重要问题，当时对此影响比较大的论著和观点，除了经济学界的孙冶方、薛暮桥、马洪、于光远、杨坚白、汪海波等外，胡乔木、胡绳、龚育之等也从研究中共党史的角度发表了大量论著，其中的某些观点对社会和学术界的影响甚至更大。概括起来，随着 40 多年来研究的不断深入，中国现代经济史学科在这方面基本上达成了如下共识：由于新中国成立后，中国共产党面临的首要任务像其他社会主义国家一样，是本该由资本主义来完成的工业化，而当时的国际环境似乎又不允许社会主义国家按部就班缓慢地完成这个任务。1953年中国共产党之所以放弃了新民主主义经济社会形态而加快向单一公有制和计划经济过渡，并不是因为多种经济成分并存发展和计划与市场共同作用的新民主主义经济与当时的生产力发展水平不相适应，而是与当时建立在国家安全和统一受到威胁背景下的经济发展战略不相适应。换句话说，就是工业化水平太低和重工业成为发展瓶颈→（导致）不能适应保障国家安全和统一的需要→（导致）需要优先快速发展重工业→（导致）需要在低收入水平上建立起既保障高积累和社会稳定又保证资本集中使用的体制。这就是20世纪50年代中国在"一五"计划期间快速完成新民主主义经济向社会主义经济转变的根本原因。

近年来，怎样认识前30年经济建设的得失以及改革开放前后两个时期的关系引起了高度重视。习近平强调，虽然这两个历史时期在进行社会主义建设的思想指导、方针政策、实际工作上有很大差别，但两者绝不是彼此割裂的，更不是根本对立的。对改革开放前的历史时期要正确评价，不能用改革开放后的历史时期否定改革开放前的历史时期，也不能用改革开放前的历史时期否定改革开放后的历史时期。从长远来看，改革开放前30年虽然经历了很大的曲折和有着"大跃进"和"文化大革命"那样沉痛的教训，人民生活水平长期提高很慢，但是成就仍然是主要的，这就是在如此人均资源匮乏和人均收入低下的条件下，主要依靠自己的力量突破了"马尔萨斯陷阱"和发展经济学所说的"贫困的陷阱"。而且，改革开放前的经济发展在多个方面为改革开放后的经济发展奠定了基础：新中国的成立创造了统一的大市场；教育、卫生事业的发展和妇女解放运动奠定了坚实的人力资本基础；优先发展重工业战略和计划经济体制奠定了坚实的工业基础和政府宏观调控经济的能力；农业基础设施的建设和机械化率的提高为改革开放后农村经济的发展和农村剩余劳动力的输出奠定了坚实的基础；对社会主义道路的开放性探索为改革开放后探索中国特色社会主义道路打下了坚实的基础。

一些学者从中国共产党为实现现代化制定的战略目标的演进过程、中国政府处理供需关系的政策演变过程、集体经济中统一经营与家庭经营的演变过程等方面，论证并阐述了改革开放前后两个历史时期的经济发展具有连续性。

四 如何认识新中国前30年的工农关系和城乡关系

新中国70年的经济发展和制度变迁，实质上是从一个落后的以传统农业和乡村经济为主的国家向现代工业和城市经济为主的国家转变的历史。由于中国人口多、底子薄，在工业化前期，不得不依靠农业和农民为国家的工业化提供必要的积累，加上经济体制改革是从农村率先突破并取得重大成功的，而取消人民公社、乡镇企业异军突起，取消农副产品统购统销，以及后来的农民工问题、城镇化问题、城市和房地产发展中的征地问题、农民负担过重问题、农民收入增长过慢问题，以及近年来的"反哺"问题、建设社会主义新农村问题、乡村振兴问题，等等，使得工农关系和城乡关系成为改革开放40多年来持续不断的研究热点，于是有人说："三农"问题解决之日，就是中国现代化实现之时。因此工农业关系、城乡关系就始终是中国现代经济史研究中的重大问题和研究热点，是经济史研究"古为今用""经世致用"的最好领域，也确实发挥了重要作用。这方面的研究成果和研究队伍，应该说是中国现代经济史学科中最为突出和强大的。

五 关于改革开放以来经济发展和制度变迁的研究

以1978年党的十一届三中全会为标志的改革开放至今已经走过了41年的历程。其间不仅中国的经济发展取得了令世界称奇的成就，而且经济体制也发生了急剧而深刻的变革，就这点来说，有人宣称谁能很好地解释中国经济谁就能获得诺贝尔经济学奖。40多年来，如果说20世纪80年代关于经济体制改革和发展的研究尚属于现实问题和对策研究，那么从21世纪开始，改革开放以来的经济发展和制度变迁不仅越来越成为经济史研究的对象，而且有越来越多的学者来回顾和研究这段历史。特别是2008—2009年和2018—2019年，为了纪念改革开放30年、新中国成立60年和改革开放40年、新中国成立70年，产生了一大批研究改革开放以来经济发展和制度变迁的论著。

由于这段历史与现实问题研究密切相关，很难严格区分哪些属于经济史学论著，哪些属于现实问题研究和对策论著，因此我们一般采取两种划分标准：论著的研究对象属于10年前的经济事件或问题，或者研究对象为发生在连续10年以上的时间序列中的问题；至于研究中涉及历史问题的回顾和评价，这些并不是论著的主要目的，则不属于经济史学论著。概括起来，研究这40多年来经济史的论著可谓汗牛充栋，但是大致可以分为两类：一是对改革开放和经济发展历程、阶段、特点、动力、得失，以及经济转型、发展方式转型、城乡关系、工业化、市场化、城镇化水平和对外开放度等方面的综合研究，包括经济发展和制度变革的思想、政策、机制、效果以及国际比较；二是对40多年来有关经济领域各个方面的专题研究，包括：宏观经济管理，国有企业改革，乡镇企业突起，民营经济发展，引进外资和海外投资，工业，农业，商业物价，财政，金融，外贸，人力资源和就业，消费，社会保障以及涉及民生的收入分配、教育、医疗、住房改革，等等。

六 关于当代中国经济发展道路的研究

中国的经济发展取得了举世瞩目的成就，对当代中国经济发展道路的研究和探讨逐渐成为中外学术界的研究热点，较早的研究成果有武力主编的《中国发展道路》。郑有贵主编的《中华人民共和国经济史（1949—2012）》中指出，中华人民共和国经济史的主线，就是中国特色社会主义经济发展道路的探索、形成和不断完善的历史轨迹。国内学者普遍认为，在矢志不渝地探索中国发展道路的过程中，中国虽然经历了数次变革与抉择，但始终保持着制度与发展模式的自主选择权，中国的现代化进程是一场中国人应对内外挑战的主动奋斗。而中国经济发展道路探索过程中的最大成就，就是形成了中国特色社会主义市场经济发展道路，形成了依靠市场调节和政府调控并举的"双轮驱动"发展模式。国外学者对这一问题也有浓厚的兴趣。美国著名制度经济学家罗纳德·科斯与旅美学者王宁合作出版了《变革中国：市场经济的中国之路》，引起了国内学界的关注。

七 构建中国特色社会主义政治经济学中的经济史研究

近年来，构建中国特色社会主义政治经济学成为学界的热点。有学者指出，中国特色社会主义政治经济学的理论研究不能脱离中华人民共和国经济史和中国共产党经济思想史或中国社会主义经济思想史的研究，要在"一论二史"的结合中推进系统化的中国特色社会主义政治经济学的发展。中国经济史研究对于构建中国特色社会主义政治经济学具有重要意义，因此武力等学者提出应加强中国广义政治经济学的研究，为建设中国特色社会主义政治经济学奠定坚实的理论基础和学理支撑。[①] 首先，历史研究是理论研究的前提，当代中国的许多问题不止产生于当代，而是在历史发展中逐渐积累起来的，只有把问题放在历史的坐标系中进行考察，才能做出实事求是的评价。其次，历史研究也能够为中国特色社会主义政治经济学提供稳固的支撑，所谓"中国特色"在某种意义上指的就是中国的历史传统，所以中国的经济学一定要植根于深厚的历史土壤。最后，中国特色社会主义政治经济学是马克思主义基本原理与中国实践相结合的最新成果，是对中国道路的科学总结。如果对中国的历史，尤其是中国近现代历史没有深入的研究，没有科学合理的政治经济学解释，那么中国特色社会主义政治经济学就不能牢牢扎根于

---

① 参见武力、肖翔《建设中国特色社会主义政治经济学的历史维度思考》，《马克思主义研究》2016年第7期。

中国大地。

2015年，习近平总书记在党的十八届五中全会上提出创新、协调、绿色、开放、共享的新发展理念，成为中国现代经济史研究范围拓展和走向深入的指针。而新发展理念指引下的经济史研究也为推动中国特色社会主义政治经济学的构建做出了贡献。在创新发展理念的指引下，科技创新与产业经济发展史越来越受到关注。2010年，汪海波撰写的《中国现代产业经济史》出版，成为这一学术潮流的先声。2016年，《产业与科技史研究》创刊，成为专门刊发产业经济发展史和科技史研究成果的学术交流平台。在绿色发展理念的指引下，生态环境经济史成为研究热点。赵凌云、张连辉等学者在这方面做了开拓性的研究。在共享发展理念的指引下，促进共同富裕的历史经验研究、民生史研究成为热点。《教学与研究》2017年第8期刊出"共同富裕的历史进程"专题，武力、郑有贵、段娟等学者从促进共同富裕的历程、破除贫富差距难题、世界财富向少数人集中的大环境下促进共同富裕的经验等角度梳理了促进共同富裕的内涵和有效实现路径。从经济史角度探讨住房、医疗、教育、社会保障等方面问题的研究已逐步开展。在开放发展理念、协调发展理念的指引下，中外经贸关系、"一带一路"、区域经济、政府管理、消费经济等方面的经济史研究将继续深入。

（执笔人：武力，中国社会科学院当代中国研究所研究员；贾子尧，中国社会科学院当代中国研究所助理研究员）

第四十五章

西方经济学在中国的历程和境遇

中国经济学的形成源于西方经济学的引进和学习，其后的发展也与西学的引进存在着密切的关系。在这一历史过程中，一方面，西方经济学本身在不断地发展和拓展；另一方面，我们对引进和学习的重点因时代主题的变化而有所不同，且态度也随之变化。

第一节 晚清民国：西学东进

从鸦片战争至抗日战争，中华民族屡受列强欺辱。这激发了为强国而求知识于西学的潮流。鸦片战争的失败给中国带来了巨大的震惊，"中央帝国"再也无法维持它在传统上历来傲视其他国家的精神资本。战败使一部分国人看到英国之强大。林则徐、魏源等人提出放眼世界、"师夷长技以制夷"的主张。第二次鸦片战争之后，洋务派开始"师夷长技"的实践。西方经济学的引进就是这种潮流的一个组成部分。

最早引入完整的西方经济学著作的人是1869年任京师同文馆总教习的美国传教士丁韪良（W. A. P. Martin，1827—1916年）。他在同文馆以"富国策"的名义讲授英国学者 H. Fawcett（1833—1884年）的 *A Manual of Political Economy*，并与汪凤藻合译，以《富国策》为书名于 1880 年由上海美华书馆出版。此书成为京师同文馆改为京师大学堂之后的教材。① 第二本被译为汉语的经济学著作是英国经济学家 W. S. Jevons 的 *Primer of Political Economy*，英国传教士艾约瑟译，于 1886 年由总税务署以《富国养民策》为书名出版。这些译本均采用"西译中述"的方法（即传教士口译，中国人笔录和润色），质量不佳。1895 年后，这种译法逐渐消失。

真正具有里程碑式影响的译著是严复（1854—1921 年）所译的亚当·斯密名著《国富论》（原译名为《原富》），于 1901 年由南洋公学书院出版。严复所译的西学名著还有《天演论》《法意》《群己权界论》等。严复是引进西学的第一功臣，被誉为"西学圣人"。在严复身上，我们可以看到对西学态度的一种根本性转变。此前，国人倡导的是"中学为体，西学为用"。中日甲午战争的失败使一部分社会精英在思考这样一个问题：列强强大的真正奥秘难道仅仅只是"夷之长技"吗？"严复通过比较研究，认为东西方不同的关键就在于思想文化。因此，对于文化所包含的全部内容——价值观、制度、风俗、思想，必须用同一个维度来衡量，即它是否维护和加强民族国家。凡是阻碍这一目标的传统，没有什么会是神圣的。"② 基于这种认识，严复反对洋务派"中学为体、西学为用"的观点，认为"体用者，即一物而言之也。有牛之体则有负重之用，有马之体则有致远之用，未闻以牛为体以马为用者也。中西学之异也，如其种人之面目然，不可强谓似也。故中学有中学之体用，西学有西学之体用，分之则并立，合之则两亡"③，对西学的学习应做到"体用一致"。为什么选译《国富论》？他认为，"夫计学者，切而言之，

---

① 傅德元：《〈富国策〉的翻译与西方经济学在华的早期传播》，《社会科学战线》2010 年第 2 期。

② 史华慈：《寻求富强：严复与西方》，叶凤美译，中信出版社 2016 年，第 260 页。此处所引的，是"译后记"。

③ 转引自胡寄窗《中国近代经济思想史大纲》，中国社会科学出版社 1981 年版，第 232 页。

则关于中国之贫富；远而论之，则系乎黄种之盛衰"①。

基于强国而广求知识于世界的认识，自严复始，中国学人开始推动引进西方经济学的热潮。有学者统计，至 1919 年五四运动前夕，出版的西方经济学论著约 40 部，其中 2/3 为中国学者的介绍性著作，1/3 是译作；译作多译自日文。② 即便是国人撰著的介绍性著述，也多取材于日文文献。例如，梁启超所著的《生计学说史沿革小史》（1903 年）上至古希腊、古罗马，下至德国历史学派，包括重商主义、重农学派、古典经济学说，是国人所撰写的第一部经济学说史，但所述的素材基本上取自日文文献。之所以如此，一是因为甲午战争中败于历来被视为"蕞尔小邦"的日本，故有一大批仁人志士赴日留学，想探究日本强大的奥秘。他们回国之后大量介绍日本的学术成果。二是"和制汉字"使国人较容易阅读和理解日文书籍。

总体上说，这一时期西学的引进质量不高，国人的著述基本上是拼凑之作，但是"给中国的经济学研究带来了一股清新的空气"③。特别值得提及的是，日文经济学著作的翻译对中国经济学有一种特殊的贡献，那就是经济学词汇的翻译。翻译的一大难题是专业术语。例如，对 political economy 中的 economy 如何翻译？严复主张译为"计学"，梁启超主张译为"生计学"。据考证，1896 年《时

---

① 转引自梁捷《启蒙及其转向——清末民初思想界对西方经济学的认识与阐发》，《现代中文学刊》2009 年第 1 期。

② 赵晓雷：《西方经济学对现代中国经济学发展的影响》，《经济学家》1997 年第 4 期。另根据《增补东西学书录》《译书经眼录》《广学会译著新书总目》《上海制造局译印书目》四种书目资料，晚清时期公开印行的经济学相关书籍大约 81 种，其中，译著 64 种，本国人辑著 17 种。在这些译著中，前期主要是欧美传教士翻译和编著英国经济学说（约 24 种），后期主要是中国人或日本人翻译日本人的书籍（约 22 种），还有一些未注明译著者的书籍（岳清唐、周建波：《民国时期西方经济学在中国的传播及其影响》，《贵州社会科学》2014 年第 9 期）。

③ 唐任伍：《"五四"前后经济学在中国的发展》，《北京师范大学学报》（社会科学版）1999 年第 2 期。

务报》上发表的"日本名士论经济学",也许是最早出现"经济学"一词的汉语文章。[1] 京师大学堂邀请日本学者杉荣三郎编写的《经济学讲义》(1903年商务印书馆发行),是取名为汉文"经济学"的第一部书籍。此后出现了众多的以"经济""经济学"命名的译自日文的著作。在这一时期,直接从日文移植过来的汉语经济学词汇有五十多个,包括经济学、经济、生产、消费、资本、交易等。[2]

五四运动之后,随着一批留学欧美学者的加入,经济学的引进、传播和学习的格局发生了根本性的变化。仅据《民国时期总书目:1911—1949(经济)》统计,民国期间出版的经济类著作就达16000余种,比晚清时期有了爆炸式增长。此书目将经济类书分为九大类。其中的"经济总论"类有736种,涉及西方经济学的书目有701种。其中译著339种,自著364种。译著中,译自英国58种、译自美国29种、译自苏俄76种、译自日本80种、译自德国48种、译自法国28种、译自奥地利9种、译自匈牙利4种、译自瑞典2种、其他5种。[3] 在这一过程中,成立于1923年的"中国经济学社"起着重要的作用。这是一个以留美学者为主体,集合政、学、商界上流人士组成的学术团体。这一学社初为清华留美归国的经济学家刘大钧、陈长衡、陈达等12人创立,目的是提高经济学的教学质量。1924年马寅初等人加入,并于1925年通过新的章程,将学社的宗旨确定为:(1)提倡经济学精深之研究;(2)讨论现代经济问题;(3)编译各种经济书籍;(4)助中国经济界之发展与改进。在马寅初、刘大钧等人的主持下,这个学社不断发展和壮大,大部分知名的经济学家均为其成员,成为经济学界主流团体,是"中国传播和研究现

---

[1] 任金帅、王先明:《"生计"到"经济"——西方经济学在清末民初的历史演进》,《历史教学》2012年第3期。

[2] 实藤惠秀:《中国人留学日本史》,谭汝谦等译,生活·读书·新知三联书店1983年版。

[3] 北京图书馆编:《民国时期总书目:1911—1949(经济)》,书目文献出版社1993年版。

代西方经济学的中心组织"①。它的社刊《经济学季刊》在 1930 年 4 月至 1937 年 5 月间共出版 8 卷 29 册,是当时公认的经济学界权威刊物。

自然地,引进和传播西方经济学说者,还有并非"中国经济学社"成员的学者。在民国时期,若要论翻译经济学名著最力者,当推王亚南、郭大力。他们合译或独译的名著有斯密的《国富论》、李嘉图的《政治经济学及赋税原理》、马尔萨斯的《人口论》、穆勒的《政治经济学原理》、杰文斯的《政治经济学》等。此外,读者甚众的有王开元译自德文版的李斯特的《国家经济学》(原文名实为《政治经济学的国民体系》),以及众多个译本的马歇尔的《经济学原理》,等等。

新中国成立之前,引介和学习西方经济学的影响大致可以总结为如下几点。

第一,经济学家总体上抛弃了"西学为体,中学为用"的态度,译介西方经济学的宗旨是"输入文化,拯救衰亡",寻求国家富强。

这是始自严复所形成的主流态度。例如,梁启超在其所著的《生计学说史沿革小史》(1903 年)的"发端"中写道,"今日则全世界赴于开明之时也。故凡立国于天地者,无不以增殖国富为第一要务,而日演无形之竞争以斗于市场,岂好事哉,势使然矣"。又言,西国"其所以兴者种因虽多,而生计学理之发明,亦其最重要之一端也"。

夏炎德表达了当时多数译者的心声:"经济之学以非吾国所固有者,欲真正输入先进国经济学说,莫如翻译各家原著,盖翻译能使读者窥其全貌,较之杂凑编译为彻底也。"② 自然地,不同的学者会偏爱和倾心于某种西方经济学说,呈现出"百花齐放"的状态。例如,马寅初认为,中国宜采用德奥学者所倡导的"全体主义",故颂扬亚当·米勒、李斯特、斯潘等人的思想。唐庆增倾向于英国古典

---

① 孙大权:《中国经济学社的兴衰及其影响》,《经济学家》2006 年第 4 期。
② 夏炎德:《中国近百年经济思想》,商务印书馆 1948 年版,第 189 页。

学派，其倾心于亚当·斯密，宣扬个人主义和经济自由思想。

第二，通过西方经济学的引进、传播和学习，中国终于有了"经济学"这样一门正式的学科，出现了"经济学"学术群体。

在此之前，中国并无"经济学"。长期的自然经济统治使中国形成的是一套以"地产、地租、赋税"为基础的经济思想范畴，诸如裕民、富国、均田、薄赋敛、强本抑末、重义轻利、黜奢崇俭、漕运、屯垦等。这类思考只有片断式的经济思想与政策主张，散见于历代文献的"集部"，既缺乏体系，且立场多拘于伦理，鲜有从经济学理的角度出发来讨论经济问题的，已经无法适应民国时期中国社会经济的分析。[1]

通过西方经济学的引介和学习，国人开始用现代经济学的语言和思维来讨论中国的经济问题。时逢国家内忧外患、动荡不安的混乱局面，虽然引介的西方经济学著述中有大量的理论内容，但中国学者更多的精力是借此讨论中国的各种社会经济政策问题，例如币制、金融、财政、贸易、工业、农业等方面的具体问题，实属"应用经济学"的范围。[2] 诚如夏炎德所评论的，当时经济学家的思想不是一种"纯理经济学"的形态，而是"社会经济学或国民经济改革的思想"的形式表现。[3]

各类大学、高级中学、职业学校、商科学校等纷纷讲授经济学课程。其中，较为流行的教材包括马寅初著的大学教本《经济学概论》、赵兰坪编著的职业学校教科书《经济学》。前者从1938年初版到1948年第9版，后者从1928年到1946年再版15次。[4]

---

[1] 唐任伍：《"五四"前后经济学在中国的发展》，《北京师范大学学报》（社会科学版）1999年第2期。

[2] 参见胡寄窗《中国近代经济思想史大纲》，中国社会科学出版社1981年版，第18章。

[3] 夏炎德：《中国近百年经济思想》，商务印书馆1948年版，第162页。

[4] 岳清唐、周建波：《民国时期西方经济学在中国的传播及其影响》，《贵州社会科学》2014年第9期。

民国时期出现了各种经济学学术团体，比较著名的有中国经济学社、中国合作学社、中国统计学社、中国农村经济研究会、新生命派、新思潮派、中国经济派等。相应地，还出现了大量的经济刊物。[①]

第三，在译介西方经济学的过程中，学界出现经济学中国化的诉求，即把世界学术理论的最新成果应用于中国社会经济现实问题的解决，理解和消化外来理论，使之符合中国的需要，转变为中国文化思想的有机组成部分，进而构成国际学术积累过程的参与者。[②]

这种意识在经济学界早有反映。早在1929年，李权时在其《经济学原理》中即言，"提倡国货的最初步是在乎仿照洋货，所以提倡国货的最初步是在乎翻译外国教科书。进一步则为自己监制或编述。再进一步则为自己能够精致以与洋货逐于市场，或自己能够卓立一家以与世界学术并驾齐驱"。20世纪40年代初，王亚南先生提出"中国经济学"的命题，并以此为自己的研究重心之一，认为这有待经济学界同人的共同努力。[③]

之所以会发出这种声音，是学者们对当时中国经济学的状态不满。夏炎德的言辞很好地表达了这种不满："溯经济学之传入中国，于兹已四五十年，时间不可谓太短，而检讨过去，果有博通各国各家思想，针对中国国情与需要，而自成一体系之经济学乎？曰：蔑有也。以视德国，自英国古典学派思想传入，不久即反动，而自本国文化背景中产生历史学派，建立国民经济学，且由此而引出保护主义政策建议国家施行。美国少壮经济学者，留德受历史学派熏陶，卒能在国内发展成一制度学派，而与古典学派相颉颃，于经济学上盖已自树自帜。还观吾国经济学界，犹停滞于接受外来思想之时期，

---

① 严清华、李詹：《民国时期经济期刊的经济思想文献述评》，《经济学动态》2012年第7期。

② 程霖、张申、陈旭东：《选择与创新：西方经济学中国化的近代考察》，《经济研究》2018年第7期。

③ 谈敏：《中国经济学的过去与未来——从王亚南先生的"中国经济学"主张所想到的》，《经济研究》2000年第4期。

不少学者且视为固然，各以其留学国或师承之学说奉为圭臬，曾不想转而自谋创造。多数学者未尝不知创造之重要，惜真能致力创造不多，致力创造而已有圆满收获者，更未之见。"①

第四，与"西方经济学"同时引介而传入中国的，还有马克思主义政治经济学。

新中国成立之前，马克思主义政治经济学也被归类为"西学"。如果说引入古典和新古典经济学说的中国学者想讨论的主要是经济的"术"的问题，那么，引介马克思主义政治经济学的学者想讨论的就是"道"的问题，即根本性社会制度的选择问题。如果说在"中国化"的学理方面有成就的话，那也主要是集中在对当时中国社会性质的讨论之中。这种讨论必然涉及中国社会的经济基础问题，相当一部分讨论是以马克思主义政治经济学的方法论和思维方式进行的。其中，代表性的著作有沈志远的《新经济学大纲》（1934年）、李达的《经济学大纲》（1935年）、王亚南的《中国经济原论》（1946年）、许涤新的《广义政治经济学》（1949年）等，均致力于分析中国社会经济的性质问题。这种讨论得出的一个结论是：中国处于半殖民地半封建的社会形态；资本主义成为社会经济的主流形态，且采取的是官僚资本主义的形式。

第二节 改革之前30年："西学东进"的没落

新中国成立之初，即于1952年按照苏联模式对高校进行院系调整，经济学教材换成苏联教科书。1952年秋季开始，苏联专家在中国人民大学开设马列主义研究班（历时五年），包括政治经济学分班，培养研究生。与此同时，高教教育部"搭便车"，把全国高校

---

① 夏炎德：《中国近百年经济思想》，商务印书馆1948年版，第195页。

20 多所政治经济学的骨干教师召集到燕京大学，开办了一个"政治经济学师资培训班"。给这两个班上课的苏联专家主要有阿尔马卓夫、然明、焦姆斯基、诺罗肖洛夫等。然明和卡拉达耶夫讲授经济学说史课程。然明编写的《经济学史讲义》于 1958 年出版。之后，翻译了卢森贝的三卷本《政治经济学史》，分别于 1958 年、1959 年、1960 年出版。卢森贝写道："自从无产阶级和资本阶级之间的阶级斗争发展到了相当阶段，而资产阶级已经获得了政权以后，科学的资产阶级经济学的丧钟便已经敲响。然而，这当然不是说，资产阶级的经济学已经不复存在了，已经不再在某种意义上继续'发展'了。庸俗化的和辩护论的方法和形式之交替，便是它的'发展'。"[1]

这就是当时对待西方经济学的基本态度。所引证的是马克思《资本论》的下述著名论断："只要政治经济学是资产阶级的政治经济学，就是说，只要它把资本主义制度不是看作历史上过渡的发展阶段，而是看作社会生产的绝对的最后的形式，那就只有在阶级斗争处于潜伏状态或只是在个别的现象上表现出来的时候，它还能够是科学。……1830 年，最终决定一切的危机发生了。资产阶级在法国和英国夺得了政权。从那时起，阶级斗争在实践方面和理论方面采取了日益鲜明的和带有威胁性的形式。它敲响了科学的资产阶级经济学的丧钟。现在问题不再是这个或那个原理是否正确，而是它对资本有利还是有害，方便还是不方便，违背警章还是不违背警章。不偏不倚的研究让位于豢养的文丐的争斗，公正无私的科学探讨让位于辩护士的坏心恶意。……1848 年大陆的革命也在英国产生了反应。那些还要求有科学地位、不愿单纯充当统治阶级的诡辩家和献媚者的人，力图使资本的政治经济学同这时已不容忽视的无产阶级的要求调和起来。于是，以约翰·斯图亚特·穆勒为最著名代表的

---

[1] 卢森贝：《政治经济学史》（第 1 卷），李侠公译，生活·读书·新知三联书店 1959 年版，第 3 页。

平淡无味的混合主义产生了。这宣告了'资产阶级'经济学的破产。"①

据此,学术界把西方经济学分为两个部分——古典政治经济学和庸俗经济学,时间以1830年为界。相对而言,对古典经济学的研究和评论比较客观。这是因为,第一,马克思对古典经济学家有相对正面的明确评论。因此,研究者承认它包含着科学的成分。第二,英国政治经济学是马克思主义的三大来源之一。因此,这一时期,翻译、整理和研究有关古典经济学的著述相对较多。但翻译和整理的目的决然不同于民国时期。王亚南先生写于1965年《国富论》"改订译本序言"中说道:"1931年,我和郭大力同志,又把它重译成中文出版,改题为《国富论》,我们当时重新翻译这部书的动机,主要是鉴于在十月社会主义革命以后,在中国已经没有什么资本主义前途可言。我们当时有计划地翻译这部书以及其它资产阶级古典经济学论著,只是要作为翻译《资本论》的准备,为宣传马克思主义政治经济学作准备。我们知道《资本论》就是在批判资产阶级经济学,特别是在批评亚当·斯密、李嘉图等经济学著作的基础上建立起来的马克思主义经济学。对于亚当·斯密、李嘉图的经济学著作有一些熟悉和认识,是会大大增进我们对于《资本论》的理解的。事实上,我们在翻译《资本论》的过程中,也确实深切感到亚当·斯密、李嘉图著作对我们的帮助。《资本论》翻译出版以后,对于我们来说,翻译斯密的《国富论》的历史任务已算完成了。"② 可见,王亚南、郭大力的翻译目的不同于严复,不是把亚当·斯密的《国富论》看作国家走向现代化的一种历史经验的经典著作。

至于古典经济学家之后的经济学,都被视为"庸俗经济学",处于被批判的地位。可以说,这在当时是整个社会主义阵营中经济学

---

① 《马克思恩格斯选集》第二卷,人民出版社1995年版,第106—107页。
② 亚当·斯密:《国民财富的性质和原因的研究》,王亚南、郭大力译,商务印书馆1972年版。

界的基本态度，中国也不例外。例如，在20世纪50年代中期的中国人民大学，吴大琨、项冲给经济系本科生开设的课程名称是"凯恩斯主义介绍与批判"，高鸿业给青年教师和研究生开设的课程名称是"资产阶级经济学介绍与批判"。[①] 这之后发生的两次有组织的批判事件直接恶化了国人对西方经济学的研究。

其中的一个事件是对陈振汉、徐毓枬、罗志如、谷春帆、巫宝三、宁嘉风关于《我们对于当前经济科学工作的一些意见》（简称《意见》）的批判。1956年，社会主义阵营的政治气候出现了重大变化，赫鲁晓夫在苏共二十大做反对斯大林个人崇拜的秘密报告、贝利亚事件等。毛泽东希望利用民主党派和知识分子的力量，解决党内的工作作风问题。中共中央1957年4月发出《关于整风运动的指示》、5月发出《关于请党外人士帮助整风的指示》。此前，有周恩来的《关于知识分子问题的报告》、陆定一的《百花齐放，百家争鸣》的报告。1957年年初，为了响应党的号召，陈振汉邀请其他五位，讨论和起草了《意见》，就经济学的现状和发展问题，主要提出三条意见：（1）不能以教条主义的态度对待马克思主义经典著作。学习经典的目的在于"懂得经典作家的思想、观点和方法"，而不是依赖于大量直接引用经典著作的表述来进行论证。（2）对待西方资产阶级经济学，不能全盘否定，不能为了批判而批判，而应当批判地吸收其中有用的东西，即存在着"资产阶级经济学的批判接受问题"。《意见》还特别举例说，"例如凯恩斯的乘数论只是一种数学概念，是否也可以用来分析我们的投资效果的呢？又如庸俗经济学中所常用的边际观念，作为一种分析工具是否也有它的用处呢，特别是像统计学这样一门科学，对于社会现象的科学研究无论是资本主义社会的和社会主义社会的具有同样的重要意义。资产阶级统计学里面的许多方法概念，像选样理论、常态曲线、时间系列和相关

---

① 吴易风：《新中国成立以来的西方经济学教学与研究》，《企业家日报》2017年7月28日。

系数，等等，我们感觉可以同样应用来分析我们的社会经济现象，但被一概摒诸统计领域之外，而我们所学所教的统计成为除了加减乘除与简单平均数之外毫无其他内容，因之极端枯燥简单和贫乏的东西，是否是我们过分夸大了有些学问的阶级性甚至对有些东西并不了解也没有接触，但只要是资产阶级的，便有草木皆兵之感……而一笔抹煞呢"[1]。（3）要划清创造性地发展马列主义和修正主义间的界限问题，否则，"为了省事，为了安全，为了避免修正主义这样可怕的名声，谁也不愿多惹是非，这就堵住了经济科学上的任何创造性发展的可能而助长教条主义的气焰"[2]。

在随即于1957年开始的"反右"运动中，《意见》和其作者受到有组织的严厉批判。《人民日报》《光明日报》《大公报》等纷纷发表文章，并把《意见》当成是"反党反社会主义科学纲领的具体化"，是"资产阶级经济学的政治阴谋"，是"为资产阶级经济学招魂"，学术问题转换成政治问题。作为《意见》的组织者和主要起草人，陈振汉成为批判的焦点人物，被视为是"章罗联盟在经济学界的反共急先锋"，"资产阶级右派在经济学界的代表人物"[3]。

另一个事件是对马寅初《新人口论》的批判。1953年全国人口普查结果公布，中国人口年增长率为20‰。马寅初认为，这次人口普查采取的抽样调查方法低估了实际的人口增长率，实际的增长率太快了。在1955年7月召开的一届全国人大二次会议上，他就以题为《控制人口与科学研究》的书面发言形式提交浙江小组讨论。在这次讨论中，就有人认为，马寅初的观点是以马尔萨斯的思想为基础的。在1957年一届全国人大四次会议上，马寅初就人口控制问题

---

[1] 陈振汉、徐毓楠、罗志如、谷春帆、巫宝三、宁嘉风：《我们对于当前经济科学工作的一些意见》，《反对资产阶级社会科学复辟》第二辑，科学出版社1958年版。

[2] 《反对资产阶级社会科学复辟》第二辑，第777页。

[3] 参见《反对资产阶级社会科学复辟》第二辑，科学出版社1958年版。

再次进行发言，并以《新人口论》为题，以人大代表书面发言的形式发表于1957年7月5日《人民日报》。他认为，人口增殖过快与加速资金积累、提高劳动生产率、工业原材料供给、提高人民生活、科学技术进步等之间都存在矛盾和问题。在大力发展经济的同时，必须限制人口的数量增长，把人口数量的增长与人口质量的问题结合起来考虑。对于如何控制人口增长，他提出三个方面的政策建议：一是加强宣传，破除"不孝有三，无后为大"等封建思想；二是修改婚姻法，鼓励晚婚；三是普遍宣传人工避孕，反对人工流产，以免残害生命。他在文中郑重申明"我的人口理论在立场上和马尔萨斯是不同的"。

但是，这种申明并没有使马寅初避免在之后发生的批判中被批为"新马尔萨斯主义"。《新人口论》于1958年年初在北大校园的大字报中遭到点名批判，接着《光明日报》《新建设》等报刊陆续发表文章批判之。他随即在《光明日报》上发表两篇长文为自己的观点进行辩护。第二次批判始于1959年年底。对此，他在《新建设》1960年第1期上发表《重申我的请求》，表示接受《光明日报》开辟一个战场的挑战，"我虽年近八十，明知寡不敌众，自当单身匹马，出来应战，直至战死为止，决不向专以力压服不以理说服的那种批判者们投降"。《光明日报》随即组织文章进行反击，马寅初受到更激烈的批判。主要罪名，一是马尔萨斯人口论彻头彻尾的鼓吹者，否定人口多是好事这一历史唯物主义原理；二是篡改马克思关于资本主义相对人口过剩规律的理论，把它搬到社会主义中国来是根本错误的，社会主义的人口规律是人口的不断迅速增长，不存在人口过剩问题；三是对广大人民群众缺乏感情，甚至是仇视劳动人民；四是利用人口问题向党、向社会主义进攻。

20世纪60年代初，情况曾一度有所变化。1961年，中宣部和教育部组织编写文科教材，供大专院校教学之用，由中宣部副部长周扬具体负责。之所以有此举，一个重要的背景是，此前国内大学文科所用的教材几乎都源于苏联，但此时中苏两国关系破裂，再使用这些教材似乎是不妥的。所要编写的教材包括"当代资产阶级经济学说"。参与编写的黄范章曾写道，组织者曾专门指示说，"对西方经济学，也要了解和借鉴，为此就着重要求介绍要客观、要系统，使人们能了解西方经济理论的原貌。为了解除编者的顾虑，还着重指示：你们编写者负责学术关，我们组织者负责政治关；介绍是否客观和是否系统，你们要负责；批判得够不够，你们不负责，你们不必多考虑。……这是自新中国成立以后对西方经济学采取全盘批判态度达十年后第一次显得有所松动"[①]。此次编写的西方经济学教材原定为两本：《经济学说史》和《当代资产阶级经济学主要流派》。《经济学说史》由中国人民大学的鲁有章、李宗正主编，上册于 1964 年由人民出版社发行。《当代资产阶级经济学主要流派》由北京大学的罗志如任编写组组长，中国科学院经济研究所巫宝三、中国人民大学高鸿业任副组长，所编写成的《凯恩斯主义》《垄断经济学》《经济计量学》《人民资本主义》四个分册陆续于 1962—1965 年由商务印书馆出版，而原计划中的《福利经济学》直到 1984 年才以《西方福利经济学评述》为书名出版。虽然组织者强调编写者只用"负责学术关"，不用负责政治责任，但是，"反右运动"已经给他们留下阴影，对西方经济学基本上仍持批判和否定的态度。随后发生的"文化大革命"证明了他们的智慧。

与这种官方态度的松动相适应，"庸俗经济学家"著作的翻译和出版也出现了一个小高潮。商务印书馆出版的就有十多种，包括庞巴维克的《资本与利息》（1959 年）和《资本实证论》（1964 年）、李斯特的《政治经济学的国民体系》（1961 年）、萨伊的《政治经济学概论》（1963 年）、马尔萨斯的《政治经济学原理》（1962 年）、马歇尔的《经济学原理》（1963 年）、凡布伦的《有闲阶级论》

[①] 黄范章：《新中国成立 60 多年来西方经济学在中国》，张卓元主编《中国经济学 60 年》，中国社会科学出版社 2009 年版，第 587 页。

(1964年)、《资产阶级庸俗政治经济学选辑》(1963年),等等。但是,在所有这些书籍的译者言中,都强调这些著作为资本主义辩护的庸俗性质。

在这种背景下,学者们开始艰难的学术转型,放弃对西方经济学的研究,因为这是一个政治风险高的领域,翻译量大幅度萎缩。据统计,1949—1979年,翻译并出版的西方经济学论著共计68部,其中,译自英美的有52部。相比之下,译自苏联的经济学著作达151部,仅1949—1959年就占136部[①]。其间,在"文化大革命"时期,西方经济学的译介工作几乎处于停滞状态。

"西学东进"之所以陷入这种状态,究其原因,第一,就客观基础上来说,经过社会主义三大改造运动,中国建立起来的是以公有制为基础的计划经济体制,基于私有制而展开市场经济分析的西方经济学自然不适用于解释这种体制中的经济活动。因此,重点引介的经济学著述以苏联的为主。其中,最具有代表性且影响最大的,是斯大林的《社会主义经济问题》和苏联科学院经济研究所主持编写的《政治经济学教科书》。第二,在理论上,我们把公有制和计划经济视同为社会主义,把私有制和市场经济视同为资本主义,因此,在意识形态上,就必然要把西方经济学视为资本主义的辩护之物而批判之,能学习的就只剩下马克思主义政治经济学,且基本上是苏联版的马克思主义政治经济学。第三,就主观方面来说,就像卢森贝那样,把英国古典政治经济学之后的西方经济学视为只是发展和深化古典政治经济学中的"庸俗成分"。这种态度实际上是教条化地理解马克思的论断的结果。如果说英国古典政治经济学之后的西方经济学只是前者"庸俗成分"的发展,那么,如何看待现代西方经济学对市场机制更准确的分析和论证呢?

---

① 赵晓雷:《新中国经济理论史》,上海财经大学出版社1999年版,第39页,表二。

第三节　改革开放 40 年:"西天取经"的繁荣

随着 1978 年"实践是检验真理的唯一标准"大讨论带来的思想解放和随即开启的引入市场机制的改革开放,经济学界重新开始西方经济学的引介活动。这是历史的必然。是时,中国经济学界早已脱离了现代经济学的发展轨道,但改革的实践急切地需要新的经济学知识的支撑,拓展改革的视野。于是,人们把求知的目光指向外部。其中,一大部分目光指向东欧经济学家。因为这些国家先于我们进行了对计划经济体制的市场化改革。中央政府组织各个部门对南斯拉夫、匈牙利进行考察。中国社会科学院邀请布鲁斯、奥塔·锡克、科尔奈前来讲学,中国社会科学出版社翻译出版了一批东欧经济学家的著作。与此同时,也非常重视"西天取经"。

在 20 世纪 80 年代的"西天取经"中,最引人注目的是三项活动。

第一项是中华外国经济学说研究会的成立,成为"中国引进、传播和研究西方经济学的主阵地和核心平台"[1]。

1979 年 5 月,陈岱孙、宋则行、张培刚、吴斐丹、朱绍文、李宗正、宋承先、刘涤源、厉以宁、吴易风等 17 位研究西方经济学说的学者聚于杭州,联名发起创议成立"外国经济学说研究会",公推许涤新为名誉会长,陈岱孙为会长。《创议书》提出,"必须积极开展对外国经济学说的研究,研究它的历史和现状,批判一切反动、错误的思潮和理论,吸取一切可供我们在社会主义经济建设中借鉴、利用的东西"[2]。

当年,研究学会就组织业内专家学者翻译了《现代国外经济学论

---

[1] 方福前:《引进西方经济学 40 年》,《教学与研究》2018 年第 12 期。
[2] 《成立"外国经济学说研究会"创议书》,《经济学动态》1979 年第 9 期。

文选》（以下简述《文选》）。《文选》由研究西方经济学的学者从英文文献中选出外国当代主要学说和流派中具有代表性的著述，译为中文后，交由商务印书馆出版。这套《文选》的第一辑于1979年出版，至1997年，共出版17辑，所涉及的范围较广，既包含西方学者对这些学说和理论的评论，也包含西方学者对马克思主义政治经济学的研究。学会的成员还积极参与商务印书馆编辑和出版的"马克思主义来源研究论丛"工作。此"论丛"于1981年开始，至2000年，共出版20辑，成为经济学说史研究者发表研究成果的主要园地。

1979年6月，国务院财经委员会决定成立4个调研小组（即经济管理体制组、经济结构组、技术引进和企业现代化组、经济理论和方法论组），对中国经济情况进行调查研究。受于光远领导的经济理论和方法论组的委托，研究会于1979年11月至1981年春在北京大学开设国外经济学讲座，43位学者共讲了60讲，主要听众是国家机关中有实际工作经验的干部、高等院校类的教师和学生、经济研究机构的研究人员。讲座涉及的面很广，包括宏观、微观、增长、发展、国际经济学、法经济学等方面的理论，也包括企业管理、跨国公司、国际分工、经济预测、国民收入核算、统计方法等比较具体的专题，还包括主要经济学说和流派，等等。这些讲稿汇编成四册，以《外国经济学讲座》为书名由中国社会科学出版社于1980—1981年出版，是第一套较为全面和系统地介绍当代经济学的书籍，影响很大。

第二项是商务印书馆以"汉译世界学术名著"为旗帜，开始系统地组织翻译和出版西方经济学名著。1981—1990年，列入"汉译学术名著"出版的经济学著作有53种。其中，一部分是原有译本的重译，一部分是新译的。读者最多的有两种，即凯恩斯的《就业、利息和货币通论》和萨缪尔森的《经济学》。特别是后一种，仅仅1979—1991年，就重印10次，发行量达103900套[①]，成为当时学习

---

① 方福前：《引进西方经济学40年》，《教学与研究》2018年第12期。

西方经济学基本知识的重要工具书。

这一时期,影响比较大的译著还有中国社会科学出版社出版的"当代经济比较研究丛书"和北京经济学院出版社出版的"诺贝尔经济学奖获得者著作丛书"。

第三项是,高校经济类专业(特别是政治经济学专业)逐渐开始开设"外国经济思想史""资产阶级经济学流派""西方经济学概论"课程。

当时,流行较广的教材有鲁有章、李宗正主编的《经济学说史》(1979年),胡代光和厉以宁编的《当代资产阶级经济学主要流派》(1982年),厉以宁、秦宛顺编著的《现代西方经济学概论》(1983年),梁小民编著的《西方经济学导论》(1984年)。

特别地,1987年,当时的国家教委在世界银行经济学家和国内一些教授的建议下,决定把"西方经济学"列为财经类专业的13门核心课程之一,并于1989年组织国内学者开始编写这些核心课程的教学大纲和教材。高鸿业和吴易风合著的《现代西方经济学》(1989年)就是其中之一。

在20世纪80年代,我们对西方经济学的主流态度在实质上仍然是"中学为体,西学为用"。这种态度典型地反映在陈岱孙1983年所发表的《现代西方经济学的研究和我国社会主义现代化》一文之中。他认为,西方经济学研究的对象是以私有制为基础的资本主义经济。这种经济制度决然不同于中国的经济制度,因此,我们对这种经济学的体系和基本内容应持批判态度;但是,它的某些内容,例如企业组织理论、市场机制分析、定量方法等,具有借鉴价值。[①]

考虑到当时的时代背景,这种态度是可以理解的。当时,中国经济体制改革处于摸索的初期阶段,虽然人们基本上认同以"发展商品经济"的名义引入市场机制,但是,经济体制以计划为主还是

[①] 陈岱孙:《现代西方经济学的研究和我国社会主义现代化》,《北京大学学报》(哲学社会科学版)1983年第3期。

以市场为主，仍然存在争论。在实践中，计划体制仍然处于主导地位，虽然受到市场因素的不断冲击而显得越来越难以维系。1992年，中央把经济体制改革的目标模式确定为"社会主义市场经济"。随着市场化改革的深入和初见成效，西方经济学的引入逐渐发生了一些根本性的变化。

第一，翻译出版、介绍和研究西方经济学书籍、文章无以计数，且类型繁多。

其中，影响比较大的译丛有：商务印书馆的"汉译世界学术名著"，上海三联书店、上海人民出版社的"当代经济学译库"和"当代经济学教学参考书系"，中国人民大学出版社的"经济科学译库"和"当代世界学术名著·经济学系列"，首都经济贸易大学出版社（原北京经济学院出版社）的"诺贝尔经济学奖获得者学术精品自选集"，经济科学出版社的"新制度经济学名著丛书"和"经济学方法论译丛"，中国社会科学出版社的"西方现代思想丛书"，华夏出版社的"现代西方思想文库"，上海财经大学出版社的"新世纪高校经济学教材译丛"，等等。此外，还有大量并没有以"丛书""译库"的名义出版的各类书籍。

可以说，只要西方出版界出现反响比较大的书籍，立即就会有汉译本问世，并配之以媒体相应的介绍。一个典型的案例是，2014年，法国经济学家托马斯·皮凯蒂的《21世纪的资本论》一出版即成西方的畅销书，中信出版社立即组织翻译出版中文版，且配之以《〈21世纪资本论〉导读本》，在中国学界和媒体掀起一股讨论的热潮。更为典型的案例是：每年诺贝尔经济学奖获得者名单一经公布，国内学界和媒体就会出现一个介绍获得者的理论贡献和影响的小高潮[①]；出版界也会立即组织人手来翻译获得者的主要著述。

第二，在教学的课程设置中，逐渐地很少使用"西方经济学"的名称，代之以"微观经济学""宏观经济学"等称呼，且按照初

---

① 《经济学动态》是其中的主要发表阵地。

级、中级和高级的不同程度来设置课程。相应地，在教材的使用上，也从自编教材转向直接使用从英美国家翻译过来的教材，甚至是直接使用英文版的教材，自编教材几乎绝迹。

较为流行的汉译版教材包括萨缪尔森和诺德豪斯的《经济学》，曼昆的《宏观经济学》，斯蒂格里茨的《经济学》，平狄克和鲁宾费尔德的《微观经济学》，多恩布什、费希尔、斯塔茨的《宏观经济学》，范里安的《微观经济学：现代观点》，安德鲁·马斯—科莱尔、马克尔·D. 温斯顿、杰里·R. 格林的《微观经济学》，保罗·罗曼的《高级宏观经济学》，等等。

最早直接使用英文原版教材的，也许是"福特班"。1984年，国家教委同美国经济教育与研究委员会合作成立了中美经济学教育委员会。作为这种合作的一个项目就是，从高校研究生中选出一批学生，集中学习；教学完全按照美国大学的模式进行，旨在培养一批能在中国高校开设西方经济学课程的青年教师队伍。委员会委托中国人民大学（1985—1996年）和复旦大学（1988—1993年）具体承办，受福特基金会的资助，故称为"福特班"。"福特班"直接使用英文版的研究教材，由欧美教授授课。中美经济学教育委员会为这两个教学点提供的经济学教材书、工具书和参考书达8000多种。[①] 此后，北京大学中国经济研究中心等机构也使用英文教材。进入21世纪以来，使用英文教材的学校不断增多。

第三，在科研中，直接利用西方经济学的分析工具、概念和思维方式来讨论中国现实经济问题成为一种主流。

其中，最突出的是分析工具的运用。改革开放之初，中国经济学人以阐释经典和政策为主，且基本上以定性的分析和表述，最多加上一些统计数据和分析。据调查分析，1984—2007年发表在《经济研究》的论文中，以计量经济分析为主要工具的论文所占的比重，1984年为0，1992年为5%，1998年为11%，2004年为40%，2007

---

① 方福前：《引进西方经济学40年》，《教学与研究》2018年第12期。

年为53%；2000年发表于《管理世界》的论文中几乎还没有以计量分析为主的论文，但是到2009年这类论文的比重占到55%①。自然地，这类论文必然要遵循西方经济学的逻辑，并大量使用它的语言和术语。因为这类计量模型是以数理经济学为基础建构的，而有关数理经济学则是对西方经济学原理的论证和表述方式。

只要西方经济学开辟出一种新的研究领域和研究方法，我们就可以看到国内学者的跟进研究。例如，西方学者提出"包容性发展"的概念，我们就会立即使用这类概念来讨论中国的问题。在这方面，比较典型的例证就是行为经济学和试验经济学。②

第四，与上述情形相伴随的是，对西方经济学，放弃了原来那种"中学为体，西学为用"的态度，从承认其存在科学的成分，逐渐走上了基本肯定的道路，并常用"现代经济学"来指称"西方经济学"。③

北京经济学院出版社"诺贝尔经济学奖获得者著作丛书"的"编者献词"（作于1988年）强调，"西方经济学是资本主义的意识形态，获奖的经济学家是资产阶级学者，因而在这些著作中必然有这样那样的问题，在阅读时我们应当注意这一点。但是，西方经济学作为人类文明发展的成果之一，有其不可忽视的精华，资产阶级学者对经济问题的研究有其可取之处。从这种意义上，只要我们以分析的态度认真阅读这些著作，必将得到许多有益的收获"。首都经济贸易大学出版社（原北京经济学院出版社）"诺贝尔经济学奖获得者学术精品自选集"的"出版说明"（写于2000年）则是这样表述的："西方经济学研究了市场经济条件下经济发展的基本规律，对

---

① 李子奈、齐良书：《关于计量经济学模型方法的思考》，《中国社会科学》2010年第2期。

② 参见方福前等《引进西方经济学40年（1978—2018）》，中国社会科学出版社2018年版。

③ 最早用"现代经济学"指称"西方经济学"且影响较大的，也许是留美经济学会编辑并由商务印书馆出版的《现代经济学前沿专题》。

各国在市场经济发展过程中的经验和教训进行了科学的归纳和总结。作为人类经济思想的精华,其成果是全人类共同的宝贵财富。从这个意义上讲,其对中国建立健全市场经济体系,加快经济发展具有无可辩驳的借鉴作用。因此,我们应注意研究和学习西方经济学,并在批判吸收的基础上创立有中国特色的社会主义经济理论。这也是我们出版本丛书的初衷"。

中国人民大学出版社"当代世界学术名著"中的"经济学系列"策划人语(写于2002年)表述的是更为肯定的态度:"走进经济学的神殿,人们不禁生出高山仰止的感慨。……这些著作在学术的演进过程中起到的更多是传承的作用。它们是20世纪经济学的集大成者,也是21世纪经济学的开路先锋。这些著作的作者大多有一个共同的特征。他们不仅是当代最优秀的经济学家,而且是最好的导师。他们善于传授知识,善于开拓新的前沿,更善于指引遥远的旷野中的方向。"

与上述四大趋势相对应,西方经济学引入的影响是巨大和深远的。它从根本上改变了我们的经济学知识结构和思考问题的方式。现在,国人在思考中国经济问题时的术语主要来源于西方经济学。这不仅体现在学术讨论、媒体发表的文章之中,也体现在政府政策的表述和解释之中。

这种运用和影响有一个发展过程。例如,这种影响在20世纪80年代末和90年代初,比较突出地反映在运用新制度经济学的工具讨论中国产权制度改革和体制转轨问题。之后,随着国家宏观管理体制的改革和完善,更多地借助于西方经济学的宏观政策理论来讨论中国的总需求管理政策。"三驾马车"的比喻及其相关部分的理论基础在很大程度上来自西方经济学。随着市场化体制改革的深入和不断完善,运用于讨论中国经济问题的西方经济学成分不断增加,范围也不断拓展。从实践的角度来看,这是市场化改革的必然结果。

西方经济学确实提供了如何让市场机制有效发挥作用的逻辑上比较一致的基本思路,诸如明晰的产权结构、激励相容的制度设计、有序的自由竞争、价格的市场化、企业有效的内部治理、政府恰当的职能、稳健的货币、可持续的债务等。这类思想确实对国人思考和讨论中国经济改革问题产生了有益的影响。但是这不等于说中国经济改革的成功应完全归于这种影响。因为，中国改革的核心问题是如何从计划体制走向市场体制。对这一问题的思考，西学的上述思想提供的是一种参照系的作用。即便是正确的经济学原理，也不可能直接转化成为具体的政策建议。这种转化不能只进行理论推导，必须充分考虑到与经济和政治环境有关的许多因素，识别和判断复杂的约束条件。中国改革远比西方经济学标准理论所阐述的复杂得多，走出的是一条明显不同于西方经济学标准政策方案（例如所谓"华盛顿共识"）的道路。中国的成功当然是市场化改革的成果，但这不能成为"华盛顿共识"政策方案正确性的证明。更确切地说，中国的改革是基于国情而对上述思想的灵活应用，结果产生的是不同于"华盛顿共识"的具体制度安排，被称为"中国道路"。

"中国道路"是一个远比西方经济学讨论的主题复杂得多的宏大问题。西方经济学无法解释"中国模式"及其创造的"经济奇迹"，是必然的。从更根本上说，"中国道路"是马克思主义政治经济学中国化的指导思想的结果，因为这些制度安排必须充分考虑社会主义市场经济的本质。中国改革的实践证明，经济学的一般原理必须与具体的国情和本土的知识有效结合起来，才可能制定出有效的发展政策。在这种意义上，即便是西方经济学中可以为我所用的部分，也存在着本土化的问题。在这方面，中国学者和改革者自然有自己的独特贡献。

在西方经济学的引介和学习过程中，一直存在着警告的声音。这种声音重申西方经济学的二重性，即既有市场经济的一般理论的内容，也包含着为资本主义辩护的意识形态，因此，我们必须以马克思主义作为指导思想，批判性地借鉴其中的合理部分，并把这种态度贯穿于研究和教学之中。这在流行很广的高鸿业主编的《西方经济学》中获得具有代表性的说明。在此书第十三章"西方经济学与中国"中，编者认为，西方经济学在整体内涵上维护的是资本主义制度，宣扬的是西方国家的意识形态，对此，我们要进行否定；它"对西方市场经济运行的经验总结和总结的方法有许多内涵是值得而必须加以借鉴的"，但是，"决不能生搬硬套，必须注意到国情的差别"①。据调查，有些高校政治经济学与西方经济学的课时比例已经从 20 世纪 90 年代的 1∶1 变成目前的 1∶4。另外，西方经济学课程从西方经济学原理一门课"膨胀"为西方经济学原理、中级微观经济学、中级宏观经济学、高级微观经济学、高级宏观经济学、经济学流派等多门主课；且在课堂上"述而不评"。针对这类现象，中华外国经济学说研究会于 2007 年召开西方经济学教学专题研讨会，并把讨论中形成的意见总结为《关于西方经济学教学工作存在的问题和改进意见的报告》，报送教育部经济学教育委员会，就教育方针、教师队伍建设、教材和教学内容、课程设置等方面，提出改进的建议。②

第四节　进一步的两点初步讨论

习近平在《关于〈中共中央关于全面深化改革若干重大问题的决定〉的说明》中指出，"理论和实践都证明，市场配置资源是最有效率的形式"。实践的证明当然包括中国改革的成就。谁的理论给出的这种证明？我猜想，至少包括西方经济学中关于市场经济的一般理论和方法，虽然这种理论证明是不完善的，还存在着明显可以大量讨论的余地。即使是强调西方经济学带有强烈意识形态色彩的中国学者，也承认它包含着"市场经济的一般理论和方法"的科学

---

① 高鸿业主编：《西方经济学》，中国人民大学出版社 2006 年版。
② 吴易风：《新中国成立以来的西方经济学教学与研究》，《企业家日报》2017 年 7 月 28 日。

部分。

这就引出两个重要的问题：一是如何识别和分离西学中"市场经济的一般理论和方法"与它为资本主义辩护的意识形态？二是如何"本土化"？

一　西学的意识形态问题

这是长期游荡在中国经济学界的一个重大问题。作为解答这一问题的一个基础，我们必须弄清楚它的意识形态究竟在何处。我认为，西方经济学的意识形态至少表现在两个层面上。

首先，它表现为信奉以私有制为基础的市场经济制度。

这是它最根本的意识形态，也是西方社会的主流态度。在西方经济学家看来，所谓"资本主义"就是一种以私有制为基础的市场经济制度。如果说西方经济学的意识形态偏见是为资本主义辩护，那么，这种意识形态主要存在于它对私有制进行的辩护之中。那就是认为，只有私有制，才可能做到产权界定清晰，从而实现激励相容的制度安排。与之密切相连的另一个意识形态因素是，不承认以私有制为基础的市场经济存在剥削现象，从而为资本的行为辩护。就此而论，意识形态较明显地潜伏于微观经济学的暗在前提和产权经济学领域，而在宏观经济学中似乎不存在这类因素。

其次，在上述根本性的意识形态基础上，西方经济学还有各类次级的意识形态，潜伏在经济学家的"愿景"之中，表现在他们的政策主张之中。

这个层次的意识形态主要集中体现在一般经济学理论的运用过程之中。经济学家建构的模型本身就决定着所要选取的事实，并对选取的事实进行简化。其中的限制性假定强调某些特定的事实特征。利用这些假设，经济学家就可以像他认为"好"的那样去讨论问题。意识形态使西方经济学家拥有自己的某种要阐明、捍卫和批判的主题。不同的经济学家和学派之间的最重要差异就在于"愿景"和与之相匹配的意识形态的不同，从而决定着经济学家所选择的重点研究课题和特定假设。例如，西方主流经济学的核心基石是一般均衡论。如果说以芝加哥大学为典型代表的新古典自由主义经济学是所谓"华盛顿共识"的理论基础（自由市场是最有效率的制度），那也并非一般均衡模型必然的推论结果，而是把某些特定的假设施加于这种模型的产物。这些特定的假设带有明显的倾向性。"政策无效论"是如何推导出来的？那就是把一般均衡模型改造为随机动态一般均衡模型。改造的方法是增添一些特别的假设，包括理性预期、卢卡斯供给函数等。通过这些特定的假设，某些市场的不良结果和市场失灵现象，例如失业、经济泡沫等，就完全被排除在讨论的视野之外。以萨缪尔森为代表的"新古典综合派"则利用一般均衡模型定义出各类"市场失灵"，从而提出不同于新古典自由主义经济学的政策方案，包括主张宏观需求管理、政府规制、社会福利制度等，明显不同于新古典自由主义经济学所倡导的"自由化、私有化、市场化"方案。

为什么从一般均衡模型中会推论出来完全不同的政策处方？皆因为附加的特定假设不同，从而引入了不同的意识形态因素；而且，它们引入的特定假设深受不同类型自由主义的影响。也就是说，经济学家不可能从基本理论中直接推导出政策结论。他们的各类政策建议是通过引入带有倾向性的特定假设而得出的。

因此，我们在批判西方经济学时，应当充分认识到，意识形态本身就是一个非常复杂的问题。

二 "本土化"问题

即便是西学中所包含的有关市场经济的一般理论也存在着一个基于国情的运用和发展问题。这是更艰难更细致的问题，需要逐一进行认真的努力研究和分析。经济学的最优逻辑只能阐述一般化的原理，而对它的运用则要面对复杂的历史和现实约束。

例如，一般理论表明，有效的产权制度必须保证现有和潜在的投资者能够充分享有其投资的收效，且要使生产者的激励与社会的成本收益相匹配。对这种观点，可以用最优逻辑来给出证明。但是，采取什么样的具体产权制度安排呢？私有、公有还是共有？这种选择既涉及历史基础、现实利益格局等复杂的因素，也涉及意识形态方面的问题。中国公有制实现形式的改革经验证明，这种原理并不直接映射为唯一的一种制度安排。虽然这种改革还存在各种问题，但至少是一种次优选择。

如何把中国的这类改革经验上升为更高层次的理论总结，还需中国经济学界的不懈努力。

（执笔人：杨春学，首都经济贸易大学经济学院教授）

第四十六章

构建中国特色社会主义政治经济学

2012年党的十八大以来，习近平总书记提出了构建中国特色社会主义政治经济学的历史任务，并发表了一系列重要讲话，对如何构建中国特色社会主义政治经济学作了深刻的论述。因此，构建中国特色社会主义政治经济学，已成为此后中国经济学界研究和讨论的一个热点，提出了许多很好的意见和设想，也提出了一些值得进一步深入研究的问题。本章拟对如何更好地构建中国特色社会主义政治经济学，介绍经济学界在研讨过程中的一些观点和主张。

第一节 中国特色社会主义政治经济学是中国特色社会主义理论体系的重要组成部分

习近平总书记2015年11月25日在中共中央政治局第二十八次集体学习时强调，立足我国国情和我国发展实践，发展当代中国马克思主义政治经济学。2016年7月8日，习近平总书记在主持召开经济形势专家座谈会时，又指出，坚持和发展中国特色社会主义政治经济学，要以马克思主义政治经济学为指导，总结和提炼我国改革开放和社会主义现代化建设的伟大实践经验,同时借鉴西方经济学的有益成分。中国特色社会主义政治经济学只能在实践中丰富和发展,又要经受实践的检验,进而指导实践。要加强研究与探索,加强对规律性认识的总结,不断完善中国特色社会主义政治经济学理论体系,推进充分体现中国特色、中国风格、中国气派的经济学科建设。2017年5月,中共中央印发《关于加快构建中国特色哲学社会科学的意见》,提出"要加快构建中国特色哲学社会科学学科体系。巩固马克思主义理论一级学科基础地位,加强哲学社会科学各学科领域马克思主义相关学科建设,实施高校思想政治理论课建设体系创新计划,发展中国特色社会主义政治经济学,丰富发展马克思主义哲学、政治经济学、科学社会主义"。这些都是党中央改革开放以来明确提出构建中国特色社会主义政治经济学的宏伟任务。

中国经济学家一般认为,当代中国马克思主义政治经济学,就是中国特色社会主义政治经济学。自从1982年邓小平同志在党的十二大开幕词提出建设有中国特色的社会主义以来,在党的领导下,中国特色社会主义事业蓬勃发展,蒸蒸日上,取得了让世人惊叹的成绩。随着改革开放的不断深化和经济社会的飞速发展,我们对中国特色社会主义包括中国特色社会主义政治经济学的认识也在不断深化和发展。特别是,中国的改革开放是从经济体制改革开始的,对外开放也是从办经济特区和利用外资开始的,并且一直以经济改革为重点,实践经验最多、最丰富,所以,中国特色社会主义理论体系中,经济理论最突出,也最系统,中国特色社会主义经济理论是整个中国特色社会主义理论体系的"明珠"。

1984年10月,党的十二届三中全会做出了《中共中央关于经济体制改革的决定》,首次提出我国社会主义经济是公有制基础上的有计划商品经济,这是改革开放后第一次重大理论突破。不久,邓小平在中央顾问委员会第三次全体会议上的讲话中说:"比如《关于经济体制改革的决定》,前几天中央委员会通过这个决定的时候我讲了几句话，我说我的印象是写出了一个政治经济学的初稿，是马克思主义基本原理和中国社会主义实践相结合的政治经济学，我是这么个评价。"[1] 1997年，江泽民在党的十五大报告中提出邓小平理论形成了中国特色社会主义理论体系，说："总起来说，邓小平理论形成了新的建设有中国特色社会主义理论的科学体系。""它第一次比较系统地初步回答了中国社会主义的发展道路、发展阶段、根本任务、发展动力、外部条件、政治保证、战略步骤、党的领导和依靠力量以及祖国统一等一系列基本问题，指导我们党制定了在社会主义初级阶段的基本路线。它是贯通哲学、政治经济学、科学社会主义等领域，涵盖经济、政治、科技、教育、文化、民族、军事、外交、统一战线、党的建设等方面比较完备的科学体系，又是需要从各方面进一步丰富发展的科学体系。"2007年，胡锦涛在党的十七大报告中提出："改革开放以来我们取得一切成绩和进步的根本原因，归结起来就是：开辟了中国特色社会主义道路，形成了中国特色社会主义理论体系。高举中国特色社会主义伟大旗帜，最根本的就是要坚持这条道路和这个理论体系。"该报告对中国特色社会主义道路和中国特色社会主义理论体系作了权威的论述。2011年，胡锦涛在庆祝中国共产党成立90周年大会上的讲话中加了一条中国特色社会主义制度，讲话说："经过90年的奋斗、创造、积累，党和人民必须倍加珍惜、长期坚持、不断发展的成就是：开辟了中国特色社会主义道路，形成了中国特色社会主义理论体系，确立了中国特色社会主义制度。"从此形成了旗帜、道路、理论体系、制度四个方面统一的结构。

党的十八大以后，随着改革发展的深化和推进，中国特色社会主义无论在理论上还是在实践上都有新的重大进展，比如提出了"五位一体"、"四个全面"、三大战略、中国经济进入新常态、五大发展理念、供给侧结构性改革等一系列新理念、新思

---

[1] 《邓小平文选》第三卷，人民出版社1993年版，第83页。

想、新战略，以及在中国特色社会主义旗帜、道路、制度、理论体系外，又加了中国特色社会主义文化，还积极参与和改善全球经济与金融治理，倡导构建人类命运共同体，在国际上发挥越来越大的影响。

2017年5月17日，习近平总书记在致中国社会科学院建院40周年的贺信中，又一次希望中国社会科学院的同志们和广大哲学社会科学工作者，为构建中国特色哲学社会科学学科体系、学术体系、话语体系，增强我国哲学社会科学国际影响力做出新的更大的贡献！这其中就包括构建当代中国马克思主义政治经济学即中国特色社会主义政治经济学的任务。这是丰富和发展中国特色社会主义理论体系的重要部署，也是交给中国经济学家的重要任务，正在对当代中国马克思主义政治经济学研究产生巨大的推动作用。研究中国特色社会主义政治经济学，就要很好地了解中国社会主义现代化建设的实际，了解中国改革开放的步伐，了解中国社会主义市场经济发展的历程，探寻它们的规律性，从理论上进行概括，助力中国社会主义现代化建设事业的顺利健康发展。

2015年以来，中国经济学家对如何构建中国特色社会主义政治经济学做了大量研究和讨论，有不少方面是有一定共识的，比如，中国特色社会主义政治经济学的对象是既要研究中国特色社会主义生产关系，也要研究如何发展中国特色社会主义生产力，研究发展是硬道理、科学发展观和五大发展理念的深刻内涵，研究经济增长和发展方式转变、实现高质量发展，研究供给侧结构性改革和建设现代化经济体系等问题。有学者指出，构建中国特色社会主义政治经济学理论体系要以《资本论》构建体系结构的方法论为指导。从马克思政治经济学的结构和马克思《资本论》的结构可以发现一个逻辑关系：研究目的决定研究对象，研究目的和研究对象决定研究内容，研究内容决定体系结构。当前中国特色社会主义政治经济学最主要的研究目的是完善发展社会主义经济制度，促进生产力的发展，满足人民需要，实现每个人的发展。由这个目的决定的研究对象是研究中国特色社会主义的生产方式及与之相对应的生产关系、交换关系，研究对象决定的研究内容是如何完善发展社会主义。有此目的、对象，以实现每个人自由全面发展和实现人民幸福为主线，在《资本论》方法论的指导下，吸取人类其他经济学的文明成果，中国特色社会主义政治经济学理论体系和话语体系的构建一定会实现一个新的飞跃。[①]

与此同时，对中国特色社会主义政治经济学理论体系设计则有不同主张。有学者指出，中国特色社会主义政治经济学的理论创新包括两大方面：一是在生产关系方面，从社会主义初级阶段理论出发，创新经济制度理论；二是在生产力方面，从中等收入阶段的生产力水平出发，创新经济发展理论。有学者则认为，中国特色社会主义政治经济学的理论体系主要包括经济制度和发展阶段、经济运行、经济发展、世界经济和开放问题四个方面。还有学者认为基本理论和基本制度（包括基本经济制度、分配制度、社会主义市场经济体制等）、社会主义经济运行（包括政府和市场关系、产业结构与产业政策、财政与财税体制改革、城乡发展一体化理论与实践等）、新政治经济学（包括新发展理念的理论与实践、供给侧结构性改革与我国当前的经济政策选择等）三个方面进行分析论证。[②] 关于研究方法，有学者提出，中国特色社会主义政治经济学的研究方法至少包括三个层次：一是方法论层次或哲学层次，即马克思主义辩证唯物主义和历史唯物主义的基本方法；二是理论研究层次，如抽象的方法、历史与逻辑统一的方法、规范分析与实证分析相结合的方法等；三是现象描述或技术层次，如统计方法、数学方法等。[③]

[①] 参见赵敏、王金秋《着力构建中国特色社会主义政治经济学》之逄锦聚发言，《经济参考报》2017年4月12日第8版。

[②] 参见杨新铭《中国特色社会主义政治经济学研究的新进展》，《人民日报》2018年11月19日。

[③] 同上。

第二节　成熟的中国特色社会主义政治经济学源于成熟的中国特色社会主义经济制度和基本实现现代化

到现在为止，我们还没有写出一本公认的中国特色社会主义政治经济学或社会主义市场经济学。一些经济学家认为，这主要不是中国经济学家不努力，重要原因，在于中国特色社会主义经济制度下生产力发展水平不够高，现代化尚未实现，经济体制也还不够成熟、定型。我们都知道，马克思撰写《资本论》，揭露资本主义生产方式发展和必然被社会主义代替的规律性，要到英国伦敦进行写作，重要原因，在于英国是那时资本主义经济发展水平较高和经济制度比较成熟的国家。中国从1978年年底开始实行改革开放，已40多年，社会主义市场经济发展很快，不但迅速解决了人民群众的温饱问题，而且于20世纪末总体上达到小康水平，即将于2020年全面建成小康社会，并继续向现代化迈进，但是到2018年，我国仍未进入高收入国家行列，离基本实现现代化还有一段距离。

与此同时，社会主义市场经济体制已经建立起来，正在完善过程中。1993年党的十四届三中全会《决定》提出的由五根支柱支撑的社会主义市场经济体制的基本框架已经搭建起来，但是还不够成熟，尚未定型。1992年，邓小平在"南方谈话"中就曾预言："恐怕再有三十年的时间，我们才会在各方面形成一整套更加成熟、更加定型的制度。在这个制度下的方针、政策，也将更加定型化。"2019年离邓小平说的三十年还有三年左右的时间。2013年，党的十八届三中全会《中共中央关于全面深化改革若干重大问题的决定》也说："到二〇二〇年，在重要领域和关键环节改革上取得决定性成果，完成本决定提出的改革任务，形成系统完备、科学规范、运行有效的制度体系，使各方面制度更加成熟更加定型。"根据党的十八届三中全会决定的精神,在经济方面,重要领域和关键环节需改革攻坚取得决定性成果的主要有:国有资产监管机构实现以管资本为主的职能转变,央企特别是集团公司母公司建立和健全现代企业制度,国有控股公司董事会履行《公司法》赋予的重大事项决策权,消除所有制歧视推动民营经济走向更加广阔的舞台,在投资和市场准入方面实行负面清单制度,消除市场壁垒、反对垄断、形成公平竞争的市场环境,实行农民土地承包权和经营权分离以及发展土地经营权流转市场,健全宏观调控体系防范系统性风险,逐步建立综合与分类相结合的个人所得税制,加快房地产税立法并依法推进改革,提高直接税比重,继续发展民营银行完善金融市场体系,实现汇率市场化和人民币资本项目可兑换,金融业更好地为发展实体经济服务,扩大中等收入者比重,降低基尼系数,完善社会保险关系转移接续政策,完善基本养老保险个人账户制度,继续扩大对外开放构建开放型经济新体制,建立系统完整的生态文明制度体系,等等。上述这些深水区改革任务都很艰巨,都是要付出极大的努力才能实现的。由于现代化尚未基本实现,中国特色社会主义经济制度和体制也还不够成熟和定型,因此到2018年为止,我们还难以对中国特色社会主义经济发展和运行规律做出全面深入系统准确的概括和论述。

但是,经济学家们强调指出,我们不能只是等待无所作为。正如有的经济学家指出的:"成熟的理论来源于成熟的实践,中国特色的经济学体系构建,中国特色的社会主义建设,都是前无古人的大工程。现在中国的经济建设仍处在发展和进行之中,不可能寄希望于在短期内形成完善的中国经济学理论体系。但方向要明确,要面对中国问题,有效提出解决问题的方法。要从研究方法、研究方式等方面入手,借鉴国外科学的经济学理论,有效推进中国经济学研究。"[①] 改革开放40年来,随着经济的快速增长和社会的全面进步,

---

① 参见张占斌《中国经济学要为实现中国梦作出更大的贡献》,张卓元主编《中国经济学成长之路》,中国社会科学出版社2015年版,第56、57页。

已经涌现和概括出一系列把马克思主义经济学原理同改革开放实践相结合的理论成果，比如社会主义市场经济理论，社会主义初级阶段理论，社会主义初级阶段基本经济制度理论，按劳分配为主体、多种分配方式并存的分配理论，从农村改革起步到全面深化改革的渐进式改革理论，农村土地集体所有权、农民土地承包权、农地经营权相分离的理论，促进社会公平正义、逐步实现全体人民共同富裕的理论，从发展是硬道理到科学发展观再到创新、协调、绿色、开放、共享的发展理念的理论，经济转型和转变经济增长与发展方式理论，中国经济进入新常态理论，推进供给侧结构性改革理论，推动新型工业化、信息化、城镇化、农业现代化相互协调的理论，进一步扩大对外开放包括用好国际国内两个市场、两种资源的理论，建设现代化经济体系理论，等等。我们要认真深入研究这一系列重要理论，阐明其科学内涵。要不断研究改革攻坚和全面建成小康社会实践的新鲜经验以及建设现代化经济体系的经验，并作出新的理论概括，在基本实现现代化和成熟的经济制度与体制下，形成成熟的经济理论体系。所以，从现在开始，我们就应积极行动起来，对中国特色社会主义政治经济学进行系统的、深入的研究，不断做出新的成果。

在讨论如何加快构建中国特色社会主义政治经济学中，有的经济学家提出，中国特色社会主义政治经济学的学科定位是：在生产关系上属于社会主义初级阶段的政治经济学；在生产力发展水平上，我国按人均GDP衡量告别了低收入阶段，进入了中等收入阶段。因此，中国特色社会主义政治经济学属于社会主义进入中等收入发展阶段的政治经济学。[①] 有的专家认为这种提法值得讨论，认为，中国走上中国特色社会主义道路是从1978年改革开放开始的。1978年中国人均国民总收入只有190美元，处于低收入阶段。由于改革开放

---

① 参见洪银兴《推动中国特色社会主义政治经济学理论体系建构》，《中国社会科学报》2017年5月5日。

极大地解放了社会生产力,中国经济迅速起飞,按照世界银行标准,1999年中国开始进入中等（偏下）收入国家行列,当年人均GDP近800美元（按照世界银行标准,1999年中下收入国家人均GNP为756美元以上,我国当年人均GNP已达780美元）。2009年又进一步进入中等（偏上）收入国家行列。2018年中国人均GDP已达9700美元,但距离高收入国家行列还有一段距离（按照世界银行2014年标准,人均GDP需达到12616美元才算进入高收入国家行列）。既然中国是从1978年还处于低收入阶段时开始走中国特色社会主义道路的,因此中国特色社会主义政治经济学的阶段定位就应从1978年实行改革开放时开始,而不能只限于中国1999年进入中等收入国家行列时开始。其次,中等收入水平只是一个过渡的阶段。我们今后首先要在2020年全面建成小康社会,在此基础上,一般估计,再经过顶多五六年的努力,就可以使我国进入高收入国家行列。这还不够,我国社会主义建设的目标是实现社会主义现代化,把我国建设成为富强民主文明和谐美丽的社会主义现代化强国。我们看到,从党的十六大到十九大,都提出和完善了"两个一百年"目标,即在建党一百年时全面建成小康社会,在新中国成立一百年时实现社会主义现代化。党的十九大报告指出,"从十九大到二十大,是'两个一百年'奋斗目标的历史交汇期。我们既要全面建成小康社会、实现第一个百年奋斗目标,又要乘势而上开启全面建设社会主义现代化国家新征程,向第二个百年奋斗目标进军。综合分析国际国内形势和我国发展条件,从二〇二〇年到本世纪中叶可以分两个阶段来安排。第一个阶段,从二〇二〇年到二〇三五年,在全面建成小康社会的基础上,再奋斗十五年,基本实现社会主义现代化"。"第二阶段,从二〇三五年到本世纪中叶,在基本实现现代化的基础上,再奋斗十五年,把我国建成富强民主文明和谐美丽的社会主义现代化强国。"党的十九大报告相应地还提出了建设现代化经济体系的任务,指出:"我国经济已由高速增长阶段转向高质量发展阶段,正处在转变发展方式、优化经济结构、转换增长动力的攻关期,建设现代化经济体系是跨越关口的迫切要求和我国发展的战略目标。"因此,中国特色社会主义政治经济学,就是要很好地研究和回答中国如何从低收入国家,通过实行改革开放走中国特色社会主义道路,连续跳过低收入陷阱和中等收入陷阱,迈向高收入国家行列,并进一步逐步实现现代化,建成富强民主文明和谐美丽的社会主义现代化强国,实现中华民族伟大复兴,揭示其内在的规律性、必然性,还可供广大发展中国家借鉴。因此,中国特色社会主义政治经济学的阶段定位应当是很长的,可以说是至少包括1978年实行改革开放后到建成社会主义现代化强国,因此其内容是十分丰富的。[①]

根据以上所述,所谓成熟的经济,除了社会主义市场经济体制要成熟定型外,在生产力发展水平方面,看来至少要达到跳过中等收入陷阱,稳定进入高收入国家行列,并进而逐步实现社会主义现代化,也就是整个经济转型包括经济体制转型和经济发展方式转型获得成功。如果缺少经济转型的全面系统的成功经验,就难以很好地概括中国特色社会主义建设的规律性。中国实现经济转型,跳过中等收入陷阱,实现社会主义现代化,那时,中国经济实力将再上一个大台阶,中国参与全球治理的能力将大大增强。

当然,这并不是说我们现在在构建中国特色社会主义政治经济学方面就无所作为。改革开放已40多年,中国经济总量从2009年起已跃居世界第二,中国特色社会主义经济建设已经积累了丰富的成功的经验,并在此基础上概括了一系列重要的理论,正如习近平总书记在中共中央政治局第二十八次集体学习时指出的:"党的十一届三中全会以来,我们党把马克思主义政治经济学基本原理同改革开放新的实践结合起来,不断丰富和发展马克思主义政治经济学,形成了当代中国马克思主义政治经济学的许多重要理论成果,比如,关于社会主义本质的理论,关于社会主义初级阶段基本经济制度的

[①] 参见张卓元、胡家勇、万军《中国经济理论创新四十年》,中国人民大学出版社2018年版,第296—297页。

理论，关于树立和落实创新、协调、绿色、开放、共享的发展理念的理论，关于发展社会主义市场经济、使市场在资源配置中起决定性作用和更好发挥政府作用的理论，关于我国经济发展进入新常态的理论，关于推动新型工业化、信息化、城镇化、农业现代化相互协调的理论，关于用好国际国内两个市场、两种资源的理论，关于促进社会公平正义、逐步实现全体人民共同富裕的理论，等等。这些理论成果，是适应当代中国国情和时代特点的政治经济学，不仅有力指导了我国经济发展实践，而且开拓了马克思主义政治经济学新境界。"① 可见，我们目前正处于构建中国特色社会主义政治经济学四梁八柱的阶段，使命光荣，责任重大，我们一定要努力把这项工作做好。

第三节 寻找中国特色社会主义政治经济学的主线

中国特色社会主义政治经济学是一门新的学科、新的理论体系。这一新的理论体系的主线或主要支柱是什么？是我们在研究和构建这一新的理论体系时首先要解决和确定的重大问题。主线一般指贯穿理论体系始终的主要线索，它决定理论体系内有哪些重要范畴和标志理论体系独特性、层次较高的规定。马克思《资本论》的主线是资本剥削劳动以及剩余价值的分配。我国老一辈经济学家孙冶方在20世纪60年代初组织编写《社会主义经济论》时，曾提出要按照马克思《资本论》的写作方法即直接生产过程、流通过程和资本主义生产的总过程展开论述，并以"最小最大"即"用最小的劳动消耗取得最大的有用效果"作为全书的主线，主张充分发挥价值规律对生产和流通的调节作用。孙冶方当时的主张在传统的计划经济

---

① 参见《人民日报》2015年11月25日。

时期无疑是标新立异的有益探索。我们要构建中国特色社会主义政治经济学，如何确定其主线是需要经济学界集思广益、认真研讨的重大问题。

有的经济学家（如本章执笔人）认为，中国特色社会主义政治经济学的主要支柱是社会主义市场经济论，主线则是社会主义与市场经济的结合、公有制与市场经济的结合。改革开放以来，我国逐步引入市场机制，1984 年确立社会主义商品经济论，1992 年进一步把社会主义市场经济体制确立为经济体制改革的目标，明确了发展中国特色社会主义经济就是发展社会主义市场经济。伴随着市场化改革的不断推进，我国经济迅速起飞，1979—2018 年的平均经济增长率达 9.5%，创造了人类社会经济长时期快速增长的新奇迹。实践证明，根据我国国情发展社会主义市场经济是正确的、有效的。在这样的背景下，社会主义市场经济论就成为中国特色社会主义政治经济学的主要支柱。社会主义市场经济论的核心是社会主义与市场经济的结合，因此，社会主义与市场经济的结合，公有制与市场经济的结合，就理所当然地成为中国特色社会主义政治经济学的主线。

持这个看法的学者 2008 年 12 月 7 日就曾在《光明日报》发表长文，题目是《社会主义市场经济论：中国改革开放的主要理论支柱》，文中说："我国在社会主义条件下发展市场经济，是前无古人的伟大创举，也是一项全新的课题。在成功实践的基础上概括出来的社会主义市场经济论，是中国共产党人和马克思主义经济学家关于科学社会主义的重大理论创新，也是对经济科学的划时代贡献。"中国特色社会主义经济建设，就是发展社会主义市场经济。社会主义市场经济论自然在中国特色社会主义政治经济学中处于最为重要的位置。

社会主义市场经济论的内涵是随着改革的深化而不断发展的。1992 年，党的十四大确立社会主义市场经济体制改革目标时，就提出了"使市场在社会主义国家宏观调控下对资源配置起基础性作用"。2002 年，党的十六大进一步提出："在更大程度上发挥市场在资源配置中的基础性作用,健全统一、开放、竞争、有序的现代市场体系。"2012 年,党的十八大更进一步提出,"更大程度更广范围发挥市场在资源配置中的基础性作用"。2013 年,党的十八届三中全会《决定》则将市场的基础性作用提升为决定性作用,提出"使市场在资源配置中起决定性作用和更好发挥政府作用"。市场在资源配置中起决定性作用是 20 多年来沿用的基础性作用提法的继承和发展,其主要指向有三点:第一,解决政府对资源配置干预过多的问题;第二,解决市场体系不健全、真正形成公平竞争的市场环境问题;第三,解决对非公经济的一些歧视性规定,包括消除隐性壁垒设置等问题。

社会主义市场经济论立论的难点在于公有制能否与市场经济相结合。西方经济学否认社会主义条件下能够发展市场经济。中国改革开放后的实践推翻了这一论断。改革开放后,由于我们找到了股份制、混合所有制等公有制的有效实现形式,使我们找到了公有制包括国有制与市场经济相结合的形式和途径。因为把国有企业改革为国有控股或参股的现代公司,实行自主经营、自负盈亏,就可以成为真正的市场主体,积极参与国内外市场竞争,努力在公平的市场竞争中发展壮大自己。改革开放后我国经济迅速崛起,国有经济和非公经济都有长足发展的实践,很好地破解了社会主义市场经济论立论的难题。

在社会主义市场经济条件下,公有制和市场经济的结合是有条件的、互相适应的。一方面,公有制要找到股份制等实现形式使之能够与市场经济相结合,而且既然是股份制,这个市场经济就不能是公有制经济一统天下的,而应当是有多种所有制包括个体、私营和外资经济并存和共同发展的。另一方面,市场经济的发展也需适应社会主义要逐步实现共同富裕的目标,而不能像资本主义市场经济那样造成贫富悬殊、两极分化。政府的各项政策,就是要力求把社会主义维护公平正义和市场经济促进资源配置效率提高的优势都充分发挥出来。当然这是一项难度极大的任务。比如,如何处理好政府与市场的关系，使市场在资源配置中起决定性作用，同时又要更好地发挥政府作用，就是一个难度不小的课题。又如，1993年党的十四届三中全会就确定了国有企业改革的方向是建立现代企业制度。经过此后20多年的改革，国有企业基本上实现了股份制改革。同时，现代企业制度仍有待完善，不少中央企业集团公司层级直到2017年还要推进股份制公司制改革以建立现代企业制度；一些国有控股公司董事会还不能很好地履行《公司法》规定的职责，国有企业和非公有制企业公平竞争的环境也有待健全，不少人不把民营企业和企业家当作自家人看待，在市场准入、贷款等方面设置各种障碍和提高融资成本，等等。还有，怎样把社会主义市场经济的发展引导到实现共同富裕的目标上来，难度更大。对此，应巩固和完善公有制为主体、多种所有制经济共同发展的基本经济制度，健全按劳分配为主体、多种分配方式并存的分配制度，不断完善财税的再分配功能以促进发展成果人人共享，完善各项社会政策的托底功能包括精准扶贫、全面脱贫等。

社会主义与市场经济的结合、公有制与市场经济的结合，是发展社会主义市场经济的核心，贯穿于社会主义市场经济活动的方方面面，社会主义市场经济体制就是在推进这种有机结合中不断完善和成熟的，也是在这一过程中推动社会经济不断发展的。因此，我们在构建中国特色社会主义政治经济学时，要把社会主义与市场经济的结合、公有制与市场经济的结合作为主线贯穿始终，形成逻辑严密、结构有序的理论体系。

有的经济学家发表文章，也认为中国特色社会主义政治经济学研究的主题和方向是社会主义基本经济制度与市场经济相结合、相统一。认为，坚持社会主义市场经济的改革方向，既是我国改革发展实践需要坚持的基本原则，也是中国特色社会主义政治经济学的主题。这一主题的核心在于，如何把我国公有制为主体、多种所有制经济共同发展的社会主义基本经济制度与市场经济统一起来。这里面至少涉及两方面的问题：一方面是社会主义基本经济制度，特别是作为主体的公有制经济如何与市场经济有机统一；另一方面是政府调节与市场调节如何有机结合，使市场在资源配置中发挥决定性作用，使政府在宏观调控和市场失灵等领域更好地发挥作用。[①]

与此同时，在讨论中也提出了一些不同的观点。有的学者认为，中国特色社会主义政治经济学的主线的核心内容是解放、发展和保护生产力。中国特色社会主义政治经济学理论体系的构建，就是要建立解放、发展和保护生产力的系统化经济学说。[②] 而有的学者则认为，这样的表达不能很好地体现中国特色社会主义政治经济学特有的本质规定，特别是不能很好地体现中国特色社会主义政治经济学同传统的社会主义政治经济学的区别，因为传统的社会主义经济体制，以公有制为基础，实行计划经济和按劳分配，在开头一段相当长时间，由于其能发挥集中力量办大事等优越性，从而有力地促进经济增长，所以传统的社会主义政治经济学也一直标榜社会主义是能很好地解放和发展生产力。还有，即使是奴隶社会、封建社会、资本主义社会，在它们处在上升时期，也是能解放和发展生产力，所以不少西方主流经济学家，至今仍认为资本主义制度是有利于生产力发展的。中国特色社会主义政治经济学的最突出特点，就是在以公有制为主体的社会主义制度下发展市场经济，并且能够努力把社会主义和市场经济两者的优势结合和发挥出来，从而做到不断解放和发展生产力包括保护生产力。中国特色社会主义经济与传统的社会主义经济的区别在于它是实行改革开放的，实行社会主义市场经济体制的，并以此不断解放和发展生产力的。正如江泽民在党的十五大报告中说的："建设有中国特色社会主义的经济，就是在社会主义条件下发展市场经济，不断解放和发展生产力。"所以，对中国

---

① 刘伟：《在新实践中构建中国特色社会主义政治经济学》，《人民日报》2016年8月1日。

② 参见洪银兴《推动中国特色社会主义政治经济学理论体系建构》，《中国社会科学报》2017年5月5日。

特色社会主义经济来说，其最本质的区别于其他制度和体制的特征，在于其实行社会主义市场经济体制，发展社会主义市场经济。①

有的学者则认为，中国特色社会主义经济学的主线是发展。持这种意见的学者说，"中国特色社会主义经济理论的新体系，主要包括：一是研究对象，即依据社会主义社会的本质和时代任务决定的研究对象是，既研究生产关系也要研究生产力，即通过不断深化改革不适应生产力的生产关系解放生产力；通过研究生产力的运行规律发展生产力。二是逻辑主线，依据社会主义初级阶段的基本矛盾确定的逻辑主线是发展。三是理论框架，即围绕发展这一逻辑主线，分别从发展理念、发展目标、发展目的、发展速度、发展转型、发展动力、发展道路、发展资源、发展环境和发展制度等方面阐释中国特色社会主义经济理论的概念、范畴、原理和运行机理"。②

总之，如何找到令人信服的中国特色社会主义政治经济学的主线、主题、主要范畴等，看来是值得我们进一步认真研究和讨论的问题。

第四节　探索中国特色社会主义政治经济学的"四梁八柱"

本章执笔人在2011年出版的合著《新中国经济学史纲（1949—2011）》（中国社会科学出版社2011年版）中，提出新中国60多年经济学研究有六大进展：第一，在马克思主义经济学基本原理指导下，努力探索中国自己的社会主义建设道路，并在改革开放中确立了社会主义初级阶段理论，开辟和形成唯一正确的中国特色社会主

---

① 参见张卓元、胡家勇、万军《中国经济理论创新四十年》，中国人民大学出版社2018年版，第301—302页。

② 参见黄泰岩《在发展实践中推进经济理论创新》，《经济研究》2017年第1期。

义道路。第二，计划与市场关系问题是中国经济学界研讨的第一大热点，其突出成果是确立了社会主义市场经济论。第三，所有制理论和分配理论的重大突破：确认公有制为主体、多种所有制经济共同发展平等竞争，股份制是公有制主要实现形式，按劳分配与按生产要素分配相结合。第四，探索国民经济从封闭半封闭走向开放，以开放促改革、促发展，"引进来"与"走出去"相互结合，逐步形成顺应经济全球化的对外开放理论。第五，经济增长与发展理论越来越受重视，改革开放后在发展是硬道理和科学发展观指导下，着力研究实现什么样的发展、怎样发展问题，研究中国工业化、城市化、现代化的规律性。第六，经济学方法重大革新：注重创新，紧密联系实际，充分吸收现代经济学有用成果，重视实证研究和数量分析，勇于提出各种对策建议，为促进经济学繁荣的各种评比和奖励活动逐步展开。这也算是对中国特色社会主义经济理论四梁八柱的初步探索。

2014年，胡乃武教授提出，中国特色社会主义经济学的理论体系，至少包括以下十个方面的理论。第一，社会主义本质理论。第二，社会主义社会的基本矛盾理论。第三，社会主义初级阶段理论。第四，社会主义社会的基本经济制度——所有制结构理论。第五，社会主义社会按劳分配与按生产要素分配相结合的收入分配理论。第六，社会主义市场经济理论。第七，社会主义社会政府与市场关系的理论。第八，社会主义社会的主要矛盾理论。第九，社会主义社会的科学发展理论。第十，社会主义社会的全方位对外开放理论。[①]

常修泽教授认为，要以人的发展作为核心思想来贯穿经济学理论体系，并建议"一个顶层，三道横梁，若干支柱"，由此形成一个理论体系。一个顶层是以人的自由全面发展作为顶层设计的基本导

---

① 参见胡乃武《关于构建中国特色社会主义经济学话语体系的核心问题》，张卓元主编《中国经济学成长之路》，中国社会科学出版社2015年版。

向,或者叫核心。三道横梁是在所有制关系上实行混合所有制,在资源配置方式上实行市场经济,经济发展的落脚点在于共同富裕。若干支柱也即四个过程一是生产过程,强调人的自主决策与创新。二是流通过程,讲人与其他要素的自由流动及其模式创新。三是分配过程,强调要素按贡献分配与人的心灵创造力的发挥。四是消费过程,讲怎样自由选择,满足消费者的多方面的需求。①

胡家勇认为,从经济学领域看,改革开放以来的重大理论创新主要是提出了"四个重大理论",构成中国特色社会主义经济学的内核。一是社会主义市场经济理论;二是社会主义基本经济制度理论;三是科学发展理论;四是对外开放理论。②

黄泰岩认为,支撑中国特色社会主义政治经济学学术体系的"四梁八柱",一是创立了社会主义初级阶段及其富起来和强起来的发展阶段理论,为构建中国特色社会主义政治经济学提供了时代背景。二是创立了中国特色社会主义基本经济制度和分配制度理论,为构建中国特色社会主义政治经济学奠定了坚实的经济制度基础。三是创立了社会主义市场经济理论,为构建中国特色社会主义政治经济学提供了新的运行体制和机制。四是创立了以新发展理念为引领的全面、可持续和包容性发展理论,为构建中国特色社会主义政治经济学提供了新的发展道路。五是创立了中国特色对外开放理论,为构建中国特色社会主义政治经济学提供了开放型经济体制和机制。③

可以预期,随着研究和讨论的深入开展,一方面将提出更多有价值的见解,不断丰富中国特色社会主义政治经济学的"四梁八柱"。

---

① 参见常修泽《以人本思想为核心:经济学体系创新之我见》,张卓元主编《中国经济学成长之路》,中国社会科学出版社 2015 年版。

② 参见胡家勇《建设中国特色社会主义经济学话语体系》,张卓元主编《中国经济学成长之路》,中国社会科学出版社 2015 年版。

③ 参见黄泰岩《改革开放四十年中国特色社会主义政治经济学的创新发展》,《光明日报》2018 年 11 月 27 日。

另一方面，将逐步达成共识，或使共识不断增加，从而为构建中国特色社会主义政治经济学打下越来越坚实的基础。

第五节　提出构建中国特色社会主义政治经济学

2017年党的十九大以后，有的经济学家提出构建新时代中国特色社会主义政治经济学议题，并发表了一些论著进行探索。如张占斌发表了《努力构建新时代中国特色社会主义政治经济学》一文，[①]文章认为，加深对新时代中国特色社会主义政治经济学的理论研究，需要重点把握三个维度：一是坚持马克思主义政治经济学；二是全面总结党的十八大以来经济改革与发展成就；三是融入习近平新时代中国特色社会主义的经济思想。

逄锦聚在《习近平新时代中国特色社会主义经济思想的时代价值和理论贡献》一文[②]中认为，习近平新时代中国特色社会主义经济思想是中国特色社会主义政治经济学的最新成果，内涵极其丰富。包括：（1）坚持和发展中国特色社会主义的基本方向。（2）坚持党对经济工作的集中统一领导。（3）坚持以人民为中心。（4）坚持以新发展理念引领发展建设现代化经济体系。（5）坚持全面深化改革。（6）坚持人与自然和谐共生。（7）坚持对外开放基本国策。（8）坚持科学的方法论。

蔡昉、张晓晶的《构建新时代中国特色社会主义政治经济学》一书（中国社会科学出版社2019年版），对这一重大课题进行了系统的探索。全书分六章，分别是总论：构建新时代中国特色社会主

[①] 参见魏礼群主编《中国改革与发展热点问题研究（2019）》，商务印书馆2018年版。

[②] 载《社会科学辑刊》2018年第6期。

义政治经济学，认识论与方法论，遵循经济发展新常态的大逻辑，新发展理念引领新常态，建设现代化经济体系，中国智慧与中国方案。总论中阐述了该书的主体内容，包括引言：习近平新时代中国特色社会主义思想。一、以人民为中心的发展思想。二、新时代社会主要矛盾变化。三、社会主义的根本任务是解放和发展生产力。四、社会主义与市场经济的有机结合。五、正确处理政府与市场的关系，发挥市场的决定性作用。六、协调利益矛盾，调动各方面积极性。七、促进公平正义，实现共同富裕。

（执笔人：张卓元，中国社会科学院经济研究所研究员）

参考文献

一 著作

马克思：《剩余价值理论》第2卷，人民出版社1973年版。

《马克思恩格斯文集》第3卷，人民出版社2009年版。

《马克思恩格斯选集》第三卷，人民出版社1972年版。

《列宁专题文集·论马克思主义》，人民出版社2009年版。

《列宁全集》第29卷，人民出版社1985年版。

《列宁选集》第三卷，人民出版社1972年版。

《斯大林文选（1934—1952）》，人民出版社1962年版。

斯大林：《苏联社会主义经济问题》，人民出版社1952年版。

《毛泽东文集》第八卷，人民出版社1999年版。

《毛泽东选集》第五卷，人民出版社1991年版。

《毛泽东著作选读》（下），人民出版社1986年版。

《邓小平文选》第二卷，人民出版社1994年版。

《邓小平文选》第三卷，人民出版社1993年版。

胡锦涛：《高举中国特色社会主义伟大旗帜　为夺取全面建设小康社会新胜利而奋斗——在中国共产党第十七次全国代表大会上的报告》，人民出版社2007年版。

胡锦涛：《坚定不移沿着中国特色社会主义道路前进　为全面建成小康社会而奋斗——在中国共产党第十八次全国代表大会上的报

告》，人民出版社 2012 年版。

习近平：《决胜全面建成小康社会 夺取新时代中国特色社会主义伟大胜利——在中国共产党第十九次全国代表大会上的报告》，人民出版社 2017 年版。

习近平：《在中国科学院第十七次院士大会、中国工程院第十二次院士大会上的讲话》，人民出版社 2014 年版。

《习近平新时代中国特色社会主义思想三十讲》，学习出版社 2018 年版。

薄一波：《若干重大决策与事件的回顾》（上），中共中央党校出版社 1991 年版。

薄一波：《若干重大决策与事件的回顾》（下），中共中央党校出版社 1993 年版。

北方十三所高等院校编写组：《政治经济学（社会主义部分）》，陕西人民出版社 1980 年版。

北京师范大学经济与资源管理研究所：《2003 中国市场经济发展报告》，中国对外经济贸易出版社 2003 年版。

北京师范大学经济与资源管理研究所：《2005 中国市场经济发展报告》，中国商务出版社 2005 年版。

北京师范大学经济与资源管理研究院：《2008 中国市场经济发展报告》，北京师范大学出版社 2008 年版。

本书编写组编著：《党的十九大报告辅导读本》，人民出版社 2017 年版。

本书编写组编著：《〈中共中央关于制定国民经济和社会发展第十二个五年规划的建议〉辅导读本》，人民出版社 2010 年版。

《财贸经济》编辑部编：《中国市场发育探索》，中国物资出版社 1992 年版。

蔡昉、陈锡文、樊纲等：《中国经济 50 人看三十年——回顾与分析》，中国经济出版社 2008 年版。

蔡昉：《四十不惑：中国改革开放发展经验分享》，中国社会科学出版社 2018 年版。

蔡昉、张晓晶：《构建新时代中国特色社会主义政治经济学》，中国社会科学出版社 2019 年版。

曹尔阶、李敏新、王国强：《新中国投资史纲》，中国财政经济出版社 1992 年版。

常修泽等：《所有制改革与创新——中国所有制结构改革四十年》，广东经济出版社 2018 年版。

陈共主编：《财政学》，四川人民出版社 1991 年版。

陈佳贵、王延中主编：《社会保障绿皮书：中国社会保障发展报告 2007. No. 3》，社科文献出版社 2007 年版。

陈君、洪南编：《江泽民与社会主义市场经济体制的提出——社会主义市场经济 20 年回顾》，中央文献出版社 2012 年版。

陈启修：《财政学总论》，商务印书馆 1924 年版。

陈清泰、吴敬琏、谢伏瞻主编：《国企改革攻坚 15 题》，中国经济出版社 1999 年版。

成致平：《价格改革 30 年（1977—2006）》，中国市场出版社 2006 年版。

程恩富主编：《现代政治经济学》，上海财经大学出版社 2000 年版。

迟福林：《中国改革进入新阶段》，中国经济出版社 2003 年版。

迟福林主编：《动力变革》，中国工人出版社 2018 年版。

迟福林主编：《市场决定》，中国经济出版社 2014 年版。

大成企业研究院编著：《民营经济改变中国》，社会科学文献出版社 2018 年版。

《党的十九大报告辅导读本》，人民出版社 2017 年版。

邓加荣：《登上世纪坛的学者孙冶方》，中国金融出版社 2006 年版。

邓子基：《财政学原理》，经济科学出版社1989年版。

方福前等：《引进西方经济学40年（1978—2018）》，中国社会科学出版社2018年版。

傅殷才主编：《凯恩斯主义经济学》，中国经济出版社1995年版。

高鸿业主编：《西方经济学》，中国人民大学出版社2006年版。

高培勇等：《财政体制改革攻坚》，中国水利水电出版社2005年版。

高培勇、温来成：《市场化进程中的中国财政运行机制》，中国人民大学出版社2001年版。

高培勇主编：《现代化经济体系建设理论大纲》，人民出版社2019年版。

龚育之等：《毛泽东的读书生活》，生活·读书·新知三联书店2005年版。

谷书堂主编：《社会主义经济学通论——社会主义经济的本质、运行与发展》，上海人民出版社1989年版。

广东省"市场经济研究会"编辑组编：《社会主义初级阶段市场经济》，东北财经大学出版社1988年版。

国家发展和改革委员会对外经济研究所：《中国经济国际化进程》，人民出版社2009年版。

国家经济体制改革委员会综合规划司编：《中国改革大思路》，沈阳出版社1988年版。

国家统计局编：《2018中国统计摘要》，中国统计出版社2018年版。

国务院国有资产监督管理委员会研究室编：《探索与研究——国有资产监管和国有企业改革研究报告（2006）》（上、下册），中国经济出版社2007年版。

何振一：《理论财政学》，中国财政经济出版社1987年版。

洪银兴主编：《新编社会主义政治经济学教程》，人民出版社2018年版。

侯建新主编：《经济—社会史：历史研究的新方向》，商务印书馆 2002 年版。

胡寄窗、谈敏主编：《新中国经济思想史纲要（1949—1989）》，上海财经大学出版社 1997 年版。

胡寄窗：《中国近代经济思想史大纲》，中国社会科学出版社 1981 年版。

胡汝银：《竞争与垄断：社会主义微观经济分析》，上海三联书店 1988 年版。

黄达：《财政信贷综合平衡导论》，金融出版社 1984 年版。

纪宝成主编：《转轨经济条件下的市场秩序研究》，中国人民大学出版社 2003 年版。

贾根良：《演化经济学——经济学革命的策源地》，陕西人民出版社 2004 年版。

江小涓等：《中国经济的开放与增长：1980—2005 年》，人民出版社 2007 年版。

蒋洪等：《财政学教程》，上海三联书店 1996 年版。

蒋学模主编：《高级政治经济学——社会主义本体论》，复旦大学出版社 2001 年版。

《经济研究》编辑部编：《建国以来社会主义经济理论问题争鸣（1949—1984）》，中国财政经济出版社 1985 年版。

《经济研究》编辑部编：《中国社会主义经济理论的回顾与展望》，经济日报出版社 1986 年版。

《经济研究》《经济学动态》编辑部编：《建国以来政治经济学重要问题争论（1949—1980）》，中国财政经济出版社 1981 年版。

景维民主编：《转型经济学》，南开大学出版社 2003 年版。

科尔奈：《思想的力量：智识之旅的非常规自传》，上海人民出版社 2013 年版。

劳动和社会保障部社会保险研究所：《世纪抉择——中国社会保障体系构架》，中国劳动社会保障出版社2000年版。

李江帆：《第三产业经济学》，广东人民出版社1990年版。

李连第主编：《中国经济学希望之光》，经济日报出版社1991年版。

李晓西：《中国市场化进程》，人民出版社2009年版。

李新主编：《转型经济学研究》，上海财经大学出版社2007年版。

李扬、张晓晶：《论新常态》，人民出版社2015年版。

林甘泉：《林甘泉文集》，上海辞书出版社2005年版。

林毅夫、蔡昉、李周：《中国的奇迹：发展战略与经济改革》，上海三联书店、上海人民出版社1994年版。

林子力：《论联产承包制》，上海人民出版社1983年版。

刘邦驰、王国清主编：《财政理论与财政学建设》，西南财经大学出版社1996年版。

刘国光：《刘国光文集》第二卷，中国社会科学出版社2006年版。

刘尚希、傅志华等：《中国改革开放的财政逻辑（1978—2018）》，人民出版社2018年版。

刘尚希：《公共风险论》，人民出版社2018年版。

刘诗白主编：《政治经济学》，西南财经大学出版社2008年版。

刘世锦：《中国经济增长十年展望（2018—2027）：中速平台与高质量发展》，中信出版社2018年版。

刘守刚：《财政经典文献九讲：基于财政政治学的文本选择》，复旦大学出版社2015年版。

刘伟主笔：《工业化进程中的产业结构研究》，中国人民大学出版社1995年版。

刘霞辉、张平、张晓晶：《改革年代的经济增长和结构变迁》，格致出版社、上海人民出版社2008年版。

柳红：《八〇年代：中国经济学人的光荣与梦想》，广西师范大学出版社 2010 年版。

陆南泉：《苏联经济体制改革史论（从列宁到普京）》，人民出版社 2007 年版。

马洪、孙尚清主编：《中国经济结构问题研究》，人民出版社 1981 年版。

马洪主编：《什么是社会主义市场经济》，中国发展出版社 1993 年版。

马建堂主笔：《结构与行为——中国产业组织研究》，中国人民大学出版社 1993 年版。

马寅初：《财政学与中国财政》，商务印书馆 1948 年版。

冒天启主笔，朱玲副主笔：《经济转型与社会发展》，湖北人民出版社 2000 年版。

冒天启主笔，朱玲副主笔：《转型期中国经济关系研究》，湖北人民出版社 1997 年版。

南方十六所大学《政治经济学教材》编写组：《政治经济学（社会主义部分）》，四川人民出版社 1982 年版。

逄锦聚、洪银兴、林岗、刘伟主编：《政治经济学》，高等教育出版社 2002 年版。

逄锦聚、景维民、何自力、刘凤义、周云波等：《中国特色社会主义政治经济学通论》，经济科学出版社 2018 年版。

逄锦聚主编：《政治经济学热点难点争鸣》，高等教育出版社 2004 年版。

彭森、陈立等：《中国经济体制改革重大事件》（上、下），中国人民大学出版社 2008 年版。

平新乔：《财政原理与比较财政制度》，上海三联书店 1992 年版。

千家驹：《新财政学大纲》，生活·读书·新知三联书店 1949 年版。

全国干部培训教材编审指导委员会：《中国公共财政》，人民出版社、党建读物出版社 2006 年版。

桑百川等：《外商直接投资：中国的实践与论争》，经济管理出版社 2006 年版。

尚明、吴晓灵、罗兰波：《银行信用管理与货币供应》，中国人民大学出版社 1992 年版。

《社会主义政治经济学》编写小组编：《社会主义政治经济学》，上海人民出版社 1975 年版。

沈宝祥：《毛泽东与中国社会主义》，江西人民出版社 1996 年版。

沈志华：《苏联专家在中国（1948—1960）》，新华出版社 2009 年版。

盛洪主编：《中国的过渡经济学》，上海三联书店 1994 年版。

《十七大报告辅导读本》，人民出版社 2007 年版。

世界银行：《2014 年世界发展指标》，中国财政经济出版社 2014 年版。

世界银行：《东亚奇迹——经济增长与公共政策》，中国财政经济出版社 1995 年版。

世界银行和国务院发展研究中心：《2030 年的中国：建设现代、和谐、有创造力的社会》，中国财政经济出版社 2013 年版。

寿景伟：《财政学》，商务印书馆 1926 年版。

宋光华主编：《市场中介组织研究》，经济管理出版社 1997 年版。

宋涛主编：《政治经济学教程》（第一版），中国人民大学出版社 1981 年版。

宋晓梧：《中国社会保障体制改革与发展报告》，中国人民大学出版社 2001 年版。

苏联科学院经济研究所：《政治经济学教科书》（上、下册），人民出版社 1956 年版。

苏星：《新中国经济史》，中共中央党校出版社 1999 年版。

苏星：《新中国经济史》，中共中央党校出版社 2007 年版。

孙尚清主编：《论经济结构对策》，中国社会科学出版社1984年版。

孙冶方经济科学基金会编：《孙冶方经济思想评述》，山西经济出版社1998年版。

孙冶方：《社会主义经济的若干理论问题》，人民出版社1979年版。

孙冶方：《孙冶方文集》，知识产权出版社2018年版。

孙冶方：《孙冶方选集》，山西人民出版社1984年版。

王传纶、高培勇：《当代西方财政经济理论》，商务印书馆1995年版。

王春正主编：《我国居民收入分配问题》，中国计划出版社1995年版。

王慧炯主编：《产业组织及其有效竞争——中国产业组织的初步研究》，中国经济出版社1991年版。

王俊豪：《政府管制经济学导论》，商务印书馆2001年版。

王梦奎主编：《中国经济转轨二十年》，外文出版社1999年版。

王晓军：《中国养老金制度及其精算评价》，经济科学出版社2000年版。

卫兴华、顾学荣主编：《政治经济学原理》（第一版），经济科学出版社1989年版。

吴敬琏：《当代中国经济改革》，上海远东出版社2004年版。

吴敬琏等：《大中型企业改革：建立现代企业制度》，天津人民出版社1993年版。

吴敬琏：《呼唤法治的市场经济》，生活·读书·新知三联书店2007年版。

吴敬琏、刘吉瑞：《论竞争性市场体制》，中国财政经济出版社1991年版。

吴敬琏：《中国经济改革进程》，中国大百科全书出版社2018年版。

吴敬琏：《中国增长模式抉择》，上海远东出版社2005年版。

吴树青、谷书堂、吴宣恭主编：《政治经济学（社会主义部分）》，中国经济出版社 1993 年版。

吴晓波：《吴敬琏传——一个中国经济学家的肖像》，中信出版社 2010 年版。

武力主编：《产业与科技史研究》第四辑，科学出版社 2018 年版。

魏礼群主编：《改革开放三十年见证与回顾》，中国言实出版社 2008 年版。

夏炎德：《中国近百年经济思想》，商务印书馆 1948 年版。

萧冬连：《探路之役——1978—1992 年的中国经济改革》，社会科学文献出版社 2019 年版。

薛暮桥：《薛暮桥回忆录》，天津人民出版社 1996 年版。

薛暮桥：《中国社会主义经济问题研究》，人民出版社 1983 年版。

严忠勤：《当代中国的职工工资福利和社会保险》，中国社会科学出版社 1987 年版。

杨慧馨：《企业的进入退出与产业组织政策》，上海人民出版社 2000 年版。

杨献珍等：《为坚持辩证唯物主义而战斗》，湖北人民出版社 1980 年版。

杨志勇：《财税现代化：大国之路》，格致出版社、上海人民出版社 2018 年版。

杨志勇：《大国轻税》，广东经济出版社 2018 年版。

杨志勇：《现代财政制度探索：国家治理视角下的中国财税改革》，广东经济出版社 2015 年版。

杨志勇：《中国财政体制改革与变迁（1978—2018）》，社会科学文献出版社 2018 年版。

叶振鹏、张馨：《公共财政论》，经济科学出版社 1999 年版。

叶振鹏、张馨：《双元结构财政——中国财政模式研究》，经济科学出版社 1995 年版。

尹文敬：《财政学》，商务印书馆 1935 年版。

尹文敬：《国家财政学》，立信会计图书用品社 1953 年版。

于光远：《1978：我亲历的那次历史大转折》，中央编译出版社 2005 年版。

于光远：《于光远经济学文选》，经济科学出版社 2002 年版。

于光远：《中国社会主义初级阶段的经济》，中国财政经济出版社 1988 年版。

于祖尧：《中国经济转型时期个人收入分配研究》，经济科学出版社 1997 年版。

喻建欢、汤铎铎：《三十年三十人之指点江山》，中信出版社 2008 年版。

袁志刚主编：《中国经济增长：制度、结构和福祉》，复旦大学出版社 2006 年版。

张培刚：《农业与工业化》（上卷），华中工学院出版社 1984 年版。

张平、刘霞辉主编：《中国经济增长前沿》，社会科学文献出版社 2007 年版。

张平、刘霞辉、王宏淼主笔：《中国经济增长前沿 II》，中国社会科学出版社 2011 年版。

张仁德等：《新比较经济学》，人民出版社 2002 年版。

张维达任主编：《政治经济学》，高等教育出版社 2000 年版。

张馨：《比较财政学教程》，中国人民大学出版社 1997 年版。

张馨：《财政公共化改革：理论创新·制度变革·理念更新》，中国财政经济出版社 2004 年版。

张馨：《公共财政论纲》，经济科学出版社 1999 年版。

张馨、杨志勇、郝联峰、袁东：《当代财政与财政学主流》，东北财经大学出版社 2000 年版。

张兴胜：《经济转型与金融支持》，社会科学文献出版社 2002 年版。

张幼文等：《探索开放战略的升级》，上海社会科学院出版社 2008 年版。

张卓元等：《新中国经济学史纲（1949—2011）》，中国社会科学出版社 2012 年版。

张卓元主编：《中国经济学 30 年（1978—2008）》，中国社会科学出版社 2008 年版。

张卓元等：《中国经济学 40 年（1978—2018）》，中国社会科学出版社 2018 年版。

张卓元主编：《中国经济学 60 年（1949—2009）》，中国社会科学出版社 2009 年版。

张卓元、胡家勇、万军：《中国经济理论创新四十年》，中国人民大学出版社 2018 年版。

张卓元、黄范章、利广安主编：《20 年经济改革回顾与展望》，中国计划出版社 1998 年版。

张卓元：《经济改革新征程》，社会科学文献出版社 2014 年版。

张卓元：《社会主义价格理论与价格改革》，中国社会科学出版社 1987 年版。

张卓元：《社会主义经济中的价值、价格、成本和利润》，中国社会科学出版社 1983 年版。

张卓元：《张卓元文集》，上海辞书出版社 2005 年版。

张卓元主编：《争论与发展：中国经济理论 50 年》，云南人民出版社 1999 年版。

张卓元主编：《中国经济学成长之路》，中国社会科学出版社 2015 年版。

张卓元主编：《中国改革开放经验的经济学思考》，经济管理出版社

2000年版。

章玉贵：《比较经济学与中国经济改革》，上海三联书店2006年版。

赵晓雷：《新中国经济理论史》，上海财经大学出版社1999年版。

郑秉文：《中国养老金发展报告2013——社保经办服务体系改革》，经济管理出版社2013年版。

郑秉文：《中国养老金发展报告2014——向名义账户制转型》，经济管理出版社2014年版。

《政治经济学讲话（社会主义部分）》编写组：《政治经济学讲话（社会主义部分）》，人民出版社1976年版。

中共中央党史和文献研究院编：《习近平关于"三农"工作论述摘编》，中央文献出版社2019年版。

《中共中央关于完善社会主义市场经济体制若干问题的决定》，人民出版社2003年版。

《〈中共中央关于制定国民经济和社会发展第十二个五年规划的建议〉辅导读本》，人民出版社2010年版。

中共中央、国务院：《关于实施乡村振兴战略的意见》，《中华人民共和国国务院公报》2018年12月20日。

中共中央文献研究室编：《十二大以来重要文献选编》（上卷），人民出版社1986年版。

中共中央文献研究室编：《十三大以来重要文献选编》（上卷），人民出版社1991年版。

中共中央文献研究室编：《十四大以来重要文献选编》（上卷），人民出版社1996年版。

中共中央文献研究室编：《十五大以来重要文献选编》（上卷），人民出版社2000年版。

中共中央文献研究室编：《十六大以来重要文献选编》（上卷），人民出版社2005年版。

中共中央宣传部：《习近平总书记系列重要讲话读本》，学习出版社、人民出版社2016年版。

《中国共产党第十一届中央委员会第三次全体会议公报》，人民出版社1978年版。

《中国共产党中央委员会关于建国以来党的若干历史问题的决议》，人民出版社1981年版。

中国（海南）改革发展研究院编：《30位著名经济学家会诊中国经济发展方式》，中国友谊出版公司2010年版。

中国经济体制改革研究会编：《宏观经济的管理和改革》，经济日报出版社1986年版。

中国经济体制改革研究会编：《见证重大改革决策——改革亲历者口述历史》，社会科学文献出版社2018年版。

中国经济体制改革研究会编：《与改革同行——体改战线亲历者回忆》，社会科学文献出版社2013年版。

中国经济体制改革研究所编：《艰难的探索——匈牙利、南斯拉夫改革考察》，经济管理出版社1987年版。

中国科学院经济研究所编：《关于社会主义制度下商品生产和价值规律问题——1959年4月讨论会论文资料汇编》，科学出版社1959年版。

中国社会科学院经济研究所学术委员会组编：《改革开放四十年理论探索与研究》下卷，中国社会科学出版社2018年版。

中国社会科学院财政与贸易经济研究所：《为中国公共财政建设勾画"路线图"》，中国财政经济出版社2007年版。

中国社会科学院经济研究所：《"四人帮"对马克思主义政治经济学的篡改》，山西人民出版社1979年版。

中国社会科学院经济研究所学术资料室编：《评孙冶方的经济理论》，经济科学出版社1984年版。

中国社会科学院经济研究所资料室等编：《价值规律作用问题资料》，中国社会科学出版社1979年版。

中国社会科学院经济研究所资料室等编：《社会主义经济中计划与市场的关系》（上、下），中国社会科学出版社1980年版。

中国社会科学院经济研究所资料室等编：《社会主义制度下价格形成问题》，中国社会科学出版社1980年版。

中国政治经济学社会主义部分研究会学术组：《关于按劳分配问题——全国第五次按劳分配理论讨论会论文选编》，人民出版社1984年版。

中华人民共和国国务院新闻办公室：《中国的农村扶贫开发》，新星出版社2001年版。

中央马克思主义理论研究和建设工程教材编写组：《马克思主义政治经济学概论》，人民出版社2011年版。

周叔莲等主编：《产业政策问题探索》，经济管理出版社1987年版。

朱嘉明、金岩石、常修泽主编：《当代中国：发展、改革、开放——中青年经济论坛论文集》，香港文化教育出版社1987年版。

邹东涛：《中国改革开放30年（1978—2008）》，社会科学文献出版社2008年版。

埃克斯坦：《公共财政学》，张愚山译，中国财政经济出版社1983年版。

奥塔·锡克：《社会主义的计划和市场》，王锡君译，中国社会科学出版社1982年版。

布赖恩·斯诺登、霍华德·文、彼得·温纳齐克：《现代宏观经济学指南——各思想流派比较研究引论》，中译本，商务印书馆1998年版。

布鲁斯：《社会主义经济的运行问题》，周亮勋等译，中国社会科学出版社1984年版。

丹尼·罗德里克：《相同的经济学，不同的政策处方：全球化、制度建设和经济增长》，中译本，中信出版社2009年版。

道格拉斯·C. 诺思：《经济史中的结构与变迁》，陈郁、罗华平译，上海人民出版社2002年版。

道格拉斯·C. 诺思：《理解经济变迁过程》，钟正生等译，中国人民大学出版社2008年版。

道格拉斯·C. 诺思：《制度、制度变迁与经济绩效》，杭行译，生活·读书·新知三联书店1994年版。

多吉才让：《新时期中国社会保障体制改革的理论与实践》，中共中央党校出版社1995年版。

格泽戈尔兹·科勒德克：《从休克到治疗——后社会主义转轨的政治经济》，刘晓勇等译，上海远东出版社2000年版。

赫尔南多·德·索托：《另一条道路》，于海生译，华夏出版社2007年版。

霍奇逊：《现代制度主义经济学宣言》，向以斌译，北京大学出版社1993年版。

卢森贝：《政治经济学史》（第1卷），李侠公译，生活·读书·新知三联书店1959年版。

路德维希·冯·米塞斯：《社会主义经济与社会学的分析》，王建民、冯克利、崔树义等译，中国社会科学出版社2008年版。

迈克尔·波特：《国家竞争优势》，华夏出版社2002年版。

迈耶、斯蒂格利茨：《发展经济学前沿》，中译本，中国财政经济出版社2003年版。

皮尔森：《新市场社会主义：对社会主义命运和前途的探索》，姜辉译，东方出版社1999年版。

热若尔·罗兰：《转型与经济学》，张帆等译，北京大学出版社2002年版。

塞利格曼：《现代经济学主要流派》，贾拥民译，华夏出版社 2010 年版。

世界银行：《东亚复兴：关于经济增长的观点》，中译本，中信出版社 2003 年版。

雅诺什·科尔奈：《后社会主义转轨的思索》，肖梦译，吉林人民出版社 2003 年版。

雅诺什·科尔奈：《社会主义体制——共产主义政治经济学》，张安译，中央编译局出版社 2007 年版。

亚里士多德：《政治学》，吴寿彭译，商务印书馆 1985 年版。

亚历山大·格申克龙：《经济落后的历史透视》，中译本，商务印书馆 2009 年版。

亚诺什·科尔内：《短缺经济学》（上卷），经济科学出版社 1990 年版。

尤里·阿法纳西耶夫编：《别无选择——社会主义的经验教训和未来》，王复士等译，辽宁大学出版社 1989 年版。

约瑟夫·布拉西等：《克里姆林宫的经济私有化》，乔宁译，上海远东出版社 1999 年版。

约瑟夫·斯蒂格利茨：《社会主义向何处去——经济体制转型的理论与证据》，周立群等译，吉林人民出版社 1998 年版。

二 报刊、网络文献

胡锦涛：《高举中国特色社会主义伟大旗帜　为夺取全面建设小康社会新胜利而奋斗——在中国共产党第十七次全国代表大会上的报告》（2007 年 10 月 15 日）。

习近平：《深入理解新发展理念》，《求是》2019 年第 10 期。

习近平：《习近平关于扶贫开发论述精编》，《中国扶贫（特刊）》2015 年第 12 期。

安体富、高培勇：《社会主义市场经济体制与公共财政的构建》，《财贸经济》1993 年第 4 期。

安体富：《公共财政的实质及其构建》，《当代财经》1999 年第 9 期。

安体富：《关于财政学的学科属性与定位问题》，《财贸经济》2016 年第 12 期。

奥塔·锡克：《奥塔·锡克教授谈经济体制改革》，《农村金融研究》1981 年第 12 期。

白玉红：《全面建设小康社会中的农村贫困问题》，《中国市场》2007 年第 1 期。

白重恩、张琼：《中国经济减速的生产率解释》，《比较》2014 年第 4 期。

柏杰：《养老保险制度安排对经济增长和帕累托有效性的影响》，《经济科学》2000 年第 2 期。

北京大学中国经济观察课题组：《中国资本回报率：事实、原因和政策含义》，中国经济研究中心研究报告，2006 年。

蔡昉：《从国际经验看新常态下中国经济增长源泉》，《比较》2015 年第 3 期。

蔡昉：《从中国经济发展大历史和大逻辑认识新常态》，《数量经济技术经济研究》2016 年第 8 期。

蔡昉、都阳、王美艳：《经济发展方式转变与节能减排内在动力》，《经济研究》2008 年第 6 期。

蔡昉：《供给侧结构性改革不是西方供给学派的翻版》，《求是》2016 年第 17 期。

蔡昉：《经济学如何迎接新技术革命?》，《劳动经济研究》2019 年第 2 期。

蔡昉：《全球化的政治经济学及中国策略》，《世界经济与政治》2016 年第 11 期。

蔡昉：《全球化、趋同与中国经济发展》，《世界经济与政治》2019年第3期。

蔡昉：《认识中国经济减速的供给侧视角》，《经济学动态》2016年第4期。

蔡昉、王美艳：《劳动力成本上涨与增长方式转变》，《中国发展观察》2007年第4期。

蔡慧梅：《苏联官僚统治的实质——〈共产主义政权体系〉一书简介》，《苏联东欧问题》1981年第1期。

曹建明：《WTO与中国法治建设》，《中国对外贸易》2001年第8期。

常金奎、王三秀：《供给侧改革与社会保障协调发展的困境与应对》，《长白学刊》2018年第1期。

常克艺、王祥荣：《全面小康社会下生态型城市指标体系实证研究》，《复旦学报》（自然科学版）2003年第6期。

陈柏峰：《中国法治社会的结构及其运行机制》，《中国社会科学》2019年第1期。

陈创练、姚树洁、郑挺国、欧璟华：《利率市场化、汇率改制与国际资本流动的关系研究》，《经济研究》2017年第4期。

陈岱孙：《现代西方经济学的研究和我国社会主义现代化》，《北京大学学报》（哲学社会科学版）1983年第3期。

陈德铭：《关于国内外贸易的几个认识问题》，《求是》2009年第7期。

陈共：《关于"公共财政"商榷》，《财贸经济》1999年第3期。

陈健、郭冠清：《社会主义市场化改革模式的比较》，《经济纵横》2018年第11期。

陈昆亭、周炎、黄晶：《利率冲击的周期与增长效应分析》，《经济研究》2015年第6期。

陈天培:《待业保险与失业保险》,《中国劳动》1991年第9期。

陈望涛、赵晓京:《北京社会保障问题座谈会纪要》,《社会学研究》1986年第3期。

陈文玲:《中国如何转变外贸增长方式》,《人民日报·海外版》2007年3月13日。

陈锡文:《全面建设小康社会的关键在农村》,《中国农垦》2003年第2期。

陈友华:《全面小康社会建设评价指标体系研究》,《社会学研究》2004年第1期。

陈雨露、马勇:《社会信用文化、金融体系结构与金融业组织形式》,《经济研究》2008年第3期。

陈雨露、马勇、徐律:《老龄化、金融杠杆与系统性风险》,《国际金融研究》2014年第9期。

陈宗胜:《论所有制改革的目标模式》,《南开经济研究》1987年第3期。

《城市化、财政扩张与经济增长》,《经济研究》2011年第11期。

《城市化、产业效率与经济增长》,《经济研究》2009年10期。

程恩富、李炳炎:《警惕外资并购龙头企业维护民族产业安全和自主创新——美国凯雷并购徐工案的警示》,《生产力研究》2007年第5期。

程静:《论城市居民最低生活保障制度》,《现代商贸工业》2008年第11期。

程霖、张申、陈旭东:《选择与创新：西方经济学中国化的近代考察》,《经济研究》2018年第7期。

丛树海:《论中国财政学理论体系的创立和发展》,《财经问题研究》1998年第2期。

邓德胜、祝海波、杨丽华:《国外农村现代化模式对我国实现农村全面小康的启示》，《经济问题》2007年第2期。

邓可斌、曾海舰：《中国企业的融资约束：特征现象与成因检验》，《经济研究》2014年第2期。

邓子基：《"国家分配论"与构建公共财政的基本框架》，《当代财经》1999年第5期。

邓子基：《坚持、发展国家分配论》，《财政研究》1997年第1期。

邓子基：《借鉴"公共财政论"发展"国家分配论"》，《财政研究》2000年第1期。

丁继红、朱铭来：《试论我国医疗保险制度改革与医疗费用增长的有效控制》，《南开经济研究》2004年第4期。

丁俊萍、李华：《全面建设小康社会思想研究综述》，《中国高校社会科学》2005年第6期。

丁煜：《我国失业保险制度的演变、评估与发展建议》，《中国软科学》2005年第4期。

董辅礽：《关于不同扩大再生产途径下的社会主义再生产比例关系问题——马克思再生产公式具体化问题的再探索》，《经济研究》1963年第11期。

董辅礽：《关于我国社会主义所有制形式问题》，《经济研究》1979年第1期。

董辅礽：《怎样进行经济体制改革？——记与牛津大学布鲁斯教授的一次谈话》，《经济管理》1979年第11期。

董克用、孙博：《从多层次到多支柱：养老保障体系改革再思考》，《公共管理学报》2011年第1期。

董敏杰、梁泳梅：《1978—2010年的中国经济增长来源：一个非参数分解框架》，《经济研究》2013年第5期。

法斯费尔德：《奥塔·锡克论经济民主和人道主义》，张宇燕译，《国外社会科学》1989年第9期。

樊纲：《究竟什么是供给侧改革》，《英才》2016年第3期。

樊明太：《金融结构及其对货币传导机制的影响》，《经济研究》2004年第7期。

方福前：《寻找供给侧结构性改革的理论源头》，《中国社会科学》2017年第7期。

房海燕：《对我国隐性公共养老金债务的测算》，《统计研究》1998年第5期。

封进：《中国养老保险体系改革的福利经济学分析》，《经济研究》2004年第2期。

冯宪芬、赵文龙：《论我国失业保险制度中的问题及完善》，《延安大学学报》（社会科学版）2000年第2期。

傅勤生：《设立基本医疗保险个人账户的利弊分析》，《卫生经济研究》2005年第10期。

高鸿业：《科斯定理与我国所有制改革》，《经济研究》1991年第4期。

高培勇、杜创、刘霞辉等：《高质量发展背景下的现代化经济体系建设：一个逻辑框架》，《经济研究》2019年第4期。

高培勇：《非典型市场经济》，《经济》2005年第7期。

高培勇：《公共财政：概念界说与演变脉络——兼论中国财政改革30年的基本轨迹》，《经济研究》2008年第12期。

高培勇：《论国家治理现代化框架下的财政基础理论建设》，《中国社会科学》2014年第12期。

高培勇：《市场经济体制与公共财政框架》，《税务研究》2000年第3期。

高培勇：《新时代中国财税体制改革的理论逻辑》，《财政研究》2018年第11期。

高培勇：《由适应市场经济体制到匹配国家治理体系——关于新一轮

财税体制改革基本取向的讨论》，《财贸经济》2014年第3期。

高培勇：《中国财税改革40年：基本轨迹、基本经验和基本规律》，《经济研究》2018年第3期。

葛致达：《财政、信贷与物资的综合平衡问题》，《经济研究》1963年第10期。

公丕祥：《加快建设法治经济》，《唯实》2016年第7期。

龚刚等：《建设中国特色国家创新体系 跨越中等收入陷阱》，《中国社会科学》2017年第8期。

龚强、张一林、林毅夫：《产业结构、风险特性与最优金融结构》，《经济研究》2014年第4期。

龚育之：《中国社会主义初级阶段的理论、路线和纲领》，《中共中央党校学报》1998年第1期。

谷书堂、蔡继明：《按贡献分配是社会主义初级阶段的分配原则》，《经济学家》1989年第2期。

谷书堂、蔡继明：《按劳分配理论与现实的矛盾》，《中国社会科学》1988年第3期。

顾海兵、沈继楼：《近十年我国经济增长方式转变的定性与量化研究》，《经济学动态》2006年第12期。

顾准：《试论社会主义制度下的商品生产和价值规律》，《经济研究》1957年第3期。

关志雄：《中美经济摩擦进入新阶段：矛盾焦点从贸易失衡转向技术转移》，《国际经济评论》2018年第4期。

郭明：《一年来关于农业生产责任制问题的讨论综述》，《经济研究》1982年第3期。

郭晓鸣：《乡村振兴战略的若干维度观察》，《改革》2018年第3期。

国务院发展研究中心课题组：《中国尤为艰巨——经济全球化背景下的政府职能转变》，《国际贸易》2002年第5期。

韩俊:《关于打赢脱贫攻坚战若干问题的分析思考》,《行政管理改革》2016年第8期。

韩旭:《论新时期社会主义法治下市场经济的完善》,《东方企业文化》2011年第23期。

何代欣:《现代化经济体系下的税制改革趋势》,《国际税收》2018年第8期。

何德旭:《外资进入中国银行业:趋势、影响及对策》,《财经论丛》2004年第2期。

何炼成:《为实现社会主义的四个现代化研究经济学》,《经济研究》1978年第5期。

何鲁丽:《推动农村劳动力转移是全面建设小康社会的重要环节》,《求是》2005年第20期。

河南省社会科学院经济研究所:《农业联产计酬责任制的理论意义》,《中州学刊》1982年第1期。

贺大兴、姚洋:《平等与中性政府:对中国三十年经济增长的一个解释》,《世界经济文汇》2009年第1期。

贺铿:《关于小康社会的统计评价标准和监测方法探讨》,《统计研究》2003年第4期。

贺晓宇、沈坤荣:《现代化经济体系、全要素生产率与高质量发展》,《上海经济研究》2018年第6期。

贺雪峰:《关于实施乡村振兴战略的几个问题》,《南京农业大学学报》(社会科学版)2018年第3期。

洪银兴:《建设现代化经济体系的内涵和功能研究》,《求是学刊》2019年第2期。

洪银兴:《先进社会生产力与科学的劳动价值论》,《学术月刊》2001年第10期。

洪银兴:《新时代的现代化和现代化经济体系》,《南京社会科学》

2018 年第 2 期。

洪银兴：《以建设现代化经济体系开启现代化新征程》，《政治经济学评论》2018 年第 1 期。

侯瑞华：《生态文明建设与全面建设小康社会》，《长春工程学院学报》（社会科学版）2009 年第 1 期。

胡伯项、张斌：《全面建设小康社会发展模式的理论探讨》，《马克思主义与现实》2008 年第 1 期。

胡瑞梁、赵人伟、段若非：《"四人帮"的唯心主义经济理论体系》，《经济研究》1978 年第 4 期。

胡祖六：《资本流动、经济过热和中国名义汇率制度》，《国际金融研究》2004 年第 7 期。

黄达、周升业：《什么是信用膨胀，它是怎样引起的?》，《经济研究》1981 年第 11 期。

黄汉权：《推进产业新旧动能转换的成效、问题与对策》，《经济纵横》2018 年第 8 期。

黄群慧：《改革开放 40 年中国的产业发展与工业化进程》，《中国工业经济》2018 年第 9 期。

黄群慧：《以高质量工业化进程促进现代化经济体系建设》，《行政管理改革》2018 年第 1 期。

黄祖辉：《准确把握中国乡村振兴战略》，《中国农村经济》2018 年第 4 期。

吉林省革命委员会写作小组：《社会主义建设与经济学领域中的阶级斗争——批判孙冶方的修正主义经济理论》，《红旗》1970 年第 2 期。

纪敏、严宝玉、李宏瑾：《杠杆率结构、水平和金融稳定——理论分析框架和中国经验》，《金融研究》2017 年第 2 期。

纪洋、徐建炜、张斌：《利率市场化的影响、风险与时机——基于利率双轨制模型的讨论》,《经济研究》2015 年第 1 期。

贾根良:《第三次工业革命与工业智能化》,《中国社会科学》2016 年第 6 期。

贾康:《对公共财政的基本认识》,《税务研究》2008 年第 2 期。

见声:《建国 60 年来中国近代经济史学科与研究》,《中国经济史研究》2009 年第 4 期。

江小涓等:《网络时代的服务全球化》,《中国社会科学》2019 年第 2 期。

江小涓:《利用外资与经济增长方式的转变》,《管理世界》1999 年第 2 期。

江小涓:《十一五:中国外贸增长方式将现"拐点性"变化》,《世界机电经贸信息》2005 年第 12 期

江小涓:《吸引外资对中国产业技术进步和研发能力提升的影响》,《国际经济评论》2004 年第 2 期。

江小涓:《中国开放三十年的回顾与展望》,《中国社会科学》2008 年第 6 期。

姜长云:《实施乡村振兴战略需努力规避几种倾向》,《农业经济问题》2018 年第 1 期。

姜磊、黄川:《法治水平与服务业发展关系的实证检验》,《统计与决策》2008 年第 23 期。

蒋远胜、蒋和平、黄德林:《中国农村全面小康社会建设的综合评价研究》,《农业经济问题》2005 年第 S1 期。

蒋跃:《当前流动资金短缺机制及其缓解对策》,《经济研究》1986 年第 5 期。

金碚:《在新发展理念引领下建设现代化经济体系》,《经济理论与经济管理》2018 年第 1 期。

金碚:《中国经济发展新常态研究》,《中国工业经济》2015 年第

1 期。

金中夏、洪浩、李宏瑾：《利率市场化对货币政策有效性和经济结构调整的影响》，《经济研究》2013 年第 4 期。

剧锦文：《现代化经济体系下的国企改革发展》，《人民论坛·学术前沿》2018 年第 2 期。

康蕊：《浅析城市居民最低生活保障制度》，《中国太原市委党校学报》2007 年第 1 期

雷颐：《"国有"与"全民所有"之辨——改革初期南共思想的影响》，《中国中小企业》2013 年第 11 期。

李滨、陈怡：《高科技产业竞争的国际政治经济学分析》，《世界经济与政治》2019 年第 3 期。

李伯重：《回顾与展望：中国社会经济史学百年沧桑》，《文史哲》2008 年第 1 期。

李长学：《论乡村振兴战略的本质内涵、逻辑成因与推行路径》，《内蒙古社会科学》（汉文版）2018 年第 9 期。

李成瑞：《十年内乱期间我国经济情况分析——兼论这一期间统计数字的可靠性》，《经济研究》1984 年第 1 期。

李成、王彬、马文涛：《资产价格、汇率波动与最优利率规则》，《经济研究》2010 年第 3 期。

李稻葵、胡思佳、石锦建：《经济全球化逆流：挑战与应对》，《经济学动态》2017 年第 4 期。

李根蟠：《关于地主制经济发展机制和历史作用的思考》，《中国史研究》1998 年第 3 期。

李根蟠：《唯物史观与中国经济史学的形成》，《河北学刊》2002 年第 3 期。

李根蟠：《中国经济史学百年历程与走向》，《经济学动态》2000 年第 5 期。

李建伟：《刘国光教授经济增长理论——改革开放之前的理论体系与实证研究》，《经济学动态》2003年第11期。

李君如：《社会主义初级阶段与全面建设小康社会》，《科学社会主义》2002年第5期。

李美云：《全面小康社会与扩大第三产业就业容量研究》，《统计研究》2003年第5期。

李强：《社会分层与小康社会》，《北京师范大学学报》（社会科学版）2003年第2期。

李向阳：《亚洲区域经济一体化的"缺位"与"一带一路"的发展导向》，《中国社会科学》2018年第8期。

李晓西：《WTO与政府管理体制的创新》，《求是》2001第22期。

李扬：《努力建设"现代金融"体系》，《经济研究》2017年第12期。

李扬、殷剑峰：《劳动力转移过程中的高储蓄、高投资和中国经济增长》，《经济研究》2005年第2期。

李扬、张晓晶：《新常态：经济发展的逻辑与前景》，《经济研究》2015年第5期。

李珍：《论社会保障个人账户制度的风险及其控制》，《管理世界》1997年第6期。

厉以宁：《以共同富裕为目标，扩大中等收入者比重，提高低入者收入水平》，《经济研究》2002年第12期。

梁捷：《启蒙及其转向——清末民初思想界对西方经济学的认识与阐发》，《现代中文学刊》2009年第1期。

林继肯：《坚持货币的经济发行》，《经济研究》1981年第1期。

林继肯：《论货币需要量及其确定方法》，《江汉学报》1963年第11期。

林毅夫、胡书东：《中国经济学百年回顾》，《经济学》（季刊）2001

年第 1 期。

林毅夫、苏剑：《论我国经济增长方式的转换》，《管理世界》2007 年第 11 期。

林毅夫、孙希芳、姜烨：《经济发展中的最优金融结构理论初探》，《经济研究》2009 年第 8 期。

林毅夫：《一带一路与自贸区：中国新的对外开放倡议与举措》，《北京大学学报》（哲学社会科学版）2017 年第 1 期。

林重庚、苏国利、吴素萍：《亲历中国经济思想的对外开放》，《中共党史研究》2018 年第 4 期。

刘国光等：《经济体制改革与宏观经济管理——"宏观经济管理国际讨论会"评述》，《经济研究》1985 年第 12 期。

刘国光：《对经济学教学和研究中一些问题的看法》，《高校理论战线》2005 年第 9 期。

刘国光：《关于社会主义再生产发展速度的决定因素的初步探讨》，《经济研究》1961 年第 3 期。

刘国光：《研究宏观经济形势要关注收入分配问题》，《经济学动态》2003 年第 5 期。

刘戒骄：《论建设现代化经济体系的三个关键点》，《辽宁大学学报》（哲学社会科学版）2019 年第 1 期。

刘奇葆：《统筹城乡发展　建设小康社会》，《求是》2003 年第 14 期。

刘仁和、陈英楠、吉晓萌、苏雪锦：《中国的资本回报率：基于 q 理论的估算》，《经济研究》2018 年第 6 期。

刘尚希：《公共财政：我的一点看法》，《经济管理》2000 年第 5 期。

刘尚希、李成威：《基于公共风险重新定义公共产品》，《财政研究》2018 年第 8 期。

刘书鹤：《农村社会保障的若干问题》，《人口研究》2001 年第 9 期。

刘伟：《坚持新发展理念，推动现代化经济体系建设》，《管理世界》2017年第12期。

刘伟：《经济发展和改革的历史性变化与增长方式的根本转变》，《经济研究》2006年第1期。

刘伟：《习近平新时代中国特色社会主义经济思想的内在逻辑》，《经济研究》2018年第5期。

刘伟：《现代化经济体系是发展、改革、开放的有机统一》，《经济研究》2017年第11期。

刘晓路、郭庆旺：《国家视角下的新中国财政基础理论变迁》，《财政研究》2017年第4期。

刘晓明：《生态文明：全面建成小康社会新要求》，《中共济南市委党校学报》2012年第6期。

刘雪斌、何筠，《我国失业保险制度的变迁和发展》，《当代财经》2004年第1期。

刘艳、王涛：《苏联东欧改革对中国改革开放初期的影响——基于改革开放前后中国高级领导干部对苏联东欧考察的分析》，《当代世界与社会主义》2015年第3期。

刘迎秋：《中国财政制度改革的更高目标——建立公共财政》，《改革》1994年第2期。

刘永富：《认真贯彻习近平扶贫思想，坚决打赢脱贫攻坚战》，《经济管理改革》2018年第7期。

刘志彪：《建设现代化经济体系：基本框架、关键问题与理论创新》，《南京大学学报》（哲学·人文科学·社会科学）2018年第3期。

刘志彪、吴福象：《"一带一路"倡议下全球价值链的双重嵌入》，《中国社会科学》2018年第8期。

刘志彪：《现代化经济体系建设中的重要瓶颈和政策重点》，《中国经济问题》2019年第2期。

刘志峰:《深化社会保障体制改革前景光明》,《人民论坛》1995 年第 6 期。

柳随年、刘国光、郑力:《关于苏联经济管理体制的考察报告》,《计划经济研究》1982 年第 30 期。

隆国强:《对外开放新形势新战略》,《中国发展观察》2019 年第 9 期。

隆国强:《论新时期进一步提高利用外资质量与水平》,《国际贸易》2007 年第 10 期。

隆国强:《中国对外开放的新形势和新战略》,《中国发展观察》2015 年第 8 期。

陆铭等:《城市规模与包容性就业》,《中国社会科学》2012 年第 10 期。

罗伯特·蒙代尔:《国际货币体制:关于人民币汇率的有关问题》,《上海财经大学学报》2003 年第 5 期。

罗纳德·麦金农:《论中国的汇率政策和人民币可兑换》,《国际金融研究》2004 年第 7 期。

骆耕漠:《关于我国过渡时期基本经济法则问题》,《经济研究》1955 年第 1 期。

马杰、郑秉文:《计划经济条件下新中国社会保障制度的再评价》,《马克思主义研究》2005 年第 1 期。

马珺:《财政基础理论创新:重要但须审慎对待的诉求》,《财政研究》2018 年第 8 期。

马凯:《中国价格改革 20 年的历史进程和基本经验》,《价格理论与实践》1999 年第 1 期。

马骁、李雪:《再论中国财政学科发展的方向及路径选择》,《财政研究》2018 年第 8 期。

毛华滨、刘士才:《城镇居民最低生活保障问题研究》,《高等函授学报》（哲学社会科学版）2007年第12期。

冒天启：《五十年巨变：由计划经济转向市场经济》，《兰州大学学报》（社会科学版）1999年第3期。

梅冬洲、龚六堂：《新兴市场经济国家的汇率制度选择》，《经济研究》2011年第11期。

梅立润：《乡村振兴研究如何深化——基于十九大以来的文献观察》，《内蒙古社会科学》（汉文版）2018年第7期。

欧阳康：《全球治理变局中的"一带一路"》，《中国社会科学》2018年第8期。

潘家华：《从生态失衡迈向生态文明：改革开放40年中国绿色转型发展的进程与展望》，《城市与环境研究》2018年第4期。

潘盛洲：《关于农村建设小康社会的初步思考》，《农业经济问题》2003年第1期。

裴长洪等：《习近平新时代对外开放思想的经济学分析》，《经济研究》2018年第2期。

裴长洪：《法治经济：习近平社会主义市场经济理论新亮点》，《经济学动态》2015年第1期。

裴长洪、樊瑛：《中国企业对外直接投资的国家特定优势》，《中国工业经济》2010年第7期。

裴长洪：《外贸增长方式的转变与政策思路》，《改革》2005年第1期。

裴长洪：《中国特色开放型经济理论研究纲要》，《经济研究》2016年第4期。

彭南生：《改革开放以来中国近代经济史研究的回眸与前瞻》，《经济史》2009年第3期。

平心：《论生产力与生产关系的相互推动和生产力的相对独立增长——七论生产力性质》，《学术月刊》1960年第7期。

钱伯海：《关于深化劳动价值认识的理论探讨》，《福建论坛》2001年第9期。

钱大军：《当代中国法律体系构建模式之探究》，《法商研究》2015年第2期。

钱弘道：《中国法治评估的兴起和未来走向》，《中国法律评论》2017年第4期。

钱彦敏：《论企业外部性行为与货币政策效率》，《经济研究》1996年第2期。

钱颖一：《市场与法治》，《经济社会体制比较》2000年第3期。

钱正武：《论新时代乡村振兴战略的四维导向》，《内蒙古社会科学》（汉文版）2018年第9期。

强静、侯鑫、范龙振：《基准利率、预期通胀率和市场利率期限结构的形成机制》，《经济研究》2018年第4期。

仇雨临、翟绍果、黄国武：《大病保险发展构想：基于文献研究的视角》，《山东社会科学》2017年第4期。

秦晓：《是制度缺陷，还是制度创新——对"中国模式论"的质疑》，《经济导刊》2010年第5期。

尚雪英：《精准扶贫的精神实质：以人民为中心》，《兰州学刊》2018年第4期。

邵凡、谭克俭：《与全面小康指标相适应的人口发展指标体系研究——以山西为例》，《经济问题》2007年第6期。

沈丹阳：《"十一五"期间我国对外贸易体制改革基本思路研究》，《中国对外贸易》2005年第10期。

沈开艳：《基于国际比较的现代化经济体系特征研究》，《上海经济研究》2018年第10期。

盛斌等：《中国开放型经济新体制新在哪里?》，《国际经济评论》2017年第1期。

施建军、夏传信、赵青霞、卢林：《中国开放型经济面临的挑战与创新》，《管理世界》2018 年第 12 期。

四川乡村振兴战略研究智库：《实施乡村振兴战略的系统认识与道路选择》，《农业经济研究》2018 年第 5 期。

宋光华、李海兰：《建设生态文明是全面建设小康社会的新要求》，《湖北民族学院学报》（哲学社会科学版）2009 年第 1 期。

宋林飞：《中国小康社会指标体系及其评估》，《南京社会科学》2010 年第 1 期。

宋涛：《为继续提高政治经济学的教学质量而奋斗》，《经济研究》1978 年第 5 期。

宋晓梧：《正确评价医疗改革》，《财经界》2006 年第 6 期。

苏绍智、冯兰瑞：《无产阶级取得政权后的社会发展阶段问题》，《经济研究》1979 年第 5 期。

苏绍智、黄海、陈国焱：《匈牙利现行经济体制的介绍》，《经济研究参考资料》1980 年第 68 期。

苏星：《目前争论的主要分歧在哪里》，《经济研究》1955 年第 1 期。

孙大权：《中国经济学社的兴衰及其影响》，《经济学家》2006 年第 4 期。

孙尚清、陈吉元、张卓元：《试评我国经济学界三十年来关于商品、价值问题的讨论》，《经济研究》1979 年第 10 期。

孙冶方：《把计划和统计放在价值规律的基础上》，《经济研究》1956 年第 6 期。

《所有制是一种经济手段——专访周叔莲教授》，《经济社会体制比较》1993 年第 5 期。

谈敏：《中国经济学的过去与未来——从王亚南先生的"中国经济学"主张所想到的》，《经济研究》2000 年第 4 期。

唐任伍：《"五四"前后经济学在中国的发展》，《北京师范大学学报》(社会科学版) 1999 年第 2 期。

唐任伍：《习近平精准扶贫思想阐释》，《人民论坛》2015 年第 10 期。

佟家栋：《"一带一路"倡议的理论超越》，《经济研究》2017 年第 12 期。

童源轼、钱世明：《关于社会主义劳动保险若干问题的探索》，《财经研究》1984 年第 3 期。

《突破经济增长减速的新要素供给理论、体制与政策选择》，《经济研究》2015 年第 11 期。

万宝瑞：《农村全面实现小康社会的一项战略措施——河南省农村劳动力转移情况调研报告》，《中国农村经济》2004 年第 1 期。

汪红驹：《防止中美两种"新常态"经济周期错配深度恶化》，《经济学动态》2014 年第 7 期。

王博森、吕元稹、叶永新：《政府隐性担保风险定价：基于我国债券交易市场的探讨》，《经济研究》2016 年第 10 期。

王成新、李昌峰：《循环经济：全面建设小康社会的时代抉择》，《理论导刊》2003 年第 1 期。

王达：《重新认识财政范畴》，《经济研究》1994 年第 3 期。

王定祥、李伶俐、冉光和：《金融资本形成与经济增长》，《经济研究》2009 年第 9 期。

王帆：《责任转移视域下的全球化转型与中国战略选择》，《中国社会科学》2018 年第 8 期。

王广谦：《提高金融效率的理论思考》，《中国社会科学》1996 年第 4 期。

王国军：《现行农村社会养老保险制度的缺陷与改革思路》，《上海社会科学院学术季刊》2000 年第 1 期。

王国清：《公共财政：财政的公共性及其发展》，《经济学家》1999

年第 6 期。

王积业、罗元铮、赵人伟等：《访苏归来——对当前苏联完善经济管理体制措施的考察》，《经济社会体制比较》1986 年第 2 期。

王晋斌：《金融控制政策下的金融发展与经济增长》，《经济研究》2007 年第 10 期。

王立胜、张彩云：《现代化经济体系建设的因应机制探索》，《理论学刊》2018 年第 1 期。

王琳、唐子茜：《中国特色扶贫开发道路的理论新发展与经验总结》，《经济问题探索》2017 年第 12 期。

王青、张峁：《我国城镇小康生活水平评价指标体系构建及发展阶段研究》，《统计教育》2010 年第 8 期。

王琼：《现代化经济体系下的城乡协调发展》，《人民论坛》2018 年第 36 期。

王小鲁、樊纲、刘鹏：《中国经济增长方式转换和增长可持续性》，《经济研究》2009 年第 1 期。

王晓军、乔杨：《我国企业与机关事业单位职工养老待遇差距分析》，《统计研究》2007 年第 5 期。

王新梅：《全球性公共养老保障制度改革与中国的选择——与 GDP 相连的空帐、比与资本市场相连的实帐更可靠更可取》，《世界经济文汇》2005 年第 12 期。

王学文：《关于我国过渡时期经济规律问题的几点意见》，《经济研究》1955 年第 4 期。

王燕等：《中国养老金隐性债务、转轨成本、改革方式及其影响》，《经济研究》2001 年第 5 期。

王一江：《经济改革中投资扩张和通货膨胀的行为机制》，《经济研究》1994 年第 6 期。

王永钦、陈映辉、杜巨澜：《软预算约束与中国地方政府违约风险：

来自金融市场的证据》,《经济研究》2016 年第 11 期。

王宗凡:《基本医疗保险个人账户的成效、问题与出路》,《中国卫生经济》2005 年第 3 期。

卫兴华:《不要错解与误导十六大精神——与晏智杰教授商榷》,《理论前沿》2003 年第 13 期。

卫兴华:《对十六大报告中有关经济问题的理解与思考》,《经济理论与经济管理》2002 年第 12 期。

卫兴华:《供给侧结构性改革引领新常态》,《金融评论》2016 年第 5 期。

卫兴华:《〈马克思主义政治经济学原理〉修订版的体系结构和理论构思》,《教学与研究》2003 年第 7 期。

卫兴华、张福军:《2010 年理论经济学热点问题研究综述》,《经济学动态》2011 年第 2 期。

魏后凯:《实施乡村振兴战略的目标及难点》,《农业经济研究》2018 年第 6 期。

魏明孔:《改革开放 40 年中国经济史研究的回顾与展望》,《中国经济史研究》2018 年第 5 期。

温桂芳:《价格改革 30 年:回顾与思考》,《财贸经济》2008 年第 11 期。

文世芳:《改革开放初期借鉴国外发展经验研究述评》,《甘肃理论学刊》2016 年第 2 期。

《无产阶级文化大革命万岁》,《红旗》1966 年第 8 期。

吴承明:《经济史学的理论与方法》,《中国经济史研究》1999 年第 1 期。

吴敬琏:《思考与回应:中国工业化道路的抉择》(上),《学术月刊》2005 年第 12 期。

吴俊培:《论"公共财政"的误区》,《中南财经大学学报》1998 年第 4 期。

武力：《1978 年前后人力资源配置及效率比较研究》，《中国人口科学》2003 年第 2 期。

夏晓和、刘振中、钟钰：《农村改革 40 年：影响中国经济社会发展的五大事件》，《中国人民大学学报》2018 年第 3 期。

谢平、罗雄：《泰勒规则及其在中国货币政策中的检验》，《经济研究》2002 年第 3 期。

徐禾：《社会主义基本经济规律·按劳分配·奖金》，《学术论坛》1979 年第 1 期。

徐虹、王彩彩：《乡村振兴战略下对精准扶贫的再思考》，《农村经济》2018 年第 3 期。

徐建生：《近五年来中国经济史学科发展与新动态》，《中国经济史评论》2018 年第 2 期。

徐忠：《新时代背景下中国金融体系与国家治理体系现代化》，《经济研究》2018 年第 7 期。

许丹松：《"走出去"：现状、问题及对策》，《国际经济合作》2002 年第 4 期。

许涤新：《论国民经济有计划发展规律在我国过渡时期的作用》，《经济研究》1955 年第 4 期。

许光建、孙伟：《论建设现代化经济体系的重点和若干主要关系》，《价格理论与实践》2017 年第 11 期。

许经勇：《根本解决"三农"问题的制度安排：乡村振兴战略》，《北方经济》2018 年第 8 期。

许毅：《财政学基础理论的理论基础》，《经济学家》1999 年第 6 期。

许毅：《对国家、国家职能与财政职能的再认识》，《财政研究》1997 年第 5 期。

薛汉伟：《社会主义初级阶段与历史上的类似表述》，《理论前沿》

1987 年第 4 期。

薛荣久：《中国加入 WTO 与多边贸易体制的发展》，《中国统计》2002 年第 5 期。

严清华、李詹：《民国时期经济期刊的经济思想文献述评》，《经济学动态》2012 年第 7 期。

杨灿明：《关于国家财政的公共性问题》，《财政研究》1999 年第 5 期。

杨春学：《和谐社会的政治经济学基础》，《经济研究》2009 年第 1 期。

杨春学、杨新铭：《供给侧改革逻辑的思考》，《中国社会科学院研究生院学报》2016 年第 4 期。

杨海清：《发展我国养老保险事业为企业分忧为改革配套》，《浙江金融》1985 年第 11 期。

杨继瑞：《资本收入性质的再解析》，《四川大学学报》2008 年第 1 期。

杨均：《揭批"四人帮"对农业经济科学的破坏》，《经济研究》1978 年第 5 期。

杨立雄：《建立农民工社会保障制度可行性研究》，《社会》2003 年第 9 期。

杨瑞龙：《建立现代化经济体系必须处理好政府与市场之间的关系》，《经济理论与经济管理》2018 年第 1 期。

杨胜刚、朱红：《中部塌陷、金融弱化与中部崛起的金融支持》，《经济研究》2007 年第 5 期。

杨伟民：《适应引领中国经济发展新常态　着力加强供给侧结构性改革》，《宏观经济管理》2016 年第 1 期。

杨玉婷：《城市居民最低生活保障制度的现状和对策》，《湖南财经高等专科学校学报》2008 年第 114 期。

杨志勇：《财政学的基本问题——兼论中国财政学发展的着力点》，《财政研究》2017 年第 12 期。

杨志勇、陈工：《解读"公共财政"》，《中国财经信息资料》2001 年第 7 期。

杨志勇：《现代财政制度：基本原则与主要特征》，《地方财政研究》2014 年第 6 期。

杨志勇：《中国财政学向何处去——对传统财政理论的反思和重构》，《当代财经》1998 年第 4 期。

叶兴庆：《新时代中国乡村振兴战略论纲》，《农业经济研究》2018 年第 5 期。

叶振鹏：《适应社会主义市场经济的要求重构财政职能》，《财政研究》1993 年第 3 期。

叶子荣：《对财政理论的再认识——兼答张馨教授》，《财政研究》2000 年第 2 期。

叶子荣：《"公共财政"辨析》，《财政研究》1998 年第 4 期。

易纲、林明：《理解中国经济增长》，《中国社会科学》2003 年第 2 期。

尹艳林：《经济全球化新趋势与中国新对策》，《国际贸易》2014 年第 1 期。

余永定：《FDI 对中国经济的影响》，《国际经济评论》2004 年第 2 期。

余永定：《人民币汇率制度改革的历史性一步》，《世界经济与政治》2005 年第 10 期。

虞和平：《50 年来的中国近代经济史研究》，《近代史研究》1999 年第 5 期。

袁富华：《长期增长过程的"结构性加速"与"结构性减速"：一种解释》，《经济研究》2012 年第 3 期。

袁富华、张平、刘霞辉、楠玉：《增长跨越：经济结构服务业、知识过程和效率模式重塑》,《经济研究》2016 年第 10 期。

袁志刚:《深化要素市场改革　创新对外开放模式》,《经济研究》2013 年第 2 期。

袁志刚、宋铮:《人口年龄结构、养老保险制度与最优储蓄率》,《经济研究》2000 年第 11 期

袁志刚、余宇新:《经济全球化动力机制的演变、趋势与中国应对》,《学术月刊》2013 年第 5 期。

袁志刚:《中国养老保险体系选择的经济学分析》,《经济研究》2001 年第 5 期。

岳清唐、周建波:《民国时期西方经济学在中国的传播及其影响》,《贵州社会科学》2014 年第 9 期。

翟振武:《全面建设小康社会与全面解决人口问题》,《人口研究》2003 年第 1 期。

张斌、何晓贝、邓欢:《不一样的杠杆——从国际比较看杠杆上升的现象、原因与影响》,《金融研究》2018 年第 2 期。

张成思、刘贯春:《经济增长进程中金融结构的边际效应演化分析》,《经济研究》2015 年第 12 期。

张承惠:《新常态对中国金融体系的新挑战》,《金融研究》2015 年第 2 期。

张春光:《论农村全面建设小康社会指标体系的构建》,《理论导刊》2006 年第 1 期。

张海鹏:《六十年来中国近代史学科的确立与发展》,《历史研究》2009 年第 5 期。

张海英:《建国 60 年来中国古代经济史研究回顾》,《中国经济史研究》2009 年第 4 期。

张辉:《建设现代化经济体系的理论与路径初步研究》,《北京大学学报》(哲学社会科学版)2018 年第 1 期。

张建刚、刘刚:《建设现代化经济体系的政治经济学探析》,《山东

社会科学》2018 年第 5 期。

张杰：《渐进改革中的金融支持》，《经济研究》1998 年第 10 期。

张杰：《中国国有银行的资本金谜团》，《经济研究》2003 年第 1 期。

张军：《资本形成、工业化与经济增长：中国转轨的特征》，《经济研究》2002 年第 6 期。

张磊：《后起经济体为什么选择政府主导型金融体制》，《世界经济》2010 年第 9 期。

张立群：《论我国经济增长方式的转换》，《管理世界》1995 年第 5 期。

张利军：《我国提高养老保险统筹层次的改革路径与发展方向探讨》，《理论与现代化》2009 年第 4 期。

张培丽：《现代化经济体系建设中的民营企业创新发展》，《中国特色社会主义研究》2018 年第 1 期。

张平、王宏淼：《中国转向"结构均衡增长"的战略要点与政策选择》，《国际经济评论》2010 年第 5 期。

张平：《中等收入陷阱的经验特征、理论解释和政策选择》，《国际经济评论》2015 年第 6 期。

张奇林：《老年人保障体系的多层次性与伦理选择》，《中州学刊》2002 年第 3 期。

张文显：《新时代中国法治改革的理论与实践》，《法治现代化研究》2018 年第 6 期。

张馨：《论第三财政》，《财政研究》2012 年第 8 期。

张馨：《论国企的根本问题是资本问题——〈资本论〉框架下的国企改革分析》，《财贸经济》2014 年第 7 期。

张馨：《再论第三财政——"双元财政"视角的分析》，《财政研究》2013 年第 7 期。

张永建：《进一步建设社会保障体系：社会保障体系建设问题座谈会述要》，《管理世界》1994 年第 5 期。

张勇、李政军、龚六堂:《利率双轨制、金融改革与最优货币政策》,《经济研究》2014 年第 10 期。

张友仁:《关于生产关系一定要适合生产力性质的规律》,《北京大学学报》(社会科学版) 1963 年第 2 期。

张宇燕:《中国对外开放的理念、进程与逻辑》,《中国社会科学》2018 年第 11 期。

张月友、董启昌、倪敏:《服务业发展与"结构性减速"辨析——兼论建设高质量发展的现代化经济体系》,《经济学动态》2018 年第 2 期。

张卓元:《工业化和城市化是全面建设小康社会的中心任务》,《经济学动态》2002 年第 12 期。

张卓元:《国有资产管理体制改革的目标、难点和途径》,《宏观经济研究》2003 年第 6 期。

张卓元:《深化改革,推进粗放型经济增长方式转变》,《经济研究》2005 年第 11 期。

张祖平:《解决企业与机关事业单位离退休人员养老待遇差异的政策建议》,《经济研究参考》2012 年第 60 期。

张祖平:《企业与机关事业离退休人员养老待遇差异研究》,《经济学家》2012 年第 8 期。

章书平、黄健元、刘洋:《基本养老保险关系转移接续困难的对策探究》,《理论与改革》2009 年第 5 期。

章玉贵:《比较经济学对中国经济理论发展的影响(1978—2005)》,《财经研究》2007 年第 2 期。

赵德馨:《经济史学:理论经济学的基础学科》,《中南财经政法大学学报》2002 年第 3 期。

赵建臣:《我国待业保险制度亟待深化改革》,《松辽学刊》(社会科学版) 1992 年第 1 期。

赵进文、黄彦:《中国货币政策与通货膨胀关系的模型实证研究》,

《中国社会科学》2006年第5期。

赵晋平：《从推进FTA起步——我国参与区域经济合作的新途径》，《国际贸易》2003年第6期。

赵曼：《社会医疗保险费用约束机制与道德风险规避》，《财贸经济》2003年第2期。

赵人伟：《布鲁斯谈经济管理体制的改革》，《经济研究参考资料》1980年第259期。

赵人伟：《福利国家的转型与我国社保体制改革》，《经济学家》2001年第6期。

赵人伟：《一个经济学家的学术探索之旅》，《经济社会体制比较》2009年第6期。

赵树青：《中国社会医疗保险费用控制研究》，《内蒙古科技与经济》2012年第9期。

赵晓：《从战略角度看中国的"国际经济摩擦"时期》，《国际经济评论》2003年第6期。

赵晓雷：《西方经济学对现代中国经济学发展的影响》，《经济学家》1997年第4期。

赵学军：《中国现代经济史学科的形成与发展》，《中国经济史研究》2009年第4期。

郑宝华、晏玲：《精准扶贫需要高度重视的理论与实践问题》，《农村经济》2017年第1期。

郑秉文：《大幅"双降"：社保制度改革进程中的一个转折点——从长期制度安排和长期经济增长的角度》，《华中科技大学学报》（社会科学版）2019年第3期。

郑秉文：《机关事业单位养老金并轨改革：从"碎片化"到"大一统"》，《中国人口科学》2015年第1期。

郑秉文：《欧亚六国社会保障"名义账户"制利弊分析及其对中国的启示》，《世界经济与政治》2003年第5期。

郑秉文、孙永勇：《对中国城镇职工基本养老保险现状的反思——半数省份收不抵支的本质、成因与对策》，《上海大学学报》（社会科学版）2012 年 5 月第 3 期。

郑秉文、张笑丽：《中国社会保障 70 年：助推封闭型经济转向开放型经济》，与张笑丽合著，载《中国经济学人》（China Economist，中英文对照）2019 年第 4 期（双月刊，7 月 8 日出版）。

郑秉文：《中国企业年金的治理危机及其出路——以上海社保案为例》，《中国人口科学》2006 年第 6 期。

郑秉文：《中国企业年金发展滞后的政策因素分析——兼论"部分 TEE"税优模式的选择》，《中国人口科学》2010 年第 2 期。

郑秉文：《中国社会保障 40 年：经验总结与改革取向》，《中国人口科学》2018 年第 4 期。

郑杭生、李迎生：《全面建设小康社会与弱势群体的社会救助》，《中国人民大学学报》2003 年第 1 期。

郑有贵：《由脱贫向振兴转变的实践路径及制度选择》，《宁夏社会科学》2018 年第 1 期。

中国城市社会救济制度改革研究课题组：《建立中国城市居民最低生活保障线制度的研究报告》，《社会工作研究》1995 年第 6 期。

《中国经济长期增长路径、效率与潜在增长水平》，《经济研究》2012 年第 11 期。

《中国经济增长的低效率冲击与减速治理》，《经济研究》2014 年第 12 期。

中国经济增长前沿课题组：《中国经济转型的结构性特征、风险与效率提升路径》，《经济研究》2013 年第 10 期。

中国经济增长与宏观稳定课题组：《劳动力供给效应与中国经济增长路径转换》，《经济研究》2007 年第 10 期。

中国经济增长与宏稳定课题组：《干中学、低成本竞争和增长路径转变》，《经济研究》2006 年第 4 期。

《中国经济转型的结构性特征、风险与效率提升路径》,《经济研究》2013 年第 10 期。

《中国可持续增长的机制:证据、理论和政策》,《经济研究》2008 年 10 期。

中国劳动学会秘书处:《改革保险福利制度的理论探讨——记保险福利问题学术讨论会》,《中国劳动》1983 年第 18 期。

中国人民银行营业管理部课题组:《预算软约束、融资溢价与杠杆率——供给侧结构性改革的微观机理与经济效应研究》,《经济研究》2017 年第 10 期。

中国社会保障体系研究课题组:《中国社会保障制度改革:反思与重构》,《社会学研究》2000 年第 6 期。

中国社会科学院赴民主德国经济考察团:《民主德国经济考察报告》,《经济研究参考资料》1984 年第 1099 期。

中国社会科学院经济学家代表团:《匈牙利经济体制考察资料》,《经济研究参考资料》1983 年第 954 期。

中国社会科学院经济学家考察团:《南斯拉夫和罗马尼亚的经济考察》,《世界经济》1979 年第 7 期。

中国社会科学院经济研究所经济增长和宏观稳定课题组:《金融发展与经济增长:从动员性扩张向市场配置的转变》,《经济研究》2007 年第 4 期。

中国社会科学院经济研究所中国经济增长前沿课题组:《高投资、宏观成本与经济增长的持续性》,《经济研究》2005 年第 10 期。

中华全国工商业联合会课题组:《中国民营经济的三大历史性变化》,《经济理论与经济管理》2007 年第 3 期。

中美经贸关系中期展望课题组:《新因素——中美经济贸易关系中期展望》,《国际贸易》2001 年第 4 期。

钟伟、宛圆渊:《预算软约束和金融危机理论的微观建构》,《经济研究》2001 年第 8 期。

周林彬、王睿：《法律与经济发展"中国经验"的再思考》，《中山大学学报》（社会科学版）2018 年第 6 期。

周叔莲：《转变经济增长方式和深化国有企业改革》，《管理世界》1996 年第 1 期。

周文：《警惕借供给侧结构性改革兜售西方理论》，《红旗文稿》2016 年第 10 期。

朱玲：《包容性发展与社会公平政策选择》，《经济学动态》2011 年第 12 期。

朱民、缪延亮：《从多边和双边视角看中美贸易》，《国际经济评论》2018 年第 4 期。

朱庆芳：《全面建设小康社会：2001 年目标实现程度的综合评价和分析》，《中国党政干部论坛》2002 年第 12 期。

朱述先：《也谈无产阶级取得政权后的社会发展阶段问题——与苏绍智、冯兰瑞同志商榷》，《经济研究》1979 年第 8 期。

诸大建、周建亮：《循环经济理论与全面小康社会》，《同济大学学报》（社会科学版）2003 年第 3 期。

《资本化扩张与赶超型经济的技术进步》，《经济研究》2010 年第 5 期。

江泽民：《高举邓小平理论伟大旗帜，把建设有中国特色社会主义事业全面推向二十一世纪——在中国共产党第十五次全国代表大会上的报告》，1997 年 9 月 12 日。

江泽民：《加快改革开放和现代化建设步伐，夺取有中国特色社会主义事业的更大胜利——在中国共产党第十四次全国代表大会上的报告》，1992 年 10 月 12 日。

江泽民：《全面建设小康社会，开创中国特色社会主义事业新局面——在中国共产党第十六次全国代表大会上的报告》，2002 年 11 月 8 日。

胡锦涛：《高举中国特色社会主义伟大旗帜　为夺取全面建设小康社

会新胜利而奋斗——在中国共产党第十七次全国代表大会上的报告》，2007年10月15日。

胡锦涛：《在庆祝中国共产党成立90周年大会上的讲话》（2011年7月1日），《人民日报》2011年7月1日。

习近平：《在省部级主要领导干部学习贯彻党的十八届五中全会精神专题研讨班上的讲话》，《人民日报》2016年5月10日。

习近平：《创新增长路径　共享发展成果》，2015年11月15日在二十国集团领导人第十次峰会第一阶段会议上的演讲。

习近平：《共同维护和发展开放型世界经济》，2013年9月5日在二十国集团领导人峰会第一阶段会议上关于世界经济形势的发言。

习近平：《紧紧围绕坚持和发展中国特色社会主义，学习宣传贯彻党的十八大精神》，人民网，http：//cpc.people.com.cn/n/2012/1119/c64094-19615998-2.html。

习近平：《决胜全面建成小康社会　夺取新时代中国特色社会主义伟大胜利——在中国共产党第十九次全国代表大会上的报告》，2017年10月18日。

习近平：《在参加十二届全国人大三次会议上海代表团审议时的讲话》，2015年3月5日。

习近平：《在党的十八届五中全会第二次全体会议上的讲话》，2015年10月29日。

李鹏：《政府工作报告——1988年3月25日在第七届全国人民代表大会第一次会议上》，1988年3月25日。

温家宝：《关于社会主义初级阶段的历史任务和我国对外政策的几个问题》，《人民日报》2007年2月27日。

陈和：《深化供给侧结构性改革》，《经济日报》2017年11月14日。

丁志杰：《人民币国际化：从区域货币到国际货币》，《21世纪经济报道》2009年3月7日。

董昀：《建设现代化经济体系，增强金融服务实体经济能力》，《金融时报》2017年12月18日。

范文澜:《生产关系一定要适合生产力性质》,《光明日报》1957年2月28日。

高培勇:《现代财政与公共财政并不矛盾》,《人民日报》2015年4月1日。

高尚全:《关于供给侧结构性改革的几点思考》,《经济参考报》2016年6月6日。

龚雯、许志峰、王珂:《七问供给侧结构性改革——权威人士谈当前经济怎么看怎么干》,《人民日报》2016年1月4日。

龚雯、许志峰、吴秋余:《开局首季问大势——权威人士谈当前中国经济》,《人民日报》2016年5月9日。

何伟:《社会主义公有制应当有多种形式》,《人民日报》1984年12月31日。

胡晓炼:《有管理的浮动汇率制度的三个要点》,《金融时报》2010年7月23日。

李岚清:《健全和完善社会主义市场经济下的公共财政和税收体制》,《人民日报》2003年2月22日。

李岚清:《深化财税改革　确保明年财税目标实现》,《人民日报》1998年12月16日。

刘伟:《在新实践中构建中国特色社会主义政治经济学》,《人民日报》2016年8月1日。

龙永图:《加入世贸后对外开放将出现三个变化》,《人民日报》2002年4月5日。

秦晖:《"中国奇迹"的形成与未来》,《南方周末》2008年2月21日。

王昌林:《供给侧结构性改革的主攻方向》,《经济日报》2019年6月4日。

王利明:《加入世贸组织与我国法制建设》,《人民法院报》2000年

4月8日。

王新奎：《中国是多边贸易体制的积极参与者》，《解放日报》2006年12月10日。

王一鸣：《建设有国际竞争力的现代产业体系》，《学习时报》2019年3月4日。

王一鸣等：《治国理政新思想新实践：引领经济新常态 迈上发展新台阶》，《人民日报》2016年8月19日。

魏礼群：《供给侧结构性改革的要义》，《人民日报》2016年4月14日。

吴易风：《新中国成立以来的西方经济学教学与研究》，《企业家日报》2017年7月28日。

严北溟：《我国生产力和生产关系矛盾的特点》，《新闻日报》1957年4月27日。

杨新铭：《中国特色社会主义政治经济学研究的新进展》，《人民日报》2018年11月19日。

杨志勇：《1949—1992年中国大陆"公共财政"一词的用法》，《经济学消息报》2008年10月3日。

叶振鹏、张馨：《双元结构财政》，《光明日报》1993年11月9日。

余永定：《"供给侧结构性改革"不是大杂烩》，《财经》2016年6月4日。

张军：《莫干山上的价格论战》，《经济观察报》2007年10月14日。

张晓晶：《新常态不是避风港，当有新作为》，《人民日报》2016年4月27日。

张晓晶：《新发展理念的国家担当》，《学习时报》2017年8月11日。

张卓元：《实现社会主义与市场经济有机结合——构建中国特色社会主义政治经济学的主线》，《人民日报》2016年11月21日。

《中青年经济科学工作者学术讨论会论文摘登》（18篇论文），《经济日报》1984年9月25日、9月28日、9月29日，10月4日、10月11日。

庄永廉：《建设市场经济 法治不能缺席》，《检察日报》2015年12月21日。

常修泽：《与青年朋友谈治学之道》（关于莫干山会议部分），国家发展改革委经济研究所《经济决策参考》（增刊2），2010年9月10日。

李晓西：《在国际货币体系的未来与人民币的角色研讨会上的发言》，中国发展研究基金会和美国对外关系委员会主办，2011年11月1—2日。

李扬：《深入推进金融供给侧结构性改革》，2019年4月1日在国家金融与发展实验室年会上的演讲。

刘伟、黄桂田：《以经济增长方式的转变推动外贸增长方式的转变》，新浪网，2006年3月31日

南开大学经济学院史编辑委员会：《南开大学经济学院史（1919—2004）》（上），2004年。

吴敬琏：《什么是结构性改革，它为何如此重要》，2016年6月30日，新浪长安讲坛。

吴敬琏：《中国经济新常态有待确立》，2015年4月25日在第7期上海金融家沙龙暨第75期中欧陆家嘴金融家沙龙的演讲。

项怀诚：《我国公共财政体制框架初步形成》，新华网，2002年11月21日。

新华社：《中共中央政治局委员 国务院副总理刘鹤就经济金融热点问题接受记者采访》，2018年10月19日电。

徐景安：《我所亲历的改革决策过程》，中国善网，http://www.chinashan wang.com。

张卓元：《现代化经济体系主要体现在四个方面》，21世纪经济报道，http://epaper.21jingji.com/html/2017－11/23/content_74928.

htm。

《中共中央关于国有企业改革和发展若干重大问题的决定》（1999 年 9 月 22 日）。

《中共中央关于建立社会主义市场经济体制若干问题的决定》（1993 年 11 月 14 日）。

《中共中央关于经济体制改革的决定》（1984 年 10 月 20 日）。

《中共中央关于全面深化改革若干重大问题的决定》（2013 年 11 月 12 日）。

《中共中央关于完善社会主义市场经济体制若干问题的决定》（2003 年 10 月 14 日）。

《中国共产党第十八届中央委员会第三次全体会议公报》，人民网，http：//cpc. people. com. cn/2013/1112/c64094-23519137. html。

中国人民大学经济系：《政治经济学（社会主义部分）》，1960 年。

中青年经济科学工作者学术讨论会会议部分原始资料（常修泽保存和收集）。

三　英文文献

Arrow, J., 1964, "The Role of Securities in the Optimal Allocation of Risk Bearing", *The Review of Economic Studies*, 2.

Bai, C., E., Hsieh, C., T., Qian, Y., 2006: "The Return to Capital in China", *Brookings Papers on Economic Activity*, 2.

Barro R. J., Lee J. W., "A new Data Set of Educational Attainment in the World, 1950 – 2010", *Journal of Development Economics*, 104.

Barro, Robert, and Xavier Sala-i-Martin 1995, *Economic Growth*, New York：McGraw-Hill.

Barro, Robert J., 2016, "Economic Growth and Convergence, Applied Especially To China", NBER Working Paper, No. 21872.

Bencivenga, Valerie, R., Smith, Bruce, D., 1992, "Deficits,

Inflation, and The Banking System In Developing Countries: The Optimal Degree of Financial Repression", *Oxford Economic Papers*, 44 (4).

Benjamin M. Friedman, Kenneth N. Kuttner, Ben S. Bernake, Mark Gerter, 1993, "Economic Activity and the Short-Term Credit Markets: An Analysis of Prices and Quantities", *Brookings Papers on Economic Activity*, 2.

Ben S. Bernake, Mark Gerter, 1989, "Agency Costs, Net Worth, and Business Fluctuations", *American Economic Review*, 79 (1).

Bernanke, B., M. Gertler, S. Gilchrist, 1999, "The Financial Accelerator in A Quantitative Business Cycle Framework", In: J. Taylor and M. Woodford (eds), *Handbook of Macroeconomics*, North-Holland, Amsterdam.

Boyreau-Debray, G., 2003, "Financial Intermediation and Growth: Chinese Style", World Bank Policy Research Working Paper, No. 3027.

Cai Fang and Yang Lu, 2013, "The End of China's Demographic Dividend: the Perspective of Potential GDP Growth", In: Garnaut, Ross, Fang Cai and Ligang Song (eds), *China: A New Model for Growth and Development*, ANU E Press, Canberra.

Cai Fang and Yang Lu, 2016, "Take-off, Persistence, and Sustainability: Demographic Factor of the Chinese Growth", *Asia & the Pacific Policy Studies*, September/October.

Cai, Fang, Dewen Wang, 2005, "China's Demographic Transition: Implications for Growth", In: Garnaut and Song (eds), *The China Boom and Its Discontents*, Canberra: Asia Pacific Press.

Debreu, G., 1959, *Theory of Value: An Axiomatic Analysis of Economic Equilibrium*, John Wiley & Sons, Inc.

Duffie, D., K. J. Singleton, 1997, "Model of the Term Structure of Interest-rate Swap Yields", *Journal of Finance*, 52.

Duffie, D., K. J. Singleton, 1999, "Modeling Term Structure of Defaultable Bonds", *Review of Financial Studies*, 12.

Eichengreen, Barry, Donghyun Park, and Kwanho Shin, 2011, "When Fast Growing Economies Slow Down: International Evidence and Implications for China", NBER Working Paper, No. 16919.

Eichengreen, Barry, Donghyun Park, and Kwanho Shin, 2013, "Growth Slowdowns Redux: New Evidence on the Middle-income Trap", NBER Working Paper, No. 18673.

Eichengreen, Barry, Donghyun Park, and Kwanho Shin, 2015, "The Global Productivity Slump: Common and Country-specific Factors", NBER Working Paper, No. 21556.

El-Erian, M. A., 2014, "The New Normal has been Devastating for America", Business Insider, Mar. 22.

Evans, P. B., 1995, *Embedded autonomy: States and industrial transformation*, Princeton University Press.

Fazzari, S., R. G. Hubbard, B. C. Petersen, 1988, "Financing Constraints and Corporate Investment", *Brookings Papers on Economic Activity*.

He, D., He. Wang, X. Yu, 2014, "Interest Rate Determination in China: Past, Present and Future", HKIMR (Hong Kong Institute of Monetary Research) Working Papers, No. 042014.

Hellmann, T., K. Murdock and J. Stiglitz, 1996, "Financial Restraint: Toward a New Paradigm", forthcoming in M. Aoki, M. Okuno-Fujiwara and H. Kim (eds), *The Role of Government in East Asian Economic Development: Comparative Institutional Analysis*, New York: Oxford University Press.

Krugman, P., 1994, "The Myth of Asia's Miracle", *Foreign Affairs*, 73 (6).

Lagarde, Christine, 2014, "The Challenge Facing the Global Economy: New Momentum to Overcome a New Mediocre", Georgetown University, School of Foreign Service, October 2, 2014.

Lin, Justin Yifu, 2011, "China and the Global Economy", *China Economic Journal*, 4 (1).

McKinnon, Ronald I., 1973, *Money and Capital in Economic Development*, Washington, D. C., The Brookings Institution.

McKinnon, Ronald I., 1993, *The Order of Economic Liberalization*. 2nd ed., Baltimore, Md.: The Johns Hopkins University.

McKinon, R., 2005, *Exchange Rates under the East Asian Dollar Standard: Living with Conflicted Virtue*, MIT Press (Cambridge).

Niloy Bose, Richard Cothren., 1997, "Asymmetric Information and Loan Contracts in a Neoclassical Growth Model", *Journal of Money, Credit and Banking*, 29.

Pash, C., 2011, "Use of the Label 'New Normal' on the Rise", *The Australian*, May 16.

Patrick H. T., 1966, "Financial Development and Economic Growth in Underdeveloped Countries", *Economic Development and Cultural Change*, 14.

Porter, N., T. Xu, 2013, "Money Market Rates and Retail Interest Regulation in China: The Disconnect between Interbank and Retail Credit Conditions", Bank of Canada Working Paper.

Rioja, F., N. Valev, 2004, "Finance and the Source of Growth at Various Stage of Economic Development", *Economic Inquiry*, 42.

Rorbini, N., X. Sala-I-Martin, 1992, "Financial Repression and Economic Growth", *Journal of Development Economics*, 39.

Shaw, E., 1973, *Financial Deepening in Economic Development*, New York: Oxford University Press.

Stockman, A., 1981, "Anticipated Inflation and the Capital Stock in A Cash in Advance Economy", *Journal of Monetary Economics*, 8.

Summers, L., 2014, "Bold Reform is the Only Answer to Secular Stagnation", *Financial Times Columns*, September 8.

Wang Xiaolu, 2014, "Book Review 'Professionalizing Research in Post-Mao China: The System Reform Institute and Policy Making'", *China Journal*, 7.

World Bank, *Old Age Security: Pension Reform in China*, Washington D. C., 1997.

Young, A., 1928, "Increasing Returns and Economic Progress", *Economic Journal*, 38.

Yvonne Sin, China Pension Liabilities and Reform Options for Old Age Insurance, The World Bank Working Paper Series, No. 2005-1. Washington D. C., USA. May 2005.

Zheng Song, Kjetil Storesletten and Fabrizio Zilibotti, 2010, "Growing like China", *American Economic Review*, 101。

四 俄文文献

А. В. Бузгалин: «Переходная экономика», издательство «Белорусский дом печати», 1994.

Е. И. Капустин: «Экономический строй социализма», издательство «москва экономика», 1984.

MAOTIANQI: Российская экономическая академия: «Общая экономическая теория», издательство«промо-медиа москва», 1995.

MAOTIANQI: Китай и россия: «Развитии экономических реформ», издательство«Российская академия наука», 2003.

MAOTIANQI: Китай и россия: «Общее и особенное в социаьно-экономическом развитии», издательство «Российская академия наука», 2005.

后　　记

　　本书是在《新中国经济学史纲（1949—2011）》（中国社会科学出版社2011年版，以下简称《史纲》）基础上增订而成，并以此庆贺新中国70周年华诞。《史纲》从2011年出版至2019年，已整整八年。这八年，中国经济持续发展，实现中高速增长，并迈向高质量发展新阶段；市场化改革在2013年党的十八届三中全会后全面深化，经济转型加速；开放的步子越来越大、越来越快，还积极参与全球经济治理，大力推动经济全球化和贸易自由化、便利化。经济学研究也不断深化和发展，特别是党的十八大以后，在习近平新时代中国特色社会主义思想指引下，经济学研究领域有较大扩展，涌现出一系列马克思主义中国化、时代化创新研究成果。本书在增订过程中，主要的着力点是，力求较好地反映上述八年经济学研究的主要创新成果。为此，本书新设十三章，尽量全面地体现这八年经济学领域的新思想、新理念、新成果。原来的各章，除一部分叙述确定时间研讨内容的，如评介1959年新中国第一次经济理论讨论会、1979年全国第二次经济理论讨论会等以外，也对2011—2019年属于本章主题研讨的新进展进行适当增补。

　　《史纲》第三十三章"新中国成立60多年来西方经济学在中国"作者黄范章教授已去世，这次特请杨春学教授撰写这一章，增补新内容，章名也改为"西方经济学在中国的历程和境遇"。《史纲》第二十五章"社会主义居民收入分配理论的重大突破——按生产要素贡献参与分配，公平与效率关系问题的争论"也因作者张问敏研究员已去世，改请胡家勇研究员承担增补新内容的工作，章名改为"居民收入分配理论的重大突破"。

新中国成立70年来，社会主义经济建设取得了辉煌的成就，特别是改革开放40多年来经济迅速腾飞，创造了世界经济发展史上从未有过的高速增长"奇迹"。1978年中国GDP总量只占世界总量的1.8%，而到2017年，中国GDP总量已跃升至占世界总量的15.2%。自2009年起，中国已是世界第二大经济体。2013年至2018年，中国经济增长对世界经济增长的贡献率年年超过30%，名列前茅。改革开放后，中国的经济实力和国际影响力不断提升，令世人刮目相看。在这样的大背景下，中国经济学研究也取得了长足进步，成果累累，人才辈出。但是，相对于经济列车的飞驰向前，经济学家需要更好地深入经济发展和改革开放的伟大实践，调查研究，刻苦钻研，不断探索和创新，使经济学研究更好地为国家社会主义现代化建设贡献智慧和力量，并努力繁荣发展经济科学！

本书是集体作品，2019年2月20日上午，我和张晓晶、杨春学、胡家勇、魏众、程锦锥等作者以及中国社会科学出版社卢小生、王曦编审一起研究讨论对《史纲》增订事宜，新书从原来的五部分三十三章扩展为七部分四十六章，沿袭《史纲》主要按编年体排列的写作风格进行增补，对《史纲》原作者做个别调整，并确定邀请新增十三章作者名单。此后，得到受邀专家的积极回应和及时交稿。本书的出版，特别要感谢各章作者的大力支持和艰辛付出。各章结尾处，均注明执笔人及其工作单位。

本书的增订和出版，得到中国社会科学院经济学部和经济研究所领导的支持和鼓励，得到中国社会科学出版社赵剑英社长、卢小生编审和王曦编审的支持和努力，特此表示衷心的感谢！张晓晶研究员审阅了全部书稿,程锦锥博士做了大量组织联络等工作,在此一并致谢!

限于作者的水平,本书定会存在一些不足和缺点,敬请大家不吝赐教!

张卓元

二〇一九年六月于北京